Ambrosius Schneider / Die Cistercienser
Geschichte * Geist * Kunst

Der Abt verweist seine Mönche auf Christus
als den eigentlichen Hirten der Klostergemeinde

(Aus dem Schlackenwerther Codex, vollendet 1353)

Die Cistercienser

Geschichte * Geist * Kunst

Herausgeber

Ambrosius Schneider
Adam Wienand · Wolfgang Bickel
Ernst Coester

WIENAND VERLAG KÖLN

Buchplan, Bildredaktion und federführender Mitherausgeber
Adam Wienand

1974

Gedruckt in der Druckerei Wienand KG, Köln

Alle Rechte vorbehalten — Nachdruck, auch von Buchteilen,
nur mit Genehmigung des Verlages.

© Printed in Germany

ISBN-Nr.: 3 87909 036 X

MITARBEITERTAFEL

Bickel, Wolfgang, Dr., evangelischer Theologe und Kunsthistoriker, Mainz

Böckler, Maura, OSB, Abtei St. Hildegard, Eibingen

Coester, Ernst, St. R., Koblenz

Dimier, Anselm, O. Cist. R., Scourmont

Führkötter, Adelgunde, OSB, Abtei St. Hildegard, Eibingen

Geldner, Ferdinand, Dr., Bibl.-Dir., München

Hammer, P. Gabriel, Dr., O. Cist., Marienstatt

Lilje, Hanns, Dr., Abt zu Loccum, Altbischof der evangl. Landeskirche von Hannover

Magirius, Heinrich, Dr., Dresden-Radebeul

Menzel, Josef Joachim, Dr., Univ.-Prof., Mainz

Mussbacher, Abt Norbert, D., O. Cist., Lilienfeld

Roth, P. Hermann Josef, O. Cist., Marienstatt

Schneider, Abt Ambrosius, Dr., O. Cist., Himmerod

Spahr, P. Kolumban., Dr., O. Cist., Mehrerau

Swiechowski, Zygmunt, Dr., Prof., Warschau

Wienand, Adam, Verleger, Köln

Wienand-Custodis, Dorothea, Junkersdorf

ZUM GELEIT!

Unter den mönchischen Gemeinschaften des Mittelalters nimmt der Cistercienser-Orden einen Platz von starker eigentümlicher Prägung ein. Denn geniale Organisatoren wie die großen Äbte Stephan Harding und Bernhard von Clairvaux verstanden es, durch die wohlausgewogene Verbindung traditioneller und moderner Ideen eine zentral ausgerichtete Verfassung festzulegen, deren Kern die alljährliche Zusammenkunft der Äbte zum Generalkapitel in Cîteaux, dem weisungsgebenden Gremium des Ordens, darstellt. Mit dem machtvollen religiösen Wirken Bernhards breiteten sich die Cistercienser-Klöster schnell über das ganz Abendland aus. Ihr monastisches Leben bestand in der konsequenten Befolgung der Regel Benedikts. Durch Einfachheit und Strenge, durchglüht von asketischem Geist, wirkte der Orden auf viele, die eine religiöse Vertiefung anstrebten. In Zusammenarbeit von Mönchen und Laienbrüdern unter dem benediktinischen Leitwort „Ora et labora" entwickelten die Klöster eine Eigenwirtschaft, die in der Bodenbearbeitung beispielgebend wirkte. Aus den Urwäldern entstanden landwirtschaftliche Musterbetriebe, und manche Sumpflandschaft im Nord und Osten Deutschlands verwandelte sich unter den Händen der grauen Mönche in Ackerland. Auch als Baumeister von Klöstern und Kirchen leistete der Orden Großes. Durch die konsequente Übertragung ihrer geistigen Haltung auf die Architektur schufen die Mönche eine Bauweise, die ihre Wesensart offenbart. Grundsätzlich errichteten die Cistercienser ihre Bauten selbst. Darüber berichtet in Wort und Bild ein eigenes Kapitel: Der „Baubetrieb der Cistercienser". In einem groß angelegten Kapitel dieses Buches wird die Entwicklung des cisterciensischen Kirchenbaues dargelegt und durch Grundrisse sowie Ansichten der Bauwerke illustriert. Auch die Entfaltungen der Chortypen und die bisher noch kaum behandelten Westfassaden, Fensterformen und die charakteristischen Abkragungen erfahren eingehende Betrachtung. Erstmals geht dieses Buch auch auf die Frauenklöster in zwei umfangreichen Kapiteln ein, von denen das erste ihre Entstehung im Rahmen der religiösen Frauenbewegung, das zweite die Kirchen der Cistercienserinnen behandelt.

Die Vielfalt ihrer Architektur offenbart ein systematischer Überblick über die Grundrisse: angefangen von den im Ursprungsland der Cistercienserinnen, Frankreich, üblichen Kirchenformen und den in Deutschland zunächst vorherrschenden basilikalen Bauten bis zur Herausbildung der charakteristischen einschiffigen Cistercienserinnenkirchen Deutschlands, ihrer verschiedenen Ostabschlüsse und ihrer emporenartigen westlichen Nonnenchöre, die auf ihre Entstehung hin untersucht werden. Anschließend werden einige markante Cistercienserinnenkirchen in Wort und Bild vorgestellt.

Geist und Kunst der Cistercienser spiegeln sich auch in den Erzeugnissen ihrer Schreibstuben wider. In einem besonderen Kapitel wird die Entwicklung der Schreibertätigkeit in den Klöstern und die Geschichte einer Anzahl von Klosterbibliotheken dargestellt. Ein Bildtafelteil mit Katalog schließt sich an.

Die Welt des Mittelalters liegt im Symbol beschlossen. Nichts ist im Mittelalter um seiner selbst willen da, sondern alle Dinge bestehen nur im Widerschein des Göttlichen, dessen körperhafte Aussagen die Symbole sind. Heilssymbole und Dämonensymbole im Leben der Cisterciensermönche werden in einem ausführlichen und bebilderten Kapitel abgehandelt.

Am Schluß des Buches bietet eine bebilderte lexikale Übersicht über alle Cistercienserklöster im deutschen Sprachgebiet und deren Tochtergründungen in den östlichen Nachbarländern erstmals einen handlichen Zugang zu Geschichte und Kultur der einzelnen Mönchsabteien. Es schließen sich Verzeichnisse der Cistercienserinnenklöster Frankreichs, der heutigen Benelux-Länder sowie Mitteleuropas an, in denen die Angaben der früher erschienenen Verzeichnisse überarbeitet und weitere bisher nicht erfaßte Klöster aufgeführt werden konnten. Das Werk hätte nicht die gebotene Reichhaltigkeit aufzuweisen ohne die Mitarbeit und Förderung durch zuständige Sachbearbeiter, denen hiermit nochmals Dank gesagt wird. Insbesondere Abt Norbert Mussbacher v. Lilienfeld, Abt Dr. Hanns Lilje, Altbischof der evang. Landeskirche Hannover, Bibl. Dir. Ferdinand Geldner, sowie den Univ.-Professoren Dr. Joachim Menzel, Mainz und Dr. Zygmunt Swiechowski, Warschau.

Trotz der Vielfalt an Beiträgen will dieses Buch selbstverständlich keine erschöpfende Behandlung des Themas bieten und muß noch viele Fragen unbeantwortet lassen. Es bleibt ein Kompendium, das in reichhaltiger Auswahl die verschiedenen Seiten des cisterciensischen Wirkens zusammenfaßt.

Abtei Himmerod, Mai 1974

Die Herausgeber

INHALTSVERZEICHNIS

	Seite
Zum Geleit	5

Ambrosius Schneider

1. Anfänge des Mönchtums, Formen und Reformen vor Cîteaux — 11—15
   Cluny S. 13 — Andere Reformbewegungen S. 14

2. Cîteaux — Gründung und Ausbau — 16—29
   Verfassung S. 20 — Die Gründungsgeschichte und ersten Statuten von Cîteaux (Exordium Cistercii et Capitula) I. Wie die Cisterciensermönche von Molesme auszogen S. 21 — II. Anfänge des Klosters von Cîteaux S. 22 — III. Generalstatut der Abteien S. 24 — IV. Vom jährlichen Generalkapitel der Äbte S. 25 — V. Schuldige Äbte; Wahl des Abtes von Cîteaux S. 25 — VI. Welche Vorschrift für Abteien gilt, die nicht voneinander abstammen S. 26 — VII. Daß keiner jemanden aufnehme, der in ein anderes Kloster gehen will S. 26 — VIII. Flüchtige Mönche und Konversen S. 26 — IX. Über den Bau der Abtei S. 26 — X. Welche Bücher nicht abweichen sollen. XI. Von der Kleidung. XII. Von der Nahrung. XIII. Daß im Kloster keiner Fleisch oder Fett esse. XIV. Tage mit Fastenspeise. XV. Woher die Mönche ihren Lebensunterhalt nehmen. XVI. Daß ein Mönch nicht außerhalb des Klosters wohnen darf S. 27 — XVII. Daß in unserem Orden das Wohnen mit Frauen verboten ist. XVIII. Daß sie nicht die Klosterpforte überschreiten. XIX. Kein Verkehr mit Weltleuten durch Halfenwirtschaft u. ä. XX. Was die Konversen hier zu tun haben. XXI. Von der Prüfung der Konversen. XXII. Daß ein Konverse nicht Mönch werden kann. XXIII. Welche Einkünfte wir nicht haben. XXIV. Wen wir zur Beichte, Kommunion und zum Begräbnis annehmen. XXV. Was wir besitzen und nicht besitzen dürfen von Gold, Silber, Edelsteinen und Seidenstoff S. 28 — XXVI. Über Bildwerke, Malereien und das Holzkreuz S. 29.

3. Der hl. Bernhard von Clairvaux und sein Zeitalter — 29—37
   Der Streit mit Cluny S. 33

4. Vom Mittelalter bis zur Gegenwart — 38—46

5. Die Konversen — 46—51

Ambrosius Schneider

Der Baubetrieb der Cistercienser — 57—68
A. Architektonische Verordnungen.
B. Künstlerische Verordnungen S. 59

Ambrosius Schneider

Die Cisterciensische Klosteranlage — 68—74

Ambrosius Schneider

Kolonisation und Mission im Osten — 74—106
Ostkolonisation S. 74 — Polen — die „Kölnischen Klöster" S. 76 — Regesten zur Geschichte der „Kölnischen Klöster" S. 79 — Preußenmission S. 88 — Dokumentation über den Cistercienser-Bischof Christian von Preußen (Abt Gottfried von Lekno) S. 92 — Andere Klöster in Polen S. 96 — Österreich-Ungarn und Böhmen. Baltikum S. 97 — Livland und Estland S. 100 — Dünamünde S. 101 — Urkunden-Anhang S. 102

Josef Joachim Menzel
Die Anfänge der Cistercienser in Schlesien　　　　　　　　　106—115

Hanns Lilje
Berthold, Abt zu Loccum, Märtyrerbischof in Livland　　　　115—117

Ambrosius Schneider
Die Geistigkeit der Cistercienser　　　　　　　　　　　　　118—156

　I. Zur Geistigkeit des neuen Ordens S. 118 — Von Bernhards Christologie zur Mystik S. 121 — Mariologie S. 122
　II. Bedeutende Vertreter cisterciensischer Geistigkeit — Der hl. Stephan Harding, 3. Abt von Cîteaux S. 123 — Wilhelm v. St. Thierry S. 124 — Der hl. Abt Bernhard v. Clairvaux S. 128 — Der sel. Guerrich, Abt v. Igny S. 130 — Otto von Freising S. 131 — Der hl. Aelred, Abt von Rievaulx S. 133 — Abt Isaak von Stella S. 134 — Abt Adam von Perseigne S. 136 — Cäsarius von Heisterbach S. 137 — Mechtild von Magdeburg. Die hl. Mechtild von Hackeborn S. 142 — Die hl. Gertrud d. Große. Konrad von Ebrach S. 145 — Matthäus Steynhus, Mönch von Königssaal S. 147 — Kardinal Johannes Bona S. 148 — Weitere Vertreter cisterciensischer Geistigkeit S. 149

Ferdinand Geldner
Abt Adam von Ebrach　　　　　　　　　　　　　　　　　　157—164

Norbert Mussbacher
Die Marienverehrung der Cistercienser　　　　　　　　　　　165—181

　Ansprache des hl. Bernhard auf das Fest Mariä Geburt. Die Muttergottesverehrung in den Besitzvermerken der Bücher S. 180

Adam Wienand
Der Marienpsalter von Zinna　　　　　　　　　　　　　　　183—192

Wolfgang Bickel
Die Kunst der Cistercienser　　　　　　　　　　　　　　　　193—340

　Fassaden mittelalterlicher Cistercienserkirchen S. 204 — Fassaden der Frühzeit: Maulbronn - Mariental — S. 205 / Eberbach S. 208 / Heiligenkreuz S. 209 / Dreifenstergruppen: Fontenay S. 210, Heisterbach S. 211, Løgumkloster S. 212, Chorin S. 214, Salem S. 216 / Rundfenster: Otterberg S. 219, Ebrach S. 222 / Die großen Einzelfenster: Riddagshausen S. 224, Loccum S. 225, Altenberg S. 226, Doberan und Pelpin S. 227, Kaisheim S. 229 / Ausblick auf spätere Schöpfungen S. 229 / Übersicht über die mittelalterlichen Choranlagen / Die frühen Chortypen S. 231 / Die Entfaltung des bernhardinischen Planes S. 235 / Die im Halbkreis geführten Umgangschöre: der Typus Clairvaux II / Die großen Rektangulärchöre / Der basilikale Chortyp / Chorbauten der Spätzeit S. 239 / Einzelanalysen - Einwirkungen des Filiationsgefüges auf die Chorbildung: Bronnbach S. 243 / Vollendung des Cîteaux-II-Typus unter sächsischen Bedingungen: Riddaghausen S. 245 / Archaisierende Tendenzen i. d. Aufnahme westfälischer Bautraditionen: Loccum S. 247 / Cisterciensische Bodenfliesen S. 333

Adam Wienand

Die Cistercienserinnen — 341—362

Über die Entstehung und Frühzeit der Cistercienserinnen-Klöster / Die religiöse Frauenbewegung des Mittelalters S. 343 / Die Prämonstratenserinnen S. 344 / Die ersten Cistercienserinnenklöster S. 345 / Wechterswinkel S. 347 / Schwanken und Unklarheit hinsichtlich der Ordenszugehörigkeit S. 349 / Das asketische Ordensideal in den Nonnenklöstern S. 350 / Aufblühen und Ausbreitung der Cistercienserinnenklöster S. 351 / Der Adel und die Cistercienserinnen S. 352 / Die Lage der Klöster S. 354

Chronik des Cistercienserinnenklosters Wienhausen — 355—362

Ernst Coester

Die Cistercienserinnenkirchen des 12. bis 14. Jh. — 363—428

Die Bauformen der Kirchen in ihrer Vielfalt S. 363. a) Die Nonnenkirchen in Frankreich S. 364 / b) Die Nonnenkirchen in Deutschland S. 367 / Vereinzelte Großkirchen ohne cisterciensischen Charakter im Gegensatz zur Vielzahl der übrigen Kirchen S. 367 / Der basilikale Grundrißtyp in seinen Abwandlungen S. 368 / Die Ostchöre bei basilikalen Cistercienserinnenkirchen S. 370 / Die querschifflosen Basiliken mit Apsiden S. 371 / Die querschifflosen Basiliken mit rechteckigem Chorschluß S. 372 / Kreuzkirchen und ihre Abwandlungen S. 373 / Die Saalkirche und ihre Untertypen S. 375 / Die Nonnenempore in den Cistercienserinnen-Kirchen S. 382 / Beispiele frühgotischer Cistercienserinnen-Kirchen Deutschlands: St. Thomas in der Eifel S. 403 / Güldenstern in Mühlberg a. d. Elbe S. 407 / Die Stellung der Kirche in der Ordensarchitektur S. 409 / Heiligkreuztal b. Riedlingen/Oberschwaben S. 410

Ambrosius Schneider

Skriptorien und Bibliotheken der Cistercienser — 429—508

Die Skriptorien S. 431 / Cîteaux / Clairvaux S. 437 / Heilsbronn / Oberrheinische Skriptorien S. 439 / Schlesien / Altenberg S. 440 / Buchbinderwerkstätten S. 441 / Die Bibliotheken S. 442

Die Handschriften und Bücher weiterer Cistercienserabteien — 447—470

Magirius, Altzella S. 447 / Wienand, Ebrach S. 449 / Heiligenkreuz S. 451 / Bohatec, Hohenfurt S. 453 / Ruf, Kaisheim S. 455 / Hammer, Kamp S. 458 / Mussbacher, Lilienfeld S. 462 / Roth, Salem S. 464 / Spahr, Wettingen S. 466 / Wienand, Wöltingerode S. 468

Adam Wienand

22 Bildtafeln von Buchmalereien verbunden mit Katalog der dazugehörigen Handschriften — 471—508

Adam Wienand

Heils-Symbole und Dämonen-Symbole im Leben der Cistercienser-Mönche — 509—552

Die West-Ost-Filiationen des Ordens — 553—554

Ambrosius Schneider
Lexikale Übersicht über die Männerklöster 555—610
Anselm Dimier und Ernst Coester
Die mittelalterlichen Frauenabteien in Frankreich und den
  heutigen Benelux-Ländern 611—617
Dorothea Wienand-Custodis und Ernst Coester
Frauenabteien in Mitteleuropa 617—629
Handbücher zur Geschichte und Kunst der angeführten Mönchsklöster 630
Verzeichnis der Abbildungen 631—634
Foto- und Bildnachweis
Register

Häufig vorkommende Literatur über die Cistercienser

Bouyer	=	Bouyer, Louis, La spiritualité Citeaux, Paris 1955
Canivez	=	Statuta capitulorum generalium Ordinis Cisterciensis 1116—1786 edidit Jos.- M. Canivez (Bibliotheque de la Revue d'histoire écclesiastique, fasc. 9, 8 Bde, Louvain 1933/41.
Grießer	=	Grießer, Bruno, Exordium Magnum Cisterciense sive Narratio de initio Cisterciensis Ordinis (Series Scriptorum S. Ord. Cist., vol. II), Rom 1961.
Hahn	=	Hahn, Hanno, Die frühen Kirchenbauten der Cistercienser. Untersuchungen zur Baugeschichte von Kloster Eberbach im Rheingau und ihre europäischen Analogien im 12. Jahrhundert (Frankfurter Forschungen zur Architekturgeschichte Bd. I), Berlin 1957.
Hermans	=	Hermans, Vincent, La spiritualité monastique, Rom 1954.
Hoffmann	=	Hoffmann, Paul, Nordische Cistercienserkirchen unter besonderer Berücksichtigung der Backstein-Baukunst, Essen 1912.
Hoogeweg	=	Hoogeweg, H., Die Stifter und Klöster der Provinz Pommern, Stettin 1924.
Krausen	=	Krausen, Edgar, Die Klöster des Cistercienserordens in Bayern (Bayerische Heimatforschung Heft 7), München-Pasing 1953.
Lekai/ Schneider	=	Lekai, Ludwig, Geschichte und Wirken der Weißen Mönche. Der Orden der Cistercienser. Deutsche Ausgabe hrsg. von Ambrosius Schneider, Köln 1958.
Schmitz	=	Schmitz, Philibert, Geschichte des Benediktinerordens: Bd. 1, übersetzt v. Ludwig Räber, Einsiedeln 1947; Bd. 3, übersetzt v. Raimund Tschudy, Einsiedeln 1955.
Sinz	=	Sinz, Paul, Das Leben des hl. Bernhard von Clairvaux (Vita prima), in: Heilige der ungeteilten Christenheit, hrsg. v. Walter Nigg und Wilhelm Schamoni, Düsseldorf 1962.
Winter	=	Winter, Franz, Die Cistercienser des nordöstlichen Deutschlands, 3 Bde., Gotha 1868/71.
Zimmermann	=	Zimmermann, Alfons, Kalendarium Benedictinum, Bd. 1 (Metten 1933), Bd. 2 (1934), Bd. 3 (1937).

Zeitschriften

Analecta	=	Analecta Sacri Ordinis Cisterciensis, Jhrg. 1—20, Rom 1945/64; seit Jg. 21 (1965) Analecta Cisterciensia.
Cist. Chr.	=	Cistercienser-Chronik, Mehrerau-Bregenz 1889 ff.
Citeaux	=	Citeaux in de Nederlanden, Jg. 1—13, Westmalle 1950/63; seit Jg. 14 (1963) Citeaux Commentarii Cistercienses.
Collectanea	=	Collectanea Ordinis Cisterciensium reformatorum, Jh. 1—26 Westmalle 1933/64); seit Jg. 27 (1965) Colectanea Cisterciensia.
Stud. Mitt.	=	Studien und Mitteilungen aus dem Benediktiner- und Cistercienserorden, Bd. 1—31 (Salzburg 1880—1910); fortgesetzt als Studien u. Mitteilungen zur Geschichte des Benediktinerordens und seiner Zweige mit Bd. 32 (München 1911).

DIE GESCHICHTE DER CISTERCIENSER

von Ambrosius Schneider

1. Anfänge des Mönchtums, Formen und Reformen vor Cîteaux

Moses erhält die Gesetzestafeln, aus Cod. 66, fol. 59r (Heiligenkreuz)

Als nach den blutigen Christenverfolgungen die Christen langsam von den Idealen der Urkirche abwichen, bedeutete das Mönchtum für die Kirche eine sich stets erneuernde Lebenskraft. Die Mönche wollten den Erstlingseifer in ihren Reihen erhalten. Ihr Name, den manche von dem griechischen Wort „monas" (Einheit) ableiten, ist bezeichnend für ihr Leben ungeteilter Hingabe an Gott in Gebet, Armut und Ehelosigkeit, fern vom Getriebe der Welt. Um die kraftvollen Persönlichkeiten der hl. Antonius d. Gr. († 356) und Pachomius († 347) scharten sich Tausende ernster Gottsucher aus allen Ständen. Die eigentliche Heimat des Mönchtums waren die Wüsten Ägyptens und Syriens. Hier suchten die Eremiten unter erfahrenen geistlichen Lehrern Gott in persönlicher Begegnung, in Gebet und Schriftlesung. Die entscheidende Wendung zur gemeinschaftlichen Lebensform als einer Kirche im Kleinen vollzogen die hl. Pachomius und Basilius d. Gr., Erzbischof von Cäsarea in Kappadozien († 379). Sie schufen die ersten Klostergemeinschaften, deren Mitglieder (Zönobiten) im gemeinsamen Streben unter einer Regel standen und von ihr geformt wurden. Pachomius bahnte die Weiterentwicklung von der eremitischen zur zönobitischen Lebensform an; Basilius löste das Mönchtum von dem einseitigen ägyptisch-koptischen Ideal und führte es in die Werte der hellenistischen Geisteswelt ein. Fortan machten Gebet und Handarbeit den Mönchstag aus, aber auch das Studium wurde nunmehr ein fester Bestandteil der Klosterordnung. Freilich werden Bildungs- und Gottesstreben im Laufe der Ordensgeschichte spannungsreiche Komponenten sein.

Der hl. Athanasius machte in seinen mehrfachen Verbannungen (Trier 335, Rom 340) das ägyptische Mönchtum im Westen bekannt. Tief war Augustinus von diesen Berichten beeindruckt. Viele Kirchenväter sind beredte Anwälte des Mönchtums, z. T. Lehrmeister und selbst Klostergründer (Ambrosius bei Mailand, Augustinus in seiner Bischofsstadt Hippo). Ein bischöflicher Förderer war auch der hl. Martinus von Tours († 397). Aus seiner bei Poitiers gegründeten Zelle entstand das Benediktinerkloster Ligugé, aus seiner Einsiedelei an der Loire das nachmals berühmte Marmoutier. Lehrmeister des gallischen Mönchtums sollte der in Palästina und Ägypten geschulte Mönch Johannes Cassianus († um 435) werden. Er legte seine im Osten gewonnenen Erfahrungen in den bedeutsamen Schriften „Klostereinrichtungen" (*De institutis coenobiorum*) und „Väterreden" (*Collationes Patrum*) nieder und stellte somit eine Verbindung zwischen Abendland und ägyptischer Tradition her. Seine Askese sprach vor allem die keltischen Mönche an. Daher weist die Lebensweise und Einrichtung der irischen Klöster große Ähnlichkeit mit den ägyptischen Gewohnheiten auf. So konnte es geschehen, daß dort das morgenländische Ideal des eremitischen Lebens noch befolgt wurde, während auf dem Kontinent die Regel des hl. Benedikt bereits vorherrschte.

Vater des abendländischen Mönchtums ist der hl. *Benedikt von Nursia* (480–547), Römer der Geburt und dem Geiste nach [1]. Nach seiner Auffassung sind nicht die Eremiten, sondern die in klösterlicher Gemeinschaft lebenden Zönobiten das „sehr starke Geschlecht der Mönche". Für seine „Schule des Herrendienstes" (Prolog zur Regel) verfaßte er, fußend auf der monastischen Tradition (Magisterregel) und eigener Erfahrung, nach 534 auf den Höhen des Monte Cassino seine Regel als Gesetzbuch klösterlichen Lebens. Diese wurde, dank der weisen Maßhaltung, Anpassungsfähigkeit und organisatorischen Begabung des hl. Mönchvaters, eine der bedeutendsten Anleitungen zu echtem Gottsuchen und entschiedener Christusnachfolge.

Benedikt nimmt die römische Familie zum Vorbild seiner Ordensgemeinschaft, in welcher der Abt die Stelle des Hausvaters (*pater familias*) einnimmt. Ihm geloben seine geistlichen Söhne Gehorsam bis zum Tode. Das ist ihr „Kriegsdienst für Gott" (Regel, Kap. 1). Um den Mönch an sein Kloster zu binden, führt Benedikt das Gelübde der Ortsbeständigkeit (*stabilitas loci*) ein. Damit wurde das Benediktinerkloster in der Unruhe der Zeit ein Hort der Geborgenheit und des Friedens in Gott, auf den hin das ganze Klosterleben ausgerichtet ist.

Im feierlichen Gotteslob — „dem nichts vorgezogen werden darf" (Regel, Kap. 45) — sieht der hl. Benedikt die vorzüglichste Aufgabe des Mönches, der die Menschheit betend und sühnend vor Gott vertritt. Zweiter Grundpfeiler ist die Arbeit, die als Dienst für Gott und den Mitmenschen gilt, — mögen die Mönche Äcker bestellen, Urwälder roden und Sümpfe trockenlegen oder auf dem Felde des Geistes in ihren Bibliotheken zugleich mit den hl. Schriften die Kulturschätze der sterbenden Antike abschreiben, um sie an die Nachwelt weiterzugeben. So wurden in den Klöstern Benedikts die Bildungskräfte der abendländischen Kultur geweckt und geschaffen. Seinem Programm *„Ora et labora"* verdankt Europa die christliche Kultur, die — oft unbewußt und ungeschätzt — bis in unsere Tage nachwirkt. Der große Abt von Monte Cassino kann daher mit Recht „Vater des Abendlandes und des westlichen Mönchtums" genannt werden; Papst Paul VI. erklärte ihn 1964 zum „Patron und Schutzherrn Europas".

Im Jahre 577 wurde Benedikts Stiftung auf dem Monte Cassino von den Langobarden völlig zerstört. Der Konvent flüchtete nach Rom, wo bereits zwei Niederlassungen bestanden. Papst Gregor d. Gr. (540–604), selbst ein Schüler des hl. Mönchvaters, wurde der Verbreiter monastischen Lebens in Italien, Gallien und England. Nach England entsandte Gregor im Jahre 596 die ersten Benediktinermissionare aus dem St. Andreaskloster zu Rom. Abt Augustinus, seit 597 Bischof und „Apostel der Angelsachsen", gelang die Christianisierung der beiden bedeutendsten Königreiche der Insel, Essex und Kent. Nach seinem Tode (605) kam auch Northumbrien zum wahren Glauben. Von hier aus brachten im 8. Jahrhundert die Mönchsmissionare Winfrid-Bonifatius († 754), Willibrord († 739) und Liudger († 809) Christentum und benediktinische Art nach Deutschland. Die Klöster Fulda, Amöneburg, Fritzlar, Korvey, Echternach, Prüm, Werden, Eichstätt, Tegernsee, Wessobrunn und Reichenau — letzteres eine Gründung des hl. Wanderbischofs Pirmin († 753) — wurden Pflanzstätten christlichen, kulturellen und monastischen Lebens.

Auch das bereits seit dem 6. Jahrhundert mit Klöstern übersäte Irland entsandte Glaubensboten, die sogenannten iroschottischen Mönche, auf den Kontinent. Unter ihnen ragen der hl. Kolumban († 615) und sein Gefährte St. Gallus († um 645) hervor. Ihr Missionsfeld war Gallien und die Schweiz. Kolumban gründete mehrere Klöster, u. a. Luxeuil in Burgund, als dessen Abt er eine Mönchsregel und zwei Bußbücher verfaßte. Sie waren vom strengen Geist des irischen Mönchtums geprägt und hatten keine lange Lebensdauer; bereits gegen Ende des 7. Jahrhunderts setzte sich die wesentlich mildere und abgewogenere Regel Benedikts durch, nachdem eine Zeitlang eine gewisse Mischung zwischen beiden bestand.

Als eifrige Förderer des benediktinischen Mönchtums erwiesen sich die Merowinger. Unter der fränkisch-karolingischen Dynastie betrachtete man die meisten Klöster auf Grund des Eigenklosterwesens — ihre Stifter waren größtenteils Könige, Bischöfe oder Laien — als Eigentum der Stifter. Das verderbliche Kommendewesen, wonach der Landesherr bzw. der Stifter das ihm zugehörige Kloster als Pfründe sogar an Laien vergeben konnte, führte bald zum merklichen Rückgang der klösterlichen Disziplin und der Einkünfte. Auch Kaiser Karl d. Gr. setzte trotz unstreitiger Verdienste um das Mönchtum in seinem Reiche die Ausbeutungsmethoden seiner Vorgänger fort.

Diese Entwicklung versuchte der hl. Abt Benedikt von Aniane († 821) aufzuhalten [2]. Mit Hilfe seines kaiserlichen Gönners Ludwigs des Frommen begann er eine großangelegte Reform der fränkischen Klöster. Die Kapitularien der Aachener Synoden von 816 und 817/19 schrieben die Mönchsregel des hl. Benedikt als allgemein verbindlich vor; fortan sollten einheitliche Gewohnheiten (*Consuetudines*) klösterliches Leben und Liturgie regeln, deren strenge Beobachtung Benedikt als „Generaloberer" zu überwachen hatte. Die im Jahre 815 bei Aachen gegründete Abtei Inden (das spätere Kornelimünster) wurde als „Schule der Mönche" zum Mutterkloster erklärt. Benedikt von Aniane trug durch erhebliche Vermehrung des Opus Dei und durch strenge Vereinheitlichung der Klostergewohnheiten bisher unbekannte Züge in das Erbe des Gesetzgebers von Monte Cassino hinein. Sein Reformwerk zerfiel mit dem Zusammenbruch des karolingischen Reiches.

Cluny

Die Reichsteilungen (843, 870) und die unheilvollen Normannen- und Sarazeneneinfälle brachten die meisten abendländischen Klöster an den Rand des Ruins. Die Synode von Trosly (909) zeichnet ein düsteres Bild von dem allgemeinen

Niedergang im „dunklen Zeitalter": „die Klöster sind teils zerstört, teils beraubt; wo noch Spuren klösterlicher Niederlassungen blieben, ist das reguläre Leben geschwunden. Die Mönche unterscheiden sich nicht vom niederen Volk, sind vielmehr noch verwilderter. Die Äbte können nicht lesen und sind daher unfähig, die Regel zu erklären" [3]. Ein Jahr später (910) stiftete Herzog Wilhelm von Aquitanien das Kloster Cluny in Burgund, das eine glanzvolle Wiedergeburt benediktinischen und kirchlichen Lebens herbeiführte [4]. Abt Berno erbat vom herzoglichen Stifter das Recht der freien Abtswahl, um das klösterliche Eigenleben von jeglichem Einfluß weltlicher und bischöflicher Gewalt zu befreien. Schließlich entsagte Herzog Wilhelm sogar allen Rechtsansprüchen auf seine Stiftung und übertrug dieselben dem römischen Stuhl. Dieser erste Beginn der Exemtion Clunys wurde durch päpstliche Privilegien unter Gregor V. (996—99) vollendet.

Cluny knüpfte an die Reformidee Benedikts von Aniane an. Der monastische Tag — durch die „Cluniazensergebräuche" bis ins kleinste geregelt — war durch eine glanzvolle Feier der Liturgie nahezu völlig ausgefüllt; für die Handarbeit war kaum mehr Zeit vorhanden. Cluny hatte das Glück, im ersten Jahrhundert seiner Geschichte von weitblickenden und heiligen Äbten (Odo, Aymard, Majolus, Odilo, Hugo) regiert zu werden. Unter ihnen verbreitete sich die cluniazensische Reform über ganz Europa. Nahezu 1500 Klöster unterstanden in straffer, zentralistischer Unterordnung dem Abt von Cluny, in dessen Hände alle Mönche ihre Profeß ablegten. Einheitliche Leitung und strenge Disziplin sicherten dieser mächtigen Reformbewegung eine fast zweihundertjährige Blütezeit.

Andere Reformbewegungen

Der Reformwille verstummte nun nicht mehr. Neben Cluny setzten sich andere, eigenständische Gruppen für eine Erneuerung des benediktinischen Mönchtums ein. Organisatorisch und geistig unabhängig von Cluny gründete im Jahre 933 in Gorze bei Metz Abt Johannes († 974) ein Reformzentrum, das in Lothringen und Deutschland zu hoher Bedeutung gelangte [5]. Bereits 934 besetzte Herzog Giselbert von Lothringen, der mächtige Förderer von Gorze, die Abtei St. Maximin zu Trier mit Mönchen der Reform. Von Trier strahlte eine eigene Reformwelle in die östlichen Reichsklöster aus. Insgesamt erfaßte die monastische Erneuerung von Gorze im deutschen Reichsgebiet etwa 160 Klöster, die, im Gegensatz zu Cluny, von Bischöfen und Adeligen tatkräftig gefördert wurde.

Ein weiteres Reformzentrum war das bei Namur gelegene Brogne, von wo aus Abt Gerhard († 959) verschiedene Klöster in Flandern und Lothringen mit neuem Ordensgeist belebte und mehrere Neugründungen vornahm [6]. Im gleichen Geiste arbeitete der sel. Richard von St. Vannes († 1046) in Verdun, dessen Reformziele in Deutschland durch den hl. Abt Poppo von Stablo-Malmédy († 1048) Verbreitung fanden [7]. — Hirsau im Schwarzwald, um 830 gegründet, schloß sich unter Abt Wilhelm (1069—91) im Jahre 1079 der Cluniazenserreform an, deren Gebräuche in den „Hirsauer Gewohnheiten" überarbeitet und den deutschen Verhältnissen angepaßt wurden. Bereits 1075 hatte Papst Gregor VII. Hirsau von jeder äußeren Abhängigkeit befreit und dadurch einen wichtigen Verbündeten im Kampf gegen Kaiser Heinrich IV. gewonnen. Zur Hirsauer Reform zählten über 100 Klöster. Eine Kongregation nach dem Vorbilde Clunys kam infolge des Widerstandes der Bischöfe nicht zustande. Verdient machte sich Hirsau vor allem um die Bekämpfung des Eigenklosterwesens, der Laieninvestitur sowie um die Schaffung des Konverseninstitutes und einer neuen, monastischen Bauweise, die viel Ähnlichkeit mit den Baugewohnheiten von Cîteaux aufweist [8]).

Ganz anders entwickelte sich eine Form des Mönchtums in Italien und Frankreich. Hier entstanden Einsiedlergruppen, die unter Beibehaltung der Benediktinerregel das alte Eremitenideal wiederbeleben wollten. Wohl der bekannteste Vertreter dieser Richtung ist der hl. Romuald († 1027), der mehrere Einsiedeleien in Italien, u. a. Camaldoli bei Arezzo (1012) gründete [9]). Durch den hl. Petrus Damiani (1007—72) erhielt die Bewegung von Camaldoli mächtigen Auftrieb und weitgehenden Einfluß, besonders nach seiner Ernennung zum Kardinalbischof von Ostia (1057) [10]).

Der Lebensweise der Kamaldulenser verwandt ist der vom hl. Bruno von Köln († 1101) gegründete Eremitenorden der Kartäuser. Er nahm jedoch nie die Benediktinerregel als solche an, sondern entlehnte ihr nur verschiedene Gedanken, die der Prior Guigo I. in den „Gewohnheiten der Kartause" verarbeitete (1127) [11]).

Während Romuald und Bruno zäh am Eremitenideal festhielten, versuchte der hl. Johannes Gualbertus († 1075) eine Verbindung von Zönobiten- und Eremitentum auf der Grundlage der Benediktinerregel herzustellen. In einem Hochtal, südlich von Florenz, gründete er 1038 das Kloster Vallumbrosa. Johannes vertrat ein rein kontemplatives Ordensideal; seinen Mönchen untersagte er jede äußere Tätigkeit, mit der nunmehr Laienbrüder beauftragt wurden. Die Reform von Vallumbrosa verbreitete sich rasch. Im Spätmittelalter umfaßte sie 82 Abteien und über 200 Priorate [12]).

Um die gleiche Zeit entwickelte sich in Nordfrankreich eine ungewöhnliche Form des Eremitentums. Sie forderte entschiedene Rückkehr zu den Weisungen des Evangeliums und zum Leben der Urkirche. Die Apostel galten als leuchtendes Vorbild des monastischen Ideals; ihr Leben versuchte man in harter Buße, Arbeit und Predigttätigkeit nachzuahmen. Diese Gottsucher wollten Einsiedler und Wanderprediger zugleich sein. Die bekanntesten Vertreter der neuen Lebensform sind der sel. Robert von Abrissel († 1117), sein Schüler Rudolf von La Futaie († 1129) und der hl. Bernhard von Tiron († 1117). Mit äußerstem Freimut geißelten sie den Verfall des Klosterlebens und die Sittenverderbnis des Klerus. Die rasch anwachsenden Reformklöster befolgten die Benediktinerregel [13]).

Diese geistigen Erneuerungsbewegungen des 11. und 12. Jahrhunderts haben in ihrer radikalen Ablehnung der durch Cluny und Gorze verkörperten Ordensreformen eine gewisse Ähnlichkeit mit der Cistercienserreform. Ihnen war jedoch wegen mangelnder Organisation eine weitere Verbreitung versagt. Erst mit Cîteaux sollte eine tiefgreifende Erneuerung des benediktinischen Mönchtums beginnen.

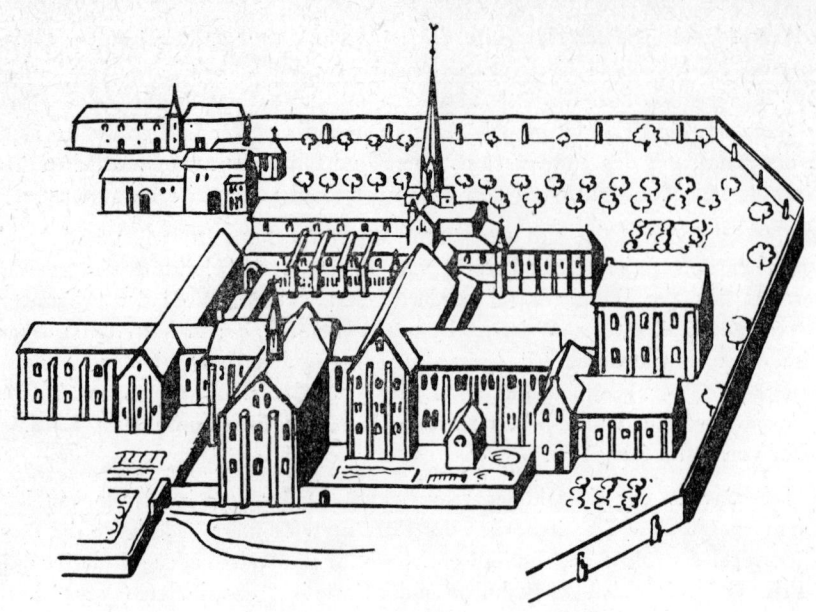

Cîteaux im 14. / 15. Jahrhundert
Die ausgedehnte Klosteranlage umfaßte die ca. 130 m lange Kirche
und zwei Innenhöfe

2. Cîteaux — Gründung und Ausbau

Die Benediktinergeschichte des 11. Jahrhunderts ist ein ernstes, vielgestaltiges Suchen nach einer dem Mönchsideal Benedikts entsprechenden Lebensform. Alle Reformen bekannten sich zu einer entschiedenen Abkehr von regelwidrigem Brauchtum; wohl am lautesten wurde dieser Ruf von Cîteaux erhoben. Die neue Reform begann in dem von Cluny beeinflußten Kloster Molesme (Dép. Côte d'Or). Hier mühte sich Abt Robert († 1111), unterstützt von seinem Prior Alberich und einer Gruppe reformfreudiger Mönche, um eine strengere, der Benediktinerregel angemessenere Disziplin [14]). Der größere Teil des Konventes widersetzte sich jedoch diesen Bestrebungen und bestand auf der Beibehaltung der traditionellen Linie. Unliebsame Ausschreitungen gegen die Neuerer, insbesondere gegen ihren geistigen Führer Alberich, blieben nicht aus [15]). Der Wegzug der Reformpartei stand somit fest. Vorher versicherte sich Abt Robert der Zustimmung des päpstlichen Legaten Hugo, Erzbischofs von Lyon, und des Schutzes des Landesherrn, Herzogs Odo von Burgund. Vicomte Raynald von Beaune, Vasall des Herzogs, schenkte den Auswanderern einen einsamen Talbesitz mit einer Kirche bei Dijon, Cîteaux genannt [16]). Nach alter Überlieferung begannen Abt Robert und seine 21 Getreuen das monastische Leben im „Neukloster" — wie die Gründung gegenüber Molesme in den ersten

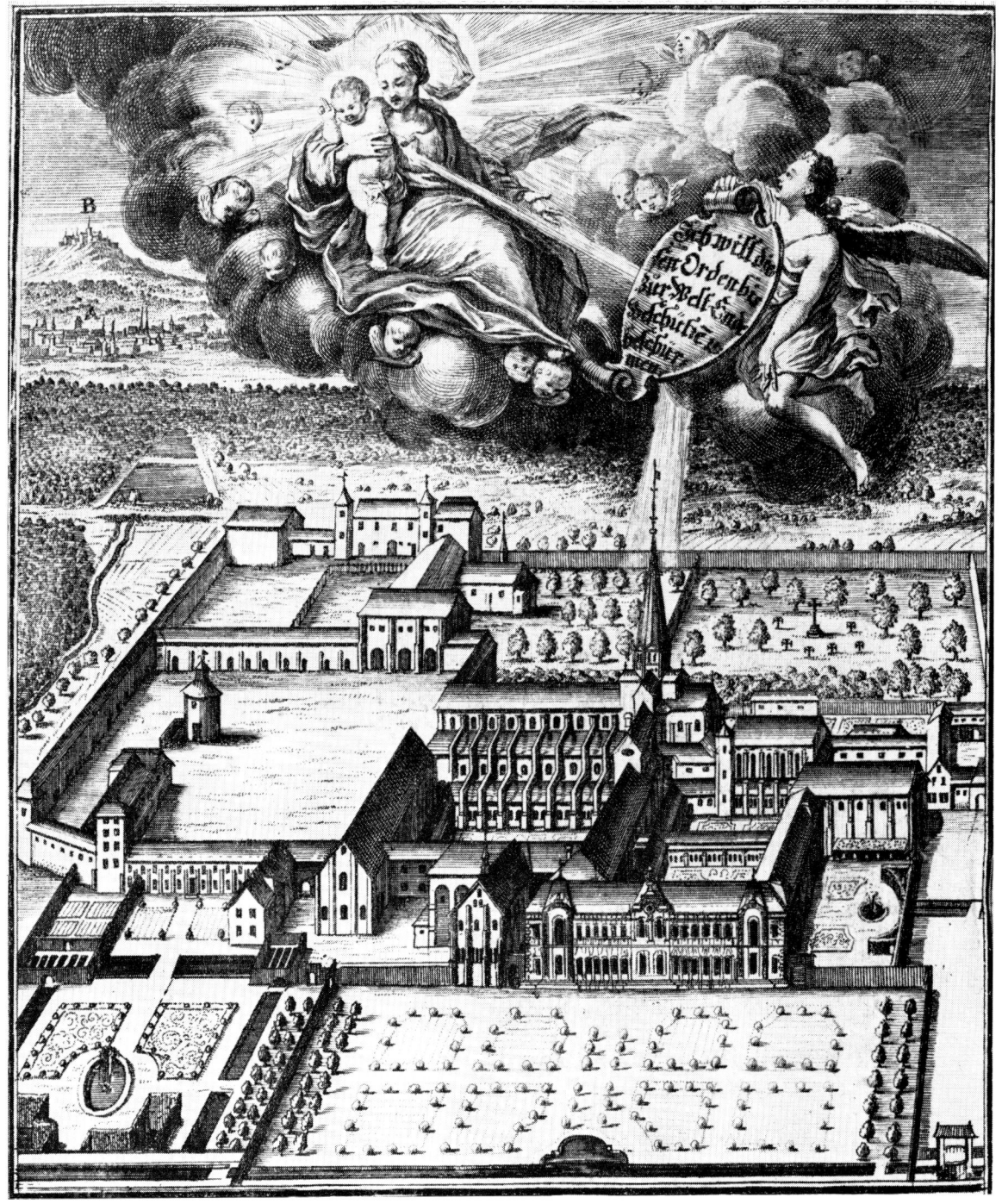

Cîteaux, das Stammkloster des Ordens, in dem alljährlich die Generalkapitel abgehalten wurden, nach einem Stich des 17. Jahrhunderts.

Der Mönchsvater Benedikt erklärt einem Mönch die Regel.

Spruchband Benedikts: Ausculta o fili praecepta magistri.
Spruchband des Mönchs: Loquere domine.

Aus einem Graduale des Klosters Kamenz (Schlesien), um 1260.
Jetzt Universitätsbibliothek Breslau, Sig. I F 411 Miniatur O (s), fol. 146ʳ.

Jahrzehnten hieß — am 21. März 1098, dem Feste des hl. Ordensvaters Benedikt. Gelegentlich der Weihe des ersten hölzernen Oratoriums (Sommer 1098) durch den Ortsbischof Walter von Chalon-sur-Saône, erneuerten Herzog Odo und Raynald von Beaune ihre Schenkungen und unterstellten das Neukloster dem Schutze des Bischofs [17]).

Bereits im folgenden Jahr (1099) mußte Abt Robert auf päpstlichen Befehl und auf Bitten seines früheren Konventes nach Molesme zurückkehren. Die Leitung des Neuklosters übernahm der bisherige Prior *Alberich*, „ein Liebhaber der Regel und der Brüder" [18]). Abt Alberich (1099—1108) sicherte der Gründung ihre kirchenrechtliche Bestätigung in dem „Römischen Privileg" vom 19. Oktober 1100, worin Papst Paschalis II. das Neukloster unter den Schutz des Hl. Stuhles stellte und damit die spätere Exemtion vorbereitete [19]). Alberich war es auch, der die wesentlichen Punkte der neuen Observanz in seinen Satzungen (*Instituta monachorum Cisterciensium de Molismo venientium*) [20]) niederlegte. Er stellt darin folgende Forderungen auf:

1. Oberste Richtschnur der Reform ist die Reinheit der Benediktsregel (*puritas regulae*) und Lebensorientierung nach der Regel (*rectitudo regulae*): das bedeutete aber keineswegs eine buchstäbliche Regelbefolgung, da verschiedene Kapitel (wie 21, 59, 70) in Anbetracht ihrer Lebensweise ausschieden [21]).
2. Auch die Mönche sind fortan zur Handarbeit verpflichtet.
3. Zu ihrer Unterstützung werden Laienbrüder in die Klosterfamilie aufgenommen.
4. Schenkungen von kirchlichen Einkünften, Zehnten, Dörfern, Hörigen, kultivierten Liegenschaften, Mühlen und Backöfen sind verboten.
5. Klostergründungen dürfen nur in abgelegenen, unbewohnten Gegenden vorgenommen werden.

Abt Alberich war also fest von der Ausbreitung der Reform überzeugt. Doch erst sein Nachfolger sollte die Früchte ernten. Auf den zweiten Abt des Neuklosters geht auch der Wechsel vom schwarzen Ordenskleid — fromme Legenden sprechen von einer Weisung der Gottesmutter — zur weißen Farbe aus Schafswolle für Habit und Kukulle (Chorkleid) im Kloster zurück. Jedoch waren Skapulier und Arbeitshabit wie auch die Reisekukulle von grauem Stoff [22]). Ferner verwarf Alberich die weiten, faltigen Kukullen und das winterliche Pelzwerk der Cluniazenser. Die Änderung der Ordenstracht war übrigens bei allen Reformen ein wichtiger Punkt gewesen. Die äußeren Abweichungen vom Wortlaut der Regel, besonders aber geistige Gegensätze belasteten das Verhältnis zwischen Cluny und Cîteaux und führten in den folgenden Jahrzehnten zu heftigen Auseinandersetzungen.

Nach dem Tode Alberichs (26. 1. 1108) wählte der Konvent den bisherigen Prior *Stephan Harding* zum Abte [23]). Der adelige Engländer erlebte in seiner frühen Jugend die Auswirkungen der Schlacht von Hastings (1066) auf seine Familie und Heimat. Nach dem Ableben seines Großvaters (Onkels?) Elnod, der in einem Aufstand gegen Wilhelm d. Eroberer umgekommen war, trat er 1069 in das Benediktinerkloster Sherborne (Dorsetshire) ein. Die Bedrückungen der angelsächsischen Klöster durch die Normannen veranlaßten Stephan zur Flucht nach Schottland und Frankreich (1072). Es folgen Jahre intensiven Studiums an französischen Schulen. Nach einer Wallfahrt in die Ewige Stadt bittet er Abt Robert um Aufnahme in Molesme (gegen 1085). Doch mußte er bald erkennen, daß der durch die Cluniazensergebräuche geformte Konvent vom eigentlichen Mönchsideal St. Benedikts abgewichen war. Stephan schloß sich der kleinen Reformpartei an, mit der er heroisch die Schwierigkeiten des Auszuges und des Neuanfanges in Cîteaux ertrug. Gleich seinem Vorgänger glaubte auch er an den Erfolg der Reformbestrebungen. Wie wäre es sonst zu erklären, daß Stephan Harding in der harten Frühzeit seines Klosters an einer authentischen Ausgabe der ambrosianischen Hymnen und der gesamten Hl. Schrift gearbeitet und diese Neufassung künftigen Mönchsgenerationen als vorbildlich vorgeschrieben hätte? Für die liturgischen Geräte und Gewänder forderte der Reformabt größtmögliche Einfachheit, die sich auch auf die Ordensbauten auswirkte.

Seit dem Jahre 1110 besserten sich infolge verschiedener Schenkungen die bedrohlichen wirtschaftlichen Verhältnisse des Neuklosters [24], auch der Konvent begann zu wachsen. Mit dem Eintritt *Bernhards* und seiner Schar (1113) [25] faßte das Noviziat 30 hochgemute Gottsucher. Der ungewöhnlich starke Zuwachs, der seitdem immer größer wurde, machte Neugründungen notwendig. Abt Stephan entsandte bereits einen Monat nach Bernhards Eintritt (18. 5. 1113) zwölf Mönche unter Führung ihres Abtes Bernhard an den etwa zwei Tagesreisen entfernten Ort der neuen Niederlassung, den zwei Grafen auf Bitten von Bischof Walter mit einigen Liegenschaften gestiftet hatten. Die Urkunde spricht deutlich von erschwerten Lebensbedingungen und einer Überfüllung des Neuklosters [26]. Stephan Harding nannte das erste Tochterkloster La Ferté (*Firmitas*); er wollte damit sinnbildlich die „Festigung" der nunmehr aufblühenden Reformbewegung ausdrücken. Ein Jahr später (1114) zog ein weiterer Konvent zur Gründung von Pontigny (Diöz. Auxerre) [27] aus, 1115 entstanden Clairvaux [28] und Morimond [29] in der Diözese Langres.

Verfassung

Das rasche Aufblühen der Reform von Cîteaux seit dem Jahre 1113 machte eine Organisation notwendig. Abt Stephan Harding erließ in seiner Gesetzesurkunde, der *Carta caritatis* (Gesetz der Liebe), Vorschriften über das Abhängigkeitsverhältnis der einzelnen Abteien untereinander, ihre Stellung zum gemeinsamen Mutterkloster, die monastische und liturgische Ordnung. Das Verfassungswerk Stephans ist indes das Ergebnis einer längeren Entwicklung [30]. Man spricht von einer ersten Fassung, der *Carta caritatis primitiva* (1114), — von Papst Kallixt II. im Jahre 1119 erstmalig bestätigt [31], die nach verschiedenen erweiterten Zwischenformen in der Bulle „*Parvus Fons*" von Klemens IV. (9. Juni 1265) letzte Ergänzungen erhielt [32].

Im Gegensatz zum zentralistischen Klosterverband von Cluny wird den Cistercienserklöstern in der *Carta caritatis* eine weitgehende Selbständigkeit ihres Eigenlebens und ihrer Äbte zugebilligt. Stephan Harding gab damit seinen Klöstern den Charakter der benediktinischen Familiengemeinschaft zurück. Abteien, die Neugründungen vornahmen, bildeten mit diesen eigene Kleinverbände (Filiationen), in denen die „Vateräbte" über die einheitliche Befolgung von Regel und Statuten ihrer „Tochterklöster" durch jährliche Visitationen wachten. Dies führte zu einer erheblichen Dezentralisation der Befugnisse des gemeinsamen Stammklosters Cîteaux, dem zwar — ebenso wie den vier Primarabteien La Ferté, Pontigny, Clairvaux und Morimond — eine rechtliche Vorrangstellung innerhalb des Gesamtordens zuerkannt wurde.

In Cîteaux sollten sich alle Äbte des Ordens zum jährlichen Generalkapitel einfinden. Als oberste Aufsichts-, Regierungs- und Gerichtsbehörde wachte das Generalkapitel über die einheitliche Befolgung der Benediktsregel in den Klöstern: es bestraft Übertretungen der Regel und der Statuten, es erläßt allgemein verbindliche Gesetze für das monastische und liturgische Leben und richtet Streitigkeiten innerhalb des Ordens in letzter Instanz. Dieser obersten Autorität sind alle Angehörigen und Klöster der Cistercienserreform unterworfen. Selbst Cîteaux ist nicht autonom, sondern der Aufsicht der Primarabteien unterstellt. Damit war auch für das Stammkloster ein Abweichen von der Einheit der Observanz und Regeltreue unterbunden.

Die Erlasse der Generalkapitel wurden in den „Libelli definitionum" gesammelt und zu bestimmten Zeiten in den Klöstern verlesen. Sie fanden ihren Niederschlag in den „Cisterciensergewohnheiten" (*Liber usuum, Ecclesiastica officia, Usus conversorum*), auf deren einheitliche Beobachtung streng geachtet wurde. Neue Untersuchungen haben jedoch ergeben, daß die Cisterciensergewohnheiten keineswegs reine Eigenschöpfungen sind. Cîteaux baute vielmehr trotz seiner Vorbehalte gegen Althergebrachtes auf der monastischen Tradition seiner Zeit und seiner Umwelt auf [33]). In zielstrebiger Weise verwirklichte somit die neue Reform die Worte ihres großen Gesetzgebers Stephan Harding: „Wir wollen in *einer* Liebe, unter *einer* Regel und *einheitlichem* Brauchtum leben" (*Carta caritatis*) [34]).

Die Gründungsgeschichte und ersten Statuten von Cîteaux
(Exordium Cistercii et Capitula) [34a])

I. Wie die Cisterciensermönche von Molesme auszogen

Im Bistum Langres liegt bekanntlich ein Kloster, Molesme mit Namen. Vielgehört ist sein Ruf, und die Frömmigkeit augenscheinlich. Der gütige Gott stellte es seit dem kurzen Beginn auf den Leuchter mit hohen Gnadenerweisen, machte es berühmt durch große Männer und reich an Besitz und Tugend nicht minder. Besitz und Tugend pflegen aber nicht lange beisammen zu sein. Gewisse Männer jener heiligen Gemeinschaft, zweifellos weise und höherstrebend, wollten lieber den himmlischen Studien sich widmen als in weltliche Dinge verstrickt werden. Daher begannen auch bald Liebhaber der Tugend über die fruchtbare Armut der Männer nachzudenken. Zusammen stellten sie fest: wenn man auch heiligmäßig und ehrenvoll lebte — die Regel, auf die sie Profeß abgelegt, wurde weniger beobachtet, als sie ersehnten und vorhatten. Sie tauschten miteinander aus, was sie bewegte, und erörterten auch, wie sie jenen Psalmvers befolgen könnten: „Ich will dir meine Gelübde erfüllen, die meine Lippen ausgesprochen" (Ps. 65, 13 f.).
Was braucht's noch weitläufiger Worte?

Einundzwanzig Mönche zogen aus mit dem Vater desselben Klosters, nämlich Robert seligen Angedenkens; es drängte sie auszuführen, was sie gemeinsam beraten hatten und einmütig erstrebten. Nach vielen Mühen und übergroßen Schwierigkeiten, die alle erleiden müssen, die fromm in Christo leben wollen (2 Tim. 3, 12), kamen sie endlich zum Ziel ihrer Sehnsucht, nach Cîteaux, das damals eine schreckliche Einöde war. Die Streiter Christi waren indessen der Meinung, die unwirtliche Gegend passe gut zu dem einmal gefaßten festen Entschluß; sie hielten den Platz, von Gott ihnen bereitet, für genehm, wie das Vorhaben ihm teuer war.

II. Anfänge des Klosters von Cîteaux

Im Jahre der Menschwerdung des Herrn 1098 begannen sie also in der Einsamkeit mit dem Bau der Abtei, voll Vertrauen auf den Rat und ermutigt durch die Autorität Hugos, des verehrten Oberhirten der Kirche von Lyon, weiland Legat des Hl. Stuhles, sowie des frommen Walter, Bischofs von Châlons, und Odos, erlauchten Herzogs von Burgund. Der vorgenannte Robert erhielt vom Bischof jener Diözese, von Châlon nämlich, Amt und Hirtenstab; die Mönche versprachen ihm die Stabilität an jenem Orte.

Es begab sich aber nach nicht langer Zeit, daß Abt Robert auf Ansuchen der Mönche von Molesme und Befehl Papst Urbans des Zweiten mit Erlaubnis und Zustimmung Bischofs Walter von Châlon nach Molesme zurückkehrte und Albericus, ein frommer, heiligmäßiger Mann, an seine Stelle trat. Weise ward des Friedens wegen diese vermittelnde Regelung zwischen den beiden Klöstern getroffen und durch apostolische Autorität besiegelt, daß man fortan wechselseitig keinen Mönch ohne reguläre Empfehlung aufnehmen wolle.

Bald gedieh hierauf das Kloster nicht wenig in heiligem Wandel mit Gottes Segen unter der Obhut des neuen Vaters; es glänzte im Rufe und erhielt Zuwachs an den notwendigen zeitlichen Gütern. Im zehnten Jahre empfing Albericus, der Mann Gottes, den seligen Preis der Berufung, um den er dort neun Jahre hindurch nicht vergeblich gelaufen (Phil. 2, 16). Ihm folgte Herr Stephanus, der aus England stammte; er liebte gar glühend und eifrig das klösterliche Leben, Armut und regulare Disziplin. Wahrlich, in seinen Tagen wurde offenbar, was geschrieben steht: Gottes Augen achten auf die Frommen und seine Ohren auf ihr Flehen (Ps. 33, 16). Denn die kleine Herde (Lc. 12, 32) klagte nur darob laut, daß sie klein war; dies allein, sage ich, fürchteten sie und fürchteten sie fast bis zur Mutlosigkeit, die Armen Christi könnten keine Erben ihrer Armut zurücklassen. Die Nachbarn achteten an ihnen die Heiligkeit des Lebens, von seiner Strenge wollten sie aber nichts wissen, und so schreckten sie vor der Nachfolge der Mönche zurück, denen sie durch Verehrung nahe waren.

Gott ist es ein Leichtes, aus Kleinem Großes und Vieles aus Geringem zu schaffen. Er erweckte gegen alle Hoffnung die Herzen vieler zu ihrer Nachfolge, so daß in der Novizenzelle Kleriker wie Laien und selbst Adelige und Mächtige der Welt, dreißig ohne Unterschied, zur Prüfung beisammenwohnten.

Infolge dieser himmlischen Heimsuchung, so unerwartet und froh, gab sich endlich die Unfruchtbare, die nicht gebar, nicht ohne Grund der Freude hin, weil

CÎTEAUX

LA FERTÉ   PONTIGNY

Wappen von Cîteaux, der vier Primar-Abteien und Wappen des heiligen Bernhard

Von Cîteaux und den Primar-Abteien gingen im Orden alle Klöster (Filiationen) aus, deren Abstammung sich meist auch in den Wappen widerspiegelt, die weiß-roten Rauten stammen aus Bernhards Familienwappen, der Ritter von Fontaine.

CLAIRVAUX   MORIMOND

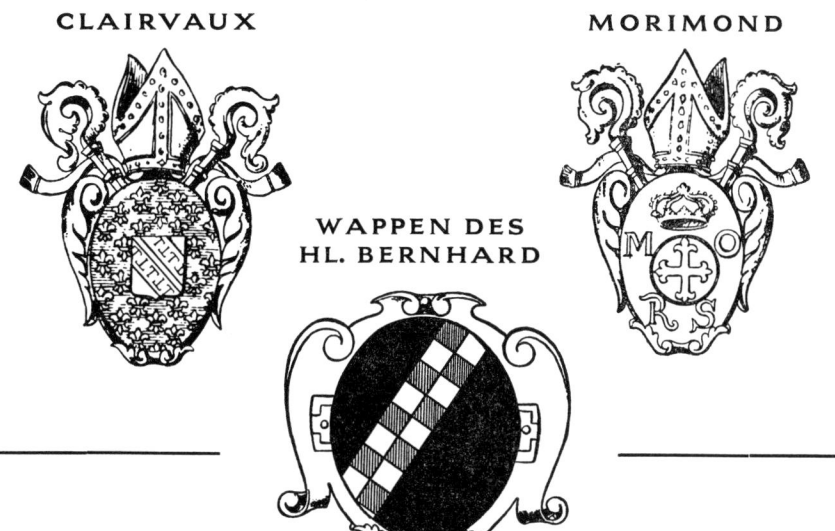

WAPPEN DES HL. BERNHARD

viele wurden der Kinder der Verlassenen (Is. 54, 1). Und Gott hörte nicht auf, in der Folge sein Volk zu segnen und die Freude zu erhöhen (Is. 9, 3), bis die glückliche Mutter von Kindern und Kindeskindern, in zwanzig Jahren etwa allein von zwölf Äbten, gleichsam Ölbaumsprossen sah rings um ihren Tisch (Ps. 127, 3). Sie hielten es für angemessen, auch das Beispiel des heiligen Vaters Benedikt nachzuahmen, dessen Regel man im Herzen trug.

Sobald nun die Pflanzung neue Zweige hervorzutreiben begonnen, traf der verehrungswürdige Vater Stephanus mit wachsamem Gespür Vorsorge durch ein Statut von erstaunlicher Lebensklugheit, das gleichsam ein Gerät zur Pflege von Bäumen ist, um Wucherungen, nämlich von Spaltungen, abzuschneiden, die zuweilen heranwachsen und die reifende Frucht des gemeinsamen Friedens ersticken konnten.

Daher wollte er auch jenes Schriftstück treffend »Carta caritatis« genannt wissen, weil der ganze Inhalt Liebe atmet und fast nichts anderes überall wachzurufen scheint als: Bleibet niemand etwas schuldig, es sei, daß ihr einander liebet (Rö. 13, 8). Diese Carta, wie sie von demselben Vater aufgestellt, von den genannten zwölf Äbten gutgeheißen und durch apostolische Autorität bestätigt ward, führt des längeren aus, was wir gesagt; wir wollen hier kurz nur die Hauptpunkte berühren.

III. Generalstatut der Abteien

Nach dem Tenor jener Carta wurde für alle Abteien des Cistercienserordens bestimmt:

Die Mutterklöster können ihren Tochtergründungen keine Abgaben von einem zeitlichen Gut auferlegen.

Der Vaterabt kann bei der Visitation eines Tochterklosters gegen dessen Abt keinem Novizen die Profeß abnehmen, noch einen Mönch versetzen oder zuweisen und dort überhaupt nichts verfügen und anordnen, ausgenommen, es handele sich um die Sorge für Seelen und er hätte etwas Regel- und Ordenswidriges festgestellt und könnte es im Einvernehmen mit dem anwesenden Abt in Liebe beseitigen. Aber er wird auch Verkehrtes verbessern, wenn jener etwa abwesend wäre. Denn im Kapitel und überall im Kloster lasse der Sohn dem Vater den Vortritt.

Im Refektorium jedoch speist der Vaterabt mit den Brüdern, der Disziplin wegen, außer wenn der Abt jenes Klosters nicht zugegen wäre. So mögen es alle Äbte unseres Ordens halten, die da kommen. Treffen mehrere zusammen und der Abt des Klosters ist abwesend, so speise der Erste von ihnen im Gästehaus.

Wenigstens einmal im Jahre visitiere jeder Abt in väterlicher Sorge die Abteien, die sein Gotteshaus gründete.

So oft der Abt eines Tochterklosters zum Mutterkloster kommt, erweise man ihm die einem Abt gebührende Ehre. Er nimmt ja die Stelle des Abtes in allem ein, freilich nur, wenn dieser abwesend ist und soweit es die Ordnung betrifft. Ist der Vaterabt anwesend, so lasse er ihm in allem den Vorrang und speise darum auch nicht mit den Gästen, sondern im Refektorium.

IV. Vom jährlichen Generalkapitel der Äbte

Die Kirche von Cîteaux, Mutter aller anderen, behielt sich weise dieses Vorrecht eigens vor, daß einmal im Jahre bei ihr alle Äbte zugleich zusammenkommen, um sich zu visitieren, den Orden zu erneuern, den Frieden zu festigen und die Liebe zu bewahren. Bei Verbesserung von Fehlern seien die Äbte, jeder einzeln und ehrfurchtsvoll, dem Abt von Cîteaux und dem ehrwürdigen Kapitel gehorsam; bei Klagen bitten sie um Verzeihung; solche Vorhaltungen dürfen nur Äbte machen.

Aber auch diese Wohltat bedachte jene Versammlung: Wenn die vielleicht übergroße Armut irgend eines Abtes in der Gemeinschaft bekannt wird, sollen alle Sorge tragen, dem Mangel des Bruders zu steuern, wie es jedem die Liebe eingibt und die Möglichkeit erlaubt.

Nur zwei Gründe gestatten das Fernbleiben vom Jahreskapitel, nämlich körperliche Gebrechen oder eine Profeß. In diesem Falle schicke man den Prior als Vertreter. Wagte es ein Abt, aus irgendwelchem anderen Grunde einmal fernzubleiben, so bitte er im nächsten Kapitel um Verzeihung des Fehlers und leiste Buße nach dem Urteil der Äbte. Dieses gilt bei leichterer Schuld.

V. Schuldige Äbte; Wahl des Abtes von Cîteaux

Würde ein Abt als Verächter der Regel oder der Satzungen des Ordens, als schlaff und lässig in seinem Amt befunden und weigerte er sich, sich zu bessern, trotz Ermahnung seines Vaterabtes bis zu viermal, sei es durch ihn selber, durch seinen Prior oder schriftlich, käme dann die Schuld des Fehlenden zu Ohren des Ortsbischofs und der Kleriker und bliebe sie, durch deren Unbekümmertheit etwa, ungeahndet, alsdann soll der Vaterabt mindestens zwei Äbte beiziehen und mit ihnen an Ort und Stelle den Unverbesserlichen aus seinem Amte entfernen. Sie mögen auf baldige Wahl eines anderen Würdigen drängen. Wenn die Mönche rebellisch gegen die anwesenden Äbte wären — jener würde nicht weichen, und diese keinen anderen wählen —, dann sollen sie von ihnen exkommuniziert werden. Geht hernach einer von diesen argen Mönchen in sich, aus Mitleid mit seiner Seele das Todesurteil nicht länger ertragend, so nehme er zu seinem Mutterkloster Zuflucht, um als Sohn und Mönch dieser Kirche aufgenommen zu werden, bis er gebessert in das eigene Kloster zurückkehren darf.

Der Abt von Cîteaux hat als Haupt aller keinen Abt über sich. Wenn er gefehlt hätte, soll er sorgen, daß an ihm geschieht, was für die anderen Fehlenden beschlossen wurde. Diese Sorge ist den Äbten von La Ferté, Pontigny, Clairvaux nach gemeinsamem Rat übertragen worden. Sie führen, zugleich im Namen der übrigen Äbte, nach obigem Verfahren alles mit Eifer und Umsicht aus. Diese Drei dürfen aber aus sich keinen anderen Abt ernennen, wenn der alte Abt nicht abdankt, noch gegen den Widerspenstigen das Anathem aussprechen.

Der Prior von Cîteaux rufe durch drei oder mehr Boten die Äbte der direkt von Cîteaux abhängigen Abteien zusammen, soviele ihrer in 15 Tagen kommen können. Diese veranlassen nach Absetzung des Schuldigen, daß die Mönche in ihrer Gegenwart einen neuen Vater wählen. Wenn sie trotzig sind, werden sie und der Abt exkommuniziert. Wer dann zur Besinnung kommt und seine Seele zu retten verlangt, möge zu einem der drei genannten Klöster, nämlich La Ferté, Pontigny oder Clairvaux seine Zuflucht nehmen und wie ein Bruder und Hausgenosse aufgenommen werden, bis er, Gott gebe es, dem ausgesöhnten eigenen Kloster zurückgegeben werden kann. Inzwischen wird das Jahreskapitel nicht in Cîteaux gehalten, sondern wo es die drei vorbenannten Äbte anberaumen.

Man muß noch wissen: Solange die Kirche von Cîteaux verwaist oder vakant ist, hat der Abt von La Ferté im Interim die Stelle inne; bei der Wahl des Abtes von Cîteaux werde immer nach der obigen Weise und Ordnung verfahren. In den übrigen Klöstern verständigt man vom Tode des Abtes den Vaterabt, zu dessen Obsorge das Kloster besonders gehört, damit nach seinem Rat und in seiner Gegenwart eine reguläre Neuwahl durch die Brüder erfolge. Wen sie auch aus jedem Cistercienserkloster erwählen mögen, ohne Widerspruch werde er aufgenommen. Aus anderen Klöstern, die nicht unseres Ordens sind, einen Abt zu nehmen oder eigene Mönche als Äbte abzugeben, ist Cisterciensern nicht erlaubt.

VI. Welche Vorschrift für Abteien gilt, die nicht voneinander abstammen

Für Abteien, die nicht voneinander abstammen, gilt dieses Gesetz: überall im Kloster soll jeder Abt einem ankommenden Mitabt den Vorrang lassen, damit erfüllt werde: Mit Achtung kommet einander zuvor (Rö. 12, 10). Treffen zwei oder mehrere zusammen, so habe der erste der Angekommenen den höheren Platz. Alle essen aber, mit Ausnahme des Ortsabtes, im Refektorium. Kämen sie sonst zusammen, so nehmen sie ihren Rang nach dem Alter der Abteien ein; wessen Kloster also älter ist, der ist höher gestellt, es sei denn, daß einer von ihnen mit der Albe bekleidet ist: stehend vor allen, erfüllt er den Dienst des Ersten in allem, mag er auch jünger sein als alle. Überall, wo sie sich niedersetzen, sollen sie sich gegeneinander verneigen.

VII. Daß keiner jemanden aufnehme, der in ein anderes Kloster gehen will

Keiner von uns mahne jemanden ab oder ziehe ihn an sich, der in irgend eines unserer Klöster gehen will; man halte ihn nicht einmal zurück, wenn er inzwischen seine Absicht ändern und aus freien Stücken verbleiben wollte. Wer sich dagegen in einem bestimmten Kloster unbefriedigt fühlt und weggeht, ehe er auf Probe angenommen wurde, einen solchen mag aufnehmen, wer will. Trat er nach der Aufnahme aus, so kann er nur mit Zustimmung jenes Klosters aufgenommen werden.

VIII. Flüchtige Mönche und Konversen

Einem Mönch oder Konversen, der heimlich in ein anderes Kloster unseres Ordens flieht, rede man zu, zurückzukehren. Weigert er sich, so darf er dort nicht länger als eine Nacht bleiben; einem Mönch nehme man den Habit weg, außer er sei sicher schon Mönch gewesen, bevor er zu unserem Orden kam.

IX. Über den Bau der Abtei

Alle unsere Klöster, so wurde bestimmt, sind zu Ehren der Königin Himmels und der Erde zu erbauen, und zwar nicht in Städten, festen Plätzen und Dörfern. Einen neuen Abt darf man zur Neugründung nicht aussenden ohne wenigstens zwölf Mönche, nicht ohne folgende Bücher: Psalterium, Hymnarium, Kollektenbuch, Antiphonar, Graduale, Regel, Missale, und ehe diese Gebäude aufgeführt sind: Oratorium, Refektorium, Dormitorium, Gästehaus und Pförtnerzelle, damit sie dort sofort Gott dienen und nach der Regel leben können. Außerhalb der Klosterpforte baue man kein Wohnhaus, außer für Tiere. Damit unter den Abteien eine unlösliche Einheit dauernd bestehe, wurde zuvörderst bestimmt, daß die Regel des hl. Benedikt von allen einmütig verstanden und auch nicht in einem Buchstaben verlassen werde [35]), daß ferner die gleichen Bücher zum göttlichen Offizium, die gleiche Kleidung und Lebensweise, dieselben Bräuche und Gewohnheiten beobachtet werden.

X. Welche Bücher nicht abweichen sollen
Missale, Evangeliar, Epistolar, Kollektenbuch, Graduale, Antiphonar, Hymnarium, Psalterium, Lektionar, Regel, Kalendarium seien überall einheitlich gehalten.

XI. Von der Kleidung
Die Kleidung sei einfach und wohlfeil, ohne Pelz und Unterkleidung, wie sie die Regel beschreibt. Die Kukullen seien außen nicht flockig, und die Tagesschuhe von Kuhleder.

XII. Von der Nahrung
Bei der Nahrung beachte man die Bestimmungen der Regel über das Brot, Getränkemaß und die Zahl der Gerichte. Das Brot sei grob gesiebt. Wenn Weizen (frumentum) knapp ist, kann man Roggen (secalium) nehmen. Diese Regel gilt nicht für Kranke. Auch bezeichneten Gästen reiche man einen Wastel [36]) und den zur Ader Gelassenen einmal nur ein Pfund Weißbrot.

XIII. Daß im Kloster keiner Fleisch oder Fett esse
Die Gerichte im Kloster seien immer und überall ohne Fleisch und Fett zubereitet, ausgenommen für durchaus Kranke und Lohnarbeiter.

XIV. Tage mit Fastenspeise
In der Quadragesima vor der Geburt des Herrn, in der Septuagesima und an jedem Freitag (mit Ausnahme der Kranken), an den Quatemberfasten im September, an den Vigiltagen von Johannes Baptist, Peter und Paul, Laurentius, Mariä Himmelfahrt, Matthäus, Simon und Judas, Allerheiligen, Andreas essen wir Fastenspeisen. Für einen Gast wird nichts gekauft, wenn er nicht krank ist.

XV. Woher die Mönche ihren Lebensunterhalt nehmen
Die Mönche unseres Ordens müssen von ihrer Hände Arbeit, Ackerbau und Viehzucht leben. Daher dürfen wir zum eigenen Gebrauch besitzen: Gewässer, Wälder, Weinberge, Wiesen, Äcker (abseits von Siedlungen der Weltleute), sowie Tiere, ausgenommen solche, die mehr aus Kuriosität und Eitelkeit als des Nutzens wegen gehalten werden, wie Kraniche, Hirsche u. dgl. Zur Bewirtschaftung können wir nahe oder ferner beim Kloster Höfe haben, die von Konversen beaufsichtigt und verwaltet werden.

XVI. Daß ein Mönch nicht außerhalb des Klosters wohnen darf
Gemäß der Regel muß das Kloster die Wohnung des Mönches sein; mag er auch oft zu den Höfen geschickt werden, nie darf er dort länger wohnen.

XVII. Daß in unserm Orden das Wohnen mit Frauen verboten ist
Jede Gelegenheit von Frauenhilfe ist ausgeschlossen, ob nun zur Vermehrung und Aufbewahrung von Nahrungsmitteln, Wäsche irgendwelcher Klosterdinge oder aus welcher Notwendigkeit immer — mit einem Worte, uns und unsern Konversen ist das Wohnen mit Frauen unter einem Dach verboten.

XVIII. Daß sie nicht die Klosterpforte überschreiten
Nicht einmal im Hofgebiet der Grangien dürfen Frauen als Gäste verweilen noch die Klosterpforte betreten.

XIX. Kein Verkehr mit Weltleuten durch Halfenwirtschaft u. ä.
Es ist uns nicht erlaubt, Verkehr mit Weltleuten zu haben, indem wir für Viehhaltung und Landbau den halben Ertrag (medietas) oder Viehpacht geben oder nehmen.

XX. Was die Konversen hier zu tun haben
Wie gesagt, diese Arbeiten verrichten Konversen oder Lohnarbeiter. Die Konversen nehmen wir ja mit Erlaubnis der Bischöfe als notwendige Mithelfer unter unserer Leitung wie auch die Mönche auf; wir halten sie als Mitbrüder, teilhaftig unserer geistlichen wie zeitlichen Güter gleich den Mönchen.

XXI. Von der Prüfung der Konversen
Jedoch prüfen wir neue Ankömmlinge auf ein Jahr. Dann nehmen wir im Kapitel die Profeß dessen entgegen, der bleiben will und zu bleiben verdient.

XXII. Daß ein Konverse nicht Mönch werden kann
Durch die Profeß wird er zwar nicht eigentlich Mönch, selbst wenn er sehr darum angehalten hätte, vielmehr bleibe er in dem Berufe, in welchem er berufen ist (1 Kor. 7, 20). Sollte er vielleicht anderswo, durch Einflüsterung des Teufels, von irgendjemand, einem Bischof oder Abt das Mönchs- oder Kanonikergewand annehmen, so darf ihn keines unserer Klöster mehr aufnehmen.

XXIII. Welche Einkünfte wir nicht haben
Kirchen, Altäre (Benefizien), Begräbnisse, Zehnten aus fremder Arbeit und Nahrung, Dörfer, Hörige, Bezüge von Ländereien, Backhäusern, Mühlen und ähnliches, was dem lauteren Mönchsberuf (monastice puritati) entgegen ist, verwehrt unser Name und die Verfassung unseres Ordens.

XXIV. Wen wir zur Beichte, Kommunion und zum Begräbnis annehmen
Zur Beichte, hl. Kommunion und zum Begräbnis nehmen wir — mit Ausnahme eines Gastes und unserer Dienstleute, die im Bereich des Klosters sterben — keinen Fremden an. Auch nehmen wir kein Opfer zur Konventmesse an.

XXV. Was wir besitzen und nicht besitzen dürfen von Gold, Silber, Edelsteinen und Seidenstoff
Die Altartücher, Gewänder der Altardiener sollen nicht von Seide sein, außer Stola und Manipel; die Kasel sei nur einfarbig, alle Ornamente des Klosters,

Gefäße und Geräte seien nicht von Gold, Silber und mit Edelsteinen bedeckt, außer Kelch und (Kommunion-) Röhrchen, die beide nur silbern und vergoldet, aber niemals von Gold sein dürfen.

XXVI. Über Bildwerke, Malereien und das Holzkreuz
Bildwerke dulden wir nirgends, Malereien nur auf Kreuzen, die aber nur in Holz ausgeführt seien.

3. Der hl. Bernhard von Clairvaux und sein Zeitalter

„Bernhards Leben darstellen, bedeutet zugleich, die Geschichte der monastischen Orden, der kirchlichen Reform und der Theologie, der häretischen Lehren, des zweiten Kreuzzugs, der Geschichte Frankreichs, Deutschlands und Italiens während der Zeitspanne von 40 Jahren schreiben" [37]). *(Luchaire)*

Abt Bernhard von Clairvaux
aus: Cod 20 fol 1, Antiphonarium Cisterciense

Bedeutungsvoll, schlicht und großartig zugleich, kühn und hochgemut war der Idealismus der Gründer von Cîteaux. Nach schwierigem Beginn sahen sie ein staunenswertes Wachstum, das kaum verständlich ist, hätte die Vorsehung nicht die Schritte des Jungherrn Bernhard von Fontaine und seiner Gefährten nach Cîteaux gelenkt, wenn auch ihr Kommen allein nicht die Wendung in dem fast aussterbenden Kloster gebracht hat. Bernhard erblickte im Jahre 1090/91 in dem burgundischen Schloß Fontaines bei Dijon (heute Fontaines-les-Dijon) als drittes und begabtestes von sieben Kindern das Licht der Welt. Sein Vater, der edle Ritter Tezelin, und die fromme, früh verstorbene Mutter Aleth von Montbard, mit den Grafen von Bar-sur-Seine verwandt, waren die ersten Erzieher. Bernhards Herkunft erklärt manches in seinen Charakterzügen. Auf der Stiftsschule St. Vorles zu Châtillon-sur-Seine erhielt er eine erlesene humanistische Ausbildung. Die *Vita prima* hebt den Eifer Bernhards hervor, „mit dem er sich den Schulwissenschaften widmete, um durch sie in den Heiligen Schriften Gott kennen zu lernen" [38]). Dem schönen jungen Mann standen die Wege offen. Früh bereits erwacht die große Unruhe des Herzens nach Gott, die ihn zeitlebens beherrscht. Bernhard sucht, durch die Verlockungen der Welt aufgeschreckt, eine sichere Geborgenheit. So reift die Entscheidung heran; aber nicht das reiche, angesehene Cluny zieht ihn an, — er wählt das ärmste und gemiedenste Kloster seiner Heimat — Cîteaux. Von seiner unwiderstehlichen Beredsamkeit werden vier seiner Brüder, mehrere Verwandte und Freunde mitgerissen. Am Osterfest des Jahres 1113 [39]) bricht dieser „heilige Frühling" in das einsame Waldtalkloster ein. Die Berufung zieht viele Gleichgesinnte an, und so konnte Abt Harding in kurzer Folge vier Neugründungen vornehmen, in deren dritte — Clairvaux, in der Ebene zwischen der Champagne und Hochburgund, wo die Aube entspringt, — der erst fünfundzwanzigjährige Bernhard 1115 als Abt ausgesandt wird.

Hier starb er, im Alter von 63 Jahren am 20. August 1153; 40 Jahre war er Mönch und 38 Jahre Abt. In dieser Zeit — von den Historikern das „Jahrhundert des hl. Bernhard" genannt — geschah Großes in Kirchen- und Weltgeschichte. Bernhards kahle, enge Abtszelle unter der Dormitoriumstreppe zu Clairvaux wurde ein Mittelpunkt des Abendlandes. Am 18. Januar 1174, kaum zwanzig Jahre nach seinem Tode, verkündete Papst Alexander III. den neuen Heiligen, den Innocenz III. in einem Gebet schon 1201 — lange vor der offiziellen Erhebung (23. Juli und 20. August 1830) — Kirchenlehrer, *Doctor egregius* nannte.

Welchen Zeitverhältnissen stand Bernhard gegenüber? Ringsum waren neue Kräfte auf politischem, sozialem und geistigem Gebiet im Aufsteigen begriffen, die an die Tore der mühsam errungenen geistlichen Vorherrschaft pochten. Noch behauptete sie sich, weil sie von ihrem genialen Vorkämpfer Bernhard von Clairvaux geführt war. Bezeichnet man die Zeitspanne von 1125—1153 mit seinem Namen, so bedeutet das bei allem Vorausschreiten der kirchlichen Ansprüche keineswegs unbedrohten Besitz, sondern nur eine Gruppierung schwerer Kämpfe um seine überragende Persönlichkeit [40]).

Mit Heinrich V. (1106—25) starben die Salier aus. Gegen seine Neffen Friedrich und Konrad von Hohenstaufen wurde Lothar von Sachsen (1125—37) gewählt. Wie im Reiche, entstanden nach dem gleichzeitigen Tod von Papst Kallixt II (1119—24) Schwierigkeiten um den Nachfolger. Der schon gewählte Kardinalpriester Tebald trat zugunsten des Kardinalbischofs Lambert von Ostia (Honorius II., 1124—30) zurück, nach dessen Tod das eben verhütete Schisma offen ausbrach. Noch in der Todesnacht vom 13. zum 14. Februar 1130 wählte eine Minderheit der Kardinäle eilig und formlos den Parteigänger der Frangipani, Gregor von S. Angelo (Innocenz II., 1130—45), und wenige Stunden später erhob die Mehrheit den Kardinal Pierleone (Anaklet II., 1130—38) auf den Stuhl Petri. Die Hintergründe der Doppelwahl wurden meist in politischen, sogar stadtrömischen Motiven gesehen, während es eigentlich um geistig-religiöse Anliegen ging. Eine ältere Generation der Kardinäle mußte unter der Last des Investiturstreites innerkirchliche Aufgaben zurückstellen. Die erst nach dem Wormser Konkordat (1122) berufenen Kardinäle, noch ohne Verdienst, waren von einer anderen, gerade aufkommenden Geistigkeit und Frömmigkeit und voller Reformansprüche, die wieder einer umfassenderen Besinnung in der Kirche angehören, z. B. im verjüngten Benediktinertum (Petrus Venerabilis), in den neuen Mönchsorden und der Kanonikerbewegung. Eine treibende Kraft und rechte Hand unter mehreren Päpsten war der Kanzler Haimerich († 1141). Die kleinere Kardinalsgruppe um ihn (die *"pars sanior"*) hielt zu dem würdigeren Innocenz. Rechtlich waren

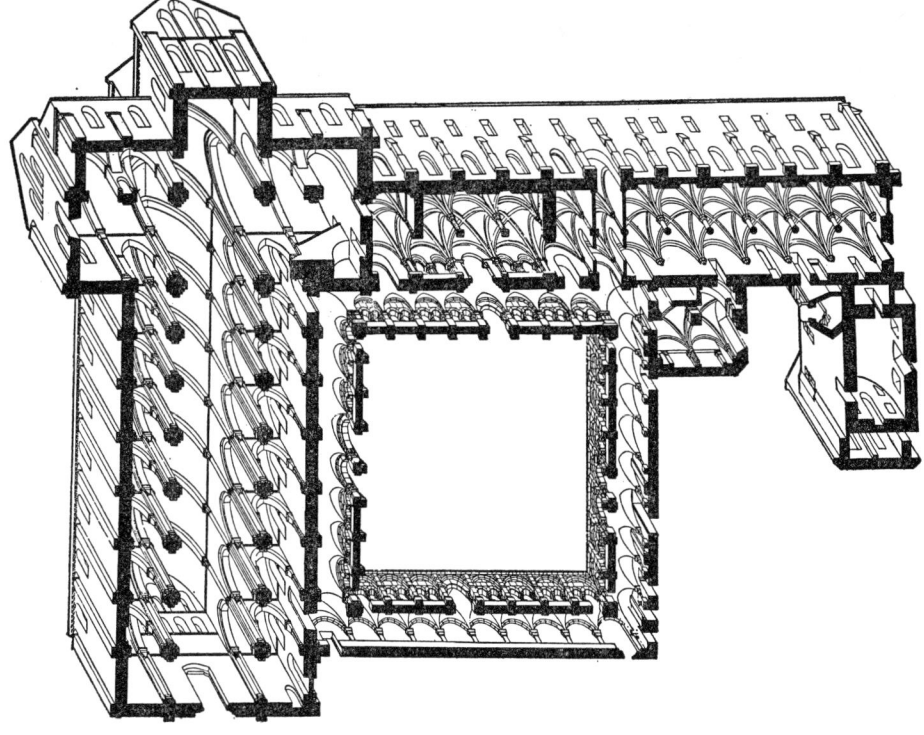

Isometrische Aufnahme der Abtei Fontenay (Côte-d'Or).
(Plan im Besitz des Museums von Dijon.)

Fontenay, 1119 als zweite Tochter von Clairvaux vom Hl. Bernhard gegründet und im romanischen Stil erbaut, ist das einzige Cistercienser-Kloster, das unverändert auf unsere Zeit gekommen ist. Die Kirche wurde 1147 durch den Cistercienser-Papst Eugen III. in Anwesenheit des Hl. Bernhard geweiht. Sie gilt als Prototyp der frühen Cistercienser-Baukunst. In verkleinertem Maßstab lebt in Fontenay der Kirchenbau Bernhards (Clairvaux II, 1135/58) weiter.

die Ereignisse jedoch nicht einwandfrei. Wer war nun der rechtmäßige Papst? Das Schisma, bis dahin das gefährlichste, hat die Christenheit stärker erschüttert, als heute noch feststellbar ist. Wenigstens in gewissen Kreisen der Kirche wußte man von Anfang an, um was es ging und auf welche Seite man gehörte [41].

In der Verwirrung rief man Bernhard von Clairvaux als Schiedsrichter an, der sich auf dem Konzil von Etampes (1130) hinter Innocenz stellte. Anaklet konnte zuletzt seine Herrschaft nur auf kleine Teile Roms und auf das Gebiet Rogers von Sizilien stützen. Die schnelle Anerkennung Innocenz' war letztlich ein Sieg der Reform, woran Bernhard erheblicher Anteil zukommt. Für diese Aufgabe reiste er acht Jahre umher, nahm er an Reichstagen und Besprechungen teil und schrieb Hunderte von Briefen. Dankbar nennt Innocenz II. den Abt im Jahre 1132 „eine unübersteigbare Mauer für sein Papsttum" [42]. Doch dieser wußte sich nur als Mönch, der vom kirchenpolitischen Schauplatz wieder abtrat, als Einheit und Friede der Kirche zurückgewonnen waren.

Je mehr Bernhards Einfluß in der Öffentlichkeit zunahm, desto mehr wurde er zu seinem Leidwesen in die großen Auseinandersetzungen der Zeit hineingezogen. Wie ein Notruf seines gequälten und überforderten Herzens mutet das Bekenntnis an: „Es ist nun an der Zeit, daß ich auch an mich denke. Euch klagt mein ungeheuerliches Leben, mein kummervolles Gewissen an. Ich bin die Chimäre meines Jahrhunderts geworden, — nicht Priester, nicht Laie. Ich trage zwar noch das Kleid eines Mönches, ohne dessen Leben zu führen" [43]).

Gegen theologische Irrtümer des gefeierten Philosophen Peter Abälard (1079 bis 1142) rief der Abt von Clairvaux das kirchliche Lehramt an. Auf dem Konzil von Sens (Juni 1140) vermied Bernhard jedoch eine offene Disputation mit dem überlegenen Dialektiker und ließ von den Konzilsvätern — ohne Abälards Appellation nach Rom zu beachten — 19 Sätze aus dessen Schriften als irrgläubig verurteilen. Der Papst bestätigte das Urteil und legte Abälard ewiges Stillschweigen auf.

Während Abälard sich unterwarf und, ausgesöhnt mit der Kirche, in einem Cluniazenserkloster sein bewegtes Leben beschloß, griff sein Schüler Arnold, Propst des Augustinerchorherrnstiftes zu Brescia, Bernhard und dessen Anhänger heftig an. Der Abt war schon früher mit diesem radikalen Kirchenreformer — „dem Waffenträger Abälards", wie er ihn nannte [44]) — zusammengestoßen, der von Kirche und Klerus über die apostolische Armut hinaus Verzicht auf jeglichen Besitz forderte. Auf Bernhards Betreiben aus Frankreich verwiesen, vertrat Arnold nach vorübergehender Aussöhnung mit Eugen III. (1145) seit 1147 erneut seine wirren sozial-kirchenpolitischen Ideen und unterstützte die Römer in ihrem Unabhängigkeitskampf gegen das Papsttum. 1155 wurde er auf Befehl Kaiser Barbarossas hingerichtet.

Wie eifernd sich Bernhard für die bedrohte Rechtgläubigkeit der kirchlichen Lehre einsetzte, zeigt auch sein Vorgehen gegen den gelehrten Bischof Gilbert von Poitiers (Gilbert de la Porrée, 1142—54). Er wies dem scharfsinnigen Theologen und vormaligen Pariser Professor gefährliche Formulierungen in seiner Trinitätslehre nach. Auf den Synoden von Paris (1147) und Reims (1148) widerrief Gilbert vor Papst Eugen III. die angegriffenen Sätze.

Nach dem Tode Papst Lucius' II. (1144—45) wählte das Kardinalskollegium wegen des römischen Aufstandes noch am gleichen Tage den Cistercienserabt Bernhard von Tre-Fontane bei Rom zum Papst, der sich Eugen III. (1145—53) nannte. Bernhard, über die Erhebung seines Schülers überrascht und betroffen zugleich, machte in einem Brief den Kardinälen Vorwürfe, „sie hätten einen Begrabenen und der Welt abgestorbenen Mönch wieder unter die Menschen gerufen und ihn zum Herrscher über Fürsten und Bischöfe gemacht" [45]). Doch spricht er im Grußschreiben an den neuen Papst die Hoffnung aus, vor seinem Tod noch die Kirche so zu sehen, wie sie in den apostolischen Zeiten gewesen. Als „Papstspiegel" verfaßte der Abt von Clairvaux in den Jahren 1148—1153 das klassische, von Reformideen durchsetzte Werk „Über die Selbstbesinnung" (*De consideratione*) [46]). Bernhard versuchte durch Eugen III. die Verweltlichung von Kirche und Kurie zu beheben und den geistlichen Charakter des Papsttums wiederherzustellen. Und so ist im Pontifikat des Cistercienserpapstes überall der Einfluß des Abtes von Clairvaux spürbar und anerkannt, wie dieser selbst seinem ehemaligen Schüler bekennt: „Sie sagen, nicht Ihr wäret der Papst, sondern ich!" Eugen hingegen nennt sich „Bernhards geistigen Sohn".

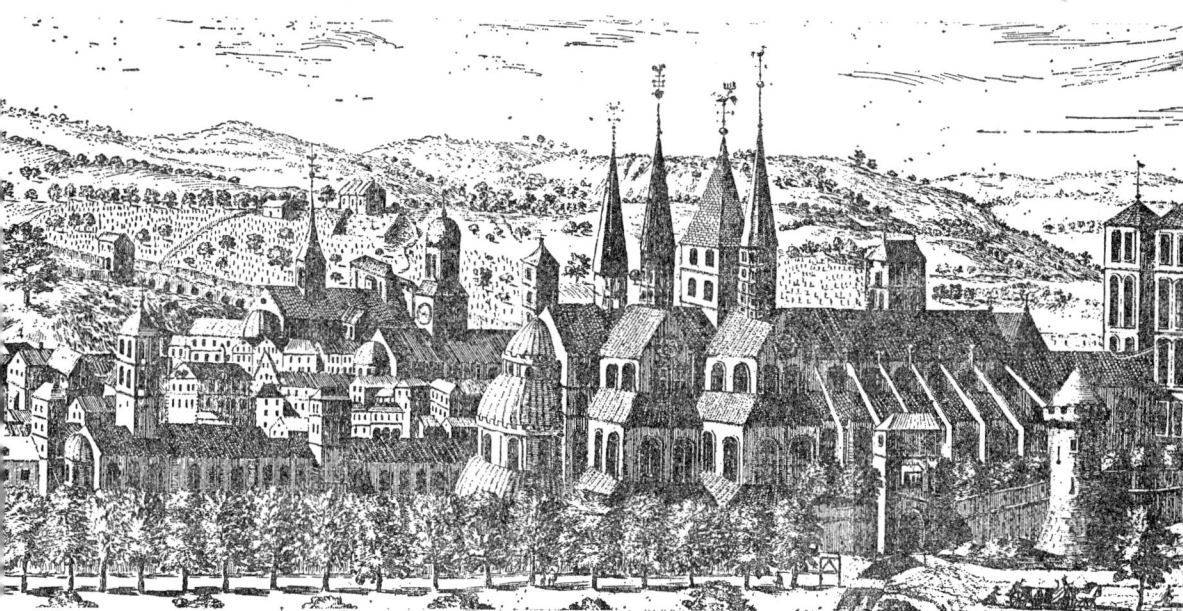

Mittelstück einer Gesamtansicht von Cluny (Radierung aus den Jahren 1668—1672). Links und rechts fügten sich weitere mit Kirchen und anderen Gebäuden bebaute Klosterteile an. Das Herz der Klosteranlage war die unten im Modell abgebildete Abteikirche, eine fünfschiffige Basilika mit doppeltem Querschiff.

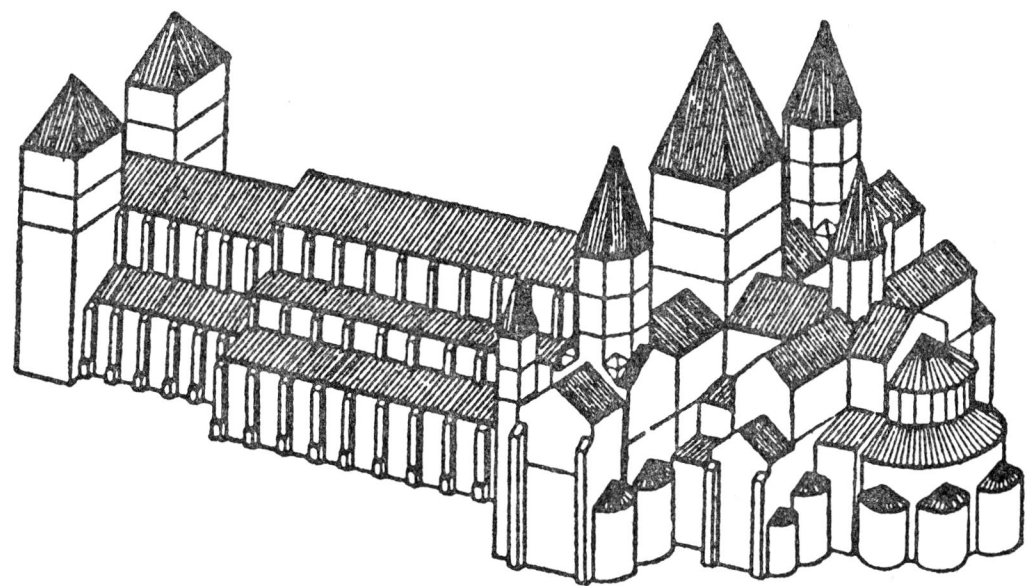

Cluny III. (Modell nach der Rekonstruktion von K. J. Conant). Auf der Nordseite des älteren Baues (Cluny II, Weihe 981) wurde 1088 mit der Errichtung eines neuen begonnen, der schon 1130 durch Papst Innonenz II. geweiht werden konnte. Ein Bauwerk ungeheurer Dimensionen, geordneter Vielfältigkeit von Bauteilen, die Grundfläche rund zehnmal größer als die des Vorgängerbaues: eine machtdemonstrierende Monumentalität. Wenn Emile Mâle sagt, Cluny sei das größte, was das Mittelalter geschaffen habe, so muß ergänzt werden, daß es mit diesem Cluny zugleich eine nicht minder große Schöpfung ins Leben rief: den Cistercienserorden. Denn an Cluny entzündete sich der Widerspruch, der zur Gründung des neuen Ordens führte. Gegen diesen Geist richteteten sich die Angriffe Bernhards.

Der 2. Kreuzzug (1147) [47]

Nach dem Falle Edessas (23. Dez. 1144) stürmten die islamischen Heere gegen das Königreich Jerusalem vor. Die hl. Stätten drohten den Ungläubigen in die Hände zu fallen. Bernhard, der zunächst König Ludwig VII. von Frankreich die Übernahme der Kreuzzugspredigt abgeschlagen hatte, unterzog sich dieser Aufgabe erst auf ausdrücklichen Befehl des Papstes. Mit seiner flammenden Beredsamkeit begeisterte er die auf dem Hoftag von Vézélay (Ostern 1146) versammelte Elite der französischen Nation. König Ludwig selbst nahm aus Bernhards Hand das Kreuz. Der Abt mußte seine Kukulle zerschneiden, um allen „Soldaten Christi" das Kreuz auf die Schultern heften zu können. Bernhard durchzog anschließend Frankreich, Belgien und die Rheinlande; seine unwiderstehliche Predigt war begleitet von Wundern. Dem Papste berichtet er: „Städte und Burgen leeren sich, schon findet man schwerlich für sieben Frauen einen Mann". Ohne seiner schwachen Gesundheit zu achten, rief Bernhard in Predigten und Briefen das christliche Abendland zur gemeinsamen Front gegen den Islam auf. Seinen größten Erfolg erlebte er in Speyer, wo er am Weihnachtsfest des Jahres 1146 den unentschlossenen deutschen König Konrad III. für die Kreuzfahrt gewann.

Der Kreuzzug scheiterte indes wegen der Uneinigkeit der Teilnehmer und mangelnder Oberleitung und ist eines der tragischsten Ereignisse mittelalterlicher Geschichte. Gewaltige Opfer an Menschen und Material hatte das Unternehmen gefordert. Bernhard trug das Mißlingen, auch die Vorwürfe seiner Zeitgenossen in seelischer Größe: „Übereilungen der Fürsten und die üblen Sitten der Kreuzfahrer haben das Unglück herbeigeführt; und ich, der ich nur den Weisungen des apostolischen Stuhles folgte, maßte mir nie an, Gottes Ratschlüsse zu bestimmen oder die Veränderlichkeiten des Glückes zu leugnen. Auch die Widerwärtigkeiten kommen vom Herrn. Lieber will ich die Vorwürfe ertragen, als daß Tadel und Haß sich gegen Gott richten" [48]. In dieser bittersten Stunde drückt Bernhard eine tiefe historische Wahrheit aus: auch schwerste Schicksalsschläge haben als Prüfungen im göttlichen Weltplan ihren Sinn; die göttliche Sache hängt nicht vom augenblicklichen Erfolg oder Mißerfolg ab [49].

Im modernen Geschichtsdenken erscheint der 2. Kreuzzug mehr als bisher als ein Versuch, „Europa zu einigen und zusammenzuführen" [50]. Schon damals habe „dieser große Europäer" das Abendland auf die Gefahr aus dem Osten aufmerksam gemacht, die er durch seine Kreuzzugspredigt zu bannen versuchte.

Der Streit mit Cluny

Im Orden erstreckte sich Bernhards rechtliche Stellung aufgrund der cisterciensischen Filiationsverhältnisse meist auf Clairvaux und seine Tochterklöster. Immer mehr wurde er jedoch zum geistigen Führer der aufblühenden Reform von Cîteaux. Dies sollte der seit 1120 heftig auflodernde Streit mit Cluny klar erweisen. Die Auseinandersetzung läßt Ziele und Grundhaltung der beiden großen benediktinischen Zweige erkennen. Neben den erörterten Streitfragen tritt das Bild der Wortführer Bernhard und Petrus Venerabilis hervor. Man spürt förmlich ihr Ringen um die Erkenntnis der richtigen Regelauffassung in einem Streit, der stark durch persönliche Veranlagung und Temperament bestimmt ist.

Restbauten der Kirche von Cluny III

Zur Zeit der Errichtung 1088—1130 durch Abt Hugo war sie die größte Kirche des Abendlandes. Mit ihren 187 m Länge, 30 m Höhe, fünf Schiffen, zwei Querschiffen und sieben Türmen war sie eine geniale Synthese dessen, was die Kunst der Romanik an Vollendung hervorgebracht hat. Zerstört 1798—1823 während der Französischen Revolution. Heute ist noch verblieben: Teil des Mittelschiffes, beherrscht durch den mächtigen Glockenturm. Das herrliche Fragment gibt noch einen anschaulichen Eindruck der Kraft, der Kühnheit und der Größe des Monuments. Siehe Abb. und Texte S. 33.

Der zündende Funke war ein Brief Bernhards vom Jahre 1120 [51]) an seinen Vetter Robert von Châtillon, der Clairvaux verlassen und nach Cluny übergetreten war. Bernhard versuchte mit der ihm eigenen feurigen Beredsamkeit den jugendlichen „Apostaten" zur Rückkehr zu bewegen und gebrauchte u. a. das Argument: die Mönche von Cîteaux leben vollkommener und entsagungsreicher als die von Cluny. Mit bitterem Spott geißelt der erregte Abt die — nach seiner Meinung — verweichlichte Observanz der Cluniazenser.

In Cluny war man natürlich empört über solche Kritik. Der weite Kreise ziehende Skandal mit dem unwürdigen Abt Pontius (1109–22) schien vorläufig nicht der geeignete Augenblick zur Rechtfertigung. Diese versuchte Abt Petrus Venerabilis (1122–56) in einem umfangreichen, vornehm gehaltenen Brief (um 1123/24), der eine mustergültige Abhandlung über das Ordensleben und die monastischen Tugenden darstellt [52]). In durchaus versöhnlichem Ton widerlegt der Abt von Cluny die scharfen Anwürfe Bernhards und stellt dann die von St. Benedikt empfohlenen Tugenden der weisen Maßhaltung, der Gottes- und Nächstenliebe als Grundlage des klösterlichen Lebens heraus [53]).

Bernhard gab sich indes nicht zufrieden. Auf Drängen seines Freundes, des Benediktinerabtes Wilhelm von St. Thierry, seit 1135 Cistercienser in Signy, veröffentlichte er zwischen 1123 und 1125 seine „Apologie" [54]). In Wirklichkeit war sie eine Rechtfertigung des eigenen Ideals durch scharfe Angriffe gegen Cluny. Bernhard brandmarkt die unmonastische Lebensführung in Cluny und den unnützen Prunk in seinen Kirchen und Klöstern.

Petrus Venerabilis gab in einem neuen Schreiben an Bernhard die Richtigkeit mancher, z. T. wohlbegründeter Anwürfe zu und suchte in den neuen Statuten für Cluny (1132) Mißbräuche abzustellen, um künftiger Kritik vorzubeugen [55]). Weniger maßvoll als der große Abt von Cluny waren seine Mönche. Sie erwiderten auf die in der „Apologie" erhobenen Anklagen in der wenig bekannten Streitschrift *„Reprehensio libelli abbatis Clarevallis"* (um 1127), worin sie das cisterciensische Mönchsideal heftig angriffen. Als Verfasser kommt wahrscheinlich der englische Cluniazenserabt Hugo von Reading, später Erzbischof von Amiens, in Frage [56]).

Die Probleme beschäftigen noch die nächste Generation. Sie leben in Süddeutschland im Verlaufe des langjährigen Zehntstreites zwischen den österreichischen Abteien Melk und Heiligenkreuz neu auf [57]). In seinem „Dialog zwischen einem Cluniazenser- und Cisterciensermönch" begründet ein Cistercienser aus Aldersbach / Bayern nicht ungeschickt mit persönlichen Erfahrungen und spöttischen Vorhaltungen seinen Austritt aus der Kongregation von Cluny [58]). Wir hören, daß noch um 1156 heftig diskutiert wird über Berechtigung des Kirchenschmuckes, Zehntpraxis, Ordenswechsel, Fastenvorschriften u. ä.

Die Auseinandersetzungen hatten auch eine positive Seite: Cluny gibt sich in Kritik und Selbstbesinnung über wesentliche Fragen des monastischen Lebens Rechenschaft. Was jahrhundertelang selbstverständlicher, traditionsgeheiligter Besitz gewesen ist, wird nun klarer formuliert angesichts der Fragen, die von beiden Seiten aufgegeben und gelöst werden.

Die Briefe und vor allem der persönliche Kontakt Bernhards führten auch außerhalb Clunys zu ähnlichen Reformbestrebungen. So versammelten sich 1130 die Benediktineräbte der Reimser Kirchenprovinz in Soissons, um über Fragen der Reform zu beraten, wozu sie Bernhard in einem Schreiben ermunterte. Auch um die Reform der Klöster St. Denis zu Paris, St. Maximin in Trier u. a. m. war der Abt von Clairvaux bemüht [59]).

Mit Bernhards gewaltiger Persönlichkeit schließt die von 1050–1150 durch das Mönchtum geformte abendländische Kultur ab [60]). Sein Geist und sein Gedankengut wirkten jedoch weiter in der nunmehr durchbrechenden Scholastik und erlebten in der *Devotio moderna* – wie im monastischen Schrifttum überhaupt – eine neue Blüte [61]).

4. Vom Mittelalter bis zur Gegenwart

Das von Abt Stephan Harding klug ausgedachte System der engen Verbindung der Klöster untereinander und mit dem Stammkloster Cîteaux konnte sich fruchtbar nur bei einem kleineren Ordensverband auswirken. Nun breitete sich der Cistercienserorden, in der Kirchengeschichte bisher ungewöhnlich, über ganz Europa aus. Die Kapitelsväter erkannten bald die damit verbundenen Gefahren. Seit der Mitte des 12. Jahrhunderts sind sie bei Neugründungen und Aufnahmen bestehender Klöster weit vorsichtiger und bestehen unerbittlich auf Einhaltung der Ordensdisziplin [62]).

Die Entwicklung gab noch eine Schwierigkeit auf: die Cistercienser kommen zu Ansehen und Gewicht, umworben stehen sie zwischen den beiden großen Mächten Papst und Kaiser; ihre politische Bedeutung wissen auch die Landesfürsten zu schätzen. Die Cistercienser waren nie so eng wie im 12. Jahrhundert mit Rom verbunden; seit Bernhard von Clairvaux sind sie eine Stütze der Päpste, die den Orden offen begünstigen. Einen ersten päpstlichen Schutzbrief gab Paschalis II. (*Privilegium Romanum* v. 19. 10. 1100), worin er Freiheit von kirchlicher und weltlicher Einmischung gewährt. Die darin keimhaft enthaltene Exemtion wird endgültig bestätigt durch die Bulle „Monasticae sinceritas disciplinae" Lucius' III. vom 21. November 1184; Urban III. dehnt die Freiheit von der Strafgewalt des Ortsordinarius am 31. Oktober 1186 auch auf die Lohnarbeiter und Wohltäter der Cistercienser aus [63]).

Über hundert Cistercienserönche wurden im 12. Jahrhundert zu Bischöfen und 12 zu Kardinälen erhoben. Einige leisteten der römischen Kurie gegenüber den Staufern, die fast ununterbrochen mit den Päpsten im Kampfe lagen, und gegen den absolutistischen König Philipp d. Schönen von Frankreich (1285–1314) gute Dienste, wie umgekehrt Kaiser Barbarossa (1152–90) und Friedrich II. (1215 bis 50) Cistercienseräbte im diplomatischen Verkehr mit Rom verwenden [64]). Dem rechtmäßigen Papst Alexander III. standen 18 Jahre hindurch vier Gegenpäpste Barbarossas gegenüber. Es scheint, daß sich die deutschen Cistercienser in der Papstfrage klug zurückhielten, wenn sie auch innerhalb der Klöster mit ihren französischen Mitbrüdern Alexander III. anerkannten [65]). Den Frieden von Venedig (1. Aug. 1177) vermittelten zwei Cistercienser, Abt Hugo von Bonnevaux und Bischof Pontius von Clermont [66]). Dem ständigen und traditionellen Wohlwollen der staufischen Herrscher war der Orden verpflichtet. Jeweils zwei Mönche der Abtei Eußertal hüteten auf der Feste Trifels / Pfalz von ca. 1125–1273 die Reichskleinodien, die 1350–78 vorübergehend nach Stams gelangten [67]). Ihre Stellung als Vertraute der Staufer haben die Cistercienser nach dem Zusammenbruch der Stauferherrschaft (1256) dann fast ganz an die Bettelmönche abgetreten. König Rudolf von Habsburg (1273–91) wies die Reichsbeamten in Italien an, daß in ihren Bezirken die Cistercienser einige, den Minoriten nachteilige Bestimmungen aufheben sollten [68]). Die vom hl. Bernhard entfachte Kreuzzugsbegeisterung hielt an, wenn auch die Unternehmungen keine nennenswerten Erfolge erzielten. Um den dritten Kreuzzug (1189–92) bemühten sich meist Ordensmitglieder, so Kardinal Heinrich von Albano, ehemaliger Abt von Clairvaux, und Erzbischof Balduin von Canterbury, früher Abt von Ford, die beide an den Folgen der Kreuzfahrt starben. Auf Bitten des Papstes und Anweisung des Generalkapitels predigte Abt Guido von Vaux-de-Cernay mit drei weiteren Äbten die vierte Kreuzfahrt (1202–04), auf der er das christliche Heer betreute [69]).

Im Kreuzzug gegen die Albigenser in Südfrankreich traten wieder Cistercienser hervor. Ihre Bekehrungsversuche fanden mit der Ermordung des päpstlichen Legaten und Mönches Petrus von Castelnau (1208) ein blutiges Ende. Erst die Inquisition vermochte nach 1330 die gefährliche Irrlehre einzudämmen.

Die vorbildliche Eigenwirtschaft, die Cîteaux groß gemacht, konnte — wenigstens in Westeuropa — nach den Weisungen von Regel und Statuten nur ein Jahrhundert lang aufrechterhalten werden. Umschichtungen durch die neue Geldwirtschaft und städtische Kultur sprengten die bisherige Ordnung und beeinflußten seit der Mitte des 13. Jahrhunderts empfindlich auch das Wirtschaftsgefüge des Ordens [70]). Plötzlich war die einträgliche Eigenstellung des Grundbesitzes in Frage gestellt, als Bettelorden und Zunftwesen einen Großteil des Brüdernachwuchses in ihre Lager lenkten. Die Cistercienser hatten gerade diesen wirtschaftserfahrenen, treuen Helfern ihre materielle Blüte zu verdanken. Auch Mönchsberufe, die vielleicht unter anderen Verhältnissen den Weg zu den alten Klöstern genommen hätten, wanderten ab, und sie wären gerade für die zunehmenden Außenaufgaben (Seelsorge, Verwaltung) willkommen gewesen. Zunächst versuchte man durch Lohnarbeiter (*mercenarii*), d. h. mit höheren Kosten, den Eigenbetrieb fortzuführen. Viele Konvente arbeiteten unrentabel und verschuldeten. Nur eine vorübergehende Notlösung war mancherorts die zeitweilige Verteilung von Konventualen auf andere Häuser. Seit Mitte des 13. Jahrhunderts wird sogar die Höchstzahl der Konventsmitglieder je nach den Einkünften begrenzt. Der Zusammenbruch der Eigenwirtschaft führte zur feudalen Wirtschaftsordnung zurück. Eine gewisse Tragik liegt darin, nunmehr selber zu tun, was man ein Jahrhundert zuvor so scharf an den Cluniazensern kritisiert hatte. Die Abteien der weißen Mönche waren reich geworden durch Eigenarbeit und gutes Wirtschaften, durch Schenkungen und Stiftungen. Wie war es möglich, diesen enorm angewachsenen, teilweise auch verstreuten Besitz selbst zu bewirtschaften bei Nachlassen der Berufe? Bis auf geringen Eigenbau in unmittelbarer Nähe des Klosters empfahl sich Rentenwirtschaft und Verpachtung. Schon 1208 hatte das Generalkapitel angesichts der Verschuldung vieler Klöster – vor allem in Frankreich – die Verpachtung von weniger nutzbringenden Gütern erlaubt [71]. Andererseits wirkte sich das Pachtwesen, besonders in der erblichen Form, familien- und siedlungsbildend, also sozial günstig aus.

Der wirtschaftliche Höhepunkt war überschritten. Eine rückläufige Bewegung, sogar Verarmung der Konvente und, damit zusammenhängend, ein Absinken der Ordensdisziplin kennzeichnen in der zweiten Hälfte des 13. Jahrhunderts die Lage in weiten Gebieten Europas. Spannungen zwischen den Primarabteien und Cîteaux und Verfassungsstreitigkeiten mindern das Ansehen des Ordens. Eine drohende Spaltung wurde durch die Reformbulle *„Parvus fons"* Klemens' IV. (9. Juni 1265) vorübergehend behoben [72].

Sorgfältig ausgearbeitete Erlasse Benedikts XII. (1334–42) sollten die Ordenszucht bei Benediktinern, Cisterciensern, regulierten Chorherren und Bettelmönchen erneuern. Die Hauptsorge des Papstes galt dem eigenen Orden, dem er, ehemals Abt Jakob Fournier von Fontfroide, zeitlebens treu ergeben war [73]. Das in seiner Konstitution *„Fulgens sicut stella matutina"* vom 12. Juli 1335 (auch *„Benedictina"* genannt) niedergelegte Reformprogramm behandelte

1. wirtschaftliche Fragen, u. a. Einführung des Konventsiegels;
2. Besuch des Generalkapitels und Ordensabgaben;
3. monastische Aszese (einfache Lebenshaltung, Verbot der Privatzellen);
4. Erneuerung der Studien.

Nachhaltigen Erfolg zeitigten die päpstlichen Bemühungen um den Studienbetrieb. Benedikt XII. bestätigte die bereits bestehenden Ordenskollegien in Paris (1245), Montpellier (1260), Oxford (1280), Toulouse (1281), Salamanka (1335, seit 1289 in Stella) und gründete weitere Studienhäuser in Bologna und Metz [74]. Leider verhinderten die seit Mitte des 14. Jahrhunderts anhebenden Verheerungen des Hundertjährigen Krieges (1337–1453) und der „Schwarzen Pest" (1348–57, 1383) eine gedeihliche Fortsetzung der Reform. Viele Klöster wurden damals zerstört oder starben aus, andere kämpften schwer um ihre materielle Existenz und vergaßen darüber ihre geistige Formung. Das verderblichste Übel war jedoch das große Abendländische Schisma (1378–1417); es schwächte die kirchliche Autorität und drohte, den Orden selbst zu spalten. Die deutschen, böhmischen, polnischen, skandinavischen und englischen Chistercienser hielten zu Urban VI. (1378 bis 89) und dessen Nachfolgern; die französischen Klöster bekannten sich zu Klemens VII. (1378–94). Urban VI. befreite die Cistercienser seiner Obedienz von der Jurisdiktion des „schismatischen Pseudo-Abtes" von Cîteaux und verbot jeden Verkehr mit dem Stammkloster. In der Folge tagen Generalkapitel in Rom, Wien, Heilsbronn und Nürnberg. Generalvisitatoren sollten den Ordensgeist heben, Provinzialkapitel einberufen und die fälligen Subsidien einziehen. Jedoch erschwerten die aufkommenden Landesfürsten eine Überwachung der Klöster durch Ordensinstanzen [75].

Das Konzil von Konstanz (1414–18) beendete das Schisma und war zugleich Anlaß neuer Heimsuchungen. Die Hinrichtung des Prager Magisters Johannes Hus (1415) bedeutete das Fanal für die blutig-grausamen Hussitenkriege (1419 bis 36), die weite Teile Böhmens, Österreichs und Ostdeutschlands verwüsteten, Klöster und Kirchen vernichteten. Der von Papst Hadrian V. ausgerufene Kreuzzug (März 1420) gegen die „Wiclifiten, Hussiten und andere Ketzer" verlief ergebnislos [76]).

1422 erhebt das Generalkapitel bewegte Klage über den Niedergang des Ordens und der klösterlichen Ideale; in Deutschland werden in den verschiedenen Provinzen Reformatoren eingesetzt. Als Ersatz für den unsicheren, in Kriegszeiten unmöglichen Besuch des Generalkapitels treten künftig unter Vorsitz der Reformatoren Provinzialkapitel zusammen [77]).

Unter dem zunehmenden Einfluß der Nationalstaaten kommt es auch bei den Cisterciensern zu Kongregationsbildungen. Vom 15.–17. Jahrhundert entstehen die Kongregationen von Kastilien, Aragon, Portugal, Irland, Kalabrien sowie die Kongregationen des hl. Bernhard in Oberitalien und der Fulienser. Sie alle gingen die Grundstruktur des Ordens (einheitliche Oberleitung durch das Generalkapitel von Cîteaux, Filiationsprinzip, Äbte auf Lebenszeit) an. Dagegen bekannte sich die oberdeutsche Kongregation (1623 unter Abt Thomas Wunn v. Salem bestätigt) zu den überlieferten Ordensgewohnheiten [78]).

In Frankreich und Italien war es das verderbliche *Kommendewesen*, das den Klosterverfall beschleunigte. Vergeblich suchten die Generalkapitel, vor allem der tatkräftige Abt Johannes X. de Cirey von Cîteaux (1478–1501), die Ordenshäuser vor dem habgierigen Zugriff von Fürsten und Klerus zu schützen. Die Kommendatarabteien galten den Inhabern als bloße Pfründe, wobei sie dem Konvent oft den notwendigen Lebensunterhalt vorenthielten. Ordenszucht und monastisches Leben gingen erschreckend zurück, wie die Visitationsreisen des Abtes Nikolaus Boucherat von Cîteaux (1571–84) zeigen. Der päpstliche Visitator fand in 34 Klöstern des Kirchenstaates, Neapels und Siziliens nur 84 Mönche vor, die in baufälligen Häusern ein unklösterliches Leben führten [79]). Das gleiche trostlose Bild bot sich Abt Dionysius Largentier von Clairvaux bei der Visitation seiner französischen Tochterklöster (1600–07) [80]). Das Tridentinische Konzil (1545–63) erkannte das Übel, aber seine Erlasse zeitigten bei dem hartnäckigen Widerstand der Fürsten und selbst kirchlicher Kreise nur bescheidene Erfolge. Papst Pius V. (1566–72) wagte unter dem Druck der Zeitverhältnisse nicht – in Frankreich gab es mehr als 1040 Kommendatarklöster – das Kommendewesen abzuschaffen [81]). Die Cistercienser erreichten auf der Ständeversammlung von Blois (1579), daß wenigstens Cîteaux und die Primarabteien von der Kommende verschont blieben.

Die Reformation (1517) wurde ein neuer schwerer Aderlaß für Kirche und Orden. England und Skandinavien fielen von Rom ab; in diesen Ländern verloren die Cistercienser gegen 216 Klöster. In Deutschland kam es zu örtlich begrenzten, freiwilligen oder gewaltsamen Aufhebungen. Viele Fürsten nahmen Luthers Lehre aus Berechnung an, um die reichen Klostergüter zu säkularisieren nach dem Grundsatz der Augsburger Konvention: „Wess' das Land, dess' das Bekenntnis". 51 Männer- und 137 Frauenklöster erloschen. Während die meisten männlichen Niederlassungen der Reformation kaum ernsthaften Widerstand entgegensetzten, wehrten sich mehrere Nonnenkonvente standhaft gegen die Annahme des „Neuen Evangeliums", u. a. Heiligkreuz in Rostock, Heiligengrabe, Medingen und Wienhausen in der Lüneburger Heide, Kirchheim a. Ries/Wttbg. Die von der Reformation verschonten Klöster erlitten in den Wirren des Bauern- und des Dreißigjährigen Krieges (1618–48) schwerste Verluste, viele gingen in Flammen auf [82]). Die geflüchteten Konvente lebten in äußerster Armut. Ein ähnliches Schicksal teilten französische Klöster in den blutigen Religionskriegen zwischen Katholiken und Hugenotten (1559–98); über 200 Cisterzen wurden zerstört, viele ihrer Bewohner grausam getötet [83]).

Die katholische *Restauration* wirkte sich in dem durch Kriege und inneren Verfall erschütterten Orden segensreich aus. Von Clairvaux aus zog die „Strenge Observanz" — gekennzeichnet durch Rückkehr zur ursprünglichen strengen Lebensweise in ständiger Abstinenz, Schweigen, Handarbeit und Einfachheit — weite Kreise. Abt Dionysius Largentier von Clairvaux (1596–1624) warb seit 1615 mit weiser Mäßigung für die neuen Reformideale, die er selbst vorbildlich lebte. Doch bald entstanden in den französischen Häusern erbitterte Kämpfe und Rechtserörterungen (betr. Lebensweise, Stellung des Abtes von Cîteaux und der vier Primaräbte). Appellationen an den päpstlichen und französischen Hof wechselten ab. Kardinal Richelieu, der sich 1637 zum Kommendatarabt von Cîteaux und Ordensgeneral wählen ließ — ohne Zustimmung Roms —, führte rücksichtslos das Reformdekret des von Gregor XV. im Jahre 1622 dazu ermächtigten Kardinals François de Rochefoucauld durch, verbot die Novizenaufnahme in den Klöstern der „Allgemeinen Observanz", vertrieb die Mönche aus Cîteaux und ersetzte sie durch „Abstinente". Den Höhepunkt erreichten die sich zusehends vertiefenden Spannungen, als Papst Alexander VII., der 1664 in Rom ein außerordentliches Generalkapitel halten ließ, in seiner apostolischen Konstitution *In Suprema* (19. 4. 1666) der strengen Observanz neben der allgemeinen gewisse Rechte im Orden einräumte, um Friede und Einheit in den französischen Konventen herzustellen. Bei der Verlesung des päpstlichen Dekretes auf dem Generalkapitel 1667 protestierte Abt Rancé († 1700) von La Trappe im Namen der strengen Observanz gegen die neuen Bestimmungen, die u. a. die gewaltsame Verbreitung ihrer Observanz verboten. Erst dem klugen Vorgehen des Generalabtes Jean Petit von Cîteaux (1670/92) gelang es, beide Observanzen nach rechtlicher Sicherung ihres Eigenlebens zu befrieden [84]). Noch einmal war die anscheinend unvermeidliche Spaltung im Orden abgewehrt. Reisende zum Generalkapitel berichten interessant über Zustände im 17. Jahrhundert [85]). Andere Auseinandersetzungen gab der französische Jansenismus auf. Ein geistiger und pädagogischer Mittelpunkt war die Frauenabtei Port-Royal (-des-Champs) bei Versailles und deren Niederlassung St. Jacques in Paris (Port Royal-de-Paris, 1625 gegr.). Die Äbtissin Angélique (1591–1661) aus der führenden Jansenistenfamilie Arnauld gewann ihre Nonnen seit 1635 unter dem Einfluß des neuen Beichtvaters Du Vergier de Hauranne (gen. Saint-Cyran) für den Jansenismus. Die beiden Klöster unterwarfen sich erst 1664–1707 nach Interdikten; 1710–12 ließ Ludwig XIV. die Klostergebäude abbrechen. Nur vorübergehenden Einfluß hatte die Lehre des Jansenius in den Männerabteien Orval und Aulne in den spanischen Niederlanden [86]).

In mancher Hinsicht bedeutete die *Barockzeit* für viele Klöster eine Spätblüte. Die allgemeine Baulust ließ aus reichen Mitteln prachtvolle, weiträumige Kirchen- und Klosterbauten erstehen unter Preisgabe der ehrwürdigen Zeugen mittelalterlicher Vergangenheit. Wo man sich keinen kostspieligen Neubau leisten konnte, paßte man das Bestehende dem Zeitgeschmack an. So fand die Barockkultur Eingang in die weitaus meisten Klöster, und die Äbte — einige sogar Fürsten des Hl. Römischen Reiches deutscher Nation — versuchten sich in der Nachahmung adliger Lebensart. Die Mönche betrieben neben Philosophie und Theologie vorzugsweise naturwissenschaftliche Studien; manche Abteien richteten wertvolle „Naturalienkabinette" ein. Auch Musik und polyphoner Gesang erfreuten sich eifriger Pflege.

Doch gerade die Zeit äußerer Blüte begünstigte die sich ausweitende *„Aufklärung"*. Ein klosterfeindlicher Pressefeldzug großen Ausmaßes zersetzte Ansehen und Existenzberechtigung des Mönchtums. Die öffentliche Meinung war auf die bald anbrechende große Säkularisation längst vorbereitet [87]).

Frankreich eröffnet die Aufhebungsaktionen: 1766 löst die Klosterkommission acht Orden (u. a. Kamaldulenser, Cölestiner) mit insgesamt 450 Häusern auf; die Cistercienser blieben diesmal noch verschont. In Österreich zog Kaiser Joseph II. (1780—90) 738 „unnütze" Klöster ein, weil sie sich den staatlichen Zweckforderungen nicht einordnen ließen. Die noch bestehenden Abteien mußten Pfarreien und Schulen übernehmen. Trotz bestgemeinter Anpassung an die neue Zeit hatten sie schwer unter den kleinlichen Verordnungen des kaiserlichen „Erzsakristans" zu leiden. In den österreichischen Niederlanden fielen 163 Klöster dem josephinischen Klostersturm zum Opfer.

Mit der *Französischen Revolution* (1789) nahte auch das Ende der übrigen Klöster. Am 13. Februar 1790 hob die Nationalversammlung zu Paris sämtliche Ordenshäuser in Frankreich auf und zog deren Vermögen ein. Die Religiosen erhielten eine armselige Pension, falls sie nicht die vom Staat bereitgestellten Sammelhäuser (maisons de réunion) aufsuchen wollten [88]). Die Drangsalierung geht noch weiter. Nach einem Gesetz vom 23. März 1793 wurden alle Geistlichen, die den „Freiheitseid" verweigerten, zur Deportation verurteilt. Während einem großen Teil die Flucht ins Ausland gelang, starben viele Mönche und Nonnen auf dem Schafott, in Gefangenenlagern und Strafkolonien. Spanien (1820, 1838), Portugal (1833/34) und die Schweiz (1834, 1841) folgten dem französischen Vorbild.

1794 wurde das linke Rheinufer von den französischen Armeen unter unerschwinglichen Auflagen besetzt und der französischen Republik einverleibt. Die Friedensverträge (Basel 1795, Campo Formio 1797 und Lunéville 1801, Art. 7) sicherten den erblichen deutschen Fürsten für die linksrheinischen Verluste Entschädigung durch Kirchengut „im Schoße des Reiches" und durch Mediatisierung kleinerer Landesherren zu. Mit dem „ungeheuren Rechtsbruch" (Treitschke) befaßten sich die außerordentlichen Reichsdeputationen in Regensburg (Hauptschluß 25. Februar 1803, kaiserlich bestätigt 2 Tage später) und die raffgierigen Sonderverhandlungen deutscher Fürsten in Paris mit dem Ersten Konsul Napoleon Bonaparte und seinem Minister Talleyrand. Im allgemeinen erhielten die entschädigten Fürsten mehr als sie verloren hatten: Preußen das Fünf-, Baden das Sieben- und Württemberg das Vierfache [89]).

Am 9. Juni 1802 (20. Prairial X) hob die französische Regierung — trotz des Konkordates vom 18. April 1802 — in den vier rheinischen Départements und am 14. November 1811 im französisch gewordenen, 1813 wieder preußischen Münsterlande alle Klöster und Stifte auf; das gleiche taten der bayerische Kurfürst Maximilian Josef, Herzog von Berg, am 17. Februar — 12. September 1803 in seinen bayerischen und bergischen Landen und Preußen durch Edikt vom 30. Oktober 1810. Angehörige der Abteien Siegburg, Altenberg, Heisterbach und Düsselthal konnten in Altenberg unter dem bisherigen Abt von Düsselthal in einer Gemeinschaft „humaner Observanz" verbleiben. Diese und die Austretenden unterstanden der Polizei und Landesdirektion und durften unter Verlust ihrer Pension das Land nicht verlassen [90]).

Durch die Säkularisation verlor der Cistercienserorden in Deutschland 46 Männer- und 83 Frauenklöster. Nach 1835 bestanden im deutschen Sprachraum nur noch 10 Abteien und 3 Frauenklöster (Lichtenthal/Baden, Marienthal und Marienstern/Sachsen), — armselige Reste der einst gewaltigen Gemeinschaft. Die meisten der leerstehenden Klöster fanden nach Beraubung des Mobiliars als Fabriken, Kasernen, Zuchthäuser und Irrenanstalten Verwendung oder — als Steinbrüche. Der Einspruch der Romantiker, die noch allein die stummen Zeugen monastischer Kultur zu würdigen wußten, konnte das begonnene Zerstörungswerk nicht aufhalten. Doch bahnten sie ein neues, vorurteilsloses Geschichtsbild an und hielten wenigstens das Andenken an die große Vergangenheit der „romantischen Ruinenfelder" wach. Der Staat nahm sich der Archivbestände und später auch der erhaltenen Gebäude (Denkmalpflege) an. Manche Häuser wurden unter neuen Besitzern wieder Orden oder kirchlichen Zwecken zugeführt.

Obwohl die Säkularisation Kirche und Orden schwere materielle Verluste brachte, geistig führte sie zu einer Besinnung auf das Wesentliche. Im 19. Jahrhundert begann das cisterciensische Leben langsam wieder zu erwachen. In Italien, Belgien und Frankreich wurden ehemalige Klöster wieder besiedelt. In Frankreich zählte die strenge Observanz (Trappisten) im Jahre 1847 wieder 17 Häuser. In Mehrerau bei Bregenz ließen sich die im Jahre 1841 aus Wettingen/Schweiz vertriebenen Mönche nieder. Mariawald/Eifel, 1861 als Trappistenpriorat von Ölenberg im Elsaß gegründet (seit 1909 Abtei), besiedelte schon 1869 Mariastern in Bosnien unter Prior Franz Pfanner, 1882 Gründer und Abt des später selbständigen Marianhill in Natal/Südafrika, dessen Missionare 1952 Maria-Veen (seit 1888 von Ölenberg abhängiges Priorat) übernahmen. Marienstatt im Westerwald wurde 1888 nach Abklingen des Kulturkampfes, der auch die Mönche von Mariawald vertrieben hatte, von Mehrerau neubesetzt. Im Jahre 1891 besaß der Orden insgesamt 82 Männerklöster (52 der strengen, 30 der allgemeinen Observanz) und 114 Frauenklöster. Doch bereits im folgenden Jahre schlossen sich die drei Trappistenkongregationen mit Billigung Leos XIII. zu dem unabhängigen „Orden der reformierten Cistercienser U. L. Frau von La Trappe" zusammen (seit 1898 ist die offizielle Bezeichnung „Reformierte Cistercienser", seit 1902 „Cistercienser von der strengen Observanz"). Der neue Orden wählte einen eigenen Generalabt, während die Klöster der allgemeinen Observanz (Sacer Ordo Cisterciensis) ihren bisherigen Ordensgeneral behielten. Trotz der Trennung in zwei rechtlich selbständige Orden blieb die Einheit der Liturgie und das Streben nach echter Erfassung der monastischen Ideale — wenn auch nach verschiedener Auslegung — gewahrt. So verwirklicht sich das Wort Leos XIII. von der einen großen Cistercienserfamilie, aufgeteilt in zwei Orden [91]). Das 20. Jahrhundert zeitigte — trotz mancher kriegsbedingter Rückschläge — ein Aufblühen des Cisterciensertums. Noch mehr als die Cistercienser (USA, Bolivien, Brasilien, Vietnam, Äthiopien) faßten die Trappisten in Übersee, in neuchristlichen und missionarischen Gebieten Fuß. Pius XI. rief in seiner Missionsenzyklika (1926) gerade die beschaulichen Orden zu Neugründungen in den Heidenländern auf. In der Missionsförderung folgten die Generalkapitel einigen Bahnbrechern, den Äbten Franz Pfanner, Justinus Wöhrer, Alois Wiesinger sowie Charles de Foucauld. Seit Abtrennung des Elsaß an Frankreich (1918) gab es keine deutschen Trappistinnen mehr, die sich erstmals 1800 in Rosenthal, unweit Darfeld/Westf. und nach vorübergehender Aufhebung des kleinen Konventes 1825 in Ölenberg/Oberelsaß bzw. 1895 in Egersheim/Unterelsaß niederließen. 1952 gründeten holländische Nonnen von Koningsoord im Süden des Kreises Schleiden/Eifel wieder ein deutsches Kloster, Maria Frieden (1955 Abtei). Nach den beiden Weltkriegen entstanden in den neuen und kommunistisch beherrschten Staaten des Ostens schwierige Verhältnisse. Unter den Flüchtlingen erscheint auch der Mönch, der neue Heimat sucht und gründet.

Der Cistercienserorden (O. Cist.) zählt heute 69 Männer- und 80 Frauenklöster, Cistercienser von der strengen Observanz (O. C. S. O.) dagegen 83 Männer- und 46 Frauenklöster, ungerechnet der den beiden Orden nur geistig angeschlossenen Niederlassungen.

Das zweite Vatikanische Konzil (1963–1965) stellt einen tiefen Einschnitt in die Geschichte des gesamten Ordenslebens dar. Im Dekret „Perfectae Caritatis" wurde von allen Orden Erneuerung und Überprüfung ihrer Statuten gefordert. Dieser Aufgabe suchte das „ordentliche und besondere Generalkapitel" des Cistercienserordens in zwei Sitzungsperioden (23. 9. — 12. 10. 1968 in Rom, 21. 7. — 11. 3. 1969 in Marienstatt) nachzukommen [91a]. Die von den Konventen erstmalig gewählten Delegierten erhielten volles Stimmrecht und berieten gemeinsam mit den Äbten, regierenden Prioren und Deputierten der zentralisierten Kongregationen aus 16 Nationen über die Zukunft des Ordens. Wichtigste Ergebnisse waren die Erklärung des Generalkapitels über das Leben im Orden in der heutigen Welt, neue Konstitutionen für den Gesamtorden sowie Behandlung vieler Einzelfragen (Liturgie, Mission, Ordensfrauen, Ausbildung des Nachwuchses, Gleichstellung von Chormönchen und Laienbrüdern u.a.m.). Ferner wurden die Cistercienserkongregationen als „monastische Kongregationen" anerkannt und ihnen wichtige, bisher nur dem Generalkapitel bzw. dem Generalabt vorbehaltene Rechte zugestanden. Die früher lebenslängliche Amtszeit des Generalabtes beschränkte man auf 10 Jahre; er ist jedoch wiederwählbar. Nur soll der Generalabt mit vollendetem 70. Lebensjahr dem nächstfolgenden Generalkapitel seinen Rücktritt anbieten.

Auch bei den Cisterciensern von der strengen Observanz (Trappisten) ging das 2. Vaticanum nicht unbemerkt vorüber. Wichtige Probleme, wie z. B. Verkürzung des Chorgebetes, Gleichstellung von Mönchen und Brüdern, größere Selbständigkeit der Nonnen, waren schon vor dem Konzil in voller Entwicklung. Auf dem Generalkapitel von 1967 in Rom überprüfte man einige, für die Trappisten eigentümliche Observanzen, wie das fortwährende Stillschweigen und das strenge Fastengebot. Im Jahre 1969 wurde die bisher verpflichtende Einheitlichkeit der Observanzen und Zeremonien aufgegeben. Das folgende Generalkapitel (15. 4. — 6. 5. 1971 in Rom) befaßte sich mit der Regierung des Ordens. Dem Generalabt wurde ein Generalrat (Definitorium) beigeben, der aus vier Definitoren, einem Sekretär sowie aus Delegierten der 9 Regionen besteht. Er soll wenigstens einmal jährlich zusammentreten.

Bereits in den Jahren 1959, 1964 und 1968 gab es — ähnlich wie bei den Cistercienserinnen — auch bei den Trappistinnen Zusammenkünfte der Äbtissinnen unter Vorsitz des Generalabtes. Durch ein Schreiben der Religiosenkongregation vom 15. Juli 1970 waren die Äbtissinen aufgefordert worden, ihre Konstitutionen nach den Richtlinien des Konzils zu überprüfen. So fand vom 15. 9. — 3. 10. 1971 in Rom das erste Generalkapitel des weiblichen Zweiges der Cistercienser von der strengen Observanz statt. Insgesamt 45 Äbtissinnen aus Europa, Asien, Afrika und Amerika waren zugegen. Den Vorsitz führte der Generalabt, dem mehrere Äbte und Sachverständige des Ordens zur Seite standen. Die Äbtissinnen nahmen fast einstimmig die grundsätzlichen Bestimmungen des männlichen Generalkapitels von 1969 an: die Erklärung über das Cistercienserleben, das Statut über Einheit und Pluralismus (das jedoch den Konventen die Selbstbestimmung über Einzelheiten in der Lebensweise überläßt) und das Rahmengesetz über das „göttliche Offizium". Im Verlauf der Beratungen zeigte sich immer wieder die rege Sorge sämtlicher Kapitularinnen, die Einheit zwischen männlichem und weiblichem Ordenszweig durch parallele Gesetzgebung und gegenseitige Förderung aufrechtzuerhalten [91b].

5. Die Konversen

Gerühmt werden die Leistungen der Benediktiner für die wirtschaftliche Kultur des Abendlandes. Doch gab St. Benedikt der Mönchsarbeit zunächst die traditionelle, aszetische Sinndeutung: „... damit sie nicht müßig seien" (Regel Kap. 4; 48). Die tägliche Handarbeit war stets ein wesentlicher Bestandteil monastischen Lebens; der Mönch ist eben nach Benedikt ein „Arbeiter" (*operarius*, Prolog zur Regel), „der die Instrumente des Tugendstrebens" in Händen hält (Kap. 4). Der Ausdruck entstammt zwar dem praktischen Arbeitsleben; darin eingeschlossen ist auch die geistige Tätigkeit, die immer mehr überwog, nachdem die meisten Mönche seit dem 6. Jahrhundert Priester wurden. Und doch mußte auch die Handarbeit bewältigt werden, die der Gesetzgeber von Montecassino genau ordnet je nach der liturgischen und natürlichen Jahreszeit und den örtlichen Verhältnissen. Etwa anfallende Mönchsarbeit, z. B. Feldbestellung, Ernte, übernahmen Lohnarbeiter und Hörige. Konversen oder Laienbrüder sind zu Benedikts

Zeiten noch unbekannt; seine Regel kennt nur Mönche mit gleichen Rechten und Pflichten.

Die Reformer von Cîteaux strebten eine peinlich genaue Befolgung der Benediktsregel an. Sie brachten die in Cluny vernachlässigte Handarbeit erneut zu Ehren. Man sah jedoch bei allem Reformeifer ein, daß bei treuer Erfüllung des vorgeschriebenen Gebetspensums (Opus Dei), vor allem in kleineren Häusern, die wirtschaftliche Versorgung des Konvents in Frage gestellt war. Aus diesem Grund hatte Cluny seine umfangreichen Besitzungen verpachtet oder ließ sie von Hintersassen (Hörigen) bestellen. Cîteaux dagegen gliederte, sich im Sinne Benedikts zum Eigenbetrieb bekennend, seinen Klöstern eine religiöse Arbeitsgruppe an, — das Konversen- oder Laienbrüderinstitut [92]). Das sog. *Exordium parvum* gibt die Beweggründe an, die zur „Arbeitsteilung" und Einführung der Konversen geführt haben [93]). Name und Einrichtung sind nichts Neues. Unterschiedliche ältere Vertreter kennt man bereits seit dem 6. Jahrhundert. Eine jüngere Form zeigt sich in den Reformkreisen um den hl. Romuald (1012), in Vallumbrosa (1039—51), Hirsau (vor 1078) und Cluny (1100), bei den Kartäusern (1084—90), den Kanonikern zu Passau (vor 1091) und den Prämonstratensern (vor 1134).

Im 11. Jahrhundert ist überhaupt eine starke religiöse Bewegung von Laien festzustellen, die sich als „Bekehrte von der Welt" *(conversi)* enger an ein Kloster zu binden trachten, ohne Mönche im eigentlichen Sinne werden zu wollen. Sie legten allerdings großen Wert darauf, von den weltlichen Angestellten des Klosters *(mercenarii)* unterschieden zu werden. Die benediktinische Reformbewegung von Cîteaux erfaßte mit seltenem Gespür das Verlangen dieser Menschen nach einer engeren Teilnahme am monastischen Leben und gliederte sie — jedoch ohne eigentlichen Mönchscharakter — dem Orden als „wahre Religiosen" an. Damit vollzog sich eine verfassungsmäßige Neuschichtung in der Klostergemeinschaft; die Konversen sind eine klar geschiedene Zwischenschicht zwischen Mönchen und weltlichen Lohnarbeitern. Das kommt deutlich im cisterciensischen Klosterbau zum Ausdruck, von dem ein Mönch um 1156 berichtet: „Im Innern unserer Klausur haben wir zwei Klöster, das der Konversen und das der Mönche" [94]).

Die Anfänge des cisterciensischen Konverseninstitutes sind zwischen 1115 und 1119 anzusetzen [95]). Die Generalkapitel gaben ihm sein eigenes Gepräge: „Die Mönche unseres Ordens müssen von ihrer Hände Arbeit, von Ackerbau und Viehzucht leben... Zur Bewirtschaftung können wir nahe oder ferner beim Kloster Höfe besitzen, die von Konversen beaufsichtigt und verwaltet werden..." [96]). Diese (Konversen) nehmen wir mit Erlaubnis der Bischöfe als notwendige Helfer unter unserer Leitung *(cura)* wie die Mönche auf; wir halten sie als Mitbrüder, teilhaftig unserer geistlichen wie zeitlichen Güter gleich den Mönchen" [97]).

Eine Durchsicht der einschlägigen Ordenserlasse ergibt den ausgesprochenen zweckgebundenen Charakter des Institutes: man erblickte in den Konversen in erster Linie Arbeiter. Daher nahm man — wenigstens in der Blütezeit des Ordens — nur solche auf, die in der Landwirtschaft oder in klösterlichen Werkbetrieben verwendbar waren. Nach einer Bestimmung des Generalkapitels (1224) sollte die Arbeitsleistung eines Konversen einen Lohnarbeiter ersetzen [98]). Nichterfüllung der aufgetragenen Arbeit zog Strafversetzung unter die Familiaren des Klosters nach sich (1261) [99]).

Die Aufnahme in den angesehenen Orden von Cîteaux muß sehr begehrt gewesen sein. Der Prior Cäsarius von Heisterbach († 1240), ein guter Menschenkenner, berichtet, daß solche Weltflüchtigen sich eigens eingekleidet hatten und mit Verwandten und Freunden zur Klosterpforte kamen, um auf sich aufmerksam zu machen. Reiche stellten sich arm, um durch ihre Demut Eindruck zu erwecken. Überhaupt führten verschiedenste Beweggründe die mittelalterlichen Menschen ins Kloster: wahre Berufung, falsche Vorstellungen, Mahnung, Gebet und Beispiel anderer, Krankheit, Armut, Leibeigenschaft, Scham und Sühne einer Schuld, Furcht und Erfahrung der Höllenstrafe, Verlangen nach dem Himmel [100]). In vielen Konventen lebten Männer aus vornehmem Stand als einfache Brüder. Doch wollten die Generalkapitel solche Leute eher unter die Mönche aufgenommen wissen, in deren Stand (*officium*) sie Nützlicheres leisten könnten [101]).

Der um Aufnahme Bittende verbrachte in weltlicher Kleidung eine sechsmonatige Probezeit. War er mit der rauhen Kost zufrieden und hatte er sich „als nützlich erwiesen", wurde er zum einjährigen Noviziat zugelassen und vom Abt oder Prior eingekleidet (1220) [102]). Man sah streng auf gleichförmige Kleidung, wie sie in Cîteaux und in den vier Primarabteien üblich war (1187) [103]). So trugen die Mönche weißen Habit und graues Skapulier, im Kloster eine weiße und auf Reisen eine graue Kukulle [104]), die Brüder Habit, Skapulier mit Kapuze und Mantel, alles von brauner oder grauer Farbe (1601) [105]). Die Kukulle — das eigentliche Mönchskleid — blieb den Konversen vorenthalten.

„Wer bleiben wollte und zu bleiben verdiente", verzichtete nach vollendetem Noviziat auf Eigentum und gelobte im Kapitel der Mönche in die Hände des Abtes „Gehorsam im Guten bis zum Tode" [106]). Vor der eigentlichen Profeß versprach der Konverse, im Kloster bis zum Lebensende auszuharren.

Der Standesunterschied zwischen Konversen und Mönchen — in der mittelalterlichen Auffassung wenig drückend empfunden — war überall stark herausgestellt. Von wenigen Sonderfällen abgesehen, konnte ein Konverse nicht in die Reihe der Mönche aufsteigen; er besaß weder Stimmrecht bei der Abtswahl noch bei den Verhandlungen im Mönchskapitel (1181) [107]). Unter Führung des Cellerars betrat er den Kapitelsaal gelegentlich der geistlichen Ansprachen (*Sermones*) des Abtes und bei Profeßablegungen. Die Tagesordnung der Laienbrüder war durch besondere Gewohnheiten (*Usus conversorum*) geregelt [108]). Unterricht in Regel und Satzungen des Ordens erteilte der Brüdermagister [109]), jedes persönliche Studium sowie Besitz von Büchern war den Konversen verboten [110]). Sie hatten *Credo*, *Paternoster*, *Ave Maria* und das *Miserere* (Ps. 50) auswendig zu lernen. Diese Gebete verrichteten sie in bestimmter Zahl während des nächtlichen Chorgebets der Mönche in ihrem Chorgestühl. An Sonn- und Feiertagen nahmen auch die auf den Klosterhöfen (Grangien) weilenden Konversen am gemeinsamen Gottesdienst in der Abtei teil [111]). Nach dem Zeugnis des Cäsarius von Heisterbach verrichteten gerade diese Brüder in den Hofkapellen mancher Klöster (z. B. Himmerod) ein gemeinsames Offizium [112]), einige beteten privat die marianischen Tagzeiten [113]). Doch vollzogen sich neben Gebet auch Mahlzeit und Schlaf in strenger Trennung von den Mönchen in dem westlichen Trakt (Konversenflügel) des Klosters.

Die Cistercienserbrüder waren nach Aussagen des Cäsarius einfache, demütige, fromme Männer, die Gott in Gebet, Arbeit und Reinheit des Herzens suchten und dienten. Viele von ihnen gelangten zu hoher Gottvereinigung und verkörperten selbst in ihrer Frömmigkeit die vom Orden immer wieder geforderten Grundtugenden der Einfachheit und Demut. Noch 1231 empfiehlt Abt Stephan Lexington bei der Visitation der englischen Abtei Aulnay, daß Mönche wie Konversen, besonders auf den Höfen und bei Reisen keinen Anstoß bezüglich der Einfachheit und Demut des Ordens geben sollen [114]).

Die Arbeitseinteilung und Überwachung nahm der Cellerar [115]) oder dessen Vertreter — auf den Höfen meist ein wirtschaftserfahrener Konverse (*magister grangiae*) — vor. Es wurde auf treue, gewissenhafte und rentable Arbeitsleistung gesehen. Aufschlußreich ist die Mahnung eines Himmeroder Hofmeisters an einen allzu „frommen" Mitbruder: „Zu gewissen Zeiten soll man beten, zu gewissen Zeiten arbeiten" [116])! Wer sich einer aufgetragenen Arbeit entzog, konnte mit strafweiser Versetzung unter die Familiaren rechnen [117]).

Die Konversbrüder waren die unentbehrlichen Helfer der Mönche und die eigentlichen Begründer der materiellen Blütezeit des Ordens. Mit ihrer Hilfe konnte die feudale Wirtschaftsordnung der Cluniazenser mit ihren Zehnten, Pächtern, Hörigen, Mühlen, Backhäusern, Märkten, Pfarrkirchen, Patronaten, seelsorglichen Einkünften abgelehnt [118]) und die cisterciensische Autarkie begründet werden. Die Hauptaufgabe der Laienbrüder bestand gerade bei Neugründungen in der Rodung von Wäldern, Trockenlegung von Sümpfen, die — zu Kulturland umgeschaffen — den Grundstock klösterlicher Eigenwirtschaft bildeten. Die weitaus größere Zahl war zur Bewirtschaftung der Höfe (Grangien) eingesetzt; die übrigen versahen Werkstätten und Betriebe (Garten, Mühle, Bäckerei, Weberei, Schmiede u. ä.) innerhalb des Klosterbereiches. Ihr Wirkungskreis war weitgespannt, von untergeordneten Diensten bis zu höheren Verwaltungstalenten, selbst technische und künstlerische Fachleute waren nicht selten [119]). Und so schätzte nicht nur der Orden von Cîteaux die selbst- und beispiellose Arbeitskraft der bärtigen Konversen, auch Außenstehende versuchten, selbst trotz ausdrücklicher Verbote des Generalkapitels (1157, 1175) [120]), sich ihre wertvollen Dienstleistungen zu sichern. Vor allem konnte man sich den Forderungen von Päpsten und Fürsten nicht leichthin entziehen. So arbeiten Cistercienserbrüder in der päpstlichen Kanzlei als Bullatoren [121]), an königlichen und bischöflichen Höfen als Verwalter karitativer Einrichtungen [122]). Der mächtige Kölner Erzbischof Rainald von Dassel (1159—67) erbat sich aus Kamp und Altenberg erfahrene Laienbrüder, um die herabgewirtschafteten bischöflichen Gutshöfe wieder hochzubringen [123]). Auf dem kurtrierischen Hof zu Altrich ist 1237 der Himmeroder Konverse Theoderich Verwalter (*magister*) [124]) und bei der Verpachtung des Klosterhofes Winterbach an den Erzbischof von Trier (1228) müssen die dort eingesetzten vier Brüder aus Himmerod unter Zusicherung ihrer ordensrechtlichen Stellung und Versorgung weiterhin den Wirtschaftsbetrieb aufrechterhalten [125]).

Kaiser Friedrich II. (1215—50) ließ sich durch baukundige Cistercienserbrüder in Süditalien Kastelle errichten [126]. Dagegen wird 1243 ein cisterciensischer Heerführer des Mailänder Erzbischofs unverzüglich vom Generalkapitel in sein Kloster zurückverwiesen [127].

Von wenigen Ausnahmen abgesehen (z. B. Otterberg [128]) war der Brüdernachwuchs in den Cistercienserklöstern des 12. und 13. Jahrhunderts überaus reich. In manchen Konventen waren sie den Mönchen an Zahl oft doppelt überlegen. Es befanden sich in:

	Mönche	Konversen
Clairvaux (um 1150)	200	300
Pontigny	100	300
Vaucelles	103	130
Rievaulx / England (1165) [129]	150	500
Villers / Brabant (Ende 13. Jh.)	100	300
Les Dunes / Flandern (Ende 13. Jh.)	181	350
Himmerod (1224)	60	200
Meaux / England (1249)	60	90
Froidmont b. Beauvais (Ende 13. Jh.)	50	100
Kamp (1280) [130]	73	72
Walkenried (1280)	80	180
Volkenroda (1280)	50	104
Amelungsborn (1280)	50	90
Michaelstein (1280)	50	98
Neuenkamp (1280)	60	55

Diese Aufstellungen zeigen zur Genüge, daß Bedeutung und wirtschaftliche Leistungsfähigkeit einer Abtei weitgehend von dem Personalbestand an tüchtigen Laienbrüdern abhing. Durch den ungewöhnlich hohen Nachwuchs an Brüderberufen ergab sich — weit mehr als bei den Mönchen — ein disziplinares Problem; weilte doch ein Großteil der Konversen nahezu ständig außerhalb des Klosters und der Aufsicht des Abtes. Als unverkennbare Anzeichen innerer Zersetzung sind die 123 Revolten der Laienbrüder zu bewerten, die Donelly in dem Zeitraum von 1168—1308 nachweist [131]. Um die durch Schenkungen und Eigenrodungen gewaltig angewachsenen Wirtschaftsbetriebe rentabel zu erhalten, nahm man leider oft leichtfertig Elemente auf, die man nach dem Zeugnis des Cäsarius von Heisterbach hätte fernhalten müssen [132]. Der Eifer der Blütezeit war erloschen. Die Brüder schüchtern die Mönche bei Abtswahlen ein, nehmen die Klostergüter gewaltsam in Besitz, sperren die Lebensmittellieferungen aus den Grangien für den Konvent und verüben selbst auf ihre Äbte und andere Obere Mordanschläge. Diesen Aufständen folgte mancherorts ein starker Abfall von Laienbrüdern [133].

Eine weitere Verschlechterung der Nachwuchsfrage hängt mit den seit der Mitte des 13. Jahrhunderts aufblühenden Bettelorden zusammen. Ihre demokratische Verfassung und apostolische Zielsetzung zogen nunmehr die meisten geistlichen Berufe an. Auch der damals wachsende Wohlstand der Stadt- und Landbevölkerung sowie das aufblühende Zunftwesen führten ebenfalls zu einem empfindlichen Rückgang der Laienbrüderberufe. Im Jahre 1237 gestattet das Generalkapitel notgedrungen, daß Klöster mit höchstens acht Konversen weltliches Küchenpersonal einstellen durften [134]). 1274 wird diese ungewöhnliche Neuerung allgemein gutgeheißen, um die früheren Küchenbrüder für „wichtigere und ehrenvollere" Aufgaben einzusetzen [135]). Der mangelnde Nachwuchs beschleunigte den durch tiefgreifende Umwälzungen — Übergang von Natural- zur Geldwirtschaft, Fernhandel — bedingten Zusammenbruch der cisterciensischen Eigenwirtschaft. Man kehrte wieder zu dem früher geschmähten Pachtwesen zurück, um noch existieren zu können. Die folgenden Jahrhunderte mit ihren fast ununterbrochenen Kriegszeiten führten zu einer weiteren Verödung der Konvente. In Meaux / England sind 1349 noch 54 Mönche und 7 Konversen, 1438 in Himmerod 33 Mönche und 9 Brüder [135]). Am Vorabend der Säkularisation ist das Brüderinstitut in den meisten Klöstern Cîteaux' nahezu völlig erloschen.

Die Entwicklung des Brüderstandes ist eng verbunden mit sozialen und wirtschaftlichen Verhältnissen, besonders aber mit dem religiösen Denken der Zeit. Seine Entwicklung verlief in jedem Lande anders. Während man zwischen den beiden Weltkriegen in manchen Klöstern eine vorübergehende Blüte feststellen konnte, hatten andere Häuser Nachwuchssorgen und Brüdermangel.

Wenn in der heutigen Kirche der „mündig" gewordene Christ im Laienstand einen vollwertigen Platz neben dem Priester in der Kirchengemeinde einnimmt, so muß sich diese Umschichtung auch im klösterlichen Bereich vollziehen. Der soziale Strukturwandel hat bisher trennende Standesunterschiede endgültig beseitigt. Heutzutage haben alle Schichten der Bevölkerung die gleiche Bildungschance. Es gibt auch keine Analphabeten (*illiterati*) mehr, aus deren Reihen sich einst im Mittelalter die Konversen rekrutiert hatten. Diese unterscheiden sich von den Klerikern allein durch die Priesterweihe und die damit verbundene seelsorgliche Tätigkeit. Da sich somit alle Voraussetzungen in den letzten Jahren grundlegend gewandelt haben und die Laienbrüder in allem, einschließlich der Kapitelsrechte, den Chormönchen gleichgestellt sind, ist das mittelalterliche Laienbrüderinstitut praktisch erloschen.

ANMERKUNGEN

1. Anfänge des Mönchtums, Formen und Reformen vor Cîteaux

[1]) *Regel:* C. Butler, Sancti Benedicti Regula Monasteriorum, Freiburg³ 1953; R. Hanslik, in: Wiener CSEL Bd. 75, Wien 1957; B. Steidle, Die Benediktusregel, lat.-deutsch, Beuron 1963.
Biographien: B. Sauter, Der hl. Vater Benediktus, Freiburg 1904; L. Salvatorelli, Benedikt, der Abt des Abendlandes (übers. v. G. Kühl-Claaßen), Hamburg 1937; I. Herwegen, Der hl. Benedikt, Düsseldorf⁴ 1951; B. Senger, Sankt Benedikt, Essen 1963; J. Décarreaux, Die Mönche und die abendländische Zivilisation, Wiesbaden 1964, S. 211—237.
[2]) J. Narberhaus, Benedikt v. Aniane. Werk und Persönlichkeit, Münster i. W. 1930.
[3]) J. D. Mansi, Sacrorum conciliorum nova et amplissima collectio Bd. XVIII, Paris 1900, S. 270 f.

⁴) E. Sackur, Die Cluniazenser in ihrer kirchlichen u. allgemeingeschichtlichen Wirksamkeit bis zur Mitte des 11. Jhs, 2 Bde, Halle 1892/94; G. de Valous, Le monachisme clunisien, 3 Bde, Ligugé 1935; K. Hallinger, Gorze-Cluny, Studien zu den monastischen Lebensformen u. Gegensätzen im Hochmittelalter (Studia Anselmiana Bd. 22/23), Rom 1950; Ph. Hofmeister, Cluny und seine Abteien, in: Stud. u. Mitt. 75 (1964) S. 183—239; ferner Reallexikon zur deutschen Kunstgeschichte Bd. III, Stuttgart 1954, Sp. 802—824 mit weiteren Literaturangaben; W. Braunfels, Abendländische Klosterbaukunst (DuMont Dokumente), Köln 1969, S. 66—110, 319.

⁵) Schmitz I, S. 149 f.

⁶) Ebda S. 148 f.

⁷) Ebda S. 150—154.

⁸) Ebda S. 184—188 mit Literaturangaben auf S. 184 Anm. 1 u. 2; dgl. im Lexikon f. Theol. u. Kirche V², Freiburg/Br., 1960, Sp. 381 f; H. Jakobs, Die Hirsauer. Ihre Ausbreitung und Rechtsstellung im Zeitalter des Investiturstreites (Kölner Histor. Abhandlungen Bd. 4), Köln—Graz 1961.

⁹) W. Franke, Romuald von Camaldoli u. seine Reformtätigkeit zur Zeit Ottos III., Berlin 1913; Schmitz III, S. 25—28.

¹⁰) F. Dressler, Petrus Damiani, Leben u. Werk (Studia Anselmiana Bd. 34), Rom 1954.

¹¹) Braunfels a.a.O., S. 152—168, 321.

¹²) St. Hilpisch, Geschichte des benediktinischen Mönchtums, Freiburg/Br. 1929.

¹³) Joh. v. Walter, Die ersten Wanderprediger Frankreichs, 2 Bde, Leipzig 1903/08; Lekai-Schneider S. 18.

2. Cîteaux — Gründung und Ausbau

¹⁴) Vita S. Roberti, hrg. v. K. Spahr, Freiburg/Schw. 1944; vgl. J. Leclercq, Les intentions des fondateurs de l'ordre cistercien, in: Collectanea 30 (1968) S. 233—271.

¹⁵) Exordium Cisterciensis coenobii cap. IX, hrg. v. C. Noschitzka, in: Analecta 6 (1950) S. 11.

¹⁶) J. Marilier, Chartes et documents concernant l'abbaye de Cîteaux 1098—1182 (Bibliotheca Cisterciensis I), Rom 1961, Nr. 4, S. 36.

¹⁷) Ebda Nr. 11, S. 38.

¹⁸) Exord. Cist. coenobii a.a.O.; vgl. J-B. von Damme, Vir Dei Albericus, in: Analecta 20 (1954) S. 153—184.

¹⁹) Marilier a.a.O. Nr. 21, S. 48 f.

²⁰) Exord. Cist. coenobii cap. XV = Analecta 6 (1950) S. 14 f.

²¹) P. Stevens, Rectitudo Regulae, in: Collectanea 9 (1947) S. 131—142.

²²) B. Schneider, Eine zeitgenössische Kritik an Janauscheks *Originum Cisterciensium* I, in: Analecta 21 (1965) S. 274—278.

²³) Exord. Cist. coenobii cap. XVII = Analecta 6 (1950) S. 15 f; vgl. J. B. Dalgairns, Life of Stephan Harding, London 1844; A. Presse, Saint Etienne Harding, in: Collectanea 1 (1934) S. 21—30, 85—94.

²⁴) Marilier a.a.O. Nr. 33—36, S. 57 f.

²⁵) Nach der ältesten handschriftlichen Tradition ist der Eintritt Bernhards in Cîteaux in das Jahr 1113 zu datieren; vgl. dazu P. Zakar, Die Anfänge des Cistercienserordens, in: Analecta 20 (1964) S. 128, besonders Anm. 1.

²⁶) „Tantus erat numerus fratrum apud Cistercium quod nec substantia quam habebant eis sufficere, nec locus in quo manebant eos convenienter poterat capere..." (Marilier a.a.O. Nr. 42, S. 66).

²⁷) Ebda Nr. 43, S. 66.

²⁸) Ebda Nr. 44, S. 66.

²⁹) Ebda Nr. 45, S. 67.

³⁰) Lekai-Schneider, S. 27 ff.; Zakar a.a.O.

³¹) Marilier a.a.O. Nr. 69, S. 81 f.; vgl. auch J. Lefèvre — B. Lucet, Les codifications cisterciennes aux XIIᵉ et XIIIᵉ siècles d'après les traditions manuscrites, in: Analecta 15 (1959), S. 3—22.

³²) Lekai-Schneider, S. 35.
³³) B. Schneider, Cîteaux und die benediktinische Tradition, in: Analecta 16 (1960), S. 169—254; 17 (1961), S. 73—111.
³⁴) „... ideo opportunum nobis videtur et hoc etiam volumus..., quatinus in actibus nostris nulla sit discordia, sed una caritate, una regula similibusque vivamus moribus..." J. Turk, Cistercii statuta antiquissima, in: Analecta 4 (1948), S. 109.
³⁴ᵃ) Übersetzt nach Ms. 1207 aus St. Geneviève (Nationalbibliothek Paris) und ergänzt nach Cod. 1711 der Stadtbibliothek Trient von P. Dr. Edmund Müller, Abtei Himmerod.
³⁵) Cod. Trid.: „... verstanden und gleichförmig befolgt werden..."
³⁶) „guastellus" = Semmel oder Kuchen aus Weißmehl.

3. Der hl. Bernhard von Clairvaux und sein Zeitalter

³⁷) A. Luchaire, Les premiers Capétiens, in: E. Lavisse, Histoire de la France II, 2, Paris 1894, S. 226.
³⁸) Vita prima c. 1 = Sinz. a.a.O., S. 37.
³⁹) P. Zakar, Die Anfänge des Cistercienserordens, in: Analecta 20 (1964), S. 128 und Anm. 1.
⁴⁰) K. Hampe, Das Hochmittelalter, München 1949, S. 179.
⁴¹) F.-J. Schmale, Studien zum Schisma des Jahres 1130, Köln-Graz 1961.
⁴²) Innocentii II. epistolae et privilegia Nr. 87 (17. 2. 1132) = Migne P. L. 179, Sp. 126.
⁴³) S. Bernardi ep. 250 (zw. 1157/50) = Migne P. L. 182, Sp. 451 A.
⁴⁴) Ep. 189 (1140) = ebda Sp. 355 B.
⁴⁵) Ep. 237 (1145) = ebda Sp. 426 A.
⁴⁶) S. Bernardi opera III, Rom 1963, S. 381—493.
⁴⁷) Vgl. Bernard de Clairvaux (Commission d'histoire de l'Ordre de Cîteaux, Aiguebelle III), Kap. XXXIII: Bernard et le seconde Croisade, Paris 1953, S. 379—409; F. X. Seppelt, Geschichte der Päpste III, München 1956, S. 192—195; F. Heer, Der Heilige der Kreuzzüge, in: Stimmen der Zeit 152 (1952/53), S. 321—331.
⁴⁸) De consideratione lib. II, c. 1 = S. Bernardi opera III, S. 413; vgl. dazu: G. Constable, The second crusade as seen by contemporaries, in: Traditio 9 (1953), S. 274; J. Staber, Eschatologie u. Geschichte bei Otto v. Freising, in: Otto v. Freising. Gedenkgabe zu seinem 800. Todesjahr, Freising 1958, S. 116—119.
⁴⁹) J. Spörl, Bernhard oder das Problem historischer Größe, in: Die Chimäre seines Jahrhunderts. 4 Vorträge über Bernh. v. Cl., Würzburg 1953, S. 82.
⁵⁰) Heer a.a.O., S. 328.
⁵¹) Ep. 1 = Migne P. L. 182, Sp. 67—79.
⁵²) Migne P. L. 189, Sp. 112—159.
⁵³) Schmitz III, S. 42 f.
⁵⁴) S. Bernardi opera III, S. 63—108.
⁵⁵) Migne P. L. 189, Sp. 1023—1048; R. Cortese-Esposito, Analogie e contrasti fra Citeaux e Cluny, in: Cîteaux 19 (1968), S. 5—39; darin auf S. 20—26: Die liturgische Reform von Petrus Ven.; J. Leclercq, Pierre le V. et les limites du programme clunisien, in: Collectanea 18 (1956), S. 84—87.
⁵⁶) A. Wilmart, Une riposte de l'ancien monachisme au manifeste de S. Bernard, in: Revue bénédictine 48 (1934), S. 307.
⁵⁷) S. Brunner, Ein Cistercienserbuch, Würzburg 1881, S. 57 f.
⁵⁸) Der Dialog ist veröffentlicht bei: E. Martène — U. Durand, Thesaurus novus anecdotorum V, Paris 1717, Sp. 1569—1654; vgl. dazu J. Storm, Untersuchungen zum Dialogus duorum monachorum Cluniacensis et Cisterciensis, Bocholt 1926.
⁵⁹) Bernard de Clairvaux (s. Anm. 47), S. 221, 226 f.; F. Bucher, Notre-Dame de Bonmont (Berner Schriften zur Kunst hrg. v. H. R. Hahnloser, Bd. VII), Bern 1957.
⁶⁰) Th. Merton, The last of the Fathers, New York 1954.
⁶¹) Bernhardskongreß Mainz 1953, S. 19 f.

4. Vom Mittelalter zur Gegenwart

[62] Canivez I., S. 45 Nr. 1.

[63] K. Spahr, Die Anfänge von Cîteaux, in: Bernhardskongreß Mainz, S. 219 f.; G. Schreiber, Studien zur Exemtionsgeschichte der Zisterzienser, in: Zs. d. Savigny-Stiftung f. Rechtsgesch. 35, Kanonist. Abt. IV (1914), S. 85 f., 102.

[64] M. Stratz, Der Cist.-Kardinal Rainer Capocci, in: Festgabe Gregor Müller, Bregenz 1926, S. 109—120; E. von Westenholz, Kardinal Rainer v. Viterbo (Heidelberger Abh., Bd. 34), Heidelberg 1912; M. Dietrich, Die Zisterzienser und ihre Stellung zum mittelalterlichen Reichsgedanken bis zur Mitte des 14. Jh., Salzburg 1934, S. 44; H. M. Schaller, Die Kanzlei Kaiser Friedrichs II. Ihr Personal und ihr Sprachstil, in: Archiv f. Diplomatik 3 (1957); J. Rivière, Le problème de l'Eglise et de l'Etat au temps de Philippe le Bel, Löwen 1926.

[65] S. Mitterer, Die Cistercienser im Kirchenstreit zwischen Papst Alexander III. und Kaiser Friedrich I. Barbarossa, in: Cist. Chr. 34 (1922), S. 1—8, 21—26, 35—40.

[66] Ebda.

[67] N. Grass, Reichskleinodien — Studien aus rechtshistorischer Sicht (Österr. Akad. d. Wiss., philos.-hist. Klasse, Sitzungsberichte, 248 Bd., 4. Abh.), Wien 1965.

[68] P. Opladen, Die Stellung der deutschen Könige zu den Orden im 13. Jh. (Phil.-Diss.), Bonn 1908.

[69] Vgl. Lekai-Schneider, S. 76 f.

[70] Vgl. dazu K. Lamprecht, Deutsches Wirtschaftsleben im Mittelalter I, Leipzig 1886; H. Bechtel, Wirtschaftsstil des Spätmittelalters, München-Leipzig 1930.

[71] Canivez I., S. 346 Nr. 5.

[72] Wortlaut bei Canivez III., S. 22—30; vgl. dazu S. Grill, Der erste Reformversuch im Cist. Orden, in: Cist. Chr. 36 (1924), S. 25—32, 45—55, 68—72.

[73] J. B. Mahn, Le pape Benoît XII et les Cisterciens, Paris 1946; Cl. Schmitt, Un pape réformateur et un défenseur de l'unité de l'Eglise, Benoît et l'ordre des Frères Mineurs (1334—1342), Florenz 1959.

[74] Vgl. Lekai-Schneider, S. 179 f.

[75] Ebda, S. 91 f.

[76] E. Molitor, Die Reichsreformbestrebungen des 15. Jahrhunderts bis zum Tode Kaiser Friedrichs III. (Untersuchungen zur deutschen Staats- u. Rechtsgesch., Heft 132), Breslau 1927, S. 37 f.

[77] Canivez IV., S. 244—47 Nr. 22—24.

[78] I. Eicheler, Die Kongregationen des Zisterzienserordens, in: Stud. Mitt. 49 (1931), S. 55—91, 188—227, 308—340.

[79] Lekai-Schneider, S. 105 f.

[80] L. Lekai, Moral and material status of French Cistercian abbeys in the seventeenth century, in: Analecta 19 (1963), S. 205 f.

[81] L. v. Pastor, Geschichte der Päpste, Bd. 8, [5-7] Freiburg 1923, S. 177 f.

[82] Lekai-Schneider, S. 96—99.

[83] Lekai, Moral and material status a.a.O., S. 201.

[84] P. Zakar, P. Dr. Louis Lekai's Studien über die Geschichte der Stricta Observantia Ord. Cist. im 17. Jahrhundert, in: Analecta 17 (1961), S. 127—131; ders., Histoire de la stricte observance de l'ordre cistercien depuis ses débuts jusqu'au généralat du cardinal de Richelieu (1606—1635) in: Bibliotheca Cist. III, Rom 1966 (weitere Literaturangaben ebda S. 325 f.); L. Lekai, The Rise of the Cistercian Strict Observance in seventeenth century France, Washington 1968.

[85] Vgl. Cist. Chr. 4 (1892) S. 45—56, 74—88, 110—119, 137—147, 170—180, 207—214, 236—244, 266—274, 300—307, 322—339; 8 (1896) S. 289—296, 321—328.

[86] J. Canivez, L'ordre de Cîteaux en Belgique, Scourmont 1926, S. 48—51; N. Tillière, Histoire de l'abbaye d'Orval, Gembloux 1936, S. 243—254.

[87] B. Wöhrmüller, Literarische Sturmzeichen vor der Säkularisation, in: Stud. Mitt. 45 (1927) S. 12—44.

[88]) L. Lekai, French Cistercians and the Revolution 1789—1791, in: Analecta 24 (1968) S. 86—118.
[89]) Biehlmeyer-Tüchle, Kirchengeschichte III. [13-14], Paderborn 1956, S. 307—312.
[90]) P. Redlich, Die letzten Zeiten der Abtei Altenberg, in: Annalen des hist. Vereins f. d. Niederrhein 71 (1901) S. 109.
[91]) Litterae apostolicae „Non mediocri" vom 30. 7. 1902.
[91a]) K. Spahr, Das Generalkapitel 1968, in: Cist. Chr. 92 (1968), S. 161—180.
[91b]) Für die Mitteilungen über die neueste Entwicklung im Cistercienserorden von der strengen Observanz sage ich Dom Vincent Hermans, Generalprokurator in Rom, und Schw. M. Luise, Priorin der Trappistinnenabtei Maria Frieden, herzlichen Dank.

5. Kap. Die Konversen

[92]) Vgl. E. Hoffmann, Das Konverseninstitut des Cist. Ordens (Freiburger hist. Studien 1), Freiburg/Schw. 1905; O. Ducourneau, De l'institution et des Us des convers, in: Bernard et son temps Bd. 2, Dijon 1929, S. 139—201; A. Mettler, Laienmönche, Laienbrüder, Conversen, besonders bei den Hirsauern, in: Württemberg. Vierteljahrshefte 41 (1935) S. 201—263; K. Hallinger, Woher kommen die Laienbrüder?, in: Analecta 12 (1956) S. 1—104; Ph. Hofmeister, Die Rechtsverhältnisse der Konversen, in: Österr. Archiv f. Kirchenrecht 13 (1962) S. 3—47; J. Leclercq, Comment vivaient les frères convers, in: Analecta 21 (1965) S. 239—258.
[93]) J. Turk, Cistercii statuta antiquissima, in: Analecta 4 (1948) S. 34.
[94]) Dialogus inter cluniacensem et cistercienem monachum lib. III, 43 = Martène-Durand, Thesaurus novus anecdotorum V (Paris 1717) col. 1648.
[95]) J. A. Lefèvre, Les traditions manuscrites des Usus Conversorum de Cîteaux, in: Collectanea 17 (1955) S. 14 f.
[96]) Capitula Nr. 15, aus: Lekai-Schneider S. 45.
[97]) Ebda Nr. 20 = S. 45 f.
[98]) Canivez II S. 30 Nr. 1. 8. Ebda S. 476 Nr. 7.
[99]) Dialogus miraculorum dist. I., c. 5, 36, hrg. v. J. Strange I (Köln 1851) S. 11 f., 45.
[100]) Canivez I S. 108 Nr. 8.
[101]) Ebda I S. 516 Nr. 1.
[102]) Ebda S. 106 Nr. 5.
[103]) B. Schneider, Eine zeitgenössische Kritik zu Janauscheks *Originum Cisterciensium tomus I*, in: Analecta 21 (1965) S. 271/77.
[104]) Canivez VII S. 243 Nr. 5.
[105]) B. Lucet, La codification cistercienne de 1202 et son évolution ultérieure (Bibliotheca Cisterciensis II), Rom 1964, S. 158 c. 3.
[106]) Canivez I S. 88 Nr. 2.
[106a] B. Grießer, Die „*Ecclesiastica officia Cisterciensis Ordinis*" des Cod. 1711 von Trient cap. 117, in: Analecta 12 (1956) S. 278.
[107]) Letzte Ausgabe von J. A. Lefèvre, in: Collectanea 17 (1955) S. 85—97.
[108]) Lucet a.a.O. S. 157 Nr. 1.
[109]) Ebda Nr. 2.
[110]) Ebda S. 166 Nr. 21.
[111]) Dial. mir. dist. VII, c. 15 = Strange II S. 17; vgl. Usus conversorum in: Collectanea 17 (1955) S. 86 f.
[112]) Dial. mir. dist. VII, c. 51 = Strange II S. 71.
[113]) Analecta 8 (1952) S. 197; vgl. E. Mikkers, L'idéal religieux des frères convers dans l'Ordre de Cîteaux aux 12e et 13e siècles, in: Collectanea 24 (1962) S. 113—129; C. van Djk, L'instruction et la culture des frères convers dans les premiers siècles de l'Ordre de C., ebda, S. 243—258.
[114]) Canivez II S. 245 Nr. 75.
[115]) Dial. mir. dist. VIII, c. 95 = Strange II, S. 161.
[116]) Canivez II S. 476 Nr. 7.

[117]) Turk a.a.O. S. 33 f.
[118]) Vgl. Anm. 20.
[119]) Canivez I S. 66 Nr. 47; S. 84 Nr. 3.
[120]) F. Watzl, Die päpstlichen Bullatoren und ihr Amt, in: Cist. Chr. 20 (1908) S. 193/99.
[121]) Canivez I S. 516 Nr. 3.
[122]) Dial. mir. dist. IV, c. 52 = Strange I S. 230.
[123]) Urkundenbuch zur Geschichte der mittelrhein. Territorien III (Coblenz 1874) Nr. 603 S. 462.
[124]) Ebda Nr. 347 S. 279.
[125]) R. Wagner-Rieger, Die italienische Baukunst zu Beginn der Gotik II (Wien 1957) S. 163.
[126]) Canivez II S. 267 Nr. 41.
[127]) Papst Honorius III. bestätigt 1218 dem neugegründeten Kloster Otterberg, das nicht genügend Laienbrüder zum Bebauen seiner Ländereien besitzt, den Besitz von bestimmten Zehnten (Urkundenbuch des Klosters O. in der Rheinpfalz, Mainz 1845, S. 21 Nr. 24).
[128]) Walter Daniel, Vita Ailredi; zitiert nach Cist. Chr. 74 (1967), S. 77 und Anm. 65.
[129]) Zu den Personalangaben für Kamp und seine Tochterklöster vgl. Chronicon monnasterii Campensis, hrsg. v. H. Keussen, in: Annalen d. hist. Vereins f. d. NRh. 20 (1869) S. 301.
[130]) J. Donnelly, The decline of the medieval Cistercian laybrotherhood (Fordham University Studies, hist. Series Nr. 3), New York 1949, S. 71—80.
[131]) Dial. mirac. dist. IV., c. 57 = Strange I, S. 224.
[132]) Donnelly a.a.O; B. Grießer, Die Wirtschaftsordnung des Abtes Stephan Lexinton für das Kloster Savigny (1230), in: Cist. Chr. 58 (1951) S. 13—28.
[133]) Canivez II, 169 Nr. 3.
[134]) Ebda III, 128 Nr. 12.
[135]) A. Schneider, Die Cistercienserabtei Himmerod im Spätmittelalter (Quellen u. Abhandl. zur Mittelrhein. Kirchengeschichte Bd. 1), Himmerod 1954, S. 149.

Laubmaske vom Kloster Arnsburg / Wetterau

DER BAUBETRIEB DER CISTERCIENSER
von Ambrosius Schneider

Baubetrieb und Bauleute

Es galt als ungeschriebenes Gesetz in Cîteaux, daß die einzelnen Konvente ihre Klöster und Kirchen selbst bauten. Das bezeugt u. a. der kluniazensische Geschichtsschreiber Ordericus Vitalis († 1142) bezeugt[1]). Bald nach Errichtung einer behelfsmäßigen Anlage aus Holz — zumeist durch Stifter oder einen Vortrupp — begann man mit dem Kirchenbau. Naheliegende Steinbrüche, um deren Schenkung man sich bemühte [2]), lieferten das erforderliche Baumaterial. Unter den 10 Handzeichnungen bedeutsamer geschichtlicher Ereignisse der Abtei Schönau bei Heidelberg [3]) findet sich auch eine Darstellung des dortigen Klosterbaues.

Sie trägt die Unterschrift:
„Construxere domum conversi Schonaviensem, quos pius
induxit religionis amor".
(Die Konversen erbauten das Kloster Schönau, beseelt
von frommer Liebe zum Orden.)

Die Zeichnung versetzt uns auf eine Baustelle des Ordens; wir verfolgen alle Bauarbeiten [4]). Links oben liegt der Steinbruch; dort werden große Blöcke gebrochen und im Groben schon hergerichtet. Ochsenwagen fahren vom oder zum Steinbruch. Auf dem Bauplatz behauen bärtige Konversbrüder unter einem schützenden Bretterdach die Steine zu Quadern; Winkelmaß und Schablonen hängen an der Wand der Hütte. Einige sind beschäftigt, einen großen Stein zu heben, andere bereiten Mörtel, zwei steigen die Rampe empor und tragen den Maurern Mörtel zu. Mit Richtscheit und Winkelmaß überschreitet ein anderer den Steg, der über den Bach zum Bauplatz führt. Oben hat gerade der Kran einen mächtigen Quaderstein emporgezogen, den zwei Brüder angestrengt an seinen Platz bringen. Ein dritter Bruder lagert am Bau bereits die höhere Schicht ab. Auf dieser Darstellung sind keine Laien beim Bau beschäftigt. Wir wissen jedoch, daß solche bei größeren Bauvorhaben wie z. B. beim Neubau von Clairvaux (1135) [5]) mitarbeiteten.

Grundsätzlich durften klösterliche Werkleute nur zu Eigenbauten herangezogen werden; so schrieben es die Generalkapitel von 1157 und 1175 vor [6]). Noch 1210 bestraft die oberste Ordensbehörde den Abt von Beaubec / Normandie, weil er einen in der Herstellung kunstvoller Fußböden erfahrenen Mönch längere Zeit bei Weltleuten arbeiten ließ. Er wurde abberufen mit der ausdrücklichen Weisung, daß er seine Kunst künftighin nur innerhalb des Ordens und zwar in der vorgeschriebenen Einfachheit *(maturitas)* ausüben dürfe [7]). Doch hielt man sich seit dem 13. Jahrhundert wenig an derartige Verbote, besonders wenn die Klöster bei Außenarbeiten ihrer Bauleute bestimmte Gegenleistungen erwarten konnten [8]).

Die Bauerfahrungen der Weißen Mönche veranlaßte mehrere deutsche Bischöfe, sie zu ihren Dombauten heranzuziehen. Erzbischof Johann I. von Trier (1189 bis 1212) beauftragt Himmerod mit der Einwölbung seiner Kathedrale [9]). Unter Leitung Ebracher Bauexperten entstehen am Bamberger Dom (1220–37) Westchor und Querschiff mit den beiden großen Rosenfenstern (Kopien der Ebracher Fensterrose) [10]). Gotische Formen cisterciensisch-burgundischer Prägung finden durch Ebrach Eingang beim Bau der Pfarrkirche St. Sebaldus in Nürnberg (1225–74) [11]). Die Abtei Walkenried errichtet über dem Chorumgang des Magdeburger Domes den sog. Bischofsgang (1230–35) und restauriert seit 1240 den Dom zu Halberstadt [12]). Auch am Breslauer Dom sind cisterciensische Einflüsse (Grundriß, Aufbau, Abkragung der Gewölbedienste, Einwölbung) nachweisbar, wahrscheinlich durch Vermittlung der Klöster Leubus und Heinrichau [13]).

Kaiser Friedrich II. (1215–50) widmete den baukundigen Cisterciensern besondere Aufmerksamkeit. Nach der Chronik der Abtei S. Maria di Ferrara in Kampanien soll der Kaiser 1224 auf päpstlichen Rat hin aus den Cistercienserklöstern seines sizilianischen Königreiches Konversen in Dienst genommen haben, um sich von ihnen Kastelle und Wohnungen bauen zu lassen. Andererseits ist eine Wechselwirkung der Hohenstaufenarchitektur auf süditalienische Ordenskirchen unverkennbar [14]).

Zu Lebzeiten des hl. Bernhard besaß Clairvaux hervorragende Architekten, die in mehreren Neugründungen tätig waren: die Mönche Achard, Bauleiter zu Clairvaux und Himmerod [15]), Gaufrid (Geoffroi d'Ainay), belegt für Fountains / England und Clairmarais / Flandern [16]) und Robert, den Bernhard dem irischen Primas Malachias 1142 für Mellifont überließ [17]). Ein ungenannter, bauerfahrener Konverse von Aduard / Friesland nahm im 13. Jahrhundert den Grundriß der Kirche von Clairvaux auf. Als Anerkennung bestattete man ihn in dem von ihm nach Schema Clairvaux III erstellten Gotteshaus seines Klosters [18]). Die Pläne für den Kirchenneubau von Vaucelles b. Cambrai entwarf der berühmte Architekt Villard de Honnecourt. Sein Bauhüttenbuch (um 1236–41) enthält u. a. die Grundrißskizze eines rechteckigen Umgangschores mit vier quadratischen Kapellen an der Ostseite, betitelt „Zur Ausführung im Orden von Cîteaux" und einen Plan des Chorumgangs von Vaucelles [19]).

Die oberste Bauleitung lag in den Händen des Cellerars, der gemäß der Regel St. Benedikts (cap. 31) der gesamten klösterlichen Verwaltung vorzustehen hat. Er überwachte die Werkstätten und stellte, wenn nötig, weltliche Arbeiter ein, wie aus dem Nachruf des hl. Bernhard auf seinen verstorbenen Bruder und Cellerar Gerhard († 1138) erhellt. Darin hebt der Abt von Clairvaux dessen Geschick im Umgang mit den Bauhandwerkern lobend hervor [20].

Dem Cellerar unterstand der *Magister operis*, meist ein baukundiger Mönch, selten ein Laienbruder. Dieser vom Kloster bestellte technische Bauleiter war zuweilen auch planentwerfender Architekt. Sein Amt ist im Einzelfall schwierig zu interpretieren [21]. Ihm war zuweilen auch die Verwaltung der Bauspenden und die bauliche Unterhaltung des Hauses übertragen [22].

Unter den Steinmetzen (lapicidae), die durchweg Laienbrüder waren, befanden sich gelegentlich hervorragende Meister ihres Faches: so schuf im 13. Jahrhundert der Konverse Johannes von Ebrach für die dortige „Fuchsenkapelle" ein künstlerisch bemerkenswertes Tympanon mit einer Darstellung der Himmelfahrt Mariens [23]; in Altenberg ist das herrliche Maßwerkfenster an der Westfassade des „Bergischen Domes" — das größte deutsche Kirchenfenster (18 x 8 m) — das Werk des Bruders Raynold († 1398). Ihn rühmt seine Grabinschrift als den „König der Steinmetzen" (FRATER RAYNOLDUS SUPER OMNES REX LAPICIDAS). Die noch heute bestechende, solide und schöne Ausführung der Ordensbauten zeugt von den hohen fachwerklichen Fähigkeiten der cisterciensischen Steinmetzen.

Als tüchtiger Architekt ragt auch Bruder Georg aus der Abtei Salem hervor. In den Jahren 1407–1410 errichtete er in Bebenhausen anstelle des hölzernen Dachreiters einen reichgezierten achteckigen Glockenturm mit durchbrochenem Helm. Ihm wird auch das schlanke gotische Glockentürmchen auf dem Südgiebel des dortigen Sommerrefektoriums zugeschrieben [24].

Von den „kunsteinschränkenden" Verboten des Ordens bezieht sich nur ein einziges auf die Architektur; alle anderen befassen sich mit der Innenausstattung der Kirchen und Klostergebäude, den liturgischen Gewändern und Geräten.

A. *Architektonische Verordnungen:*

1157 Verbot der Glockentürme, „die mit der Einfachheit des Ordens nicht vereinbar sind" [25]. In Einzelfällen werden solche jedoch in sturmreichen Gegenden geduldet. Die beiden Glocken dürfen höchstens 500 Pfund schwer sein [26].

B. *Künstlerische und liturgische Verordnungen:*

1. Skulpturen, Malereien und Kreuze

Um 1130 Verbot von Skulpturen, Malereien und Bildern; erlaubt sind nur bemalte Altarkreuze aus Holz [27]. 1185 wird außer dem Holzkreuz an Festtagen ein weiteres Kreuz und ein Reliquienschrein während der Meßfeier auf dem Altar erlaubt [28]. 1157 werden goldene oder silberne Kreuze von „beträchtlicher Größe" verboten [29], sie dürfen auch nicht (in kleinerer Ausführung) als Prozessionskreuze verwandt werden [30]. 1240 müssen alle mehrfarbigen Altargemälde (tabulae pictae) entfernt oder mit weißer Farbe überstrichen werden [31]. 1242 wird der Abt von Valparaiso / Spanien wegen der Wandmalerei im Kreuzgang und in verschiedenen Werkstätten seines Klosters bestraft [32].

1157 wird ein weißer Anstrich der Türen und Kirchenportale gestattet [33].

2. Fußbodenbelage

1205 muß der Abt von Pontigny den kuriosen, anstoßerregenden Fußboden, welcher „der Armut, — der Hüterin des hl. Cistercienserordens — Hohn spricht", umändern oder entfernen lassen [34]), dgl. 1235 der Abt von Le Gard / Picardie [35]). 1218 verordnet die oberste Ordensbehörde, daß die bunten, vielgestaltigen Fußböden in den Kirchen bis zum nächsten Generalkapitel entfernt werden müssen [36]).

3. Glasfenster

Um 1130 werden helle (albae) Glasfenster ohne Kreuze und Malereien gestattet [37]). 1159: mehrfarbige, vor 1130 hergestellte Fenster müssen innerhalb von 3 Jahren entfernt werden [38]), 1182 neu eingeschärft [39]).

4. Buchschmuck

1130—48: Die liturgischen Bücher sollen keine Einbände aus Edelmetall haben, die Kodizes keine Seidenhüllen [40]). Die Initialen seien nur einfarbig [41]).

5. Liturgische Geräte und Gewänder

Verordnung des Abtes Stephan Harding von Cîteaux (1108—33) [42]):
Erlaubt sind silber-vergoldete Meßkelche und Kommunionröhrchen, Rauchfässer aus Kupfer oder Eisen, eiserne Kerzenleuchter, einfache Meßkännchen ohne Gold- und Silberarbeit; ferner einfarbige Meßgewänder aus Wolle oder Leinen ohne Stickereien, Stolen und Manipeln aus Seide, Alben, Amikte und Altartücher aus Leinen ohne Stickereien.

Verboten sind Chormäntel (cappae), Dalmatiken und Tuniken. [Auf Bitten des Papstes gewährt das Generalkapitel 1257 deren Gebrauch in der feierlichen, vom Abt zelebrierten Konventmesse [43])].

1190 [44]) und 1207 [45]) erfolgten neue Mahnungen des Generalkapitels, die liturgischen Anordnungen gewissenhaft und einheitlich im Orden einzuhalten.

1183 [46]) wird das Zelebrieren in seidenen Meßgewändern mit Fasten bei Wasser und Brot bestraft. Seit 1226 [47]) werden dagegen einfarbige Seidenkaseln ohne Goldstickereien zugelassen; für gekaufte bleibt das Verbot von 1183 bestehen.

6. Grablegen

1157 wird den Klostergründern eine Grablege in der Kirche zugestanden [48]), 1180 auch Königen und Königinnen; Äbte werden im Kapitelsaal beigesetzt [49]). Die Grabsteine müssen in den Boden eingelassen sein (1191) [50]), (1194) [51]). Eine Ausnahme wird 1263 für die Gräber des französischen Königshauses in der Abteikirche Royaumont gewährt [52]).

Intensiver Eigenbetrieb, Schenkungen und nicht zuletzt die asketische Lebensweise verschafften vielen Abteien ansehnlichen Reichtum, der zur Anlage drängte. Die vorhandenen Klostergebäulichkeiten reichten überdies nicht mehr für den starken Nachwuchs aus, der zudem von dem neuen Stilempfinden der aufkommenden Frühgotik geprägt war. So entfaltete sich in der zweiten Hälfte des 12. Jahrhunderts eine auffallende Baufreudigkeit, die z. T. von der älteren Mönchsgeneration nicht verstanden wurde. Ihre Zeitkritik ist ziemlich unverhohlen, wenn sie sogar von „Bauwütigkeit" (*libido aedificandi*) und „Baukrank-

Erläuterungen zu den beiden Abbildungen auf den folgenden Seiten
über den mittelalterlichen Baubetrieb der Cistercienser

Schlußstein in der Klosterkirche von Salem. (Vermutliches Porträt des klösterlichen Baumeisters, um 1320.)

Der Betrieb auf einer mittelalterlichen Baustelle wird (anschaulich) vergegenwärtigt auf zwei Darstellungen, (auf einer Zeichnung) aus Schönau und (auf einer älteren Tafel) aus Maulbronn. Die Künstler zählen minutiös auf, was dort geschieht, der Zeichner vergißt auch nicht Steingewinnung und -transport. Das frisch gebrochene Material wird im Steinbruch grob abgespitzt, halbfertig auf schweren vierspännigen Ochsenwagen zum Bauplatz gezogen. Dieser ist in Schönau steinig, da gelingt es zwei Konversen, einen schweren Stein zu heben. Hinter ihnen schreitet die Steinbearbeitung fort. Zwei Brüder spitzen die Quader ab, der eine, auf dem Hüttenstuhl sitzend, mit der Spitzfläche, der andere mit dem Zweispitz. Unterm Schauer hängen Winkel und Schablonenbrett, die sie im Augenblick nicht brauchen. Das Richtscheit fehlt?

Es wird bereits über den Bach herbeigebracht. Unterdes werden Steinbrocken gesammelt. Man wird sie fürs Füllmauerwerk benötigen. Die Steine werden mit der Zange gepackt, vom Kran gehoben. (Vorsicht beim Aufsetzen, daß die Ecke stimmt!) Rittlings auf der Mauer sitzend, klopft ein anderer die Steine fest. Und schon damals machte die Arbeit auf dem Bau durstig. Die Feldflasche hängt zur Kühlung im Klosterbach, der Konverse führt die Kunst des Trinkens aus der Flasche vor. (Wein wird es sein, doch eher vom Apfelbaum, denn vom Weinstock. „Moscht" also in Schönau). Links schreitet auf dem Bild der Bringer solcher Gaben, eine Feldflasche über der geschulterten Spitzhacke, den Brötchenkorb am Arm.

Auf dem Maulbronner Baugelände befinden sich statt des Konversengetümmels nur wenige Patres (zierliche Gestalten des 15. Jahrhunderts), das Ganze wirkt beschaulicher. Im Mittelpunkt (auf dem Hüttenstuhl) sitzt ein Mönch, der mit dem Zweispitz einen Quader abspitzt, neben ihm auf der Erde liegen Winkel und Spitzfläche. Ein anderer mißt die Quader nach. Mörtel wird zubereitet. Im Vordergrund sind die Zimmerleute, der vordere mit dem Breitbeil den Balken zuhauend. Wie der Kran die Lasten hebt, sehen wir auch, mit dem Mönch im Tretrad. — „Der Bau erhob sich, und als ob die gerade geborene Kirche etwas Lebendiges und Bewegendes hätte, wurde sie schnell größer und gedieh" (aus dem Leben des hl. Bernhard, Migne PL CLXXXV, 288).

Schönauer Hs. im Germanischen Nationalmuseum Nürnberg.
Zeichnung um 1530 aus der Folge von 10 Handzeichnungen, die die Gründung und Geschichte des Klosters beschreiben.

Mönche beim Bau der Kirche in Maulbronn   (Gemälde aus dem Kloster-Inventar)

Der Wiederaufbau der Abteikirche von Himmerod (1952/60) erfolgte unter tätiger Mithilfe des Konvents. Der klösterliche Bauleiter bespricht mit dem Polier Einzelheiten des Wiederaufbaus.

heit" *(morbus aedificandi)* sprechen [53]). Der berühmte Pariser Theologieprofessor Petrus Cantor († 1197 als Novize in Longpont) fragte sich, was wohl der hl. Bernhard zu solchen glänzenden und ummauerten Bauten *(palatiis)* seiner Mitbrüder gesagt hätte. Eine warnende Stimme, in der man Bernhard von Clairvaux zu hören vermeint, erhob auch der Prior Helinand von Froidmont († um 1235). Der einstige weltgewandte Troubadour greift scharf die „ordenswidrige Bauweise" an: „Warum errichtet ihr Cistercienser, die ihr alles verlassen, die ihr Nüchternheit und Armut gelobt habt, solch kostspielige und überflüssige Bauten? ... Wir können schwerlich mehr als ‚Arme Christi' gelten, wenn wir so viel Aufwand mit den Gebäuden machen" [54]). Helinand wollte in allzu engherziger, weltfremder Einstellung Steinbauten nur für Vorratshäuser, da diese auch für die Armen bestimmt waren, gelten lassen. Künftige Mönchsgenerationen interessierten ihn überhaupt nicht, „da wir nur in unserer Zeit, nicht in einer anderen leben" [55]).

Diese Warnungen verhallten ebenso erfolglos wie die Verbote des Generalkapitels. Immer wieder rügen die in Cîteaux tagenden Kapitelsväter seit den letzten Jahrzehnten des 12. Jahrhunderts Verfehlungen „gegen den Ordensbrauch" *(contra formam ordinis)* [56]). Gemeint sind damit neue und überflüssige Formen in Malereien, Skulpturen, Bauten, Gewandungen, die sich breit machen und die „monastische Einfachheit" [57]) sowie die „altgewohnte Ehrbarkeit" *(honestas)* des Ordens entstellen *(deformant)*. Selbst der Abt von Clairvaux wird 1192 unnachsichtlich bestraft, weil er beim Kirchenbau seines Tochterklosters Vaucelles, „der zu kostspielig, unnütz und ärgerniserregend sei", nicht auf die ordensübliche Einfachheit geachtet habe [58]). Schließlich hat aber gerade Clairvaux mit seinem Chorneubau (1154–74) eine entscheidende Breche in die bisherige Baupraxis gelegt. Dieses Beispiel einer Primarabtei machte nunmehr Schule.

Mit gleicher Strenge versuchte das Generalkapitel Abweichungen in der Bauplanung der klösterlichen Regularräume einzudämmen. So wird 1192 die Umgestaltung des „ordenswidrigen" Dormitoriums von Longpont *„ad formam ordinis"* binnen drei Jahren befohlen, sonst dürfe der Raum weiterhin nicht benutzt werden [59]). Die Kapitelsväter beschwören geradezu 1298 die Anhänger der neuerungssüchtigen Richtung, sich bewußt zu bleiben, daß der Orden „in großer Einfachheit und Reinheit" *(in multa puritatis simplicitate)* gegründet sei und daß sie weiter zu diesem Ideal stehen sollen [60]). Noch in den Jahren 1330 [61]) und 1331 [62]) ergehen ähnliche Mahnungen des Generalkapitels, doch die konservativ strenge Haltung war endgültig durchbrochen; — die oberste Ordensbehörde hatte vor den Zeitströmungen kapituliert.

ANMERKUNGEN

[1]) Hist. eccl. III, lib. 8 = Migne PL 188, Sp. 641 C.
[2]) Z. B. 1256 und 1257 in Walkenried; vgl. Urkundenbuch des hist. Vereins für Niedersachsen, Heft II: Die Urkunden des Stiftes Walkenried, Abt. I, Hannover 1852, Nr. 315, S. 218 und Nr. 321, S. 221.
[3]) Im Germanischen Museum Nürnberg; s. Abbildung auf S. 67.
[4]) H. Rüttimann, Der Bau- und Kunstbetrieb der Cistercienser unter dem Einfluß der Ordensgesetzgebung im 12. und 13. Jahrhundert, in: Cist. Chr. 23 (1911), S. 70 f.

⁵) „... Eilig stellte man Arbeiter ein, und die Brüder selbst beteiligten sich überall eifrig mit an den Arbeiten..." (S. Bernardi Vita prima, lib. II, c. 5 = Sinz S. 130).
⁶) Canivez I, S. 66, Nr. 47 u. S. 84, Nr. 33.
⁷) Ebda. S. 375, Nr. 34.
⁸) So erbaute vor 1229 der Himmeroder Konverse und Steinmetz Johannes in Zell / Mosel eine Stadttor gegen das Recht freier Weinlese für das Kloster (Urkundenbuch zur Geschichte der ... mittelrhein. Territorien, Bd. III, Coblenz 1874, S. 301, Nr. 376; vgl. ebda. S. 160, Nr. 187.
⁹) G. Wellstein, Die Cistercienser und die deutschen Dome, in: Cist. Chr. 55 (1948), S. 77 f.
¹⁰) Ebda., S. 78 f.; I. Bickel, Die Bedeutung der süddeutschen Zisterzienserbauten, München 1956, S. 94—98.
¹¹) Bickel, a.a.O., S. 98—104.
¹²) Wellstein, a.a.O., S. 79 f.; H. Weigert, Geschichte der deutschen Kunst, Berlin 1942, S. 231 ff.
¹³) E. Walter, Untersuchungen zur zisterziensischen Anlage des Breslauer Domes, in: Archiv f. schles. Kirchengeschichte, 10 (1952), S. 30—62.
¹⁴) R. Wagner-Rieger, Die italienische Baukunst zu Beginn der Gotik. II. Teil: Süd- u. Mittel-Italien (Publikationen d. österr. Kulturinstitutes in Rom, Abt. f. hist. Studien, I. Abt., 2. Bd. / II), Graz—Köln 1957.
¹⁵) Lekai-Schneider, S. 211, 217.
¹⁶) Vita I., S. Bernardi, lib. IV, c. 2 = Sinz, S. 198.
¹⁷) Migne PL 182. Sp. 559 D.
¹⁸) F. Bucher, Notre-Dame de Bonmont und die ersten Zisterzienserabteien der Schweiz, Bern 1957, S. 49.
¹⁹) C. Enlart, Villard de Honnecourt et les Cisterciens, in: Bibliothèque de l'Ecole des Chartes 56 (1895), S. 5—20, bes. S. 17 f.
²⁰) „... caementariis, fabris ... facile magister erat ..." (S. Bernardi opera I, Rom 1957, S. 175, 16.
²¹) W. Wiemer, Die Baugeschichte und Bauhütte der Ebracher Abteikirche, Kallmünz 1958, S. 14.
²²) Walkenrieder Urkundenbuch a.a.O. II, S. 302, Nr. 160 zum Jahre 1376.
²³) Ebda., S. 13, 80.
²⁴) H. P. Eydoux, Das Cist. Kloster Bebenhausen, Tübingen 1950, S. 34 f.
²⁵) Canivez I, S. 61, Nr. 16; Nomasticon Cisterciense, Solesmes 1892, S. 287.
²⁶) Canivez I, S. 62, Nr. 21.
²⁷) Ebda., S. 17, Nr. XX.; diese Verbote werden 1213, 1231 und 1251 erneut eingeschärft.
²⁸) Ebda., S. 98, Nr. 4.
²⁹) Ebda., S. 61, Nr. 15.
³⁰) Ebda., S. 69, Nr. 12.
³¹) Ebda. II, S. 218, Nr. 12.
³²) Ebda., S. 255, Nr. 54.
³³) Ebda. I, S. 61, Nr. 12.
³⁴) Ebda., S. 309, Nr. 10.
³⁵) Ebda. II, S. 146, Nr. 30.
³⁶) Ebda. I, S. 486, Nr. 5.
³⁷) Ebda. I, S. 31, Nr. LXXX.
³⁸) Ebda., S. 70, Nr. 9.
³⁹) Ebda., S. 91, Nr. 11.
⁴⁰) Ebda., S. 16, Nr. 13.
⁴¹) Ebda., S. 31, Nr. 80.
⁴²) Exordium Cisterciensis coenobii cap. 17 (hrg. v. Canisius Noschitzka) in: Anal. Cist. 6 (1950), S. 15 f.

43) Canivez II, S. 425, Nr. 3.
44) Ebda., I, S. 233, Nr. 15.
45) Ebda. I, S. 335, Nr. 7.
46) Ebda. I, S. 93, Nr. 12.
47) Ebda. II, S. 48, Nr. 2.
48) Ebda. I, S. 68, Nr. 63.
49) Ebda. I, S. 87, Nr. 5.
50) Ebda. I, S. 145, Nr. 78.
51) Ebda. I, S. 172, Nr. 7.
52) Ebda. III, S. 11, Nr. 9.
53) PL 205, Sp. 257 C.
54) PL 212, Sp. 676, 678.
55) Ebda., Sp. 677.
56) 1242 = Canivez II, S. 255, Nr. 54.
57) 1213 = Canivez I, S. 404, Nr. 1.
58) 1192 = Canivez I, S. 151, Nr. 31.
59) Canivez I, S. 150, Nr. 23.
60) Ebda. III, S. 287, Nr. 1.
61) Ebda., S. 391, Nr. 11.
62) Ebda., S. 395, Nr. 10.

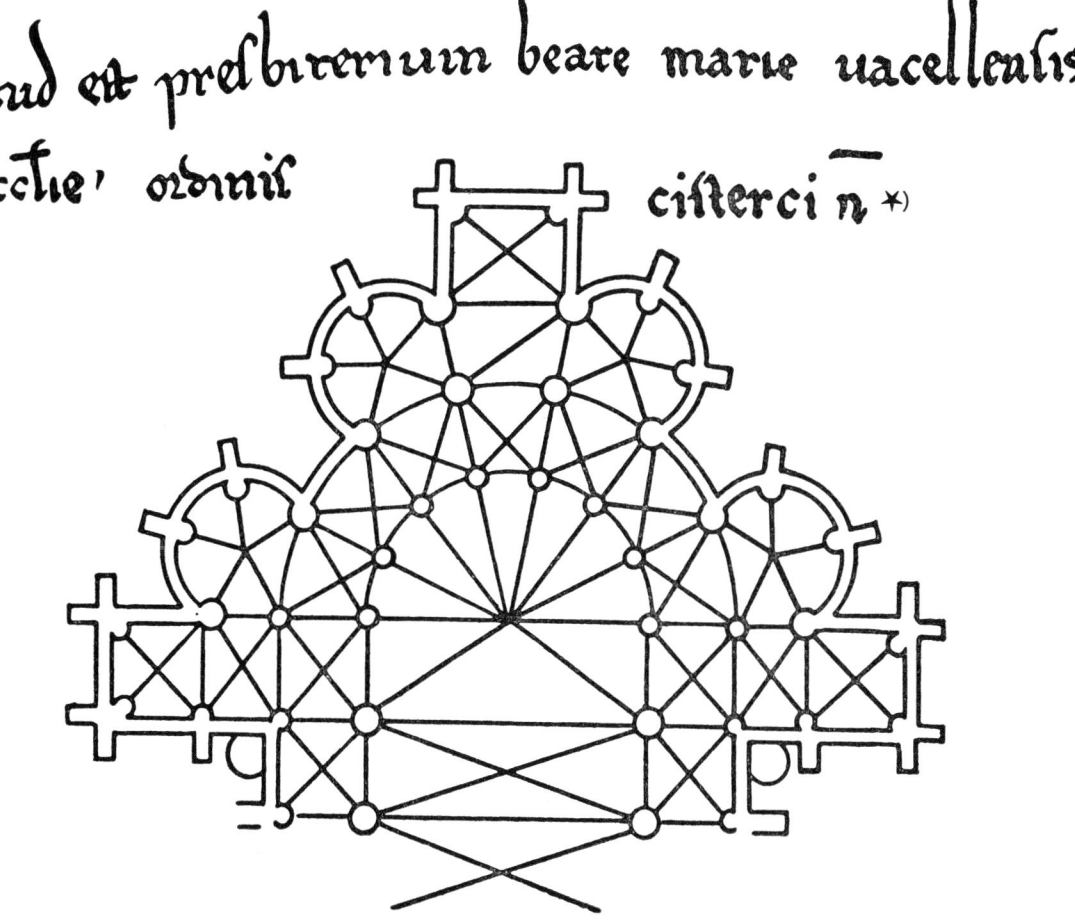

Grundrißskizze des Chorumgangs von Vaucelles aus dem Bauhüttenbuch des französischen Architekten Villard de Honnecourt (ca. 1236/41). Vaucelles b. Cambrai, 1132 von Clairvaux gegründet, besaß eine der größten Kirchen im Orden (132 m lang, 1235 geweiht); völlig zerstört.

*) Deutsche Übersetzung: „Das ist das Presbyterium der Kirche der hl. Maria von Vaucelles vom Cistercienserorden"

DIE CISTERCIENSISCHE KLOSTERANLAGE

von Ambrosius Schneider

Bei der Auswahl einer Niederlassung gingen die Cistercienser mit größter Sorgfalt vor. Grundforderungen waren einsame Lage in wald- und wasserreichen Tälern sowie genügende Ausdehnungsmöglichkeit für Klosteranlage und Wirtschaftsbetrieb. Trotz der vom Orden vorgeschriebenen Ortsbesichtigung vor Einzug des ersten Konventes, die durch Vateräbte oder Inspektoren vorgenommen wurde, kam es nach Erstlingsgründungen in ungünstigen Tallagen öfters zu Verlegungen (z. B. in Cîteaux, Pontigny, La Ferté, Clairvaux, Altenberg, Himmerod, Heisterbach, Marienstatt, Haina u. a.).

Als wichtigster Teil der Gesamtanlage nahm die Kirche den höchsten Punkt des Geländes ein. Je nach Ortsverhältnissen schloß sich an das nördliche oder südliche Seitenschiff der Kirche das Viereck der Klausurgebäude oder Regularräume an. Dieses Schema — der Grundrißtypus der abendländischen Klosteranlage schlechthin — läßt sich über die Rekonstruktionen von Clairvaux, Cîteaux, Cluny, St. Gallen und Fontanelle bis zur Anlage auf dem Monte Cassino zurückverfolgen [1]).

Im Westflügel — der Außenwelt zugewandten Seite — lagen die den Konversen vorbehaltenen Räumlichkeiten: Refektorium mit dem darüberliegenden Dormitorium, unmittelbar an die Kirche anschließend die Vorratsräume (Cellarium) mit Werkstätten und Durchgang. Da die Konversen den Kreuzgang nicht betreten sollten, hatten sie in der sog. Klostergasse oder Ern [2]) — einem dem Westflügel parallel entlanglaufenden Verbindungsgang — eigene Portale zu Kirche und Dormitorium. In den deutschen Klöstern fehlt mit geringen Ausnahmen (z. B. Bronnbach, Eberbach, Arnsburg, Marienthal) die Klostergasse; hier lehnt sich der Konversenflügel mit fensterloser Ostseite an den Westtrakt des Kreuzganges an. Das zweischiffige Laienrefektorium rückt in Deutschland unmittelbar an die Kirche heran, während die Vorratskeller den äußersten Platz im Konversenflügel einnehmen oder teilweise ganz wegfallen [3]).

Seit dem späten 14. Jahrhundert wird wegen der geringen Konversenzahl in den meisten Klöstern der Westflügel zur inneren Klausur miteinbezogen. In den ehemaligen Gemeinschaftsräumen des Konversenhauses werden Bibliothek (z. B. in Altzella), Winterrefektorium (Bebenhausen, Maulbronn) eingerichtet; häufiger noch ist die Umwandlung zum Gast- und Abteibau.

Der rechteckige Kreuzgang ist das Kernstück der Klausuranlage. Er lehnt sich mit eigenem Pultdach an die ihn umgebenden Regularräume, die selbständige Bauten mit eigenen Giebeln sind. Der Kreuzgang dient — neben seiner Funktion als Verbindungsgang — der inneren Sammlung des Mönches; ihn durchzieht der Konvent an Festtagen vor dem Hochamt in feierlicher Prozession.

Der Ostflügel ist der Wohntrakt der Mönche. Im Erdgeschoß befinden sich unmittelbar neben der Kirche nach Osten hin die verhältnismäßig kleine Sakristei, zum Kreuzgang hin das Armarium, die Bibliothek. Oft bestand das Armarium lediglich aus einigen Wandnischen zur Aufbewahrung der liturgischen Bücher. Unmittelbar daneben liegt der Kapitelsaal, der Versammlungs- und Beratungs-

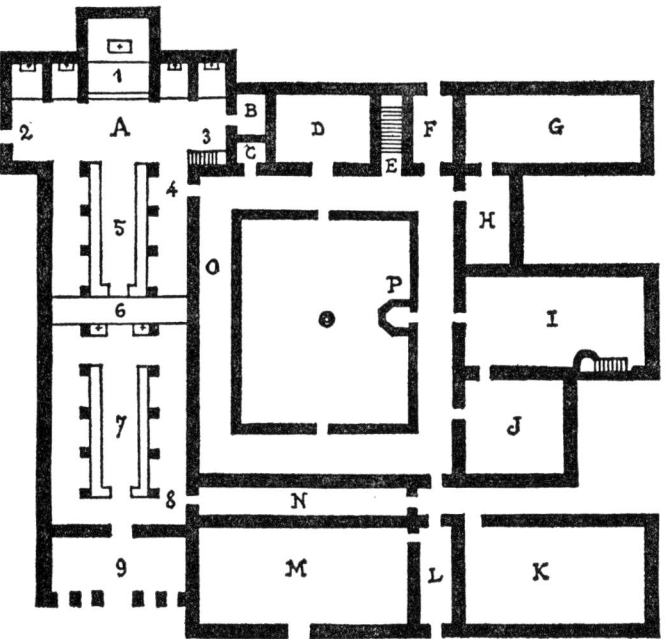

Ideal-Plan einer Cistercienser-Abtei

A. Kirche
  1. Presbyterium
  2. Tür zum Klosterfriedhof
  3. Schlafsaaltreppe
  4. Tür der Mönche
  5. Chor der Mönche
  6. Lettner (Chorschranke)
  7. Chor der Laienbrüder
  8. Tür der Laienbrüder (Konversenportal)
  9. Vorhalle (Paradies)
B. Sakristei
C. Armarium (Bibliothek)
D. Kapitelsaal
E. Treppe zum Schlafsaal der Mönche
F. Auditorium (Sprechsaal)
G. Studier- und Arbeitssaal der Mönche
H. Wärmestube
I. Refektorium der Mönche
J. Küche
K. Refektorium der Laienbrüder
L. Durchgang
M. Vorratsräume und Werkstätten
N. Gang der Laienbrüder
O. Kreuzgangflügel (für Abendlesung und Fußwaschung)
P. Brunnenhaus

raum des Konventes. Es folgen Aufgang zum Schlafsaal der Mönche, Auditorium (Ort der Arbeitsverteilung), Durchgang zum Garten und der Mönchsaal oder Fraterie (Arbeits- und Studierraum). Das gesamte Obergeschoß des Ostflügels nahm das Dormitorium (Schlafsaal) der Mönche ein, mit der Kirche durch die Schlafsaaltreppe *(scala dormitorii)* unmittelbar verbunden. Einschiffige, von einer Spitztonne überwölbte Anlagen sind in Sénanque und Poblet erhalten. Die meist zwei- bis dreischiffigen Dormitorien sind von beträchtlicher Länge (40—83 m) und geringer Breite (10—15 m); eine Ausnahme bildet der quadratische Schlafsaal von Zwettl (1159).

Der dem Gotteshaus gegenüberliegende (Nord- bzw. Süd-) Flügel umfaßte das Calefactorium (Wärmehaus) — der einzige durch Hypokaustenanlage heizbare Klosterraum —, das Refektorium der Mönche, vor dessen Eingang auf der entgegengesetzten Seite das Brunnenhaus (oft fälschlich Brunnenkapelle genannt) steht. Westlich des Refektoriums liegt die Küche; sie versorgte auch den angrenzenden Speisesaal der Konversen.

Parallel der Kirche verlief der Süd- bzw. Nordflügel des Kreuzganges mit seiner Steinbank an der Kirchenwand. Er diente für die abendliche Kollatslesung vor der Komplet (Kollationsgang) und für liturgische Fußwaschungen; Wasserausgüsse sind noch u. a. in Walkenried und Bebenhausen erhalten, zweischiffige Kollationsgänge in Hardehausen und Walkenried.

Plan der Abtei Notre-Dame de Bonmont
aus: François Bucher „Notre-Dame de Bonmont", Bern 1957

Zwei ungefähr gleichzeitig erbaute, aber weit voneinander entfernt liegende Abteien zeigen die Realisierung eines Idealplanes: B o n m o n t im Schweizer Waadt und A l v a s t r a in Östergötland in Schweden. Beide sind Töchter Clairvaux'. Die in Bonmont seit 1123 lebenden Benediktiner schlossen sich 1131 dem Orden von Cîteaux an.

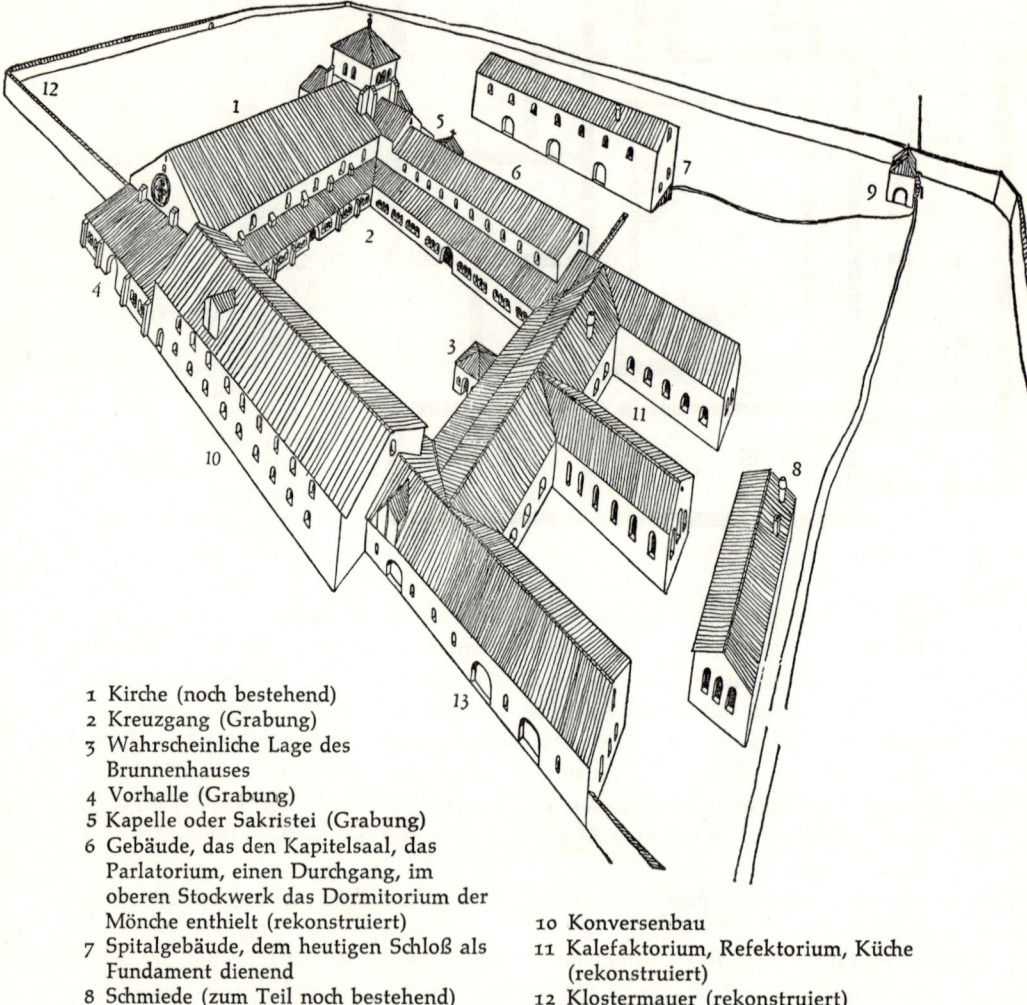

1 Kirche (noch bestehend)
2 Kreuzgang (Grabung)
3 Wahrscheinliche Lage des Brunnenhauses
4 Vorhalle (Grabung)
5 Kapelle oder Sakristei (Grabung)
6 Gebäude, das den Kapitelsaal, das Parlatorium, einen Durchgang, im oberen Stockwerk das Dormitorium der Mönche enthielt (rekonstruiert)
7 Spitalgebäude, dem heutigen Schloß als Fundament dienend
8 Schmiede (zum Teil noch bestehend)
9 Mühle (bestand noch vor wenigen Jahrzehnten)
10 Konversenbau
11 Kalefaktorium, Refektorium, Küche (rekonstruiert)
12 Klostermauer (rekonstruiert)
13 Güterschuppen (zum Teil noch bestehend)

1. Kirche, 2., 3. spätere Kapellenanbauten, 4. Armarium, 5. Sakristei, 6. Kapitelsaal, 7. Fraterie, 8. Kalefaktorium, 9. Refektorium, 10. Küche, 11. Arbeitssaal, 12. Laienrefektorium, 13. Keller, 14. Kreuzgang, 15. Brunnenhaus, 16. Kreuzganghof, 17. Abteigebäude, 18. Pforte, 19., 20. Infirmerie und Gästebau.

Plan der Abtei Alvastra, Schweden
aus: Ingrid Swartling „Alvastra kloster", Stockholm 1962

Alvastra wurde im Jahre 1143 als erste Cistercienser-Abtei in Schweden gegründet. Die Kirche zeigt die Ausstrahlungskraft des Fontenayschen Vorbildes. Doch liegen auch Modifizierungen vor: der Baukörper ist weiter reduziert, Vorhalle und Armarium sind in diesen eingezogen.

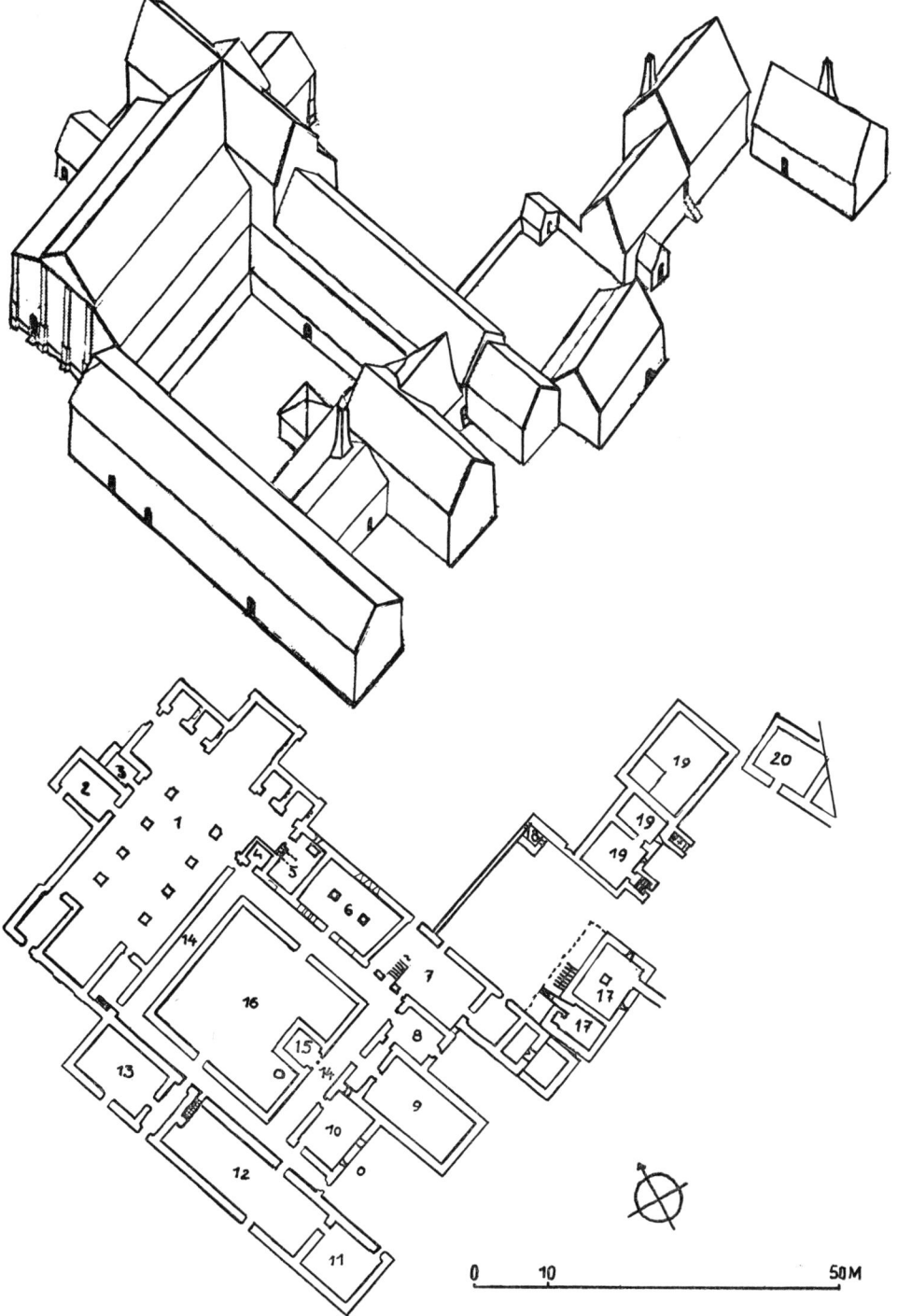

Die Kreuzgänge, deren Arkadenbögen Säulen oder Pfeiler tragen, waren anfänglich tonnengewölbt (z. B. Le Thoronet, Sénanque) oder flachgedeckt (Eberbach), in den weitaus meisten Fällen jedoch mit Spitzbögen eingewölbt. Die Kapitelle sind sorgfältig gearbeitet und zeigen geometrische und pflanzliche Motive, wie man in diesen Gängen überhaupt mehr ornamentalen Schmuck duldete als in der Kirche.

In spätgotischer Zeit entstehen vielerorts Neubauten des Kreuzganges, der jetzt sein eigenes Dach verliert und überbaut wird. An die Stelle der Giebel der bisher selbständigen Baukörper von Dormitorium und Refektorium tritt das rings um den Kreuzgang laufende Walmdach [4]).

Einige bedeutende Klöster — wie Cîteaux, Clairvaux, Igny, Longpont, Ourscamp — hatten östlich des Kreuzgangs noch ein zweites, kleineres Quadrum. In diesem sog. „Kreuzgang der Kopisten" befanden sich die Räume der Schreibermönche und die Bibliothek.

Klausurgebäude außerhalb des Kreuzgangs

Östlich des Mönchsaales lag — durch einen Gang erreichbar — in stiller Abgeschiedenheit das Noviziatsgebäude und in der Höhe des Kapitels das Klosterspital (infirmaria) mit einer angebauten Kapelle. Den Friedhof erreichte man von dem südlichen bzw. nördlichen Querschiff durch das Friedhofs- oder Totenportal.

Pforte und Wirtschaftsgebäude

Als äußeres Zeichen der Trennung von der Welt und der Geborgenheit in Gott sind die Klöster mit der schützenden Klausurmauer umgeben. Die oft mehrere Kilometer lange und bis zu 5 m hohe Ringmauer erhält mancherorts als Schutz gegen feindliche Überfälle durch Einbau von Türmen ausgesprochen wehrhaften Charakter (z. B. in Bebenhausen, Maulbronn, Poblet). An dem Pfortenhaus (porta secunda) wickelte sich der Verkehr mit der Außenwelt ab. Hier empfing der Pförtnermönch die Gäste und teilte an Arme Almosen aus.

Neben dem Toreingang lag die Pforten- oder Frauenkapelle. In ihr konnten die Laien, insbesondere die Frauen, dem Gottesdienst beiwohnen. Erst seit dem 14. Jahrhundert stand ihnen an gewissen Tagen der Zugang zur Klosterkirche offen. Zunächst der Pforte liegen Armenspital zur Pflege und Betreuung von Armen, Reisenden und Pilgern sowie das Gästehaus.

Innerhalb der Umfassungsmauer dehnten sich gegen Westen hin die großzügig angelegten Wirtschaftsgebäude aus, ein steinernes Zeugnis des blühenden Eigenbetriebes: Kornspeicher, Scheunen, Mahl- und Walkmühlen, Bäckerei, Brauerei, Werkstätten, Ziegelei, Brennöfen, Pferdeställe; das übrige Vieh befand sich auf den Klosterhöfen (Grangien). Ein vom Wasserlauf, der das Klostertal durchzog, abgeleiteter Kanal floß durch die Klausur. Er versorgte, wie eine Beschreibung von Clairvaux im 13. Jahrhundert bezeugt [5]), die verschiedenen klösterlichen Wirtschaftsbetriebe mit der unentbehrlichen Wasserkraft und leitete die Abwässer aus Werkstätten, Küche, Refektorien und Abortanlagen (Necessarien) ab.

Die Klosteranlage der Cistercienser ist somit eine getreue Verwirklichung der Forderung ihres Gesetzgebers St. Benedikt (c. 66), wonach sich alle Bauten innerhalb eines von der Welt abgeschlossenen und geheiligten Bezirks befinden sollen. Im Spätmittelalter durch zahlreiche Anbauten vermehrt, stellt gerade die deutsche Cistercienserabtei — man denke nur an Maulbronn und Bebenhausen — eine romantische Klosterstadt dar, mit Bauwerken aller Stilperioden. Sie alle aber sind geprägt von der vergeistigten Erfassung des benediktinischen Mönchsideals „Ora et labora — bete und arbeite!". Nur so ist verständlich, daß selbst Wirtschaftsgebäude eine ausgesprochen sakrale Formung besitzen. Denn auch sie sind, wie Kirche und Kloster, reine Zweckbauten des Cistercienserlebens gewesen [6]).

ANMERKUNGEN

[1]) Hahn, S. 20.
[2]) Mittelhochd. Bezeichnung für Hausflur.
[3]) Vgl. dazu Magirius, S. 131.
[4]) R. Gruber, Einiges über Cistercienserklöster, in: Die Klosterbaukunst. Arbeitsbericht der deutsch-französischen Kunsthistorikertagung, Mainz 1951.
[5]) K. Spahr, Beschreibung von Clairvaux im 13. Jahrhundert, in: Cist. Chr. 68 (1961), S. 53—64.
[6]) A. Dempf, a.a.O.

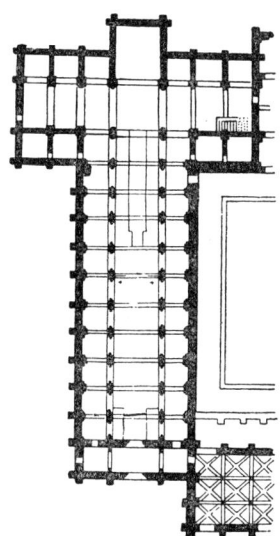

Grundriß der 2. Kirche von Clairvaux (ca. 100 m lang)

Infolge des rapide anwachsenden Konventes gab Bernhard nach langem Zögern 1135 seine Erlaubnis zu dem Monumentalbau. Leitender Architekt war Achard, Novizenmeister des Klosters. 1145 Weihe der Kirche, deren rechteckige Chorlösung mit den Ostkapellen als „bernhardinischer Grundriß" in die Architekturgeschichte eingegangen ist und der in nahezu sämtlichen Gründungen des großen Abtes von Clairvaux sowie in anderen Filiationen Verwendung fand.

KOLONISATION UND MISSION IM OSTEN

von Ambrosius Schneider

Ostkolonisation

Von Pforta in Thüringen aus zog eine kühne Mönchgemeinde über das Meer, um im Jahre 1208 an der Mündung der Düna ein Kloster zu gründen, das dem heiligen Nikolaus geweiht und Dünamünde genannt wurde.

Die ersten Ansätze zur Besiedlung und Kultivierung der ostelbischen Gebiete entstanden unter den Kaisern Karl d. Großen (800—814) und Otto d. Großen (962—973). Die unter ihnen dem Reich einverleibten Marken (Lausitz, Billungermark, Nordmark) gingen in den Slawenkriegen wieder verloren. Eine planmäßige Kolonisation begann erneut im 12. Jahrhundert unter König Lothar von Supplinburg (1125—1137). Er setzte jene Herrschergeschlechter in den Grenzmarken des Reiches ein, die in der Folgezeit wohl die bedeutendsten Förderer der Siedlungsbewegung waren: die Schauenburger (Holstein), die Askanier (Mark Brandenburg) und die Wettiner (Mark Meißen und Lausitz). Auch Herzog Heinrich d. Löwe (1139—1180), westslawische Fürsten sowie die Erzbischöfe Friedrich I. von Bremen-Hamburg, Norbert und Wichmann von Magdeburg mit ihren Suffraganen waren an dem Siedlungswerk beteiligt.

Die Ostkolonisation war in erster Linie eine wirtschaftliche und keine politische Bewegung. An ihr beteiligten sich außer der Kirche, die mit ihren Ordensniederlassungen religiös-kulturelle Mittelpunkte schuf, alle deutschen Stände: Ritter und Bürger als Städtegründer, Bauern als Bebauer des neuerschlossenen Siedlungslandes. In die nur schwach besiedelten Gebiete östlich der Elbe und Oder zog — dem Ruf deutscher wie einheimischer Großen folgend — ein gewaltiger deutsch-niederländischer Siedlerstrom. Nach neuen statistischen Berechnungen sind allein im 12. Jahrhundert rund 200 000 deutsche Bauern in das Gebiet jenseits von Elbe und Saale eingewandert, denen sich im 13. Jahrhundert wohl ebenso viele anschlossen. Als in der Folgezeit die Binnenwanderung stetig zurückging, übernahmen die Kolonialgebiete selbst, der Deutsche Orden und die Hanse die Weiterführung des Siedlungswerkes [1]. Durch die deutsche Ostsiedlung wurde das Reichsgebiet, das um das Jahr 700 nur bis zur Linie Kiel — Magdeburg — Bayreuth — Linz — Drauquelle reichte, fast um das Doppelte vergrößert [2]. Seit dem Zusammenbruch der staufischen Hausmacht erlangte der koloniale Osten mit seinen großen Territorialstaaten (Brandenburg, Sachsen, Böhmen, Habsburgerlande) die politische und mit den Universitäten Prag (1348),

Krakau (1364) und Wien (1365) sogar im gewissen Sinne eine kulturelle Führung Deutschlands [3]).

Ein wichtiger Faktor für die Ostsiedlung waren vor allem die Klöster der Benediktiner (z. B. Paulinzella 1100 und Reinhardsbrunn i. Thüringerwald 1112, Ammensleben 1129 und Stolpe i. Pommern, seit 1305 Cistercienserkloster), der Prämonstratenser (Magdeburg 1129, Brandenburg 1138, Havelsberg 1138, Jerichow 1144, Ratzeburg 1154 und Belbuk i. Pommern 1176—83) und der Cistercienser.

Von drei Richtungen aus erfolgte die Ausbreitung des Ordens von Cîteaux in die noch unerschlossenen Ostgebiete: von Kamp und Altenberg im Rheinland über deren mitteldeutsche Filiationen nach Brandenburg, Mecklenburg, Schlesien und Polen, von Morimond nach Österreich und über Thüringen nach Polen und schließlich von Esrom in Dänemark nach Schleswig, Mecklenburg und Pommern. Die „grauen Mönche" (*monachi grisei*) —, wie die Söhne des hl. Bernhard im deutschen Mittelalter wegen ihrer naturfarbenen Wollbekleidung genannt wurden — stießen jedoch nicht unmittelbar in den Osten vor. Kamp am Niederrhein (1123) schuf mit den Gründungen Walkenried im Harz (1129), Volkenrode (1131) und Michaelstein im Thüringerwald (1146), Amelungsborn (1135) und Hardehausen in Westfalen (1140) zunächst eine sichere Operationsbasis, die durch ein engmaschiges Netz neuer Filiationen verstärkt und vorgeschoben wurde. Überhaupt waren die in ihrer Hochblüte stehenden Cistercienser durch starkbesetzte Konvente zu Neugründungen genötigt und folgten daher gerne dem Ruf nach dem Osten, der nicht zuletzt wegen ihrer bewährten Wirtschaftserfahrung an sie erging. Weit leichter als Herzögen, Bischöfen und Lokatoren (Siedlungsunternehmern) gelang es den grauen Mönchen infolge ihrer engen Beziehungen zum Westen, Siedler zu gewinnen, zumal ihre Klöster einen starken wirtschaftlichen Rückhalt besaßen.

Voraussetzung für eine deutsche Siedlung war die Aufteilung der Wald- und Ödlandgebiete zwischen den Siedlungsflächen in geistliche oder weltliche Grundherrschaften. Lokatoren hatten die erforderlichen Siedler aus dem Westen anzuwerben, denen sie das zu kultivierende Land zuwiesen. Die Cistercienser förderten ihrerseits die Rodungs- und Kultivierungsarbeiten der auf Klostergrund angesiedelten Deutschen durch großzügige Erleichterungen: sie stellten ihnen Vieh, Saatgut, Werkzeuge und Fachleute aus den Grangien (Klosterhöfen) zur Verfügung und gewährten die für die ersten sechs bis zwölf Jahre übliche Abgabenfreiheit [4]). Die großen Landschenkungen einheimischer Fürsten an die grauen Mönche erfolgten in den meisten Fällen mehr aus Berechnung als aus rein religiösen Grundsätzen. Denn erst die durch zähe Arbeit kultivierten Bezirke (Sumpf, Wald, Ödland) brachten den Grundbesitzern aus dem ehemals nutzlosen Land beträchtlichen Gewinn in Form von Grundzinsen, Zehnten und Diensten.

Auf der „Cistercienserstraße", die sich von Cîteaux über Clairvaux — Morimond — Kamp bis Falkenau / Livland und Koprzywnica / Polen dahinzog, wanderten Christentum und Kultur jedweder Prägung nach Osteuropa. Der cistercienische Gutsbetrieb auf den Grangien wird zur Musterschule des Landbaues.

Bereitwillig teilen die grauen Mönche Kolonisten und alteingesessener Bevölkerung die neuesten Erfahrungen in Ackerbau, Vieh- und Bienenzucht, in Obst- und Gemüsebau, Fischerei und Werkzeugproduktion mit. Unverkennbar bleibt auch ihr nachhaltiger Einfluß auf den Kirchenbau (Backsteingotik) und auf die Schreibstuben des Ostens.

Polen – die „kölnischen Klöster"

Nach der eigentlichen Wegbereitung durch Kamp entsandte Altenberg b. Köln (1133) neue Konvente ostwärts. 1143 entstanden Marienthal im Braunschweigischen und Lekno (Diöz. Gnesen), 1396 nach Wongrowitz verlegt; Lekno gründet 1237 Obra b. Posen. Für das religiöse und kulturelle Wirken eines deutschen Cistercienserklosters im Osten bietet Lond (Lad), eine weitere Gründung Altenbergs in Großpolen (1144), ein anschauliches Beispiel. Die im Stadtarchiv Köln aufbewahrten Archivalien gewähren Einblick in seine bewegte Geschichte.

Im Jahre 1144 entsendet Altenberg auf Bitten des Polenherzogs Mieszko einen Konvent nach Lond an der Warthe, östlich von Peisern. In der Stiftungsurkunde vom 23. April 1145 schenkt Mieszko dem Kloster 14 Ortschaften und 3 Märkte, deren Bewohner von dem geltenden polnischen Recht und der Gerichtsbarkeit der herzoglichen Beamten befreit werden [5]. Die hohe Wertschätzung der in der Folgezeit von den Londer Mönchen geleisteten Kulturarbeit findet ihren beredten Niederschlag in zahlreichen Privilegierungen der Landesfürsten. So gestattet u. a. 1255 Herzog Boleslaw von Großpolen Abt Matthias, das neuangelegte Dorf, gen. „freies Dorf" *(libera villa)*, zu deutschem Recht auszusetzen und mit Deutschen und freigeborenen Polen zu bevölkern [6]. Die gleichen Rechte werden bei der Stadterhebung der ehemaligen Klosterdörfer Ladek (1269) [7] und Zagorowo (1407) [8] verliehen. Die neuen Städte werden – wie es bei Zagorowo ausdrücklich heißt – „von dem geltenden polnischen Recht befreit und zwecks schnellerer Besiedlung mit dem Magdeburger Recht ausgestattet ... [9].

Die Abschaffung der von den polnischen Beamten geforderten Dienste und Abgaben sowie die Befreiung von deren Gerichtsbarkeit war für die Kolonisten eine wesentliche Vergünstigung. Dorf- und Stadtbewohner hatten nunmehr dem neuen Grundherrn (dem Abte) bestimmte Geld- und Naturalzinsen zu entrichten. Die Einziehung der Grundsteuer besorgte der Schulze, den der Abt ernannte und dessen Rechtsbefugnisse von ihm festgelegt wurden [10]. Der Schulze übte zusammen mit den Schöffen die niedere Gerichtsbarkeit aus, und zwar nach dem einheitlichen, schriftlich niedergelegten deutschen Recht. Insofern bedeutete die durch polnische Fürsten verliehene „Aussetzung zu deutschem Recht", deren Tragweite sie nicht ahnen konnten, eine sichere Basis zur allmählichen Eindeutschung der neugegründeten Siedlungen und deren nächster Umgebung. Sie wurde seit dem Ende des 15. Jahrhunderts durch eine stetig umsichgreifende und vom Staat rücksichtslos durchgeführte Polonisierung radikal abgelöst.

Landwirtschaft und Textilproduktion bilden die Haupterwerbszweige des klösterlichen Wirtschaftslebens. Noch im 15. Jahrhundert befinden sich die ertragreichsten Höfe in Eigenbetrieb mit Mönchen als Hofmeistern *(procurator, rector)*. Ein wichtiger Erwerbszweig war die Leinenweberei; verschiedentlich sind Konversen als Webmeister (*magister textorum*) bezeugt. Die durch Schenkungen stetig anwachsende Klostergrundherrschaft umfaßt im 15. Jahrhundert 3 Städte, zahlreiche Dörfer, 11 Pfarreien und sonstige Besitzungen.

Der Londer Konvent bestand — ebenso wie in Lekno-Wongrowitz und Obra — ausschließlich aus Deutschen, zum größten Teil aus Köln und Umgebung. Die urkundlich überlieferten Namen der Konventualen sind rein deutsch, noch der letzte Abt Heinrich Butgen von Lond ist ein gebürtiger Kölner. Zur rheinischen Metropole bestand eine rege Verbindung, nicht nur durch den dortigen Klosterbesitz, sondern vor allem durch die persönlichen Beziehungen der kölnischen Cistercienser zu ihrer Vaterstadt, wie auch durch das lebhafte Interesse Kölns an seinen Söhnen im fernen Osten. Ein treffendes Zeugnis tiefer Verbundenheit ist die Versicherung der Äbte Jakob von Lond und Johannes von Lekno, „ ... daß unsere Klöster für euere Söhne und Bürger im Reiche Polen von dessen erlauchten und mächtigen Fürsten gegründet wurden ... " [11]). Und noch kurz vor ihrer Vertreibung erinnern die Äbte von Lekno und Obra den Rat ihrer Vaterstadt, „daß sie aus Köln nach Polen verpflanzt, in diesen kölnischen Klöstern (*in istis monasteriis coloniensibus*) bisher unter dem starken Schutz unserer und euerer Stadt gestanden hätten ... " [12]).

Die deutschen Kulturinseln waren dem seit Ende des 15. Jahrhunderts mächtig erstarkten polnischen Nationalgefühl ein Dorn im Auge. Wohl auf Veranlassung des Episkopates befaßte sich das Generalkapitel des Ordens mit der „antipolnischen" Haltung der drei kölnischen Klöster Lond, Lekno-Wongrowitz und Obra. Die Kapitelsväter bezeichnen im Jahre 1489 die alte Rechtsgewohnheit, dort nur gebürtige Kölner zur Profeß zuzulassen, als den Ordensstatuten zuwiderlaufend und beauftragen den Vaterabt von Paradies mit der Abschaffung dieser „Mißbräuche" [13]). Der energische Einspruch des Kölner Rates in Cîteaux — veranlaßt durch den dringenden Hilferuf der Äbte von Lond und Lekno — [14]) führte zwei Jahre später zum Widerruf der Verordnung von 1489; das diesmal „besser informierte" Generalkapitel forderte jedoch für den „kölnischen" Klosternachwuchs eheliche Geburt, Mindestalter von 13 Jahren und entsprechende Schulbildung [15]). 1494 würdigt der Generalabt Johannes de Cirey die Rechte der Stadt Köln auf ihre drei Klöster und bezeichnet deren Rat und Bürger „als unserem Orden äußerst zugetan" [16]).

Nur noch ein halbes Jahrhundert sollten sich die kölnischen Klöster ihrer heißumstrittenen Privilegien erfreuen. Der Kampf lebte erneut auf, als mit König Sigismund I. (1506—1548) das goldene Zeitalter Polens anbrach. Der politisch kluge Monarch verstand es, nicht nur enge Verbindungen zu Litauen, sondern auch zu Böhmen und Ungarn, wo sein Bruder Ladislaus regierte, herzustellen. Sein Sieg über die Russen und die errungene Oberhoheit über den Deutschordensstaat, dessen letzter Hochmeister Albrecht von Hohenzollern-Brandenburg († 1568) ihm 1525 den Lehenseid als Herzog von Preußen leistete, ermöglichten es Sigismund, sich nunmehr mit den inneren Verhältnissen Polens zu befassen.

Auf dem Reichstag zu Lemberg (Aug./Sept. 1537) erfolgte die Veröffentlichung der vom Adel eingebrachten und vom König bestätigten Gesetze zwecks Ausschaltung „nichtpolnischer Elemente" in Staat und Kirche. Künftighin sollten

„Ausländer" (*extraneos et peregrinos*) weder Burgen noch Städte besitzen, geistliche und weltliche Ämter nur auf Vorschlag des Senates auf Reichstagen durch den König verliehen werden [17]). Gegen die bisherige Privilegierung der kölnischen Klöster zielte ein neues Gesetz, wonach nur mehr gebürtige Polen, möglichst aus adeligem Stand, die Abtswürde im Königreich erlangen konnten [18]).

Die kölnischen Klöster waren nicht gewillt, ihre seit Jahrhunderten verbriefte Sonderstellung — noch 1539 durch König Sigismund I. bestätigt — [19]) kampflos preiszugeben. Wiederum erinnerte man den Rat der Stadt Köln, daß „in Lond, Lekno und Obra seit 400 Jahren nur in Köln geborene und erzogene Männer Aufnahme gefunden hätten" und bittet um Vermittlung beim Kaiser und beim polnischen König für erneute Anerkennung dieser alten Privilegien [20]). Doch die Bemühungen scheiterten an der zögernden Haltung des greisen Königs, der sich trotz allen persönlichen Wohlwollens für die bedrängten Klöster nicht getraute, den verhängnisvollen Reichstagsbeschluß zu kassieren. Nach seinem Tode (1. April 1548) nahm das Schicksal seinen Lauf: 1551 wird der Gnesener Domherr Johannes Wysocki von König Sigismund II. August (1548–1572) zum Abt von Lond ernannt, in Obra (1552) und Lekno-Wongrowitz (1553) erlangen adelige Polen gegen den Willen der Konvente die Abtswürde. Die deutschen Mönche räumen im Herbst 1553 unter Mitnahme der wichtigsten Archivalien ihre Klöster und flüchten in die schlesische Abtei Heinrichau.

Die in den Mitteilungen von 1883 des Kölner Stadtarchivs S. 82, Anm. 1 und in der Cistercienser-Chronik 24 (1912) aufgeführte Namensliste der in die schlesischen Klöster geflüchteten Mönche der beiden Kölnischen Klöster Lond und Lekno-Wongrowitz ist lückenhaft. Nach dem Nekrolog von Heinrichau, Epitaphien und Urkunden wurden folgende Namen festgestellt: [20a])

1. Johannes von Köln († 10. Mai 1555); 2. Gerhard von Köln († 2. April 1576); 3. Prior Rupert von Köln († 5. April 1556); 4. Prior Konrad von Köln († 17. April 1566); 5. Confessarius et Aulae Praefectus Petrus Reith aus Köln († 10. Okt. 1575); 6. Heinrich Reith aus Köln, Bruder des letzteren († 1556); Subprior Heribert von Köln († 29. Sept. 1572); 8. Prior Leonhard von Köln († 17. April 1586); 9. Abt Andreas Swederi von Köln († 1. April 1577); 10. Antonius Tharlan von Köln, Abt von Grüssau († 15. Febr. 1558); 11. Johannes Neukirch von Köln, Abt von Grüssau († 28. Dez. 1567); 12. Johannes von Köln, Prior von Kamenz († 13. März 1572); 13. Johannes, ehem. Abt von Obra; 14. Johannes, erwählter Abt von Wongrowitz; 15. Melchior von Köln, Subdiakon in Grüssau († 26. Mai 1563); 16. der Konverse Hermann aus dem Rheinland (Rhenensis † 31. Jan.); 17. der Diakon Tilmann von Köln († 25. Nov.).

Nunmehr schaltet sich Kaiser Ferdinand ein. Doch alle Vermittlungsversuche scheitern an der unnachgiebigen Haltung des polnischen Königs, der in einem Schreiben vom 15. Februar 1561 dem Kaiser erklärt: „... Zur Zeit der Gründung dieser drei Klöster seien die Polen zwar nur wenig mit den Wissenschaften, mehr aber mit der Kriegskunst und anderen Dingen als mit der Leitung von Kirchen vertraut gewesen. Deshalb habe man zur Regierung der Klöster Ausländer (*externi homines*), und zwar aus Köln benötigt. Bis in die Gegenwart hinein seien dort kaum andere Äbte und Mönche als nur aus der Stadt Köln gewesen. Jetzt aber herrsche Friede in Polen; daher gäbe es jetzt auch genügend gebildete und für kirchliche Ämter befähigte Anwärter, so daß man der Ausländer nicht mehr bedürfe. Aus diesen Gründen dulde er nicht länger mehr die Privilegien dieser Klöster..." [21]).

Ein von der Stadt Köln an der Rota, dem bedeutendsten päpstlichen Gerichtshof, eingeleiteter Prozeß verläuft ebenfalls ergebnislos. Als im Jahre 1577 die beiden Äbte Andreas Swederi von Heinrichau und Johannes Butgen von Grüssau, anscheinend die letzten an der Restitution Interessierten, gestorben waren, fand der Rechtsstreit seinen endgültigen Abschluß [22]).

Regesten zur Geschichte der „Kölnischen Klöster"

Wie schon gesagt, brachten die aus Lond und Wongrowitz 1553 geflüchteten Brüder die wichtigsten Rechtstitel in Sicherheit, darunter außer einem Privilegienbuch die Gründungsurkunde von 1145, deren Bestätigung durch Przemyslaw II. von 1280, sowie die jüngsten Privilegien Königs Sigismund von 1530, 1539 und 1545. Da sich der Rat der Stadt Köln nachhaltig für die Belange der „Kölnischen Klöster" einsetzte, sind anscheinend eine Anzahl Dokumente in den Besitz der Stadt Köln gelangt; von ihnen befinden sich im Archiv der Stadt folgende Archivalien: 17 Pergamenturkunden, ein Copialbuch auf Pergament (15. Jahrhundert) und etwa 100 Briefe auf Papier, von denen wir einen diesem Aufsatz als Faksimile beigeben. Die Originale reichen von 1145 bis 1552, das Copialbuch zählt auf 47 Blättern 100 Urkunden von 1145 bis 1537, die Briefe gehören mit wenigen Ausnahmen dem 16. Jahrhundert an. Die in Köln befindlichen Originale sind teilweise im Codex diplomaticus Majoris Poloniae veröffentlicht (1145—1399), andere stimmten mit polnischen Archivalien überein (s. Mitteilungen aus dem Stadtarchiv von Köln, Zweites Heft, 1883). Danach wurden s. Zt. die meisten Londer Original-Urkunden in der Gräflich Rufieckischen Bibliothek, Warschau, aufbewahrt. In den nachstehenden Regesten bezeichnet I eine Urkunde, II eine andere Aktenunterlage.

Nachstehend werden in Regestenform einige der Urkunden veröffentlicht.

Das Copialbuch wird im nachstehenden Verzeichnis angeführt unter der Sigle Ch. „Das Kloster" und „der Abt" beziehen sich immer auf Lond. M. Z. = mit Zeugen. — In der folgenden Übersicht bezeichnet bei der Zählung I die Urkunden-Abteilung, II die Akten-Abteilung; 1, 2 usw. die laufenden Stücke in denselben. Die eingeklammerten Nummern beziehen sich nur auf Unterlagen in anderen Archiven.

Kalisch, 22. Juni 1280

Herzog Przemyslaw II. von (Groß-) Polen gestattet dem Abte Hermann, in dem Gute Virbna ein deutsches Dorf, Lyndenow, anzulegen, und befreit dessen Bewohner von allen polnischen Lasten. M. Z. (Proximo sabbato ante festum s. Joh. bapt.) Cb. fol. 12^a / 13^b n. 19.   I, 13.

Gnesen, 23. April 1293

Derselbe gestattet dem Kloster, das Dorf Jarossino zu deutschem Recht auszusetzen, und befreit dasselbe von allen polnischen Lasten. M. Z. (Adalberti martyris.) Cb. fol. 19^b, 20^a n. 36. (Or. in Warschau, Rusieckische Sammlung.) Cod. dipl. maj. Pol. n. 695.

I, 23.

Posen, 25. Juli 1324
Wladislaw (Lokietek), König von Polen, bestätigt dem Abt Matthias die Erneuerung des Gründungsprivilegiums von 1145 durch Herzog Boleslaw von Groß-Polen 1261 (n. 10). M. Z. (In die b. Jacobi.) Cb. fol. 24ª/25ª n. 49. (Or. in Warschau, Rusieckische Sammlung.) Cod. dipl. maj. Pol. n. 1042. I,38.

Elbing, 4. Juli 1333
Luther von Braunschweig, Hochmeister des deutschen Ordens, bestätigt und transsumirt dem Abte Matthias die Schenkungsurkunde Herzog Mestwins von 1280 (n. 14) über die Güter von Kladau. M. Z. (Dominica infra oct. b. Petri et Pauli apost) Or. m. S. an roter Seide. Transsumpt von 1424. I,44.

Gnesen, 19. Oktober 1424
Benedict, Domherr und Official der Gnesener Kirche, transsumirt die Bestätigung des Hochmeisters Luther von Braunschweig von 1333 (n. 44) über Kladau. M. Z. Or. m. S. an rotgrüner Seide. I,87.

Gnesen, 1. Juni 1456
König Kasimir (IV.) von Polen bestätigt die Privilegien des Klosters M. Z. (Feria tercia infra oct. corp. Christi.) Cb. fol. 41ᵇ/42ª n. 87. I,96.

Petrikau, 17. August 1489
König Kasimir von Polen an Köln: mahnt Köln wiederholt zur Herausgabe von angeerbten Gütern an den Priester Johann von Köln im Kloster Lekno. (Feria 2 infr. octav. assumpt. b. virg. Marie.) Or., Papier. II,2.

Köln, 3. September 1490
Johann Moench, Profeß in Lekno, an Köln: appelliert an dessen Hilfe in seiner Erbschaftsklage wider den kölnischen Münzmeister Mayss bei S. Maria am Kapitol, Mann seiner verwitweten Schwägerin Adelheid; droht mit einer wiederholten Berufung an den König von Polen, die für den kölnischen Handel in Polen nachteilig werden könnte. Or., Pap. m. S. II,3a.

Köln, 22. Juli 1494
Die Äbte von Lekno und Lond an Köln: danken für die vor 3 Jahren dem zum Generalkapitel verordneten Abt von Obra erwiesene wirksame Unterstützung und empfehlen denselben in gleicher Sendung, welche durch die Feinde der Klöster, die Feinde des „kölnischen Namens", hervorgerufen worden, abermals dem Wohlwollen. (In die s. Marie Magdalene.) [Die Unterschriften beim Öffnen z. T. zerstört.] Or., Pap. m. Spur d. S. d. Abtes von Lekno. II,4.

▶

Wir, Heinrich, durch göttliche Berufung Abt des Klosters Lond in Großpolen, Cistercienserordens, im Bistum Gnesen, zugleich mit einmütiger Zustimmung unseres Konvents, machen allen, die diesen Brief lesen oder davon hören, bekannt, daß wir mit sicherer Kenntnis und allgemeiner Zustimmung den fürsorglichen und besonnenen Herrn Anton Hersprach, Senatssekretär der Stadt Köln, zu unserem gesetzlichen Provisor bestimmt haben, unsere jährlichen Zinsen und Einkünfte in der Stadt Köln freundschaftlich oder auf gerichtlichem Wege zu erheben, zu empfangen, beizutreiben, einzuklagen und die eingefallenen Zinsen, die wir haben oder einmal haben können, auch über die gesamten Einnahmen Quittung zu erteilen.
Ähnlich geben wir unserem Prokurator Anton volle Entschädigung, einen oder mehrere Prokuratoren beizuziehen. Wenn wir selbst anwesend wären, können wir in unseren Belangen handeln und verfügen. Die so erhobenen Zinsen soll er in unsere Hände oder wem wir Auftrag geben, auszahlen.
Gegeben Lond in Polen, Ao. D. 1550, 15. April

1550 April 15

Nos Henricus divina vocatione Abbas Landens Monasterij in maiori Polonia ordinis Cisterciensis, Dioecesis vero Gnesnensis, una cum Conventu nostro unanimi consensu, notum facimus tenore presentium universis et singulis has literas inspecturis, lecturis seu legi audituris, aperte testantes nos de certa scientia ac communi consensu Providum et Discretum virum Anthonium Hersspach, prudentiss. Senatus inclitæ Civitatis Coloniensis Secretarium harum exhibitorem, in nostrum verum certum legitti, mum et indubitatum provisorem Procuratorem et factorem (prioribus Procuratoribus si qui extiterint ab officio procurationis cassandis et revocandis) debita forma scripta constituisse, ordinasse et acceptasse, prout et vigore presentium facimus constituimus, ordinamus et acceptamus, dantes ei stipulatis manibus et his scriptis potestatem omnimodam et authoritatem levandi, recipiendi, extorquendi, agendi via amicitiæ aut iuris ordine huiusmodi nostros annuales census et Redditus in predicta Civitate Coloniensi nobis et Conventui nostro quotannis cedentes, necnon de supraescriptis censibus quos habemus aut aliquando habere poterimus, etiam de universis receptis quitandi. Damus similiter eodem Anthonio procuratori nostro plenam et omnimodam potestatem unum vel plures Procuratores substituendi, eosque seu eum si necesse fuerit revocandum. Et in genere omnia id faciendum peragendum ac si nos ipsi coram adessemus facere disponere et agere possemus in causis nostris sine ulla exceptione. Ita et census sic levatos in manus nostras aut cui mandaverimus reconsignet et communicet fideliter et cum effectu. In cuius rei fidem et maiorem veritatis evidentiam nos Monasterij ac Conventus nostri Sigilla presentibus subimprimere dignum duximus. Datum Lendi in Polonia Anno Domini Millesimo Quingentesimo quinquagesimo, die vero decima quinta Mensis Aprilis.

Zwei „kölnische Klöster" in Polen.

Aus der Altenberger Abtstafel von 1517 (Staatsarchiv Düsseldorf).

Umschrift der Abbildung:
Im Jahre des Herrn 1143 ward die Abtei Lekno (Luckna) in Polen gegründet, die zweite Tochter von Altenberg. Der Einfluß der rheinischen Mönche an der Kirche von Lekno ist unschwer festzustellen. Der Bau entspricht in seinen Proportionen und dem Aussehen der Abteikirche von Altenberg.

Umschrift der Abbildung:
Im Jahre des Herrn 1146 (!) ward die Abtei Lond (Lynda) in Polen gegründet, die dritte Tochter von Altenberg.

Fresko im „kölnischen Kloster" von Lond (Lad)

Das abgebildete in der Technik des „al fresco" ausgeführte Gemälde, ein Bestandteil eines umfangreichen Bildzyklus, ist an der Südwand einer Kapelle des Ostflügels des ehem. Cistercienserklosters Lad/Woiwodschaft Poznan (Landkreis Posen) angebracht. Im oberen Teil der Komposition ist Christus und die Klugen Jungfrauen, in dem unteren der hl. Jacobus d. Ä., dem der Stifter Wierzbieta von Paniewice mit seiner Familie ein Modell der Kapelle darbringt und die dem Apostel huldigenden Mönche, mit dem Abt an der Spitze, darstellt. Außer dem Stifterwappen ist das Wappen des Königreichs Polen zu sehen. Die Fresken von Lad lassen sich einwandfrei durch die Amtsdaten des Stifters, ein Generalstarost von Großpolen, als zwischen 1352 und 1369 entstanden, bestimmen. Sie stehen unzweifelhaft unter dem Einfluß der böhmischen Malerei. Dennoch scheint die Überlieferung der westdeutschen Kunst vorzuherrschen, wodurch die Verwandschaft mit den späteren Wandgemälden aus Forchheim verständlich ist. Die lyrischen und grotesken Züge weisen auf einen mit nordrheinischem Kunstmilieu vertrauten Künstler hin, der vielleicht ein Mönch aus dem mütterlichen Kloster in Altenberg bei Köln war.

Zygmunt Swiechowski

Abtssiegel eines der „Kölnischen Klöster"

Konventsiegel
Durch Beschluß des Generalkapitels von 1335 mußte jedes Konventsiegel das Bild der Gottesmutter tragen

Siehe auch Siegel in Urkunde auf S. 81 der Abtei Lond

Cîteaux, 20. September 1494
Der Abt von Cîteaux an den Rat von Köln: erkennt die in einem vom Abt von Obra überreichten kölnischen Schreiben betonten Rechte Kölns auf die 3 Klöster in Polen aus der Zeit ihrer Gründung an, gemeinsam mit dem Generalkapitel, und empfiehlt die Klöster der Huld Kölns. Or., Pap. m. Spur d. S. II,5.

Posen, 30. Juni 1525
Bischof Johannes von Posen ersucht den Rat von Köln, den gegen den Abt Heinrich durch Apostaten aus Lond ausgestreuten Verleumdungen nicht zu glauben. (Feria sexta post festum s. Petri apostoli) Or. m. Spuren d. S., Pap. II,8.

Lond, 30. August 1525
Frater Heinrich Butgen, Abt, bittet den Rat von Köln, die Briefe der polnischen Prälaten über ihn für wahrer zu halten als die Verleumdungen der Apostaten, die er nicht in Köln zu dulden, sondern dem Abt von Altenberg zu überweisen ersucht. Or. a. Pap. m. S. II,10.

Lekno / Wongrowitz, 10. Oktober 1530
Abt Johannes von Lekno dankt dem Rate von Köln für die Verwendung zu Gunsten der drei kölnischen Klöster in Polen beim römischen König und beim König von Polen und bittet um weitere Unterstützung, damit die vierhundertjährige Freiheit nicht zu Grunde gehe. Or. a. Pap. m. Siegelspuren. II,18.

Krakau, 2. Juni 1539
König Sigismund I. von Polen bestätigt auf Verwendung seiner Räte für Abt Heinrich dem Kloster alle Rechte, Privilegien und Freiheiten, die es von seinen Vorgängern erhalten hat. M. Z. (Feria secunda prox. post festum s. trinitatis.) Or. a. Perg. m. anhängendem S. I,107.

Lond / Lekno / Obra, 1539
Äbte und Konvente von Lond, Lekno und Obra erinnern den Rat von Köln, daß ihre Klöster seit 400 Jahren infolge ausdrücklicher Begnadung nur Kölner aufgenommen hätten, wogegen vor zwei Jahren in Polen eine neue Konstitution aufgerichtet sei, daß in den Klöstern kein Abt aus Köln, sondern nur geborene Polen erwählt werden dürfen; bitten um Beistand und Verwendung beim Kaiser, römischen König, alten und jungen König von Polen für ihre Freiheiten. Abschr. a. Pap. II,19.

Hagenau, 8. Juli 1540
Ferdinand, römischer König, verwendet sich abermals bei König Sigismund von Polen für die drei Kölner Klöster in Polen, deren Recht, nur Kölner aufzunehmen, sich der König gegen die neue Konstitution des Adels auf dem künftigen Reichstag zu Petrikau anzunehmen versprochen habe. Abschr. II,20.

Lekno / Wongrowitz, 30. Dezember 1541
Die Äbte Heinrich von Lond, Johannes Elect von Wongrowitz, Adam von Obra bitten den Bürgermeister von Köln, Arnold von Siegen, sich ihrer in ihrer äußersten Not anzunehmen, wenn es nicht um sie und ihre Nachfolger geschehen sein solle; sie selbst wüßten keinen Rat. Or. a. Pap. m. 3 briefschließenden Siegelresten. II,24.

Posen, 2. Januar 1542
Dieselben bitten den Rat von Köln, seinen großen Einfluß in Polen gegen die Feindseligkeiten des Adels und das Statut über die Wahl von Polen zu Äbten, das des Königs Gerechtigkeit noch nicht habe ausführen lassen, zu verwenden; da der König zu Reminiscere (5. März) nach Petrikau zum Reichstag komme, so möge der Rat dorthin einen Gesandten schicken, der ihre Sache führe; noch könne das unausgeführte Gesetz aufgehoben werden. Or. a. Pap. m. 3 briefschließenden Signeten. II,25.

Obra, 28. Mai 1548
Abt Adam und der Konvent von Obra beglaubigen ihren Mitbruder Gerhard als Geschäftsträger ihres Klosters in Deutschland. Or. a. Pap. m. aufgedr. S.   II,29.

Obra, 9. November 1551
Adam, ehemals Abt von Obra, Fr. Petrus senior, Fr. Wilhelm Subprior, Fr. Heinrich Kellner und Fr. Johannes beurkunden die bei der Visitation des Klosters durch die Äbte Adam von Koronowo und Mattheus von Paradies, welcher gegen das Herkommen Posener Domherren beiwohnten, erfolgte Resignation des Abtes Adam und die Wahl des Altaristen Johannes in Wongrowitz zum Nachfolger. Or. a. Perg. m. anhäng. S.
I,110.

Köln, 24. März 1552
Magister Gualtherus Fabricius, Gesandter des Rates von Köln auf dem polnischen Reichstage, hält vor dem König, dem Woiwoden von Posen und dem Vizekanzler eine Rede für das Recht der Kölner Klöster unter Berufung auf die polnischen Chronisten (Miechow), die Urkunde von 1145 (aus der ein Satz zitiert wird) und Gründe des römischen und kanonischen Rechts. Abschr. a. Pap.   II,34.

Wongrowitz, 20. Juli / 18. August 1553
Frater Johannes aus Köln, Subprior von Wongrowitz, erklärt Namens seines Konvents vor Notar Johannes Matthiä von Wongrowitz, daß, als sie nach dem Tode des Abtes Johannes (11. Juni) im Kapitol zur Neuwahl versammelt, den Prior Johannes einstimmig zum Abt erwählt und dessen Einführung durch den Abt von Mogila verlangt hätten, dieser widerrechtlich Andreas Dzyerzanowsky, der nicht dem Konvent angehörte, zum Abt ernannt und eingesetzt habe; Andreas habe am selben Tage den erwählten Abt Johannes vom Pferde reißen lassen und 30 000 ungarische Gulden an sich genommen; darauf appellierten der Subprior und Konvent an Papst Julius III.
M. Z. Abschr.   I,115

Heinrichau, 6. Dezember 1553
Andreas Prior und der Konvent von Heinrichau berichten Köln, daß sie nach vergeblichen Bemühungen in Krakau während der Hochzeit des Königs für die Klöster, um wenigstens ihr Leben zu retten, sich nach Heinrichau mit den Originalen der Gründungs- und anderer Privilegien von Lond geflüchtet hätten, wo sie der Abt aufgenommen, bitten, sich ihrer weiter anzunehmen, damit sie ihr Kloster wiedererlangen.

Heinrichau, 9. Juli 1554
Abt Andreas von Heinrichau an den Rat von Köln: er habe mit den anderen kölnischen Ordensbrüdern der Bedrängnis wegen Polen verlassen, sie seien in Heinrichau aufgenommen, er selbst zum Prior und nach des Abtes Tode zum Abt gewählt; da die Kölner eine Zitation der Rota gegen die Eindringlinge erlangt hätten, so habe er dieselbe auf seine Kosten exequieren, Instrumente darüber und über die Aussagen der spoliierten Brüder aufnehmen lassen; doch trage er Bedenken, sein Stift mit den Polen, denen die umwohnenden Fürsten befreundet seien, zu verfeinden. Or. m. briefschließ. S.   II,45

Heinrichau, 18. November 1560
Abt Andreas von Heinrichau an Köln: berichtet auf dessen Zuschriften vom 24. Juli und 14. August, daß die Zitation unter Vermittlung des Bischofs von Breslau exequiert wurden, sendet auf Wunsch die 14 Privilegien von Lond, „obwohl es ihm bedenklich, dieselben in der jetzigen unbequemen Winterszeit — als einen Schatz des Vaterlandes und des deutschen Klosters in Polen" zu schicken; der König soll die 3 preußischen Güter Londs dem Landrichter Stanislaus Wisotzki geschenkt haben, der instruierte Abt von Wongrowitz soll aus Angst über die Zitation das Vieh von den Klostergütern haben forttreiben lassen. (Am Montag nach Martin.) Or., Pap. m. S.   II,56a.

Wilna, 15. Februar 1561
König Sigismund August von Polen an Kaiser Ferdinand: weist die Klage der Kölner über die Abtswahl zurück, weil sie das Privileg, auf welches sie sich berufen, nicht vorweisen können und weil Polen für Kirchen und Klöster nun nicht mehr der Ausländer bedarf. Abschr. Vgl. Archiv für österr. Gesch. LV S. 25.   II,59a

Gnesen, 23. Oktober 1561
Andreas Dzierzanowski, Abt von Wongrowitz, und Jacob Kostkowski, Abt von Lond, ernennen Nicolaus Cawnitzki und Johannes Kornowski zu ihren Prokuratoren vor den päpstlichen Kommissaren, dem Abt von Leubus und dem Domkantor von Breslau, in dem Prozeß mit dem Rate von Köln, um gegen die litterae remissoriae zu protestieren. M.Z., Or. m. S. des Gnesener Officials Albert Psarski.   II,66.

Urkundlich bezeugte Äbte und Konventualen von Lond *(Londa, Lynda, Lenda, Linda)*

Abt Berthold 1173 Aug. 31 (Perlbach, S. 84, Nr. 2)
Abt Arnold 1181 Apr. 30 (ebda, S. 85, Nr. 4)
Abt Matthias 1253 Mai 15, 1255 Nov. 13 (ebda., S. 85, Nr. 7, 8)
Abt Hermann ca. 1256, 1280 Juni 22 (ebda., S. 85, Nr. 9; S. 86, Nr. 13)
Abt Konrad 1312 Jan. 6 (ebda., S. 89, Nr. 35)
Abt Matthias 1324 Juli 25, 1326 Juli 12, 1333 Juli 4 (ebda., S. 90, Nr. 38, 41, 44)
Abt Matthias, Johannes prior, Johannes subprior, Johannes granarius (Speichermeister), Volmar, Pleban in Lond, Matthias, Abtssekretär (capellanus) ca. 1333 (ebda., S. 91, Nr. 45).
Abt Matthias, Albert prior, Johannes subprior, Nikolaus cellerarius, Arnold portarius (Pförtner) 1338 Juni 24 (ebda, S. 91, Nr. 47), dgl. 1340 Febr. 2, nur ist Hermann subprior (ebda., Nr. 48)
Abt Johannes, Rulkinus prior, Nikolaus cellerarius, Albert portarius, Johannes ehem. Kantor, Hermann Sakristan und Subprior 1347 Juli 27 (ebda., S. 92, Nr. 51)
Abt Gisilbert, Johannes prior, Friedrich subprior, Johannes cellerarius, Johannes portarius, Johannes, Magister des Klosterhofes auf dem Berge (in monte), Godfridus, Ofenmeister (furnarius), Symon notarius, Rulkinus, Magister des Hofes in Dratino 1353 Mai 4 (S. 93, Nr. 56)
Abt Johannes, Godfridus prior, Tilmanus subprior, Hermann portarius, Konrad, Magister des großen Hofes (magne curie), Johannes notarius 1367 Juli 28 (ebda., S. 93, Nr. 60)
Abt Johannes, Johannes prior, Gerhard subprior, Gotschalcus cellerarius, Gotfridus furnarius, Rulkinus portarius 1371 Nov. 3 (ebda., S. 93, Nr. 61)
Abt Johannes, Heinricus prior, Johannes subprior, Felix granarius, Johannes portarius, Gerhard, magister magne curie, Hermann cellerarius 1395 Mai 2 (ebda., S. 94, Nr. 66)
Abt Gerhard, Gobelinus prior, Johannes subprior, Syfridus cellerarius, Henricus bursarius 1402 Dez. 13 (ebda., 95, Nr. 74)
Abt Gerhard, Wilhelmus prior, Syfridus cellerarius 1403 Sept. 24 (Nr. 76)
Abt Gerhard, Gobelinus prior, Ritholphus subprior, Syfridus cellerarius 1404 März 17 (Nr. 77)
Abt Gerhard, Johannes prior, Johannes subprior, Philippus, ehem. Abt, Syfridus cellerarius, Henricus bursarius 1405 Juni 1 (ebda., S. 96, Nr. 80)
Abt Gerhard, Felix prior, Philippus, ehem. Abt, Johannes subprior, Gobelinus bursarius, Syfridus cellerarius 1411 Nov. 30 (Nr. 83)
Abt Heinrich, Johannes bursarius, Gerhard subprior, Hinricus cellarius 1416 Sept. 6 (Nr. 84)
Abt Sigfrid 1418 Juni 3, 1421 (ebda., S. 97, Nr. 85, 86)
Abt Johannes 1431 Mai 9, 1433 Jan. 25 (Nr. 90, 91)

Abt Matthias, Gotfridus prior, Albert, ehem. Abt, Gerhard, Pleban in Londa, Henricus subprior, Adam magister textorum (Webmeister), Volmarus granarius, Hermann magister in Coschuthi (Koszuthy), Johannes cantor, Michael und Stanislaus, Rektoren der Pfarrkirchen in Slupcza bzw. in Zagorowo, Matthias, Vikar in Zagorowo 1445 Sept. 3 (ebda., S. 98, Nr. 93)

Abt Matthias, Albert, ehem. Abt, Wolmarus prior, Johannes subprior, Gotfridus, Pleban in Londa, Adam granarius, Hermann, rector curie in Cossing, Conradus, rector domus textorie (Webmeister) 1447 Nov. 10 (Nr. 96)

Abt Matthias, Johannes prior, Johannes subprior, Johannes granarius, Wolmarus, Pleban in Londa, Matthias, Abtssekretär (nostro capellano) 1456 Juni 2 (Nr. 98)

Abt Cornelius 1458 April 27, 1463 Febr. 6 (ebda., S. 99, Nr. 100, 101)

Abt Ludwig 1470 (Nr. 103, 104)

Abt Johannes 1496 Juni 8 (Nr. 110)

Abt Heinrich Butgen 1525 Juni 30, 1530 Febr. 21 (Nr. 112, 120)

Abt Heinrich, Casparius prior, Johannes subprior, Rupertus custos (Sakristan), Petrus procurator magne curie, Augustinus notarius abbatis 1537 Mai 30 (ebda., S. 102, Nr. 121)

Abt Heinrich zuletzt erwähnt 1551 Mai 13 (ebda., S. 106, Nr. 142)

Das nur lückenhaft erhaltene Totenbuch der Abtei Lond führt zahlreiche kölnische und rheinische Namen auf: Mitglieder der Familien Attendar, Brenich, Oberstolz, Poil, Schwadorf, Sudendorp und Ter Laen. Auch die meisten der ohne Familienangaben überlieferten Vornamen der Konventualen weisen auf rheinische Herkunft hin; u. a. Gobelin, Hubert, Lambert, Roland, Rutger, Tilman, Winrich [23]).

Preußenmission

Zu wiederholten Malen hatte die Kirche seit dem Märtyrertod des Benediktinerbischofs Adalbert v. Prag (997) vergeblich versucht, das Preußenland zu missionieren. Von allen Seiten von christlichen Nachbarn umgeben, hielten die Preußen weiterhin am Heidentum fest. Zu Beginn des 13. Jahrhunderts unternahm der Cistercienserabt Gottfried von Lekno in Großpolen einen erneuten Vorstoß. Er war bereits mit den dortigen Verhältnissen vertraut; vor 1206 hatte er Ordensmitglieder aus preußischer Gefangenschaft losgekauft [1]). Seit 1210 tritt an seine Stelle als Leiter der Preußen-Mission Christian, der wahrscheinlich mit dem Abt Gottfried von Lekno identisch ist. Die Quellen kennen nach der Untersuchung von Metzner diese Übereinstimmung. Den Namen Christianus hat Gottfried wohl von Papst Innozenz III. erhalten, wie der englische Mönch Wynfrith von Gregor II. den Namen Bonifatius. Die Nachrichten, die wir über Gottfried haben, treffen dann auch für Christian zu und Christian ist, als er die Mission begann, Abt in dem großpolnischen Kloster Lekno gewesen [2]). Für Christian und seine Helfer, „die das Gotteswort in Preußen aussäen", verwendet sich 1212 Papst Innozenz III. beim Generalkapitel in Cîteaux. Er fordert, daß künftighin die Konvente in Pommern und Polen zu verpflichten seien, allen mit Empfehlungsschreiben des Gnesener Erzbischofs versehenen Missionaren des Ordens Unterkunft und Hilfe zu gewähren [3]). Bisher hätten verschiedene Konvente — anscheinend aus Protest gegen die unmonastische Betätigung — schwer gegen diese Liebespflicht verstoßen und asylsuchende Mitbrüder dadurch sogar zum Abzug aus den Missionsgebieten genötigt.

Gelegentlich seiner dritten Romreise (1215) weihte der Papst Christian zum Bischof von Preußen. Daß Christian vom Papst und nicht vom Erzbischof von Gnesen als dem zuständigen Metropoliten die Weihe empfing, macht deutlich, daß der Papst die Preußen-Mission zu seiner eigenen Sache gemacht hat. Dies geht auch aus den verschiedenen Bullen hervor, in denen der Papst lenkend und leitend in die Preußen-Mission eingriff. Allein vom Jahre 1218 liegen deren 13 vor, davon drei vom 15. Mai 1218; im folgenden Jahr sind es sieben (Preußisches Urkundenbuch I, 1, Nr. 19). Mit der Bulle vom 5. Mai 1218 erhielt Bischof Christian das Recht, Kathedralkirchen zu errichten und Priester zu Bischöfen zu weihen, was seine Unabhängigkeit vom erzbischöflichen Stuhl in Gnesen eindeutig zeigt.

Die Missionsmethode des Cistercienserbischofs ging auf eine freiwillige Bekehrung der heidnischen Preußen hinaus; er predigte zuerst den Stammesfürsten, deren Beispiel dann ihre Untergebenen mitreißen sollte. Da er nicht genügend Helfer aus seinem Orden erhielt, mußte Christian um die Mithilfe von Weltgeistlichen nachsuchen [4]. Sein Ziel waren selbständige preußische Bistümer mit einheimischem Klerus. Er versuchte dies durch Errichtung von „Preußenschulen" (schole puerorum Prutenorum) zu erreichen, in denen die künftigen Geistlichen herangebildet wurden. Honorius III. billigte 1218 diese Einrichtung und ersuchte die Gläubigen um Geldspenden [5]. Energisch schritt Christian gegen landesübliche Unsitten, wie Vielweiberei, Frauenkauf und Tötung neugeborener Mädchen ein. Er gewann auch hierfür die Hilfe des Papstes, der mit der Bulle vom 15. Mai 1218 die Christenheit zu Gaben für den Bischof von Preußen aufforderte, der sich die Aufgabe gestellt hatte, die zur Tötung bestimmten weiblichen Kinder der Heiden loszukaufen und christlich zu erziehen. In der Bulle vom 15. Juni des gleichen Jahres an die Erzbischöfe von Mainz, Magdeburg, Köln, Salzburg, Gnesen, Lund, Bremen und Trier, samt deren Suffraganen, wiederholt er den Aufruf um Almosen für den Bischof zum Kauf der zur Tötung bestimmten Mädchen und zur Errichtung von Schulen für preußische Knaben, die der Bischof zu Missionaren ausbilden will, um eine einheimische Kirche aufzubauen.

Etwa 10 Jahre lang konnte Bischof Christian ungehindert sein Missionswerk durchführen. Er achtete darauf, das Freiheitsgefühl der Preußen nicht zu verletzen und nahm Rücksicht auf die Eigenart der Bevölkerung. Erst um 1215 trat der erste Rückschlag ein. Die benachbarten polnischen Herzöge hatten nämlich schon um 1212 versucht, sich über die christianisierten Gebiete landesherrliche Rechte anzumaßen und die Bevölkerung zu drückenden Frondiensten heranzuziehen. Diese Unterdrückung führte nun zum Aufruhr gegen die Zwingherren und behinderte die weitere Missionsarbeit Christians. War nun die friedliche Missionierung künftighin aussichtslos geworden? Es scheint, daß der Bischof zu dieser Auffassung neigte, denn 1217 [7] erhielt er vom Papst die Erlaubnis, Kreuzfahrer anzuwerben, um so das christianisierte Gebiet schützen zu lassen und um weitere heidnische Gebiete zu erobern. Von nun an standen sich zwei Methoden gegenüber: die friedliche Verkündigung des Evangeliums mit nachfolgender Taufe und die gewaltsame Eroberung heidnischer Gebiete, wodurch die Unterworfenen zur Taufe gezwungen wurden. Die humanitäre Auffassung

Christians vertrug sich schlecht mit der kriegerischen Mission der ritterlichen Kreuzfahrer. Daher blieb ihm der Erfolg versagt. Auch seinem zweiten Versuch, mit bewaffneter Hand durch die Gründung eines eigenen Ritterordens, der „Ritterbrüder Christi von Dobrin" (1228) [8] das neubekehrte Land schützen zu lassen, war kein Erfolg beschieden.

Vorher schon scheint die päpstliche Haltung Christians gegenüber durch die 1221 erfolgte Ernennung des Bischofs Wilhelm von Modena zum Legaten des Papstes für Livland, Preußen [9] und andere Länder eine abweisende Einstellung erfahren zu haben. Die Oberleitung der Preußenmission war in dessen Hände gelegt worden. Ein zweiter Faktor kam hinzu: Der Deutsche Orden wurde zur Missionierung der preußischen Gebiete eingesetzt [10], und er vertrat die Methode der gewaltsamen Bekehrung der Bevölkerung. Der Deutsche Orden ging daran, im Osten ein eigenes Territorium einzurichten. Soweit aus den Urkunden ersichtlich ist, hat es zwischen dem Deutschen Orden und dem Bischof Christian keine gemeinsame Arbeitsbasis gegeben. Diese zeigen, daß das Verhältnis immer gespannter wurde. Christian war von 1233—1238 mit seinem Bruder und seinem Neffen von den aufständischen Preußen gefangengesetzt worden [11]. Der Deutsche Orden rührte keine Hand zur Befreiung. Er hatte durch die Abwesenheit des Bischofs nun freie Hand und benützte die Gelegenheit, dessen durch die Päpste verbrieften Rechte zu schmälern und die Landesherrschaft über Preußen auszubauen.

Zur Missionierung der Heiden haben die Ordensritter und Wilhelm von Modena hauptsächlich die Dominikaner herangezogen, die Papst Gregor IX. 1230 in den Kirchenprovinzen Magdeburg, Bremen, Polen, Pommern, Mähren, Holstein und Gotland zur Kreuzzugspredigt gegen die Preußen aufgerufen hat [12]. Die Dominikaner zeigten Verständnis für die Politik der Ordensritter, und zwischen ihnen kam es daher zu keinen größeren Mißhelligkeiten. Die Missionare haben es dann auch nicht verhindern können, daß die Preußen unter der Begründung, daß sie vom Orden bedrückt würden, 1245 von den Rittern und damit vom Christentum abfielen.

Nach seiner Freilassung aus der Gefangenschaft führte Christian beim Papst Klage gegen den Deutschen Orden, hauptsächlich wegen der Verletzung seiner bischöflichen Rechte, wegen Vorenthaltung von Besitzungen und Bedrückung der Neugetauften. Die von Papst Gregor IX. angeordnete und vom Bischof von Meißen geleitete Untersuchung [13] mit dem Auftrag, dem Kläger Recht zu schaffen, wurde 1241 durch den Tod des Papstes nicht weitergeführt. Anscheinend ist dies dem Einfluß des Legaten Wilhelm zuzuschreiben, denn in ihm hatte der Deutsche Orden einen guten Fürsprecher. In der jüngsten Biographie über diesen päpstlichen Diplomaten wird gesagt: „Mit Erfolg vertrat er bei der Kurie die Interessen des Deutschen Ordens, und seine Entscheidungen, die er bis in die letzten Tage (er war seit 1244 Kardinalbischof von Sabina) durch Ansehen seiner Persönlichkeit deckte, sind die entschiedensten Fortschritte in der ganzen Ordenspolitik jener Zeit" [14].

In Übereinstimmung mit dem Deutschen Orden nahm auch der Legat Wilhelm, ohne sich mit Bischof Christian darüber abzustimmen, die Bistumseinteilung Preußens vor. Papst Innocenz IV. bestätigte mit einer Urkunde vom 8. Oktober

1243 diese kirchliche Neuordnung der Preußenlande [15]). Auf dem Generalkapitel des Cistercienser-Ordens vom September 1243 muß auch über die mißliche Lage ihres bischöflichen Mitbruders gesprochen worden sein, denn in einer Bittschrift an den genannten Papst setzten eine Anzahl Äbte, an ihrer Spitze die Äbte von Morimond und Altenberg, sich für Bischof Christian ein und beriefen sich dabei auf die diesem verliehenen Rechte durch frühere Päpste [16]). Am 1. Oktober des gleichen Jahres hatte der Papst den Dominikanerprior von Magdeburg ersucht, den Bischof von Preußen davor zu warnen, den Deutschen Orden weiterhin anzufeinden [17]).

Bischof Christian starb gegen Ende 1245, ohne daß er seinen Standpunkt hätte durchsetzen können. „Das Bewußtsein treu erfüllter Pflicht dürfte wohl seine Einstellung gegen jede Minderung seiner Rechte hervorgerufen haben. Christian stand vor der schwersten Prüfung seines Lebens: sein Recht und seine Person verkannt bei der höchsten Autorität der Kirche, in deren Dienst er als Glaubensprediger gestanden! Seine Demut, sein Gehorsam, aber auch seine Klugheit und Maßhaltung waren sicherlich niemals auf eine härtere Probe gstellt worden" [18]).

ANMERKUNGEN.

[1]) Preußisches Urkundenbuch I, 1, Königsberg 1882, Nr. 4.
[2]) Die Identität Gottfrieds und Christians hat erstmalig 1906 E. Metzner in: Geschichte der Einführung des Christentums in Preußen, Graudenz 1906, vertreten. Diese These wird noch heute anerkannt; vgl. M. Tumler, Der Deutsche Orden, Wien 1954, S. 227, Anm. 17.
[3]) Preußisches Urkundenbuch I, 11, Nr. 6.
[4]) Ebda., Nr. 18.
[5]) Ebda., Nr. 23.
[6]) Ebda., Nr. 24, vgl. Nr. 29.
[7]) Ebda., Nr. 15.
[8]) Ebda., Nr. 66.
[9]) Ebda., Nr. 53.
[10]) Herzog Konrad von Masovien hat den Deutschen Ritterorden 1225/26 nach Preußen gerufen. Kaiser Friedrich II. hat den Rittern 1226 das von Konrad versprochene Kulmer Land und alle Eroberungen, die sie in Preußen machen würden, verliehen (Preuß. Urk. I, 1, Nr. 56). Gemäß dieser Urkunde besaß der Deutsche Orden die Rechte der Besteuerung, der Marktgewalt, der Gesetzgebung und das Recht, die Eroberten zum Kriegsdienst und zum Burgenbauen heranzuziehen. Das bedeutete für die bisher unabhängigen preußischen Fürsten eine unerhörte Freiheitsberaubung. 1234 erhält der Deutsche Orden auch die päpstliche Bestätigung. Papst Gregor IX. verleiht dem Orden den Besitz und behält sich die Errichtung von Bistümern vor (Hubatsch, Quellen zur Geschichte des Deutschen Ordens, Göttingen 1954, S. 73).
[11]) Preußisches Urkundenbuch I, 1, Nr. 91, Nr. 100. Die Gefangennahme fällt entweder in die Zweite Hälfte d. J. 1232 oder in die Anfangsmonate des folgenden Jahres.
[12]) Ebda., Nr. 81.
[13]) Ebda., Nr. 134.
[14]) Fieberg, H., Wilhelm von Modena, ein päpstlicher Diplomat des 13. Jahrhunderts (ungedr. Königsberger Diss. 1926) S. 21.
[15]) Preußisches Urkundenbuch I, 1, Nr. 152.
[16]) Ebda., Nr. 153.

[17]) Ebda., Nr. 149. Es würde in diesem Aufsatz zu weit führen, alle Einzelheiten der päpstlichen Einstellung zu Christian zu erörtern. Der päpstliche Stuhl blieb nach dem Hinscheiden Gregors IX. zwei Jahre unbesetzt, der neue Papst Innocenz IV. stand unter dem Einfluß des Deutschen Ordens und Wilhelms von Modena. In der Breslauer Diss., 1903, von Johannes Plinski, Die Probleme historischer Kritik in der Geschichte des ersten Preußenbischofs, zugleich ein Beitrag zur Geschichte des Deutschen Ordens, wird S. 78 ff. eingehend auf den „Ausgang des Streites" hingewiesen.

[18]) Plinski s. oben S. 83.
Ausführlich wird die Preußenmission des Abtes von Lekno behandelt in: F. Blanke, Die Missionsmethode des Bischofs Christian v. Preußen, in: Heidenmission und Kreuzzugsgedanke in der deutschen Ostpolitik des Mittelalters, hrsg. v. H. Beutmann (Wege der Forschung, Bd. VII), Darmstadt 1963, S. 337—363; ders., Entscheidungsjahre der Preußenmission, ebda., S. 389—416.

Dokumentation über den Cistercienser-Bischof Christian von Preußen
(Abt Gottfried von Lekno)
Regestenauszüge aus dem preußischen Urkundenbuch I, 1

4.

1206 Oktober 26. im Lateran. Papst Innocenz III. fordert die Erzbischöfe, Bischöfe, Äbte, Prioren und alle anderen Prälaten in Polen zur Unterstützung des Cistercienserabtes von Lekno auf, der mit den Brüdern des Cistercienser-Ordens den benachbarten Heiden das Evangelium predigen und sie taufen will, und er bestätigt die ihm verliehenen Vollmachten.

5.

1210 September 4. im Lateran. Papst Innocenz III. stellt die Mönche und Brüder des Cistercienser-Ordens, die in Preußen das Evangelium predigen, unter den Schutz des Erzbischofs von Gnesen und befiehlt ihm das Legatenamt, bis die Zahl der Neubekehrten dort die Einsetzung eines eigenen Bischofs erforderlich macht.

6.

1212 August 10. Segni. Papst Innocenz III. trägt dem Generalkapitel der Cistercienser auf, diejenigen Missionare, welche vom Erzbischof von Gnesen schriftlich zur Predigt des Evangeliums in Preußen legitimiert sind, in dem heiligen Werk nicht zu hindern, noch behindern zu lassen.

7.

1212 August 13. Segni. Papst Innocenz III. ermahnt die Herzöge von Polen und Pommern, den Neubekehrten in Preußen keine Frondienste aufzuerlegen und zeigt ihnen an, daß der Erzbischof Heinrich von Gnesen angeordnet habe, mit kirchlichen Strafen dagegen einzuschreiten. (Wichtig ist an dieser Urkunde, daß die Herzöge von Polen und Pomerellen landesherrliche Rechte über das bekehrte Gebiet beanspruchten.)

8.

1213 Das Generalkapitel der Cistercienser (gewöhnlich im September gehalten) beschließt in diesem Jahre:
In Sachen der predigenden Mönche in Preußen, von denen der Papst geschrieben hat, wird der Abt v. Morimond beauftragt, die Angelegenheit solchermaßen zu ordnen, daß sowohl der Papst zufriedengestellt wird, als auch die Ordensdisziplin nicht leidet.

9.

(1216) Februar 18. im Lateran. Papst Innocenz III. bestätigt dem Bischof von Preußen den Besitz des Landes Löbau, als Schenkung des neugetauften Preußenfürsten Survabuno. (Das Chron. Montis Sereni p. 102 erzählt, daß Christian als erster Bischof der Preußen geweiht sei, beim Jahre 1215 unter Begebenheiten, die in die Zeit vom Juli bis Oktober dieses Jahres fallen.)

10.

(1216) Februar 18. im Lateran. Papst Inocenz III. bestätigt dem Bischof von Preußen die Schenkung des neugetauften Preußenfürsten Warpoda, das Land Lansania.

11.

1216 November 10. Camin. Sigwinus, Bischof von Camin, besetzt das Kloster Dargun von neuem mit Mönchen aus dem Cistercienser-Kloster Doberan und bestätigt und vermehrt den Klosterbesitz.
Zeugen: Christian, Bischof der Preußen, Conrad, Propst und das ganze Kapitel der Kirche von Kamin.
Gegeben zu Kamin, am 10. Nov. 1216.

12.

(1216—1217) Der Papst ermahnt einen Fürsten, dem Bischofe (Christian) und seinen Brüdern, die den Heiden in Preußen mit Erfolg das Evangelium predigen, ein Dorf zu ihrem Unterhalt zu geben, da sie bei den Neubekehrten keine Almosen erbitten dürfen.

15.

1217 März 3. im Lateran. Papst Honorius III. verleiht dem Bischof von Preußen die Vollmacht, alle, die die Neubekehrten gegen die Wut der Heiden schützen wollen, mit dem Kreuz zu bezeichnen und ihnen Ablässe wie den Pilgern nach Jerusalem zu erteilen.

16.

1217 April 16. im Lateran. Papst Honorius III. entbindet den Erzbischof auf die Bitte der Bischöfe und Fürsten der Provinz Gnesen von der Pilgerfahrt nach Jerusalem und gestattet ihm, Kreuzfahrer zur Abwehr der Heiden daheimzubehalten, besonders aus den an Preußen grenzenden beiden Herzogtümern, verbietet aber, daß die Kreuzfahrer das Land der getauften Preußen ohne Erlaubnis des Bischofs mit bewaffneter Hand betreten.

17.

1218 Mai 5. Rom. Papst Honorius III. bevollmächtigt den Bischof von Preußen, den Glaubenspredigern und Almosensammlern für Preußen Ablässe zu erteilen.

18.

1218 Mai 5. Rom. Papst Honorius III. erteilt auf Bitten des Bischofs Christian von Preußen den Weltgeistlichen, welche zur Glaubenspredigt nach Preußen ziehen, die Erlaubnis, für drei Jahre ihre kirchlichen Benefizien weiterzubeziehen.

19.

1218 Mai 5. Rom. Papst Honorius III. erteilt dem Bischof von Preußen die Vollmacht, nach Bedarf in jenen Gegenden Kathedralkirchen zu errichten, Bischöfe zu wählen und zu weihen.

20.

1218 Mai 5. Rom. Papst Honorius III. bewilligt allen Gläubigen in den Kirchenprovinzen Mainz, Köln und Salzburg, sowie in Polen und Pommern, die an einer Kreuzfahrt ins Heilige Land nicht teilnehmen können, jedoch die Verteidigung der Preußen gegen die benachbarten Heiden unterstützen, dieselben Ablässe, die sie für eine Teilnahme an den Kreuzfahrten erhalten hätten.

23.

1218 Mai 15. Rom. Papst Honorius III. fordert zu Gaben für den Bischof von Preußen und seine Mitbrüder auf, die preußische Knaben zu Geistlichen ausbilden lassen wollen, um das Werk der Bekehrung zu fördern. „Weil die Notwendigkeit hierzu besteht, beschlossen der Bischof Preußens und seine Brüder — wie sie versicherten — Schulen für preußische Kinder einzurichten. Sie sollen erzogen werden, um ihren Stamm zu missionieren, denn sie werden mit größerem Erfolg als Fremde den Herrn Jesus Christus predigen und das Evangelium verkünden."

24.

1218 Mai 15. Rom. Papst Honorius III. fordert zu Gaben für den Bischof von Preußen auf, der die zur Tötung bestimmten weiblichen Kinder der Heiden loskaufen und christlich erziehen will.

29.

1218 Juni 15. Rom. Papst Honorius III. schreibt den Erzbischöfen von Mainz, Magdeburg, Köln, Salzburg, Gnesen, Lund, Bremen und Trier samt ihren Suffraganen, sowie dem Bischof von Camin, von der mehr als tierischen Wildheit der Preußen und von der Absicht des Bischofs von Preußen, die zur Tötung bestimmten Mädchen loszukaufen und preußische Knaben zu Missionaren auszubilden und fordert sie auf, jene, die zu einer Kreuzfahrt ins Heilige Land zu arm und zu schwach sind, zu einem Zug nach Preußen zu bewegen, alle aber zu Almosen für den Bischof zu veranlassen.

33.

1219 Mai 23. Rom. Papst Honorius III. beauftragt den Bischof Christian von Preußen, die Resignation des altersschwachen Bischofs (Sigwin) von Camin anzunehmen, ihm von den Kirchengütern seinen Unterhalt auszusetzen und, da die ersten neu bekehrten Diözesanen einen Oberhirten nicht entbehren können, das Domkapitel zu der Wahl eines geeigneten Nachfolgers anzuhalten.
Gegeben zu Rom beim hl. Petrus, 23. Mai 1219

37.

1220 Mai 8. Viterbo. Papst Honorius III. ermahnt den Bischof und die Neubekehrten in Preußen zur Ausdauer und verspricht, auch wenn er jetzt noch nicht alle ihm durch den Bruder Heinrich, Erzbischof zu Gnesen, vorgetragenen Bitten erhören könne, für die Preußen zu sorgen, sobald der jetzige Zug nach Palästina beendet sein wird. Er befiehlt den Unterdrückten, sich gegen ihre Stammesgenossen auf den Schutz des apostolischen Stuhles zu berufen.

38.

1221 Papst Honorius III. ermahnt das Kreuzheer in Preußen, wegen des Sieges über die Heiden nicht stolz zu werden und die Gefangenen dem Bischof von Preußen auszuliefern, damit sie die Taufe empfangen.

53.

1224 Dezember 31. Papst Honorius III. meldet der gesamten Geistlichkeit die Ernennung des Bischofs von Modena zum Geistlichen Legaten für Livland, Preußen und mehrere andere Länder.

54.

1225 Januar 3. Rom, im Lateran. Papst Honorius III. nimmt die Neubekehrten in Livland und Preußen in den Schutz des hl. Petrus und bestimmt, da sie zur Freiheit der Kinder Gottes berufen seien, daß sie ihre Freiheit erhalten sollen und niemandem als Christus allein und dem Gehorsam gegen die römische Kirche verpflichtet seien.

55.

1225 Januar 9., im Lateran. Papst Honorius III. gibt dem Bischof von Modena, der den Heiden das Evangelium predigen soll, die Vollmacht, deren kirchliche Verhältnisse zu ordnen und Bischöfe einzusetzen und zu weihen.

59.

1227 Mai 5. Im Lateran. Papst Gregor IX. bevollmächtigt den Bischof von Cujavien, denen, die bei dem Glaubenswerk in Preußen tätig sind, sich in päpstlichen Reservaten befinden und aus Furcht vor den Heiden nicht zum römischen Stuhl kommen können, die Absolution zu erteilen.

61.

1227 Mai 27. Im Lateran. Papst Gregor IX. ermahnt die Erzbischöfe von Mainz, Köln, Magdeburg, Bremen, Salzburg und Gnesen nebst ihren Suffraganen u. a. Prälaten, gegen alle, die den Bischof von Preußen und seine Brüder vom Cistercienserorden in ihrem Missionswerk stören und namentlich ihre Besitzungen schädigen, mit Kirchenstrafen vorzugehen.

62.

1227 Juni 11. Anagni. Papst Gregorius XI. bestätigt dem Bischof von Preußen die Schenkungen des Stiftes Plock und des Herzogs Conrad von 1222 in derselben Form, wie Papst Honorius III.

65.

1228 Mai 3. Mogila bei Krakau. Christian, erster Bischof von Preußen, verzichtet zu Gunsten der Ritter vom Deutschen Hause auf den Zehnten aus denjenigen Gütern im Kulmerlande, welche Herzog Conrad unbeschadet der Rechte des Bischofs ihnen dort anweisen konnte.

66.

1228 Juli 2. Bei Plock. Bischof Günther (1227—1232) und das Domkapitel von Plock geben den „Ritterbrüdern Christi von Bobrin", die gegen die Preußen kämpfen sollen, mit Bezug auf die Schenkung Conrads vom 4. Juli (Nr. 67), alle ihre Besitzungen im Dobriner Gebiete ein, nebst Kirchen und Kirchenlehen, Zehntenfreiheit für die deutschen Kolonisten und Wandlung der Geld- in Kirchenbußen.

67.

1228 Juli 4. Bei Plock. Conrad, Herzog von Masovien und Cujavien, schenkt den Ritterbrüdern Christi, welche gegen die Preußen kämpfen sollen, Schloß und Gebiet Dobrin nebst zwei Dörfern in Cujavien mit allen Freiheiten; der „Elect" Günther und sein Kapitel das Kirchendorf in Dobrin nebst dem Werder mit Zehntenfreiheit; das Kapitel von Cujavien läßt ihnen ein Dorf auf.

73.

1230 o. T. u. O. Christian, erster Bischof von Preußen, tritt dem DOrden alles vom Herzog Conrad und der Kirche von Plock ihm gegebene oder von ihm angekaufte Land im Kulmerlande ab, sich nur gewisses Getreide (den „Bischofsscheffel"), zweihundert Pflüge und fünf Höfe vorbehaltend.

74.

1230 Januar o. T. Leslau. Die Cistercienser-Äbte Heinrich von Lekno und Johannes von Lad erkunden, unter welchen Bedingungen der Bischof Christian von Preußen seine Besitzungen im Kulmerlande dem Deutschen Orden überlassen habe.

81.

1230 September 17, Anagni. Papst Gregor IX. fordert die Brüder des Predigerordens in den Kirchenprovinzen Magdeburg und Bremen, ferner in Polen, Pommern, Mähren, Holstein und Gotland, zur Kreuzzugspredigt gegen die heidnischen Preußen auf.

133.

1240 März 23. Im Lateran. Papst Gregor IX. ermächtigt den Legaten Wilhelm, die Verwendung gewisser Sühnegelder in Höhe von 800 Mark zur Auslösung des Bischofs von Preußen und der Geiseln, die bei den Samländern zurückgeblieben sind, zu gestatten. Vgl. Nr. 136.

134.

1240 April 11. Im Lateran. Papst Gregor IX. teilt dem Bischof von Meißen, dem Dompropst und dem Propst bei S.Afra daselbst die Klagepunkte mit, die der Bischof von Preußen gegen den DOrden erhebt, mit dem Auftrag, den Kläger in Schutz zu nehmen und ihm Recht zu schaffen oder beide Teile vor den päpstlichen Stuhl zu weisen.

136.

1241 Juni 1. Im Lateran. Papst Gregor IX. ermächtigt in einer mit Nr. 133 gleichlautenden Bulle den Erzbischof von Bremen, die Verwendung gewisser Sühnegelder zur Auslösung des Bischofs von Preußen sowie seines Bruders H. und seines Neffen Christian, die bei den Samländern als Geiseln zurückgeblieben sind, zu gestatten, darauf achtend, daß niemand zu Betrug verleitet werde.

149.

1243 Oktober 1. Anagni. Papst Innocenz VI. beauftragt den Dominikanerprior zu Magdeburg, den Bischof von Preußen davor zu warnen, daß der ferner den DOrden in Preußen mit Worten und Werken anfeinde und namentlich durch unbefugte Erteilung von Ablässen ihm die Almosen schmälere.

152.

1243 Oktober 8. Anagni. Innocenz IV. bestätigt die von dem Legaten Wilhelm vollzogene Diözesaneinteilung Preußens und des mit ihm verbundenen Culmerlandes.

153.

1243 (September oder Oktober) o. O. Die Cistercienser-Äbte von Morimond, Altenberg, Heisterbach, Hardenhausen, Marienstatt, Lad, Lekno, Dargun, Zinna, Obra und Paradies verwenden sich bei dem Papst (Innocenz IV.) für den Bischof von Preußen, dessen Rechte durch gewisse Briefe geschmälert werden sollen, transsumiren die ihm von Innocenz III., Honorius III. und Gregor IX. verliehenen Privilegien und bitten, dieselben zu konfirmieren.

Andere Klöster in Polen

Ein weiteres Zentrum deutscher Kultur im Osten war die Abtei Paradies (Paradyz) bei Meseritz in der ehemaligen Provinz Westpreußen. 1230 stiftet der polnische Graf Dionysius Bronisz auf seinem Gut Gostichowo mit Billigung des Herzogs Wladislaw von Posen eine Cistercienserniederlassung. Im Jahre 1234 bezieht ein Teil des aus Lehnin kommenden Gründerkonventes das durch den Grafen errichtete Notkloster; 1236 gilt als eigentliches Gründungsjahr von Paradies [23]). Das Kloster entfaltet eine rege Siedlungstätigkeit mit deutschen Kolonisten, die dem Grafen vor Ankunft der Mönche mißglückt war [24]). Reiche Schenkungen und Rodungen führen zu wirtschaftlicher Blüte. Zu Beginn des 16. Jahrhunderts besaß das Kloster 24 Ortschaften mit ca. 29 482 ha; bei der Säkularisation (1833) umfaßte die Grundherrschaft von Paradies noch den gleichen Umfang bei überwiegend deutscher Bevölkerung.

Bis zum Jahre 1558 stehen dem Kloster nur deutsche Äbte vor; der letzte war Matthäus II. aus Marienburg (1537–1558). Seitdem fungieren 22 Kommendataräbte, von denen nur 5 Cistercienser waren [25]). 1722 ersuchte der polnische Koadjutor von Paradies den kaiserlichen Landeshauptmann in Glogau, die Aufnahme deutschen Klosternachwuchses zu verbieten mit der Begründung: „... maßen sie anjetzo wegen des Predigens der Polen bedürften ..." Aus dem

Bericht des Hofrichters von Schwiebus geht jedoch hervor, daß „im ganzen Stiftsgebiet auf allen Dörfern fast niemand polnisch kann, sondern alles, wie beim Kloster selbst pur deutsche Leute sind..." [26]. Ähnlichen Einfluß strahlte die Abtei Blesen (Bledzew), südlich von Schwerin an der Warthe, aus. Dieses Tochterkloster von Doberlugk (1232), seit 1260 nach Semmritz verlegt, gründete ebenfalls mehrere deutsche Dörfer und gab bereits bestehenden polnischen Siedlungen deutsche Namen [27].

Kleinpolen hatte ebenfalls mehrere Cistercienserklöster. In Mogila b. Krakau, 1222 von Leubus aus besiedelt, bestand der Konvent lange aus Deutschen. Vier Gründungen machte die burgundische Primarabtei Morimond: Jedrzejów oder Andreovia / Diöz. Krakau (1149), von dem 1239 Szczyrzyc im Tatravorland ausging; Sulejów / Diöz. Gnesen (1176) mit seinem Tochterkloster Koronowo / Diöz. Leslau (1256), Wachok / Diöz. Krakau (1179) und Koprzywnica b. Sandomierz (1185), die am östlichsten gelegene und lange Zeit mit deutschen Mönchen besetzte Cisterze.

Österreich-Ungarn und Böhmen

Das babenbergische Österreich erhält von Morimond seine erste Niederlassung der grauen Mönche 1133 in Heiligenkreuz (Wienerwald) auf Altsiedlungsland, das dann nach Westen hin durch umfangreiche Neurodungen erweitert wird. Das Zentrum der Kolonisationstätigkeit von Heiligenkreuz befand sich in Westungarn, dem heutigen Burgenland, im Bereich der Grangien Königshof (1203) und Mönchshof (1217), Schenkungen der ungarischen Könige Emmerich (1196–1205) und Andreas II. (1205–35) [28].

Auf Ansuchen Hadmars von Kuenring gründete Heiligenkreuz 1138 Zwettl im Rodungsgebiet des Waldviertels und Czikador, die erste ungarische Cisterze Diöz. Fünfkirchen), 1194 Marienberg / Burgenland, 1206 Lilienfeld / N. Ö. 1263 Goldenkron a. d. Moldau / Südböhmen und 1327 Neuberg a. d. Mürtz / Steiermark. Goldenkron gründete auf klostereigenem Territorium gegen 175 Dörfer und erschloß gemeinsam mit den Abteien Hohenfurt (1259), Ossegg (1194), Münchengraetz (Hradist, 1177), Sedletz (1143) und Welehrad (1205) den Sudetenraum deutscher Kultur und Kolonisation.

Baltikum

An der Ostsee hatten die grauen Mönche seit 1171 in Doberan, einer Gründung des niedersächsischen Amelungsborn, Fuß gefaßt. Eine weitere Ausbreitung deutscher Konvente vereitelte vorerst die Expansionspolitik des dänischen Königs Waldemar I., der die Gründungstätigkeit von Esrom b. Helsingor (1154 von Clairvaux besiedelt) tatkräftig förderte. Auf sein Betreiben hin ließen sich Esromer Mönche in Dargun / Mecklenburg (1172), Kolbatz / Pommern (1174) und in Ruhekloster b. Flensburg (1192) nieder. Nach der Zerstörung Darguns (1199) flohen die Mönche in das von Fürst Jaromar I. von Pommern bereitgestellte Gelände am Flusse Hilda b. Greifswald; 1204 wurde das dort begründete Kloster Eldena von Innocenz III. bestätigt. Der Landesfürst verlieh dem neuen Kloster 1207 ausgedehnten Grundbesitz mit dem wichtigen Privileg, dort deutsche, dänische und slawische Kolonisten anzusiedeln, die von den allgemein üblichen Abgaben und Diensten befreit wurden. Die wirtschaftlich rasch aufblühende Abtei gründete bei ihren Salzpfannen am nördlichen Ufer des Ryck den Markt Greifswald, 1250 zur deutschen Stadt mit Lübeschem Recht erhoben. Die Klostergrundherrschaft umfaßte um 1300 zahlreiche Dörfer und Siedlungen von Kolonisten [29]).

Von Kolbatz, der ersten dänischen Niederlassung rechts der Oder, gingen drei Tochterklöster aus: Oliva b. Danzig (1186), Marienwalde / Brandenburg (1294) und Himmelstädt / Neumark (1300). Neuenkamp in Pommern (1233), eine Tochterabtei von Kamp, gründete 1296 auf der Insel Hiddensee vor Rügen ein Kloster gleichen Namens [30]). Die Mönche besorgten auf einem dort von der Stadt Stralsund im Jahre 1306 errichteten Leuchtturm Wache und Unterhalt des Feuers. Vermutlich befand sich diese Leuchte auf dem Turm der beim Kloster gelegenen Gellenkirche, in der Bischof Olav von Roskilde 1311 Hiddensee mit der Seelsorge der Seeleute und Inselbewohner betraut hatte [31]). Auf Rügen hatte der Orden auch ein Frauenkloster, das 1193 mit Nonnen aus der dänischen Abtei Roskilde besetzte St. Marien in Bergen. Der Klostergründer, der slawische Herzog Jaromar I., begann hier mit dem Bau einer repräsentativen romanischen Backsteinkirche mit Fürstenempore, die erst gegen 1380 als gotische Halle vollendet wurde [32]).

An der Kultivierung und Kolonisation der Mark Brandenburg war Lehnin maßgeblich beteiligt. 1180 von Markgraf Otto I. gestiftet und 1183 von Sittichenbach übernommen, gelangte diese Abtei zu großer wirtschaftlicher Blüte. Von hier aus gehen Neugründungen nach Paradies / Posen (1236), Chorin b. Berlin (1260) und Himmelspforten (1299).

Auch Altenberg gründete 1171 mit Zinna bei Jüterborg ein wichtiges Kulturzentrum. Weite Gebiete des Kreises Jüterborg-Luckenwalde hat es als Sumpflandschaft übernommen und in harter Entwässerungsarbeit der Bodenbearbeitung nutzbar gemacht und an den eingedeichten Gewässern Wassermühlen angelegt. Aber auch im Lande Barnim, im 13. Jahrhundert, gerufen von den Markgrafen von Brandenburg, leisten sie in dieser von Nordosten nach der Spree zu verlaufenden Seenplatte große Kulturarbeit.

Das etwa 50 km südöstlich von Zinna gelegene Doberlugk (1165), eine Gründung von Volkenrode (Filiation Kamp), erhielt von seinem Stifter, Markgraf Dietrich von Lemberg, außer einigen slawischen Dörfern einen unbesiedelten Landstrich an der kleinen Elster; hier legten die Mönche mit Hilfe deutscher Kolonisten acht Dörfer an [33]). Um 1300 erwarb Doberlugk einen beträchtlichen Teil des sogen. Markgrafenwaldes beim Kloster mit dem Recht, auf dem Rodungsland Dörfer anzulegen. Damit fand aller Wahrscheinlichkeit nach die klösterliche Rodungs- und Siedlungstätigkeit in der Mark Brandenburg ihren Abschluß [34]).

Kolonisatorisch betätigte sich in der Uckermark / Brandenburg auch die Abtei Walkenried im Harz (1129). Durch die Umwandlung der Sümpfe der Helme zur „Goldenen Aue" ging ihr ein besonders bewährter Ruf voraus. 1209 bestätigte Kaiser Otto IV. die Schenkungen seines Vorgängers Friedrich I., die dieser in dankbarer Anerkennung dieser Kulturarbeit unter Leitung des Bruders Jordan, „... der das gewaltige Schilfdickicht in Siedlungs- und Kulturland verwandelte ...", dem Kloster gestiftet hatte [35]).

In den größtenteils noch unkultivierten Waldgebieten der Uckermark überließen die Markgrafen Johann und Otto von Brandenburg im Jahre 1236 Walkenried den See Kölpin mit 100 angrenzenden Hufen Land, z. T. Sumpf und Wald [36]). 1239 schenkte Herzog Barnim von Pommern weitere 108 Hufen bei der Stadt Pozlow am Ober-Ückersee [37]). 1247 erfolgte die Übertragung des Zehnten im gleichen Gebiet durch Bischof Ruthger von Brandenburg [38]). Eine weitere großzügige Stiftung durch Herzog Barnim (1248) — u. a. des Hofes Damitzow mit 54 Hufen und 4 Wassermühlen an der Salvia bei Penkun, südwestlich von Stettin — sichert die Niederlassung Walkenrieds im südlichen Pommern [39]). 1257 überläßt der gleiche Herzog „den Brüdern in Damesowe, die zum Cistercienserkloster Walkenried gehören", das in Nadrense gekaufte Land [40]). Die bereits seit 1263 einsetzenden Besitzverkäufe zeugen für das allmähliche Auflassen dieser Niederlassung Walkenrieds im Ostseeraum.

ANMERKUNGEN

[1]) W. Kühn, Die Siedlerzahlen der deutschen Ostsiedlung, in: Studium sociale, hrsg. v. Specht u. a., Köln 1963, S. 131—154.

[2]) Ebda., S. 131.

[3]) F. Gause, Die mittelalterliche Ostsiedlung (Der Göttinger Arbeitskreis, Heft 33), Kitzingen 1953.

[4]) J. Gottschalk, Die Bedeutung der Zisterzienser für die Ostsiedlung, besonders in Schlesien, in: Zeitschrift f. Ostforschung 15 (1966), S. 93 f.

[5]) M. Perlbach, Die Cistercienser-Abtei Lond im stadtkölnischen Archiv, in: Mittheilungen aus dem Stadtarchiv von Köln, 2. Heft (1883), S. 84, Nr. 1; nach Gottschalk, a.a.O., S. 80, Anm. 50, handelt es sich bei der Stiftungsurkunde um eine formelle Fälschung, aber mit richtigem Inhalt.

[6]) Perlbach, S. 85, Nr. 8.

[7]) Codex diplomaticus majoris Poloniae I., Posen 1877, S. 387, Nr. 440.

[8]) Perlbach, S. 96, Nr. 82.

[9]) Ebda.

[10]) Perlbach, S. 91, Nr. 45 ff.

[11]) Brief v. 22. Mai 1491 = Stadtarchiv Köln, Abt. II, 3 b.

[12]) Brief v. 18. Juli 1525 = ebda. II, 9; Perlbach, S. 101, Nr. 114.

[13]) Canivez V, S. 679, Nr. 18.

[14]) Vgl. Anm. 11.

[15]) Canivez VI, S. 11, Nr. 21.

[16]) Brief v. 20. Sept. 1494 = Stadtarchiv Köln, Abt. II, 5; Perlbach, S. 100, Nr. 109.

[17]) Scriptores rerum polonicarum IV, Kraków 1878, S. 65, Nr. 26.

[18]) Ebda., S. 64, Nr. 9: „De abbatiis, ut hae Polono nobili aut saltem Polono, si nobilis defuerit, conferantur ..."

[19]) Perlbach, S. 103, Nr. 127.

[20]) Ebda.

[20a]) Diese Aufstellung verdanken wir der Mitarbeit von OStRat Heinrich Grüger, Trier.

[21]) Ebda., S. 113, Nr. 184.

[22]) Ebda., S. 83 f.

[23]) W. Doetsch, Kloster Paradies. Ein Kulturzentrum an der deutschen Ostgrenze, Meseritz 1926, S. 27.
[24]) Ebda., S. 15 f.
[25]) Ebda., S. 129, Anm. 110.
[26]) Ebda., S. 38.
[27]) L. Hertel, Geschichte des ehemaligen Zisterzienserklosters Blesen, Blesen 1928.
[28]) A. Winkler, Die Zisterzienser am Neusiedlersee und Geschichte dieses Sees, St. Gabriel b. Wien 1923; H. Watzl, Mönchhof 1217—1967, Mönchhof 1967.
[29]) H. Hoogeweg, Die Stifter und Klöster der Provinz Pommern, Stettin 1924, S. 474.
[30]) A. Gustavs, Die Insel Hiddensee, Rostock 1958, S. 25—36; K. Ebbinghaus, Ausgrabungen im Gelände des Zisterzienserklosters auf Hiddensee (Grabungsperiode 1960/61), in: Wissenschaftl. Zeitschrift der Ernst-Moritz-Arndt-Universität Greifswald: Gesellschafts- u. sprachwissenschaftl. Reihe, Nr. 3/4, Teil II, Jhg. XVIII (1969), S. 405—417.
[31]) K. Ebbinghaus, Bericht und Vermessungsarbeiten Gellenkirche und „Luchte" auf der Insel Hiddensee, in: Wissenschaftl. Zeitschrift ... Greifswald, a.a.O., S. 398—403.
[32]) W. Ohle, Die Marienkirche zu Bergen / Rügen (Das christl. Denkmal, Heft 34), Berlin 1959; N. Zaske, Gotische Backsteinkirchen Norddeutschlands zwischen Elbe und Oder, Leipzig 1968, S. 15—24.
[33]) W. Schlesinger, Kirchengeschichte Sachsens im Mittelalter, Bd. II, Köln 1962, S. 225.
[34]) Ebda., S. 20.
[35]) Urkundenbuch des hist. Vereins für Niedersachsen, Heft II: Die Urkunden des Stiftes Walkenried, Abt. I, Hannover 1852, Nr. 71, S. 63.
[36]) Ebda., Nr. 209, S. 151 f.
[37]) Ebda., Nr. 225, S. 160 f.
[38]) Ebda., Nr. 256, S. 181 f.
[39]) Ebda., Nr. 260, S. 185.
[40]) Ebda., Nr. 322, S. 222.
[41]) Ebda., Nr. 351, S. 236; Nr. 365, S. 242; vgl. auch Winter II, S. 247 ff.

Livland und Estland

An der gegen Ende des 12. Jahrhunderts einsetzenden Christianisierung Livlands und Estlands waren deutsche Cistercienser beteiligt. Neben Abt Berthold von Loccum, dem 2. Bischof Livlands (1196—98), und dem Himmeroder Mönch Petrus aus Koblenz ist als bedeutendster Missionar Dietrich, Professe von Pforta, zu nennen [1]). Bischof Meinrad von Livland betraute ihn vor 1191 mit der Glaubenspredigt unter den Liven. Nach zwei Romfahrten (1196, 1200) stiftete Dietrich mit päpstlicher Erlaubnis den Ritterorden der Schwertbrüder, der im Jahre 1204 nach seiner dritten Romreise (1203) von Innocenz III. bestätigt wurde. Um das religiöse Leben in seinem Sprengel zu festigen, gründete Bischof Albert von Livland (1199—1229) um das Jahr 1202 die Abtei Dünamünde bei Riga, 1205 durch eine Mönchskolonie aus Pforta besiedelt. Als erster Abt wird seit 1206 Dietrich erwähnt. Ihn weihte Bischof Albert mit Gutheißung des Papstes im Sommer 1211 zum Bischof der Esten. Nachfolgerabt in Dünamünde wurde der Marienfelder Mönch Bernhard II., Graf von Lippe (1211—18; † 1224 als Bischof von Semgallen). Seitdem scheint Marienfeld die Paternitätsrechte über Dünamünde beansprucht zu haben.

Innocenz III. ermächtigte Dietrich, aus deutschen Cistercienserklöstern missionsbegeisterte Mönche anzuwerben. Dies geschah zuweilen, wie Cäsarius von

Heisterbach bei dem Himmeroder Mönch Petrus berichtet [2]), selbst gegen den Willen der Äbte. Daher mahnte ein päpstliches Schreiben vom 10. August 1212 das Generalkapitel zu Cîteaux, den sich zur Mission berufen fühlenden Mönchen keine Hindernisse in den Weg zu legen [3]).

Die Christianisierung Estlands schritt infolge heftigen Widerstandes der Heiden nur langsam voran. Schließlich gelang es Bischof Dietrich, den Dänenkönig Waldemar II. für einen Kreuzzug gegen die Esten zu gewinnen. Im Frühjahr 1219 legte die Flotte der Dänen an der Nordküste Estlands an. Die starke Feste Lindanise fiel und wurde geschleift; an ihrer Stelle entstand die Burg und spätere Stadt Reval. Dietrich wurde bei einem nächtlichen Überfall der Esten auf das Lager der Kreuzfahrer — als vermeintlicher König — ermordet. Fast drei Jahrzehnte hatte der unermüdliche Missionar im Mönchskleid für die Bekehrung der Liven und Esten gearbeitet. Erst nach seinem Tode (1219) wurde sein Werk durch die Dominikaner vollendet.

ANMERKUNGEN ZU LIVLAND UND ESTLAND

[1]) Th. Grentrup, Der Cistercienser Dietrich in der altlivländischen Mission († 1219), in: Zeitschrift für Missionswissenschaft und Religionswissenschaft 40 (1956), S. 265—281; Tumler, a.a.O., S. 232—242; Winter I, S. 221—247.
[2]) Caesarii Heisterbacensis monachi Dialogus miraculorum dist. VIII, c. 13, ed. J. Strange II., Köln 1851, S. 93.
[3]) Preußisches Urkundenbuch I, 1, Nr. 6.

Dünamünde

Dünamünde, Kloster St. Nikolausberg (Diöz. Riga), war für die Missionierung Livlands und Estlands von großer Bedeutung. Die beiden ersten Äbte Dietrich (1205—11) und Bernhard (1211—18) wirkten mit ihren Mönchen als Glaubensboten und Vermittler zwischen Deutschen und eingesessener Bevölkerung. Als Hospiz für Kreuzfahrer, Kolonisten und Kaufleute erhielt Dünamünde großzügige Stiftungen und Landschenkungen im Ostseeraum. Am 20. August 1228 wurde das Kloster von Kuren und Semgallern erstürmt, der Konvent ermordet und sämtliche Gebäude zerstört. Um künftigen Überfällen vorzubeugen, umgab man den Neubau mit starken Ringmauern, Türmen und Wassergräben im Stil der Klosterburgen des Deutschen Ordens. Doch auch diese Festung nahmen 1298 feindselige Litauer ein, die sie völlig zerstörten. Klosterplatz und Besitzungen gingen in der Folgezeit durch Kauf an den Deutschen Orden, der Konvent ließ sich in dem 1254 von Dünamünde gegründeten Priorat Padis (Diöz. Reval) nieder. Padis erhielt 1317 den Rang einer Abtei; als Mutterkloster bestimmte 1319 das Generalkapitel Stolpe.

Befriedung und Missionierung der aufsässigen heidnischen Wenden und Obotriten (Slawen) im heutigen Mecklenburg gelang nach mancherlei Rückschlägen Bischof Berno von Schwerin (1160—1190/91). Als Mönch von Amelungsborn wirkte er bereits seit 1154 mit Erlaubnis von Papst Hadrian IV. und des Generalkapitels in der Wendenmission. Herzog Heinrich d. Löwe ernennt ihn 1160 zum

Bischof von Schwerin, die Weihe erteilte ihm der Papst anläßlich eines Romaufenthalts (um 1158). Nach Verlegung seines Bischofssitzes Mecklenburg (b. Wismar) in das befestigte Schwerin durchzog er predigend das Land, zerstörte Götzenbilder und gründete Missionszentren. Trotzigen Widerstand setzte ihm der Obotritenfürst Niklot entgegen. Sein Sohn Pribislav fiel trotz seiner Taufe (um 1163) in den ererbten Deutschenhaß zurück; im Februar 1164 eroberte er die Mecklenburg, wobei die ganze Besatzung niedergemetzelt wurde. Bischof Berno selbst entging mit knapper Not dem Tod.

1168 beteiligte sich Berno am Kreuzzug König Waldemars I. von Dänemark gegen Rügen; er zerstörte dabei — wie Kaiser Friedrich I. rühmend hervorhebt [1]) — mit eigener Hand das Haupttheiligtum des Götzen Svantovit und predigte den Inselbewohnern das Evangelium.

Inzwischen hatte sich auch Pribislav unterworfen. Mit seiner Unterstützung gründete Berno 1171 das Kloster Doberan, das mit Mönchen aus Amelungsborn besetzt wurde. Ein Jahr später entsandte die dänische Abtei Esrom — wahrscheinlich auf Bernos Bitten — einen Gründerkonvent nach Dargun.

1171 konnte Berno die bischöfliche Kathedrale in Schwerin konsekrieren. Ein Jahr zuvor hatte Kaiser Friedrich I. (1152–1190) das Bistum Schwerin in seinen Grenzen bestätigt und die Missionsarbeit des Cistercienserbischofs lobend erwähnt [2]). 1178 erfolgte durch Alexander III. die päpstliche Bestätigung des neuen Bistums und seines Besitzes [3]).

Bernos unermüdliche Missionsarbeit erfuhr durch den Wendenaufstand von 1179 einen jähen Rückschlag, in dessen Verlauf Doberan zerstört und 78 Konventualen getötet wurden. 1186 wird die Abtei erneut von Amelungsborn besiedelt, diesmal jedoch an einer sicheren Stelle an der Dober. 1209 übernehmen Doberaner Mönche das 1199 ebenfalls zerstörte Dargun, das knapp 20 Jahre später dem Aufsichtsrecht Esroms entzogen und Doberan unterstellt wurde [4]).

Beide Klöster wirkten in der Folgezeit vorbildlich bei der Missionierung und Kultivierung Mecklenburgs, besonders in den Küstengebieten zwischen Trave und Peene, wo sie mit Hilfe deutscher Kolonisten mehrere Rodungssiedlungen anlegten.

Berno soll am 14. Januar 1191 gestorben sein.

ANMERKUNGEN

[1]) G. Lisch, Mecklenburgisches Urkundenbuch III, Schwerin 1841, Nr. 1.
[2]) Ebda.
[3]) Ebda., Nr. 3; Ph. Jaffé, Regesta pontificum Romanorum, Leipzig 1851, S. 777.
[4]) Lisch, a.a.O., Nr. 52 = Urkunde v. Sept. 1258.

URKUNDEN-ANHANG

1170, 2. Jan., Frankfurt: *Kaiser Friederich I. bestätigt das Bistum Schwerin*
Im Namen der heiligen und ungeteilten Dreifaltigkeit!
Friedrich, Kaiser der Römer.
Wie bekannt ist, wurde das Römische Reich für die Verkündigung des Evangeliums des ewigen Königs bestellt, und so ist es Unser höchstes Amt, die Priester zu ehren und zu fördern, und wen sie durch das Wort des Evangeliums in den

Schoß der Mutter Kirche führen, freudig aufzunehmen, wie Brüder, die gestorben und verloren waren und gefunden worden sind. Deshalb wünschen Wir, daß bei allen, die den Herrn Jesus lieben, der Mönch Berno bekannt sei — ein Armer im Geiste, der nur mit der Waffe des Glaubens an Christus, mit dem Segen und Vollmachten des Herrn Papstes Adrian (Hadrian IV., 1154—59) das heidnische Volk jenseits der Elbe, das vom Fürsten der Finsternis in Unglauben und Götzendienst gehalten war, als erster Glaubensbote in Unserer Zeit aufsuchte. Von Zwerin (Schwerin) bis zum vornehmen Burgort Dimin (Demmin) brachte er dem Volk, das in der Finsternis saß, das Licht des Glaubens, sie taufend, Götzenbilder zerstörend, Kirchen gründend, trotz vieler Mühsale und Beschwerden, welche die Heiden ihm bereiteten, bis er von Buggeslav (Bogislaw), Casemar (Kasimir), Pribelav (Pribislav), Fürsten jener Lande (Mecklenburg, Pommern), freundlich aufgenommen wurde, die, durch seine Predigt gewonnen, nun beharrliche Missionshelfer wurden. Von ihnen erwählt und durch Heinrich (dem Löwen), dem ruhmvollen Herzog von Sachsen, eingesetzt, wurde er der erste Bischof jenes Volkes, und so erst bekehrte er mit Hilfe des frommen Fürsten Kasimir, der ihm treu im Werke Christi beistand, alle Lande in seiner Herrschaft zur Erkenntnis der Wahrheit und Ausrottung von Irrtum und Trug. Als zuletzt das Volk der Rujanen (auf Rügen) durch schlimme Abgötterei Gott und den Menschen verhaßt, sich dem Wort der Predigt nicht beugen wollte, suchte und fand der Bischof Frucht von seinen Neubekehrten. Denn er entflammte die Fürsten und alles Volk, im Eifer für den christlichen Namen, die Götzendiener durch Waffengewalt zum Glauben zu nötigen, und so zwang er sie mit den Neulingen Christi, wie wenn er selbst der Bannerträger war, nach Zerstörung ihres Hauptheiligtums Szuentevit (Svantovit), am Tage des hl. Martyrers Vitus wider ihren Willen zur Taufe. Später besuchte er die über die Rute Erschrockenen im Geiste der Milde, unterrichtete sie freundlich über das Wort des Glaubens und machte sie willig.

Für alles sei Gott gebenedeit, der seine Kirche und das Römische Reich durch die Bekehrung so vieler Stämme zu erhöhen sich würdigte.

Nach solchem Werk ging nun der Bischof Unsere Gewogenheit an, und Wir haben es für nützlich gehalten als Hilfe für die Missionsarbeit, die Bistumsgrenzen durch kaiserliche Autorität und Zeugnis Unseres Siegels für immer zu bestätigen. Die Grenzen aber sind diese: die Burgorte Magnopolense (Mecklenburg), Zwerin (Schwerin), Cutin (bei Plau), Kyssin mit allen zugehörigen Dörfern, mit Ausnahme der Landschaft Pole (Pöle) und einer anderen, Breze (Bresen) genannt, auch die Landschaft Parchim, Cutin (Kessin) und Malechowe (Malchow) mit allen zugehörigen Dörfern auf beiden Seiten eines Flußbettes namens Elde, dessen Grenzen sind: Dymin (Demmin) mit Landschaften und Dörfern, nämlich Tolenze (Tollense), Plote, Losize (Loitz), Tribuzes (Tribsees), Czirzepene (Circipanien) mit den anliegenden vorgenannten Dörfern und Landstrichen. Das Land der Rujanen (Rügen) unter der Hoheit des Herzogs von Sachsen fügen Wir dem Bischofssprengel hinzu.

Schließlich nehmen Wir die Fürsten jenes Landes mit allem Volk in Unsere volle Huld und Verteidigung auf, damit sie sich um so freier durch Erbauen von

Klöstern und Kirchen und jede Förderung des wahren Kultes Gott, unserm Herrn widmen können. Auch wollen Wir die Fürsten und den Adel des Landes mahnen, weil sie in Unsere Huld und in die Würde von Reichsfürsten aufgenommen sind, daß sie nicht ungleich seien in der Gottesverehrung, sondern nach der Sitte aller Christen ihre Zehnten, ohne Ausnahme, Gott getreu entrichten, Raub und Plünderung abwehren, Frieden mit den christlichen Nachbarn halten, damit Christus, der wahre Friede, sie nach diesem Leben zum Vaterland des ewigen Friedens und Lichtes glücklich gelangen lasse. Amen.

Ich Hinricus, Kaiserlicher Kanzler für Erzbischof und Erzkanzler Christian von Mainz,

1170, unter Herrn Friederich, glorreichem Kaiser der Römer im 17. Jahr seiner Herrschaft, im 15. Jahr des Reiches, Frankfurt, 5. Nonas Jan (2. Jan.)

Gedruckt: G. Lisch, Mecklenburgische Urkunden III, Schwerin 1841, S. 19, Nr. 1.

1178, zwischen 12. u. 25. März, Rom: *Papst Alexander III. bestätigt das Bistum Schwerin*

Alexander, Bischof, Knecht der Knechte Gottes, an den verehrten Mitbruder Berno, Bischof von Megapolis (Mecklenburg) und seine kanonischen Nachfolger. Gütig ist Gott in Seinen Gaben und heilig in Seinen Werken allen. Mit immer neuem Nachwuchs erfreut er seine Kirche, breitet ihre Grenzen aus durch das Wort der Glaubensboten und hört in Seiner Barmherzigkeit nicht auf, auch die Heiden in das Netz des Glaubens zu ziehen, derart, daß — nach dem Propheten — wilde Wüsten grün ersprießen durch die Aussaat des Glaubens unter dem Gnadentau des Heiligen Geistes. Es kommt ja von Ihm her, der das Heil aller will, daß sie zur Erkenntnis der Wahrheit gelangen. Du hast dich, geliebter Mitbruder in Christo, als Missionsbischof in der Predigt und Pflanzung des Glaubens Gefahren und Mühsalen ausgesetzt, Christi eingedenk, der für uns gestorben ist, weshalb auch, wer lebt, nicht sich selber mehr lebt, sondern dem, der für uns gestorben und auferstanden ist.

In vielen Ängsten hast du den Samen des göttlichen Wortes ausgestreut und das dir anvertraute Talent mit Zinsen ausgegeben. Viele Stämme, die Gott den Herrn nicht kannten, in Satans Ketten gefangen, hast du durch das Licht der Wahrheit erleuchtet und zu Gott zurückgeführt.

Jetzt kommst du zu Uns mit großer Mühe und erbittest vom Apostolischen Stuhl, Wir möchten den Bischofssitz in Zverin (Schwerin) mit der Autorität der heiligen Römischen Kirche bestätigen, der Wir im Auftrage Gottes eifrig dienen. Gerne erfüllen Wir deinen Wunsch. Wir bestimmen daher, daß die Bischofskirche immer an diesem Ort bleibe und daß ihr künftig die nachgenannten Orte gesetzlich unterworfen seien — nämlich die erbauten und zu erbauenden Klöster und Kirchen in Herzog Heinrich's Provinz, die sich von Zverin (Schwerin) bis Vepro (Veprow) und über Muriz und Tolenze (Tollense) bis Groswin und zum Peenefluß, auf der anderen Seite von Zverin über die Küstengegend nach der Insel Ruia (Rügen), deren Hälfte und bis zum Peenehafen erstreckt.

Der Herzog schenkte — laut eigener Beschreibung — einen Teil der Insel Zverin, eine Mühle und eine andere Insel, in Sadelbande ein Dorf, jenseits der Elbe zwei

Dörfer; im Lande Pribislav's die Insel St. Maria und das Dorf Cline, mit zehn anderen Dörfern in Ilowe, den Burgort Butisso (Bützow mit angrenzendem Land und vier Dörfer in der Öde Nohum, fünf andere Dörfer bei Warin bis Glambike (Glambeke) und jenseits des Nivele (Nebel) Wolchxa (Wolken), unter voller Zustimmung des Fürsten Pribislaw, mit aller Gerechtigkeit und Nutzbarkeit, das Dorf S. Godeardi, früher Goderach genannt. Kasimir, der christlichste Fürst, schenkte das Land Pitina und ein vornehmes Dorf in Barth (Bard), zwei Dörfer bei Dimin (Demmin) und eins in Circipene (Circipanien); außerdem alle Güter, welche die Kirche gegenwärtig rechtmäßig besitzt oder künftig durch Verleihung von Päpsten, Schenkung von Königen und Fürsten, Opfer der Gläubigen oder auf andere gerechte Weise, wenn ein Herr da ist, erlangen kann; sie sollen dir und deinen Nachfolgern sicher und ungeschmälert verbleiben.

Wir bestimmen also, daß es keinem erlaubt ist, genannte Kirche zu beunruhigen oder Güter wegzunehmen oder weggenommene zurückzuhalten, zu vermindern oder irgendwie zu stören, sondern alles werde für den Gebrauch der Berechtigten unversehrt erhalten. Sollte also künftig ein Kirchen- oder Weltmann wider diese Konstitution, obschon er sie kennt, zu handeln versuchen, so werde er zu zwei und drei Malen verwarnt; wenn er nicht angemessen wiedergutmacht, verliere er Amt und Würde und erkenne sich schuldig des göttlichen Gerichtes; er sei ausgeschlossen vom hochheiligen Sakrament des Herrn und im Gericht der Rache Gottes überlassen.

Wer aber diesem Ort seine Rechte wahrt, habe den Frieden unseres Herrn Jesus Christus, den er schon als Frucht guten Tuns und beim strengen Richter als ewigen Lohn empfängt. Amen.

Gegeben zu Rom bei St. Peter durch Albert, Kardinalpriester und Kanzler der heiligen Römischen Kirche, im Jahre der Menschwerdung des Herrn 1177, im 19. Jahre des Pontifikats des Herrn Papstes Alexander III.

Gedruckt: G. Lisch, Mecklenburgische Urkunden III, Schwerin 1841, S. 34, Nr. 3.

Das Jahr 1177 rechnete man in Rom bis zum 24. März 1178. Da Alexander III. erst am 12. 3. 1178 nach Rom zurückkehrte (s. Jaffé, S. 777), muß die Bestätigung des Bistums Schwerin zwischen dem 12. und 25. März erfolgt sein.

DIE ANFÄNGE DER CISTERCIENSER IN SCHLESIEN

von Josef Joachim Menzel

Seit dem Tode Herzog Boleslaws III. von Polen († 1138), der sein Land unter seine Söhne aufteilte, bildete Schlesien ein eigenes Herzogtum und besaß in Boleslaws ältestem Sohne Wladislaus den ersten schlesischen Piastenherzog. Wladislaus hatte die Babenbergerin Agnes, eine Tochter Markgraf Leopolds III. von Österreich und der Kaisertochter Agnes, zur Frau [1]). Der Cistercienser, Abt von Morimond, Bischof und bekannte Geschichtsschreiber Otto von Freising war ihr leiblicher Bruder, der deutsche König Konrad III. ihr Stiefbruder, Kaiser Friedrich Barbarossa ihr Neffe.

1146 mußte Wladislaus im Streit mit seinen Brüdern aus Land und Herrschaft weichen. Er floh mit seiner Familie zu seinem Schwager König Konrad III., der seinen schlesischen Verwandten die Reichsfeste Altenburg, südlich von Leipzig, als Wohnsitz anwies. Hier im Exil starben Wladislaus und Agnes; während Wladislaus vermutlich in der Benediktiner-Klosterkirche Pegau beigesetzt wurde, fand Agnes (wohl dank familiärer Verbindungen) ihre letzte Ruhestätte bei den Cisterciensern in Pforta an der Saale [2]). Beider Sohn Boleslaus, häufiger Gast am Königshofe und mit Adelheid von Sulzbach, einer Schwester der Frau König Konrads III., verheiratet, ließ sein früh verstorbenes Söhnchen Johannes ebenfalls in Pforta begraben. Pforta erfüllte so für die verbannten schlesischen Piasten Funktionen, wie sie einer adligen Familienstiftung zukamen. Sie sind dann zum frühest möglichen Zeitpunkt auf Leubus an der Oder übertragen worden.

Die Rückführung der Söhne des vertriebenen Wladislaus nach Schlesien und ihre Einsetzung in das väterliche Erbe erfolgte 1163 nach einem siegreichen Feldzug Kaiser Friedrich Barbarossas, der sich später erneut schützend vor seine schlesischen Vettern stellte. Schlesien lehnte sich fortan eng an das Reich an [3]). In Begleitung der heimkehrenden Herzöge zogen als deren Gefolgsleute und Helfer auch deutsche Ritter mit nach Schlesien. Ihnen folgten bald deutsche Bauern und Bürger.

Im kirchlichen Bereich stellt die Gründung des Klosters Leubus und seine Besetzung mit deutschen Cisterciensern aus Pforta durch Herzog Boleslaus einen einzigartigen Ausdruck des Fortbestehens und Fruchtbringens im Altenburger Exil (1146–1163) geknüpfter Beziehungen dar. Es ist dabei von untergeordneter Bedeutung, ob Leubus sogleich 1163 ins Leben gerufen wurde und nach einer Anlaufzeit 1175 seinen Stiftungsbrief erhielt oder ob die Gründung überhaupt erst um 1175 erfolgte. Dasselbe gilt für die in späterer Zeit auftauchende Version, in Leubus wäre (wie in St. Vinzenz auf dem Elbing bei Breslau) ein älterer polnischer Benediktinerkonvent durch deutsche Cistercienser ersetzt worden [4]). Bemerkenswert bleibt die Tatsache, daß Herzog Boleslaus seine als Hauskloster im Sinne deutscher Dynasten gedachte Stiftung, in der für ihn und seine Familie gebetet werden sollte und in der er begraben sein wollte, nicht einheimischen polnischen Religiosen, sondern Reformmönchen aus seiner Exilheimat anvertraute. Man wird darin nicht nur Dankbarkeit und einen Vertrauensbeweis gegenüber dem familiär verbundenen Pforta, sondern zugleich auch ein Symbol für die künftige Entwicklung Schlesiens erblicken können.

Einzig in seiner Art und ohne Vorbild in Schlesien ist der berühmte Stiftungsbrief, den Boleslaus 1175 für Leubus ausstellte [5]). Als Markstein in der Geschichte der Deutschwerdung des Landes war er lange heftig umstritten, kurioserweise z. T. mit verkehrten Fronten, indem polnische Forscher ihn als echt verteidigten, während ihn deutsche Gelehrte als gefälscht verwarfen, und beide in entscheidenden Punkten unzutreffende Schlüsse aus ihm zogen. Eingehende kritische Untersuchungen im Rahmen der Vorarbeiten zum Schlesischen Urkundenbuch haben aber seine Echtheit zweifelsfrei erwiesen [6]). Sie ist heute allgemein anerkannt.

Das feierlich gestaltete Privileg ahmt, wie viele Fürstenurkunden der Zeit, die äußeren Merkmale der älteren Stauferdiplome nach und hält sich im übrigen in den urkundlichen Traditionen des mitteldeutschen Mutterklosters Pforta, aus dem die ersten Leubuser Mönche einschließlich des Urkundenschreibers kamen. Es liegt eine zeit- und sachgerechte klösterliche Empfängerausfertigung vor, die mitsamt einem nachträglichen Zusatz vom herzoglichen Kanzler Hieronymus rekognosziert und vom Herzog durch Anbringen seines Siegels in Kraft gesetzt wurde.

Inhaltlich konzentriert sich die herzogliche Verbriefung für Leubus auf drei Hauptpunkte: auf die dem Kloster zugedachte Aufgabe, seine Rechtsstellung und seine Ausstattung. Boleslaus erklärt zunächst, daß er aus Liebe zu Gott, der Gottesmutter Maria, dem Stiftspatron St. Jakob sowie zu allen Heiligen aus dem Kloster Pforta Mönche herbeigerufen und in dem Orte Leubus im Schutze einer alten Burg angesiedelt habe. Als Aufgabe bestimmt er ihnen, in Gemeinschaft mit der katholischen Kirche die Regel des hl. Benedikt und die Vorschriften (*instituta*) des Cistercienserordens zu des Herzogs, seiner Vorfahren und Anverwandten Seelenheil zu beobachten. Abwehrend fügt er ergänzend hinzu, daß er die Mönche nicht materiellen Nutzens wegen als Kolonisatoren, Bauern und Bauleute (wie das offenbar anderwärts geschah), herbeigeholt habe, sondern als gelehrte Gottesmänner, Betrachter und Vermittler der göttlichen Geheimnisse. Die vornehmste Pflicht des jungen Konventes sollte nach dem öffentlich bekundeten herzoglichen Willen das Gebet für das Heil und die Wohlfahrt des Fürsten, seines Hauses und Landes sein. Damit war jedoch — wie andere Bestimmungen der Urkunde zeigen — eine nutzbringende klösterliche Siedel- und Wirtschaftstätigkeit keineswegs ausgeschlossen; sie blieb nur als Gründungsmotiv unausgesprochen. Das Stift wollte und sollte nicht primär als Instrument des Landesausbaus durch den Herzog gebraucht werden, sondern sich als geistliches Institut frei entfalten und nach eigenem Gutdünken siedlerisch tätig werden [7]).

Die vorgesehene Rechtsstellung des Klosters und seiner Hintersassen bildet den weitaus interessantesten Teil des Privilegs. Sie zeigt bis dahin in Schlesien unbekannte, neue, in die Zukunft weisende Verfassungselemente, nämlich Immunität und deutsches Recht — wenngleich letzteres nur indirekt und im Grundprinzip. Boleslaus verspricht, den äußeren Schutz des Klosters allein um Gotteslohn zu übernehmen und tritt damit in die aus dem Reich wohlbekannte kaiserliche

Schirmvogtei der Cistercienser ein [8]). Dann regelt er die in Hinsicht auf das polnische Bodenerwerbsrecht und die beschwerlichen polnischen öffentlichen Lasten außerordentlich wichtige Frage der Besitzqualität. Erwerbe das Kloster von irgendjemandem auf rechtmäßige Weise irgendwelche Güter, sei es durch Schenkung, Kauf oder Tausch, so solle es sie ungeschmälert und ungestört besitzen. Desgleichen sollten die päpstlichen Zehntprivilegien für den Cistercienserorden, die ihm für seine Eigenwirtschaften Zehntfreiheit zusicherten, volle Geltung haben.

An diese allgemeinen, das uneingeschränkte klösterliche Besitz- und Nutzungsrecht sichernden Bestimmungen schließt sich der vielzitierte, die deutsche Besiedlung Schlesiens programmatisch einleitende und zugleich charakterisierende Satz an: „Alle Deutschen, die Klostergüter bebauen oder, vom Abt darauf angesiedelt, auf ihnen wohnen, sollen von allem polnischen Recht ohne Ausnahme für alle Zeiten frei sein." Mit den hier erwähnten Deutschen, über die sonst nichts Näheres verlautet, können nur Bauern bzw. eventuell Handwerker oder Lohnarbeiter gemeint sein. Während den Mönchen bestimmungsgemäß Gebet und Gottesdienst oblagen, sollten jene — neben polnischen Hörigen — das Klosterland bestellen. Die Möglichkeit und Notwendigkeit deutscher Bauernsiedlung war für Leubus also von Anfang an gegeben.

Im Gegensatz zu den deutschen erhielten die polnischen Klosterbauern Immunität zugesprochen: „Wenn aber Polen, die nicht einem anderen Herrn gehörten, Hintersassen des Abtes wären, sollten sie nur dem Kloster und niemandem sonst irgendetwas zahlen oder irgendeinen Dienst leisten."

Es wird also klar zwischen polnischen und deutschen Klosterleuten unterschieden; die einen werden mit Immunität begabt, die anderen mit immunitätsartigem deutschen Siedelrecht.

Nicht eindeutig läßt sich aus dem Passus über die Rechtsstellung der Deutschen ersehen, ob ihre Ansiedlung bei der Beurkundung 1175 bereits durchgeführt, noch im Gange oder erst für die Zukunft geplant war. Da es an anderweitigen Nachrichten hierzu fehlt, entzieht sich der Zeitpunkt der ersten deutschen Siedelversuche in Schlesien der genauen Fixierung. Er dürfte jedoch mit großer Sicherheit noch vor der Jahrhundertwende liegen. Denn für Mai 1202 hören wir urkundlich zuverlässig von Leubuser Deutschen, die getrennt von den Polen auf ihren Höfen saßen (*segregatim a Polonis habitantes*), sich „jeglicher Freiheit" erfreuten und eine eigene vorteilhafte Gerichtsordnung hatten, während — abweichend von ihnen — die polnischen Klosterbauern wiederum gewisse immunitäre Erleichterungen genossen [9]). Die Unterschiede in Nationalität und Recht äußern sich hier zusätzlich in der räumlichen Trennung der Siedlungen. Da angenommen werden darf, daß die 1202 auf Leubuser Boden bezeugten Deutschen sich nicht erst in diesem Jahre, sondern bereits einige Zeit vorher dort niedergelassen hatten, muß der Beginn der deutschen Bauernsiedlung in Schlesien spätestens ins ausgehende 12. Jahrhundert fallen. Dieser Schluß hat eine Parallele in dem jüngst von Heinrich Appelt geführten Nachweis, daß die 1203—06 in Hundsfeld urkundlich belegten Deutschen von Herzog Boleslaus aller Wahrscheinlichkeit nach vor der Jahrhundertwende angesiedelt wurden [10]).

Daß Herzog Boleslaus bald nach Regierungsantritt (1163) Siedelversuche unternommen hat, melden die Quellen [11]. Unausgesprochen bleibt jedoch, ob er dazu einheimische Polen oder Deutsche herangezogen hat. 1175 gab es jedenfalls im Bezirk von Liegnitz bereits neue und neugeplante Dörfer. Ihre Zehnten übertrug damals der Herzog gemeinsam mit Bischof Siroslaus von Breslau auf Kloster Leubus. Gleichzeitig erhielt das Kloster ausgedehnten Grundbesitz, drei Kirchen mit ihren Einkünften, Markt-, Schenken- und Fährrechte, Zug- und Nutzvieh (Pferde, Ochsen, Kühe) sowie verschiedene nutzbare Gerechtsame als Gründungsausstattung zugewiesen.

Der altertümlich-polnische Charakter der meisten dieser Ausstattungsstücke ist nicht zweifelhaft. Doch erscheinen unter den überwiegend polnischen Orts- und Personennamen auch deutsche bzw. solche mit deutschen Bestandteilen, so Dobrogozesdorph, Godechendorph, villa Martini (Martinsdorf). Sie können auf den deutschen Urkundenschreiber zurückgehen, aber auch auf einen deutschen Dorfherrn, deutsche Bewohner oder irgendwelche anderen deutschen Einflüsse hinweisen. Unter den ersten Wohltätern des Klosters begegnet ferner ein Graf mit dem deutschen Namen Bezelin, der ein Dorf, zwei Ochsen und ein Pferd schenkte, also über Grundbesitz verfügte. Ob er zu den deutschen Rittern in der Umgebung Herzog Boleslaus' gehörte, wissen wir nicht, möchten es aber vermuten. Dasselbe gilt für die als Urkundenzeugen fungierenden Ritter Konrad, Bertolf und Bolenenus. Auch der herzogliche Kanzler Hieronymus war seinem Namen nach nicht sicher ein Pole.

Die Leubuser Stiftungsurkunde ist nicht nur das früheste Zeugnis deutscher Bauernsiedlung in Schlesien, sondern im gesamten slawischen Raum östlich von Oder und Neiße. Obwohl keine Lokationsurkunde im engeren Sinne, enthält sie doch ein allgemeines Siedelprivileg für Kloster Leubus. Sie bildet damit ein urkundliches Zwischenglied zwischen der mitteldeutschen Siedlung des 12. Jahrhunderts und der deutschen Besiedlung Schlesiens und Westpolens im 13. Jahrhundert.

Der langjährige Aufenthalt Herzog Boleslaus' in Deutschland, die dort gesammelten Erfahrungen und geknüpften persönlichen Beziehungen führten zur Berufung von Pfortaer Cisterciensern nach Leubus. Diese wieder holten mit Zustimmung des Herzogs deutsche Siedler herbei, welche vom polnischen Recht ausnahmslos und für immer befreit wurden, damit sie nach dem gewohnten heimatlichen Recht und auf die heimatliche Art leben konnten. Für die Klosterpolen, die ebenfalls ihr Recht und ihre Art bewahrten, bekam das Kloster Erleichterungen in Form von Immunität.

Die Leubus 1175 überlassenen Neubruchzehnten im Liegnitzer Bezirk hatte das Stift 1201 bereits wieder verloren [12]. Sie waren von Bischof Jaroslaus (1198 bis 1201) zurückgenommen worden. Dafür erhielt es aus dessen Oppelner Erbe Grund- und Zehntbesitz in dem zunächst Jaroslau, dann Kasimir genannten Gebiet zwischen Hotzenplotz und Straduna, wo eine Pforta angetragene Niederlassung nicht zur Ausführung kam [13]. Um 1212—14 wurde hier die Anlage neuer Dörfer in Aussicht genommen [14].

Von Neulandgewinnung durch Waldrodung im Leubuser Zehntdorf Devin (Dieban Kr. Wohlau) berichtet anläßlich einer Zehntstreitschlichtung eine Urkunde aus dem Jahre 1215 [15]). Wieder wird nicht ausdrücklich gesagt, ob die Rodung durch einheimische Bauern oder deutsche Siedler erfolgte.

Im Jahre darauf wurde Leubus von Papst Innozenz III. erneut durch Privileg Zehntfreiheit für seine Neubruchländereien zugesichert (1216) [16]). Ähnliche päpstliche Zehntprivilegien für die klösterliche Eigenwirtschaft hatte Herzog Boleslaus bereits bei der Klostergründung feierlich anerkannt. Im gleichen Jahre (1216) erhielt auch das Cistercienserinnenstift Trebnitz eine solche päpstliche Zehntbefreiung für gewonnenes Neuland [17]). Eine entsprechende Freiheit war Ansiedlern in Trebnitz vom Stifter-Herzog Heinrich I. schon 1204 erteilt worden [18]), ohne daß wir jedoch wüßten, worin sie im einzelnen bestanden hat und wer die Ansiedler waren.

Aus einem zusammenfassenden Zehntprivileg Bischof Lorenz' für Leubus von 1218, dessen Zuverlässigkeit nicht mehr strittig ist, entnehmen wir für das ausgehende zweite Jahrzehnt des 13. Jahrhunderts, daß das Kloster damals mit dem Erwerb und der Besiedlung von 500 großen Hufen im Waldgebiet am oberen Bober und an der Katzbach westlich Goldberg beschäftigt war [19]). Hier entstanden innerhalb weniger Jahre 10 große deutsche Siedlerdörfer (theoretisch zu je 50 Hufen) mit eigenen Kirchen, die vom Bischof mit insgesamt 50 Zehnthufen ausgestattet wurden [20]). Ferner hören wir von vertauschten bischöflichen Zehntrechten an deutschen Siedlern im Waldgebiet bei Goldberg in der Umgebung von Schlaup [21]) und von Deutschen in Ohlau Leubuser Anteils, von denen man nach Ablauf der Freijahre 6 Malter Zehntgetreide erwartete [22]). Hinzu kommen eine Reihe von deutschen Ortsnamen wie Sconiuelt (Schönfeld), villa Helmberti, sors Vlrici Sueui, Sifridouici, villa Tyslini, etc. und eine wachsende Zahl deutscher Personennamen.

Im weiteren Verlaufe des 13. Jahrhunderts erhielt Leubus inner- und außerhalb Schlesiens mehrere umfangreiche Waldschenkungen für Rode- und Siedelzwecke [23]). Die von den betreffenden landesherrlichen Schenkern damit verbundenen hochgespannten Erwartungen, politischen und ökonomischen Hoffnungen [24]), konnten jedoch nur zum Teil erfüllt werden. Einige der Projekte gediehen nicht über das Planungsstadium hinaus. Nichtsdestoweniger hat sich Kloster Leubus nach Ausweis der Quellen an der Rodung, Kultivierung, der wirtschaftlichen Um- und Neuorganisation und deutschen Besiedlung Schlesiens neben anderen geistlichen und weltlichen Grundherren nach Maßgabe seiner Kräfte höchst erfolgreich beteiligt [25]).

Außerdem bildete es stets ein herausragendes kulturelles und geistig-geistliches Zentrum des Oderlandes mit weiter Ausstrahlung. Zwar kann von einer Missionstätigkeit im eigentlichen Sinne keine Rede sein — die einheimischen Bewohner Schlesiens waren formell längst Christen, desgleichen die deutschen Siedler —, doch haben die Leubuser Cistercienser ohne Zweifel zur Vertiefung und Festigung des christlichen Glaubens und zur verstärkten religiösen Betreuung der schlesischen Bevölkerung, sei es durch ihr Wirken im Kloster selbst, sei es in den zahlreichen Stiftspfarreien, nicht unerheblich beigetragen. Auch der Auf- und

Ausbau der kirchlichen Organisation, der in Schlesien erst im Verlaufe des 13. Jahrhunderts parallel zur deutschen Siedlung erfolgte [26]), wurde durch sie kräftig gefördert. Es ist sicher kein Zufall, daß die älteste bekannte schlesische Urkunde über eine bischöfliche Pfarrsprengelabgrenzung aus dem Kloster Leubus stammt und drei seiner Stiftspfarreien betrifft [27]).

Wie sich einem (wohl alternden) Leubuser Mönch zu Beginn des 14. Jahrhunderts die von seinem Kloster vollbrachte Aufbauleistung darstellte, zeigen die sogenannten Leubuser Verse. In ihnen wird (jüngeren) Mitbrüdern, um bei ihnen Hochachtung und Dankbarkeit zu erwecken, voller Stolz und Selbstbewußtsein ein überstark kontrastierendes Bild der Anfänge von Leubus vor Augen geführt: die ersten Mönche „konnten es kaum aushalten und waren ganz arm, denn das waldreiche Land lag da, ohne daß jemand es bebaute, und das polnische Volk war arm und nicht fleißig; es zog die Ackerfurchen im sandigen Boden mit Krummhölzern ohne eiserne Pflugschar und verstand nur mit einem Paar Kühen oder Ochsen zu pflügen. Städte oder Flecken gab es im ganzen Land keine; in offener Ebene vielmehr lagen bei den Burgen die Märkte, lagen bruchiges Land und Kapellen. Kein Salz, kein Eisen, kein gemünztes Geld und edles Erz, keine rechten Kleider, aber auch keine Schuhe hatte dieses Volk, das nur mit dem Weiden seines Zugviehs befaßt war. Eine solche Üppigkeit fanden die ersten Mönche vor! Aber durch sie ist das Land diesem allen geöffnet worden, denn sie holten Menschen ins Land, durch die alles hervorgebracht wurde. Wir, die ohne Anstrengung von den Früchten ihres Fleißes leben, sollen nie glauben, wir hätten das durch uns selbst, denn von ihnen wurde das Erwünschte geschaffen" [28]).

Das über Leubus Gesagte gilt mutatis mutandis — mit gewissen Akzentverschiebungen und umständebedingten Abstrichen — grundsätzlich auch für die übrigen von Leubus ausgehenden niederschlesischen Cistercienserklöster Heinrichau (1222—27) [29]), Kamenz (1246—48) [30]) und Grüssau (1292) [31]), für die beiden oberschlesischen Zisterzen Rauden (1252) [32]) und Himmelwitz (um 1280) [32]) sowie für das seit 1205 unter geistlicher, seit 1220 auch unter weltlicher Aufsicht von Leubus stehende Cistercienserinnenstift Trebnitz, das 1202 von Herzog Heinrich I. und seiner Gattin, der hl. Hedwig, errichtet wurde [33]).

Sie alle sind mit dem Landesausbau zu deutschem Recht, der deutschen Besiedlung, Kultur und Geschichte Schlesiens untrennbar verbunden und haben sich gleichzeitig um die kirchlich-religiöse Durchdringung und Organisation des Oderlandes bleibende Verdienste erworben [34]).

Gründungsurkunde des Klosters Leubus aus dem Jahre 1175 in deutscher Übersetzung:

„Im Namen der heiligen und ungeteilten Dreieinigkeit. Boleslaus, Herzog von Schlesien, wünscht allen künftig und gegenwärtig lebenden Christgläubigen Wohlergehen im gegenwärtigen und im künftigen Leben. Da wir ja in der Rascheit unserer Tage vergehen, wie der Schatten zu fliehen oder der Rauch zu entschwinden pflegt, ist es zweifellos höchst ratsam, vorzusorgen für das Heil der Seele, deren Leben, wie wir wissen, in Ewigkeit fortdauern wird. Also habe ich aus Liebe zu unserem Herrn Jesus Christus, dem Befreier unserer Seelen, aus Verehrung für seine allzeit jungfräuliche Mutter Maria und um der Fürsprache des heiligen Apostels Jakobus und aller Heiligen Gottes willen zum Heil meiner Seele und für die Seelen meiner Vorfahren und Anverwandten aus dem Kloster Pforta, das in Deutschland am Saalefluß liegt, herbeigerufene Mönche an einem Ort angesiedelt, der Leubus heißt und im Schoße einer alten Burg am Oderstrom liegt, damit sie daselbst in der Einheit und Gemeinschaft der heiligen katholischen Kirche die Regel des heiligen Benedikt und die Satzungen des Zisterzienserordens einhalten. Deshalb nehmen wir alle Besitzungen des Klosters Leubus — allein im Hinblick auf die göttliche Vergeltung — in unseren Schutz und vertrauen sie für alle Zeiten dem Schutz unserer Nachfolger an. Wenn also eine geistliche Person oder ein weltlicher Gewalthaber oder einer von den Suppanen oder von den anderen Vornehmen dem Kloster Leubus Güter durch gerechte Übereignung, fromme Schenkung oder rechtmäßige Tauschhandlung überträgt, so sollen sie ihm unangefochten und ungeschmälert verbleiben gemäß den päpstlichen Privilegien des Zisterzienserordens, in welchen diesem die Unversehrtheit der Zehnten von seinen Ländereien und Leuten, von den Zugtieren und vom Vieh bestätigt wird. Alle Deutschen aber, die Klostergüter bebauen oder, vom Abt auf ihnen angesiedelt, auf ihnen wohnen, sollen von allem polnischen Recht oder Einschränkung für alle Zeiten frei sein. Wenn aber Polen, die nicht der Herrschaft irgendeines anderen angehören, Hintersassen des Abtes sind, sollen sie nicht gezwungen werden, jemandem anderen irgend etwas zu zahlen oder irgendeinen Dienst zu leisten. Ferner soll der gesamte Besitz dem Abt und den Mönchen ausschließlich deshalb zustehen, weil wir sie uns nicht als Landwirte oder Bauleute, sondern als Gelehrte zur Feier des Gottesdienstes und zur Betrachtung der himmlischen Dinge berufen haben. Nun aber folgt die Beschreibung des Besitzes. Leubus und dessen Zubehör und das Gebiet an der Oder, nämlich die Kirche des heiligen Johannes des Evangelisten, der Markt mit aller Nutzung, der Flußübergang mit dem durch Umritt abgegrenzten Gebiet und mit allem, was darin gelegen ist. Bogonouwe mit seinem abgegrenzten Gebiet und allem, was darin gelegen ist. Dobrogozesdorph mit seinem abgegrenzten Gebiet und allem, was darin gelegen ist. Die Kapelle und ihr Zubehör und die Schenke in Nabitin. Wiltsin, Godechendorph, villa Martini mit ihrem abgegrenzten Gebiet und mit allem, was darin gelegen ist. Craiouwe mit dem durch Umritt abgegrenzten Gebiet und mit dem, was darin gelegen ist. Die Kirche des heiligen Petrus zu Breslau und ihr Zubehör: Graf Bezelinus übereignete nämlich der Kirche zwei Rinder und ein Pferd und ein Dorf bei Brozte zur Gänze mit den Äckern. Nicor übereignete Sovarin mit den Äckern und fünfundzwanzig Stuten und sechs Rindern und drei Kühen, mit der Schenke und der Brücke bei Withaue. Er übereignete auch, was er zu Olbino besaß, und einen Obstgarten und einen Hof, eine Wiese, Äcker, und vom Teich den neunten Fisch und Einkünfte aus der Fleischbank in der Höhe von dreihundert Denaren. Die Kirche des heiligen Stephan zu Beuthen; ihr Zubehör: drei Dörfer, von denen eines durch Umgehung bezeichnet ist, das andere heißt Werbenice, das dritte Ubrezte, und der neunte Teil aller Einkünfte, die zur Stadt (Beuthen) gehören. Überdies habe ich und Bischof Sirolaus von Breslau die Leubuser Kirche mit allen Zehnten von den neuen Dörfern begabt, die jetzt im Gebiet von Liegnitz bestehen, und von jenen, die in demselben in aller Zukunft werden errichtet werden.

Zeugen dieser Bestätigung sind Miesko, der ältere Herzog (d. h. der Senior des Piastenhauses im Sinne der damals geltenden Erbordnung) und die Großen mit dem Klerus und dem Volk von Polen.

Und mit anderer Hand: Ich Boleslaus des Boleslaus Sohn war zugegen und gab meine Zustimmung. (Es folgen elf weitere Zeugennamen.) Ich Kanzler Hieronymus habe rekognosziert (d. h. ich bürge als leitender Kanzleibeamter dafür, daß der Inhalt der Urkunde mit dem Willen des Ausstellers, meines fürstlichen Herrn, übereinstimmt). Gegeben auf Burg Gröditz im Jahre der Menschwerdung des Herrn 1175 in der achten Indiktion, im ersten Jahre der Ordination des Abtes Florentius, unter dem die villa Bogodani hinzugegeben wurde."

ANMERKUNGEN

[1]) Kurt Engelbert, Die deutschen Frauen der Piasten von Mieszko I. († 992) bis Heinrich I. († 1238). In: Archiv für schlesische Kirchengeschichte 12, 1954, S. 1—51 (mit Stammtafel).

[2]) Joseph Gottschalk, Vertreibung und Heimkehr 1146—1163. Eine Wende in der Geschichte Schlesiens. In: Vierteljahresschrift Schlesien 8, 1963, S. 68—88, 151—165.

[3]) Vgl. Geschichte Schlesiens, hrsg. von Hermann Aubin, Ludwig Petry, Herbert Schlenger, Bd. 1, 3. Aufl., Stuttgart 1961, S. 111 ff.; Gernot von Grawert-May, Das staatsrechtliche Verhältnis Schlesiens zu Polen, Böhmen und dem Reich während des Mittelalters, Aalen 1971, S. 55 ff.

[4]) Colmar Grünhagen, Über die Zeit der Gründung von Kloster Leubus. In: Zeitschrift des Vereins für Geschichte und Alterthum Schlesiens 5, 1863, S. 193—221, weist bereits darauf hin, daß diese Ansicht keine zuverlässige quellenmäßige Grundlage besitzt. Vgl. dazu neuerdings die Ausführungen im Schlesischen Urkundenbuch, hrsg. von Heinrich Appelt, Bd. 1, Wien · Köln · Graz 1963-71, Nr. 45 und Nr. 325. Auch 1163 ist als Gründungs- und Einzugsjahr der ersten Mönche aus Pforta nicht sicher belegt, obwohl dieses Datum immer wieder in der Literatur genannt wird. Siehe hierüber zuletzt Ewald Walter, Zur ältesten Geschichte des Klosters Leubus a.d.O. n Jahrbuch der Schlesischen Friedrich-Wilhelm-Universität zu Breslau 16, 1971, S. 7-40.

[5]) Schlesisches Urkundenbuch Nr. 45.

[6]) Hanns Krupicka, Die sogenannte Leubuser Stiftungsurkunde vom Jahre 1175. Ein Beitrag zur Beurteilung der Echtheitsfrage. In: Zeitschrift des Vereins für Geschichte Schlesiens 70, 1936, S. 63 ff.; Adolf Moepert, Die Echtheit der Leubuser Stiftungsurkunde in sprachwissenschaftlicher Beleuchtung, ebenda 73, 1939, S. 42—58; Heinrich Appelt, Die Leubuser Gründungsurkunde und die Anfänge des mittelalterlichen Deutschtums in Schlesien. In: Vierteljahresschrift Schlesien 1, 1956, S. 251—257.

[7]) Aus der demonstrativen Betonung der geistlichen Funktion der Leubuser Mönche im Stiftungsbrief — in Klostergründungsurkunden nichts Ungewöhnliches — darf nicht auf eine tatsächlich fehlende Siedeltätigkeit geschlossen werden. Wie eine Fülle von Urkunden des 13. Jahrhunderts ausweisen, hat Leubus ganz im Gegenteil sehr eifrig gerodet und gesiedelt.

[8]) Ein entsprechendes Schutzprivileg hatte 1140 König Konrad III. dem Mutterkloster Pforta verliehen.

[9]) Schlesisches Urkundenbuch Nr. 77.

[10]) Heinrich Appelt, Die ältesten urkundlichen Zeugnisse für die deutsche Bauernsiedlung in Schlesien. In: Schriften des Geographischen Instituts der Universität Kiel 23, 1964, S. 92—96.

[11]) Liber fundationis claustri Sanctae Mariae Virginis in Heinrichow oder Gründungsbuch des Klosters Heinrichau, hrsg. von Gustav Adolf Stenzel, Breslau 1845, S. 40, 60.

[12]) Sie werden in der päpstlichen Besitzbestätigung für das Kloster aus diesem Jahre nicht mehr genannt. An ihrer Stelle erscheint das Gebiet von Jaroslau erstmals im Besitze des Klosters. Vgl. Schlesisches Urkundenbuch Nr. 74.

[13]) In der Folge entstand hier die Leubuser Propstei Kasimir Kr. Leobschütz. Vgl. Schlesisches Urkundenbuch Nr. 76, 77, 143, 171.

[14]) Schlesisches Urkundenbuch Nr. 143, 171, 182, 231, 272. Zwischen 1239—1246 erhielt das Kloster vom Herzog die Erlaubnis, deutsche Kolonisten in Jaroslau/Kasimir anzusiedeln. Vgl. Regesten zur Schlesischen Geschichte, hrsg. von Colmar Grünhagen, Bd. 1, Breslau 1884, Nr. 523.

[15]) Schlesisches Urkundenbuch Nr. 144.

[16]) Ebda, Nr. 148.

[17]) Ebda, Nr. 147.

[18]) Ebda, Nr. 93: *"Insuper omnibus, qui volunt et possunt Trebnic inhabitare, dux contulit libertatem."*
[19]) Ebda Nr. 171, 246.
[20]) Es handelt sich um die Dörfer: Pombsen, Mochau, Klein-Helmsdorf, Streckenbach, Kunzendorf, Seitendorf, Ketschdorf, Alt-Röhrsdorf, Rudelstadt (mit Jägendorf) und Nimmersatt. Vgl. Fritz Freudenthal, Die fünfhundert Hufen des Klosters Leubus, Phil. Diss. Breslau 1927.
[21]) Schlesisches Urkundenbuch, Nr. 171.
[22]) Ebda, Nr. 171.
[23]) Es seien hier nur genannt: 400 Hufen im Land Lebus gemeinsam mit Trebnitz, 3000 Hufen im Gebiet von Filehne, 2000 Hufen im Gebiet von Nakel, 500 Hufen im Gebiet von Auschwitz. Vgl. Regesten zur Schlesischen Geschichte Nr. 288, 303, 310 b, 389, 400, 523, 529.
[24]) Vgl. Walter Kuhn, Kirchliche Siedlung als Grenzschutz 1200 bis 1250 (am Beispiel des mittleren Oderraumes). In: Ostdeutsche Wissenschaft 9, 1962, S. 6—55.
[25]) Vgl. das im zeitlichen Ansatz in die Irre gehende, hinsichtlich des Umfangs der Leubuser Siedeltätigkeit jedoch immer noch maßgebende Buch von Viktor Seidel, Der Beginn der deutschen Besiedlung Schlesiens, Breslau 1913.
[26]) Bernhard Panzram, Geschichtliche Grundlagen der ältesten schlesischen Pfarrorganisation, Breslau 1940; derselbe, Der Einfluß der deutschen Besiedlung auf die Entwicklung des schlesischen Pfarrsystems. In: Beiträge zur schlesischen Kirchengeschichte, Gedenkschrift für Kurt Engelbert, hrsg. von Bernhard Stasiewski, Köln-Wien 1969, S. 1—35 (mit Karte).
[27]) Schlesisches Urkundenbuch Nr. 156, 157. Die Abgrenzung wurde infolge des Entstehens neuer Dörfer nötig.
[28]) Monumenta Lubensia, hrsg. von Wilhelm Wattenbach, Breslau 1861, S. 15. Deutsche Übersetzung: Friedrich Schilling, Ursprung und Frühzeit des Deutschtums in Schlesien und im Land Lebus, Leipzig 1938, S. 488. Die von Wattenbach mit Recht in den Anfang des 14. Jahrhunderts datierten Verse sind in ihrer Echtheit nicht anzuzweifeln. Ihre sachlichen Aussagen freilich dürfen nicht in allen Punkten wortwörtlich genommen werden, dann wären sie z. T. fehlerhaft und falsch; sie vermitteln aber im großen und ganzen einen zutreffenden Eindruck von der anfänglich vorgefundenen vergleichsweise niedrigen Landeskultur.
[29]) Vgl. vor allem das oben Anmerkung 11 zitierte Heinrichauer Gründungsbuch mit den in seinem Anhang abgedruckten Urkunden des Klosters bis zum Jahre 1310. Deutsche Übersetzung: Paul Bretschneider, Das Gründungsbuch des Klosters Heinrichau, aus dem Lateinischen übertragen und mit Einführung und Erläuterungen versehen, Breslau 1927.
[30]) Vgl. Urkunden des Klosters Kamenz, hrsg. von Paul Pfotenhauer, Breslau 1881; Josef Joachim Menzel, Jura ducalia. Die mittelalterlichen Grundlagen der Dominialverfassung in Schlesien, Würzburg 1964, S. 87—111.
[31]) Menzel, Jura ducalia, S. 115—118; Ambrosius Rose, Die Benediktinerpropstei Grüssau (1242—1289). In: Beiträge zur schlesischen Kirchengeschichte (s. oben Anm. 26), S. 193—196.
[32]) Urkunden der Klöster Rauden und Himmelwitz, der Dominicaner und Dominicanerinnen in Ratibor, hrsg. von Wilhelm Wattenbach, Breslau 1859; Adolf Gessner, Abtei Rauden in Oberschlesien, Kitzingen 1952; Walter Kuhn, Siedlungsgeschichte Oberschlesiens, Würzburg 1954, S. 56, 82 ff.
[33]) Vgl. Joseph Gottschalk, St. Hedwig, Herzogin von Schlesien, Köln-Graz 1964, vor allem S. 147—158, 230—237.
[34]) Vgl. Joseph Gottschalk, Die Bedeutung der Zisterzienser für die Ostsiedlung, besonders in Schlesien. Ein Literaturbericht. In: Zeitschrift für Ostforschung 15, 1966, S. 67—106.

BERTHOLD, ABT ZU LOCCUM, MÄRTYRERBISCHOF IN LIVLAND

von Hanns Lilje

Berthold wird in der Liste der Äbte zu Loccum als der Vierte gezählt. Die Nachrichten über ihn sind spärlich. In der Geschichte Loccums nimmt er aber trotz der knappen Erwähnung insofern einen besonderen Platz ein, als er die Krone des Martyriums erlangte, und zwar in einer für die damalige Zeit charakteristischen Weise. Er starb den Märtyrertod im Zusammenhang mit einem Kreuzzug, der ihn nach Livland führte. Die spärlichen Nachrichten ergeben folgendes: Berthold wird erwähnt im Jahre 1187, und das ist die einzige verläßliche Nachricht über seinen Lebensgang. Freilich wird auch überliefert, daß er 1196 durch den Erzbischof Hartwig II. von Bremen zum Bischof von Livland geweiht sei, nachdem der 1186 geweihte Bischof Meinhard am 14. August 1196 gestorben war.

In der Gestalt Bertholds und der Epoche, für die sein Name charakteristisch ist, fließen auf eine originelle Weise einige der wesentlichen Züge damaliger Frömmigkeit zusammen. Es ist die Zeit, in der die Kreuzzugsideologie die charakteristische Wendung nach Osten vollzieht. Die klassischen Kreuzzüge hatten das Heilige Land zum Ziel, das die Jahrzehnte hindurch die abendländische Christenheit in Atem gehalten hat. Erst als diese Aktivität sich in zunehmendem Maße als undurchführbar erwies, tauchte der Gedanke auf, die in den Kreuzzügen investierten Energien auf eine andere Weise der Ausbreitung des christlichen Glaubens dienstbar zu machen. Eines der wichtigsten Beispiele dafür ist die Umleitung der missionarischen und kriegerischen Bemühungen auf den deutschen und europäischen Osten. Der Gedanke, die militante missionarische Stoßkraft abendländischer Orden nach Osten zu wenden, war nicht einfach eine Preisgabe der bisherigen frühen Kreuzzugsideale. In diesen Bemühungen wurde das, was die damalige Christenheit unter missionarischer Tätigkeit verstanden hat, gewahrt und neu aktiviert. Vor allem aber wurde die geistliche Atmosphäre der Kreuzzugsideen in einer Weise fruchtbar gemacht, die realistischer war als die originalen Kreuzzüge. Es war gleichsam eine Metamorphose des Glaubensheroismus, der die Kreuzfahrer in das Heilige Land geführt hatte; in dem Kampf um den Osten gewann er neue Gestalt. Damit wurde auch der asketische Wille, der ein so bedeutsames Charakteristikum der ursprünglichen Kreuzfahrerideologie war, auf einer neuen Ebene neu wirksam. Auf diesem Hintergrunde muß auch die Gestalt des Abtes und Bischofs Berthold gesehen werden.

Äußerlich erscheint seine Lebenswirksamkeit nicht sehr ergiebig. Die wenigen grundlegenden Daten sind einigermaßen sicher bekannt und ergeben auch das Bild eines nicht alltäglichen Lebenswerkes. Gerade wenn man den geschichtlichen und kirchengeschichtlichen Rahmen nicht außer acht läßt, innerhalb dessen sich diese missionarische Tätigkeit Bertholds vollzogen hat, stößt man auf eine charakteristische Äußerung der damaligen Zeit. Was in diesem Missionswerk geschah, geht zurück auf eine Anregung des Papstes Innozenz III. Nach einer offenbar verbürgten Nachricht hat dieser Papst den Klöstern und Stiften

Niedersachsens zur Auflage gemacht, ein oder zwei ihrer Mitglieder für das livländische Missionsfeld zur Verfügung zu stellen. Berthold war also nicht der erste Cistercienser, der in diesem Gebiete wirken konnte.

Zu den ernüchternden Zügen in seinem Lebenswerk gehört die Tatsache, daß seine ersten missionarischen Bemühungen auf livländischem Boden scheiterten. Die livländischen Einwohner weigerten sich, der von Berthold verkündeten neuen Lehre zu folgen. Der Mißerfolg seiner Predigtwirksamkeit war so eklatant, daß er schließlich nach Niedersachsen zurückkehrte. Dort freilich nahm er seine Predigttätigkeit mit demselben Ziel auf, und es gelang ihm, Freiwillige für ein Kreuzheer zu werben. Mit diesen wenn auch zahlenmäßig begrenzten Truppen brach er auf, um sein Missionswerk kriegerisch fortzusetzen. Über die Problematik der Verbindung von Missionspredigt mit dem Schwert ist genug geschrieben worden. Verständlich wird das alles nur aus dem Geist jener Zeit heraus, für die kein Hiatus zwischen Glaubenseifer und militärischem Einsatz bestand. Wesentlich ist aber das eigentliche Motiv dieser Kreuzzüge. Es hat nicht in dem Ziele militärischer Eroberung gelegen, sondern galt ursprünglich ausschließlich der Defensio Christianitatis, wie es in einer der älteren Urkunden heißt. Zuerst hatte die Kirche in Lund zu Beginn der siebziger Jahre des 12. Jahrhunderts schon die Estenmission mit Hilfe von Kreuzfahrern in Gang zu setzen versucht, um die dänischen und schwedischen Küsten vor den Angriffen der heidnischen Nachbarn zu schützen. Es sind im Grunde dieselben Motive gewesen, die auch Berthold veranlaßt hatten, ein Kreuzfahrerheer zu sammeln und mit ihm die Ausbreitung des Evangeliums und die Verteidigung des Christentums zu betreiben. Im übrigen hat Berthold auf eine eigenartige, aber überzeugende Weise die Probe auf das Exempel seiner Bemühungen gemacht. In der Schlacht an der Düna, als die livländischen Reihen ins Wanken geraten waren, setzte der streitbare Bischof mit einigen Männern den weichenden Feinden nach. Aber von den zurückflutenden Livländern wurde er erkannt und erschlagen. Der Leichnam wurde auf dem Schlachtfeld gefunden und zuerst nach Merkull gebracht, um schließlich im Dom zu Riga seine letzte Ruhestätte zu finden.

So aber bewährt sich in Berthold noch einmal auf eine andere Weise das Wort, daß das Blut der Märtyrer der Same der Kirche sei; denn dieser Märtyrertod wirkte wie ein Fanal. Die Kunde von Bertholds Tod muß eine weitreichende Wirkung ausgeübt haben; jedenfalls ist der missionarische Wille der Zeit durch diesen Märtyrertod spürbar neu belebt.

Die Cistercienser haben den Kreuzzugsgedanken schon vorher begeistert bejaht, auch Loccum. Wir besitzen Nachrichten darüber, daß diese Klöster Schenkungen von Kreuzfahrern angenommen haben. Der Märtyrertod — so jedenfalls wurde der Schlachtentod des streitbaren Abtes vom 24. Juli 1198 allgemein beurteilt — führte dazu, daß sehr bald Berthold als Heiliger verehrt wurde, auch wenn eine formelle Kanonisierung nicht vollzogen wurde. Aber der missionarische Wille gewann neuen Auftrieb, und sehr viele Taufen der Livländer waren die unmittelbare Folge. Auch der heimatliche missionarische Eifer der Loccumer scheint durch das Beispiel dieses Abtes stark intensiviert.

Aber natürlich ist es für unser heutiges Verständnis fraglich, ob man dieses Lebenswerk Bertholds und seiner Mitarbeiter und Mitkämpfer damit entschuldigen kann, daß der Gedanke der „Schwertmission" damals als selbstverständlich empfunden wurde. Man ging von der Vorstellung aus, daß es Gott wohlgefällig sei, die Kräfte des Heidentums, auch des livländischen Heidentums, zu unterdrücken. Diese zeitgeschichtliche Begrenztheit ist sicherlich keine ausreichende Entschuldigung für das kriegerische Vorgehen Bertholds. Aber die subjektive Rechtfertigung dieses Einsatzes darf wohl darin gesehen werden, daß Berthold und seine Mitstreiter Glaubensheroismus und einen kräftigen Willen zur Askese bewiesen haben. Da Gewalt nur Gewalt gebiert, ist es nicht verwunderlich, daß die Livländer, kurz nachdem die Kreuzfahrer das Land wieder verlassen hatten, die Feindseligkeiten erneuerten und es dahin brachten, daß die Missionen offenbar aufgegeben werden mußten. Nur die Tapferkeit des vom Bremer Erzbischof bestellten Nachfolgers von Berthold, den der Bremer Domkapitular Albert zum Bischof von Uexküll weihte, führte zu einer Stabilisierung der Missionserfolge, und ein deutsches geistliches Fürstentum an der Düna entstand, das die Stürme der Zeit für länger überdauerte.

ANMERKUNGEN

[1]) Franz Winter: Die Zisterzienser des nordöstlichen Deutschlands, Bd. I, S. 221-224, Neudruck d. Ausg. Gotha 1868, Aalen: Scientia Verlag 1966:
„Arnold von Lübeck *) erzählt: ‚Auch Herr Berthold, Abt von Loccum, gab zur Zeit Meinhards sein Amt auf und widmete sich, entbrannt von Eifer, unter den Heiden die Saat des Wortes Gottes auszustreuen, dieser Arbeit voll Rüstigkeit, und ward, da Gott in seiner Gnade ihm half, manchen Heiden gar lieb und werth. Denn sie verehrten an ihm die Annehmlichkeit seines Umgangs, Mäßigkeit und Nüchternheit, seine Bescheidenheit und Geduld, seine tugendhafte Enthaltsamkeit, seine eindringliche Predigtweise, seine Freundlichkeit und Leutseligkeit. Darum wünschten sich nach dem Tode Meinhards Alle einmüthig ihn an die Stelle des Verstorbenen zu bekommen, weil Allen, Geistlichen, wie Weltlichen, der Lebenswandel des Herrn Berthold bekannt war. Er kam nach Bremen und ward zum Bischof geweiht'."
*) Slavenchronik VII, 9
[2]) Wetzer und Welte's Kirchenlexikon. 2. Aufl. 2. Band S. 470/71 (1883) „Berthold Apostel der Liven"
[3]) Blanke Fritz, Missionsmethode des Bischofs Christian von Preußen, S. 356/57. Aus Wege der Forschung, Band VII, Heidenmission und Kreuzzugsgedanke in der deutschen Ostpolitik des Mittelalters, Darmstadt, 1963

DIE GEISTIGKEIT DER CISTERCIENSER

von Ambrosius Schneider

I. Zur Geistigkeit des neuen Ordens

Cîteaux trug zwar manche neue Züge in das traditionelle Mönchtum hinein, es schuf aber — nach dem Zeugnis von Leclercq [1]) — keine eigene Geistigkeit, die sich von der benediktinischen Spiritualität eindeutig abheben würde. Benedikt wollte die Mönche in der „Schule des göttlichen Herrendienstes" (Vorwort zur Regel) durch Hl. Schrift und Regel zur Vereinigung mit Gott anleiten. Nichts anderes bezwecken die Gründer des „Neuklosters" (Cîteaux) mit ihrer entschiedenen Rückkehr zu den ursprünglichen monastischen Lebensquellen. Und darin stimmen sie mit anderen zeitgenössischen Reformbestrebungen, wie Camaldoli, Vallumbrosa, Chartreuse u. a. überein. Man bemühte sich eben um eine genaue Befolgung der Regel (*puritas regulae*), die von allen, selbst rechtlich gewachsenen und gutgeheißenen Zusätzen in den Auslegungen vergangener Jahrhunderte gereinigt ist [2]).

Dabei dachte man jedoch keineswegs an eine buchstäbliche Befolgung der Weisungen Benedikts. Cîteaux unterzog vielmehr die Regel einer gesunden Anpassung an die Zeitverhältnisse und das eigene Reformprogramm. Einige Regelkapitel — wie die Einsetzung von Dekanen (c. 21) und die in den meisten Benediktinerklöstern übliche Aufnahme von Knaben (c. 59) — wurden als nicht mehr verbindlich betrachtet. Andrerseits führten die Reformer zwei neue, nicht in der Regel vorgesehene Elemente ein: das Totenoffizium und einen eigenen Laienbrüderstand, um den klösterlichen Eigenbetrieb und damit den Mönchen eine bessere Gestaltung des Opus Dei und der geistigen Tätigkeit zu gewährleisten. Gerade in ihrer hohen Wertschätzung der Handarbeit wollten die Cistercienser — im Unterschied zur Pachtwirtschaft Clunys und anderer monastischer Klöster — ihre Treue zur Regel und zum Leben St. Benedikts bekennen [3]). Arbeit als Askese und Mittel einer glaubwürdigen, gelebten Armut, fortan von den geistlichen Lehrern Cîteaux' begeistert vertreten, könnte als ein charakteristisches Merkmal der neuen Reform angesehen werden, deren Wert und Echtheit ihre ungewöhnliche Verbreitung im gesamten christlichen Abendland bestätigt.

Das „Neukloster" führte in den beiden Gründungsjahrzehnten einen schweren Existenzkampf. Seine Mönche jedoch sind beseelt von der glühenden Suche nach Gott, nach Vollendung aus dem Geist des Evangeliums, des Christlichen und Ursprünglichen. Abt Stephan Harding (1108—1133) nennt die junge Stiftung „Schule der Urkirche" [4] und schuf für sie in langjähriger, mühseliger Arbeit das wichtigste Lehrbuch: seine beachtliche Revision der Vulgata, die sog. Stephansbibel [5]. Das von Benedikt vorgeschriebene Studium der Hl. Schrift und der Kirchenväter, die lectio divina (Reg. c. 73), bildet die Grundlage der geistig-religiösen Schulung der Mönche. Die Unterweisungen der Äbte formen sie zu kontemplativen Menschen [6]. Bernhard von Clairvaux schätzte die vom Orden vorgeschriebenen Kapitelansprachen für die geistliche Führung des Konventes [7].

In der „Schule Christi" — ein Lieblingswort Bernhards [8] — lernen die Mönche die für sie bedeutsame Philosophie der Liebe. Bereits die griechischen Väter hatten die ungeteilte Hingabe an Gott „die einzige Philosophie" genannt [9]. Die Cistercienstertheologen übernahmen diesen, der benediktinischen Tradition vertrauten Begriff [10] und nannten, wie z. B. St. Bernhard [11] und Guerrich [12], ihre Klöster „Schulen der himmlischen (christlichen) Philosophie". Adam von Perseigne († 1221) bekennt, daß er „lieber die Schule (*tugurium*) der cisterciensischen Philosophie erwählt habe, als seinem Freund in die Städte, d. h. auf die Stadtschulen, zu folgen" [13].

Auch sieht man bei den weißen Mönchen, ganz im Sinne Benedikts (c. 73), im Erwerben und Bewahren der Liebe als höchster Stufe der Vollkommenheit Sinn und Ziel des monastischen Lebens. Nach Bernhard wird der Mönch in der Schule Christi in die wahre Lebenskunst — die Liebe — eingeführt [14]. Für Wilhelm von St. Thierry, den großen Theologen und Mystiker († 1148), ist das Kloster eine „Hochschule der Liebe, wo ihre Studien gepflegt, ihre Disputationen gehalten, ihre Lösungen gefunden werden, und zwar nicht so sehr mit Hilfe von Argumenten als vielmehr durch Einsicht und im Erfahren der Wahrheit der Dinge selbst" [15].

An dieser Stelle ist es angebracht, die Vorliebe der führenden Cistercienserschriftsteller für die östliche Patristik hervorzuheben. Zwar folgt man auch hierin den Weisungen Benedikts (cap. 73), der die Verbindung seiner Stiftung mit der Urheimat des Mönchtums gewahrt wissen wollte. Doch läßt gerade das beharrliche Sichberufen der ersten Cistercienser auf das Geistesgut der Eremiten und östlicher Kirchenväter in ihren Auseinandersetzungen mit den Cluniazensern erkennen, wie stark ihre Abhängigkeit vom „Lumen orientale" gewesen ist [16]. Von ihm spricht Wilhelm von St. Thierry in seinem berühmten Brief an die Kartäuser von Mont-Dieu (um 1135), die er anspornt: „... sie sollten in die Dunkelheit des Abendlandes und in die Kälte Galliens das Licht aus dem Osten und damit den alten religiösen Eifer der ägyptischen Mönche hineintragen..." [17].

Origenes († 254), der auf Bernhards Schriftexegese und Mystik, vor allem in der Auslegung des Hohenliedes, einen starken Einfluß ausübte, erlebte durch den Abt von Clairvaux und seine Schüler in der Mönchstheologie des Hochmittelalters eine Renaissance [18]. Die Werke dieses bedeutendsten Schriftstellers der frühen griechischen Kirche standen in zahlreichen Ordensbibliotheken [19]); weniger häufig findet man Gregor von Nyssa († 394) — von Bernhard und Wilhelm von St. Thierry öfters zitiert —, Johannes Chrysostomus († 407), Pseudo-Dionysius (6. Jahrh.) und Maximus Confessor († 662).

Die monastische, von der Patristik geformte Theologie ist getragen von einer tiefen Ehrfurcht vor den Heilsgeheimnissen, die in Lesung, Betrachtung und Gebet erwogen werden. Die gewonnene geistliche Erfahrung wirkt sich, gefördert durch den Geist der Einsamkeit, des Stillschweigens und der Askese, in einem gottverbundenen Glaubensleben aus. Von dieser Sicht her wehrte sich Bernhard von Clairvaux, wie übrigens auch der Benediktinerabt Rupert von Deutz († 1129/30) [20]), entschieden gegen die Einordnung der Theologie unter die Vernunftwissenschaften mit der Begründung: „man dürfe das Wesen des Glaubens nicht mit menschlichen Spitzfindigkeiten verfechten" [21]). Ebenso energisch verurteilt der Abt von Clairvaux — wie vor ihm Petrus Lombardus († 1160) — den übertriebenen Gebrauch der Dialektik in der Theologie [22]). Hat Bernhard bereits die Gefahren der neuen dialektisch-rationalistischen Lehren geahnt? Sein Kampf gilt in erster Linie dem gefeierten Philosophen Petrus Abälard († 1142). Dessen offensichtliche Geringschätzung der Tradition, gepaart mit der Tendenz, Glaubenswahrheiten mit Vernunftgründen zu beweisen, widerstrebte dem in Schrift- und Vätertradition tiefverwurzelten Abt [23]). Heftig brandmarkte Bernhard den unlauteren Geistesstolz des Rationalisten Abälard: „Dieser Mensch ist groß in seinen eigenen Augen..., ein Erforscher der göttlichen Majestät, ein Verfasser von Irrlehren... [24]). Ähnliche Worte fand der philosophisch hochgebildete Wilhelm von St. Thierry in einer Streitschrift gegen Abälard [25]).

Diese Zeugnisse lassen zur Genüge erkennen, welch große Gefahr man in dem neuen, von der dialektischen Methode geprägten Lehrbetrieb an den öffentlichen Schulen, die trotz der Verurteilung Abälards (1140) überall entstanden, für die monastische Geistigkeit erblickte. Gegen Ende des 12. Jahrhunderts führt der Theologe und Kanonist Stephan, Bischof von Tournai (1135–1203), beim Papst bewegte Klage über den damaligen Studienbetrieb: die Studenten hätten nur mehr für Neuheiten Interesse; selbstgefällige Lehrer verfassen für sie laufend neue theologische Abhandlungen und erwecken damit fälschlicherweise den Eindruck, als ob die Schriftexegese der Väter nicht mehr zeitgemäß wäre [26]).

Einem selbstgefälligen, eitlen Wissensdrang versuchten die monastischen Lehrer mit der Übung der Einfalt (simplicitas) zu begegnen [27]). Darunter verstanden sie aber nicht Ungebildetheit oder Furcht vor jeglichem Wissen; das bezeugen Bernhard, Wilhelm von St. Thierry, Odo von Ourscamp, Guerrich von Jgny u. a. m. Letzteren rühmt das *Exordium Magnum* wegen seiner „Einfalt der christlichen Demut", der besten Bereitschaft zu wahrer Gotteserkenntnis [28]). Abt Guerrich bezeichnet — entsprechend der schriftlichen Überlieferung des Neuklosters (Cîteaux), wonach die Mönche „*pauperes Christi*" genannt werden [29]) — seine geistlichen Söhne mit betonter Vorliebe: „Arme Christi" [30]) und „Arme im Geiste" [31]). In seinen Kapitelansprachen trägt er ihnen eine Theologie der monastischen Armut vor [2]), die den Mönch zur rückhaltlosen Übergabe an Christus, „den Armen" schlechthin, bereiten will.

Letztlich sind diese spontanen Äußerungen monastischen Strebens und Denkens, je nach der Eigenart der Lehrer, nichts anderes als Spielarten der Demut, — der Grundtugend des christlichen Lebens überhaupt. Und gerade das spricht für die gesunde Lehre dieser Mönchstheologen, die dem übersteigerten Intellektualismus der „Schultheologie" ihr Erfahrungswissen aus einem gelebten Glauben gegenüberstellen; sie hatten eben Christus, den „wahren Schatz des Herzens" — wie es Wilhelm von St. Thierry unübertrefflich ausdrückt — gefunden [33]).

Von Bernhards Christologie zur Mystik

Die Auslegung des Hohenliedes erstreckt sich nahezu über die ganze zweite Lebenshälfte Bernhards (1135—1153) [34]); sie bildet den Höhepunkt seiner klösterlichen Predigttätigkeit und ein eindrucksvolles Zeugnis seiner Frömmigkeit. Im 22. Kapitel seines Kommentars zum Hohenlied [35]) entwickelt der Abt die Grundzüge seiner Christologie: von der Persönlichkeit des historischen Christus der Evangelien angezogen, unterscheidet er in einer gewissen Trennung von Gott und Mensch zwischen dem überweltlich — göttlichen Pantokrator und dem historischen Christus, und zwar zugunsten des Menschen Jesus Christus [36]). Die menschliche Liebenswürdigkeit des Herrn als Ausdruck der göttlichen Liebe erschüttert Bernhards Herz weit mehr als die Ehrfurcht vor dem König der Herrlichkeit. Er stellt das menschgewordene Wort des Vaters, für das er den unvergleichlichen Ausdruck „verkürztes Wort" (*Verbum abbreviatum*) [37]) prägt, in den Mittelpunkt seines Betrachtens und Betens. „Wir leben im Schatten Christi..., jetzt müssen wir uns an den fleischgewordenen Christus halten, seine Geheimnisse verehren, seinem Beispiel folgen und den Glauben bewahren..." [38]). Sein Denken und Lieben kreist um die paulinische Lebensweisheit: „Jesus kennen, und zwar als den Gekreuzigten" [39])! Christus in seiner tiefsten Erniedrigung bedeutet ihm Lebensform und zugleich Lebensweg (*forma vitae tamquam viae* [40]), er ist der „königliche Weg" (*via regia*) [41]) zur Rechtfertigung und Vollendung, zur mystischen Schau und heiligenden Umgestaltung (*sic affici, deificari est*) [42]).

Bernhard sucht durch das Eingehen in die Gesinnungen und Schicksale des Herrn dessen persönliche Nähe und vertrauten Umgang zu erfahren. Diese affektive Gemütsinnigkeit formte Bernhard zu einem bedeutenden Lehrer der Christusmystik. Jedoch darf man seine Jesus- und Passionsfrömmigkeit keineswegs als typisch bernhardinisch und cisterciensisch ansehen. Diese trifft man vielmehr öfters im monastischen Bereich als patristisches Erbstück an [43]); ihre Kontinuität reicht von St. Benedikt [44]) über Rhabanus Maurus († 856) [45]), Petrus Damiani († 1072) [46]), Rupert von Deutz († 1127) [47]) hin zu den großen Theologen von Cîteaux: Aelred von Rievaulx [48]), Guerrich [49]), Wilhelm von St. Thierry [50]), Oglerius [51]), Adam von Perseigne [52]) sowie die großen Nonnen von Helfta [53]) im Verein mit der hl. Luitgard von Tongern († 1246) [54]) und der sel. Beatrix von Nazareth († 1268) [55]). Die monastische Christusinnigkeit fand schließlich ihren Höhepunkt und Überschwang im hl. Franz von Assisi († 1226), dessen Söhne sie zum christlichen Gemeingut machten.

Mariologie

Frühere Zeiten priesen Bernhard zuweilen als einen betont „marianischen Lehrer". Die moderne Forschung macht jedoch gewisse Einschränkungen geltend. Im Vergleich zu seinen übrigen Werken tritt sein marianischer Beitrag erheblich zurück: er hinterließ nur 18 Marienpredigten [56]. Zeitgenossen Bernhards (z. B. Rupert von Deutz, Philipp von Harvengt) sowie manche seiner Schüler schrieben weit mehr über Maria, doch wohl keiner mit solch glutvoller Begeisterung und einem so unvergleichlichen Stil wie er [57]. Der Abt von Clairvaux bleibt in seiner Mariologie durchaus traditionsgebunden. Gegen neue Lehrmeinungen überaus mißtrauisch, erkannte er die von dem Benediktinertheologen Eadmer von Canterbury († um 1124) vertretene Unbefleckte Empfängnis der Gottesmutter nicht an [58]; auch lehrte er weder die allgemeine geistige Mutterschaft Mariens noch ihre leibliche Aufnahme in den Himmel. Das ihm oft zugeschriebene Bild von „Maria dem Meeresstern" entnahm er der Tradition (Hieronymus, Odilo von Cluny, Petrus Damiani) [59]. Dagegen dürfte das Bild der Mittlerschaft Mariens unter dem Symbol der Wasserleitung als typisch bernhardinisch anzusprechen sein [60].

Unter Bernhards Schülern verfaßten Aelred [61], Guerrich [62] und der hl. Amadeus [63], um nur die bedeutendsten zu nennen, marianische Texte. Im Gegensatz zu dem großen Abte von Clairvaux setzte sich jedoch der hl. Amadeus — und darin folgten ihm im 13. Jahrhundert die meisten Ordenstheologen — klar für die leibliche Aufnahme Mariens in den Himmel ein [64]; der sel. Oglerius vertrat ihre Unbefleckte Empfängnis [65]. Isaak von Stella gründet seine Mariologie auf die Analogie Kirche — Maria [66]; er wird als einziger Cistercienser im Abschnitt „Die selige Jungfrau und die Kirche" der Dogmatischen Konstitution über die Kirche (7. Kap., Art. III, 64) als Traditionszeuge für Maria als Typus der Kirche aufgeführt [67].

Bernhard ist zweifellos der geistige Vater und führende Vertreter der cisterciensischen Geisteskultur. Neben ihm ragen seine befähigsten Schüler auf, — Aelred (der „Bernhard des Nordens") [68], Guerrich und Wilhelm von St. Thierry, mit Bernhard die „vier großen Evangelisten von Cîteaux" (Le Bail). Von ihnen stand Wilhelm, wohl der bedeutendste neben Bernhard, bis in die jüngste Zeit hinein im Schatten seines großen Lehrers, dem man mehrere Schriften Wilhelms zuschrieb, u. a. den „Goldenen Brief" an die Kartäuser von Mont-Dieu. Dank den textkritischen Studien von Wilmart, Déchanet und Leclercq erhielt Wilhelm die Autorschaft über mehrere, bislang als bernhardinisch geltende Werke wieder zugesprochen. Damit wurde zugleich die hohe Bedeutung seiner Persönlichkeit in ein besseres Licht gerückt. Mit Recht kann man Wilhelm von St. Thierry, der eine gründlichere philosophisch-theologische Ausbildung als Bernhard besitzt, mit dem Abt von Clairvaux zu den großen Mystikern und Theologen des 12. Jahrhunderts zählen. Bernhards Schüler erkannten indes uneingeschränkt die Geistesgröße und charismatische Ausstrahlungskraft ihres Meisters an, wie z. B. Guerrich: „Er ist unser Lehrer, er ist der Interpret des Hl. Geistes!" [69].

Der Einfluß Bernhards im öffentlichen Leben, die Macht und Heiligkeit seiner Persönlichkeit brachten dem Cistercienserorden ungewöhnlich großen Nachwuchs.

Wilhelm von St. Thierry nennt ihn treffend den „Fischer Gottes" [70]). Der Mönch Arnald von Bonneval, der die Bernhardsbiographie fortsetzte, bezeugt, daß viele Wissenschaftler ihre Lehrstühle aufgaben, um im Kloster der göttlichen Weisheit zu obliegen [71]); diese Tatsache bestätigt ebenfalls der Benediktinerhistoriker Ordericus Vitalis († 1142) [72]). Nach Bernhards aufrüttelnder Predigt an den Klerus von Paris (1140) [73]) findet der Abälardschüler Gaufrid (Gottfried) von Auxerre, sein späterer Sekretär († 1188), mit 20 Kommilitonen den Weg nach Clairvaux [74]); durch seine Kreuzzugspredigten (1146) begeisterte Bernhard 30 Zuhörer zum Klostereintritt [75]). Morimond erhält 1132 durch die vom Pariser Studium heimkehrenden österreichischen Adeligen — es war Otto, Sohn des hl. Markgrafen Leopold III., mit seinen 15 Gefährten — wertvollen Nachwuchs.

II. Bedeutende Vertreter cisterciensischer Geistigkeit

Der hl. Stephan Harding, 3. Abt von Cîteaux († 1134)

Adeliger Abstammung, um 1059 zu Merriot in der englischen Grafschaft Dorset geboren, tritt Stephan in der nahen Benediktinerabtei Sherborne als Oblate ein. Nach seiner Profeß verläßt er um 1072 wegen Bedrückung der angelsächsischen Klöster durch die normannischen Eroberer Sherborne; er reist über Schottland nach Frankreich, wo er an den Schulen von Le Bec, Chartres, Reims und Paris studiert. Von Paris aus macht er mit seinem Landsmann Petrus eine Romfahrt. Auf der Rückreise Eintritt in das von Abt Robert 1075 gegründete Kloster Molesme. Roberts Bemühungen um eine strengere Regelbefolgung führten zu heftigen Auseinandersetzungen im Konvent. 1097 verließ der Abt mit den reformwilligen Mönchen, unter ihnen Stephan Harding, Molesme. Mit Zustimmung des päpstlichen Legaten Hugo wurde im Tal von Cîteaux am 21. März 1098 das monastische Leben in äußerster Dürftigkeit begonnen. Stephan, seit Roberts Rückkehr nach Molesme (1099) Prior, übernahm 1108 nach dem Tod von Abt Alberich (1099—1108) die Leitung des Neuklosters. Absage an alle überkommenen Milderungen in der Regelbefolgung, Einfachheit im Lebensstil, selbst in den Bereichen der Liturgie und Sakralkunst, kennzeichnen die von Stephan und seinen Vorgängern eingeleitete monastische Erneuerungsbewegung. Stephans unermüdlicher Eifer, die Reform durch Rückkehr zu den „Quellen", vor allem der Hl. Schrift als Grundlage echter Christusnachfolge, kraftvoll zu unterbauen, veranlaßt ihn zur Bibelkorrektur: gemeinsam mit jüdischen Exegeten erarbeitet er eine für die damalige Zeit beachtliche Vulgataausgabe, wohl als Normalbibel für den Orden gedacht. In einem neuen Brevier, dem sog. Stephansbrevier, verwendet er fast ausschließlich die der Mailänder Liturgie entnommenen ambrosianischen Hymnen. Weniger Glück hatte Stephan mit seiner Choralrevision; die dem Metzer Antiphonar entnommenen Melodien erwiesen sich bald als verderbt und wurden von einer Expertenkommission unter Leitung des hl. Bernhard (1134—1148) durch eine Neuausgabe ersetzt. Stephans eigentliche Größe und Bedeutung liegt in der *Charta caritatis*, 1119 von Papst Kallixt II. bestätigt und in der Folgezeit mehrmals erweitert. Durch diese einzigartige Verfassungsurkunde wurde er zum eigentlichen Ordensgründer im Sinne des heutigen Kirchenrechtes. Die Gründungsgeschichte und die ersten Statuten von Cîteaux *(Exordium Cistercii)* sind gleichfalls sein Werk. Während des Generalkapitels von 1133 resigniert er und stirbt am 29. März 1134 zu Cîteaux. Bei seinem Tode zählt der junge Orden bereits 75 Klöster.

Der englische Benediktinerhistoriker Wilhelm von Malmesbury († nach 1142) schreibt: „England kommt der Ruhm zu, einen Mann wie Stephan Harding hervorgebracht zu haben, der Gründer und Verbreiter dieses Ordens war."

Fest: Ursprünglich am 17. April, seit 1683 am 16. Juli, neuerdings mit den Ordensvätern Robert und Alberich am 26. Januar.

Bibliographie

J. B. Dalgairns, Life of Stephan Harding, London 1844; G. Müller, Die Charta Charitatis, in: Cist. Chr. 11 (1899), S. 271—277, 300—303, 330—335, 358—364; A. Presse, S. Etienne Harding, in: Collectanea 1 (1934), S. 21—30, 85—94; K. Kreh, Die Carta caritatis des hl. Stephan und die Filiation, in: Cist. Chr. 46 (1934), S. 201—208, 246—253; K. Haid, Die Bedeutung des hl. Stephan, ebda., S. 57—63; M. Quatember, Der hl. Stephan und das Generalkapitel, ebda., S. 269—273; K. Lang, Die Bibel Stephan Hardings (theol. Diss., Bonn), Teildruck 1939; J. B. Van Damme, S. Etienne H. mieux connu, in: Cîteaux 14 (1963), S. 307—313.

Wilhelm v. St. Thierry († 1148)

Um 1085 aus vornehmer Familie in Lüttich geboren, Schüler Anselms von Laon († 1117), der ihn in das Geistesgut der Frühscholastik einführt. In Laon trifft Wilhelm mit Abälard zusammen, dessen rationalistisch-dialektische Methode er ablehnt trotz menschlicher Sympathie und Wertschätzung seiner klassischen Kenntnisse. Noch vor Vollendung seines Studiums tritt er in die Benediktinerabtei des hl. Nicasius zu Reims ein, in deren reichhaltiger Bibliothek er sich umfassende Kenntnisse der hl. Schriften und der Kirchenväter aneignet. 1119 Wahl zum Abt von St. Thierry bei Reims. Er gerät in den Bannkreis des hl. Bernhard von Clairvaux, mit dem ihn zeitlebens eine ungetrübte Freundschaft verbindet. Auf dessen Anregung tritt er auf dem Äbtekapitel von Soissons (1131) für die Reform des monastischen Lebens ein und veranlaßt seinerseits Bernhard zur Abfassung der „Apologie" gegen die Regelwidrigkeiten in Cluny. Während seiner Abtsjahre in St. Thierry entstehen vier Werke: die „Abhandlung über die Gottesliebe", die sein unermüdliches Gottsuchen offenbart; in dem Traktat „Über Natur und Würde der Liebe", wohl aus Kapitelsansprachen entstanden, betont er den übernatürlichen Charakter der Gottesliebe, die als Frucht des Heilswerkes der Trinität ihr Ebenbild in der menschlichen Seele wiederherstellen will; der Traktat „Über das Altarsakrament", um 1128 Bernhard gewidmet, und seine „Betrachtenden Gebete" sind von seltener mystischer Tiefe. Seine Liebe zu psychologischen Forschungen erweisen die beiden Bücher „Über die Natur des Körpers und der Seele", eine Verbindung von Psychologie und Mystik platonisch-augustinischer Prägung mit griechischer arabischer Medizin (Überweg).

Der heilige Bernhard in einer Handschrift des Skriptoriums von Altzelle, Mitte des 13. Jahrh., jetzt Universitätsbibliothek Leipzig, Mscr. Nr. 375. Titel des Cod. „Bernhardi Clarevall. Sermones super Cantica cant.". Sie ist farbig angelegt.

Der heilige Bernhard lehrt die Mönche

Abbildung aus dem Schlackenwerther Codex, dem ältesten Bildzyklus vom Leben der hl. Hedwig, mit 61 Bildern, vollendet 1353 (jetzt Sammlung Ludwig, Aachen).

Mit keinem Orden war die hl. Hedwig so eng und persönlich verbunden wie mit dem Cistercienserorden. Trebnitz wurde durch ihre Fürsprache gegründet. Ihre Schwester Mechtild wie ihre Tochter Gertrud gehörten dem Orden an. Cistercienser aus Leubus wählte sie zu ihren Beichtvätern.

J. Gottschalk, St. Hedwig, Köln 1964, S. 166

Bernhard lehnte Wilhelms wiederholte Bitte um Aufnahme in Clairvaux ab; 1135 tritt er nach seiner Resignation in die Cistercienserabtei Signy in den Ardennen über. Seine schwächliche Natur litt schwer unter den Härten der neuen Observanz; Bernhard erwirkte ihm vom Generalkapitel wesentliche Erleichterungen. In Signy war Wilhelm um Vermehrung der Bibliothek bedacht; neben seinen bevorzugten patristischen Autoren (Origenes, Gregor v. Nyssa, Augustinus, Chrysostomus u. a.) wurden auch profane, wie Aristoteles, Boethius, Priscianus, Plinius, Seneca kopiert oder angeschafft.

Nur einmal verläßt der ganz der Beschauung und dem Studium lebende Mönch sein Kloster zu kurzer Einkehr bei den Kartäusern von Mont-Dieu (um 1144). Ihnen widmet er sein reifstes Werk, die berühmte „Epistola ad fratres de Monte Dei", auch „Goldener Brief" genannt. In Signy entstehen ferner, um nur die wichtigsten Werke anzuführen, ein Kommentar zum Hohenlied, eine Streitschrift gegen Abälard und das 1. Buch der Vita S. Bernardi unter Verwertung zahlreicher Unterlagen Gaufrids von Auxerre, Bernhards Sekretär.

Wilhelms Denken kreist um die Einheit von Theologie, Exegese und Mystik; davon zeugt sein reicher literarischer Nachlaß. Seine geistliche Lehre gipfelt in einer höchst originellen trinitarischen Mystik, mit der er Theologie wie Tradition bereicherte.

Gestorben am 8. September 1148, begraben in der Klosterkirche von Signy. Die Menologien des Benediktiner- und Cistercienserordens führen ihn am 12. Januar als „Seligen" auf.

Bibliographie

Werke: De contemplando Deo, PL 184, 365—380 / De natura et dignitate amoris, PL 184, 380—408 / Speculum fidei, PL 180, 365—397 / De sacramento altaris, PL 180, 341—361 / Meditativae orationes, PL 180, 205—248 / Expositio altera super Cantica Canticorum, PL 180, 473—546 / Aenigma fidei, PL 180, 398—440 / De natura corporis et animae, PL 180, 695—726 / Expositio in Epistolam ad Romanos, PL 180, 695—726 / Disputatio adversus Petrum Abaelardum, PL 180, 345—366 / Vita Bernardi abbatis liber I., PL 185, 225—268 / Epistola ad Fratres de Monte Dei, PL 184, 307—354.
La contemplation de Dieu, L'oraison de Dom Guillaume, hrsg. v. J. Hourlier (Sources chrétiennes Nr. 61), Paris 1959; Gott schauen, Gott lieben, übers. v. W. Dittrich u. U. v. Balthasar, Einsiedeln 1961; J. M. Déchanet, Oeuvres choisies de D. d. S. — Thierry, Paris 1954; Lettre d'or aux Frères du Mont-Dieu, Paris 1956. Weitere Angaben vgl. Lexikon f. Theologie u. Kirche, Bd. X (1965), Sp. 1151 f.; R. De Ganck, Petits travaux sur G. de S.-Th., in: Cîteaux 9 (1958), S. 211—217; J. Leclercq, Le lettre de G. d. S. Th. à S. Bernard, in: Rev. bénéd. 79 (1969), S. 375—391.
Literatur: J. M. Déchanet, Aux sources de la spiritualité de G. de S.-Th., Brügge 1940; L'homme et son oeuvre, Brügge- Paris 1942; M. Davy, Théologie et mystique de G. de S.-Th., Paris 1954; A. Fiske, William of St. Th. and friendship, in: Comment. Cist. 12 (1961), S. 5—27; R. Thomas, Notre entrée dans la vie trinitaire d'après G. d. S.-Th., in: Collectanea 24 (1962), S. 338—349; W. Zwingmann, Ex affectu mentis. Über die Vollkommenheit menschlichen Handelns u. menschlicher Hingabe nach W. v. St. Th., in: Cîteaux 18 (1967), S. 5—37; ders., Affectus illuminati amoris, ebda., S. 193—226; Hermans, S. 178—188; Bouyer, S. 89—154; Zimmermann III, S. 29 f.

Der hl. Abt Bernhard v. Clairvaux († 1153)

Geboren 1090/91 auf Burg Fontaines b. Dijon als Sohn der burgundischen Edelleute Tezelin und Aleth, erhält auf der Stiftsschule von St. Vorles zu Châtillon-sur-Seine eine hervorragende Ausbildung. Ostern 1113 tritt er mit mehreren Verwandten und Freunden in Cîteaux ein, Juni 1115 zum Abt des Gründerkonventes von Clairvaux ernannt, der dank seiner Persönlichkeit einen ungeahnten Zuwachs erhält. Bernhard gründet zu Lebzeiten nach Fontenay (1118) noch 67 Tochterklöster in Frankreich, Italien, Spanien, Portugal, England, Irland, Schweden und Deutschland (Himmerod u. Eberbach). Als begeisterter Künder des cisterciensischen Mönchsideals kritisiert er vor allem in seiner *„Apologie"* (1123–25) Mißstände in Cluny; freundschaftliche Beziehungen zu Abt Petrus Venerabilis bewirken schließlich Reformbestrebungen in der Kongregation von Cluny. B. steht auch mit anderen religiösen Führergestalten seiner Zeit, z. B. dem hl. Norbert v. Xanten, Hugo v. St. Victor, Abt Suger v. St. Denis, in Verbindung und setzt sich mit ihnen gemeinsam für eine Reform von Kirche und Klerus ein. Mit unerbittlicher Konsequenz und Schärfe bekämpft er die seiner väterverhafteten Geistigkeit entgegengesetzte rationalistisch-dialektische Richtung Abälards (1079–1142) bis zu dessen Verurteilung auf dem Konzil von Sens (1140) wie auch die Trinitätslehre des Bischofs Gilbert v. Poitiers (Widerruf auf der Synode v. Reims 1148). Durch unermüdliches Wirken entscheidet er das Papstschisma für Innozenz II. (1130–43) gegen Anaclet II. (1130–38) und setzt 1145 die Wahl seines Schülers, des Abtes Bernhard v. Tre-Fontane b. Rom, zum Papst Eugen III. († 1153) durch; ihm widmet er sein reifstes Werk „De consideratione" (Papstspiegel), an dem er von 1148 bis kurz vor seinem Tod arbeitete. In päpstlichem Auftrag predigt er 1146/47 den 2. Kreuzzug in Frankreich, Belgien und am Rhein, wo er König Konrad III. in Speyer zur Teilnahme überredet. Der unglückliche Ausgang des Unternehmens, ebenso wie der zur Bekehrung der heidnischen Wenden ausgerufene Wendenkreuzzug (1147), erschüttern mancherorts sein Ansehen.

Bernhards gewaltiges Apostolat in Kirche, Orden und Gesellschaft erwuchs aus der Spannung von Kontemplation und Aktion, aus seiner christlichen Weltverantwortung. Im Letzten vermochte nichts seine Liebe zur Beschauung und zur Klosterzelle zu mindern. Die Geschichte nennt das 2. Viertel des 12. Jahrhunderts das „bernhardinische Zeitalter". Auf seinen Reisen durchzieht der seit den ersten Klosterjahren kranke Abt halb Europa, angebotene Bischofsstühle schlägt er aus. Von seiner umfangreichen Korrespondenz privaten und politischen Charakters zeugen noch 497 Briefe, eine Fundgrube zur Kenntnis seiner Persönlichkeit.

Bernhard gehört zu den führenden Vertretern der monastischen Theologie. Bernhards gepflegter Stil ist von Bibel und Liturgie geprägt, aber auch die Klassiker (Cicero, Horaz, Juvenal, Persius) sind ihm nicht fremd. B. betreibt keine wissenschaftliche Exegese, vielmehr geisterfüllte Schriftauslegung für seine vielseitige Seelsorge in Kloster und Welt. Durch seine innig-fromme, stark gefühlsbetonte Verehrung der Menschheit Christi wird er zum Vater der Christus- und Brautmystik mit nachhaltigem Einfluß auf die abendländische Frömmigkeit. Viele

Predigten lassen seine hohe Verehrung zu Maria, der Schutzherrin des Ordens, erkennen. Mabillon nennt ihn „den letzten", Luther sogar „den größten der Kirchenväter".

Gestorben 20. August 1153 in Clairvaux, 1174 Heiligsprechung durch Alexander III., 1830 erhebt ihn Pius VIII. als „Doctor mellifluus" zum Kirchenlehrer. Vielseitige Darstellung in der Ikonographie: mit den Leidenswerkzeugen des Herrn, in Umarmung des Gekreuzigten, mit Bienenkorb, sehr häufig mit Marienvision und Lactatio.

Bibliographie

Werke: L. Janauschek, Bibliographia bernardina, Wien 1891 (Nachdruck Hildesheim 1959); J. de la Croix Bouton, Bibliographie bernardine 1891—1957, Paris 1958; J. Leclercq, Un guide de lecture pour s. Bernard, in: La vie spirituelle 102 (1960), S. 440—447; ders., Les études bernardines en 1963, in: Bulletin de la Société intern. pour l'étude de la philosophie médiévale 5 (1963), S. 121—138; P. Zerbi, Bernardo di Chiaravalle, in: Bibliotheca Sanctorum III, Rom 1963, S. 3—16.
Werke sind überliefert in ca. 900 mittelalterlichen Handschriften. Bedeutende gedruckte Ausgaben: J. Horst (Köln 1641), J. Mabillon (Paris 1667, ³1719 — danach Migne PL 182—185), J.Leclercq - C. H. Talbot - H. Rochais (textkritische Gesamtausgabe): Bd. 1/2 (Rom 1957/58) Sermones super Cantica Canticorum, Bd. 3 (1963) Tractatus et opuscula, Bd. 4/6 (1966—70) Sermones (wird fortgesetzt).
Die deutsche Übersetzung A. Wolters - E. Friedrich, Die Schriften des honigfließenden Lehrers B. v. Cl., 6 Bde (Wittlich 1934—38) enthält nur seine Predigten.
Literatur: E. Vacandard, Vie de saint Bernard, 2 Bde, Paris 1895, ⁴1910; übers. v. M. Sierp, Leben des hl. B. v. Cl., 2 Bde, Mainz 1897—98; W. Williams, Saint Bernard of Cl., Manchester 1935; Th. Merton, The last of the Fathers, New York 1954, S. Bernard théologien. Actes des Congrès de Dijon 1953, in: Analecta 9 (1953) fasc. 3/4; B. v. Cl. Mönch u. Mystiker. Internat. Bernhardskongreß Mainz 1953, hrsg. v. J. Lortz, Wiesbaden 1955; Bernard de Cl. (Commission d'histoire de l'ordre de Cîteaux 3) Paris 1953; Festschrift zum 800. Jahrgedächtnis des Todes B. v. Cl., hrsg. v. d. österr. Cist. Kongregation vom hl. Herzen Jesu, Wien-München 1953; Sint Bernardus van Cl. (Gedenkbuch der niederländ. Cist. Abteien), Amsterdam-Achel 1953; Mélanges S. Bernard. 24. Congrès de l'Association bourguignonne des sociétés savantes (8. Centenaire de la mort de S. B.), Dijon 1954; Das Leben des hl. B. v. Cl. (Vita prima), hrsg. v. P. Sinz (Heilige der ungeteilten Christenheit), Düsseldorf 1962; A. H. Bredero, Etudes sur la „Vita prima" de S. B., in: Analecta 17 (1961), S. 3—72, 215—260; 18 (1962), S. 3—59; K. Knotzinger, Hoheslied und bräutliche Christusliebe bei B. v. Cl., in: Jahrb. f. mystische Theologie, Klosterneuburg 1962; J. Vallery-Radot, Bernard de Fontaines, abbé de Cl., Tournai 1963; A. J. Luddy, The life of St. B., Dublin 1963; Daniel-Rops, S. B. et ses fils, Tours 1962, übers. v. Alastair, Heidelberg 1964; A. van Duinkerken, B. v. Cl., Wien-Freiburg-Basel 1966; H. Fechner, Die politischen Theorien des Abtes B. v. Cl. in seinen Briefen, Bonn-Köln 1933; E. Gilson - Ph. Böhner, Die Mystik des hl. B., Wittlich 1936; B. Jaqueline, Papauté et Episcopat selon S. B. de Cl., Saint-Lô 1963; J. Leclercq, S. B. mystique, Brügge 1948; ders., Etudes sur S. B. et le texte de ses écrits. in: Analecta 9 (1953) fasc. 1/2; ders., Les études bernardines en 1963, in: Bulletin de la Société intern. pour l'étude de la philosophie médiévale V (Louvain 1963), S. 121—138; ders., Christusnachfolge u. Sakrament in der Theologie des hl. B., in: Archiv f. Liturgiewiss. 8 (1963), S. 58—72; ders., S. B. et l'esprit cistercien (Maîtres spirituels, N. 36), Paris 1966 mit neuesten Literaturangaben; R. Kereszty, Die Weisheit in der mystischen Erfahrung beim hl. B. v. Cl., in: Cîteaux 14 (1963), S. 6—24, 105—134, 185—201; H. Bach, B. v. Cl. und Martin Luther, in: Erbe und Auftrag 46 (1970), S. 347—351, 453—459; 47 (1971), S. 36—43, 121—125, 193—196.

Der sel. Guerrich (Guerricus, Werricho), Abt v. Igny († 1157)

Geboren zwischen 1070—81 zu Tournai/Belgien, Schüler Odos an der dortigen Stiftsschule, Kanoniker und Magister scholarum (Lesemeister) in Tournai. Um 1122 Eintritt in Clairvaux, wo der gereifte Mann die Geistigkeit Bernhards mit jugendlicher Begeisterung in sich aufnimmt. Der Abt von Clairvaux nennt Guerrich einen „wahrhaft gottverbundenen und bußfertigen Mönch" (Brief 89 um 1125). Auf seine Empfehlung hin wird Guerrich 1138 zum Abt von Igny gewählt. Damit nimmt er seine frühere Lehrtätigkeit wieder auf, diesmal als geistlicher Vater des Konventes von Igny. In den Kapitelsansprachen (Predigten) zu liturgischen Zeiten und Festen entwickelt er seine aszetisch-mystische Lehre. Nach ihm besteht das Ziel des monastischen Lebens in der Umwandlung des Menschen in die Lebensform Christi und zwar durch innige Teilnahme an den Geheimnissen seiner Menschheit in Liturgie und Schrift. Maria ist in ihrer Stellung als Mutter Christi und Mutter der Christen an der Christusgestaltung mitbeteiligt; Guerrich ist überhaupt ein großer Marienverehrer. Die Predigten verraten neben ungemeiner Kenntnis der Hl. Schrift und kirchlicher Schriftsteller einen außerordentlichen humanistischen und philosophischen Bildungsgrad. Aristoteles und Plato sind ihm vertraut, ebenso Terentius, Horaz und Vergil. Im Vergleich zu Bernhard bedient sich Guerrich in seinen Predigten öfters einer klaren Diktion und einer natürlicheren Schriftauslegung. Ihr rhetorischer Schwung und die Gedankenfülle atmen jedoch den Geist seines großen Lehrmeisters. Von seinen Schriften u. a. mehreren Schriftkommentaren, blieben nur 53 Predigten und ein kleiner Traktat „De languore animae amantis" erhalten. Guerrich starb am 19. August 1157 in Signy. Sein Kult wurde 1889 durch Rom bestätigt, Festfeier am 19. August. Die Heiligenverzeichnisse des Cistercienserordens nennen ihn „den Lieblingsjünger Bernhards".

Bibliographie

Vgl. Collectanea 19 (1957), S. 211—221.

Werke: Predigten in PL 185, 11—214; De languore animae amantis, in: J. Beller, Le bienh. G., Reims 1890, S. 304—347 und D. de Wilde (s. u.), S. 189 ff.

Literatur: D. de Wilde, De beato Guerrico abbate Igniacensi eiusque doctrina de formatione Christi in nobis (theol. Diss. Rom 1934), Westmalle 1935. — M. Gatterer, Der sel. G., Abt v. Igny, und seine Sermones, in: Zeitschr. f. kath. Theologie 19 (1895), S. 35—90; im 3. Heft der Collectanea 19 (1957) sind folg. Aufsätze: R. Milcamps - A. Dubois, Le b. G., sa vie — son oeuvre (S. 207—26), A. Fracheboud, Le charme personnel du b. G. (S. 222—37), J. Leclercq, G. et l'école monastique (S. 238—48), A. Decabooter, L'optimisme de G. (S. 249—72), C. Bodard, Le Christ, Marie et L'Eglise dans la prédication du B. G. (S. 273—99); A. Louf, Une théologie de la pauvreté monastique chez le bienh. G. d'Igny, in: Collectanea 20 (1958), S. 207—222, 362—373; H. Costello, The meaning of Redemption in the sermons of G. of Igny, in: Cîteaux 17 (1966), S. 281—308; P. Miquel, L'expérience de Dieu selon G. d'Igny, in: Collectanea 32 (1970), S. 325—328; J. Morson, Via, veritas et vita: Christ in the sermons of G. of J., in: Cîteaux 22 (1971), S. 126—153, S. 217—266; 23 (1972) S. 55—90; s.a. Zimmermann II, S. 592, IV, S. 80; Hermans, S. 197—200; Bouyer, S. 233—248.

Otto von Freising († 1158)

Geboren um 1112, Sohn des Markgrafen Leopold III. von Österreich und Agnes, Tochter Kaiser Heinrichs IV., verwandt mit den drei führenden Dynastien der Babenberger, Staufer und Welfen, Enkel Kaiser Heinrichs IV. und Onkel Friedrich Barbarossas. 1127–32 Studien in Paris, vielleicht auch in Chartres, tritt 1132 mit 15 adeligen Gefährten in Morimond ein. Auf Ottos Betreiben gründet sein Vater am Sattelbach im Wienerwald die Abtei Heiligenkreuz (1133); das bisher weltliche Kollegiatsstift Klosterneuburg — Otto war dort seit 1126 Propst — wird gleichzeitig in ein reguliertes Augustinerchorherrenkloster umgewandelt. Im Januar 1138 Wahl zum Abt von Morimond, einige Monate später beruft König Konrad III. seinen Halbbruder Otto auf den Bischofsstuhl von Freising.

Als vorbildlicher und durchaus reichstreuer Oberhirte setzt er sich entschieden für die innere Reform seiner Diözese und für eine Neuordnung der Klerikerbildung ein, vor allem mit Hilfe von Klostergründungen der Prämonstratenser und Augustinerchorherren. Seine politischen Missionen, insbesondere die Teilnahme am zweiten Kreuzzug vermittelten Otto einen lebendigen Begriff vom Schauplatz der Geschichte. In den Jahren 1143–46 verfaßte der hochgebildete Bischof, der als einer der ersten die Logik des Aristoteles in Deutschland bekannt machte, die „Geschichte der zwei Staaten" in 8 Büchern, oft auch „Chronik" genannt. Ihm erscheint der Ablauf der Geschichte — nach der dualistischen Seinsdeutung des hl. Augustinus im „Gottesstaat" — als Geschichte des Staates Christi und des Staates Satans. Das von der Wandelbarkeit des Weltstaates und der Dauer des Gottesstaates geprägte Werk schließt mit dem Erscheinen des Antichrist und des Endes aller Geschichte. Unter dem glückverheißenden Regierungsantritt Kaiser Friedrichs I. beginnt Otto 1157 mit der Abfassung der „Gesta Friderici I. imperatoris", der Lebensbeschreibung seines kaiserlichen Onkels, die er ihm in einem eigenen Huldigungsschreiben widmete.

Ottos Schriften sind eine erstrangige Quelle zur Erfassung seiner Persönlichkeit. Er besitzt in seltenem Grade die Tugend des Historikers, sich hinter dem Werk zu verbergen (Ranke). Andrerseits ist bei der Schilderung der großen Krisenereignisse in der deutschen Kaisergeschichte — wie z. B. Bannung Heinrichs IV. durch Gregor VII., unglücklicher Ausgang des zweiten Kreuzzuges — seine warme, persönliche Teilnahme unverkennbar. Die Werke des Cistercienserbischofs dienten zahlreichen Geschichtsschreibern des Mittelalters als wichtige Quelle und Vorlage. Als Bischof legte Otto bis zu seinem Lebensende die Ordenskleidung nicht ab. Mit seinem Orden stand er in reger Verbindung. Auf der Reise zum Generalkapitel nach Cîteaux erkrankte er in Morimond, wo er am 22. September 1158 starb und vor dem Hochaltar der Abteikirche beigesetzt wurde. Sein treuer Kaplan und Sekretär Rahewin setzte die „Gesta" mit seltenem Einfühlungsvermögen in Ottos Geistigkeit bis zum Jahre 1169 fort. In seinem Nachruf (Gesta IV, 14) ehrte er die Persönlichkeit Ottos als Ruhmesstern Europas, der als der größte Geschichtsphilosoph und Geschichtstheologe des Mittelalters gilt. Im Cistercienserorden betrachtet man Otto als „Seligen".

Bibliographie
Werke: A. Hofmeister, *Ottonis episcopi Frisingensis Chronica sive Historia de duabus civitatibus* (MGSS rer. Germ.), Hannover u. Leipzig 1912; W. Lammers, Chronica...

Aelred, Abt von Rievaulx
(*1110, †1167)
Miniatur aus Aelred's Speculum Caritatis.
Handschrift Douai, Stadtbibliothek Ms. 392, f. 3r, 120.

„Wähle deinen Freund ohne Hast. Sei vorsichtig, denn gern läuft die Liebe dem Finden voran; doch warte auch nicht, bis die Zeit es bewiesen hat, daß deine Freundschaft echt ist. Eine starke Persönlichkeit weiß den Geistesflug zu lenken und ihre Sympathie zur rechten Zeit zu schenken."

Der Freund, der für den Freund zu Christus fleht, wird eher und leichter von Diesem erhört. So führt die Liebe, in der man den Freund umfängt, hinauf zu jener, in der man Christus in die Arme schließt. Erst dann genießt man diese geistigste aller Früchte der heiligen Freundschaft, in der gläubigen Hoffnung, Christus ganz besitzen zu dürfen in der Ewigkeit ... Im Himmel wird auch die Freundschaft, die wir hier auf Erden nur wenigen zuwenden können, sich auf alle Mitgenossen der Seligkeit erstrecken und von allen wieder auf Gott zurückstrahlen, — wenn nämlich einmal Gott alles in allen sein wird". (Aelred, Über die hl. Freundschaft)

(mit deutscher Übers.), Darmstadt 1960; A. Schmidt, Chronik oder die Geschichte der zwei Staaten (ausgewählte Quellen zur deutschen Gesch. des Mittelalters, Bd. XVI), Berlin 1960; G. Waitz - B. v. Simson, Ottonis et Rahewini Gesta Friderici I. Imperatoris (MGSS rer. Germ.), Hannover 1912.
Literatur: A. Hofmeister, Studien über O. v. Fr., in: Neues Archiv 37 (1912), 99—161, 633—768; K. Haid, O. v. Fr., in: Cist. Chr. 44 (1932), 45 (1933); O. v. Fr., Gedenkausgabe zu seinem 800. Todesjahr, hrsg. v. J. A. Fischer, Freising 1958; dgl. in Anal. S.O.Cist. 14 (1958); M. Müller, Beiträge zur Theologie Ottos v. Fr. (St. Gabrieler-Studien XIX), Mödling b. Wien 1965; J. Koch, Die Grundlagen der Geschichtsphilosophie O. v. F., in: Münchener Theol. Zeitschrift 4 (1953), S. 79—94.

Der hl. Aelred, Abt von Rievaulx († 1167)

Der größte englische Cistercienser erblickte um 1110 in Hexham das Licht der Welt. Er erhielt zuerst in den Benediktinerprioraten Hexham und Durham, seit 1124 am Hofe des Königs David I. von Schottland gemeinsam mit Prinz Heinrich eine sorgfältige Ausbildung. Als Vertrauensmann des Königs wird er zum Palastverwalter ernannt. Um 1134 nimmt Abt Wilhelm, ehemaliger Sekretär des hl. Bernhard, den jungen Edelmann in den Konvent von Rievaulx auf. Er und der gleichfalls aus Clairvaux stammende Novizenmeister Simon führen Aelred in die bernhardinische Geistigkeit ein. Wegen seiner wirtschaftlichen Erfahrung ernennt der Abt den jungen Mönch zum Cellerar. Aelred bekennt: „er sei von dem königlichen Küchendienst zwar in die Einsamkeit gekommen, doch ohne Wechsel des Amtes".

Im Frühjahr 1142 reist Aelred als Delegierter seines Ordens nach Rom, um beim Papst gegen den vom englischen König aufgezwungenen Erzbischof von York Beschwerde einzulegen. Bei dieser Gelegenheit traf er zweimal in Clairvaux mit Bernhard zusammen, der ihn zur Niederschrift des *Speculum caritatis* (Spiegel der Liebe) ermunterte. Nach England zurückgekehrt, betraute ihn Abt Wilhelm wegen seiner Beliebtheit und erzieherischen Fähigkeiten mit dem Amte des Novizenmeisters. Im Dialog mit den Novizen, deren Zahl sich unter Aelreds Leitung beträchtlich vermehrte, sammelte er weiteres Material für sein Erstlings- und Meisterwerk. Bernhard sah den Entwurf des *Speculum caritatis* durch und steuerte wertvolle Anregungen bei. Das Werk preist die Erhabenheit der Gottesliebe und gibt praktische aszetische Anleitungen. Im 2. Buch tritt Aelred wie sein Vaterabt nachdrücklich für eine schlichte, vergeistigte Bauweise im Orden ein. Mit dem ebenfalls bedeutenden Traktat *„De spirituali amicitia"* wirbt Aelred für die geistliche Freundschaft zur Förderung der Gottesliebe: „Ich und Du und als Dritter sei unter uns Christus!" In dem weitverbreiteten Werk verbindet er das Gedankengut Ciceros aus dessen Schrift *„De amicitia"* mit den Lehren Augustins und der Hl. Schrift. Man bezeichnet es geradezu als ein christliches Gegenstück zu Ciceros Abhandlung über die Freundschaft. Aelred wird zum gefeierten Künder eines betont christlichen Humanismus mit nachhaltigem Einfluß auf kommende Jahrhunderte. Seine mystische Abhandlung „Über den zwölfjährigen Jesusknaben" *(De Jesu puero duodenni)* atmet innige Liebe zur Menschheit Christi. Von ihm sind noch etwa 200 Predigten, meist liturgischen Inhalts, überkommen, ebenso drei geschichtliche Abhandlungen: „Über den Standartenkrieg" (1138), eine Genealogie der englischen Könige und eine Lebensbeschreibung des hl. Königs Eduard d. Bekenners († 1066). Dagegen ging Aelreds umfangreiche Korrespondenz verloren.

Im Frühjahr 1143 zog Aelred als Gründerabt in das von dem Grafen von Lincoln bereitgestellte Klostergelände von Revesby. Die Neugründung entwickelte sich unter seiner umsichtigen Leitung günstig. Vier Jahre später (1147) wählte der Konvent von Rievaulx Aelred zum Abt. Aelred folgte gern dem Ruf seiner Mitbrüder, in deren Mitte er nach segensreichem Wirken am 12. Januar 1167 verstarb. Bei seinem Tode zählte Rievaulx 140 Mönche und 500 Brüder. Aelreds Biograph und Mitbruder Walter Daniel († 1173) rühmt die bezaubernde Liebenswürdigkeit des edlen Menschenfreundes und Abtes; seine Verdienste um Rievaulx preist er: „Alles hat er verdoppelt: Mönche und Konversen, Grundstücke, Güter und Gerät; die Ordenszucht und die Liebe aber hat er verdreifacht!"

Zeitgenossen nannten Aelred den „Bernhard des Nordens". Seine überragende Persönlichkeit und Schriften übten einen großen Einfluß auf das Frömmigkeitsleben des Mittelalters aus.

Fest: 12. Januar

Bibliographie

A. Hoste, Bibliotheca Aelrediana, Steenbrugge-Assebroek 1961; Collectanea 29 (1967), Heft 1; Cîteaux 18 (1967), S. 402—407; Cist. Chr. 74 (1967), S. 102.

Werke: Speculum caritatis (um 1142/43) — PL 195, 501—620; De Jesu puero duodenni (1153—57) — PL 184, 849—870; De spirituali amicitia (um 1160) — PL 195, 659—702, übers. v. K. Olten, München 1927; De institutis inclusarum (1160—62), hrsg. v. C. H. Talbot, in: Analecta 7 (1951), S. 167—217; La vie de Recluse, La prière pastorale, hrsg. v. Ch. Dumont (Sources chrét. 76, Textes monast. d'Occident Nr. 6), Paris 1961; Sermones de oneribus (1158—63) — PL 195, 361—500; Sermones de tempore et de sanctis — PL 195, 209—360; Sermones inediti, hrsg. v. C. H. Talbot (Series Script. S.O. Cist., Bd. I), Rom 1952; Oratio pastoralis, hrsg. v. Ch. Dumont (s. o.); A. Wilmart, Auteurs spirituels et textes dévots du moyen âge latin, Paris 1932, S. 291—298; Historische Werke in PL 195, 701—790; Tractatus de Anima (letztes u. unvollendetes Werk), hrsg. v. C. H. Talbot in: Mediaeval and Renaissance Studies, Suppl. I, London 1952.

Literatur: Walter Daniel, Vita Ailredi, hrsg. v. F. M. Powicke, London 1950; A. Hallier, Un éducateur monastique, A.d.R., Paris 1959; Hermans 206—216; Bouyer, S. 155—194; A. Squire, A. of R. A study, 1969.

Abt Isaak von Stella († um 1169)

Geboren um 1100 in England, Studien in Paris bei Abaelard und in Chartres bei Gilbert de la Porrée, Zusammentreffen mit Thomas Becket. Isaak doziert um 1140 in Chartres und 1142 in Poitiers, tritt 1144/45 in Stella (Diöz. Poitiers) ein, wo er 1147—1167 als Abt wirkt. Im Herbst 1163 bemüht er sich in Pontigny um ein Domizil für den geflüchteten Erzbischof Thomas Becket. Infolge erpresserischer Drohungen Königs Heinrichs II. von England wird Isaak um 1166/67 abgesetzt und im Januar 1167 mit dem gleichfalls amtsenthobenen Abt Johann von Trizaya, seinem Freund, in das unwirtliche Kloster N.-D. des Châtelliers, einer Gründung Pontignys auf der Insel Ré, verbannt. Dorthin folgen Isaak freiwillig mehrere Mönche aus Stella. Im Exil reift er zu hoher mystischer Begnadung. Seine letzten Predigten (PL. 194. 1752—77) sind geprägt von mystischer Spekulation und schmerzlicher Lebenserfahrung. Gestorben um 1169 in Ré, hier auch beigesetzt.

Isaak ist ein beachtlicher Theologe von großem Weitblick und stark ausgeprägter Sonderart. Stärker als Bernhard, den er persönlich kannte und liebte, ist der Abt von Stella der augustinischen Tradition verbunden. Die nur bruchstückhaft überkommenen Schriften zeugen von seiner hervorragenden philosophischen, theologischen und klassischen Bildung. Eigene Wege einschlagend, weicht er von der Affektfrömmigkeit Bernhards ab; als spekulativer Kopf steht er Wilhelm von St. Thierry am nächsten.

Aus Schrift und Kirchenvätern baut er seine theologische Lehre auf. Seine Ekklesiologie, die auf der vollkommenen Einheit von Christus und Kirche beruht, ist für seine Zeit einzigartig. Darin verbindet er die dogmatische Tiefe Augustins mit Bernhards Innerlichkeit. Aus der Ekklesiologie leitet er seine Mariologie ab; Maria und Kirche haben nach ihm Mutterschaft und Jungfräulichkeit gemeinsam. Maria ist Mutter des Hauptes, die Kirche Mutter der Glieder, keine von beiden aber ist Mutter des ganzen Christus ohne die andere (Beumer). Durch seine auf die Analogie Kirche — Maria aufgebaute Mariologie unterscheidet sich Isaak von der affektiven Marienfrömmigkeit Bernhards und weist gewisse Parallelen mit der marianischen Auslegung des Hohenliedes durch Abt Rupert von Deutz sowie in der Übertragung ekklesiologischer Aussagen auf Maria durch Honorius Augustodunensis, Hugo von St. Viktor und dem Cistercienserabt Serlo auf. Die meisten seiner 54 Predigten hielt er im Inselkloster Ré. Die Abhandlung „Über die Seele", 1162 seinem Mitbruder Alcher von Clairvaux gewidmet, stellt einen Abriß der Psychologie auf platonisch-augustinischer Grundlage dar. Isaak verfaßte außerdem einen Kommentar zum Buche Ruth und eine mystische Auslegung des Meßopfers (De officio Missae).

Bibliographie

in: Collectanea 20 (1958), S. 175—186; Cîteaux 8 (1957), S. 203—218; Lexikon f. Theol. u. Kirche V (1960), Sp. 778.
Werke: Sermones, PL 194, 1689—1876; davon Neuausgabe Bd. I durch A. Hoste - G. Salet (Sources chrét. Nr. 130, Série des textes monast. d'Occident 20), Paris 1967; Sermo de Apoc. 21, 2, hrsg. v. J. Leclercq, in: Rev. d'ascét. et de myst. 40 (1964), S. 277—288; De Anima, PL 194, 1875—1890; De officio Missae, ebda., 1889—1895.
Literatur: P. Bliemetzrieder, I. v. St. Beiträge zur Lebensbeschreibung, in: Jhrb. f. Phil. u. spekul. Theol. 18 (1904), S. 1—33; W. Meuser, Die Erkenntnislehre des I. v. St. Ein Beitrag zur Geschichte der Philosophie des 12. Jahrhunderts, Bottrop 1934; J. Beumer, Mariologie und Ekklesiologie J. v. St., in: Münchener theol. Zeitschr. 5 (1954), S. 48—61; S. Debray-Mulatier, Biographie d'J. d. St., in: Cîteaux 10 (1959), S. 178—198; L. Gaggero, J. of St. and the theology of Redemption, in: Collectanea 22 (1960), S. 21—36; G. Raciti, J. de l'Etoile et son siècle, in: Cîteaux 12 (1961), S. 281—306, 13 (1962), S. 18—34, 133—145, 205—216; ferner Bouyer, S. 195—232; Hermans, S. 217—221; B. McGinn, Theologia in I. of St., in: Cîteaux 21 (1970), S. 219—235; Le travail: Ascèse sociale d'après J. d. l'Etoile, in: Collectanea 33 (1971), S. 159—170.

Abt Adam von Perseigne († 1221)

Er entstammt einer Bauernfamilie der Champagne, Studium an französischen Kathedralschulen (Troyes, Sens oder Reims), wird als junger Kleriker Hofkaplan der Gräfin Maria von Champagne; dieser seiner Gönnerin widmet er eine Erklärung des 44. Psalmes in Anlehnung an seine Lieblingsautoren Augustin und Gregor d. Gr. Der Cistercienser Gilbert von Hoiland († 1172) ermuntert den wissensdurstigen Kleriker erfolglos zum Klostereintritt. Adam wurde nach seinem eigenen Zeugnis zunächst regulierter Kanoniker, dann Benediktiner; er trat schließlich in Pontigny ein, wo er Novizenmeister wurde. 1188 ist er als Abt von Perseigne belegt.

Infolge seiner großen Menschenkenntnis und hohen Bildung wird Adam von Papst und Generalkapitel mit schwierigen Missionen betraut: 1195 widerlegt er in Rom verdächtige Lehren des Abtes Joachim v. Fiore († 1202), 1196 ernennt ihn das Generalkapitel zum Schiedsrichter zwischen dem König von England und einigen Ordensklöstern; er predigt den 4. Kreuzzug (1202—04), an dem er zeitweise als Feldgeistlicher teilnimmt.

Adam gilt als einer der einflußreichsten Seelenführer seiner Zeit. Er verbindet seltenes psychologisches Feingefühl mit persönlicher Kenntnis des menschlichen Seelenlebens. Seine Briefe behandeln durchweg aszetische Lehren und Probleme der Seelenleitung, einige sind praktische Anleitungen für Novizenmeister. Fast alle Briefe entstanden in seinen letzten Lebensjahren im Krankenhaus von Perseigne und verraten seltene Reife des Geistes und Urteils.

Nach ihm erfolgt die Umgestaltung in den „neuen Menschen" — ganz im Sinne des hl. Benedikt — durch Gottesfurcht und Demut; Christus ist uns Lehrmeister und Vorbild der Demut. Der gekreuzigte Herr lehrt in seiner „Schule der Liebe" die reine Hingabe an den Vater; er wohnt in den Herzen der Seinen, um sie in seiner Nachfolge zu beherzten Männern *(viri cordati)* umzuformen.

Abt Adam, selbst ein großer Marienverehrer, weist der Gottesmutter bei dieser Umgestaltung eine maßgebliche Rolle zu: Maria ist für ihn der natürliche Zugang zu Christus; er nennt sie „unsere Mutter" und „Meeresstern". Auch hierin — wie in der Christologie — erweist sich Adam als echter Schüler Bernhards; allerdings übertrifft er in seiner Mariologie den großen Abt von Clairvaux, vor allem in der Begründung der Mutterschaft Mariens und ihrer unbefleckten Empfängnis. Der Herausgeber des „Mariale" — einer Blütenlese marianischer Texte aus Adams Predigten und Kommentaren (1652 in Rom gedruckt) — gab ihm den Ehrennamen: „Ein Mann, gelehrt, heilig und ganz marianisch" *(vir doctissimus, sanctissimus ac totus marianus).* [PL 211, 696s]

Bibliographie

Werke: Briefe in PL 211, 583—694; Mariale 695—780; Lettres I, hrsg. v. J. Bouvet (Sources chrétiennes Nr. IV: Textes monastiques d'Occident), Paris 1960; Lettre inédite à Simon, ancien abbé de Savigny (hrsg. v. Bouvet), in: Collectanea 18 (1956), S. 276—289.

Literatur: L. Merton, La formation monastique selon A. d. P., in: Collectanea 19 (1957), S. 1—17; J. Bouvet, Biographie d'A. d. P., ebda., 20 (1958), S. 16—26, 145—152; B. Lohr, The philosophical life according A. of P., ebda., 24 (1962), S. 225—242; 25 (1963), S. 31—43; Hermans, S. 246—252.

Cäsarius von Heisterbach († 1240)

Geboren ca. 1180 in oder bei Köln, besucht seit 1188 die Schule des St. Andreasstiftes zu Köln, anschließend die Domschule, wo der hochgebildete Domscholaster Rudolf sein Lehrer ist. Anfang 1199 Eintritt in Heisterbach, nach einigen Jahren zum Novizenmeister, später zum Prior ernannt. Sein schriftstellerisches Talent erfuhr rege Förderung durch Abt Heinrich I. (1208 – ca. 1240), den er öfters auf Reisen durch das Rheinland begleitet. Cäsarius hinterließ in einem undatierten Brief an den Prior Petrus von Marienstatt (nach 1237) ein Verzeichnis seiner 36 (38) Schriften theologischen, erzählenden und historischen Inhalts. Einen breiten Raum nehmen die Homilien ein; als Predigten für Cistercienserkonvente gedacht, handeln sie größtenteils über das Ordensleben. Sie sind mit zahlreichen Beispielen durchsetzt und bieten auch wichtige Einblicke in Kultur- und Sittengeschichte. Zwischen 1219 und 1223 entstand der *„Dialogus miraculorum"*, das bekannteste Werk des rheinischen Cisterciensers. In Dialogform zwischen einem fragenden Novizen und einem Mönch, hinter dem sich Cäsarius verbirgt, entstand ein aszetisches Lehrbuch, das über 700 Beispiele aus dem Alltag in Cistercienserklöstern (Heisterbach, Himmerod, Eberbach, Schönau u. a.) und ihrer Umwelt enthält. 1225–27 folgen die *„Libri VIII miraculorum"*, die nur bruchstückhaft überkommen sind. Auch in der mittelalterlichen Geschichtsschreibung erwarb Cäsarius einen ehrenvollen Namen: 1226–27 verfaßte er die Lebensbeschreibung des am 7. November 1225 ermordeten Reichsverwesers und Erzbischofs Engelbert von Köln, 1236/37 entsteht die Vita der hl. Landgräfin Elisabeth von Thüringen. Beide Schriften sind von hohem Quellenwert. Weniger bedeutsam ist sein „Katalog der Kölner Erzbischöfe" (1225–38).

Cäsarius ist unstreitig einer der interessantesten und meistgelesenen Schriftsteller des 13. Jahrhunderts. Als Kind einer leichtgläubigen und wundersüchtigen Zeit ist er empfänglich für die unglaublichsten Vorkommnisse, die er wahrheitsgetreu wiedergeben wollte. Bei der Abfassung seiner Werke bediente sich Cäsarius nach eigenen Angaben auch bereitgestellter Unterlagen; so benützte er u. a. für seinen *„Dialogus"* ein Himmeroder Mirakelbuch und für die Vita der hl. Elisabeth Material, das ihm vom Marburger Deutschordenshaus auf Wunsch von Meister Konrad von Marburg übersandt wurde. Seine Schriften vermitteln wertvolle Einblicke in damalige Klosterverhältnisse, in Stadt- und Landleben. Darüber hinaus sind sie eine wahre Fundgrube für die Kultur- und Sittengeschichte, für Sagen- und Legendenforschung des Hochmittelalters. Cäsarius starb um 1240 in Heisterbach und wurde vor dem Altar der Apostelfürsten Petrus und Paulus in der Abteikirche beigesetzt.

Bibliographie

Werke: Dialogus miraculorum, hrsg. v. Joh. Strange, 2 Bde, Köln 1851 (Neudruck London 1966); Die Wundergeschichten des Cäsarius v. H., Bd. 1: Exempla und Auszüge aus den Predigten, Bd. 3: Die beiden ersten Bücher der *Libri miraculorum*, Leben, Leiden und Wunder des hl. Engelbert, Erzbischofs v. Köln. — Die Schriften über die hl. Elisabeth v. Thüringen, hrsg. v. Alfons Hilka (Publikationen der Ges. f. Rhein. Geschichtskunde, XLIII), Köln 1933, 1937; Leben, Leiden und Wunder des hl. Erzbischofs Engelbert v. Köln, übers. v. Karl Langosch (Geschichtsschreiber der deutschen

Vergangenheit, Bd. 100), Münster-Köln 1955; Wunderbare und denkwürdige Schriften (Auswahl), übers. v A. Kaufmann(Annalen des hist. Vereins f. d. Niederrhein Heft 47 u. 53), Köln 1888, 1891; dgl. E. Müller-Holm, Berlin 1910 u. Köln 1968.

Literatur: Egid Beitz, Cäsarius v. Heisterbach und die bildende Kunst, Augsburg 1926; B. Grießer, Ein Himmeroder *Liber miraculorum* und seine Beziehungen zu Cäsarius v. H., in: Archiv f. mittelrhein. Kirchengeschichte 4 (1952), S. 257–274; W. Stammler - K. Langosch, Deutsche Literatur des Mittelalters. Verfasserlexikon, Bd. 1 (Berlin-Leipzig 1933), V. (1955); K. Langosch, Die deutsche Literatur des lateinischen Mittelalters, Bonn 1964; P. C. Boeren, Ein neuentdecktes Fragment der *Libri VIII Miraculorum* des Cäsarius v. H., in: Annalen des hist. Vereins f. d. NRhein, Heft 170 (1968), S. 7—21.

Cäsarius über seine schriftstellerische Tätigkeit

Caesarius selbst hat in Form eines Briefes an P e t r u s , den Prior von M a r i e n - s t a t t (L o c u s s a n c t e M a r i e),

„Reverendo patri et in Christo carissiomo domino Petro, priori de Loco sancte Marie, frater Cesarius, nomine maghis quam re monachus in Valle sancti Petri, de speculo scripture divine ad leccionem libri vite feliciter pervenire."

uns eine Liste seiner gesamten Schriftstellerei hinterlassen, die die feste Basis für die Beurteilung seiner mannigfachen Werke bilden muß. Hierin weist er zunächst auf die Beliebtheit seiner Schriften hin, da man überall nach ihnen teils zum Lesen, teils zum Abschreiben verlange. Er habe deshalb seine kleineren Werke zu einem einzigen Bande vereinigt: „universa opuscula mea minora que ab adolescencia usque ad presens edidi in uno volumine collegi, ut ex hoc qualia, quanta vel quot sint cognoscere valeatis". Aus diesem Satze, sowie aus den folgenden Worten: „Est et alia causa que ad hunc laborem (zur Abfassung dieses Corpus) amplius me urget" kann man die Annahme gelten lassen, daß einem besonderen Sammelbande seiner opuscula minora dieser Brief als Widmung vorausgeschickt worden sei. Es wird ein solcher Band auch stattlich genug ausgefallen sein. Davon hat sich nirgends eine Spur erhalten. Es kann sich wohl dabei nur um die Vereinigung einer Auswahl kleinerer Traktate handeln, ähnlich wie sie etwa in der Berliner Hs. auf den Brief unmittelbar folgen und auf deren Zusammenfassung vielleicht Caesarius ein besonderes Gewicht gelegt hat. Er weist ferner auf die Nachlässigkeit beim Kopieren seiner Schriften hin: noch bevor er die letzte Hand zur Korrektur angelegt habe, seien einige Traktate, Homilien, Predigten wie Mirakel im voreiligen Ungestüm leihweise abverlangt, ohne sein Wissen kopiert worden, und diese Abschriften, unter denen eine Nonnenarbeit sich durch besonders starke Verunstaltung des Textes ausgezeichnet habe, seien jämmerlich ausgefallen. Das habe ihn freilich veranlaßt, alles gehörig und gewissenhaft durchzusehen, besonders auch Textstellen richtigzustellen, damit sein literarischer und theologischer Ruf nicht darunter zu leiden habe. Seine Werke habe er teils zur eigenen Übung spontan, teils auf Bitten Fremder abgefaßt, und in diesem Falle geben die Widmungsbriefe Kunde hiervon. Jene kleineren Traktate, soweit sie in einem Bande Platz hätten, seien nicht in historischer Entstehungsfolge, sondern nach der Ordnung der Bücher der hl. Schrift, die die Themen dazu lieferte, angeordnet worden. Schließlich zählt Caesarius für den Adressaten seine sämtlichen Schriften, so wie sie historisch entstanden seien (secundum ordinem), auf.

Alfons Hilka

Auszüge aus den Werken des Cäsarius

Wie Cäsarius Mönch wurde (Dial. mir. I, 17).

Als König Philipp auf der ersten Heerfahrt das Kölner Erzstift verwüstete, reiste ich mit dem Herrn Abt Gevard von Walberberg nach Köln. Unterwegs drang er sehr in mich, Mönch zu werden, ohne etwas auszurichten. Da erzählte er mir jene herrliche Vision in Clairvaux, worüber man lesen kann — die Brüder schnitten zur Erntezeit im Tale Garben, und die hl. Jungfrau und Gottesmutter Maria und ihre hl. Mutter Anna und die hl. Maria Magdalena stiegen in großem Glanze vom Berge ins Tal hinab (was ein heiliger Mann, der gegenüber stand, gesehen hat); sie wischten den Mönchen den Schweiß ab und wehten ihnen, mit ihren langen Ärmeln fächelnd, Kühlung zu, und was sonst dort geschrieben steht. Die Erzählung dieser Vision rührte mich tief; ich versprach dem Abt, wenn ich Mönch würde — sofern mir Gott überhaupt diesen Entschluß eingäbe — würde ich nur in sein Kloster eintreten. Damals war ich noch durch ein Gelübde gebunden, zur Lieben Frau von Rocamadour zu wallfahren, und wurde dadurch lange aufgehalten. Als die Pilgerfahrt nach drei Monaten vollbracht, kam ich ohne Wissen meiner Freunde, allein durch die zuvorkommende und bewegende Barmherzigkeit Gottes, in das Tal des hl. Petrus (Heisterbach), und was ich mit Worten versprach, erfüllte ich als Novize durch die Tat. Fast ähnlich erging es unserm Mönch, Fr. Gerlach von Dinge.

Novize: Es ist nicht unnütz für Weltleute, von solchen Beispielen zu hören.

Vorwort des Cäsarius zum „Dialogus misacuborum"

Sammelt die Stücklein, damit sie nicht verderben (Jo 6, 12). In meinem Amt habe ich den Novizen manches erzählt, was wundersam in unserm Orden zu unserer Zeit geschah und noch täglich geschieht. Einige drängten mich mit vielen Bitten, dies in einer Schrift niederzulegen. Ein unwiederbringlicher Verlust werde es sein — sagten sie — wenn etwa vergessen würde und unterginge, was der Nachwelt zur Erbauung dienen könnte. Als ich hierzu wenig geneigt war — bald wegen der Mängel der lateinischen Sprache, bald wegen der Schmälerung von Neidern — bekam ich von meinem Abte Auftrag und zudem Ermunterung vom Abt von Marienstatt, denen ich nicht widersprechen mochte.

Ich war auch eingedenk des vorgenannten Herrenwortes und sammelte — während andere das ganze Brot für das Volk brechen, das heißt, die großen Gegenstände der hl. Schriften darlegen — die abfallenden Brosamen für Leute, die nicht an Gnade, aber an Bildung arm sind. Damit füllte ich zwölf Körbe.

Ich habe nämlich das ganze Werk in ebenso viele Bücher (Distinktionen) eingeteilt. Das erste Buch handelt von der Bekehrung, das zweite von der Reue, das dritte von der Beichte, das vierte von der Bewährung, das fünfte von den Teufeln, das sechste von der Tugend der Einfalt, das siebte von der sel. Jungfrau Maria, das achte von verschiedenen Visionen, das neunte vom Sakrament des Leibes und Blutes Christi, das zehnte von den Wundern, das elfte vom Sterben und das zwölfte von Strafe und Herrlichkeit.

Um aber die Exempel treffender zu ordnen, führte ich nach Weise eines Gespräches zwei Personen ein: einen fragenden Novizen und einen Mönch, der Antwort gibt. — Denn wenn eine Schrift den Namen des Verfassers verschweigt, erlahmt und vertrocknet um so schneller die Zunge des Verleumders. Sollte jemand dennoch seinen Namen wissen wollen, so möge er die ersten Buchstaben der Bücher zusammensetzen. Sehr vieles habe ich eingeflochten, was sich außerhalb des Ordens ereignete, weil es erbaulich ist und von frommen Männern, wie auch das übrige, berichtet wurde. Gott ist mein Zeuge, daß ich nicht ein einziges Kapitel in diesem Dialog erfunden habe. Hat sich vielleicht dennoch etwas anders zugetragen, als ich aufschrieb, so müssen — scheint es — mehr meine Berichter die Verantwortung tragen. Der Inhalt des Dialogs ist recht wundersam; darum erhielt er den Namen: *Dialogus miraculorum*, Wundergespräch.

Die Anordnung der Bücher ist so gedacht: Weil sich jemand bloß äußerlich, ohne Reue, bekehren kann, spricht das erste Buch von der (wahren) Bekehrung. Item, weil die Bekehrung ohne Reue für den Sünder unnütz ist, hat das Buch über die Reue den zweiten Platz. Item, weil die Reue ohne nachfolgendes mündliches Bekenntnis in sich trocken ist, schließt sich füglich das Buch über die Beichte an. Item, weil die Beichte selten zur Tilgung der Sündenstrafe genügt, reiht sich gut das Buch über die Genugtuung an, die, wie ich nachgewiesen habe, eine Bewährung ist. Item, weil die Teufel die Bewährung anfechten, folgt über diese ein Buch. Item, weil die Einfalt ein großes Mittel gegen die Anfechtung ist, verbinde ich mit dem Buch über die Teufel ein solches über die Einfalt.

Jene sechs Bücher gehören zum Verdienst, die übrigen sechs zum Lohn. Daß sie so angeordnet werden, verlangt auch der Sinn der Zahlen. Wie nämlich die Eins die Wurzel aller Zahlen ist, so ist die Bekehrung das Zeichen jeder Rechtfertigung. Der Zwei entspricht die Reue, die doppelt ist: des Herzens aus Schmerz und des Leibes aus Betrübnis. Der Drei entspricht die Beichte, die dreifach ist: Lob, Glaube, Sünde. Die Versuchung ist vierfach, denn vier versuchen (prüfen) uns: Gott, Teufel, Fleisch und Welt. Die abtrünnige Zahl Fünf kommt dem Teufel zu, die Sechs, die vollkommene Zahl, der Einfalt, die eine Leuchte für den ganzen Leib ist (Mt. 6, 22). Am Anfang der Bücher ist die Einteilung noch ausführlicher erläutert.

Cäsarius über die Gründung des Cistercienser-Ordens
(Gekürzte Fassung, Dial. mir. I,1)

Kapitel I: Gründung des Cistercienserordens — Buch 1: Über die Bekehrung. Über die Bekehrung will ich sprechen und rufe die Gnade Dessen an, der Frieden redet zu Seinem Volk und Seinen Frommen, denen, die sich von Herzen zu Ihm bekehren (Ps. 84, 9). ER ist es, der Schriftsteller anregt, den Griffel führt und den Lohn der Arbeit aufwägt. Von Ihm kommt nämlich das Heil, weil er barmherzig Seinen Zorn abwendet von denen, die er mächtig zu sich bekehrt.

Novize: Notwendig scheint mir, ehe du die Tugend der Bekehrung behandelst, kurz zu erzählen, wo, von wem, aus welchem Bedürfnis unser Orden gegründet wurde, damit du auf solchem Fundament die geistigen Wände aufbaust aus lebendigen, kunst- und wertvollen Steinen, die über die Erde gewälzt werden.

Mönch: Im Bistum Langres liegt ein Kloster, Molesme mit Namen — vielgehört ist sein Ruf, die Frömmigkeit ausgezeichnet; geadelt ist es durch bedeutende Männer, reich an Gütern und Tugend, aber Reichtum und Tugend können nicht beständig zusammen sein. Weise und eifrige Männer, die höher strebten, erwogen, daß sie in besagtem Kloster in Ehren lebten, aber wenig nach der Regel, auf die sie sich verpflichtet; sie ratschlagten miteinander, und eines Sinnes und Geistes zogen 21 Mönche mit ihrem Vater Robert in eine schreckliche Einöde, namens Cistercium, wo sie von ihrer Hände Arbeit regeltreu leben wollten. Vertrauend auf Hugo's Rat, des verehrten Oberhirten von Lyon, damals Apostolischer Legat, des Bischofs Walter von Chalons und des erlauchten Herzogs Odo von Burgund, durch solche Autorität also ermutigt, begannen sie im Jahre der Menschwerdung des Herrn 1098 am genannten Ort eine Abtei zu bauen. Das Kloster, von dem sie fortzogen, war zu Ehren der sel. Gottesmutter Maria erbaut. Darum beschlossen sie und ihre Nachfolger, die vom Neukloster sich ausbreiteten, alle ihre Kirchen ebenfalls der glorreichen Jungfrau zu weihen. Wenig später kehrte Abt Robert, auf Anhalten der Mönche von Molesme und Befehl Urbans II., mit Zustimmung Bischofs Walter von Chalons, zurück, und Alberich, ein frommer und heiliger Mann, nahm seinen Platz ein. Durch seine Arbeit und mit Gottes Segen wuchsen der Ruf jenes Tales und mit ihm die zeitlichen Güter. Nach seinem Tode folgte Stefan, nicht minder heilig, ein Engländer von Geburt. Sie waren noch wenige an Zahl: die Kinder der Welt achteten an ihnen die Heiligkeit des Lebens, schreckten aber vor der Strenge zurück — da kam der hl. Bernhard mit etwa 30 Gefährten und unterwarf sich dort dem sanften Joch Christi. Seither begann dieser Weinberg des Herrn zu wachsen und sich auszudehnen und seine Ranken zu strecken bis an das Meer (Ps. 79, 12), und sein Besitz erfüllte die Erde. Die ersten Sprossen waren: La Ferté, Pontigny, Clairvaux, Morimond. Die Äbte dieser vier Häuser hatten ein solches Ansehen, daß sie den Abt von Cîteaux gemeinsam visitierten und umgekehrt dieser sie.

Novize: Was heißt visitieren?

Mönch: Die Klosterzucht aufrecht erhalten.

Die beiden ersten Väter führten nämlich zur Abstellung von Mängeln und zur Erhaltung der Liebe das Generalkapitel und die jährliche Visitation der einzelnen Klöster ein. Im Jahre des Herrn 1115 wurde also Clairvaux gegründet, dessen erster Abt der hl. Bernhard war, 1134 folgte Claustrum (Himmerod), wovon am 17. März 1188(9) unser Konvent unter Abt Hermann auszog; er kam am 22. März auf den Stromberg (Siebengebirge) und siedelte vier Jahre später nach dem Tal über, das jetzt Peterstal (Heisterbach) heißt.

Novize: Nach deinem Bericht haben der Orden der Schwarzen (Benediktiner) und unser Orden dieselbe Regel, ich wundere mich, warum sie so verschieden leben.

Mönch: Die Cluniazenser und Cistercienser haben allerdings die gleiche Regel, aber eine verschiedene Observanz; sie sagen nämlich, gewisse hl. Väter hätten die Strenge der Regel gemildert, damit viele im Orden ihr Heil finden könnten. Was die Tracht angeht, worin der größte Unterschied zu liegen scheint, so höre, was gesagt wird (Reg., cap. 55): über Farbe und Dicke der Kleider sollen die Mönche nicht streiten; sie seien so beschaffen, wie man sie am Wohnort vorfindet oder billig beschaffen kann. Doch genug davon! Dies aber halte fest: Gründer unseres Ordens ist der Hl. Geist, Gesetzgeber St. Benedikt, Erneuerer der ehrwürdige Abt Robert.

Mechtild von Magdeburg († 1282 oder 1294)

Um 1208 oder 1210 aus vornehmer Familie geboren, wurde Mechtild mit ihrem Bruder Balduin — später Dominikaner in Halle — in der höfischen Weise ihrer Zeit erzogen und unterrichtet. Etwa zwanzigjährig schloß sie sich (um 1230) in Magdeburg einem Beginenkonvent an. Ihre seit dem 12. Lebensjahr einsetzenden Begnadigungen verschweigt sie lange Jahre. Erst um 1250 beginnt sie auf Weisung ihres Beichtvaters mit der Niederschrift ihrer mystischen Erlebnisse, den ersten Aufzeichnungen in der Geschichte der deutschen Mystik überhaupt. Der Dominikaner Heinrich von Halle faßte Mechtilds Offenbarung in den sechs Büchern des „Fließenden Lichtes der Gottheit" zusammen. Nach ihrem Eintritt in Helfta (um 1270) fügt sie ein siebtes Buch hinzu. Unter unverkennbarem Einfluß der Viktoriner, Hildegards v. Bingen, Davids von Augsburg und vor allem Bernhards v. Clairvaux stehend, bediente sich Mechtild bei der Wiedergabe ihrer Visionen der Bildersprache des Hohen Liedes. „Das Fließende Licht der Gottheit" gilt als das bedeutendste Werk deutscher Frauenmystik. Mechtild, die um 1250 die erste dogmatisch bestimmte Herz-Jesu-Offenbarung erhielt, regte nach ihrem Eintritt in Helfta gleichgestimmte Nonnen zur Verehrung des göttlichen Herzens an.

Gestorben 1282 oder 1294 in Helfta.

Bibliographie

Revelationes Gertrudianae ac Mechtildianae, 2 Bde, Poitiers, Paris 1875—77, übersetzt von J. Weißbrodt, Freiburg/Br. ⁹ 1922; G. Morel, Offenbarungen der Schwester Mechtild v. Magdeburg oder „Das Fließende Licht der Gottheit", Regensburg 1869; W. Schleussner, Das Fließende Licht der Gottheit, Mainz 1929 sowie die Ausgabe v. M. Schmidt, Eichstätt und Einsiedeln 1955; M.S.C. Molenaar, Die Frau vom anderen Ufer, Heidelberg 1946; C. Vagaggini, La dévotion au Sacré-Coeur chez S. Mechtilde et S. Gertrude, in: Cor Jesu, hrsg. v. A. Bea - Rahner u. a., II (Rom 1959), S. 31—48.

Die hl. Mechtild von Hackeborn († 1299)

Entstammt dem Geschlecht der Edlen von Hackeborn, geboren 1241. Seit dem 7. Lebensjahr Besuch der Klosterschule von Rothardesdorf (Rossdorf, 1258 nach Helfta verlegt), wo ihre leibliche Schwester bereits Nonne war. Nach gründlicher Ausbildung wird Mechtild wegen ihrer glänzenden Geistesgaben zur Leiterin der Schule ernannt; im Konvent hatte sie lange Jahre das Amt der Kantorin inne. Das feierliche Gotteslob wurde ihr eine Quelle reicher Gnaden und formte ihre Frömmigkeit. Die Offenbarungen ihrer mystischen Gnaden zeichneten die hl. Gertrud und eine unbekannte Nonne aus Helfta seit 1292 heimlich auf. Wahrscheinlich besorgte Gertrud auch die Endredaktion des „Buches der besonderen Gnaden" *(Liber specialis gratiae)*. Dieses Werk enthält die mystischen Erlebnisse der Heiligen, Gebete und Betrachtungen über Glaubensgeheimnisse und Feste des Kirchenjahres. Mechtild übte durch ihre Gebete und geistlichen Übungen zum Herzen des Erlösers auf die Verbreitung und Vertiefung der Herz-Jesu-Verehrung nachhaltigen Einfluß aus.

Gestorben am 19. November 1299 zu Helfta. Fest: 19. November.

Gebetsverbrüderung zwischen den Abteien St. Vaast und Cîteaux, geschlossen anläßlich des Besuches von Stephan Harding in St. Vaast (1125).

Gekrönte Madonna mit den Äbten von St. Vaast OSB (li.) und Cîteaux (re.) mit ihren Kirchenmodellen. Der Mönch Osbert bietet das von ihm geschriebene Buch der Muttergottes und Stephan Harding dar.

Miniaturmalerei (23 × 14 cm) im Kommentar des hl. Hieronymus über den Propheten Jeremias (Stadtbibliothek Dijon, Ms. 130, f. 104).

Darstellung einer Gebetsverbrüderung zwischen der Abtei Kamp und dem Kapitel des St. Viktorstiftes in Xanten.

Der am 2. Jan. 1460 in Kamp unter Abt Heinrich von Ray (1452—83) abgeschlossene Verbrüderungsvertrag nahm das Stift in die Bruderschaft des Ordens auf, „damit das freundschaftliche Verhältnis nicht erkalte, sondern sich von Tag zu Tag inniger gestalte" (Urk. Stiftsarchiv Xanten Nr. 1371). Die Urkunde verzeichnet gleichzeitig Art und Anzahl der guten Werke, die die Mitglieder verrichteten und an denen sie Anteil hatten. Insbesondere wurde für die Seele der Verstorbenen gebetet. Diese Gebetsverbrüderungen wurden sowohl zwischen geistlichen Kommunitäten als auch mit geistlichen und weltlichen Personen abgeschlossen. Kamp schloß solche mit den Benediktiner-Abteien St. Michael/Siegburg, St. Pantaleon/Köln, St. Nikolaus/Brauweiler, mit den Kanonikern des Marienstiftes/Aachen und vielen anderen männlichen und weiblichen Klöstern und Stiften ab.

Die oben abgebildete Verbrüderungsszene befindet sich auf dem Deckel eines Holzkastens zur Aufnahme der Urkunde, in der Schatzkammer der St. Viktorskirche, Xanten.

M. Dicks, Die Abtei Camp, Kempen 1913, S. 60 ff

Bibliographie

J. Müller, Leben und Offenbarungen der hl. Mechtild, Regensburg 1880; H. Urs v. Balthasar, M. v. Hackeborn, Das Buch vom strömenden Lob, Eichstätt 1955; Zimmermann III, S. 329—334.

Die hl. Gertrud d. Große († 1302)

Geboren am 6. Januar 1256, mit 5 Jahren Eintritt in Helfta, sorgfältige Ausbildung in der Klosterschule. Seit 1289 begann sie mit der Niederschrift ihrer mystischen Christusvisionen in gutem Latein, die sich — wie ihr ganzes geistliches Leben — eng an die Feier der Liturgie anschlossen. Sie bevorzugte die Verehrung der hl. Eucharistie und des durchbohrten Herzens Christi, eifrig gefördert durch die Äbtissin Gertrud von Hackeborn.

Ihr Hauptwerk, „Der Gesandte der göttlichen Liebe" (*Legatus divinae pietatis*), entstand in Gemeinschaft mit gleichgestimmten Nonnen; lediglich das zweite und früheste Buch entstammt Gertruds Feder und zeugt von der absoluten Schlichtheit und Redlichkeit ihrer Aussagen. Der „Gesandte" mit seinen fünf Büchern enthält die gesammelten Offenbarungen und Betrachtungen der Heiligen und bietet vor allem im ersten Buch die einzige Quelle zur Kenntnis ihrer Persönlichkeit. Kleinere aszetische Abhandlungen, mit Ausnahme der „Geistlichen Übungen" (*Exercitia spiritualia*) — einer Gebetssammlung voll theologischer Tiefe — gingen verloren.

Gertrud starb am 13. November 1302 zu Helfta. Ihr Fest wird im Benediktiner- und Cistercienserorden am 17. November, in der Gesamtkirche am 16. November gefeiert.

Bibliographie

Werke: Revelationes Gertrudianae ac Mechtildianae, 2 Bde, Poitiers, Paris 1875—77, übers. v. J. Weißbrodt, Freiburg/Br. [9] 1922; ders., Gesandter der göttlichen Liebe, Freiburg/Br. [13] 1958; W. Verkade, Das neue Gertrudenbuch (Auszüge), Beuron [2] 1955; Oeuvres spirituelles: I. Les exercices, hrsg. v. J. Hourlier u. A. Schmitt (Sources chrét. Nr. 138, Textes monast. d'Occident Nr. 19), Paris 1967; II/III. Le Héraut, hrsg. v. P. Doyère (Sources chrét. Nr. 139, 143, Textes monast. Nr. 25, 27), Paris 1968.
Literatur: Zimmermann III, S. 319—323; G. Haßl, Im Tale der Wunderblume von Helfta, Mergentheim 1913; M. Müller-Reif, Zur Psychologie der mystischen Persönlichkeit, Berlin 1921; C. Vagaggini, La dévotion au Sacré-Coeur chez S. Mechtilde et S. Gertrude, in: Cor Jesu, hrsg. v. A. Bea - Rahner u. a., II (Rom 1959), S. 31—48.

Konrad von Ebrach († 1399)

Geboren um 1330. Eintritt in Ebrach unter Abt Heinrich II. (1344—49), Besuch des Bernhardskollegs zu Paris, beendet seine Studien im Ordenskolleg in Bologna um 1370 mit der Promotion zum Magister der Theologie. Seit 1375 befindet er sich als Magister der Theologie im St. Bernhardskolleg zu Prag, wo er auch

mine· vn sten ir augen nur zv got
in aller ir vbunge vn in allen iren
werken furhten sie niht anders den
das sie got besweren· wan div swe
heiligen luten leider were den kein ander
sache die sie vo den sunden nemen·
Vo dirre vorhte stet geschriben
in dem salter· Div heilige vorhte gotes
div blibet vo ewen ze ewen· das
ist div vorhte die got vn sine hei
ligen so flizklichen raten ze haben
allenthalben in der schrift· wan swer
dise vorhte hat der hat die minne·
Wie aber disiv vorhte mit der minne
muge sin· das ist lihte ze versten· so
wir got ie mer minen· so wir ie
serer furhten das wir wider im tun·
Das dritte contemplieren get
vf die breite· disiv breite ist
niht anders den gotes minne div al
so breit ist das sie reichet vo den
friwnden zv den vinden· vn da vo
sprichet paulus· Do wir dennoch
gotes vinde waren· do wurde wir
got dem vater gehuldet mit sines sun
tode· michels mer nach dirre sune
werden wir behalten mit sime lebe
als ob er spreche· ist vns sin tot so
groze gnade brahte· michels grozer
gnade bringet vns sin leben· vn ab
sprichet paulus· So gar ane maze ha
vns got geminet· das er sinen ein
born sun niht verschonet er gebe in
in den tot fur vns alle· vo dirre
breiten minne sprichet sant Johan
Seht welhe minne got der vater vns
geben hat das wir siniv kint hei
zen vn sin· Disiv minne gotes ist

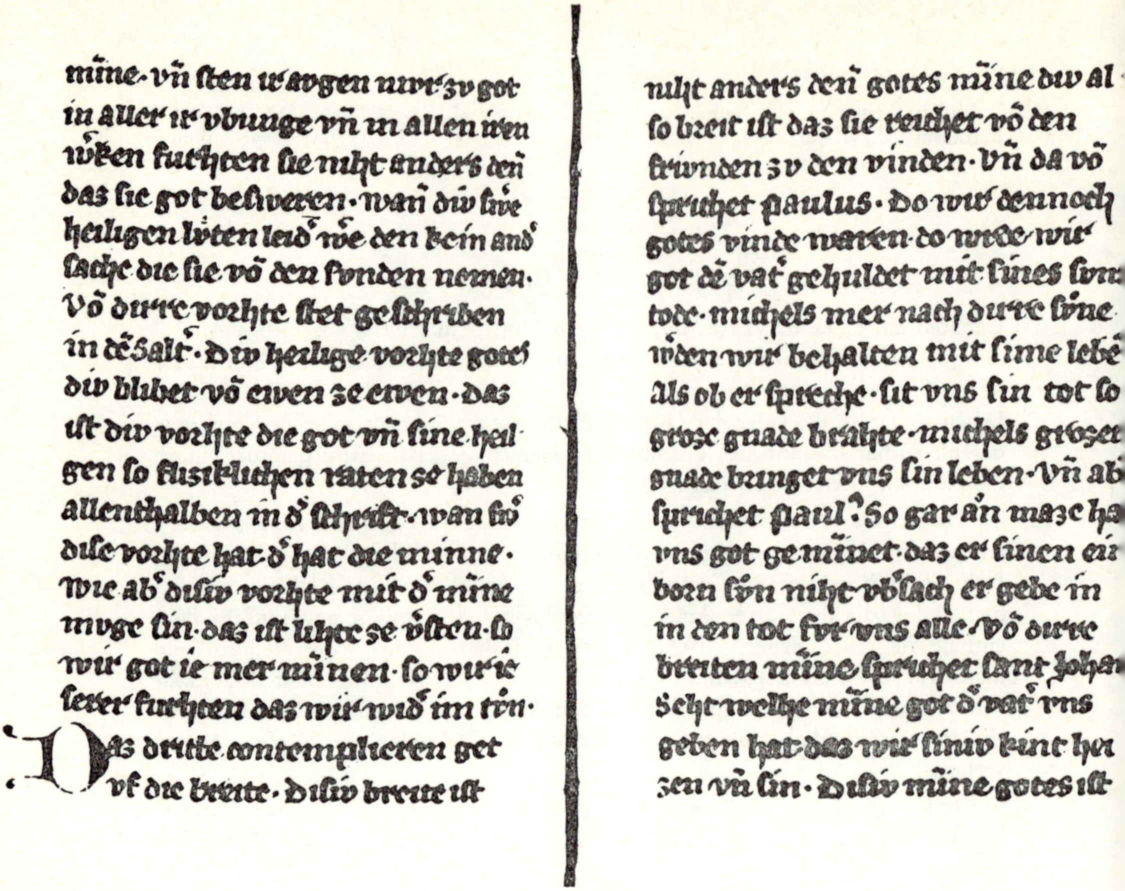

Aus der Handschrift der „Sechs Namen des Fronleichnams"

dem Werk eines nicht namentlich bekannten Heilsbronner Mönches, der als der eigentliche Dichter der fränkischen Mystik angesehen wird. In dieser um 1320 entstandenen Schrift sagt er von sich:

„Nicht: Lerne Weisheit in der Schrift!
Nicht bittet er: Fahr übers Meer!
Nach dir allein ist sein Begehr."

Nachstehend die Transkription des in Ansbacher Mundart geschriebenen Textes der abgedruckten Buchseite:

... und stehen ihre Augen nur zu Gott in aller ihrer Übung, und in allen ihren Werken fürchten sie nichts anderes, als daß sie Gott beleidigen könnten; denn die Beleidigung Gottes wäre für heilige Leute schlimmer denn irgendeine andere Strafe, die sie von den Sünden davontrügen. Von dieser Furcht steht geschrieben im Psalter (Ps. 18, 10): „Die heilige Furcht Gottes, die bleibt von Ewigkeit zu Ewigkeit." Das ist die Furcht, die zu haben Gott und seine Heiligen so fleißig anraten allenthalben in der Schrift (z. B. Ps. 33, 12; Spr. 23, 17; Apg. 9, 31); denn wer diese Furcht hat, der hat die Minne. Wie aber diese Furcht mit der Minne harmonieren kann, das ist leicht zu verstehen: Je mehr wir Gott lieben, umso mehr fürchten wir, daß wir etwas wider ihn tun.

Die dritte Betrachtung zielt auf die Breite. Diese Breite ist nichts anderes denn Gottes Minne, die so breit ist, daß sie reicht von den Freunden zu den Feinden. Und davon spricht Paulus (Röm. 5, 10): Da wir doch Gottes Feinde waren, wurden wir mit dem Vater versöhnt durch Seines Sohnes Tod; weit mehr noch werden wir nach dieser Sühne erlöst durch Sein Leben, wie wenn er sagen wollte: Wenn uns schon Sein Tod so große Gnade brachte, weit größere Gnade bringt uns Sein Leben. Und abermals spricht Paulus (Röm. 8, 32; vgl. Joh. 3, 16): So gar ohne Maß hat uns Gott geliebt, daß Er seinen eingeborenen Sohn nicht schonte, vielmehr Ihn in den Tod gab für uns alle. Von dieser breiten Minne spricht St. Johannes (1. Joh. 3, 1): Seht, welche Minne uns Gott Vater geschenkt hat, daß wir Seine Kinder genannt werden und es sind. *Hans Gerig*

1376/77 die 2. Redaktion seiner Sentenzen liest. Infolge der nationalen Unruhen verläßt der allgemein geschätzte Cisterciensertheologe mit mehreren Dozenten im Frühjahr 1384 Prag und wechselt nach Wien über. Er gilt als Mitbegründer der Wiener theologischen Fakultät und des St. Nikolauskollegs, wie er auch an der Ausarbeitung der Statuten für die theologische Fakultät maßgeblich beteiligt war. Trotz seiner akademischen Lehraufträge entfaltet Konrad im Orden eine vielseitige Tätigkeit. Urban VI. (1378–89) ernannte ihn 1382 zum Abt von Morimond, dem Mutterkloster Ebrachs. Wahrscheinlich hat er dieses zur avignonesischen Obödienz gehörige Kloster nie betreten. Seit 1383 ist er päpstlicher Visitator der im Obödienzbereich Urbans VI. liegenden Ordenshäuser und präsidiert auf den Generalkapiteln in Wien (1393) und Heilsbronn (1394) als „Abt von Morimond".

Konrad von Ebrach gehört als Verfasser eines weitverbreiteten Sentenzenkommentars, als Mitbegründer und gefeierter Lehrer der Wiener Universität zweifellos zu den großen deutschen Theologen seiner Zeit (Zumkeller). Sein literarischer Nachlaß ist nur handschriftlich überkommen. Neben dem Sentenzenkommentar sind vor allem die theologischen Traktate „De cognitione animae Christi" und das „Compendium de Confessione" erwähnenswert; die noch erhaltenen Predigten enthalten sehr zahlreiche Zitate aus den Werken Bernhards von Clairvaux.

Gestorben am 9. Dezember 1399 in Wien

Bibliographie

G. Sommerfeld, Zu den Schriften des Magisters K. v. E., in: Zeitschrift f. kath. Theologie 29 (1905), S. 747–753; A. Zumkeller, Der Cisterciensertheologe K. v. E. im Kampf um Thomas v. Aquin, in: Cist. Chr. 56 (1949), S. 1–24; K. Lauterer, K. v. E. im Kampf um St. Bernhard, ebda. 66 (1959), S. 58–81; ders., K. v. E., Lebenslauf u. Schrifttum (theol. Diss., Freiburg/Schw. 1960), gedruckt in: Analecta 17 (1961), S. 151–214; 18 (1962), S. 60–120, 19 (1963), S. 3–59; ders., Johannes von Retz, Collatio in exequiis Mag. Conradi de Ebraco — Ein Nachruf für K. v. E., in: Cist. Chr. 68 (1961), S. 25–40.

Matthäus Steynhus, Mönch von Königsaal († 1427)

Gebürtiger Deutscher, Eintritt in Königsaal/Böhmen um 1394/95. Studium an den Bernhardskollegien in Paris und Prag, 1404 in Prag Promotion zum Magister artium, 1405/07 liest er als Bakkalaureus der Theologie die Sentenzen und greift in einer öffentlichen Disputation die Prinzipienvorlesungen des Magisters Johannes Hus an. Nach dem Wegzug der Deutschen aus Prag (1409) bleibt er noch bis zum Jahre 1411 am Bernhardskolleg. Die Hussitenwirren, in deren Verlauf sein Profeßkloster Königsaal zerstört wurde (1420), veranlassen ihn um 1411 zum Übertritt in die sächsische Abtei Altzella. Der selbst hochgebildete und um die Förderung der Studien bemühte Abt Vinzenz (1411–42) ernannte Matthäus zum Leiter des Hausstudiums, das unter ihm zu hoher Blüte gelangte. Erst nach seinem Tode (1427) weisen die Matrikel des Leipziger Ordenskollegs zahlreiche Altzeller Scholaren nach.

Während seiner Anwesenheit auf dem Konstanzer Konzil predigte Matthäus am 4. Juli 1417 vor den Konzilsvätern über Kirchenreform und Verweltlichung der Prälaten.

Nach einem reicherfüllten Leben († 1427) fand der bedeutende Ordenstheologe seine letzte Ruhestätte im Kreuzgang vor der Bibliothek. In Altzella behielt man Matthäus in ehrendem Andenken; der gelehrte Mönch Michael Miris nennt ihn in seiner Vorrede zu einem 1519 gedruckten theologischen Traktat „eine wissenschaftliche Zierde" des sächsischen Klosters.

Matthäus gilt als Vertreter der spätmittelalterlichen Augustinerschule, stark beeinflußt von Thomas von Straßburg († 1357). Außer dem Sentenzenkommentar, seinem Hauptwerk, verfaßte er Kommentare zum Matthäusevangelium, zu den Psalmen und zu den Hymnen des Cistercienserbreviers sowie mehrere Predigten und Lesungen zum Offizium der hl. Katharina. In seinem Hymnenkommentar erweist sich Matthäus — ganz im Gegensatz zu seiner recht trockenen Schultheologie — als tieffrommer Verehrer der Menschheit Christi im Geiste Bernhards von Clairvaux und der aufkommenden Devotio moderna.

Bibliographie

L. Schmidt, Beiträge zur Geschichte der wissenschaftl. Studien in sächsischen Klöstern. I. Altzelle (Neues Archiv f. sächs. Gesch. u. Altertumskunde, Bd. XVIII, Heft 44), Dresden 1897, S. 21 f, 57 f.; A. Arnold, fr. Matthäus Steynhus, der Cistercienserprediger auf d. Konstanzer Konzil, in: Cist. Chr. 48 (1936), S. 226—230; K. Lauterer, Matthäus v. Königsaal, ebda. 71 (1964), S. 93—109; ders., Der Hymnenkommentar M. v. K., ebda. 73 (1966), S. 33—43, 71—75; ders., M. v. K. als Theologe, ebda. 74 (1967), S. 129—141, 170—180.

Kardinal Johannes Bona († 1674)

Geboren 12. Oktober 1609 zu Mondovi/Piemont aus vornehmem Geschlecht, 1625 Eintritt in das zur Kongregation der italienischen Feuillanten (Fulienser) gehörige Kloster S. Maria de Pignerol, Studium in Asti, Turin und Rom, 1633 oder 1634 Priesterweihe, seit 1636 Theologieprofessor, 1639, 1644—47 Prior in Asti, 1647 Abt von Vico, 1651—65 Generalabt der italienischen Feuillanten, 1669 Ernennung zum Kardinalpriester von S. Salvatore in Lauro, später von der neuerbauten Titelkirche S. Bernardo alle Terme in Rom; dort nach seinem Tode (18. Oktober 1674) beigesetzt.

Bona, bei Papst, Kaiser, Klerus und Volk gleicherweise beliebt, blieb trotz seiner hohen Würde ein demütiger, bescheidener Mönch. Langjährige, intensive Studien befruchteten seine wissenschaftliche und schriftstellerische Tätigkeit, die sich hauptsächlich auf Liturgie und Aszetik erstreckten. Seine bekanntesten Werke sind: „De rebus liturgicis" (Rom 1671, ²Paris 1676), „De divina psalmodia" (Rom 1653, Köln 1676) und „De sacrificio missae" (Rom 1658, deutsche Übersetzung Regensburg 1909). Eine Gesamtausgabe seiner Werke erschien 1677 in Antwerpen. Bona hinterließ 12 unveröffentlichte und nahezu 30 unvollendete Schriften.

Pius X. feierte am 15. April 1910 anläßlich des 300. Todestages Bonas diesen als „Ruhm des norditalienischen Volkes, Zierde der benediktinischen Familie und Leuchte der Kirche... Er vereinte mit der Wissenschaft eine demütige Meinung seiner selbst, Reinheit und Heiligkeit des Lebens". (Acta Apostol. Sedis v. 15. 5. 1910, S. 324 ff.)

Bibliographie

A. Steiger, Kardinal Johannes Bona, in: Cist. Chr. 26 (1914), S. 225–233; Hermans, S. 291–294.

Weitere Vertreter cisterciensischer Geistigkeit

Cîteaux erwählen der Engländer Isaak, seit 1147 Abt von Stella († um 1169), wohl der originellste aller Cisterciensertheologen, und der bereits betagte Pariser Theologieprofessor Alanus ab Insulis (von Lille), der „Dr. universalis" († 1203) [76]. Odo, Kanzler der Kathedralschule von Notre Dame zu Paris, später Kardinalbischof von Frascati († 1171), entscheidet sich für Ourscamp [77], Petrus Cantor, Theologieprofessor zu Reims und Paris († 1179) für Longpont.

Als philosophisch-theologische Schriftsteller ragen hervor: die englischen Äbte Stephan von Salley († 1252), Balduin von Ford († 1190 als Erzbischof von Canterbury) [78], sein Schüler und Nachfolger Johannes von Ford († 1220) [79], der nach den Vorarbeiten von Gilbert von Hoyland († 1172 als Abt v. Swineshead) [80] und Thomas von Cîteaux († Ende 12. Jahrh.) [81] den unvollendeten Hoheliedkommentar Bernhards abschloß; die Äbte Hugo von Pontigny, 1136 Bischof von Auxerre († 1151) [82] und Heinrich von Hautecombe-Clairvaux († 1189 als Kardinalbischof von Albano) [83], der hl. Bischof Amadeus von Lausanne († 1159) [84], die sel. Äbte Serlo von Savigny († 1158) [85], Oglerius von Locedio († 1214) [86] und Volkuin von Sittichenbach († um 1154) [87], die Mönche Nikolaus von Clairvaux, Sekretär Bernhards († um 1180) [88], Galland von Rigny (12. Jahrh.) [89] und Johannes von Limoges, 1208–18 Abt von Zirc [90], Garnier von Rochefort, 1186–92 Abt von Clairvaux († nach 1200 als Bischof von Langres) [91], die Magister Heinrich, 1190–95 Abt von Hautcrêt, später Weihbischof von Konstanz [92] und Gerhard von Lüttich (um 1230) [93], die Äbte Ludger von Altzelle († 1234) [93a] und Johannes Godhard von Newenham (13. Jahrh.) [94], Gunther von Pairis († um 1220), der bereits deutlich unter dem Einfluß der Scholastik steht [95], Guido von L'Aumône († nach 1253) [96], Abt Humbert von Preuilly († 1298) [97], der „Vater des Thomismus im Cistercienserorden, Franz von Keysere († 1294) und Rainier von Clairmarais († Anf. 14. Jahrh.) [98], Gutholf von Heiligenkreuz († um 1300) [99], Johannes Sindewint von Ter Doest († 1319) [100], Magister Philipp von Rathsamhausen, 1301–06 Abt von Pairis, † 1322 als Bischof von Eichstätt [101], Abt Jakob Fournier von Fontfroide, als Papst Benedikt XII. (1334–42) eifriger Förderer des Studienwesens im Orden [102], Abt Ulrich von Lilienfeld († 1351) [103], Jakob aus Eltville († 1393 als Abt von Eberbach) [104], Matthäus Steynhus von Königsaal († 1427) [105], Kardinal Johannes

Bona († 1674) [106]), Bischof Caramuel y Lobkowitz († 1682) [107]), Abt Quirin Mickl von Hohenfurt (1747—67) [108]), Stephan Wiest von Aldersbach († 1797) [109]) und P. Nivard Schlögl von Heiligenkreuz († 1939) [110]).

Als Historiker erlangten Bedeutung:

Bischof Otto von Freising († 1158) [111]), Petrus von Vaux-de-Cernay († 1219) [112]), der sel. Vincenz Kadlubek († 1223 als Bischof von Krakau) [113]), Gunter von Pairis († ca. 1220) [114], Cäsarius von Heisterbach († 1240) [115], Alberich von Troisfontaines († 1251) [116]), Helinand von Froidmont († um 1233) [117]), Radulf von Coggeshall († um 1228) [118]), Heinrich von Saar († nach 1300) [119]), die Äbte Petrus von Königssaal († 1339) [120]) und Johann von Viktring († 1345) [121]), Hermann Zoestius von Marienfeld († 1445) [122]), Nikolaus Amberg von Lützel († 1467), Bartholomäus Kremer von Schöntal (1589—1661) [123]), Angelus Manrique von Huerta († 1649 als Bischof von Bajádoz), dessen vierbändige Ordensgeschichte (Lyon 1642—59) Abt Bonifatius Hiltprand von Gotteszell (Augsburg 1739 bis 42) übersetzte; die Äbte Caspar Jongelinus († 1669) [124]), Bernhard Buchinger von Lützel († 1673) [125]), Johann Bernhard Linck von Zwettl († 1671) [126]) und Ferdinand Ughelli von Tre-Fontane bei Rom († 1670), Charles de Visch, Prior von Les Dunes in Brügge († 1666) [127]), Bertrand Tissier von Bonnefontaine († 1670), Augustin Sartorius von Osseg († 1723) [128]), Chrysostomus Hanthaler von Lilienfeld († 1754) [129]), Leopold Janauschek von Zwettl († 1898) [130]), Gregor Müller von Mehrerau († 1934) [131]) und Joseph-M. Canivez von Scourmont/Belgien († 1952) [132]). In neuester Zeit lebte die Geschichtsforschung im und über den Cistercienserorden erfreulich auf.

Das anfängliche Verbot des Rechtsstudiums im Orden wurde erst in der zweiten Hälfte des 14. Jahrhunderts aufgegeben. Juristische Kompendien schrieben: Abt Johannes von Kolbatz (1339—42) „Speculator abbreviatus alias Speculum abbreviatum..." (Zinna 1511) [133]), der Salemer Mönch Raphael Köndig (1681—1758) „Elenchus privilegiorum regularium maxime Cisterciensium" (Basel 1729, Konstanz 1744) [134]). Sammlungen der Rechtsquellen des Ordens veröffentlichten Abt Jean de Cirey von Cîteaux „Bullarium Cisterciense" (Dijon 1491), Chrysostomus Henriquez „Regula, constitutiones et privilegia Ord. Cist. (Antwerpen 1630), Abt Julien Paris „Nomasticon Cisterciense" (Paris 1664, 1892 Neuausgabe durch H. Séjalon), Generalabt Claudius Vaussin „Liber privilegiorum S.O.Cist. per summos Pontifices concessorum" (Paris 1666), P. Colomban Bock von Scourmont († 1956) [135]) und P. Vincentius Hermanns [136]).

Wertvolle Beiträge zur Mirakelliteratur lieferten in Clairvaux der Prior Johannes († 1179), die Mönche Herbert († um 1180) [137]) und Goswin († 1203), vor allem aber Konrad († 1221 als Abt von Eberbach) mit seinem *„Exordium Magnum Cisterciense"* [138]). Das am meisten gelesene Legendenbuch ist der *„Dialogus miraculorum"* des Priors Cäsarius von Heisterbach († 1240) [139]); ähnliche Mirakelbücher gab es in vielen Ordenshäusern, u. a. das *„Magnum Legendarium Austriae"* mit seinen 580 Wundergeschichten, ein Gemeinschaftswerk österreichischer Benediktiner und Cistercienser [140]); auch in England pflegte man die Mirakelliteratur [141]).

Um eine kritische Sichtung der Ordensheiligen mühten sich der spanische Mönch Chrysostomus Henriquez († 1632) mit dem „Fasciculus sanctorum Ord. Cist. (Köln 1631) und seinem „Menologium Cisterciense" (Antwerpen 1630) und der Abt Claudius Chalemot von La Colombe mit dem „Catalogue des saints et bienheureux de l'ordre de Cîteaux" (Paris 1666). Ergebnis moderner hagiographischer Forschungen sind das dreibändige „Hagiologium Cisterciense (Westmalle 1948 bis 51) und die Neuauflage des „Menologium Cisterciense" (1952) von P. M.-Séraphim Lenssen.

Naturwissenschaftliche Abhandlungen schrieben der Mönch Alcher von Clairvaux († 1165) [142]) und Abt Wilhelm von Auberive († 1186) [143]), Abt Moritz Knauer von Langheim († 1664), bekannter Metereologe, verfaßte den „Beständigen Haußkalender", der nach einer Überarbeitung des Erfurter Arztes Herwig unter dem volkstümlichen Titel „Hundertjähriger Kalender" im Druck erschien (Weimar 1721) [144]).

Als Komponisten betätigen sich Abt Nucius von Himmelwitz († 1620), ein Meister der polyphonen Motette [145]), die Mönche Konstantin Reindl († 1798), Johannes Schreiber († 1800) und Martin Vogt († 1854) von St. Urban/ Schweiz [146]), sowie P. Alberich Zwyssig von Wettingen († 1854), Dichter und Komponist des „Schweizerpsalms" [147]).

Johann Ladislaus Pyrker von Felsö-Eör (1772—1847), 1812 Abt von Lilienfeld, 1821 Patriarch von Venedig und seit 1827 Erzbischof von Erlau, übte durch seine Dichtungen (Dramen und Epen) auf das österreichisch-ungarische Geistesleben einen tiefgreifenden Einfluß aus [148]).

ANMERKUNGEN

[1]) J. Leclercq — F. Vandenbroucke — L. Bouyer, Histoire de la spiritualité chrétienne: La spiritualité du Moyen-âge II, Paris 1961, S. 271 (zitiert: Leclercq, Histoire II).

[2]) Exord. parv. cap. XV, ed. C. Noschitzka in: Analecta 6 (1950), S. 14.

[3]) Ebda.

[4]) Exord. Magnum dist. I, c. 2., hrsg. v. B. Grießer (Series Scriptorum S. O. Cist. II), Rom 1961, S. 50.

[5]) S. Lekai-Schneider, S. 190.

[6]) „durch die häufigen Ermunterungen der Vorgesetzten wird Öl in ihr Feuer [der Liebe] gegossen..." (Wilhelm v. St. Thierry, De natura et dignitate amoris = PL 184, 396 B.).

[7]) „Ein lebendiges und wirksames Wort ist das Beispiel der Tat. Es ist die beste Empfehlung für das Wort, indem es beweist, daß man kann, was man will" (In nativ. S. Benedicti 7 = Opera I, S. 151); „Von eurem Verdienst lebe ich, so will ich eurer Förderung und Heiligung leben..." (Cant. C. 24, 1 = Opera II, S. 7). Ähnlich sagt Aelred: „Ich bin für eueren Fortschritt bestimmt..." (Sermones inediti, hrsg. v. C. H. Talbot, in: Series Scriptorum S. O. Cist. I, Rom 1952, S. 112).

[8]) Z. B. de div. serm. 121 = PL 183, 743 B.

[9]) Leclercq, Histoire II, S. 118.

[10]) G. Penco, Sul concetto del monastero come „schola", in: Collectanea 32 (1970), S. 329—333 mit Lit. Angaben.

[11]) Exord. M. dist. IV., c. 12 = Grießer, S. 236.

[12]) PL 185, 101 B.

[13]) PL 211, 598 B; in einer Predigt zum Feste des hl. Benedikt nennt er diesen „monasticae philosophiae doctorem"; vgl. Collectanea 4 (1937), S. 107. Er sagt auch, im Kloster erlerne man „philosophiae cisterciensis disciplinam..."; ep. ad fr. Philippum novicium Oratorii (= Cist. Abtei Le Loroux/Frkr.), ebda. 3 (1936), S. 201.
[14]) De div. serm. 40, 121 = PL 183, 647 B, 743 B.
[15]) De natura et dignitate amoris = PL 184, 396 D.
[16]) Vgl. Lekai-Schneider, S. 34; so auch Wilhelm v. St. Thierry: „... patres nostri in Aegypto et Thebaida... (PL 184, 333 A).
[17]) PL 184, 309 A.
[18]) Vgl. Leclercq, S. 110; J. Danielou, S. Bernard et les Pères Grecs (S. Bernard théologien), in: Analecta 9 (1953), Heft II, S. 46—55.
[19]) A. Wilmart, L'ancienne bibliothèque de Clairvaux, in: Collectanea II (1949), S. 100—127, 301—319.
[20]) PL 170, 440 B—D.
[21]) Ep. 189, 4 = PL 182, 355 D.
[22]) A. M. Landgraf, Probleme um den hl. Bernhard v. Clairvaux, in: Cist. Chr. 61 (1954), S. 1—16.
[23]) Vgl. E. Kleineidam, Wissen, Wissenschaft, Theologie bei Bernhard v. Clairvaux, in: Bernhardskongreß Mainz 1953, S. 128—167.
[24]) Ep. 191, 1 = PL 182, 353, 357 B—C.
[25]) PL 180, 321 C.
[26]) Ep. 252 = PL 211, 517 A; über den Lehrbetrieb in Paris vgl. M. D. Chenu in: Das Werk des hl. Thomas v. Aquin (deutsche Thomasausgabe 2. Erg. Bd.), Graz 1960, S. 9.
[27]) Vgl. J. Leclercq, Sancta simplicitas, in: Collectanea 22 (1960), S. 138—148.
[28]) Exord. M. dist. III, c. 9 = Grießer a.a.O., S. 166.
[29]) Exord. Cist. Coenobii c. XII = Analecta 6 (1950), S. 14.
[30]) Serm. I. in Epiph. = PL 185, 47 A; Serm. IV = ib. 62 A.
[31]) Serm. I. de Adventu = ib. 11 B.
[32]) A. Louf, Une théologie de la pauvreté monastique chez le bienh. Guerric d'Igny, in: Collectanea 20 (1958), S. 207—222, 362—373.
[33]) Medit. 10, 9 = PL 180, 273 B.
[34]) C. H. Talbot, Die Entstehung der Predigten über Cantica Canticorum, in: Bernhardskongreß Mainz 1953, S. 202—214.
[35]) Opera I, S. 131.
[36]) Vgl. W. Kahles, Radbert u. Bernhard. Zwei Ausprägungen christlicher Frömmigkeit, Emsdetten 1938.
[37]) Serm. in vig. Nat. 1, 1 = Opera IV, S. 197.
[38]) Cant. C. 48, 7 = Opera II, S. 71 f.
[39]) Ebda. 43, 4 = S. 43.
[40]) Cant. C. 22, 7 = Opera I, S. 133.
[41]) Ebda. 43, 4 = S. 43.
[42]) De dilig. Deo. cap. 10, 28 = Opera III, S. 143.
[43]) J. Leclercq, Le Sacré-Coeur dans la tradition bénédictine au moyen-âge, in: Cor Jesu, hrsg. v. A. Bea—H. Rahner u. a. II, Rom 1959, S. 3—28.
[44]) „... an den Leiden Christi in Geduld teilnehmen..." (Vorwort z. Regel).
[45]) PL 105, 1425—1431.
[46]) PL 145, 683.
[47]) PL 168, 914 f., 1601.
[48]) PL 195, 263 C/D, 264 A, 327 D, 510 A etc.; vgl. A. Hoste, A. d. R. et la dévotion médiévale au Crucifié, in: Collectanea 29 (1967) S. 37—43; A. Maiorino, La christologie affective d'Aelred d. R., ebda. 29 (1967), S. 44—66.
[49]) PL 185, 129.
[50]) Medit. or. VI = PL 180, 226 A.
[51]) Vgl. seine 12 Predigten „De sermone Christi in coena" (PL 184, 879—950).
[52]) PL 211, 636, 646.

[53]) C. Vagaggini, La dévotion au Sacré Coeur chez S. Mechtilde et S. Gertrude, in: Cor Jesu a.a.O., II, S. 31—48.

[54]) Zimmermann II, S. 318 ff.; Th. Merton, Auserwählt zu Leid und Wonne, Luzern 1953; A. Buckinx-Luylx, Het makelose hart, Löwen 1959; A. Deboutte, De heilige Luitgart. Bibliographie 1246—1846, Löwen 1963.

[55]) P. Reypens, Vita Beatricis. De autobiografie van Z. Beatrijs van Tienen, Antwerpen 1964; H. Vekeman, Minne in „Seven Manieren van Minne" van Beartijs v. N., in: Cîteaux 19 (1968), S. 284—316.

[56]) 4 Homilien über „Missus est", betitelt „In laudibus Virginis Matris" = Opera IV, S. 1—58; je 3 Predigten zu Mariä Reinigung (2. Febr.) = ebda., S. 334—344 und zu Mariä Verkündigung (25. März) = ebda. V, S. 13—42; 6 Predigten zur Aufnahme Mariens in den Himmel (15. Aug.) = ebda., S. 228—261; sowie je eine Predigt zu Mariä Geburt (8. Sept.), „De aquaeductu" = ebda., S. 275—288 und über Apoc. 12, 1 „Signum magnum" = ebda., S. 262—274.

[57]) Leclercq, Histoire II, S. 248.

[58]) In ep. 174 = PL 182, 332—336 und in seiner 2. Predigt zur Aufnahme Mariens in den Himmel = Opera V, S. 237; über Eadmer vgl. Leclercq, Wissenschaft u. Gottverlangen S. 238 f., 249 f.; vgl. C. Hontoir, Les Cisterciens et l'Immaculée-Conception, in: Collectanea 16 (1954), S. 296—304; 17 (1955), S. 39—48.

[59]) H. Barré, S. Bernard, Docteur marial, in: Analecta 9 (1953), Heft II, S. 111.

[60]) H. Köster, Die Frau, die Christi Mutter war. 1. Teil: Das Zeugnis des Glaubens, Aschaffenburg 1961, S. 131.

[61]) Ch. Dumont, Aspects de dévotion du B. Aelred à Notre-Dame, in: Collectanea 20 (1958), S. 313—326.

[62]) Le B. Guerric et Notre-Dame, ebda., 17 (1955), S. 110—118, 245—252.

[63]) Huit homélies mariales (Sources chrét. Nr. 72), Paris 1960.

[64]) Ebda., S. 203; vgl. E. Wellens, L'ordre de Cîteaux et l'Assomption, in: Collectanea 13 (1951), S. 30—61.

[65]) PL 184, 941 C.

[66]) Sermo LI. in assumptione b. Mariae = PL 194, 1683 A; vgl. J. Beumer, Mariologie und Ekklesiologie Isaaks v. Stella, in: Münchener theol. Zeitschrift 5 (1954), S. 48—61.

[67]) Vaticanum II. Vollständige Ausgabe der Konzilsbeschlüsse, zusammengestellt v. K. W. Kraemer, Osnabrück⁴ 1966, S. 162, Anm. 20.

[68]) D. Knowles, The monastic order in England, Cambridge 1949, S. 240.

[69]) PL 185, 183 D.

[70]) Vita I., cap. 13 = Sinz, S. 89; dgl. Exord. M., dist. III, cap. 19 = Grießer, S. 194 ff.

[71]) Sinz, S. 101.

[72]) Hist. eccl. p. III, lib. 8 = PL 188, 641 C.

[73]) Ad clericos de conversione = Opera IV, S. 69—116.

[74]) Sinz 198; Exord. M., dist. II, cap. 12 = Grießer, S. 106 ff.

[75]) Sinz, S. 29.

[76]) Nach Leclercq, Histoire II, S. 269 hat Alanus wohl nichts mehr in Cîteaux verfaßt; vgl. M.-Th. d'Alverny, Alain de Lille et la „theologia", in: L'homme devant Dieu (Mélanges H. Lubac II.), Paris 1964, S. 111—128.

[77]) J. Leclercq, Lettres d'Odon, in: Analecta monastica III (Studia Anselmiana 37), Rom 1955, S. 145—157.

[78]) Le sacrement de l'Autel (Sources chrét. 93/94), Paris 1963; Ch. Hallet, La communion des personnes d'après une oeuvre de B. d. F., in: Revue d'ascétique et de mystique 42 (1966), S. 405—422.

[79]) Les sermons inédits de Jean de Ford sur le Cantique des C., in: Collectanea 5 (1938), S. 250—261; 7 (1940), S. 36—45; H. Costello, The idea of the Church in the Sermons of John of F., in: Cîteaux 21 (1970), S. 236—264.

[80]) J. Leclercq, La première rédaction des Sermons in Cantica de G., in: Revue bénédictine 62 (1952), S. 281 ff.; Werke in PL 184, 11—298.

[81]) B. Grießer, Thomas Cisterciensis als Verfasser eines Kommentars zum Hohenlied, in: Cist. Chr. 51 (1939), S. 168—174, 219—224, 263—269; vgl. PL 206, 17—862.

[82]) Sermons of H. of P., in: Cîteaux 7 (1956), S. 5—33.

[83]) Briefe: PL 204, 215—251. Er widmet den Mönchen von Clairvaux sein Werk „De peregrinante civitate Dei" = PL 204, 251—402; Y. Congar, Henri de Marcy, in: Analecta monastica V (1958), S. 1—90; St. Steffen, Heinrich, Kardinalbischof v. Albano, in: Cist. Chr. 21 (1909), S. 225—236, 267—280, 300—306, 334—343.

[84]) Marienpredigten in PL 188, 1309—1346; übers. v. J. Deshusses - A. Dumas, in: Sources chrét. 72, Paris 1960; A. Dimier, A. de L., Saint-Wandrille 1949; A. Dumas, A. de L. Le personnage à travers son oeuvre, in: Collectanea 21 (1959), S. 11—28; A. Louf, Marie dans la Parole de Dieu selon S. A. de L., ebda., S. 29—62; Hermans, S. 202 ff.

[85]) Hermans, S. 200 ff.; A. Wilmart, Le receuil des discours de S., in: Revue Mabillon 12 (1922), S. 26—38.

[86]) Hermans, S. 238—242; Predigten in PL 184, 879—950.

[87]) Mönch in Kamp, Ebrach, 1127 Prior in Walkenried, 1141 Abt v. Sittichenbach, kennt persönlich Bernhard v. Clairvaux; s. J. Leclercq, Une homélie de V. de S., in: Studii medievali, 3. série, III, 1 (1962), S. 315—339; vgl. auch Analecta 7 (1951), S. 57 f.

[88]) Hermans, S. 225—229; seine Predigten in PL 144, 548—902; Briefe PL 196, 1595—1654; A. Steiger, Nikolaus, Mönch in Clairvaux, Sekretär des hl. Bernhard, in: Stud. Mitt. 38 (1917), S. 41—50; J. Leclercq, Les collections de N. de Cl., in: Revue bénéd. 66 (1956), S. 269—302.

[89]) J. Leclercq, Les paraboles de G. d. R., in: Analecta monastica I, (Studia Anselmiana 20), Rom 1948, S. 167—180; J. Chatillon, Galandi Regniacensis libellus proverbiorum, in: Revue du Moyen Age latin 9, Heft 1/2, Straßburg 1953.

[90]) Vgl. K. Horváth, Johannis Lemovicensis, abbatis de Zirc (1208—1218), opera omnia (Libri de Zirc II), 3 Bde, Veszprem 1932; ders., Jean de Limoges, der Franziskaner, in: Cist. Chr. 51 (1939), S. 257—263.

[91]) Werke in PL 205, 559—828; vgl. J. Ch. Didier, Garnier d. R. Sa vie et son oeuvre, Collectanea 17 (1955), S. 145—158; C. Baeumker, Contra Amaurianos. (Beiträge zur Gesch. d. Phil. d. MA., Bd. XXIV, Heft 5/6), Münster 1926.

[92]) Vgl. Cist. Chr. 11 (1899), S. 125 f.

[93]) E. Mikkers, Le Traité de Gérard de Liège sur les sept paroles de Notre-Seigneur en croix, in: Collectanea 12 (1950), S. 176—194; 13 (1951), S. 18—29; Hermans, S. 252 ff.

[93a]) G. Buchwald, Abt Leodegar v. Altzella als Prediger, in: Beiträge zur sächs. Kirchengeschichte 34/35 (1924/25), S. 1—52; seine 3 Bände Predigtsammlungen beschrieben in: Katalog der Lateinischen u. deutschen Hss. d. Univ. Bibl. zu Leipzig I: Die theol. Hss., Leipzig 1926—35; auf ihn geht die theologische Konzeption der Goldenen Pforte am Freiburger Dom zurück, s. H. Magirius, Studien zur Goldenen Pforte am Dom in Freiburg, in: Kunst des Mittelalters in Sachsen (Festschrift Wolf Schubert), Weimar 1967, S. 179—221, bes. 210—214.

[94]) C. H. Talbot, Two opuscula of John Godard, first abbot of N., in: Analecta 10 (1954), S. 208—267.

[95]) Werke in PL 212, 99—222; J. Leclercq, Histoire II, S. 268.

[96]) P. Michaud-Quantin, Guy de l'A., premier maître cistercien de l'université de Paris, in: Analecta 15 (1959), S. 194—219.

[97]) M. Grabmann, Humberti de Prulliaco quaestio de esse et essentia, utrum differant realiter vel sec. intentionem, introductione historica, in: Angelicum 17 (1940), S. 352—369.

[98]) P. Glorieux, Répértoire des maîtres en théologie de Paris au XIIIe siècle, Bd. II, Paris 1933, S. 246—266.

[99]) Xenia Bernardina pars III, Beiträge zur Geschichte der Cistercienserklöster der österr.-ungar. Ordensprovinz, Wien 1891, S. 82.

[100]) Die Handbibliothek des Magisters Joh. Sindewint beschrieb A. Pelzer, Livres de philosophie et de théologie de l'abbaye de Ter Doest à l'usage du maître cistercien Jean Sindewint de 1311 à 1319, in: Collectanea 7 (1940), S. 13—36.

[101]) A. Bauch, Das theolog.-aszet. Schrifttum des Eichstätter Bischofs Ph. v. R., Eichstätt 1948; Luzian Pfleger, Ph. v. R., Abt v. Pairis, ein Prediger des 14. Jahrh., in: Cist. Chr. 26 (1914), S. 144—147; Hermans, S. 260—263.

[102]) Lekai-Schneider, S. 161 f., 179 f.

[103]) Xenia Bernardina, a.a.O., S. 264, 278.

[104]) R. Borucki, Studie über die Gnadenlehre des Jakob von Eltville nach I. Sent. qu. 15, in: Cist. Chr. 65 (1958), S. 1—24.

[105]) Vgl. eigene Abhdlg. im vorhergehenden Abschnitt.

[106]) Vgl. eigene Abhdlg. im vorhergehenden Abschnitt.

[107]) L. Ceyssens, Autour de Caramuel, in: Bulletin de l'institut hist. belge de Rome 33 (1961), S. 329—410.

[108]) Xenia Bernardina, a.a.O., S. 343 f., 350 ff.

[109]) Vgl. seine Briefe an Gerhoh Steigenberger, in: Stud. Mitt. 21 (1900), S. 127 ff.

[110]) S. Grill, Univ.-Prof. Dr. P. Nivard Joh. Schlögl (Heiligenkreuzer Studien, Nr. 8), Heiligenkreuz 1949.

[111]) Vgl. eigene Abhdlg. im vorhergehenden Abschnitt.

[112]) PL 543—712.

[113]) A. Dietrich, Der sel. Vincentius K., in: Cist. Chr. 21 (1909).

[114]) PL 212, 95—476. Die Geschichte der Eroberung von Konstantinopel (Die Geschichtsschreiber d. deutschen Vorzeit 101), Köln-Graz 1956; O. Drinkwelder, Ist Günther v. P. der Verfasser des Ligurinus?, in: Stud. Mitt. 35 (1914), S. 671—683.

[115]) Vgl. eigene Abhdlg. im vorhergehenden Abschnitt.

[116]) Seine Weltchronik (bis 1251) in: MGSS XXIII, 674—950.

[117]) Hermans, S. 254 ff.

[118]) Chronicon Anglicanum z. T. in: MGSS XXIII 344—358; G. Morin, Le Cistercien Ralph de C. et l'auteur des Distinctiones monasticae, in: Revue bén. 47 (1935), S. 348—355.

[119]) Cronica domus Sarensis, hrsg. v. R. Mertlik, Brünn 1964; vgl. Analecta 20 (1964), S. 270 ff.

[120]) K. Haid, Petrus v. Zittau als Cist. Geschichtsschreiber, in: Cist. Chr. 43 (1931), S. 285—289.

[121]) K. Haid, Beitrag zur Kenntnis Johanns v. V., ebda. 18 (1906), S. 161—167; Cronica Romanorum, hrsg. v. A. Lhotsky (Buchreihe d. Landesmuseums für Kärnten V), Klagenfurt 1960.

[122]) F. Zurbonsen, Hermann Z. v. Marienfeld u. seine Schriften: in: Westdeutsche Zeitschrift f. Geschichte u. Kunst 18 (1899), S. 146—173.

[123]) J. Tritteler, B. Kremer, ein Historiograph des Klosters Schöntal u. seine Schule, in: Württembergisch-Franken 42 (1958), S. 133—155.

[124]) Vgl. Lekai-Schneider, S. 327 Anm. 77.

[125]) Über die wissenschaftlich tätigen Mönche v. Lützel vgl. E. Sitzmann, Dict. de biographie des hommes célèbres de l'Alsace I, Rixheim 1909.

[126]) Xenia Bernardina, a.a.O. III, S. 159, 166 f.

[127]) Vf. der „Bibliotheca scriptorum S.O.Cist." (Douai 1649, Köln² 1656), hrsg. v. J. M. Canivez, in: Cist. Chr. 38/39 (1926/27).

[128]) Vf. des zweibändigen „Cistercium Bis-tertium" (Prag 1700), in deutscher Übersetzung: „Verteutschtes Cistercium-Bis-tertium" (Prag 1709).

[129]) Xenia Bernardina, a.a.O., S. 257, 286.

[130]) Ebda., S. 140, 181.

[131]) Vgl. K. Haid, P. Gregor Müller als Ordenshistoriker, in: Cist. Chr. 46 (1934), S. 50—56.

[132]) Vgl. Lekai-Schneider, S. 176 f.; E. Brouette, Dom Joseph-Marie Canivez, Historien de l'ordre de Cîteaux, in: Cîteaux 23 (1972), S. 122—128.

[133]) H. Hoogeweg, Die Stifter u. Klöster der Provinz Pommern, Stettin 1924, S. 246.

[134]) L. Walter, P. Raphael Köndig v. Salem zum 200. Geburtstag, in: Cist. Chr. 65 (1958), S. 25—32.
[135]) Les codifications du droit cistercien, in: Collectanea 1947—1956.
[136]) Commentarium Cisterciense, historico-practicum in Codicis canones de Religiosis, Rom 1961.
[137]) B. Grießer, Herbert v. Clairvaux u. sein Liber miraculorum, in: Cist. Chr. 54 (1947), S. 21—39, 118—148.
[138]) Hrsg. v. B. Grießer in der „Series Scriptorum S.O.Cist." I, Rom 1961.
[139]) Vgl. Lekai-Schneider, S. 172.
[140]) Ebda., S. 173; Xenia Bernardina, a.a.O. I, S. 124—136.
[141]) Vgl. H. Farmer, A letter of St. Waldef of Melrose, concerning a recent vision, in: Analecta monastica V (Studia Anselmiana 43), Rom 1958, S. 91—101; Waldef war 1148—1159 Abt v. Melrose (vgl. Cist. Chr. 65, 1958, S. 69).
[142]) Werke in: PL 40, 779—832, 847—864; Hermans, S. 205.
[143]) J. Leclercq, L'arithmétique de Guillaume d'Auberive, in: Analecta monastica I (Studia Anselmiana 20), Rom 1948, S. 181—204.
[144]) J. Paas, Der Langheimer Abt M. Knauer als Arzt und medizinischer Schriftsteller, in: Bamberger Blätter f. fränk. Kunst u. Geschichte 4 (1927), Nr. 23; P. Heß, Sinn u. Unsinn des Hundertjährigen Kalenders, in: Orion, Zs. f. Natur u. Technik 10 (1955), S. 516; Cist. Chr. 47 (1935), S. 191 f.
[145]) B. Widmann, Joh. Nucius, Abt v. Himmelwitz, in: Cist. Chr. 32 (1920), S. 1—4, 49 ff., 70—74, 113—122, 132—136, 150—155, 161—163; J. Güldenmeister, Ein oberschlesischer Meister altklassischer Polyphonie, in: Musica sacra 79 (1959), S. 164—169, 205—210.
[146]) W. Jerger, Ein Musikalieninventar a. d. J. 1651 im Katalog v. St. Urban, in: Die Musikforschung 9 (Kassel-Basel 1956), S. 274—281.
[147]) B. Widmann, P. Alberich Z. als Komponist, Bregenz 1905; H. Meng, P. A. Z. 1808—1854, in: Civitas 9 (1954), S. 421—467.
[148]) E. Schwartz, Joh. L. Pyrker, in: Cist. Chr. 40 (1928), S. 114—117, 135—139; ders., Letzte Stunden u. Worte, ebda. 43 (1931), S. 314 f.; Briefe, ebda., S. 7 ff., 117 ff.; ders., Selbstbiographie, ebda. 46 (1934), S. 162 f.; Joh. L. Pyrker, Mein Leben 1772—1847, hrsg. v. A. P. Czigler (Österr. Akademie d. Wiss., philos.-hist. Klasse, Hist. Kommission: Fontes Rerum Austriacarum I. Abt., Scriptores 10. Bd.), Wien 1966.

Abt Adam von Ebrach

von Ferdinand Geldner

Die ehemalige Cistercienserabtei Ebrach im Steigerwald (Oberfranken, heute Erzdiözese Bamberg, bis zur Säkularisation Diözese Würzburg) nach Altenkamp und Lützel die drittälteste im deutschen Sprachraum und die älteste im rechtsrheinischen Deutschland. Als Gründungstag gilt der 25. Juli 1127. Abt Adam, der die junge Gründung etwa 40 Jahre leiten sollte, kam mit seinen 12 Ordensbrüdern aus der Abtei Morimund (damals Bistum Langres), der jüngsten, 1115 vom Mutterkloster Cîteaux gegründeten „Primarabtei". Wenn es auch nicht ausdrücklich überliefert ist, so sieht man doch heute allgemein – und sicher mit Recht – in dem ersten Ebracher Abt, der aus der Kölner Gegend stammte, jenen Mönch Adam, der zu Ende des Jahres 1124 unter Führung des Abtes Arnold zusammen mit den „Besseren und Vollkommeneren" den Konvent Morimund verlassen hatte um nach Jerusalem zu pilgern und in Palästina ein neues Kloster zu gründen. Nach dem Tode des Abtes Arnold (gest. 3. Januar 1126) wurde der damals etwa 25- bis 30jährige Adam vom großen Abt von Clairvaux in Briefen, die von einer tiefen Liebe und ungewöhnlicher Hochachtung zeugen, zur Rückkehr nach Morimund aufgefordert. Der Mann, an den Bernhard schreibt: „Wir sind sicher, daß auch jene (die mit ihm Geflüchteten) tun, was du tust oder willst", besaß sicher die Gabe der Menschenführung, und so überrascht es nicht, daß er schon 1127 von Abt Walcher (vorher Prior in Clairvaux) mit der verantwortungsvollen Aufgabe nach Ostfranken entsandt wurde.

Wenn auch die kirchlichen Verhältnisse in Würzburg für die Klostergründung nicht günstig schienen – der von Kaiser Heinrich V. investierte Bischof Gebhard (von Henneberg) war im März 1126 vom Papst abgesetzt worden und sein Nachfolger Embricho wurde erst zu Weihnanchten 1127 gewählt – standen die Anfänge Ebrachs doch unter der Leitung des Erzbischofs Adalbert I. von Mainz unter einem günstigen Stern. Es gelang Abt Adam, so viele geistliche und weltliche Herren zu Schenkungen zu veranlassen, daß der romanische Klosterbau schon 1134 wohl im wesentlichen vollendet war. Am 7. Oktober 1134 wurde die Abteikirche von Bischof Embricho konsekriert. Die wirtschaftliche Lage war gesichert; 1136 besaß Ebrach außer dem Wirtschaftshof am Kloster fünf „Grangien" (für die cisterciensische Wirtschaftsweise typische Eigenbauhöfe): zu Mainstockheim, Alitzheim, Kaltenhausen (später wüst geworden, lag in der Nähe von Volkach), Mönchherrnsdorf und Sulzheim und einen Hof in Würzburg. Zu Lebzeiten des Abtes Adam wurde 1154 noch die Grangie in Waldschwind und 1161 die in Morsbach (heute wüst) eingerichtet.

Die Anziehungskraft Ebrachs – vor allem das Verdienst seines ersten Abtes – veranlaßte so viele religiös begeisterte junge Männer, sich in Ebrach dem Herrn zu weihen, daß schon drei Jahre nach der Gründung Ebrachs das erste Tochterkloster besiedelt werden konnte: Rein (Reun) in der Steiermark (8. September 1130); es folgten Heilsbronn östlich Ansbach (21. April 1133), Langheim bei Lichtenfels (1. August 1133), Nepomuk in Böhmen (3. Juni 1145), Aldersbach bei Vilshofen (2. Januar 1146 – vorher Augustinerchorherrenstift) und Bildhausen bei Neustadt an der Saale (12. Februar 1158 — Stifter war Pfalzgraf Hermann von Stahleck, Gatte der Gertrud, der Schwester König Konrads III. und Herzog Friedrichs II. von Schwaben).

Ein Mitwirken des Ebracher Abtes ist anzunehmen bei der Gründung der Reiner Tochterklöster Sittich (1136) und Wilhering (1146 — wurde 1185 von Ebrach aus neubesiedelt) und des vom Ebracher Mutterkloster Morimund aus gegründeten Heiligenkreuz im Wienerwald (1133–35), das noch zu Lebzeiten des Abtes Adam drei Klöster besiedelte: Zwettl (1138), Baumgartenberg (1142) und Czikador (1142).

Wie das Wirken des hl. Bernhard, so reichte auch die Wirksamkeit seines deutschen Ordensbruder, des Abtes Adam von Ebrach, über den Cistercienserorden weit hinaus. 1144 wurde er zusammen mit dem Abt Folmar von Hirsau von Papst Cölestin II. mit der Untersuchung der Wahl des Propstes Folknand zum Abt von Lorsch betraut. Um 1148 schlichtete er im Auftrage Papst Eugens III. einen Streit zwischen Propst Arnold zu Scheda und Propst Gottfried zu St. Wipert in Quedlinburg. 1148 wurde er zum Kommissar bei der Wahl eines neuen Abtes zu Fulda ernannnt (in der strittigen Abtswahl fällte König Konrad III. 1150 den endgültigen Entscheid). 1148 und nochmals 1149/50 wurde er zusammen mit Bischof Eberhard II. von Bamberg von Eugen III. beauftragt, im Kloster Heidenheim das klösterliche Leben wiederherzustellen. Noch gegen Ende seines Lebens war er um die Einheit des Cistercienserordens bemüht, als er mit anderen Äbten den Abt Reginhard von Bronnbach, der für die kaiserliche Kirchenpolitik Partei ergriffen hatte, zur Resignation veranlaßte.

Im Jahre 1135 hielt sich der hl. Bernhard in einer hochpolitischen Mission in Deutschland auf. Nachdem der Kampf zwischen Kaiser Lothar und seinem welfischen Anhang einerseits und den beiden staufischen Brüdern Friedrich und Konrad fast zehn Jahre gedauert hatte, sehnte man sich nicht nur im Reiche nach Frieden; die Aussöhnung wurde von kirchlichen Kreisen vor allem gewünscht, damit der Kaiser unbesorgt Deutschland verlassen und mit einem starken Heere gegen König Roger II. ziehen konnte, der den „Gegenpapst" Anaklet II. sehr wirksam unterstützte. Auch wenn es nicht ausdrücklich überliefert ist, dürfen wir mit Sicherheit annehmen, daß Abt Adam den hl. Bernhard als Helfer und Dolmetscher zur Unterredung mit dem Gegenkönig Konrad wie zur feierlichen Unterwerfung Herzog Friedrichs (zu Bamberg im März 1135) begleitete. Spätestens seit 1135 bestand das vertrauensvolle Verhältnis zwischen dem Ebracher Abt und dem Staufer, der am 7. März 1138 zu Koblenz zunächst nur von einer Minderheit der Fürsten zum König gewählt wurde. Eine am 19. Juli 1139 zu Nürnberg ausgestellte Urkunde des Königs nennt als Intervenienten zugunsten des Erzbischofs Balduin von Pisa die Königin Gertrud, Bischof Otto von Freising, den Halbbruder Konrads und einst Abt von Morimund, den Abt Bernhard von Clairvaux (in einer ganz ungewöhnlichen Auszeichnung als „magne sanctitatis vir" bezeichnet) und den Abt Adam von Ebrach. Dieser, der wohl die briefliche Bitte des Abtes von Clairvaux überbracht hatte, erscheint unter den Zeugen gleich nach dem Bischof Otto, vor dem Erwählten Egilbert von Bamberg und dem Abt Gottschalk von Heiligenkreuz.

Als Bertha von Sulzbach, die Schwägerin und Adoptivtochter Konrads, 1145 zur Vermählung mit dem bedeutenden Kaiser Manuel Komnenos nach Byzanz reiste, wurde sie von Bischof Embricho von Würzburg und den Brüdern Berno und Riwin, die den Grund und Boden für die Ebracher Klostergründung gestiftet hatten, begleitet.

Daß ihre Schwester, Königin Gertrud, die am 14. April 1146 zu Hersefeld starb, in Ebrach beigesetzt wurde, ist ein eindringliches Zeugnis für die Hochschätzung, die sich die cisterciensische Frömmigkeit Ebrachs in Laienkreisen erworben hatte, und wohl auch für das vertraute Verhältnis, das zwischen dem Abt Adam und der königlichen Familie bestand.

Für den ideellen Hintergrund der Regierung König Konrad III. ist wohl nichts so bezeichnend wie die Kanonisation Kaiser Heinrichs II., die erste offizielle Heiligsprechung eines weltlichen Herrschers, die auf Betreiben König Konrads III. ungewöhnlich rasch und, wie der Papst in der Kanonisationsbulle schreibt, ohne Anhörung eines allgemeinen Konzils erfolgte. Man kann wohl vermuten, daß die Äbte von Ebrach und Clairvaux den Wunsch des Königs bei dem aus dem Cistercienserorden hervorgegangenen Eugen III. nachdrücklichst unterstützt haben.

Aller Welt sichtbar wurde das Zusammenwirken beider Äbte bei den Vorbereitungen zum zweiten Kreuzzug. Abt Adam, der mit den Kreuzzugspredigten in Süddeutschland beauftragt war, gewann wohl auch den Grafen Welf VI. zur Kreuznahme — das war die politisch unerläßliche Voraussetzung, daß auch der König sich durch den hl. Bernhard im Dome zu Speyer am zweiten Weihnachtstage 1146 das Kreuz anheften ließ. Am 13. Februar 1147 verlas der Abt zu Regensburg vor dem zum Ausmarsch bereiten Kreuzheere einen Brief seines großen Ordensbruders.

Wieder brachen die Heere, wie vor 50 Jahren mit dem Rufe „Gott will es" auf. Die Kunde von dem kläglichen Ausgang des großen Unternehmens brachte eine lähmende Ernüchterung. Gottes Segen hatte es offenkundig nicht geleitet. Hatte Gott es wirklich gewollt? Konrad hatte gehofft, nach der Rückkehr als triumphierender Sieger über die Feinde des christlichen Glaubens in Rom die Kaiserkrone zu erhalten und so dem deutschen König wieder die Stellung des anerkannten Führers des Abendlandes zu erringen. Krank und in seiner Willenskraft geschwächt, hielt er im Mai 1149 zu Salzburg wieder seinen ersten Hoftag auf deutschem Boden. Auch Abt Adam war unter denen, die sich nach der Katastrophe in Treue um ihren König versammelten.

Konrads letzte urkundliche Handlung war eine Bestätigung einer Schenkung des Bischofs Eberhard II. von Bamberg an die Klöster Ebrach und Langheim (Konrad III. starb am 15. Februar 1152 zu Bamberg).

Auch unter dem jungen König Friedrich konnte sich Abt Adam das alte Vertrauen und die Gunst des Herrschers zunächst erhalten. Zusammen mit dem Erwählten Hillin von Trier und Bischof Eberhard II. von Bamberg überbrachte er die Wahlanzeige dem Papst. Er besuchte die Hoftage Barbarossas 1155 und 1157 zu Würzburg, er weilte 1159 im kaiserlichen Feldlager vor Cremona. Er wird noch in einer Königsurkunde vom 23. Februar 1163 als Zeuge nach vier Bischöfen, aber vor den Äbten von Fulda, Hersfeld und Heilsbronn genannt. Um 1158 soll er als Abgesandter des Kaisers die hl. Hildegard in Bingen besucht haben.

Barbarossa, der zunächst den politischen Bahnen seines Vorgängers und Oheims gefolgt war, warf das Steuer der Reichspolitik bald herum. Er tat das so gründlich und folgenreich, daß er nicht nur die lombardischen Städte und den König von Sizilien, sondern auch den Papst, Venedig und selbst den Kaiser Manuel zu Feinden hatte. Für die Cistercienserklöster hatte seine Kirchenpolitik die nachteiligsten Folgen. Als Barbarossa auf dem Reichstag zu Würzburg zu Pfingsten 1165 von allen Versammelten den Schwur forderte, daß sie niemals Alexander III. oder einen seiner Nachfolger als Papst anerkennen würden, war Abt Adam von Ebrach wohl nicht anwesend (sein Gesinnungsfreund Bischof Eberhard II. hat den Eid nur unter Vorbehalt geleistet). Es geschah aber vielleicht auf den Rat des Ebracher Abtes hin, daß der jugendliche Vetter Barbarossas, Herzog Friedrich IV. von Schwaben (gen. „von Rothenburg"), der Sohn König Konrads III., mit seiner mächtigen ritterlichen Gefolgschaft den Reichstag vor der Eidesleistung verließ.

Nach der Katastrophe von 1167 und dem Tode Rainalds von Dassel zeigte sich Barbarossa zum Einlenken bereit. Er sandte den greisen Bischof Eberhard II. zu Papst Alexander III. Da Abt Adam damals wohl schon tot war, wurde der Bischof von zwei anderen Cisterciensern begleitet, dem Abt Alexander von Cîteaux und Abt Pontius von Clairvaux, in denen der Geist des frühen Cisterciensertums ebenso mächtig war wie im ersten Abt von Clairvaux und im ersten Abt von Ebrach.

Abt Adam war es nicht vergönnt — so wenig wie dem hl. Bernhard — gemäß dem Cistercienserideal innerhalb seines von der „Welt" möglichst weit getrennten Klosters zu leben. Durch seine engen Beziehungen zum deutschen König wurde auch er mit sehr weitreichenden Problemen des kirchlichen und staatlichen Lebens belastet. Der Mißerfolg des zweiten Kreuzzuges hat sicher auch ihn schwer getroffen, und die traditionelle, harte Beurteilung der Regierung Konrads III. belastet auch sein Andenken. Nach den neuesten, aufgrund genauester Prüfung aller Quellen gewonnenen Erkenntnisse ist aber Konrads III. Bild für die Nachwelt „vielfach zu Unrecht verdunkelt, wenn man das ehrliche Wollen und die Ideen neben dem Erfolg als Maßstab historischer Wertung gelten läßt." (Friedrich Hausmann).

Abt Adam starb an einem 23. November, frühestens wohl 1167 und spätestens 1169. Seit 1697 ruhen seine Gebeine in dem prunkvollen Mausoleum der ehemaligen Ebracher Abteikirche, eines der großartigsten Bauwerke der deutschen Frühgotik. Die von G. B. Brenno geschaffene Statue ist ein spätes Gegenstück zu dem ergreifenden Grabmal des Bischofs Friedrich I. von Hohenlohe im Bamberger Dom.

Die Briefe zwischen der hl. Hildegard und Abt Adam von Ebrach

Abt Adam von Ebrach an Hildegard

Bruder Adam, unwürdiger Abt von Ebrach — so wenig das besagt —, an die Herrin Hildegard, seine geliebte Mutter, die Meisterin der Schwestern von St. Rupert.

Als ich zuerst Kenntnis von Eurem Namen erhielt, habe ich mich mit großer Freude gefreut. Gott erhöhte meine Freude, da Er es in Seiner gütigen und wunderbaren Anordnung so lenkte, daß in unserer Gegend Euer Antlitz gesehen und Eure Stimme gehört wurde und daß Er mir, was ich kaum hoffen konnte, ein Zwiegespräch mit Euch gewährte. Ich vertraue darauf, daß Ihr nicht vergessen habt, was ich Euch damals als Grund meiner Angst gesagt habe. Weil aber verschiedene Verschiedenes denken, die einen dies, die anderen jenes, so möge Gott gepriesen sein, wenn es etwas Gutes ist und Heil beim Herrn. Ist es gefahrvoll, so bittet Gott, Er möge mir Gutes und das Heil der Seele verleihen und jede Gefahr ausschließen.

Jetzt aber sende ich in Eurer Angelegenheit das Schreiben und unsern Boten zu unserm Herrn, dem Kaiser, und hoffe durch Gottes Gnade, daß wir erhört werden. Und wo immer Ihr unseres Dienstes bedürft, werden wir bereit sein, Euch zu dienen.

Auch bitten wir: Ihr möget für uns beten — da wir um der Sorge unserer Brüder willen uns tatsächlich in einem Sturm befinden —, damit die Gnade des Heiligen Geistes, die durch Prophetengeist viel Wunderbares in Euch wirkt, auch uns anblicke und festige. Überdies bitten wir, Ihr wollet Euch würdigen, uns durch Euer Schreiben zu trösten und zu stärken.

Hildegard an Abt Adam

In wahrer Geistesschau, mit wachem Körper, sah ich etwas wie ein überaus schönes Mägdelein. Es strahlte in solch hellem Blitzesleuchten seines Antlitzes, daß ich nicht vollkommen hineinzuschauen vermochte. Es trug einen Mantel weißer als Schnee und leuchtender als die Sterne. Auch war es mit Schuhen wie aus reinstem Gold bekleidet. Sonne und Mond hielt es in seiner Rechten und umfaßte sie liebevoll. Auf seiner Brust war eine Elfenbein-Tafel, auf der eine Menschengestalt von saphirblauer Farbe erschien. Und die ganze Schöpfung nannte dieses Mägdelein „Herrin". Und es sprach zu der Gestalt, die auf seiner Brust erschien: „Bei dir ist die Herrschaft am Tage deiner Kraft, im Glanze der Heiligen. Aus dem Schoße habe ich dich gezeugt, vor dem Morgenstern".

Und ich hörte eine Stimme, die zu mir sprach: Das Mägdelein, das du siehst, ist die Liebe. In der Ewigkeit hat sie ihr Zelt. Denn als Gott die Welt erschaffen wollte, neigte er sich in zärtlichster Liebe herab. Alles Notwendige sah Er voraus, gleichwie ein Vater seinem Sohne das Erbe bereitet, und erstellte so in glühendem Liebeseifer alle Seine Werke. Da erkannte die Schöpfung — in all diesen Arten und ihren Formen — ihren Schöpfer. Denn die Liebe war im Anfang der Urgrund dieser Schöpfung, da Gott sprach: „Es werde!" Und es ward. Wie in einem Augenblick wurde die ganze Schöpfung durch sie gebildet.

Das Mägdelein strahlt in solch hellem Blitzesleuchten seines Antlitzes, daß du nicht vollkommen hineinschauen kannst. Denn es stellt die Furcht des Herrn in solch lauterer Ein-Sicht dar, daß der sterbliche Mensch nicht bis zu ihrem letzten vorzudringen vermag. Es trägt einen Mantel weißer als Schnee und leuchtender als die Sterne. Denn ohne Trug, in strahlendweißer Unschuld umfängt die Liebe alles — in den Heiligen — mit helleuchtenden Werken. Auch ist es bekleidet mit Schuhen wie aus reinstem Gold. Denn die Liebe wandelt auf Wegen, die zum besten Teil der Erwählung Gottes gehören. Sonne und Mond hält es in seiner Rechten und umfängt sie liebevoll. Denn die Rechte Gottes umfängt alle Geschöpfe und ist insbesondere ausgestreckt über die Völker, die Reiche und über alle Guten. Daher steht auch geschrieben: „Es sprach der Herr zu meinem Herrn: Setze dich zu meiner Rechten". Auf der Brust des Mägdleins (der Liebe) ist eine Elfenbein-Tafel. Denn immerdar blühte in Gottes Erkennen das unversehrte Land, die Jungfrau Maria. Und so erscheint auf der Tafel eine Menschengestalt von saphirblauer Farbe. Denn in der Liebe strahlte aus dem „Alten der Tage" der Gottessohn auf.

Die ganze Schöpfung nennt dieses Mägdlein „Herrin". Denn aus ihr ist sie hervorgegangen, weil die Liebe das Erste war. Sie erschuf alles. Darauf deutet auch die Gestalt auf seiner Brust. (Aus Liebe) bekleidete Gott sich um des Menschen willen mit der menschlichen Natur. Denn wie die ganze Kreatur auf Gottes Geheiß vollendet ward, da Er sprach: „Wachset und mehret euch und erfüllet die Erde!", so stieg die Glut der wahren Sonne wie Tau in den Schoß der Jungfrau herab und bildete aus ihrem Fleisch den Menschen, so wie sie auch aus dem Lehm der Erde Adam zu Fleisch und Blut gebildet hatte. Die Jungfrau aber gebar Ihn in Unversehrtheit.

Doch ziemte es sich nicht, daß die Liebe der Flügel entbehre. Denn als das Geschöpf im Anfang (das All) umkreiste, so daß es in diesem Drang fliegen wollte und fiel, da hoben die Schwingen der Liebe es empor. Das war die heilige Demut. Als nämlich dieses ungeheuerliche Sinnen Adam zu Boden warf, achtete Gott genau darauf, daß er im Fall nicht ganz zugrunde gehe, daß Er ihn vielmehr durch die heilige Menschwerdung erlöse. Diese Flügel waren von großer Macht, weil die Demut den verlorengegangenen Menschen aufhob. Das geschah durch die Menschheit des Erlösers. Die Liebe hat den Menschen erschaffen, die Demut hat ihn erlöst. Die Hoffnung ist wie das Auge der Liebe, die Liebe zum Himmlischen ist ihr Zusammenhalt. Der Glaube ist gleichsam das Auge der Demut, der Gehorsam ihr Herz, die Verachtung des Bösen ihr Zusammenhalt. Die Liebe war in der Ewigkeit und brachte im Anfang aller Heiligkeit alle Geschöpfe ohne Beimischung des Bösen hervor. Auch Adam und Eva hat sie aus der reinen Natur der Erde erzeugt. Und wie diese zwei alle Menschenkinder erzeugten, so bringen auch diese beiden Gotteskräfte alle übrigen Tugenden hervor.

Nun aber klopfen diese Gotteskräfte an deine Tür, o Mensch, zu dem ich dies spreche, und sagen: „O das Zelt dieses Mannes, der in der Frühe bei uns weilt, ist schon schlaff!" Und die „Liebe" spricht zu dir: „Treuer Freund, wir wollen nicht, daß du dich der Bindung deines Amtes entziehst. Als nämlich Gott im Umkreis des Himmels alle Geschöpfe aussäen wollte, umfingen wir alle Seine Werke und wirkten mit Ihm. Der Mensch jedoch fiel, und wir weinten mit ihm und verließen ihn nicht, obgleich er uns ins Gesicht schlug." Und die Demut ihrerseits spricht: „O weh, unter welch großen Schmerzen habe ich den Menschen ertragen! Du aber sagst: ‚Ich will fliehen.' Du hast jedoch eine Last, die du zum Weinberg tragen sollst, und du stehst und willst nicht gehen. Du hast dich vielmehr in Überdruß verstrickt und schaust auf einen andern Weg.

Wer sich uns anschließt, wird sicher nicht so handeln. Wenn das Volk dich liebt, so mühe dich mit ihm ab. Wenn aber Sturmgeheul losbricht mit Kriegsbedrohung und mit dem Wirbel menschlicher Unsitten, so schaue auf mich, und in der kreisenden Macht meiner Flügel werde ich dir helfen."

Samson verlor durch die Torheit eines Weibes seine ungemein starke Kraft. Hüte dich also, daß es dir nicht auch so ergehe, wenn du aus Überdruß zustimmend antwortest. Auch Salomons Ruhm wurde durch Weibertorheit zunichte. Achte ferner mit Sorgfalt darauf, daß durch die Wechselhaftigkeit dieser deiner Gedanken die grünende Kraft, die du von Gott hast, in dir nicht dürr wird. Hüte vielmehr den Schmuck von Gold und kostbarem Gestein, den die „Liebe" und die „Demut" in dir besitzen. Gib auch Gott die Ehre wegen des Armschmuckes, den dir die „Weisheit" gab und um dessentwillen das Volk dir zueilt. Mühe dich mit dem Volk. So wirst du gleich der Sonne Bestand haben.

QUELLEN UND LITERATUR:

Wilhelm Bernhardi	Konrad III. Leipzig 1883.
Johannes	Kloster Ebrach unter seinem ersten Abt Adam (1126—1166). Nürnberg 1916.
Hans Zeiss	Abt Adam, der Begründer des Klosters Ebrach, in: Heimatblätter des Hist. Ver. Bamberg 1927/28, 10—16.
Joseph Wirth	Die Abtei Ebrach. Gerolzhofen 1928.
Werner Ohnsorge	Eine Ebracher Briefsammlung des XII. Jahrhunderts, in: Quellen u. Forschungen aus ital. Archiven u. Bibliotheken 20 (1928/29), 1—39.
	Regesta Pontificum Romanorum: Germania Pontificia III, 3, (Berlin 1935), 209—217.
Ferdinand Geldner	Abt Adam von Ebrach, das staufische Königshaus und der heilige Bernhard von Clairvaux, in: Jahrbuch f. Fränk. Landesforschung 11/12 (1953), 53—65.
Hildegard Weiss	Die Zisterzienserabtei Ebrach. Stuttgart 1962.
Ferdinand Geldner	Das Hochstift Bamberg in der Reichspolitik von Kaiser Heinrich II. bis Kaiser Friedrich Barbarossa, in Histor. Jahrbuch der Görres-Ges. 83 (1964), 28—42.
Ferdinand Geldner	Abt Adam von Ebrach, in: Fränkische Lebensbilder 2. Bd. (1968), 8—25.
	Monumenta Germaniae historica, Db IX: Die Urkunden Konrads III. u. s. Sohnes Heinrich, bearbfl von Friedrich Hausmann. Wien — Köln — Graz 1969.
Gerd Zimmermann	Ebrach und seine Stifter — die fränkischen Zisterzen und der Adel, in: Mainfränkisches Jahrbuch 21 (1969), 162—182.

Meditierender Mönch

Eine von vier Figuren eines Glücksrades vom „Rad der guten Mönche", dem mit dem „Rad der schlechten Mönche" als allegorische Darstellung über das Mönchsleben der Codex 226 des Scriptoriums von Heiligenkreuz beigegeben ist. Speichen und Felgen der beiden Räder enthalten als Inschriften die Tugenden und die Laster. Erklärende Umschriften befinden sich in den die Glücksräder umschließenden Linienrahmen. An den beiden Darstellungen der Äbte sowie bei dem meditierenden und dem über seine Verfehlungen nachdenkenden Mönch sind ebenfalls Inschriften angebracht.

Virgo perennis, ave!	Sei gegrüßt, Jungfrau, Jungfrau bleibend!
Per te salvabitur a vae	Durch dich wird befreit werden die Welt
Mundus in aeternum.	auf immer vom Weh.
Regem paritura supernum,	Du wirst gebären den König von oben,
Qui Deus est et homo,	Der Gott ist und Mensch.
Cuius primordia promo,	Vom Himmel gesandt,
Missus ab arce poli,	Verkünde ich seinen Ursprung
Quae mandantur tibi soli,	Als Auftrag nur Dir.
Sola solens solem	Dir allein ist es eigen,
Partu, virgo, dare prolem.	Ausschließlich dir kommt es zu,
	Jungfrau, das Kind zu gebären, die Sonne.

*Text in leoninischen Hexametern zwischen der Verkündigungsgruppe
an der Fassade der ehemaligen Abteikirche Altenberg*

Übersetzt von Albert Fries, CSSR

DIE MARIENVEREHRUNG DER CISTERCIENSER

von Norbert Mussbacher

Scriptorium Heiligenkreuz
Initial aus Cod. 66, 86ʳ

Schon seit den Anfängen steht der Cistercienserorden im Zeichen Mariens. Im Jahre 1098 zogen zwanzig Mönche aus dem Kloster Molesme in die Einöde von Cîteaux. In dem Bestreben, die ursprüngliche Strenge der Benediktinerregel zu verwirklichen, brachen sie mit vielem Hergebrachten, aber eine Tradition des benediktinischen Molesme behielten sie bei: die Verehrung Mariens. Ja, diese erreichte im Cistercienserorden eine besondere Blüte. So bestimmten schon die ersten Cistercienser, daß alle Klöster ihres Ordens zur Ehre Mariens, der Königin des Himmels und der Erde, gegründet werden sollten [1]). In der Folgezeit sollten alle Ordenskirchen dem Geheimnis Mariä Himmelfahrt geweiht sein [2]). Vom zweiten Abt von Cîteaux, dem hl. Alberich, berichtet die Legende, Maria selbst habe ihm die weiße Mönchskukulle überreicht. Diese und die noch später angeführten marianischen Legenden veranschaulichen in eindrucksvoller Weise die Marienverehrung und die Marienmystik der Cistercienser. Sie fanden auch in der Kunst mannigfaltige Gestaltung.

Wie der Cistercienserorden seine geistliche Höhe und seine großartige Verbreitung dem „Manne des 12. Jahrhunderts", dem hl. Bernhard von Clairvaux (um

1090—1153), verdankt, ist auch die Marienverehrung im Orden innig mit der Marienliebe dieses Heiligen verknüpft. Im 12. Jahrhundert ist allenthalben ein Aufleben des marianischen Kults festzustellen. Nicht nur unter den Mönchen, sondern auch unter den Minnesängern und Troubadours blühte der Lobpreis Mariens. Ebenso gibt es bei den Mystikern des Mittelalters eine ausgeprägte Marienfrömmigkeit. Bernhard von Clairvaux aber wird häufig nicht nur als Begründer der Christusmystik sondern auch der Marienmystik genannt. Bernhard wollte die Lehre der Kirche über Maria wiedergeben. Es liegen Homilien zu den Marientexten vor und ein größerer zusammenhängender Text: „De Laudibus Virginis Matris (PL 183, 55—88), das sind vier Homilien zum „Lobpreis der jungfräulichen Gottesmutter", Ansprachen über Luk. 1, 26—38. Bernhard lebte eine echte Marienfrömmigkeit, die der persönlichen, oft ganz subjektiven Prägung nicht entbehrte. Eigentümlich ist das Bild des „Aquädukts", unter dem er Maria in einer Predigt zum 8. September, zum Fest Mariä Geburt, darzustellen versucht. In Bernhards Mariologie ist erkennbar, daß die Menschwerdung Gottes die zentrale Glaubensaussage ist. Maria ist zwar eine Quelle aller Heiligkeit auf Erden, das Bild von der „Wasserleitung" aber zeigt deutlich, daß Maria empfängt und weitergibt, weil sie mit dem Urquell des Lebens in Verbindung steht [3]).

In seinem vom Jahre 1139 datierten Brief an die Kanoniker von Lyon scheint sich der hl. Bernhard gegen das heutige Dogma von der Unbefleckten Empfängnis zu stellen. Das Wort „conceptio" in diesem Brief kann man aber im Sinne Bernhards und seiner Zeitgenossen von der aktiven conceptio (Zeugung) verstehen, die, weil unter dem Gesetz der Konkupiszenz stehend, damals stets als etwas Unheiliges galt. Das Dogma aber läßt diese Auffassung von conceptio ganz außer Betracht und meint mit conceptio das passive Empfangenwerden, das Entstehen des Menschen im Mutterschoß dadurch, daß Gott dem Zeugungsprodukt die Geistseele einerschafft, die im Falle der hl. Jungfrau von allem Anfange an mit der heiligmachenden Gnade ausgestattet war. So will es scheinen, daß Bernhard, in den Anschauungen seiner Zeit befangen, den eigentlichen Inhalt des Dogmas nicht berührt und so auch nicht auf Grund klarer Erkenntnis geleugnet hat [4]). Verschiedene Erzählungen aus dem Leben des hl. Bernhard beziehen sich auf dessen innige Marienverehrung. So hat er als Knabe im väterlichen Haus zu Châtillon-sur-Seine die Geburt Christi visionär erlebt. Dies wird auf einem Glasfenster (um 1505) dargestellt, das aus dem Altenberger Kreuzgang stammt und sich im Museum des Kunsthandwerks in Leipzig befindet; ferner auf einem Chorgestühlrelief von C. Garavaglia (1645) in Chiaravalle Milanese. Fresken von C. D. Asam in der ehemaligen Klosterkirche Aldersbach (1720) und Fürstenfeld (1731) behandeln dasselbe Thema; ebenso ein Alabasterrelief an der Kanzel der Stiftskirche Lilienfeld, Niederösterreich, von Johann Wagner (1740) [5]).

Außer der Weihnachtsvision des jungen Bernhard knüpft sich an seinen Studienort Châtillon-sur-Seine auch die Legende der Lactatio vor der Marienstatue in der Kollegiatskirche Sainte Marie du Château: Eines Tages betete er inbrünstig das „Ave maris stella" vor der Statue. Bei den Worten „Monstra te esse matrem" entblößte die Gottesmutter ihre Brust und ließ drei Tropfen ihrer Milch auf die Lippen des Beters träufeln [6]). Die künstlerische Auswertung dieser symbolischen

Erzählung beeinflußte bereits seit dem Ende des 13. Jahrhunderts in sehr realistischer Weise die mittelalterliche Frömmigkeit. In der Barockzeit zeigt Maria meist nur mehr auf ihre verhüllte Brust. Der hl. Bernhard predigte, daß der schwache und gebrechliche Mensch sich nicht zu fürchten brauche, sich an Maria zu wenden: „Sie ist ganz milde. Sie spendet allen Milch und Wolle" [7]). Er selbst gibt der Mutter Jesu die Bezeichnung „lactans" in seiner ersten Mariahimmelfahrtspredigt (PL 183, 416 D).

Die früheste bekannte Darstellung der „Lactatio", viel älter als die literarische Tradition, ist ein Retabel des Maestro de Palma, um 1290. Es folgen Darstellungen von R. de Osona d. J. (um 1500, Barcelona, Sammlung Losbichler); J. Correa de Viver (16. Jh., Prado); Murillo (17. Jh., Prado); P. A. Bocanegra und V. Cieza (Granada, Kathedrale); Chorgestühl-Relief von P. de Mena (Malaga, Kathedrale); Maestro de Castelnovo, Ende des 15. Jh. (Périgueux, Kathedrale); Retabel des Maestro de Canapost (2. Hälfte des 15. Jhs., Gerona, Museum); Retabel des Maestro de Osma (um 1460, Burgo de Osma, Kathedrale) und eine spätgotische Tafel in der Cistercienserkirche Neuberg (Steiermark).

Niederländische Maler des 16. Jhs.: Meister von Delft (Utrecht, Erzbischöfliches Museum); J. van Cleve (Louvre); Schule des J. Cornelisz von Oostsanen (Utrecht, Erzbischöfliches Museum); Brüsseler Schule (Brüssel, Museum); flämische Schule (Gent, Museum); C. d. Crayer (nach 1640, Antwerpen, Museum); Stich des Dirk v. Star, 1525; H. Wierix, München, Sammlung Hartig.

Deutsche Lactatio-Bilder: Meister des Marienlebens (um 1480, W.-R.-Museum) und Meister des Bartholomäusaltars (1478, Köln, Sammlung Schnitzler). Eine Neubelebung erfuhr das Thema in der Barockmalerei: Hochaltarbild von M. Kager, 1606, Aldersbach, Klosterkirche; Altarblatt von M. Willmann (1682, Leubus, Stiftskirche); G. B. Göz, Altarblatt Birnau, Wallfahrtskirche, 1749; K. Hofreiter (1724/25, Waldsassen, Bibliothek); J. G. Wolcker, Deckengemälde (1734, Stams, Klosterkirche).

Schon seit der Spätgotik finden wir als Gegenstück zur Lactatio den auf eine andere Bernhardslegende zurückgehenden „Amplexus", die Umarmung Bernhards durch den Gekreuzigten, so auf einer spätgotischen Tafel in der Cistercienserkirche Neuberg (Steiermark), ferner in einem Retabel in Toledo (Kloster S. Clemente) und J. von Eeckele (Tournai, Museum).

Auch mit anderen Szenen erscheint die Lactatio kombiniert, z. B. mit Amplexus, Mariengruß, Ergänzung des Salve Regina und pfingstlicher Geistsendung (Langhausfresko des C. D. Asam in der Klosterkirche von Fürstenfeld, 1731). Ein Fresko in Indersdorf von M. Günther (1755) zeigt Maria lactans und Christus mit blutender Seitenwunde in der Einwirkung sowohl auf Augustinus als auch auf Bernhard.

Die italienische Kunst stellt mit Vorliebe dar, wie Maria dem an seinen Homilien schreibenden Bernhard belehrend und kraftspendend entgegentritt („Doctrina"): um 1350 G. da Milano (Predella, Prato, Gal); Maestro della Cappella Rinuccini (Triptychon, Florenz Ak); Fra Filippo Lippi (um 1447, London Nat. Gal); Filippino Lippi (1480–86, Florenz Badia); P. Perugino (1489, München, Alte Pinakothek); Fra Bartolomeo (1504, Florenz Ak.).

Barockkünstler taten mit der ihrer Zeit eigenen Freizügigkeit ein übriges: C. D. Asam bereicherte in den Fürstenfelder Fresken das ikonographische Programm der Bernhardslegende um Szenen mit marianischer Beziehung, deren literarische Quellen zum Teil nicht nachweisbar sind; M. Günther ließ in den Fresken des Bibliothekssaals zu Aldersbach (1760) die Gottesmutter als Sedes Sapientiae die Weisheit mit einem Spiegel von Gott auffangen und zu Bernhard hinüberleiten, von dem aus sie als Blitz die Irrlehre trifft. Andererseits behauptete sich das „Zeitlose Andachtsbild", das Bernhard in Verehrung vor Maria zeigt, indem es biographische und legendäre Einzelzüge zu zeitloser Gültigkeit erhob (z. B. die Sandsteingruppe von W. M. Jäckel auf der Prager Karlsbrücke 1709 und das Gemälde von J. G. Wolcker im Kongregationssaal Ingolstadt 1753).

Bemerkenswert ist die Vorliebe für Zyklen noch in verhältnismäßig später Zeit (stukkierte Reliefs in der ehemaligen Klosterkirche Ebrach um 1778 von M. Bossi). Thematisch vereinzelt steht ein Altarbild von A. Math in Aldersbach (18. Jh.), das Bernhard bei der Meßfeier zeigt: er sieht Maria und die Armen Seelen, denen die sühnende Kraft des hl. Opfers Hilfe bringt.

Bekannt ist auch die Grußvision des hl. Bernhard im Kloster Affligem bei Brüssel im Frühjahr 1146. Als sich der Heilige vor einer Muttergottesstatue verneigt und sie mit den Worten „Ave Maria" gegrüßt habe, habe sich die Statue bewegt, und Bernhard hörte als Erwiderung auf seinen Gruß aus dem Munde Mariens „Salve Bernarde".

Darstellungen dieser Vision finden wir auf einem Altarblatt in der Klosterkirche zu Grüssau von F. A. Scheffler (1743), ferner auf einem Ölgemälde in der Klosterkirche zu Ebrach und in einem Andachtskästchen (Klebearbeit aus Papier und Stoff, 18. Jh.) im Heimatmuseum in Starnberg [8]).

Andere Legenden besagen, daß Maria einst die Mönche von Clairvaux bei ihrer Feldarbeit besucht habe und daß sie mit dem Jesuskind auf dem Arm im Kapitelsaal auf dem Sitz des Abtes selber den Vorsitz geführt habe [9]).

Nach der Tradition der Kirche von Speyer habe der hl. Bernhard am 25. 12. 1146 im Dom zu Speyer dem Salve Regina die Anrufung „O clemens, o pia, o dulcis virgo Maria" beigefügt [10]).

Mit Recht wurde der hl. Bernhard „Ritter Mariens" genannt. Er liebte es, Maria „Nostra Domina" — „Unsere Herrin" — zu nennen. Dieser Titel scheint zwar schon in den Vitae Patrum auf, wurde jedoch vor allem durch die Cistercienser verbreitet [11]).

Außer dem hl. Bernhard ragen noch andere Cistercienser durch ihre mariologischen Schriften hervor. Von den etwa 200 Sermones, die Abt Aelred von Rieval (1109—1166) zugeschrieben werden, handeln sechs ausschließlich von der Gottesmutter. Ziel des Predigers ist nicht eine wissenschaftliche Mariologie, sondern die Auswertung der liturgischen Texte für die Heiligung der Seele.

Ein besonderer Verehrer Mariens war auch der selige Amadeus (1110—1159), Bischof von Lausanne. Er hat acht Homilien über die hl. Jungfrau Maria hinterlassen. Diese enthalten eine sehr reife Gesamtdarstellung der Mariengeheimnisse. Auch Adam de Perseigne, zuerst Regularkanoniker, Mönch und Bibliothekar zu Marmoutier, dann Cistercienser zu Pontigny, 1188 Abt zu Perseigne, gestorben

In Maulbronn erhielt das Bild der Patronin des Ordens einen Platz in einer Nische der Nordwand des Presbyteriums. Es entstand im ersten Drittel des 14. Jahrh. Die Darstellung vereint die Hoheit der Gottesgebärerin mit der zarten Anmut unserer „Lieben Frau" und deutet hin auf den Wandel der Frömmigkeit in jenem Jahrhundert.

Die Lindenholzskulptur ist lebensgroß. Eine Reihe von Merkmalen lassen die stilistische Heimat, Frankreich, erkennen.

Die Madonna des Turmhelms von Maria Straßengel
(Steiermark)

Ein einzigartiges Denkmal cisterciensischer Marienfrömmigkeit ist die auf einer Berghöhe unweit von Graz stehende Wallfahrtskirche Maria Straßengel.
Sie wurde zwischen 1346—1366 von den Äbten Hartwig und Siegfrid der ersten österreichischen Cisterze Rein errichtet. Inmitten des lichtumfluteten Turmhelmes steht die Gottesmutter, mit der zum Segen erhobenen Hand die Pilger grüßend. Sie ist umgeben von Engeln, die auf Säulen stehen. Der Turm wächst aus dem nördlichen Seitenteil des Chores empor und löst sich über dem Dach der Kirche in einen durchlöcherten Spitzenhelm auf. In seinen Plastiken ist er voller Symbolik. Die Figuren der Turmspitze weisen auf die Kapitel 8—12 der Geheimen Offenbarung des Johannes mit den sieben Engeln und der Frau hin.
Der Turmhelm oder die achteckige Turmpyramide präsentiert sich mit den nach oben gereihten und sich verjüngenden Fensteröffnungen wie ein einheitlicher Lichtkegel, durch den der helle Tag dringt. Durch Maria bricht für die Menschheit ein neuer Tag an, den St. Bernhard folgendermaßen besingt: „Ist nicht auch die Jungfrau ein Tag? O ja, ein ganz besonders herrlicher Tag, der durchbricht wie die Morgenröte, schön wie der Mond und auserlesen wie die Sonne!"

Die Strahlenkranz-Madonna im Chor der ehem. Abteikirche von Altenberg

Jongelinus a. a. O. sagt über diesen Marienleuchter: „Gegen Ende seines Lebens ließ Abt Andreas Buir (1524—1536) eine herrliche Figur der Gottesmutter anfertigen und auf eine eiserne vergoldete und buntbemalte Leuchterkrone setzen. Die Krone besteht aus sieben kunstvollen Leuchtern. Auf diesen werden nach Anordnung des Abtes täglich zum Salve Regina sieben Kerzen angezündet."

Die Muttergottes als Beschützerin des Eingangs der ehem. Abteikirche von Riddagshausen

Die Muttergottes aus dem dritten Viertel des 13. Jahrhunderts im Tympanon des Riddagshäuser Westportals gehört zu den frühen Beispielen cisterciensischer Portalskulptur. Die Patronin des Ordens und dieser Kirche steht an entscheidender Stelle, denn es ist alter Brauch, über dem Eingang Heilbringendes abzubilden. Und wenn man die solcher Tradition zugrunde liegenden Vorstellungen beachtet, erkennt man die Aufgabe dieses Bildes. Es ist Repräsentation der Patronin als Schutzherrin des Eingangs, von der segensreiche Wirkungen ausgingen auf den, der unter ihr hindurchschritt. Die aber auch das Böse fernhielt. Von ihrer Aufgabe her versteht sich die Gestaltung: die strenge Frontalität, die Bewegungslosigkeit, kaum gemildert durch die Gebärde des Kindes. Weihrauchspendende Engel auf der umgebenden Fläche verstärkten früher noch die Hoheit des Bildes.

Peter von Gosmaringen, von 1393—1412 Abt von Bebenhausen, bringt der Gottesmutter den steinernen Glockenturm dar, der auf seine Initiative hin von dem Konversen Georg von Salem 1407—1409 errichtet wurde. Fragend blickt der Abt auf die Jungfrau, ob sie wohl das zierliche Strebewerk, das entgegen den Ordenssatzungen anstelle des vorgeschriebenen hölzernen Dachreiters errichtet wurde, auch gutheißt.
(Fresko, frühes XV. Jahrh., in der Klosterkirche)

Schutzmantelmadonna auf dem Knauf des Wettinger Stifterkelches; Niello auf transluzidem Email (fast gänzlich weggeschlagen); gefertigt in Konstanz um 1280; im Besitz der Abtei Wettingen-Mehrerau, Bregenz.

Madonna vom Anfang des 13. Jahrh. in der ehem. Cistercienserinnen-Kirche Marienberg / Börstel (Kr. Bersenbrück). Jahrhundertelang war sie in der Mensa des Hochaltars eingemauert und wurde erst 1963 bei der Kirchenrenovierung wieder aufgefunden.

Ostwand der ehem. Cistercienserinnenkirche Fröndenberg, Krs. Unna

Über einer Dreifenstergruppe sitzt eine flach eingetiefte, frühgotische Blendrosette, darüber eine überlebensgroße Muttergottes mit Kind, begleitet von dem knienden Stifterpaar. Neben dem Kopf der Madonna befinden sich zwei Engel, die ein Weihrauchfaß schwingen und die Krone der Gottesmutter halten. Die Rosette ist von doppelter symbolischer Bedeutung: Das Rad ist das Bild der Sonne, die Sonne aber ist Christus. Durch seine Geburt wurde Maria erhöht, und die Engel huldigen ihr. Maria ist die „Rosa mystica", die geheimnisvolle Rose, die den Heiland geboren hat.

Cistersciensermönch verehrt die Muttergottes

Kapitell im östlichen Teil des Kreuzganges der ehem. Cistercienser-Abtei Eberbach (Rheingau), Mitte des 14. Jahrhunderts.

Dieser Teil des Kreuzganges wurde von den Mönchen täglich auf ihrem Weg vom Kapitelsaal zur Kirche begangen. Sicherlich sollte diese Skulptur die Mönche darauf hinweisen, der Patronin des Ordens zu huldigen.

1221, verkörpert den „marianischen Typ" unter den Cisterciensern. Seine innige Marienfrömmigkeit steht auf solider Basis: Auf Maria ruhen Himmel und Erde. Um uns zu retten, hat Gott Maria zur Mutter Christi und zu unserer eigenen Mutter gemacht. Maria steht zwischen Gott und den Menschen. Sie ist der Weg, den Gott zu uns ging. Sie ist auch der Weg, den wir zu Gott aufsteigen müssen, „ein dauerhafter Weg ohne Hindernisse. Daher müssen wir alle Hoffnung auf sie setzen (ähnlich Bernhard von Clairvaux). Die Marienverehrung Adams de Perseigne zeichnet sich durch eine besondere Frömmigkeit aus. Er möchte nur ein Kind an der Krippe sein. Für ihn heißen die Cistercienser nicht wegen ihres weißen Gewandes die weißen Mönche, sondern weil sie geistliche Kinder der jungfräulichen Reinheit sind. Sein Reformeifer ließ ihn zum begeisterten Verehrer der Gottesmutter werden. In Maria sieht er das Heilmittel gegen alle Zuchtlosigkeit. Unermüdlich predigte er den Priestern das Marienideal. Er findet eine enge Beziehung zwischen Maria und der Eucharistie [12].

Der Mönch Caesarius von Heisterbach (um 1180 bis um 1240) zeichnet in seinem „Dialogus miraculorum" folgende Begebenheit auf, die die „Schutzmantelmadonna" zum Gegenstand hat: „Ein Mönch unseres Ordens, der Maria sehr liebte, ward vor wenigen Jahren im Geiste entrückt und schaute die himmlische Glorie. Er sah die verschiedenen Gruppen der triumphierenden Kirche. Als der Mönch umherschaute und niemand aus seinem Orden gewahrte, seufzte er zur hl. Gottesmutter auf: „Vom Cistercienserorden sehe ich hier niemand. Hohe Frau, warum sind deine treuen Diener von solcher Seligkeit ausgeschlossen?" Da tröstete die Himmelskönigin den Bekümmerten mit den Worten: „Die vom Cistercienserorden sind mir so lieb und vertraut, daß ich sie unter meinen Armen halte." Sie öffnete ihren wundersam weiten Mantel und zeigte darunter unzählige Mönche, Brüder und Klosterfrauen aus dem Cistercienserorden. Da frohlockte er und dankte gar sehr, und zum Leib zurückgekehrt, erzählte er seinem Abt, was er sah und hörte" [13].

Das Schutzmantelmotiv kündet sich bereits an, wo der hl. Bernhard die volle Sündenfreiheit der Gottesmutter preist: „... Mit Recht wird also Maria mit der Sonne umhüllt gerühmt ... Fürwahr glänzend weiß, aber auch glühend heiß ist der Mantel dieser Frau ..." [14]. Sie ist bekleidet mit einem Mantel allumfassender Liebe: „Meinst du nicht, Maria sei das Weib, das mit der Sonne bekleidet ist? Der Zusammenhang des prophetischen Gesichtes (Apok. 12,1) mag erfordern, daß man dies von der jetzigen Kirche verstehe. Aber es läßt sich nicht ganz unzutreffend auch auf Maria beziehen. Sie ist es fürwahr, die sich gleichsam mit der anderen Sonne umkleidet hat. Denn wie unsere Sonne ohne Unterschied über Gute und Böse aufgeht, so diskutiert auch sie nicht vergangene Verdienste, sondern erweist sich allen gegenüber für Bitten zugänglich und für alle äußerst gütig; in allumfassender Liebe erbarmt sie sich der Nöte aller" [15]. Ganz deutlich wird hier der Mantel ohne Sündenflecken zum Mantel der Barmherzigkeit, mit dem sie die sündhafte Menschheit bedeckt.

Das Schutzmantelbild knüpft an die alten, weitverbreiteten Rechtsbräuche der Mantelflucht und der Mantelkindschaft an. Im ersteren Fall hatte ein Übeltäter, dem es gelang, sich unter den Mantel einer hochstehenden Frau zu flüchten, Anspruch auf Begnadigung. Im zweiten Fall wurden Adoption und Legitimation unehelicher Kinder durch Ummantelung vollzogen. Die marianische Umdeutung der Mantelsymbolik zeigt sich anfänglich in Gebeten, so in dem seit dem 2. und 3. Jahrhundert im griechischen Kulturkreis nachweisbaren Gebet „Sub tuum praesidium confugimus" [16]). Durch Caesarius von Heisterbach wurde das Schutzmantelmotiv popularisiert, und es ging von den Cisterciensern auf andere Orden und die ganze Kirche über [17]). Im Jahre 1281 wurde Maria von der obersten Ordensbehörde zur Patronin des Cistercienserordens erkoren. Das Konventsiegel von Cîteaux zeigt sie als Schutzmantelmadonna. 1335 wurde bestimmt, daß jedes Konventsiegel das Bild Mariens tragen muß. Im Liber Privilegiorum von 1491 ist ein Holzschnitt erhalten, der die Schutzmantelmadonna als Patronin der Cistercienser zeigt [18]).

Auch sonst preist Cäsarius von Heisterbach in seinem literarischen Werk die Gottesmutter in begeisterter Frömmigkeit: „Johannes sah in der Offenbarung (Cap. 12) ein Weib mit der Sonne bekleidet, und den Mond unter ihren Füßen und auf ihrem Haupt eine Krone von zwölf Sternen. Dies Weib ist die Jungfrau Maria. Sie leuchtet heller als die Sonne durch den Glanz der Liebe, sie ist höher als der Mond, d. h. die Welt, durch die Verachtung irdischer Herrlichkeit, sie ist gekrönt mit den Sternen aller Tugenden wie mit einem Diadem von Edelsteinen, und was mehr wert ist als dies alles, sie hat ein göttliches Kind geboren. Sie wird bildlich bezeichnet als die heilige Burg, Behausung, Heiligtum, Gemach und Stadt Gottes, als die Palme, Ceder, Weinstock, Rose, und mit andern unzähligen edlen Namen. Mir gefällt besonders die Bezeichnung als blühende Rute (4 Mos. 17), als der Dornbusch, der brannte und doch grün blieb (2 Mos. 3), als das befeuchtete Fell des Gideon (Richt. 6), als der elfenbeinere und goldene Thron des Salomo (1 Chron. 10), als versiegelte Quelle und als verschlossener Garten. Wie unter allen Kreaturen es nichts Heiligeres und nichts Herrlicheres gibt als die Mutter des Schöpfers, so ist auch keine Erscheinung der Heiligen wertvoller, angenehmer und herrlicher als die Erscheinung dieser Heiligen. Ihre Bitten tilgen, wie jemand sagt, alle Sünden, ihr Name nimmt alles Traurige hinweg, ihr Duft übertrifft den der Lilien und ihre Lippen den Honig an Süßigkeit. Sie ist wohlschmeckender als die Nuß, blendender als Schnee, rosiger als die Rose, leuchtender als der Mond, ja als das Licht der Sonne. Sie ist die Erhalterin des Erdkreises, die Trösterin der Bedrängten, die treue Schützerin derer, welche ihr dienen. Durch sie werden die Sünder erleuchtet, die Verstockten zum Bekenntnis gebracht, Abtrünnige mit Gott wieder auf wunderbare Weise vereint, Gerechte durch ihre Offenbarungen getröstet. Ihr Name und der Gedanke an sie heilt Krankheiten, vertreibt die bösen Geister, löst Bande, verscheucht Furcht, steuert den Versuchungen. Durch sie werden die Kleinmütigen gestärkt, die Gleichgültigen aufgeweckt, die Vertriebenen zurückgerufen. Die, welche sie lieben, liebt und ehrt sie auch, welche sie verachten, straft und erniedrigt sie. Sie ist den Sterbenden nahe und führt ihre Seelen zum ewigen Leben"[19]).

Die Marienverehrung der Cistercienser fand auch in deren Architektur beredten Ausdruck. So drückt sich das mittelalterliche Weltbild des Gottesstaates oder der Gottesstadt, auf Maria bezogen, im Turmhelm der dem Cistercienserstifte Rein (Steiermark) inkorporierten Wallfahrtskirche Maria Straßengel, dem ersten durchbrochenen Turmhelm Österreichs, aus. Zur Zeit des hl. Bernhard, der wiederholt

LIBER PRIVILEGIORUM ORDINIS CISTERCIENSIS

> Quam tibi Cisterci placeat sanctissimus ordo.
> hęc nobis primum ostensio facta probat:
> Ergo tuo maneat semp sub numine tutus.
> Deditus ante alios Virgo beata tibi.

Wie Dir der hl. Orden von Cîteaux gefallen möge,
das beweist uns zuerst sein Erscheinungsbild:
Möge er darum unter Deiner Segenshuld sicher sein
und Dir ergeben vor anderen, seligste Jungfrau.

Die Werke und Drucke des hochwürdigsten Herrn in Christo, des Abtes Johannes von Cîteaux und vortrefflichen Professors der Theologie dienen zum Troste und Fortschritt aller Mitglieder seines Ordens.
Dieses (vorliegende) Werk über die päpstlichen Privilegien, mit denen die Cistercienser gegen alle Ungerechtigkeiten und Verhöhnungen überaus gefestigt und ausgezeichnet wurden, erschien fehlerfrei und vollständig zu Dijon durch den deutschen Meister Peter Metlinger kürzlich am 4. Juli 1491 im Druck. (Colophon).

die Teilnahme Mariens am Erlösungswerk unter dem Bild des Neuaufbaues der Ruinen des himmlischen Jerusalems bringt [20]), finden wir auf den Cistercienserkirchen nur äußerst schlichte Dachreiter. In Straßengel bekamen die sich verjüngenden Maßwerksgebilde des Turmes ebenfalls kein eigenes Untergeschoß, sondern dieser sitzt auf der südöstlichen Seitenapside gleichsam als die nach der Apokalypse (21, 1) vom Himmel herabschwebende Gottesstadt, geschmückt wie eine Braut, auf [21]). Die Statue der Gottesmutter schaut mit zum Segen erhobener Grußhand, wie in der apokalyptischen Vision von sieben Engeln umgeben, vom lichtdurchfluteten Turmhelm den Pilgern entgegen [22]).

Der wachsenden Verehrung Mariens trug die Cistercienserliturgie Rechnung. 1152 wurde die Kommemoration der seligsten Jungfrau beim Chorgebet eingeführt. Seit 1194 wird zu Ehren der Muttergottes eine tägliche Konventmesse gefeiert [23]). Das Generalkapitel von 1194 führte das „Kleine Offizium der seligsten Jungfrau Maria" ein. Dieses wurde anfänglich in der Krankenkapelle, später im Chor verrichtet [24]). 1220 scheint die Votivmesse zur Muttergottes am Samstag in den Cistercienser Meßbüchern auf, ihr Votivoffizium wurde erst 1654 eingeführt. Der Ursprung des Salve Regina reicht bis in die Zeit vor der Entstehung des Cistercienserordens zurück. Das Verdienst um seine Verbreitung aber gebührt dem hl. Bernhard und dem Cistercienserpapst Eugen III. Seit 1218 wird es in jeder Cisterciensergemeinschaft nach dem Abendgebet feierlich gesungen. Das „Sub tuum praesidium" nach der Prim bzw. vor der Konventmesse erscheint erstmalig 1533 [25]).

Ansprache des hl. Bernhard auf das Fest Mariä Geburt (De Aquaeductu)

Betrachtet daher recht tief, mit welch hingebender Liebe wir Maria ehren sollen nach dem Willen dessen, der die Fülle alles Guten in Maria niederlegt. Wir sollen wissen: wenn es eine Hoffnung, eine Gnade, ein Heil für uns gibt, so fließt uns all das von ihr zu, die von Wonne überfließend (zum Himmel) emporgestiegen ist. Ja, in der Tat, sie ist ein Wonnegarten, den jener göttliche Hauch, der von Mittag kam, nicht nur anwehte, sondern ganz durchwehte, damit seine Wohlgerüche überall strömen und ausströmen; die Gaben der Gnaden. Nimm diesen Sonnenkörper, der die Welt erleuchtet, hinweg! Wo bleibt da der Tag? Nimm Maria hinweg, diesen Stern des Meeres, des großen, weiten Meeres! Was bleibt da übrig als hereinbrechendes Dunkel, das alles ringsum in Todesschatten und tiefste Finsternis hüllt? So laßt uns denn aus ganzem Herzen, mit aller Innigkeit des Gemütes, mit aller Hingabe Maria verehren, weil es der Wille dessen ist, der wollte, daß wir alles durch Maria hätten.

Die Muttergottesverehrung in den Besitzvermerken der Bücher

Fast alle Handschriften in den Klosterbibliotheken hatten bestimmte Bezeichnungen, die ihre Zugehörigkeit festlegen. Da alle Klöster des Ordens der Muttergottes geweiht waren, kam dies auch in den Büchern der Bibliotheken zum Ausdruck. Nachstehend einige Beispiele von Besitzvermerken:

Liber Sče marie de berge.

Liber sancte Marie de Berge
Liber sancte Marie virginis de Veteri Monte
Liber sancte mariae halesbrunnen
Liber sancte Marie in hailsbrunn
Liber sante et gloriose Virginis Marie in Lubens
Liber sancte Marie in Kamenz
Liber sancte Marie de sancto Urbano
B. Mariae Virginis in Salem
Iste liber est domus b. M. V. in Salem

Liber beate Marie in Claustro, Theutonice Hemmenrodensis, Cisterciensis ordinis, Dyocesis treurensis.

ANMERKUNGEN:

[1] Exordium Cistercii, in: Documenta pro Cisterciensis Ordinis Historiae ac juris studio collecta a Joann. B. Van Damme O.C.R., Westmalle 1959, S. 26.
[2] Lekai / Schneider, Geschichte und Wirken der Weißen Mönche, Köln 1958, S. 160.
[3] Hedwig Bach, Bernhard v. Clairvaux und Martin Luther, in: Erbe und Auftrag 1970 / 6, S. 455 f.
[4] Dr. P. Leopold Grill S.O.Cist., Die angebliche Gegnerschaft des hl. Bernhard von Clairvaux zum Dogma der Unbefleckten Empfängnis Mariä, in: Analecta Sacri Ordinis Cisterciensis, 1960, S. 63.
[5] Lexikon der Marienkunde, Hrsg. v. Konrad Algermissen, Regensburg 1957.
[6] Bernard Martelet, Saint Bernard et Notre Dame, 1953, S. 58.
[7] Dominica infra octavam Assumptionis B. V. Mariae sermo, PL 183, 430 C n. 2.
[8] Lexikon der Marienkunde, a.a.O.
[9] Exordium Magnum, lib. III., c. 11 und 29.
[10] Vacandard, Leben des hl. Bernhard v. Clairvaux, Mainz 1898, II. Bd., S. 316.
[11] Ebda., S. 86.
[12] Lexikon der Marienkunde.
[13] Caesarius von Heisterbach, Dialogus miraculorum, dist. VII, c. 59.
[14] Dominica infra octavam Assumptionis B. V. Mariae sermo, PL 183, 431 C n. 3, bei Grill a.a.O., S. 90 f.
[15] Sermo Bernardi, o.c., col. 430 s, n. 3.
[16] LThK 9 (1964), S. 525 f.
[17] Mitt. Dr. P. Leopold Grill O.Cist.
[18] Louis J. Lekai, The White Monks, Spring Bank, 1953, S. 151.
[19] Caesarius Heisterb., Dial. VII, cap. 1.
[20] In Assumptione sermo IV, 9; PL 183, 429 s.
[21] Dr. P. Leopold Grill S.O.Cist., Die Symbolik des Turmes von Maria Straßengel, in: Österreichische Zeitschrift für Kunst und Denkmalpflege, 18 (1964), S. 11 ff.
[22] Ders., Entstehung von Kirche (1346—1355) und Turm (1355—1366) in Maria Straßengel, Sonderdruck der Beilage des Wiener Diözesanblattes 7 (1966) S. 17-21.
[23] Louis J. Lekai, a.a.O.
[24] Gregor Müller, Die Verehrung der allers. Jungfrau in unserem Orden, in: Cist. Chr. 1890, S. 10 f.
[25] Louis J. Lekai, a.a.O.

Maria als Braut des Hohenliedes
mit Krone und Zepter, die eine Hand zur Segensgeste erhoben.

Aus einem Antiphonarium des schlesischen Klosters Leubus, Mitte 13. Jh., Miniatur V (idi), Fol. 131v

DER MARIENPSALTER VON ZINNA

Von Adam Wienand

Ein hervorragendes Zeugnis der Marienverehrung im Cistercienserorden ist der in der Klosterdruckerei des in der Mark Brandenburg gelegenen Cistercienser-Klosters Zinna hergestellte Marienpsalter. Dieser 1492/93 gedruckte Psalter nimmt unter den Druckwerken der Wiegendruckzeit eine besondere Stellung ein. Er zeichnet sich durch eine Ausgewogenheit des Satzbildes und einen Reichtum an Abbildungen aus und ist in seiner Gattung nur vergleichbar mit einem anderen hervorragenden Buch der Frühdruckzeit, der ebenfalls 1493 ausgelieferten Hartmann Schedel'schen Weltchronik. Der Psalter ist das am reichsten illustrierte Holzschnittbuch des 15. Jahrhunderts in Deutschland. Insgesamt zählt es auf 116 Blatt fast 500 Abbildungen, darunter zwei blattgroße Porträtdarstellungen, die sich noch einmal wiederholen und 165 kleinere Holzschnitte mit Darstellungen aus dem Neuen Testament. Die den Text und die Bilder an drei Seiten einfassenden Rosenbordüren wiederholen sich öfter. Wegen der porträtähnlichen Wiedergabe der abgebildeten Personen in den ganzseitigen Holzschnitten hat das Buch eine einzigartige Stellung unter den Werken der Frühzeit des Buchdrucks. Darüber hinaus ist der Marienpsalter das erste in der Mark Brandenburg gedruckte Buch.

Sein Titel lautet:

„Psalterium novum beatae Mariae virginis de dulcissimis mirabilibus novae legis noviter ad turei contritionem confectum. Typis claustri Tzennae ord. Cisterc."

Als Verfasser wird angeführt:

Nitzschewitz Hermannus ex Brandenburgensi Margia, Trebbinensis, capellanus et prothonotarius civitatis Franckfurtensis circa Oderam.

Zwei Ursachen waren der Anlaß zur Herstellung dieses Druckwerkes: Vorweg die Ausbreitung der am Feste Maria Geburt im Jahre 1475 von dem Kölner Dominikaner-Prior Jakob Sprenger gegründeten Rosenkranzbruderschaft und dann der Abwehrkampf, den die Christenheit gegen die immer weiter nach Westen vorstoßenden Türken führen mußte.

Die Initiale dieser Seite ist dem Originaldruck entnommen. Unten der Doppeladler als Zeichen kaiserlicher Huld.

Im Jahre 1474, als die Stadt Köln, ja das ganze Reich, durch Kriegswirren bedroht war[1], wies der Prior auf den Rosenkranz hin, um die Hilfe der Gottesmutter um Erhaltung des Friedens zu erflehen. Er veranstaltete feierliche Bittprozessionen und gründete eine Bruderschaft, in die sich alle einschreiben lassen konnten.

Damals belagerte Karl der Kühne von Burgund von Juli 1474 bis Mai 1475 die kurkölnische Stadt Neuß. Der belagerten Stadt eilte Kaiser Friedrich III. zu Hilfe, um den Herzog zum Abzug zu zwingen.

In der höchsten Not hatten die Neußer am Freitag Kantate — dem 21. April 1475 — eine Prozession zur immerwährenden Hilfe der Gottesmutter an dem am meisten bedrohten Stadttor veranstaltet, um, wie Christian Wierstrait in seiner Reimchronik ausführt[2], der „Hymmelch keyserin" zu versprechen, bei einem Sieg über den Feind als Dank das gefährdete Tor in „Liebfrauentor" umzubenennen. Kurze Zeit später schoß das kaiserliche Entsatzheer eine Hohlkugel mit der Nachricht in die Stadt, die das Eingreifen des Reichsheeres ankündigte. Karl der Kühne mußte die Belagerung abbrechen, und Neuß war wieder frei.

Der Kaiser war von dieser Begebenheit sehr beeindruckt. Bei einer feierlichen Prozession am Stiftungstage der Bruderschaft zog er mit dem Nuntius und den Spitzen seines geistlichen und weltlichen Gefolges in die Dominikanerkirche zu Köln ein, um der Gottesmutter zu huldigen. Spontan trug er sich 1469 an erster Stelle in das vorgelegte Bruderschaftsbuch ein[3], zugleich seine 1464 verstorbene Frau Eleonore und seinen Sohn, den Erzherzog und späteren Kaiser Maximilian I. Viele Tausende folgten seinem Beispiel, angeführt von den Kurfürsten bis herunter zu den einfachen Bürgern. Zur Erinnerung an diese großartige Kundgebung wurde ein Motivbild gemalt, auf dem unter dem ausgebreiteten Mantel der Gottesmutter Kaiser und Papst mit allen Ständen der Christenheit knien. Die damalige ganze Welt des Abendlandes stellte sich unter den Schutz der Gottesmutter.

Obwohl der Marienpsalter und der Rosenkranz eine außerliturgische Gebetsart zu Ehren der Muttergottes waren und noch sind, waren sie schon früh in der Christenheit gern benutzte Gebete. Der Nürnberger Arzt Ulrich Pinder schreibt in seinem Buch „Der beschlossen gart des rosenkrantz Marie", Nürnberg 1504, auf fol. IV: Man findet yn geschrift dz der psalter oder rosenkrantz marie am ersten gebet oder gestifft vor vier oder fünff hundert iaren und der wirdig doctor beda (Beda Venerabilis 673—735) hat yn tzu der selben czeit da selbs gepredigt."

Das Psalterium XXXV, n 13[4], wurde von einem Mönch der Abtei Pontigny im 12. Jahrhundert gedichtet. Es entwickelte sich aus alten Marienbegrüßungen und -anrufungen.

Vom 13. Jh. an wird es in klösterlichen Gemeinschaften Sitte, daß die Laienbrüder anstelle von Psalmen, da sie des Lesens unkundig waren, eine entsprechende Anzahl Vaterunser beteten und zwar statt der Metten 13, anstelle der Vesper 9 und statt der vier kleinen Horen je 7 Vaterunser, insgesamt also 50 an der Zahl. Dem Vaterunser wurde das Ave Maria angefügt, aber nur aus

Kaiser Friedrich III. und Maximilian, damals römischer König, mit geistlichen und weltlichen Gefolgsleuten, darubnter der Abt von Zinna, huldigen der vom Strahlen- und Rosenkranz umgebenen Gottesmutter.

dem Englischen Gruß und der Lobpreisung „Benedictus fructus ventris tui" bestehend. Diese Gebetsweise wurde vor allem von den Cisterciensern und den Dominikanern gepflegt.

Der hl. Erzbischof von Canterbury († 1240) dichtete ein „Psalterium der seligen Jungfrau Maria"[5]. Es ist eine direkte Nachdichtung der Psalmen. Die 48. Strophe schließt sich an den 148. Psalm an: „Gegrüßet seist du, reiner als die Sonne, heller als des Mondes Scheibe und der Sterne Schar. Du umarmst den Sohn, welchen aller Stimme lobt in Psalmen, Hymnen und Gebeten."

Das Psalterium b. Mariae bildete das Pflichtgebet von Beginen[6], Begarden und marianischen Bruderschaften, die zum Teil unter Anleitung der Dominikaner und Franziskaner lebten. Der Orden der Dominikaner hat sich auch im 15. Jh. mit großem Erfolg für eine Neubelebung dieser Gebetsweise eingesetzt, so daß sie bald in der abendländischen Christenheit große Verbreitung gefunden hat. Die Mitglieder der Bruderschaften[7] waren verpflichtet, jede Woche einen Psalter mit je drei Rosenkränzen zu beten, so daß analog den Psalmen 150 Ave Maria zu beten waren. Unterbrochen wurden je zehn Ave durch ein Pater noster und angefügt ein Ereignis aus dem Leben Christi oder Mariae.

Auch der Verfasser des Marienpsalters von Zinna hat diese Gebetseinteilung beibehalten. „Es werden immer", so schreibt er in seiner Einleitung,

„dann, wenn *ein* Vaterunser gesprochen wird, *zehn* Ave Maria mit den wunderbaren Zusätzen über die jungfräuliche Mutterschaft gebetet, (wobei der Blick an bildlichen Darstellungen der Verkündigung an Maria entlanggleitet...). Dieses Gebet wird bis zu einer bestimmten Zahl wiederholt, weil sein Vorbild, das Psalmenbuch Davids, aus 150 Psalmen besteht, die über wunderbare Geschehnisse des Alten Bundes berichten. Ebenso hält der Marienpsalter 150 wunderbare Tatsachen über die Mutterschaft Mariens fest, dazu das Ave Maria des Neuen Bundes. Dadurch geht der Marienpsalter über die heilige Anzahl der Psalmen an Umfang und Bedeutung hinaus. Doch so umfangreich dieses Gebet auch ist, selbst wenn man alle Geschöpfe auf einmal zusammennehmen würde, könnten sie nicht hinreichend das unaussprechliche Lob des Grußes des Engels an Maria ausdrücken, wie man weiter unten sehen wird."

„Vater unser ... erlöse uns vom Übel aus Liebe zu Maria, welche du zur Mutter erwählt hast seit Jahrhunderten, ja von Ewigkeit."

„Gegrüßet seist du, Maria ... und gebenedeit ist die Frucht deines Leibes, Jesus, den ich in diesem Geheimnis (Wunder) verehre, weil durch dich (Gott) die größte Weisheit vom hohen (Himmel) der Welt gesandt hat."

„Vater unser ... erlöse uns vom Übel, weil dein Eingeborener Sohn, als er im zwölften Jahre in den Tempel des Vaters hinaufging, dasselbe erbat und durch seine Bitte dich zur Erhöhung bewog."

Wie sehr der Verfasser von der Marienverehrung seines Jahrhunderts ergriffen war und er sie als Mittlerin der Christenheit darzustellen weiß, zeigen seine nachstehenden Lobpreisungen:

„... Wenn seine leuchtende Sonne das Land unseres Herzens betritt, dann fliehen die Schatten und am Tisch der Freude häuft sich in uns die frohe Er-

Der alte Kaiser Friedrich III., der an einem Gebetspult kniet, um die Gottesmutter um Hilfe für den Kampf gegen die Türken anzuflehen, übergibt seinem Sohn Maximilian das Reichsschwert, damit er es weiterführe.

kenntnis. O bewundernswerter Name Mariens, glorreich und sehr geehrt, voll der göttlichen Geheimnisse, der jetzt in der neuen Bruderschaft der Gerechten lieblicher genannt wird und im Munde der Sünder milder erklingt. Wer bittet um Verzeihung der Sünde, wer erlangt in der Christenheit die Krone des Reiches, triumphierend über die Feinde, wenn nicht durch die Mittlerschaft Mariens. Alle rufen Maria an, alle nennen Maria, jedweder liebt sie, jede Zeit, Geschlecht und Stand verkünden eifrig Maria. Wenn wir nämlich den höchsten König durch die Sünde verloren und die Heiligen Gottes durch Stolz beleidigt haben, wenn wir uns selbst beschwerlich sind und gar nicht wissen, was wir gegen die Feinde tun müssen, dann bleibt uns Elenden nur dieses, daß wir die Augen des Herzens und Leibes zur himmlischen Königin und Jungfrau Maria emporrichten. Kehret ihr aber zu den tyrannischen Feinden zurück, so wandtet ihr noch nicht die Augen vom Glanze dieses leuchtenden Gestirns, wenn ihr nicht durch den Sturmwind untergehen wollt. Schau auf Maria, den Stern des Meeres! Wenn ihr in Schwierigkeiten kommt, durch einen Rat in eine schlimme Lage, schaut auf Maria, den Stern des Meeres, sie weiche nicht von eurem Munde. Diese flehe jetzt an in der neuen Versammlung der Brüder, zu ihr rufe, und jene wird deine Trauer in Freude, den Kummer in Jubel verwandeln, weil sie empfangen und geboren hat Jesus, den Sohn Gottes. Und sie wird den sündigen Menschen neu machen."

Gegenüber anderen älteren Marienpsaltern ist der von Hermann Nitzschewitz verfaßte neu konzipiert und mit einer eingehenden theologischen und kirchengeschichtlich begründeten Einführung in die Mariologie abgefaßt. Neu daran ist auch die Verbindung der Anrufe mit den Bitten um Hilfe im Kampf mit den damaligen Erzfeinden der Christenheit, den Türken, die schon seit Jahrhunderten das Abendland in Atem hielten. Den jeweiligen Kaisern als Schirmherren der Christenheit war schon bei ihrer Wahl die Abwehr der türkischen Agression als Aufgabe mit auf den Weg gegeben.

Hermann Nitzschewitz, der aus Trebbin in der Mark Brandenburg stammende kaiserliche Kaplan und apostolische Protonotar in Frankfurt a. d. Oder, sandte 1489 sein Buchmanuskript von Lüneburg aus dem Kaiser zu, um von diesem die Druckgenehmigung zu erhalten. Nach Prüfung durch die kaiserliche Kanzlei wurde ihm bei einer feierlichen Audienz im September 1492 die Druckfreigabe (ad imprimendum commissum) erteilt. Daß der Kaiser persönlich an dem Druck interessiert war, zeigte die Ausstattung des Buches; sowohl der Kaiser selbst als auch sein Sohn Maximilian sind darin abgebildet und, wie es in der Einleitung heißt, „auf Kosten des Kaisers in Druck gegeben".

Übersetzung nebenstehenden Bildtextes:
„Was hier jetzt folgt, gehört nicht wesentlich zum Psalter der Jungfrau, sondern (nur) deswegen, weil die selige Jungfrau selber kundgetan hat, im Psalter der Jungfrau als dem ererbten Gut müsse ein Ring oder ein runder Knoten (Gürtel, Band) sein. Wie nämlich der Ring oder der runde Knoten kein Ende hat, so hat die gebenedeite Jungfrau alle Tage ihres Lebens bis zum Ende nicht nur die Wundertaten ihres Sohnes, sondern auch die Weisheitsworte aus seinem Mund in ihrem Gedächtnis bewahrt und die Leiden und Schmerzen ihres geliebten Bräutigams alle Tage beklagt und sie als das scharfe Schwert Simeons in ihrem jungfräulichen Herzen bitter (empfunden?)".

Die Mutter der ungezählten Schmerzen

Den ich in diesen Wundzeichen anbetend verehre, dessen Leiden hast du durch alle Tage und Stunden deines Lebens beweint. (Text oberhalb des Bildes)

Der Druck in der Klosterdruckerei von Zinna dürfte wohl sofort nach der endgültigen Druckerlaubnis in die Wege geleitet worden sein, denn bereits ein Jahr später war der Psalter vollendet. Der alte Kaiser sollte es nicht mehr erleben, da er am 19. August 1493 starb. Vielleicht ist dies auch der Grund dafür, daß beide Kaiser auf zwei Seiten abgebildet sind. Die Bildgeste des zweiten Bildes deutet dies an. Der Titelholzschnitt zeigt die Jungfrau Maria von der Strahlenglorie und dem fünfteiligen Rosenkranz umgeben. Rechts unter der schwebenden Gottesmutter steht der alte Kaiser Friedrich III., auf der anderen Seite Maximilian, damals noch römischer König, beide in Rüstung, mit dem Reichsbanner im Arm, auf diesem der doppelköpfige Adler, und der Krone auf dem Haupt. Die auf der gleichen Ebene mit den beiden Herrschern stehenden beiden Ratter, ebenfalls im Harnisch, sind nicht identifizierbar. Gedeutet nach den von ihnen gehaltenen Fahnen, die im gespaltenen Feld den brandenburgischen Adler und den pommerschen Greif zeigen, dürfte es sich um Gefolgsleute aus diesen Ländern handeln.

Kniend in Gebetshaltung sind abgebildet:

1. Albert von Klitzing, Domherr in Magdeburg, von 1487 bis 1494 Domdechant des Metropolitankapitels, mit dem Klitzingschen Familienwappen (drei Tatarenmützen);

2. Fürst Adolf von Anhalt, Dompropst des Mageburger Kapitels, mit dem Anhalter Wappen;

3. Abt Nikolaus von Zinna, mit Mitra und Krummstab, davor das Wappen der Abtei, das in den durch ein Kreuz gevierteilten Feldern mit den Buchstaben M, O, R, S sich als Tochterkloster von Morimund ausweist, denn die Primarabtei hat das gleiche Wappenschild;

4. der vierte in der Reihe ist ein Cistercienser-Mönch. Die bisherige Forschung kann mit ihm nichts anfangen. Vielleicht war er der Prior des Klosters, als der legitimierte Vertreter des Abtes, oder ein Pater, der die Druckerei leitete. Hoppe hält ihn für den Autor des Psalters, früher Mönch in Zinna. Dies dürfte jedoch ausgeschlossen sein, da kein ausgetretener Mönch mit seinem einstigen Abt in der Ordenskleidung abgebildet worden wäre. Hermann Nitzschewitz hätte, wenn er sich hätte abbilden lassen, nicht das Habit des Mönches getragen, sondern die Kleidung seines Standes, des Protonotars, dazu die Mitra und das Brustkreuz; denn der Protonotar ist berechtigt, Pontifikalhandlungen vorzunehmen und rangiert unter den Prälaten der katholischen Kirche an erster Stelle. Beissel, (a.a.O.) bezeichnet ihn auf S. 526 als Dominikaner. Die Kukulle weist ihn aber eindeutig als Cistercienser aus.

Das zweite ganzseitige Bild zeigt wiederum die Strahlenmadonna, aber dieses Mal ohne Rosenkranz. Der alte Kaiser reicht seinem jungen Nachfolger das Reichsschwert. Vor dem jungen Kaiser das Wappenschild mit dem kaiserlichen Doppeladler. Sollte diese zweite Abbildung mit den beiden Herrschern nicht erst nach dem Tode Kaiser Friedrichs entstanden sein?, so lautet die Frage. Die Übergabe des Schwertes ist als symbolische Geste zu deuten, die aussagen kann, daß nach dem Ableben des alten Kaisers der Kampf gegen den türkischen Erbfeind nunmehr allein von Maximilian geführt werden wird. Ein Hinweis dafür kann Seite 17 des Psalters geben, auf der gesagt wird, daß dieses „zu Ehren unseres erhabenen und höchst glorreichen neuen Königs und jetzt auch unbesiegbaren Kaisers sowie des ganzen christlichen Reiches" erstellt wurde.

Über den Druck des Psalters schreibt Hermann Nitzschewitz in seiner Einleitung: „Nun wurde es in Zinna, dem frommen Kloster des Cistercienser-Ordens, in einzigartiger Weise und mit angemessenem Kostenaufwand gedruckt. Das Kloster steht unter der Regierung des Abtes Nikolaus, des geistlichen Vaters seiner Mönche, zu Ehren der glorreichen Jungfrau und zum Lobe des ganzen Cistercienser-Ordens als seiner ruhmreichen Patronin."

Über die eigentliche technische Herstellung und über den künstlerischen Gestalter des Psalters wissen wir nichts. Waren unter den Setzern und Druckern auch Konversen des Klosters? Haben Brüder aus dem Scriptorium des Hauses die Holzschnitte entworfen, oder wer sonst hat die Holzschnitte ausgeführt? Außer dem Marienpsalter kennen wir kein Druckerzeugnis der klösterlichen Druckerei von Zinna, weder vor noch nach der Zeit des Psalterdrucks. Die zum Druck verwendeten Typen sind mit denen des Leipziger Druckers Konrad Kachelofen identisch. Das Exemplar der Bodleiana in Oxford hat den Rubrikationsvermerk 1496, so daß einige Forscher es als ein Druckerzeugnis zwischen 1493 und 1496 ansehen[8]. Voullième[9] schreibt: „Das Werk ist gedruckt nach dem Regierungsantritt Maximilians I. und während der Amtszeit des Abtes Nikolaus. Ob der Leipziger Konrad Kachelofen der Meister gewesen ist, dessen Typen 2 und 4 mit denen des Psalteriums identisch zu sein scheinen, muß dahingestellt bleiben. Vielleicht sind die Typen aus Kachelofens Offizien von einem unbekannten Meister zum Druck des Zinnaer Psalteriums erworben worden. Der Lüneburger Drucker Johann Luxe brachte übrigens eine deutsche Ausgabe des Psalteriums unter dem Titel ‚der gulden Rosenkranz'[10]: heraus, wobei er eine Anzahl der Zinnaer Holzschnitte verwendete."

Viele der gestellten Fragen können nicht beantwortet werden. Eines dürfte jetzt jedoch sicher sein: Daß der Zinnaer Konvent das Angebot Hermann Nitzschewitz, ein Psalterium zu drucken, mit Freuden aufnahm, hatte er doch eine neue Gelegenheit, das Lob der Gottesmutter zu künden.

Quellen und Anmerkungen

Als Arbeitsunterlage benutzte der Verfasser dieses Aufsatzes das nicht rubrizierte Exemplar der Preußischen Staatsbibliothek.

In der Literatur ist der Marienpsalter behandelt:

Zentralblatt für Bibliothekswesen XXIII (1906), S. 262.

Allg. Archiv für die Geschichtskunde des Preußischen Staates, Bd. IX (1332), S. 193—226. (G. Friedländer: Das Psalterium Mariae, Zinna) (Lederburs Archiv.)

Berliner Kalender 1905. Bl. 15, 18, 19. (Robert Mielke: Der Marienpsalter von Zinna.) Winter: Die Cistercienser III, 84.

Friedländer: Märkische Forschungen II, 229.

Serapeum XII (1851), 364.

Hoppe, Willy: Kloster Zinna, München 1914 (Veröffentlichungen des Vereins für Geschichte der Mark Brandenburg 15.

Veröffentlichungen der Gesellschaft für Typenkunde, Tfl. 535—36.

Voullième, Deutsche Drucker des 15. Jahrh.:

S. 172, das Werk ist gedruckt nach dem Regierungsantritt Maximilians I. und während der Amtszeit des Abtes Nikolaus. Ob Konrad Kachelofen, Leipzig, der Meister gewesen ist, mit dessen Typen 2 und 4 die des Psalteriums identisch zu sein scheinen, muß dahingestellt bleiben. Vielleicht sind die Typen aus Kachelofens Offizin von einem unbekannten Meister zum Druck der Zinnaer Psalteriums erworben worden.

Voullième a.a.O., S. 97: ein Lüneburger Drucker, der unter Benützung der Druckstöcke von Zinna eine deutsche Ausgabe herausbrachte, dürfte das Zinnaer Psalterium nicht gedruckt haben, da er 1493 in Lüneburg zwei andere Drucke herausgebracht hat.

Clajus, Friedrich Karl: Der Marienpsalter der Klosterdruckerei Zinna vom Jahr 1493 (das Antiquariat, Wien, XIII. Jg., 1957, Nr. 8/9.

Geldner, Ferdinand, in „Deutsche Inkunabeldrucker", Wiesbaden 1967, S. 286.

Anmerkungen

[1] Beissel, Stephan: Geschichte der Verehrung Mariens in Deutschland während des Mittelalters, 1909, S. 544

[2] Wierstrait, Christian: Historij des belegs van Nuys, hrsg. von Karl Meisen, 1926, V 2305 ff. und Anzelewsky, Fedja: Albrecht Dürer, Das malerische Werk (Jahresgabe des Deutschen Vereins für Kunstwissenschaft 1970/71, Berlin 1971, S. 65 ff.)

[3] Wiesflecker, Hermann: Kaiser Maximilian I. Seine Persönlichkeit und Politik, in: Ausstellung Maximilian I., Innsbruck 1969

[4] Beissel, Stephan, a.a.O., S. 243, Anmerkung

[5] Beissel, Stephan, a.a.O., S. 242

[6] Beissel, Stephan, a.a.O., S. 514

[7] Beissel, Stephan, a.a.O., S. 546 f.

[8] Geldner, a.a.O., S. 286

[9] Voullième, a.a.O., S. 172

[10] Clajus, Karl Friedrich, a.a.O., S. 193

Die Kunst der Cistercienser

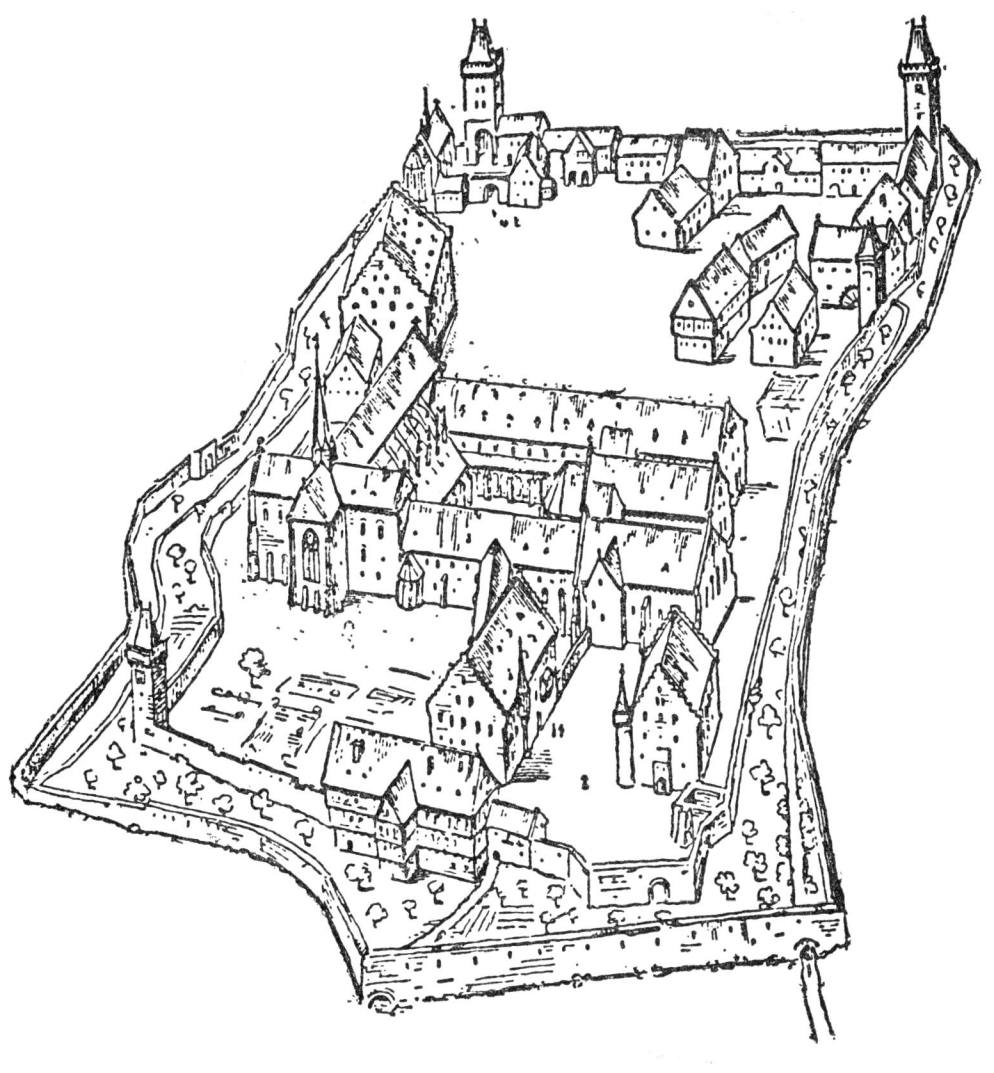

Im Cistercienserkloster erreicht die Entwicklung des mittelalterlichen Klosterbaus ihren Höhepunkt. Es entstand dann — wie im abgebildeten Maulbronn — ein Bauorganismus von höchstem Rang, in dem wir neben der Gesamtanlage auch die beispielhafte Bau- und Raumgestaltung bewundern. Dieser gebauten Welt widmet sich das nächste Kapitel.

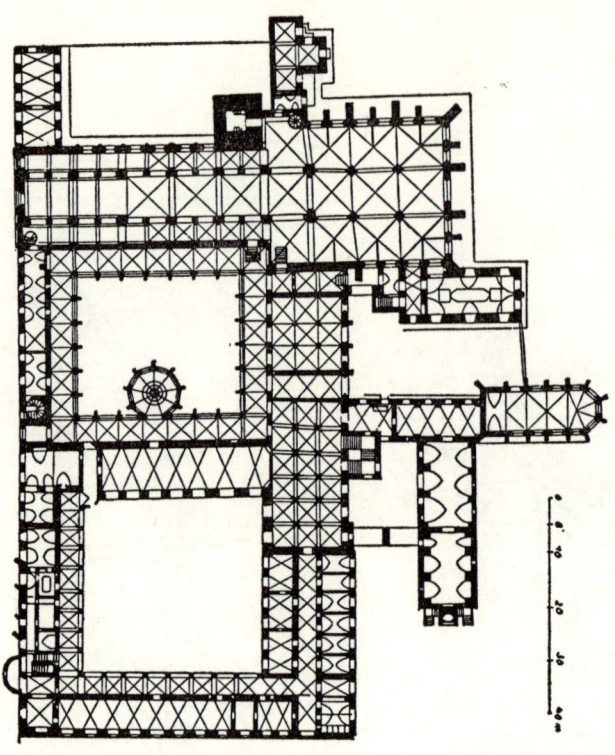

Heiligenkreuz, Niederösterreich

Mittelpunkt der Klosterwelt ist die Klausur. Stets ist es eine Vierflügelanlage, um einen ungefähr quadratischen Kreuzgangsgarten gruppiert, so wie es der usus monachorum befiehlt. Hier in Heiligenkreuz wurde der gotische Bauorganismus in baufreudiger barocker Zeit verändert und erweitert: Im Norden trat an die Kirche ein Turm, im Südosten eine neue Sakristei. Das Siechenhaus im Osten wich dem Bibliotheksgebäude, der Laienbrüderbau im Westen wurde zur Abtswohnung umgestaltet. Im Süden entstand die „Quadratura" mit neuem Speisesaal und Wohntrakt der Mönche, sie kam erhöhten Bedürfnissen an Wohnlichkeit und Bequemlichkeit nach. Altes wurde bewahrt, Neues angefügt. Diese Haltung von Bewahren und Anverwandeln ist charakteristisch für viele Cistercienser-Konvente. Sie ermöglichte das bewunderungswürdige organische Wachsen vieler Klosteranlagen. Hier kommt hinzu: Nie wurde Heiligenkreuz aufgehoben. Diese Klausur birgt cisterciensische Lebensgestaltung bereits über sieben turbulente Jahrhunderte hinweg. Von solcher Lebenskraft zeugt auch die Cistercienserkunst.

DIE KUNST DER CISTERCIENSER
von Wolfgang Bickel

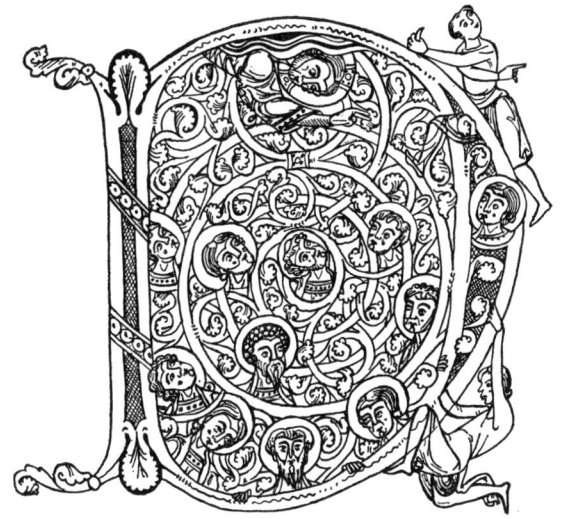

Einführung

Vier Fragen stellen wir uns:

1. Was heißt „Kunst der Cistercienser"?
2. Unter welchen Bedingungen war ein Kunstgegenstand im Mittelalter als schön zu bezeichnen?
3. Wodurch wurde die Erscheinung der Cistercienser-Architektur bestimmt?
4. Wie entwickelten sich die bestimmenden Kräfte?

Initiale aus Cod. 20, 86ʳ des Scriptoriums Heiligenkreuz. Im Rankengeschling segnet der auffahrende Christus die zurückbleibenden Jünger. Außerhalb zwei Begleitfiguren, von denen sich eine bemüht, in den Kreis hineinzukommen, die andere weist auf den folgenden Text.

1. Dem Buchtitel bedenkend, beginnen wir die Sache selbst zu umkreisen. Wenn in ihm von „Kunst" geredet wird, dann ist damit nicht der Gegenstand angesprochen, den der moderne Kunstbegriff faßt, vielmehr wurde der Titel im Blick auf die Kunstauffassung des Mittelalters gewählt. Kunst, ars, kann im Mittelalter Wissenschaft bedeuten, wenn es sich um die Sieben freien Künste, um die artes liberales, handelt, um Grammatik, Rhetorik, Dialektik, um Musik, Arithmetik, Geometrie und Astronomie. Aber mit demselben Wort werden auch die artes mechanicae bezeichnet, Techniken, die praktische Bedürfnisse erfüllen. Zu ihnen gehört der weite Bereich handwerklicher Fertigkeiten, so die Ausübung der Musik, die Buch-, Tafel-, Wandmalerei, die Bildhauerei, die Tischlerei, ja selbst der Ackerbau. Die Baukunst steht gesondert zwischen artes liberales und artes mechanicae, höher als die handwerklichen Fertigkeiten, denn sie gründet sich auf Wissenschaft. Aber den Anspruch, reine Wissenschaft zu sein, kann sie nicht erheben, weil sie praktischen Bedürfnissen nachkommt. Die „Kunst der Cistercienser" umfaßt also neben der Beschäftigung mit den Sieben freien Künsten den weiten Bereich der von Ordensmitgliedern oder in ihrem Auftrag gestalteten Gegenstände, vom Bau bis zum Gerät. Und diese Erfüllung praktischer Bedürfnisse spricht der Titel an. Indem wir erkennen, daß hierzu die Errichtung eines Gebäudes, die Ausführung der Fenster, die Dekoration des Fußbodens wie die Herstellung des Mobiliars gehören, entgehen wir unsachgemäßen Unterscheidungen, die hier von Kunst, dort von Handwerk reden. Es geht im Mittelalter stets um die schöne Gestaltung eines Gegenstandes in Ansehung seines Zweckes.

2. Mit dieser Feststellung betreten wir den Boden mittelalterlicher Ästhetik. Über sie weitläufig zu schreiben, ist hier nicht der Ort. Nur soviel sei gesagt: Das fertige Werk mußte eine Reihe von Bedingungen erfüllen, um als schön zu gelten, darunter vor allem die genannte Bedingung: es mußte zu allererst funktionsgerecht sein. Die Anschaubarkeit durfte nicht dem Zweck des Gegenstandes zuwiderlaufen. Eine gläserne Säge, sagt Thomas von Aquin, sei zwar angenehmer anzuschauen als eine eiserne, aber sie sei nicht besser, denn eine gläserne Säge erfülle ihre Aufgabe nicht. Die Schönheit war an die Güte gebunden. Dann sollte das Werkstück — sofern das Verhältnis zur Aufgabe dies zuließ — Träger bestimmter Bedeutungen sein, auch dem Betrachter Anlaß zu moralischer Besinnung geben. Und es hatte — stets unter der Bedingung der unbeschadeten Funktionstüchtigkeit — die Aufgabe, ihm zu überweltlicher Schau zu verhelfen. Deshalb wurden christliche Symbole und Darstellungen häufig auch auf Gegenständen profanen Gebrauchs angebracht. Und der Gegenstand sollte schön sein. Als schön galt etwas nur, sofern es an der höchsten Schönheit teilhatte. Dies konnte auf zwei Wegen erreicht werden, auf dem platonischen und auf dem aristotelischen Wege, entweder, indem die Idee durch das Sinnliche hindurchschien — womit die Kunst Nachahmung war — oder, indem das künstlerische Schaffen Nachahmung göttlicher Schaffenskraft war. In jedem Falle ahmte der Künstler den Schöpfergott nach. Das verlieh ihm seine Würde. Der Unterschied blieb, daß jener aus dem Nichts schuf, dieser schon Gestaltetes nachahmte. Gottes Schöpfung gab die objektiven Maßstäbe, an denen die Menschenwerke zu messen waren. Für die Architektur, der ein Hauptteil des Buches gewidmet ist, folgt hieraus: Der Bau mußte funktionsgerecht sein. Er hatte über sich hinauszuweisen, Träger verschiedener Bedeutungen zu sein. Er mußte zu überweltlicher Schau verhelfen. Er mußte teilhaben an der Schönheit der göttlichen Schöpfung. Diese Bestimmungen sind zu entfalten.

Wenn in der Angemessenheit der Gestaltung Elemente des Schönseins beschlossen liegen, dann beruht die Schönheit der Mönchskirche zum Teil darin, daß sie ihre Aufgabe, Behausung für das Offizium der Mönche zu sein, erfüllt. Wie kann dies geschehen? Da die Äußerungen Bernhards von Clairvaux für das Verhältnis des jungen Ordens zur Kunst maßgebend waren, werden sie zunächst betrachtet. In ihnen scheint ein Widerspruch vorzuliegen zwischen Bernhards hoher Musikalität und der durch ihn geförderten Pflege der Musik im Orden einerseits und der Ablehnung des Bauluxus andererseits, „der Oratorien ungeheure Höhe, maßlose Länge, überflüssige Breite, verschwenderische Steinmetzarbeit", „der wunderbaren Mannigfaltigkeit verschiedenartiger Geschöpfe". Der Widerspruch zwischen Musikpflege und Abneigung gegenüber der Dekoration des Baues löst sich jedoch im Hinblick auf den Adressaten. Musik und „wunderbare Mannigfaltigkeit verschiedenartiger Geschöpfe" sprachen verschiedene Seiten im Menschen an. Für die Bischofskirchen hat Bernhard die Wunderwelt der Skulptur gebilligt, für die Mönchskirche verworfen; denn „die Sache der Bischöfe ist eine andere als die der Mönche. Wir wissen, daß jene, da Weisen und Unweisen gleichermaßen verpflichtet, das fleischlich gesinnte Volk mit materiellem Glanz zur Andacht ermuntern, weil sie es mit Geistigem nicht vermögen. Wir aber, die wir uns vom Volke doch entfernt haben: die jegliche Pracht, jegliche

Erlesenheit der Welt um Christi willen verlassen haben, die wir alles schön Glänzende, durch Klänge Schmeichelnde, lieblich Duftende, dem Geschmack Angenehme, dem Gefühl Gefallende, mit einem Wort alles dem Leib Ergötzliche als nichtig erachten, damit wir Christus gewinnen: mit welchen von diesen Dingen, frage ich, können wir die Andacht erregen wollen?" (Apologie) Eine generelle Kunstfeindlichkeit ist aus alledem nicht herzuleiten. Der sensitiven Volksfrömmigkeit muß in den Domen entsprochen werden, die spirituelle Frömmigkeit des rechten Ordensmannes jedoch verlangt nicht nach sinnlichen Eindrücken. Zum Mönch „muß man von anderen Dingen oder doch auf andere Weise sprechen als zu denen, die in der Welt leben" (Bernhard, PL 183, 785). Die sensitive Volksfrömmigkeit braucht das Anschaubare, die bildhafte Vergegenwärtigung zur Anagogie. Der Spirituale wird durch sie gehindert, die Wahrheit Gottes zu erkennen, denn die wird im Geiste geschaut. In alledem erweist sich Bernhard als von Augustinus' Denken geprägt, und besonders die Lehre vom äußeren und inneren Auge kann als eine Grundlage angesehen werden für das Verhältnis der frühen Cistercienser zur bildenden Kunst. Nach ihr vermag das äußere Auge, weil dem Körperlichen zugehörig, nur Körperliches zu sehen. Es wird durch die Vielfalt und den Reiz der Dinge ständig verführt. Abgelenkt wird der Suchende von dem, was es einzig zu suchen gilt, von der Erkenntnis Gottes. Das innere Auge ist das Auge des Geistes, es vermittelt innere Erkenntnis. Es allein ist imstande, Geistiges zu schauen. Es heißt auch Auge des Herzens, weil es den Glauben erhellt und zu immer größerer Klarheit führt. Das innere Auge ist auf die Erkenntnis Gottes gerichtet und es ist im höchsten Zustand seiner Erleuchtung fähig, ihn zu erkennen. Dies wird durch Meditation erreicht, nicht durch die Betrachtung des Geschaffenen; geistige Wahrheit ist nicht bildlich. Weil aber die schönen und mannigfaltigen Formen und Farben auf den Menschen eindrängen und ihm keine Ruhe lassen, ist aus seiner Umwelt alles zu entfernen, was der Versenkung im Wege steht; „denn wenn unser Herz zum Gefäß derartiger Sachen wird und sich füllt mit den wirren Massen solchen eitlen Krams, werden unsere Gebete dadurch oft unterbrochen und gestört" (Augustinus, Conf. X, 35). „Die sich an dem, was draußen ist, freuen wollen, schwinden rasch dahin, zerfließen im Sichtbaren und Zeitlichen und ihre Gedanken lecken hungrig an bloßen Bildern" (Augustinus, Conf. IX, 4). Hieraus folgt die Notwendigkeit, alle „bloßen Bilder" zu meiden, aber auch die im Cistercienser-Orden stets erlaubte Ausnahme vom Bilderverbot, die Darstellung Christi am Kreuz. Er ist der fleischgewordene Logos. Nur um ihn, in dem Schöpfung und Erlösung sichtbar geworden sind, soll sich alles Denken bewegen. Im Anschauen des Bildes Jesu mündet äußere Kenntnis unmittelbar in innere Erkenntnis. — Die Beseitigung alles Störenden folgt also erkenntnistheoretischem Kalkül: es ist Bereitung des Weges. Es war dies eine theoretische Ergänzung des apostolischen Armutsideals, das alle echten Bekenner verpflichtete, die Güter dieser Welt zu lassen um Christi willen.

Die zweite Bestimmung ist die Abbildungsqualität der Architektur. Galt allgemein das Kirchengebäude als Abbild des Himmels, so traf dies besonders auf die Ordenskirche zu, galt aber für das ganze Kloster. Von Bernhard wurde der Begriff paradisus claustralis geprägt (PL 183, 663), er wird seitdem verwandt.

Den Abbildcharakter gewann das Kloster durch das Leben nach der Ordensregel und durch die Gestaltung der gebauten Umwelt. Diese hatte in ihren Maßverhältnissen den vollkommenen Proportionen des Kosmos zu folgen. Er war nach Maß, Zahl und Gewicht geordnet. Unter den Proportionen stand das vollkommene Verhältnis 1 : 1 voran, gefolgt von denen 1 : 2, 2 : 3, 3 : 4. Als Konsonanz, Oktaven-, Quinten- und Quartenverhältnis wurden sie in der Musik weniger ihrer Klangqualität als ihres kosmischen Bezuges wegen hochgeschätzt. Aus gleichem Grunde wurden sie in der Architektur verehrt. Augustinus hatte diesen Bereich der Zahlenmystik aus neuplatonischem Erbe aufgegriffen und weitergegeben. Auf ihn konnte man sich auch auf diesem Gebiet berufen. Indem der Bau in seinen Abmessungen diesen Verhältnissen folgte, erreichte er Anteil an den Gesetzen und damit an der ewigen Schönheit der göttlichen Schöpfung. Bei der Betrachtung der Otterberger Westfassade werden wir auf diesen Zusammenhang zurückkommen und ihn am Beispiel erläutern. Es war auch hier die Spiritualisierung der Schönheitsvorstellungen in der Nachfolge Augustins, die dem Orden den Vorwurf der Kunstfeindlichkeit einbrachte. Aber die Werke, die gemäß dieser Theorie entstanden, faszinieren durch die Vollkommenheit ihrer Proportionen und der handwerklichen Ausführung noch uns Nachgeborene.

Die dritte Bestimmung folgt aus der zweiten. Insofern die Zahlenverhältnisse auf den Himmel hinweisen, vergegenwärtigen sie Ewiges, garantieren es. Dabei verhelfen bestimmte Verhältnisse in besonderer Weise zu mystischer Schau. Naheliegend, im Verhältnis 1 : 1 die Identität der Gottheit selbst wiederzufinden, aber auch das Verhältnis 1 : 2 verrät nach Augustinus (PL 42, 889) dem, der sich darein versenkt, Entscheidendes über Gottes Verhältnis zu den Menschen. So führen die Zahlenverhältnisse, nach denen die sichtbaren Dinge geordnet sind, zu unsichtbarer Wahrheit. Auch davon wird noch zu reden sein.

Dieser Bestimmung ordnet sich die Vorliebe der Cistercienser für das weiße, farblose Licht ein. Auch hier kann neben der asketischen Begründung Augustinus' Denken nachgewirkt haben. Der Kirchenvater folgte in seiner Hochschätzung des weißen Lichts neuplatonischer Lichtmetaphysik. Er stellt es über das farbige. Zeichen war es ihm für das Licht der Erkenntnis. Es stand am nächsten dem göttlichen Lichte, von dem der Mensch erleuchtet werden muß, um erkennen zu können. Helle Räume wiesen hin auf die lichten Räume der Erkenntnis, in denen Gott geschaut wird.

Zu diesen Forderungen an die cisterciensische Baugestaltung trat eine weitere. Die hatte genug Anlaß, bis in die Gegenwart wiederzukehren: es war das karitative Argument. „Es strahlt die Kirche in ihren Mauern und in ihren Armen leidet sie Mangel! Ihre Steine kleidet sie in Gold und ihre Kinder läßt sie nackt! Mit den Gaben der Bedürftigen wird den Augen der Reichen gedient. Die Neugierigen kommen, damit sie erfreut werden, und nicht die Elenden kommen, damit sie genährt werden..." (Bernhard, Apologie). Auf Johannes Chrysostomus bezieht sich Bernhard, wenn er ausruft: „Was nützt es, daß der Tisch des Herrn in Goldpracht blitzt, wenn er (Christus) selbst Hungers stirbt?" (Apologie).

Diese Bedingungen hatte das Kloster mit Gebäuden und Inventar gemäß den Bestimmungen über die Aufgabe der Kunst — in der mittelalterlichen Bedeutung des Wortes — zu erfüllen. Die wichtigste wurde die erste Bedingung, weil sie alle anderen übergreift: Die gestaltete Welt des Cistercienser-Klosters hatte der asketischen, spirituellen Frömmigkeit seiner Bewohner zu dienen. Damit waren Grobkriterien zur Auswahl der Formen aus der Kunst der Zeit gegeben, auch, daß Vorgeformtes eigenen Bedürfnissen gegebenenfalls anzuverwandeln ist. Aber die Vorstellungen, wie asketische, spirituelle Frömmigkeit zu realisieren sei, wandelten sich, und mit den Vorstellungen wandelte sich das Kunstwollen. Innerhalb der Einheit streng spiritualistischer monastischer Gestaltung war eine Vielzahl der Ausprägung möglich.

Wenn als Charakteristika der Baukunst im Cistercienser-Orden registriert werden: knapper Zuschnitt des Außenbaues und Innenraumes unter Zurückhaltung des Dekorativen bei Reduktion des Gliederungsapparates, dann gelten diese für lange Zeit. Sie zeigen, wie groß die Möglichkeiten waren, cistercensische Architektur zu bauen. Wo aber die erste Bedingung nicht erfüllt wurde, Anverwandlung nicht vollzogen war, da wurde eingeschritten und korrigiert, ablesbar an den Bestimmungen der Generalkapitel. Mit ihrer Reglementierung der Bautätigkeit und der Ausgestaltung führen sie fort, was bereits in den Capitula vor 1130 angelegt war. In ihnen wird bestimmt: Kap. 25: Die Altartücher, Gewänder der Altardiener sollen nicht von Seide sein, außer Stola und Manipel; die Kasel sei nur einfarbig; alle Ornamente des Klosters, Gefäße und Geräte seien nicht von Gold, Silber und mit Edelsteinen bedeckt, außer Kelch und (Kommunion-)Röhrchen, die beide nur silbern und vergoldet, aber niemals von Gold sein dürfen. Kap. 26: Bildwerke dulden wir nirgends, Malereien nur auf Kreuzen, die aber nur in Holz ausgeführt seien. Von den Generalkapitelsbeschlüssen nennen wir nur wenige: 1134 verbietet das Kapitel Bilder und Skulpturen in den Klosterräumen, „weil man gerade auf solche Dinge seine Aufmerksamkeit lenkt und dadurch häufig der Nutzen einer guten Meditation beeinträchtigt und die Erziehung zu religiösem Ernst vernachlässigt wird". 1157 wird verboten, steinerne Glockentürme zu errichten, hölzerne von geringer Größe werden gestattet. 1182 werden — wie schon 1134 — farbige Fenster verboten und ihre Beseitigung angeordnet, 1199 wird erneut gegen kostbare Altarbekleidung und ebensolche liturgischen Gewänder Stellung genommen. 1213 muß erneut gegen Bilder und Skulpturen wie gegen „jede Mannigfaltigkeit an Fußbodenplatten, wie jeden Überfluß an Gebäuden und Lebensmitteln" eingeschritten werden. 1240 wird die Beseitigung aller Dekoration angeordnet, auch die Stifterdarstellungen müssen übertüncht werden. Die Begründungen für die Verbote wiederholen sich oft wörtlich. Es wird untersagt, was den Anstand des Ordens verletzt (quae deformant antiquam ordinis honestatem, 1231, 1256), was der Armut nicht entspricht (quae paupertati nostrae non congruunt, 1256), weil den armen und demütigen Dienern Gottes der Überfluß nicht ziemt (quia pauperes et humiles servos dei non decet apparatu superfluo, 1289, ähnlich 1303) und die Einfachheit zu den Forderungen gehört, auf die der Orden gegründet ist (ordo, qui a sua origine in multa puritatis simplicitate fundatus est, 1297). Hierbei fällt auf, daß die nötige Angemessenheit durchgängig betont wird, daß das seelsorgerische Argument aber zurücktritt gegenüber dem unbestimmteren Armutsargument, das umfassender war. Es verwarf nur Übermaß und Übertreibung (seit 1231). Warum man sich auf dieses Argument beschränkte, ist eine eigene Untersuchung wert. Es könnte folgender Sachverhalt zugrunde liegen: Seit dem 12. Jahrhundert ging eine stärkere Betonung des Visuellen in der Frömmigkeit einher mit einer wachsenden Hochschätzung des Schönen, aus dem das Wahre unmittelbar hervorleuchtet. Für das Klosterleben bestand hierbei die Gefahr, daß der Betrachter eines Bildes sein geistliches Interesse befriedigt sah in der Aufnahme des bloß Erbaulichen, ohne wirkliche Erkenntnis erlangt zu haben. Doch wer wollte das entscheiden? Jedenfalls mußte es die spiritualistische Kunstauffassung Bernhards gegenüber dieser Entwicklung schwer haben. Man entging einer Grundlagendiskussion darüber, was ein Bild zu vermitteln vermag, wenn man beim Verbot auf die biblisch begründbare Askese selbst zurückgriff. Daß man damit aber die Sache verfehlte, beweisen die wiederholten Bilderverbote, die auf sich mehrende Verstöße schließen lassen, und die endlich erfolgte Resignation vor dem Einzug der Bilder in die Klosterräume überhaupt.

3. Mit der Beobachtung des Widerstreits zwischen den Entwicklungen in den einzelnen Klöstern und den Beschlüssen des Generalkapitels tritt die geschichtliche Dimension der Ordenskunst ins Blickfeld. Dabei werden wir uns auf die Betrachtung der Baukunst beschränken. Was an ihrem Beispiel entwickelt wird, ist mutatis mutandis auf andere Gebiete künstlerischer Gestaltung übertragbar. Wir haben zu fragen, welche Kräfte in der Ordensbaukunst wirksam waren und an welchen Erscheinungen deren Einwirkungen ablesbar sind. Zwei Vorurteile sind zunächst abzuwehren, die durch eine allzu draufsichtige Betrachtungsweise immer wieder aufgebaut werden. Sie sind miteinander verbunden und sagen: die Cistercienser-Kunst sei Ordenskunst und habe mit der künstlerischen Betätigung außerhalb des Ordens wenig gemein, und als Baukunst habe sie allein in den „bernhardinischen Oratorien" ihre „typisch cisterciensische" Gestaltung gefunden, andere Typen deuten auf eine Abkehr von den Richtlinien des Ordens hin. Was auf die bernhardinischen Oratorien folgte, sei im Grunde Verfall. Demgegenüber ist festzuhalten: Cistercienser-Kunst ist Kunst im Cistercienser-Orden. Das ist notwendige Themenbestimmung. Und: Cistercienser-Kunst ist solche nur im Rahmen der Kunst überhaupt. Wir haben das Ganze der Stilentwicklung im Auge zu behalten, denn die Cistercienser traten nicht aus ihr heraus, in ihr entwickelten sie ihr Eigenstes. Sodann ist am Ganzen der Cistercienser-Kunst festzuhalten. Auf der Ebene der Teile können sich die Phänomene widersprechen. Hier werden Formen aufgenommen, die oft mit den Vorstellungen, die sich die Nachwelt über das machte, was cisterciensisch zu sein habe, kollidieren und die dann schulmeisterhaft als „uncisterciensisch" abgetan werden. Erst Spruch und Widerspruch, These und Antithese machen das Ganze aus. Auch die asketische Architektur entfaltet sich im dialektischen Schreiten. Als Reaktionen auf Aktionen sind die Beschlüsse der Generalkapitel Spuren dieses Schreitens. Sie beweisen, was die Analyse jedes Bauwerks zeigt, daß der innere Widerspruch zwischen Norm und Wirklichkeit der Cistercienser-Kunst der Antrieb des dialektischen Fort-Schritts ist. Das Verstummen der Beschlüsse bedeutet nicht, daß nun die Norm für alle Zeit erreicht war, sondern, daß der Streit zunächst auf dieser Ebene nicht mehr geführt wurde. Gewohnheit trat an die Stelle der Auseinandersetzung.

Man hatte andere Sorgen. Aber der Gegensatz ging nicht verloren. Er wurde aufbewahrt — nicht zuletzt in den bestehenden Denkmälern selbst. Späte Bauten wie Salem, Kaisheim und Marienrode, zeigen noch einmal, wie einzelne Abteien auf ihre Weise versuchten, asketische Architektur darzustellen. Letzte Erhebungen gegen die Gewohnheit?

Was Widersprüche genannt wurde, sind Forderungen, die auf den Planungs- und Bauvorgang einwirkten und die stets paarweise als Forderung und Gegenforderung auftraten. Sie bestimmten das Aussehen des fertigen Baues und seien Determinanten, bzw. Determinantenpaare genannt. Alle Determinantenpaare zusammen bildeten ein Kräftefeld, das die Cistercienser-Architektur prägt. Diese Theorie soll in zwei Schritten dargestellt werden. Im ersten wird ein Horizontalschnitt gelegt, so daß alle Determinanten auf einer Ebene liegend erscheinen. Im zweiten soll ein Vertikalschnitt die Entwicklung dieser Kräfte aufzeigen. Die Brauchbarkeit auch dieser Theorie wird an der Zahl der Phänomene zu messen sein, die sie auf den Faden ihres Gedankens zu ziehen vermag.

Das Kräftefeld wird aufgespannt durch mindestens drei Determinantenpaare, die als Forderung und Gegenforderung wirken.

a) Die Vorstellungen von der Gestalt einer Abteikirche. Einerseits das Ideal eines Oratoriums, das ganz der spiritualistischen Frömmigkeit in asketischer Beschränkung entspricht, andererseits der Kirchenbau, dessen Ausführung dem Gefühlsbereich mittelalterlicher Frömmigkeit, der die Anschauung des sinnlich erfaßbaren Schönen braucht, nachkommt. Wir nennen sie die asketisch-spiritualistische und die sensitive Determinante.

b) Forderungen aus der burgundischen Tradition des Ordens, die bis in die Spätzeit immer wieder auf Verwendung burgundischen Formengutes drängte, dagegen die kunstgeographischen Lokaltraditionen, die aus der Lage des betreffenden Klosters als Ansprüche der einheimischen Mönche, der Handwerker, der Bauherren eingebracht wurden: die burgundische Determinante und die Ortsdeterminante.

c) Die im Orden stets vorhandene Betonung der konservativen Formen als Zeichen der Hochschätzung der Ordensanfänge hier, dort die Forderungen des Zeitstils, der künstlerischen Epoche: Traditions- und Epochendeterminante.

Forderungen, die sich aus dem Filiationsgefüge ergeben, wie solche, die von besonders einflußreichen Personen vorgetragen werden, können sehr verschiedenen Inhalts sein und sich mit verschiedenen Determinanten decken. Die Stellung aller Cistercienser-Bauten in diesem Determinantenfeld macht ihre Einheit aus. Ihre innere Vielfalt ergibt sich aus der unterschiedlichen Stellung der einzelnen Bauvorhaben, insofern die Forderungen verschieden mächtig sind. Dabei können aus der besonderen Situation heraus einzelne Determinanten zugunsten ihrer Gegendeterminanten stark zurücktreten. Es entstehen dann Bauten, die in dieser Hinsicht fast gegensatzlos sind und eine Forderung weitgehend erfüllen, wie z. B. Alvastra oder Sittich.

4. Diese Determinanten entfalteten sich mit der Ausbreitung des Ordens. Am Anfang stand der Grundwiderspruch gegenüber den Cluniazensern, wie ihn

Bernhard formulierte. Aus ihm folgte die Konzeption des „bernhardinischen Oratoriums", aber auch die Übernahme der frühen Staffelchöre. In jedem Falle waren es Gestaltungen, die im Gegensatz standen zu den aufwendigen Ordensbauten ihrer Zeit. In ihnen waren mit Hilfe älterer Bauformen Typen geschaffen, die — gemessen an den Idealen des neuen Ordens — auf einer höheren Qualitätsstufe standen als die Ordensbauten zuvor, wobei die eingangs dargelegten drei Bedingungen als Maßstab gelten konnten für die Qualität. Bei der Suche nach dem geeigneten Oratorium wirkten die Bautraditionen der Landschaft herein, es kam zur Aufnahme verschiedener Typen: dies leitete über zum zweiten Determinantenpaar. Vorstellungen vom Ordensoratorium, wie sie etwa im „bernhardinischen Oratorium" oder in den Staffelchören Gestalt gewonnen hatten, trafen auf Klosterkirchen-Typen, wie sie in der Landschaft bereits gebräuchlich waren. Dabei konnten sich zwei Extremfälle ergeben: hatte die Kunstlandschaft bereits einen Kirchentyp hervorgebracht oder übernommen, der den Vorstellungen im Orden weithin entsprach, dann konnte dieser seine entscheidenden Merkmale durchsetzen. So geschah es z. B. bei der Übernahme der bayerischen Hallenkirchen. Fehlte dagegen eine eigene Bautradition, die zur Auseinandersetzung fähig war, kam es zur Übernahme eines burgundischen Typus. Hierbei sei an Alvastra erinnert. Im allgemeinen verbanden sich burgundische und heimische Formen. Das dritte Determinantenpaar tritt hinzu. Die Entwicklung des Ordens konnte zum Konflikt führen zwischen den archaisierenden Tendenzen und den Forderungen fortschreitender Stilentwicklung. Wenn Vorstellungen im Orden und Tendenzen im Zeitstil sich nahezu deckten, dann flossen zeitgenössische Formen verstärkt in die Bauvorhaben ein. Aber es gab auch Versuche, sich der fortschreitenden Entwicklung zu entziehen. Die Klöster schufen dann archaisierende Denkmäler der Ordenstradition, so in Loccum, so in Gotteszell.

Dabei vollzog sich die Rezeption von Formen in die Ordensbaukunst in einem Zweischritt von auswählender Aufnahme und Anverwandlung. Beider Ausmaß wurde durch die jeweilige Stärke der Determinanten bestimmt. Hierbei darf nicht der Eindruck entstehen, als sei das Verhältnis der Kunst im Orden zu der außerhalb seiner Mauern ein bloß empfangendes gewesen. Vielmehr wirkte sie vor allem durch ihre asketisch-burgundische-traditionsbetonende Determinantengruppe auf die Kunst ihrer Zeit ein.

Die Determinanten sind am Bau ablesbar, bleiben ansichtig, gehen mithin nicht verloren, solange die Bauwerke da sind. Sie wirken als Impulse weiter. Hierbei führte die asketische Determinante mehrfach angesichts von Bauwerken, die den in ihr implizierten Intentionen zuwiderliefen, zu „Regeltypen", die eben jener „Abweichungen" bedurften, um sich klar entfalten zu können. Aus diesem Grunde können wir in der Geschichte der Cistercienser-Architektur immer wieder von einem Typenpluralismus bei Dominanz eines Typus sprechen. Diese „Regeltypen" formulieren die Zielrichtung asketischen Bauens besonders klar aus. Zu ihnen gehören jene Bauten, die als „typisch cisterciensisch" empfunden werden. Und wenn wir ihnen besondere Qualitäten zusprechen, dann geschieht dies, weil sie die Forderungen in ganz besonderer Weise erfüllen, die gemäß mittelalterlicher Ästhetik an ein Werk gestellt werden.

Die Einheit der Cistercienser-Kunst folgt aus der Konstanz der Determinanten. Nach ihrer Auflösung zu Beginn der Neuzeit kann von einer Einheit, wie sie im Mittelalter bestand, nicht mehr geredet werden. Gewährleistet wurde diese Konstanz durch die Organisation des Ordens. Das Prinzip wechselseitiger Kontrolle wirkte als Zentripetalkraft allen zentrifugalen Strebungen entgegen. Innerhalb der Determinanten blieb Spannung. Mit dem Niedergang einzelner Klöster, der Ordensbaukunst, schließlich der Gefährdung der Ordensorganisation verfiel auch das Spiel der Forderungen und Gegenforderungen, die Determinantenpaare lösten sich auf. Zurück blieb, mit Hegel zu reden — ein Zustand gegensatzlosen Tuns, „dem nur die formelle Dauer übrig sein kann und in dem die Fülle und Tiefe des Zwecks nicht mehr zur Sprache zu kommen braucht." Ein solcher Zustand hatte im Spätmittelalter nahezu alle Bereiche des Ordenslebens erfaßt; „alle Teile standen nur innerhalb desselben Kreises des Verderbens". Doch das ist ein weites Feld.

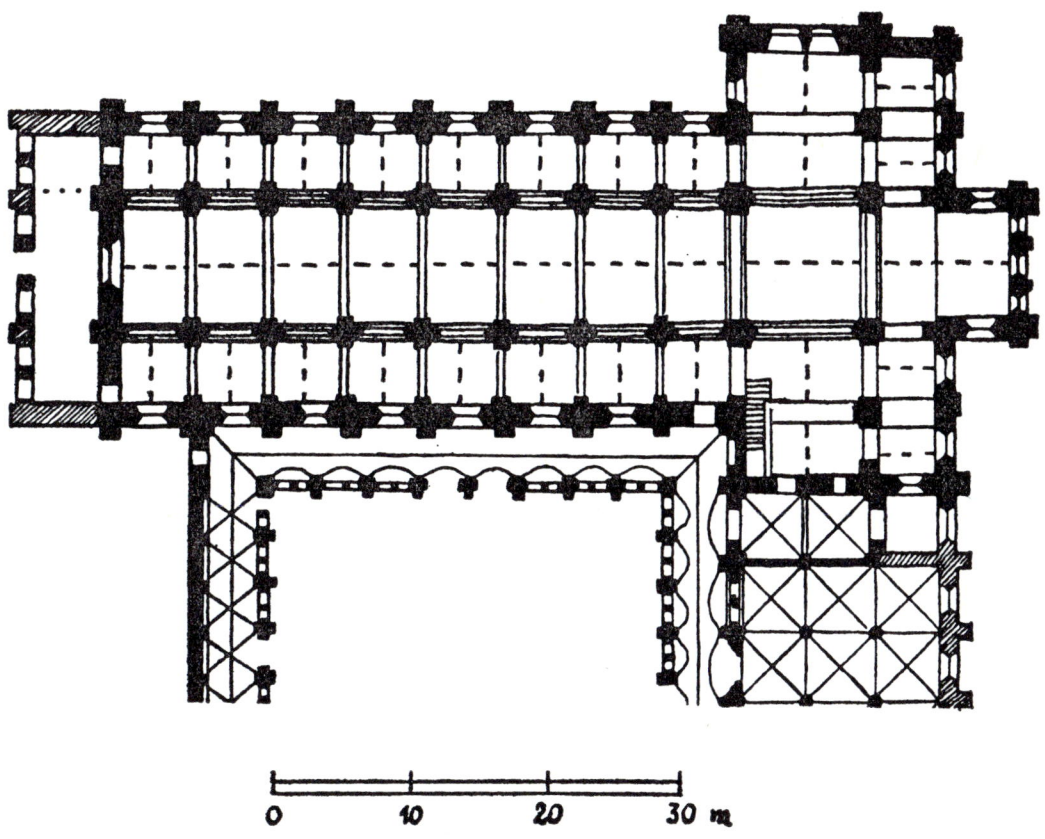

Fontenay. Der Grundriß des 1139 begonnenen Baues ist der Proto-Typ des „bernhardinischen Planes", mit dem sich die Vorstellungen vom „typisch Cisterciensischen" Grundriß verbinden.

FASSADEN MITTELALTERLICHER CISTERCIENSERKIRCHEN

Wir beginnen mit der Betrachtung einiger Kirchenfassaden. Sie sind im Vergleich zu den Chören und Querhäusern unabhängiger von liturgischen Forderungen, die vor allem auf die Raumdisposition einwirken. An ihnen lassen sich die verschiedenen Determinanten besonders deutlich ablesen; denn die Problemstellung blieb während des ganzen Mittelalters konstant: es war ein Westabschluß zu schaffen für ein Kirchengebäude basilikalen Querschnitts. (Die wenigen Hallenkirchen können hier außer acht bleiben.) Die Westwand sollte durch Fenster geöffnet werden. Portale waren in ihrer Nähe nötig, doch scheinen Vorschriften über deren genaue Lage nicht bestanden zu haben. Sie finden sich, z. T. mit den dazu gehörenden Vorhallen, auch an den Seitenschiffen.

Bevor der Gedanke sich ganz der Entwicklung der Ordenskirchen zuwendet, ist ein Hinweis auf turmlose Fassaden außerhalb des Ordens nötig, damit nicht am Ende Gestaltungsprinzipien für typisch cistercienisch gehalten werden, die sich grundsätzlich an Abschlüssen basilikaler Langhäuser herausbilden und die funktional begründet sind. Hierbei bieten sich französische, vor allem aber italienische und deutsche Beispiele an. Als Gliederungselemente treten Fenster und Portale, oft wirkungsvoll gruppiert, Wandvorlagen, horizontale und steigende Bogenfriese auf. In Italien, wo die turmlose Fassade die Regel ist, lassen sich zwei Gestaltungstendenzen verfolgen. Der basilikale Umriß kann einer Schauwand weichen, die vom dahinter liegenden Schiff nicht allzuviel verrät, ja, zuweilen sogar von anderem Material ist als der übrige Bau. Galerien überspielen die Bereiche von Haupt- und Nebenschiffen. Andererseits können noch vor der Einführung von Strebepfeilern starke Lisenen die Fassade gemäß der Schiffsteilung in vertikale Abschnitte gliedern, wobei das Hauptschiff oft nicht nur durch seine größere Höhe herausgehoben, sondern auch durch eine besondere Fensteranordnung betont wird. Hierbei setzen sich neben Fenstergruppen früh Rundfenster durch, die seit der ersten Hälfte des 12. Jahrhunderts zunehmend von großen Radfenstern abgelöst werden. Auch in Deutschland kennen wir turmlose Fassaden in verschiedenen kunstgeographischen Räumen. Einfachsten Westabschlüssen wie in Konradsdorf und Münchaurach stehen andere gegenüber, deren Wandflächen ganz von flachen Lisenengliederungen übersponnen sind, zu ihnen gehört Klein-Komburg. Endlich bieten Rosheim und Schwäbisch-Gmünd reif durchgebildete Fassaden, ebenso Schwarzach und Sinzig. Nur vor diesem Hintergrund zeitgenössischer Lösungen desselben Bauproblems können die Fassaden der Cistercienserkirchen recht gewürdigt werden.

Geordnet ist der Stoff nach den wichtigsten Gestaltungselementen. Diese sind: Einzelfenster, Rundfenster, Fenstergruppen. Frühe Beispiele führen die Fensterreihe der Langhauswände über die Westwand hinweg, eine eigenwertige Fassadengliederung findet sich dabei nur in der Portalzone. Ihnen gegenüber setzen sich Bestrebungen durch, die Fassade als einen Bauteil eigener Gesetzlichkeit aufzufassen. Die Wand wird auch im oberen Teil in einer von den Langwänden abweichenden Weise dekoriert. Dem dienen Rundfenster sowie Gruppen, die aus einem Rundfenster über einem Fensterpaar oder aus drei Langfenstern bestehen. Mit der Gotik dringt seit dem 13. Jahrhundert das alleinstehende große Langfenster vor, ohne jedoch Fensterrose und Fenstergruppe ganz verdrängen zu können. Die Gestaltungselemente sind in ihrem Vorkommen kunstgeographisch nicht gebunden. Reizvoll ist es daher, ihre landschaftliche Differenzierung zu verfolgen. Am Anfang freilich stehen noch keine festen Formeln. So wird mit Maulbronn, Eberbach und Heiligenkreuz begonnen. Hinzu tritt die später entstandene Kirche Marientals. Diese Abteikirchen weisen sehr verschiedene Westlösungen auf, wobei die jüngste Fassade sich an frühen Lösungen orientiert. Wie die ganze Kirche, der sie vorgesetzt wurde, trägt sie betont konservative Züge.

FASSADEN DER FRÜHZEIT

Maulbronn

Die Maulbronner Fassade kommt nicht mehr in ursprünglicher Weise zur Geltung. Sie ist zwar völlig erhalten, doch wird ihr überwiegender Teil von einer Vorhalle verdeckt. Den älteren Zustand, der nur die kurze Zeit von der Weihe im Jahre 1178 bis zum Anbau der Vorhalle im zweiten Jahrzehnt des 13. Jahrhunderts sichtbar war, hat Eduard Paulus in seinem Werk über das Kloster gezeichnet. Hierauf geht auch die Abbildung zurück.

Die schöne Regelmäßigkeit des Aufrisses, die klare Gliederung der Fläche und die wirkungsvolle Anordnung der Portale bestimmen den Eindruck. Alles betont nachdrücklich, daß es sich um die Empfangs- und Eingangsseite handelt. Die Gesamtproportion — die Kirche ist so hoch wie breit — und die horizontalen Gliederungen bewirken, daß die Fassade schwer gelagert erscheint. Die profilierten Traufgesimse von Haupt- und Nebenschiffen überqueren die Wand. Die hierdurch voneinander abgesetzten drei Flächen — Portal-, Obergadenzone und Giebel — sind gerahmt. In der Portalzone wird das Motiv der Rechteckrahmung wieder aufgegriffen, das im Inneren schon in der Arkatur verwendet war. Wie dort jeder Arkadenbogen in ein rechteckiges Feld zu stehen kam, so geschieht es hier mit dem Hauptportal. Dieses mittlere Feld ist nur wenig schmaler als die beiden anderen und wird von dem reich gegliederten Portal in der Breite völlig ausgefüllt. Vom Gedanken der Rahmung des Portals her ist die Feldeinteilung konzipiert, nicht von der Schiffsteilung im Inneren. So wirken die einfacheren Seitenportale nach außen verschoben. Ihr nahezu einziger Schmuck besteht in dem umlaufenden Rahmenprofil der seitlichen Felder. Anders ist die Rahmung der oberen Zonen. Hier herrschen der profilierte Bogenfries und der Zackenfries, das „deutsche Band". Die Bogenfriese steigen an den Giebelschrägen empor. An der Obergadenmauer löst sich das Profil, umläuft die lisenenartige Eckverstärkung auf der Innenseite und wird vom Bogenfries, der unter dem Giebeldreieck entlangzieht, aufgenommen. Entsprechend ist der Giebel dekoriert. Die Fassade zeigt sich somit ganz in der Tradition lokaler Bauformen, wobei die Portalgestaltung sich mit dem umlaufenden Rahmenprofil und

Maulbronn, Westfassade

der Rechteckrahmung der „Hirsauer Schule" anschließt. Ein Vorgang ist damit in Maulbronn zu beobachten, der an zahlreichen Kirchen dieses Ordens wiederkehrt: der Grundriß folgt weitgehend burgundischen Vorbildern, bei der Errichtung tritt eine zunehmende Distanzierung davon auf, der Langhausbau endlich schließt sich am stärksten heimischen Traditionen an.

Die Maulbronner Fassade ist auf eindrucksvolle Wirkung hin angelegt. Dafür sprechen die strenge Symmetrie sowie die Portal- und Fensterdispositionen. Die auffallende Regelmäßigkeit ist das Ergebnis fester Maßeinheiten, die die Größe der Elemente und ihren Abstand voneinander bestimmen. Paulus und Schmidt, die Bearbeiter, wiesen bereits darauf hin. Zudem will die Fassade im Zusammenhang mit dem Langhaus und dem Klosterwestflügel betrachtet werden. Das

„deutsche Band" umzieht den ganzen Bau, der Bogenfries, der die einzelnen Wände abschließt, kehrt an ihr wieder, die beiden Fenster gleichen den Langhausfenstern und sitzen mit ihnen in einer Höhe, die Traufgesimse werden über die Fassade hin fortgeführt. Dabei nimmt das erste Gesims zugleich die Trauflinie des Klosterwestflügels auf, denn dieser Trakt entspricht – im ursprünglichen Zustand –, den Seitenschiffen, was First- und Traufhöhen betrifft. Zugleich antwortet das Rahmenwerk des Konversenbaues dem der Kirchenfassade. Das Ganze muß durch seine Klarheit und durch die Ausgewogenheit seiner Verhältnisse einen Eindruck vollkommener Ordnung vermittelt haben.

Mariental

Eine in mehrfacher Hinsicht ähnliche Fassade wie Maulbronn erhielt etwa zwei Jahrzehnte später die Kirche Marientals bei Helmstedt. Sie gehört zu den frühen deutschen Cistercienserbauten und wurde um die Mitte des 12. Jahrhunderts errichtet. Der – gemessen an anderen Ordenskirchen – kleine Bau ist von einer seltenen Herbheit und Strenge.

In seiner klaren Konzeption ist er ein bezeichnendes Beispiel für die Architektur der frühen Ordensniederlassungen. Dabei folgt er weitgehend sächsischen Baugewohnheiten dieser Zeit. Gegen 1200 wurde die Kirche erweitert. Man fügte im Osten Kapellen an, im Westen wurde die Eingangsfront um etwa zwei Meter hinausgeschoben. Zungenmauern scheiden an dieser Stelle das Hauptschiff von den Seitenschiffen. Die neue Westwand wurde wie der übrige Bau in Quadertechnik errichtet. Sie zeichnet sich ihm gegenüber aber durch eine feine, zurückhaltende Wanddekoration aus. In der Höhe der anstoßenden Seitenschiffstraufen springt die Mauer ein wenig zurück, in der der Hauptschiffstraufen überquert ein kräftiges Gesims die Wand. Hierdurch wird wie in Maulbronn die Portalzone von einer Fensterzone und diese vom Giebeldreieck abgesetzt. Flache Lisenen gliedern die erstere. Sie steigen aus den Verkröpfungen eines Sockels auf, dessen Profil den Pfeilersockeln des Innenraums folgt, und gehen unterhalb des Mauerrücksprungs in einen Rundbogenfries über. In wirkungsvoller Weise nehmen die Abstände der Lisenen von außen nach innen ab, bis sie auf das Portal stoßen, das in zwei besonders große Felder eingefügt ist. Hierbei endet die mittlere Lisene auf dem Scheitel des äußeren Portalbogens. Wie in dieser Gliederung oberdeutsche Beispiele nachwirken, so zeigen sich im Portal Einflüsse, die auf Paulinzelle zurückgehen. Die beiden Westfenster entsprechen den Obergadenfenstern, ihre Sohlbänke liegen auf einer Höhe. Ein kleines Vierpaßfenster bildet den einzigen Schmuck des Giebelfeldes. – Worauf der Rücksprung und das Gesims hinwiesen, bestätigt die Anordnung des Fensterpaares: es kam darauf an, den Bau über die Westwand hinweg zusammenzuschließen. Die Horizontalen der Fassade verbinden die Traufgesimse der Seitenwände miteinander, die Fenster führen die Reihe der Obergadenfenster fort. Dabei korrespondieren die Horizontalen zugleich mit den Flachdecken und dem Arkadengesims, den Hauptlinien des Innenraums, von dessen Schiffsteilung nur der Umriß der Fassade etwas verrät.

Eberbach

Nicht von einer Rahmung, sondern von der Fenstergruppe her ist die Eberbacher Wand gestaltet.

Im Jahre 1135 bezogen Cistercienser das Kloster im Rheingau. Der Kirchenbau wurde in dieser Zeit begonnen. Die Bauarbeiten waren um die Jahrhundertmitte wohl im Zusammenhang mit den politischen Ereignissen eine Zeitlang unterbrochen. Nach geändertem Plan wurde der Bau fortgeführt und 1186 vollendet.

Die Fassade ist in ihrer Erscheinung durch barocke Anbauten und angeschüttetes Erdreich beeinträchtigt. Gleichwohl lag der innere Fußboden stets eineinhalb Meter tiefer als das Geländeniveau vor der Kirche. Barock verändert erweisen sich Dachgesims und Giebelschräge.

Einzig die Fensteröffnungen gliedern die sonst schmucklose Wand: eine Fenstergruppe, bestehend aus einem kreisförmigen über zwei Rundbogenfenster zur Erhellung des Mittelschiffes, ein weiteres Rundbogenfenster für den Dachraum und kleine Maueröffnungen zur Belichtung der Seitenschiffsdachböden und des Treppenschachtes, der in der Westwand zum Hauptschiffgewölbe hinauf verläuft. Auf ein Portal wurde wegen des ansteigenden Geländes verzichtet. Größere Erdbewegungen um eines Westportales willen vorzunehmen, lag demnach nicht im Sinne der Erbauer, zumal der Besucher, der sich dem Kloster vom Rheintal her nähert, auf die Südwand trifft. Portal und Vorhalle finden sich hier.

Die Anordnung der Westfenster zeugt von der Freude an spannungsreichen Kompositionen, die gar nicht mehr der kühlen Strenge des Innenraumes entsprechen. Das schräge Gewände des Rundfensters ist reich profiliert, die Langfenster zeigen glattes Gewände. Rundblenden umfangen ihre oberen Teile. Dabei divergieren die Achsen von Fenstern und Blenden. In angemessenem Abstand zum großen Radfenster wird im Giebel das Motiv des Fensters in der Rundbogennische wieder aufgenommen.

Die Fensteranordnung — ein Radfenster über Rundbogenfenstern — ist im Orden verbreitet und geht vermutlich auf Clairvaux zurück. Doch betrifft dies nur das Motiv. Die spannungsvolle Anordnung, die Variation der Profilierungen, die Überschneidung von Fenstergewänden und Nischensohlbänken, wodurch der Eindruck des Schachtartigen des Fensters verstärkt wird: das sind charakteristische spätromanische Umformungen im Sinne des neuen Massengefühls.

Man gab diesen Stiltendenzen bezeichnenderweise am Außenbau stärker nach als innen. Dort fügt sich die Gruppe ganz dem Raumcharakter ein. Ruhig ausgewogen über einer nahezu arkadenhohen Schattenzone schwebend schließt sie den Raum auf wirkungsvollste Weise. Die Westfenster korrespondierten dabei mit einer ähnlichen Fenstergruppe im Osten; denn es ist anzunehmen, daß vor dem Einbau des großen gotischen Fensters über den drei gleichhohen Rundbogenfenstern ein Radfenster angebracht war.

Heiligenkreuz

Im Südosten des Reiches entstand um die Mitte des 12. Jahrhunderts die Kirche des Klosters Heiligenkreuz. Große Teile von ihr sind im heutigen Bau noch erhalten, dazu gehören das Langhaus und die älteren Partien der Westfassade. Die übrige Fassade entstand zusammen mit dem Querhaus runde sechzig Jahre später.

Deutlich unterscheiden sich an der Fassade beide Bauperioden voneinander. Die Bereiche von Haupt- und südlichem Seitenschiff ordnen sich dem ersten Abschnitt zu. Dabei gehören aber das Hauptportal und die Zone über der Fenstergruppe bereits dem zweiten Bauabschnitt an, der demnach die Westwand des nördlichen Seitenschiffes, die Portale und den Giebel umfaßt. Alle früheren Teile zeigen die Wand als plastisch durchdringbare Masse: es sind der scharfkantige Bogenfries am Seitenschiffsdach, die reich profilierten Gewände der Hauptschifffenster, die entschieden vortretenden Lisenen und Dienste, die die ursprünglich freistehende Südecke betonen und die Grenze zwischen den Bereichen von Haupt- und Nebenschiff markieren. Demgegenüber entbehren die nördlichen und oberen Fassadenteile der pointierenden Schärfe. Die Nordwestecke wird von einer breiten, mit Rundstäben versehenen Lisene begleitet; sie begrenzt auf dieser Seite die Fassadenfläche. Der Bereich des Seitenschiffes ist nicht vollständig von dem des Hauptschiffes abgesetzt, nur eine in Höhe der Hauptschiffenster einsetzende breite Lisene bezeichnet ungefähr die Grenze. Wie am südlichen Seitenschiff steigt auch hier ein Bogenfries an den Dachschrägen empor. Sein Profil ist reicher und breiter. Es umzieht alle höhergelegenen Teile der Fassade, zieht am Lisenenstumpf entlang, verkröpft sich, um für die oberen Fassadenteile eine Ecklisene zu bilden, und mündet in den steigenden Bogenfries des Giebels ein. Dieser Fries ist dekorativ der Wand aufgelegt und macht einen „breiteren, gelasseneren, langsameren Eindruck" (Schmeller) als sein älterer Bruder am südlichen Seitenschiff. Im Hauptgiebel mildert er die Steilheit der Schrägen, denen das „deutsche Band" noch folgte.

Die heutige Westwand bietet genügend Anhaltspunkte, um das Aussehen der ursprünglichen Fassade, wie sie sich nach der Weihe 1187 darstellte, weitestgehend zu erschließen. Die überraschende Steilheit des Baues war durch die Dekoration bekräftigt, der vertikale Zug durch die Wandvorlagen verstärkt, durch die Aufeinanderfolge von Hauptportal (dessen südlicher Gewändesockel am heutigen noch vorliegt) und der Fenstergruppe mit der großen Öffnung über zwei kleineren und weniger reich dekorierten Fenstern betont. Die Fluchtlinien der Mittelschiffswände zeichnen sich nach außen ab: die Fassade wies auf die Schiffsteilung im Innern hin. Im Sinne dieser Korrespondenz von innen und außen ist es folgerichtig, wenn der Hauptzugang in der Achse der Fassade angelegt ist — und somit in der Längsachse der Kirche, der Fluchtlinie der beiden wichtigsten Altäre.

Die Einmaligkeit der Fassadengestalt kann durch die Herleitung der Einzelformen nicht erklärt werden, vielmehr erweist sie sich gegenüber den möglichen Vorbildern erst in ihrer Eigenwertigkeit. Diese Einzelformen der Westwand sind aus der burgundischen Baukunst des frühen 12. Jahrhunderts ableitbar. Die

Herkunft und die Vermittlung durch den Cistercienser-Orden gilt für Details aus beiden Perioden. Hinzu treten wenige heimische Formen wie das „deutsche Band" am Giebel. Die an den älteren Bauteilen vorliegende Lisenengliederung der Fassade erinnert an oberitalienische Bauwerke, besonders an Paveser Kirchen. Ob sie aus Italien bezogen wurde, bleibt trotz der Übereinstimmung fraglich, denn es ist auch möglich, daß die vorliegende Gestalt durch die Reduktion reicher französischer Fassadenvorlagen gewonnen wurde.

Konnte die erste Periode mit der Weihe im Jahre 1187 in Verbindung gebracht werden, so bietet sich zur Datierung der jüngeren Teile eine Traditionsnotiz von 1240 an, die von einer Gesamtweihe, *Consecratio totius monasterii*, redet. Später wurde das Hauptportal barock umgestaltet, das Nordportal zeitweilig vermauert, der Giebel durch ein großes Fenster geöffnet, später wieder geschlossen.

Vergleicht man die Heiligenkreuzer Fassade — besonders ihre älteren Teile — mit der Maulbronner, so verkörpert sie einen ganz neuen Typus. Sie wirkt gegenüber der Maulbronner gereckt, entbehrt aller horizontalen Gliederungen. In ihr prägt sich nicht die waagerechte Schichtung, wie sie in der Seitenansicht hervortritt, aus, sondern die Stellung der Schiffe, wie sie im Querschnitt sichtbar wird. Die Fensterreihen von Hauptschiff und Seitenschiffen klingen nur noch in den Seitenschiffenstern nach. Die Fenstergruppe des Mittelfeldes widerspricht jedem Gedanken an eine Fensterreihung. Sie ist eigenwertig und nur für eine Stirnwand konzipiert.

DREIFENSTERGRUPPEN

Die Dreifenstergruppe ist nicht im Cistercienserorden entwickelt worden, sie ist älter. Aber bereits seitdem sie in Fontenay zur Gestaltung der Westwand und später auch der Chorwand herangezogen wurde, ist sie in der Ordensarchitektur heimisch. Ihre feierliche Wirkung trotz einfachster Gestalt, ihre Vorzüge bei der Gliederung großer Wandflächen, besonders jener, die durch Giebelschrägen oder Wölblinien begrenzt werden, die Hochschätzung der Dreizahl boten sich als eine dem Ordensideal höchst angemessene Bauform an. Einmal in die Ordensarchitektur eingeführt, wurde sie darin weiter verbreitet. Indem sie dem Charakter des betreffenden Baues folgend umgestaltet wird und zugleich als Motiv auf die Baukunst der betreffenden Landschaft ausstrahlt, ist sie Beweis für die Wechselwirkungen zwischen cisterciensisch-burgundischen und lokalen Bautraditionen. Marienfeld mag in dieser Hinsicht als ein Musterfall betrachtet werden.

Fontenay

An der Westfassade Fontenays ist die hier zu besprechende Fensteranordnung Teil einer siebenteiligen Fenstergruppe. Drei Fenster, von denen das mittlere durch Höhe, Breite und Gewändeprofilierung gegenüber den anderen ein deutliches Übergewicht besitzt, stehen auf einem Gesims über einer Reihe von vier gleichgroßen Fenstern. Eine solche Häufung von Fensteröffnungen im oberen Teil der Westfassade ist nur von der Gesamtanlage der Kirche her verständlich: ein tonnengewölbtes Schiff erhält nur wenig Licht durch die Fenster der senkrecht zum Langhaus stehenden „Seitenschiffs"-Kompartimente, mußte also durch möglichst viele Öffnungen in der Ost- und Westwand erhellt werden. In das Mittelschiff führt ein Portal, in das letzte Joch des nördlichen Seitenschiffes eine kleine Tür. Die umgebenden Wandflächen sind schlicht. Sie waren ehedem von einer Vorhalle verdeckt, von der noch das First-Abdeckgesims sowie Hakenkonsolen zur Anbringung des Dachstuhls zeugen.

Wie schon in La Grace-Dieu (Doubs) geschehen, konnte die reiche Fenstergruppe auch wieder reduziert werden. Drei schmale Lanzettfenster prägen dann das Aussehen der Westwand. Um 1230 bediente sich der Baumeister der Heisterbacher Kirche dieses Motivs bei der Gestaltung der Fassade.

Heisterbach

Über das Aussehen der Heisterbacher Fassade sind wir durch zahlreiche Zeichnungen, vor allem aber durch die Boisseréeschen Aufnahmen unterrichtet. In ihr war die Mittelschiffspartie deutlich gegenüber den Abschlußwänden der Seitenschiffe abgehoben. Das Aussehen wurde entscheidend durch das reiche Portal, die in lisenengerahmter Fläche stehende Fenstergruppe und den prächtig dekorierten Giebel bestimmt. Im unteren Teil rahmten sie breite Lisenen mit je einer nach innen gestellten Ecksäule. Diese wiederum waren durch den profilierten Sockel mit dem Säulenportal verbunden. Die Lisenen lassen vermuten, daß eine Vorhalle einmal geplant war, zumal sich das breite Gesims unterhalb der Fenstergruppe als Abdeckgesims eines Pultdaches geeignet hätte.

Die große Fenstergruppe kommt der Neigung der niederrheinischen Baukunst dieser Zeit zu reichen Fensterlösungen entgegen. So sind die Fenster spannungsreich gruppiert; neben ein überaus großes rundbogiges treten zwei kleinere spitzbogige. Auf diese Lösung muß der abschließende Bogenfries Rücksicht nehmen, er wiederholt das Thema und variiert es. Die starke Dominanz des Mittelfensters erinnert noch an Fontenay, die spürbare Freude an Dekorativem, die aus der reichlichen Verwendung von Schaftringen an den Rundstäben ebenso spricht wie aus der prächtigen Dekoration des Giebels, folgt zeitgenössischem Geschmack. Bezeichnend für das Überhandnehmen niederrheinischer Formkräfte ist die Gestaltung des Giebels. Er war durch Gesimse gerahmt, mit einem steigenden Bogenfries auf Konsolen geschmückt. Verschiedene Fensterformen traten im Mittelfenster zusammen. Ein Spitzbogen umschloß einen Dreipaßbogen, dieser eine Doppelarkade samt einem Rundfensterchen. Die Doppelarkade enthielt zwei längsrechteckige Fensterschlitze. In der Gesamtdisposition der Fassade traten die Seitenschiff-Fronten zurück. Sie trugen je eine runde Fensteröffnung und ein breites Gesimsband. Die südliche verriet durch ihre Mauerschlitze den in ihr verlaufenden Treppenschacht.

Gegenüber dem Heisterbacher Innenraum, der in noch stärkerem Maße niederrheinischen Gestaltungsprinzipien folgte, wirkte die Fassade zurückhaltend, verglichen aber mit anderen Cistercienserfassaden überaus reich. Was von der Fassade im ganzen gesagt wurde, gilt im besonderen von ihrem Hauptmotiv, der Dreifenstergruppe. In ihr war beides: der Rückgriff auf die im Orden übliche Form und die Ausprägung durch die Bautradition der Umgebung. Zeichen für

Heisterbach, Westfassade

eine Ambivalenz, die die Cistercienser-Architektur kennzeichnet und für die die Heisterbacher Fassade ein Beispiel ist. Sie war „von der rheinischen Gruppe her gesehen zisterziensisch, aber umgekehrt von den Zisterziensern her beurteilt sehr rheinisch" (Frankl).

Løgumkloster

Was die Dreifenstergruppe als Dekorationselement zu leisten vermag, zeigt die Kirche von Løgumkloster.

Der Westabschluß entstand gegen die Mitte des 13. Jahrhunderts hin: eine bloße Mauer, ein interimistischer Abschluß, der einer endgültigen Lösung zu harren scheint, durchgehendes Mauerwerk in unregelmäßigem Wechsel von rotem und

Løgum, Westabschluß

schwarzem Backstein, keine hervortretenden Gliederungen durch Strebepfeiler oder Lisenen. Die Giebel sind getreppt, der des Hauptschiffes mit den gestaffelten Nischen geht auf die Erneuerung der Kirche in den Jahren 1913/14 zurück. Sein Vorgänger wies eine mittlere Fensteröffnung, die wohl als Lastenaufzugsluke diente, und einen steigenden Bogenfries wie der Ostgiebel auf. Ins nördliche Seitenschiff führt eine Tür mit profiliertem Gewände, ein Fenster öffnet die Westwand des südlichen. Beide korrespondieren nicht miteinander, ihre Anbringung hat zunächst etwas Zufälliges. Was aber diese so beschriebene Westwand zu einer eindrucksvollen Fassade macht, ist die hochaufragende Dreifenstergruppe. Sie bestimmt den Eindruck des Ganzen, sie ist Mittelpunkt der Wand, alle Mauerfläche scheint ihr zugeordnet. In der Gruppe selbst dominieren deutlich gegenüber den schmalen schlitzförmigen Fensteröffnungen die breiten profilierten Gewände; in ihnen wechseln runde und gefaste Vorsprünge, in der Schichtenfolge rote und schwarze Backsteinschichten.

Ein Rundgang um die Kirche zeigt, was vom Innenraum her unmittelbar erfahrbar ist: der Westabschluß antwortet mit dieser Fenstergruppe auf die ausgesucht feierliche Gestaltung der Ostwand, indem sie das Motiv der Fenstergruppierung aufnimmt, stark vereinfacht und zugleich konzentriert. Diese Übersetzung des Motivs trägt sowohl der fortgeschrittenen Stilentwicklung wie dem werthaften Abstand zwischen Ost- und Westfassade Rechnung.

Chorin

Einen Höhepunkt der Entwicklung bildet die Choriner Fassade. Sie bezeichnet zugleich die Abkehr vom Grundsatz des einfachen Westabschlusses, insofern sie als repräsentative Schauwand konzipiert ist. In ihr vollendet sich eine Tendenz, die in dem Augenblick initiiert wurde, als man die Fassade als eigenwertigen Bauteil in einer vom übrigen Bau abweichenden Weise zu gestalten begann. Begreift man das vom Generalkapitel erlassene Bauverbot von Westtürmen als gegen die repräsentative Erscheinung des Kirchenbaues gerichtet, dann erweist es sich angesichts der Choriner Fassade als zu eng gefaßt: einen hoheitsvolleren Eindruck hätten auch Türme nicht zustandegebracht.

Dabei sind die einzelnen Elemente aus der Ordensbaukunst bereits bekannt: die Dreifenstergruppe, die in Lehnin und Mariensee vorgebildeten Fronttürme, die am Backsteinbau allgemein üblichen Blenden, Blendrosen, Plattenfriese und Sägebänder. Daß Strebepfeileraufsätze in die Giebelzone vordringen und dort die Silhouette des Baues mitbestimmen, ist ein in der Gotik häufiger Vorgang. Gegenüber den herkömmlichen Fassaden an Cistercienser-Kirchen bietet Chorin aber entscheidend Neues: Die Schauwand entspricht nur ungefähr dem Kirchenbau, sie entfaltet eine Eigengesetzlichkeit, die am Betrachter draußen und nicht am Besucher in der Kirche orientiert ist. Die Andeutung der inneren Empore in der Zweigeschossigkeit der Mittelschiffenster und die Wiederholung der basilikalen Staffelung sind letzte Erinnerungen an den Kirchenbau dahinter. Und gerade das letztgenannte Zeichen trügt. Hinter dem südlichen Flügel folgt zunächst kein Seitenschiff, sondern im Nordteil des westlichen Klostertraktes eine Empfangshalle. Der Klosterbau bestimmt die Höhe des südlichen Giebels, denn dieser verdeckt den Anschluß des Westflügeldaches an die Kirche. Entsprechend mußte der Giebel des nördlichen Seitenschiffes auf die angemessene Höhe gebracht werden.

Um vor dem Vestibül einen kleinen Vorraum zu gewinnen, vor allem aber, um die eben gewonnene Freiheit der Fassade vom Langhaus nun nicht einer zu engen Bindung an den Konversenbau zu opfern, wurde der Südflügel vor die Flucht der Fassade vorgezogen. Damit kommt er, der das Portal enthält, dem Besucher gleichsam ein wenig entgegen und erhält wieder etwas vom Charakter der vortretenden Vorhallen, die stets die besondere Bedeutung des Eingangs

Chorin, Westfassade

durch angemessene Gestaltung hervorhoben. Dieses Portal diente als Zugang zur Empore der Landesherren, die den Raum der beiden westlichen Mittelschiffsjoche einnahm.

Aus diesen Beobachtungen lassen sich die Zielvorstellungen, die dem Plan zugrunde liegen, mit einiger Sicherheit rekonstruieren. Es sollte demnach unter Beibehaltung der überlieferten und vom Langhaus vorgegebenen basilikalen

Staffelung, unter Verwendung von bereits als hoheitsvoll begriffenen Fensterdispositionen und der im Backsteinbau erprobten Dekorationsformen eine repräsentative Schauwand errichtet werden, die dem auch politischen Charakter dieses Bauteiles Rechnung trägt.

Und auf welche Weise wurde dieses Ziel erreicht!

Zwei Treppentürme treten vor die Fassade, drängen das Mittelfeld zusammen und reißen es hoch. Dieses Mittelfeld ist durch drei Schlitzfenster zum Raum unter der Empore, durch eine Dreifenstergruppe zum übrigen Hauptschiff hin geöffnet. Zwischen den Fenstern ziehen schmale Strebepfeiler noch ein wenig höher als das Mittelfenster hinauf. Auf diese Weise kommen die Fenster in schmale hochrechteckige Feldern zu stehen. Plattenfries und Deutsches Band schließen die Fensterzone ab. Sie ziehen über die ganze Mittelschiffsbreite hinweg. Den oberen Fassadenteil beherrscht die große Rundblende. Sie umgreift drei Sechspaßblenden und wird selbst von einem „deutschen Band" umkreist. Wie der Fenstergruppe die schmalen Blenden auf den Treppentürmen antworten, so sind dem Hauptmotiv der Giebelzone Blenden und Fensteröffnungen in Gruppen zugeordnet. Das Kreismotiv klingt aus in der Folge der auf- und absteigenden Giebel. Dabei erheben sich aus den Giebeln der Fassadentürme noch einmal achteckige Aufsätze, mit Steinkegeln gedeckt, die nicht nur von den Giebeln der Türme zu denen der Wand hinüberleiten, sondern auch die Mittelgruppe kräftig zusammenhalten. In der Fensterzone klingt das am Mittelteil angeschlagene Thema in den Seitenflügeln aus; die großen Fenster setzen sich als Nischen über die ganze Fassade hin fort. „Deutsches Band" und Fries (im Norden Weinranken, im Süden Spitzbögen) — nun in umgekehrter Reihenfolge als am Hauptbau — heben die Giebel ab. Und diese wiederholen noch einmal, was schon groß entfaltet war, die Kreisblende und das Motiv der herausgehobenen Mitte als bewegte Silhouette der Pfosten und krabbenbesetzten Giebelchen. —

Beim Abschluß des Mittelschiffes liegen die Hauptakzente auf den Ecktürmen und dem herausgehobenen Mittelgiebel. Das weist auf die Möglichkeit hin, in dieser Anordnung eine Variation des Motivs der Dreiturmgruppe zu sehen, wie sie als hoheitsvolle und symbolmächtige Darstellung im hohen Mittelalter an Bauwerken realisiert oder auf Siegeln und in der Buchmalerei verwendet wurde.

In der Choriner Fassade spiegelt sich die innige Durchdringung von Geistlichem und Weltlichem, wie sie für das Mittelalter charakteristisch ist. Ihr ist der Cistercienserorden, der anfänglich auf eine Trennung der Bereiche bedacht war, doch erlegen. So wird der Choriner Bau erst durch seine politische Stellung als Hauskloster und Begräbnisstätte der johanneischen Markgrafen verständlich. Für sie, die Landesherren und Stifter, war der Westbau die geistliche Seite ihres weltlichen Amtes. Die weltliche Seite des geistlichen war sie dem Konvent.

Salem

Es gibt schließlich noch einen Bau, der um 1400 das Motiv der Fenstergruppe aufgreift: Salem. Das Münster wurde 1299 begonnen, die Schlußweihe fand 1414 statt. Der Bau gehört zu den letzten großen mittelalterlichen Cistercienser-

Salem, Westfassade

bauten. Obwohl er trotz seiner langen Bauzeit von überraschender Einheitlichkeit ist, verleugnet die Westfassade nicht die epochentypischen Züge der Architektur um 1400. Das Erregende dabei ist, wie sich hier Forderungen des Zeitstils und immanente cisterciensische Bautendenzen begegnen: die Betonung der Horizontalen als der „Leitlinie" des Baues, die Klarheit in der Zuordnung der Teile zueinander, die Übersichtlichkeit des Umrisses. Das alles ist mit dem subtilen Raffinement der Spätgotik formuliert, ein geistvolles Spiel mit den optischen Flächenreizen, wie es hier im Südwesten des Reiches nur im Ausstrahlungsgebiet der Straßburger Hütte möglich war.

In der Flucht der Mittelschiffsarkatur stoßen Strebepfeiler vor, so weit, daß sie fast einen kleinen Vorhof vor dem Eingang bilden. Sie sind durch das hochgelegte Kaffgesims und das Friesband mit der Fassade verbunden. In ihrem Untergeschoß wird das Fenstermotiv durch eine große Nische wieder aufgegriffen, in der Schrägansicht korrespondiert das stabförmige Blendmaßwerk zugleich mit dem Maßwerk der Fassadenfenster und mit dem Stabwerk, das den Seitenschiffsgiebel und den westlichen Langhausstrebepfeiler überzieht. Der Aufbau der Fassade ist dreiteilig, wobei die Höhen der einzelnen Teile von den anstoßenden Traufgesimsen bestimmt werden. Da starke Gesimse an diesen Stellen die Fassade überqueren, kann ein ungestörter Fluß vertikaler Kraftlinien gar nicht entstehen, wie er noch den Aufbau der Querhaus-Nordfassade kennzeichnete. Die Eingeschossigkeit der Mittelschiffswand war aufgegeben. Im selben Sinne wirkt auch die verschiedenartige Gestaltung der Geschosse, die deren jeweilige Eigenständigkeit betont. Die starke Horizontale des Kaffgesimses wird dabei zugleich überspielt: durch die Entsprechung der dreiteiligen Portalzone zur Dreifenstergruppe, in der Wiederaufnahme des Stabwerks an der Stirn- und Außenseite der Strebepfeiler im unteren und oberen Geschoß. Ähnlich wiederholt es sich an der Seitenschiffsfront, hier betont ein durchgehendes Gesims die Giebellinie gegenüber den Stäben, die Giebel und Strebepfeiler zusammenfassen. Im Hauptschiffsgiebel wird die vertikale Stellung der schmalen Fensteröffnungen durch Maßwerkbrücken gemildert. Sie verschnüren zugleich die einzelnen Fenster miteinander und wiederholen das Motiv der Maßwerkbalustrade.

Bezeichnend für die Zeit, in der die Fassade entstand, ist das unaufhörliche Kontrastieren verschiedener Flächengestaltungen. Die glatte Quaderwand der Seitenschiffe setzt sich zur Westfassade hin fort, stößt auf die vergitterten Strebepfeiler, nimmt im Giebel dasselbe Motiv auf. Die Oberfläche der Strebepfeiler wird optisch aufgelöst, im oberen Geschoß scheint eine Auflösung der Strebepfeilersubstanz tatsächlich einzutreten; an der Stirnfläche tritt die Mauersubstanz zurück und das Stabwerk allein bildet die Silhouette, scheinbar viel zu zerbrechlich, um die Last der Schräge aufzufangen. In der Mittelschiffswand sind den schmalen Fenstern und dem Portal mit den kleinen darübergesetzten Öffnungen die drei großen Fenster zugeordnet, doch den gefüllten Flächen unten steht die großzügige freie Fläche gegenüber, in die die Dreifenstergruppe eingeschnitten ist. Sie greift die Glätte der Sockelzone, der Seitenschiffe, ja, der übrigen Außenmauern wieder auf. Wurde der Seitenschiffsgiebel noch fast ängstlich dicht zugesponnen, so lassen die Giebelfenster des Hauptschiffes in wohlabgewogenem Verhältnis freie Flächen in den Zwickeln stehen. Man vergleiche die viel feingliedrigere, aber auch in ihrer Zerbrechlichkeit schon nervöse Gestaltung des Nordquerschiffgiebels mit der des Westgiebels, um die wiedergewonnene „gotische Klassizität" hier zu begreifen.

Die Dreifenstergruppe erinnert nur als Motiv an ihre Vorbilder im 12. und 13. Jahrhundert. Indem die Spitzbogenform variiert, indem man die Fensteröffnungen mit reichem Maßwerk versah, hatte die Stilentwicklung auch sie längst ergriffen und umgestaltet. Allein, daß nach über zweihundert Jahren die Dreifenstergruppe noch an einer so entscheidenden Stelle wie der Westfassade erscheint, ist ein Beweis dafür, daß sie zu einer traditionsgeladenen Form geworden war. Mit ihr berief sich das betreffende Kloster auf die Größe einer ehrwürdigen Ordenstradition.

RUNDFENSTER

Rundfenster an deutschen Cistercienserkirchen verraten immer enge Beziehungen zur französischen Baukunst. Sie traten dort bereits an den frühen Ordensbauten auf und wurden in die Bauvorhaben der Cistercienser-Abteikirchen aller Länder übernommen. Dabei konnte es zu einer Verschmelzung mit einheimischen Rundfenster-Formen kommen wie in Italien. In Deutschland besitzen z. B. Eberbach, Marienfeld, Ebrach, Otterberg, Eußertal und Bronnbach Rundfenster; in Österreich Neuberg (Steiermark). Dabei herrscht zunächst das Fenster burgundischen Ursprungs vor. Mit dem Vordringen des klassischen gotischen Systems im Laufe des 13. Jahrhunderts gewinnen auch die in der Ile-de-France entwickelten Prinzipien der Rundfenstergestaltung zunehmend Einfluß. Die Fassaden von Otterberg und Ebrach werden herangezogen, um diesen Übergang zu verdeutlichen.

Otterberg

In Otterberg begegnen wir einem Bau des oberrheinischen Kunstkreises, bei dessen Errichtung aber neben heimischen und cisterciensisch-burgundischen auch lothringische und mittelrheinische Einflüsse wirksam waren.
Dabei wich während des Bauvorgangs die klotzige Massigkeit der Ostteile einer sich verfeinernden Monumentalität.
Am deutlichsten spricht sich diese neue Baugesinnung an der Westfassade aus. Hier kommt durch die geplante Vorhalle und die Fensterrose das Burgundische noch einmal mächtig zum Tragen. Aber bereits das Giebelfenster verrät die Ablösung des burgundischen Formengutes durch solches der französischen Kronlande.
Die Fassade entstand in der ersten Hälfte des 13. Jahrhunderts. Eine Inschrift im Gewände der Rose wird „anno d(omi)ni MCCIL ... ho(c) opus fenes(-)traru(m)" gelesen, die Schlußweihe 1254 auf die Fertigstellung auch des Giebels bezogen.
Zwei mächtige Strebepfeiler setzen das Hauptschiff entschieden gegenüber den Seitenschiffen ab. Dies wird durch die Art ihrer Anbringung betont. Sie sind nicht eigentlich der Fassade vorgesetzt, sondern über die Gebäudeflucht hinaus verlängerte Mauerzungen. — So sehr auch bei der Gestaltung der Stirnwände das Hauptschiff gegenüber den Seitenschiffen bevorzugt ist, so korrespondieren doch die einzelnen Motive: die Fenster sind von einem profilierten Bogen auf gewirtelten Säulchen gerahmt, Fenster durchbrechen jeweils die Giebelmauern, steigende Bogenfriese begleiten die Dachschrägen. — Der Reichtum der Portalanlage geht teilweise auf die hier geplante Vorhalle zurück. Denn zwischen den

Otterberg, Westfassade

für sie bestimmten Gewölbeträgern und dem Portal vermittelt eine Bogengruppe, deren großer Hauptbogen den Eingang umgreift. Er ruht auf Säulen, die in die Reihe der Gewändesäulen einbezogen sind. Die begleitenden Bögen verbinden ihn — und damit auch die Säulen — mit den kleineren Säulchen, die als Rippenträger der Vorhalle vorgesehen waren. Die geringere Kämpferhöhe des Vorbaues und die überraschend niedrig sitzenden Schaftringe scheinen einander zu berücksichtigen. Ein Schildbogen der Vorhalle schließt die Gruppe zusammen. Durch diese geschickte Kombination von Elementen der Vorhalle und des Eingangs entstand ein Portal von großer Originalität.

Das Hauptmotiv der Fassade ist jedoch die Fensterrose. Sie ist in eine Nische eingefügt, deren Rahmung der der anderen Fassadenfenster entspricht. Auch das Feld, das sie umgibt, gehört zum übrigen Mauerwerk. Ein umlaufender Fries setzt sie diesem gegenüber ab. Seiner unruhigen Reliefzone gelingt es, sie aus der Wand herauszulösen. Ist die Fassade in breit gebautem Stehen begriffen, unbeweglich und unverrückbar, so erscheint die Rose gegenüber der umgebenden Wand als ein Bewegliches. Sie hat keine „natürliche" Lage, ist drehbar — und nur der Vierpaß im Zentrum zeigt an, daß sie sich in einer Ruhelage befindet, die jedoch nur eine sehr labile ist. Nicht allein hierdurch unterscheidet sie sich von früheren Rosenfenstern, so dem ähnlichen in Montréal, das noch ganz zur Wandfläche gehört. Die Platten sind nur als schmale Stege gegeben, alle Zwickelfelder zwischen den Pässen sind durchbrochen. Die Anzahl der Pässe schreitet von innen nach außen von der Vierzahl zur Acht, zur Sechzehn. Entsprechend verhält sich die Zahl der kleinen Öffnungen in den Paßzwickeln. Den Bogenfüßen des Achtpasses sind Tierköpfe aufgelegt, die in ihren Mäulern den inneren Ring halten. Naturalistisches Blattwerk liegt auf den Verbindungsstellen zwischen den Füßen des Sechzehnpasses und dem mittleren Ring.

Man kann sich mit der ästhetischen Vollkommenheit der Otterberger Rose zufriedengeben. Die Erbauer taten es nicht und auch nicht die Konventualen späterer Zeit, für die sie geplant war. Das Bauwerk und seine Teile sind nicht nur da, sondern sie weisen auch auf Transzendentes hin. So wird die Rose mit Behutsamkeit und Mut zugleich zu befragen sein, warum sie an dieser Stelle so ist, d. h. was sie bedeutet und worauf sie hindeutet. Drei Elemente zeichnen das Fenster aus: die Kreisform, die Zahlenverhältnisse und der vegetabile und animalische Schmuck. Von ihnen hat die Interpretation auszugehen. Der Kreis gilt seit der Antike als vollkommene Form schlechthin. Er ist bei der Erschaffung der Welt bereits realisiert. Eine Bible moralisée in Wien stellt es dar: mit einem Zirkel umreißt Gott die Grenzen des Universums. Die geometrischen Formen und Gesetze, nach denen die Welt entstand, sind zu beachten, wenn sie dargestellt werden soll; das Abbild ist nur insofern wahr, als es den im Urbild geltenden Gesetzen folgt. So dient die Kreisform der Darstellung vollkommener Schöpfung, des Kosmos, des Himmlischen Jerusalem. Dies sind die zahlreicher Rundfenster. Sie nehmen an den Kathedralen dazu die vornehmsten Bildgegenstände auf: Christus und Maria. Da wir an einem Cistercienserbau in dieser Zeit keine Farbverglasung erwarten können, die uns Auskunft darüber gibt, ob es sich um eine Kosmosdarstellung handelt, müssen andere Elemente herangezogen werden: Ebenso alt wie der Gedanke von der Bedeutung des Kreises (und eng mit ihm verknüpft), ist die Vorstellung, daß Gott das Universum gemäß den Proportionen der Geometrie schuf. Platons Timaios berichtet darüber, ein Dialog, der im Mittelalter bekannt und hochgeachtet war, zumal man seine Ausführungen über die Erschaffung der Welt durch das Buch Weisheit Salomonis 11,20 b bestätigt sah. Zu diesen vollkommenen geometrischen Proportionen gehören die der Quadrate. Sie entsprechen den Zahlenverhältnissen 1 : 2 : 4 usw. Diese Proportion kehrt in den Paßfolgen 4 : 8 : 16 der Rose wieder. Und auch das dritte Element, pflanzliches und tierisches Leben, weist darauf hin, daß in der Rose eine Abbreviatur des Kosmos gegeben ist. Gemäß verbreiteter mittelalterlicher Auffassung — die in der Scala coeli maior des Honorius von Autun greifbar ist — repräsentieren die Pflanzen alles, was überhaupt lebt. Ihrer Erschaffung folgte in einem weiteren Schritt die der Tiere. Wenn das Vegetabile im äußeren, umfassenderen Kreis seinen Platz hat, das Animalische im engeren, eingeschlossenen, dann ist das nur angemessen. Es bleibt die Frage nach dem anagogischen und eschatologischen Sinn, nach dem Bezug zum individuellen und allgemeinen Heil. Einen bloßen Hinweis auf das Universum zu geben, kann die Absicht nicht gewesen sein. Zur Lösung dieser Frage verhilft ein erneutes Bedenken der Zahlenverhältnisse. Im Maßwerk waltet das Verhältnis 1:2. Darüber hat ein Theologe meditiert, der mehr als alle anderen im Orden geschätzt wurde, Augustinus. Die Kenntnis seines Traktats De Trinitate kann in Otterberg vorausgesetzt werden. In dieser Schrift durchdenkt Augustin das Geheimnis, wie der einfache Tod Christi den zweifachen Tod des Menschen, den leiblichen und den seelischen, sühnt. Das Verhältnis 1:2 wird ihm Zeichen für das Erlösungswerk Christi. Ist unsere Auffassung richtig, dann weist die Otterberger Rose auf die Erlösung der Welt hin, darauf, daß Christi Opfertod die Welt bestimmt. Erschaffung und Erlösung sind hierbei einander zugeordnet. Wenn dies richtig ist, dann folgt die Anbringung einer solchen Darstellung an diesem Ort allgemeiner Gepflogenheit; denn an der Westfassade redet der Kirchenbau vom Erlösungswerk Christi. Der äußeren Harmonie des Westfensters entsprechen dann zwei Aussagen: es ist Abbild der Schönheit des Kosmos — und diese Schönheit beruht auf seiner Ordnung — und sie weist hin auf die Harmonie, die die Frucht des Erlösungswerkes ist.

Es kennzeichnet den Cistercienserbau und die im Orden verbreitete Kunstauffassung, wie hier bei dem Verbot aufwendiger Dekoration doch mit subtilen Mitteln zu dem geschulten Mönch verständlich geredet wird.

Gegenüber dem übrigen Bau verrät die Gestaltung des Giebels eine neue Baugesinnung. Sie tut sich kund in der Abtrennung des Giebelfeldes durch ein horizontales Gesims, im gotischen Maßwerkfenster und in der Zierlichkeit des steigenden Bogenfrieses. Das Fenster folgt den Langhausfenstern des Straßburger Münsters, die ihrerseits den Neubau der Abteikirche von Saint-Denis voraussetzen. Sein Reiz besteht darin, daß der große Fensterbogen zwei Spitzbögen mit einem Rundfenster darüber umgreift und daß die beiden umschriebenen Fensteröffnungen je eine gleiche Anordnung enthalten. Hierbei stehen die gedrückten Proportionen der Großform in spannungsreichem Gegensatz zu den gestreckteren der eingeschachtelten Kleinformen. Die Stilprinzipien, die im Giebel wirksam wurden, waren es auch, die den Ausbau der Vorhalle verhinderten; denn ein verhältnismäßig eigenwichtiger Baukörper vor der Fassade widersprach ihnen zutiefst.

Ebrach

Die zunehmende Verfeinerung der Bauglieder auf glatter werdendem Grund zeigt sich nicht nur während der Bauvorgänge in Otterberg und Ebrach, sondern auch im Vergleich der beiden Fassaden miteinander.

Die Ebracher Fassade ist in ihrem südlichen Teil durch das barocke Abteigebäude verdeckt, im oberen Teil später verändert. Eine nachgotische Galerie aus dem Jahre 1580, zwei Ecktürmchen aus dem frühen 17. Jahrhundert und das barocke

Walmdach ersetzen den ursprünglich vorhanden gewesenen Giebel. Er war möglicherweise zweischalig, denn eine aus alten Quadern errichtete Mauer hat sich hinter der Fluchtlinie der Fassade erhalten.

Diese ist durch Strebepfeiler akzentuiert, durch zwei Portale, von denen das südliche verbaut ist, und zwei Fenster geöffnet. Ihr Reiz beruht auf dem Verhältnis der fein profilierten Schmuckformen zur glattwandigen Fläche. Die Strebepfeiler sind als schmale Markierungen gegen die Fläche gestellt. Ihre Giebelchen sind entweder mit einer Schräge kombiniert wie am Seitenschiff oder mit zierlichen Krabben besetzt. Das Hauptportal ist dreistufig. Die Stufen sind profiliert. Laubwerk bezeichnet die Kapitellzone der Runddienste und umgibt zum breiten Band gefügt den Portalbogen. Feines Profil zeigt auch das Seitenschiffsfenster, dazu einfaches Maßwerk. Hauptmotiv der Fassade aber ist das 7,60 m hohe Rosenfenster. Indem der Dekor aufs höchste verfeinert wird, das Fenster in eine quadratische Blendenrahmung gefaßt und gegenüber der ruhigen Fläche abgesetzt wird, kann das Maßwerk ganz seinen Charakter entfalten, die Kostbarkeit ausgesuchten Schmuckes. Nicht mehr die plastische Durchdringung wie an den übrigen Rundfenstern dieses Baues wurde hier angestrebt, sondern lineare Feinheit auf ebenem Grund. Ein Kranz von zwanzig sphärischen Dreiecken bildet die äußere Zone. Diesen sind nach innen weisende Dreipässe einbeschrieben. Jeweils auf den Dreiecksspitzen setzen die Spitzbögen über den Speichensegmenten auf, auch sie bergen Dreipässe. Vierpaßgefüllte Kreise füllen die entstandenen Zwickel. Die gesamte Maßwerkkonstruktion ruht demnach auf den schmalen, stelzenartigen Graten zwischen den sphärischen Dreiecken, wodurch optisch eher die Lösung der Maßwerkfüllung von dem großen Rund erreicht wird als eine Befestigung auf ihm. Zu den Reizen solcher Konstruktionen gehört die verschiedene Lesbarkeit. Neben die beschriebene tritt eine weitere: ein Kielbogen verbindet jede Speiche mit der übernächsten. Diese enge Verflechtung der Linienführung bewirkt, daß sich gegenüber dem graphisch ruhigen Bereich der Speichen und dem schließenden Kreis der Begrenzung eine unruhige Zone bildet, die in ihrer fortlaufenden Verschränkung auf- und abschwingender Linien ein festes Netzband bildet. Nicht nur durch die Linienverschlingung, sondern auch durch die scharfen Spitzen, mit denen die Maßwerkfigur zum Rand hin vorstößt, entsteht der Eindruck einer ornamental gefaßten Dornenkrone.

Der linearen Schärfe des Maßwerks entspricht die quadratische Blende, in die der Kreis einbeschrieben ist. Vermittelnd treten zwischen die Fensteröffnung und die Flächigkeit des umgebenden Mauerwerks die Zwickelfüllungen mit Blendmaßwerk.

Nach allgemeiner Auffassung bezieht sich die Weihe aus dem Jahre 1282 oder 1285 auf die vollendete Kirche. Wie Wiemer feststellte, ist das Rosenfenster zugleich mit der Westfassade entstanden, muß also kurz vor 1282/85 wenn nicht vollendet, so doch begonnen sein. Durch diese frühe Datierung ist die Herleitung des Rosenfensters von der Straßburger Fassade kaum mehr möglich. Gegen ein solches Abhängigkeitsverhältnis sprach auch die verschiedenartige Gestaltung des Verhältnisses der Speichenbögen zum Kreisrand in Straßburg und Ebrach. Näher steht der Ebracher Lösung die des Südquerhauses der Kathedrale Notre-Dame in Paris. Dieses Querhaus war seit 1257 im Bau. Vielleicht diese Pariser Rose, vielleicht ihr Entwurf oder der eines verwandten Baues werden als Vorlage wahrscheinlich. In der Ebracher Fassade kommen die Bauauffassungen der Zeit gegen 1300 zum Tragen. Dies geschieht weniger durch die glatten und klaren Begrenzungen der Bauteile, denn das fanden wir schon früh an den Ordensbauten, die hierin ihrer Zeit also weit voraus waren, kennzeichnend für diese Zeit ist hier vielmehr das ausgeglichene, abgewogene Verhältnis von Fläche und graphischem Schmuck.

DIE GROSSEN EINZELFENSTER

Im 13. Jahrhundert treten an der Fassade zunehmend große Einzelfenster auf. Die Wand bekam damit ganz im Sinne der Stilentwicklung einen entschiedenen vertikalen Zug. Durch weitere Verlängerung dieses Fensters wurde an einigen Bauten eine Konzentrierung in dieser Richtung angestrebt. Dies ging i. a. nur auf Kosten der Portalzone. So wurden die Westportale kleiner gehalten oder ganz aus der Hauptschiffswand verdrängt. Zwar hatte Løgumkloster bewiesen, daß eingeschossige Fassaden auch unter Verwendung der Dreifenstergruppe geschaffen werden konnten, doch kam erst das hohe gotische Lanzettfenster mit dem ihm innewohnenden Bestreben zur Verlängerung der Tendenz dieser Zeit, eingeschossige Mittelschiffsabschlüsse zu bilden, entgegen. Ein frühes Beispiel für die Versuche, das Mittelschiffsfenster möglichst hoch zu geben, bietet Pontigny. Bei dem Neubau der Fassade wählte man das große Einzelfenster. Da man dieses Fenster wegen der Vorhalle nicht nach unten hin verlängern konnte, geschah dies nach oben hin, ohne daß dabei Rücksicht auf die Höhe des Innenraumes genommen wurde. Vom Innenraum her gesehen, wird das Fenster nun in seinem oberen Teil von den Gewölbelinien überschnitten. Bezeichnende Beispiele für die Suche nach einem befriedigenden Übereinander von Portal und Fenster bieten Riddagshausen, Walkenried und das Nordquerhaus von Salem.

Mit dem großen gotischen Fenster zog bald auch das Maßwerk in die Ordensbaukunst ein. Die Entwicklungslinie des Westfensters geht in solchen Fällen auf in der des gotischen Maßwerkfensters. Hier kann die Glasfläche die Mauerfläche fast völlig verdrängen, wie es in Altenberg geschah. Doch bleibt dies unter den deutschen Ordensbauten eine Ausnahme. Stellvertretend für die große Zahl von Fassaden mit großen Einzelfenstern werden die der Kirchen von Riddagshausen, Loccum, Altenberg, Doberan, Pelplin und Kaisheim herangezogen.

Riddagshausen

Die Riddagshäuser Westfassade nimmt gegenüber dem übrigen Bau insofern eine Sonderstellung ein, als sie ein großes Maßwerkfenster aufweist, während an anderen Bauteilen Fenstergruppen oder kleine Einzelfensterchen stehen. Es ist anzunehmen, daß auch an dieser Stelle ursprünglich eine Dreifenstergruppe vorgesehen war, dann aber durch eine Planänderung die aktuellere Form des Maßwerkfensters vorgezogen wurde. Die Fassade entspricht dem übrigen Bau, insofern auch hier die einzelnen Teile durch Strebepfeiler und Gesimse klar gegeneinander abgesetzt wurden. Im Ganzen waltet Symmetrie. Sie wird durch die Stellung eines Vierpaßfensterchens und die Konversenpforte kaum gestört. In der Flucht der Mittelschiffsmauern treten Strebepfeiler vor die Wand. Sie akzentuieren den Baukörper und fassen die Mittelschiffswand zusammen. Gesimse rahmen die Giebel und setzen sie deutlich ab. In der Mittelschiffswand trennt ein Würfelfries Portal- und Fensterzone. Der künstlerische Schwerpunkt liegt auf dem großen doppeltürigen Westportal. Es ist in seinem Reichtum und in seinen Abmessungen für eine Cistercienserkirche ganz ungewöhnlich. Der Reichtum beruht auf dem umlaufenden Sockel, dreifach getreppter Laibung mit eingestellten Säulchen, polyloben Bögen über den Eingängen, einer Muttergottesstatue in der Nische über der Mittelsäule. Der prächtige Eindruck wurde durch die ursprünglich vorhandene Bemalung noch gesteigert. Wenig darüber setzt auf dem Würfelfries das große Westfenster an, das bis fast zum Giebelansatz hinaufreicht. Dieses enge Zusammenrücken von großem Portal und hohem Langfenster bei gleichzeitiger Scheidung der Zonen durch ein Gesims erscheint unbefriedigend. Eine konsequente Einführung hoher Einzelfenster mußte also auf Kosten der Mittelschiffsportale gehen. So wurde in Walkenried das Kaffgesims in einem spitzen Giebel um das Portal herumgeführt, wobei die Giebelspitze mit dem Mittelpfosten des Maßwerks korrespondiert. In Salem schneidet dieser „Kaffgesimsgiebel" als massiger Wimperg in steilem Aufstieg weit in das Fenster ein, das selbst mit seinem Gewände seitlich bis auf das Kaffgesims hinabreicht.

Loccum

Wie die Riddagshäuser wurde die Loccumer Abteikirche im achten Jahrzehnt des 13. Jahrhunderts vollendet. Ihr Westabschluß ist keine Schauwand. Das Portal liegt auf der Nordseite der Kirche, das südliche Seitenschiff bleibt zurück; der Klosterwestflügel stößt fast bis zum Mittelschiff vor, nur einen schmalen Raum lassend: die Westlösung ist also unsymmetrisch schon von der Anlage her. Wenige Elemente wurden gewählt, sie zu gestalten: Ecklisenen, die am Giebelansatz durch einen Kragsturz-Bogenfries verbunden sind, bilden ein Feld. Sie setzen das Hauptschiff gegenüber dem nördlichen Seitenschiff ab. In dem Feld steht das große Westfenster. Der profilierte Bogen umgreift eine Dreifenstergruppe mit zwei über den kleineren Fenstern angeordneten Okuli. Das große Lanzettfenster und die Fenstergruppe bilden eine Vorform des Maßwerkfensters. Sie wird dort gern verwendet, wo man zögert, echtes Maßwerk einzuführen. Es ist eine für die konservative Haltung gerade der Loccumer Cistercienser bezeichnende Lösung. Indem die Einzelfenster zusammenrücken und schlanker werden, indem ein übergreifender Bogen sie zusammenhält und die verbleibenden Mauerzwickel aufgebrochen sind, folgt diese Anlage den Tendenzen zeitgenössischer Architektur ohne doch auf althergebrachte Motive zu verzichten. Der Giebel ist als ungegliederte, glatte Fläche gegeben. In seiner Mitte wird eine Sechspaßöffnung von einer Radblende gerahmt. Das Motiv weist voraus auf die Blendrosen in den Giebeln der Backsteinkirchen Ostdeutschlands. —

Alle Motive der Westwand finden sich an Bauwerken der näheren und weiteren Umgebung Loccums wieder und deuten auf den innigen Zusammenhang dieses Bauvorhabens mit gleichzeitigen hin. Der Kragsturz-Bogenfries wurde vom Magdeburger Dom über die Braunschweiger Katharinen- und Petrikirche bezogen. Die Verbindung von Fenstergruppe und Großfenster tritt wieder am Bremer Dom auf. Die Gestalt des Blendfensters im Giebel erinnert einesteils an die Fensterrose des Halberstädter Domes, dessen Turmuntergeschosse von einer aus Burgund stammenden Bauhütte errichtet wurden, anderteils an die Langhausfenster des Domes im nahen Minden.

Altenberg

Fast genau einhundert Jahre liegen zwischen der Vollendung der Westabschlüsse von Riddagshausen und Altenberg. Beide folgen der gleichen Grunddisposition, indem Portal und großes Fenster im Hauptschiff, Fenster in den Seitenschiffen angelegt sind. Ein Vergleich beider wird Konstanz und Wandlung zeigen. Die Proportionen sind verändert, der Umriß zaghaft aufgelockert. Das Fenster überrascht durch seine für einen Cistercienserbau unerwartete Größe. Hierdurch verändert sich sein Verhältnis zum Portal und zur umgebenden Wandfläche. Strebepfeiler und Gesimse gliedern hier wie dort die Wände, setzen die Giebel deutlich ab. Was aber in Riddagshausen vom Ostbau her als Prinzip der Addition übernommen war, entsprach schon wieder modifiziert der Stiltendenz um 1300, die auf formale Klärung der Komposition drängte. Dieser Gedanke bleibt während des ganzen Bauvorgangs in Altenberg vorherrschend und bestimmt auch den Eindruck der Westfassade. Die Horizontalen sind mächtig genug, daß die Strebepfeileraufsätze sie kaum überspielen. Im Gegensatz zu Riddagshausen ist das Strebesystem konsequent durchgeführt. Starke Strebepfeiler stehen nicht nur vor der Fassade, sondern treten auch als breite Mauern an die Seitenschiffe heran. Ihre schmalen Strebebögen überqueren die Giebel. Sie sind zugleich Elemente der Umrißauflockerung, die man in Riddagshausen gerade nicht wünschte und die hier sonst zaghaft nur am Hauptgiebel vorgenommen wird. Übereck gestellte Fialen am Giebelansatz nehmen die Richtung der Strebepfeiler auf und führen sie über die Dachsilhouette hinaus. Dem selben Zweck dienen die Kreuzblumen auf den Strebepfeilern und das Giebelkreuz. Als Teil des Portals trat in Riddagshausen eine Muttergottes-Statue auf, eine gleichsam „offizielle" Darstellung der Patronin. Die in der gotischen Baukunst angestrebte Verbindung von Architektur und Skulptur wird in Altenberg nur angedeutet. Eine Verkündigungsgruppe wurde seitlich über dem Portal angebracht, die Figuren auf Konsolen, unter Baldachinen, zwischen ihnen eine Inschrifttafel. Drei Nischen im Giebel nehmen die Titelheiligen auf: die Muttergottes und die Heiligen Benedikt und Bernhard. Die zentrale Figur steht in einer vorgeblendeten Baldachin-Architektur.

Das entscheidende Gestaltungselement der Fassade aber ist das Fenster. Die Auflösung der Fassadenwand in Maßwerk und Glasfläche erreicht in Altenberg einen Höhepunkt. Als Wandflächen bleiben neben den Giebeln nur die Sockelzone bis zum Kaffgesims an den Seitenschiffen, eine Portalzone für den Eingang ins Mittelschiff, dazu die Zwickel zwischen Fenster, Strebepfeilern und

Gesimsen. Dabei sind die Umrisse der Fenster vom Querschnitt des Innenraumes festgelegt. Innen bilden die profilierten Gewände jeweils den abschließenden Gurtbogen des letzten Joches. Die Fenstersohlbank fügt sich in den Seitenschiffronten dem Kaffgesims an. Die Sohlbank des Mittelfensters korrespondiert mit der Kapitellzone der Arkatur. Die ruhige Wand der Portalzone entspricht der gleichmäßigen Reihung der Rundpfeiler. Der durchgegliederten Wand darüber antwortet das Fenstermaßwerk.

Das Maßwerk selbst ist mit seiner Häufung und Steigerung der Motive in dreifachem Ineinander des variierten Grundmotivs, durch die Füllfiguren, die das Muster darüber hinaus noch verdichten, ein kennzeichnendes Beispiel für Maßwerkfenster aus der zweiten Hälfte des 14. Jahrhunderts. Zentralfigur ist das große sphärische Viereck über dem Spitzbogenpaar. Diese Bögen enthalten je zwei Ordnungen derselben Art, diese wieder je zwei. Wir begegnen in diesem Verhältnis 1 : 2 : 4 : 8 wieder der bei der Otterberger Fassade besprochenen geometrischen Proportion, die dem mittelalterlichen Menschen als Wesenszug besonderer Vollkommenheit galt. Diese formale Beobachtung wird durch die Ikonologie des Westfensters bestätigt: die Gläser stellen das Himmlische Jerusalem dar. In den acht Maßwerkbahnen stehen unter 16 Baldachinen die Heiligen. Den hll. Ursula und Elisabeth sind die Stifter des Glasfensters mit ihren Wappen beigegeben. Es sind Herzog Wilhelm II. von Berg († 1408) und seine Gemahlin Anna von der Pfalz. Unter der Regierung des Herzogs Wilhelm wurde die Kirche am 3. Juli 1379 im Auftrag des Kölner Erzbischofs von Bischof Wikbold von Kulm († 1398) geweiht. Nachdem der Bauvorgang ins Stocken geraten war, hatte vornehmlich Wikbold durch großzügige Stiftungen den letzten Bauabschnitt finanziert. Baumeister dieses letzten Teiles war der Konverse Reinold († 1398). Er ist auch der Schöpfer des Westfensters, dessen künstlerische Bedeutung die Zeitgenossen sofort begriffen. Die Inschrift der Grabplatte rühmte Reinold als „König der Steinmetzen" (super omnes rex lapicidas).

Doberan und Pelplin

Zwei Backsteinkirchen sollen folgen. Sie sind als Mutter- und Tochterkloster eng miteinander verbunden. Ihre Westabschlüsse entstanden beide um die Mitte des 14. Jahrhunderts.

Die Doberaner Westwand besitzt im Mittelschiffsbereich nur ein hohes Lanzettfenster. Die Eingeschossigkeit des Bauteils hat sich damit durchgesetzt. Die Abtei begann mit dem Neubau der Kirche um 1294 und vollendete ihn 1368. Die Westwand ist also um 1350/1360 anzusetzen. Dabei enthält sie aber die Westwand des alten Südseitenschiffes jener Doberaner Kirche, die 1232 geweiht war. Mit ihr hatte man auch den einfachen Zugang übernommen. Die Westwand zeigt sonst kein Portal. Wie oft bei mittel- und ostdeutschen und auch skandinavischen Cistercienserkirchen wurde auf ein Hauptportal verzichtet. Die Bauwerke erscheinen uns daher verschlossen und selbstbewußt distanziert. Aber auch auf andere Weise vermied man in Doberan, daß die Westwand den Charakter einer Empfangsseite bekam: durch die Asymmetrie der Anlage. Sie wurde mitbedingt durch die Einfügung der alten Seitenschiffswand, die hierbei nicht verändert wurde. Nicht einmal der Treppengiebel wurde abgetragen. Vielleicht übernahm man einen Teil der alten Kirche an so wichtiger Stelle, um in ihm gleichsam eine „Baureliquie" zu erhalten. Der Vorgang entspräche dann jenem schon in Heiligenkreuz beobachteten. Vielleicht bestand von Anfang an die Absicht, den Klosterwestflügel vorzuziehen und einen Teil der Westwand zu verdecken, wie es in Doberans Mutterkloster Amelungsborn geschehen war. Jedenfalls wurde bald nach der Fertigstellung der Kirche der südliche Teil der Westwand mit dem Klostertrakt überzogen. Die starke Asymmetrie der Anlage, die im Grundriß bereits durch das Gegenüber von Strebepfeiler und Treppenturm vorgezeichnet war, wurde damit verstärkt und der Eindruck einer Schauwand vermieden.

Dieser Vorgang ist deshalb so beachtenswert, weil die Erbauer der Kirche bei der Planung des nördlichen Querhauses eine in Chorin vorgebildete Lösung wählten, bei der die Stirnseite des Querhauses durch zwei mächtige Flankierungstürme zusammengefaßt und in ihrer Wirkung gesteigert wurde. In Lehnin und in Chorin war dies Motiv bereits an der Westseite angewandt. War man also beim Nordquerhaus, Chorin folgend, vorangeschritten, war man dort zu einer festgerahmten Giebelfassade von entschiedener Kühnheit gelangt, so trat man bei der Anlage der Westwand wieder zurück. Das kann nichts anderes bedeuten, als daß man die Ausgestaltung des Westabschlusses zur Schauwand bewußt verwarf. Demzufolge ist dieser Abschluß auch äußerst einfach: die Gliederungen des übrigen Baues werden über ihn hinweggeführt, das niedrige Kaffgesims, der Kleeblattbogenfries aus glasierten Formsteinen unter der Traufe an Haupt- und Seitenschiff. Das hohe Fenster reicht mit seiner Blende bis zum Kaffgesims herab. Das Maßwerk ist von nicht zu überbietender Einfachheit und Strenge. Auch hierin scheint die Entwicklung, die die reicheren Formen des Chorinschen Maßwerks hervorbrachte, zurückgenommen zu sein.

In Pelplin griff man nicht nur auf die strengeren Formen, die im Orden bereits vor längerer Zeit entwickelt waren, zurück, sondern berücksichtigte auch die Erfahrungen, die bei den großen Stadtkirchenbauten im wendischen Quartier mit der Wirkung großer ungegliederter Backsteinflächen und kräftiger Flankierungstürme gemacht waren. Was man in Doberan vermied, die Westfront durch Strebepfeilertürme zu betonen, wurde hier im Tochterkloster in monumentaler Weise durchgeführt. Mächtige Türme flankieren das Mittelschiff. Sie übernehmen die Aufgabe der Strebepfeiler und dienen als Treppentürme. Mit fünf Seiten des Achtecks treten sie als eigenwertige Körper vor die Fassade vor und werden nur durch Sockel und Kaffsims lose eingebunden. Dieser Westabschluß wiederholt die Ostansicht. Sein Giebel ist spätere Zutat, Portal und Fenstermaßwerk sind neu. Ein Portal war ursprünglich wohl nicht vorhanden. Alle späteren Veränderungen mildern die abwehrbereite Schroffheit des Eindrucks. Hier war ein Bau entstanden, dessen Charakter eher an die Architektur des Deutschen Ordens erinnerte als an die der Cistercienserkirchen in ihrem Ursprungsland.

Kaisheim

An den Schluß der Betrachtung wird die Kaisheimer Fassade gestellt. Sie entstand zwischen 1352 und 1387. Im Vergleich mit den reicheren Lösungen in Pforta, Chorin und Altenberg erscheint sie betont schlicht und herb. Die Monumentalisierung wie in Pelplin, die Entwicklung des Einzelfensters zum großen Maßwerkfenster wie in Altenberg, Entwicklungen, die zu einer Schauwand führten, sind hier zurückgenommen. Die den übrigen Außenbau auszeichnende Schmucklosigkeit prägt auch die Westwand. Es ist bloß ein Abschluß. Er weist nur notwendiges auf: Fenster für die drei Schiffe, wobei das Hauptschiff-Fenster entsprechend seiner Größe und Bedeutung mit profiliertem Gewände und schönlinigem Maßwerk versehen ist, dazu ein Portal und eine Luke. Strebepfeiler treten in der Flucht der Langhausmauern vor. Damit ergäbe sich ein strenger symmetrischer Aufbau von klarer Ausgewogenheit der Verhältnisse. Aber er wird gestört; an den nördlichen Strebepfeiler ist das Treppentürmchen angefügt. Seine Lage und seine Gestaltung verraten wieder, mit welcher Entschiedenheit hier einer Fassadenwirkung entgegengearbeitet wurde, zugleich aber auch, wie am Primat des Innenraumes, der durch keinen Aufgang gestört werden sollte, festgehalten wird. Die Wand bleibt, von Profilen und Maßwerk abgesehen, nahezu schmucklos, einzig ein Gesims in Höhe der Fenstersohlbank unterbricht die Fläche und schneidet im Hauptschiffbereich Portal- und Fensterzone.

Die Kennzeichen dieser Wand, die Schlichtheit der Gesamterscheinung, das kostbare Maßwerk des Mittelfensters und das große Portal verweisen auf die hier wirksamen Vorbilder. Es war die asketische Strenge der Frühzeit, die in der Gesamterscheinung angestrebt wurde, wobei man aber das kostbare Detail nicht verschmähte wie hier die aus Bebenhausen bezogenen Maßwerkformen. Das Portal verrät die Tradition der Pfarrkirchen und der Bettelordensbauten. Und das weist auf Anregungen für die Gesamtdisposition hin, die in dieser Zeit nicht ohne Einfluß der Bettelordensarchitektur denkbar ist. Die Bettelorden waren die wichtigsten Träger asketischer Baugesinnungen geworden. Sie hatten bewahrt, was sie an Anregungen in ihrer Frühzeit von den Cisterciensern übernommen hatten und konnten es nun zurückgeben.

AUSBLICK AUF SPÄTERE SCHÖPFUNGEN

In der baufreudigen Barockzeit entschlossen sich viele Abteien zu großartigen Neuplanungen der Klosteranlagen, oder sie paßten ihre Gebäude dem Zeitstil an. Von der schlichten Größe und der betonten Einfachheit der Bauten aus den ersten Jahrhunderten der Ordensgeschichte blieb dann freilich kaum noch etwas erhalten, denn der barocke Überschwang feierte auch in diesen Bauten seine Triumphe. Zwei Beispiele sollen Anlehnung an die Tradition und völlige Abkehr von ihr zeigen, Himmerod und Grüssau.

Der Himmeroder Neubau ist ein Werk des sächsischen Baumeisters Christian Kretschmar. Er entstand 1739–1751, wurde nach Aufhebung des Klosters 1802 weitgehend abgebrochen, von 1952 bis 1960 wiedererrichtet.

„Kretschmars Fassadenlösung entsprach der altcisterciensischen Baugewohnheit der Turmlosigkeit. Sie bot ihm aber auch genügend Spielraum zur Entfaltung eigenschöpferischen Könnens. Bis zu einer Höhe von 38,50 m erhebt sich der flachbogig vorgewölbte, vierstöckige Mittelrisalit, Lebendigkeit und Monumentalität vereinigend. Auf vier durchgehenden Pilastern, die statt der Kapitelle kartuschenförmige Ornamente aufweisen, steigt der nach oben sich verjüngende Giebelaufbau kühn empor. Der Portalteil, umrahmt von Doppelpilastern mit edlen korinthischen Kapitellen, ist mit seiner reichen Ornamentik ein Prunkstück dekorativer Kunst. Überall kehrt hier das von Kretschmar bevorzugte Akanthusmuster mit losen Blütengehängen wieder. Eine 1,60 m hohe Flammenvase schließt den Portalbau krönend ab" (Ambrosius Schneider).

Ein Glanzstück deutscher Barockbaukunst ist die Grüssauer Marienkirche. Spezifisch cisterciensisch ist an ihr freilich höchstens das Thema des Skulpturenprogramms. Auch hier ließ der Konvent den alten Bau nicht umgestalten, wie es in den anderen schlesischen Cistercen Leubus, Trebnitz und Heinrichau geschehen war, sondern abbrechen und an seiner Stelle 1728–1735 die heutige Abteikirche errichten. Ausgeführt wurde sie durch den Grüssauer Stiftsbaumeister Joseph Anton Jentsch, doch ist es fraglich, ob er als künstlerischer Schöpfer der Pläne angesehen werden kann. Vieles deutet darauf hin, daß Entwürfe Kilian Ignatz Dientzenhofers in die Planung eingingen. Böhmisch-österreichisch orientiert ist der Bau nur zu deutlich.

Überraschend ist die starke Plastizität des Westbaues, dessen lastende, aber bewegte Gesimszonen durch einen starken Vertikalismus im Mittelfeld aufgebrochen werden. In den Turmhelmen erreicht die plastische Durchdringung des Baukörpers ihren Höhepunkt. Der Skulpturenschmuck führt das Marien- und Emanuel-Thema aus.

Im Hauptgeschoß rahmen Verkündigungs- und Heimsuchungsgruppe die Himmelskönigin. Den Abschluß des Gebälks bildet die Trinität. Auf den Turmspitzen endlich heben vergoldete Engel die Herzen Jesu und Mariens zum Himmel empor.

ÜBERSICHT ÜBER DIE MITTELALTERLICHEN CHORANLAGEN

Initialbuchstabe D — musizierender König David aus Codex 66, 9ʳ des Skriptoriums von Heiligenkreuz

Die frühen Chortypen

Die Chöre sind es gewesen, denen sich die Beschäftigung mit der Ordensarchitektur zunächst zuwandte. Sie distanzieren sich oft am weitesten von den Lösungen, die zu ihrer Zeit in der betreffenden Landschaft gefunden wurden, standen dann den Chören entfernter liegender Cistercen näher. Sie wurden als charakteristisch für den Orden erkannt und zu Gruppen geordnet. Typenbildungen wurden festgestellt. Die gerade geschlossenen Chöre mit vier oder sechs Kapellen am Querhaus und die rechteckigen Großchöre mit allen ihren Abwandlungen mußten dabei zunächst die Aufmerksamkeit erregen. Sie gelten bis in die Gegenwart als die wahrhaft cisterciensischen Chorlösungen. Daß sich auch andere Typen herausbildeten, blieb zunächst unbekannt. Zuweilen wurden sie auch als Randerscheinungen abgetan. Und doch haben einige von ihnen schon in der ersten Jahrhunderthälfte der Ordensgeschichte ihren Platz, auch erlosch ihr Einfluß auf andere Ordensbauten nicht so schnell. Zwei grundverschiedene Chortypen stehen am Anfang der Entwicklung, der bernhardinische Plan und der Staffelchor. Beide entstanden als Antwort auf den zu unerhörten Kirchenanlagen treibenden Bauwillen der Benediktiner, der im dritten Bau von Cluny seinen Höhepunkt erreichte. Die Hauptmerkmale des bernhardinischen Planes sind die gerade geschlossenen Ostteile mit zwei oder drei Kapellen an jedem Kreuzarm, die Höherstaffelung der Ostteile als Stufung von Kapellen, Chorhaupt, Kreuzarmen und Mittelschiffshöhe, dazu die Wölbung mit Spitztonnen. Er erhielt seinen Namen durch den Umstand, daß er in Clairvaux (Baubeginn um 1135) vorlag und bei seinen Tochterklöstern regelmäßig auftritt und vermutlich den Bauanschauungen Bernhards am meisten entsprochen hat. Erhalten sind Bauten dieses Planes in Fontenay (1139–1147), Bonmont und Hauterive (beide noch 12. Jh.). Fontenay selbst fußt auf Clairvaux, dessen erster Monumentalbau rekonstruiert wurde (Clairvaux I). Er besaß demnach nicht nur sechs Kapellen an der Ostwand des Querhauses, es traten weitere vier an die Westseite heran. Auch in Pontigny (1140–1170) und La Cour-Dieu kam es zu einer entsprechenden Anordnung einer größeren Kapellenzahl, in Cîteaux vielleicht erst in späterer Zeit. In La Ferté (Anf. 13. Jh.) und Ourscamp (2. H. 12. Jh.) wurde die Zahl der Ostkapellen auf 8 bzw. 7 erhöht. Fontenay reduziert mit seinen vier Kapellen also bereits den Plan von Clairvaux I. Diese einfachere Form mit vier, zuweilen sechs Kapellen erreichte die größte Verbreitung. Der knappe Zuschnitt des Außenbaus, der Verzicht auf die Bauteile, die über die unmittelbaren Bedürfnisse des Offiziums hinausgehen, der saalartige Charakter des Raumes, der durch die Zurückdrängung der Seitenschiffe entsteht, die asketische Gliederung des Baukörpers und die Zurückhaltung in der Ausstattung weisen den Bautyp als Reformarchitektur aus. Entwickelt wurde dieser bernhardinische Typus aus der älteren burgundischen nicht-cluniazensischen Baukunst des 11. Jahrhunderts.

Der zweite Typus ist der Staffelchor, der gekennzeichnet ist durch das „staffelweise Zurücktreten von mindestens vier Seitenräumen gegenüber dem Sanktuarium" (Jahn). Er wurde von den Cluniazensern aus der Chorgestalt des Majolus-Baues in Cluny (Cluny II, 954/81) abgeleitet. Frühes bedeutendes Beispiel ist La Charité-sur-Loire, wie überhaupt der Schwerpunkt des Verbreitungsgebietes in Burgund liegt. In der Kongregation von Savigny ist er beliebt. In ihr wird wie im Cistercienserorden, dem sie sich 1147 mit ihren 28 Niederlassungen anschließt, cluniazensische Üppigkeit kritisiert. Hier wie dort wird eine bemerkenswerte Korrektur vorgenommen: während bei den Cluniazenserbauten stets die Nebenräume zum Chor geöffnet sind, werden bei Cisterciensern und Savignianern die Chorteile durch feste Wände gegeneinander abgeschlossen. Im Cistercienserorden ist der Staffelchor früher als der bernhardinische Typ an-

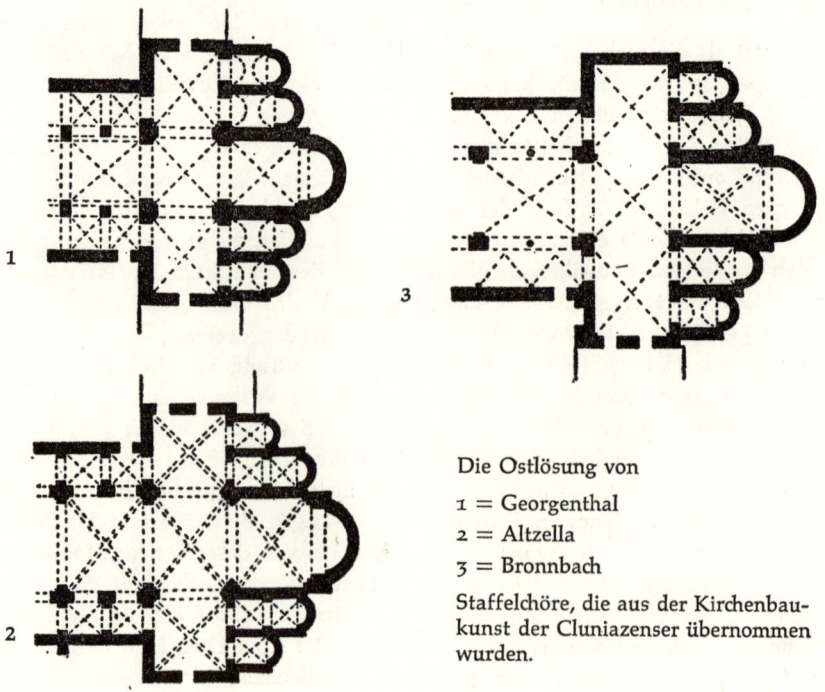

Die Ostlösung von

1 = Georgenthal
2 = Altzella
3 = Bronnbach

Staffelchöre, die aus der Kirchenbaukunst der Cluniazenser übernommen wurden.

zutreffen. Noch vor Beginn des Neubaus von Clairvaux tritt er im 1134 gegründeten Reigny auf. Um die gleiche Zeit bringen ihn die Cistercienser nach Oberfranken und Mitteldeutschland. Hier blieb der Staffelchor nicht wie in Frankreich bei den Cisterciensern eine Ausnahme; die thüringisch-sächsische Bautengruppe zeugt von seiner Beliebtheit: Waldsassen (Weihe 1179), Bildhausen, Bronnbach, Georgental (2. H. 12. Jh), Altzella. Daß hierbei der Filiationszusammenhang eine wichtige Rolle spielte, beweist der Bronnbacher Staffelchor (1157 ff.). In der thüringisch-sächsischen Gruppe fallen Stellung im Filiationsgefüge und Einfluß der Kunstlandschaft zusammen. Gerade angesichts der deutschen Beispiele wird deutlich, daß sich die Cistercienserchöre vor Ausbildung eigener Traditionen an ältere Reformgrundrisse der Benediktiner anschlossen. „Der Staffelchor ist als altcluniazensischer Typus, der die frühere Strenge noch beinhaltete, der archaisierenden Haltung der Zisterzienser annehmbar erschienen. Zisterziensische Liturgie wird dem Typus eingeprägt und damit ein zisterziensischer Typus geschaffen, dessen Ordenscharakter durch die Abgrenzungsmöglichkeit gegenüber dem landschaftlich üblichen Typus und durch filiationsmäßige Zusammenhänge unbezweifelbar ist. ... Andererseits spricht das frühe Auftreten in der Reformrichtung von Savigny, die Verschiedenartigkeit der Formungen, das sporadische Vorkommen in verschiedenen Ländern, die Dichte in Mitteldeutschland dagegen, daß ein cisterciensisch-burgundischer Leitbau verbindlich war" (Magirius).

Wenn sich auch unsere Vorstellungen vom „typisch Cisterciensischen" mit dem bernhardinischen Plan verbinden, so zeigt die Verbreitung des Staffelchores, daß Cisterciensisches als künstlerische Form nicht mit e i n e m burgundischen Typus bezeichnet und abgeschlossen ist (Magirius). Vielmehr ist trotz des Vorherrschens dieses Typus die Chorentwicklung im 12. und 13. Jahrhundert durch einen Typenpluralismus ausgezeichnet. Zwei weitere Typen machen dies deutlich, die Typen Sittich und Mariental. Beide liegen um 1140 vor, zur selben Zeit, in der der bernhardinische Typ sich ausbildet. Sie sind unter sich verwandt durch die Anlage von je nur einer Kapelle am Querhaus, geschieden durch apsidiale Endungen an Chorhaupt und Nebenchören in Sittich, gerade Ostabschlüsse in Mariental. Der Typ Sittich übernimmt eine Reduktionsform des Benediktinerchores, die eben als Reduktionsform den Anschauungen im Cistercienserorden entgegenkam. Diese Übernahmen geschahen wohl unabhängig (?) voneinander in Frankreich (z. B. Mazan 1140/1150) und Deutschland (z. B. Volkenrode, vor 1150) und im Südosten des Reiches (Sittich 1136). Steht Typ Sittich den benediktinischen Reduktionschören näher, so schließt sich der Typ Mariental enger an gerade entstehende Cistercienserbauten an, die ihre Grundrißdisposition vom bernhardinischen Plan bezogen. Seine weitere Ausbreitung als Kolonialtyp setzt erst um 1200 ein: Bénisson-Dieu, Roccadia, Koprzywnica, Sulejow, Paradies und Rauden. Da dieser Chortyp die einfachste Form des Cistercienserchores darstellt, braucht eine Abhängigkeit der Pläne untereinander nicht vorzuliegen, wiewohl sie bei den osteuropäischen Bauten wahrscheinlich ist.

Das Bild der deutschen Cistercienserchöre des 12. Jahrhunderts wäre ohne einen Hinweis auf die Klöster Walderbach und Raitenhaslach unvollständig. Beide

Drei Beispiele für den bernhardinischen Plan in Deutschland. Der Typus wurde aus der älteren burgundischen nicht-cluniazensischen Baukunst des 11. Jhs. entwickelt.

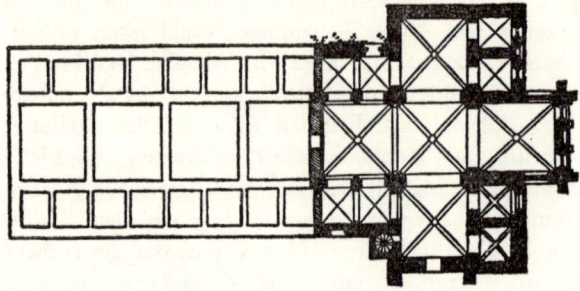

EUSSERTAL ergänzter Grundriß

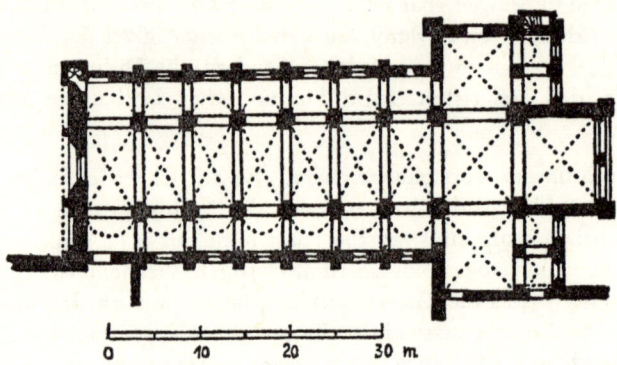

TENNENBACH, rekonstruierter Grundriß

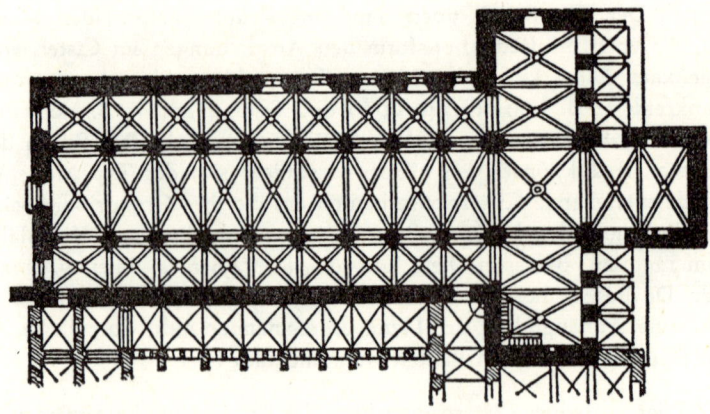

HAINA, ergänzter Grundriß

übernehmen den in Bayern seit dem 9. Jahrhundert bekannten querschifflosen Grundriß mit drei Apsiden. Walderbach errichtet darüber sogar eine Halle, wie sie in Altbayern in der Umgebung Regensburgs auch sonst auftritt. Noch im 14. Jahrhundert entsteht die Kirche Gotteszells nach dem Vorbild einer romanischen Kirche auf bayerischem querschifflosen Grundriß. Von einem „bayerischen Cistercienser-Chortyp" können wir jedoch nicht sprechen; die strukturelle Ähnlichkeit der Cistercienserbauten untereinander ist nicht größer als die mit anderen Kirchen dieser Landschaft.

Die Entfaltung des bernhardinischen Planes

Der Fontenay-Typ, als ein Sondertyp des bernhardinischen Planes, wurde das verbreitetste Chorschema in der Ordensbaukunst des 12. Jh. In seiner ursprünglichen Form, in der alle Teile tonnengewölbt sind, ist er ganz oder teilweise noch in Bonmont, Hauterive und Alvastra (1180 oder 1185 geweiht) erhalten. Das nördlichste Beispiel, Alvastra in Schweden, gibt gleichsam die Urform wieder. Weit vom Ursprungsland entfernt, in einer Landschaft, die noch keine eigene Steinbaukunst entwickelt hatte, blieb von den burgundischen Vorbildern das reine Baugefüge. Eine weitere Reduktion ist ohne Aufgabe des Typus nicht möglich. In der Regel übernehmen die Abteien das Grundrißschema wie es Fontenay zeigt, verändern aber den Aufriß wesentlich. Wenn im folgenden vom bernhardinischen Typ die Rede ist, ist der Begriff im weiteren Sinne gebraucht und bezeichnet die Grundrißdisposition. Die Berechtigung folgt aus der Sache: Bis ins 14. Jahrhundert wurde bei veränderten Aufrißvorstellungen auf diesen Grundrißtyp zurückgegriffen. Daraus erhellt, daß sich mit diesem Grundrißtyp Vorstellungen über vorbildliche Ordensanfänge verbanden. Zuweilen wurde, besonders in Deutschland, über einem derartigen Grundriß ein ganz oder teilweise von Flachdecken abgeschlossener Raum errichtet, wie in Himmerod I und Sorø. Die flache Decke war ein konservatives Element, und so mag das ganze als ein Rückschritt gegenüber den burgundischen Wölbungen angesehen werden. Aber es lag auch ein in die Zukunft weisender Zug darin. Durch Obergadenfenster konnte der Raum gleichmäßig beleuchtet werden, die Höherziehung des Obergadens brachte steilere Raumverhältnisse. Beides kam der Entwicklung entgegen. Sie brachte das Kreuzgrat-, dann das Rippengewölbe. Die Aufnahme eines modernen Wölbungssystems in den ersten Plan läßt sich an sehr vielen Bauten noch ablesen, am deutlichsten in Eberbach, wo Hahn diesen Vorgang zuerst beobachtete und von dem aus er die frühe Kirchenbaukunst der Cistercienser aufrollte.

Zu den Derivaten des bernhardinischen Typus gehört jene große Zahl von Chorbildungen, bei denen einige oder alle der platten Ostabschlüsse durch Apsiden ersetzt wurden. Es handelt sich hierbei durchweg nicht um eine Sonderform des Staffelchores, wie häufig gesagt wurde. Es liegen auch alle Möglichkeiten einer Kombination von geraden und halbrunden Abschlüssen vor, ja, in Mellifont Abbey kommt es zum Wechsel von platten und apsidialen Nebenkapellen. Apsidiale Schlüsse am bernhardinischen Plan sind über Europa so verteilt, daß an ein zentrales Vorbild nicht zu denken ist. Auch kann eine so naheliegende Ab-

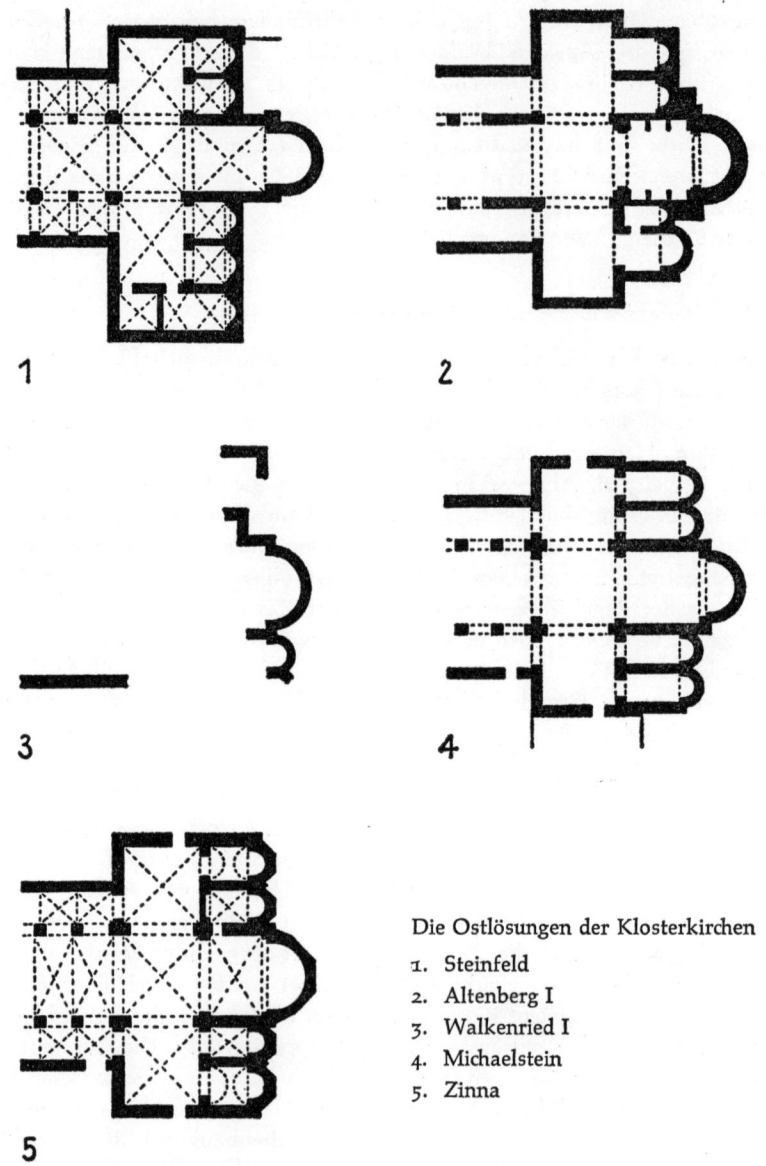

Die Ostlösungen der Klosterkirchen
1. Steinfeld
2. Altenberg I
3. Walkenried I
4. Michaelstein
5. Zinna

wandlung immer wieder, ohne daß besondere Vorbilder nötig sind, vollzogen werden. In Deutschland läßt sich — wir folgen hierin Magirius — ein Typus Michaelstein herauslösen. Zu ihm gehören Walkenried I, Altenberg I, Doberlug, Zinna und — mit Einschränkungen — Loccum. Michaelstein, nach 1152 begonnen, ist der älteste sicher rekonstruierbare Vertreter seines Typus. Kapellen und Chorhaupt sind mit Apsiden versehen. Früh tritt diese Anordnung auch schon in Steinfeld auf, aber das ist ein Praemonstratenserbau, der freilich unter cisterciensischem Einfluß steht. In Steinfeld ist schon eine Erscheinung zu beobachten, die später für die Nordkapellen von Altenberg I und für Loccum charakteristisch ist: die rechtwinklige Ummantelung der Apsiden. Zinna vermittelt auf diesem Gebiet, indem es die halbrunden Apsiden außen polygonal schließt. In Michaelstein und Doberlug fällt die außergewöhnliche Länge der Chorpartie auf. Diese besonders tiefen Kapellen lassen an eine Beeinflussung durch Staffelchöre denken. Das gilt auch von Lehnin und Chorin, deren Chöre noch Einwirkungen der thüringisch-sächsischen Architektur auf die märkischen Bauten verraten. „Die Zusammenstellung deutscher Beispiele zeigt, daß innerhalb eines bestimmten Zeitraumes (zweite Hälfte 12. Jh.) sowohl die F i l i a t i o n als auch die L a n d s c h a f t die Ostlösung mitbestimmt. Es stellt sich nämlich heraus, daß die Gruppe vor allem im nördlichen Mitteldeutschland (Rhein, Niedersachsen, Nordharz, südliche Mark Brandenburg) sich ausbreitet. In diesen Beispielen sind die Kapellen — abgesehen von Walkenried — den annähernd quadratischen Raumeinheiten (Vierung, Sanktuarium und Querhäuser) angegliedert. ... Die Nebenkapellen sind wohl meist tonnengewölbt gewesen (z. B. Zinna, äußere Kapellen, Buch), es gibt aber auch kreuzgratgewölbte (Zinna, innere Kapellen, Loccum). In der Dachlösung der Nebenkapellen ist eine enge Anlehnung an den Typ Fontenay naheliegend, ein gemeinsames Pultdach lehnt sich an die Ostseiten der Querschiffe (Zinna, Doberlug). Wo die Apsiden ummantelt sind, ist die äußere Erscheinung dem Typ Fontenay ähnlich, in Loccum z. B. von diesem Typ nicht unterscheidbar." (Magirius).

Die im Halbkreis geführten Umgangschöre: der Typus Clairvaux II

Der Typus Fontenay war das ideale Grundrißschema für Abteien geringerer und mittlerer Größe. Selbst die Vergrößerung der Ostanlagen unter Hinzufügung weiterer Kapellen im Rahmen des bernhardinischen Typus scheint den Ansprüchen bald nicht mehr genügt zu haben. Einmal war die Möglichkeit, noch weitere Kapellen an das Querhaus anzuschließen, begrenzt, dann hatte diese Anordnung etwas liturgisch Unbefriedigendes. Die Kapellen legten sich um das Querhaus und nicht um das Chorhaupt herum. Es war angemessener, sie um den Hochaltar zu gruppieren. Da mögen dann die größer werdende Zahl der Mönche, die wachsende Prosperität der Klöster, das zunehmende Ansehen, das sie genossen — verbunden mit steigender Selbstachtung — und die fortschreitende Stilentwicklung mit unterschiedlicher Kraft in die gleiche Richtung gedrängt haben: es kam zur Bildung großer Umgangschöre. Sie wurden im Halbkreis oder rechtwinklig um den Chor herum angelegt und ermöglichten die Anfügung weiterer Kapellen. Der erste Grundriß dieser Art im Cistercienserorden entstand in Clairvaux, wir nennen ihn Clairvaux II (Schlußweihe 1174). Wir wissen nicht, wieweit der 1135 begonnene Bau von Clairvaux I fertiggestellt war, jedenfalls begann man nach dem Abbruch des alten Chores um 1153 mit der Errichtung des großen Umgangschores. Daß dieser Chorbau so sehr den Auffassungen Bernhards widersprochen habe, daß sein Tod erst die Möglichkeit zur Konzipierung gegeben habe, wie Esser und Hahn betonen, läßt sich nicht beweisen. Schlink hat überzeugend nachgewiesen, daß diese neue Choranlage sich an den Chören der großen Pilgerstraßen-Kirchen orientiert. „Als unmittelbares Vorbild scheint den Zisterziensern die Choranlage von Cluny III vor Augen gestanden zu haben. Mit Cluny III stimmt Clairvaux nicht nur im Grundriß (Chorjoch und neunteiliger Umgang), sondern auch in der Abtreppung des Außenbaus überein. ... Die reiche Lisenengliederung des Äußeren sowie die starke Durchfensterung und die Kalottenwölbung über der Apsis beider Bauten bekräftigen die Zusammenhänge. — Diese Gemeinsamkeiten blieben bisher unbeachtet, da man den einzigen wesentlichen Unterschied in der Grundrißdisposition — alternierende Radialkapellen in Cluny III gegen einen kontinuierlichen Kapellenkranz in Clairvaux II — zu einseitig hervorhob. Es ist möglich, daß nordfranzösische Kapellenkranzanlagen ... dem Kapellenkranz von Clairvaux zu Pate gestanden haben; denkbar ist aber auch, daß in Clairvaux II eine selbständige Umwandlung der alternierenden Kapellenfolge von Cluny III in einen lückenlosen Kranz viereckiger Kapellen vorgenommen wurde, wie er bereits in der Kette der Querhauskapellen des bernhardinischen Plans vorgegeben war" (Schlink). In Frankreich hat der Typ Clairvaux II eine gewisse Bedeutung erlangt. Pontigny (Chorneubau 1185 — um 1205/1210), Bonport (1. H. 13. Jh.), Le Breuil-Benoit (Weihe 1224), Savigny und Cherlieu (um 1200) folgen ihm. In ihnen setzt sich zunehmend der Einfluß der gotischen Baukunst der Ile-de-France durch. Nach solcher Vorbereitung wurde der nordfranzösische Kathedralchor fast übergangslos in die Mönchsarchitektur übernommen, wie es in Longpont (Weihe 1227) und Royaumont (Weihe 1235) geschah. Beide Abteien liegen noch dazu im Ursprungsland des neuen Stils. Damit ist der geschlossene Umriß des Kapellenkranzes aufgegeben, der den Clairvaux-II-Typ auszeichnete. Er war Ausdruck einer Vorstellung vom Baukörper, die erst um 1300 in der gotischen Baukunst wieder aufgegriffen wurde. In Deutschland entstand nur ein Bau, der diesem Typus folgt, Heisterbach. 1202 wurde der Chor in einer gegenüber Clairvaux II modifizierten Form begonnen. Die Veränderungen gegenüber anderen, Clairvaux II näherstehenden Bauten wie Bonport oder Pontigny werden auf den Einfluß der Praemonstratenserkirche Dommartin zurückgeführt. Vermutlich war dieser Bau seinerseits cisterciensisch beeinflußt. Als letztes Beispiel sei der gegen Mitte des 13. Jahrhunderts entstandene Chor von Varnhem in Schweden genannt, der sich im Grundriß noch einmal enger an Clairvaux II anschließt.

Wichtiger für die deutschen Cistercienserkirchen im 13. Jahrhundert sind die nordfranzösischen Kathedralchöre. Marienstatt ist ihr erster Vertreter, Altenberg das bedeutendste Beispiel. Aus demselben Ursprung übernimmt Doberan eine Sonderform. Dieser Vorgang wird in Einzelanalysen dargestellt werden.

Im 14. Jahrhundert greifen Zwettl und Kaisheim wieder auf den im Halbkreis geführten Umgangschor mit Kapellenkranz zurück. Bei beiden wird der geschlossene Umriß gewählt. Das entspräche Clairvaux II, aber es entspricht auch der Vorliebe der späten Gotik für derartige Baukörper. In beiden Chören wird die Raumteilung auf verschiedene Weise gelöst. In Kaisheim sind Umgang und Kapellen zu einem zweischiffigen Umgang zusammengezogen, in Zwettl legen sich die Kapellen um einen mächtigen dreischiffigen Hallenchor.

Die großen Rektangulärchöre

Typ Cîteaux II und seine Abwandlungen

Bei aller Typenvielfalt war die Architektur im Cistercienserorden von einer asketischen Baugesinnung getragen, die einfache, strenge und geschlossene Baukörper anstrebte, um die Mönchskirche als ein Bethaus (oratorium) angemessen darzustellen. Hierbei wurde konservativen, zuweilen auch archaisierenden Tenden-

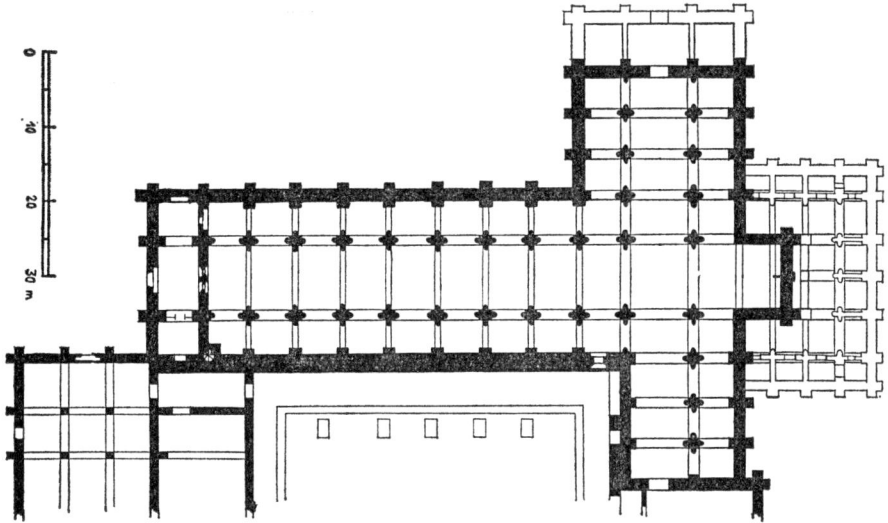

Cîteaux. Der Grundriß zeigt Citeaux I, den ersten Monumentalbau, dazu die Chorerweiterung, Cîteaux II.

zen Raum gegeben. Wenn diese Beobachtung richtig ist, dann barg die Konzeption von Clairvaux II eine Gefahr für die weitere Entwicklung der Kirchenbaukunst im Orden. Sie war eine Ordenskirche, knüpfte an ehrwürdige Traditionen an, aber ihre Anlage stand der des Kathedralchores so nahe, daß bei dem sieghaften Vordringen der Kathedralgotik eine Konvenienz von Mönchs- und Bischofskirchenchor fast zwangsläufig erfolgte. Mochten die Abteikirchen durch Betonung der Wandhaftigkeit, Reduktion des Gliederungsapparats, Verstärkung der Horizontalen immer wieder bei aller Nähe die Distanz betonen, der Reichtum und der Anspruch der Disposition blieben. Aber Clairvaux II war auch nur eine Lösung der Bauaufgabe, die den großen Abteien seit der zweiten Hälfte des 12. Jahrhunderts gestellt war. In Cîteaux fand man eine andere. Das Chorhaupt wurde hier in der zweiten Hälfte des 12. Jahrhunderts rechtwinklig mit einem Umgang und einem Kapellenkranz umgeben. Diese Anordnung verband den in der Ordenstradition bevorzugten geraden Chorschluß mit einem Kapellenkranz, dessen die großen Konvente bedurften. Indem sie das Chorhaupt des bernhardinischen Planes nur ummantelte, war es die einfachste Lösung, indem sie damit ganz Neues und Eigenes, Unverwechselbares schuf, war es die genialste. Der neue Typus stand antithetisch zu Clairvaux II, er mußte antithetisch gegenüber allen Ausprägungen des Clairvaux-II-Typs bleiben. Er steht als ein provozierendes Anders-Sein in der Architekturgeschichte. In Frankreich folgte diesem Typus in seiner vollständigen Ausprägung nur Morimond. Die Aufnahme dieses Typus in Deutschland erfolgte in zwei Phasen. Zur ersten, der der Vorbereitung, gehören Schönau und Arnsburg. In Schönau schließen sich an die drei freien Chorseiten Kapellen an, deren Apsiden in der Mauerstärke verborgen sind. Das Motiv der in der Mauer verborgenen Apsiden erinnert an Steinfeld, Altenberg I, Senanque, später werden es Heisterbach und Loccum zeigen. In der nordöstlichen und südöstlichen Ecke liegen apsislose Kapellen. Die Kapellen sind untereinander verbunden. Dieser umgangslose Kapellenchor wird auf das letzte Drittel des 12. Jahrhunderts datiert. Er wäre dann ein Zeitgenosse der Chorerweiterung von Cîteaux, mithin eine eigene Lösung desselben Bauproblems. In Arnsburg (Baubeginn kurz vor 1200) sind die Apsiden in der Mauer wieder aufgegeben, es bleibt aber beim bloßen Kapellenkranz. Auch hier wurden die Ecken durch Räume genutzt, deren Grundrisse sich von denen der übrigen unterscheiden. Der Arnsburger Chor bleibt — gemessen an den klaren Raumordnungen früherer Grundrisse — eine unbefriedigende Lösung.

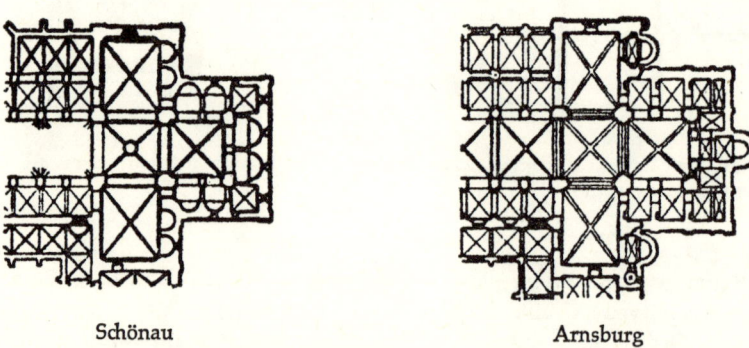

Schönau   Arnsburg

Beide Chorgrundrisse sind als Versuche anzusehen, eine größere Zahl von Kapellen um das Chorhaupt herum anzuordnen, ohne einen Chorumgang zwischenzuschalten.

Die Klarheit in der Zuordnung aller Teile wird in der zweiten Phase erreicht. Sie steht im Zusammenhang mit dem verstärkten Einströmen burgundischen Formengutes, das in den beiden ersten Jahrzehnten des 13. Jahrhunderts zu beobachten ist. So greifen Ebrach, Walkenried II und Riddagshausen unmittelbar auf Cîteaux zurück. Der ältere Bau, Ebrach (Beginn 1200), steht dem Vorbild am nächsten. Sogar der Vorgang der Chorerweiterung in Cîteaux ist noch in der Kapellenanordnung Ebrachs abzulesen. Der Walkenrieder Chor wurde bald nach Baubeginn gegenüber dem Vorbild stark verändert. An die Stelle

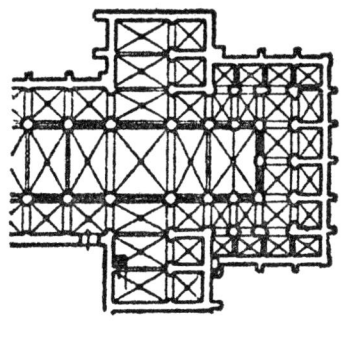
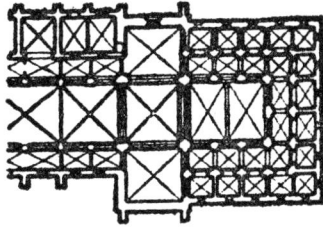

Ebrach   Riddagshausen

In beiden Bauten wird auf Cîteaux II zurückgegriffen: Zwischen Chorhaupt und Kapellen liegt ein Umgang.

von Umgang und Kapellenkranz trat ein zweischiffiger Umgang. Die reifste Stufe erreicht der Grundrißtyp in Riddagshausen (um 1216). Ihn übernehmen Georgental und Heinrichau. Eine Untergruppe des Typs Cîteaux II bilden Lilienfeld, Hradist und Salem. Hier umgibt jeweils ein doppelschiffiger Umgang einen polygonalen Chorschluß.

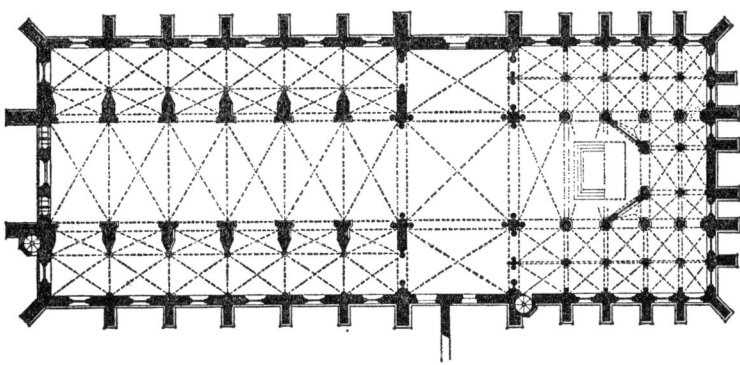

Salem. Chorumgang und Kapellenkranz verschmelzen zu einem zwischiffigen Raum, der den Chor umgibt.

Der basilikale Chortyp

Eine weitere Untergruppe der großen Rechteckchöre bilden die basilikalen Chöre. Bei dem hier vorliegenden Chortyp lassen sich zwei Ausprägungen prinzipiell unterscheiden, eine, bei der das Chorseitenschiff alle drei Seiten des Chores umzieht, und die einfachere, bei der Chor und Chorseitenschiffe in einer Flucht enden. Beide Male wird eine Angleichung von Chor und Hauptschiff angestrebt, im letzteren Falle ganz vollzogen. Der Typ des basilikalen Chores erwächst aus zwei Wurzeln. Die eine liegt in der englischen Baukunst des späten 12. Jahrhunderts, die andere ist eine Reduktion des Typus Cîteaux II. Während die basilikalen Chöre in beiden Spielarten in England häufig vertreten sind, zum Teil, wie in Byland und Jervaulx, noch ins 12. Jahrhundert zurückreichen, kommen sie in Frankreich und Italien nur selten vor, Beispiele sind Fontaine-Jean und S. Maria della Vittoria, das von einer französischen Hütte errichtet wurde. In Deutschland folgen diesem Typus Hude (Mitte 13. Jh), Mariensee (ca. 1262/65), Pelplin (1. H. 14. Jh.), Amelungsborn II (3. Viertel 14. Jh.), Königssaal und Leubus. Villard de Honnecourt nahm einen Plan, der dem Fontaine-Jeans in vieler Hinsicht ähnelt, in sein Skizzenbuch auf. Er sah in ihm den typischen Grundriß eines Cistercienserchores.

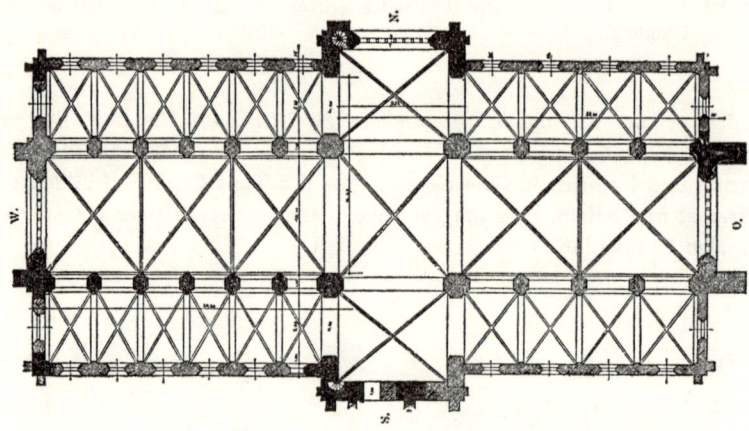

Hude. Ein langer basilikaler Chor, dessen Plan vermutlich von englischen Bauvorhaben beeinflußt wurde.

Chorbauten der Spätzeit

Mit der allgemeinen Kirchenbautätigkeit begann spätestens seit dem 14. Jahrhundert im Orden die typenbildende Kraft zu erlahmen. Dabei traten rechteckige Chöre immer noch einmal auf, so in Heiligenkreuz (vollendet 1295) und Neuberg (zwischen 1327 und 1481) als Hallenchöre von großer Schönheit, in Salem in Anlehnung an den Typus Cîteaux II. Über dem Halbkreis errichtete Großchöre in Kaisheim, Zwettl, Dargun und Oliva verbinden nur allgemeine Prinzipien. Das Typische erlosch langsam unter dem Individuellen. Aber — von den genannten Beispielen abgesehen — machte das absinkende Typische keinem starken Individuellen Platz. Wenn ein alter Chorschluß beseitigt wurde, dann trat an seine Stelle wie in Pforta, Colbatz, Walkenried, Herrenalb, ein gewöhnlicher Fünfachtelschluß, wie er auch in Heilsbronn und Marienrode entstand. Man baute zeitgemäß um und paßte sich an. Der Niedergang des monastischen Lebens bildete sich auch im Niedergang der Ordensarchitektur ab. „Bewahren ist schwerer als Neubeginnen", das Wort des Petrus Venerabilis, des Abtes von Cluny, an Bernhard von Clairvaux erwies sich zweihundert Jahre später auch für den Cistercienserorden als Prophetenspruch.

Erst im 18. Jahrhundert entstanden wieder Ordenskirchen von hoher Qualität. Doch wird der barocke Cistercienserbau aus vielen Quellen gespeist. Nur eine davon ist mittelalterlich. Er kann als Anhängsel der mittelalterlichen Baukunst nicht angemessen behandelt werden und scheidet deshalb aus unserer Betrachtung aus.

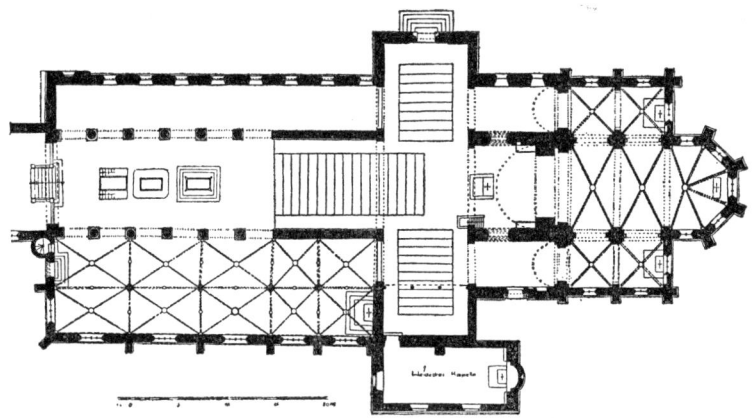

Heilsbronn. Der romanische Bau erhielt ein gotisches Chorhaupt mit gerade endenden Nebenchören.

EINZELANALYSEN

Einwirkungen des Filiationsgefüges auf die Chorbildung:

Bronnbach

Ein längsrechteckiger Chor mit Apsis stößt auf ein durchgehendes Querhaus, an das beiderseits des Chores je zwei kleine Kapellchen angefügt sind. Alle Teile sind gewölbt. Die auffallende Kürze dieser Kapellen erweist sich sofort als spätere Veränderung, die nach einer Zerstörung — vermutlich im Bauernkrieg — erfolgt war. Der Zustand der Chorwände verrät, daß die früheren Kapellen mehr als doppelt so lang waren wie die heutigen, daß dabei die nördlichen jene auf der Südseite noch übertrafen, daß die dem Altarhaus anliegenden Kreuzgewölbe trugen. Aber auch diese Ausführung war nicht die ursprünglich geplante. Grabungen ergaben die Anlage eines Staffelchores. Große Teile des heutigen Chorhauptes gehören diesem Plan an. Ihn gab man zugunsten gerade geschlossener Kapellen auf. Man brach die Kapellenapsiden wieder ab, beseitigte die Staffelung, schloß die Kapellen paarweise mit einer geraden Ostwand. Es folgte im Bauablauf die Überhöhung von Apsis und Altarraum, dann die Einwölbung.

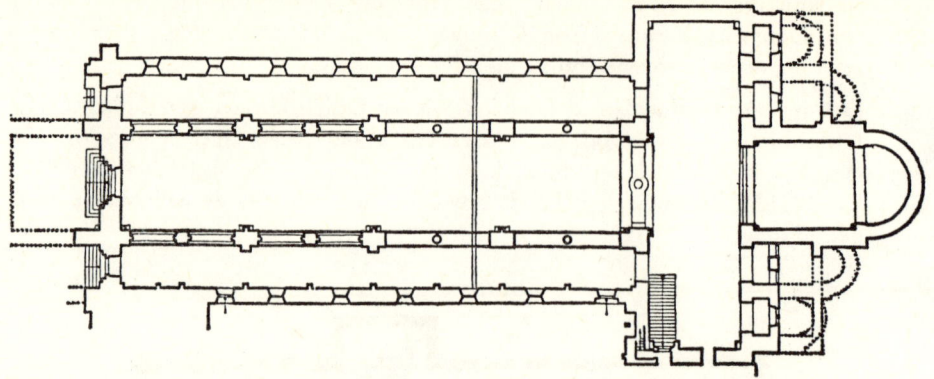

Bronnbach. Die Ostanlage zeigt die drei Kapellenlösungen: die ursprüngliche Staffel, die späteren gerade schließenden Kapellen, die nachmittelalterlichen verkürzten Kapellen.

In der Abfolge der Kapellenplanungen sehen wir zwei Chorkonzeptionen im Streit: eine ältere, letztlich cluniazensische mit einer jüngeren, die den Fontenay-Typus aufnimmt und sich damit dem bernhardinischen Typus einfügt. Die Klostergeschichte kann diesen Vorgang erklären.

Die fränkischen Adligen Billung von Lindenfels, Erlebold von Krensheim und Sigebod von Zimmern — später wird noch sein Bruder Dragobod genannt — übergaben 1151 dem Abt und dem Konvent von Maulbronn ihren Bronnbacher Besitz zur Gründung eines Cistercienserklosters. Insofern die Gründung in die Hand Dieters von Maulbronn gelegt war, war Maulbronn als Mutterabtei anzusehen. Besiedelt wurde das neue Kloster im Taubertal von Waldsassener Mönchen. Auch der erste Abt, Reinhard, kam nicht aus Maulbronn. Er war mit seinem Konvent aus einem nicht bekannten Kloster vertrieben und wurde durch die Vermittlung Abt Adams von Ebrach mit dem neugegründeten Kloster betraut. Unter seiner Regierung legte man 1157 den Grundstein zum Bau der Kirche. „Es scheint, daß Reinhard das Gelübde des Gehorsams gegenüber dem Abt von Maulbronn absichtlich hinausgezögert hat und damit das Widerspiel von Maulbronner und Waldsassener Einflüssen in der Gründungszeit Bronnbachs hervorrief. Ob hinter seinem Verstoß gegen das oberste Ordensgesetz, den Gehorsam gegen den Vaterabt, Streitigkeiten innerhalb des Ordens über das Recht der Visitation durch Waldsassen oder Maulbronn standen, wissen wir nicht" (Friese). Als dann die Cistercienser sich während des Kampfes zwischen Friedrich I. Barbarossa und Papst Alexander III. zur päpstlichen Partei schlugen, folgte Abt Reinhard nicht. Ein gemeinsames Vorgehen der Äbte von Waldsassen und Ebrach sowie des Bischofs von Würzburg, dazu die Intervention der Äbte von Pairis und Lützel, erreichten die Zustimmung Dieters von Maulbronn gegen Reinhard. Diesen kam er jedoch durch seinen Rücktritt 1166 zuvor. Neuer Abt wurde der Cellerar von Maulbronn, Wigand. Damit stand dem Konvent aus Waldsassen ein Abt aus Maulbronn vor. Konnte auch durch den Gründungsvorgang Maulbronn als Mutterkloster gelten, so mußte doch notwendig

Waldsassen ein großer Einfluß zufallen, insofern der Konvent von dort kam und der Abt jedenfalls nicht aus Maulbronn stammte. Dieser Einfluß zeichnet sich in der Wahl der Grundrißgestalt ab. Der Staffelchor Bronnbachs folgt dem Waldsassens, das über sein Mutterkloster Volkenrode zu der thüringisch-sächsischen Gruppe der Staffelchöre gehört. Mit der Wahl dieses Typus und der Ablehnung des Maulbronners fiel eine Entscheidung für Waldsassen. Es muß dabei unentschieden bleiben, auf wen hierbei der Entschluß zurückgeht, auf Abt, Konvent von Bronnbach oder gar auf Drängen Waldsassens. Die Umgestaltung der gestaffelten Kapellen zu gleichlangen weist auf den bernhardinischen Typus hin, hier auf Maulbronn. Es scheint, als habe der neue Abt dokumentieren wollen, daß die Ausrichtung auf Waldsassen, die im Bau so deutlich vor Augen stand, nun zu Ende sei. Hierzu bedurfte es der Beseitigung des entscheidenden Merkmals der thüringisch-sächsischen Gruppe, der Kapellenstaffel. — Die Baugeschichte Bronnbachs ist deshalb so aufschlußreich, weil sie beweist, welche Bedeutung die Stellung eines Klosters im Filiationsgefüge für die Wahl des Grundrißtyps haben kann. Indem man in Bronnbach zunächst den Staffelchor wählte, wurde er Zeichen eines bestimmten Herkommens und somit im Verhältnis zur eigentlichen Mutterabtei ein Politikum. Wenn dieser Chorbau dann unter Maulbronner Einfluß entscheidender Merk-Male beraubt wurde, dann mag das zunächst als Hinweis darauf gewertet werden, daß eine andere Vorstellung vom Kirchenbau sich gegenüber einer früheren durchgesetzt hatte. Aber es wies damit auf eine Abtei hin, in der diesen Vorstellungen entsprechend vorbildlich gebaut wurde. Und auch dies war — das lehrt das Bronnbacher Beispiel — eine politische Demonstration.

Vollendung des Cîteaux II-Typus unter sächsischen Bedingungen:
Riddagshausen

In Riddagshausen hat die Entwicklung des rechtwinkligen Umgangschores mit Kapellenkranz ihren Höhepunkt erreicht und ihr Ende gefunden. Ihren Höhepunkt erreichte sie, weil hier die einfache Form erscheint, die Höchstform ist — so wie das einfache Leben der weißen Mönche letzte Sublimierung des Lebens war. Alles nicht unbedingt notwendige ist entfernt, die reine Form erhalten. Mächtige Stufen, in Drei-Einheit aufgetürmt, die letzte Abklärung des Baugedankens von Cîteaux II. Ihr Ende fand die Entwicklung, weil alles, was darüber hinausging, Verwandlung war, sei es die Reduktion der Kapellen, so daß der basilikale Chor entstand, sei es ihre Verschmelzung mit dem Umgang zu hallengleichen Nebenschiffen, wie sie in Lilienfeld und Walkenried bereits eingesetzt hatte.

Mit Ebrach und Walkenried folgt auch der Riddagshäuser Chorgrundriß dem Typus Cîteaux II., aber er steht ihm nicht mehr so nahe. Die Querhauskapellen sind aufgegeben, Chorbreite und Querhauslänge einander angenähert. Das Chorhaupt ist überschaubarer geworden, von erstaunlicher Ebenmäßigkeit. Es besitzt in seiner Mauerführung nicht einmal die Möglichkeit, ein Treppentürmchen einzubeziehen — und so unterblieb es. Der Umriß ist fest geschlossen, Strebepfeiler sind zwar im Fundament angelegt, dann aber nicht ausgeführt oder, sofern sie schon errichtet waren, wieder entfernt. Die Klarheit in der Zuordnung aller Teile, die Überschaubarkeit trotz des vorherrschenden additiven Prinzips, die den Grundriß auszeichnen, kommen im Aufriß voll zur Geltung. Die Räume sind ihrer Aufgabe gemäß eigenwertig gestaltet. Der Kapellenkranz besteht aus niedrigen, ganz schmucklosen Kapellen, die von Kreuzgratgewölben bedeckt sind. Ihre Türen sind alle nach Westen gezogen, wodurch verhältnismäßig abgeschlossene Räume entstanden. Einfache Dreipässe bilden die Lavabonischen, im Süden nehmen die Fensterbänke die Becken auf. Der Chorumgang ist von steilem Querschnitt. Wand und Decke sind durch rechteckige Vorlagen gegliedert. An den Wänden sind es Pilaster bester burgundischer Tradition. Die Formen widersetzen sich der Verschleifung, es herrscht kaum Bewegung, dafür die kühle Klassizität pilastergegliederter Wände. Zum Chor hin ist alles reicher. Die Arkadenunterzüge und der Gurtbogen ruhen auf Kapitellen. Säulchen stehen in den Fensternischen

Der Außenbau erscheint als Folge großer einfacher Stufen: Kapellenkranz, Umgang und Hochchor mit ihren Dächern. Die Oberflächen dieser großen Körper sind nicht durch Strebepfeiler gestört. Mit der Aufgabe der Strebepfeiler am Kapellenkranz distanzierte sich der Baumeister noch ein wenig mehr von den burgundischen Vorbildern, denn alle Großchöre vor Riddagshausen besitzen Strebepfeiler. Nichts zeigt den Abstand des Riddagshäuser Baues von den burgundischen Vorbildern so deutlich wie ein Vergleich der Choransichten von Ebrach und Riddagshausen. In Ebrach ist der Reichtum der burgundischen Bauglieder erhalten, mächtige Strebepfeiler, ausgeprägte, reich variierende Gesimsformen, der Wechsel zwischen schmalen hohen und runden Fenstern. Wächst der Ebracher Obergaden aus dem Chorgang heraus und geht er an den Stirnflächen in die Giebelzone über, so daß jeder Körper mit dem folgenden fest verbunden ist, so überwiegt in Riddagshausen das Prinzip der Addition. Jeder Körper ist in sich fest geschlossen. Jeder scheint vom anderen abhebbar zu sein, selbst das Dach, dessen Giebel durch ein Gesims vom Obergaden getrennt ist. Der Außenbau wirkt allein durch seine Kuben, unter denen die liturgisch wichtigste durch besonders hoheitsvoll wirkende Dreifenstergruppen ausgezeichnet ist. Was hier als Endstufe einer Entwicklung nach Abschleifen aller Strebepfeiler, der Vereinfachung der Profile, der Reduktion der Fensterformen erreicht wurde, ist nicht ein Rest, sondern die einfache Form des rechtwinkligen Umgangschores, die zugleich Höchstform ist. Die Reduktionen stehen in zeitgeschichtlichem Zusammenhang mit solchen an anderen Ordensbauten. Dabei mag man an die Choranlagen von Haina und Loccum, an die nachträglich abgeschlagenen Vorlagen in Arnsburg oder an die Kapitellentwicklung im Cistercienserorden zu dieser Zeit denken. Die Reduktionen geschahen aber nicht wahllos, sondern folgten einer bestimmten Bauauffassung, die mit dem Hinweis auf cisterciensische Baugewohnheiten nicht genug bestimmt ist. Im Vergleich mit anderen Cistercienserbauten dieser Zeit ordnet sich der Riddagshäuser Bau der Baukunst seiner Landschaft ein. Neben anderen Merkmalen zeichnet die Liebe zur Masse und zur Flächigkeit und einer damit verbundenen Altertümlichkeit die sächsische Baukunst aus; in staufischer Zeit hatten sich die in salischer Zeit noch eingeschmolzenen Tendenzen der Reformorden zu einem antikaiserlichen, landschaftsgebundenen Stil emanzipiert (Bandmann). Der starke sächsische Einfluß schuf die Distanz zwischen dem Riddagshäuser Bau und seinen burgundischen Vorbildern. Er entsprang nicht nur der geographischen Lage des Klosters, sondern auch der Stellung der Abtei während des Kampfes zwischen Staufern und Welfen. Er wird greifbar in der Person des Patrons des Klosters, des Kaisers Otto IV. von Braunschweig. Der Kaiser bezeichnete 1216 die zu bauende Kirche als sein heilsames Vorhaben. Er war demnach am Baubeginn beteiligt. Zwar starb er schon 1218, doch blieb die Schutzvogtei über das Kloster weiterhin in der Hand der Welfen. Andere Abteien mit Großchoranlagen standen den Staufern nahe, so Walkenried und Ebrach. Lilienfeld ist eine Babenbergerstiftung. Das Interesse Ottos IV. am Riddagshäuser Bau ist unbezweifelbar, der Grund hierfür aber nicht mit gleicher Sicherheit zu bestimmen. Soviel ist sicher: der Kaiser hatte als Sühne für seine Ehe mit der ihm zu nahe verwandten Beatrix von Schwaben die Erbauung mindestens eines Klosters gelobt. Da nicht bekannt ist, daß Otto IV. noch eine andere Klosterkirche gebaut hat, spricht viel für die Annahme, diese Kirche gehe auf die Erfüllung des Gelübdes zurück. Die Größe des Entwurfs wie die bewußte Distanzierung gegenüber Walkenried und Ebrach, dazu die Betonung sächsischer Baugewohnheiten sind aus der geographischen, vor allem aber aus der politischen Situation der Abtei ableitbar. Die Betonung des Sächsischen widersprach cisterciensischen Gepflogenheiten nicht, sondern kam Bestrebungen in der Ordensarchitektur dieser Zeit entgegen.

Archaisierende Tendenzen in der Aufnahme westfälischer Bautraditionen:

Loccum

Während die künstlerischen und technischen Errungenschaften von Reims und Soissons nach Deutschland übertragen werden und an Niederrhein und Mosel die letzten spätromanischen Planungen ablösen, während in den nicht fernen Abteien Walkenried und Riddagshausen die burgundische Frühgotik, die schon auf die Dombauten von Magdeburg und Halberstadt übergegriffen hatte, anverwandelt wird, entsteht in Loccum ein Bau, dessen Äußeres noch ganz schwerer Massigkeit verhaftet ist. Man muß im Auge behalten, daß St. Elisabeth in Marburg, die Trierer Liebfrauenkirche, Groß-St. Martin in Köln, der Magdeburger Hochchor ältere Zeitgenossen sind, um die Loccumer Architektur zu begreifen, die sich breit und wuchtig aufstemmt mit mächtigen Mauern — allein von Pforten geöffnet und von schmalen Fensterschlitzen aufgerissen — zwischen Wald und Wiesengelände sich erhebt, kahle, burgartige Verschlossenheit. Baukörper und Raumgestalt erweisen sich sofort als zum westfälischen Architekturbereich gehörig. Zeitgenössisch sind ja auch die Dome von Münster und Osnabrück. Was bei einer derart archaisierenden Architektur auf den ersten Blick als Unkenntnis dessen erscheinen mag, was ringsum in den anderen Kunstlandschaften geschieht, zeigt sich beim näheren Hinsehen als cisterciensisch-konservativer Kalkül. Ein

Überblick über die als Vorbilder in Frage kommenden noch erhaltenen Werke verdeutlicht dies. Der Grundriß folgt dem Typ Fontenay und lehnt sich an Typ Michaelstein an, er greift also angesichts der inzwischen entwickelten reichen Choranlagen auf frühe Typen zurück. Die Bereicherung der Kapellen durch Apsiden ist von außen nicht sichtbar. Dem Wunsch, die Kapellen auf diese Weise auszugestalten, stand demnach die Vorstellung vom äußeren Erscheinungsbild entgegen, die sich am Typ Fontenay orientierte. In der Schmucklosigkeit des Baukörpers begegnen sich überhaupt Landschaftsstil und Ordenstradition. Gleiches gilt von den Eckverstärkungen an Chor und Querhaus, die auf den Osnabrücker Dom wie auf die burgundische Heimat des Ordens hinweisen. Den starken Einfluß, den die Dome von Münster und Osnabrück auf den Loccumer Bau ausübten, verrät der breite untersetzte Innenraum, dessen Eindruck ganz durch die hohen und weiten Gewölbe bestimmte wird. „Die strenge kraftvolle Formensprache aller struktiven Glieder, die Mauerhaftigkeit der Arkaden, besonders aber die hier seltsamerweise auftretenden Rippenzierscheiben stellen das Gebäude in einen formengeschichtlichen Zusammenhang mit dem Dombau zu Münster (1225—1265) ..." (Thümmler). An ihn erinnert vor allem das Chorgewölbe mit seinem dreipaßähnlichen Schildbogen. Zwar sind die Gewölbe im Gegensatz zu denen in Münster vierteilig, doch deuten die heute frei sitzenden Zierscheiben, die genau an der Stelle sich befinden, an der sie bei einem achtteiligen Gewölbe auf den Rippen ihren Platz hätten, darauf hin, daß weitere Rippen aufgemalt werden sollten oder aufgemalt waren. Eine derartige Kombination von echten und aufgemalten Rippen liegt bereits in Marienfeld vor. Die Loccumer Gewölbe erschienen demnach als achtteilige, was ihren Kuppelcharakter noch unterstrich. Die breiten Abkragungen der Pfeilervorlagen weisen ebenfalls auf Münster hin. Damit werden komplizierte Werkstattzusammenhänge deutlich; denn in Münster verrät dieses Motiv neben anderen die cisterciensischen Einflüsse auf den Dombau, die besonders von Marienfeld ausgingen, das in der westfälischen Architektur um 1200 eine Schlüsselstellung besaß. Auch am Osnabrücker Dombau, dessen Vorbild in Loccum spürbar ist, waren Handwerker aus Marienfeld tätig. Vermittelt wurden die Cistercienser zunächst durch den Osnabrücker Bischof Adolf von Tecklenburg, der den Dombau begann. Er gehörte selbst dem Orden an. Es ist anzunehmen, daß dann Widukind von Waldeck, zuvor Dompropst in Münster, Bauhandwerker mitbrachte. Er wurde 1265, dem Jahr der Domweihe in Münster, Bischof in Osnabrück. Auf den entscheidenden Anteil eines Ordensmannes am Osnabrücker Dombau weist der Baumeisterkopf am Chorgewölbe hin. Er trägt eine Tonsur. Wenn man sich in Loccum an Bischofskirchen orientierte, dann an Vorhaben, die unter Mitarbeit cisterciensischer Bauleute entstanden und die in vieler Hinsicht konservative Züge trugen — so z. B. angesichts der in Westfalen entstehenden Hallenkirchen den basilikalen Querschnitt beibehielten. Was die Vorbilder boten, kam den Vorstellungen der Loccumer schon weit entgegen, so die breite Lagerung und die mauerhafte Schwere des geschlossenen Baukörpers, und es wurde weiter dem asketisch-konservativen Lebensgefühl anverwandelt, im Hinblick auf die gewünschte Massen- und Flächenwirkung noch reduziert, am deutlichsten später im Langhaus. Hier bekommt das Mittelschiff einen saalartigen Charakter, der an das ursprünglich einschiffige Langhaus von Marienfeld erinnert. Bedenkt man noch einmal die Baudaten der Loccumer Abteikirche — Beginn um 1240, Weihe des Marienaltares im nördlichen Querhaus 1244, Ablaßausschreibungen 1244, 1249, 1276, 1277, Vollendung wohl um 1280 — dann wird deutlich, mit welchem Selbstbewußtsein die anfangs gewonnene Konzeption verfolgt wurde trotz aller widerstrebender Tendenzen der Stilentwicklung, die sich höchstens im Detail durchsetzen konnten. Der Name des Architekten ist im Totenregister überliefert, es sei der structor Bado gewesen.

Übernahme des klassisch-gotischen Formenapparats von Royaumont:

Altenberg

Während die rektangulären Großchöre, aber auch der kleinere Ostbau Loccums noch aus burgundischer Wurzel entstehen, wendet man sich andernorts bereits von den bisher vorherrschenden Typen ab. Eine ähnliche Absage an bisher herrschende Chorgestaltungen ist in dieser Zeit auch an Bauvorhaben der Benediktiner zu beobachten. Sie erklärt sich aus der Vehemenz, mit der in der Mitte des 13. Jahrhunderts die französischen Kronlande für das deutsche Kunstschaffen vorbildlich wurden. In der deutschen Cistercienser-Architektur tritt uns in Marienstatt mit dem Baubeginn im Jahre 1243 erstmals ein Chorbau entgegen, der entschieden nordfranzösische Züge trägt. Die Bedeutung der Kirche liegt in der frühen Übernahme des Grund- und Aufrißsystems — im Detail bleibt sie glanzlos. Anderthalb Jahrzehnte später liegt in Altenberg ein vollendeter Plan vor, und ein Chor entsteht, der zum Vollkommensten gehört, das die Cistercienser in Deutschland schufen. Auch er folgt dem klassischen nordfranzösischen Kathedralsystem. Vorbild war aber keine Bischofskirche, sondern eine Cistercienser-Abteikirche, die nicht nur als Tochter Cîteaux', sondern auch als Gründung und bevorzugtes Cistercienserkloster der französischen Könige hoch angesehen war: Royaumont. Um die Wahl gerade dieses Vorbilds zu verstehen, müssen wir einen Augenblick bei ihm verweilen. Ludwig VIII. hatte die Errichtung Royaumonts versprochen, sein Sohn, Ludwig der Heilige, erfüllte das Gelübde. 1229 wurde mit dem Bau begonnen, die Kirche bereits 1235 geweiht. So wie Longpont 1200 den Kathedralchor als angemessen für eine Abteikirche aufgenommen hatte, wurde auch in Royaumont kein anspruchsloser Entwurf gewählt. Die Kirche erfreute sich der besonderen Gunst Ludwigs, der ihr Reliquien des Kreuzes und der Dornenkrone Christi schenkte. In diesem Kloster empfing der König gewöhnlich das Bußsakrament, hier ließ er seine nächsten Angehörigen bestatten. In den fünfziger Jahren werden der Grundriß — stark verkleinert und auch in Einzelheiten leicht verändert — und Teile des Aufrisses von Altenberg übernommen. Abt und Konvent von Altenberg übersenden 1261 dem Prior von Royaumont Reliquien. Andere Beispiele für das Ansehen Royaumonts bieten die Cisterciensergründungen des Bruders Ludwigs des Heiligen. Der König von Neapel, Karl I. von Anjou, stiftet zum Dank für zwei Siege über seine staufischen Gegner Cistercienserklöster. Das erste erhielt den Namen Real Valle (Regalis vallis) im Hinblick auf Royaumont (Regalis mons), von welcher

Abtei der Stifter auch die Gründermönche erbat. Für die Errichtung des zweiten, S. Maria della Vittoria, wurden Werkleute aus Royaumont herangezogen, die zuvor schon in Real Valle gearbeitet hatten.

Mit der Ausrichtung des Altenberger Baues auf die französische Königsabtei war eine völlige Abkehr von zuvor geachteten Bautraditionen und die Hinwendung zur Gotik der Ile-de-France verbunden. Wenige Jahre zuvor war dieser Schritt schon einmal beim Neubau des Kölner Doms getan. Künstlerische Ausrichtung und politische Demonstration waren hierbei untrennbar verbunden. Der Kölner Erzbischof Konrad von Hochstaden war das Haupt der antistaufischen Politik in Deutschland. Sein Einfluß ermöglichte sowohl die Königswahl Heinrich Raspes wie die Wilhelms von Holland. Im selben Jahr, in dem er die Wahl Wilhelms betrieb, legte er im Beisein des holländischen Grafen den Grundstein zum Neubau des Domes. Wenige Monate später krönte er Wilhelm in Aachen. Der neue Dom war Zeichen des politischen Ehrgeizes seines Bauherrn. Jahre später finden wir Konrad von Hochstaden anwesend, als seine Neffen Graf Adolf IV. von Berg und Herzog Walram von Limburg den Grundstein der Altenberger Abteikirche legen. Dies geschah wahrscheinlich 1259. Die Werbekraft des neuen Stils, die geringe Entfernung Altenbergs von Köln — sie beträgt nicht einmal eine Tagreise — und die verwandtschaftliche und politische Nähe der Erbauer zum Kölner Erzbischof ließen das, was dort unter ihm geschah als für Altenberg relevant erscheinen. Dabei wurde nicht der Plan des Kölner Doms entsprechend den Bedürfnissen einer Abteikirche vereinfacht, sondern das Vorbild in derselben Kunstlandschaft gesucht, die auch für den Dombau maßgebend war. Die vornehmste Cistercienserkirche dort war Royaumont.

Altenberg erhielt einen Kathedralgrundriß, wie er anspruchsvoller nicht zu denken ist. Aber Modifizierungen im Aufriß verraten den Cistercienserbau. Als Arkadenstützen dienen Rundpfeiler — wie in Royaumont. Ihre Verwendung an Stelle kantonierter Pfeiler brachte mit dem Prinzip der Reihung eine stärkere Betonung horizontaler Lagerung. Ebenso wirkt das breite dunkle Band des Triforiums einer straffen Vertikalisierung entgegen. Die Wandflächen zwischen Arkaden und Triforium und darüber sind größer als in vergleichbaren Bauten, wie dem Kölner Dom. Die cisterciensische Vorliebe für ungegliederte Wandflächen spricht sich darin aus. Obgleich die Primärstäbe des Fenstermaßwerks bis ins Triforium hereinreichen, verhindern die Wandflächen im Verein mit der Dunkelheit des Dachraums und dem kargen Maßwerk, daß Fenster und Triforium zu einer Zone zusammenwachsen. Gerade in der Nähe zum Kathedralbau werden die sublimen Mittel bewußt, die angewandt wurden, cisterciensische Eigenart durchzusetzen. Auch im Außenbau wird gegenüber allem Reichtum der Anlage doch ein asketischer Bau geschaffen. Die Umrisse des Ganzen wie der Einzelformen sind weitgehend beruhigt. Die Strebepfeiler sind mauerhaft streng, die wenigen Kreuzblumen vermögen kaum die festen Konturen zu mildern. Wenn die Chorkapellen heute durch ihre Einzeldächer als ein lockeres Gefüge erscheinen, so verdanken sie dies der Restaurierung des vorigen Jahrhunderts. Sie waren ursprünglich von einem umlaufenden Pultdach überdeckt, das sie zusammenfaßte und fest an das Chorhaupt anschloß, so wie es Marienstatt heute noch zeigt

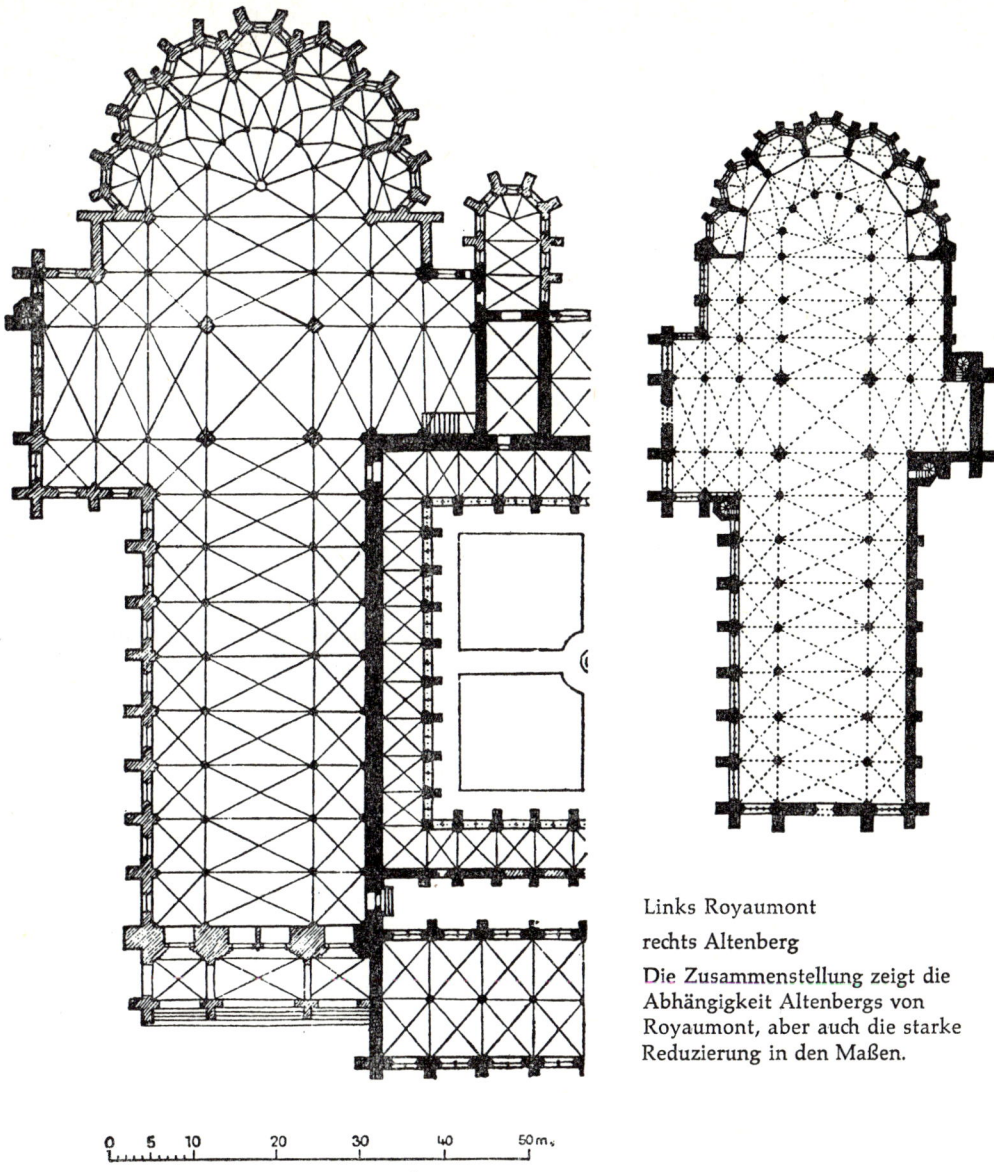

Links Royaumont

rechts Altenberg

Die Zusammenstellung zeigt die Abhängigkeit Altenbergs von Royaumont, aber auch die starke Reduzierung in den Maßen.

Es ist nützlich, den Altenberger mit dem Marienstätter Chor zu vergleichen. In Marienstatt wird zurückhaltender formuliert, unentschieden Mauerhaftes mit Elementen des Gliederbaues verbunden, Einfachheit und Grobheit verwechselt. „Alle Formen bleiben grob und dumpf" (Clasen). In Altenberg erhält der Bau durch die Entschiedenheit, mit der das Ideal angestrebt wurde, eine eigene glänzende Frische. Dabei ist der Chorbau keineswegs so einheitlich, wie er zunächst erscheint. Schäfer beobachtete als erster, daß eine Reihe von Einzelheiten es als sicher erscheinen lassen, daß der Meister des Entwurfs nicht der örtliche Bauleiter gewesen ist. Der genialen Konzeption des Gesamtplans stehen recht unbeholfene Detailausführungen gegenüber: Der starke Mauerpfeiler zwischen Chorvorlage und erster Kapelle enthält keine Wendeltreppe, obwohl sich seine Gestalt nur aus einer geplanten Treppe herleiten läßt. Die Ausführungen der Strebepfeiler, die Profilierungen von Birnstäben und Gesimsen, die Fugenschnitte sind gleich unbeholfen.

Errichtet wurde der Chor in verhältnismäßig kurzer Zeit. Die ersten zehn Altäre konnten schon vor 1276 geweiht werden, weitere neun Altäre folgten 1287. Der Ausbau des Querhauses fiel noch in dasselbe Jahrhundert. Der Langhausbau zog sich bis 1379 hin. Die Kräfte der Abtei waren erlahmt. Nur die Stiftung Wikbolds von Kulm ermöglichte die Vollendung des Baues, worüber wir im Fassadenkapitel schon sprachen.

Die Aufnahme hansestädtischer Pfarrkirchen-Baugewohnheiten:

Doberan

Wie der Altenberger verrät auch der Doberaner Grundriß auf den ersten Blick die Abhängigkeit vom gotischen Kathedralschema, wie es in der Ile-de-France entwickelt war; auch er besitzt einen polygonalen Chor, Umgang und Kapellenkranz. Doch Modifikationen an Grund- und Aufriß beweisen die größere Distanz zu den französischen Schöpfungsbauten.

Im Innenraum ist das Querschiff vom Langhaus abgetrennt. Die Querhausflügel erhalten den Charakter eigener Räume. Das gotische Wandsystem ist reduziert; das Triforium wieder aufgegeben, es ist auf die kahle Wandfläche zwischen Arkatur und Obergadenfenster aufgemalt. Die Pfeiler sind eher stehengebliebene Reste einer durch Arkaden aufgebrochenen Wand, denn eigengesetzliche Körper. Der Außenbau erscheint übersichtlich, er ist kompakt geschlossen, schmucklos bis auf einen Bogenfries unter den Traufgesimsen. Die Umrisse werden nicht durch Strebebögen aufgelockert. Das Kathedralschema wurde demnach innen wie außen gemäß Bauvorstellungen, wie sie im Doberaner Kapitel herrschten, reduziert, ohne daß hierbei die Grunddisposition geleugnet wurde. Den Forderungen nach Vereinfachung des Kathedralschemas hatten die unmittelbaren Vorbilder entgegenzukommen, und es ist bezeichnend, daß sie nicht im Orden, sondern in der Baukunst der Ostseeküste gefunden wurden. Sie bot sich an, weil sie Backstein-Baukunst war und nur dieses Material für den Bau in Frage kam. Sie verfügte über einen Vorrat an Formen, die den Möglichkeiten des Materials entsprachen. Vor allem aber hatte diese Kunstlandschaft Bauten hervorgebracht, die in ihrer strengen Erscheinung, sowohl was die Darstellung großer Baukuben wie die Behandlung des Details betrifft, dem Ordensgeist weitgehend entsprachen. Mutterbauwerk jener Kette von mächtigen Domen und Pfarrkirchen, die seit dem späten 13. Jahrhundert bis ins 14. Jahrhundert an der Ostseeküste entlang sich zusammenfügte, ist die St. Marien-Kirche

Doberan. Die Abbildung zeigt den Kapellenkranz mit der ursprünglichen Dachlösung.

in Lübeck. Ein Neubau war hier um 1200 ins Werk gesetzt. Er sollte — vielleicht noch nicht vollendet — um die Jahrhundertmitte zu einer Hallenkirche umgebaut werden. Doch schon um das Jahr 1260 wurde dieser Plan einem neuen geopfert: dem des gotischen Kathedralsystems. In der Chorgestaltung folgte man dabei dem in Soissons entwickelten Schema, bei dem Umgang und Kapellen unter gemeinsamen Gewölben verschmolzen waren. Dieser Gedanke wurde in Quimper, Tournai, Utrecht und Brügge aufgegriffen. Die dort entstehenden Kirchenbauten wurden Vorbild für St. Marien. Auf dem Handelsweg kam das Kathedralsystem nach Lübeck, es kam die Küste entlang. Auf ein Querhaus verzichtete man. Der Chorgrundriß wurde dem bestehenden Bau angepaßt. Dem Lübecker Vorbild folgten der Schweriner Dom und St. Nikolai in Stralsund um 1270, St. Marien in Rostock etwa um das Jahr 1290. Dabei erhielt die Domkirche in Schwerin im Gegensatz zu den Stadtkirchen gleichen Typs bezeichnenderweise ein dreischiffiges Querhaus.

Am 30. Mai 1291 brannte das Kloster Doberan nieder. „Dat Closter to Dobran dar na vorbrande in unsers Heren hemelvardes avende van blixem unde unweder" (Chronist Detmar von St. Katharinen in Lübeck). Die Kirche war vermutlich noch teilweise benutzbar, denn erst von Abt Johann von Dalen (1294–1299) berichtet die Kirchbergsche Reimchronik: „Der brach das holzene munster nider und machte es schone steynen wider." Als magister operis (Werkmeister) wird 1298 Heinrich genannt, der 1283–95 als Kämmerer, 1296 als Gastmeister bezeugt ist. Vorbilder für den Doberaner Neubau wurden St. Marien in Lübeck und ihre nächsten Nachfolgebauten. Der Chorgrundriß gleicht denen in Schwerin und Rostock: ein 5/8 Polygon mit Umgang und Kapellenkranz, wobei der Umgang und die Kapellen zu sechseckigen Raumkompartimenten zusammengezogen sind. Gegenüber den Choranlagen von Marienstatt und Altenberg erscheint dieser Chor in allen Teilen geweitet. Die Räume werden einander angeglichen. Sie verschmelzen. Die Pfeilerstellung der 7/12 Chorschlüsse von Heisterbach und Marienstatt war bedrängend eng gewesen, die sieben ausstrahlenden Kapellen mußten klein ausfallen. Die Pfeilerfolge von Langhaus, Vierung und Chor war spannungsvoll gesteigert. In Doberan sind die Pfeilerabstände größer, die Kapellen weiträumig angelegt, im Umgang aufgehend wie dieser in ihnen. Die Arkadenweiten im Langhaus und im Chor sind einander angenähert. Keine Vierung schiebt sich zwischen beide. Wie bei den meisten Cistercienserkirchen wurde ein ausladendes Querschiff angelegt. Es wird im Osten beiderseits von je einem kleinen Joch begleitet, wodurch der Eindruck der Mehrschiffigkeit entsteht, wie sie am Schweriner Dom verwirklicht wurde. Doch erhielten die Querhausarme Mittelstützen und wurden durch Bogenstellungen gegen das Mittelschiff abgeriegelt. In ihm entsteht der Eindruck einer querschifflosen Kirche. Der Verzicht auf ein Querschiff im Inneren entspricht den Verhältnissen bei den großen Pfarrkirchen in Lübeck, Stralsund und Rostock. Er folgt der herrschenden Tendenz dieser Zeit, die auf Raumvereinheitlichung und Zusammenfassung drängt ebenso, wie er sich Bestrebungen in der Cistercienserbaukunst einordnet, die zu einer Entwertung der Vierung geführt hatten. Die Pfeilerform folgt der Lübecks. An die Stelle des dort vorhandenen Laufgangs mit Maßwerkbrüstung und Fialen nach dem Muster von Coutances tritt in Doberan das auf die Obergadenwand gemalte Triforium. Am Außenbau fehlen die Strebebögen des Vorbildes. Am Langhaus hat man sie, der alten Abneigung gegen derartige Verunklärungen des Baukörpers folgend, unter dem Dach versteckt. Den Gewölbeschub nehmen in Höhe der Gewölbeansätze Ankerbalken auf. Die Maßwerkformen gleichen denen in Lübeck. Verzichtet wurde auf die großen Fensternischen. Als zarter Dekor trat der Bogenfries hinzu. Ein umlaufendes Pultdach deckte ursprünglich Kapellen und Umgang. Der Chorbau wirkte also noch geschlossener als heute. Er wurde vor 1336 vollendet. Mit ihm entstand eine Anlage, die durch die Ausgewogenheit ihrer Abmessungen und in der kompakten Fügung klar begrenzter Einzelformen etwas von der selbstverständlichen Schönheit des Kristalls erreicht

Wiedergewinnung des einfachen Umrisses und der cisterciensischen Strenge:

Kaisheim

Zu der kleinen Zahl der nach der Mitte des 14. Jahrhunderts begonnenen Cistercienserkirchen gehört die Kaisheims. Sie entstand zwischen 1352 und 1387. In ihr erreicht die Architektur dieses Ordens noch einmal einen Höhepunkt. Hier ist die Summe zweihundertjähriger Ordens-Bautradition ebenso gezogen, wie die der Stilentwicklung seit der burgundischen Frühgotik. Bewahrung und Anverwandlung: die charakteristischen Elemente cisterciensischer Architekturgeschichte sind hier greifbar wie an kaum einem zweiten Bauwerk. Bewahrt wurde die Entwicklung der cisterciensischen Umgangschöre von Clairvaux II über Pontigny bis hin zu Sedletz und Zwettl, Formen der Cistercienser-Gotik burgundischer Ausprägung bis zu jener der schwäbischen Klöster Salem und Bebenhausen, anverwandelt Einzelformen aus dem weiten Bereich von der Gotik der Kathedralen über die der Pfarrkirchen bis zu jener der Bettelorden.

Die Choranlage ist leicht überschaubar: um den Chor von drei Jochen und einem 7/12 Schluß legt sich ein zweischiffiger Umgang, dessen Stützen den eigentlichen Umgang von der Kapellenzone trennen. Durch den Verzicht auf Trennwände zwischen den Kapellen entsteht ein fünfschiffiges Raumbild. In ihm wird der Hochchor nicht nur durch die Wahl der Einzelformen, sondern auch mit Hilfe des rahmenden Umgangs entsprechend seiner liturgischen Bedeutung betont. Der Umgang schließt mit elf Seiten des Zwanzigecks. Seinen geschlossenen Umriß umsteht ein dichter Kranz von Strebepfeilern. Die Strebebögen verdeckt das steile Pultdach. Im Gegensatz zu den Strebepfeilern der Kapellenzone, die Satteldächer tragen, sind die des Obergadens durch einfache Schrägen abgeschlossen. Sie rahmen die lanzettförmigen Fenster, über denen je zwei Okuli die Mauer dicht unter der Traufe durchbrechen. Im ganzen hebt sich der feinteilige Oberbau wirkungsvoll gegenüber den gedrungeneren Formen des Unterbaues und dem großen geschlossenen Pultdach ab.

Auch im Inneren sind Hochchor und Umgang geschickt gegeneinander abgesetzt. Den ersteren zeichnet ein straffes Gliederungsgerüst aus. Dienste betonen den vertikalen Zug. Ihm wirkt das horizontale Gesims entgegen, das die Arkadenzone nachdrücklich gegen den Obergaden abgrenzt. Die Arkaden sind schmal, ihre enge Pfeilerstellung schließt den Hochchor vom Umgang ab. Gegenüber dem konservativ-streng gehaltenen Chorraum entfaltet hier der spätmittelalterliche Künstler einen malerischen, schönlinigen Raum. Gegenüber dem optisch Statischen des Hochchores wirkt der Umgang durch die unterschiedliche Breite von Umgangs- und Kapellenzone betont labil. Wie sehr er sich auch in der Außenansicht massiv und festgefügt gibt, im Innern überwiegt der Eindruck einer stets gefährdeten, schwerelosen Zerbrechlichkeit.

Umgangschöre sind im 14. Jahrhundert nicht häufig. Der Kaisheimer Chor greift auf ein Schema zurück, das im Orden zweihundert Jahre zuvor entwickelt war, das Clairvaux' (II). Hinzu traten Vorjoche, wie sie schon Pontigny eingefügt hatte. Die Vorliebe für den geschlossenen Umriß ist ein Merkmal der späten Gotik. Wir können sie bereits beim Chorumbau von Notre-Dame in Paris um 1300 beobachten. Damit wurden die ausstrahlenden Einzelkapellen aufgegeben, die unter dem Einfluß der Kathedralgotik auch im Cistercienserorden angelegt waren, in Marienstatt, Altenberg und Doberan z. B. Typisch spätgotisch ist die Aufgabe der Selbständigkeit der Kapellen auch im Innern, wodurch ein einheitlicher Raum gewonnen wurde, der ganz dem Verlangen der Zeit nach schwimmenden Raumgrenzen entsprach. Was die Vielzahl der Polygonseiten, die Schmalheit der Kapellenzone betrifft, so scheint hier der wenige Jahre zuvor begonnene Chor von Zwettl auf den Kaisheimer eingewirkt zu haben. Die Gestaltung der Arkaden nimmt Anregungen der französischen Gotik, insbesondere der burgundischen Frühgotik und des hochgotischen Systems auf, der Obergaden folgt reduktionsgotischen Prinzipien. Hinzu treten Formen der benachbarten schwäbischen Gotik. Das gilt auch vom Umgang, der in seiner Zweischiffigkeit an den Salemer Umgang erinnert. Formen, die schon die frühgotische Cistercienser-Architektur auszeichneten, finden wir auch am Außenbau wieder: die Massierung der Kapellenzone durch Strebepfeiler mit stumpfen Satteldächern. Auch das Verbergen der Strebebögen unter der Dachfläche ist ein Element der Ordensbaukunst des frühen 13. Jahrhunderts. Im Obergaden überwiegen die schlanken Proportionen reduktionsgotischer Bauformen. Konservativ ist an diesem Bau das basilikale Schema, die Anlage des Querhauses, der ordensmäßige Verzicht auf prächtige Dekorationen. Alte cisterciensische Eigenarten, Betonung der Wand und der klaren Baukörper, die Schmucklosigkeit und außerordentliche Präzision im Einzelnen, lassen den bernhardinischen Geist deutlich werden (v. Beyme).

In Kaisheim tritt deutlicher zu Tage, was mehr oder minder sichtbar Kennzeichen der Baukunst dieses Ordens ist. Wir nannten es Bewahrung und Anverwandlung. Hier sind es die retrospektiven Elemente, die wesentlich in der cisterciensischen Tradition weitergetragen wurden und die Aufnahme von Formen, die ganz die Zeichen der Mitte des 14. Jahrhunderts tragen und deren Herkunftsgebiet sich von Burgund bis zum schwäbischen Umland erstreckt. Ihre Verwendung und Verwandlung geschah nach Maßgabe der bei den Bauherren dominierenden Auffassung von der Gestalt ihrer zu bauenden Abteikirche.

Fontenay/Dep. Côte d'Or

Westfassade, über einer ursprünglich vorhanden gewesenen Vorhalle eine große Fenstergruppe zur Belichtung des tonnengewölbten Raumes.

Heiligenkreuz, Westfassade
Die Eigenwertigkeit der Fassade als Bauteil wird durch die Fenstergruppierung betont.

Eberbach, Westabschluß

Teils vom ansteigenden Gelände verdeckt, ohne Eingang, eine bloße Westwand nur. Und doch ausgestattet mit einer spannungsreichen Fensteranordnung, wie sie die Spätromanik des Rheintals liebte.

Riddagshausen, Westfassade

Das große Westfenster kann sich über dem für eine Cistercienserkirche ungewöhnlich großen Portal nicht recht entfalten. Vorgesehen war vermutlich zuerst eine Fenstergruppe, deren Plan dann dem des gotischen Maßwerkfensters weichen mußte.

Altenberg, Westfassade

Die Auflösung der Fassadenwand in Maßwerk und Glasfläche erreicht ihren Höhepunkt. Die Portalzone tritt zurück. Die klare Scheidung einzelner Bauteile entspricht hier bereits spätgotischem Stilwollen. Zaghaft aufgelockert der Umriß. Wie in Riddagshausen auch hier das Marienthema: Verkündigung am Portal, Muttergottes zwischen Benedikt und Bernhard im Giebel. Kleine Konzession an den Skulpturenreichtum zeitgenössischer Architektur.

Salem, Nord- und Westseite

Die Dreifenstergruppe als traditionsgeladene Form in der spätgotischen Architektur.

Kaisheim, Westfassade

Im Vergleich zu anderen Fassaden erscheint diese betont schlicht und herb, erinnert mehr an Bettelordenskirchen ihrer Zeit als an Chorin oder Salem. Nur in der Dekoration von Portal und Fenster zeigen sich schönlinige spätgotische Formen.

Himmerod: Fassade einer barocken Hallenkirche,
die doch durch Turmlosigkeit und stark ausgebauten Mittelrisalit, der an basilikalen Aufbau erinnert, deutlich an die Ordenstraditionen des Mittelalters anknüpft.
Die heutige Kirche ist weitgehend Neubau aus den Jahren 1952—1960. Es gelang den Erbauern, cisterciensische Schlichtheit, wie die Gegenwart sie versteht, mit barocker Formenwelt zu verbinden.

Grüssau: das ist völlige Abkehr von der Tradition cisterciensischer Ordenskirchen, das ist böhmisch-österreichischer Barock, wie er das Bauschaffen in Schlesien vor den Schlesischen Kriegen bestimmte.

Pontigny, Dep. Yonne, Gesamtansicht von Südosten

Das niedrige Querhaus verrät noch die frühe Planung mit der bei tonnengewölbten Cistercienserkirchen üblichen Höhenstaffelung der Ostteile. Der Ausbau erfolgte bis 1170 mit Kreuzrippengewölben. Bald darauf wurde 1185 der große Umgangschor begonnen. Sein geschlossener Umriß weist hin auf das Vorbild: Clairvaux II. Bei der Ausführung machte sich weiterhin der architektonische Einfluß der Ile-de-France bemerkbar. Er führte auch zur Anlage des offenen Strebewerks, auf das man am Langhaus der Geschlossenheit des Baukörpers zuliebe noch verzichtet hatte. Dort liegen die Strebebögen unter den Seitenschiffsdächern.

Varnhem in Västergötland/Schweden

Die in den französischen Mutterabteien entwickelten Lösungen wurden vorbildlich bis in die Randzonen des Verbreitungsgebietes dieses Ordens. Gab es dort keine bedeutsame Bautradition, dann kam es zu Ausprägungen, die den Grundgedanken in besonders einfacher Weise aussprachen. So tritt uns die Chorlösung von Clairvaux II in Mittelschweden entgegen. In Varnhem war ein erster Bau 1230 abgebrannt, Teile von ihm gingen in den Neubau ein. Der abgebildete Chor besaß ursprünglich nur die drei mit Fenster versehenen Aufbauten über dem Umgang. Die Strebepfeiler gehören einer frühneuzeitlichen Renovierung an. Dieser Chor vertritt gegenüber Pontigny den älteren Typ des im Halbkreis geführten Umgangschores, der in vielem noch dem Ursprungsbau näherstcht.

Heisterbach, Chor (nach Boisserée)

Durch seine im Halbkreis angeordneten Kapellen, den geschlossenen Umriß des Kapellenkranzes und durch das kurze Vorjoch weist der Heisterbacher Chor deutlich auf sein Vorbild hin: auf den zweiten Bau von Clairvaux. Bei den Modifizierungen in der Gestaltung des Querhauses und des Inneren von Umgang und Kapellenkranz stand die Prämonstratenserkirche Dommartin Pate.

Marienstatt

Im Tochterkloster Heisterbachs brach man im 2. Viertel des 13. Jahrhunderts mit der burgundischen Bautradition, nahm einen Plan zum Vorbild, der dem der nordfranzösischen Cistercienserkirche von Longpont geähnelt haben mag. Ein Vorgang, der im Zusammenhang steht mit der besonderen Hochschätzung, die man in dieser Zeit der nord- und zentralfranzösischen Baukunst entgegenbrachte. Es entstand ein Chor aus einem Joch mit 7/12 Schluß, Umgang und einem Kranz von sieben Kapellen. Diese und das Strebesystem verraten die Ursprungslandschaft sofort.

Bebenhausen, Chor und Querhaus

Die Ostanlage folgt in ihrer Disposition zwar dem Fontenay-Typus, distanziert sich aber durch die Kürzung der Querhausarme und Kapellen. Weihe 1228. Die Baudekoration verrät starken Einfluß der Kunstlandschaft. Die Wände sind bei der Vergrößerung der Fenster und der Anfügung von Strebepfeilern verändert worden. Um 1340 setzte man das meisterhafte hochgotische Maßwerkfenster in die Ostwand, 1407—1409 errichtete der Salemer Laienbruder Georg den durchbrochenen Vierungsturm.

Loccum, Chor und Querhaus

Archaisierende Tendenzen in der Aufnahme westfälischer Bautraditionen. Der Grundriß folgt dem Typ Fontenay, lehnt sich aber an den Typ Michaelstein an, greift um 1240 also auf viel ältere Vorbilder zurück. Der Außenbau betont burgartige Geschlossenheit bei völliger Schmucklosigkeit.

Ebrach, Choranlage

Im 1200 begonnenen großen Umgangschor von Ebrach blieb der architektonische Reichtum der Vorbilder erhalten: mächtige Strebepfeiler, zahlreiche Fensterformen, reich variierte Gesimsprofile. Der Obergaden wächst aus dem Umgang heraus und geht an den Stirnflächen in die Giebelzone über. Der Bau blieb burgundisch.

Riddagshausen, Choranlage

Vollendung des Cîteaux II-Typus unter sächsischen Bedingungen. „Die großartig einfachen Stufen, die so für die Außenansicht entstanden, in letzter Vollendung etwa in Riddagshausen, warten in majestätischer Stille, bis wieder eine Generation kommt, die für solche Formen empfänglich ist" (Frankl).

Doberan, Chor von Südosten

Altenberg, Chor, Luftaufnahme von Osten ▶

Beide Chöre folgen dem Kathedralschema. Altenberg — begonnen um die Mitte des 13. Jahrhunderts — ist an Royaumont orientiert, der bedeutendsten Cistercienserabtei in der Ile-de-France. Die stilistischen Einflüsse dieser Kunstlandschaft bleiben sichtbar, im Grundriß, im Strebesystem, im Maßwerk der Fenster. Der Chorumriß ist feinteiliger, bewegter als der Doberans, allerdings gehören die Kapellendächer dem vorigen Jahrhundert an. Hier wie dort deckte ursprünglich ein umlaufendes Pultdach den Kapellenkranz. In Doberan, mit dessen Bau man im letzten Jahrzehnt des 13. Jahrhunderts begann, ist die Distanz zu den Schöpfungsbauten — nicht nur geographisch — größer. Vorbild war hier die Pfarrkirche St. Marien in Lübeck, deren Entwurf sich über Quimper von der Kathedrale von Soissons herleitet. Das Kathedralschema ist weiter reduziert. Kein Strebeapparat ist sichtbar, der Außenbau ist kompakter gefügt, der Umriß durch die Anlage weniger, breiter Kapellen beruhigt.

Zwettl, Chor

Der Zwettler Chor ist ein Hallenumgangschor mit Kapellenkranz. In ihm verbinden sich Erinnerungen an altcisterciensische Umgangschöre mit dem System des gotischen Hallenraumes. Es entstand eine Anlage, die stark auf die spätgotische Architektur einwirkte. Begonnen wurde der Zwettler Chor 1343, vollendet 1383. Anschließend übertrug man das Chorsystem auf die ersten Langhausjoche. Der Umbau des Langhauses begann, doch blieben Reste des romanischen Langhauses bis 1722 stehen. Dann trat ein Barockbau mit monumentaler Turmfassade an ihre Stelle.

Kaisheim, Chor

Das konservative basilikale Schema wird aufgenommen, der feinteilige Oberbau wirkungsvoll gegenüber dem großen geschlossenen Pultdach und den gedrungenen Formen des Unterbaus abgesetzt.
Alte cisterciensische Eigenarten, Betonung der Wand und der klaren Baukörper, die Schmucklosigkeit und die außerordentliche Präzision im Einzelnen lassen den bernhardinischen Geist deutlich werden (v. Beyme).

Colbatz, Ansicht von Nordosten

Der Baubeginn liegt wohl noch vor 1200, die Vollendung um 1300. Im frühen 14. Jahrhundert trat der polygonale Chor an die Stelle des alten Chorschlusses. Die Obergeschosse der nördlichen Querhauskapellen und Teile des Querhausgiebels heben sich als spätere Aufbauten deutlich vom älteren Mauerwerk ab.

Im Grundriß folgt Colbatz dem Fontenay-Typ, wie es am Querhaus noch deutlich wird. Im Inneren sind die ältesten Bauteile durch Tonnen mit Stichkappen (ähnlich Bronnbach) gewölbt.

Marienrode, Chor

Die Kirche Marienrodes — 5/8 Schluß am Chorquadrat, gerade geschlossene Nebenchöre, ausladendes Quer-, basilikales Langhaus — gehört zu den letzten Kirchenbauten, die der Orden im Mittelalter errichtete. Ein spröder Bau, ohne jeden Dekor. Reduktionsgotische Elemente, wie die Bettelorden sie auch zu verwenden pflegten, verbunden mit älteren Grundrißvorstellungen. Nur ein Gehäuse asketischen Lebens.

Le Thoronet / Dep. Var

Der saalartig breite Raum mit der Tonnenwölbung im Hauptschiff und den Halbtonnen in den Seitenschiffen entstand zwischen 1150 und 1175. Er kennzeichnet die frühe Ordensbaukunst. Chorhaupt und Querschiffarme sind weitaus niedriger als das Hauptschiff. Durch die Wölbung bedingt erhält der Raum sein Licht fast nur von den Stirnseiten her. Die Gewölbedienste sind bereits abgekragt. Der Bau unterscheidet sich vom Typ Fontenay vor allem durch die Anlage von Chorapsiden und die Art der Seitenschiffwölbung.

Pontigny / Dep. Yonne

Der Raumeindruck wird durch die Rippenwölbung bestimmt. Sie gehört nicht dem ersten Plan von 1140 an, der Tonnenwölbung vorgesehen hatte. Die neue Wölbart hatte konstruktive Vorzüge, die der Raumgestalt zugute kamen, vor allem aber eine gleichmäßige Belichtung des ganzen Raumes ermöglichten. Ihn erfüllt die für die Ordenskirchen von nun an charakteristische Helligkeit. Die Planänderung ist dem stilgeschichtlichen Einfluß der französischen Kronlande zuzuschreiben.

Eberbach. Blick in das südliche Seitenschiff und das Mittelschiff.

Auch in Eberbach sah der erste Plan Chor und Querhaus von geringer Höhe vor, dazu durchgehende Tonnenwölbung, doch gab man ihn auf und ging gegen 1170 zum gebundenen System über. Durch ausgewogene Maßverhältnisse und die Verwendung einfacher kantiger Bauformen entstand ein Raum von entschiedener Großartigkeit.

Maulbronn, Langhaus gegen Westen

Beim Langhausbau setzen sich gegenüber dem Chor wieder einheimische Formen durch. Es entstand eine schwäbische Pfeilerbasilika mit hirsauischem Rahmenwerk über den Arkadenbögen und ursprünglich flacher Decke. Das Gewölbe wurde 1424 eingezogen. Von der alten Ausstattung ist erhalten: romanischer Lettner und gotisches Chorgestühl.

Loccum, Inneres gegen Osten

Hier wurde die Formensprache westfälischer Bautradition aufgenommen: „strenge kraftvolle Formensprache aller struktiven Glieder, die Mauerhaftigkeit der Arkaden . . . die hier seltsamerweise auftretenden Rippenzierscheiben . . ." (Thümmler).
Das Triumphkreuz noch in der alten Form mit aufgemaltem Korpus.

Pforta. Hochgotischer Chor

mit stark aufgelöstem Hauptgeschoß an das romanische Langhaus angefügt. Anschließender Umbau des Langhauses: Pfeilerreihung an Stelle ursprünglichen Stützenwechsels, Aufstocken der Mauern und Einbringen des gotischen Gewölbes. Von der Ausstattung hervorzuheben das Triumphkreuz mit aufgemaltem Gekreuzigten.

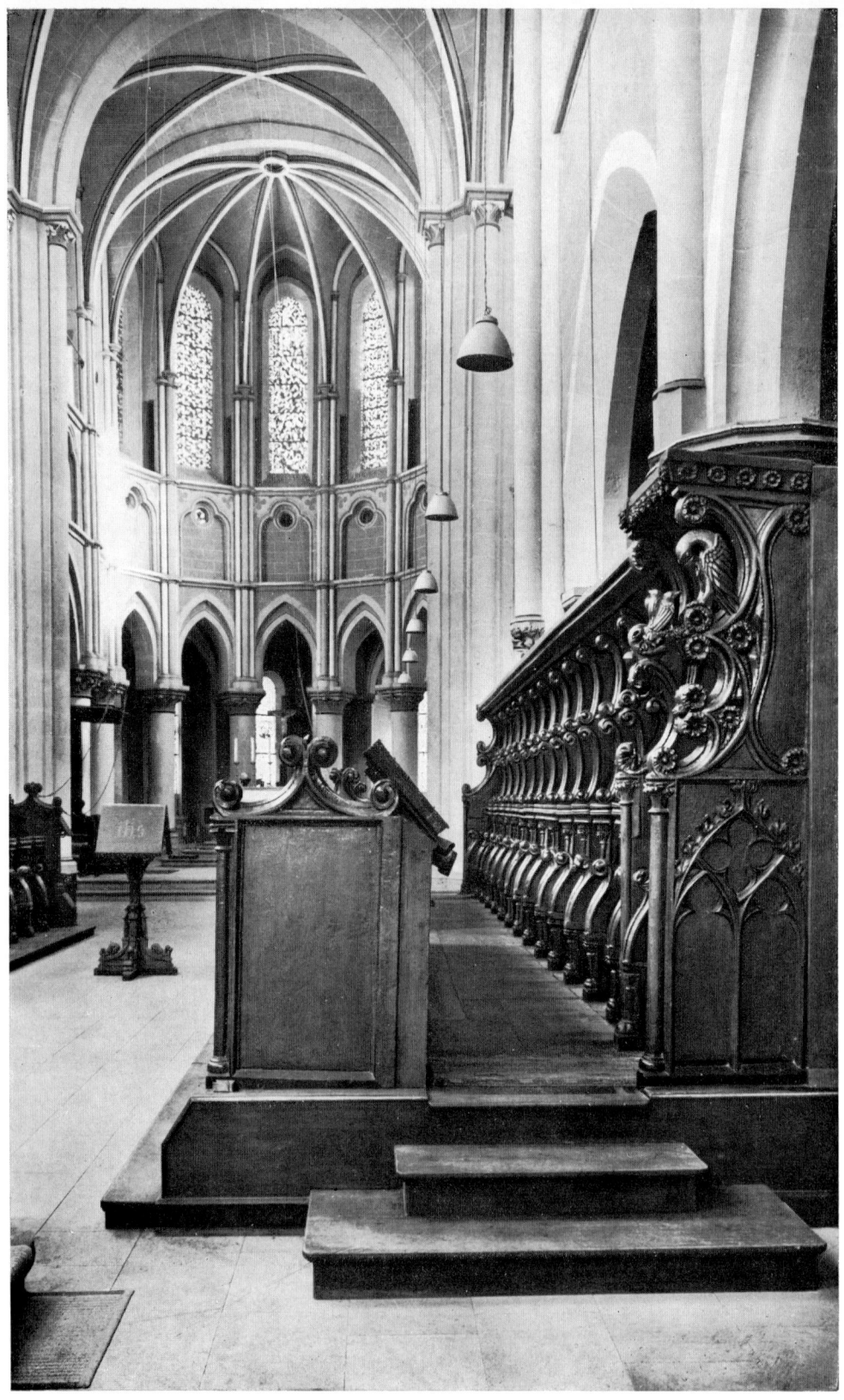

Marienstatt, Blick in den Chor

Kaisheim, Chorumgang

Dieser zweischiffige Chorumgang entstand aus der Verschmelzung von Kapellenkranz und Umgang. Die Rundpfeiler markieren noch die Grenze zwischen Umgangs- und Kapellenzone. Es wurde ein malerischer, schönliniger Raum, der dem in der Spätgotik verbreiteten Verlangen nach einheitlichen Räumen mit schwimmenden Raumgrenzen nachkommt.

Die Doberaner Querhausarme erhielten Mittelstützen und wurden durch Bogenstellungen gegen das Mittelschiff abgeriegelt. So entstanden eigenwertige Sonderräume. Die Abbildung zeigt das Nordquerhaus.

Kapitelle, Schlußsteine und Fensterrosen an Cistercienserbauten

Was im Überblick über die Kunst im Cistercienserorden entwickelt wurde, erweist sich in der Betrachtung des Details als richtig. Es sind jene Vorgänge, die wir mit dem Modell des Determinantenfeldes zu erfassen versuchten. Dazu gehört auch dies: es gibt Phasen starker Auswirkung auf die Kunst außerhalb des Ordens. Wir können diese Auswirkungen besonders gut registrieren, wenn starke spiritualistische, burgundische oder Traditionsdeterminante oder mehrere zusammenwirkend eine gleichsam für den Orden charakteristische Form geschaffen hatten, deren Verbreitung sich inmitten anderer Formen leicht verfolgen läßt. Dominieren dagegen sensitive, Orts- oder Epochendeterminante, ergeben sich oft große Schwierigkeiten, den gebenden vom nehmenden Teil zu scheiden. Dies liegt vor besonders in Phasen stärkerer Rezeptivität des Ordens. Beides, Geben und Nehmen, wird bei der Auswahl der Abbildungen zu berücksichtigen sein. Die ersten Kapitelle zeigen das Kloster als empfangendes.

Es sind romanische Kapitelle aus Mariental, Würfel- und Akanthuskapitell. Sie zeigen, in welchem künstlerischen Bannkreis das Kloster in der zweiten Hälfte des 12. Jhs. stand: in dem Hildesheims und Königslutters. Beim Würfelkapitell aus dem Kapitelsaal mag es zunächst die geometrische Gestalt gewesen sein, die als dem Ordensgeist angemessen empfunden wurde. Die Liebe zur Einfachheit bestimmte die Wahl. Vorbild war es aber nicht, das geometrisch exakte Kapitell, wie es Bernward von Hildesheim entwickelt hatte, das dort in St. Michael auch noch zu sehen war, sondern die weichere Form, wie sie in der Kunstlandschaft gerade verwendet wurde.

Mariental Kapitelsaal, geschupptes Würfelkapitell

Ganz entsprechend wurden Würfelkapitelle in Maulbronn, Bronnbach, Baumgarten, Eberbach, Loccum übernommen, bis ins 13. Jh. hinein. Mariental bezieht es aus dem Umkreis der Formenwelt von St. Godehard in Hildesheim; das Schuppenmuster verrät es.

Im Marientaler Kapitelsaal sind die Kapitelle des westlichen Säulenpaares bloße Würfel, die des östlichen jedoch mit variiertem Schuppenmuster überzogen. Das scheint nicht zufällig. Der Ostteil des Raumes wurde ausgezeichnet, hier saß der Abt. Herrscht im Marientaler Kapitelsaal die einfache, strenge und konservative Form, so an seinem Eingang die vornehme Ornamentik von Akanthuskapitellen. Es sind auserlesene Motive, deren Vorbilder in Ferrara und Verona zu finden sind. Vermittelt wurden sie durch Königslutter, jene Benediktinerkirche, die sich Kaiser Lothar III. als Grabkirche erbauen ließ. Hierzu hatte er Steinmetzen aus Oberitalien berufen. Nach seinem Tode wurde Königslutter pulsierendes Zentrum (nieder-)sächsischer Bauskulptur. – Die Ähnlichkeit der Marientaler Kapitelle mit solchen der Königslutterschen Hütte sind so groß, daß dieselben Hände vermutet werden müssen. Ob nun ein Benediktiner übertrat, ob ein nicht einem Orden angehörender Steinmetz die Hütte wechselte, wir wissens nicht. Wenn die Formen hier verfestigter erscheinen als am Ursprungsort, dann ist das vielleicht cisterciensischem Kalkül zu verdanken, sicher entspricht es dem niedersächsischen genius loci. –

Marienthal, Kreuzgang, Akanthuskapitell am Kapitelsaal

Was die Differenzierung des Ornaments von Kapitellen im Kapitelsaal und an der Eingangswand betrifft, so finden wir in Loccum eine entsprechende Anordnung: im Saal konservative Würfel, in den Fenstern zum Kreuzgang hin kostbare Kelchblockkapitelle. –

Das frühe 13. Jh. brachte auch im Cistercienserorden eine Formenvielfalt, wie sie nie wieder erreicht wurde. Das Nebeneinander alter noch nachlebender, gerade auf dem Höhepunkt ihrer Entwicklung stehender und sich gerade entfaltender Formen bereicherte das Bild zur Unübersichtlichkeit. Da werden noch Würfelkapitelle aufgenommen. Und zwischen beiden blüht eine Dekorationskunst von üppiger Schönheit. Zu ihr gehört die große Gruppe der Kelchblockkapitelle.

Da ist das Bronnbacher Langhauskapitell, trotz seiner voluminösen Form voll mächtiger Bewegung. Halbpalmetten, unten als schwingender Reigen, darüber biegsam sich einfügend. Die Weichheit der Palmetten, dazu die Art der Stengeldiamantierung verraten die Herkunft der Dekoration: Apsiskapitelle von St. Paul in Worms. Dort tummelte sich noch Animalisches zwischen den Palmetten, hier fehlt es, denn die Cistercienser waren Figürlichem noch abgeneigt.

Die gleiche Grundthematik tritt auf einem Riddagshäuser Stück entgegen, aufsteigende, langgestielte Halbpalmetten, die sich zur Ecke wenden und dort einrollen, zwischen ihnen ein Füllblatt, aufsteigende Palmetten an der Ecke als Stützblätter. Doch verbindet diese Übereinstimmung die beiden Kapitelle kaum, ganz anders sind Silhouette, Bewegung, Blattgestalt. In Riddagshausen dünne Blätter von metallener Härte, scharf alles, fest eingefügt in Kelch und Block. Die reiche Fiederung der Blätter verrät zuerst das

Bronnbach, Langhauskapitell   Riddagshausen, Kapitell an einem Vierungspfeiler

Herkommen: den Magdeburger Domchor. Und über diesen hinaus führt die genetische Spur nach Königslutter, denn ohne den dort gefertigten Typ des Palmettenfächerkapitells sind die Magdeburger Stücke nicht denkbar. Die Vorbilder stammen also aus den bedeutendsten Bauskulptur-Hütten Norddeutschlands im 12. und 13. Jh. Anspruchsvollstes wurde dort geschaffen und von Cisterciensern von dort übernommen.

Der Qualität des Riddagshäuser Stückes entspricht die Anbringung im Bau. Das abgebildete Kapitell korrespondiert mit einem von gleicher ausgesuchter Schönheit, beide schmücken die Stirnseiten der östlichen Vierungspfeiler. Angesichts der Gestaltung der übrigen Kapitellzonen wird deutlich, daß diese Kapitelle als Eingangsdekoration zum Sanktuarium dienen.

Kelchblockkapitelle entstanden noch um die Jahrhundertmitte, wie das Beispiel aus dem Loccumer Querhaus zeigt. Westfälisches, das das Raumbild so stark beeinflußte, bestimmte auch die Kapitellskulptur. Altertümelnd ist die feste Kelchblockform gedrängter Halbpalmetten. Die konservative und die Ortsdeterminante überwogen hier, beide verband zudem ein wahlverwandtschaftliches Verhältnis.

Doch längst waren andernorts Formen aufgenommen, die zum gotischen Kelchkapitell überleiteten. Zu ihnen gehört der Typ des „Maulbronner Kapitells", wie er im Paradies, im Lesegang und im Herrenrefektorium zwischen 1210 und 1225 auftritt. Ein steiler

Loccum, Kelchblockkapitell im Querhaus Maulbronn, Kelchkapitell im Herrenrefektorium

Kelch, vom Dekor leicht umspielt. Hier ist französische Frühgotik gegenwärtig. Das beweist nicht nur die überzeugend sicher gewonnene Kelchsilhouette, das zeigen auch die spannungsvollen Überschneidungen von Deckplatte und Kämpfer.

Dieser Kapitelltyp gehört zu den Formen, die sich von Maulbronn her ausbreiten. Wir finden ihn z. B. in Klosterreichenbach, Alpirsbach, Offenbach am Glan, in Ebrach. In dieser Phase starker Auswirkungen der Cistercienserhütten auf das Kunstschaffen außerhalb des Ordens können wir weit verstreut Formen finden, die trotz Qualitätsschwund und trotz Annäherung an das Kunstwollen der jeweiligen Kunstlandschaft nicht die Kennzeichen ihres Ursprungs verlieren.

Das wohl bekannteste Motiv, dessen Spur wir von Maulbronn aus bis nach Anhalt und Thüringen verfolgen können, ist die schildförmige Konsole mit dem Doppelhalbmond: Ebrach, Klosterreichenbach, Schönau, Walkenried, Magdeburg, Nordhausen, Mühlhausen sind als Stationen zu nennen. Und auch die „Cistercienser-Rosette" verbreitete sich von Maulbronn aus. Davon später.

Angesichts solcher Wanderungen eines Motivs stellt sich die Frage nach den Hüttenverhältnissen stets neu.

Da mögen zuweilen Klöster ihre Hütte einem anderen Bauherrn zur Verfügung gestellt haben, wofür die Errichtung des Magdeburger Bischofsganges stets als Beweis herangezogen wird, da werden kleinere oder größere Trupps von Steinmetzen an Ordensbauten gelernt haben, werden weitergezogen sein, sich auf anderen Baustellen verdingt haben. Soviel ist sicher: eine scharfe Scheidung hier Ordenshütte — dort andere Hütte ist nicht möglich. Der Denkmälerbestand widerspricht solcher Scheidung. Es haben offensichtlich Steinmetzen in einer Ordenshütte gelernt oder zeitweise gearbeitet, ohne Konversen geworden zu sein. Sie lernten, erwarben eine größere oder geringere Kunstfertigkeit und zogen weiter. Darauf weisen Bauwerke wie die Klosterreichenbacher Vorhalle hin, bei denen Einzelformen und Gesamterscheinung durch Ähnlichkeit die Nähe, durch Qualitätsschwund den Abstand zur vorbildlichen Hütte verdeutlichen. —

Bei der Ausbreitung jener „cisterciensischen Motive" im ersten Drittel des 13. Jhs. begegnete die Hochschätzung burgundischer Formen der Achtung, die

Heisterbach, Chor, Reduktionsform des Palmettenranken-Kapitells

man dem Cistercienserorden entgegenbrachte. Der Bauherr verband beides, der Steinmetzen anstellen ließ, die in einer Cistercienser-Hütte gearbeitet hatten, die künstlerisch Burgund nahestand. Und eine solche Hütte war Maulbronn. Später war es Ebrach, dann Walkenried. —

Zur selben Zeit wie in Maulbronn wurden Kelchformen im Chorumgang von Heisterbach entwickelt. Hier sind sie Ergebnis jenes Prozesses, den wir als den auswählender Aufnahme und Anverwandlung bezeichnen. Das Palmettenrankenkapitell wurde aus dem reichen Formenkatalog niederrheinischer Kunst übernommen und radikal reduziert. Es dominierte die spiritualistische Determinante! Klobige, schwellende Formen entstanden, daneben aber auch steile Kelchformen wie das abgebildete. Da ist trotz der kühlen Strenge, kraftvoll bewegter Linienschwung erhalten. Da ist die Abakusplatte noch konkav. Auf ihr liegt sogar ein Röllchen, letzter Hinweis auf die Blüte, die das korinthische Kapitell hier trug. —

Otterberg, Knospenkapitelle vom Westportal

Bald nach 1200 wurde von französischen Vorbildern ein Kapitelltyp übernommen, der kennzeichnend wurde für die Epoche der Frühgotik: das Knospenkapitell. Ein Kelch mit vorgezogenem Rand und aufgelegter Deckplatte bildet die Grundform. Umstanden ist er von zunächst fetten, später hageren, nervigen zungenförmigen Blättern, deren Spitzen im Laufe der Entwicklung den Kelchrand überschneiden und sich zu prallen Knospen einrollen. Die Kelchblockkapitelle, die in epischer Vielfalt in immer neuen Variationen die Kapitellzonen dekorierten, weichen nach und nach einem Kapitelltyp, der nicht nur die Formenvielfalt auf ein Thema reduziert, sondern auch im Baugefüge jeden Eigensinn aufgibt und sich ganz der übergeordneten Linienführung einpaßt. Sehr früh zu beobachten ist dieser Vorgang in Maulbronn, Ebrach, Arnsburg und Otterberg. –

Riddagshausen
Kelchkapitell aus dem Langhaus

Der spiritualistischen Determinante und ihrer Bevorzugung geometrischer, „reiner" Formen entsprach einerseits das Würfelkapitell, andererseits die Grundform des Knospenkapitells, der Kelch. Vorstufen eines Kelchkapitells sind u. a. in Pontigny nachweisbar. Seit ungefähr 1210 konnte man ihm auch in deutschen Cistercen begegnen, in Ebrach, Heisterbach, Arnsburg. Dabei liegen zwei Ausprägungen vor. Die eine zeigt die Grundform nach Abstoßen der Blätter: der Kelch schließt mit dem aufgelegten, oft vorgezogenen Rand. Darüber liegt die Deckplatte. Bei der anderen wurde auch der letzte Kelchbestandteil noch beseitigt, der Rand. Dann schließt sich der kelchförmige Körper der viereckigen Deckplatte randlos an. So zeigt es die Abbildung aus dem Riddagshäuser Langhaus. Man war damit der Negation des Kapitells schon recht nahe gekommen; denn Kapitell ist hier nur noch der Übergang zwischen Dienst und Unterzug, begrenzt von Halsring und Kämpferplatte. Mit Ring und Platte schwände auch der Eigenwert des Kapitells. Wenn, wie im Walkenrieder Brüdersaal, die Kämpferplatte abgestoßen wird, dann ist die Aufgabe des Kapitells überhaupt eingeleitet. Auch hier nimmt also die Cistercienserbaukunst im 13. Jh. bereits spätgotische Entwicklung vorweg. —

Im Verlauf dieses Jahrhunderts noch läßt der Steinmetz „junges Grün" aus dem Stein „sprossen, Kraut, das Samen trägt". Die Kapitellzonen wandeln sich in steinerne Herbarien: so in Altenberg, in Heilsbronn, in Chorin. Mit der Hochgotik war auch die Pflanzenwelt ins Kloster eingezogen. Sie wurde ein sichtbares Zeichen für das gewandelte Verhältnis zur Architektur und zur Natur.

Altenberg, Kapitell mit naturnaher Blattdekoration im Chorbereich

Daneben bleibt das reine Kelchkapitell erhalten, und es bleibt die Tendenz, das Kapitell ganz zu beseitigen, wie es dann im 14. Jh. im Kaisheimer Chorumgang und im 15. Jh. im Heilsbronner Mortuarium geschah, auch im Walkenrieder Kapitelsaal, im Bebenhäuser Sommerrefektorium.

Was hier am Ende einer Entwicklung steht, die schmucklose Säule ohne Kapitell, war im Orden schon einmal dagewesen, in den Wirtschaftsräumen von Clairvaux und Sylvanées.

Maulbronn, Kreuzgang,
Rosette eines Schlußsteins

Was über Entwicklungen der Bauskulptur am Beispiel der Kapitelle gesagt wurde, hätte auch an Schlußsteinen dargelegt werden können. Zwei Beispiele aus dem frühen 13. Jh. verdeutlichen noch einmal, wie Formen, die im Orden entwickelt wurden, in ihm sich ausbreiteten, auf das allgemeine Kunstschaffen einwirkten. Und wie die Ordenskunst von den Entwicklungen, die sich zunächst außerhalb anbahnten, nicht unberührt blieb. Das erste stammt aus dem Maulbronner Kreuzgang und zeigt eine jener Rosetten, die von Maulbronn ausgehend Erkennungsmarken seines Einflusses wurden. Dabei tritt das Motiv nicht nur auf Schlußsteinen auf, wie z. B. in Klosterreichenbach, Alpirsbach, Arnsburg, sondern wie schon in Maulbronn auf Bogenfeldern in Riddagshausen oder über einem Durchgang auf der Wand im Magdeburger Bischofsgang. An der Halberstädter Domfassade füllen Rosetten die Zwickelfelder zwischen Rundfenster und Rahmung. Die große Beliebtheit des Motivs und seine Anbringung an entscheidenden Stellen legt die Vermutung nahe, mit dieser Rosette sei ein Hinweis auf die Rose, die Blume Mariens gegeben, die auch als Zeichen der Geduld und der Liebe geschätzt wurde.

Heilsbronn,
Refektorium, Schlußstein

Im Heilsbronner Refektorium trägt ein Schlußstein unentwirrbares Drachengeschlinge. Gebunden sind die Tiere des Bösen durch einen Ring und durch die Windungen ihrer eigenen Leiber. Geschuppte Bestien sind es, von der zweifüßigen Spezies, mit Vogelflügeln; ihre Schwänze enden in Palmetten. Der Schlußstein zeigt, wie die Motive der gegenständigen Drachen und der Drachenverschlingung zu verbinden waren, auch, daß derart Tierhaft-Gegenständliches um 1230/40 in einem Cistercienserkloster anscheinend unumstritten war.

Dieser Schlußstein ist Beispiel für eine Dekorationskunst, in der im Ornament sinnerfüllte Symbole einander so zugeordnet wurden, daß sich das Ganze vielfacher Deutung öffnete.

Das Rosenfenster der Otterberger Westfassade (Mitte 13. Jh.)

In der Otterberger Rose spricht sich deutlich noch die Herrschaft burgundischen Formengutes aus. Die Form läßt sich von jenen burgundischen Fenstern herleiten, deren Rund mit einbeschriebenen Kreisen angefüllt ist. Die Öffnungen sind dabei „gewissermaßen mit der Säge aus der Steinplatte ausgeschnitten" (Noack). Verglast war dieses Fenster ursprünglich wahrscheinlich nicht.

Ebrach, Rosenfenster der Westfassade

Das ins späte 13. Jh. datierbare Rosenfensterquadrat folgt dagegen schon den architektonischen Vorbildern der französischen Kronlande. Vorbild waren die Speichenrosen in jener Kunstlandschaft. Hier liegt kein flächenhafter Steinplattengrund mehr vor. An seine Stelle ist das Zusammenwirken scharfkantiger linearer Strukturglieder mit der dazwischen ausgespannten Glasfläche getreten. Ein Gebilde metallener Härte entstand.

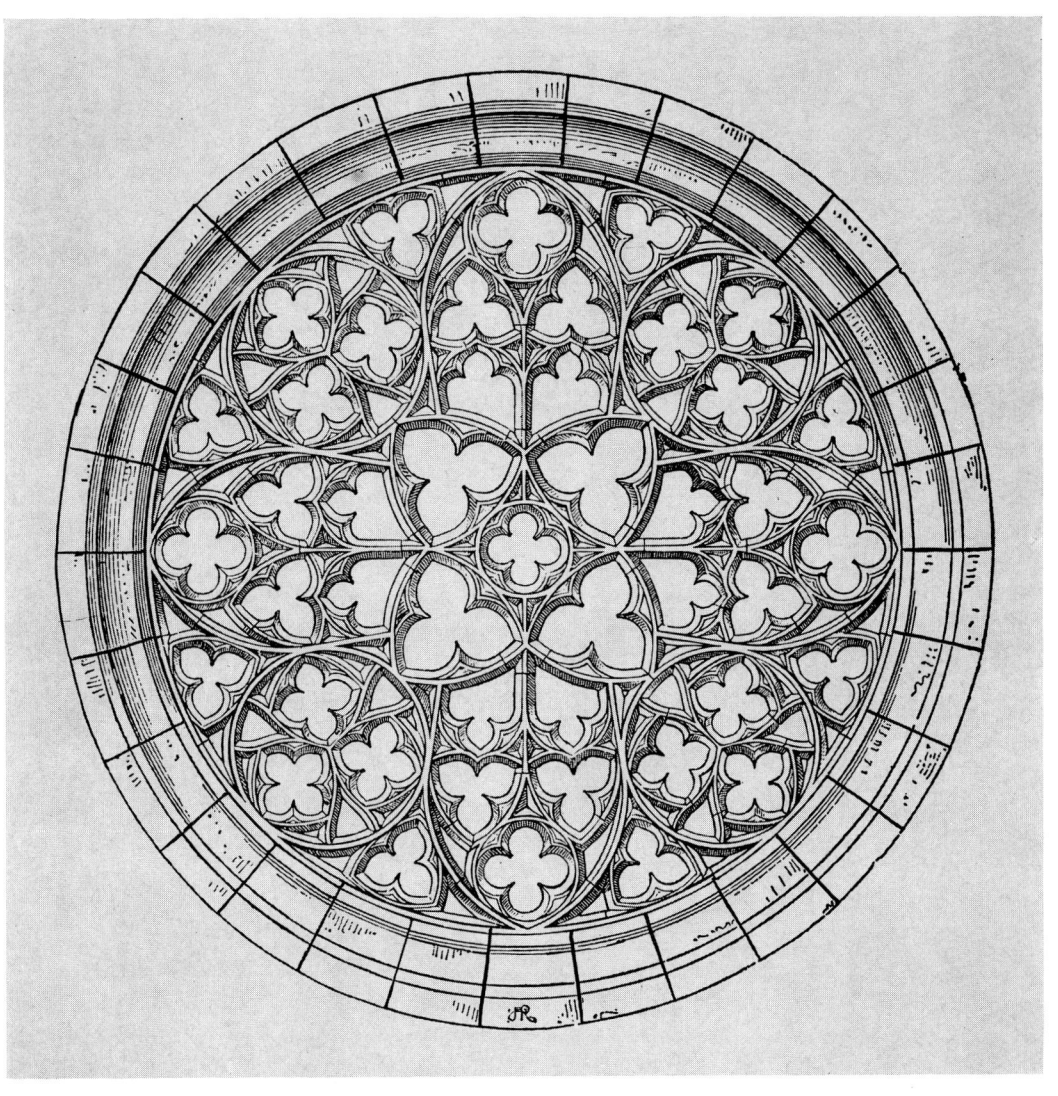

Neuberg, Rosenfenster der Westfassade

Die Neuberger Rose stammt aus dem 15. Jahrhundert. Das Bestreben, mit kleinteiligen Formen das Rund zu füllen, alle freien Flächen zu überspinnen, so ein reiches Gebilde von besonderer Kostbarkeit zu schaffen, kennzeichnet das Form- und Lebensgefühl des späten Mittelalters. Es entstand ein Maßwerk dekorativer, aber müder Schönheit, dem die Entschiedenheit früherer Entwürfe fehlt.

Die Abkragung von Wandvorlagen in Cistercienserkirchen

Arnsburg, Nordwand des Mittelschiffes, 1. H. 13. Jh.

Die Mauerhaftigkeit solcher Arkaturen galt offensichtlich als Zeichen asketischer Baugesinnung. Sie wurde erreicht durch die Reduzierung reicherer Pfeilerformen. Hierbei fing man die Dienste z. T. hoch über dem Boden ab. Dienstabkragungen dieser Art sind charakteristische Merkmale cisterciensischer Baukunst. Dies ist zu erläutern:

Ein charakteristisches Merkmal der Cistercienserbaukunst des Mittelalters sind die abgekragten Wandvorlagen. Sie sind zwar nicht auf die Ordensbauten beschränkt, doch übertrifft die Verbreiterung bei den Cisterciensern jene außerhalb des Ordens bei weitem. Auch lassen sich Abkragungen an anderen Bauwerken häufig auf cisterciensische Einflüsse zurückführen. Die Abkragungen können in allen gewölbten Klosterräumen auftreten. Dort setzen die Gewölbe meist unmittelbar auf Konsolen auf. Dieses Motiv ist in der gesamten Cistercienserbaukunst so häufig, daß eine Aufzählung einzelner Bauwerke sich erübrigt. Auch wird das Abfangen der Gewölbe durch Konsolen im 13. Jahrhundert allgemein üblich — außer in Kirchenräumen. Auf diese wird sich die Betrachtung der Abkragungen in der Ordensarchitektur deshalb beschränken. Im Langhaus sind die Dienste z. B. in Le Thoronet, Leoncel, Pontigny, Noirlac, Tennenbach, Otterberg, Doberan und Chorin abgefangen. Auch in Heiligenkreuz und Varnhem ist ihre Gestalt zunächst durch die Baugewohnheiten des Ordens, dann erst durch die örtliche Baugeschichte zu erklären. In den Seitenschiffen treten Abkragungen u. a. in Morimond, Valdieu, Riddagshausen, Loccum und Varnhem auf. Am merkwürdigsten ist die unterschiedliche Gestaltung der Vierungspfeiler, bei der die westlichen gegenüber den östlichen durch das Abfangen der Dienste im unteren Teil stark reduziert sind. So liegt es z. B. in Mariental, Doberlug, Lehnin, Eberbach, Arnsburg, Walkenried, Riddagshausen, Loccum, Eußertal und Eldena vor. Die westlichen Vierungspfeiler werden hierdurch in die Stützenreihe des Hauptschiffes einbezogen, die Vierung als eigener Bauteil wird entwertet. Diese Geringschätzung der Vierung ist in der Baugeschichte des Ordens von Anbeginn an vorhanden. Die Kirchen, die Fontenay auch im Aufriß folgen, besitzen keine ausgeschiedene Vierung. Auch in Maulbronn liegt keine vor. Wird eine ausgeschiedene Vierung dadurch entwertet, daß ihr westliches Stützenpaar den Arkadenpfeilern des Langhauses angeglichen wird, so vollziehen die Erbauer nur nach, was liturgisch bereits vorliegt, denn Vierung und erstes Langhausjoch bilden den chorus major (oberen Chor). Hier steht das Chorgestühl der Mönche. Bei abgekragtem Dienst konnte es bis an den Pfeilerkern herangerückt werden. Doch reicht dieser Vorzug zur Begründung der Abkragung nicht aus, denn er erklärt nicht, warum auch Dienste in Bereichen, in denen keine Chorstühle stehen, abgefangen sind. Der Grund hierfür muß vielmehr in den cisterciensischen Baugewohnheiten und den tradierten Bauauffassungen liegen. Immer betont nämlich die Abkragung den Wandcharakter des Pfeilers, die durchgehende Mauer, die durch die Arkaden nur aufgebrochen ist. Diese Betonung der Fläche und der Mauer ist in der Cistercienserbaukunst durchgehend zu beobachten, wobei besonders die Bejahung der Mauermasse und die damit verbundene Ablehnung des Gliederbaues altes burgundisches Erbe ist, das heimischen Vorstellungen entgegenkam. Wie bewußt diese Reduktion des Gliederungsapparates vorgenommen wurde, zeigt das Beispiel Arnsburgs, wo man Pfeilervorlagen nachträglich wieder abschlug.

Bei den Abkragungen in den Hauptschiffen ist eine Regel über deren Höhe nicht zu erkennen. Die Dienste enden in Eberbach, Arnsburg und Walkenried in der Kämpferzone der Arkatur. In Riddagshausen sollten sie — wie es im Chor vorliegt — bis zum Arkadengesims herabreichen, in Marienfeld und — davon abhängig — in Varnhem sind sie sehr kurz und enden weit über den Arkaden. Da in solchen Fällen der Raumabschluß nicht vom Boden her vorbereitet wird, wirken die Gewölbe wie in den Langhausbau eingehängt. Der horizontale Zug der Arkatur wird betont. „In diesem archaisierenden Wesenszug der Zisterzienser wird von vornherein ein Gegenbild zu der kanonisch werdenden hochgotischen Gewölbestützenordnung demonstriert. Reformgeist, Besinnung auf das Vergangene ist schöpferisch in der Auseinandersetzung mit dem Neuen, vielleicht sogar wegweisend in dem Sinne, als von nun an der künstlerische Drang zur Reduktion

Morimond   Marienfeld   Otterberg

Die Abbildung links zeigt eine der wenigen Baureliquien Morimonds, einen Gurtbogendienst aus dem nördlichen Seitenschiff (frühes 13. Jh.). In der Mitte die kurzen, weit oben an der Wand endenden Dienste aus dem Hauptschiff Marienfelds mit den charakteristischen dickfleischigen Blättern auf Konsolen und Kapitellen aus den ersten Jahrzehnten des 13. Jhs. Der Hang zur einfachen Formulierung führt zur Reduktion der reichen rheinischen Vorbilder zu bossenartigen Gebilden. Rechts ein Dienst aus dem Otterberger Langhaus, dem ersten Drittel des 13. Jhs. angehörend.

bis zur Spätgotik hin nicht mehr abreißt" (Magirius). Ein Beispiel ist Kaisheim, wo die Gewölbedienste hoch über den Arkaden enden, so daß eine weite ungegliederte Mauerfläche zwischen beiden entsteht. Hier verbinden sich im Orden überlieferte Vorstellungen von der ungegliederten Wand, die vorgotisch sind, mit den flächenbetonenden Tendenzen der Spätgotik. Wir müssen annehmen, daß die Abkragung der Dienste angesichts der klassisch-gotischen Stilentwicklung als ein Kennzeichen asketischer Baugesinnung galt. Sie gehörte denn auch zu jenen Motiven, die die Bettelorden der cisterciensischen Baukunst entlehnten und weiterverbreiteten.

Varnhem

In Varnhem in Västergötland in Schweden dasselbe Motiv. Die Knospenkapitelle zeigen, daß die Dienste jünger sind als die Marienfelds. Die Wülste unter den Gurtbögen und der Schuppenkranz auf der Konsole verraten, daß man Marienfeld zum Vorbild nahm. Die Kopfkonsole erinnert an Parallelen im Dom zu Münster. Dort waren Cistercienser am Werk. Wahrscheinlich kamen sie aus Marienfeld.

Kopf der hl. Elisabeth aus Kloster Sonnenkamp
zu Neukloster in Mecklenburg, um 1240/50

Detail aus einem Fenster-Zyklus mit Standfiguren der hll. Katharina, Magdalena, Elisabeth und den Aposteln Matthias und Matthäus, in der Südwand des Obergadens der ehemaligen Nonnenkirche.

Zur Glasmalerei im Cistercienserorden

Was im 12. und beginnenden 13. Jh. den Raum einer Cistercienserkirche von dem einer Bischofs-, Stifts- oder Pfarrkirche auf den ersten Blick unterschied, war die in ihm wohnende Lichthelle. Der Mönch, zu geistiger Kontemplation erzogen, brauchte die leuchtenden Farben nicht. Sie gefährdeten ihn höchstens, konnten ihn in der Konzentration hindern. Die Stellung des Ordens zu Farbverglasungen ist somit nicht zu trennen von seinem Verhältnis zur bildenden Kunst überhaupt, und sie ist wie jene von Augustinus' Denken geprägt. Mit der Ablehnung des farbigen ging die Hochschätzung des weißen Lichts einher. Sie spricht aus dem Generalkapitelsbeschluß von 1182, nach dem binnen zwei Jahren alle bemalten Fenster „verbessert" werden sollten, womit deren Beseitigung gemeint war. Auch sie findet sich bei Augustinus, der (Confess. X 34) das helle Tageslicht als die Königin der Farben bezeichnet. Die ersten beiden Abbildungen zeigen Fenster aus Haina und Eberbach. Sie sind charakteristisch für Verglasungen von Cistercienserkirchen im 12. Jh.

Bleiriß und aufgeschmolzene Schwarzlotstreifen bilden das Flechtbandornament. Das ist jedoch nicht die früheste Form. Zuvor hatte man im Orden die Blankverglasung gepflegt. Hierbei wurden die Glasscheiben mit dem Kröseleisen in kleine Teile gebrochen und diese mit Bleiruten so zusammengefügt, daß ein Ornament entstand, dessen Verlauf allein vom Blei bestimmt wurde. Solche Blankverglasungen haben sich in Bonlieu, Aubazine, Pontigny und Marienstatt erhalten. Wenn dagegen die Scheiben in möglichst großen Stücken zusammengefügt wurden und der mehr oder weniger unregelmäßige Verlauf des Bleinetzes durch ein auf die Gläser aufgebrachtes und eingeschmolzenes Ornament überdeckt wurde, so daß das Liniennetz im wesentlichen sich aus dem auf das Glas aufgeschmolzenen Schwarzlot ergab, spricht man von Ornamentverglasung. Auch die beiden abgebildeten Scheiben aus Doberan und Heiligenkreuz sind Beispiele hierfür. An ihnen ist erkennbar, wie durch Schwarzlotflächen verschiedener Dichte und Schraffur das Flechtbandornament gegen einen dunkleren Hintergrund abgesetzt wurde. Dabei wurde der Reiz der Verglasung noch dadurch erhöht, daß das helle Glas nicht farblos war, sondern ins Graue, Grünliche und Gelbliche hinüberspielte. — Die Doberaner und Heiligenkreuzer Scheiben verraten aber auch, daß im 13. Jh. zu den abstrakten Linienfolgen zunehmend pflanzliches Ornament trat, zunächst als Rahmung, dann auch zur Füllung der Hauptflächen. Den gleichen Weg nahm die Farbe, die zuerst in den Einfassungsbändern zu beobachten ist, dann aber bald auch auf die Blattfüllungen übergreift. Dieser Vorgang ist in allen seinen Phasen an den Verglasungen von Haina und Altenberg abzulesen. Die hier abgebildeten Pflanzendarstellungen stammen aus dem Altenberger Chor (3. Viertel des 13. Jhs.). Der mit ihrer Herstellung vollzogene Schritt vom ungegenständlichen Ornament zur Naturform hin deutet auf die Wandlungen im Denken, die seit ungefähr 1200 durch die Aufnahme der Werke des Aristoteles in Gang gesetzt waren. Angesichts der Vollkommenheit, mit der der Pflanzentyp in Altenberg jeweils erfaßt wurde, erinnert man sich, daß damals in Köln der große Wegbereiter des Naturstudiums, Albertus Magnus († 1280), lehrte. — Darstellungswürdig waren vorab die symbolmächtigen Pflanzen: Weinstock und Rose, dann aber auch jene, die in der Heilkunst, im Zauber- und Dämonenglauben eine Rolle spielten, wie die beiden hier

Haina   Eberbach (jetzt Wiesbaden)

abgebildeten, Zaunrübe und Wermut. Erstere vertrieb, richtig eingesetzt, giftiges Gewürm, Schlangen, Kröten. Auch gegen Dämonen war sie hilfreich, gegen Geschwüre an den Füßen und Pestilenz. Wermut wurde verordnet gegen Schwächezustände, Schmerz und Gicht ...

Noch im 13. Jh. werden auch figürliche Darstellungen in die Fenster aufgenommen, zunächst in den Kreuzgängen, dann auch in den Kirchen. Für eine frühe figürliche Kreuzgangverglasung steht hier das Beispiel aus Heiligenkreuz, für ein Kirchenfenster die Kreuzigung aus dem Hainaer Westfenster. Um 1310 entstehen in Kappel Reihen von Heiligenfiguren, bald darauf in Doberan die Muttergottes mit einer Stifterin,

Doberan (jetzt Schwerin)   Heiligenkreuz

1330/40 in Amelungsborn die 36 Scheiben des großen Ostfensters mit Szenen aus dem Marien- und Christusleben. Am Ende dieses Jahrhunderts steht das Altenberger Westfenster mit dem Heiligenzyklus um die Hl. Familie, mit Kirchenvätern und musizierenden Engeln. Damit unterscheiden sich die Verglasungen der Cistercienserkirchen weder thematisch noch formal von denen der großen Kirchen außerhalb des Ordens.

Wie sich im Bau ihrer Kirchen einige Cistercienserinnenklöster ganz der Strenge der Mönchskirchen anschließen, andere sich stärker distanzieren, so finden wir auch bei der Verglasung beides, Nähe und Distanz. Unter den beiden abgebildeten Scheiben aus Namedy (1. H. 13. Jh.) finden wir eine überaus konservative, in der der Einfluß Himmerods, das die Paternität besaß, sich durchzusetzen scheint. Fern solcher Beschränkung steht zur selben Zeit schon Neukloster mit seinen Figurenfenstern, in denen lebensgroße Heilige erscheinen. Um 1290/1300 entstand zeitgleich mit dem Hainaer Westfenster die Kreuzigung in der Wienhäuser Allerheiligenkapelle, bald darauf die ungewöhnliche Chorscheibenfolge von Heiligkreuztal, die Stiftung der Äbtissin Elisabeth von Stöffeln († 1312), die selbst im Ordensgewand dargestellt ist.

Inwieweit die Glasfenster der Mönchsklöster von den Angehörigen der Klosterfamilie selbst ausgeführt wurden, ist i. a. nicht bekannt. Immerhin erfahren wir von mindestens zwei Abteien, Haina und Hude, daß dort Laienbrüder als Glasmaler tätig waren.

Heiligenkreuz, Brunnenhaus, Otto v. Freising

Haina, Westfenster, Kreuzigung ▶

Altenberg, Zaunrübe   Altenberg, Wermut

In Haina ist eine Scheibe signiert „lupuldus frater". Unter den „Huder Fragmenten" befindet sich der Brief eines Cisterciensers aus der Utrechter Diözese an den Abt von Hude. Er bittet im Interesse eines glasmalenden Laienbruders den Abt von Hude, der einen Meister in dieser Kunst in seinem Kloster habe, um Auskunft, ob — zu einem nicht näher mehr erkennbaren Zweck — gelbe oder grüne Farbe zu verwenden sei. — Auf die Beschäftigung von Künstlern, die nicht zur engeren Klosterfamilie gehörten, könnte eine Notiz aus Salem hindeuten, nach der unter Abt Ulrich II. von Seelfingen am Ende des 13. Jahrhunderts in einem angrenzenden Hause häufiger Maler und Glasmaler zu leben pflegten. Ebenso weist die Beschäftigung des Meisters Michael von Stadt Zwettl († 1387) im Kloster Zwettl darauf hin. Sicher ist es, wenn am Ende des 15. Jahrhunderts der Glasmaler Michael aus Steyr dort arbeitet. Auch bei Glasstiftungen ist es wahrscheinlich, daß sie nicht im Kloster angefertigt wurden, zumal, wenn um 1300 erwähnt wird, daß sie Malereien enthalten, so bei der Stiftung des Herzogs Heinrich II. für Doberan.

Für enge Werkstattverbindungen zwischen Cistercienser-Werkstätten und solchen außerhalb des Ordens spricht die enge Verwandtschaft einiger Hainaer Scheiben mit solchen der Marburger Elisabethkirche und die Ähnlichkeit der Altenberger mit den

Namedy   Namedy

ältesten Ornamentscheiben des Kölner Doms. So wurden die Grisaillen, wie sie die Cistercienser entwickelten, auch außerhalb des Ordens aufgenommen, meist jedoch neben Farbverglasungen verwandt — wie es schon in St. Denis geschah und wie es später von den Dominikanern mancherorts gepflegt wurde. Von den Altenberger Fenstern wissen wir, daß sie die Kölner Glasmalerei nachhaltig beeinflußten. Nachdem die Glasmalerei in den Cistercienserklöstern sich völlig der außerhalb des Ordens angeschlossen hatte, war einer fruchtbaren Auseinandersetzung und Wechselwirkung der Boden entzogen.

Noch heute kommen die Weißen Mönche der Grundforderung ihres Gesetzgebers St. Benedikt „Ora et labora", „Bete und arbeite", wenn auch gemäß den Erfordernissen unserer Zeit, nach. Das feierliche Chorgebet hat somit eine bevorzugte Stelle im Mönchsleben unserer Tage.

Mehrmals am Tage und in der Nacht geht der Zug der Mönche mit dem Abt zur Kirche in den Chor, um stellvertretend für alle Menschen Gottes Lob zu künden. Nach der Regel steht über allem anderen Tun der heilige Dienst.

Mönche im Chor
Die Klosterbaukunst erschließt sich nur vom monastischen Leben her; sie ist steinerne Fassung des Ordensgeistes.

Fontenay, Dep. Côte-d'Or, Kreuzgang (1139—1147) mit Kirche und Kloster-Ostflügel. Im Obergeschoß dieses Bautrakts befindet sich, dem Ordensbrauch entsprechend, der Schlafsaal der Mönche. Im Türmchen hängt noch die Glocke, mit der der Sakristan die Mönche zum Chorgebet weckte.

Le Thoronet, romanischer Kreuzgang mit Tonnengewölbe, Ostflügel (1160—1175)

Der Kreuzgang verbindet die um den Innenhof gelegenen Gebäude, von ihm aus sind die angrenzenden Räume zugänglich. Insofern ist er nur Verbindungsgang. Aber „der Kreuzgang selbst ist Raum, „Ambitus". Ausblick auf nichts Zweites bietend und in sich zurückführend, ist er die Architekturform der im Schreiten geübten Meditation. Ihn durchzieht der Konvent bei der Prozession vor dem Hochamt" (Magirius).

Das tägliche Konventamt ist das Herz des monastischen Lebens. Hier im Chor von Hauterive, der seine heutige Gestalt einem Umbau gegen 1330 verdankt. Ungefähr derselben Zeit gehört der Altar an.

Arnsburg, Fenster und Eingang zum Kapitelsaal (nach 1250)

Im Kapitelsaal versammelt sich der Konvent nach der Frühmesse. Hier findet das Schuldbekenntnis statt, hier predigt der Abt sonntags, hier finden Lesungen statt. Hier ist der Begräbnisort der Äbte. — Man saß entlang der Wände. Der Kapitelsaal ist im Grundriß fast immer quadratisch, er liegt oft wenige Stufen tiefer als der Kreuzgang, von dem er nie fest abgeschlossen war, mit dem er vielmehr durch die offene Tür und die Fenster verbunden ist.

Walkenried, Lesegang (um 1300)

Der entlang der Kirche verlaufende Kreuzgangflügel war durch seine Benutzung besonders ausgezeichnet: in ihm fand am Abend vor der Komplet eine geistliche Lesung statt, wie es das Bild aus Hauterive zeigt. Die Sitzordnung wird deutlich: man saß wieder entlang den Wänden, der Vorleser in der Mitte vor der Außenwand, ihm gegenüber an der Kirchenmauer der Abt. Hier in diesem Kreuzgangflügel fanden auch die liturgischen Fußwaschungen statt; die Vorrichtungen zum Ableiten des Wassers sind noch in einigen Lesegängen erhalten. Der Walkenrieder Lesegang ist zweischiffig. Das ist im Cistercienserorden sonst nicht üblich. Die Walkenrieder übernahmen diese Form wohl vom Benediktinerkloster Königslutter. Sie gaben sie dann an ihr Tochterkloster Pforte weiter.

Hauterive, Kanton Freiburg, abendliche Kompletlesung im Kreuzgang

Le Thoronet, Dep. Var, Dormitorium mit Tonnengewölbe (1160—1165)

Die Regel schreibt vor: „Ist es möglich, so sollen alle im gleichen Raum schlafen. Läßt dies aber die große Zahl nicht zu, so schlafen je zehn oder zwanzig zusammen mit den Älteren, die die Aufsicht führen. Im Schlafraum brenne beständig bis zum Morgen ein Licht."
Der Grundsatz des gemeinsamen Schlafraumes führte zur Errichtung jener ungewöhnlich großen Säle, deren Länge zuweilen die der Kirchenschiffe überschritt. Die Architektur betonte den Zweck: die Höhe wurde nicht zu groß gewählt, ein ausgewogenes Verhältnis von Höhe und Breite gab den Dormitorien den Charakter von Ruheräumen. Sie hatten stets zwei Zugänge. Einer führte in den Kreuzgang, ein anderer ins Querschiff der Kirche hinunter.

Brunnenhaus in Le Thoronet, um 1150/70

Im Klosterplan liegt das Brunnenhaus, ein kapellenartiger kleiner Zentralbau, am Kreuzgang gegenüber dem Eingang zum Refektorium. An seinem Becken mit fließendem Wasser wuschen sich die Mönche vor den Mahlzeiten und auch sonst wohl nach Bedarf. Eines der ältesten Brunnenhäuser im Cistercienserorden besitzt das völlig romanische Kloster Le Thoronet. Im deutschen Sprachgebiet haben Zwettl, Heiligenkreuz und Maulbronn ihre Brunnenhäuser bewahrt. Das frühgotische von Zwettl ist sechseckig wie das von Le Thoronet, die hochgotischen in Heiligenkreuz und Maulbronn haben einen neuneckigen Grundriß.

Maulbronn, Refektorium der Mönche (1220—1225)

Die in der Regel geforderte Einfachheit der Speise ist eine Voraussetzung für die Würde des Essens, das auch von einer solchen Raumgestaltung her notwendig zur Zeremonie werden mußte. Die Refektorien stehen i. a. senkrecht zum Kreuzgang und sind so in der Längenausdehnung nicht gebunden. Wie hier in Maulbronn entspricht die Höhe oft der der zweigeschossigen Klostertrakte, womit das Refektorium fast Kirchenraumhöhe erreicht. Der sakrale Charakter der Klosterarchitektur wird auch bei zweischiffigen Sälen sofort deutlich.

Bebenhausen, Sommerrefektorium (1335)
Die Ähnlichkeit mit dem Kirchenbau tritt besonders in Bebenhausen zutage. Die trotz des zweischiffigen Raumes dreiachsige Südwand wird von einem mit Blendmaßwerk besetzten Giebel abgeschlossen und von dem Glockentürmchen des Georg von Salem gekrönt. Das Glockenseil endete am Tisch des Priors. Er gab nach Ordensbrauch Beginn und Ende der Mahlzeit durch ein Glockenzeichen an.

Le Thoronet, Dep. Var, Armarium (Bücherraum)

In unmittelbarer Nähe des Lesegangs, meist in der Westwand des Kirchenquerschiffs, befand sich in den mittelalterlichen Klöstern zunächst das Armarium, die geistliche „Rüstkammer" der Mönche. Oft war es nur eine Mauernische, zuweilen schon ein kleiner Raum wie in Le Thoronet. Hier standen auf hölzernen Regalen die Bücher, die der Kantor an die Leser verteilte.

Als die Bücherbestände sich vergrößerten, wurden eigene Bibliotheksräume geschaffen. Die Stelle der Armarien nahmen dann sehr oft Nischengräber ein, in die die Gebeine der ersten Äbte überführt wurden.

Lilienfeld, Bibliothek (1700)
Im Zeitalter des Barock erkannte man in der Bibliothek nicht nur das geistige oder organisatorische Problem, sondern zugleich ein künstlerisches. Man suchte für die Stätte der geistigen Arbeit — ebenso wie für die Kirche als Stätte des Gotteslobes — eine ihr würdige Form zu finden. Alle Liebe der klösterlichen Bauherren galt daher in erster Linie Kirchen und Bibliotheken; sie lassen uns heute jene letzte, imponierende Einheitswelt des Barock erkennen.

Ourscamp, Dep. Oise, Hospital (um 1210)

Die Regel sagt: „Um die Kranken soll man vor allem und über alles besorgt sein. Man diene ihnen so, wie wenn man wirklich Christus dienen würde; er selbst hat ja gesagt: „Ich war krank und ihr habt mich besucht" und: „Was ihr einem dieser Geringsten getan habt, das habt ihr mir getan . . ." Es sei also eine wichtige Sorge für den Abt, daß die Kranken in keiner Weise vernachlässigt werden..."

Die Krankenhäuser errichtete man östlich der Klausur, im ruhigsten Bereich des Klosters. Das bedeutendste Beispiel für diesen Bautyp ist die Infirmerie Ourscamps. Im dreischiffigen Saal fanden in vier Reihen hundert Betten Platz. In der Mitte des Raumes stand der Altar. Die Fensteranordnung weist schon die Trennung in Licht- und Lüftungsfenster auf, denn während die oberen Fensterreihen fest verglast waren, hatte man die untere Reihe mit Klappläden versehen.

Mariental, Gästebau am Westflügel des Klosters

Die Regel bestimmt: „Alle Gäste, die zum Kloster kommen, werden wie Christus aufgenommen; denn er wird einst sprechen: „Ich war fremd und ihr habt mich beherbergt." Allen erweise man die ihnen gebührende Ehre, besonders den Glaubensgenossen und den Pilgern ... Die Küche für den Abt und die Gäste sei für sich; so stören die Gäste, die zu unbestimmten Zeiten ankommen und im Kloster niemals fehlen, das Leben der Brüder nicht ... Auch werde die Sorge für die Gastwohnung einem Bruder übertragen ...: dort seien Betten in genügender Anzahl. So wird das Gotteshaus von Weisen und weise verwaltet werden ..."

Das Gästehaus liegt in der Nähe der Toranlage, um Störungen des monastischen Lebens zu vermeiden. In Mariental wurde es an den Laienbrüderbau angeschlossen. Der Laubengang im Untergeschoß führt zu der Kirchentür, die die Laienbrüder benutzten.

Zwei erhaltene Gebäude von Kloster Zinna bei Jüterborg/Brandenburg mit abgetrepptem Giebel als Beispiel für die Verwendung des Backsteins im Klosterbau der gotischen Zeitepoche.

Angesichts dieser eindrucksvollen Backsteinarchitektur sei daran erinnert, daß sich zwar in allen Klöstern Brennöfen zur Produktion von Fußbodenfliesen und irdenem Gebrauchsgeschirr befanden und sogar, wie Schnyder feststellte, offenbar bei der Gründung einer Abtei darauf geachtet wurde, daß eine ausbeutbare Lettgrube in erreichbarer Nähe des Klosters lag. Nur in Kunstlandschaften, in denen anstelle des Hausteins der Backstein als Baumaterial diente, gingen die Cistercienser zum Ziegelbau über. Das Backsteinmauerwerk kam dabei der cisterciensischen Vorliebe für sorgfältige Mauertechnik sehr entgegen, und es ist nicht verwunderlich, daß im Orden Backsteinbauten von hervorragender Qualität entstanden, wie in Zinna, Logum, Chorin und anderen in Norddeutschland gelegenen Klöstern.

Die beiden abgebildeten Gebäude in Zinna wurden um 1350 und um 1450 erbaut.

Cistericensische Bodenfliesen

In fast allen Cistercienser-Abteien wurde die baukeramische Produktion gepflegt und Bodenfliesen zum Verlegen in der Kirche und in den Klosterräumen gefertigt. Zum Teil waren es reine Tonfliesen, ohne Oberflächen-Behandlung, bei anderen war die Oberfläche glasiert. Wie die hier abgebildeten Muster zeigen, bilden meist erst vier vereinigte Fliesen ein ganzheitliches Muster.

Bodenfliesen aus Le Thoronet (Südfrankreich), Mitte des 12. Jahrhunderts. Einfache Kreise bilden das Muster.

Bodenfliesen aus Bonmont (Schweiz). Die geometrische Ornamentik dieser Fliesen wurde in der Frühzeit auch bei der Gestaltung von Glasfenstern (s. S. 310/311) oder als Schmuck von Gurtbogen und Bandrippen (Walderbach) verwendet.

Bodenfliesen mit Lilienmuster, ein bei Cistercienser-Böden in vielen Variationen vorkommendes Motiv aus Hude (Oldenburg)

Bodenfliesen aus Bebenhausen

Die in der obersten Reihe abgebildeten Fliesen gehören in ihrem Dekor noch zu den Erzeugnissen der Frühzeit des Ordens mit seinen Bestimmungen über Bodenplatten. Die heute im Mittelgang des Dormitoriums verlegten und wohl von einem neueren Fund aus der Kirche stammenden Platten haben ein sehr dekoratives Gepräge aus geometrischen Formen, verbunden mit stilisierten Pflanzenteilen. Die Kirche erhielt 1228 ihre Weihe, so daß die Fliesen aus dieser Zeit stammen dürften. Andere, hier nicht abgebildete Platten von Bebenhausen (s. Hiltrud Kier, S. 89 und Abb. Nr. 223–226) zeigen ornamentierte Rosetten, die um diese Zeit nur in Frankreich üblich waren.

Die oben rechts abgebildete Fliese zeigt in ihrem Kern ein magisches Zeichen, das schon in der Antike bei Bodenfliesen zu finden ist. Es soll die über den Boden schleichenden Dämonen abwehren oder diese hindern, die darüber schreitenden zu befallen.

Anmerkungen zum Kapitel über die Kunst im Cistercienser-Orden

Anmerkungen sollen weder die Titelkenntnis des Verf. belegen, noch Ersatz einer Bibliographie sein. So wurde hier nur aufgeführt, was die Überlegungen im Darstellungsteil stärker beeinflußte und worauf der Verf. glaubt, hinweisen zu sollen; bei alledem herrscht über die Auswahl kein strenges Gesetz.

Zur Einführung

Über die Lehre vom Schönen im Mittelalter informiert am schnellsten Assunto, Rosario, Die Theorie des Schönen im Mittelalter — Kunstgeschichte, Deutung, Dokumente, Köln 1963. Die älteren lat. Ordensschriften finden sich bei Migne: das sog. Exordium Parvum PL 166, Sp. 1501 ff, die Charta caritatis PL 166, Sp. 1377 ff, das Nomasticon Cist. PL 166, Sp. 1383 ff, Exordium Magnum Cist. PL 185, Sp. 415 ff, die Apologie PL 182, Sp. 895 ff. Über deren Auswirkungen auf die Kunsttätigkeit greife man zu Rüttimann, P. Herm., Der Kunst- und Baubetrieb der Cistercienser unter dem Einfluß der Ordensgesetzgebung im 12. und 13. Jh., Bregenz 1911 und zu Saur, Josef, Der Cisterzienserorden und die dt. Kunst des Mittelalters besonders im Hinblick auf die Generalkapitelverordnungen vom 12.—14. Jh.: Stud. Mitt. 1913, S. 475—522, 660—699.

Über die Bedeutung Augustins für die Kunstauffassung Hahn, Hanno, Die frühe Kirchenbaukunst der Zisterzienser, = Frankfurter Forschungen zur Architekturgeschichte 1, Berlin 1957, S. 73 f. Dieses große Werk wird im folgenden kurz als „Hahn, Frühe Kirchenbaukunst" zitiert. Daneben überaus wichtig: Simson, Otto v., Die gotische Kathedrale, Darmstadt 1968. Von Augustins Werken sind besonders wirkungsmächtig gewesen neben den Confessiones noch De libero arbitrio, De musica. Die beiden letzteren bei Migne, PL 32. Aus der Lehre vom inneren und äußeren Auge wurde innerhalb der Augustinus-Rezeption am Ende des 11. Jahrhunderts auch die Minne-Theorie entwickelt. Das wies nach Kolb, Herbert, Der Begriff der Minne und das Entstehen der höf. Lyrik = Hermaea, Germ. Forsch. 4, Tübingen 1958. Über die Bedeutung des Lichts und das Vordringen des Optischen s. auch Sedlmayr, Hans, Die Entstehung der Kathedrale, Zürich 1950. Die Rolle des Armutsideals legt Grundmann, Herbert, Religiöse Bewegungen im Mittelalter, Darmstadt 1961, dar. Einen Überblick über die Baukunst im Cist.-Orden geben Dimier, F. M.-Anselme, Lárt cistercien 1,2, = Zodiaque, 1962, 1971 und van der Meer, Frédéric, Atlas de l'Ordre Cistercien, Amsterdam/Brüssel 1965, letzteres nicht ohne die Besprechungen von Krausen/Zakar/Vongrey/Hervay zu benutzen: Analecta 22, 1966, S. 279 ff, Analecta 23, 1967, S. 115 ff. Zur Geistesgeschichte müssen genannt werden Dempf, Alois, Die geistige Stellung Bernhards von Clairvaux gegen die cluniazensische Kunst, in: Die Chimäre seines Jahrhunderts, Hrsg.: Spörl, Johannes, Würzburg (1954), S. 29—53 und Pennington, M. B., The Cistercian Spirit, A Symposium = Cistercian Stud. Ser. 3, London 1970.

Zu dem Versuch, cisterciensische Kunst in ihrer Eigenart durch das Modell eines Determinantenfeldes besser zu begreifen, muß noch bemerkt werden: Daß diese Forderungen und Gegenforderungen sich nicht zu sehr von der Erde — und auch die Cistercienser-Kunst entstand hier — abheben, sei betont, daß die Forderungen natürlich von Menschen mit bestimmten Vorstellungen und Interessen vertreten wurden; insofern ist die Ausformung der Determinanten nie unabhängig von der Sozialgeschichte der jeweiligen Zeit. Nur lassen sich m. E. keine weiteren Determinanten hinzufügen (etwa des Inhalts: Selbstdarstellung eines Konvents, Selbstverleugnung, Repräsentationswillen des Bauherrn o. ä.), die nicht schon von den genannten begrifflich umfaßt würden, vor allem vom ersten Paar. Wenn wir hier von Determinanten reden, wollen wir die Betrachtung der Ursachen nicht abschneiden, vielmehr den Blick dafür schärfen, daß jede Forderung nur in ihrem geistes- und sozialgeschichtlichen Rahmen deutbar ist. Hier wie bei späteren Versuchen, die Fülle des Individuellen zu begreifen, werden die Kritiker unendlich viel vermissen — wie es sich gehört. Der Verf. weiß ihnen Dank für alle Vorschläge, die eine differenziertere Systematisierung ermöglichen. Der abschließend angesprochene Hegel-Text steht in den Vorlesungen über die Philosophie der Geschichte, Einleitung, Cc, wurde zitiert nach der Theorie-Werkausgabe 12, Frankfurt/M. 1970, S. 100.

Zu den Fassaden

Die Abbildung der *Maulbronner* Fassade findet sich bei Paulus, Eduard, Die Cistercienser-Abtei Maulbronn, Stuttgart², 1884, Tafel II. Von der Literatur sei noch genannt: Schmidt, Paul F., Maulbronn = Stud. z. dt. Kunstgeschichte 47, Straßburg 1903, Dörrenberg, Irmgard, Das Zist.-Kloster M., Würzburg 1938 und Clasen, Carl-Wilhelm, Die Zist.-Abtei M. im 12. Jh. und der bernhardin. Klosterplan, Diss. phil. Kiel 1956.

Zu *Mariental* ist heranzuziehen der Inventarband: Die Bau- und Kunstdenkmäler des Herzogthums Braunschweig 1, Kreis Helmstedt. Bearb.: Meier, P. J., Wolfenbüttel 1896, S. 127—143, dazu: Wille, Hans, Kloster Marienthal, = Kleine Kunstführer für Niedersachsen 10, Göttingen / Frankfurt/M. / Berlin 1954, Ullmann, Ernst, Die Baukunst der Zisterzienser zwischen oberer Weser und mittlerer Elbe, Diss. phil. Halle / S. 1959. Nach Kunstchronik 25, 1972, S. 227 ist glücklicherweise eine Arbeit über M. im Entstehen: die Dissertation von Christiane Glocke: (Arbeitstitel) Mittelalterliche niedersächsische Zisterzienserklöster mit dem Schwerpunkt Kloster Mariental bei Helmstedt, an der TU Berlin. Es ist zu hoffen, daß hiermit endlich diese bedeutende Klosteranlage den ihr zukommenden Platz in der Baugeschichtsschreibung erhält.

Eberbach: neben dem oft zitierten Hahnschen Werk sei hingewiesen auf den neuen Kdm.-Band: Die Kunstdenkmäler des Landes Hessen, Der Rheingaukreis, Bearb.: Herchenröder, Max, 1965, S. 61—113 und auf den kleinen Führer von Einsingbach, Wolfgang, Das ehem. Zist.-Kloster Eberbach im Rheingau, 1971.

Heiligenkreuz: Zu den früheren Arbeiten Dagobert Freys in der Österreichischen Kunsttopographie 19, Die Denkmale des Stiftes Heiligenkreuz, Wien 1926 und Alfred Schmellers, Die Heiligenkreuzer Westfassade: Österr. Zts. f. Denkmalpflege 3, 1949, S. 88—94, brachte Franz Gaumannmüller weitere Daten zur Baugeschichte, darunter die entscheidend wichtige Weihenotiz für das Jahr 1240: Gaumannmüller, Fr., Die ma. Klosteranlage der Cistercienser-Abtei Heiligenkreuz, in: Festschrift zum 800-Jahrgedächtnis des Todes Bernhards von Clairvaux, Hrsg.: Österr. Cistercienserkongregation vom Heiligsten Herzen Jesu, Wien / München 1953, S. 167—210.

Über *Dreifenstergruppen* i. a. z. B.: Bickel, Wolfgang, Riddagshausen, = Braunschweiger Werkstücke 40, Braunschweig 1968, S. 71 ff. Der Zugang zu *Fontenay* am besten über Hahn, Frühe Kirchenbaukunst, S. 97 ff.

Die Stellung *Heisterbachs* in der niederrhein. Baukunst, die sich an der Fassade sofort in der Verwandtschaft des Giebels mit dem Westgiebel von Groß-St. Martin in Köln zeigt, hat Albert Verbeek beschrieben in: Die Abteikirche H. als zist. und niederrheinische Bauschöpfung, in: L'Architecture monastique, Die Klosterbaukunst, Arbeitsbericht der dt.-frz. Kunsthistorikertagung Mainz 1951, später in:

Verbeek, Albert, Alte Ansichten von Heisterbach, in: Beitr. z. Rhein. Kunstgesch. u. Denkmalpflege, = Die Kdm. d. Rheinlandes, Beiheft 16, Düsseldorf 1970, S. 305—342.

Frankl wies darauf hin: Frankl, Paul, Die frühmittelalterliche und romanische Baukunst, = Handb. d. Kunstwissenschaft, Wildpark-Postdam 1926, S. 270. Die Boisseréeschen Aufnahmen z. T. bei Beitz, Egid, Kloster Heisterbach, Köln / Augsburg / Wien 1926.

Løgumkloster: Unentbehrlich ist noch immer Hoffmann, Paul, Nordische Cistercienserkirchen unter Berücksichtigung der Backsteinbaukunst, Ing. Diss. Dresden 1912, Essen 1912. Viele nützliche Hinweise finden sich in: Geschichte und Art der Baukunst im Herzogtum Schleswig, Bearb.: Haupt, Richard, = Die Bau- und Kunstdkm. i. d. Provinz Schleswig-Holstein 5, Heide/H. 1924. Über die Renovierung, die das Aussehen der

Westfassade veränderte, berichtete Haupt im Correspondenzblatt des Gesamt-Vereins der dt. Altertums- und Geschichts-Vereine 1915, Nr. 7/8, Sp. 156 ff.

Bei *Chorin* greife man zunächst nach Schmoll gen. Eisenwerth, J. A., Das Kloster Chorin und die askanische Architektur, = Veröff. d. Berliner Histor. Kommission 2, Berlin 1961, ziehe aber auch den Kdm.-Band heran, aus dem unsere Abbildung stammt: Die Kunstdenkmäler des Kreises Angermünde 3, = Die Kdm. der Provinz Brandenburg 3, Bearb.: Eichholz, P./Hoppe, W., Berlin 1927, S. 47–106.

Über die kunstgeographische Stellung *Otterbergs* informiert am besten Hausen, Edmund, Otterberg und die kirchliche Baukunst der Hohenstaufenzeit in der Pfalz, Kaiserslautern 1936. Der Kdm.-Band gehört zu den Kunstdenkmälern von Bayern, Reg.-Bez. Pfalz 9, Stadt u. Kreis Kaiserslautern, Bearb.: Eckardt, A./Gebhardt, T., München 1942, S. 352–411. Was die Interpretation der Rose anbelangt, wird verwiesen auf das schon erwähnte Werk Otto v. Simsons, Die got. Kathedrale, Darmstadt 1968. Dort findet sich auch eine Abbildung jenes Bildes aus einer Bible moralisée in Wien, das Gott mit dem Zirkel zeigt (Tafel 8). Die angeführte Stelle aus Honorius von Autun: Migne PL 172, Sp. 1231, Augustinus De Trinitate 4, 2, 4 in Migne PL 42, Sp. 889.

Ebrach: über den Bauverlauf: Wiemer, Wolfgang, Die Baugeschichte und Bauhütte der Ebracher Abteikirche 1200–1285, Kallmünz 1958. Dort werden S. 70 gute Gründe für die Frühdatierung der Rose beigebracht.

Zu *Altenberg* wurden besonders herangezogen: Mosler, Hans, Die Cistercienserabtei Altenberg, = Germania sacra NF 2, 1, Berlin 1965, zu Doberan Georg Dehio, Handbuch der dt. Kdm., Die Bezirke Neubrandenburg, Rostock, Schwerin, München / Berlin 1968, S. 62–71, zu *Pelplin* Die Bau- u. Kdm. der Provinz Westpreußen 3, Kreis Stargard, Bearb.: Heine, J., Danzig 1885, S. 191–232. Eine gute Aufnahme der Westfassade findet sich bei Pinder, Wilhelm, Deutsche Dome des Mittelalters, Königstein 1955, S. 85. Über die Flankierungstürme in der Cistercienserbaukunst: Schmoll gen. Eisenwerth, Chorin, S. 126.

Die *Kaisheimer* Westwand war zeitweilig durch die 1719–1721 von Franz Beer vorgesetzte barocke Doppelturmfassade verdeckt. Erst nach deren Abbruch 1872 erschien wieder die gut erhaltene mittelalterliche Wand, s. Die Kdm. von Schwaben, 3. Landkreis Donauwörth, Bearb.: Horn, Adam, = Die Kdm. v. Bayern, München 1951, S. 330–393. Wichtig für die Baugeschichte ist die Arbeit von Beyme, Werner v., Die Kirche des Cistercienserstifts Kaisheim, Diss. phil. Frankfurt/M. 1953, S. 13, 103.

Im Text über *Himmerod* wird zitiert: Schneider, Ambrosius, Christian Kretchmar, der Architekt der Himmeroder Barockkirche, Rhein: Vierteljahrsbl. 26, 1961, S. 323–328. Über *Grüssau* informiert am schnellsten Grundmann, Günther, Kloster Grüssau, = Führer zu großen Baudkm. 40, Berlin 1944.

Zu den Choranlagen

Eine Übersicht kann nicht ins Detail gehen, so gesehen jede Systematik auf Kosten des Individuellen. Aus diesem Grunde folgen auch dem allgemeinen Teil eine Reihe von Einzelanalysen.

Grundlegend für die Betrachtung der frühen Cistercienserbaukunst sind: Aubert, Marcel, L'Architecture cistercienne en France, 2 Bde., Paris 1947, Dimier, F. M.-Anselme, Recueil de plans d'églises cisterciennes, Grignan/Paris 1949, Supplement 2 Bde. Grignan/Paris 1967, Hahn, Frühe Kirchenbaukunst, Magirius, Heinrich, Die Baugeschichte des Klosters Altzella, = Abh. d. Sächs. Akademie d. Wiss. zu Leipzig, Phil.-hist. Klasse 53,2, Berlin 1962 und Lehmann, Edgar, Bemerkungen zum Staffelchor der Benediktinerklosterkirche Thalbürgel, in: Festschrift Johannes Jahn zum 22. November 1957, Leipzig 1958, S. 111–130, Esser, Karl Heinz, Über den Kirchenbau des hl. Bernhard v. Clairvaux: Archiv f. mittelrhein. Kirchengeschichte 5, 1953, S. 195–222. Die Arbeit: Rug, Wolfgang, Der „bernhardinische Plan" im Rahmen der Kirchenbaukunst der

Zisterzienser im 12. Jh., Diss. phil. Tübingen 1970 hat der Verf. nicht einsehen können.
— Über Detailfragen informieren die Hahn und Magirius beigegebenen Bibliographien.
Methodisch fruchtbar wurde Schmoll gen. Eisenwerth, J. A., Zisterzienser-Romanik, in:
Formositas Romanica, Joseph Gantner zugeeignet, Frauenfeld 1958, S. 151—180. Als
gute Übersicht sei noch erwähnt Eydoux, Henri-Paul, L'Architecture des églises cisterciennes d'Allemagne, Paris 1952. Bei der Diskussion um den „bernhardinischen Plan"
ist unbedingt zu beachten: Swartling, Ingrid, Cistercian Abbey Churches in Sweden
and „the Bernardine Plan", in: Nordisk medeltid, Konsthistoriska studier tillägnade
Armin Tuulse, = Acta Universitatis Stockholmiensis 13, 1967, S. 193—198. Zum
Vergleich Bonmont — Hauterive — Alvastra ziehe man heran: Bucher, François,
Notre-Dame de Bonmont und die ersten Zisterzienserabteien der Schweiz, = Berner
Schriften zur Kunst 7, Bern 1957 und Swartling, Ingrid, Alvastrakloster, = Svenska
Fornminnesplatser 44, Stockholm 1967, zur Rekonstruktion von Clairvaux II und zu
seiner Stellung in der Baugeschichte: Schlink, Wilhelm, Zwischen Cluny und Clairvaux,
= Beitr. z. Kunstgesch. 4, Berlin 1970, S. 91 f, 108 ff, 138 ff.

In der Zählung der aufeinanderfolgenden Um- und Neubauten der großen Mutterabteien folgt der Verf. des kunstgeschichtlichen Teiles dieses Cist.-Buches Hahn, Frühe
Kirchenbaukunst, S. 119. Die Konkordanz sei hier noch einmal aufgeführt:

		Aubert	Dimier	Hahn
Cîteaux	1. prov. Kapelle, Holzbau (um 1100)	Cît. I	—	—
	2. prov. Kapelle, Steinbau (Weihe 1106)	Cît. II	Cît. I	—
	1. mon. Kirche (Mitte 12. Jh.)	Cît. III	Cît. II	Cît. I
	Chorerweiterung (Weihe 1193)	Cît. IV.	Cît. III	Cît. II
Clairvaux	1. prov. Kapelle (um 1115)	—	Cl. I	
	1. mon. Kirche (um 1135 — um 1145 — 1150)	Cl. I	Cl. II	Cl. I
	Chorneubau u. Lhsvollendung (1154—1174)	Cl. II	Cl. III	Cl. II

Hahn ist zuerst heranzuziehen zu den Bauproblemen der Mutterabteien. Über Morimond noch u. a. Eydoux, Henri-Paul, L'Eglise abbatiale de Morimond: Bull. Mon. 114,
1956, S. 253—266, ders. in: Analecta 14, 1958, S. 3—111, Grüger, Heinrich, Morimond, die
Mutterabtei der schles. Zisterzienserklöster: Archiv f. schles. Kirchengesch. 28, 1970,
S. 1—28. Über die Beziehungen der dt. Großchöre zueinander und ihren politischen
Anspruch Bickel, Riddagshausen, S. 49 ff, 99 ff. Ihnen sind auch zwei Arbeiten Grügers gewidmet: Grüger, Heinrich, Die Chortypen der niederschlesischen Zisterzienser-
gruppe: Zts. f. Ostforschung 19, 1970, S. 201—263 und ders. Die zist. Architektur in
Schlesien in den Jahren 1200—1330: Archiv f. schles. Kirchengesch. 29, 1971, S. 1—31.

Zu den Einzelanalysen

Bronnbach: Friedrich Ostendorf hat in der Zts. f. Bauwesen 1914 die Choranlage bereits als Staffelchor mit Apsiden rekonstruiert. Seine Ansicht wurde durch die Grabungen Feldtkellers und Reuters bestätigt (s. Kunstchronik 5, 1952, H. 2, und Reuter
Barbara, Baugeschichte der Abtei Bronnbach, mit einer gesch. Einführung von Alfred
Friese = Mainfränk. Hefte 30, 1958). Die Dachlösung rekonstruierte Feldtkeller, Hans,
Die Zisterzienserkirche in Bronnbach o. d. Tauber und ihre ursprüngliche Dachlösung: Zts. f. Kunstgesch. 18, 1955, S. 199—211. Zu den Gründungsvorgängen der
Bericht Abt Dieters von Maulbronn: Aschbach, Joseph, Geschichte der Grafen von
Wertheim, Bd. 2, Wertheimisches Urkundenbuch, Frankfurt/M. 1843, S. 11 f.

Riddagshausen: Die Frage, ob und inwieweit Morimond als Vorbild in Frage kommt,
bleibt hier wegen der noch ungewissen Datierung Morimonds unentschieden. Über
den Ridd. Chor Bickel, Ridd. Zur dort genannten Literatur über Lilienfeld noch: Oet-

tinger, Karl, Die Entstehung von L., in: Festschrift zum 800-Jahrgedächtnis des Todes Bernhards von Clairvaux, S. 232—259 und Mussbacher, Norbert, Das Stift Lilienfeld, = Österreich Reihe 292/293, Wien 1965. Das Bandmann-Zitat entstammt Bandmann, Günter, Mittelalterliche Architektur als Bedeutungsträger, Berlin 1951, S. 243.

Loccum: Die Nähe Steinfelds zum Cistercienserorden während der Erbauungszeit ist auch personell greifbar, Propst Evervin von Helfenstein stand im Briefwechsel mit Bernhard v. Clairvaux, er traf 1141 mit ihm in Köln zusammen. Propst Ulrich besuchte ein Generalkapitel. Näheres hierüber Hardick, Else, Praemonstratenserbauten des 12. u. 13. Jhs. im Rheinland (Diss. phil. Bonn), Tongerloo 1935, S. 73 ff. Zu Loccum selbst Thümmler, Hans, Ma. Baukunst im Weserraum, in: Kunst und Kultur im Weserraum 800—1600, I, Münster² 1966, S. 166—191, S. 187, s. auch Thümmler, Hans, Der Dom zu Osnabrück = Dt. Lande, dt. Kunst, 1954, Hölscher, U., Kloster Loccum, Leipzig 1913, André, Gustav, Kloster L., = Große Baudkm. 160, Berlin 1960 und als hübscher Bildband Karpa, Oskar, Kloster L., Hannover 1963.

Altenberg: Die Lit. bis 1965 bei Mosler, Altenberg. Zur Baugeschichte hervorzuheben sind: Schäfer, Bericht über die in den Jahren 1908/1910 ausgeführten Wiederherstellungsarbeiten am Altenberger Dome: Altenberger Dom-Verein, Jahres-Bericht für die Jahre 1908—1910, S. 10—41. Die Herleitung der Chorgestalt wird überzeugend dargelegt von Soergel, Gerda, Die ehem. Zisterzienserabtei A.: Jb. d. rhein. Denkmalpflege 26, 1066, S. 275—294. Bei der Datierung des Baubeginns schließt sich der Verf der Argumentation Moslers in dem genannten Germania sacra-Band S. 15 f und S. 16 Anm. 1 an: „In der Abtschronik heißt es nur: Sub isto domino reverendo abbate (XIII. abbas dictus Giselerus) V anno ordinacionis sue . . ." S. 16 Anm. 1: „Die Datierung der Grundsteinlegung auf den 3. März 1255 . . . gründet sich einzig auf diese Angabe der Abtschronik von 1517. Da sie Abt Giselher im Jahre 1250 zur Regierung kommen läßt, würde sein fünftes Jahr bis ins Jahr 1255 hineinreichen. Abt Giselher ist aber erst im Jahre 1254 . . . gewählt worden . . . Danach wäre die Grundsteinlegung auf den 3. März 1259 zu datieren . . ." Das Clasen-Zitat entstammt: Clasen, Karl-Heinz, Die gotische Baukunst, =Hdb. d. Kunstwissensch., Wildpark-Postdam 1930, S. 109. Die Denkmäler des Rheinlandes, Rheinisch-Bergischer Kreis 2, bearb. v. Panofsky—Soergel, Gerda, Düsseldorf 1972, S. 89—140.

Doberan: Neben dem Inventarband: Die Kunst- u. Geschichts-Denkmäler des Großherzogthums Mecklenburg-Schwerin, 3. Bearb.: Schlie, Friedrich, Schwerin 1899, sind zu beachten: Lorenz, Adolf Friedrich, Doberan, Ein Dkm. norddt. Backsteinbaukunst = Dt. Bauakademie, Stud. z. Architektur- u. Kunstwiss. 2, Berlin 1958, ders. Zisterzienser-Kloster Doberan = Das christl. Dkm. 12, Berlin 1965, Gloede, Günter, Das Doberaner Münster, Berlin 1968. Lorenz 1958 informiert über die Baumaßnahmen im 19. Jh. auf S. 92 ff, besonders über die Wiederherstellung der Kirche 1881—1894 durch Ludwig Möckel. Auf sie gehen zurück der Dachreiter, die neue Dachdeckung, die Gauben, die der Überlieferung nicht entsprechende Dachlösung des Kapellenkranzes wie die „Verschönerung" der Giebel.

Abkragungen: Das Magirius-Zitat entstammt dem schon angeführten Altzella-Buch, S. 64.
Im *Kapitell-Abschnitt* wird bei der Zuordnung der Marientaler Stücke auf die Arbeit Kluckhohn, Erwin, Die Kapitellornamentik der Stiftskirche zu Königslutter: Marburger Jb. 11/12, 1938/39, S. 527—578 zurückgegriffen. Zum Maulbronner Kapitelltypus Dörrenberg, I., Das Zisterzienser-Kloster Maulbronn, Diss. phil. München 1936, S. 66, über seine Ausstrahlung Badstübner, E., Maulbronner Schulbauten in Thüringen, Berlin 1955 (Masch. Schrift im Kunsthist. Inst. Berlin). Das Köhn-Zitat zum Drachen-Schlußstein aus Köhn, H., Roman. Drachenornamentik in Bronze- und Architekturplastik, Straßburg 1930. Die besten Einblicke in die cisterciensische *Baukeramik* bietet Schnyder, Rudolf, Die Baukeramik und der mittelalterliche Backsteinbau des Zisterzienserklosters St. Urban = Berner Schriften zur Kunst 8, Bern 1958.

Zu den Glasfenstern:

In kürzester und umfassendster Weise führt in dieses Gebiet immer noch ein: Wentzel, Hans, Die Glasmalerei der Zisterzienser in Deutschland, in: L'Architecture monastique, Die Klosterbaukunst, Arbeitsbericht der dt.-frz. Kunsthistorikertagung Mainz 1951. An Werken über die Glasmalerei i. A. sei verwiesen auf: Wentzel, Hans, Meisterwerke der Glasmalerei, = Dkm. dt. Kunst, Berlin 1951, Oidtmann, Heinrich, Die rheinischen Glasmalereien vom 12.–16. Jh., Düsseldorf 1912; Frodl-Kraft, Eva, Die Glasmalerei, Wien / München 1970. Zu Altenberg: Roll, Johanna, Die Blattornamente in den Chorfenstern des Altenberger Domes: Romerike Berge 2, 1951, S. 6–14. Von einem Mönch in Hude, der als Glasmaler tätig war, erfahren wir aus den „Huder Fragmenten" bei Sello, Georg, Das Cistercienserkloster Hude bei Oldenburg, Oldenburg/Leipzig 1895, S. 69, 89 f. Über Glasmaler in Salem und Zwettl: Oidtmann, H., Die Glasmalerei II, 1, Köln 1898, S. 186, 294. Über die geistesgeschichtlichen Hintergründe der naturnahen Darstellungen in Altenberg: Behling, Lottlisa, Die Pflanzenwelt der mittelalterlichen Kathedralen, Köln / Graz 1964, S. 88 ff, 92 ff, 121. Über die Glasfenster schweizerischer Cistercienserkirchen: Beer, Ellen J., Die Glasmalereien der Schweiz vom 12. bis zum Beginn des 14. Jhs. = Corpus vitrearum medii aevi Schweiz I, Basel 1956 und dies., Die Glasmalereien der Schweiz aus dem 14. und 15. J., = Corpus ... Bd. III, Basel 1965. Zu Sonnenkamp/Neukloster: Mansfeld, H., Ohle, W., Die Instandsetzung der mittelalterlichen Glasmalereien in Neukloster, in: Denkmalpflege in Mecklenburg, Jahrbuch 1951/52, Dresden 1952, S. 173.

Zu den Bodenfliesen:

Im Rahmen dieses Buches ist es allerdings nur möglich, einige charakteristische Beispiele aus der Produktion verschiedener Abteien abzubilden. Weder Datierungsfragen noch Werkstattzusammenhänge können eingehend behandelt werden. Einige Klöster produzierten in großem Maß Baukeramik und deckten den Bedarf anderer mit. Das Vorkommen derselben Motive und Formate ließe sich auch durch das Überlassen von Modeln erklären. Ein Beispiel für beide Möglichkeiten ist das Kloster St. Urban (Schweiz). Auch in Bonmont (Schweiz) und Aulps (Haute-Savoie) wurden dieselben Fliesen verwendet. Es ist nicht möglich, hier festzustellen, ob in einer der beiden Abteien die Tonfliesen angefertigt und sodann über den Genfer See, in dessen Nähe sich beide Klöster befinden, transportiert, oder ob nur die Modeln zur Herstellung der Fliesen ausgeliehen wurden.

Auf deutschem Boden finden wir in Marienstatt (Westerwald) und Arnsburg (Hessen) Fliesen mit dem gleichen Muster.

Neben den ein- und mehrfarbigen, einfach gehaltenen Fliesen, wie sie in den meisten Klöstern nachgewiesen sind, gab es im Hochmittelalter auch Schmuckfußböden in Cistercienserkirchen. 1218 sah sich das Generalkapitel gezwungen, die Entfernung aller bunten, stark gemusterten Fußböden zu fordern. So wurde 1235 auch der Bodenbelag der Kirche von Gard als zu aufwendig bezeichnet und seine Abschaffung verlangt.

Das große Werk von Frau Eleonore Landgraf, das in Kürze in Berlin erscheinen wird, gibt eine umfassende Übersicht über die Bodenfliesen in Cistercienserklöstern. Der Autor des Buches „Notre-Dame de Bonmont" François Bucher, Bern 1957, bringt Beispiele von Bodenfliesen von Bonmont und stützt sich dabei auf die Arbeit von A.-C. de Breycha-Vauthier, aus dem Artikel „Les carreaux estampés de Bonmont" ZAK Bd. 15, Nr. 1, 1954, S. 7 ff.

Über Schmuckfußböden informiert das Werk von Hiltrud Kier „Der mittelalterliche Schmuckfußboden", Düsseldorf 1970.

Siehe: Wilhelm Schmidt-Thomé „Symbole und magische Zeichen in Notarsigneten" in „Plus est en vous" = Festschrift für Prof. Pitlo, Amsterdam, 1970, S. 372 ff; Ziff. 2.

Die Cistercienserinnen

Die Cistercienserinnenklöster sind aus der religiösen Frauenbewegung des 12. und 13. Jhs. hervorgegangen. Ihr Wachstum war schneller als das der Mönchsklöster, und sie waren auch an Zahl, besonders im deutschen Sprachgebiet diesen weit überlegen. Von den Mönchsklöstern unterscheiden sie sich durch die Eigenständigkeit ihrer Geschichte, die Lage ihrer Klöster und die Bauart ihrer Kirchen. Im 13. und 14. Jahrh. erblühte in vielen Nonnenklöstern unter dem Einfluß bernhardinischen Geistes ein fruchtbares religiös-mystisches Leben, auch in solchen Klöstern, die nicht dem Orden inkorporiert waren.

Siegel der Äbtissin von Himmelkron/Oberfranken, Anne von Hohenzollern, Burggräfin von Nürnberg. Ihr Haus stand zusammen mit der verwandten Familie der Grafen von Orlamünde diesem und anderen Cistercienserinnenklöstern Frankens und Thüringens sehr nahe. Anna, eine Tochter des Burggrafen Johann II und der Elisabeth, geb. Gräfin von Henneberg, war zuerst Äbtissin in dem von ihrem Vorfahren, Burggraf Friedrich III, 1275 gegründeten Cistercienserinnenkloster Birkenfeld/Mittelfranken. Sie wurde 1370 nach Himmelkron berufen und starb 1383.
Umschrift des Siegels:
SIGILLUM ANNE BURGRAVIE DE NORINBERG ABBATISSE COELI CORONE ORD. CIST.

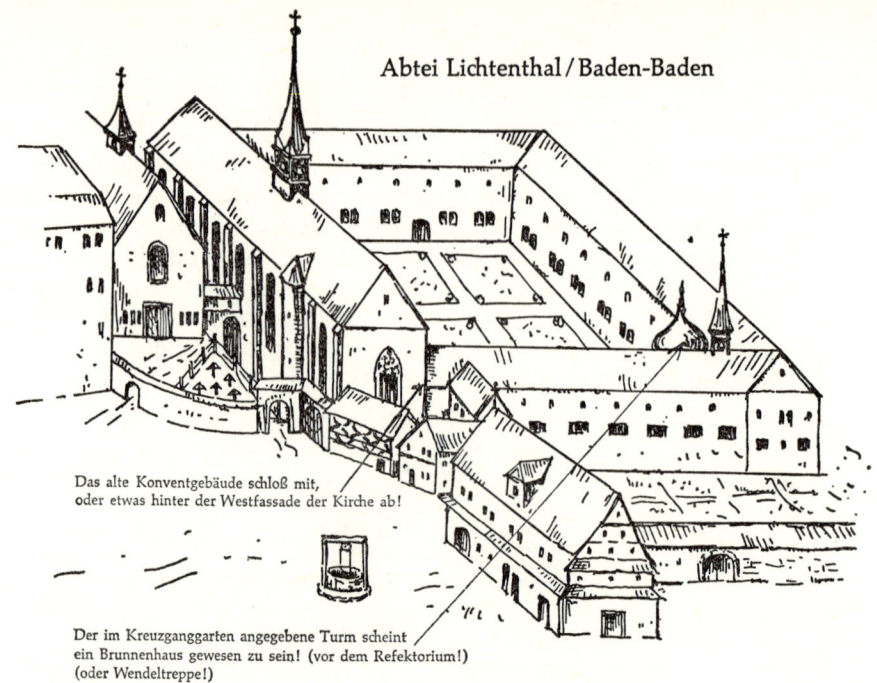

Abtei Lichtenthal / Baden-Baden

Das alte Konventgebäude schloß mit, oder etwas hinter der Westfassade der Kirche ab!

Der im Kreuzganggarten angegebene Turm scheint ein Brunnenhaus gewesen zu sein! (vor dem Refektorium!) (oder Wendeltreppe!)

Rekonstruktion des alten Klosters von P. Balthasar Schmid, Profeß von Tennenbach, wiederholt Beichtvater in Lichtenthal (1773–1786), später Prior in seinem Kloster

Das „Kloster Unserer Lieben Frau zu Lichtenthal" liegt am Ostrand der Stadt Baden-Baden. Es wurde 1245 von der Markgräfin Irmengard von Baden in frommem Eifer und als Grablege für ihre Familie gestiftet. Im Jahre 1248 fand die Abtei Aufnahme in den Cistercienserorden. Seitdem ertönt hier ununterbrochen durch die wechselvollen Zeiten das feierliche Chorgebet, streben die gottgeweihten Frauen in Befolgung der Regel des hl. Benedikt nach den Konstitutionen der Cistercienser der Vollkommenheit ihres Berufes zu. Lichtenthal ist eine der drei Abteien auf deutschem Boden, die seit ihrer Gründung ununterbrochen bestehen.

Die ersten Nonnen kamen aus Kloster Wald bei Meßkirch (Hohenzollern). Trudindis von Liebenstein ist als erste Äbtissin († 1249) bezeugt. Als Visitator wurde vom Generalkapitel der Abt von Neuburg im Elsaß eingesetzt.

Schon 1248 konnte der erste Bau des Ostteils der Kirche durch den Bischof von Straßburg geweiht werden. Die bestehende Kirche erwuchs aus den Fundamenten ihrer Vorgängerin im 14. (O.-Teil) und 15. Jh. (W-Teile) als Saalbau mit gewölbtem Altarraum. Der Frauenchor wurde 1724 barock ausgebaut und steht in enger Verbindung mit dem vier Jahre später erfolgten Neubau der Abtei durch den Barockbaumeister Peter Thumb.

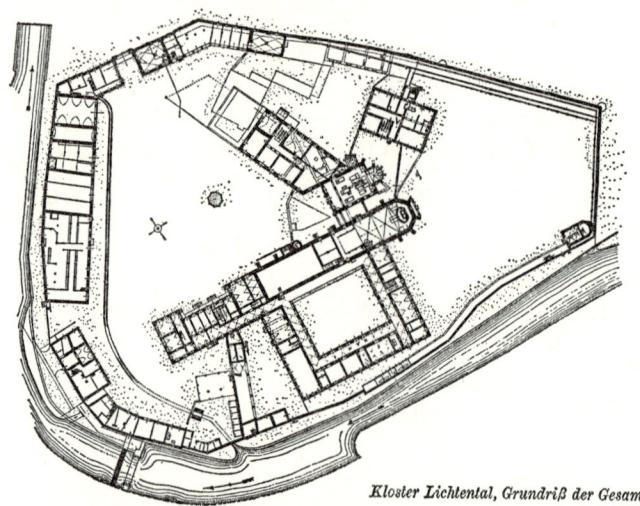

Kloster Lichtental, Grundriß der Gesamtanlage

Über die Entstehung und Frühzeit der Cistercienserinnen-Klöster

von Adam Wienand

Die religiöse Frauenbewegung des Mittelalters

Veronika von Rietheim
Äbtissin von
Heiligkreuztal*
von 1521—1551

Der weibliche Zweig des Cistercienser-Ordens ist nicht als Gegenbewegung zu den Benediktinerinnen entstanden, wie die der Cistercienser zu den Benediktinern, sondern entwickelte sich aus der religiösen Frauenbewegung des 12./13. Jahrhunderts. Mit der allgemeinen religiösen Bewegung ihrer Zeit hatte die Frauenbewegung eine christliche Lebensgestaltung zum Ziel, die in der Gemeinschaft in Armut und Keuschheit erstrebt wurde. Das bedeutete Verzicht auf Güter und Ehren der Welt, Umkehr vom Weg zum weltlichen Wohlstand und eine Hinwendung zu einem Leben, wie man es in den Evangelien vorgezeichnet fand. So verschieden die Herkunft des einzelnen und das gesellschaftliche Bewußtsein der damaligen Zeit auch waren, einig waren sich alle in der Auffassung, einbezogen zu sein in den göttlichen Heilsplan, der in die ewige Seligkeit einmündet.

Der Anwalt dieser frommen Frauen war der Augustiner-Chorherr, Kreuzzugsprediger und Bischof von Accon, Jacob von Vitry (1180—1254), der sich bei Papst Honorius III. im August 1216 für sie einsetzte und von diesem die Erlaubnis erwirkte, „daß sie im Bistum Lüttich, in ganz Frankreich und in Deutschland in Gemeinschaftshäusern zusammenwohnen dürfen, um einander in gegenseitiger Ermahnung im rechten Tun zu bestärken"[1]. Das war der Anfang der Beginen-Gemeinschaften, wie sie sich in Nordfrankreich, den ganzen Niederlanden und Deutschland entwickelten.

Zwei begnadete Frauen ragen aus der Vielzahl der von der religiösen Frauenbewegung ergriffenen heraus. Es sind dies die unter der geistigen Leitung des Jacob von Vitry stehende Maria von Oignies, Vorbild und Mittelpunkt der Frauenfrömmigkeit im Bistum Lüttich, und Mechthild von Magdeburg, eine der größten Mystikerinnen des Mittelalters. Mechthild lebte 31 Jahre als Begine in Magdeburg, unter der geistigen Leitung der Dominikaner und fand 1278 Aufnahme bei den nach den Konstitutionen der Cistercienser lebenden Schwestern in Helfta. In ihrem Hauptwerk „Das fließende Licht der Gottheit", ruft sie in dichterisch-visionärer Weise aus: „Ich sehe es mit den Augen meiner Seele und höre es mit den Ohren meines ewigen Geistes, ... Herr, Du bist mein Trost, mein Begehren, mein fließender Brunnen, meine Sonne, und ich bin Dein Spiegel." In Helfta lebte Mechthild noch 12 Jahre und starb im Rufe der Heiligkeit.

---

* Die Äbtissin Veronika von Rietheim setzte nicht nur die 1517 begonnene innere Reform des Klosters Heiligkreuztal fort, sondern erneuerte auch das gesamte monastische Leben und gab baulich dem Kloster das spätgotische Gepräge, so daß sie als zweite Stifterin bezeichnet werden kann.

Die Beginengemeinschaften strebten danach, die kirchliche Anerkennung für ihre Konvente als Orden zu erlangen, um sich die damit verbundenen Privilegien und Gnadenerweise zu sichern. Nun war seit dem Laterankonzil von 1215 die Errichtung neuer Orden nicht mehr gestattet. Sodann verordnete Papst Gregor IX. (1227—1241): „Jede wahre religio, jede kirchlich anerkannte religiöse Lebensweise muß auf bestimmten Regeln und Normen, Vorschriften und Strafbestimmungen ruhen; denn ohne genaue und strenge Regelung des Gemeinschaftslebens und der Gemeinschaftszucht ist jede vita religiosa in Gefahr, den rechten Weg und die sichere Grundlage zu verlieren."[1a]

Die Einfügung der religiösen Frauen-Bewegung in die kirchliche Ordnung konnte also nur unter Anschluß an die alten Frauenorden oder an die aufstrebenden Männerorden vollzogen werden, worum sie sich daher mit aller Kraft bemühten. Durch das ganze 13. Jahrhundert zieht sich deshalb ein wechselvolles Ringen um die organisatorische Gestaltung der religiösen Frauenbewegung.

„Mit diesen Auseinandersetzungen hat sich die Kirchen- und Ordensgeschichtsschreibung zwar schon oft beschäftigt, aber die richtigen Zusammenhänge hat sie nicht durchschaut, wenn sie nur die Ordensgeschichte der weiblichen Zweige der einzelnen Orden, niemals aber die religiöse Frauenbewegung als Ganzes ins Auge faßte. Die Entwicklung des Verhältnisses der einzelnen Orden zu ihren weiblichen Zweigen greift aber so stark ineinander, daß sie überhaupt nicht als eine Angelegenheit jeden Ordens für sich, sondern nur als eine Auseinandersetzung der religiösen Frauenbewegung als Ganzes zu verstehen ist", so schreibt Herbert Grundmann in seinem grundlegenden Werk über „Religiöse Bewegungen im Mittelalter" S. 201 (Darmstadt 1961).

Die Prämonstratenserinnen

Der Prämonstratenserorden machte den Anfang in der seelsorgerischen Betreuung religiöser Frauen. Ihre Klöster wurden unter strenger baulicher Trennung von Wohngebäuden der Mönche und Nonnen zu Doppelklöstern, in denen die Nonnen unter Leitung des Abtes völlig für sich lebten. Diese Klöster waren für Jahrzehnte die einzigen Stätten, in denen die von der religiösen Zeitbewegung erfüllten Frauen ein Leben in Keuschheit, Askese und nach einer Ordensregel führen konnten.

Doch vom zweiten Drittel des 12. Jh. an schränkten die Prämonstratenser die seelsorgerische Betreuung der Frauen und ihre Eingliederung in den Orden immer mehr ein. Aus dem Verband von Männer- und Frauenklöstern schieden letztere aus, so daß aus diesen Klöstern reine Männermonasterien wurden, so, wie es die der Cistercienser von Anfang an waren. Mehr und mehr distanzierte man sich vom weiblichen Ordenszweig und den jahrzehntelang mit Eifer durchgeführten Aufgaben der Betreuung der frommen Frauen. Später verwehrte man neuen Frauengemeinschaften die Zugehörigkeit zum Orden ganz. Papst Innocenz III. brachte in einem Schreiben vom 13. Mai 1198 an das General-Kapitel von Prémontré seine Übereinstimmung mit dieser Maßnahme zum Ausdruck.

Die ersten Cistercienserinnenklöster

Das erste Cistercienserinnen-Kloster Tart wurde bereits 1125 gegründet und erhielt von Stephan Harding die Konstitutionen von Cîteaux. 1147 gelang es diesem Kloster, von Papst Eugen III. den päpstlichen Schutz zu erhalten. Abt Guido von Cîteaux berichtete um 1200, daß Tart vom hl. Stephan gegründet und in den Orden aufgenommen worden sei. Schon 1147 wurde die Benediktiner-Kongregation von Obazine Cîteaux angegliedert.

Die dazu gehörende Frauenabtei Coirux wurde ebenfalls inkorporiert. Unter Berufung auf diese Angliederung erreichten eine Anzahl von Frauenkonventen im 12. Jahrhundert die gewünschte Aufnahme in den Ordensverband. Bis 1150 wuchs in Frankreich deren Zahl schon auf 15 an. In der zweiten Hälfte dieses Jahrhunderts kamen weitere 28 Klöster hinzu, obwohl vom Orden selbst keine Anregung zum Anschluß ausging. Seit 1212 wurde auf den Generalkapiteln über die Frauenklöster geklagt und es wurde klar zum Ausdruck gebracht, daß der Orden künftighin an einer Aufnahme und der Betreuung von Frauenklöstern nicht interessiert war. Zwischen 1213 und 1220 fanden daher nur vier schriftlich fixierte Inkorporationen statt, darunter in Deutschland 1214 die Gründung des Landgrafen Hermann von Thüringen, St. Katharina in Eisenach (Canivez I, S. 427) und 1218 das von Herzog Heinrich I. von Schlesien und seiner Frau, der hl. Hedwig gegründete Trebnitz (Canivez I, S. 502).

Gerade das bereits 1202 gegründete Kloster Trebnitz ist ein Beispiel, wie der Orden, trotz großer Protektion, in jenen Jahren die Aufnahme von Frauenklöstern erschwerte. So sagte die bischöfliche Bestätigungsurkunde von 1203, daß dieses Kloster für Nonnen des „grauen Ordens" errichtet worden sei. Die päpstliche Bestätigungsurkunde von 1205 unterstellt das Kloster den Cisterciensern von Leubus, und Papst Innozenz III. stellte in seiner Schutzurkunde 1216 fest, daß „die klösterliche Ordnung ... gemäß Gott, der Regel des hl. Benedikt und den Gewohnheiten der Cistercienser eingeführt ist". Es dauerte dann noch zwei Jahre, bis Trebnitz in den Orden inkorporiert wurde. Nur auf Wunsch des Papstes, eines Bischofs, eines Abtes oder eines Landesfürsten konnte ein Frauenkloster dem Orden inkorporiert werden.

Daß die Gründung der Frauenabteien und ihr Anschluß an den Männerorden von diesem durchaus als Belastung empfunden wurde, beweist ein Erlaß des Generalkapitels von 1228. Er verbietet, daß irgendeine neue Abtei gebildet oder dem Orden zugeeignet würde. Schwere Strafen sind für die Äbte oder Mönche vorgesehen, die gegen dieses Verbot verstoßen. Wenn jedoch durch Verordnung des Papstes oder eine andere bedeutende Persönlichkeit der Fall eintritt, so darf die neue Abtei dem Orden solange nicht zugehören, bis die Bauwerke so zu Ende gebracht und den Ordensgewohnheiten entsprechen, daß der Konvent genügend ausgestattet und die Religiosen darin ein klösterliches Leben führen können.

Mit der Möglichkeit, daß der Papst den Orden anwies, weitere Frauenklöster zu inkorporieren, mußten die Cistercienser allerdings auch weiterhin rechnen, und auf diesem Umweg über die Vermittlung der Kurie haben in der Tat in den folgenden Jahren noch viele Frauengemeinschaften ihren Anschluß an den Cistercienser-Orden gefunden. Deswegen nahmen viele Landesherren oder Bischöfe als Klosterstifter den Umweg über die Vermittlung der römischen Kurie in Anspruch.

Am 26. Juni 1232 weist Gregor IX. den Abt von Clairvaux an, das Nonnenkloster Löwenbrücken der Visitation und Seelsorge des Abtes von Himmerod zu unterstellen und in den Ordensstatuten unterweisen zu lassen (juxta eiusdem ordinis constituta; Mittelrhein. Urk.-B. III S. 360 n. 459). 1233 inkorporiert der Abt von Cîteaux dem Orden das Nonnenkloster Heiligkreuztal (bei Riedlingen) ad petitionem vestram, de mandato domini pape, cuius litteras super hoc recipimus speciales, et de assensu et beneplacito nostri capituli generalis (Würtemb. Urk.-B. III S. 320 n. 825); die Schwestern befolgten schon vorher die Benediktiner-Regel und die Cistercienser-Konstitutionen (s. ebd., S. 284 ff. n. 790).

Ursprünglich wohnten die frommen Frauen als Beginen-Sammlung in Altheim bei Riedlingen, erwarben 1227 den kleinen Ort Wasserschapfen und siedelten dorthin über. Das Kloster bekam nun, wahrscheinlich wegen des Besitzes einer Kreuzreliquie, den Namen Heiligkreuztal und 1231 einen päpstlichen Schutzbrief. Der Abt von Salem, der die Schwestern schon vorher unterstützt hatte, erhielt 1238 das Aufsichtsrecht (H. Tüchle, Kirchengeschichte Schwabens Bd. I 349).

Auch die Angliederungen anderer schwäbischer Cistercienserinnen-Klöster sind größtenteils erst nach dem Verbot von 1228 erfolgt. Sie wurden meist dem Abt von Salem unterstellt. Wald in Hohenzollern 1212, Rottenmünster bei Rottweil 1225, Heggbach (Kr. Biberach) 1234, Feldbach am Rhein (Schweiz) 1234, Gutenzell (Kr. Biberach) 1237, Heiligkreuztal 1238 und Baindt (Kr. Ravensburg) 1240. Andere wiederum, die keinen Anschluß an den Orden finden konnten, unterstanden dagegen nicht einem vom Generalkapitel eingesetzten Abt eines Mönchsklosters als Visitator und Weiser, sondern dem jeweiligen Diözesan-Bischof. Dieser übernahm die Aufgaben, die gewählte Äbtissin zu bestätigen und zu benedizieren, Beichtväter für die Nonnen zu bestellen und einen Propst einzusetzen, der den Nonnen in geistlichen und wirtschaftlichen Fragen zur Seite stand.

Die Geschichte vieler Cistercienserinnenklöster ist noch nicht erforscht und geschrieben, daher ist es auch nicht möglich, die etwa 300 dieser klösterlichen Gemeinschaften im deutschen Sprachgebiet aufzugliedern in solche, die dem Orden inkorporiert und jene, die dem Diözesanbischof unterstellt waren. Über die Aufgaben der von den Generalkapiteln bestimmten Weisungsäbte sind wir hinreichend informiert, nicht dagegen über die Stellung und Befugnisse der von den Bischöfen oder später auch von den Landesherren eingesetzten Pröpste. Sicherlich sorgten auch sie für die Seelsorge an den Klöstern und kümmerten sich um deren wirtschaftliche Belange. Ob sie auch in Verbindung mit der jeweiligen Äbtissin mitbestimmend für das monastische Leben des Klosters waren, hing wohl viel mit der Persönlichkeit des Propstes zusammen. Ihre Stellung war auch regional verschieden. In Wienhausen und Sonnenkamp waren die Pröpste gleichzeitig Archidiakone über die den Klöstern inkorporierten Kirchen. Die Pröpste von Sonnenkamp zählten zu den bedeutenden Prälaten des Landes Mecklenburg und erscheinen häufig bei der Ausfertigung wichtiger Landesurkunden. In der Chronik von Wienhausen (s. anschließ. Aufsatz), mit dem Verzeichnis der meisten Pröpste dieses Klosters, ist nicht nur aufgeführt, was diese zur wirtschaftlichen Entwicklung, sondern was sie auch zum Ausbau des Klosters leisteten. Dazu gehören, wie Horst Appuhn feststellt, die großartige Backsteinarchitektur, gefördert durch die Pröpste Conrad von Here (1305/6) und Dietrich von Prome (1307/1316), sowie einzelne, heute noch erhaltene Teile des einzigartigen mittelalterlichen Inventars.

Die Pröpste residierten innerhalb des Klosterbezirks in einem eigenen von der Klausur getrennten Gebäude. Dieses war ihrer Bedeutung entsprechend oft von aufwendigen Ausmaßen und repräsentativer Wirkung. Die noch erhaltenen Propsteigebäude von Sonnenkamp mit prächtigen Staffelgiebeln und von Güldenstern/Mühlberg sind anschauliche Beispiele aus gotischer Zeit. Ein Beispiel aus der Barockzeit ist das schloßartige Propsteigebäude von Wöltingerode, das errichtet wurde, nachdem der Konvent sich 1650 freiwillig unter die Paternität des Abtes von Altenberg gestellt hatte und Altenberger Professe als Pröpste gemeinsam mit den Äbtissinnen eine neue Blütezeit des Klosters eingeleitet hatten.

Wechterswinkel

Ein Beispiel für die dem Ortsbischof unterstellten Frauencisterzen ist das erste im deutschen Sprachgebiet gegründete Cistercienserinnen-Kloster, Wechterswinkel in Unterfranken. Stifter des vor 1144 im Landkreis Mellrichstadt errichteten Klosters war Bischof Embrico von Würzburg in Verbindung mit König Konrad III. Wie sich diese erste cisterciensische Frauengemeinschaft zusammenfand, ist nicht bekannt. Jedenfalls steht fest, daß hier ein Kloster gegründet worden war, welches von Anfang an dem Reformgeist der religiösen Frauenbewegung des 12. Jahrhunderts folgte. Ausdruck dieser Reformgesinnung ist auch die 1179 geweihte Kirche in ihrer einfachen turm- und querschifflosen Gestalt. Papst Lucius III. nahm am 14. März 1144 das Kloster unter seinen Schutz, unterstellte es dem Würzburger Bischof und gestattete nur die freie Wahl der Äbtissin. Diese hatte aber in allen Dingen dem Bischof Folge zu leisten. Der Cistercienser-Orden fand in dieser Urkunde und in dem von Papst Eugen III. am 23. Oktober 1150 ausgestellten Schutzprivileg keine Erwähnung. Als Ordensregel wird die des hl. Benedikt bezeichnet, was ja auch auf die Cistercienserinnen zutrifft. 1150 erscheint erstmals die Gottesmutter als Patronin von Wechterswinkel. Etwa 200 Jahre später, am 1. Januar 1349, stellte Bischof Otto von Würzburg fest, daß ihm Wechterswinkel von jeher unmittelbar untergeben sei. Die Äbtissin und der Propst hätten die Bestätigung der Wahl und die Benediktion vom Bischof zu erbitten[2].

Seine große Zeit hatte dieses Kloster im ersten Jahrhundert seines Bestehens. Tochter-, Enkel- und Urenkel-Klöster (s. Stammtafel) geben Kunde von einem musterhaften monastischen Leben mit großer Ausstrahlungskraft[3].

Die hl. Hildegard (1098–1179) war mit dem Konvent in Wechterswinkel verbunden und richtete nachstehenden Brief an die Schwestern:

„In der wahrhaftigen Schau des Lebendigen Lichtes sage ich: O Töchter Jerusalems, ich künde euch, daß ich euch nichts anderes zu sagen wagte als das, was der Herr mir gezeigt hat. Dennoch sehe ich in eurer klösterlichen Gemeinschaft

Wechterswinkel, das erste deutsche Cistercienserinnen-Kloster und seine Filiationen

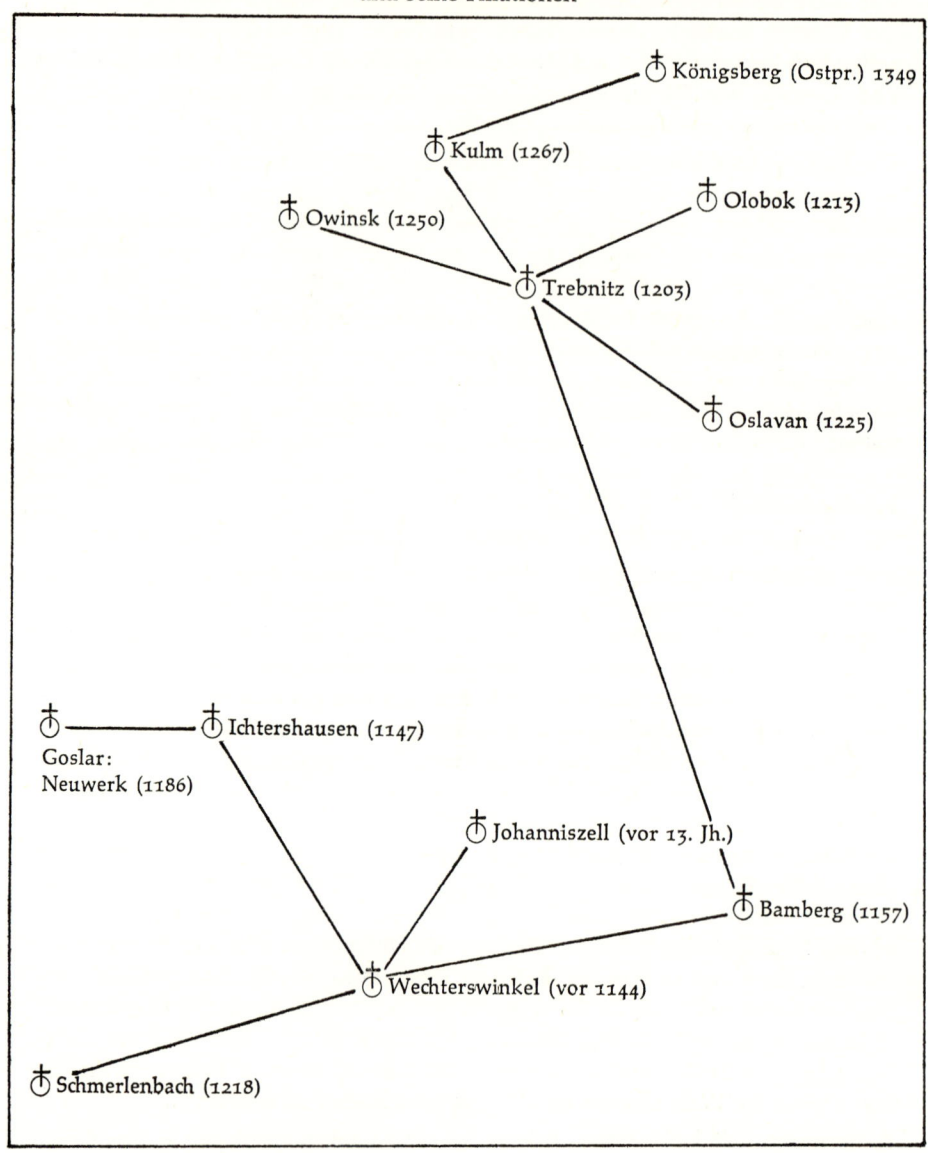

Unter den Tochter-, Enkel- und Urenkel-Klöstern dieser dem Orden nicht inkorporierten Frauenabtei finden sich nebeneinander solche, die die Angliederung an den Orden erreichten, und wiederum solche, die dem zuständigen Diözesanbischof unterstellt waren. Auch schlossen sich später einige der oben genannten Klöster wie St. Maria und Theodor Bamberg, Johanniszell und Schmerlenbach dem älteren Ordenszweig St. Benedikts an oder traten in die von der Benediktinerabtei Bursfeld an der Weser ausgegangene Reformbewegung ein.

den Glanz der Furcht und Liebe Gottes, wie es heißt: ‚Wer ist die, die da heraufsteigt aus der Wüste wie eine Rauchsäule aus den Düften von Myrrhe und Weihrauch?'. Und darum freut sich meine Seele über eure Gemeinschaft, als sei sie bei euch. Nun also kündet von mir und meinen Schwestern eurem Bräutigam und Tröster, daß wir uns allesamt dort zusammenfinden, wo der Winter vorüber, der Regen dahin und vorbei ist, die Blumen sich zeigen, die Weinblüten ihren Duft geben' und ‚die Stimme der Turteltaube gehört wird', so daß unsere Erde ein Garten aller Wohlgerüche wird und wir alle hineingenommen werden in die innige Umarmung der Liebeswonne unseres gemeinsamen Bräutigams. Aber auch du, Tochter Gottes, A., die du den Qualen dieser Welt entflohen und gekommen bist, um Blumen im Paradies zu sammeln, harre starkmütig aus in der Beharrlichkeit guter Werke. Amen[4])."

Wöltingerode

Eines der bedeutendsten Cistercienserinnenklöster Niedersachsens war diese bei Goslar gelegene Abtei. Das monastische Leben in Wöltingerode dürfte Jahrhunderte hindurch vorbildlich gewesen sein. Daher forderte eine Anzahl neugegründeter Cistercienserinnenklöster von dort ihren Gründungskonvent an.

Wöltingerode 1188 —
- Beuren, Kr. Worbis 1201
- Halberstadt, St. Burkhardt 1208
- Althaldensleben 1228
- Magdeburg, St. Laurentius zwischen 1209 und 1220
- Wienhausen 1221
- Nordhausen 1257
- Wasserleben 1300
- Derneburg 1443

Noch im 15. Jahrhundert wurde das vorher von Augustinerinnen besetzte Kloster Derneburg von Nonnen des Klosters Wöltingerode übernommen. In romanischer und frühgotischer Zeit hatte Wöltingerode ein hervorragendes Skriptorium. Siehe Bildteil des Handschriftenkapitels.

Schwanken und Unklarheit hinsichtlich der Ordenszugehörigkeit

Die religiöse Bewegung erfaßte Frauen aller Stände, so daß viele keine Aufnahme in die bestehenden Ordenshäuser finden konnten. Aus den „ausgesperrten" Frauen bildeten sich vielfach klösterliche Gemeinschaften, die in der Erstzeit ihres Bestehens zwar ein monastisches Leben nach den Gewohnheiten der Cistercienser führten, aber einen Angehörigen eines anderen Ordens als geistlichen Leiter hatten.

„Das Kloster Helfta war keinem Orden inkorporiert, befolgte aber die Cistercienser-Konstitutionen. Die Seelsorge des Klosters, in dem die Beginen Mechthild von Magdeburg, Mechthild von Hackeborn und Gertrud von Helfta ihre Visionen hatten, lag anscheinend großenteils in den Händen der Dominikaner, ähnlich wie in dem Cistercienserinnen-Kloster Oberweimar, wo gleichfalls Dominikaner als Beichtiger und Prediger wirkten."[4a])

Das 1250 gegründete Kloster Heiligkreuz in Zehdenik in der Mark Brandenburg war nie dem Orden affiliert, sondern unterstand dem Bischof von Brandenburg. Die Seelsorge der Kommunität wurde von den Ortsgeistlichen ausgeübt. Bis zu der 1541 erfolgten Einführung der evangl. Kirchenordnung trugen die Nonnen den Habit der Cistercienserinnen, hielten aber auch noch später das Stundengebet ab. Erst in und nach dem 30jährigen Krieg scheint das gemeinsame Leben im Kloster aufgehört zu haben. Wie bei vielen Cistercienserinnen-Klöstern wurde das Kloster von der Äbtissin in Verbindung mit dem Propst geleitet. Der Propst war Archidiakon des Bischofs und übte das Aufsichtsrecht über die Geistlichen an den Pfarrkirchen in den Klosterdörfern aus[5]).

Auch das älteste thüringische, bereits 1147 als erstes Tochterkloster von Wechterswinkel gegründete Cistercienserinnen-Kloster Ichtershausen (Krs. Arnstadt) hatte keine Verbindung zum Orden. Bis zu seiner 1539 erfolgten Aufhebung wurde es von den Äbtissinnen im Verein mit Pröpsten geleitet, die zum Teil regulierte Chorherren waren.

Das Kloster Hoven bei Zülpich (Rhld.) hatte eine Zeitlang als Seelsorger den hl. Hermann Joseph, Prämonstratenser von Steinfeld, der 1235 in Hoven starb. Von den sich bildenden religiösen Frauengemeinschaften dieser Zeit waren einige jahrelang darüber im Zweifel, welches Ordensideal ihrer Vorstellung entsprach und welcher geistlichen Führung sie sich anvertrauen konnten. So schloß sich Wonnenthal bei Kenzingen, seit 1242 bezeugt, 1245 den Dominikanern an, ging aber 1254 zum Cistercienserorden über, (s. Z. für Gesch. des Oberrheins VIII S. 481; Mone, Quellensammlung zur bad. Gesch. IV S. 47, Freiburger Diözesanarchiv N.F. I S. 133 ff. und II S. 38 f. Wilms, Verzeichnis S. 7.) Das Augustinerinnenkloster zum Heiligen Geist in Alzey (Rheinhessen) wurde auf Befehl des Papstes Innozenz IV., den er am 15. Januar 1248 dem Dominikanerprior von Worms erteilte, dem Dominikanerorden inkorporiert. Aber schon im Jahre 1262 ist es als Cistercienserinnenkloster verbürgt. (Wilms, Verzeichnis, S. 75)

Das Kloster zum hl. Bartholomäus zu Neuburg/Neckar, bei Heidelberg, war 1195 mit Benediktinerinnen besetzt, 1224 sind Cistercienserinnen bezeugt. Am 1. Mai 1287 unterstellte der Kardinallegat Johannes Boccamazzi das Kloster dem Dominikanerorden. Durch den Einfluß des Cistercienserabtes von Schönau kehrte es aber vor 1300 zum Cistercienserorden zurück. (Wilms, Verzeichnis, S. 75)

Das asketische Ordensideal in den Nonnenklöstern

Über den Zugang von frommen Frauen zu den Cisterciensern in belgo-französischen und in deutschen Klöstern liegt das zeitgenössische Urteil des Jacob von Vitry vor, in dem gesagt wird, daß der allergrößte Teil aus dem Adel oder dem städtischen Patriziat kam, und daß diese Töchter und Frauen nicht in die Klöster gingen, um versorgt zu sein, sondern um ein Leben in Askese und Keuschheit zu führen. Weiter heißt es:

„In der ersten Zeit wagte das weibliche Geschlecht nicht zu hoffen, solchen strengen Vorschriften genügen und zu diesem Gipfel der Vollkommenheit gelangen zu können. Schien doch selbst stärkeren Männern eine solche Last sehr schwer und kaum zu bewältigen, wenn Gott sie nicht stärkte. Späterhin jedoch fanden sich gottergebene Jungfrauen und heilige Frauen, die im Eifer und mit der Sehnsucht des heiligen Geistes ihre Schwachheit überwanden und, um dem Schiffbruch in der Welt zu entgehen, sich in den ruhigen Hafen des Ordens von Cîteaux begaben und dessen Tracht annahmen..."

Aufblühen und Ausbreitung der Cistercienserinnenklöster
(nach dem Zeugnis Jakobs von Vitry)

Von großer Wichtigkeit für die Aufnahme von Frauen in den Cistercienserorden wurde die schon erwähnte veränderte Haltung der Prämonstratenser gegenüber weiblichen Konventen in ihrem Orden: „Gottesfürchtige und ordenseifrige Männer unter diesen hatten nämlich in ihren Klöstern die Erfahrung gemacht, wie schwer und gefährlich es sei, die Wächter selbst zu bewachen, und sie beschlossen daher, in ihre Ordensklöster zukünftig keine Frauen mehr aufzunehmen. Von da an wuchs die Zahl der Frauenklöster im Cistercienserorden ins Unendliche; sie vermehrten sich wie die Sterne am Himmel, und man konnte auf sie den Segensspruch Gottes anwenden (1 Mos. 1, 28): ,Wachset und mehret euch und füllet das Haus.' Es wurden Frauenkonvente gegründet, heilige Räume gebaut, es füllten sich die Klöster, es strömten Jungfrauen zusammen, es eilten Witwen herbei und verheiratete Frauen, die mit Einwilligung ihrer Männer die Ehe in eine geistliche verwandelten. Aus anderen Klöstern kamen Nonnen, änderten ihre Ordenstracht, wollten den schmalen Weg gehen und die Frucht eines besseren Lebens genießen. Edle und in der Welt angesehene Frauen verließen ihr irdisches Leben und zogen vor, verachtet zu sein und die Türe zu hüten im Hause des Herrn, als zu wohnen in der Gottlosen Hütten (Ps. 84, 11). Jungfrauen von edlem Geschlecht wiesen angetragene Ehebündnisse zurück, verließen ihre vornehmen Eltern und alle lockenden Genüsse der Welt, legten ihren Schmuck und ihre kostbaren Kleider ab und verbanden sich mit Christus, dem Bräutigam der Jungfrauen, in Armut und Niedrigkeit. Sie wählten ein hartes und rauhes Leben und dienten dem Herrn darin mit aller Inbrunst; sie vertauschten die Reichtümer der Welt und deren trügerische Genüsse mit geistlichem Reichtum und dem Genuß der rechten Weisheit. So wurden z. B. in der einen Diözese von Lüttich in kurzer Zeit sieben Cistercienser-Nonnenklöster errichtet und mit heiligen Nonnen wie mit Lilien und Veilchen ausgeschmückt. Aber es könnten dort noch dreimal so viel Klöster errichtet werden: die Bewohnerinnen würden nicht fehlen. Und nicht nur im Abendland findet dieser Andrang statt, sondern auch in den Provinzen des Morgenlandes, in Konstantinopel, in Cypern, in Antiochien, in Tripolis und Accon: überall entstehen neue Nonnenklöster des Cistercienserordens"[5a]).

Die Hochblüte in den Gründungen von Cistercienserinnen-Klöstern setzte zu Beginn des 13. Jahrhunderts ein. Auf deutschem Boden sind zwischen 1200 und 1250 über 150 Frauenklöster entstanden, die teilweise dem Cistercienser-Orden angegliedert wurden oder seine Konstitutionen befolgten. Bis 1250 erfolgten in den nachstehend angeführten Bistümern folgende Neugründungen: Mainz 33, Köln 25, Konstanz 15, so daß allein in drei Bistümern fast die Hälfte der vorstehend angeführten Klöster gegründet wurden.

Der Adel und die Cistercienserinnen

Eine Anzahl von Cistercienserinnen-Klöstern in allen deutschen Landschaften verdankt ihre Gründung der Initiative meist hochadeliger Familien. Das Kloster Königsbrück bei Hagenau wurde 1152 von Friedrich dem Einäugigen, Herzog von Schwaben, das Kloster Frauental bei Mergentheim wurde 1232 von den Brüdern Gottfried und Konrad von Hohenlohe gegründet. Graf Ludwig von Rieneck und seine Frau Adelheid von Henneberg stifteten im gleichen Jahr Kloster Himmeltal bei Obernburg/Main. Das Kloster Himmelkron bei Kulmbach wurde vom Grafen Otto von Orlamünde und seiner Frau um 1280 „zur Nachlassung ihrer Sünden und zu ihrem Seelenheil" gegründet und mit großem Grundbesitz sowie eigenem Gericht ausgestattet. 1338 kam die Schutz- und Schirmgerechtigkeit über das Kloster durch Erbvertrag an die Hohenzollern, die das Burggrafenamt in Nürnberg innehatten. Einige Töchter dieses Hauses sind als Äbtissinnen bezeugt.

Die Ermordung des Kölner Erzbischofs Engelbert von Berg (1125) durch den Grafen Friedrich von Altena-Isenberg führte zur Gründung von fünf Cistercienserinnenklöstern[6]. Das erste, die Mordstätte Gevelsberg, wurde zu einem Wallfahrtsort, an dem schon 1226 eine Kapelle bezeugt ist, die erst 1825 abgebrochen wurde. Der ermordete Erzbischof wurde als Märtyrer verehrt, dessen Ende die Fehler des Lebenden gesühnt habe. Zu seiner Verehrung hat wesentlich Cäsarius von Heisterbach mit seiner drei Bücher umfassenden Lebensgeschichte „Vita et miracula S. Engelberti" beigetragen, die der Heisterbacher Prior auf Veranlassung des folgenden Kölner Erzbischofs, Heinrich von Molenark, verfaßte. Molenark selbst gründete zwischen 1225 u. 1230 das dem Märtyrer Mauritius[6a] und der Muttergottes geweihte Kloster Fröndenberg. Als eigentlicher Stifter gilt Graf Otto von der Mark, der es mit Gütern ausstattete. Bei der oben erwähnten Engelbertskapelle gründeten zur Sühne die am Mord mitbeteiligten Familien 1230 das Kloster Gevelsberg, dessen Kirche dem Märtyrer Laurentius und der Muttergottes geweiht wurde. Zwischen 1228 und 1231 errichteten die Grafen von Schwalenberg zwei Klöster, Netze/Waldeck und Falkenhagen bei Pyrmont. Himmelspforten bei Soest wurde 1246 von der Gräfin Adelheid von Arnsberg unter Beteiligung des Grafen Otto von Tecklenburg gegründet. Die Klöster Fröndenberg und Netze waren zugleich die Grablege der Stifterfamilien.

In mittelbarem Zusammenhang mit der Sühnung des Bischofsmordes durch den Kreis der mitverschworenen Familien scheinen noch weitere Klöster entstanden zu sein, z. B. Börstel b. Bersenbrück und Benninghausen b. Lippstadt. Börstel war vor 1246 vom Grafen Otto I. von Oldenburg zur Sühnung eines Verwandtenmordes in seiner Familie gestiftet worden. Für seinen Aufbau gab 1251 der mit dem Oldenburger vervetterte Graf Otto von Tecklenburg, Sohn der Oda von Altena-Isenburg und Gatte der Mechthild von Altena-Mark, ein Verwandter des Bischofsmörders, den nötigen Grund und Boden her[7]). Benninghausen wurde als Kolonie von Gevelsberg 1240 durch den Grafen von Erwitte auf einem Besitz gegründet, der ursprünglich den Grafen von Oldenburg gehörte[8]).

Auch das Grafenehepaar Heinrich und Mechthild von Sayn stiftete vier Cistercienserinnen-Klöster: Drolshagen b. Olpe (1234), Sion (Sayn), Köln (um 1246), Blankenberg/Sieg (1247, seit 1259 nach Zissendorf/Sieg verlegt) und Herchen/Sieg (1247).

Für die Klostergründungen, die durch Engelberts Ermordung ausgelöst wurden, scheint den Stiftern gewissermaßen ein Vorbild vor Augen gestanden zu haben: Der Eifeler Ritter Ludwig von Deudesfeld hatte bei einer im Kylltal gelegenen Kapelle des 1170 ermordeten Erzbischofs von Canterbury, Thomas Becket, um 1185 das Cistercienserinnenkloster St. Thomas errichtet. Schon 1188 hatte dieses einen Konvent für das neue Kloster Hoven bei Zülpich, eine Gründung des Trierer Domdechanten Johannes, ausgesandt. Als man nach der Ermordung des Kölner Erzbischofs gerade die Stiftung neuer Cistercienserinnenklöster als geeignete Sühne ins Auge faßte, dürfte u. a. der Wunsch maßgebend gewesen sein, Engelbert als einen zweiten Thomas Becket zu verehren. Dies wird dadurch noch unterstrichen, daß das erste der Sühneklöster, das zwischen 1225 und 1230 in Fröndenberg entstand, seinen Gründungskonvent aus Hoven, der Tochtergründung von St. Thomas erhielt. Die äußerst schwierige Regelung der Sühne-Angelegenheit mit den westfälischen Verschwörerfamilien, zu denen mehrere amtierende Bischöfe gehörten, war vom Papst dem Cistercienserkardinal Konrad von Urach[8a]) anvertraut worden, dem Initiator zahlreicher Frauencisterzen in Oberschwaben, im Bistum Würzburg und in Böhmen. Es ist anzunehmen, daß gerade er die Gründung der westfälischen Sühneklöster angeregt hat.

Bei der Überschau über die Entstehung von Cistercienserinnen-Klöstern als Gründung von hochadeligen Personen konnte des öfteren festgestellt werden, daß dies sozusagen ein Anliegen von Familien war, die zwar räumlich oft getrennt, doch durch enge Verwandtschaft verbunden waren. Beispiele dafür sind: Rosental/Pfalz — Adelheid von Eberstein, geb. von Sayn; die Klöster im Rhein-Sieg-Gebiet — Mechthild von Sayn, geb. von Meißen und Landsberg; Wienhausen — die welfische Pfalzgräfin Agnes, geb. von Meißen und Landsberg; ihre Tochter Irmengard, Gattin des Markgrafen Hermann V. von Baden, gründete Lichtental; Irmengard wiederum stand der Adelheid von Eberstein verwandtschaftlich nahe, da die Kinder beider miteinander verheiratet waren. Das markgräfliche Haus Meißen und Landsberg war gleichzeitig mit dem thüringischen Grafenhaus, dem die hl. Elisabeth durch Heirat angehörte, eng versippt. Die Thüringer Landgrafen waren starke Förderer mehrerer Cistercienserinnen-Klöster ihres Territoriums. Die hl. Elisabeth war die Nichte der hl. Hedwig, der Gründerin von Trebnitz. Der Gründungskonvent von Trebnitz war um die Jahreswende 1202/03 aus St. Theodor in Bamberg entsandt worden, wo von 1177 bis 1242 mehrere Verwandte Hedwigs aus dem Haus Andechs-Meran fast ohne Unterbrechung das Bischofsamt innehatten und das Kloster St. Theodor förderten. Von Trebnitz wurden vier Tochterklöster im ostdeutschen, polnischen und mährischen Raum besiedelt, darunter Owinsk/Warthe, nördlich von Posen, von Elisabeth, Herzogin von Großpolen, einer Enkelin Hedwigs. Acht Nachkommen Hedwigs waren in der Zeit von 1232–1348 Äbtissinnen von Trebnitz[9]).

Wie an diesem Beispiel ersichtlich, wurden auch die Töchter des hohen Adels Nonnen in den von ihnen gestifteten Cistercienserinnen-Klöstern, wenn auch im allgemeinen die alten Kanonissinnen-Stifte und Benediktinerinnen-Abteien von ihnen bevorzugt wurden. Von den Frauen und Töchtern des ritterbürtigen Adels und des Stadtpatriziats drängte sich eine große Zahl in die Frauengemeinschaften der Prämonstratenser und Cistercienser. Viele Cistercienserinnenklöster verdankten dieser Bevölkerungsschicht jahrhundertelang ihren Nachwuchs bis ins späte Mittelalter. So war in einer Reihe westfälischer Klöster vorwiegend der niedere Adel zuhause, wie bei den Cistercienserinnen von Fröndenberg, Gevelsberg, Benninghausen, Himmelpforten, Drolshagen (alle Erzbistum Köln). In den Klöstern von St. Aegidi in Münster, Vinnenberg, Bersenbrück, Gravenhorst und in den anderen westfälischen Klöstern war die Zahl adeliger Nonnen zum Teil bald nach der Gründung erheblich, so daß einige von ihnen exklusiv zu Heimstätten adeliger Töchter wurden[10]).

Die Lage der Klöster

Im Gegensatz zu den Mönchen, die ihre Klöster möglichst weit ab von anderen menschlichen Gemeinschaften, von Städten und Dörfern gründeten, wurden die Nonnenklöster in der Umgebung von Städten, wie in Worms, sowie innerhalb von Köln, Mainz, Bamberg, Rostock und Halberstadt und in anderen Städten oder bei Dörfern angelegt, wo sie teilweise mit Pfarrkirchen verbunden oder an solche angebaut wurden. Damit sie auch hier weltabgeschieden und ohne Verbindung mit dem Leben und Treiben ihrer Umwelt leben konnten, wurde, wie das heute noch vielfach zu sehen ist, um die Klöster eine hohe Klausurmauer gezogen. Die Klostermauer war die unüberbrückbare Trennungsmauer zwischen dem Leben der Beschaulichkeit und dem in der Welt. Jeder Kontakt mit der Außenwelt war untersagt und sollte vermieden werden, damit sich auch die Nonnen einem Leben des Gebetes, der Betrachtung und des Opfers widmen konnten. Die Lebensordnung in den Frauencisterzen war die gleiche wie in den Männerklöstern und umfaßte das mitternächtliche Aufstehen zu den kanonischen Gebetszeiten, die Teilnahme am Konventsamt und die Abwechslung zwischen Gebet, Betrachtung und Handarbeit. Die wichtigste Verpflichtung war das Opus Dei nach dem Psalmwort: Sieben Mal am Tage singe ich Dein Lob ... (Psalm 118).

Cistercienserinnenkloster Wienhausen, Kr. Celle
Seine Chronik als Quelle zur Darstellung des Lebens in einem mittelalterlichen Frauenkloster

von Adam Wienand

Nur wenige andere Cistercienserinnenklöster im deutschen Sprachraum können eine ähnliche Chronik ihr eigen nennen, wie dies bei dem jetzt evangelischen Kloster Wienhausen der Fall ist. So gibt es zwar noch eine Chronik des Klosters Heiligkreuztal* bei Riedlingen, doch ist diese in Reimen abgefaßt und nicht so umfang- und aufschlußreich wie die von Wienhausen. Diese ist freilich keine genaue Quelle mit exakten Zahlen und Fakten, aus denen die Geschichte des Klosters chronologisch abgelesen werden kann. Die Chronik wurde 1692 angelegt, aber die Schilderungen aus den vorhergegangenen Jahrhunderten zeigen, daß der Schreiberin eine frühere, nicht mehr vorhandene Unterlage als Quelle gedient haben muß. Wie wäre es sonst beispielsweise möglich, daß die Verfasserin aus dem nunmehr evangelisch gewordenen Kloster mit einem anderen Lebensstil als ihre Vorgängerinnen aus kath. Zeit über wunderbare Begebenheiten berichtet: „Zu der Zeit, da das löbliche Kloster gestiftet", über Engel und Heilige, die in der Klostergeschichte der früheren Zeit eine Rolle spielten, oder gar die Bezeichnung für die Evangelische Kirche übernimmt als: „Ketzerische Secte der Luderaner" (S. 65), obwohl das Kloster schon seit über 100 Jahren das lutherische Bekenntnis angenommen hatte.

Die einzigartige Aussage dieser Chronik liegt in der bildhaften Darstellung eines mittelalterlichen Klosters, angefangen von der Zeit seiner Gründung, vom Geist, den die Klostergemeinschaft beseelte, von den Äbtissinnen, den Pröpsten und von den Zuständen und Geschehnissen im späten Mittelalter. Die Nonnen lebten in der Vorstellungswelt ihrer Zeit, in der die Kirche sichtbarer Ausdruck eines göttlichen Weltplanes und alles, was mit ihr zusammenhing, heilig war.

Geschrieben ist die Chronik im Deutsch des 17. Jahrhunderts und läßt sich ohne Schwierigkeiten lesen. Daher sei es erlaubt, einzelne Passagen in der Originalfassung zu bringen. Der kraftvolle Stil der niederdeutschen Sprache ist hier gut spürbar.

Die Gründung des Klosters

Das Kloster wurde 1221 von der Pfalzgräfin Agnes von Meißen und Landsberg bei Nienhagen gestiftet, wurde dann aber 10 Jahre später, da es „von Wassermükken und allerhand gifftigen Würmern sehr incommodiret ward, auch wegen des sümpflichten Orths keine gesunde Luft hatte", so die Chronik (3), nach Wienhausen verlegt. Mutterkloster von Wienhausen war Wöltingerode bei Goslar. Von dort stammte die erste Äbtissin Eveza, die auch den Ortswechsel von Nien-

---

* Reimchronik von Caspar Bruschius aus dem Jahre 1548. Sie ist für die ersten Jahrhunderte wohl nicht ganz zuverlässig und enthält die Klostergeschichte in der Art eines Äbtissinnenkataloges. Original in der Dekanatsregistratur in Unlingen bei Riedlingen. Konzept im Württ. Staatsarchiv in Stuttgart. Das Original ist abgedruckt in der „Sonntagsfreude ...", Wochenbeilage zur Riedlinger Zeitung in Nr. 14 vom 5. April 1914 und Nr. 15 vom 12. April 1914. (Nach Schurr)

hagen nach Wienhausen mitmachte. Über die Anfänge des Klosters schreibt die Chronik: „Wie nu die Gebäude (Kloster) mit allen nohtwendigkeiten versehen umbs Jahr Christi 1231, hat die gottesfürchtige Agnes solches durch en Bischoff von Hildensen der heiligen Mutter Gottes Marien und dem Martyrer Alexandro einweihen und zuschreiben lassen." (6)

Bischof Konrad von Hildesheim bestätigte 1233 die Neugründung des Klosters. Dem Cistercienser-Orden war es nicht inkorporiert. Die geistliche Leitung lag bei der Äbtissin und sicherlich auch bei den Pröpsten, von denen sich einige um den Ausbau des Klosters verdient gemacht haben. Wienhausen blieb das bevorzugte Kloster des Lüneburger Herzogshauses, das damals in Altencelle residierte. Prinzessinnen und Herzoginnen traten ins Kloster ein und übernahmen das Amt der Äbtissin. Die Nonnen kamen vielfach aus angesehenen Familien der Städte Braunschweig und Lüneburg. Die Gründerin, Herzogin Agnes, lebte jahrzehntelang im Kloster, und sie wurde dort nicht nur wegen der Stiftung, sondern auch wegen ihres frommen Verhaltens als Heilige verehrt. Durch eine „Heilig Blut"-Reliquie wurde Wienhausen zu einem besuchten Wallfahrtsort. Die Chronik schreibt: „Die Gottselige Agnese hat zur Beförderung des Gottesdienstes das Hochheilige Blut unseres Heilandes von Rom in eine Feder verschloßen nach Weinhausen bringen laßen, Krafft deßen viele Wunderwerke geschehen". (92)

„Es hat die vielgedachte Stiffterin ihren Jungfrauen sehr viel gutes an zeitlichen Gütern und Gerechtigkeiten verschaffet und vor Geld zu wege gebracht an Meierhöven, an Äkkern, Wiesen Holtzung, Teichen, Wegen und anderen Dingen, alles mit sonderbarer Freiheit und Gerechtigkeit, so daß sie auch ihr eigen Gericht gehabt über Kirchen, Dörffer und Städte ... Zu dem Ende sie solche Eignerthümlichkeiten hat mit bewehrten Briefen von dem H. Vater Pabst Innocentio und dem großmachtigsten Kaiser Wilhelmo, wie auch von vielen durchl. Fürsten confirmiren laßen, nicht ohne große Unkosten". (Schutzbrief des Papstes Innozenz IV., Urk. 34 vom 3. April 1245; Empfehlung des deutschen Gegenkönigs Graf Wilhelm von Holland, Urk. 42 vom 24. April 1252 im Klosterarchiv.)

Die Pest im Kloster Wienhausen

Während der Regentschaft der 14. Äbtissin, Luthgardis, die 17 Jahre regierte († 1365), wütete in Niedersachsen die Pest, und auch Wienhausen, Kloster und Umgegend, wurden davon betroffen. Die Chronik berichtet: „Zu ihrer Zeit ist eine große hefftige Pest gewesen in dem Kloster Wienhusen und auff den umbligenden Dörffern, so stark, daß die leute plötzlich dahin sturben ohn empfahung der H. Sacramenta. Kein Kind hat innerhalb ¾ Jahr können getaufft werden von Ostern bis Weinachten, welche straffe zweiffels frey die Menschen mit ihren sünden über sich gezogen. Offte wurden gantze Tage von Morgen bis in den späten Abend mit bestellung und beerdigung der Leichen zugebracht. Endlich hat die gottseelige Äbtißin mit ihren Jungfrauen und denen Benachbahrten, die von der Pest umbringet waren, einmütig beschloßen, Gott zu Ehren und denen heiligen Fabiano und Sebastiano zum Gedächtniß eine Capelle zu erbauen, weil sie gewiß davor hielten, sie würden durch schutz und Vorbitt dieser heiligen von dem übel befreiet werden. Darauff ohn gesäumet die Capelle erbauet, da dan allso fort, so bald der erste Stein dazu geleget, die Seuche nachgelaßen und man die ungetauffte Kinder hat zur Tauffe bringen konnen. Worüber dan ein großes frolokken bey jedermann entstanden, sogar, daß sie das erste Kind so zur Tauffe getragen, in großer procession dahin begleitet, Kreutze und Fähnlein vorhergetragen und Gott gepriesen. Die Capelle ist am Tage Philippi u. Jacobi von dem Bischoffe zu Hilden eingeweihet und mit reichen Ablaß von denen Pabst, Cardinälen und Bischöffen beschenket wie die Bullen und Briefe von ao. 1356 ausweisen. Nach Stifftung dieser Capelle sind nicht über 7 Jungfrn. mehr aus dem Kloster an der Pest gestorben, wegen Fürbitt, wie hernach geoffenbaret, der vorbesagten Martyrer (10).

Die Äbtissin Katharina von Hoya

Ausführlich berichtet die Chronik über die Regierungszeit der Äbtissin Katharina von Hoya, zuerst 1422 — 1427 im Amt, 1442 wiedergewählt und bis zur Klosterreform von 1469 noch einmal regierend. Sie stammte aus dem mächtigen Geschlecht der Grafen von Hoya, einer musischen Familie. Ihre Brüder Otto VII. (1434–94) und Friedrich II. (1434–1503) besaßen eine einzigartige Handschriftensammlung. Wegen ihrer Jugend entstand im Konvent Streit, was zu ihrer Resignation führte, dann aber zur Wiederwahl. Ihre Stiftungen an Gütern und Kunstwerken sind zahlreich, und einige Neubauten wurden errichtet und von ihr bezahlt. Um 1460 wurde das Dormitorium im Kapitelbau entgegen den Regelvorschriften durch Bretterwände in Zellen eingeteilt und der ganze Nordflügel in zwei Abschnitten neu ausgebaut. Unter ihrer Regierung hat sich auch die Ordenszucht gelockert, was zum Verfall des klösterlichen Lebens führte, so wie dies bei vielen anderen Klöstern der Fall war. Eines der Ärgernisse war der Verzicht auf strikte persönliche Armut. Trotz der Ordensregel besaßen die Nonnen persönliches Eigentum, und eine Anzahl hatte in Form von Leibrenten persönliche Einkünfte.

Die Klosterreform von 1469

Es war die Zeit, in der Kardinal Nikolaus von Kues als Legat des Papstes eine segensreiche reformatorische Tätigkeit entfaltete und gegen die Mißstände und den geistigen Zerfall einschritt. Zum Visitator der Klöster in den Bistümern Halberstadt, Hildesheim und Verden bestimmte der Kardinal den Propst von Sülte Johannes Busch und stattete ihn mit umfassenden Vollmachten aus. Der Landesfürst selbst setzte sich an die Spitze einer Gruppe, die sich die Aufgabe gestellt hatte, Wienhausen zu reformieren. Neben Propst Busch gehörten dazu die Äbte Heinrich von St. Michael und Lippold von St. Godehard in Hildesheim, sowie die Äbtissin von Derneburg, einem anderen Cistercienserinnenkloster, das erst 1443 anstelle der sich einer Reform widersetzenden Augustinerinnen mit Nonnen von Wöltingerode neu besetzt wurde. Die Visitation von Wienhausen endete mit der Absetzung der Äbtissin Katharina von Hoya sowie der Kellermeisterin und deren Fortführung nach Derneburg. Außer den beiden Genanten wurden noch andere Schwestern, die bisher ein Klosteramt bekleideten, an andere Orte gebracht. Wie dies vor sich ging, berichtet die Chronik: Bey dieser Äbtißin Zeit, wie sie eine gute Zeit gelebet und regieret, nemlich Ao. 1469 ist eine Reformation ihres Ordens von dem damahligen Hertzog von Braunschwg. und Lüneburg. Otto genandt vorgenommen worden. (32) Es war die letzte Woche vor dem Advent und zwar der andere Tag in derselben des Nachmittags umb 2 Uhr, da kam vorerwehnter Hertzog mit etlichen von Adel und einigen Rähten zu Wienhausen an, wieder des Probsts Helmoldi Bisbingk und des gantzen Klosters Vermuhten. Es waren bey dem Hertzogen Johannes von Obbrenshusen ein Kriegsmann, H. Johannes, ältester Prediger zu Hdmae, die Äbte der Heiligen Michaëlis und Godehardi, die Ehrw. Äbtißin von Derenborg eine von der Sülte mit einigen Jungfrauen. Das Kloster und der Probst entsatzten sich sehr, nicht wißende was es auff sich hätte daß der Hertzog so stark ankäme. Nachdem nun jene sich draußen berahtfraget kamen sie ins Kloster und versamleten sich in dem logament da man zur Winterzeit zu speisen pfleget, ließen alle Jungfrauen die sich noch nicht zu dem Orden bekandt zusammen kommen und ermahnten sie, sich willig zu der vorgenommenen reformation finden zu laßen. Damit man aber sehen köndte, welche dem begehrten folge leisten und welche ungehorsam sich bezeigen würden, befahl man daß diese auff jener, jene aber auff diese seite sich stellen sollten in 2 Hauffen. Da sahe man wie sie alle auf der Äbtissin seite sich stelleten, nicht, wie man meinen möchte, anlaß zur rebellion zu geben, sondern ihren Gehorsam gegen ihre Vorsteherin zu bezeugen, als von welcher sie weder lebendig noch todt wollten geschieden seyn, ausgenommen eine eintzige, die auff die andere Seite trat, welche aber auch, so bald sie sahe, daß ihre Schwestern zur Äbtißin sich geselleten, dahin überging (19).

Wie aber der Hertzog sahe, daß sie nicht zu gewinnen war, nam er gantz zornig von ihr die Schlüßel der Abtey und setzte sie ab von ihrem Ampt ließ sie darauff nebst der Kellnerin, als der er abgeneigt war auff einen Wagen setzen und ohn Vorbewust des Klosters schleunig nach Dernburg führen, ohngeachtet sie gantz demütig und fleißig bahte (21).

Mittler Zeit da diejenige Jungfrauen, so gewiße Ämpte im Kloster bedienen, allso bestürtzt waren an unterschiedlicher Örther verführet, davon die Versammlung im Kloster nichts wußte, kam der Fürst abermahl mit denen Reformatoren in das Kloster, und wie sie auff dem Chor beysammen befahl der Abt von St. Michaël einer jeden Conventualin daß sie Krafft ihres Gehorsams und bey Verlust ihrer Seeligkeit sich aller Bahrschafften, Geschirr und anderer Sachen die sie bisher beseßen, begeben sollten es mochte so gering seyn wie es wollte. Wie sie das höreten waren sie willig dazu und brachten aus der Abtey herbey alles was zum Andenken der Verstorbenen und zum Gebrauch dem Kloster gegeben. Aus dem Sommer Rhembter brachten sie heran Töpffe, Keßel Tiegel und andere groß und klein Geschirr, wie dan auch die besten Schleier, die man in denen Fest Tagen zu gebrauchen pflegte, und andere Kostbarkeiten zum Gottesdienst gewidmet musten herangeschaffet werden, welche man mit großer Arbeit zu wege bracht. Desgleichen Schäppe, Kasten, Laden und dergleichen Behältniße (22).

Unter anderen Jungfern welche die Äbtißin von Derneburg mit sich ins Kloster Wienhusen führte, war auch ihre Priorin nahmens Susanna Pothstock in dem Städtlein Boheren von ehrl. Elltern erzeuget, eine Person mit Dehmuth und vielen Tugenden geziehret, diese setzte sie zur Vorsteherin ein des Klosters Wienhusen; allein weil selbige sich vor unwürdig hielte solchem Ampte Vorzustehen, fürchtete sie sich es anzunehmen, ging derowegen ohn Vorwißen der Obern hin, setzte sich bey der degradirten Äbtißin Catharina von der Hoya auffm Wagen und fuhr weg gen Derneburg. Die Äbtißin von Dernburg so bald sie solches erfahren, empfand es sehr übel und setzte eine andere Jungfer Cunigundis von Schulenburg zur Priorin zu Wienhusen ein, welchem Ampte sie vom Advent bis zum Neuen Jahr vorgestanden, die Susanna aber setzte sie sich vor aus dem Kloster zu verstoßen, welche, so bald ihr das zu Ohren kommen, sich gegen ihre Äbtißin demütigte, baht um Verzeihung und erklährte sich zu allem Gehorsam, auch in der Furcht des Hn. das angetragene Ampt gerne über sich zu nehmen. Darauff ward sie wieder gen Wienhusen gebracht, und am Neuen Jahrs Tage zur Priorin deßelben Klosters verordnet bis an den Tag Gregorii. Unterdeßen regierte die Äbtißin von Derneburg das Kloster, als welcher die Conventualinnen in Gegenwart der Hn. Reformatoren zu gehorsamen angelobten, so lange bis sie selbst eine Domina wieder krigte, reisete allso ab und zu und war bemühet die neue Ordnung einzuführen (24).

Ao. 1470 am Tage St. Gregorii ward sie von den Hn. Visitatoren wieder gefodert eine neue Äbtißin helffen zu wehlen. Nachdem nu die völlig eingekleidete Jungfrauen alle waren vorher zum H. Abendmahl gewesen, haben sie einhellig die Susannam Pothstock zur Äbtißin erwehlet, nur 3 ausgenommen, welche andern ihre Stimme gegeben, so bald sie aber jene davor von denen Äbten St. Michaëlis und Godehardi ausgeruffen höreten, haben sie den andern zugestimmet, darauff gesungen Herr Gott dich loben p., und die Susanna zu der 21sten Äbtißin bestetiget welcher sie alle gebührenden Gehorsam versprochen. Diese Susanna hat ihrem Ampte treulich, fleißig und rechtschaffen Vorgestanden, mit ihren Jungfrauen umbgangen wie eine Mutter mit ihren Töchtern, ihnen behülfflich gewesen in geist- und leiblichen dingen.

Itzt besagte Domina hat in ihrem Ampte viel Sorge und Bekümmerniß gehabt, manche schlaflose Nacht zugebracht, und fleißig gesorget daß ihre Untergebene keinen Mangel leiden dürfften. Nichts destoweniger hat die Hochgebohrne Hertzogin zu Braunschwg. und Lünebg. Anna von Nassau und der Probst Henricus Wetteman viel Visitirens und besuchens angestifftet durch Patres und Prediger, welche ohn Erlaubniß vom Bischoffe offt ins Kloster kamen und bald dieses bald jenes unter dem Schein der Verbeßerung entweder einführten oder abschafften, als unter andern daß die Hauptmeße, nicht, wie vorhin, von den Geistlichen und der Jungfrl. Versamlung sollte abgesungen werden; sondern allein von denen Jungfrauen. Auch daß keine Orgel und ander instrumental Music in der Mette und Vesper mehr sollte gehöret werden. Daß die Capelle St. Fabiani et Sebestiani umb sonderlicher Ursachen, die doch ungewiß und betrieglich erdichtet, sollte geschloßen seyn (26).

ANNO 1501 ist die in Gott andächtige Catharina Remstede von Lünebg. zur Äbtissin erkohren auff vorher geschehenen Gebeht und Gottesdienst, der sie installirte war der Abt von Riddagis, nebst 2 Brüdern die denen XIII Erwehlerinnen musten beystimmen. Es war auch bey dieser Wahl die Äbtißin von Derneburg als eine Mutter von welcher die Reformation des Klosters hergerühret, und die Äbtißin von Meding als eine Tochter, die ehemahln eine Conventualin des Klosters Wienhusen gewesen und von diesem Kloster die Reformation zu Meding eingeführet. Nach geschehener Wahl ist sie in dem Äbtißin Stand geführet und Herr Gott dich loben p. gesungen, darauff ihr nach geschehener confirmation vom Bischoff zu Hilden, die Versamlung hat den Gehorsam angelobet. War in der Ordnung die 22ste Äbtißin die andere nach der Reformation und die erste die nach der reformation aus dem Kloster Wienhusen dazu war erwehlet. Hat in Kurtzer Zeit durch Gottes Gnade viel gutes bey dem Kloster gestiftet. War offt schwehrlich krank am Stein, so bald sie aber etwas des Schmertzens befreiet, verrichtete sie mit allem Treuen wieder was ihres Ampts war und scheuete nicht allerhand Sorge, Mühe und Unbeqvemligkeit ihrer Untergebenen wegen über sich zu nehmen (35).

Die Benediktion der Äbtissin wurde 1501 vom Abt von Riddagshausen unter Assistenz zweier Mitbrüder vorgenommen. Es ist dies in der Geschichte von Wienhausen das erste Mal, daß ein Cistercienser in Erscheinung tritt. So weit überliefert, wurde die Weihe der Äbtissinnen durch den zuständigen Bischof von Hildesheim oder dessen Weihbischof vorgenommen. In der Chronik begegnen wir ein zweites Mal einem Abt von Riddagshausen bei der Weihe und Einführung der DOMINA Anna von Langelen im Jahre 1565. Es ist jener Abt, der in seinem Kloster 1568 endgültig die Reformation einführte.

Bei der Äbtissinnenweihe von 1501 war die Äbtissin von Medingen, eine ehemalige Konventualin von Wienhausen, anwesend. Es ist bezeichnend für den Geist und die Ordenszucht, die seit der Reform von 1469 in unserem Kloster herrschte, daß man aus der Reihe ihrer Nonnen die Vorsteherin eines anderen Cistercienserinnenklosters wählte. In Medingen, in dem anscheinend ein weitgehend liberalisiertes Kommunitätsleben herrschte, hat wohl die aus der Reform von Wienhausen hervorgegangene Äbtissin 1471 die strenge Klausur und die vita communis wieder eingeführt. Der Einführung der lutherischen Reformation leisteten die Nonnen von Medingen den gleichen entschiedenen Widerstand wie ihre Mitschwestern von Wienhausen. Auch hier versuchte Herzog Ernst, der Bekenner, von Braunschweig 1536 die Nonnen durch Abbruch größerer Bauteile des Klosters gefügig zu machen. Als dieses nichts nützte, zog er alle Güter ein, worauf sich die Äbtissin unter den Schutz des Bischofs von Hildesheim begab und der Bischof von Verden ein kaiserliches Mandat gegen Ernst erwirkte.

Die Einführung der lutherischen Reformation

Die ersten Ansätze zur Einführung der Reformation erfolgten 1529. „Acht Tage vor Heimsuchung Mariae ward der erste Luthersche Prediger nach Wienhusen gesandt von dem Herzogen, den um Michaeli noch ein anderer zugesellet ward, daß sie die Luthersche Lehre in der Kirchen predigen sollten, wiewoll der Conventualinnen keine sich der Lehre bequemen wollte ... Die Meßen, die 5 Sacramenta und andere Stükke ihres Gottesdienstes wurden aufgehoben, man sang nicht mehr lateinisch sondern teutsch bey dem Abendmahl. . . . Nachdem vorbesagte Prediger eine Zeitlang die Luthersche Lehre allhie getrieben, zog einer davon weg nach einem anderen Ohrt . . . Ihr gewesener Beichtvater ward genöhtigt zu resigniren, dan er auf keine andere Weise beichte anhören und selbigen absolviren dürfte, wo nicht ein Lutherscher als Zeuge dabey stund . . . (71) Einmütig weigerten sich die Nonnen, das neue Bekenntnis anzunehmen. Herzog Ernst setzte den Propst ab, und ließ 1531 das Kapitelsgebäude, vier Kapellen, den Schlafsaal der Laienschwestern, die Klausurmauern und die Propstei abreißen. Doch die neue Lehre setzte sich erst allmählich durch. Erstmals erfolgte die Wahl einer neuen Äbtissin im Jahre 1587 in Gegenwart des vom Herzog gesandten Obersuperintendenten. Die Konventualinnen haben um Ostern 1616 ihre Kappen ablegen müssen. Seitdem hüten evangelische Konventualinnen das Erbe ihrer klösterlichen Vorfahren. In Deutschland findet man aus frühgotischer Zeit keine ähnliche Einheit von Kloster und Kirchenbau einschließlich der fast unversehrt erhaltenen inneren Ausstattung. Das klösterliche Baudenkmal ist in seiner Geschlossenheit nur dem Mönchskloster Maulbronn vergleichbar.

Anmerkungen
zur Entstehung und Frühzeit der Cistercienserinnen-Klöster

1) Brief Jacob von Vitry an seine Freunde in Flandern, vom Okt. 1216 bei H. Boehmer, Analekten S. 66.
1a) Mansi, J. D.: Sacrorum consiliorum nova et amprissima collectio. Florenz-Venedig 1759 ff., Bd. XXII, S. 1002.
2) Archiv für Unterfranken XI (1860), I, S. 168.
3) Ausstrahlung von Wechterswinkel, Hdb. Hist. St., Bayern 1965, S. 792.
4) A. Führkötter, Hildegard von Bingen: Briefwechsel Salzburg, 1967, S. 187.
4a) H. Grundmann a. a. O. S. 329, Anm. 21.
5) Märkische Forschungen, Bd. 4, Kirchner, „Das Cistercienser-Nonnenkloster Zehdenik".
5a) Jacob von Vitry, Hist. orient. et occid., S. 305 f: Übersetzung aus F. Winter, Die Cistercienser des nördlichen Deutschlands, Gotha 1871, II, S. 2 f.
6) Krenig, S. 23, Anm. 3.
   König Heinrich (VII) verhängte über die Mörder die Reichsacht. Friedrich von Isenburg wurde dem Erzbischof Heinrich ausgeliefert und mußte sein Verbrechen auf dem Rade büßen. Seine Brüder, die Bischöfe von Osnabrück und Münster wurden als Mitwisser des Mordes suspendiert. Den ermordeten Erzbischof aber erklärte der päpstliche Legat, Kardinal Konrad von Porte, Mitte Dezember 1225 auf einer Provinzialsynode zu Mainz zum Martyrer. Am 24. Februar des folgenden Jahres wurde Engelbert im Dom zu Köln beigesetzt, und der Kardinallegat ehrte ihn feierlich als Blutzeugen. Eine eigentliche Heiligsprechung Engelberts hat nicht stattgefunden, und erst Kurfürst Ferdinand von Köln ordnete 1618 die Feier seines Festes für den 7. 11. an. Es hat also seine guten Gründe, daß die Kirchen der beiden ersten gestifteten Klöster Fröndenberg und Gevelsberg neben der Gottesmutter auch noch zwei Martyrer-Heiligen als Patrone geweiht wurden, die gleichsam stellvertretend für den neuen, noch nicht kanonisierten Martyrer-Heiligen verehrt werden und den Weg zu seiner endgültigen Heiligsprechung bereiten sollten.
7) G. Grosse Boymann, Die Klosterkirche in Börstel, Diss. Münster 1966, S. 5 ff.
8) Hdb. Hist. St. Nordrh.-Westf., 1970, S. 59 f.

⁸ᵃ) Tüchle a. a. O. I S. 405; V. Riecke, Frauenklöster des Zisterzienserordens im ehem. Bistum Würzburg, Diss. Stuttgart 1944, S. 2 ff.; Wetzer u. Welte's Kirchenlexikon V Sp. 536; J. Gottschalk a. a. O. S. 228.
⁹) J. Gottschalk, St. Hedwig, Köln 1964, S. 219—229 mit Stammtaf. 12.
¹⁰) Krenig, S. 48, Anm. 2.
Der Verfasser benutzte insbesondere G. Krenig, Ma. Frauenklöster nach den Konstitutionen von Cîteaux: Analecta Ordinis Cisterciensis 10, 1954; ferner — außer der im Text und in den Anmerkungen schon genannten Literatur — H. Appuhn, Kloster Wienhausen, Hamburg 1955, A. Volkmann, Kloster Sonnenkamp zu Neukloster in Mecklenburg, Diss. Rostock 1938, H. Wilms O.P., Das älteste Verzeichnis der deutschen Dominikanerinnenklöster, Leipzig 1928 mit Quellen und weitere Literatur.

Anmerkungen

Zur Klosterreform im 15. Jahrhundert

Angeregt durch das Konzil von Konstanz hatten sich innerhalb der Orden innerklösterliche Reformbewegungen gebildet. Die treibende Instanz bei den Cisterciensern waren die Generalkapitel, die durch die jährlichen Visitationen ihren Reformwillen zur fruchtbaren Auswirkung bringen konnten. Außerdem bestimmte das Generalkapitel von 1447 den Abt von Cîteaux zum Generalvisitator aller Klöster, auch der dem Orden inkorporierten Frauenabteien. So wissen wir, daß der genannte Abt an Sondervisitationen teilnahm, so in den schwäbischen Klöstern Baindt, Heiligenkreuztal und Zimmern. In Heiligenkreuztal riefen die Nonnen gegen ihn sogar die weltliche Obrigkeit zu Hilfe, in Zimmern im Ries zerrissen sie die neue Ordnung des Generalabtes. Das Generalkapitel ließ solche Rebellion nicht ungestraft. Die Nonnen von Heiligenkreuztal wurden für 7 Tage suspendiert und ihnen der Besuch der Kirche verboten. Auch die Unbotmäßigkeit der Nonnen von Zimmern wurde gebrochen. (Tüchle, Hermann, Kirchengeschichte Schwabens, Bd. II, S. 206/7/8; Canivez 1471, 43; 1472, 18; 1471, 15, 19; 1463, 102.)
Auf die dem Orden nicht inkorporierten Frauenklöster hatten das Generalkapitel der Cistercienser und die mit der Reformvisitation beauftragten Äbte keinen Einfluß. Einer der großen Klosterreformer war Johannes Busch, der über sein Wirken in diesem Bereich ein vierbändiges Werk herausbrachte: De reformatione monasteriorum complurium Saxoniae. In Bd. 4 in den Kapiteln 28 und 29 schildert er seine Reformarbeit. In Band 2 beschreibt er die Reform von Frauenklöstern, die mit Augustinerinnen besetzt waren. Zum Teil setzten sie der Änderung ihrer Lebensweise noch hartnäckigeren Widerstand entgegen als dies in Männerkonventen der Fall war. So sei es ihm in Derneburg begegnet, daß ihn eine Nonne in den Keller einschloß. Wie schon vorstehend angeführt, wurde dieser Augustinerinnen-Konvent aufgelöst und das Kloster mit Cistercienserinnen von Wöltingerode besetzt.
Lit. Chronik des Klosters Wienhausen, eingeleitet und erläutert von Horst Appuhn, aus dem Original übertragen von der Wienhauser Chanoinesse Hanna Fueß, Celle 1956. Horst Appuhn, Kloster Wienhausen, Hamburg 1955. Blasius Huemer, Verzeichnis der deutschen Cistercienserinnenklöster, Salzburg 1917. Handb. d. histor. Stätten Deutschlands, Bd. II, S. 422/3. Wetzer und Welte's Kirchenlexikon, Bd. 2, Sp. 1549—1553.

Die Cistercienserinnenkirchen des 12. bis 14. Jahrhunderts

von Ernst Coester

Meinem Lehrer, Prof. Dr. Fritz Arens, zum 60. Geburtstag

Kirchheim am Ries
Beispiel für eine ausgeprägte einschiffige Cistercienserinnenkirche um 1300. Wuchtige Strebepfeiler mit Satteldächern und ruhige Umrisse kennzeichnen die Cisterciensergotik. Sie ist der Gotik der Bettelorden verwandt.

Zur Einführung

Die Baukunst der Cisterciensermönche steht als ein fest umrissenes Kapitel der Architekturgeschichte des 12. bis 14. Jhs. vor uns. Gleiches sollte man bei dem weiblichen Zweig des Ordens erwarten. Doch die Architektur der Cistercienserinnen ist uneinheitlich; dies sowohl in Frankreich als auch in Deutschland und anderen europäischen Ländern.

Wie schon im Kapitel über die Entstehung und Frühzeit der Cistercienserinnenklöster im deutschen Sprachraum gesagt, gingen zumindest im mittelalterlichen Deutschland, wozu auch die Niederlande und große Teile Belgiens gehörten, die Frauencisterzen größtenteils aus der religiösen Frauenbewegung des 12. und 13. Jhs. hervor. Anders war es in Frankreich, wenigstens was die älteren Klöster angeht. Dort wurde als erstes Kloster Le Tart etwa um 1120 in der Nähe von Dijon gegründet, doch erst nach Erstellung der Gebäude 1132 bezogen. Die ersten Nonnen stammten aus dem Benediktinerinnenkloster Jully bei Molesme, so daß in diesem Fall eine Parallele zur Gründung der ersten Cistercienserklöster vorliegt. Die Nonnen von Le Tart stellten sich unter die Leitung Stephan Hardings, des dritten Abtes von Cîteaux. Dieser Abt gestaltete auch nach den Konstitutionen von Cîteaux das religiöse Leben der neuen Frauengemeinschaft. Als sich 1147 die Benediktiner-Kongregation von Obazine an Cîteaux angliederte, kam ein zweites Frauenkloster, das erst 1142 gegründete Coiroux, zum Orden. Weitere Klöster folgten. Doch die Anzahl der Cistercienserinnenklöster Frankreichs blieb im Gegensatz zu denen im damaligen Deutschland begrenzt. Da bei manchen Klöstern Unklarheit über die Ordenszugehörigkeit herrschte, wird die zahlenmäßige Erfassung der französischen Cistercienserinnenklöster genau wie in Deutschland erschwert. Nach unseren Unterlagen dürften es etwa 140 gewesen sein[1]).

Das erste Cistercienserinnenkloster in Deutschland war Wechterswinkel in Unterfranken, das bereits 1135 gegründet wurde. Seine 1147 entstandene Tochtergründung Ichtershausen war das bedeutendste Cistercienserinnenkloster Thüringens. Von Wechterswinkel kam 1157 auch der Gründungskonvent für das neue Kloster St. Theodor zu Bamberg, aus dem wiederum die ersten Nonnen des schlesischen Klosters Trebnitz von dem Stifterehepaar, dem Piastenherzog Heinrich II und der hl. Hedwig, im Jahre 1203 berufen wurden. Eine Gemeinsamkeit besteht zwischen diesen bedeutenden Klöstern auch darin, daß ihre Kirchen — abweichend von der vorherrschenden Gewohnheit bei den Cistercienserinnen — große basilikale Anlagen sind.

Die Bauformen der Kirchen in ihrer Vielfalt

In ihren Grundrissen, ihren Raumformen und ihrem Bauaufwand waren die Kirchen sehr unterschiedlich. Doch läßt sich eine Reihe von klar ausgeprägten Typen unterscheiden. Es kommen basilikale, einschiffig-kreuzförmige Kirchen und Saalkirchen — alle in verschiedenen Abwandlungen — vor. Die Saalkirchen stellen den bevorzugten Typ dar. Auch in den Größen zeigen sich erhebliche Unterschiede. So übertreffen die basilikalen Typen die einschiffigen Kirchen in ihrer Breite meist erheblich. Doch sind auch die Ausmaße der einschiffigen Kirchen unter sich in Länge und Breite sehr verschieden, wie aus den nachstehenden Beispielen hervorgeht.

Lichte Maße:	Länge	Breite	Querschiffbreite
einschiffige Saalkirchen			
Mülheim-Saarn a. d. Ruhr	23,80 m	8,30 m	
Frauental b. Bad Mergentheim	42,50 m	8,22 m	
Gnadental b. Schwäb. Hall	39,40 m	8,70 m	
einschiffige Kreuzkirchen			
Heilsbruck b. Edenkoben/Pfalz	27,30 m	7,30 m	21,40 m
Fröndenberg b. Unna	40,40 m	8,33 m	21,43 m
Basiliken			
Frauenroth/Unterfranken	41,00 m	17,00 m	17,00 m
Trebnitz/Schlesien	62,00 m	20,60 m	29,15 m

a) Die Nonnenkirchen in Frankreich

Für einen Überblick über eine Anzahl der Cistercienserinnenkirchen des französischen Sprachgebietes stehen zwei grundlegende Publikationen zur Verfügung. Es sind das Werk von Aubert[2]) über die Cistercienser-Architektur Frankreichs und das Grundriß-Tafelwerk von Dimier[3]) über die Cistercienserkirchen, das auch viele Nonnenkirchen miteinbezogen hat.

Einige dieser Nonnenkirchen sind große dreischiffige, kreuzförmige Basiliken wie etwa das bekannte Port Royal (Seine et Oise)[4]), die offensichtlich auf Veranlassung des Hochadels erbaut wurden. Doch diese Bauten stehen den Mönchskirchen näher und zeigen kaum das Gepräge von Nonnenkirchen. Nach Aubert besteht der Großteil der Cistercienserinnenkirchen aus kleineren einschiffigen Anlagen mit oder ohne Querschiff und zumeist mit rechteckigem Chorschluß. Bei ihnen können wir vier Typen unterscheiden.

I. Einschiffige Kirchen in der Form des lateinischen Kreuzes

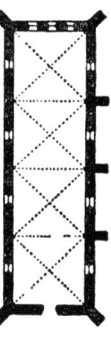

bilden die erste größere Gruppe. Bei einem Teil dieser Kirchen wird das gerade geschlossene Chorhaupt seitlich von je zwei Querhauskapellen begleitet, wie es z. B. Les Blanches zeigt. Damit haben wir den bernhardinischen Plan in einschiffiger Reduktion vor uns. Beispiele zu Nr. I sind Les Blanches 12. Jh., Droiteval 12. Jh., Villers-Canivet, Mègemont 13. Jh., Le Sauvoir 13. Jh.

Le Sauvoir — Coiroux

II. Einfache langgestreckt-rechteckige Saalkirchen

sind Rieunette 12. Jh., Fontaine-Guérard 13. Jh., L'Olive 13. Jh., Coiroux 13. Jh., La Joie 13. Jh., Blandecques 13. Jh., Beauvoir? 13. Jh., Marches-Les-Dames 14. Jh. Mehrere Kirchen dieses Typs sind mit Nebenkapellen von unregelmäßigem Grundriß verbunden.

III. Einschiffige Kirchen mit querhausartigen Anbauten und dreiapsidialem Staffelchor

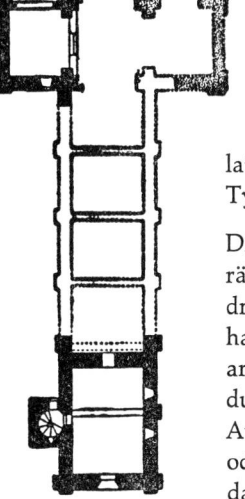

Eine Strömung unter den französischen Cistercienserinnenkirchen wollte fort vom geraden und hin zum apsidialen oder polygonalen Chorschluß: In Fontaine-Guérard wird sogar das Quadrat des gerade geschlossenen Chores von einem Gewölbe mit der strahlenförmigen Rippenführung des 5/10-Schlusses + Halbjoch überdeckt, so daß im Inneren die Wirkung eines Chorpolygons eintritt. So hat ferner das lateinische Kreuz der Kirche Le Bouchet, die dem besprochenen Typ I angehört, einen apsidialen Chorschluß[5]).

Diese Tendenz und offensichtlich das Bedürfnis nach Nebenräumen der Art, wie sie die Rechtecksäle aufweisen, schufen eine dritte charakteristische Grundrißform: An den einschiffigen, halbrund oder polygonal abschließenden Raum tritt querflügelartig beiderseits ein etwa quadratischer Anraum, der zum Schiff durch eine Öffnung von wechselnder Größe, zuweilen von den Ausmaßen eines Vierungsbogens, geöffnet ist. Diese Querflügel oder Kapellen haben im Osten einen apsidialen Abschluß, so daß der Grundriß des langen, halsförmigen Schiffes zu einer Art Querhaus auslädt und als Haupt einen breiten dreiteiligen Staffelchor trägt, das Ganze noch immer dem Grundtyp des einfachen lateinischen Kreuzes ähnlich. Beispiele hierfür: Bonlieu (Drôme), Bonlieu (Creuse), Vignogoul, anscheinend Bonlieu (Hte-Savoie)[6]), alle 13. Jh. Diese

Bonlieu (Creuse)

Grundrißform bedeutet mit ihrem Staffelchor eine Hinwendung zu den künstlerischen Idealen der Cluniazenser, während die unter I und II vorgestellten Kirchen-Grundrisse auf der bescheidenen Ebene der Nonnenkirchen am ehesten dem strengen Geist und den Vorstellungen Cîteaux's entsprochen haben dürften. Wie im Kirchenbau der Mönche liegt offenbar auch bei den Nonnen ein wechselvolles Ringen zwischen dem asketischen Cisterciensergeist und dem starken Einfluß der reichen benediktinischen Kunsttradition vor.

IV. Langgestreckte Saalkirchen mit halbrundem oder polygonalem Chor

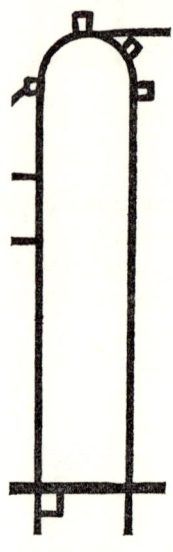

N.-D. de l'Eau

bilden eine vierte Grundrißform. Man kann diese als Zwischenform der Gruppen II und III bezeichnen. Es ist zu vermuten, daß das Generalkapitel von Cîteaux einfache, hausähnliche Oratorien für die Cistercienserinnen forderte, damit sie dem cisterciensischen Bauideal entsprachen. Dies kann aus Art und Bestand der Mehrzahl der Cistercienserinnenkirchen geschlossen werden. Im Gegensatz dazu hatten die Nonnen den Wunsch nach einer Altarapsis. Er war allzu verständlich, denn ohne Apsis oder Chorpolygon, diese ehrwürdigen Hoheitssymbole des christlichen Gotteshauses, wirkten die turmlosen, kleinen Nonnenkirchen, die unter I und II angeführt sind, wie Profanbauten. Bei den Mönchskirchen ergab sich allein schon von ihrer Größe her eine sakrale Wirkung. Da sich die schlichte, einschiffige Nonnenkirche ohne Querhaus im 13. Jh. immer mehr durchsetzte, dürfte das Generalkapitel keine Einwendungen erhoben haben, obwohl diese Kirchen meistens mit Apsis oder polygonalem Abschluß versehen wurden. Beispiele hierfür: N.-D. de l'Eau 13. Jh., Marquette 13. Jh.

Außer den Grundrißformen ist als Charakteristikum der Cistercienserinnenkirchen Frankreichs die Anlage eines Nonnenchores zu ebener Erde zu nennen. Er befand sich anscheinend meist im einschiffigen Langhaus und war wohl durch lettnerartige Chorschranken vom übrigen Raum abgetrennt[7]. Aus den Beschlüssen des Generalkapitels zitiert Canivet, daß sich in der Kirche ein gesonderter Raum für die Nonnen befinden müsse, dessen Ausgänge zum Hochaltar zuzumauern und zu verbauen seien. Dafür sollten sehr gut vergitterte Fenster angelegt werden, damit die Nonnen das Altarsakrament sehen konnten. Nach der Wandlung sollten sie sofort wieder sorgfältig verschlossen werden[8].

Die Einzelformen der Kirchen schwanken zwischen Anpassung an Cisterciensisches und Übernahme des bodenständigen Formenapparates, genau wie bei den Mönchskirchen. Die Raumdecke besteht bei der Mehrheit der Kirchen aus den in Frankreich üblichen steinernen Gewölben. Einige aber begnügten sich im Schiff mit demjenigen Raumabschluß, der in Frankreich sonst fast nur für Profanbauten gut genug war: Flachdecke, Holztonne oder offener Dachstuhl (Droiteval). So stehen Frankreichs Cistercienserinnenkirchen infolge ihrer kleinen Ausmaße, einfachen Grundrisse und halbprofanen Elemente zumeist am Rande der großen Architektur.

b) Die Nonnenkirchen in Deutschland

Es ist nicht möglich, im Rahmen dieses Buches eine umfassende Übersicht über die Architektur der Cistercienserinnen in Deutschland zu geben, vielmehr sollen nach einem knappen Überblick über die landschaftliche Gruppierung der Kirchen die am meisten hervorstechenden Grundrißtypen und die wichtigsten gemeinsamen Merkmale der Nonnenkirchen herausgestellt werden. Abschließend werden einige charakteristische Beispiele zusammen mit den zugehörigen Klosteranlagen kurz wiedergegeben[9]).

Bei der Knappheit unseres Überblicks können wir keine Rücksicht auf die Baudaten der einzelnen Kirchen nehmen und halten nur fest, daß er Bauten von der Mitte des 12. bis zur Mitte des 14. Jhs., aus der Blütezeit der religiösen Frauenbewegung und Epoche der meisten Nonnenkloster-Gründungen der Cistercienserinnen und anderer Orden umfaßt, vereinzelt auch Bauten der folgenden Zeit bis gegen 1500. Der allergrößte Teil von ihnen ist im 13. Jh. errichtet worden.

Während dieses Zeitraumes von mehr als zwei Jahrhunderten, an dem Romanik und Gotik teilhaben, entstehen in jeder Generation Nonnenkirchen verschiedener Grundrißtypen. Diese Vielfalt herrscht von Anfang an. Nur in Oberschwaben wurden im 13. Jh. einige Generationen lang ausschließlich basilikale Grundrisse für die neugegründeten Cistercienserinnenkirchen genommen. Ansonsten kommt die Basilikenform zwar von der 2. Hälfte des 12. Jhs. an bei den Cistercienserinnen in Franken/Thüringen und von der 1. Hälfte des 13. Jhs. an zwischen dem Kölner Raum und den Harzgegenden öfter vor, räumt dann aber in der 2. Hälfte des 13. Jhs. überall — abgesehen von Oberschwaben — der schon vorher vielfach verbreiteten einschiffigen Kirche bis auf ganz wenige Ausnahmen (z. B. Rostock, Kreuzkloster) das Feld.

Das geistige Klima der religiösen Frauenbewegung, das bei verschiedenen Orden zur Gründung neuer Frauenklöster führte, bewirkte, daß die einschiffige Kirche der Cistercienserinnen von diesen häufig übernommen wurde. Deshalb nennen wir unter den Beispielen hier und da auch Nonnenkirchen anderer Gemeinschaften.

Vereinzelte Großkirchen ohne cisterciensischen Charakter im Gegensatz zur Vielzahl der übrigen Kirchen

Von der Masse der deutschen Nonnenkirchen cisterciensischer Prägung hebt sich ähnlich wie in Frankreich etwa ein Dutzend untypischer Großbauten ab: stattliche Münsterkirchen, meist mit reichen Chorlösungen, Querschiffen, basilikalen Langhäusern und Turmgruppen. Sie sind unter sich sehr verschieden und ganz in die Architekturentwicklung ihrer Landschaft eingebettet, zu deren Hauptwerken sie infolgedessen zählen. Ihre künstlerische Sonderstellung gegenüber den übrigen Cistercienserinnenkirchen erklärt sich aus ihrer Wertschätzung seitens des Gründers. Meistens handelt es sich nämlich um solche Klöster und Kirchen, die dem hochadligen Gründer als Stätte des Gebetes für sich und seine Familie, aber auch zur Repräsentation dienen sollten. Beispiele hierfür sind Roermond

Liebfrauen, Bamberg St. Theodor, Goslar Neuwerkkirche, Bergen auf Rügen und Trebnitz in Schlesien[10]), das Lieblings- und Grabeskloster der hl. Hedwig. Sie stehen im Reigen der bekannten, oft altehrwürdigen Benediktinerinnen- und Damenstiftskirchen. Cisterciensisch an ihnen sind außer der Ordenszugehörigkeit der Nonnen meist nur einige architektonische Einzelheiten. Mit den typischen Cistercienserinnenkirchen haben sie wenig zu tun. Daher scheiden sie weitgehend aus unserer Betrachtung aus.

Bei den übrigen Kirchen wurde fast stets das cisterciensische Turmverbot beachtet. Von außen sind sie allein schon durch ihren Dachreiter als Kirchen dieses Ordens gekennzeichnet. Doch haben einige von ihrem Grundriß her an sich typische Nonnenkirchen des Ordens einen Turm, der meist an ihrer Westseite angefügt ist[10a]). Er gehörte wohl in vielen Fällen der Pfarrgemeinde. Denn es ist eine Eigenart der Cistercienserinnenkirchen, daß sie oft zugleich als Pfarrkirchen für die Umgebung bestimmt waren. Bei anderen Kirchen, z. B. Trebnitz[10b]), kam der Turm erst in späteren Zeiten in unsymmetrischer Anordnung hinzu. — Die Kirchen lassen sich im Hinblick auf die Grundrißgestaltung wie bereits betont, in Gruppen zusammenfassen. Weitaus am stärksten verbreitet ist die einschiffige, langgestreckte Saalkirche mit verschieden gestaltetem Chorschluß, die wir ja auch in Frankreich finden.

Viele dieser Kirchen, besonders eine Anzahl einschiffiger Saalkirchen, wurden mit Hilfe von Bauhütten benachbarter Cistercienserabteien errichtet, wie wir aus ihren Bauformen schließen können. So sind die rheinischen Cistercienserinnenkirchen zu Blankenberg/Sieg und Namedy b. Andernach von der Marienstätter Bauhütte beeinflußt. Eine Reihe fränkisch-schwäbischer Nonnenkirchen dürfte wohl von der Bauhütte errichtet worden sein, die auch in den Mönchsklöstern dieser Landschaft, wie Schönau, Maulbronn, Heilsbronn u. a., gearbeitet hat. Die Beispiele ließen sich um andere vermehren.

Der basilikale Grundrißtyp in seinen Abwandlungen

Basilikale Cistercienserinnenkirchen ohne Querschiff häufen sich in der Schweiz und in Oberschwaben (Magerau/Maigrauge, Baindt, Heiligkreuztal, Gutenzell[10c]), Niederschönenfeld, Klosterzimmern). Zwei weitere kleine Gruppen derartiger Basiliken kommen im Gebiet Mainfranken/Thüringen (Wechterswinkel als Anregerin, Ichtershausen, Frauenroth)[11]) und im Raum Köln vor (Sion und Mariengarten in Köln, ferner Walberberg, wo eine Basilika des 11. Jhs. wiederverwendet und ausgebaut wurde, und Gevelsberg, wo 1225 der heilige Kölner Erzbischof Engelbert ermordet und 10 Jahre darauf ein Cistercienserinnenkloster gegründet wurde[12]). Wir nehmen Ichtershausen, Frauenroth und Magerau, Bauten mit einem nicht ausspringenden Querschiff, zu dieser Gruppe querschiffloser Kirchen hinzu, da bei ihnen offenbar bewußt auf die aufwendige Kreuzform verzichtet wurde, — nicht nur im Grundriß: in Ichtershausen (M. 12. Jh.) war das Innere der Querarme von Anbeginn wahrscheinlich mit Emporen ausgefüllt und dadurch ihre Raumwirkung unterbunden; in Magerau (Mitte 13. Jh.) sind die Querarme so niedrig, daß sie außen unter den Pultdächern der

Seitenschiffe verschwinden. Die Bereitschaft der kölnischen Cistercienserinnen zur Übernahme der querhauslosen Basilika dürfte dem teilweisen Vorbild entsprechender romanischer Prämonstratenserinnenkirchen gefolgt sein, die sich im Rheinland und in Hessen zu einem klaren Typ formiert hatten, wie Köln-Dünnwald und Schillings-Kapellen b. Rheinbach[12a]). Was sonst noch in Deutschland an basilikalen Cistercienserinnenkirchen des 12. bis 14. Jhs. vorhanden ist, breitet sich sporadisch — nun aber meist mit Querschiff — fast ausnahmslos über eine Zone hin, die sich von Köln über die mittlere und obere Weser bis zum Umland des Harzes erstreckt[13]). Es sind zumeist Kirchen aus vorgotischer Zeit. In diesen Landschaften waren seit der ersten Hälfte des 12. Jhs. mit Beginn der religiösen Frauenbewegung zahlreiche basilikale Nonnenkirchen verschiedener Ordenszugehörigkeit errichtet worden, die sich durch manche Gemeinsamkeiten auszeichnen. Unter ihnen bildeten jene Prämonstratenserinnenkirchen eine engere Gruppe, die durch größere Schlichtheit auffällt. Es war daher für die frühen Kirchenbauten der Cistercienserinnen vielerorts selbstverständlich, daß sie sich der basilikalen Bautradition der religiösen Frauenbewegung und vor allem den Prämonstratenserinnen anschlossen. Gerade die turm- und querschifflosen Kirchen innerhalb dieser Gruppe, wie Konradsdorf (2. H. 12. Jh.), Beselich und Brunnenburg (beide Anf. 13. Jh.), am Ostrand des Mittelrheingebietes gelegen, haben wohl neben der Kirche der ersten deutschen Frauencisterze, Wechterswinkel (M. 12. Jh.), für die Cistercienserinnen beispielgebend gewirkt. Das Rheinland hat im übrigen im 12. Jh. die Basilika als sakrale Bauform schlechthin für jede noch so kleinformatige dörfliche Bauaufgabe anderen Kirchentypen vorgezogen[14]). Ihre Duldung als Klosterkirche bei den Cistercienserinnen, deren Armutsgelübde die bei ihnen sonst üblichen einfacheren Kirchentypen nahelegte, ist daher im Kölner Gebiet auch aus diesem Grunde nicht erstaunlich. Ihre Verwendung weiter östlich bis jenseits des Harzes trifft sich wohl nicht zufällig mit den engen dynastischen und politischen Beziehungen, die zwischen dem Kölner Raum und diesen Gegenden im 12./13. Jh. bestanden haben.

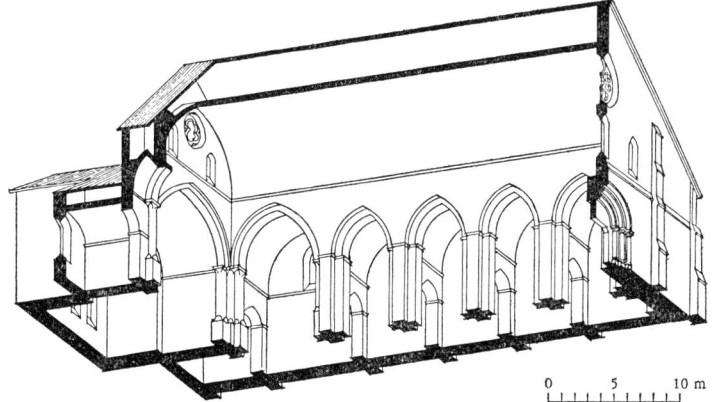

Magerau/Maigrauge (Kanton Freiburg), Cistercienserinnenkirche, Mitte 13. Jh., eine Vereinfachung der frühen dreischiffigen Cisterciensermönchskirchen (an Stelle von je zwei nur eine Querschiffkapelle). Unmittelbares Vorbild war die Abteikirche Hauterive (Typ Fontenay). Rekonstr. nach Bucher.

369

Die Ostchöre bei basilikalen Cistercienserinnenkirchen

Die Chorlösungen der genannten Kirchen sind mannigfaltig, meist untypisch und in die ordensfremde Architekturtradition einzuordnen. Nur hier und da erinnern sie an Cistercienser-Gepflogenheiten oder wiederholen ein und dieselbe Lösung für mehrere Nonnenkirchen. Sie bilden drei Gruppen.

1. Gruppe 2. Gruppe

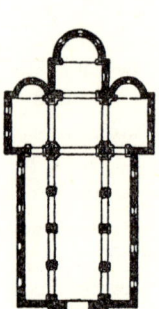 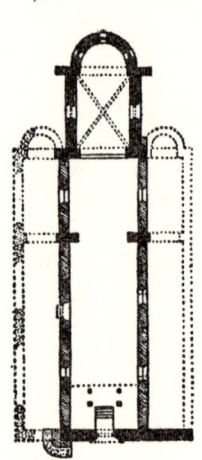 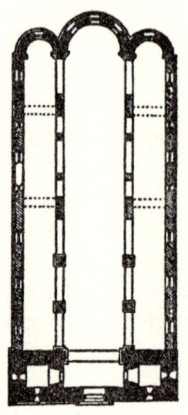 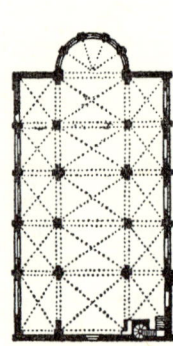

Wilhelmshausen/ Hessen, M. 12. Jh. (vgl. den Chor von Oberkaufungen) *gleiche Ostteile:* Goslar Neuwerkkirche Bergen/Rügen Himmelpfort b. Tischnowitz/ Mähren

Frauenroth/ Unterfranken I. H. 13. Jh. *der gleiche Grundriß:* Drolshagen[15] Schillingskapellen und Brunnenburg (beide Prämonstratenserinnen), Köln, St. Cäcilien (Frauenstift)

Ichtershausen/ Thüringen, M. 12. Jh. *gleiche Ostteile:* Wechterswinkel Bamberg, St. Theodor und Prämonstratenserinnenkirchen: Köln-Dünnwald Germerode/Hessen Beselich

Köln Sionkirche, M. 13. Jh. *etwa der gleiche Grundriß:* Konradsdorf (Prämonstratenserinnen) Köln Mariengarten *ähnliche Ostteile:* Klosterzimmern Nordhausen-Altendorf Rostock Hl. Kreuz und Bettelordenskirchen

Die kreuzförmigen Basiliken (erste Gruppe)

sind ganz verschiedenartige Bauten mit oder ohne Apsis an den Querarmen, apsidialem oder geradem Abschluß des Hauptchores (Wöltingerode bei Goslar, Frauenberg bei Nordhausen, Wilhelmshausen bei Hofgeismar u. a.). Dieses sind Bauten ohne cistercensische Grundrißformen.

Doch scheinen die basilikalen Kirchen mit der Chorform von Wilhelmshausen einem in der mitteldeutschen Romanik gebräuchlichen Nonnenkirchentyp zu folgen. Bei Wilhelmshausen hat man auf die Übereinstimmung seiner Ostteile — in Kleinformat — mit der bekannten älteren Frauenstiftskirche im nahen Oberkaufungen hingewiesen[15a]; bei der Nonnenkirche Nordhausen-Frauenberg, deren Ostteile ganz ähnlich aussehen, betonte man die Identität mit dem Grundriß der älteren fuldischen Benediktinerinnenkirche Thulba b. Hammelburg[15b].

Eine Ausnahme bildet St. Burkhard in Halberstadt. Um den rechteckigen Chor dieser Kirche ist ein Umgang ohne die üblichen Kapellen gelegt, die bei einer Nonnenkirche auch nicht erforderlich sind. St. Burkhard bietet demnach einen reinen Cisterciensergrundriß mit einer Reduktion des Chortyps Cîteaux II. Der vereinfachte Chor und die geringe Erstreckung des Langhauses lassen diesen Bau als ein kleines Gegenstück zu den großen Mönchskirchen erscheinen, — der bescheideneren Rolle der Nonnen angemessen[15c]).

Die querschifflosen Basiliken mit Apsiden (zweite Gruppe)

folgen im Gegensatz zur vorigen Gruppe bestimmten einheitlichen Grundrißschemata. Erstes Schema: Die drei Schiffe enden im Osten auf einer Linie und werden jeweils durch Apsiden geschlossen, so in der fränkisch-thüringischen Basilikengruppe und bei einer Cistercienserinnenkirche im benachbarten Niedersachsen (Wechterswinkel?/Franken, Ichtershausen/Thür., Bamberg St. Theodor, Wiebrechtshausen Bez. Hildesheim).

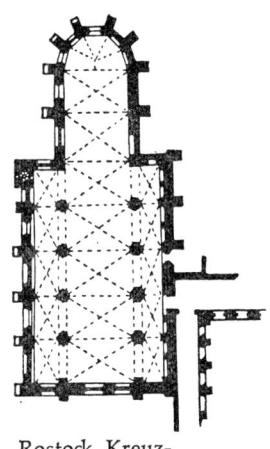

Rostock, Kreuzkloster, 1. H. 14 Jh. (Hallenkirche)

Dieser Grundriß entspricht dem bekannten altbayrischen Basilika-Typ. Er wurde dort von den ostbayrischen Cistercienser-Mönchskirchen Walderbach, Raitenhaslach und Gotteszell übernommen und könnte von daher einigen unserer weiter nördlich gelegenen Cistercienserinnenkirchen vermittelt worden sein. Haupt- und Nebenapsiden auf *einer* Linie hatte auch die erste Kirche in Walkenried (12. Jh.). Dieses Prinzip kann also auch von hier aus bei den Cistercienserinnen in Sachsen, Thüringen und Franken Eingang gefunden haben, parallel der bekannten bis nach Franken reichenden Verbreitung apsidialer Cistercienser-Mönchskirchen Mitteldeutschlands. Die vorgenannten Herleitungen sind möglich, aber nicht zwingend, denn drei Apsiden in einer Flucht bieten sich als Ostlösung für dreischiffige querhauslose Kirchen von selbst an. So haben insbesondere auch einige querschifflose Prämonstratenserinnenkirchen zwischen Rhein und Weser (Köln-Dünnwald, Germerode, Beselich) den gleichen Ostabschluß[16]).

Das zweite Schema zeigt drei gestaffelte Apsiden, bei denen die Hauptapsis um ein Chorjoch nach Osten rückt (Frauenroth/Unterfranken).

Beim dritten Schema endet nur das Mittelschiff — mit oder ohne Chorjoch — halbrund oder polygonal bei gerade geschlossenen Seitenschiffen, was sie mit vielen der im 13. Jh. aufkommenden Bettelordenskirchen gemeinsam haben. Beispiele solcher Cistercienserinnenkirchen sind Köln Sionkirche, Walberberg, Gevelsberg[12]), Nordhausen-Altendorf sowie wohl Klosterzimmern b. Nördlingen, wo die Seitenschiffe verschwunden sind. Dem dritten Schema läßt sich auch die gotische Kirche des Kreuzklosters in Rostock (1. Hälfte 14. Jh.) angliedern, als dreischiffiger, turmloser Hallenbau zusammen mit Marienstern/Sachsen (2. Hälfte 13. Jh., siehe dritte Gruppe) eine seltene Form unter den Cistercienserinnenkirchen. Rostock ist mit seinem Gesamtgrundriß der Benediktinerinnenkirche Preetz bei Plön (1. Hälfte 14. Jh.) ähnlich, von der sie örtlich und zeitlich nicht weit entfernt liegt. Marienstern, Rostock und Preetz stehen mit der Art ihrer Gotik vom Gesamtcharakter wie vom stilistischen Detail her den Bettelmönchskirchen jener Zeit besonders nahe.

In der ersten und zweiten Gruppe wurden die basilikalen Cistercienserinnenkirchen mit einer oder mehreren Apsiden vorgestellt, Bauten, die in ihren Grundrissen wenig cisterciensisch wirken und vor allem von dem abweichen, was nach unseren landläufigen Vorstellungen eine typische Cistercienserinnenkirche ist. Umreißen wir zusammenfassend das Verbreitungsgebiet dieser Apsidialbasiliken, so ergibt sich bei einem Vergleich mit den Mönchskirchen, daß es — abgesehen von Oberschwaben — derselbe, weitgehend mitteldeutsche Boden vom Kölner Raum bis nach Thüringen/Sachsen mit einer Ausweitung nach Franken ist, auf dem bis um 1200 ebenfalls viele Mönchskirchen von weniger klassisch-cisterciensischem Charakter — meist mit apsidialen Chorlösungen — entstanden.

Die querschifflosen Basiliken mit rechteckigem Chorschluß (dritte Gruppe)

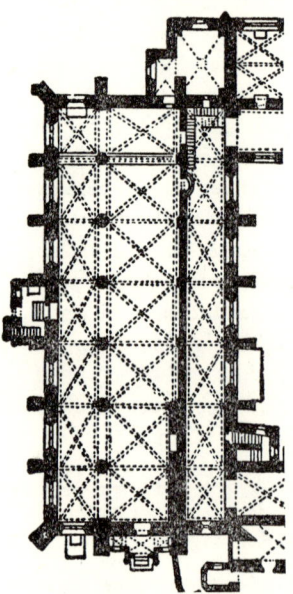

Marienstern 2. H. 13. Jh.
(Hallenkirche)

Die am reinsten cisterciensische Lösung läßt die drei Schiffe gerade enden, wobei das Mittelschiff um ein Chorquadrat über die Seitenschiffe hinausragen kann. Doch auch im letzten Fall wird für die Außenansicht der Ostfront ein scheinbar gleichfluchtender Abschluß aller drei Schiffe gesucht, indem Seitenkammern als Fortsetzung der Seitenschiffe das Chorjoch begleiten. Denn eine glatte Ostfront von rein basilikalem Querschnitt ergab jene Wirkung voll schlichter Hoheit, die auch den Westfassaden der Cistercienser- und Bettelmönchskirchen eigen ist. Damit folgen diese Bauten, etwa Brenkhausen (Westf.) sowie in Oberschwaben Heiligkreuztal und Baindt[17]), den Mönchskirchen mit sogenanntem einfachem basilikalem Chortyp.

Von großer Schlichtheit und Regelmäßigkeit ist die frühgotische Kirche zu Brenkhausen (2. H. 13. Jh.), ein klarer rechteckiger Raum in den Formen einer Pfeilerbasilika, die nach dem gebundenen System gewölbt ist. Über ihrem breitgelagerten Mittelschiff westfälischer Prägung steigen drei mächtige Gratgewölbe empor. Der ganze Bau trägt durch die Knappheit seiner Details cisterciensische Züge. Die Maßwerkfenster in der gemeinsamen Ostwand der drei Schiffsräume, der einfache Zuschnitt der Scheidarkaden und die Kreisfenster am Obergaden entstammen der Cistercienser- und Bettelordensgotik.

Auf demselben Chorgrundriß erhebt sich bei den — heute noch wirkenden — Cistercienserinnen zu Marienstern in Sachsen ein Hallenraum, dessen Südschiff allerdings in zwei Geschosse zerteilt ist, von denen nur das obere der Hallenkirche angehört, während das untere entsprechend einer Gewohnheit bei den Cistercienserinnen, wie wir noch sehen werden, als Kreuzgangflügel völlig von der Kirche geschieden ist.

Kreuzkirchen und ihre Abwandlungen

Neben Saalkirche und Basilika hat sich, wahrscheinlich von Frankreich her, jener Kirchentyp in Deutschland verbreitet, der im Kapitel über die französischen Kirchen als Typ I bezeichnet wurde: die *einschiffige* Kirche aus langgestrecktem Schiff mit etwa quadratischen Kreuzarmen und ebensolchem Chorjoch, meist ohne Apsis oder gebrochenen Chorschluß. Diese Kirchen finden sich hauptsächlich in zwei deutschen Landschaften, dem Oberrheingebiet (Droiteval [Lothringer Vogesen], Lobenfeld b. Heidelberg [bis 1270 Augustiner-Chorfrauen], Friedenweiler [Schwarzw.], Heilsbruck [b. Edenkoben/Pfalz] und andere) und in Westfalen/Hessen (Asbeck b. Ahaus (Frauenstift), Fröndenberg b. Unna, Welver b. Soest, Vreden b. Ahaus (Frauenstift)[17a], Altenberg b. Wetzlar (Prämonstratenserinnen), Blankenau b. Fulda, Blankenheim b. Rotenburg a. d. Fulda (Benediktinerinnen), im Randgebiet außerhalb von Westfalen: Grafental b. Kleve). Ein apsidialer bzw. polygonaler Ostabschluß tritt in Friedenweiler, Heilsbruck, Altenberg und Vreden zum Chorjoch hinzu.

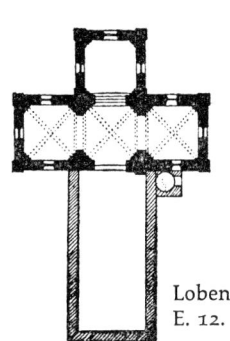

Lobenfeld
E. 12. Jh.

Deutsche Entsprechungen zu den französischen Staffelchor-Kirchen

Erhalten nun Grundrisse wie der von Friedenweiler an jedem Querschiffarm eine Ostapsis, so nähern sie sich eindeutig französischen Vorbildern, die wir zu Anfang aufgeführt haben, nämlich den als Typ III bezeichneten Kirchen mit Staffelchor. Hier ist Güldenstern b. Liebenwerda zu nennen, dessen Plan — abgesehen von den Querschiffsapsiden — unverkennbar an Vreden erinnert.

Einige weitere deutsche Cistercienserinnenkirchen, Frauental b. Bad Mergentheim, Heiligental u. a., die wir zum Typ der einschiffigen Saalkirche und seinen Untergruppen rechnen müssen, stehen den Kreuzkirchen nahe. Während sich an ihre eine Längsseite — wie bei allen Klosterkirchen — die vierflügelige Klausuranlage lehnt, haben sie an ihrer gegenüberliegenden, freien Längsseite nahe dem Ostchor einen querarmartigen Kapellen-Anbau mit kleiner polygonaler Ostapsis. Dieser Seitenraum ist mit dem Kirchenschiff durch eine mehr oder weniger große Bogenöffnung verbunden. Denken wir uns auch an der anderen Längsseite eine derartige Flanken-Kapelle hinzu, so wird klar, daß diese deutschen Nonnenkirchen nichts anderes als eine asymmetrische *Sonderart des fran-*

zösischen Typs III sind. Auf der Klausurseite liegt keine Kapelle, so wie auch hier und da bei echt kreuzförmigen Nonnenkirchen der klausurseitige Querarm fehlt (Altenberg b. Wetzlar).

Für diese Besonderheit gibt es Gründe. Bei vielen Nonnenkirchen hatte der klausurseitige Querarm längst seine Raumwirkung verloren, da er — wie in einem späteren Kapitel noch dargelegt wird — durch eine Nonnenempore in zwei Geschosse geteilt wurde (vgl. auch oben Ichtershausen). Als diese Empore bei späteren Kirchenbauten überflüssig wurde, da eine solche im Westen der Kirche ihre Funktion übernahm, lag es bei künftigen Kreuzkirchen nahe, zuweilen auf

Entsprechungen zu den französischen Staffelchören

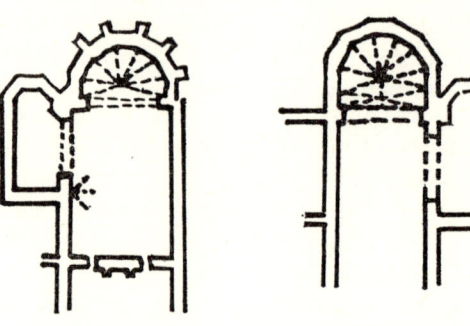

Heiligental 13. Jh. Frauental 13. Jh.
nach Riecke; vgl. Bonlieu (Creuse) S. 365

diesen Querarm ganz zu verzichten. Der äußeren Erscheinung brachte dies sowieso keine Einbuße, da er — bei der Niedrigkeit der Nonnenkirchen — schon vorher vielfach wie ein Teil des anstoßenden und ihn fortsetzenden östlichen Klausurflügels gewirkt haben dürfte. Der Verlust des einen Kreuzarmes führte offensichtlich zur allmählichen Schrumpfung des anderen. In Frauental und Heiligental müssen es — nach den Spuren zu urteilen — noch beachtliche Seitenräume gewesen sein. Andere einschiffige Nonnenkirchen haben an dieser Stelle zuweilen sehr kleine Kapellen, letzte, unverstandene Relikte des Querhaus-Gedankens.

Verwandte Lösungen zur einschiffigen Kreuzkirche

In ihrer Reinform mit geradem Chorschluß wirken die kreuzförmigen, einfach klaren Bauten am ehesten als kleine Gegenstücke zu den großen Mönchskirchen mit rechteckiger bernhardinischer Choranlage, aus denen sie durch Reduktion entwickelt zu sein scheinen, — adäquat ihrer Bestimmung für den weiblichen, bescheideneren Zweig des Ordens.

Zwischen beiden Pendants gibt es Übergangsbauten: So ist die kleine Cistercienserinnenkirche St. Burkhard in Halberstadt, die wir mit ihrer Choranlage schon bei den Basiliken kennenlernten, im Kern eine reine Kreuzkirche unseres Typs, doch das Langhaus wird begleitet von Seitenschiffen und der Chor umsäumt von dem seitenschiffartigen Umgang. So ist andererseits bei der westfälischen

Mönchskirche Marienfeld das Mittelschiff nur nordseits zu basilikalen Arkaden geöffnet, während den Platz des Südschiffes der Kreuzgang innehat. Sie mag der für Deutschland selteneren Form der seitenschiffslosen kreuzförmigen Nonnenkirchen in Westfalen zu der erwähnten stärkeren Verbreitung verholfen haben, indem sie den Ansätzen zur Vereinfachung des bernhardinischen Kirchenplanes die Richtung wies.

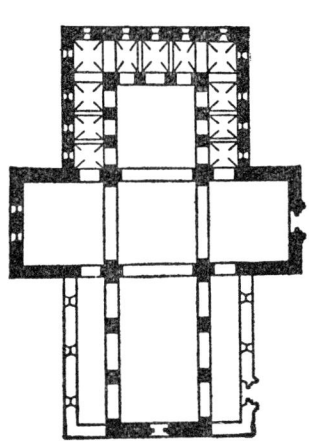
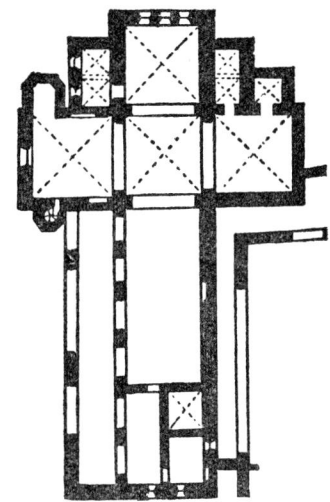

Halberstadt St. Burkhardt, um 1200, analog zu Mönchskirchen wie Ebrach und Riddagshausen

Sonnenkamp b. Wismar 13. Jh., [17b] zweischiffige Basilika, derselbe Grundrißtyp: Le Trésor (Frkr.), Lobenfeld I, Enkenbach

Fallen außer einem Seitenschiff dazu noch die in den Mönchskirchen üblichen Chorseitenkapellen weg, so haben wir einen — immer noch stattlichen — Reduktionstyp, der offenbar für Nonnenkirchen legitim war. Bei ihm lehnt sich stets statt des einen Seitenschiffes der Kreuzgang unmittelbar ans Mittelschiff. Beispiele[18]) sind Sonnenkamp b. Wismar, Enkenbach i. d. Pfalz (Prämonstratenserinnen), Lobenfeld b. Heidelberg (erste Planung der Augustinerinnenkirche) und Marienstern in Sachsen.

Die letztgenannte Kirche ist jener schon beschriebene Mischtyp mit gemeinsamer Ostwand der Schiffe. Er gesellt sich als querschiffslose Hallenkirche zu diesen Basiliken, — unten zweischiffig wie diese, oberhalb des ans Mittelschiff gelehnten Kreuzgangflügels jedoch um das fehlende zweite Seitenschiff bereichert, das als emporenartiger Gang eine ideale Verbindung vom Dormitorium im Ostflügel des Klosters zur Nonnenempore im Westteil der Kirche herstellt[19]).

Die Saalkirche und ihre Untertypen

Es bleibt noch die Aufgabe, die Hauptmasse der Nonnenkirchen, die über ganz Mitteleuropa dicht gestreuten einschiffigen Saalkirchen, zu typisieren. Als Kriterien dazu bieten sich ihre verschiedenen Grundrißproportionen und absoluten Maße an. So decken sich z. B. die Grundpläne entfernter Bauten wie Bürvenich/

Rhld. und Heiligental/Ufr. oder Namedy/Mittelrh. und (Mülheim-)Saarn/ Niederrh. völlig und nahezu auch die Chorpläne von Schönau b. Gemünden/ Main und Maidbronn b. Würzburg.

Die Schmalheit und geringe Breitenausdehnung bei mehr oder weniger großer Länge ist im übrigen beinahe allen diesen Saalkirchen gemeinsam[20]).

Wir versuchen jedoch im folgenden, eine Gliederung nach einem anderen möglichen Gesichtspunkt, nämlich den unterschiedlichen Ostabschlüssen, zu geben. Doch muß festgestellt werden, daß immer wieder einzelne Bauten auf der Grenze zwischen diesen Untertypen stehen.

Untertyp I	Untertyp II	Untertyp III	Untertyp III
Börstel	Bürvenich	Blankenberg	Seligenporten
2. H. 13. Jh.	M. 13. Jh.	M. 13. Jh.	Höhepunkt dieses
derselbe Typ:	*derselbe Typ:*	*derselbe Typ:*	Typs
Frauenthal/	Billigheim/	Machern/Mosel	
Kt. Zug	Nordbaden	Himmelpforten	
Rinteln	Seligental	b. Soest	
Roda	b. Buchen	Vinnenberg	
Lindow	Lichtenstern	b. Warendorf	
Zarnowitz	b. Heilbronn	Sezemice b.	
u. v. a.	u. a.	Pardubitz/Böhmen	
		Pohled (Frauental) b. Deutschbrod/Böhmen	
		u. v. a.	

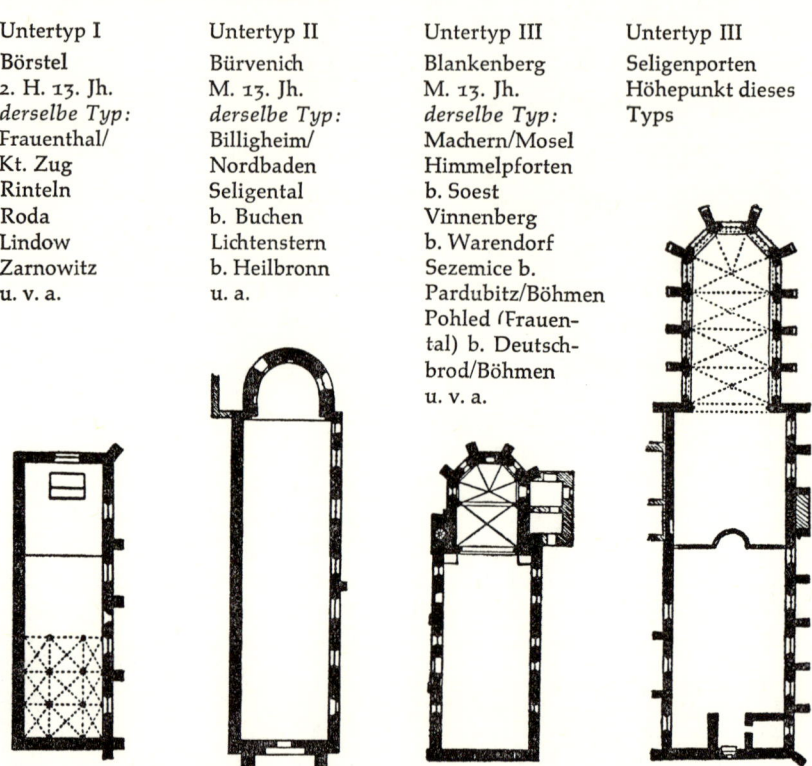

Untertyp I

Die einförmige, meist langgestreckte *rechteckige Saalkirche*, die im Grundriß oft nicht einmal das altarseitige Kopfende erkennen läßt und wie ein großes Haus aussieht (= Typ II der französischen Kirchen). Davon nur einige Beispiele: Frauental im Kanton Zug, Börstel b. Bersenbrück, Rinteln, Roda in Thüringen (mit Nebenschiff), Helfta Bez. Halle, Lindow b. Neuruppin, Zarnowitz b. Danzig. Ihr Hauptverbreitungsgebiet ist Nord-, Mittel- und Ostdeutschland, wo man ohnehin bereitwilliger auf Apsiden und Polygone verzichtete als andernorts; im Rheingebiet und Süden fehlt sie fast ganz. Sie gibt sich cisterciensisch durch die gerade Ostfront und teilt ihre Form mit den etwa gleichzeitig entstandenen

Bettelordenskirchen derselben Landschaften[21]). Um 1300 kommt sie den ästhetischen Vorstellungen der Zeit von einheitlichen, klar begrenzten Räumen in hervorragender Weise entgegen.

Sollte ihre Größe gesteigert werden — etwa zur Aufnahme von mehr Gläubigen —, so konnte sie als Saalkirche wegen der begrenzten Länge der Dachbalken nur in ihrer Länge gedehnt werden. Wollte man aber ein allzu langes Rechteck vermeiden, so blieb nur der Weg, den Saal in seiner Breite zu dehnen, das bedeutet jedoch, ihn mit Stützen auszustatten und zur Halle werden zu lassen. Das Ergebnis ist ein Bau wie das sächsische Marienstern, dessen Umrisse den einschiffigen rechteckigen Saalkirchen überaus ähnlich sind.

Untertyp II
Die Saalkirche mit gewölbter Apsis. Letztere ist dem Saal als leicht eingezogenes Halbrund oder Polygon angefügt (Heiligental/Ufr., Bürvenich/Rhld., Namedy/Rhld. u. a.). Ein solcher ungewölbter, kastenförmiger Saal, an den die Apsis als abgesetzter, niedrigerer Raumteil unmittelbar herantritt, entspricht romanischem und älterem Raumempfinden. Dieser Untertyp kommt daher wohl kaum noch nach 1300 vor. Schon das frühe 13. Jh. hat aus ihm durch vollständige Wölbung des Saales und durch Angleichung der Breite der Apsis an die des Schiffes einen neuen, einheitlichen Raum geschaffen. Ein Beispiel dafür ist die bedeutende Cistercienserinnenkirche St. Thomas in der Eifel (um 1210/20). Doch wird diese Entwicklung zu einem einheitlichen gewölbten Raum in St. Thomas dadurch noch etwas gehemmt, daß ein kräftiger Chorbogen und ein niedriger Apsisbogen den Gesamtraum in Kompartimente zerlegen. Wir werden nachher bei der Besprechung des Untertyps V sehen, daß reine, ungeteilte Saalkirchen mit Gewölben um die Mitte des 13. Jhs. vereinzelt unter den Nonnenkirchen auftreten (Mariensee/Niedersachsen) und sich dann ab 1300 im Rahmen der Gotik in großer Zahl verbreiten.

Untertyp III
Der Kirchensaal mit anschließendem Presbyterium samt Apsis oder polygonalem Chor (Hoven b. Zülpich und (Mülheim-)Saarn a. d. Ruhr mit Apsis; Blankenberg/Sieg, Marienfliess b. Perleberg, Schlüsselau b. Bamberg mit polygonal geschlossenem Chorraum; u. a. Beispiele). Vom Saal ist das schmalere und meist auch niedrigere Presbyterium durch einen Chorbogen abgesetzt und bildet einen etwa quadratischen Raum mit eingezogener romanischer Apsis bzw. einen ein- oder mehrjochigen gotischen Polygonalchor von wechselnder Länge. Die Chorteile sind meist gewölbt. Dieser Typ nähert sich im Laufe einer Entwicklung bei zunehmender Chorlänge unverkennbar den großen süddeutschen Bettelordens-Saalkirchen mit Langchor (Oppenheim Franziskaner, Wimpfen Dominikaner u. a.), denen er gegen 1300 in der Cistercienserinnenkirche zu Seligenporten/Oberpfalz völlig gleich wird.

Seligenporten stellt mit seinem hohen, lichten Presbyterium, dessen Wände gänzlich zu gotischen Fenstern aufgelöst sind und dessen feine Gewölbelinien aus dünnen Wanddiensten zwischen den Fenstern ohne Unterbrechung emporsteigen, einen Höhepunkt unter den gotischen Cistercienserinnenkirchen überhaupt dar.

Untertyp IV	Untertyp V (Ausgangsform)	Untertyp V (Endform)
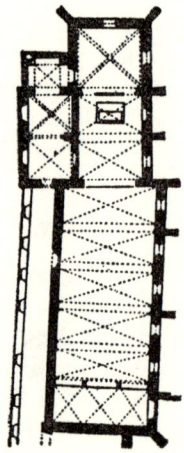	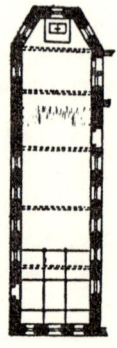	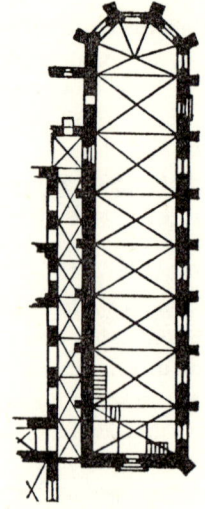
Schönau b. Gemünden/ Main, 2. H. 13. Jh. *derselbe Typ:* Zarrentin/Mecklenburg Speyer St. Magdalena (Dominikanerinnen) Teistungenberg im Eichsfeld Maidbronn b. Würzburg u. a. (bes. in Franken)	Marienhausen/Rhg., 1. H. 13. Jh. *dieselbe Form:* Engeltal/Wetterau St. Jöris b. Aachen u. a.	Heiligengrabe Bez. Potsdam, um 1300 *dieselbe Form:* Mariaburghausen Nimwegen-Marienburg (Augustinerinnen) Benninghausen u. v. a.

Untertyp IV

Die Saalkirche mit eingezogenem rechteckigen Chor. Er ist nichts anderes als eine cisterciensisch-strenge und nüchterne Variante der Saalkirche mit ein- oder mehrjochigem Polygonalchor, dessen eben dargelegte Entwicklung er auf seine Weise mitvollzieht: Ausgangspunkt ist das einfache gewölbte Chorquadrat im romanischen oder frühgotischen Stil (Gnadenthal b. Schwäb. Hall u. a.), das bei den Kirchen des späteren 13. Jhs. im Maingebiet allmählich an Tiefe zunimmt (Himmelspforten b. Würzburg, Birkenfeld b. Neustadt/Aisch u. a.) und gegen Ende des Jhs., wieder nach dem Vorbild der Bettelmönchsbauten (Schwäb. Gmünd u. a.), als schmaler gotischer Langchor an den Saal tritt (Maidbronn b. Würzburg, Schönau b. Gemünden/Main)[22].

Statt des höhepunkthaften Chorpolygons wird die flache östliche Chorwand durch hoheitsvolle Fenstergestaltung zum Hauptzeichen für die sakrale Bestimmung des Bauwerks. Dies gilt auch für die anderen Nonnenkirchen mit flachem Chorschluß, d. h. die einfach-rechteckigen Saalkirchen und die Basiliken mit rechteckigem Ostabschluß. Die Gliederung der Ostwand durch Fenster ist unterschiedlich. Frankenberg/Eder, Fröndenberg u. a. zeigen die typisch cisterciensische

Dreifenstergruppe mit erhöhtem Mittelfenster. Eine andere, nicht weniger cisterciensische Art findet sich in Enkenbach, Gnadental b. Schwäb. Hall u. a.: zwei Langfenster bilden mit einem darüber angeordneten Rundfenster eine geschlossene Einheit. Birkenfeld, Börstel, Marienstern, Heiligkreuztal u. a. haben ein majestätisch hohes Mittelfenster mit hochgotischem Maßwerk. Diese Fenster-

Würzburg-Himmelspforten
einschiffige Cistercienserinnenkirche des Untertyps IV (M. 13. Jh.)

Aus dem flachgedeckten, kastenförmigen Langhaus geht der Blick durch den Triumphbogen in den reicher gestalteten Altarraum; doch auch er hat einen maßvollen Schmuck: abgekragte Rippengewölbe und ein Maßwerkfenster in der schlichten Ostwand.

gruppierungen sind wohl von Cisterciensermönchs- oder Bettelordenskirchen mit gerader Ostwand bzw. von deren Westfassaden übernommen. Häufig kommen sie auch an den Giebelfronten von Klostergebäuden vor, z. B. an den Dormitorien der märkischen Cistercienserinnenklöster Zehdenick und Boitzenburg.

Untertyp V

Die Saalkirche mit halbrundem oder meist drei- bis fünfseitig gebrochenem Ostende. Nahtlos gehen die Seitenmauern des Langhauses zum Chor und Chorschluß über. Charakteristisch ist das einheitliche Dach mit ununterbrochener Firstlinie, das die ganze Kirche überdeckt und sie wie einen verselbständigten, endlosen Langchor des Untertyps III erscheinen läßt.

Die einfachsten Vertreter dieser fünften Untergruppe sind wandhaft-schlichte, ungewölbte Saalkirchen der Spätromanik und Frühgotik mit dreiseitigem Chorschluß. Einige Beispiele: Marienhausen/Rhg., Engeltal/Wetterau, St. Jöris b. Aachen. Daneben kommen schon um die Mitte des 13. Jh. wie bei den franzö-

379

sischen Cistercienserinnen durchgehend gewölbte Beispiele vor: Mariensee in Niedersachsen. Außerdem kehrt häufig ein Mischtyp aus den Untergruppen III und V wieder, der das ungewölbte Innere durch einen Chorbogen wie in III in Altar- und Laienraum zerteilt, während die durchlaufenden Außenmauern und die Dachform seine Einordnung bei V fordern (Heggbach i. Oberschwaben, Frauental b. Mergentheim, Anrode b. Mülhausen/Thür., St. Katharinen b. Linz/Rh., Sonnefeld b. Coburg u. a.). Mit dem Chorbogen übernehmen einige solcher Kirchen (Frauental, Sonnefeld) wie in III die Gewohnheit, das Sanktuarium zu wölben. Von hier aus dringt diese Teilwölbung auch in Bauten ohne Triumphbogen ein (Lichtental b. Baden-Baden)[22a] und erobert von Kirche zu Kirche immer größere Abschnitte des Langhauses. So differenziert sich die Untergruppe V nochmals nach dem Ausmaß der gewölbten Raumteile.

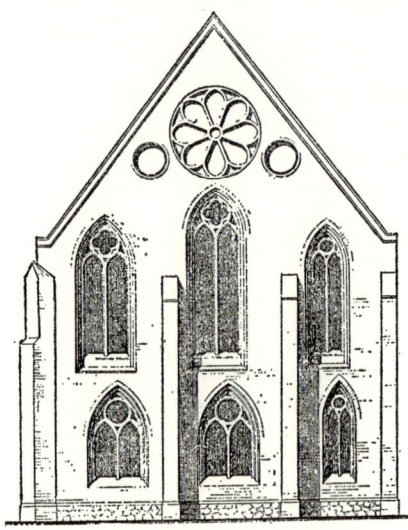

Cistercienserinnenkloster Boitzenburg (Uckermark)
Südgiebel des westlichen Klosterflügels (letztes V. 13. Jh., nach Schmoll, gen. Eisenwerth)

Die gestaffelte Dreifenstergruppe — typisch für die Cistercienser-Architektur — gehörte zum Dormitorium, das wohl im Westflügel lag und mit einem hölzernen Tonnengewölbe gedeckt war (vgl. Abb. Zehdenick).

Ab etwa 1300 entstehen überall in Deutschland jene ganz gewölbten, langgestreckt-saalförmigen Nonnenkirchen verschiedenster Orden, deren hohes, lichtes Schiff in rascher Travéen- und Fensterfolge dem Chorpolygon zueilt und mit ihm durch eine streng einheitliche Wandgliederung zum geschlossenen Gesamtraum von hoher Vollendung verschmilzt. In ihnen hat die künstlerische Entwicklung der Cistercienserinnen- und verwandten Nonnenkirchen einen abschließenden Höhepunkt erreicht; sie werden zu Leitbildern für die Nonnenkirchen der folgenden Jahrhunderte (Marienborn b. Büdingen 2. H. 13. Jh., Heiligengrabe Bez. Potsdam um 1300, Lambrecht i. d. Pfalz 14. Jh. (Dominikanerinnen), Nimwegen-Marienburg 15. Jh. (Augustinerinnen), Benninghausen b. Lippstadt A.

16. Jh. u. v. a.). Die Vorliebe der Cistercienser für archaisierende Horizontal-Lagerung blockhafter Baumassen ist dem gotischen Streben nach oben gewichen. Wie erklärt sich dieser Wandel? Gleichzeitig mit dem Einzug der Hochgotik breiteten sich während der ersten Hälfte des 13. Jhs. in Deutschland die Bettelorden aus, und auch die Ritterorden gründeten zahlreiche Niederlassungen. Es lag daher nahe, daß sie dem Zeitstil entsprechend bauten und sich dabei des Formenschatzes der französischen Gotik bedienten. Auch die hohen Raumproportionen nahmen sie von dort. Doch zeichneten sich ihre Bauten im Vergleich zu den ersten Werken der französischen Hochgotik auf deutschem Boden durch Einfachheit aus, die sich durch das Armutsideal der Orden ergab. Sie wurden dabei befruchtet von der Cistercienser-Architektur. Die Cistercienser andererseits übernahmen bei einer Anzahl von Neubauten das gotische Raumgefühl der Bettelordenskirchen und verwendeten dabei vielfach die dort vorkommenden Einzelformen.

Geradezu untrennbar hat sich dann die neue Bettelordensgotik mit den Cistercienserinnen- und verwandten Nonnenkirchen unseres Untertyps V verbunden, bis in die Gewölberippen-, Maßwerk- und Strebepfeilerformen hinein. Dasselbe gilt für Langchöre wie Seligenporten (Untertyp III).

Decke und Wölbung der Kirchen

Die Mehrheit der Cistercienserinnenkirchen ist nur in der Chorpartie gewölbt. Strebepfeiler an den gotischen Langhäusern dienen häufig nicht etwa vorhandenen oder geplanten Gewölben, sondern der Flächengliederung der überlangen Flankenwände in wohlproportionierte Abschnitte, ferner dem Ausdruck von Festigkeit und innerer Stärke sowie dem gotischen Prinzip der Verzahnung von Körper und Allraum. Aus dem ungewölbten Langhaus schaut man wie aus einem halbprofanen Raum durch das Tor des Chorbogens in den kapellenartigen gewölbten Chor. Der gewollte Kontrast ist für jeden Beschauer spürbar, wie es beispielsweise die Kirchenanlagen in Blankenberg (Siegkreis), Seligenporten (Oberpfalz) und viele andere zeigen. Diese Art der Raumgestaltung pflegten ebenso die Bettelorden. Für die Franziskanerkirchen wurde 1260 das Verbot der Wölbung außer über dem Altarraum ausgesprochen. Eine Sondergruppe bilden einige Cistercienserinnenkirchen in Mainfranken, bei denen die Wölbung bis zum Beginn der Nonnenempore im Langhaus reicht (Heiligenthal b. Schweinfurt, Mariaburghausen b. Haßfurt). Eine der ältesten Kirchen dieser Art ist Gnadenthal b. Schwäbisch Hall. Normalerweise kam für den Nonnenchor oder das ganze Langhaus die hölzerne Flachdecke in Frage, die das Bild eines großen kastenförmigen Raumes schuf, oder ein offener Dachstuhl, ausgekleidet mit rundbogiger, spitzbogiger oder trapezförmiger Holztonne (Seligenporten u. a.). Charakteristisch für diese Kirchenräume sind auch die Reihen schmaler Fenster. Sie geben nicht nur das notwendige Licht, sondern tragen auch zu einem ausgewogenen Raumbild bei.

Neben den ungewölbten Langhäusern kommen aber seit der ersten Hälfte des 13. Jhs. auch schon vollständig gewölbte Cistercienserinnenkirchen vor, und zwar unabhängig von den verschiedenen Grundrissen: Köln Sion (Basilika), Fröndenberg/Westf. (einschiffige Kreuzkirche), St. Thomas/Eifel (Saalkirche).

Die Nonnenempore in den Cistercienserinnen-Kirchen

Mönchschor zu Jerichow/ Altmark, E. 12. Jh., Chortyp, in welchem die Nonnenemporen u. a. wurzeln.

In den meisten deutschen Cistercienserinnenkirchen war der Platz für die Nonnen eine Empore. Diese Emporen befanden und befinden sich meistens im westlichen Teil des Langhauses und hatten in früheren Zeiten nur einen Zugang vom Wohnteil der Nonnen bzw. von deren Dormitorium. Häufig war die Nonnenempore von beträchtlicher Länge und nahm als Obergeschoß über einem niedrigen Erdgeschoß einen großen Teil des Langhauses ein. Bei der Saalkirche in Frauental b. Bad Mergentheim erstreckte sie sich fast durch das ganze Langhaus. Der kryptenähnliche Raum unter den Emporen diente bei einer Reihe von Nonnenkirchen der Laienwelt zur Teilnahme am Gottesdienst. Dadurch waren die Laien den Blicken der Nonnen entzogen und konnten selbst nicht auf die Nonnenempore schauen. Diese von Westen nach Osten laufenden Einbauten hatte ein Großteil der Cistercienserinnenklöster im deutschen Sprachraum. Die Trennung des Nonnenchores vom übrigen Kirchenraum war unterschiedlich. Zum Teil bestand sie nur in einer hohen Brüstung, konnte aber auch aus einer vollständigen Wand mit Fenstern bestehen. Manche der vorstehend beschriebenen Saalkirchen wurden auf diese Weise in zwei voneinander unabhängige Räume zerteilt. Zum Teil sind die Emporen der Cistercienserinnenkirchen als gesonderter Baukörper von außen erkennbar. Wie ein schmales langes Haus schließt sich der Emporenbau in Heiligkreuztal, Klosterzimmern und Wienhausen der übrigen, breiteren Kirche im Westen an.

Eine zweite Art der Nonnenemporen befand sich im Ostteil der Kirche, und zwar in dem Arm eines Querschiffes, der an das Dormitorium grenzte. Auch bei dieser Anlage des Nonnenchores war es den Schwestern nicht möglich, die am Gottesdienst teilnehmenden Laien zu sehen, und diese wiederum hatten keinen Einblick in jenen Kirchenteil. Selbst ihr Gotteslob, das Opus Dei, sollten die Nonnen abgeschieden von der Welt verrichten.

Im Gegensatz zu dieser Gepflogenheit im deutschen Sprachraum sind nach Aubert a. a. O. Bd. II S. 174 die Nonnenchöre bei den französischen Cistercienserinnen als abgeschlossener Raumteil zu ebener Erde angelegt. Die Trennung vom allgemein zugänglichen Teil der Kirche war wahrscheinlich durch feste Chorschranken gesichert, so wie es vom Generalkapitel vorgeschrieben wurde[22b].

Die Geschichte der Nonnenemporen in Cistercienserinnenkirchen ist noch nicht geschrieben.

Sie sei hier mit Rücksicht auf die gebotene Kürze dieses Beitrages in vorläufiger Form skizziert und soll an anderer Stelle ausführlicher anhand von Beispielen dargestellt werden.

Schon seit Beginn der romanischen Baukunst kannte man Emporen[23]) im Westteil von Kirchen, d. h. zweigeschossige Unterteilungen eines kurzen Raumabschnittes am Westende des Kirchenschiffes in der Weise, daß das so gebildete Unter- und Obergeschoß nach Osten zum übrigen Kirchenschiff hin völlig oder weitgehend offen blieb. Den östlichen Rand des Obergeschosses sicherte man mit einer Brüstung, die manchmal in ihrer Mitte wie eine kleine Kanzel zum Schiff hin vorkragte, wohl um einem Emporenaltar Platz zu bieten. Diese Gewohnheit, gerade das westliche Ende der Kirchen zweigeschossig zu gliedern, geht wohl auf die mehrgeschossigen Westpartien vieler karolingischer Abtei- und Bischofskirchen, die Westwerke, zurück. In einigen karolingischen Kirchen wurden die Querschiffarme durch Emporen mehrgeschossig unterteilt. Bei einer Reihe von normannischen Kirchen Nordwest-Frankreichs aus dem 11. Jh. waren die beiden Querarme ganz in zwei Geschosse unterteilt. Diese öffneten sich zur Vierung, d. h. zum Hauptschiff hin genauso wie die eingangs beschriebenen romanischen Westemporen[24]). Die Gründe, die zur Anlage von mehrgeschossigen Raumteilen und Emporen im Kirchenbau führten, waren verschieden. Oft war es nur die Vorliebe für reich gegliederte Raumgefüge, oft sollten sie einem praktisch-liturgischen Zweck dienen, häufig kam beides zusammen.

Nonnenchöre auf Querschiff-Emporen[24a])

Bei Kloster- und Stiftskirchen weiblicher Konvente, die in monastischer Gemeinschaft lebten, war eine etwaige Empore im klosterseitigen Querarm, der meist unmittelbar an das Dormitorium grenzte, als Platz für die Konventualen während des Gottesdienstes wie geschaffen: man blieb ungestört von den übrigen Gläubigen und hatte morgens und abends nur einen kurzen Weg zwischen Schlafsaal und Kirche. Eine solche Querschiff-Empore, die als Chor für den Frauenkonvent diente, hatte schon die Damenstiftskirche in Freckenhorst (um 1100). Eine ganze Reihe romanischer Nonnen- und Frauenstiftskirchen, vor allem im Rheinland, in Hessen und Norddeutschland, hatte in der Folgezeit als Nonnenchor eine Empore, die den klosterseitigen Querschiffarm ausfüllte (Mittelheim/Rhg. 12. Jh., Heiningen Bez. Braunschweig 12. Jh. (beide Augustinerinnen), Paderborn Gaukirche, Empore im 13. Jh. eingebaut (Cistercienserinnen), Diesdorf b. Salzwedel 13. Jh. (Augustinerinnen), Herford Münsterkirche 13. Jh. (Stift), Gerresheim b. Düsseldorf 13. Jh. (Stift), Wetter/Hessen 13. Jh. (Stift), Altenberg b. Wetzlar 13. Jh., erster Plan? (Prämonstratenserinnen)[24b]), Oberkaufungen, Empore nachträglich eingebaut (Stift) u. a.). Unter ihnen waren wohl auch weitere Cistercienserinnenkirchen, aus deren Querschiff diese Anlage heute verschwunden ist.

Die Absicht, den praktischen Vorteil der Querschiffemporen mit dem Motiv der Westemporen zu vereinigen, führte bei der Cistercienserinnenkirche in Frankenberg/Hesssen zu einer Lösung von bestechender Einfachheit (s. Abb. mit Begleittext).

In der romanischen Cistercienserinnenkirche zu Ichtershausen/Thür. (um 1150) sollen zwei einander gegenüberliegende Emporen, die sich an Stelle von Querschiffarmen zum Mittelschiff hin öffneten, bestanden haben[24c]), so daß der respondierende Gesang des Konvents zwischen beiden Emporen durch das Mittelschiff hin- und herging. Gegenüberliegende Querschiff-Emporen hatte schon wenige Jahre vorher der Neubau der Frauenstiftskirche St. Ursula in Köln, doch befand sich hier der eigentliche Stiftschor, wie wir noch sehen werden, im Westteil der Kirche.

Etwa zur gleichen Zeit wie St. Ursula erhielt auch die Frauenstiftskirche in Gernrode solche Emporen, die beide Querflügel ausfüllen. Zusammen mit dem dort gleichzeitig erbauten hochgelegenen Westchor über einer zum Schiff hin offenen Krypta und den bekannten ursprünglichen Langhaus-Emporen ergab sich somit fast die gleiche Innenraum-Disposition wie in St. Ursula. Unklar bleibt nur, ob auch in Gernrode nicht die Emporen, sondern der Westchor als eigentlicher Konventschor diente[24d]).

Der Konventschor im klosterseitigen Querflügel konnte aber auch unter Verzicht auf eine Empore zu ebener Erde oder — nach dem Vorbild romanischer Mönchschöre — mäßig erhöht über einem Krypta-Geschoß liegen. Als Zugang vom anschließenden Dormitorium her diente die übliche Schlafsaaltreppe und zur Vierung hin schirmte wohl eine mannshohe Schranke den Chor von den übrigen Gläubigen ab. Derartige Chöre wurden in den Frauenstiftskirchen zu Essen — wahrscheinlich, und zwar zwischen 1050 und 1150[24e]) — sowie Neuenheerse/Westf., hier nach 1160, eingerichtet und bestanden ferner wahrscheinlich in Thulba b. Hammelburg/Rhön (12. Jh., Benediktinerinnen) sowie — bevor im 13. Jh. eine westliche Nonnenempore angelegt wurde — in Hecklingen/Anhalt (12. Jh., Benediktinerinnen).

Nonnenchöre über westlichen Krypten oder Unterkirchen

Die Emporen, wie sie in der Westpartie karolingischer und ottonischer Kirchen vielfach üblich waren, boten nur wenig Platz im Vergleich zu jenen Nonnenemporen, die einen Querarm einnahmen. Sie waren daher wohl nur in seltenen Fällen als Stiftschor gedacht. Aus ihnen allein können sich die langen geräumigen Konventsemporen im Westteil der Cistercienserinnenkirchen nicht entwickelt haben. Andersartig sind diese Nonnenemporen auch dadurch, daß sie als verhältnismäßig niedriger Einbau den Westteil des Langhauses ausfüllen und daß die Raumpartie, die sich über die Empore hin erstreckt, meist Teil des einheitlichen Gesamt-Kirchenraumes ist, ohne durch trennende Pfeiler- oder Säulenstellungen und Arkaturen von diesem abgesondert zu sein. Eine ihrer Wurzeln sind wohl jene doppelchörigen Kloster-, Stifts- und Domkirchen, bei denen der Konventschor etwas erhöht über einer Krypta im Westchor lag. In St. Emmeram zu Regensburg ist ein derartiger langer Mönchschor über einer Krypta des 11. Jhs. fast unverändert erhalten. Wie ein Podium ragt er von Westen her in das Westquerschiff hinein, und hat hier am Ostende seinen Altar[24f]).

In einigen — nicht doppelchörigen — Stifts- und Domkirchen Südfrankreichs, Spaniens und Portugals ist der Kanonikerchor, der sich ebenfalls als langes Rechteck von der Westwand her weit ins Schiff vorschiebt, so sehr angehoben, daß unter ihm auf dem Niveau des Kirchenschiffes eine gewölbte Eingangshalle entsteht. Die einschiffige Kathedrale von Maguelone[25]) aus dem 12. Jh. hatte einen solchen Chor für ihre über 50 Domherren, der erhalten ist. Sein Anblick von Osten zeigt in der Mitte der Emporenbrüstung eine halbrunde Altarkanzel. Das Aussehen des Ganzen erinnert ausgesprochen an Cistercienserinnen-Emporen wie die zu St. Thomas/Eifel (1210/20). Maguelone ist von seiner Form und Funktion her eine enge Parallele zu den Westemporen der Cistercienserinnen in der gehobenen Sphäre der Chorherren- und Kathedralstifte.

Wo aber finden wir die frühesten hochgelegenen Westchöre für Frauenkonvente? Im Rheinland besaß schon die ottonische Kirche des Frauenstiftes St. Cäcilien[26] zu Köln, ehemals eine Basilika des 10. Jhs., einen erhöhten Stiftschor im Westteil des Mittelschiffes, der sich über die westliche Flucht der Seitenschiffe hinaus einschiffig in voller Breite als längeres Rechteck nach Westen fortsetzte. Unter ihm erstreckte sich eine Krypta mit tieferem Niveau als der Kirchenboden.

Der romanische Neubau von St. Cäcilien aus den Jahren um 1170, eine turm- und querschifflose Basilika auf den ottonischen Fundamenten, behielt den alten Konventschor samt Krypta bei. Er steht mit seinen sparsamen Formen und einfach-edlen Raumverhältnissen den romanischen Prämonstratenserinnenkirchen des Rhein-Weser-Gebietes sowie den damit verwandten Nonnen- und Frauenstiftskirchen anderer Orden nahe[27]. Diese basilikalen Bauten sind die typischen Nonnenkirchen des 12. Jhs. Sie tragen den Stempel der damals einsetzenden reformatorisch-religiösen Frauenbewegung. Als gemeinsame Kennzeichen haben sie schlichte Formen und den westlichen, über einer Krypta gelegenen Nonnenchor (Cappel/Westf., Lippoldsberg/Nordhessen). Ihre reinste Ausprägung bildet eine Reihe querhausloser, teils sogar turmloser Kirchen meist prämonstratensischer Ordenszugehörigkeit (Germerode/ Nordhessen, Schillings-Kapellen b. Rheinbach/ Rhld., Konradsdorf/Wetterau u. a.)[28]. Das Motiv des Nonnenchores auf langgestreckter, niedriger Empore über einer mehrschiffigen Krypta, das schon in der ottonischen Cäcilienkirche ausgebildet war, gelangte über die Prämonstratenserinnen zu den Cistercienserinnen, bei denen es in allen oben vorgestellten Kirchentypen gleichsam zur Regel wurde.

Betrachtet man die große Zahl dieser Nonnenchöre, um sich durch ihren Vergleich einen Gesamteindruck zu bilden, so wird erneut deutlich, daß sie keine eigentlichen Emporen, sondern Gegenstücke zu den bekannten östlichen Konventschören sind, wie sie sich bei vielen romanischen Kirchen vom Presbyterium aus ins Schiff erstrecken, meist über einer langen Krypta als Unterbau. Auch eine Anzahl von Frauenklosterkirchen hatte an dieser Stelle ihren Konventschor. So — allerdings nicht durch eine Krypta angehoben — die Neuwerkkirche in Goslar (beg. vor 1186), deren Nonnenkonvent den Konstitutionen von Cîteaux folgte. Ihre lettnerartige Chorschranke mit vorkragender Mittelkanzel und den hervorragenden spätromanischen Brüstungsreliefs wurde 1843 als Orgelempore — um 180° gedreht — an das Westende des Langhauses versetzt[29]. Beispiele aus der ersten Hälfte des 13. Jhs. sind die Frauenstiftskirche zu Oberstenfeld b. Heilbronn, wo der sehr hoch gelegene Chor eine dreischiffige Krypta unter sich birgt, und die bedeutende basilikale Cistercienserinnenkirche von Trebnitz/ Schlesien, deren Nonnenchor im folgenden noch besondere Erwähnung findet. Aus der ersten Hälfte des 14. Jhs. ist der Nonnenchor an gleicher Stelle — aber ohne Krypta — in Preetz b. Plön (Benediktinerinnen) erhalten. Diese östlichen Konventschöre für religiöse Männer- oder Frauengemeinschaften waren ursprünglich vom übrigen Mittelschiff oft durch eine Chorschranke wie die der Neuwerkkirche oder die in den Cistercienserkirchen Maulbronn und Haina abgetrennt. Sie bildete, falls der Chor über einer Krypta angelegt war, zugleich deren Westwand und konnte durch Fenster, wie etwa einst im Speyerer Dom, oder Portale zur Krypta hin geöffnet sein. Im Laufe der romanischen Epoche empfand man diese Wand wohl als zu starke Zäsur, die den Kirchenraum zerschnitt, und suchte sie daher aufzulösen. So ist sie bei der Prämonstratenserkirche zu Jerichow (4. V. 12. Jh.), die für die Baukunst Mittel- und Ostdeutschlands von großer Bedeutung wurde, ganz fortgefallen. Der Blick gleitet über den Boden des Mittelschiffes durch zwei offene Bögen in die zweischiffige Krypta, an deren Ende er in der Ferne die untere Zone der Hauptapsis erkennt. Deren oberer Teil wird über der Krypta am Ende des Konventschores sichtbar. Der geschlossene Block des Konventschores ist transparent geworden und steht wie ein steinernes Gerüst, fast wie ein nachträglich hinzugekommenes Ausstattungsstück[30]) in der Kirche. Er hat den Charakter einer Empore bekommen, deren Front zum Mittelschiff hin romanischen Lettern verwandt erscheint (vgl. den Ostlettner des Naumburger Domes). Über und unter ihm erfaßt man den gesamten Kirchenraum als Einheit.

Genau denselben Eindruck vermittelt die Nonnenempore im Westteil der Cistercienserinnenkirche St. Thomas/Eifel (um 1210/20). Hinzu kommt in beiden Kirchen die Abschlußbrüstung mit vorkragender Mittelkanzel. Diese gerüsthaft in das Schiff gestellten Nonnenchöre und die offenen Krypten unter ihnen bestimmen fortan — wie in St. Thomas — die Westansicht in zahlreichen Cistercienserinnen- und verwandten Nonnenkirchen, bald als steinerne Architektur mit Kryptagewölben bald als Holzkonstruktion mit flacher Kryptadecke.

Die Form des emporenartigen Ostchores wie in Jerichow wurde wenige Jahre später in der Prämonstratenser-Domkirche zu Brandenburg und 1335 ebenfalls in der Lübecker Franziskanerkirche St. Katharinen übernommen[30a]). Jerichow selbst dürfte das Vorbild des einzigartigen ehemaligen Trebnitzer Nonnenchores (um 1214–1219) gewesen sein, der als steinerner Emporeneinbau von mäßiger Höhe die Vierung und zwei der quadratischen Mittelschiffsjoche dieser großen Cistercienserinnenkirche ausfüllte und auf einer kryptenartigen Erdgeschoßhalle ruhte, wie es Zinkler mit seiner einleuchtend begründeten Rekonstruktion vorgeschlagen hat[30b]). Im Unterschied zur Mönchskirche Jerichow umfaßte dieser Nonnen-Hochchor nicht das Presbyterium samt Apsis. Dieses lag vielmehr aus dem Blickwinkel der Nonnen gesehen tief unten, auf dem Niveau des übrigen Kirchenraumes. Die niedrige Halle unter dem Nonnenchor war um fünf Treppenstufen gegenüber dem Kirchen-Fußboden abgesenkt und ringsum, d. h. zur Westhälfte des Mittelschiffes, den Seitenschiffen, den Querflügeln und dem Presbyterium hin, durch weite Bögen völlig geöffnet. So blieb das Raumganze der spätromanischen Kreuzbasilika erhalten und der Blick konnte vom Westportal zur Apsis oder von einem Seitenschiff bzw. Querhaus ins andere über die Empore und unter ihr hingleiten, um hinter ihr wieder den Gesamtraum einzufangen. In Jerichow hatte man es offenbar versucht und in Trebnitz sodann in vollends durchschaubarer Form erreicht, das große Kirchengehäuse mit der niedrigen, darin eingebauten Halle so zu kombinieren, daß beide einander gegenseitig räumlich durchdrangen. Man spürt hier die neue gotische Bauästhetik, die es verstand, offene Räume oder Gehäuse, deren Wände aufgelöst wurden, zu- und ineinander zu gruppieren.

Trebnitz/Schlesien

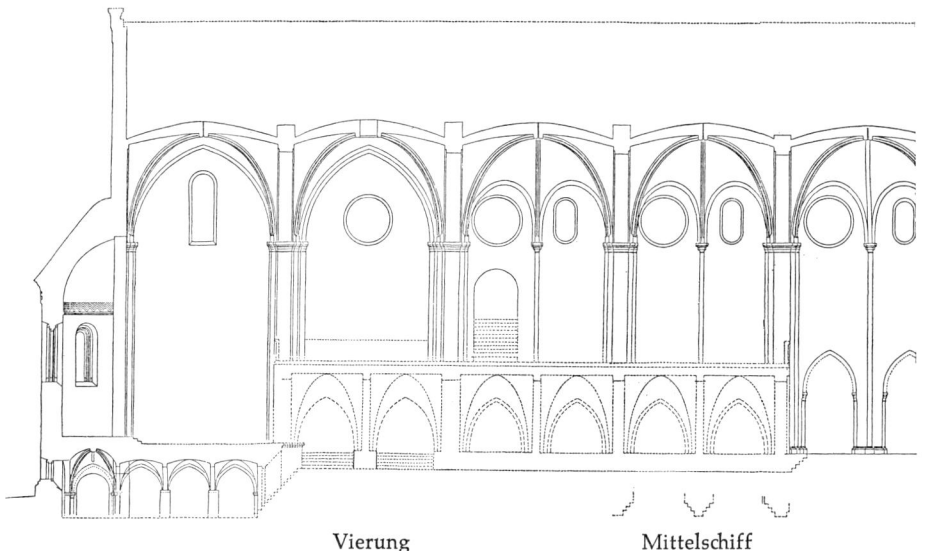

Trebnitz/Schlesien, Nonnenchor der Cistercienserinnenkirche (nach A. Zinkler). Seine Lage in der Vierung und im Ostteil des Mittelschiffes entspricht den ebenerdigen Mönchschören der Cistercienserkirchen. Gesamtlänge der spätromanischen Backsteinbasilika 62 m, Mittelschiffshöhe 17,90 m. Längsschnitt von Norden.

Der Trebnitzer Chor war auch unter monastisch-praktischem Gesichtspunkt eine mustergültige Lösung. Östliche Nonnenchöre wie Goslar-Neuwerk, Preetz und besonders die hochgelegene Anlage von Oberstenfeld boten gegenüber solchen im Westen des Langhauses den Vorteil, daß die weibliche Klostergemeinschaft, für deren Gottesdienst die Kirchen ja in erster Linie erbaut waren, ihren Andachtsplatz nicht etwa fern vom Hochaltar hatte und sozusagen an das abgelegene Westende des Langhauses verdrängt war, sondern nahe dem Altar an zentraler Stelle wie die Männerkonvente. Hier ergab sich jedoch für solche Frauengemeinschaften, die wie die Cistercienserinnen ihr Gebet und ihre Arbeit in strenger Klausur verrichteten, eine Schwierigkeit: von der Laienwelt waren sie zwar gleich den Mönchskonventen durch die westliche Chorschranke völlig geschieden und blieben beim geistlichen Offizium ungestört; doch ihr Chor setzte sich nach Osten ohne Trennung im Presbyterium fort, so daß die Priester und Diakone, die besonders an Festtagen in größerer Zahl am Altare walteten, wohl leicht die Blicke und Gedanken der Klosterfrauen auf sich zogen.

Diese Ablenkung war in Nonnenkirchen mit westlich gelegenem, erhöhtem Chor vermieden, wohl ein Grund für dessen starke Verbreitung bei den strengeren Frauenorden. — Der Konventchor von Trebnitz nahm einen zentralen Platz inmitten der Abteikirche ein, war durch seine bühnenartig erhöhte Lage von den Laien im Westen und dem Klerus im Osten hinreichend getrennt und gestattete zugleich durch die kryptenartige Halle seines Untergeschosses, daß die Laien zum Altar nähertreten oder ihn wenigstens erblicken konnten. So vereinigte er in sich die Vorzüge der westlichen und östlichen Nonnenchöre in einmaliger Weise[31]).

Wo wurde zum ersten Mal die Krypta unter einem Konventchor derartig wie in Jerichow zum Kirchenschiff hin offen gelassen, daß der Chor wie eine Empore erschien? Dies kann bei den Ostchören älterer romanischer Kirchen nördlich der Alpen lange vor Jerichow gewesen sein. Ursprungsland solcher Anlagen ist Italien[31a]).

Bei Westchören müssen die ältesten Beispiele hierfür der Kathedrale von Maguelone, d. h. der Mitte des 12. Jhs., zeitlich vorangehen, da bei dieser die Krypta schon zu einer weiträumigen, hohen Eingangshalle umgeformt ist. So waren auch die Krypten unter den westlichen Konventchören der Prämonstratenserinnen- und verwandten Nonnenkirchen schon seit der ersten Hälfte des 12. Jhs. zum Schiff hin offen (Cappel, Lippoldsberg)[31b]). Warum gerade in dieser Kirchengruppe? Manche dieser Konventchöre sind außen turmartig wuchtig gebaut bzw. von Turmpaaren flankiert (Cappel, Köln-Dünnwald), stehen also in der Nachfolge der karolingisch-ottonischen Westwerke und verdanken ihr Aussehen im Inneren einer Vermischung des Motives des westlichen Konventchores über einer Krypta mit dem der Westwerkemporen, deren Unterbau zum Schiff offen war. Demnach gehen die hochgelegenen Westchöre in Prämonstratenserinnen- und Cistercienserinnenkirchen auf diese beiden Wurzeln zurück. Die Öffnung der Krypten zum Schiff hin kann aus der zweiten erwachsen sein. Dies zeigt der noch ganz turmartige Konventchor der Kölner Frauenstiftskirche St. Ursula[32]) von etwa 1135, dessen Front zum Schiff aus einer offenen Doppelarkade zu ebener Erde besteht. Über ihr zieht sich die Chorbrüstung hin, in deren Mitte ehemals eine balkonartige Altarkanzel vorkragte. Das Ganze ist trotz steilerer Proportionen eine Vorwegnahme der Emporenfronten von Prämonstratenserinnenkirchen wie Schillings-Kapellen b. Rheinbach (E. 12. Jh.) oder Cistercienserinnenkirchen wie St. Thomas/Eifel (um 1210/20).

Auch die Bodenniveau-Verhältnisse zeigen, daß die sogenannten Krypten in den Cistercienserinnenkirchen nicht ausschließlich von den echten Westchorkrypten älterer Kirchen herzuleiten sind: Während z. B. in der Prämonstratenserinnenkirche Köln-Dünnwald (1. H. 12. Jh.) die Krypta des westlichen Konventchores noch drei Stufen unter dem Langhaus-Niveau liegt, besteht bei den Cistercienserinnen- und verwandten Nonnenkirchen seit dem späteren 12. Jh. in Langhaus und Krypta oft gleiches Niveau. Die Krypten folgen damit dem Beispiel der Vorhallen, wie sie unter Westemporen oder in Westwerken älterer Kirchen vorkamen.

Nicht alle Landschaften hatten Cistercienserinnenkirchen mit offener Nonnenchor-Krypta. In Mainfranken und den Nachbargegenden bleiben die Krypten durch eine Ostwand geschlossen, die manchmal so hoch hinaufreicht, daß sie den Nonnenchor — ähnlich den Chorschranken in Maulbronn und Haina — von der übrigen Kirche abriegelt. Vor dieser Wand steht denn auch häufig dem Kirchenschiff zugekehrt eine lettnerartige Laubenarchitektur (Gnadental, Himmelspforten, Birkenfeld, Mariaburghausen, Himmelkron).

Unsere Schlußbemerkung gilt dem inneren Aussehen der Krypten. Auch hier eine landschaftliche Besonderheit: im Rheingebiet sind sie fast ausnahmslos zweischiffig, in Nord-, Mittel- und Süddeutschland vorwiegend dreischiffig.

Beispiele für den Nonnenchor in den einschiffigen Kirchen

Cistercienserinnenkirche Birkenfeld, Blick nach Westen
Zweite Hälfte 13. Jahrhundert

In den fränkischen Nonnenkirchen wie Gnadental, Himmelspforten, Frauental, Birkenfeld, Mariaburghausen, Himmelkron u. a. riegelte eine gemauerte Schranke den Nonnenchor vom übrigen Langhaus ab. Die Mauerzone oberhalb der Chorschranke gehört zum Unterbau des Dachreiters, der kaminartig inmitten des Langhauses zur Decke emporsteigt. Ein lettnerartiger Laufgang vor dem Chorabschluß verbindet die beiden Chorpforten mit dem Dormitorium. Die vom Altarhaus zu ihm emporführende Treppe stellte wohl die zum Kommunionempfang der Nonnen notwendige Verbindung dar.
(Zeichnung W. Funck).

Frauental

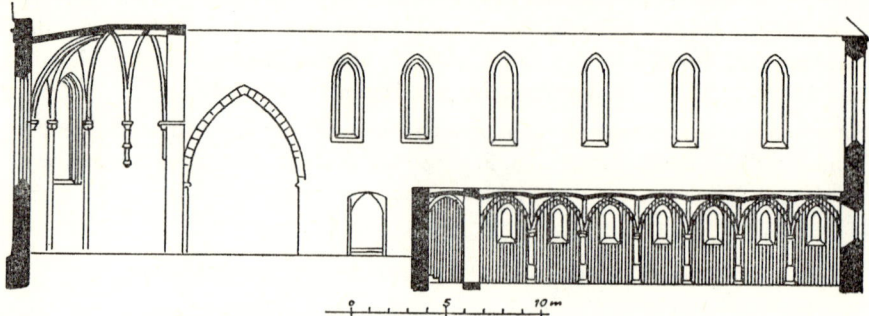

Längsschnitt (von Norden) der Cistercienserinnenkirche Frauental b. Mergentheim (Mitte 13. Jh.), eine Saalkirche mit fünfseitig geschlossenem Altarraum (Untertyp V).

Die Architektur ist von nüchterner, asketischer Klarheit und entspricht damit dem Armutsideal der religiösen Frauenbewegung des Jahrhunderts. Der langgestreckte Bau hat eine beeindruckende Raumwirkung. — Frauental gehört zu den einem festen Schema folgenden fränkischen Nonnenkirchen: ein langer Nonnenchor durchzieht das Kirchenschiff, darunter — tiefer als das Langhaus-Niveau angelegt — die kryptenartige Unterkirche für Laienschwestern; sie ist eine dreischiffige, kreuzrippengewölbte Halle von edlen Proportionen, deren schlanke Pfeiler die strenge Achteckform haben und an Stelle des Kapitells von einem Kranz abgekragter Gewölberippen umgeben sind, verwandt den Mittelsäulen im Maulbronner Kapitelsaal. Das östliche Mitteljoch der Unterkirche wird von verstärkten Pfeilern getragen, da sich über ihm der Unterbau des Dachreiters erhob. Zwischen Chor und Altarhaus war der Raum für Laien, die am Klostergottesdienst teilnahmen; der Spitzbogen in der Nordwand führte in einen kapellenartigen Anbau (vgl. S. 374).

Die Errichtung des Klosters Frauental, das der Gottesmutter geweiht war, erfolgte durch die Brüder Gottfried und Konrad von Hohenlohe im Jahre 1232 und wurde im gleichen Jahr vom Würzburger Bischof Hermann von Lobdeburg bestätigt, der im übrigen die Gründung einer Anzahl weiterer Frauencisterzen wie Heiligental, Mariaburghausen, Gnadental, Himmeltal, Lichtenstern, Himmelspforten angeregt und gefördert hat. Im darauffolgenden Jahre nahm Papst Gregor IX das Kloster in seinen Schutz und veranlaßte dessen Inkorporierung in den Orden. Die Stelle des Pater immediatus wurde dem Abt von Bronnbach übertragen. 1525 wurde es im Bauernkrieg verwüstet und 1547 vom Markgrafen von Brandenburg-Ansbach eingezogen.

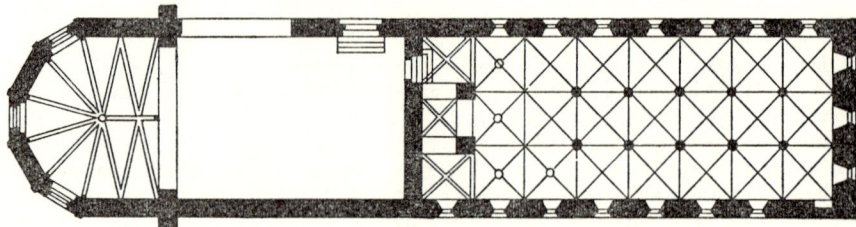

Grundriß der Kirche von Frauental

Heydau b. Altmorschen/Osthessen, Längsschnitt durch die frühgotische Cistercienserinnenkirche mit Nonnenchor (M. 13. Jh., Länge ca. 33 m, Ansicht v. Norden)

Das 1235 gegründete Kloster Heydau erhielt eine typische Nonnenkirche aus der Blütezeit der religiösen Frauenbewegung. Sie gehört zu der Gruppe einschiffiger Saalkirchen mit dreiseitigem Ostende (Untertyp V, vgl. S. 378) und war unter diesen eine der frühesten mit durchgehender Wölbung und Strebepfeilern. Den gleichen Grundriß, jedoch ohne Strebepfeiler und Wölbung, hatte im mittelrheinisch-hessischen Raum schon Marienhausen/Rheingau (I. H. 13. Jh.). Wohl eine Nachbildung dieser Kirche war Engeltal/Wetterau (nach 1268). In Heydau schweben rechteckige Kreuzgewölbe (nach 1319 erneuert) auf einfachen Wandkonsolen, so daß die unteren Wandzonen des Innenraumes glatt bleiben; schlanke Spitzbogenfenster ohne Mittelpfosten verstärken den Ausdruck einer schlichten, soliden und kraftvollen Baugesinnung. Im Westteil der Kirche erhebt sich der Nonnenchor über einer zweischiffigen, nach Osten hin offenen Krypta (Bodenniveau ursprünglich tiefer). Mehrere — wenig jüngere — Nonnenkirchen im Raum Hessen/Thüringen stimmen in diesen Merkmalen mit Heydau stark überein, wie die folgende kurze Statistik zeigen soll:
Das Langhaus in *Altenberg* b. Wetzlar (2. H. 13. Jh., Prämonstratenserinnen) in Grundriß-, Gewölbe-, Fensterform und zweischiffiger Krypta; die Kirche in *Marienborn*/Wetterau (3. V. 13. Jh.) in Grundriß-, Gewölbe-, Fensterform, wohl zweischiffiger Krypta und Lage des Treppentürmchens (auf der Abb. nicht zu sehen); *Cornberg*/Osthessen (um 1300, Benediktinerinnen) in den Grundrißmaßen, der Fensterform und der zweischiffigen Krypta, dagegen entspricht hier die Anzahl der Langhausjoche (6) Altenberg und Marienborn; *Oberweimar*/Thür. (13 u. 14. Jh.) in Grundriß und zweischiffiger Krypta, die Grundrißmaße wiederholen hier Marienborn, und die Sechszahl der Langhausjoche folgt Altenberg, Marienborn und Cornberg. Eine hessisch-niederdeutsche Eigenart ist der Verzicht auf Gurtbögen in den Krypten von Heydau, Cornberg und Oberweimar.
In diesen vielen Gemeinsamkeiten — bei zugleich leichter Verschiedenheit — zwischen den Bauten spiegelt sich eine geschlossene Baubewegung wider, in der Anpassung an bauliche Leitbilder mit selbständiger Auswahl und Neuschöpfung lebendig vereint war, dies alles auf dem mitteldeutschen Boden der alten Mainzer Diözese (nur Altenberg war trierischer Ausläufer). Die stilistischen Details waren zwar verschiedener Herkunft, die großen Bauformen aber einheitlich.
(Grundrisse bzw. Beschreibung der Kirchen in Dimier II und Dehio-Hdb. Hessen, 1966)

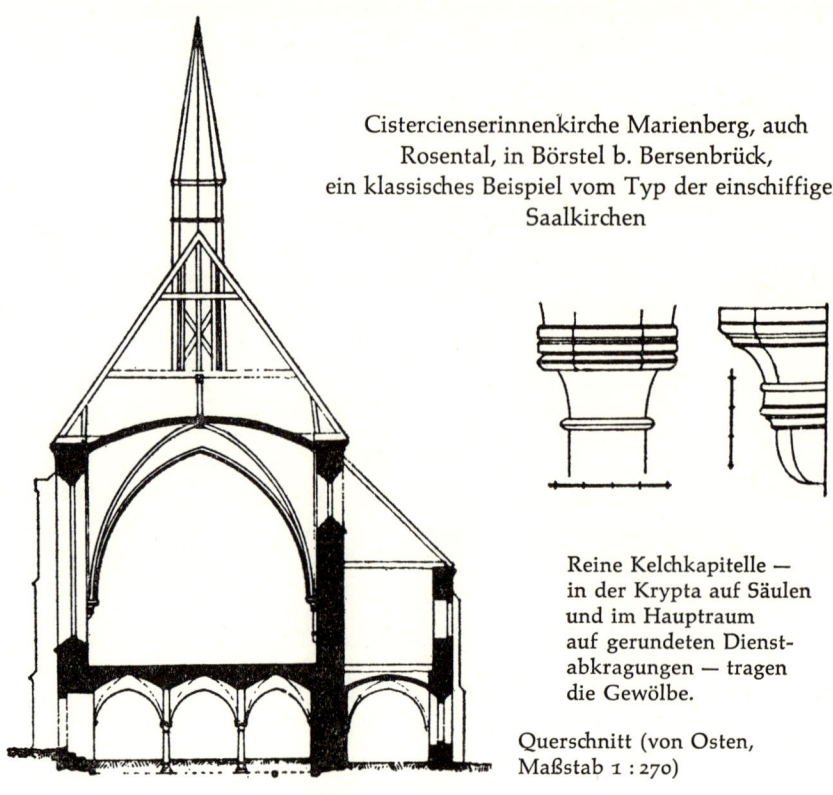

Cistercienserinnenkirche Marienberg, auch Rosental, in Börstel b. Bersenbrück, ein klassisches Beispiel vom Typ der einschiffigen Saalkirchen

Reine Kelchkapitelle — in der Krypta auf Säulen und im Hauptraum auf gerundeten Dienstabkragungen — tragen die Gewölbe.

Querschnitt (von Osten, Maßstab 1 : 270)

Die aus der zweiten Hälfte des 13. Jhs. stammende Kirche zeigt die charakteristischen Merkmale ihres Typs: Über den Gewölben der kryptaartigen Unterkirche erhebt sich der hohe Raum des Nonnenchores. Sein Gewölbe steigt nicht von Wanddiensten, sondern von Konsolen bzw. abgekragten Diensten empor, die die unteren Wandpartien freilassen, so daß an ihnen entlang das Chorgestühl der Nonnen Platz hatte. Diese Nonnenempore wird an ihrem vorderen Rand durch eine Brüstung mit Sehgitter geschützt, so daß die Benutzerinnen der Empore das Geschehen unten am Hauptaltar miterleben konnten, selbst aber den Gläubigen unten im Kirchenschiff unsichtbar blieben. Unmittelbar an der Brüstung stand in der Kirchenachse ein Emporenaltar. Seitlich von ihm ist in die Wand ein spätgotisches Sakramentshäuschen eingelassen, so wie unten im Kirchenschiff beim Hauptaltar auch ein solches eingebaut wurde. Die Kirche ist nach Cisterciensergewohnheit bekrönt von einem hölzernen Dachreiter. Außen wird die eine Längswand von einem zweigeschossigen Kreuzgang begleitet.

Die derzeit amtierende Äbtissin des zu einem freiweltlichen Frauenstift gewordenen Klosters hat in Verbindung mit den staatlichen Stellen in feinsinniger Weise den mittelalterlichen Eindruck von Kirche und Kreuzgang weitgehend wiederherstellen lassen.

Die in der Barockzeit überputzten Innenwände wurden in ihren ursprünglichen Zustand gebracht. Die Backsteinflächen leuchten wieder in ihrer früheren farbigen Schönheit und Frische. Heute gehören zum Stift zehn Konventualinnen, von denen seit der Reformation satzungsgemäß acht die evangelische und zwei die katholische Konfession haben müssen.

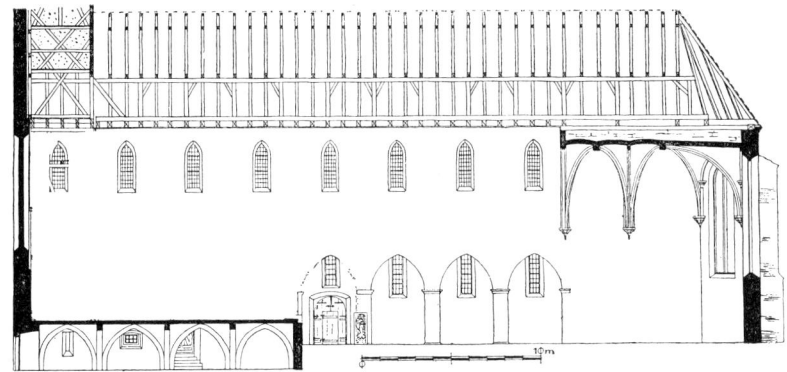

Frühgotische Cistercienserinnenkirche Klosterzimmern b. Nördlingen
(2. Hälfte 13. Jh.), Längsschnitt

Sie nimmt zwischen den basilikalen Kirchen Oberschwabens und den einschiffigen im übrigen Schwaben und in Franken eine Mittelstellung ein. Das kastenförmige Langhaus ist im Westteil, dem Nonnenchor, einschiffig; der Ostteil, Raum für die Laiengemeinde, hat noch Seitenschiffe, — eine der spätesten Basiliken unter den typischen Nonnenkirchen. Im Gesamteindruck kommt sie den schmalen, hohen Cistercienserinnenkirchen der Zeit um 1300 schon nahe. Nahtlos fügt der auf Konsolen gewölbte Altarraum sich an; sehr ähnliche Entsprechungen: Adlersberg b. Regensburg und Lichtental b. Baden-Baden.

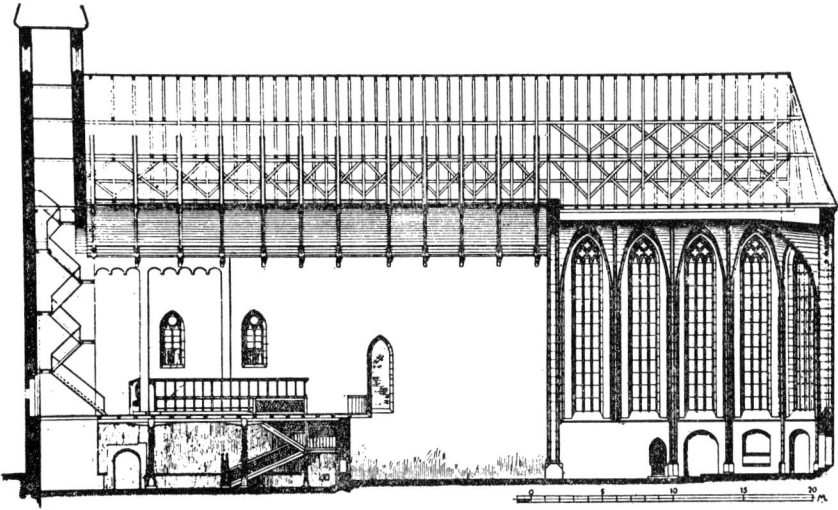

Längsschnitt der Cistercienserinnenkirche Seligenporten/Oberpfalz (um 1300)
eine typische Saalkirche mit eingezogenem Langchor.

„Sie wirkt durch großzügige Einfachheit. Das nur durch kleine Fenster belichtete, vom offenen Dachstuhl bedeckte Langhaus kontrastiert zum hellen Chor mit seiner gotischen Kreuzrippenwölbung und den durch hohe Maßwerkfenster aufgelösten Wänden. Vom Westen her greift die Nonnenempore tief in das Langhaus ein. Unter ihr die sog. Gruft mit flacher Balkendecke, die durch eine Scheidemauer vom Schiff getrennt ist. Eine Holztreppe führt von hier auf die Empore."
(Nach Reclams Kunstführer Bd. I, 1957, S. 637).

Anmerkungen und Literatur zu den Kapiteln „Die Kirchen der Cistercienserinnen"
und „Die Nonnenempore in den Cistercienserinnen-Kirchen"

1) s. Verz. der mittelalterlichen Cistercienserinnenklöster Frankreichs in diesem Buch. Zu den historischen Angaben im Einführungsteil s. Krenig.
2) M. Aubert, L'architecture cistercienne en France, I et II Paris 1947².
3) A. Dimier, Recueil de plans d'églises cisterciennes, Paris 1949 (Dimier I), supplément Paris 1967 (Dimier suppl. od. II). — Wie neuere Forschungen und Ausgrabungen ergeben haben, ist eine Anzahl seiner Grundrisse revisionsbedürftig, das Werk im ganzen jedoch eine hervorragende Hilfe. s. F. Arens in Das Münster 5, 1952, S. 118 f. u. W. Krönig in Z. für Kunstgesch. 1953, S. 222 ff. — Mehrere zweifelhafte Grundrisse wurden von uns nicht in die Betrachtung einbezogen. Die in unserer Arbeit bei einzelnen Kirchen mitgeteilten Erbauungszeiten stützen sich meist auf die Datierungen bei Dimier bzw. Aubert. Divergieren Dimier, Aubert und die sonstige Lit. in diesem Punkt, so ist die am meisten wahrscheinliche Datierung ausgewählt oder eine eigene angegeben. Für die Mehrzahl der aufgeführten Kirchen gilt das S. 367, Abschn. 2 Gesagte. Die Grundrisse der aufgeführten Cistercienserinnenkirchen sind zum größten Teil bei Dimier zu finden. Zum Thema s. demnächst (1974) A. Dimier in Zs. „Cîteaux".
4) So auch in Spanien das älteste und bedeutendste Kloster Las Huelgas de Burgos, 13. Jh., s. Anm. 22b.
5) 12. Jh., Aubert II, S. 178 ff., Dimier I Taf. 49. Fast denselben gedrungenen, romanischen Grundriß hat Le Betton, 12. Jh., Dimier I. Beide Klöster liegen im Gebiet zwischen Alpen und Rhone.
6) s. Dimier II Taf. 40.
7) Aubert I, S. 155, II S. 190. Man beachte in diesem Zusammenhang Aubert II, Fig. 507 und die im Vergleich zu Dorfkirchen sehr starke Erstreckung der meisten Langhäuser.
8) Canivez VI, S. 95 f., 1494, 53 nach Krenig, S. 52. Vgl. Anm. 22b.
9) Vf. bereitet auf Anregung von Prof. Dr. Arens, Universität Mainz, eine ausführlichere Darstellung über dieses Forschungsgebiet als Dissertation vor.
10) So auch die mährischen Gründungen Oslavan(y), Vorkloster Himmelpfort b. Tischnowitz (Tisnov) und Königinkloster/Altbrünn.
10a) z. B. Hoven b. Zülpich, Bürvenich b. Düren, Welver b. Soest, Caldern b. Marburg, Netze/Waldeck, Bersenbrück, Drolshagen b. Olpe, Gevelsberg (alle Türme 12. od. 13. Jh.).
10b) E. Walter in Arch. für schles. Kirchengesch. 16, 1958, S. 52 u. 55 f. sowie 17, 1959, S. 38 f.
10c) Im Kern wohl 13. Jh. wie die anderen oberschwäbischen Kirchen.
11) Auch St. Theodor in Bamberg und sein Tochterkloster Trebnitz, beides bedeutende Großkirchen, s. o.
12) Große Boymann, S. 134.
12a) Im 12. Jh. war von den Prämonstratenserinnen und einigen anderen Frauenklöstern zunächst der Bautyp einer querschifflosen Pfeilerbasilika bevorzugt worden, mit drei gestaffelten oder gleichfluchtenden Apsiden als Ostabschluß und einer Doppelturmfront im Westen. Dazu gehörten im Rheinland Köln-Dünnwald (2. V. 12. Jh.), sodann Essen-Stoppenberg, Merten/Sieg (Augustinerinnen), Wenau b. Düren, Schillingskapellen b. Rheinbach (im Gegensatz zu Dehio-Hdb. von Süden als romanische *Basilika* erkennbar), Schillingskapellen b. Rheinbach, in Hessen Germerode, sodann Kreuzberg (Philippstal)/Werra (Benediktinerinnen, Säulenbasilika). Von der geplanten Westfront wurde meist nur ein Turm, u. zw. vorwiegend der an der klosterfreien Ecke stehende hochgeführt.
Demselben Typ, ebenfallls mit einem westlichen Eckturm, gehörte Hane, b. Bolanden/Pfalz (12. Jh.) an. Der zweite Turm blieb offenbar meist bewußt unausgeführt, um der aufkommenden Armuts- und Schlichtheitsforderung der religiösen Frauen-

bewegung Folge zu leisten. Der nächste Schritt der Prämonstratenserinnen führte unter dem Einfluß cisterciensischer Anschauungen zum völligen Verzicht auf steinerne Türme, wobei man möglicherweise an die bewußte Turmlosigkeit älterer Nonnenkirchen, die von früheren Reformbewegungen geprägt waren, anknüpfte, wie die turm- und querschifflosen Apsidialbasiliken der Benediktinerinnenklöster Feldbach (11./12. Jh.) und St. Johann (12. Jh.) im Elsaß. Hier ist auch St. Cäcilien in Köln als Bau der ottonischen Zeit bzw. des 12. Jh. einzuordnen (s. S. 385). Solche turm- und querschifflosen Prämonstratenserinnenkirchen mit apsidialem Ostende entstehen seit dem letzten Drittel des 12. Jhs.: Konradsdorf, Beselich, Brunnenburg. Gleichzeitig mit ihnen verbreitet sich dieser Typ bei den Cistercienserinnen, deren erster Bau in Deutschland, Wechterswinkel, schon um 1150 das Schema zeigt. Es folgen Cistercienserinnenkirchen der 1. Hälfte des 13. Jhs. wie Frauenroth, Wiebrechtshausen, Gevelsberg, der Umbau von Walberberg, sodann Köln Mariengarten, Köln Sion, Klosterzimmern b. Nördlingen und mehrere schlichte Nonnenkirchen der Hochgotik wie Preetz b. Plön (Benediktinerinnen), Nordhausen-Altendorf und — als Hallenkirche — Rostock Hl. Kreuz (alle drei 1. H.-M. 14. Jh.). Es versteht sich, daß die hochgotischen Nonnenkirchen über diesem Grundriß den Bettelordenskirchen überaus ähnlich wurden, was besonders in einer Kirche wie Königsfelden/Kanton Aargau (Franziskanernonnen) zum Ausdruck kommt. — Neben diesen Basiliken mit drei Ostapsiden, wobei seit dem letzten Viertel des 12. Jhs. die Seitenapsiden allmählich zugunsten des Armutsideals aufgegeben werden (Konradsdorf, Gevelsberg, Walberberg, Köln Mariengarten usw.), entsteht schon im letzten Viertel des 12. Jhs. bei den Cistercienserinnen eine schlichte turm- und querschifflose Basilika mit gerade geschlossenem Altarhaus: St. Gotthard b. Amorbach. Im 13. Jh. folgen dann in Oberschwaben Heiligkreuztal b. Riedlingen und Baindt b. Ravensburg. — Diese starke Gemeinsamkeit im Kirchenbau der Prämonstratenserinnen und Cistercienserinnen ist nicht erstaunlich, da die Orden von Cîteaux und Premontre gegen Mitte des 12. Jhs. in ein enges brüderliches Verhältnis zueinander traten und ihre weiblichen Zweige gemeinsam auf dem Boden der religiösen Frauenbewegung erwuchsen. Als Premontre in der zweiten Hälfte des 12. Jhs. keine Nonnenkonvente mehr aufnahm, suchten die abgewiesenen Frauengemeinschaften Aufnahme bei den Cisterciensern, wodurch sich deren Nonnenklöster vervielfachten. — Im Gegensatz zu dieser Gemeinsamkeit fanden die anfangs genannten Prämonstratenserinnenkirchen mit westlicher Zweiturmfront bei den Cistercienserinnen kaum Verbreitung. Ausnahmen sind Ichtershausen/Thür. und St. Theodor in Bamberg, die sowieso aus dem Gesamtbild der Cistercienserinnenkirchen herausfallen. Wenn bei den Prämonstratenserklöstern häufig von „Doppelklöstern" für Männer und Frauen die Rede ist, so dürfte dies in der Regel bedeuten, daß einer jeweils größeren Anzahl von Frauen eine kleinere Anzahl von Männern als Seelsorger und in wirtschaftlichen Dingen zur Seite stand. Das Übergewicht lag jedenfalls bei dem Frauenkonvent, seine Vorsteherin stand an der Spitze des ganzen Klosters. Die Kirchen der Doppelklöster sind daher wohl stets in erster Linie Nonnenkirchen.

Lit. zur Kenntnis der in Anm. 12a aufgeführten Kirchen (zu den Cistercienserinnenkirchen s. die hinter dem Anmerkungsteil bzw. in vereinzelten Anmerkungen bei der Besprechung dieser Kirchen angegebene Lit.): Dehio-Hdb. Rhld., 1967; ebenso Hessen, 1966; Rhld.-Pfalz/Saarland, 1972; Hamburg/Schleswig-Holstein, 1971; s. ferner zu den in den Dehio-Handbüchern beim Ort angegebenen Kreisen die amtl. Kdm.-Inventar-Bände, außerdem über Germerode: H. Thümmler-H. Kreft, Weserbaukunst im MA, Hameln 1970; Köln St. Cäcilien: A. Verbeek, Kölner Kirchen, 1959; Merten: I. Achter in Jb. der Rhein. Denkmalpflege Bd. 26; Beselich u. Brunnenburg: H. Miedel, Die Prämonstratenser-Klosterkirchen Arnstein, Beselich und Brunnenburg, Diss. Frankf./M. 1956; Feldbach und St. Johann: R. Kautzsch, Der romanische Kirchenbau im Elsaß, Freiburg i. B. 1944.

13) Dimier Suppl. Taf. 47, 79, 98, 210, 217, 280, 346, 348, 350, ferner St. Gotthard b. Amorbach (E. 12. Jh.). Querschifflos-basilikale Vertreter in Skandinavien: Roskilde (12. u. 13. Jh.), Varfruberga, Skokloster (s. Anm. 17). — Wie Walberberg übernahmen die Cistercienserinnen auch in Drolshagen b. Olpe und Aachen St. Salvator bei der Gründung des Klosters schon bestehende Basiliken und bauten sie für ihre Zwecke aus (s. auch Nordhausen-Frauenberg, Anm. 15b). In Drolshagen wirkt besonders die Wölbung auf abgekragten Diensten cistersiensisch. Auch der wohl erst nach der Klostergründung in seine endgültige Form gebrachte Ostabschluß läßt sich unter den Nonnenkirchen einordnen.

14) Feststellung von Dr. A. Verbeek, Bonn.

15) Ohne den Westturm, s. Anm. 13. — Der Grundrißtyp Frauenroth auch in Slangerup/Dänemark.

15a) Dehio-Hdb. Hessen, 1966.

15b) Kdm. Hammelburg (Bayern). Nordhausen-Frauenberg soll nach Holtmeyer S. 133—135, S. 376—381 ursprünglich keine Nonnenkirche gewesen sein, vom Typ her paßt sie jedoch dazu.

15c) St. Burkhard wurde nach Huemer 1186 als Prämonstratenserkloster gegründet. Seit 1208 war es Cistercienserinnenkloster, da in diesem Jahre die Nonnen von St. Thomas in Halberstadt hierher verlegt wurden. Nach Dimier Suppl. entstand die Kirche um 1200. Da ihr Grundriß mehr dem einer Nonnenkirche des Cistercienserordens als dem einer Mönchskirche der Prämonstratenser entspricht, dürfte sie erst im Zusammenhang mit der Verlegung des Nonnenklosters erbaut worden sein, zumindest ihre cistercienischen Ostteile.

16) Man könnte ihn auch als eine Vereinfachung (Fortfall des Querschiffes) des Hirsauer Mönchskirchen-Schemas verstehen, die von den Nonnen der Reformorden bevorzugt wurde.

17) In Baindt wird das Chorjoch heute nur noch im Norden von einer Seitenkammer begleitet. Gleichfluchtender basilikaler Abschluß ferner in Schweden: Varfruberga (13. Jh., mit Querschiff), Skokloster (E. 13. Jh., Innenraum wie Brenkhausen, doch von nachromanischer Schwere und Massigkeit).

17a) Die Kanonissen-Stiftskirche in Vreden, um 1180 unter Einbeziehung der älteren Krypta erbaut, erhielt erst 1427 an Stelle eines geraden Ostabschlusses den dreiseitig polygonalen. Ihre spätromanische Wölbung war fortschrittlich einfach, ruhte auf einem Vorlagensystem von außergewöhnlicher Einfachheit und wurde außen durch die ältesten bekannten Strebepfeiler Westfalens gestützt. (H. Thümmler, Die Stiftskirche in V.: Westfalen Bd. 27, 1948, S. 203—14). Durch ihre Konzeption und Entstehungszeit ist die Stiftskirche mit unserem Cistercienserinnen-Typ verwandt.

17b) Erbaut um 1220—1240. Zwar erst 1245 Übernahme der Konstitutionen von Cîteaux, doch wohl schon vorher aufgrund der Nachbarschaft zu Doberan dem Orden nahestehend, wie der Stil der Kirche zeigt. Die drei Querschiff-Kapellen (die vierte war Sakristei) vielleicht erst nachträglich eingeplant, s. A. Volkmann insbes. S. 80, 138, 143 u. Abb. 3.

18) Dieselbe Einbeziehung des Seitenschiffes in den Kreuzgang auch in Preetz b. Plön und in Erfurter Bettelmönchskirchen.

19) Auch in Enkenbach ein derartiger Verbindungsgang im Obergeschoß, jedoch nicht zum Mittelschiff geöffnet. Dagegen ein offener Gang wie in Marienstern (doch über einem echten Seitenschiff) in Hecklingen/Anhalt (13. Jh., Benediktinerinnen). Dieselbe Anlage wie Marienstern etwas später in der Erfurter Augustinerkirche (natürlich ohne Westempore).

20) Wegen der begrenzten Länge der Dachbalken!

21) R. Krautheimer, Die Kirchen der Bettelorden in Deutschland, Köln 1925, S. 14 f. F. Scheerer, Kirchen u. Klöster der Franziskaner u. Dominikaner in Thür., Jena 1910, S. 33, 38 f.

22) Wohl auch unter Einfluß des Langchores der Würzburger Franziskanerkirche.

22a) U. zw. auf Konsolen, mit Mauerfüllung über dem westlichen Gurtbogen, so auch Klosterzimmern b. Nördlingen und Adlersberg b. Regensburg (Dominikanerinnen).

22b) Vgl. S. 366 u. Anm. 8. In spanischen Cistercienserinnenkirchen sind solche hohen Schrankenmauern noch zu sehen, so in Las Huelgas de Burgos, einer großen kreuzförmigen Basilika von 1220/30 und Vallbona, einer einschiffigen Kreuzkirche von etwa 1200, wo jeweils das Langhaus den Nonnenchor bildet und die Schrankenmauer sich unter dem westlichen Vierungsbogen erhebt, mit dem Querhaus, dem Laienraum, nur durch eine mittlere Flügeltür verbunden (v. d. Meer Abb. 777, 786, Dimier I Pl. 154, 299). — In Portugal hat die Cistercienserinnenkirche Portalegre, eine einschiffige Kreuzkirche, erbaut um 1550—1580, im Westteil des Langhauses eine langgestreckte Nonnenempore über dreischiffiger, geschlossener Krypta (Dimier Suppl. Pl. 241).

23) s. Reallexik. zur dtsch. Kunstgesch., Stichw. „Empore". Der RDK-Artikel erwähnt die Westemporen in Cistercienserinnen- und verwandten Nonnenkirchen nicht. — P. O. Rave, Der Emporenbau in romanischer und frühgotischer Zeit, Bonn-Leipzig 1924, hat nur die Emporen über Seitenschiffen zum Thema.

24) R. Liess, Der frühröm. Kirchenbau des 11. Jhs. i. d. Normandie, München 1967. S. 219—234 u. 311.
I. Achter über die normann. Nachfolgebauten Centulas, s. Anm. 24a.

24a) Auf die besonders in Frauenstiftskirchen verbreiteten Querschiff-Emporen hat Irmingard Achter hingewiesen (Die Kdm. des Rhlds., Beiheft 16, Düsseldorf 1970, S. 43 „Zur staufischen Stiftskirche in Düsseldorf-Gerresheim", s. auch dies. über Centula: Z. f. Kunstgesch. 1956, insbes. S. 143 ff.). Die Mehrzahl der folgenden Beispiele ist schon in diesem Aufsatz genannt. Siehe ferner: Grosse-Boymann Anm. 297 (zu Paderborn); Otte, Romanik, 1874, S. 645 (zu Diesdorf), ders., Hdb. der kirchl. Kunstarchäol., Leipzig 1883[5], S. 49 u. 98 (zu Hecklingen, ebenso RDK „Empore"). — Weitere Beispiele für Nonnenchor-Emporen im Querschiff aus romanischer und frühgotischer Zeit: Drübeck b. Wernigerode, Benediktinerinnenkirche (frdl. Mitt. v. Dr. A. Verbeek, s. auch Otte Hdb., S. 96 f.) und Güldenstern/Mühlberg b. Liebenwerda, Cistercienserinnenkirche (s. Baugeschichte in diesem Buch). — Über französische Nonnenchöre im Querschiff zu ebener Erde s. Aubert II, S. 190.

24b) Das ältere Dehio-Hdb. Hessen-Nassau, 1942 vermutet zu Recht, daß im Südflügel eine Empore geplant war.

24c) Holtmeyer S. 311.

24d) Die Ähnlichkeit mit St. Ursula fällt fort, wenn die Mitteilung von H. Möbius (Gernrode, Reihe: Das christl. Denkmal, Union Verlag Berlin, S. 4) zutrifft, daß die Seitenschiff-Emporen beseitigt wurden, als man im 12. Jh. die Querschiff-Emporen einbaute.

24e) Vgl. I. Achter (Anm. 24a), S. 43. Die Verfasserin zieht nach eingehender Prüfung der Ausgrabungsergebnisse dies eher in Erwägung (Frdl. Mitt.).

24f) Auf diese Bestimmung des Westchores hat F. Arens (Das Kloster bei St. Emmeram in Regensburg: Thurn- u. Taxis-Studien Bd. I, Kallmünz 1961, S. 215) mit einer Reihe von Argumenten aufmerksam gemacht.

25) M. Aubert, Roman. Kathedralen u. Klöster i. Frkr., Wiesbaden 1973, S. 597. Ein weiteres Beispiel ist in der ebenfalls einschiffigen Augustinerchorherren-Prioratskirche Serrabone b. Perpignan/Südfkr. erhalten. In den Westteil ihres Langhauses ist eine zierliche Empore aus Marmor eingefügt, deren Untergeschoß eine niedrige dreischiffige Säulenkrypta zu ebener Erde — zwei Joche tief — bildet. Nach Osten öffnet sie sich in drei reich mit Relief geschmückten Bögen auf Doppelsäulen. Wie ein Ausstattungsstück steht dieser Konventschor in der Kirche (Vgl. S. 386 über Jerichow); sein Anblick von Osten ist deutschen Nonnenchören aus der Zeit der religiösen Frauenbewegung, wie Germerode/Hessen (2. H. 12. Jh.) und Börstel b. Bersenbrück (2. H. 13. Jh.), merkwürdig ähnlich. Die Kirche von Serrabone

wird ins 11. Jh. datiert, ihre Empore mit einer Neuweihe von 1151 in Zusammenhang gebracht (Aubert a. a. O., S. 614). Die deutschen Nonnenchöre können wohl aus bodenständiger Entwicklung erklärt werden, Querverbindungen zum Südwesten sind trotzdem denkbar, wenn man etwa die politischen Beziehungen Barbarossas zur Provence und zu Spanien oder die in Südfrankreich (Ketzer) und Westdeutschland (religiöse Frauenbewegung) ähnlich auftretende religiöse Ergriffenheit weiter Kreise im 12./13. Jh. ins Auge faßt (Vgl. H. Grundmann, Religiöse Bewegungen im Ma, Darmstadt 1961).

26) A. Verbeek, Kölner Kirchen, 1959. Dehio-Hdb. Rhld, 1967.

27) In der Gestaltung baulicher Details ist St. Cäcilien ganz besonders mit der Prämonstratenserkirche Knechtsteden verwandt, u. zw. über die allgemeine Verwandtschaft im Rahmen der niederrheinischen Kirchenbaukunst hinaus: im Charakter ihrer Hauptapsis mit der dortigen Westapsis (trotz gewisser Verschiedenheiten), in den Wulstprofilen an Gurtbögen und Fenstergewänden, in der Tendenz zur Vermeidung von Diensten beim Gewölbebau: durch Anbringung sehr ähnlicher Konsolen in den Seitenschiffen von St. Cäcilien und im ehemaligen Kreuzgang von Knechtsteden (Jb. der Rhein. Denkmalpflege Bd. 26, Abb. 233, unbeschadet der Konsolen-Verwandtschaft mit dem Kreuzgang von Brauweiler).

28) s. Anm. 12a. Zu Cappel: H. Thümmler, Die Stiftskirche in C., Münster 1937.

29) Volkmann (S. 39), der instruktive Gedanken zur Entwicklung der Nonnenemporen und ihrer Wirkung im Kirchenraum bietet, war über diese Versetzung nicht informiert; s. jedoch Reclams Kunstführer, Norddeutschland.

30) Genauso auch der emporenartige Stiftsdamen-Chor im Querschiff der Münsterkirche zu Herford (I. H. 13. Jh.); schon Serrabone (Anm. 25) macht diesen Eindruck; wie die Lettner so entwickelte man offenbar auch die emporenartigen Konventschöre auf dem Wege zur Gotik bewußt zu kleinen luftigen *Bauwerken im Innenraum*, vergleichbar den kleinen Kapellen, die man in gotischen Kirchen vielfach erbaute.

30a) Datierung nach Kdm. Lübeck, Bd. 4, I, S. 39. Auch die romanischen Prämonstratenserkirchen Liebfrauen in Magdeburg und Leitzkau bei Magdeburg sollen solche nach Westen offenen Unterchöre besessen haben, zuerst von allen im mittleren 12. Jh. Liebfrauen (A. Schirge, W. Wendland, Dom zu Havelberg 1170/1970, Berlin 1970, S. 10).

30b) Bei der Barockisierung der Kirche im 18. Jh. entfernt. A. Zinkler, D. Frey, G. Grundmann, Die Klosterkirche in T., Breslau (1940). Tintelnot, Die mal. Bauk. Schlesiens, Kitzingen 1951, S. 15 f. Die bisherige bau- und kunstgeschichtliche Lit. über die Kirche ist zusammengestellt und resumiert bei J. Gottschalk, St. Hedwig, Köln 1964, S. 135 f., weitere Lit.: E. Hermann, Kloster und Stiftskirche T., als Manuskript gedruckt, Beuthen 1943, u. E. Walter, Die „kleine Hedwigskapelle" in. T.: Arch. für schles. Kirchengesch. 13, 1955, S. 26 ff., H. Magirius, Zisterzienserarchitektur im Bistum Meißen: Festschrift K. H. Clasen (Aspekte zur Kunstgesch.), Weimar 1971, S. 138—142 (mit weiterer neuer Lit.). — Die Nonnenempore wird von H. Magirius (S. 164, Anm. 52) im Anschluß an T. Kocacszewsky angezweifelt. Uns ist ein abschließendes Urteil im Rahmen dieses Buches nicht möglich. Doch eine Reihe von Argumenten Zinklers spricht dafür, daß tatsächlich eine Empore in den Ausmaßen und ungefähr in der Art seiner Rekonstruktion bestanden hat, besonders die alten Beschreibungen der Kirche und ihres Nonnenchores (Zinkler S. 32, 34, 36, 44 und Walter a. a. O.) und die Freilegung an einem der Langhauspfeiler (Zinkler Abb. 36). Einzelheiten der Rekonstruktion wie die Form der Scheidbögen von der Emporenkrypta zu den Seitenschiffen und die Art der Wölbung dieses Raumes — ob ein- oder mehrschiffig — seien dahingestellt, ferner ob der Nonnenchor schon zur Kirchenweihe, 1219, oder erst einige Jahrzehnte später seine endgültige Form erhielt. Zinkler legt sich hier nicht fest (S. 110). Zum Verständnis dieser bisher als merkwürdig empfundenen Form des Nonnenchores weisen wir nun auf das

Vorbild der märkischen Prämonstratenserkirchen hin, die dem von Westen Eintretenden fast das gleiche Bild einer Empore wie Trebnitz boten. Schon Zinkler (S. 108 f.) hatte eine künstlerische Abhängigkeit der Trebnitzer Kirche von Jerichow und prämonstratensischen Gepflogenheiten angenommen: in der Grundriß-Gleichheit des ursprünglichen Planes der Ostteile beider Kirchen, in der Grundriß-Ähnlichkeit der ausgeführten Ostteile, in dem Vorhandensein einer Krypta, dem Backsteinmaterial und den Kreuzbogenfriesen (es fehlt allerdings bei ihm jede Andeutung, daß der Weg nach Trebnitz zu einem beträchtlichen Teil über die Cistercienserarchitektur des Bistums Meißen, besonders über Doberlug, führte, wie Magirius zeigt). Unbeschadet dieses starken Cistercienser-Einflusses weisen auf direkte Anregungen von Prämonstratenserseite: 1. die nahe Verwandtschaft der Trebnitzer Stifterfamilie mit den Askaniern (eine Tochter Albrechts des Bären, der die Prämonstratenser in die Mark geholt hatte, heiratete zwischen 1150 und 1160 Wladislaus II. von Schlesien, den Großvater Heinrichs I., Gottschalk S. 101); 2. bei Ausstellung der Stiftungsurkunde für Trebnitz, 1203, waren außer dem Abt von Leubus u. a. auch der des Breslauer Prämonstratenserstiftes St. Vinzenz auf dem Elbing und der Breslauer Bischof Cyprian, ebenfalls Prämonstratenser, zugegen; Trebnitz hatte zwar von Anfang an die Cistercienserregel, konnte aber erst 1218 die Aufnahme in den Orden erreichen, erst um diese Zeit werden Bauleute aus Leubus genannt; 3. sehr ähnliche Profile wie in Trebnitz kamen an Werkstücken aus demselben Sandstein bei St. Vinzenz (Zinkler) zutage; 4. um 1220/30 soll Liebfrauen in Magdeburg seine sechsteiligen Gewölbe erhalten haben (Kunstführer durch die DDR), d. h. etwa gleichzeitig mit Trebnitz oder etwas früher; 5. Magirius betont die Herkunft der Backsteintechnik, Kreuzbogenfriese und anderer Motive Altzellas und Doberlugs aus Oberitalien (S. 128); dasselbe hat man schon früher von Jerichow gesagt und gilt nun auch indirekt für Trebnitz; wenn der Zinklersche Nonnenchor bestanden hat, dann ebenfalls als ferne Auswirkung der oberitalienischen Konventschöre, die vor Trebnitz in Magdeburg, Jerichow und anderen märkischen Prämonstratenserstiften übernommen worden waren (s. Anm. 30a, 31a). Den historischen Rahmen dazu bilden die Italienaufenthalte Barbarossas, den Mitglieder der späteren Trebnitzer Stifterfamilie dabei begleiteten. — Im übrigen wurzelt der bedeutende Bau von Trebnitz, wie Magirius zeigt, stark in der selbständigen Cistercienser-Bautengruppe Mittelostdeutschlands und scheint selbst vielfältig auf Bauten in Schlesien und in Polen eingewirkt zu haben (Breslauer Domchor: Verwendung von Backstein mit Werksteingliederungen, sechsteilige Gewölbe, geböschte Strebepfeiler; Cistercienserkirche Mogila b. Krakau (2. V. 13. Jh.): fast völlig identische Seitenschiffsräume und Detailformen im Langhaus! [Ihre Beziehungen zu Doberlug s. bei Magirius]). — Zu den Ovalfenstern in Zinklers Rekonstruktion von Trebnitz s. E. Walter in Arch. f. Schles. Kirchengesch. 17, 1959, S. 33—38.

31) Als im 14. Jh. im Ostseeraum die Birgittinerinnen als eindrucksvolle monastische Bewegung aufblühten, wurden inmitten ihrer Hallenkirchen zentral gelegene Nonnenemporen üblich, ohne als störende Einbauten empfunden zu werden. Ähnlich dürfte die Empore von Trebnitz im Mittelalter empfunden worden sein. Reallexik. zur dtsch. Kunstgesch., Stichw. „Birgittiner".

31a) Für Jerichow als Backsteinbau und seine offene Krypta wurde nachgewiesen, daß unmittelbare Abhängigkeit von Oberitalien wahrscheinlich ist (W. Paatz bei Kluckhohn, Die Bedeutung Italiens für die romanische Baukunst u. Bauornamentik in Dtschl.: Marb. Jb. für Kunstwiss. 19, 1955, S. 101; Otte, Hdb. der kirchl. Kunstarchäol., Leipzig 1883 (Ortsindex, bes. S. 277). H. Kunze, Die kirchl. Reformbewegung des 12. Jhs. im Gebiet der mittleren Elbe: Sachsen u. Anhalt I, 1925, S. 388—476. — R. Hamanns Annahme (Dtsch. u. frz. Kunst im MA, Bd. II, Marb. 1923, S. 24), die Krypta sei nachträglich eingebaut, spricht nicht gegen die italienische Herleitung. Im Gegensatz zu Italien sind die Krypten in Jerichow und Brandenburg nur zweischiffig. Darin stimmen sie mit den Unterkirchen unter den westlichen Nonnenchören mehrerer rheinischer und hessischer Prämonstratenserinnen- und Cistercienserinnenkirchen überein, so daß der Anblick der Kryptafront vom Langhaus her ganz ähnlich ist. — Angesichts der Tatsache, daß viele frühe Hallenkrypten nördlich der Alpen nur wenige Stufen unter Schiffsniveau liegen, erhebt sich die Frage, ob nicht in viel zahlreicheren Fällen ein Einblick vom Schiff aus bestand, als wir vermuten oder rekonstruieren (Dr. I. Achter briefl.).

31b) Auch in Köln St. Cäcilien wurde — wohl im 12. Jh. — die Krypta des Konventschores durch eine Säulen-Arkatur mit vorgebautem mittleren Balkon in voller Breite geöffnet, wie aus einer Wiedergabe des 19. Jh. bekannt ist (seitdem verändert, heute zerstört, s. Die Kdm. der Stadt Köln). Die Datierung wird durch die Ornamentik der Kapitelle und die hochromanisch wirkenden Unterzugsbögen nahegelegt, allerdings waren die Säulenbasen ohne Eckzier. — In gleicher Weise war in Gernrode die Krypta des im 2. V. des 12. Jh. eingebauten Westchores zum Schiff geöffnet.

32) Ebenso die wörtliche Wiederholung dieser Anlage in der um 1140/50 vollendeten Kölner Benediktinerinnenkirche St. Mauritius (s. Die Kdm. der Stadt Köln). — Zum Folgenden: Die Emporenfront der Ruine von Schillingskapellen ist heute vermauert, doch die ehemals offene Arkatur erkennbar.

Literatur

Georg Dehio, Handbuch der Deutschen Kunstdenkmäler, Erscheinungen von 1905—1972 (Dehio-Hdb.). — Reclams Kunstführer. — Deutsche Kunstdenkmäler, ein Bildhandbuch (mit Hdb. der Kdm. im Elsaß u. in Lothringen). — G. Piltz, Kunstführer durch die DDR, Leipzig 1969. — die amtlichen Inventarbände der Kunstdenkmäler der Kreisgebiete (z. T. unter den Bezeichnungen Denkmäler, Bau- u. Kunstdenkmäler, Kunst- u. Altertumsdenkmale, Kunsttopographie, Topographie der . . . Denkmale erschienen; die Kreiszugehörigkeit der in unserer Arbeit genannten Orte s. Dehio-Hdb.). Weiter zu einzelnen Cistercienserinnenkirchen: J. A. Schmoll gen. Eisenwerth, Das Kloster Chorin und die askanische Architektur in der Mark Brandenburg 1260—1320, Berlin 1961 S. 175 ff. (Boitzenburg b. Templin). H. Appuhn, Kloster Isenhagen (b. Lüneburg), 1966. 700-Jahrfeier des Klosters Kirchheim am Ries: Der Daniel 3, Oettingen/Bay. 1967. Rheinische Vierteljahresblätter 35, 1971 S. 175 ff. (E. Walter über Köln Sion). F. Bucher, ND de Bonmont, Bern 1957 über Magerau. Aspekte zur Kunstgesch. von MA u. Neuzeit: Festschrift K. H. Clasen, Weimar 1971 S. 120 f. u 142 ff. (H. Magirius über Marienstern b. Kamenz/Sachsen). Mittbl. zur Rheinhess. Landeskunde 18, 1969 S. 526 ff. u. 537 ff. (Vf. u. H. Gensicke über Rosenthal b. Kirchheimbolanden). H. Candels, Das Zisterzienserinnenkloster St. Jöris (b. Aachen), Mönchengladbach 1968. J. A. Schmoll gen. Eisenwerth a. a. O. S. 65 ff. (Seehausen b. Angermünde). H. Thümmler — H. Kreft, Weserkunst im MA, Hameln 1970, S. 285 f. (Wiebrechtshausen b. Northeim). H. Appuhn, Kloster Wienhausen (b. Celle), Hamb. 1955. K. Maier, Kloster Wienhausen, Wienh. 1972. — Zum Kirchenbau der Cistercienserinnen in einzelnen Landschaften sowie allgemein: A. Holtmeyer, Cistercienserkirchen Thüringens, Jena 1906; O. Linck, Vom ma. Mönchtum und seinen Bauten in Württ., 1931[1], Mönchtum und Klosterbauten Württ's. im MA., Stuttgart 1953[2]. W. Funck, Das ehem. Zisterzienserinnenkloster Birkenfeld a. d. Aisch und die Zisterziensernonnen-Klöster in Franken, Neustadt a. d. Aisch 1934. A. Volkmann, Kloster Sonnenkamp zu Neukloster in Mecklenburg, Diss. Rostock 1938. V. Riecke, Frauenklöster des Zisterzienserordens im ehem. Bistum Würzburg, Diss. Stuttgart 1944 (einger. 1939). M. Aubert (s. Anm. 2). G. Grosse Boymann, Die Klosterkirche in Börstel (Krs. Bersenbrück) und die einschiffigen Zisterzienserinnenkirchen, Diss. Münster 1966. Dimier (s. Anm. 3), dort weitere Lit. — F. v. d. Meer, Atlas de l'Ordre Cistercien, Amsterdam-Bruxelles 1965. — Zur Geschichte der Cistercienserinnen und ihrer Klöster s. den in diesem Buch erschienenen Aufsatz von A. Wienand; Lit. ebenda sowie bei Dimier und v. d. Meer; zu den einzelnen Klöstern s. ferner Hdb. der Hist. Stätten Deutschlands, sodann die in diesem Buche erstmals zusammengestellten Übersichten aller Cistercienserinnenklöster des deutschen Sprachgebietes und des französisch-belgisch-niederländischen Raumes sowie die ebenda zitierten älteren Klosterverzeichnisse.

Die Grundrisse auf S. 365—378 (m. Ausn. v. S. 374) haben den Maßstab 1 : 800 (nach Dimier Suppl.), die auf S. 374 den Maßstab 1 : 670 (nach Riecke).

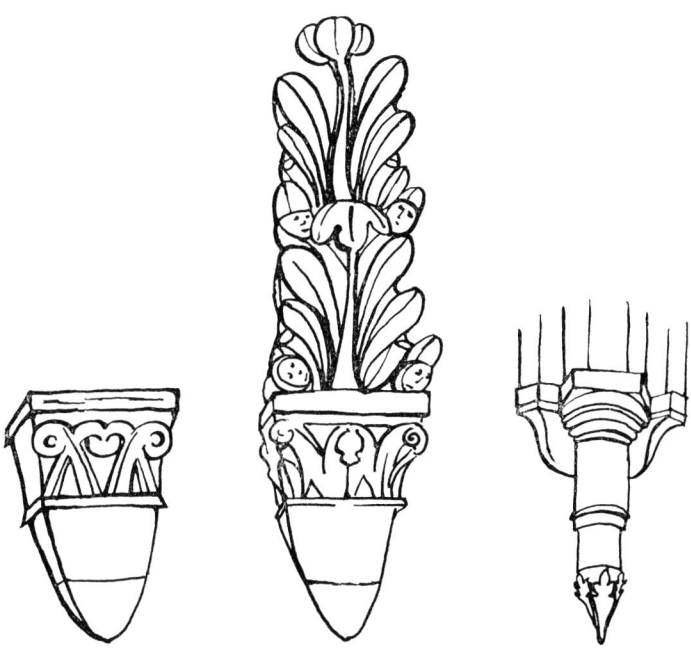

Zwei Schlußsteine und eine Dienstabkragung
der Cistercienserinnen-Kirche Schönau/Unterfranken
sind typische Beispiele cisterciensischer Baukunst
der Nonnenkirchen dieser Landschaft

Wöltingerode eine der ältesten Cistercienserinnenkirchen Deutschlands

Rekonstruktion des Mittelschiffes und Nonnenchores von Wöltingerode. Blick von Osten.

Das nordöstlich von Goslar gelegene Benediktinerkloster Wöltingerode wurde gegen 1188 in das erste Cistercienserinnenkloster Niedersachsens umgewandelt. Über die besondere Bedeutung dieses Klosters wird S. 349 berichtet. Die romanische Klosterkirche, die noch kaum cisterciensische Merkmale zeigt, dürfte um 1190–1220 entstanden sein. Im Barockzeitalter, der letzten Blütezeit des Klosters, wurde der Altarraum umgestaltet und nach Osten verlängert, ein Westturm wurde angebaut und der Nonnenchor wurde vom Langhaus abgetrennt und fortan nicht mehr benutzt. Der Grundriß gliedert sich in zwei voneinander abgesetzte Baukörper: an die kreuzförmige Basilika (um 1200), schließt sich westlich das Nonnenchorgebäude aus dem ersten Viertel des 13. Jhs. mit kryptenartiger Unterkirche an. Das Ganze ist ein schmuckloser Bruchsteinbau, doch von monumentaler Wirkung. Das hohe Mittelschiff des kurzen Langhauses zeichnet sich durch rheinisch-sächsischen Stützenwechsel mit übergreifenden Blendbögen und geschmückten Würfelkapitellen aus, und die gebusten, westfälischen Gewölbe lassen den Raum frühgotisch erscheinen.

Zum Mittelschiff öffnete sich in voller Höhe der emporenartige Nonnenchor, ursprünglich wohl ein flachgedeckter saalartiger Raum von der Breite aller drei Schiffe des Langhauses. Die darunter liegende Unterkirche mit cisterciensisch einfachen Pfeilern ist älteren westfälischen Krypten verwandt.

Die ganze Grundrißanlage mit dem kurzen Langhaus und dem breiten Westbau ähnelt stark älteren Prämonstratenserinnenkirchen wie Cappel/Westf. und Doxan/Böhmen, Tochtergründung von Köln-Dünnwald.

Unterkirche, darüber Nonnenchor

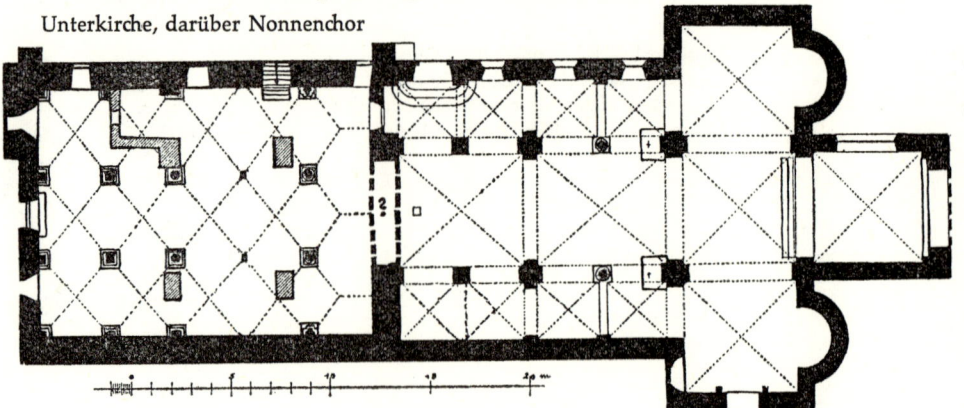

ursprüngl. Chorabschluß unbekannt

Grundriß der Kirche von Wöltingerode ohne Barockteile (nach Kunstdenkmäler-Inv. Krs. Goslar) — an der Südseite der Kirche Kreuzgang mit barockem Kloster

Beispiele frühgotischer Cistercienserinnenkirchen Deutschlands

St. Thomas in der Eifel

St. Thomas, Querschnitt.
Das Rundfenster der Westwand steigert durch seine Lichtfülle die streng einheitliche Raumwirkung des großen Nonnenchores.

Einige Wegstunden nordwestlich des Mönchsklosters Himmerod entstand um 1185 auf dem Territorium des Trierer Erzstiftes im Kylltal eines der ersten rheinischen Cistercienserinnenklöster, St. Thomas Becket. Umfangreiche Stiftungen von Adligen der Westeifel, besonders eines Ludwig von Deudesfeld und seiner Familie sowie der Agnes von Malberg, und die starke Anteilnahme des Erzbischofs, seiner Geistlichkeit und der Äbte der Umgebung, — so der Äbte von Himmerod, Echternach und Mettlach — führten zu rascher Blüte und Überfüllung des Klosters, so daß es bereits 1188 einen Nonnenkonvent zur Gründung des Klosters Hoven bei Zülpich entsandte.

Schon im zweiten und dritten Jahrzehnt des 13. Jhs. konnte man die 1222 geweihte Klosterkirche erbauen, die eine der frühesten ausgeprägten Cistercienserinnenkirchen ist und von beispielhafter Wirkung für den Nonnenkirchenbau des 13. Jhs. gewesen sein dürfte[1]). Ihre frühgotischen Mauern umschließen eine langgestreckte turmlose Saalkirche mit gleichbreiter polygonaler Apsis im Osten (Untertyp II der einschiffigen Cistercienserinnenkirchen). An ihrer Südseite erstreckt sich seit der Erbauungszeit der quadratische Kreuzganghof. Er wird seit einem Brand im Jahre 1744 von einer dreiflügeligen Klosteranlage mit Mansardendächern eingefaßt, deren behäbiger Barockstil mit der strengen Cistercienserarchitektur der Kirche lebendig kontrastiert. Das Langhaus der Kirche — anscheinend ohne größere Pause in einem Zug errichtet — gliedert sich in zwei leicht verschiedene Hälften: Der Ostteil besteht aus breiteren, der Westteil aus schmaleren rechteckigen gewölbten Jochen. Die Fenster und Strebepfeiler stehen daher hier dichter als dort. Den Ostteil begleitet zudem ein niedriges nördliches Nebenschiff (1958 modern erneuert), den Westteil nimmt innen die nach Osten offene Unterkirche oder Krypta ein, die zweischiffig ist. Ihre Raumaufteilung in Gewölbejoche hat die erwähnte engere Jochfolge des Langhausteils darüber, des Nonnenchores, verursacht.

In die Krypta führt von Norden der Haupteingang der Kirche, ein niederrheinisch[1a])-romanisches Zweisäulenportal (rheinische Säulenbasen, Giebel-Türsturz im Tympanon), das ins Frühgotische weitergeformt ist (Spitzbogen, feine Profilierungen, Knospenkapitelle). Die offenen Bögen zwischen Krypta und Langhaus waren durch Gitter versperrt, deren Einlassungen noch sichtbar sind. Nur die Krypta war also den Laien beim Gottesdienst zugänglich, die Nonnen auf der Empore waren für sie nicht zu sehen. Diese ist durch eine Brüstungsmauer zum tiefer gelegenen Langhausteil hin gesichert, in deren Mitte sich eine kleine balkonartige Altarkanzel vorwölbt. Ihre halbrunde Form geht auf ähnliche Vorbilder im französischen Kirchenbau zurück (Cluny, Semur en Brionais, vgl. auch S. 385 f).

In den Kapitell- und Kämpferzonen des Inneren ist die leichte Zäsur zwischen West- und Osthälfte des Langhauses ebenfalls zu spüren: diese ist mehr cisterciensisch-kraftvoll, jene eher niederrheinisch-schmuckfroh gehalten. Durch die abgestuften Wandvorlagen, die schnittigen Unterzüge an Scheid- und Gurtbögen und das Plattenmaßwerk der Rundfenster wirkt die Osthälfte stärker burgundisch, wobei die waagerechten Fenstersohlbänke und übergroße Rundbogenfriese in der Mittelzone der Hochwände vereinzelte niederrheinische Akzente setzen. (Vgl. die großen Bogenpaare an den Osttürmen des Laacher und am Südturm und Chor des Bonner Münsters). Dagegen erinnern die Krypta mit ihren Rundbogengewölben, Säulen und Kapitelformen und der Nonnenchor mit seinen großen Wandflächen und Nischen in sehr vielem an die niederrheinische Romanik, — die Kapitelle z. T. auch an die trierisch-lothringische Kunst. Doch sind auch hier viele Einzelformen ins Cisterciensische abgewandelt, und der Nonnenchor bildet durch seine cisterciensisch strengen Gewölbe mit dem übrigen Langhaus eine Einheit.

Einheitlich cisterciensisch ist auch das Äußere. Über einer geschoßhohen massiven Sockelwand mit Pultdach erheben sich die Hochwände, gegliedert durch breite Strebepfeiler mit charakteristisch burgundischen Abdachungen[2]. Die Traufsimse werden von französischen Kragsteinfriesen getragen. Die Strebepfeiler, die Fensternischen und über diesen die Blendbogenreihe, welche die Strebepfeiler wie eine Brücke verbindet, sind aus Quadermauerwerk gefügt, das Ganze schon mehr eine frühgotische Gerüst-Architektur als ein flächiger Kubenbau der Romanik.

Die polygonale Chorapsis[3] hat fast die volle Breite des Kirchenraumes, verschmilzt also im Grundriß mit diesem nach Art gotischer Chorschlüsse, ist aber im Aufriß innen durch einen niedrigen Apsisbogen, außen durch ein eigenes Zeltdach vom Kirchengehäuse abgesetzt (Vgl. dazu S. 377). Ursprünglich war die Apsis mehrere Meter niedriger, wie Simsspuren an ihrer Südseite verraten. Ähnlich wie bei vielen Kirchen Burgunds und den frühen Cistercienserkirchen überragte demnach die östliche Giebelwand der Kirche einen sehr niedrigen Chorschluß. Unmittelbar über diesem wurde sie entweder — wie üblich — von einer Fenstergruppe durchbrochen, deren Licht über dem Apsisbogen in die Kirche einfiel, oder zumindest im Inneren durch kleine Nischen belebt[4]. Ebenso wie die Ostfront trägt auch die Westfassade die Kennzeichen der reinen Ordensbauweise: packende Einfachheit und cisterciensische Fensterformen.

Fragt man nach den nächstverwandten Bauten, die den Gesamteindruck oder die Einzelformen von St. Thomas mitbestimmt oder übernommen haben, so ist an verschiedene Cistercienserkirchen und -klöster im Umkreis des Ober- und Niederrheins zu denken, die unter französischem Einfluß gerade während der

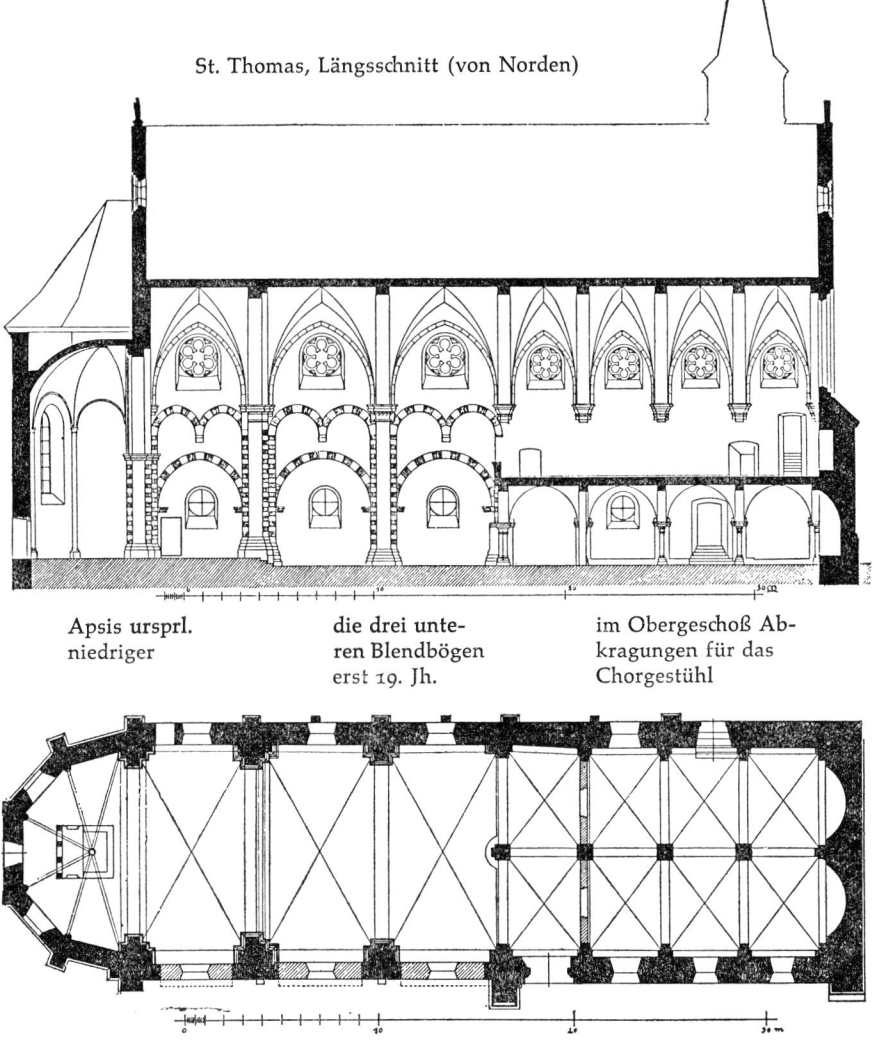

St. Thomas, Längsschnitt (von Norden)

Apsis urspr. niedriger

die drei unteren Blendbögen erst 19. Jh.

im Obergeschoß Abkragungen für das Chorgestühl

St. Thomas, Grundriß

(Die gestrichelte Trennwand in der Krypta ist neuzeitlich und inzwischen wieder beseitigt. Ebenso wurde das Seitenschiff wiedererrichtet und seine Arkatur zum Hauptschiff geöffnet.)

ersten Jahrzehnte des 13. Jhs. im Bau waren. Der kraftvolle Architekturcharakter erinnert ein wenig an Otterberg und Eußertal. Die äußeren Langhauswände und das einfach-hausförmige Aussehen der ganzen Kirche zeigen Verwandtschaft zu den Profanbauten von Cistercienserklöstern. Das Refektorium zu Schönau hat die gleichen Blendbögen zwischen Strebepfeilern[5]), und — in der südlichen Stirnwand — zwei Rundfenster mit sechspaßförmigem Plattenmaßwerk und tief in die Außenwand geschnittenen Gewändenischen. Sie können gemeinsam mit einem ebensolchen Fensterpaar am Refektorium von Noirlac/Frkr. als enge Parallelen zu den Maßwerkfenstern in St. Thomas gelten. Auch der Kragsteinfries am Pultdach der Sockelwand hat seine Gegenstücke in Schönau, Eußertal und den Kirchen Lothringens. Die Sockelmauer selbst, ihr Pultdach und die daraus hoch-

405

steigenden Strebepfeiler kehren mit Rundfenstern sehr ähnlich an der Kölner Minoritenkirche (M. 13. Jh.) wieder, sind aber im Prinzip auch bei anderen, älteren und jüngeren, Cistercienserkirchen zu finden (Longpont, Haina). Ohne Strebepfeiler umgab eine solche Sockelmauer die Kirche von Heisterbach (1202—37), deren nördliche Querschiffront wohl das Vorbild der Westfassade von St. Thomas wurde. Rundfenster-Reihen waren ebenfalls typisch für Heisterbach. Ihre Kombinierung mit übergreifenden Spitzbogenblenden folgt wohl den sehr ähnlichen Außenwand-Gliederungen am Langchor des Bonner Münsters. Dessen Nordkonche hat Rundfenster mit identischem Maßwerk wie St. Thomas. Heisterbacher Kapitelle sind — vereinfacht — in der Krypta von St. Thomas nachgeahmt worden. Die schmucklose Form der Kelch-Trommel-Kapitelle vom Heisterbacher Chorrund, die auch an anderen Cistercienserkirchen (Villers) sowie von Heisterbach beeinflußten Bauten (Gerresheim) erscheint, kehrt in St. Thomas an den Resten des Kreuzganges wieder.

Da wir hier wohl eine der ersten einschiffigen Cistercienserinnenkirchen mit steinerner Nonnenempore vor uns haben, muß die Errichtung des Nonnenchorraumes für den cisterciensischen Baumeister eine noch recht ungewohnte Aufgabe gewesen sein. Wieder greift er u. a. nach dem Vorbild älterer Profansäle seines Ordens mit ihren dichtgereihten spitzbogigen Gurten. Gurtbogenkonsolen, treppenförmig vorkragend mit senkrecht-glatt geschnittenen Seitenflächen wie im Mittelschiff der Kirchen von Escale Dieu/Pyrenäen und Oya/Galizien sowie besonders ausgeprägt im Refektorium von Rueda/Aragonien, tragen die Gewölbe des Nonnenchores. Doch auch bei ihnen sind die südlich-cisterciensischen Vorbilder von weich modellierenden Steinmetzhänden der niederrheinischen Spätromanik zu schwingenden und gerundeten Profilierungen abgewandelt. Weitere Details — Scheitelstab im Apsisbogen, Kämpferprofile und Basis-Eckblätter in der Krypta — weisen auf den Niederrhein. — Zur übrigen Kunst des Trierer Landes dagegen, zu dem St. Thomas historisch gehört, sehen wir nur schwache Beziehungen: Einige Knollenkapitelle aus St. Maximin sind denen in den Ostjochen von St. Thomas vergleichbar. Diese Abtei machte 1220 eine Schenkung an St. Thomas. Einige Ähnlichkeit haben auch die frühgotischen Scheidbogenprofile des Trierer Domes mit den Gurt- und Scheidbögen der Cistercienserinnenkirche[6]).

Die Gewölbe von St. Thomas kennen keine Rippen, es sind cisterciensisch schlichte Kreuzgratgewölbe, wie sie im Querschiff von Pontigny und neben weiteren frühgotischen Cistercienserkirchen noch lange in den niederdeutschen Bauwerken des Ordens angewendet wurden. So erhielt die Kirche von Heisterbach noch im 13. Jh. Kreuzgratgewölbe. Dieser Technik folgen auch die von St. Thomas. Sehr verwandt erscheinen die wenig älteren Gewölbe in den Querflügeln von St. Kastor in Koblenz und Karden[7]).

So vereinigen sich in St. Thomas künstlerische Einflüsse aus verschiedenen Richtungen. Baumeister und Bauleute dieser Kirche, wohl zum großen Teil Cisterciensermönche, waren mit den burgundischen Formen ihrer Ordensarchitektur vertraut, kannten die spezielle Bauweise des Ordens am Oberrhein und nahmen im einzelnen vorwiegend Anregungen aus dem niederrheinischen Heisterbach und seiner Nachbarschaft auf.

St. Thomas, Kirche (von Norden)
mit schematisch ergänztem ursprünglichem Seitenschiff

Diese baukünstlerischen Beziehungen zu Heisterbach dürften wohl durch das Kloster Himmerod, die Mutterabtei Heisterbachs, vermittelt worden sein, deren Abt zugleich Pater immediatus für St. Thomas war. Das Mönchskloster im Siebengebirge und das Frauenkloster in der Eifel bauten im übrigen fast zur gleichen Zeit an ihren Kirchen. Hier wie dort ging die herbe Frühgotik des Baukörpers mit der Anmut der Rundfenster und zarten Blendbögen eine Verbindung voller Harmonie und Ruhe ein.

Güldenstern in Mühlberg a. d. Elbe (bei Liebenwerda/Sachsen)

Kurze Baugeschichte

Durch eine Stiftung der Brüder Otto und Bodo von Eilenburg wurde 1227 die bisherige Pfarrkirche in Mühlberg in eine Klosterkirche umgewandelt, wozu Heinrich der Erlauchte, Markgraf von Meißen, seine Zustimmung gab. Sie war der Gottesmutter geweiht. Die Nonnen folgten der cisterciensischen Ordensregel und wurden zeitweilig von dem Abt des Cistercienserklosters Altzella visitiert. Aufgrund der reichen Güterschenkungen der Eilenburger und Wettiner verfügte der Konvent über einen ausgedehnten Landbesitz. 1539 säkularisiert, verließen die Nonnen erst nach und nach das Kloster. Die Kirche wurde seit 1565 als Pfarrkirche der Altstadt genutzt.

Die ungewöhnlich langgestreckte (65 m) einschiffige Backsteinkirche mit Querhaus, Langchor und Nebenapsiden an den Querhausarmen entstand im Verlauf einer langen, noch wenig erforschten Baugeschichte. Diese ist auch deshalb schwer zu klären, weil Brände (1539, 1643), teilweise profane Nutzung und eine durchgreifende Restaurierung von 1901–1906 die Spuren verwischt haben. In den beiden westlichen Jochen mit dem romanischen Südportal könnten Teile der Kirche des frühen 13. Jh. enthalten sein. Mit der Anlage der um einen Kreuz-

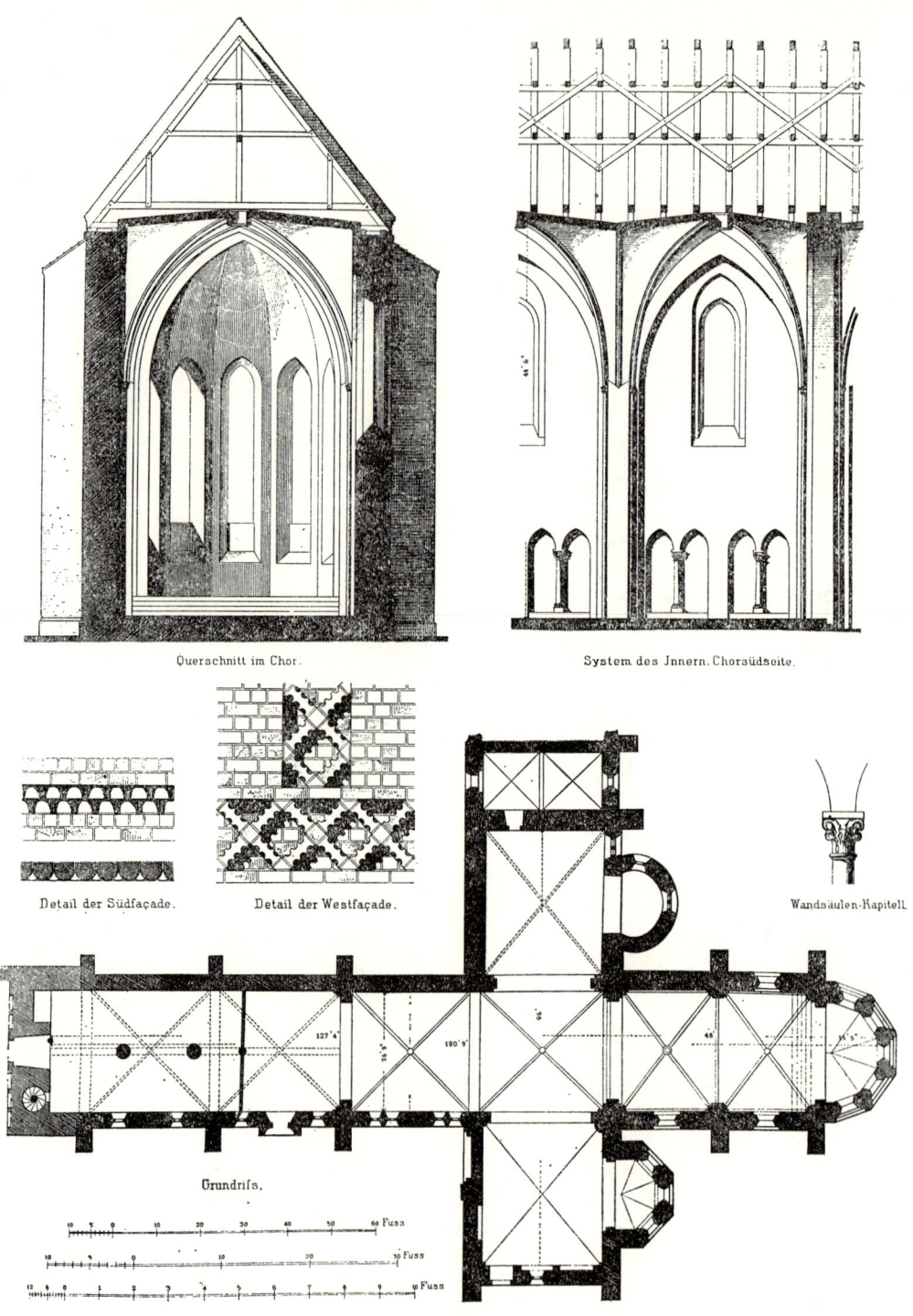

Cistercienserinnenkirche Güldenstern in Mühlberg a. d. Elbe, 2. und 3. Viertel 13. Jh.
(nach Zs. für Bauwesen)

gang gruppierten Konventbauten plante man auch die kreuzförmige Kirche, wie der an den Ostflügel des Klosters anschließende Nordquerarm zeigt, dessen noch romanische Formen um 1225/30 entstanden sein müssen. Er war flach gedeckt und wohl durch einen Emporeneinbau unterteilt, vielleicht befand sich hier zuerst der Nonnenchor (Vgl. S. 383 f.). Das zweijochige Presbyterium mit polygonaler Apsis und einer schönen Blendarkadengliederung zeigt die edlen Formen der Gotik aus der Zeit der Jahrhundertmitte. Als man in ähnlicher Weise den Südquerhausarm errichtete, beabsichtigte man, dem Langhaus ein südliches Seitenschiff anzufügen. Beim Weiterbau nach Westen unterblieb diese Erweiterung. Eine bauliche Zäsur zwischen erstem und zweitem Joch von Osten deutet wohl das Ostende der Nonnenempore über einer zweischiffigen Unterkirche an, von der bis 1901 noch zwei runde Stützen erhalten waren. Im Bereich des Nonnenchores blieb das Schiff ungewölbt. Nachdem um 1350 die Bauarbeiten abgeschlossen waren, zierte man um 1500 den Bau mit einer Westfassade, abgeschlossen von einem reich gegliederten Backsteingiebel.

Zeitschrift für Bauwesen, Heft 6, 1863, mit Abb.-Blatt 65

Die Stellung der Kirche in der Ordensarchitektur

Der einschiffig-kreuzförmige Grundriß mit drei Langhausjochen sowie die Einschnürung und bauliche Zäsur zwischen dem ersten und zweiten Langhausjoch von Osten, am Beginn des westlichen Nonnenchores, erinnern an die wenig ältere Kirche zu Fröndenberg/Westf., die allerdings keine Apsiden besitzt. Die Grundrißmaße und der Langchor ähneln ferner der etwas kleineren Frauenstiftskirche von Vreden/Westf. (Vgl. Kap. „Kreuzkirchen", S. 373). Im Hintergrund mögen vorbildhaft französische Kirchen wie Bonlieu (Creuse) gestanden haben (S. 365). Dasselbe Ausmaß der Wölbung wie in Güldenstern, d. h. in den Ostteilen und im Langhaus bis zum Beginn des flachgedeckten Nonnenchores, zeigen einige fränkische Kirchen aus der Mitte und zweiten Hälfte des 13. Jhs.: Gnadental, Heiligental, Mariaburghausen.

Auch der Plan, das Langhaus um ein Nebenschiff an der vom Kreuzgang abgewandten Seite zu bereichern, hat seine Entsprechungen bei anderen Cistercienserinnenkirchen (S. 374 f.). Für den Wandaufbau im Chor mit seinen kleinen Blendarkaden in der unteren Zone kann die Ebracher St. Michaelskapelle als cisterciensischer Vorläufer betrachtet werden. Wie die Lage des Hauptportals an der Südwand zeigt, diente der Raum unter dem emporenartigen Nonnenchor in den beiden westlichen Langhausjochen den weltlichen Kirchenbesuchern zum Aufenthalt. Dies war im Rheinland und im niederdeutschen Raum vielerorts üblich, südlich von Hessen dagegen selten[1]).

Somit erweist sich Güldenstern als eine ausgeprägte Cistercienserinnenkirche, die durch vielfältige Übereinstimmungen mit anderen — west- und niederdeutschen — Nonnenkirchen des Ordens eng verbunden ist, und stellt durch seine Größe und seine reiche Ostpartie einen Höhepunkt in der Entwicklung der einschiffig-kreuzförmigen Cistercienserinnenkirchen dar, der schon fast die monumentale Wirkung eines vornehmen Damenstifts-Münsters ausstrahlt.

Heiligkreuztal b. Riedlingen/Oberschwaben

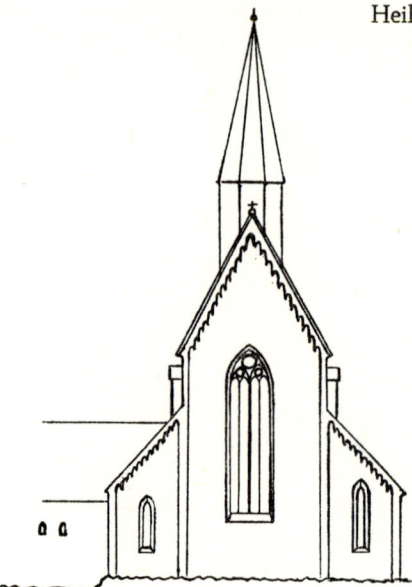

Heiligkreuztal, Ostansicht der Kirche (nach Rekonstr. von Schurr)

Von den erhaltenen Klosteranlagen mittelalterlicher Frauencisterzen Süddeutschlands ist das oberschwäbische Heiligkreuztal bei Riedlingen wohl die bekannteste. In einem ruhigen Seitental der oberen Donau breitet sich hinter den Mauerzügen der äußeren Klausur ihr weiter Klosterbezirk mit Bauten, Gärten, Teich und Feldern aus. Der Mittelpunkt der Anlage ist die turmlose Kirche mit hohem Satteldach und cisterciensischem Dachreiter, daneben in dem geschlossenen Quadrat der vier inneren Klausurflügel die Wohnräume des Nonnenkonventes. Ringsum liegen lockere Gebäude-Karrees — langgestreckte Wohn- und Wirtschaftsbauten —, die mehrere Höfe und Gärten umschließen, — das Ganze ist einer kleinen Stadt vergleichbar.

Über die Entstehung des Klosters aus einer Beginengemeinschaft im Jahre 1227 und seine Gründungsgeschichte bis zur Unterstellung unter die Aufsicht des Abtes von Salem im Jahre 1238 ist bereits S. 346 berichtet. Kirche und Kreuzgangviereck rühren im Kern noch aus der ersten Zeit nach der Gründung. Von 1237 ist ein päpstlicher Aufruf zu Spenden für das im Bau befindliche Kirchen- und Klostergebäude bekannt. Von 1242 bis 1256 fanden Weihen verschiedener Altäre, des Kirchhofes und des Klosters statt, so daß auf ein umfangreiches Bauschaffen während dieser Jahre zu schließen ist. Die Kirchenweihe von 1256 wurde durch den früheren Augsburger Bischof Siboto, späteren Cisterciensermönch in Kaisheim, vorgenommen. Für diese Frühzeit ergibt sich ein reiches historisches Bild Heiligkreuztals: Unterstützung und Privilegien durch Papst und Kaiser, Bevorzugung durch die Grafen von Grüningen-Landau und Hornstein als deren Erbbegräbnis — 1231 war eine Hailwigildis von Landau Äbtissin — und wahrscheinliche Förderung durch den Cistercienserkardinal Konrad von Urach sowie Abt Eberhard II. von Salem, unter deren Einfluß damals auch die übrigen oberschwäbischen Cistercienserinnenklöster entstanden sind.

Jahrzehnte später, 1315, wird von einem Meister Konrad erneut an der Klosterkirche gebaut, 1319 findet eine Altar- und Münsterweihe statt. Damals ist die Kirche der späten Stauferzeit um feine früh- bis hochgotische Architekturdetails bereichert und wohl zu einem mehr gotischen Raumbild umgeformt worden. Ein riesiges Glasfenster, Wandmalereien und das bekannte Andachtsbild, das Christus und seinen Jünger Johannes darstellt, wurden nach 1300 von Künstlern des Bodenseeraumes für Heiligkreuztal geschaffen. In den schwäbisch-alemannischen Frauenklöstern begann die Blütezeit der Mystik. Heiligkreuztal hatte im 14. Jh. etwa 125 Nonnen.

Nach einer 1517 durchgeführten klösterlichen Reform erhielten auch die Bauten von 1520 bis 1550 ein neues Aussehen, zur Hauptsache unter der Äbtissin

Veronika von Rietheim, deren Grabfigur das Hauptschmuckstück des Kreuzganges bildet (Abb. S. 343). Sie ließ unter anderem in der Kirche und den Klausurräumen Netzgewölbe einfügen, zahlreiche spätgotische Maßwerkfenster schaffen, ein neues Chorgestühl schnitzen (siehe Kap. Heils-Symbole und Dämonen-Symbole) und gab so dem Ganzen das anheimelnde Gepräge des 16 Jhs. Um 1549 ließ sie im äußeren Klosterbezirk ein großes Backhaus mit hohen Staffelgiebeln errichten. Dies alles und die barocken Bilder, Skulpturen und Altäre die bis zur Aufhebung des Klosters im Jahre 1804 noch hinzukamen, rankte sich gleich einem Gewächs um das erhaben-schlichte Bauwerk der cisterciensischen Frühgotik.

Fast 170 Jahre war das Kloster verwaist, bis es vom Stefanuswerk übernommen wurde, mit dem Ziel, dieser brüderlichen Gemeinschaft zu dienen. Es soll künftighin eine Stätte der Besinnung werden, in der die dort gelebte frohe Botschaft wieder sichtbar und spürbar wird. Sie hat die Aufgabe, wieder ein Ort des Gebetes, der Stille, der Spiritualität und der brüderlichen Gemeinschaft zu sein.

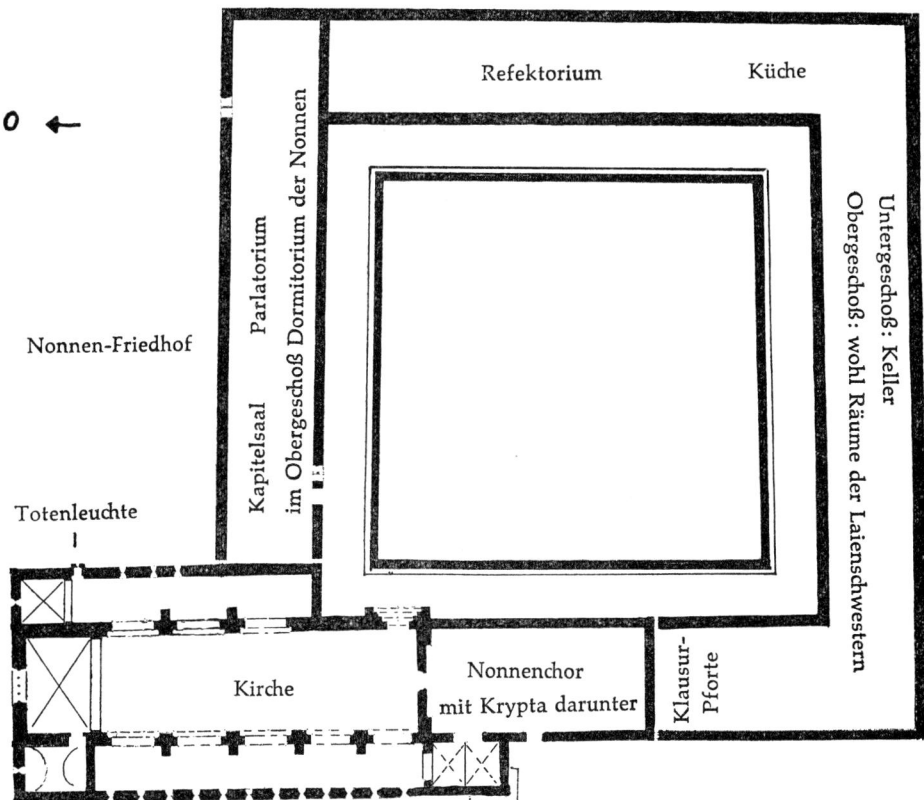

Heiligkreuztal, Grundriß der Kirche und Umfassungsmauern des Klosters in hochgotischer Zeit, um 1320 (die Kapelle westl. des Nord-Seitenschiffes nach Rekonstr. von Schurr). Länge der Kirche — ohne Nonnenchor — 35 m.

Die Klosterkirche bildet seit dem 13./14. Jh. gemeinsam mit dem Kreuzgang eine *Gesamtanlage*, die merkwürdig in sich verzahnt ist. Sie erhebt sich über einem Grundriß-Rechteck von rund 35 x 19 Metern als einfache, ursprünglich flachgedeckte Pfeilerbasilika ohne Querschiff. Ihre innere *Grundrißaufteilung* ist einfach: Als Ostabschluß der Kirche dient ein querrechteckiges — gewölbtes — Chorjoch, das von je einem kleinen rechteckigen Raum in Fortsetzung der Seitenschiffe bis zur Ostflucht hin begleitet wird: im Süden ein Nebenchor (im 16. Jh. beseitigt), im Norden die Sakristei (ihr Dach im 16. Jh. an Höhe reduziert). Dies Ganze ist die sparsamste Möglichkeit des Ostabschlusses, die im Cistercienserorden bei einer Anzahl von Mönchs- und Nonnenkirchen gewählt wurde, der sogenannte chorlose Kirchentyp; er ergibt eine basilikale Ostfront von überaus schlichter Würde.

Das sehr kurze Langhaus hat fünf nördliche und nur drei südliche Seitenschiffsarkaden, da das Südschiff im Westen schon immer um etwa ein Drittel kürzer als Haupt- und Nordschiff war und dem hier hereingreifenden Kreuzgang Platz machte. Eine Besonderheit ist das einschiffige Nonnenchorgebäude, welches das Mittelschiff nochmals um rund 20 Meter nach Westen fortsetzt und mit ihm durch einen Bogen in dessen Westwand in voller Schiffsbreite verbunden ist. Außen ähnelt es einer angebauten niedrigeren Kirche, innen wird es ganz von der langgestreckten Nonnenempore über flachgedecktem, kryptenartigem Untergeschoß — der Laien- oder „Bruderkirche" — ausgefüllt, das im Osten vom Mittelschiff durch eine Trennwand mit mittlerer Tür geschieden ist (Vgl. S. 389). An seiner Südseite erstreckt sich das Kreuzgang-Viereck; dieses ist um die halbe Länge der Basilika nach Westen gerückt, so daß sich der östliche Klausurflügel, d. h. das Dormitorium, dem westlichen Nonnenchor nähert. Es handelt sich um die typische Verschiebung des Quadrums, wie sie bei einer Anzahl von Nonnenklöstern zu beobachten ist.

Der *Außenbau* mit seinem ungewöhnlich hoch aufsteigenden, schmalen Mittelschiff, seinen steilen Dächern und der flachen, basilikal gestuften Ostfront wirkt wie ein schlichtes, großes Haus. Nur die Seitenschiffe, die Fensterformen und der spitze Dachreiter, 1560 erneuert, verraten eindeutig das Gotteshaus, das hierin manchen Bettelordenskirchen nahekommt, jenen kahlwandigen, hohen Kirchenbauten der Zeit vor und nach 1300, die bekanntlich vielfach von der Cistercienserkunst beeinflußt waren. Das Mauerwerk aus Kalk- und Tuffstein ist weiß verputzt und leuchtete wohl auch schon im Mittelalter in ähnlicher Helligkeit. Der einfache basilikale Baukörper hat fast noch romanischen Charakter. Dies unterstreichen Rundbogenfriese, die an den Dachtraufen entlanglaufen und an den Ost- und Westgiebeln emporsteigen, wo sie schon spitzbogig und im rauhen Putz nur flüchtig ausgeführt sind.

An der *Ostfront* werden die drei Schiffe durch Lisenen getrennt, so daß die Stirnfläche eines jeden — nur noch die mittlere steht — durch Lisenen und Bogenfriese eingefaßt war. Es ist die von der oberrheinisch-schwäbischen Romanik her bekannte Wandgliederung, nur daß sie hier an der schlanken, eher gotischen Fassade zarter und unauffälliger erscheint — wie eine bewußte Reminiszenz an ältere Vorbilder, denen man offenbar treu bleiben wollte. Die östliche Giebelwand des Mittelschiffes wird von einem großen hochgotischen Maß-

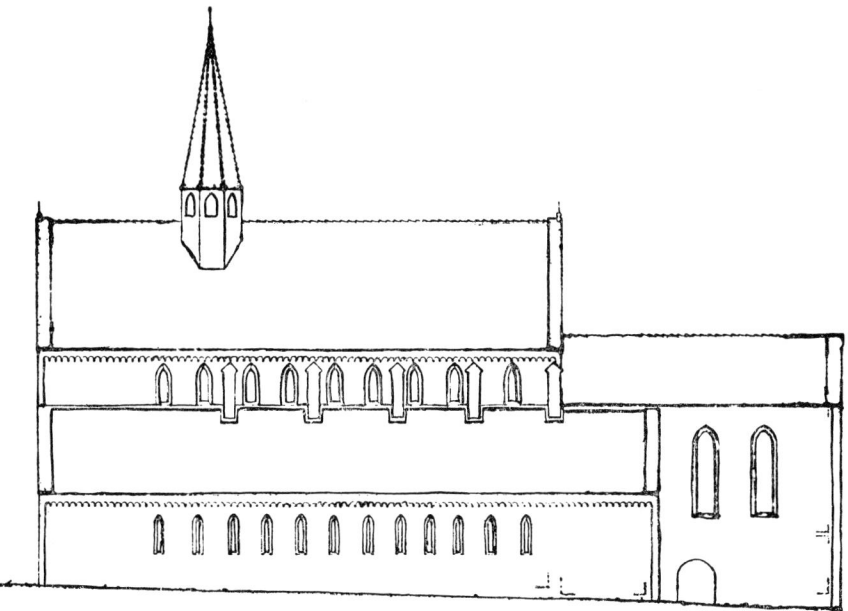

Heiligkreuztal, Nordansicht der Klosterkirche in hochgotischer Zeit, rechts Nonnenchorhaus. Cisterciensisch ist die Klarheit, Strenge und lange Erstreckung des Bauwerkes (Zeichnung unter Verwendung der Rekonstr. von Schurr, der die Fensterpaare am Obergaden und die Fortsetzung des Seitenschiffes längs dem Nonnenchor annimmt).

werkfenster beherrscht. Dieses gehört wohl nicht ihrer ältesten Konzeption an und ist daher weiter unten zu besprechen.

Die *Längsseiten* zeigen an den tiefen Schlitzfenstergewänden ihrer Seitenschiffe eine Mauerdicke von romanischer Wirkung. Ursprünglich standen diese spitzbogigen Fensterchen in dichter Reihe, wurden aber seit der Spätgotik durch breitere Rundbogenfenster verdrängt und erst vor mehreren Jahren wieder z. T. freigelegt. Vor den Obergadenwänden bilden kräftige Strebepfeiler — wie schmale Schilderhäuschen mit ihren Satteldächern — eine Bereicherung des Baues. Sie steigen vom Inneren der Seitenschiffe an der Mittelschiffswand zwischen den Langhausarkaden hoch, durchstoßen die Dachräume und sollen das übermäßig hohe Schiff absichern. Durch diese Strebepfeiler wird der Obergaden in sechs Jochabschnitte gegliedert, die ursprünglich wohl sehr kleine Obergadenfenster hatten. Heute durchbrechen dort breitere Fenster mit spätgotischem Maßwerk die Wand[1]). Die schon erwähnten Bogenfriese laufen nicht unmittelbar unter den Dachtraufen der Schiffe dahin, sondern sind durch breite Mauersäume von den Dächern darüber getrennt, ein Motiv oberrheinischer Herkunft[2]).

An der *Westwand* überragt der schlichte Mittelschiffsgiebel mit steigendem Bogenfries und flankierenden Strebepfeilern das hier angebaute Nonnenchorhaus, das weiter unten behandelt wird.

Haben wir in dieser Basilika und den beschriebenen Details noch die erste Kirche aus der Mitte des 13. Jhs. vor uns? Im Großen und Ganzen spricht äußerlich nichts dagegen. Nur bei den steilen Giebelformen und Proportionen zögert man und denkt an nachträgliche Erhöhung des ursprünglich vielleicht niedrigeren

Baues. Die jetzige Form der oberen Mauerpartien könnte der überlieferten Bautätigkeit des Meisters Konrad um 1315 entstammen. In diesem Falle wären die Bogenfriese — zumindest die des Mittelschiffes — wohl nachahmende Wiederholungen in Anlehnung an den niedrigeren älteren Zustand.

Was erscheint an diesem Außenbau spezifisch cisterciensisch? Der Grundriß, die kompakte, turmlose Gesamtgestalt mit der schlicht basilikalen Chorfront im Osten, die querschifflos-dreischiffige Anlage, wie sie sich bei einer Anzahl von Cistercienserinnenkirchen Oberschwabens im 13. Jh. durchgesetzt hat (Vgl. S. 368 ff.), ferner Einzelheiten wie die schlitzartigen, streng gleichförmig gereihten Spitzbogenfensterchen und die bauklotzartigen Strebepfeiler mit ihren Satteldächern. Auch die Bogenfriese samt Lisenen — bei oberdeutschen Bettelordenskirchen kaum zu finden — knüpfen offensichtlich speziell an ältere schwäbisch-oberrheinische Cistercienserkirchen wie Maulbronn, Bebenhausen oder Tennenbach an und sind hier kennzeichnend für den konservativen, romanisierenden Zug, der die Cistercienserkunst gerade bei ihrem Sinn für ungewohnt Neues auszeichnet. Um 1315 erhielt die Ostfront der Kirche das riesig hohe, vierbahnige Maßwerkfenster, das zusammen mit einem Schlitzfensterchen im Giebel das einzige, hoheitsvolle Motiv dieser Wand bildet, — derselbe Vorgang wie in den gleichen Jahrzehnten in Maulbronn, Bebenhausen und Tennenbach. Zwei weitere hohe gotische Fenster wurden damals im Westteil des Mittelschiffes auf der Südseite angelegt, jedoch in der Spätgotik verändert, als man auch den meisten übrigen Fenstern der Kirche die heutige Form gab.

Das schlichte Nonnenchorhaus, dessen Erbauung in der Literatur gleich mit der ersten Klosterkirche im 13. Jh. angenommen wird, erhielt wohl frühestens im 14. Jh. seine drei gotischen Hochfenster in den Längswänden. Im Gegensatz zur Basilika ist es ein Backsteinbau — wie große Teile des übrigen Klosters, doch ist es in gleicher Weise hell verputzt.

In gotischer Zeit betrat man das Innere der Basilika vom Kreuzgang her durch das steinerne Spitzbogenportal am Westende der südlichen Mittelschiffswand. Der Laienwelt war die Kirche also verschlossen. Hier am Westende des Mittelschiffes steht seit 1532 eine lettnerähnliche Laubenarchitektur mit bekrönender Maßwerkbrüstung, die nach Art fränkischer Cistercienserinnenkirchen die Frontseite der westlich anschließenden Nonnenempore bildet (s. S. 389). Von hier eröffnet sich dem Blick nach Osten in voller Wirkung der edle *Innenraum* des hohen, ganz schlichten Mittelschiffes, das wie keine andere Cistercienserinnenkirche die Größe und die asketische Kraft des Ordensgeistes widerspiegelt: die beiden Seitenwände des kurzen Schiffes steigen mit völlig glatter, hell verputzter Vorderfläche empor, unten durch burgundische Spitzbogenarkaturen von mäßiger Höhe und klassisch einfacher Bogenform mit gestuften Laibungen und Unterzügen zu den Seitenschiffen hin geöffnet und noch ganz von der frühen Kirchenbaukunst des Ordens geprägt, hoch oben ursprünglich durch eine Balkendecke zu einem strengen Kastenraum von gotischer Steilheit geschlossen, doch seit 1532 durch das schwebende Netzgewölbe auf Wappenkonsolen aufgeheitert. Der kurze rechteckige Altarraum muß zu Anfang des 14. Jhs., als die Kirche eine endgültige Form bekommen hatte, im Kontrast zum Mittelschiff gestanden haben, was trotz der Netzwölbung des Schiffes auch jetzt noch spürbar ist: hier

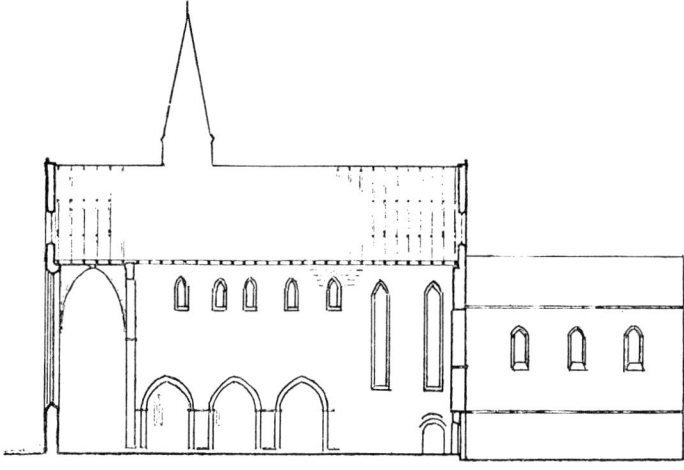

Heiligkreuztal, Längsschnitt der Kirche in hochgotischer Zeit (von Norden). Rechts Nonnenchorhaus mit Unterkirche und darüber Empore. Deren südseitige Fenster sind kürzer wegen des außen dort angelehnten Kreuzgangdaches.

wuchtige Frühgotik und die Flachdecke mit ihrer halbprofanen Wirkung; dort aber hinter dem Triumphbogen gleichsam eine hoheitsvolle, hochgotische Kapelle mit riesigem Maßwerkfenster in der Abschlußwand und einem schwebenden Kreuzrippengewölbe über einfachen Abkragungen, das den Altarraum für den Betrachter vom flachgedeckten Langhaus her wie einen Baldachin erscheinen ließ. Es war wohl der 1315 genannte Meister Konrad, der in den Jahren nach 1300 — vielleicht im Zuge einer Erhöhung des Mauerwerkes — dem spätromanisch-frühgotischen Innenraum durch die Umgestaltung des Altarhauses, d. h. die Einfügung des Riesenfensters und des Kreuzrippengewölbes, diesen hochgotischen Ostabschluß gab.

Literatur und Anmerkungen

St. Thomas:
E. Wackenroder, Die Kdm. des Kreises Bitburg: Die Kdm. der Rheinprov., Düsseldorf 1927. Dort die ältere Literatur sowie die auf S. 403—406 gezeigten Abb.
B. Caspar, St. Thomas/Eifel (Nachw. von W. Jacobs), Wiesbaden 1966.
Dehio-Hdb. Rheinland-Pfalz u. Saarland, Deutscher Kunstverlag 1972.
Hdb. der Hist. Stätten Rheinland-Pfalz u. Saarland, Stuttgart 1965².
A. Schneider, Die Cistercienserabtei Himmerod im Spät-MA, Himmerod 1954, S. 43.
Zu Heisterbach s. die bei den Mönchskirchen zit. Arbeiten von A. Verbeek.

1) Otte, Gesch. rom. Bauk. S. 351, Wackenroder S. 276, Caspar S. 7: spätma. Inschrift am Südpfeiler des Triumphbogens: anno 1222 consecrata est ecclesia. — Nach ihren Bau- und Detailformen gehört die Kirche in das erste Drittel des 13. Jhs.

1a) „niederrheinisch" als kunstlandschaftliche Bezeichnung für das Rheingebiet nördlich von Hunsrück und Taunus.

2) Fast identisch in der Ausführung anscheinend in Longuay (Haute-Marne) am Konversenbau (Aubert II, Fig. 448) u. am Langhaus der Cistercienserinnenkirche in Roermond (v. d. Meer, Taf. 273).

3) Heute in ihrem oberen Teil weitgehend von einer Erneuerung in der Barockzeit geprägt (Fensterformen, Simse, Apsisgewölbe). Caspar, S. 8 (ansch. nach älteren Aufzeichnungen): „1744 wurde das Chor um etliche Meter hochgezogen."

⁴) Caspar, S. 8: „Zwei frühgotische vermauerte Fenster wurden bei der Restauration 1958 im Triumphbogen freigelegt, vom Bauingenieur des Bistums Trier zeichnerisch erfaßt und wieder vermortelt." — Falls es echte Fenster waren, ist ihr Verhältnis zu der Dreifenstergruppe im Ostgiebel des Langhauses zu klären. Ordneten sie sich dieser harmonisch unter oder entstammten sie einer älteren Planung, die schon während des Baues zugunsten der Giebelfenster fallengelassen wurde? — Möglicherweise waren es nur Nischen, wie über dem Chorbogen der Pfarrkirche von Andernach und anderen Kirchen der niederrheinischen Romanik.

⁵) Derartige Spitzbogenblenden von ganz ähnlicher Wirkung, zwischen Strebepfeilern, haben bei den französischen Cisterciensern schon die Kirche von Breuil-Benoit (um 1200, v. d. Meer Abb. 163) und — als ältere Parallele zu Schönau — das Refektorium zu Bonport (v. d. Meer Abb. 18).

⁶) Frühgotische Kapitelle mit kugelförmigen Knollen als Spitzen glatter, einfacher Schilfblätter in St. Maximin: Die Kdm. der Stadt Trier, Abt. 1—4, Düsseldorf 1931—1938, Abt. Kirchen Abb. 229. — Einige Einzelheiten wie die Strebepfeiler der fünfseitigen Apsis von St. Thomas (in den unteren Partien noch aus dem 13. Jh.) haben eher trierisch-lothringischen als niederrheinischen Charakter: die Strebepfeiler der ebenfalls fünfseitigen Ostapsis des Trierer Domes sind als Vorbild denkbar. Ähnliche Strebepfeiler, die nach oben hin immer mehr zu flachen Lisenen werden, um das Ebenmaß des romanischen Baukörpers nicht zu beeinträchtigen, haben auch schon einige ein wenig ältere Apsiden im kölnischen Einflußgebiet: Hoven b. Zülpich (Cistercienserinnenkirche, Tochtergründung von St. Thomas), Soller b. Düren (Pfarrkirche). — Die gestuften Bögen zu den Seitenschiffen im Inneren von St. Thomas, aus denen burgundische Anregung spricht, sind noch nicht spitz wie im Trierer Dom, sondern rund wie in St. Kastor zu Koblenz und im Bonner Münster, die zusammen mit Trier und St. Thomas wohl die ältesten stark gestuften Scheidbögen des Niederrheingebietes haben. Die zeitliche Reihenfolge ist dabei wohl: Koblenz (um 1200), Bonn, St. Thomas, Trier.

⁷) Sehr verwandt mit St. Thomas erscheinen in dem zeitlich vorangehenden Bau von Koblenz ferner: die Form der spitzbogigen, burgundisch gestuften Vierungsgurte, mit dem rheinischen Scheitelstab im westlichen von diesen, und die Anordnung von Kreisfenstern unter einigen der spitzen Schildbögen im Querhaus (dieselbe Kombination auch im Ostchor-Joch der Cistercienserinnenkirche von Roermond, etwa gleichzeitig mit St. Thomas).

Güldenstern:

Literatur: Dimier Suppl. S. 85 f. (dort weitere Lit.).

¹) z. B. Hoven b. Zülpich, St. Thomas/Eifel, Marienhausen/Rhg., Altenberg b. Wetzlar (Prämonstratenserinnen), Börstel, Mariensee/Hann., Isenhagen (s. Grundrisse bei Dimier Suppl.).

Heiligkreuztal:

Dehio-Hdb. Baden-Württ., München 1964. — Hdb. der Hist. Stätten Dtschlds., Baden-Württ., Stuttgart 1965. — Dimier Suppl. (s. oben S. 394). — A Kasper, Kunstwanderungen kreuz und quer der Donau, Schussenried 1964. S. 106—113, mit weiterer Lit. S. 161. — Die Kunst- u. Altertumsdenkmale in Württ., 1) Krs. Riedlingen, Stuttgart 1936, 2) Kunstatlas IV, Ergänzungsbd. — O. Linck (s. oben S. 400). — Die Klosteranlage Heiligkreuztal, Diss. Stuttgart 1934, Druck Tübingen 1935. — H. Tüchle, Kirchengesch. Schwabens, Stuttgart 1950, Bd. I., S. 349.

¹) Kunst- u. Altertumsdenkm. S. 563: 1532 wurden die Obergadenfenster tiefer gelegt und die Seitenschiffsdächer entsprechend gesenkt. Der alte höhere Dachansatz blieb jedoch als gesimsartiger Mauerrücksprung oberhalb des neuen bestehen.

²) Man vergleiche z. B. die Bogenfriese der spätromanischen Klosterkirche von Schwarzach.

Cistercienserinnenkirche Les Blanches b. Mortain/Normandie (letztes Viertel 12. Jh.)

Eine einschiffige Kreuzkirche mit geradem Ostabschluß, je zwei bernhardinischen Querschiffkapellen und hölzernem Dachreiter. Glatte, wuchtige Außenmauern, gegliedert durch ebensolche Strebepfeiler, kennzeichnen den Cistercienserbau; alles ist sorgfältig ausgeführt. Das Innere hat quadratische Kreuzrippengewölbe; die Querschiffkapellen sind kreuzgratgewölbt. Das Langhaus (große Fenster!) dient als Nonnenchor. In Fortsetzung der Kirche nach Westen das Konversen- und Kellergebäude. Vom frühgotischen Kreuzgang, dessen zierliche Säulchen-Arkatur einen Kontrast zur Kirche bildet, sind der Nord- und Ostflügel erhalten. Vgl. Aubert Bd. II S. 174.

Les Blanches, Westflügel des Kreuzganges (nach Norden an die Kirche versetzt), Ende 12. Jh.

Die Kreuzgänge der Cistercienserinnenklöster des 12. u. 13. Jhs. waren häufig einfache Holzgalerien, die an den solide gebauten Klosterflügeln entlangführten. Von ihnen sind daher nur Spuren erhalten. Der Kreuzgang von Les Blanches ist zwar weitgehend aus Stein, zeigt aber noch etwas von jenem Charakter. Durch die offene Bogenreihe aus zierlichen Säulchenpaaren, die mit Pfeilern wechseln, kann man überall in den Innengarten treten. Ein sichtbarer Dachstuhl mit geschwungenen Sparren, die an ein Tonnengewölbe erinnern, überdeckt den Raum.

Maguelone/Südfrankreich, Inneres der Kathedrale (um 1150) nach Westen

Beispielgebend für die westlichen Nonnenchöre in Cistercienserinnenkirchen könnten Kanonikerkirchen in Südfrankreich, Spanien und Portugal gewesen sein, wie es die Kathedrale von Maguelone/Hérault und die Stiftskirche von Serrabone/Pyrenäen zeigen. — Die seitliche Tür führt wie in vielen Nonnenkirchen zu einer unscheinbaren Treppe, die das Erdgeschoß mit dem Konventchor verbindet. Die präzise Quaderbauweise und die spitzbogigen Tonnengewölbe von Maguelone stehen dem frühen Kirchenbau der Cistercienser nahe, der aus der südfranzösischen Romanik starke Anregungen aufnahm.

In Deutschland kommen ähnliche emporenartige Konventschöre, die jedoch im Ostteil der Kirchen liegen, bei den Prämonstratensern im Gebiet östlich der mittleren Elbe vor.

St. Thomas/Eifel, Inneres der Kirche nach Westen mit Nonnenchor. An Stelle der Orgel stand früher das Chorgestühl (s. ausführl. Text S. 403).

St. Thomas/Eifel, Krypta unter der Nonnenempore. Die flachen Gurtbogen übernahm die Cistercienserkunst aus dem Klosterbau der Provence.

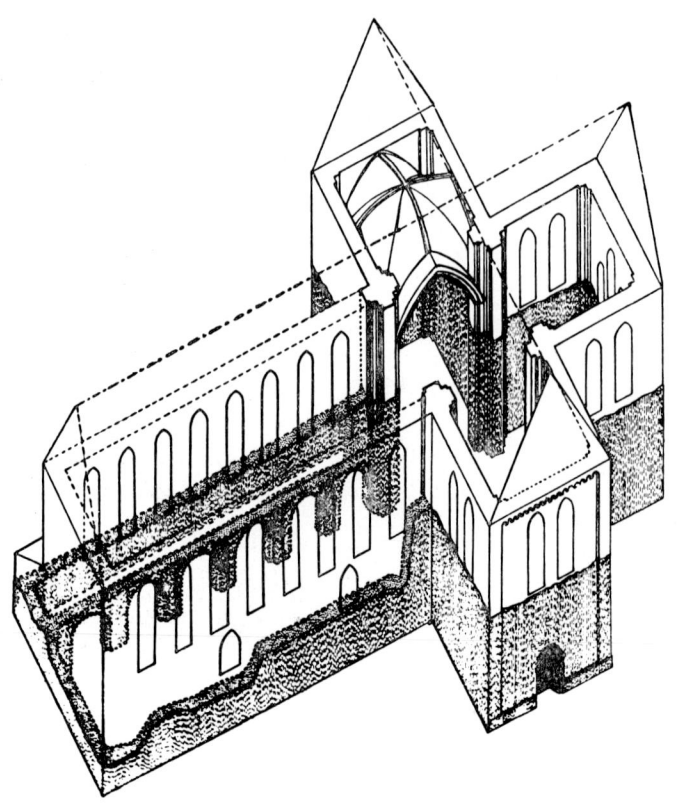

Cistercienserinnenkirche Sonnenkamp in Neukloster/Meckl. (um 1220—1240 in einem romanischen und frühgotischen Bauabschnitt errichtet), ein klassisch wirkender Backsteinbau mit rheinischen Lisenen und Bogenfriesen, westfälischen Gewölben im Ostteil und cisterciensischen Fenstergruppen. Sonnenkamp nahm im wesentlichen den Grundrißtyp von Les Blanches auf. Zuerst waren wohl keine Querschiffkapellen geplant, bald darauf hat man sie hinzugefügt. Das flachgedeckte Langhaus war abweichend von Les Blanches eine reduzierte Basilika, deren südliches Seitenschiff fehlte; seine Stelle nahm der Kreuzgang ein. Niedrige Bögen verbinden die beiden Kirchenschiffe. Über ihnen lag im Hauptschiff eine hölzerne Zwischendecke; der ganze obere Teil des Schiffes mit seinen hohen Fensterreihen bildete den Nonnenchor. Er hatte zwei Zugänge zum Obergeschoß des Kreuzganges (Vgl. S. 375).

Blankenberg/Sieg, Mitte 13. Jh.

Die rechteckige Kirche mit schmalerem Chorjoch und polygonalem Abschluß (Untertyp IV) zeigt im Innenraum den Kontrast, der für eine Anzahl rhein- und mainfränkischer Cistercienserinnenkirchen charakteristisch ist: das einfache kastenförmige Schiff mit regelmäßigen Langfenster-Reihen öffnet sich zu einem kapellenartigen Altarhaus. Wie Einzelformen verraten, war wohl die Marienstätter Hütte am Bau beteiligt. Die reichen Dienstbündel weisen auf mittelrheinische Chöre, die nach dem Vorbild der Pfarrkirche von Linz entstanden.
Blankenberg hatte dieselben Stifter wie Marienstatt. Vgl. S. 353. Etwa 20 Jahre nach Erbauung der Nonnenkirche siedelte die klösterliche Gemeinschaft auf ihren Gutshof Zissendorf über. Die Gründe dafür bedürfen noch der Erhellung.

Fröndenberg b. Unna, Mitte 13.—Anf. 14. Jh.
Der Innenraum der typischen einschiffig-kreuzförmigen Nonnenkirche vereinigt wuchtig-klare cisterciensische Wandbildung mit der Geborgenheit der westf. Kuppelgewölbekirchen.

Die Cistercienserinnenklöster der Oberlausitz

Von den im Mittelalter bestehenden Frauenabteien überstanden nur wenige die Stürme der Zeit. Darunter befinden sich auch die in der Lausitz gelegenen Klöster Marienstern und Mariental. Selbst während der allgemeinen Säkularisation war ihr Bestand nicht gefährdet. Lexikale Übersicht zu Mariental s. Verzeichnis der Cistercienserinnen-Klöster.

Marienstern

Im Jahre 1248 wurde das Kloster von der Familie des Reichsministerialen Bernhard II. von Kamenz gegründet und 1264 in den Cistercienser-Orden aufgenommen. Das Amt des Visitators übten bis zum 16. Jh. nacheinander die Äbte von Altzella, Königsaal bei Prag, Neuzelle und Ossegg aus. Dadurch daß die Oberlausitz der böhmischen Krone unterstand, war der Fortbestand des Klosters auch während der Reformation gewährleistet. Seit dem Übergang des Landes an Kursachsen regelte der Traditionsrezeß von 1635 sein Weiterbestehen, nachdem am Anfang des 17. Jh. verschiedene Versuche zu seiner Aufhebung gemacht worden waren und sogar eine Äbtissin abgesetzt werden mußte.

Die Klosterkirche, ein im letzten Drittel des 13. Jh. entstandener Hallenbau, 1429 teilweise von den Hussiten zerstört, dann wieder hergestellt, zeigt sich heute wieder in ihrer ursprünglichen Schönheit, nachdem im Rahmen einer Restaurierung durch das Staatl. Denkmalinstitut Dresden der 1585 aufgetragene weiße Putz entfernt wurde. Die gotische Backsteinarchitektur des hohen, formklaren Raumes, die durch sorgfältig eingefügte Werksteinstücke einen besonderen Reiz hat, leuchtet wieder in ihrer ursprünglichen Farbigkeit. Das Südschiff der siebenjochigen Kirche bildet in seinem unteren Teil den Nordflügel des Kreuzganges, im Obergeschoß dagegen eine emporenartige Galerie, die den Zugang der Nonnen vom Dormitorium zu dem auf gleicher Höhe im Westteil des Mittelschiffes gelegenen Konventchor ermöglicht. Dieser ist durch eine mannshohe Holzwand zum Schiff hin abgeschlossen, in der vier vergitterte Fenster den Blick zum Hochaltar freigeben, wie es früher in den Cistercienserinnenkirchen häufig gewesen sein dürfte.

Innenaufteilung der Klosterkirche Marienstern (vgl. S. 372)

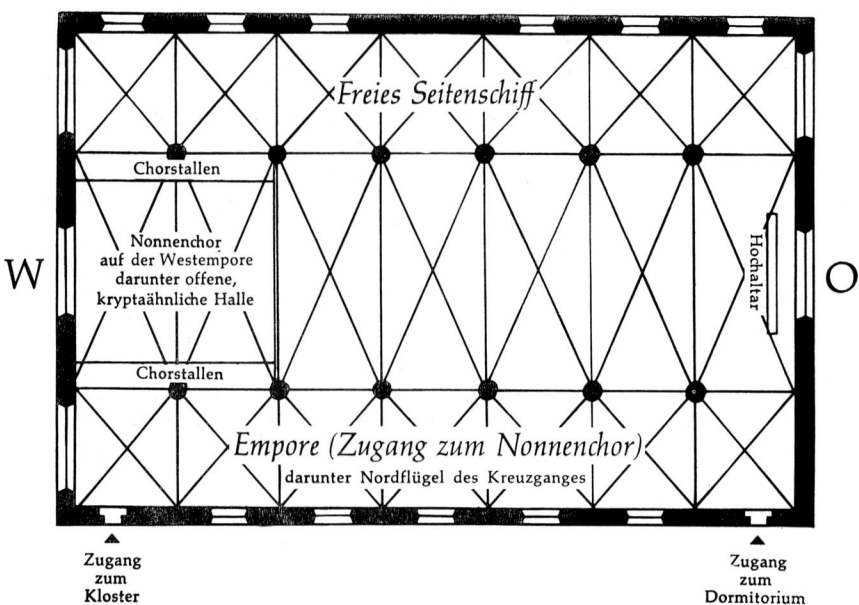

Cistercienserinnenkirche Marienstern/Sachsen (2. H. 13. Jh.),
Hallenlanghaus aus Backstein mit Werksteinschmuck. Die gerade Ostwand und das von Konsolen getragene Gewölbe kennzeichnen den Cistercienserbau. Das rechte Seitenschiff ist zweigeschossig und bildet unten den Kreuzgang, oben einen Emporengang zur Verbindung von Nonnenchor und Dormitorium.

Frauental b. Mergentheim (Mitte 13. Jh.)

Der schlichte einschiffige Bau mit den typisch schmalen Fenstern der frühen Cistercienserinnenkirchen endet in einem knapp geformten fünfseitigen Abschluß. An die hohe Bogenöffnung schloß sich eine Seitenkapelle an.

Frankenberg/Hessen, Cistercienserinnenkloster St. Georgenberg, gegr. um 1249

Das Dormitorium ist als langhin gelagerter Block in Ostwest-Richtung erbaut (im Kern wohl 13. Jh.). Aus seinem östlichen Kopfende wächst nahtlos die kurze rechteckige Klosterkirche hervor (M. 13. Jh.). Ihre Kennzeichen: je zwei romanische Langfenster an den Seiten und eine gestaffelte Dreifenstergruppe in der Stirnwand. Vom Dormitorium betrat man die Nonnenempore (spätgotische Fenster). — Es ist dieselbe Anordnung wie bei Nonnen-Dormitorien im Kloster-Ostflügel, die auf eine Querschiff-Empore mündeten, nur daß hier die ganze Kirche gewissermaßen allein aus dem Querschiff-Flügel besteht, der samt dem Dormitorium um 90 Grad nach Osten gedreht ist.

Heiligkreuztal, Inneres der Kirche nach Westen mit Nonnenchor. Die burgundisch beeinflußten Langhausarkaden erinnern an die Cistercienserinnenkirche Magerau (s. Abb. S. 369), zu Heiligkreuztal s. ausführl. Text S. 410 ff.).

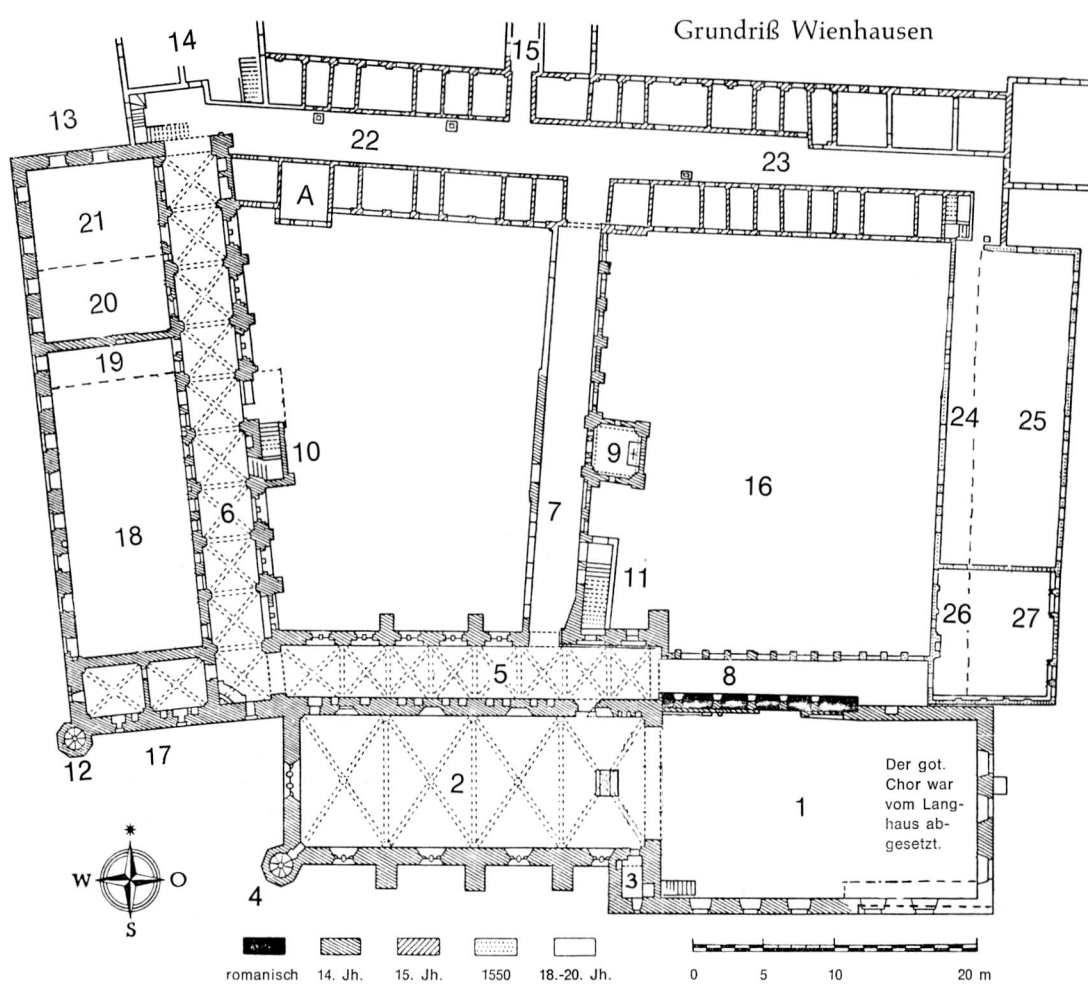

Grundriß Wienhausen

Grundriß in Höhe des Obergeschosses (Bauteil 7 u. 9 in Höhe des Erdgeschosses) Bauten des 19. u. 20. Jhs. sind fortgelassen.

1 Gemeindekirche
2 Nonnenchor über Untergeschoß
3 Kleines Armarium (Sakristei)
4 Treppenturm zum Chor u. Dach
5-8 zweigeschossiger Kreuzgang
8 im Erdgeschoß Lesegang mit Steinbank
9 Allerheiligenkapelle
   (Äbtissinnen-Grablege)
10 Treppenhaus des Westflügels
11 Treppe zum Obergeschoß des südl. Kreuzganges
12 Treppenturm zu den Kornböden
13 ehem. Küche
14 Äbtissinnenhaus der Stiftszeit, 1713
15 Gang zur Krankendiele, 1846, bereits vor 1549 vorhanden
16 Nonnenfriedhof

Erdgeschoß:
17 zwei gewölbte Keller
18 Gästeräume
19 Pfortengang
20 Pfortenstube
21 Küchenvorraum
22 Sommerrefektorium
23 Kreuzgang mit Arbeits- und sonstigen Räumen
24/26 Kreuzgang im Ostflügel
25/27 vor 1531 Wohnungen für die Nonnen, die die wichtigsten Klosterämter verwalteten.

Obergeschoß:
17 Großes Armarium (Sakristei)
18/19 Winterrefektorium oder -remter
20/21 wohl Abtei
   Über 17 bis 21 im 2. Obergeschoß: zum Hof hin Dormitorium der Laienschwestern und zu den Außenseiten hin Kornboden
22/23 Dormitorium mit Mittelgang und Schlafzellen, A = Äbtissinnen-Zelle
24/25 vor 1531 Dormitorium mit 30 Zellen
26/27 Kapitelsaal, 1550, vor 1531 mit Kapelle des Hl. Kreuzes.

„Während die Mönchsklöster der Cistercienser nach einem einheitlichen Normalplan angelegt sind, der allen Räumen bestimmte Plätze zuweist, besaßen die Nonnenklöster darin einige Freiheit, zumal ... wenn sie nicht dem Ordenskapitel, sondern dem Diözesanbischof unterstellt waren, so auch Wienhausen" (Appuhn). Der Westflügel — nahe dem Nonnenchor gelegen — nahm vielfach Räume des monastischen Konventslebens auf. Doppelstöckige Kreuzgänge erleichterten die Verbindung zum hochgelegenen Nonnenchor. Aus dem gleichen Grund liegen in Wienhausen Kapitelsaal und Refektorium im I. Stock. Der Verfasser benutzte bei der Ausarbeitung dieses Grundrisses W. Appuhn, Kloster Wienhausen. Hamburg 1955, S. 13 u. 40 f.

Cistercienserinnenkloster Wienhausen
von Südwesten mit Refektoriumsflügel und Kloster-Pfarrkirche

Im ersten Drittel des 14. Jh. führten große Stiftungen und das Anwachsen der Nonnenzahl bis auf etwa 150 zum Bau einer monumentalen Erweiterung des Klosters mit Anlage des zweiten Innenhofes, die unverfälscht erhalten ist. Die Stirnwände des Westflügels (um 1310) und des anstoßenden Westteils der Nonnenkirche (um 1330) bilden nach einer alten Gewohnheit des mittelalterlichen Klosterbaues einen offenen Winkel, der hier an den Backsteinbauten zu einer gotischen Zweigiebelgruppe von herb-prächtiger Hoheit ausgestaltet ist. Zwei kräftige Treppentürmchen flankieren diese Front.

Der Treppengiebel des westlichen Wohnbaues mit seinen gekuppelten Fensterchen wirkt noch stark frühgotisch und erinnert an romanische Stadthäuser west- und norddeutscher Hansestädte. Die Cistercienser Norddeutschlands hatten im 12. und 13. Jh. ihren Mönchskirchen in Zinna und Doberan Treppengiebel gegeben, und 1312 wurde die Nonnenkirche Mariensee/Niedersachsen als Backsteinbau mit westlichem Treppengiebel vollendet. Gestufte Blenden im Giebel hatten schon die Cistercienserinnenkirchen Sonnenkamp/Mecklenburg und Börstel/Westniedersachsen (beide 13. Jh.). Die Massigkeit der Baukörper, die kleinen gedrungenen Fensterreihen des Westflügels (heute z. T. vergrößert), die klotzhaften Strebepfeiler und Eckürmchen und die glatte Westwand der Kirche mit dem einen großen Fenstermotiv sind Ausdruck cisterciensischer Baugesinnung. Die Klosterkirche besteht aus zwei Teilen und hatte eine für die Cistercienserinnen typische Form: das zweigeschossige Nonnenchorhaus – oben Nonnenchor, unten zweischiffiger Laienraum mit Zugang von außen (vgl. S. 389) – öffnete sich zu dem östlich anschließenden einschiffigen Kirchenraum, welcher der Pfarrgemeinde dient. Dieser endete in einem schmaleren rechteckigen Presbyterium (Untertyp IV).

Cistercienserinnenkloster Zehdenik b. Templin/Brandenburg

Der Dormitoriumsflügel aus sorgfältigem Granitquaderwerk (2. H. 13. Jh.) bildete mit seinen Fensterreihen einen machtvollen, disziplinierten Baukörper. Von großartiger Monumentalität sind die schlichten Dreifenstergruppen der Giebelfronten. Wie ihre Länge zeigt, gehörte der Dachraum zum Schlafsaal.

Bersenbrück/Niedersachsen, Ostflügel des Cistercienserinnenklosters (2. H. 13. Jh.)

Die gedrungenen frühgotischen Maßwerkfenster gehören zum Kreuzgang, der wie bei den Bettelorden dem Gebäude nicht vorgelegt, sondern eingefügt ist. Vor der Bogenöffnung wahrscheinlich Brunnenhaus. Klostergründung 1231 durch die Grafen von Ravensberg. Eine Besonderheit der Kirche: zweischiffig mit trennender mittlerer Längswand (1818 entfernt), so daß ein Nebeneinander von alter Eigen- bzw. Pfarrkirche und Nonnenkirche bestand.

Der Konvent trat im 15. Jh. der Bursfelder Kongregation bei, war um 1600 überwiegend lutherisch, später wieder katholisch und wurde 1786/87 in ein simultanes weltliches Stift umgewandelt, das pro forma noch besteht.

Skriptorien und Bibliotheken der Cistercienser

von Ambrosius Schneider

Schreibender Mönch

Handschrift aus dem Skriptorium von Heiligenkreuz, Codex 224, fol. I^v

Buchtitel „S. Paterius: Liber testimoniorum veteris testamenti de opusculis S. Gregorii excerptorum".

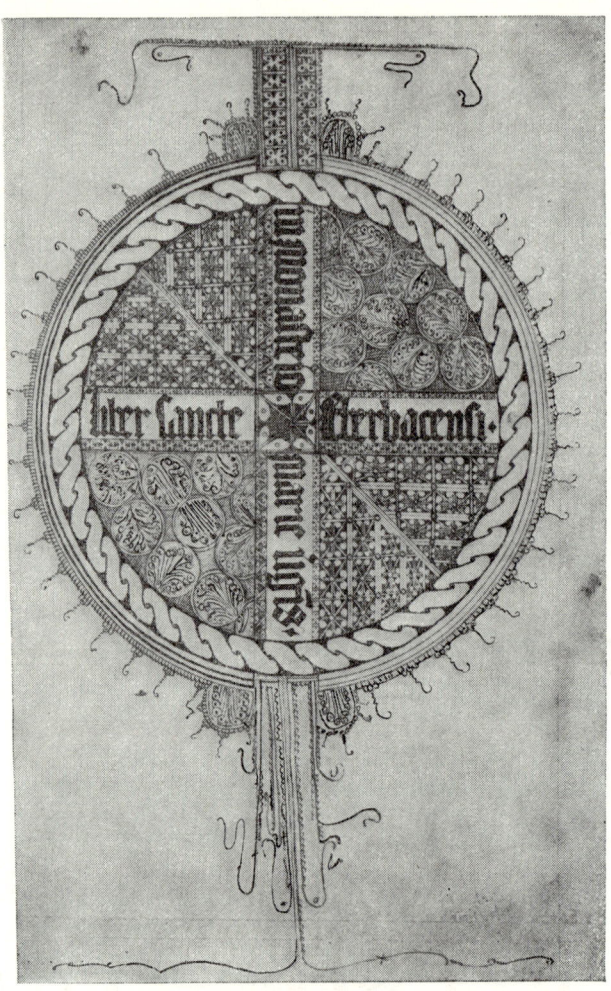

Exlibris in Siegelform aus einer Handschrift des Klosters Eberbach vom Jahre 1413 (London, Brit. Museum, MS Arundel 103, fol. 3)

Die Abtei Eberbach im Rheingau, 1135 vom hl. Bernhard gegründet, hatte allein schon in Anbetracht seiner vier Gründungen und des reichen Güterbesitzes ein produktives Skriptorium. Die Bibliothek wurde im Verlauf des Dreißigjährigen Krieges mehrfach von schwedischen und hessischen Truppen gründlich ausgeplündert, wobei man vieles mutwillig vernichtete. Der durch den schwedischen Kanzler Oxenstierna eingesetzte Klosterverwalter Murus soll auf 16 Wagen die Reste der Bibliothek nach Frankfurt gefahren haben. Davon gelangten durch Kauf 62 Codizes in den Besitz des Erzbischofs Laud von Canterbury (1573—1645) — heute als Codices Laudiani in der Bodleian-Library/Oxford —, zehn weitere erwarb der englische Sammler Thomas Howard, Earl of Arundel (1592—1640) in Nürnberg, heute als Arundel-MSS im Britischen Museum/London. Ein Großteil der geraubten Handschriften soll mit einem schwedischen Schiff in der Ostsee untergegangen sein, einige wenige stehen in der Hessischen Landesbibliothek und im Staatsarchiv zu Wiesbaden.

Die Skriptorien

Die mittelalterlichen Klöster waren Stätten des Gebetes und der Arbeit jedweder Art; in ihnen fand auch das geistige Leben rege Förderung, verpflichtete doch die Benediktsregel — neben den offiziellen Lesungen im Gottesdienst und bei Tisch — zur privaten geistlichen Lesung (lectio divina. cap. 8). Man hat berechnet, daß der mittelalterliche Mönch dafür jährlich 50 Bände zu 300 Seiten zur Lesung benötigte[1]). Trifft diese Berechnung auch nicht für alle, besonders die kleinen und wirtschaftlich schlecht gestellten Konvente zu, — die geistige Betätigung setzte immerhin eine stattliche Bibliothek voraus, zu deren Vermehrung laufend entliehene Bücher abgeschrieben wurden. Das war die Aufgabe der Skriptorien, der klösterlichen Schreibstuben, die bereits in den ersten Statuten von Cîteaux (1134/52) erwähnt werden: „In allen Skriptorien, wo die Mönche gewohnheitsgemäß schreiben, soll Stillschweigen wie im eigentlichen Kloster gehalten werden"[2]). Eine weitere Verordnung von 1154 verbietet den Schreibern jede Betätigung außerhalb dieses Raumes[3]).

Das Skriptorium befand sich gewöhnlich im Mönchssaal, dem Studier- und Arbeitsraum. Die Schreiber arbeiteten zur kalten Jahreszeit in der anliegenden Wärmestube; dort wurde auch das selbsthergestellte Pergament und die geschriebenen Blätter getrocknet. In Cîteaux errichtete man im 14./15. Jahrhundert östlich des Klosterkreuzganges ein eigenes Quadrum für die Schreiber, den sog. Kopistenkreuzgang mit Zellen und besonderen Räumlichkeiten, u. a. eine großräumige Bibliothek im Obergeschoß. Der größte Teil dieser Anlage war Kanzlei des Stammklosters, von wo aus eine umfangreiche Korrespondenz mit den über ganz Europa verstreuten Abteien unterhalten wurde. Eine ähnliche Einrichtung besaß Clairvaux mit 12 oder 15 Schreiberzellen[4]).

Im Skriptorium oblagen die Schreibermönche unter Aufsicht des Kantors ihrer mühevollen Arbeit. Neben den Büchern für den Eigenbedarf mußten die vom Orden vorgeschriebenen liturgisch-monastischen Bücher abgeschrieben werden, die bei Neugründungen dem ausgesandten Konvent mitzugeben waren[5]), noch im Jahre 1212 erinnert das Generalkapitel die Vateräbte an diese Pflicht[6]). Die Arbeit im Skriptorium erforderte Geschicklichkeit, technisches Können und vor allem viel Geduld. Sprechende Zeugnisse sind gelegentliche Schreibernotizen am Ende der Handschriften wie etwa: „Die Schreibkunst ist mühevoller als jedes andere Handwerk", oder: „Behandelt diese Blätter mit Vorsicht. Ihr wißt gar nicht, was es heißt, ein Buch abschreiben. Das ist harte, drückende Fronarbeit"[7]). Zumeist wird die Arbeit mit einem Lobpreis Christi und einer Bitte um das Gebet der Leser abgeschlossen:

„Nach Beendigung des Buches sei Christus Lob und Ehre. Amen".
„O Leser, sage Christus, Er solle sich des Schreibers erbarmen"[8]).

Selten überliefern uns die Handschriften die Namen ihrer Schreiber. Der einzelne war eben einer Gemeinschaftsarbeit verpflichtet. Dagegen finden wir in nahezu allen Kodizes Eigentumsvermerke der betreffenden Klöster, um etwaigen Entfremdungen vorzubeugen. In der Bibel des hl. Stephan Harding — dem erstdatierten Werk des Skriptoriums von Cîteaux (1109) — lautet die Notiz: „Liber Cistercii". Fast durchweg tritt der Name der Gottesmutter zur Klosterbezeichnung. „Liber s.

Mariae Claravallis" (Clairvaux), — oder: "Iste liber est gloriose virgini Marie in Eberbach" (13. Jahrh.); "Liber sancte Marie de Berge (Altenberg); Himmeroder Besitzvermerke lauten: "Liber beate Marie de Claustro" (1154), "Liber monachorum s. Mariae in Himmerode, ordinis Cisterciensis, Treverensis diocesis" (14. Jahrh.).

Schlußschrift in Band I der Kamper Bibel, mit deutscher Übersetzung

So oft ihr in diesem Buch lest, betet für den Kamper Mönch Rutger von Berke, der es schrieb im Jahre unseres Herrn 1312 unter dem Herrn Arnold von Sittard, Abt dieses Klosters. Saget alle und jeder einzelne im innersten Herzen: Mögen diejenigen, durch die wir dieses Buch bekommen haben und durch die Gnade Gottes auch die noch folgenden Bücher erhalten werden, glücklich leben mit Maria, der Christusträgerin, und mit ihr die ewigen Güter Christi genießen. Amen, Amen!

Gelegentlich wurden die Eigentumsvermerke herausgeschnitten, um den Besitztitel zu verschleiern.

Die im Skriptorium beschäftigten Mönche arbeiteten sich in die Hände: auf dem wertvollen, aus Kalbs-, Ziegen- oder Lammhäuten gewonnenen Pergament wurden zunächst mit einem Bleigriffel Linien gezogen; andere schrieben mit Gänsefedern die Texte, welche die Künstler (Illuminatoren, Miniatoren) mit Initialen oder Miniaturen ausmalten; schließlich wurden die Blätter korrigiert und eingebunden. Zum Schreiben und Malen verwandte man folgende Tinten:

a) Tinten, in Kirschgummi gelöst: man nahm Ruß für Schwarz, Safran und Ocker für Gelb, Indigo und Holunderbeerblau für Blau, grüne Erde für Grün, Umbra für Braun, Menese (Mischfarbton) für violettes Dunkelblau.

b) Tinten, in Eiklar gelöst: Grünspan für Grün, Mennig für Rot.

c) Sepia, ein tierischer Farbstoff, diente für zartes Braun.

d) Eisengallustinte ist der eigentliche Schreibstoff[9]).

Die Tintenhörner hingen — wie die Darstellung des Kamper Schreibermönches Rutger aus dem Jahre 1312 zeigt[10]) — an der rechten Seite des Schreibpultes, wo sich auch eine Palette zum Mischen der Farbstoffe befand. Als Tagesleistung galten 6—10 Seiten im Quartformat (25 x 35 cm). Brachte es einer auf 6 Folioseiten, so war dies schon eine gute Leistung. Für die Kopie der Hl. Schrift benötigte man wenigstens ein Jahr[11]).

Aus zwei schweizerischen Skriptorien besitzen wir interessante Angaben, welchen beträchtlichen Umfang die Tätigkeit einzelner Schreiber haben konnte.

Der Priestermönch Johannes aus Straßburg kopierte im Kloster Wettingen seit seinem Noviziat (1232) bis zum Jahre 1283 rund 43 Bücher, die er in das Armarium einreihte. Wir finden darunter: Evangelienauslegungen, Traktate der Kirchenväter, Predigtsammlungen, Leben und Werke des hl. Bernhard von Clairvaux, den Liber usuum, das Exordium Ordinis Cisterciensis mit der Carta caritatis, das Pentacronon der hl. Hildegard, ein Mirakelbuch (Liber visionum ordinis), auch verschiedene liturgische Handschriften, wie mehrere Missale und Breviere und ein Psalterium für das Krankenhaus.

Der Kantor C. schrieb die ganze Bibel ab, ein Antiphonarium, je 2 Gradualien und Missale, ein Psalterium für den Kapitelsaal und 6 patristische Werke; der Mönch Heinrich vollendete 11 Bücher, 5 Antiphonarien und ein Graduale[12]).

Am Ende einer Bibelhandschrift wird von dem Mönch Rudolf in St. Urban (2. Hälfte des 13. Jh.) mitgeteilt, daß er insgesamt 11 Werke abgeschrieben habe. Sein Mitbruder Ulrich übertraf ihn an Leistung. Von seiner Hand stammen 2 vollständige und 2 halbe Missale, 2 Antiphonarien, je ein Graduale und Brevier, die Predigten Bernhards über das Hohelied, eine Auslegung der Bücher Ruth und Richter, eine Abhandlung über Regel und Gelübde. Die Aufstellung endet mit der Notiz: „Amen. Wer schreibt, möge schreiben und lange leben. Amen"[13]).

Ein schreibender Mönch und ein Maler aus dem Bürgerstande aus dem Reuner Musterbuch. Skriptorium von Rein/Steiermark, um 1220
(Nat. Bibl. Wien, Hs. Nr. 507)

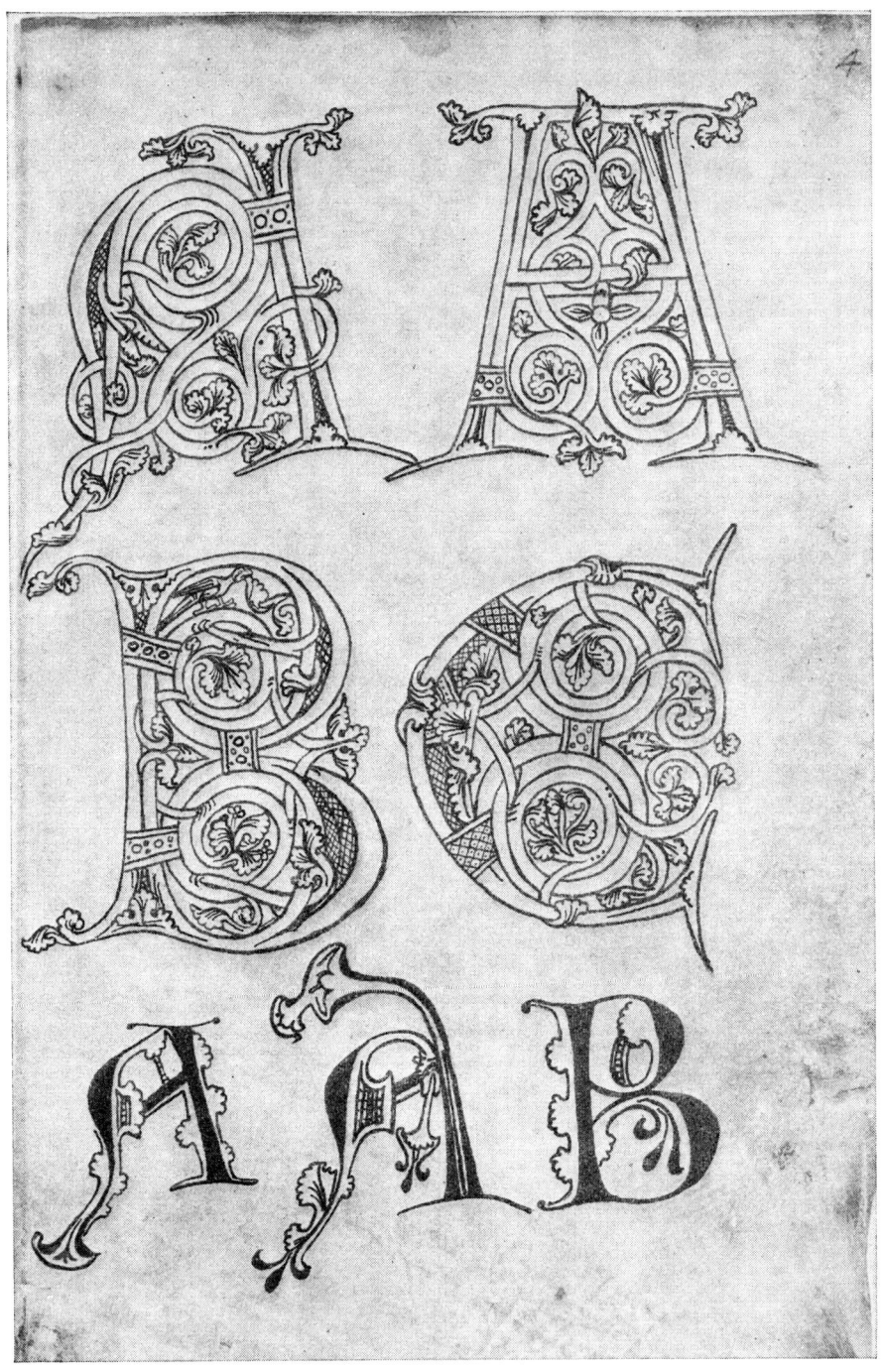

Initialbuchstaben — Vorlage für Buchilluminatoren
aus dem Reuner Musterbuch. Geschrieben um 1220 in dem Skriptorium von Rein, Steiermark (National-Bibliothek, Wien, Hs. Nr. 507)

Für die Künstler gab es Lehrbücher mit Vorlagen. Ein solches ist das um 1200/10 in der steirischen Abtei Rein entstandene Musterbuch, in: Sammel-Handschrift 507 der österreich. National-Bibliothek, Wien. Es enthält auf 13 Blättern zwanzig braun-rote Federzeichnungen (Miniaturen) sowie zahlreiche verzierte Initialen für das Alphabet mit Ausnahme der beiden letzten Buchstaben, Ornamente und geometrische Zeichnungen. Eine spätere Hand fügte einige verzierte Initialen im Fleuronnéestil hinzu[14]). Verschiedene Seiten dieser Handschrift sind in diesem Buch abgebildet.

Die Stellung der jungen Reformbewegung zum Buchschmuck war nicht immer eindeutig. In den beiden ersten Jahrzehnten entstanden in Cîteaux eine Reihe prachtvoll ausgestatteter Handschriften, die mit zu den besten Erzeugnissen zeitgenössischer Schreibstuben gehören[15]). Die auf Bernhard von Clairvaux zurückgehende Nüchternheit der Bauformen im Orden wirkt sich auch auf die Ausschmückung der Handschriften aus. Wohl auf sein Betreiben hin entsteht jenes einschneidende Verbot der Mehrfarbigkeit der Initialen und damit der künstlerischen Illustration der Ordensbücher: „Litterae unius coloris fiant et non depicte"[16]). Die neue Forschung ermöglicht eine genauere Datierung dieser Vorschrift, die man bislang für das Jahr 1134 (Todesjahr Stephan Hardings) angesetzt hatte[17]). Wertvolle Hinweise dazu bieten Vergleiche mit der reich ausgestatteten Ausgabe der Werke des hl. Augustinus und der „Bibel des hl. Bernhard" in Clairvaux. Gerade diese Bände lassen mit ziemlicher Sicherheit vermuten, daß sich der Abt von Clairvaux erst in seinen letzten Lebensjahren für eine ganz einfache Ausstattung der Handschriften eingesetzt und vermutlich einen entsprechenden Erlaß beim Generalkapitel (etwa zwischen 1148 und 1150) durchgesetzt hat.

Allerdings fand der kunsteinschränkende Erlaß für den Buchschmuck nur zeitweise und nicht in allen Skriptorien Beachtung. Eigenartigerweise ist, und zwar ganz im Gegensatz zu sonstigen Strafandrohungen im Bauwesen, von Beanstandungen illuminierter Handschriften im Orden nichts bekannt. Die Ordensleitung kommt in der Zeit nach 1150 nicht mehr auf diese Frage zurück. Eine Ausnahme stellt der „Dialog zwischen einem Cluniazenser- und einem Cisterciensermönch", um 1156 im Kloster Aldersbach verfaßt, dar. Hierin wird die „unnütze und törichte Ausschmückung der großen Initialen mit Gold" bei den Cluniazensern angegriffen[18]).

Nach Bernhards Tod (1153) werden in vielen Skriptorien, selbst in Cîteaux und in den Primarabteien die kunsteinschränkenden Bestimmungen kaum noch beachtet. Viele Handschriften haben jetzt eine hervorragende, mehrfarbige Initialornamentik, vereinzelt sogar Miniaturen. Ihre Eigenart besteht in einer vornehmklaren Einfachheit des Schriftbildes und der Ausstattung.

Cîteaux

Hauptwerk ist die heute vierbändige Bibel Stephan Hardings, des zweiten Abtes von Cîteaux[19]). Die beiden ersten Bände erinnern in ihrer Ausstattung an das Psalterium, das der hl. Robert 1097 aus Molesme mitgebracht hatte. In ihnen lebt die karolingische und nordfranzösisch-sächsische Tradition mit ihrem reichen ornamentalen Schmuck, verflochtenen Ranken- und Tiergestalten fort; seltener sind figürliche Darstellungen. Die Bände III und IV der an der Weihnachtsvigil 1109 unter Abt Stephan vollendeten Bibel zeigen einen eindeutigen Stilwandel: eine Fülle von Miniaturen, vor allem historische Szenen aus der Hl. Schrift. Dabei ist eine deutliche Abhängigkeit von englischen Vorlagen — Handschriften der Benediktinerklöster Bury, St. Edmunds und St. Albans — sowie dem berühmten Bildteppich von Bayeux (zw. 1077/82) — unverkennbar[20]). Das deutet darauf hin, daß Stephan Harding englische Künstler in das Skriptorium von Cîteaux berufen hat, die in seinem Auftrag noch weitere Buchilluminierungen entwarfen, wie z. B. für die *Moralia in Job* des hl. Gregor d. Großen (1111 vollendet). Byzantinische Einflüsse verrät die hoheitsvolle Madonna mit Kind[21]), auch spanische und mozarabische Schmuckformen sind feststellbar.

Als Abt Stephan im Jahre 1125 die Benediktinerabtei St. Vaast in Arras besuchte, bestellte er bei dem dortigen Künstlermönch Osbert eine Handschrift mit einer großformatigen Miniatur[22]) — ein eindeutiger Beweis für den erlesenen Geschmack des kunstsinnigen Abtes.

Porcher, der bekannte französische Handschriftenkenner († 1968), vermutet in Stephan Harding den Illustrator seiner Bibelausgabe, mit Sicherheit aber den künstlerischen Leiter der frühen Schreibstube von Cîteaux. Er sieht in ihm einen Menschen, der die Fröhlichkeit liebt, der heiter und aufmerksam seine Umgebung beobachtet und aus Szenen des monastischen Alltags eine zuweilen karikierte Buchillustration zu entwerfen versteht[23]).

Aus diesen Überlegungen läßt sich folgern, daß Stephan Harding, „der Liebhaber der Regel"[24], sicherlich nicht eine so große Schmuckfreudigkeit in seinem Skriptorium geduldet hätte, wenn damals bereits eine gegenteilige Verordnung des Generalkapitels ergangen wäre. Andererseits kann man die frühen Handschriften von Cîteaux (1109—1134) nicht als typisch cisterciensisch bezeichnen. Sie sind in ihrer hohen Qualität und künstlerischen Weite einmalige Zeugnisse dieses Skriptoriums.

Clairvaux

Abt Bernhard förderte in seinem Kloster auf jede Weise das Kopieren der patristischen Literatur, die für die monastischen Studien von besonderer Wichtigkeit waren. Hier entstand wahrscheinlich auch die zweibändige Bibel mit 89 kunstvollen Initialen und Miniaturen, die der Abt von Clairvaux selbst benutzt hat. Wertvolle Anregungen geben jene sechs illuminierten Handschriften aus einem Pariser Skriptorium, die der französische Prinz Heinrich bei seinem Klostereintritt (1145) mitbrachte. Doch selbst in Clairvaux hielten sich die Künstlermönche nicht

Initiale H: St. Hieronymus und Papst Damasus (Stephansbibel Bd. IV, Cîteaux, Anfang 12. Jahrh.; Stadtbibl. Dijon MS 15, f. 3ᵛ).

Das H zu Hieronymus auf fol. 3 der Handschrift 15 bilden der hl. Hieronymus und der Papst Damasus mit einem Buch als Querbalken. Rechts steht der Heilige ohne Nimbus als Mönch mit Tonsur und Kutte und vertritt den rechten Längsschaft des Buchstabens. Er überreicht dem Papst Damasus, der den linken Längsschaft darstellt, eine Handschrift. Hieronymus blickt auf das Buch und deutet mit der rechten Hand auf den Papst, der den Heiligen anblickt. Mit der linken Hand nimmt Damasus das Buch entgegen, während er die rechte segnend erhebt. Die Initiale leitet die Präfation zu den Evangelien ein, die davon handelt, daß es Hieronymus auf Ansuchen des Papstes unternommen hat, das Neue Testament zu korrigieren. Diese Revision wurde der Ursprung der Vulgata des hl. Hieronymus. Die Initiale illustriert hier also den Text. (Jürgen Gutbrod) lange an die von ihrem Abt geforderte Schmucklosigkeit. Im Jahre 1472 besitzt Clairvaux 1788 handschriftliche Werke, wovon heute 340 Kodizes in der Stadtbibliothek Troyes stehen[25]).

Heilsbronn

Erst in der Regierungszeit des Abtes Heinrich von Hirschlach (1281–1302, 1306/17) sind reichlichere Nachrichten über Skriptorium und Bibliothek überliefert[26]). Der um die Förderung des geistigen Lebens im Kloster hochverdiente Abt vermehrte die Bücherei teils durch Leistungen seiner Mönche oder von Lohnschreibern teils durch Ankäufe. Buchgeschichtlich wertvoll sind Heinrichs Eintragungen über Schreiberhonorare in mehreren Handschriften, z. B. in einer Postille zum Buche Numeri (1290): *Impense huius libri sunt tres libre hall. Scriptoribus autem debetur merces aeterna*"[27]).

Im Pariser Ordenskolleg studierende Mönche (1341–1355) erwarben mehrere illuminierte französische und italienische Kodizes, die den Schreibermönchen wertvolle Anregungen geben. Die mit dem Jahre 1338 einsetzenden Rechnungsbücher der Klosterverwaltung vermerken laufend wiederkehrende Ausgaben für Schreiber und Schreibgeräte, Neuanschaffungen, Einbände, Bücherreparaturen und für Sonderzulagen an die Bücherkorrektoren[28]). Von dem sehr produktiven Skriptorium stehen heute etwa 500 Pergament- und 140 Papierhandschriften in der Universitätsbibliothek zu Erlangen. Aus ihnen wird die fortlaufende Entwicklung cistercienischer Initialkunst deutlich ersichtlich.

Oberrheinische Skriptorien

Den regen kulturellen Austausch der Cistercienserklöster im Filiationsverband veranschaulichen die von der Abtei Lützel (1123/24) im Elsaß ausgegangenen Gründungen Frienisberg (1138), Pairis (1139), Salem (1142) und St. Urban (1194), wozu noch das von Frienisberg besiedelte Thennenbach (1158) mit den Frauenklöstern Wonnental (1248) und Güntersthal (1288) in Baden zu rechnen sind. Das Skriptorium von Lützel war mit hervorragenden Schreibermönchen besetzt; es belieferte die unterstellten Klöster mit Handschriften, wie ein Schreiben des Vaterabtes Konrad II (1189 – 1221) an Abt Konrad I von St. Urban aus dem Jahre 1196 belegt: „Ihr und eure aus Lützel entsandten Brüder habt uns ersucht, daß Frater Helinand das von ihm für unseren neuen Chor ausgeführte Missale nochmals für euch abschreiben solle; dieser hat unseren Auftrag schnell ausgeführt. Nehmt daher das gewünschte Buch und singt daraus dem Allerhöchsten Jubellieder..."[29]).

Von Lützel aus verbreitete sich in der ganzen Filiation ein gemeinsamer Initialstil verschiedener Ausprägung. Die vermutlich in nordfranzösischen Cistercienserklöstern (z. B. Vauclerc) im beginnenden 13. Jahrhundert entstandene Filigranornamentik (Fleuronnée) bürgert sich schon bald in oberrheinischen, auch nichtcistercienischen Skriptorien ein[30]). Sie tritt vor 1300 als Palmettenfiligran auf: blau-rot geteilte Initialkörper mit weißer Trennungslinie sind mit zartem Palmettenfiligran in Rot und Blau ausgefüllt und erinnern in ihren zartgewobenen Filigrangründen an zeitgenössische Grisaillefenster im Orden von Cîteaux[31]). Später wird die Palmette nach und nach durch das gotische Knollenbündel verdrängt: das Palmettenfiligran weicht dem Knospenfiligran, die Buchmalerei schreitet gemeinsam mit der Bauornamentik zur Gotik hin [32]).

Ein hervorragendes Zeugnis für den reichen prunktvollen Stil am Oberrhein im 14. Jahrhundert ist das Graduale aus dem Frauenkloster Wonnental (nach 1318 und zw. 1347/48) mit seinen 230 großen blau-roten Filiraninitialen, 8 figürlichen Prachtinitialen und 8 figürlichen Goldgrundinitialen, stilistisch eng mit dem Antiphonar von Frienisberg verwandt. Der Hauptmeister der Wonnentaler Prachtinitialien stand offensichtlich unter dem Einfluß der Plastik des Freiburger Münsters und der bodenständigen Glasmalerei[33]). Zu den reich ausgestatteten Handschriften der oberrheinischen Kunstlandschaft sind auch die Urbarien von Thennenbach (1341) und Güntersttal (1346) zu rechnen. Typisch für diese Kodizes sind die auf filigranen Zierleisten oder an den Initialrändern befindlichen Rundmedaillons mit Fabeltieren, Profilköpfen und Rosetten sowie ausgelassene Drolerien [34]).

Schlesien

Die Filigranornamentik fand gegen Ende des 13. Jahrhunderts auch in schlesischen Skriptorien Eingang. In einigen Handschriften der Abteien Leubus und Heinrichau ähnelt die Filigraninitiale, abgesehen von einem gewissen herben Akzent, ihren oberrheinischen Vorbildern; die Künstlermönche verwenden auch hier die bekannten Schmuckmotive, wie Wirbelrosetten, Erdbeerblüten, zweibeinige Fabelwesen und Medaillons [35]). Seit dem Anschluß Schlesiens an Böhmen (1327) lehnt sich die bodenständige Filigranornamentik enger an die böhmische Kalligraphie an.

Altenberg

Die frühen Handschriften weisen die im Orden übliche schlichte Initialornamentik auf; nur ein Kodex ist mit drei Miniaturen (Federzeichnungen) ausgeschmückt [36]). Im Zuge der Gotik entstehen hier mehrere hervorragend illuminierte Werke, die in ihren Schmuckformen, u. a. in den vergoldeten Zierleisten und Drolerien, deutlich französischen Einfluß verraten [37]). Gegen Ende des 15. Jahrhunderts kündigt sich in den Initialen und Zierleisten die Renaissance an [38]). Eine einzigartige Spätblüte erlebte die Altenberger Buchmalerei unter Abt Wilhelm Stoploch aus Hittorf (1538–1560). Auf seine Veranlassung hin entstehen im Skriptorium etwa zwischen 1530 und 1556 fünf großformatige Chorbücher für den Gottesdienst. Die Arbeiten, an denen sich auch der Abt beteiligte, waren auf mehrere Schreiber verteilt. Die künstlerische Ausstattung der Handschriften besorgten vor allem die Mönche Heinrich Kürten und Johannes aus Kempen [39]). Ihre Miniaturen sind zu farbenprächtigen Malereien mit z.T. eingestreuten Landschaftsszenen von großartiger Tiefenwirkung geworden, eingerahmt von geschmackvoll stilisierten Renaissanceleisten mit realistisch gemalten Blumen, Früchten und Tieren. Noch zahlreicher als die figürlichen Darstellungen sind üppige Blatt- und Blumeninitialien [40]).

Altenberg ist somit ein Beispiel, wie erst etwa ein Jahrhundert nach der Erfindung des Buchdruckes die monastischen Skriptorien langsam zu veröden beginnen. Inzwischen malen die Schreibermönche – neben den üblichen Bücherkopien – in den Frühdrucken die ausgesparten Initialen aus und werben auch unter den veränderten Verhältnissen für das gewohnte Bild des anspruchsvollen Buches.

Buchbinderwerkstätten

In den Skriptorien wurden die Kodizes niedergeschrieben, korrigiert, ausgestattet und auch eingebunden. Den ältesten Nachweis für die Existenz der Klosterbuchbindereien bringt ein Generalkapitelsbeschluß von 1154, wonach das Binden nicht außerhalb des Skriptoriums erfolgen soll [41]. Schreiber und Buchbinder mögen, wenigstens in der Frühzeit, ein und dieselbe Person gewesen sein [42]. Beide Aufgaben werden mit vermehrter Tätigkeit der Schreibermönche voneinander getrennt, wie wir von Kaisheim [43] und Zwettl [44] wissen. Cisterciensereinbände unterscheiden sich deutlich von den Erzeugnissen anderer Orden. Prachteinbände für liturgische Bücher, jene mit Gold, Silber, Edelsteinen, Elfenbein und Email verzierten Kunstwerke (Cimelien), widersprachen dem Geist der im Orden von Cîteaux geübten Einfachheit und waren ebenso wie kostbare Buchschließen streng untersagt [45]. Man sah vielmehr auf solide Gebrauchseinbände, meist in der Form von Holzdeckeleinbänden, die mit Leder, zuweilen auch mit Pergament bezogen waren. Zur Schonung des Einbandes dienten verschiedenartig geformte Nägel (Buckel) oder Messingbeschläge auf beiden Buchdeckeln. Diese Einbandsart finden wir u. a. bei den romanischen Handschriften der Primarklöster Clairvaux [46] und Pontigny [47], die bereits mit Blinddruckstempeln verziert sind.

Auf deutschem Boden sind Bindewerkstätten u. a. in den Klöstern Aldersbach, Bronnbach, Heinrichau, Heilsbronn, Kaisheim, Marienfeld, Salem und Waldersbach belegt [48]. Den besten Einblick in eine Ordensbuchbinderei gewährt die fränkische Cisterze Heilsbronn. Schon unter Abt Friedrich von Hirschlach (1346–50) führen die Rechnungsbücher seit dem Jahre 1347 Ausgaben für Buchbindereibedarf auf [49]. Nach vollendetem Studium am Heidelberger Ordenskolleg St. Jakob begründete der Mönch und spätere Abt Konrad Haunolt (1479/98) um 1467 eine neue Buchbinderei, die bis etwa 1528 eine sehr produktive Tätigkeit entfaltete. Aus diesem Zeitraum sind noch 406 Bücher (170 Handschriften und 236 Inkunabeln) erhalten, die sich durch sorgfältige Bearbeitung aller Teile und durch reiche Verzierungen auszeichnen. Dem Schmuckbedürfnis entsprach man durch 144 verschiedene Einzelstempel, darunter solchen mit Madonna und Jesuskind, Wappen und Namen. Keine der übrigen deutschen Klosterbindereien erreichte nur die Hälfte der Heilsbronner Produktion [50].

An 50 Handschriften hängen noch Ketten, mit denen diese „Kettenbücher" an Büchergestellen oder Lesepulten befestigt waren. In den Heilsbronner Rechnungsbüchern sind vom Jahre 1481/82 an Ausgaben für Bücherketten aufgeführt [51].

In vielen Konventen wurden seit dem Ende des 16. Jahrhunderts Handschriften und Bücher einheitlich neugebunden; dabei überwiegen Einbände in naturfarbenem Ziegen-, Kalbs-, Schaf- oder Schweinsleder [52]. Ihre Vorderseite trägt in den meisten Fällen das in Gold eingepreßte Wappen des regierenden Abtes, die Rückseite ist mit dem Konventswappen geschmückt. Leider haben sehr viele Handschriften durch Beschneiden stark gelitten.

Die Bibliotheken

In der Frühzeit dienten die sog. Armarien zur Aufnahme der für Gottesdienst und Lesung erforderlichen Bücher. Sie treten in doppelter Form auf: in eine Nische sind Wandschränke eingelassen, die sich in unmittelbarer Nähe des vom östlichen Kreuzgangflügel zur Kirche führenden Portals befinden. Die weitere Entwicklung führt zum Armarium als eigenem Raum innerhalb der Klosteranlage. Bereits im 12. Jahrhundert planen Ordensarchitekten zwischen Sakristei und Kapitelsaal oder unmittelbar neben dem Kirchenportal des Ostflügels schmalrechteckige, fensterlose Räume. Diese Form der Armarien waren, wie ihr Name besagt, „geistige Rüstkammern" der Mönche, die unmittelbare Lage bei der Kirche betont ihren sakralen Charakter. Der Kantor nahm die Bücherausgabe vor. Bücher, die ohne besondere Erlaubnis nicht gelesen werden sollten, wie z. B. aus der juristischen Literatur, verwahrte er an einem gesonderten Standort [53].

Neben dem Armarium der Mönche (*commune armarium monachorum*) besteht in Altenberg im 13. Jahrhundert für den Abt ein eigenes Armarium (*armarium in camera abbatis*), wohl mit Literatur für seine geistliche Führungsaufgabe [54]. Vermehrtes Studium und Hochschulbesuch der jungen Mönche bedingten Vergrößerung der Bücherbestände und ihrer Aufbewahrungsräume. Die Skriptorien kommen jetzt den Anforderungen um Beschaffung neuer Literatur kaum mehr nach. Auswärts studierende Mönche kaufen mit Erlaubnis ihrer Äbte Bücher für die Klosterbibliothek; Wohltäter geht man um Bücherspenden an [55].

Die in den Ordenskollegien (Paris, Heidelberg, Prag u. a.) bestehenden Präsenzbibliotheken (*libraria communis*) [56] reizen zur Nachahmung. Außerdem benötigen die auf den Hochschulen graduierten Mönche für ihre Vorlesungen beim Klosternachwuchs eine entsprechende Fachbibliothek. Seit dem 15. Jahrhundert ermuntert daher das Generalkapitel die Konvente, Bibliotheken einzurichten und sie in gutem Stand zu halten, denn „Bücher und Bibliotheken seien die wahren Schätze der Mönche" [57]. Mit strengen Strafandrohungen geht die oberste Ordensbehörde gegen „Büchermarder" vor, selbst wenn es Äbte waren [58].

Wohlhabende Abteien führen in der Folgezeit geräumige Büchereien auf. Unter Abt Jean de Cirey (1476–1501) wird in Cîteaux südöstlich der Klosterkirche ein 26 m langer und 8 m breiter einschiffiger Raum mit Kreuzgewölben als Bibliothek eingerichtet, den man vom Kopistenkreuzgang aus durch eine Wendeltreppe betrat. Etwas kleiner (21 m) war die etwa gleichzeitig erbaute Bibliothek in Clairvaux, die 48 Pulte besaß [59]. Himmerod erhält 1506 an der Südostecke des Konventsgebäudes einen geräumigen Bibliotheksbau mit hohen Fenstern [60].

Wo keine Mittel für Neubauten vorhanden sind, werden in leerstehenden Räumlichkeiten, zumeist im Westflügel, Büchereien eingerichtet. In Marienfeld/Westf. teilt man z. B. um 1403/04 den ehemaligen Speisesaal der Laienbrüder in Bibliothek und Winterrefektorium ab [61]. In Altzella entsteht im Konversenschlafsaal eine großzügig eingerichtete Bibliothek mit 36 Pulttischen (1514 vollendet) [62]. In Heilsbronn ist seit 1518 die Bibliothek ebenfalls im Westtrakt untergebracht [63]. Eberbach erhält im Obergeschoß des südlichen Kreuzganges, im sog. Schwedenbau, um 1500 einen neuen Aufbewahrungsraum für seine Bücher, in Bronnbach befindet er sich über dem Brunnenhaus [64].

Die relativ sehr engen, oft fensterlosen Armarien waren lediglich Büchermagazine gewesen. Lektüre und Studium erfolgte in den drei ersten Jahrhunderten im Skriptorium, Kreuzgang oder im Mönchsaal (Fraterie). Der Übergang zum Pultsystem der gotischen Studienbibliothek schuf einen tiefgreifenden Wandel. Die auf Pulten stehenden, oftmals angeketteten Bücher werden fortan im Bibliotheksraum eingesehen. Nach dem Bibliotheksverzeichnis von Altzella aus dem Jahre 1514 waren 28 Pulte mit großen Buchstaben in verschiedenen Farben gekennzeichnet: rot für die theologisch-philosophische, schwarz für juristische und grün für medizinische Literatur. Auf den einzelnen Pulten befanden sich bis zu 50 verschiedene Bände. Acht weitere Pulte standen für Neuerwerbungen bereit [65]). Die meisten spätmittelalterlichen Bücherverzeichnisse sind ausgesprochene Standortkataloge und geben die auf den Bibliothekspulten befindlichen Bücher an; insofern treffen sie kaum den tatsächlichen Bestand [66]).

Bedeutende Bücherbestände hatten die Abteien:

Cîteaux	1480 —	ca. 1200 Bände
Clairvaux	Ende 12. Jahrh. — ca. 340, 14. Jahrh. — 850 (ohne liturgische Bücher), 1472 — 1788 Bände	
Altzella	1514 —	ca. 1000 Bände
Grünhain	1514 —	ca. 650 Bände
Heilsbronn	1540 —	ca. 640 Bände
Himmerod	1453 —	ca. 2000 Bände
Lehnin	1450 —	ca. 1000 Bände
Zwettl	1451 —	ca. 500 Bände

Um eine richtige Vorstellung von diesen Zahlen zu bekommen, muß man sie mit den Beständen großer Profanbibliotheken vergleichen. Die berühmte Sammlung der Medici zu Florenz zählte um 1470 ungefähr 800 Handschriften [67]), die Universitätsbibliothek Heidelberg im Jahre 1461 etwa 841 Werke mit 1600 Bänden [68]).

Im Zeitalter des Barock erkannte man in den Bibliotheken nicht nur ein geistiges, sondern zugleich ein künstlerisches Problem. Die einzelnen Klöster wetteiferten in der Errichtung aufwendiger großer Bauten, die mit Gemälden und Stukkaturen ausgeschmückt werden. Reiche Häuser legen Sammlungen wertvoller Handschriften und Frühdrucke, Naturalien- und Münzkabinette an. Das Generalkapitel ermuntert 1783 die Bibliothekare zur Anschaffung physikalischer, mathematischer und naturwissenschaftlicher Werke, insbesondere von Abhandlungen über Gartenbau und Forstwirtschaft, — ein Zeugnis für die Aufgeschlossenheit der Ordensleitung.

Die Säkularisation (1790 — 1848) vernichtete mit einem Federstrich die jahrhundertelange Kulturarbeit des Ordens. Zwar sorgte man bei den Klosteraufhebungen dafür, die Büchereien und Sammlungen in staatliche oder private Bibliotheken zu überführen; vieles verkam jedoch durch schnöde Vernichtung, mangelnde Behandlung und Diebstahl. Die überkommenen Handschriften künden noch heute von dem Fleiß und Idealismus der Schreibermönche, die ihre mühsame Arbeit auch als Seelsorge auffaßten: „Diese Aufgabe ist" — so bekennt ein belgischer Schreibermönch des 14. Jahrhunderts — „ein unvergängliches Werk. Sie ist den Mönchen eigen, die das Wort Gottes, das sie nicht mit dem Munde verkünden können, mit ihren Händen predigen!" [69]

Anmerkungen

[1] Ph. Schmitz, Geschichte des Benediktinerordens, Bd. II, übers. v. L. Räber, Einsiedeln-Zürich 1948.
[2] Canivez I, S. 32, Nr. 85.
[3] Ebda, S. 58, Nr. 31.
[4] Ch. Oursel, La miniature du XIIe siècle à l'abbaye de Xîteaux d'apres les manuscrits de la bibliothèque de Dijon, Dijon 1926, S. 12.
[5] Die Buchtitel vgl. bei Canivez I, S. 13, Nr. III.
[6] Ebda, S. 383, Nr. 17.
[7] L. Delisle, Le Cabinet des manuscrits 2 (Paris 1874), S. 400 f.
[8] A. Schneider, Die Cistercienserabtei Himmerod im Spätmittelalter (Quellen u. Abhandlungen zur mittelrhein. Kirchengeschichte Bd. 1), Himmerod 1954, S. 169; über Schreibernotizen vgl. W. Wattenbach, Das Schriftwesen im Mittelalter, Leipzig 1896, S. 495—534.
[9] F. Walliser, Cistercienser Buchkunst. Heiligenkreuzer Skriptorium in seinem 1. Jahrhundert 1133—1240. Heiligenkreuz-Wien 1969, S. 11.
[10] Abgeb. b. Lekai-Schneider, S. 251.
[11] Schmitz-Räber II, S. 70.
[12] P. Lehmann, Mittelalterliche Bibliothekskataloge Deutschlands und der Schweiz, I. Bd.: Die Bistümer Konstanz und Chur, München 1918, S. 414 ff.
[13] Ebda, S. 395 f.
[14] P. J. H. Vermeeren, Über den Kodex 507 der Österr. Nationalbibliothek (Reuner Musterbuch), Den Haag 1956.
[15] Vgl. Ch. Oursel, La miniature du XIIe siècle à l'abbaye de Cîteaux d'apres les manuscrits de la bibliothèque de Dijon, Dijon 1926; ders., Les principes et l'esprit des miniatures primitives de Cîteaux, in: Cîteaux 6 (1955), S. 15.
[16] Canivez I, S. 31, Nr. LXXX.
[17] F. Kovács, A propos de la date de la rédaction des „Instituta Generalis Capituli apud Cistercium", in: Analecta 7 (1951), S. 85—90, besonders S. 89 f.
[18] „Cisterciensis: Sicut verba quae non aedificant sunt otiosa, ita illa opera quae non pertinent ad necessarios usus recte dicuntur otiosa, ut interim de de ceteris taceam: aurum molere, et cum illo molito magnas capitales pingere literas, quid est nisi inutile et otiosum opus." Martène-Durand, Thesaurus novus anecdotarum V, Paris 1717, Sp. 1623.
[19] Heute in der Stadtbibliothek Dijon als Mss. 12—15.
[20] Oursel, La Bible de S. Etienne Harding et le Scriptorium de Cîteaux, in: Cîteaux 10 (1959), S. 34—43; ders. Miniatures cisterciennes (1109—1134), Macon 1960 mit zahlreichen farbigen Bildtafeln.
[21] Aus dem Isaiaskommentar des hl. Hieronymus (Dijon Ms. 129, fol. 4v).
[22] Jeremiaskommentar des hl. Hieronymus (Dijon Ms. 130). Die Miniatur (fol. 104) versinnbildlicht die Gebetsverbrüderung zwischen St. Vaast und Cîteaux, abgeschlossen durch ihre Äbte.
[23] J. Porcher, Franz. Buchmalerei, Recklinghausen 1959, S. 19 f.
[24] Exordium parvum c. 17 (Analecta 6, 1950, S. 15).
[25] A. Wilmart, L'ancienne bibliothèque de Clairvaux, in: Collectanea 11 (1949), S. 101—127, 301—319; L. Morel-Payen, Les plus beaux manuscrits et les plus belles reliures de la bibliothèque de Troyes, Troyes 1935.

²⁶) H. Fischer, Die lateinischen Pergamenthandschriften der Universitätsbibliothek Erlangen (Katalog der Hss. d. Univ. Bibliothek Erlangen, Bd. 1), Erlangen 1928, S. 30 f; B. Grießer, Schreibstube und Bibliothek des Klosters Heilsbronn unter Abt Heinrich v. Hirschlach, in: Festgabe zum diamantenen Priesterjubiläum von Gregor Müller, Bregenz 1926, S. 37—49.

²⁷) „Dieses Buch kostete 3 Pfd. Heller. Dem Schreiber aber gebührt ewiges Leben" (Fischer a. a. O., S. 30 f.)

²⁸) P. Ruf, Mittelalterliche Bibliothekskataloge Deutschlands und der Schweiz III, 1. Bistum Augsburg, München 1932, S. 202 ff.

²⁹) L. Peter, Aus den Anfängen eines Cistercienserklosters, in: Cist. Chr. 38 (1926), S. 33.

³⁰) E. Beer, Beiträge zur oberrheinischen Buchmalerei in der 1. Hälfte des 14. Jahrhunderts unter besonderer Berücksichtigung der Initialornamentik, Basel—Stuttgart 1959, S. 19.

³¹) Edba., S. 20.

³²) Ebda., S. 22.

³³) Ebda., S. 43.

³⁴) Ebda., S. 104 ff.

³⁵) Ebda., S. 51 f; vgl. E. Kloss, Die schlesische Buchmalerei des Mittelalters, Berlin 1942; ders., Das Breslauer Evangelistar R 509 und die Entwicklung der Filigraninitiale, in: Jahrbuch für Kunstwissenschaft 1928, S. 192—203.

³⁶) Katalog der illustrierten Handschriften und ausgewählten Frühdrucke aus der Landes- und Stadtbibliothek Düsseldorf, Düsseldorf 1951, S. 5, Nr. 18 (Abbildung im Text S. 7).

³⁷) Ebda., Nr. 29 (Cäsarius v. Heisterbach, Dialogus miraculorum, 14. Jh.), Nr. 36 (Pontifikale, 14. Jh.), Nr. 39 (Brevier, 15. Jh.), Nr. 44 (Missale, 15. Jh.), Nr. 45 (Graduale, 15. Jh.).

³⁸) Ebda., Nr. 66—70.

³⁹) Schlußvermerk im Antiphonarium (Nr. 68): „Scripsit hunc librum peritus in hac arte frater Heinricus Kurtensis eundemque venustissimis decoloravit literis atque pro nota notavit. Reliquam vera partem notavit frater Johannes Kempensis, qui et rubrum cum ceteris literis minoribus aravit complevitque tandem sub dien nativitatis Christi Jesu".

⁴⁰) Hervorragende Wiedergaben b. G. Hammer, Buchmalerei in Altenberg, in: 75 Jahre Altenberger Dom-Verein 1894—1969 (Festschrift), Bergisch Gladbach 1969, S. 38—75; vgl. auch E. Galley, Ein Blick in die Werkstatt der Altenberger Buchmalerei, in: Romerike Berge. Zeitschrift f. Heimatpflege im Bergischen Land 4 (1954), S. 155—159.

⁴¹) „Scriptores extra terminos non scribant, non libros ligent..." (Canivez I, S. 58, Nr. 31).

⁴²) K. Bücher, Deutsche Buchbinder-Ordnungen, in: Archiv für die Geschichte des deutschen Buchhandels 19 (1897) S. 305.

⁴³) „...1313 war ein guter Kunstschreiber zu Kaisheim Werner von Eichstädt... und Bruder Peter von Ulm illuminierte sie, Bruder Heinrich der Apotheker band sie ein...": J. Knebel, Die Chronik des Klosters Kaisheim (Bibliothek des literar. Vereins in Stuttgart 226), Tübingen 1902, S. 111.

⁴⁴) Schreibervermerk: „*Ulricus scripsit, Hermannus quoque pinxit, Griffo coniunxit, libris aliis sociavit anno 1321*" (A. Czerny, Die Bibliothek des Chorherrenstiftes St. Florian, Linz 1874, S. 80.

⁴⁵) „*Interdicimus, ne in ecclesiarum nostrarum libris aurea vel argentea vel deaurata habeantur retinacula, quie usu firmacula vocantur, et ne aliquis codex pallio tegatur*" (Canivez I, S. 16, Nr. XIII).

⁴⁶) Morel-Payen a.a.O., S. 161 m. Abb.

⁴⁷) C. H. Talbot, Notes on the library of Pontigny, in Analecta 10 (1954) S. 110.

⁴⁸) F. Geldner, Bekannte und unbekannte Klosterbuchbindereien der spätgotischen Zeit, in: Archiv f. Gesch. d. Buchwesens 2 (1960) S. 159; vgl. auch G. Laurin, Die Blindstempelbände des ehem. Cistercienserstiftes Neuburg i. Obersteiermark, in: Festschrift Ernst Kyriss, Stuttgart 1961, S. 123—147.

⁴⁹) E. Kyriss, Die Einbände der Handschriften d. Univ. Bibl. Erlangen (Katalog d. Hss. d. UB. Erlangen, Neubearb., VI. Bd.), Erlangen 1936, S. 6.
⁵⁰) Ebda.
⁵¹) Kyriss a.a.O., S. 8.
⁵²) So werden z. B. in Ebrach im 16./17. Jahrhundert nahezu alle Bände in weißes Schweinsleder neugebunden; vgl. H. Thurn, Die Handschriften der Zisterzienserabtei Ebrach (Die Hss. d. Univ. Bibl. Würzburg 1. Bd.), Wiesbaden 1970, S. XIII; betr. Himmerod s. A. Schneider, Skriptorium und Bibliothek der Cistercienserabtei Himmerod im Rheinland: Zur Geschichte klösterlichen Bibliothekswesens im Mittelalter, in: Bulletin of the John Rylands Library Manchester 35 (1952) S. 169 f.
⁵³) Statut v. 118: „Liber qui dicitur Corpus Canonicum et Decreta Gratiani apud eos, qui habuerint, secretius custodiantur, ut cum opus fuerit proferantur. In communi armario non resideant, propter varios qui inde possunt provenire errores" (Canivez I, S. 108, Nr. 9); vgl. B. Hene, Das Studium des kanonischen Rechtes im Cistercienserorden, in: Cist. Chr. 20 (1908) S. 111—116, 135—141.
⁵⁴) H. Mosler, Das Erzbistum Köln. 1. Die Cistercienserabtei Altenberg (Germania Sacra N. F. 2. Die Bistümer der Kirchenprovinz Köln), Berlin 1965, S. 43. Im 15. Jahrhundert wird daraus die Abtsbibliothek, wie z. B. in Heilsbronn (libraria domini abbatis), vgl. Ruf a.a.O. S. 204 f, 216.
⁵⁵) Ein Bürger von Oderberg stiftet z. B. dem Kloster Chorin 1275 eine jährliche Geldrente zur Anschaffung von Büchern, vgl. J. A. Schmoll gen. Eisenwerth, Das Kloster Chorin und die askanische Architektur in der Mark Brandenburg (1260—1320 (Veröffentlichungen d. Berliner Kommission beim Friedrich-Meinecke-Institut d. Freien Univ. Berlin 2), Berlin 1961, S. 91.
⁵⁶) Paris 14:11 Canivez IV, S. 6, Nr. 11.
⁵⁷) Ebda. S. 714, Nr. 95.
⁵⁸) Ebda. S. 701, Nr. 42; A. Schneider, Scriptorium und Bibliothek der Cistercienserabtei Himmerod im Rheinland, in: Bulletin of the John Rylands Library Manchester 35 (1952) S. 163.
⁵⁹) E. Lehmann, Die Bibliotheksräume der deutschen Klöster im Mittelalter (Schriften zur Kunstgeschichte Heft 2), Berlin 1957, S. 32.
⁶⁰) Schneider a.a.O. S. 163 f.
⁶¹) Lehmann a.a.O. S. 39.
⁶²) Ebda. S. 29; H. Magirius, Die Baugeschichte des Klosters Altzella (Abhandlungen d. Sächs. Akademie der Wissenschaften zu Leipzig philol.-hist. Klasse Bd. 53, Heft 2), Berlin 1962, S. 165.
⁶³) R. G. Stillfried, Kloster Heilsbronn, Berlin 1877, S. 84.
⁶⁴) Lehmann a.a.O. S. 32 f.
⁶⁵) L. Schmidt, Beiträge zur Geschichte der wissenschaftlichen Studien in sächsischen Klöstern. Altzelle, in: Neues Archiv f. sächs. Geschichte 18 (1897), S. 202, 204, 229—268.
⁶⁶) K. Löffler, Deutsche Klosterbibliotheken, Köln 1918, S. 17 f.
⁶⁷) E. Michel, La Bibliotheca Mediceo-Laurenziana, Florenz 1912.
⁶⁸) H. Keussen, Beiträge zur Gesch. d. Kölner Univ., in Westd. Zeitschrift f. Gesch. u. Kunst 18 (1899) S. 316.
⁶⁹) „Hoc quodam modo opus (scribere) opus immortale est, si dicere liceat ... Et istud quidem congruum est viris religiosis ut si ore non possint, Dei verbum manibus predicent": Handschrift aus Ter Doest; vgl. A. de Poorter, Catalogue des manuscrits de la Bibl. publ. de la Ville de Bruges, Cembloux—Paris 1934, S. 10.

Die Handschriften und Bücher weiterer Cistercienserabteien

Exlibris in einer Handschrift des Klosters Altzella,
jetzt Universitätsbibliothek Leipzig. Mscr Nr. 675

Bibliothek und Skriptorium Altzella

von Heinrich Magirius

Im Jahre 1506 ließ der gelehrte Abt des Klosters Altzella Martin von Lochau das Konversenhaus, das Haus der Laienbrüder, an der Westseite des Altzeller Klostergevierts umbauen. Im Erdgeschoß wurde das heizbare Winterrefektorium eingerichtet, im Obergeschoß — durch eine Wendeltreppe vom Kreuzgang aus erreichbar — anstelle des Konversendormitoriums die Studienbibliothek. Der im Stil der Meißner Albrechtsburg durch weite Vorhangbogenfenster belichtete und mit einer mächtigen Holzbalkendecke abgeschlossene Saal von 10 x 42 Metern war die großartige bauliche Hülle einer der wertvollsten mittelalterlichen Bibliotheken der Cistercienser in Deutschland. Im Jahre 1514 lagen hier die Bücher auf 28 Pulttischen zum Studium bereit, acht weitere Tische waren für Neuerwerbungen freigelassen. Die Pulte waren mit großen lateinischen Buchstaben in verschiedenen Farben entsprechend dem theologisch-philosophischen, juristischen oder medizinischen Inhalt der Bücher bezeichnet; desgleichen die Bücher mit Signaturen versehen. 960 Bücher — 774 entfielen auf die Theologie und Philosophie, 108 auf die Jurisprudenz, 78 auf die Medizin — wurden im Jahre 1514 katalogisiert; bis zur Säkularisation des Klosters im Jahre 1540 werden noch etliche hinzugekommen sein. Nur ein Bruchteil des 1543 vom Landesherrn Herzog Moritz der Universität Leipzig übergebenen Bestandes an Büchern blieb erhalten. Er spiegelt gleichwohl in beispielhafter Weise cisterciensische Gelehrsamkeit im Mittelalter: die juristischen Bücher enthalten Auslegungen des römischen Rechts, Decretalensammlungen der Päpste, das mittelalterliche Landrecht, Schöffensprüche von Magdeburg, Leipzig und Dresden, die medizinischen sind größtenteils Arzneibücher. Unter den theologisch-philosophischen Schriften finden sich neben den Kirchenvätern zahlreiche antike Autoren, besonders die Schriften des Aristoteles, naturphilosphische, astronomische und mathematische Werke, ein „Physiologus", aber auch Chroniken mit wichtigen Nachrichten aus der Altzeller Klostergeschichte und zur Geschichte Sachsens. Die Sermones des zwischen 1209 und 1234 wirkenden Abtes Ludeger sind geprägt von patristischer und bernhardinischer Spiritualität. Abt Vinzenz Gruner, der vor 1409 am Bernhardiner-Kolleg in Prag tätig gewesen war, später Rektor der Leipziger Universität und Inspirator des Leipziger Bernhardiner-Kollegs, wirkte tatkräftig auch für die Bibliothek der Abtei; in seinem Sinn auch Matthäus von Königssaal, der sich 1427 „in ambitu ante librariam" begraben ließ. Die meisten Erwerbungen gehen aber gewiß in die Zeit des Abtes Martin von Lochau zurück, der mit seinem Schüler- und Freundeskreis in Altzella Anschluß an die humanistische Geistigkeit in verschiedenen Zentren Europas suchte. Die meisten Bücher sind — soweit sie nicht im Kloster selbst geschrieben wurden — durch Tausch und Schenkung in den Besitz des Klosters gekommen; nur wenige wurden gekauft.

Ohne Zweifel hat es in Altzella auch ein Skriptorium gegeben. Wir kennen sogar die Namen einiger Schreiber; z. B. schrieb „Franco de Glisberc" die Sermones des Abtes Ludeger auf. Trotzdem glaubte die bisherige Forschung — wohl im Hinblick auf die Bildfeindlichkeit des Ordens in seiner Frühzeit —, daß die zahlreichen Buchmalereien in den Zeller Handschriften besonders des 13. Jahrhunderts durchweg anderenorts entstanden sein müßten. Nun läßt sich aber nachweisen, daß die Initialmalereien in den gewiß in Altzella geschriebenen Manuskripten 452 und 454 der Universitätsbibliothek Leipzig sehr ähnlich denen in den Handschriften 234, 235, 236, 305, (1. Teil) und 308 sind. In diesen Handschriften finden sich auch figürliche Zeichnungen, so ein heiliger Gregorius, ein heiliger Augustinus und ein „Baum der Tugenden und Laster". Der Stil dieser aus dem ersten Viertel des 13. Jahrhunderts stammenden Zeichnungen ist thüringisch-sächsisch. Diese in Altzella gepflegte Zeichenkunst darf mit den besten Werken der bildenden Kunst dieser Zeit in Sachsen, dem Brandenburger Evangelistar, dem Quedlinburger Knüpfteppich oder den Paretzer Scheiben z. B., verglichen werden. Wenn kürzlich wahrscheinlich gemacht werden konnte, daß der Altzeller Abt Ludeger die Ikonographie der Goldenen Pforte am Freiberger Dom um 1230 inspiriert hat und damit paradigmatisch die geistige Bedeutung des Klosters erhellt ist, so bekräftigen diese Feststellungen zur Buchmalerei, daß die Cistercienserabtei auch bildkünstlerisch zu den führenden Kräften dieser Zeit in der Markgrafschaft Meißen gehört hat.

Literatur

Berger, Alfred, Berger, Gudrun und Magirius, Heinrich: Kloster Altzella. Das Christliche Denkmal 60/61. Berlin 1967.

Beyer, Eduard: Das Cistercienser-Stift und Kloster Alt-Zelle in dem Bisthum Meißen. Dresden 1855 S. 109—130.

Bruck, Robert: Die Malereien in den Handschriften des Königreiches Sachsens. Dresden 1906.

Helssig, Rudolf: Katalog der Lateinischen und Deutschen Handschriften der Universitätsbibliothek Leipzig. Bd. 1 T. 1. Leipzig 1926—1935.

Magirius, Heinrich: Die Baugeschichte des Klosters Altzella. Abhandlungen der Sächsischen Akademie der Wissenschaften zu Leipzig. Phil.-hist. Klasse Bd. 53. H. 2. Leipzig 1962.

Magirius, Heinrich: Der Dom zu Freiberg. Forschungen und Denkmalpflege. Weimar 1972.

Rothe, Edith: Buchmalerei aus zwölf Jahrhunderten. Berlin 1966.

Schmit, Ludwig: Beiträge zur Geschichte der wissenschaftlichen Studien in sächsischen Klöstern. In: Neues Archiv für sächsische Geschichte 18. 1897 S. 201—212.

Analecta Bollandiana 17, Bruxellis 1898. (De magno legendario Austriaco; p. 27 Exemplar Sancrucense: Codd. 11. 12. 13. 14.)

Rud. Wolkan, Zur Geschichte der Bibliothek in Heiligenkreuz, in Zeitschrift des österr. Vereines für Bibliothekswesen Jahrg. 1, Wien 1910, S. 122—125.

Franz Walliser, Cistercienser Buchkunst, Heiligkreuzer Skriptorium in seinem ersten Jahrhundert, Wien 1969.

Skriptorium und Bibliothek von Ebrach
von Adam Wienand

Von dieser einst so bedeutenden Bibliothek ist nur noch ein kleiner Restbestand erhalten geblieben. 1518 ging durch einen Brand ein Großteil der Bücher verloren. Weitere Verluste brachte der Bauernkrieg von 1525, unter dem die Abtei als Großgrundherrschaft stark zu leiden hatte. Im Jahre 1585 richtete wiederum ein Brand große Zerstörung an, und der Dreißigjährige Krieg minderte weiter den Bestand.

Wenn auch dadurch der ursprüngliche Reichtum an Handschriften und Frühdrucken nicht mehr vorhanden war, so verstanden es doch gebildete und umsichtige Äbte des 17. und 18. Jh., den Umfang des Buchbestandes wieder stark zu mehren, so daß der letzte Abt, Eugen Montag (1791—1803), die Absicht hatte, einen Bibliotheks-Neubau zu errichten.

Durch die 1803 erfolgte Säkularisation der Abtei kam die Bibliothek an die Universität Würzburg. Dort geschah das Unfaßbare: Ein Bibliothekar versteigerte 1805 52 Chorbücher, 808 Folianten, 845 Quartbände und 3660 Oktav- und Duodezbände. Der letzte große Verlust der Ebracher Bibliothek erfolgte im Zweiten Weltkrieg durch den Brand der Würzburger Universitätsbibliothek. Die Zahl der noch vorhandenen Ebracher Handschriften in Würzburg beträgt 146. An liturgischen Büchern sind in Würzburg noch vorhanden: 13 Missalien aus der ersten Hälfte des 13. Jh., bis zur zweiten Hälfte des 14. Jh., 4 Gradualien vom Ende des 13. bis zum Anfang des 14. Jh., 1 Antiphonale aus dem 13. Jh., 7 Breviarien von der ersten Hälfte des 13. Jh. bis zum Jahre 1450, 1 Diurnale von 1484, 1 Psalterium feriatum aus dem 14. Jh., 1 Pontificale aus dem 15. Jh., 2 Directoria aus der zweiten Hälfte des 14. bzw. 17. Jh., 1 Caeremoniale von 1741. Das Skriptorium des Klosters war überaus produktiv. Die Äbte Hermann II. (1290–1306) und Friedrich Landgraf von Leuchtenberg (1306–1327) ließen eine ganze Reihe liturgischer Handschriften neu schreiben. In diese Zeit fällt ein Höhepunkt der noch nicht genügend erforschten Ebracher Buchmalerei. In einem Graduale de Sanctis (M.p. th. f. 94) von 1303 nennt sich als Schreiber Sifridus Vitulus und bringt gleichzeitig auf fol. ein Eigenbildnis (s. Abb. S. 493). Seine Hand ist auch erkennbar an einem Missale (M.p.th.f. 96/1.2) vom Ende des ersten Viertels des 14. Jh. Er ist einer der berühmten Kalligraphen des 14. Jh.; eine seiner größten Leistungen vollbrachte er mit einer Bibel aus dem Jahre 1315, die sich heute in der Herzog-August-Bibliothek zu Wolfenbüttel befindet.

Eine zweite lateinische zweibändige Bibel, M.p.th.f.m. 3 und 7, mit hervorragenden Miniaturen schrieb der Ebracher Mönch Hartmud. Sie ist ebenso wie die Expositio in VII psalmos poenitentiales, M.p.t.h.f.m. 5, geschrieben 1312 von Sifridus Vitulus, und M.p.th.f.m. 6, eine Bibelkonkordanz von gleicher Hand, im zweiten Weltkrieg verbrannt. Auch in diesem Codex bildet sich Frater Sifridus ab. Seinem Namen Vitulus (Kalb) entsprechend, stellt er sich als solches, angetan mit der Mönchskutte, schreibend dar.

Auch in den folgenden Jahrhunderten, insbesondere vom Ausgang des Mittelalters, ist das Skriptorium von Ebrach fruchtbar. Davon einige Beispiele: Jacobus de Voragine, Sermones de tempore et de Sanctis (M.p.th.g. 41), geschr. 1 Hälfte 15. Jh. v. Fr. Johannes Jacobi. – Breviarium Cisterciense (M.p.th.g. 29) geschr. 1450 v. Heinrich Scholl, Mönch unter Abt Heinrich Plumentrost (1447–1455). – Diurnale Cisterciense (M.p.th.o. 13) geschr. 1484 v. Georgius Weisweber, unter Abt Johannes I. Kaufmann (1474–1489). – Der spätere Ebracher Abt Johannes III. Lupi (1529–1540) schrieb 1500 Liber IV. Sententiarum des Petrus Lombardus und Adams Summula de summa Raimundi de Pennaforte (M.ch.f. 72). – Fr. Bernardus Knaus fügte der Inkunabel I.t.f. 805, 1502 eine Abschrift einiger Predigten des hl. Bernhard über das Hohe Lied bei.

Literatur

Hans Thurn, Die Handschriften der Universitätsbibliothek Würzburg. Bd. 1. Die Handschriften der Zisterzienserabtei Ebrach, Wiesbaden 1970.
Hans Thurn, Die Ebracher Handschriften in der Universitätsbibliothek Würzburg. In: Würzburger Diözesangeschichtsblätter, 31 (1969) 5–26.

Bibliothek und Skriptorium Heiligenkreuz/Wiener Wald

von Adam Wienand

In der Babenbergergründung (1133) entstehen in den beiden ersten Jahrhunderten eine Reihe von Handschriften, deren Verzierungen in nüchternem Zeichenstil den strengen Forderungen Bernhards entsprechen. Die Federzeichnungen in roter und schwarz-brauner Tinte verraten eine gute realistisch-naturalistische Beobachtungsgabe der Künstlermönche; den Hintergrund beleben sie oft durch zarte Farblasuren. Im vierbändigen *Legendarium Magnum* (um 1190), dem wertvollsten Werk des Skriptoriums, ist der englische Einfluß unverkennbar.

Unter Abt Werner (1203/27) entwickelt sich ein ausgesprochener Heiligenkreuzer Lokalstil mit einer typischen Ornamentik. Die Spiralranke bleibt weiterhin das füllende Element der Initialen; die spätromanischen Blätter, manchmal mit Tierköpfen besetzt, bilden das vorherrschende Motiv der Pflanzenornamentik.

Der älteste Bücherkatalog aus der Regierungszeit des ersten Abtes Godeschalk (1133/47) weist etwa 70 Kodizes nach (Cod. 205 der Bibliothek Heiligenkreuz). Eine bestimmte Ordnung und wohl auch eine Aufstellung in Gruppen läßt die Zusammengehörigkeit verschiedener Sachgebiete erkennen. — Godeschalk, anscheinend ein Deutscher, war Mönch in Morimond gewesen und leitete den von dort nach Heiligenkreuz entsandten Gründerkonvent. Aus der Frühzeit des Skriptoriums sind als Schreiber die Mönche Jeronimus, Melchius und Heinrich, vermutlich Mitglieder des Gründerkonvents, überliefert.

Durch Schreiber- und Schenkungsnotizen kann man z. T. die Vermehrung des Bücherschatzes verfolgen; darunter ist auch eine Handschrift aus Cîteaux (Cod. 326) ein „plenarium, quod est sine libro evangeliorum", aufgeführt von Heinrich von Seveld 1268.

Im Jahre 1374 besitzt Heiligenkreuz 308, heute 550 Handschriften.

Durch die verdienstvolle Arbeit von Franz Walliser „Heiligenkreuzer Skriptorium in seinem ersten Jahrhundert (1133—1230)" kann eine umfangreiche Schreibertätigkeit im Skriptorium von Heiligenkreuz nachgewiesen werden. Walliser teilt die Arbeiten in dieser Schreibstube in fünf Gruppen ein:

1. Gruppe: Handschriften der Gründerzeit zwischen 1133—1140 mit leicht kolorierten Initialen lassen deutlich das französisch-englische Vorbild erkennen, 6 Handschriften Cod. 244, 19, 91, 37, 201, 78 sind von einem hervorragenden Zeichner gestaltet und können als Stil der Gründerkolonie angesprochen werden.

2. Gruppe: Handschriften der Frühzeit, die wir bis Mitte des 12. Jh. setzen können.

3. Gruppe: Drittes Viertel des 12. Jh. Die Zusammenfügung von Figur, Buchkörper und Rankenwerk in den Initialen werden klarer, naturalistische Werte treten auf.

4. Gruppe: Viertes Viertel des 12. Jh. Es ist eine Steigerung des Naturalismus erkennbar. Eine Lokalschule beginnt sich herauszubilden, die um 1180—1190 im „Legendarium magnum" deutlich sichtbar ist.

Abt Werner, vor der Muttergottes kniend
Cod. 20, fol 168, Init. 1. V. 13. Jh.
aus dem Scriptorium Heiligenkreuz

5. Gruppe: Erstes Viertel des 13. Jh. Unter Abt Werner, den wir abbilden (Initiale N 1, Cod. 20, fol. 168, Vor der Muttergottes kniend und sie um Fürbitte anflehend), bilden sich die Lokalformen zu einem unverkennbaren Heiligenkreuzer Stil aus, der sich trotz verschiedener Zeichner und Einwirkung von Vorlagen, insbesondere in der Ornamentik, erkennen läßt.

Ein zweites, nach 1363 und vor 1374 einzusetzendes Verzeichnis im Cod. 775 der Stiftsbibliothek St. Gallen zeigt uns die Bibliothek in regelrechter mittelalterlicher Einrichtung. Der Bestand beläuft sich auf die ansehnliche Zahl von 307 Bänden. Die Handschriften, wohl im Armarium aufbewahrt, liegen auf schrägen Brettern, von denen mehrere in einzelnen Regalen zusammengefaßt waren. Ein dritter Katalog fällt an das Ende des 14. Jh.

Die Cistercienser von Heiligenkreuz hatten seit 1385 im früheren Nonnenkloster zu St. Nikolaus in der Singerstraße in Wien eine theologische Lehranstalt, an die Bücher aus dem Kloster ausgeliehen wurden. Über anderweitig verliehene Bücher erfahren wir im Jahre 1416 durch das Testament des Kaplan Hanns des Veliber, in dem es heißt: „die herren von Heiligkreutz habent im gelihen sechs pucher, das erst Albertum de tempore, das ander Innocentium, das dritt de corpore Christi, das vierd decretales antiquos, das fünft ain lectur super decretales und das sechst Clementinum".

Für das 15. Jh. kann nur auf das kurze Verzeichnis ausgeliehener Bücher des Bruder Andreas und auf ein anderes Verzeichnis von Büchern, die bei Tisch vorgelesen wurden, hingewiesen werden (im Cod. 220). In der Zeit der Reformation wurde mancher Codex aus dem Stift entfernt, und nur so ist das Vorhandensein einer Anzahl von Handschriften von Heiligenkreuz in der heutigen Wiener Nationalbibliothek zu erklären. Es handelt sich um: insgesamt 11 Handschriften.

Literatur

Theodor Gottlieb, Mittelalterliche Bibliotheksverzeichnisse Österreichs, I. Band: Niederösterreich, Wien 1915.
Heiligenkreuz, S. 15—82 Katalog zwischen 1134—1147, S. 18 Katalog des 14. Jahrhunderts (nach 1363 — und vor 1374), S. 22. Katalog von 1381, S. 34 — Verzeichnis der von Bruder Andreas entliehenen Bücher, 15. Jh., S. 74.
Lektionsverzeichnis des 15. Jh., S. 75—82.
Franz Unterkircher, Inventar der illuminierten Handschriften, Inkunabeln und Frühdrucke der Österreichischen Nationalbibliothek, Wien 1957. I. Teil, S. 15, 22, 23, 26, 37, 43, 47, 70, 71.
Katalog der datierten Handschriften in lateinischer Schrift in Österreich, Band 1. Die datierten Handschriften der Österreichischen Nationalbibliothek bis zum Jahre 1400. Tafeln. Text (Tafeln u. Text gesonderte Bände). Heiligkreuzer Provenienz: Die Codices — 1599, 2340, 2421.
Dagobert Frey, Die Denkmale des Stiftes Heiligenkreuz. Österreichische Kunsttopographie, Band XIX, Wien 1926, S. 255—269, Illuminierte Handschriften.
G. H. Pertz im Archiv der Gesellschaft f. ält. deutsche Gesch. Bd. 3, Frankfurt 1821, S. 84. 567 und Bm. 6, Hannover 1838, S. 182—184.
W. Wattenbach, Handschriften des Stiftes Heiligenkreuz, im Archiv der Gesellschaft f. ält. deutsche Gesch. Bd. 10, Hannover 1851, S. 594—600.
F. Schulte, Die Rechtshandschriften der Stiftsbibliotheken etc. II. Heiligenkreuz, in Sitzungsberichte der Wiener Akad. der Wissensch., Phil.-hist. Classe Bd. 57, Wien 1868, S. 575.
Benedikt Gsell, Verzeichnis der Handschriften in der Bibliothek des Stiftes Heiligenkreuz in Xenia Bernardina pars II tom. I, Wien 1891, S. 115—272; ferner derselbe ebda. pars III, S. III 112 'Aeltestes Bücherverzeichnis aus dem XII. Jahrhundert'.
Florian Watzl, Die Cistercienser von Heiligenkreuz in chronologischer Reihenfolge nach den Quellen dargestellt, Graz 1898, passim.

Die Bibliothek von Hohenfurt

Die Bibliothek von Hohenfurt erhielt ihre ersten Bücher durch die Mitglieder des von Vok von Rosenberg im Jahre 1259 gegründeten Cistercienserklosters. Ein Verzeichnis der Bücher, die die Äbte in ihrer Wohnung hatten, ist auf dem letzten Blatt des Kodex Nr. LXXVII (Petri Lombardi Sermones de tempore) zu finden. Die Herren von Rosenberg vermehrten die Bibliothek durch ihre Spenden, vor allem auch der letzte Sproß dieses Adelsgeschlechtes, Peter Vok von Rosenberg († 1611), einer der Bedeutendsten im Lande durch Geburt, Herz und Bildung.

Die derzeitigen Räumlichkeiten der Bibliothek wurden unter dem Abt Quarin Mickel im Jahre 1757 erbaut und später durch zweckmäßige Umbauten erweitert. Die Bibliothek ist in Intarsienschränken mit vergoldeten Rokokoaufsätzen in mehreren Räumen untergebracht: im sog. mittleren Gang (4 x 42,50 m), im mittleren Saal (7,50 x 11,25 m), im Inkunabelsaal (8 x 9 m), im großen Saal (11,25 x 19,50 m) und im Säulensaal (15 x 19,60 m) mit Vitrinen für Zimelien. Es ist eine der größten Klosterbibliotheken, die von Natur- und Kriegskatastrophen verschont blieb, und sie befindet sich noch heute in ihrem ursprünglichen Interieur. Von den 70.000 Bänden (nach dem Stand von 1921) sind 205 Pergamentkodexe, 1006 Papierhandschriften, 400 Inkunabeln und 1266 Bände von Paläotypen. Heute wird die Hohenfurter Bibliothek von der Staatlichen Wissenschaftlichen Bibliothek in Böhmisch Budweis verwaltet.

Einige bedeutende Kodexe: Die Episteln des hl. Paulus (MS LXIX), ein Pergamentfragment aus dem 8. Jahrhundert. — Das Psalterium Davidicum (MS XLIX) aus der zweiten Hälfte des 12. Jahrhunderts mit deutschen Marginalien. — Dialogi Gregorii (MS LXXXI) aus den Jahren 1081–1082 vom Schreiber Evin mit altirischen Glossen. — Ein Antiphonar aus dem 11. Jahrhundert (MS XCVIII). — Commentarius biblicus super Lucam et Johannem (MS CXXXIX) aus dem 12. Jahrhundert. — Martyrologium Cisterciense (MS LXVIII) aus der ersten Hälfte des 13. Jahrhunderts, ursprünglich Eigentum des Ossegger Klosters. — Decretum Gratiani (MS CXXXVII) aus dem 14. Jahrhundert, mit 360 großen Initialen und 38 Miniaturen auf Goldgrund. — Compendium Ordinis Cisterciensis (MS XLII) vom Jahre 1350. — Missale Cisterciense (MS LXXV) aus dem 12. Jahrhundert. — Haymonis Halberstadiensis Apocalypsis s. Johannis und Thomae de Aquino Expositio super evangelium s. Johannis (MS CXLV) aus dem Jahre 1393, mit vielen Miniaturen — Liber precatorius (MS XXXVII), eine französische Arbeit aus dem 15. Jahrhundert, mit der Inschrift auf dem Einband: KE CESTE LIVER LERA PARADIS GAIGNERA AM (Qui ce livre lira, paradis gagnera. Amen). — Gebetbuch in niederländischer Mundart, Num. 1, ein Papierkodex aus dem 15. Jahrhundert. — Ein Liederbuch mit deutschen Liedern (MS 8b) aus dem 15. Jahrhundert.

Auszug aus: Miloslav Bohatec
„Schöne Bücher des Mittelalters aus Böhmen" Prag/Hanau 1970.

Literatur

Raphael Pavel — Handschriftenkatalog der Hohenfurter Stiftsbibliothek, Sitz. Bericht. Wien. Akad. XCV, 873. —

Raphael Pavel: Beschreibung der im Stifte Hohenfurth befindlichen Handschriften. Xenia Bernardina II, Die Handschriften-Verzeichnisse der Cistercienser-Stifte. 2. Band, Wien 1891, S. 165—461.

Bibliothek und Skriptorium von Kaisheim

Als Gründer der Bibliothek gilt der am 30. 9. 1194 gestorbene Abt Albert. Nach Knebel(S. 36) errichtete er ain liberey im creuzgang, welche nachvolgend mit gewelb und eysenthüren baß versehen ist worden. . . . Abt Trutwin (1268—88) und sein prior, Hainrich genant, hettend sonder lust zu guten büchern, waß aber ain schreiber im closter, Conrad von Ravenspurg gehaisen, der schribe etliche bücher in daß gottshauß, alß sonderlich Albertum mangnum de corpore domini und ander vil mer bücher (Knebel S. 93/4). Dieser Albertcodex ist noch vorhanden (Clm. 28180). 1290 schrieb Fr. Gozwin in Caesarea den heutigen Clm. 8023, 1312 vollendete Fr. Bernold ein Formelbuch, das aber nur in einer späteren Abschrift des Klosters Diessen (Clm. 5542 saec. XIV) erhalten ist. Zum Jahre 1313 berichtet Knebel (S. 111): Zu dieser zeit waß prior zu Kaißham bruder Rudger und waß ain guter stulschreiber da, Rudolph Veirabend von Augspurg. Der schrib vil bücher. Item in diesem XIII. jar waß ain guter stulschreiber zu Kaißham, Wernher von Aychstett. Der schrib auch vil bücher, nemlich II grosse gradualia notyert, und bruder Peter von Ulm, der illuminierets, bruder Hainrich apothecar pand sy ein. Diese beiden Gradualien waren noch im 18. Jh. in Kaisheim vorhanden (s. Cbm. Cat. 26c fol. 34v), dazu angeblich noch quatuor antiphonaria ejusdem fratris Wernheri Eustettensis manu exarata in fol. mai. Membr. Das Fragment eines solchen illuminierten Antiphonars hat sich in der Graph. Sammlung München (Invent. Nr. 40229) erhalten (vgl. A. Stange in der Festschr. Leidinger S. 280), dort ist zu lesen: Anno Domini M.CCC. Antiphonarium istud scriptum est a fratre Wernhero de Eisteten monacho Cesariensi, pro quo orate. Der Magister Burchard, Dompfarrer und Kanonikus von Augsburg († 3. 3. 1316), schenkte dem Kloster guter und kostlicher bücher über die wibel, in gaistlichen und weltlichen rechten und ander vil matery XXV bücher" (Knebel S. 116), nach dem Kaisheimer Necrologium (MG. Nec. I S. 89) sollen es sogar 30 volumina gewesen sein.

Am 21. 9. 1339 schieb der Dominikaner Heinrich von Nördlingen an Margaretha Ebner in Medingen (Strauch S. 228/95: Ein puch han ich gesant dem prior ze Kaisheim, das ist das buch das man nent Orologium Sapientiae ze latin, und das ist unszers lieben vatters Taulers, der noch nit komen ist von Cölen; das haiss dir lihen, so ers erst abgeschribt — das han ich im geschriben —, und schribent es den ab dem convent, das es allzeit bei euch belib. 1345 schreibt Heinrich wiederum an Margaretha Ebner (Strauch S. 246/7): Ich send euch ain buch haisst Das liecht der gothait . . . ich wolt es auch gen Engeltal lichen. Und in einem dritten Brief zum Jahre 1346 heißt es (Strauch S. 248/9): . . . send mir auch Lucem divinitatis, das buch, sei es euch worden von Keiszheim und habent irs genugt. Mit Recht setzt Strauch (S. 377 Anm.) beide Werke, das lateinische und das deutsche, gleich und meint, Heinrich habe das Buch für Margaretha in Medingen aus Kaisheim erbeten und wolle es nunmehr nach Engelthal an Christine Ebner weitergeben.

Im 15. Jh. kennt man verschiedene Kaisheimer Mönche als Bücherabschreiber. Der Mönch Öffelin schrieb 1462 für den Grafen Wilhelm von Öttingen ein Passionale, ein Vokabular und zwei Gebetbücher aus Vorlagen ab, die der Graf zur Verfügung stellte; dem „Rapen", einem Konversbruder von Kaisheim, lieh der Graf zu demselben Zweck einen deutschen Johannes de Mandevilla (s. Kat. no. 51). Ferner sind zu nennen: Paulus Strauß 1469 (Clm. 8045), Johannes Keller 1469 (Clm. 2805, kam später nach Aldersbach) und 1477/ (Clm. 8059 z. T.), Johannes Yrrsinger „professus in Caesarea" schrieb 1422 in Maulbronn Clm. 6499 (kam später an die Dombibliothek Freising); auch Fr. Christopherus Stettschreiber de Augusta, qui multos bonos libros scripsit conventui (MG. Necr. I S. 90, 6. März o. Jahr) ist wohl hier anzusetzen.

Mittlerweile hatte sich auch wohl das Bedürfnis nach einer besseren Unterbringung der Bücher ergeben; der Bau des neuen Bücherraumes begann unter Abt Georg I. Schmidlin (1458—79), wurde von Abt Johannes V. Fischer (1479—90) fortgeführt und erst unter Georg II. Kastner (1490—1509) fertig. Knebel berichtet über die einzelnen Bauperioden (S. 331/2): Anno domini MCCCCLXXVII hat der oftgenant abt Gorg angefangen ain schone liberey vir den convent zu bauen, dieselben, so man auß dem creuzgang in daß siechhauß will gan zwischen deß schlafhauß und der hell oder siechcapell in dem grund angelegt, wie noch vor augen stat. Daßselb in III jaren von gehauen stucken aufgefuert biß uber daß erst gewelb, daßselb beschlossen und nit weiter, aber darzwischen ander gebeu gemacht. (Weiter (S. 337): ... abt Johann ... ließ die capell abbrechen, brauchet den schnegken zu der lieberey ... (S. 343): Anno domini MCCCCLXXXVIII hat der e. v. abt Hanß die angefangen liberey, die er vor hett, under daß tach bracht und tach darauf, izund in diesem jar den schnecken und vodern eingang gewelbt und außberait. (S. 348): In disem jar (1492) hat abt Jorig die angefangen liberey mit gewelb, fenstern und glaß außgemacht und darnach die lectoria, gestuel und benck von aychim holz nach lust außgemacht, gemalet und vil guter bucher darein kauft. Die lateinische Chronik von Kaisheim (München, Bayer. Hauptstaatsarchiv, Kaisheim Litt. 139 S. 656) setzt noch hinzu: qui libri omnes et singuli pendulis catenulis scamnis sunt affixi, ne quisquam ullum posset aufferre librum aut libellum. Demnach ist es wohl Abt Georg II. (1490—1509) gewesen, der einen großen Teil der Bücher mit den heute noch vorhandenen neuen Einbänden versehen ließ, die als gemeinsames Kennzeichen das Cistercienserwappen mit den Buchstaben M K (Monasterium Kaisheim) tragen. Von der Hand des nächsten Abtes Konrad Reuter (1509—40) hat sich ein Vergilcodex (Clm. 8042) erhalten, den er während seines Studienaufenthalts in Heidelberg 1496 geschrieben hat.

Als Abt ließ er verschiedene für den Gottesdienst bestimmte Bücher anfertigen. Den Fr. Johann Knebel, der sich auch als Kalligraph (1530: Clm. 11103) betätigte, veranlaßte er zur Abfassung einer deutsch geschriebenen Klosterchronik (Augsburg, Ordinariatsbibl. 132), die von dem Konventualen Martin Kerb (etwa 1600) ins Lateinische übersetzt und vielfach mit selbständigen Zusätzen versehen wurde; Fr. Sebastian Keller setzte sie dann bis 1682 fort. Die Werke von Knebel, Kerb und Keller hat Fr. Cölestin Anglsprugger (Abt von 1771—83) durch einfaches Aneinanderreihen und unter Beifügung von Urkundenabschriften 1764 zu einer neuen Chronik für den Privatgebrauch seines Abtes zusammengefügt (München, Bayer. Hauptstaatsarchiv, Kaisheim Litt. 139).

Aus dem 18. Jh. liegen verschiedene Kataloge der Kaisheimer Handschriften vor; der älteste aus dem Jahre 1752 oder 1762 (beide Jahreszahlen stehen auf dem Titelblatt) umfaßt rund 250 Handschriften (in Clm. 1330 fol. 175—85). 1769 vollendete der bereits genannte Fr. Cölestin Anglsprugger seinen etwas ausführlicheren Katalog von 246 Handschriften (mit Ausnahme einer arabischen und einer deutschen sämtlich lateinisch). Das jüngste, knapper gehaltene Verzeichnis des Bibliothekars Fr. Augustin Strebel, das auch die vielfach heute noch kenntlichen Signaturen am Buchrücken angibt, beschreibt in 260 Nummern 271 Handschriften, wovon neun in deutscher, zwei in arabischer, je eine in französischer und hebräischer, die übrigen in lateinischer Sprache sind; dazu kommen noch dreißig lateinische Liturgica, die keine Nummern haben. Sie entstammen dem 13.—18. Jh., die jüngsten, zwei Gradualien, sind von Strebel selbst geschrieben (beide Kataloge in Cbm. Cat. 260 zusammengebunden).

Nach der Säkularisation des Stiftes durch den Kurfürsten von Bayern i. J. 1803 wanderte der größte Teil der Handschriften zunächst an die neugegründete Provinzialbibliothek Neuburg a. d. D., ein kleinerer dürfte verschleudert oder verkauft worden sein. In den Jahren 1806/7 und 1909 wurden die Neuburger Handschriftenbestände in die Bayer. Staatsbibliothek München überführt, in der heute rund 240 Handschriften aus Kaisheim nachzuweisen sind.

  Auszug aus Paul Ruf, Mittelalterliche Bibliotheks-Kataloge
     Deutschlands und der Schweiz, München 1932

Literatur

C. Brusch, Monasteriorum Germaniae praecipuorum ac maxime illustrium Centuria Prima, Ingolstadii 1551 fol. 22V—25R.
Catalogue of Additions to the manuscripts in the British Museum in the years 1841—45, London 1850, p. II.
Catalogue général des manuscrits des bibliothèques de France. Départements tome XLVII Strasbourg, Paris 1923, p. 75/6.
Catal. Monac. tom. III pars III p. 206—19; tom. IV pars IV, 1881, p. 238, 253; tom. V pars I (1920).
Germania pont. II pars I p. 99—101.
G. Grupp, Aus dem religiösen Leben im Mittelalter (Kaisheim und Konrad, Notar und Pfarrer): Historischer Verein für Nördlingen und Umgebung, 7. Jahrbuch, 1918/9, Nördlingen 1920, S. 14—15; Öttingen-Wallersteinische Sammlungen in Maihingen. Handschriften-Verzeichnis I. Hälfte, Nördlingen 1897.
J. Heldwein, Die Klöster Bayerns am Ausgang des Mittelalters, München 1913, S. 120.
W. Hund, Metropolis p. 197.
J. Knebel, Die Chronik des Klosters Kaisheim, verfaßt vom Cistercienser Johann Knebel im Jahre 1531, hg. von F. Hüttner: Bibliothek des literarischen Vereins in Stuttgart Bd. 226, Tübingen 1902.
G. Leidinger, Fundationes monasteriorum Bavariae: Neues Archiv Bd. 24 S. 671—717; Mitteilungen der K. Hof- und Staatsbibliothek (Handschriftenabteilung): Münchner Jahrbuch der bildenden Kunst, München 1910, S. 284/5; Annales Caesarienses (Kaisheimer Jahrbücher): Sitzungsberichte der K. B. Akademie der Wissenschaften, Philos.-

philol. und histor. Klasse, Jg. 1910, 7. Abh., München 1910; Die Miniaturen des Kaisheimer Antiphonars von 1531: Kalender für Bayer. und Schwäbische Kunst 16. Jg., München 1920, S. 13—16.

P. Lindner, Monasticon Augustan. S. 101—05.

J. Chr. Mylius, Memorabilia bibl. academicae Jenensis, Jenae et Weissenfelsae 1746.
H. A. Graf v. Reisach, Versuch einer chronologischen Geschichte des Klosters Kaisersheim: Pfalz-Neuburgische Provinzalblätter Bd. 2, Nürnberg 1803, S. 5—38.

D. Reithofer, Die letzten 31 Jahre von Kaisersheim (Kaisheim), München 1817.

M. Schaidler, Chronik des ehemaligen Reichsstiftes Kaisersheim nebst einer Beschreibung der Kirche, Nördlingen 1867.

A. Scheglmann, Säkularisation 3. Bd. 2. Hälfte S. 114—61.

A. Steichele, Das Bisthum Augsburg Bd. 2, Augsburg 1864, S. 610—72.

Ph. Strauch, Margaretha Ebner und Heinrich von Nördlingen, Freiburg i. B. und Tübingen 1882.

Bibliothek und Skriptorium von Kamp
von Gabriel Hammer

Das Kamper Skriptorium ist so alt wie die Abtei selbst.

Von Kamp besitzen wir einen ausdrücklichen Hinweis dafür, daß die Gründermönche liturgische Bücher aus Morimund mitbrachten. Das von Schoenebeck am 18. Oktober 1801 aufgestellte Inventar[1]) enthält unter Nr. 43 ein Graduale antiquum, das folgende Notiz enthält: a Morimundensi monasterio ad monasterium Campense in exordio suae fundationis creditur directum versus annum 1122. ([Das alte Graduale] soll vom Kloster Morimund zu Gründungsbeginn nach Kloster Kamp geschickt worden sein um das Jahr 1122.)

Dennoch liegen die Anfänge des Kamper Skriptoriums ziemlich im Dunkeln, und erst im letzten Drittel des 13. Jahrhunderts können wir die ersten Namen von Buchschreibern feststellen. Daß in der Kamper Schreibstube reges Leben herrschte, zeigt schon hinreichend ein dort 1312 entstandenes Werk, die Kamper Bibel, die der Kamper Mönch Rutger von Rheinberg mit kunstvollen Miniaturen ausschmückte[2]). Die Kamper Bibel befindet sich heute in der Staatsbibliothek, Stiftung Preußischer Kulturbesitz in Berlin[3]). Ihren Schreiber nennt die Kamper Chronik „einen hervorragenden Kopisten", der viele Bücher geschrieben habe[4]). Aus dem Jahre 1301 ist noch ein weiteres Werk des Rutger von Rheinberg, „Comment. d. Thomae Aquinatis", erhalten. († als Beichtvater im Nonnenkloster Lewenhorst nach 1314.)

Ein Jahrhundert später gestaltete Rutger von Grave, der 1417 in Kamp eingetreten war, zahlreiche liturgische Handschriften für den Gebrauch der Mönche beim Gottesdienst. Er starb 1464 als Beichtvater im Nonnenkloster St. Servatius in Utrecht.

Von der Klosterbibliothek wissen wir, daß Abt Heinrich III. von Niephausen (1438 bis 1452) sie umbauen ließ und auch den Bücherbestand vermehrte[5]). Mehr noch als Abt Heinrich III. war sein Nachfolger, Abt Heinrich IV. von Ray (1452 bis 1483), bemüht, Bibliothek und Klosterarchiv großzügig auszubauen und neu zu ordnen[6]) und kunstgewandte Skriptoren in seiner Abtei zu haben. 1463 hatte ein großer Brand in Kamp viele kostbare Bücher vernichtet[7]), so daß man nun darauf bedacht war, Handschriften und Kunstgegenstände sorgfältig aufzubewahren. Zu dieser Zeit war der bekannteste Kalligraph von Kamp, Wilhelm de Reno, im Skriptorium der Abtei tätig. Über ihn berichtet die Chronik: „Item circa hec tempora sub isto venerabili abbate ac eciam successore suo fuit in monasterio Campensi quidam clericus dictus Wilhelmus de Reno in habitu fratris donati perpetuatus et professus. qui fuit scriptor egregius nulli illo tempore in arte sua secundus. Iste scripsit plures libros scil. Catholicon. duo Antiphonaria. duo gradualia. missale preciosum pro summo altari et alia diversa. Ab isto scriptore quidam fratres conuentuales instructi scripserunt preciosa Breuiaria et Diurnalia. Iste scriptor post multos labores librorum obiit anno 1487"[8]). (Ebenso war zu dieser Zeit unter diesem ehrwürdigen Abt auch seinem Nachfolger im Kloster Kamp ein gewisser Kleriker namens Wilhelm de Reno, ein Donatenbruder und Professe mit ewigen Gelübden. Er war ein ausgezeichneter Buchschreiber, wie es einen zweiten zu jener Zeit in seiner Kunst nicht gab. Dieser schrieb mehrere Bücher, nämlich ein Catholicon, zwei Antiphonarien, zwei Graduale, ein kostbares Missale für den Hochaltar und verschiedene andere Bücher. Dieser Schreiber unterrichtete einige Mitbrüder, die wertvolle Breviere und Diurnale [Teilbreviere] schrieben. Nach seinen vielen Bemühungen um die Bücher starb dieser Buchschreiber im Jahre 1487.)

Unter den Schülern des Wilhelm de Reno ragt vor allen Heinrich von Aldekerk hervor, der allein fünf vollständige Meßbücher schrieb und von dem uns einige kunstvoll gestaltete Bücher erhalten sind. Er starb 1503[9]).

Wilhelm de Reno und sein Skriptorium fanden in Abt Heinrich von Kalkar (1483 bis 1499) einen eifrigen Förderer. Schon vor seiner Wahl hatte Abt Heinrich der Bibliothek und dem Archiv seine ganze Aufmerksamkeit geschenkt. Nun wandte er zur Bereicherung des Bücherbestandes nicht nur beträchtliche Geldmittel auf, sondern schenkte auch der Abtei seine kostbare Bibliothek, die nach einem Anhang in der Kamper Chronik 117 Bücher umfaßte[10]). Die Blütezeit des Kamper Skriptoriums erstreckte sich über fast das ganze 15. Jahrhundert. Alle Handschriften und deren Schreiber aufzuzählen, würde eine lange Liste ergeben. Auch im ersten Viertel des 16. Jahrhunderts erfreuten sich in Kamp die wissenschaftlichen Studien großer Beliebtheit, äußerlich erkennbar an einer beträchtlichen Vermehrung des Bücherbestandes unter Abt Johannes IV. Middels von Hüls (1504 bis 1524)[11]). Erst die Kriegswirren am Ende des 16. Jahrhunderts, die Kloster und Mönche hart in Bedrängnis brachten, machten der Arbeit im Skriptorium ein Ende. Bevor 1583 die Klosterinsassen Kamp verließen, hatten sie ihre Bibliothek auf den Kamperhof nach Köln gebracht, von wo sie erst um 1640 ins Mutterkloster zurückkehrte[12]).

Unter dem letzten Abt von Kamp, Bernhard Wiegels (1785 bis 1802), wurden 1788 das Archiv neu geordnet und die Bibliothek zu wissenschaftlichen Studien mit den neuesten Werken ausgestattet. 1789 erwarb die Abtei die Bibliothek des

Bonner Mediziners Dr. Dejean, so daß auch naturwissenschaftliche und medizinische Literatur in Kamp vorhanden war[13]). Das sind die letzten Nachrichten, die wir über die Klosterbibliothek vor der Aufhebung besitzen.

Nach einem Erlaß der französischen Behörden vom 21. April 1801 sollten die bedeutenderen Bücher der niederrheinischen Klosterbibliotheken an die Zentralschule nach Köln gebracht werden[14]). Aus diesem Anlaß stellte der hierzu beorderte Kommissar Schoenebeck vom 10. bis 18. Oktober 1801 ein Verzeichnis über die Kamper Bibliothek auf, das 368 Werke umfaßte: sechs Pergamenthandschriften, 18 Drucke (ohne Jahr), zwei Drucke aus dem 15. Jahrhundert, 170 aus dem 16., 133 aus dem 17., 29 aus dem 18. Jahrhundert. Der Kommissar bezeichnet 50 Schriftwerke als rare oder très rare, 25 als prachtvoll (édition splendide) und zehn als édition belle.

Entstehung und Stellung des Kamper Graduale

Die Herkunft des Graduale D 6 der Landes- und Stadtbibliothek Düsseldorf aus der Cistercienserabtei Kamp ist eindeutig durch die Überschrift fol. 2 v bezeugt: Liber ecclesiae monasterij Campensis depatus ad chorum prioris.

Das Kamper Graduale gehört mit den Graduale ms 445 der Bibliothèque Municipale in Colmar aus Pairis und Kodex 2542 der Münchner Staatsbibliothek aus Aldersbach zu den ältesten Handschriften, die die Melodien der zweiten Choralreform enthalten und daher unmittelbar an die Erneuerungsbestrebungen Bernhards von Clairvaux anschließen. Diese wiederum wurzeln in der allgemeinen Reformbewegung des Cistercienserordens.

Zu den liturgischen Reformen des Ordens gehörte in erster Linie eine Revision der Bibel, um für alle Klöster des Ordens einen einheitlichen Bibeltext zu erstellen. Ebenso wie für die liturgischen Texte sollte auch für die Melodien des Gregorianischen Chorals eine einheitliche Grundlage geschaffen werden, damit alle Gesänge der Messe und des Chorgebetes in den verschiedenen Klöstern des Ordens übereinstimmten.

Der bis heute gut überlieferte Choral der Cistercienser ist das Werk zweier Reformen, deren erste um 1109 unter dem genannten Abt Stephan Harding stattfand, der sich als Aufgabe stellte, die authentischen Melodien des Gregorianischen Chorals in den liturgischen Büchern wiederzugeben, wie er nach seiner Meinung am besten in der Schule von Metz überliefert sei[15]). Die Hymnen des Chorgebetes hatte Stephan Harding dem mailändischen Hymnar entnehmen lassen[16]). Nachdem die Mönche in Cîteaux im Auftrag ihres gelehrten Abtes Stephan die Abschreibearbeiten beendet hatten, zeigte es sich, daß die verwendeten Vorlagen nicht einmal untereinander übereingestimmt hatten, vielmehr große Unterschiede bestanden, die erst beim Gebrauch der abgeschriebenen Bücher recht deutlich hör- und sichtbar wurden. Trotz dieser Fehlerhaftigkeit erklärte Stephan Harding die abgeschriebenen Bücher für Cîteaux und alle Tochterklöster als verbindlich. Verständlich, daß unter den Mönchen eine allgemeine Unzufriedenheit entstand und die starre Haltung Stephan Hardings hart kritisiert wurde.

Erst nach dessen Tod (1134) war es möglich, die Choralmelodien in den liturgischen Büchern zu überprüfen. Man spricht hier von einer zweiten Choralreform bei den Cisterciensern. Die gesamte Arbeit leisteten wenige Mönche, die 1134 diesen Auftrag vom Generalkapitel unter der Leitung Bernhards von Clairvaux erhielten.

Als verbindliche Grundlage für den gesamten Orden der Cistercienser sollte der sogenannte „Normalkodex" gelten, der alle liturgischen Bücher umfaßte. Ein Teil dieser kostbaren Handschrift ist uns erhalten. Sie ist um 1173 bis 1191 in Cîteaux entstanden und wird heute in der Bibliothèque Municipale in Dijon als MS 114 aufbewahrt. Die Titelseite trägt folgende Aufschrift: „In hoc volumine continentur libri ad divinum officium pertinentes. quod utique non decet in ordine nostro diversos haberi./Sunt autem hic in unum corpus ea maxime ratione redacti. ut presens liber sit exemplar invariabile ad conservandam uniformitatem et corrigendam in aliis diversitatem"[17]). (In diesem Band sind die Bücher für den Gottesdienst [das hl. Offizium] enthalten. In unserem Orden ist es nämlich nicht Brauch, verschiedene Bücher zu haben. Hier sind sie zu einem Band mit sehr großer Sorgfalt zusammengefaßt, so daß das vorliegende Buch ein unveränderliches Beispiel zur Bewahrung der Einheit und zur Berichtigung der Unterschiede in den übrigen Büchern darstellt.)

Das Kamper Graduale ist kurz nach Fertigstellung des „Normalkodex" von Cîteaux gegen Ende des 12. Jahrhunderts in der niederrheinischen Zisterze entstanden und enthält die Melodien der zweiten Choralreform von 1134 bis 1148. Da die Entstehungszeit beider Kodizes ziemlich eng zusammenrückt, kommt dem Kamper Graduale die Bedeutung eines wichtigen Bindegliedes in der Choralüberlieferung zu. Es steht als Brücke zwischen der cisterciensischen Choralreform der Ordensväter und der Überlieferung bis in unsere Zeit. Der Choral der Cistercienser blieb in der Fassung der Choralreform unter Bernhard bis in die Mitte des 17. Jahrhunderts erhalten, als unter Generalabt Claudius Vaussin (1645 bis 1670) die Cistercienser ihren Choral der verderbten Medicea von 1614/15 anpaßten. Diese Melodiefassung war in den Klöstern des Ordens bis zum Ende des letzten Jahrhunderts im Gebrauch.

1) Mosler, H., Die Cistercienserabtei Kamp in ihrem letzten Jahrhundert, Annalen des Historischen Vereins für den Niederrhein, 170, Köln 1968, S. 83 und S. 99 ff.
2) Lekai, L. J. Geschichte und Wirken der weißen Mönche. Der Orden der Cistercienser, Deutsche Ausgabe von Ambrosius Schneider, Köln 1958, S. 251 mit Abbildung.
3) Schneider, A., Schriftl. Mitt. 13. 4. 1970.
4) Chronicon monasterii Campensis ordin. Cisterciensis, hrsg. von Hermann Keussen, Annalen des Historischen Vereins für den Niederrhein 20 (1869) 299.
Dicks, M., Die Abtei Camp am Niederrhein. Kempen 1913, S. 240.
5) Chronicon monasterii Campensis, bei Keussen S. 320.
6) Dicks, M., a.a.O. S. 396.
7) Ebenda, S. 399. Chronicon monasterii Campensis, bei Keussen S. 326.
8) Chronicon monasterii Campensis, bei Keussen S. 325.
9) Ebenda, S. 325.

10) Ebenda, S. 369. Dicks, M., a.a.O. S. 414, Anmerkung 55 und S. 419.
11) Dicks, M., a.a.O. S. 424.
12) Ebenda, S. 476.
13) Ebenda, S. 556.
14) Mosler, H., a.a.O. S. 83.
15) Migne, Patrologia Latina. Paris 1955 ff., Bd. 182, 1121.
16) Epistola Domini Stephani, Revue Bénédictine, t. XXXI, 1914; Koch, K., Das Kalendar des Stephan-Breviers, Cistercienser-Chronik 57 (1950) 87 ff.; vgl. Weinmann C., Hymnarium Parisiense. Das Hymnar der Zisterzienser-Abtei Pairis im Elsaß. Regensburg 1905.
17) Stieger, P. R., Monumenta liturgica sacri ordinis Cist., Cistercienser-Chronik 57 (1950) 38 ff.

Skriptorium und Bibliothek von Lilienfeld

von Norbert Mussbacher

Von den im Lilienfelder Skriptorium entstandenen Handschriften sind die des Mönches Christian charakteristisch. Die Stiftsbibliothek besitzt davon vier Codices u. zw. die Codd. 137, 143, 144 und 145, die Wiener Nationalbibliothek eine weitere Handschrift, die Sig. CPV 362. Alle fünf Handschriften weisen eine ziemlich gleichlautende Eintragung von der Hand des Mönches Christian auf, wonach er „hoc volumen ex pauperie sua partim scribebat, partim, ut scribetur, comparavit" (Dieses Buch hat er zum Teil selbst geschrieben mit seinen bescheidenen Mitteln [die er als Mönch zur Verfügung hatte], für den übrigen Teil hat er alle Maßnahmen getroffen, daß er geschrieben wurde).

Die Miniatur in Cod. CPV 362 und andere stilkritische Merkmale bei den fünf Handschriften zeigen einen Lilienfelder Lokalstil, der durch einen Vermerk Christians in cod. 143, auf fol. 70r mit dem Wortlaut „... comparavit conventui Campilyliorum ..." bestätigt wird. Nach einer Untersuchung von Gerhard Schmidt[1]) dürften diese Handschriften entweder unter Abt Konrad II. (1286—94) oder kurz nach dessen Tod, also Anfang des 14. Jahrh., geschrieben worden sein.

Die Handschriften des Mönches Christian, insbesondere die Codices 137/145 dürften wohl anregend und als Materialunterlage fünfzig Jahre später bei der Konzipierung der Concordantia Caritatis Abt Ulrich gedient haben.

Abt Ulrich (1345—51) verfaßte seine Bilderhandschrift nach seiner Resignation nach Art einer Armenbibel. „Ihr innerer Aufbau ist völlig einzigartig, da der Autor die Reihenfolge der Gruppen dem Brevier angleicht und im ersten Teil („de tempore") die Evangelienstellen der 156 Sonntage, Herrenfeste und Ferialtage, im zweiten Teil („de sanctis") die 82 Heiligenfeste des Kirchenjahres mit je einer typologischen Bildgruppe und ausführlichen Texten bedenkt. Insgesamt weist die CC also 228 Gruppen (und ebenso viele Antitypen) auf. Jeder Gruppe sind ferner vier Propheten sowie zwei Vorbilder aus der Heiligen Schrift und zwei weitere aus der Naturgeschichte zugeordnet. Die historischen Vorbilder entstammen meist dem Alten Testament, seltener der Apostelgeschichte und der Apokalypse. Die Vorbilder „in natura" entstammen verschiedenen Quellen, die Ulrich meist gewissenhaft anführt". (Schmidt). Drei verschiedene Miniatoren waren an der Ausführung der kolorierten Federzeichnungen beteiligt. Wahrscheinlich hat der hochgebildete und kunstsinnige Abt Anfang und Schluß seines Werkes selbst geschrieben, die anderen Arbeiten nach seiner Konzeption durch Schreibermönche ausführen lassen.

Von den bei der Gründung aus Heiligenkreuz mitgebrachten Büchern, dem Grundstock des Armariums des Klosters, ist nur noch ein Codex vorhanden.

Aus alter Zeit sind zwei Bücherverzeichnisse erhalten. Das eine aus dem 13. Jhd. steht im Cod. 52, das andere aus dem 14. Jhd. findet sich im Cod. 57; während das erstere 68 Bände zählt, verzeichnet das zweite über 200. Ein Inventar des Priors Walther von 1402 erwähnt nur im allgemeinen das Vorhandensein von 25 Büchern (Anno domini 1402 fr. Waltherus in resignatione prioratus sui in festo Luciae reliquit successori suo ... libros 25, Cod. 206, f. 141r).

Abt Paul III (1474—1485) hat mehr als 50 Inkunabeln gekauft. Ob bei der Plünderung durch die aufrührerischen Bauern 1597 auch der Buchbestand gelitten hat, ist nicht bekannt. Am 13. Mai 1637 wurde die Bibliothek eines Dr. Hilleprandt um 2800 Imperialen gekauft. Abt Cornelius Strauch (1638—1650) sorgte für Instandhaltung der Bücher; auf vielen Bänden befinden sich die Anfangsbuchstaben seines Namens: C. S. A(bbas) C(ampililiorum), auch C. A(bt) Z(u) L(ilienfeld) mit darauffolgender Jahreszahl. Der kais. Bibliothekar P. Lambeck besuchte am 13. August 1665 als Begleiter Kaiser Leopolds I. das Haus. Damals war noch der als Schreiber hervorragende Jakob Gstatner, scriba librorum, Wilhelmspurgensis tätig. Unter Abt Siegmund Braun (1695—1716) wurde die Bibliothek gegen Feuersgefahr oberhalb und unterhalb gewölbt und 1704 mit Deckengemälden geziert. Auch wurden von ihm die Bücher des kais. Rates Dr. Matthias Hertod erworben. Durch die am 24. März 1789 erfolgte Aufhebung des Hauses wurde die Bibliothek aufgelöst. Das Archiv wurde nach Wien gebracht, desgleichen die ganze Bibliothek, bis auf die sogenannte kleine Bibliothek im Noviziat und jene Bücher, welche in den einzelnen Zellen gewesen waren. Größere Codices hatte man in die Wagengleise geworfen und liegen gelassen; eine Anzahl davon wurde später in Bauernhäusern gefunden. Obwohl das Stift durch kais. Entschließung vom 22. April 1790 wieder hergestellt wurde, hatte die Bibliothek doch ungeheuren Schaden erlitten. Abt Ignaz Schwingenschlögel (1790—1802) erwarb, um die Verluste einigermaßen zu ersetzen, die Bibliothek des am 25. Nov. 1782 aufgehobenen Benediktinerstiftes Klein-Mariazell, dessen Bücher, über 2000 an der Zahl, mittels Hofdekrets vom 8. Okt. 1790 Lilienfeld überwiesen wurden.

Trotz der wiederholten schweren Schädigungen und trotz des Brandes von 1810 hat das Stift doch wieder eine ansehnliche Sammlung. Die Bibliothek zählt jetzt über 30.000 Bände, darunter 278 Hss. und 123 Inkunabeln.

P. Tobner, Lilienfeld 1202—1902. Zur Erinnerung an die Feier des 700jährigen Bestehens dieses Cistercienserstiftes, Wien 1902, S. 136—141; H. Tietze, Die Handschriften der Concordantia caritatis des Abtes Uli von Lilienfeld, in: Jahrbuch der k. k. Zentral-Kommission für Kunst- und historische Denkmale, Bd. III, 2 (1905), Sp. 27—46.
J. E. Weis-Liebersdorf, Ulrich von Lilienfeld und die Eichstätter Evangelienpostille, Studien zur dtsch. Kunstgesch., Straßburg 1913.
Gerhard Schmidt, Die Armenbibeln des XIV. Jahrhunderts, Graz-Köln, 1959, S. 93—96.

Bibliothek von der Abtei Salem

von Hermann Josef Roth

Mag auch die Bestandsmeldung von 90 000 Bänden, die über die Salemer Bibliothek aus dem Jahre 1768 vorliegt, auf einer Überschätzung beruhen, sie zeigt aber, welchen Rang die Zeitgenossen der umfangreichen Büchersammlung des bedeutenden Reichsstiftes beimaßen. Eine Schätzung aufgrund der während der Säkularisation entstandenen Transportkosten ergibt einen Bücherbestand von 60 000 Bänden. Zum Vergleich: Die belgische Abtei Ter Duinen besaß 1798 etwa 42 000, die Universität Heidelberg 1795 nur 12 000 Bände. Letztere erwarb einen Großteil der Bücherei des aufgehobenen Klosters und besitzt heute 442 Codices Salemitani.

Aus dem erhaltenen Material an Handschriften, Inkunabeln und Büchern, kürzeren Erwerbsmeldungen in den Archivalien und Berichten von Besuchern, unter ihnen der von Mabillon aus dem Jahr 1683, läßt sich eine vorläufige Andeutung der Salemer Bibliotheksgeschichte gewinnen. Wie jede Cistercienserniederlassung verfügte auch Salem von Anfang an über die zum Vollzug des Gottesdienstes und zum Vortrag der Lesungen nötigen Bücher, die im Armarium verwahrt wurden. Eine Pflege literarischen Lebens wird besonders während der Amtszeit des Abtes Ulrich II. von Selvingen (1282–1311) nachweisbar. In seinem Auftrag entstanden im klostereigenen Scriptorium eine große Zahl von Handschriften; das Studium wurde der körperlichen Arbeit gegenüber als gleichwertig betrachtet. Ein Tractatus super statu monasterii Salem von 1337/8 und die Notizen des Konventualen Jakob Röiber († 1516) berichten über diese Zeit und sind die ältesten Quellen zur Salemer Bibliotheksgeschichte.

Einen ersten separaten Bibliotheksbau errichtete Abt Johann II. Schapffer (1494–1510) bemerkenswert gleichzeitig mit ähnlichen Unternehmungen anderer Abteien (Cîteaux, Himmerod u. a.), wenngleich dieser in Salem zunächst nur einen Oberstock der Kapelle des Siechenhauses einnahm.

Im Jahre 1697 traf eine Feuersbrunst das Kloster. Leider läßt sich keine genaue Verlustziffer gewinnen, ebensowenig wie der Gesamtumfang der Bücherei im Spätmittelalter und vor dem Brand eindeutig zu ermitteln ist. Die Zahlen anderer Bibliotheken liefern bestenfalls einen Anhaltspunkt. So besaß im Jahre 1453 Himmerod 2000 Handschriften. Aufgrund von Augenzeugenberichten der Katastrophe scheint allerding die Hoffnung berechtigt zu sein, daß der wesentliche Teil der Salemer Bibliothek gerettet wurde. Dort heißt es nämlich, daß nur die Bücher, die in den Gemächern des Abtes standen, und jene, die auf den Privatzellen der Mönche geborgen wurden, schließlich in Flammen aufgingen.

Erwartungsgemäß entstanden Verluste nicht nur durch Brände, drei werden erwähnt, sondern auch beim Leihverkehr, durch Aussortieren von unbrauchbaren Schriften und durch Unachtsamkeit oder Entwendung bei der Säkularisation. Zudem werden manche Titel gar nicht in die Bibliothek eingereiht worden sein, da sie alltäglichem Gebrauch im Konvent oder privater Nutzung dienten. Erwähnt sei die Summa Salemitana, eine Stiftsgeschichte, die der letzte Abtsekretär sich bei der Aufhebung aneignete.

Nach dem Brand von 1697 begannen die Äbte Stephan I. und der originelle Anselm II. mit Hochdruck den Wiederaufbau. Während dieser Blütezeit kauften Agenten für Salem sogar in Paris ein, wobei einzelne Bände u. a. auch aus der Bibliothek der Pompadour erworben wurden. Doch schon im Mittelalter war ein beträchtlicher Teil der Bücher von auswärts besorgt worden. Trotz eigener Schreibstube gelangten nachweisbar Handschriften aus französischen Abteien nach Salem. Notizen darüber existieren aus dem 14. Jahrhundert. Schon damals schätzte man auch reine Repräsentativbände, wie das unter den Äbten Johannes Stantenat und Johannes Scharpffer Ende des 15. Jahrhunderts in Salem geschriebene Abtsbrevier, das heute eine Zierde der Heidelberger Handschriftensammlung (Sal. 9c u. 9d) darstellt. Ebenso zu bewerten ist neben anderen derartigen Manuskripten das Brevier (Sal. 9/51) aus Salem, das durch seinen üppigen Goldschmuck besticht.

Mancher Band der Salemer Bibliothek war aus näheren Abteien dorthin gekommen. Ein Teil gelangte während der Reformationszeit in das Stift, darunter die Handschriften Sal. 7/98 (Kalendarium etc.), 8/81 (Liber ordinarius), 8/39, 51, 52 und 80 (Predigtsammlungen), die aus Bebenhausen stammten und sich heute unter den angegebenen Signaturen in Heidelberg befinden. Ein anderer Teil war in den Filiationen Salems oder in unterstellten Nonnenklöstern entstanden: Sal. 8/41 (David von Augsburg) aus Reitenhaslach, mehrere Choralhandschriften sowie Sal. 8/8 (Liber ordinarius) und 8/2 (Regula) aus Wettingen, Sal. 7/85 (Liber ordinarius) aus Lützel, dem Stammkloster Salems. In dem Zisterzienserinnenkloster Rottenmünster entstanden Sal. 8/26 (Jordanes Saxo) und 9/66 (Hymnarium).

Der Cistercienserorden war sicher in seinen Anfängen alles andere als eine Gelehrtengemeinschaft. Dennoch waren die Mönche selbst während der asketischsten Phase ihrer Geschichte keine ausgesprochenen Literaturfeinde. Selbst Bernhard hatte in Clairvaux die Einrichtung einer umfangreichen Bibliothek unterstützt. Diese enthielt vorwiegend die Schriften der Kirchenväter. Damit zeigt sich, daß nicht wissenschaftliche Studien angeregt, sondern die Hinführung zum allegorischen oder typologischen Verständnis der Bibel ermöglicht werden sollte. Diesen Notwendigkeiten entsprach auch die Salemer Bibliothek, wie ihre Zusammensetzung zeigt.

Eine Reihe von Titeln waren liturgische Handschriften: Lektionare (Sal. 9/49), Gradualien (11/4, 11/16) und Antiphonarien (11/1, 6, 9). Es folgen eine Reihe herrlicher Bibelhandschriften (z. B. Sal. 10/19-22) und die entsprechenden mystisch-erbaulichen Kommentare der verschiedensten Autoren, unter denen eindeutig die Väter bevorzugt wurden. Eine weitere Gruppe umfaßt die üblichen Ordenstexte, vor allem die Regula s. Benedicti (Sal. 9/47, 7/2), dann die Basiliusregel in einem Band mit Väterviten (9/24) und mehrere Specula monachorum etc. Großer Beliebtheit erfreuten sich die Lebensbeschreibungen von Heiligen. In großer Zahl waren daneben patrische Homilien und Sammlungen mittelalterlicher Prediger vertreten, darunter in Sal. 8/37 Predigten des Jacobus Carthusiensis, was die Vermutung stützt, dieser Konvolut könnte aus der Freiburger oder Basler Kartause stammen.

Gegenüber der Fülle an erbaulichen Schriftstellern ist der Bestand der vorhandenen Handschriften spekulativ-theologischen Inhalts überraschend klein. Hervorzuheben wären hier das Buch Sci vias der Hildegard von Bingen (Sal. 10/16), eine unter Abt Ulrich von Selvingen angefertigte Werkesammlung des Augustinus und Honorius Augustodunensis (10/11), die Schrift De Spiritu Sancto des Didymus von Alexandrien (9/14), der wie Bernhard von Origenes beeinflußt ist, Werke des Richard von St. Viktor (9/33) und zusammen in einem Band die Kontrahenten Petrus Lombardus und Joachim de Floris (9/33). Aus dem 14. und 15. Jahrhundert stammen Handschriften mit Werken von Bonaventura, Albertus, Thomas, Seuse und anderen.

Der Handschriftenbestand spiegelt deutlich wider, daß die geistigen Bemühungen der mittelalterlichen Mönche mehr dem geistig-geistlichen Leben galten. Wissenschaft im modernsten Sinne hat sie nicht bewegt. Dies gilt besonders für das Gebiet der Naturwissenschaften. Dagegen ist daran zu erinnern, daß Salem in einer der vornehmsten wissenschaftlichen „artes", der Architektur, mehrere Jahrhunderte lang vorbildlich gewirkt hat.

Zeitweise hatte S. auch ein blühendes Skriptorium. Unter den Hs.-Beständen in Heidelberg befindet sich eine Anzahl Codices, geschr. v. Salemer Mönchen und mit Minaturen und Illuminationen versehen. Eine übersichtliche Arbeit hierüber liegt noch nicht vor.

Literatur: Ewald Jammers, Die Salemer Handschriftensammlung. In: Studien zur Geschichte des Reichsstiftes Salem. Festgabe d. kirchengesch. Ver. zur 8. Säkularfeier der Gründung des Klosters. Freiburg 1934, S. 45—63.

Bibliothek und Skriptorium von Wettingen

von Kolumban Spahr

Getreu den Vorschriften der Mönchsregel des hl. Benedikt haben die Mönche von Wettingen seit der Gründung des Klosters im Jahre 1227 der *lectio divina*, der Lesung heiliger Schriften, ihre besondere Aufmerksamkeit geschenkt. Nicht nur die Heilige Schrift selbst, sondern auch alle anderen Schriften wurden gelesen, die zur besseren Kenntnis der Bibel dienen und das klösterliche Ideal befruchten konnten. So finden wir vom Anfang an in der Bücherei Wettingens Werke der vier großen lateinischen Kirchenväter (Ambrosius, Augustinus, Gregor d. Gr., Hieronymus) und die Mönchsgeschichten von Kassian (Instituta coenobiorum und die Collationes Patrum), desgleichen die spezifischen Ordensgeschichten des Exordiums und des Caesarius von Heisterbach und nicht zuletzt die Sermones opuscula wie auch die Vita prima des hl. Bernhard. A. Schönherr bemerkt in seinem Beitrag „Kulturgeschichtliches aus dem alten Wettingen", Zürich 1955, S. 13 f.: „Auffallend stark ist der Zustrom an relativ sehr neuer, teilweise gar zeitgenössischer Literatur, besonders von Werken, die dem französischen, burgundischen und damit insbesondere dem zisterziensischen Bildungskreise nahestanden. Der 1202 im Stammkloster Cîteaux verstorbene

Magister Alanus de Lille ist mit zwei Bußlehren (WK, Nr. 6) und der weitum geschätzte Benediktiner Radulfus Niger Flaviacensis mit seinem Commentarius super Leviticum (WK, Nr. 12) vertreten. Der Donaukreis, mit Autoren wie Honorius Augustodunensis, wird auch hier über Franken und Schwaben her, also wohl durch die Mutterabtei Salem, eingedrungen sein."
In dem hervorragenden Sammelwerk „Mittelalterliche Bibliothekskataloge Deutschlands und der Schweiz" von Paul Lehmann (München 1918) wird in Band I, S. 413—418, auf den hohen wissenschaftlichen Stand Wettingens hingewiesen, wobei bemerkt wird, daß dieses Kloster frühzeitig eine ansehnliche Bibliothek erhalten habe. Passend weist A. Schönherr (a.a.O., S. 12) darauf hin, Wettingen könne durch seine Handschriften mit „Zeugnissen und Belegen aufwarten, die Geist und Kultur eines mittelalterlichen Zisterzienserklosters der Schweiz treffend beleuchten". Um den Grundstock der Wettinger Bibliothek machte sich besonders verdient der Mönch Johann von Straßburg (Siehe: Dom. Willi, Album Wettingense, 2. Aufl. Limburg a. d. L. 1904, S. 4 ff., Nr. 14). Er war mit Bücherschreiben beschäftigt von der Zeit seines Noviziates an, d. h. von 1232 bis 1273, wie er uns handschriftlich überliefert hat, und zwar mit Angabe der Büchertitel, wobei er 36 Einzelwerke angeben kann, die er schrieb. Er führte in seinem Bücherkatalog nicht nur die von ihm gefertigten Handschriften an, sondern auch jene der anderen Schreiber wie jene des Mönches Konrad von Eigeltingen, des Priestermönches Berthold von St. Gallen, des Mönches Heinrich von Egre (Ägeri) aus Zürich, der 17 Werke abschrieb, der Mönche Albert von Reichenau, Johann von Ulm, Berthold von Schaffhausen und des Priestermönches Berthold von Bronnbach. Eine wertvolle Schenkung erhielten die Wettinger um 1285 durch die letztwillige Verfügung des Zürcher Chorherrn Rudolf, Leutpriesters in Altdorf, der seine Privatbibliothek dem Kloster vermachte und dafür seine Grabstätte im Kloster erhielt. Diese Bücherei umfaßte außer der „Biblia in tribus voluminibus" noch 13 namentlich bezeichnete Werke. Selbst für die späteren Jahrhunderte sind Beispiele der Wettinger Schreibkunst und Buchmalerei bekannt. So sei hier nur hervorgehoben, daß P. Thomas Schöpperlin aus Au im Bregenzerwald um 1623 und 1627 liturgische und andere Handschriften neu abschrieb (Album Wetting., S. 76, Nr. 565) wie auch P. Bonaventura Zimmermann von Wil, Kt. St. Gallen, der 1652 ein Graduale Cisterciense fertig geschrieben hatte, das er mit schön gemaltem Titelblatt und zahlreichen Initialen ausgeschmückt hatte (Alb. Wett., S. 101, Nr. 612). Selbst noch im 18. Jh. pflegten Wettinger Mönche die Schreibkunst, wie sich aus den im Mehrerauer Archiv und in der Bibliothek aufbewahrten Handschriften nachweisen läßt. Beachtenswert ist, daß die Wettinger von den Zürcher Reformierten die drei Bände des prachtvollen sogenannten „Wettinger Graduale" erstanden, das allerdings nicht in Wettingen geschrieben wurde, sondern von den Augustiner-Eremiten in Zürich stammt (A. Schönherr, a.a.O., S. 28). Kurz nach 1550 erwarb der Wettinger Konventuale Johannes Kretz um drei Gulden die wertvolle Handschrift der Historia scholastica (A. Schönherr, ebenda S. 26). Heute sind die Handschriften von Wettingen zerstreut und werden zum Teil in Zürich, Aarau, Bern und Luzern aufbewahrt. Einige wenige konnten die letzten Wettinger in die Mehrerau mitnehmen. Darunter sind vor allem historische Überblicke, die mit

Wappen und farbigen Ansichten verziert sind. Diese Handschriften bezeugen, daß die Wettinger Mönche viel Sinn und Verständnis für die Geschichte hatten, was auf die besondere Liebe zum Hause zurückgeht und den Früchten emsiger Lesung zu verdanken ist.

Skriptorium und Bibliothek der Cistercienserinnen von Wöltingerode

von Adam Wienand

Klostergründung 1185; 1188 Bestätigung durch Kaiser Friedrich Barbarossa; 1216 Schutzurkunde durch Papst Honorius III; dem Orden nicht inkorporiert; im 13. Jh. Marien- und „Heilig-Blut"-Wallfahrtsort; 1568 Einsetzung einer evangelischen Äbtissin; 1643 rekatholisiert und von Nonnen aus Teistungenberg wieder besiedelt; 1650 unter der Paternität der Äbte von Altenberg; von dort künftighin ein Altenberg. Profess als Propst; 1676 brannte das mittelalterliche Kloster fast vollständig nieder und wurde in barocker Art neu aufgebaut. Auch an der Kirche wurden einschneidende Veränderungen vorgenommen. 1807 säkularisiert.

Nur in ganz wenigen Fällen ist der Bestand mittelalterlicher Bibliotheken von Frauenklöstern erhalten geblieben und in seiner ursprünglichen Zusammensetzung auf unsere Zeit gekommen, so daß sich daraus ein Spiegelbild der Geistigkeit dieser Kommunitäten bietet. Dies kann von Kloster Wöltingerode gesagt werden, das während des ganzen Mittelalters im Geiste des Ordens von Cîteaux und seiner Spiritualität lebte. Das Kloster kennt keine Krise in seinem geistigen Bestand, und die Erneuerung erfolgte stets von innen her unter der Leitung der Äbtissinnen. In den Zeiten des 15. Jahrhunderts, in denen in vielen Frauenklöstern eine Reform zur Wiederherstellung des monastischen Lebens notwendig wurde, erlebte das Kloster eine zweite Blütezeit, und die Visitatoren, die damals das Kloster besuchten, lobten seinen Geist. Es ist daher nicht verwunderlich, daß eine Reihe neugegründeter Cistercienserinnenklöster von Wöltingerode ihren Gründungskonvent erhielten (s. S. 349) und Nonnen dieses Klosters im 15. Jahrhundert zur Erneuerung des geistigen Lebens in reformbedürftige Frauenklöster Norddeutschlands gesandt wurden. Als Herzog Heinrich d. Jüngere von Braunschweig-Wolfenbüttel die Nonnen von Wöltingerode zwingen wollte, die lutherische Lehre anzunehmen, weigerten sie sich standhaft. Eine Visitation ergab, daß sie „keine papistischen Mißbräuche abgetan hätten". Die Bibliothek mußte 1572 auf Befehl des Herzogs Julius nach Wolfenbüttel abgegeben werden, sie kam dann an die 1576 gegründete Universität Helmstedt und nach deren Aufhebung 1810 wieder nach Wolfenbüttel in die Landesbibliothek. Die Bibliothek von Wöltingerode, nun Bestandteil der Herzog-August-Bibliothek, zählt (lt. Heinemann III, S. 276) 94 Handschriften. Darunter finden sich fast ausschließlich Bücher, die dem liturgischen Ablauf des monastischen Lebens bzw. der Bewahrung und Förderung der Spiritualität dienen. Daneben stehen im 13., 14. und 15. Jahrhundert, anscheinend durch den starken Wallfahrerbesuch gefördert, eine Anzahl Gebets- und Andachts-Bücher, so Nr. 1323 Liber precum (latein und niederdeutsch) 13. Jh.; Nr. 1265 Preces vel orationes, 13. u. 14. Jh.,

Nr. 1255 Hymni et preces, 15. Jh. als einige Beispiele. Auch in anderen Büchern dieser Art finden wir Lieder und Gebete in niederdeutscher Sprache.

Ebenfalls aus dem 15. Jh. stammt eine Vita Christi, die mit dem bezeichnenden Leitgedanken beginnt: Hoc est nescire: sine Christo plurime scire: si Christum bene scis, satis est..." — „Es bedeutet, daß man nichts weiß, wenn man zwar vielfältig beschlagen ist, jedoch von Christus nichts weiß: es genügt vielmehr, über Christus gut Bescheid zu wissen . . .". Noch 1458 wurde ein Buch — eines der wenigen, die datiert sind (Papier-Cod. Helmst. 667) — geschrieben, das selbst in den Zeiten des allgemeinen klösterlichen Verfalls die Sonderstellung Wöltingerodes kennzeichnet: fol. 1—77 „Libellus de christianissimo documento" — „Büchlein über die reine christliche Lehre"; Untertitel: „Hic anima alloquitur consequenter spiritum" — „Hier spricht die Seele in der ihr zukommenden Weise zum Geist"; fol. 178—248. „Tractatus nonnulli b. Bernhardo adscripti, versibus monasticis premissis et in calce adiectis" — „Einige Abhandlungen, die dem hl. Bernhard zugeschrieben werden, mit einleitenden bzw. am Schluß beigegebenen Worten in Versform für die klösterliche Gemeinschaft", Einleitungsvers auf fol. 178: „Scribere iam cogor monachis morale novellis" — „Ich fühle mich gedrängt, für die jungen Mönche ein Buch der klösterlichen guten Sitten zu schreiben"; fol. 203 Schlußschrift: Hoc speculum morum / Perfectorum monachorum / Iugiter inspicias, / Ut tibi proficias, / Et hoc Bernardi / Speculum velud unctio nardi, / Ut vides clare, / Tunc semper in hoc speculare!" — „In diesen Spiegel der Eigenschaften des vollkommenen Mönches sollst du immer schauen, damit du für dich daraus Nutzen ziehst! Auch ist dieser Spiegel Bernhards gleichsam soviel wie eine Salbung mit Nardenöl, so daß du klar sehen kannst. Schaue also immer forschend in diesen!"; Schreibervermerk auf fol. 1: „Liber beatissime virginis Marie in Woltingerode, quem comparavit nobis pia sollicitudine dilectissima domina et mater nostra Elyzabeth de Borchtorpe, abbatissa domus huius piissime memorie." — „Buch der allerseligsten Jungfrau Maria zu Wöltingerode, das uns in frommer Rührigkeit unsere hochgeschätzte Herrin und Mutter Elyzabeth von Borchtorpe (Burgdorf), Äbtissin dieses Hauses, seligen Gedenkens, beschafft hat." Wie dieses Buch wurde eine ganze Anzahl von Handschriften aus anderen klösterlichen Gemeinschaften entliehen und abgeschrieben. Der Schreibervermerk eines anderen Buches (Cod. 1040) beleuchtet die maßgebliche Rolle einer Äbtissin für die innere Reform des klösterlichen Geistes im 15. Jh., indem sie die Bestände der Bibliothek vermehrte (fol. 2): „Liber sancte Marie virginis in Waltingerode, quem acquisivit nobis karissima et precordialissima domina, mater et reformatrix nostra cum multis alliis libris Mecheldis de Swichelte (Schwicheldt) pie defuncta" — „Buch der heiligen Jungfrau Maria in Wöltingerode, das unsere teuerste und herzlich geliebte Herrin, Mutter und Reformerin, Mecheldis von Swichelte, die selig entschlafen ist, für uns zusammen mit vielen anderen Büchern erworben hat".

Diese Handschriften des 15. Jhs. sind in der Ausstattung bedeutungslos und zeigen keinerlei Bildschmuck. Nur die Überschriften und Anfangsbuchstaben sind in Rot hervorgehoben. Unter den Handschriften des 14. Jhs. dagegen sind einige mit figürlichen Miniaturen in den Farben Rot, Blau und Gold, insbesondere bei

Initialen von größerem Format. Im 13. Jh. hatte die Buchmalerei im Kloster eine hervorragende Pflege gefunden. Einige illuminierte frühgotische Handschriften befinden sich unter dem Wolfenbütteler Bestand, so Hs. Helmst. 425, „Quatuor Evangelista manuscripti Latine", mit Miniaturen auf Goldgrund reich u. verzierten Initialen (Heinemann I, S. 331); Hs. Helmst. 498, Nekrologium des Klosters (Heinemann I, S. 378); Hs. Helmst. 515, Psalterium mit vorausgeschicktem Kalendarium (Heinemann II, S. 8), darin eine Anzahl von Miaturen und ganzseitigen Buchmalereien, von denen die Vertreibung aus dem Paradies im Tafelteil dieses Buchkapitels abgebildet ist; die bedeutendste Handschrift, Hs. Helmst. 521, „Aus dem Buch der Psalmen", mit vorausgehendem Kalendarium, ist ein Prachtstück mit vielen Bildern und Initialen auf Goldgrund. „Die Malerei ist von einer Schärfe, Kraft, Sicherheit und namentlich in den Gesichtern von einer Freiheit und idealen Haltung . . ., die Gestalten der Apostel voll Hoheit" (Heinemann II, S. 11). In dem Kalendarium hat die Schreiberin nachstehende nekrologische Bemerkungen angebracht:

„3 Non. Martii obiit Otilia precordialissima soror mea
9 Kal. Febr. obiit Guta amantissima mater mea
Non. Decemb. obiit Lutolfus pater meus"

Der Name Ludolf kommt bei der Stifterfamilie des Klosters, den Grafen von Wöltingerode, häufig vor. Die Schreiberin und Illuminatorin dieses Buches dürfte mithin eine geborene Gräfin von Wöltingerode sein, die wohl als Nonne in das Kloster eingetreten war.

Nach der Wiedererrichtung des monastischen Lebens in Wöltingerode mußten auch die zur Feier der Liturgie und dem Opus Dei dienenden Bücher neu beschafft werden. Durch Vermittlung des Abtes von Altenberg wurden diese von dem Vater eines Altenberger Mönches besorgt. In einem Brief von 30. Aug. 1698 bedankte sich die Äbtissin und schrieb: „. . . sage euch kindschuldigen dank wegen der großen mühwaltung mit einkaufung der bücher (Staatsarchiv Düsseldorf, Altenberg Akten 10. Mosler a. a. O., S. 161).

Literatur

Die Kunstdenkmäler des Kreises Goslar (S. 271—275), dort auch Quellennachweis und weitere Literatur.

Mosler, Hans, Altenberg, Die Altenberger Klosterfamilie, S. 145ff.

Heinemann, Otto, Die Handschriften der herzoglichen Bibliothek zu Wolfenbüttel, 1. Abt. Die Helmstedter Handschriften I, II und III.

Graduale der Cistercienserinnenabtei Seligenthal 1260, fol. 103
Anmerkung der Schreibernonne: „hiems transiit, abiit et recessit. flores apparuerunt in terra. vox tuturis audita est." — „Der Winter ging vorüber, ging fort und ist von dannen. Die Erde zeigt sich im Blumenschmuck. Das Gurren der Taube ist wieder zu hören." (Hohes Lied 2,11)

22 Bildtafeln von Buchmalereien

aus cisterciensischen Skriptorien

verbunden mit einem

Katalog der zugehörigen Handschriften

Bildauswahl und Katalog Adam Wienand

Explicit des Abtes Stephan Harding von Cîteaux zu seiner Bibelübersetzung, der ersten im Orden der Cistercienser

ms XIII, fol. 150ᵛ

Im Jahre 1109 nach der Fleischwerdung des Herrn ist dieses Buch vollendet worden, unter der Leitung des zweiten Abtes von Cîteaux, Stephan.
Bruder Stephan, der Abt des neuen Klosters der Diener Gottes, entbietet den jetzt und zukünftig Lebenden seinen Gruß. Fest entschlossen, diese Geschichte zu schreiben, sammelten wir in verschiedenen Kirchen eine Menge Bücher, um der Wahrheit am nächsten zu kommen, beziehen uns jedoch nur auf eines, das sich von allen anderen sehr unterscheidet. Und weil wir es vollkommener befanden als die anderen, stimmen wir mit diesem überein und haben es uns vorgenommen, um nach den Lektionen dieses vorliegenden Buches diese Geschichte zu schreiben. Die beschlossene Aufgabe verwirrte uns nicht durch die Dissonanz in den Schilderungen der Begebenheiten, da wir uns vollkommen dessen versichert haben, daß die Übersetzung der einzigen hebräischen Quelle der Wahrheit durch den einzigen Interpreten, den Hl. Hieronymus erfolgte, von dem unsere Väter selbst das Werk erhielten. Phantastereien bestimmten die anderen Übersetzungen, worauf wir uns nicht ein einziges Mal bezogen haben. Es gibt allerdings einige Bücher des Alten Testamentes, die nicht aus dem Hebräischen übersetzt worden sind, sondern aus dem Chaldäischen, durch eben unseren Übersetzer, aber er fand sie auch bei den Juden, wie er selbst im Prolog des Buches Daniel schreibt, und wir haben sie, wie die übrigen Bücher (des Alten Testamentes) nach seiner Übersetzung aufgenommen. Stark überrascht durch die Nichtübereinstimmung unserer Bücher, die wir von einem einzigen Übersetzer erhielten, haben wir versucht, jüdische Gelehrte, die in ihrer eigenen Schrift Experten sind, zu finden. Wir prüften sie mit großer Sorgfalt in der romanischen Sprache in allen Passagen der Schriften, die wir in unseren Exemplaren fanden, die wir in unsere Arbeit einbezogen hatten, so daß wir uns nicht mehr auf andere lateinische Geschichtsschreiber stützen mußten, die früher von uns in den meisten Büchern als Vorbilder dienten. Wir deuteten in romanischer Sprache die hebräische oder chaldäische Schrift, im Vergleich zu den Teilen oder Versen derjenigen, auf die wir uns bezogen, und wir fanden weder Teile noch Verse, die uns in Verwirrung gebracht hätten. Deshalb bezogen wir uns, auf die hebräische und chaldäische Wahrheit vertrauend auf diese und auf die meisten lateinischen Bücher, die keine eigenen Passagen hatten, sondern im Ganzen mit diesen zwei Sprachen übereinstimmten, und wir haben vollständig alle jene gegenstandslosen Hinzufügungen gestrichen, die an vielen Stellen der Bücher erschienen, besonders in dem Buch der Könige, wo wir den größten Teil jener Fehler gefunden haben. Und nun bitten wir alle jene, die diese Bände lesen werden, dieses Werk mit keinerlei Voranstellung oder Hinzufügung zu kennzeichnen, von der Art, wie die genannten, überflüssigen Teile oder Verse. Die Stelle, wo sie sich befinden würde, erschiene ziemlich klar, weil diese durch Abkratzen des Pergaments sich als solche ausweisen würde. Wir untersagen durch die Autorität Gottes und unserer klösterlichen Gemeinschaft auch, daß irgend jemand die Dreistigkeit besäße, dieses Buch ohne Respekt zu behandeln, das mit großer Mühe angefertigt wurde oder innerhalb seines Einbandes etwas anzumerken, weder im Text noch am Rande desselben.

KATALOG

Mit den 22 in diesem Buchkapitel befindlichen Bildtafeln dürfte wohl erstmals ein zusammenhängender Einblick in das cisterciensische Buchschaffen gegeben werden. Der Sachbearbeiter betont allerdings, daß es sich dabei nur um einen Ausschnitt aus der etwa 400jährigen Arbeit in den Schreibstuben der Klöster handeln kann. Denn trotz der Verluste an Handschriften durch Brand, Krieg, die Reformation und nicht zuletzt durch die Enteignung während der Säkularisation, wobei viele Handschriften verschwunden sind, verschleudert und vernichtet wurden, ist das vorhandene Material enorm groß. Viele cisterciensische Handschriften aller Provenienzen, die sich in den Klöstern und in öffentlichen Bibliotheken befinden, haben bisher noch keine wissenschaftliche Darstellung und kunsthistorische Wertung erfahren.

Bei der Zusammenstellung der Bebilderung ging es darum, einen kleinen Querschnitt aus der Schreibarbeit der Mönche und auch einige Beispiele von Handschriften zu geben, die in den Sriptorien von Frauenklöstern ausgeführt worden sind. Es sei dazu noch bemerkt, daß zwar jedes Mönchskloster eine Schreibstube hatte, eine solche aber nicht bei jedem Nonnenkonvent nachweisbar ist. Häufig wurden die Bücher zur Feier der Liturgie oder des Opus Dei für die Frauenkonvente in Mönchsklöstern hergestellt (s. Verbindung von Mariastern zu Altzella). Die Tafeln sind in etwa chronologisch geordnet mit einer Ausnahme: die Buchschöpfungen im Skriptorium von Cîteaux bis 1134, die nicht typisch für die cisterciensische Buchmalerei sind. Bewußt ist an den Anfang der Tafeln ein Beispiel des frühen, einfachen Miniaturstils gestellt, der in manchen Klöstern bis ins 13. Jh. geübt wurde. Charakteristisch für diese frühe Buchmalerei ist folgende Einstellung (Zitat aus dem Dialog eines Aldersbacher Cisterciensers mit einem Cluniacenser): Cist.: ... „Werke die über die reine Notwendigkeit hinausgehen, nennt man mit Recht überflüssig ... Gold zu zermahlen und mit diesem Goldmehl Initialen zu malen, was ist das anderes als nutzloses und überflüssiges Tun? ..." (s. Anm. 18, S. 444)

Literatur

Robert Druck, Die Malereien in den Handschriften des Königreiches Sachsen, Dresden 1906
Hanns Swarzenski, Die lat. illumierten Handschriften des 13. Jhs. in den Ländern an Rhein, Main und Donau, 2 Bände — Text- und Tafel-Band, Berlin 1936
Augustinus Lang, Die Bibel Stephan Hardings, in Cistercienser-Chronik, Bregenz 1939, Nr. 607
Ernst Kloss, Die schlesische Buchmalerei des Mittelalters, Berlin 1942
Jürgen Gutbrod, Die Initiale in Handschriften des 8. bis 13. Jahrhunderts, Stuttgart 1965
Edith Rothe, Buchmalerei aus zwölf Jahrhunderten, Berlin 1966

I

Cisterciensisches Psalterium, geschrieben im Skriptorium von Heiligenkreuz, Cod. 66 der Stiftsbibliothek, 1. Viertel 13. Jh.

Die in roter und schwarzer Federzeichnung ausgeführten figürlichen Initialen sind ganz aus dem Geiste der frühen cisterciensischen Buchgestaltung geschaffen, die nur Zeichnungen zuließ und in der Deckfarben keine Verwendung finden sollten. Wie die in diesem Buch am Anfang der einzelnen Kapitel stehenden Initiale zeigen und wie auf S. 451 ausgeführt, wurde im Skriptorium von Heiligenkreuz etwa 100 Jahre nach den Ordensrichtlinien gearbeitet.

Literatur

F. Walliser, Cistercienser Buchkunst, Heiligenkreuzer Skriptorium in seinem ersten Jh., Wien 1969, S. 40 f.

II

Die Bibel von Citeaux, 4 Bände

geschrieben unter Leitung des zweiten Abtes Stephan Harding von Cîteaux

Bibliothek von Dijon, mms. 12, 13, 14, 15.

Band 12 und 13 — ursprünglich ein Band

Größe 47,4 x 32,6 cm, 115 und 150 Blatt

Band 14, Größe 42,5 x 30 cm, 204 Blatt

Band 15, Größe 44,2 x 32,5 cm, 132 Blatt

Die Bände 12, 13 und 14 enthalten das Alte Testament, Band 15 das Neue Testament gewidmet.

Die Bände 12 und 13 haben große Schmuckinitialen und entsprechen in ihrer Anlage karolingischer und frankosächsischer Tradition Nordfrankreichs um 1100. Band 14 ist mit ganzseitigen Bildern und figürlichen Initialen geschmückt, rekto und verso sind Szenen aus dem Leben Davids und eine große Darstellung Davids als König, sowie die Hebräer im Schmelzofen, die Kirche und die Synagoge, Judith und Holofernes, die Makkabäer, u. a.

Band 15 enthält hervorragend gestaltete Initialbuchstaben am Anfang eines jeden Evangeliums, welche die Symbole der Evangelisten wiedergeben, die Werke der Apostel, die Episteln und die Apokalypse (s. Abbildungstafel 2)

Band 13 enthält ein Explicit, das auf Seite 472 abgedruckt ist.

III

Die Moralia in Job von Papst Gregor dem Großen

geschrieben unter Leitung des Abtes Stephan Harding

Bibliothek von Dijon, mss. 168, 169 und 170 sowie 173

Größe 35,2 x 24 cm, 93, 103 und 93 Blatt (168–170) 46 x 33 cm, 181 Blatt (173)

Die drei*Bände der „Moralia in Job" stellen die übliche Lektüre der Mönche jener Epoche dar. Sie enthalten sechzehn große Schmuck-Initialen. Ihre Abbil-

* Die ursprünglichen drei Bände wurden in vier umgebunden.

Initial „Q", Engel und Mönch, aus Gregor, Moralia in Job,
Skriptorium Cîteaux, 12. Jh.

Den linken Teil des Buchstabens bildet ein Engel in einem reichen Gewand, den rechten Halbkreis dagegen dessen Flügel. An Stelle der Cauda des Buchstabens liegt ein weißbekleideter Mönch, der im Begriff ist, dem Engel die Füße zu küssen. Dieser rafft mit der linken Hand sein Gewand und hält gleichzeitig ein großes Buch. Mit der Rechten segnet er den Mönch. Vielleicht könnte der liegende Mönch Stephan Harding selbst sein, der dem Engel als Bote Gottes das Buch übergeben hat, um es dem Höchsten zu überbringen; darum die Dankgeste.

dungen haben gewisse Ähnlichkeit mit den Gestalten der Bibel. Allein das Tatelblatt des ms. 168 in seiner Farbgebung und seiner freien Komposition gibt hiervon ein Beispiel (abgebildet als dritte Bildtafel d. Buches). Es skizziert die Mönche in lebendiger Weise während ihrer Arbeit, in ihren armen, abgenutzten Gewändern, als Schnitter, Holzfäller, Winzer, mit dem karikierenden Stempel ihrer persönlichen Eigenart versehen, der vom Humor und Einfühlungsvermögen des ironischen Zeichners zeugt. So sind auch die Gaukler nicht vergessen worden, Pilger der volkstümlichen Unterhaltung, die die altfranzösischen Heldengedichte bekannt machten, und die manchmal in die Klöster kamen.

Man findet auch darin dicklippige Holzfäller-Mönche in zerschlissenen Gewändern, die einen Baum mit kräftigen Axtschlägen fällen; die faltigen Stoffe sind aus grober Wolle, besonders ein Drescher mit einem Flegel, der eine gelenkige Drehung seines Körpers zeigt, führt die exzentrischen Deformierungen zeitgenössischer Skulpturen vor Augen. Jagdszenen sind mit großer Genauigkeit beschrieben; ein Gaukler streckt eines seiner Wahrzeichen in die Höhe, dessen Anblick den hl. Bernhard entrüstet (Oursel).

Band 170 enthält auf Seite 93 das Explicit:
Anno ab Incarnatione Domini millesimo centesimo undecimo, in vigilia Nativitatis ejusdem Domini nostri Jesu Christi, liber iste finem supsit scribendi, temporibus domni Stephani Cisterciensis abbatis Secundi.

Der Text dieses Buches wurde im Jahre 1111 nach der Menschwerdung des Herrn, in der Vigil des Geburtsfestes dieses unseres Herrn Jesus Christus, fertiggestellt, zur Zeit des Herrn Stephan, des zweiten Abtes von Cîteaux.

Literatur
Charles Oursel, Miniatures Cisterciensis (1109—1134) Macon 1960
A. Lang, a. a. O.
J. Gutbrod, a. a. O. mit Abbildungen aus der Bibel und Moralia in Job

IV

Handschrift Augustinus, De civitate Dei, aus Sittich (Krain)

Wien Nat.-Bibl. Cod. 650. Größe 29,3 x 42 cm, 192 Blatt.

Unter der Darstellung des Abtes Volknandus hat sich — zu ihm aufschauend und das geöffnete Buch ihm entgegenhaltend offenbar der Schreiber und Miniator abgebildet, mit dem Zusatz: „Obsecro te, memor esto mei, memor esto Nicol(ai?)" — „Ich bitte dich inständig, gedenke meiner, gedenke des Nikolaus!" Aus dieser Aussage kann wohl entnommen werden, daß das durch den Abt veranlaßte Buch erst nach dessen Tod vollendet wurde.

Literatur: Wladimir Milkowics, Die Klöster in Krain, Archiv für österreichische Geschichte 74. Band (Wien 1889), S. 301
Hermann, Herm. Jul. Die deutschen romanischen Handschriften Leipzig 1926, Bd. VIII, 2 Handschriften aus Krain, 12. Jh. fol. 287 ff.

V

Hildegard von Bingen Liber scivias
Geschrieben im Skriptorium Salem, um 1200
Universitätsbibliothek Heidelberg, Cod. Sal. X, 16, fol 111r.
Größe 41,5 x 29 cm, 200 Blatt mit Illustrationen und 15 Prachtinitialen und einigen Zierseiten.

Literatur

Ewald Jammers, Die Salemer Handschriften-Sammlung — In: Bibliotheca docet. Festgabe für Carl Wehmer, Amsterdam, Erasmus 1963, S. 45—64

Fortsetzung Seite 501

I

Zwei Initialen aus einem Psalterium von Heiligenkreuz, Cod. 66 der Stiftsbibliothek, fol. 41ʳ (oben) u. 25v (unten), 1. Viertel 13. Jh.
Die beiden Darstellungen versinnbilden sozusagen das Programm des Ordens, die strenge Erfüllung des benediktinischen „Ora et labora!": Demütig nehmen die Mönche die frohe Botschaft auf, die ihnen von Christus durch die Apostel Petrus und Paulus vermittelt wird. — Zur täglichen Arbeit gehörte der Fischfang; denn Fisch diente wegen des Fleischverbotes als häufiges Nahrungsmittel.
Die Initialen sind von großer Aussagekraft. Ihre schlichte Anschaulichkeit ist charakteristisch für den frühen zeichnerischen Initialstil in den cisterciensischen Skriptorien.

II

Der Löwe als Symbol des E.angelisten Markus, aus der Bibel von Cîteaux des Abtes Stephan Harding (1109–1134), jetzt Stadtbibliothek Dijon, Ms., 15, fol. 29v.
Die aufrechtstehende Figur des Löwen ist zugleich die „In"-Initiale „Incipit", der erste Buchstabe dieses Evangeliums.

III

Titelseite des ersten Buches Gregor, Moralia in Job, erste Hälfte 12. Jh., aus dem Skriptorium von Cîteaux, jetzt Stadtbibliothek Dijon Ms. 168, fol. 4v.

Mit dem fliegenden Drachen, dem Basilisken — dem obersten der Dämonen — im Kampf mit dem Menschen wird dieses Buch eingeleitet. Den Mönchen wurden durch diese Kampfdarstellung die Anfechtungen, die ihnen von außen und innen drohen, vor Augen gestellt. Wie in der Bibel von Cîteaux illustriert auch in der Moralia die figürliche Initiale, hier der Buchstabe R(everendissimo), den Text. Vgl. auch S. 474 ff.

Dämonen verschiedenster Art in ihrem Versuch, den Menschen zu sündhaftem Handeln zu verleiten, durchziehen die ganze Moralia.

IV

Bildnis des Abtes Folknandus (1150—1180) des Klosters Sittich in Krain, aus Augustinus, De civitate Dei, geschrieben von dem Mönch Nicolaus. Das Bildnis des Abtes füllt die Initiale „O" aus. Die Umrandung des Buchstabens bilden zwei Basilisken, wohl darauf hinweisend, daß auch der Abt sich vor diesen dämonischen Ungeheuern hüten muß. Der Abt, der auf einem Kissen sitzt, hält in seiner rechten Hand den Abtsstab, in seiner linken ein Buch mit dem Text:

„Civis catholicus Folknandus iam moriturus
Hunc scribi librum communem jussit in usum"

„Folknandus, Bürger des Gottesstaates, ließ — schon im Angesichte des Todes — dieses Buch zum Gebrauch für die klösterliche Gemeinschaft schreiben." Aus dem Zusatz „iam moriturus" ergibt sich mit Wahrscheinlichkeit, daß der Abt die Handschrift vor seinem Tode (vermutlich 8. Dezember 1180) ausführen ließ.
Jetzt Wien, Nationalbibliothek Cod. 650, fol. 62^r.

Das Bildnis des Abtes gilt als eines der ersten naturnahen Porträts eines Cistercienser-Abtes.

Erklärung zu den beiden folgenden Bildtafeln

Liber scivias — Wisse die Wege
der heiligen Hildegard von Bingen

geschrieben nach einer Vorlage aus dem Hildegard-Kloster Rupertsberg bei Bingen von einem Mönch des Cistercienserklosters Salem. Die zu Hildegards Lebzeiten gefertigte Handschrift befindet sich heute in Heidelberg, Universitätsbibliothek, Cod. Salem X, 16.

„Ich erblickte etwas wie einen eisenfarbigen Stein von unermeßlicher Größe, auf welchem eine weiße Wolke schwebte. Dieselbe trug einen Königsthron von runder Gestalt, auf dem ein Lebendiger saß. Um seine Brust aber schlang sich ein schwarzer, gewaltig großer Streifen, mit Perlen und kostbaren Steinen besetzt. Und über dem Thronenden war ein goldener Reifen gespannt, derselbe glühte von innerem Feuer und reichte vom Himmel bis in die Hölle hinunter. Ich sah glänzende Sterne vom Throne ausgehen und zahllose Funken mit ihnen zusammenströmen. Da erloschen sie plötzlich, und ein Windstoß kam, der schleuderte sie weit umher, endlich sogar tief in den Abyssus hinunter."

Übersetzung „Liber scivias" von Maura Böckler, OSB, Abtei St. Hildegard

Übersetzung der lat. Texte auf der folgenden Bildseite:
(Bei den links oben stehenden Texten handelt es sich um die letzten Kapitel-Überschriften der 13. (= letzten Vision des 3. Buches [das Wort, die Menschheit] des Sohnes.)

13. Daß durch die Symphonie der Vernunft die schläfrige Seele zum Wachen aufgeweckt wird.
14. Daß die Symphonie die harten Herzen erweicht, die Feuchtigkeit der Zerknirschung einflößt und den heiligen Geist herbeiruft.
15. Daß der Gläubige mit aller Hingabe unaufhörlich jubilieren soll.
16. Worte Davids darüber.

Es schließen die Kapitel des 3. Teiles des Buches vom Buch Scrivas. Es schließen die Kapitel des Buches Scivias von einem einfältigen Menschen.

Übersetzung der Beschriftung des Kreises:
Über dem Thron ein Lebendiger, ein wunderbar Leuchtender. Und auf seiner Brust ein Lehmklumpen, mit Edelsteinen geschmückt. Über dem Berg eine Wolke, über der Wolke ein rundgebauter Thron.

Übersetzung des Spruchbandes vom Kreis zum Abgrund:
Und von dort ging ein mächtiger Stern aus mit einer großen Menge von Funken, die alle gleichzeitig erloschen und vom Süden durch den Norden in die Hölle geschleudert wurden.

Übersetzt durch Adelgundis Führkötter, OSB, Abtei St. Hildegard

filii designat. xiii.   Cdu.
Quod p͡symphoniam racionalitatis
torpens anima excitat ad iubilan
Quod symphonia dura corda emol xiiii.
lit et humorē conpunctionis in
ducit et sp͞m sc͞m advocat. xv.
Quod fidelis om͡i devotione inces
sant iubilare debet. Cinias. xvi
verba dauid de eade re. xvii.
Expliciunt capla t͞tie partis libri
Expliciunt capla libri cinias sim
plicis hominis.

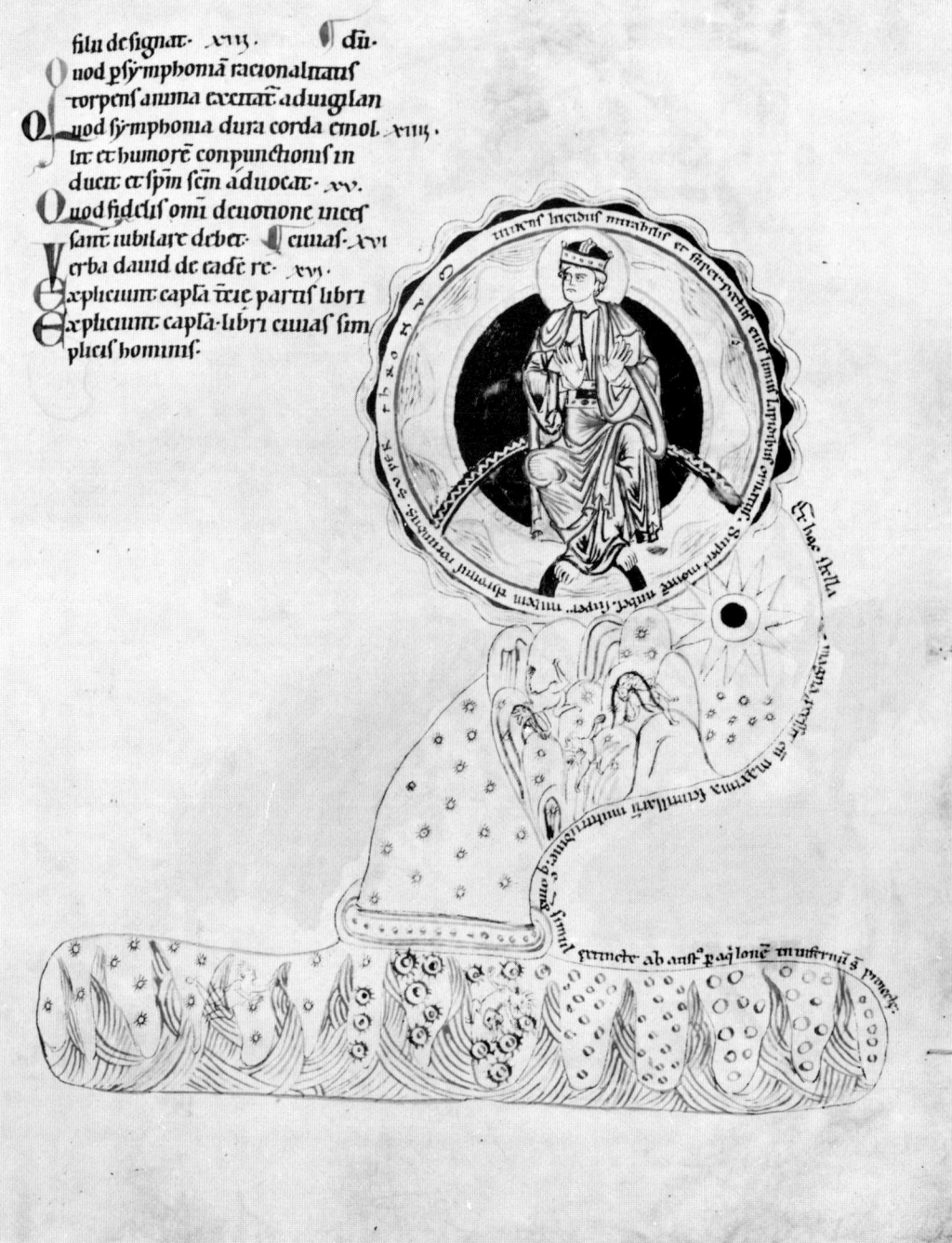

VI

Die göttliche Weisheit (Philosophia) als Königin

Sie setzt ihren Fuß den Königen Nabuchodonosor, dem Zerstörer, und Antiochos Epiphanes, dem Schänder des Tempels in Jerusalem, auf den Nacken.

Handschrift aus Kloster Aldersbach (Niederbayern), Anfang 13. Jahrhundert, jetzt München, Bayerische Staatsbibliothek, Cod. lat. 2599, fol. 101v.

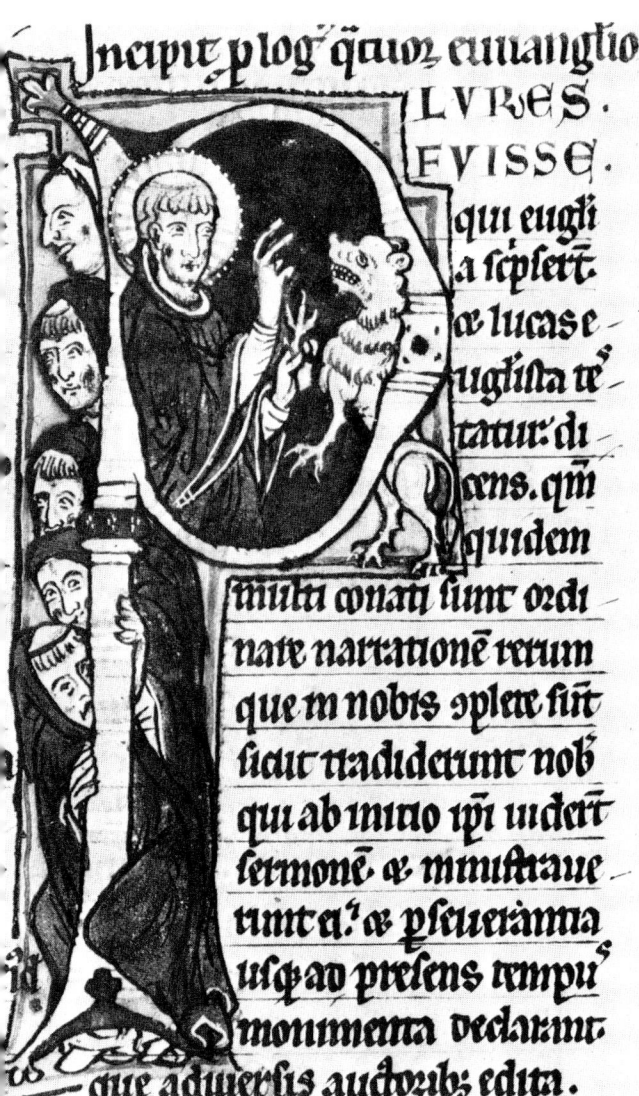

I
Zweibändige Bibel, geschrieben im Kloster Bredelar i. Westf. in den Jahren 1238 und 1241, Hessische Landesbibliothek Darmstadt Ms. 824, 825, 1993

1. Bd. 824, fol. 61, Prolog zu den vier Evangelien Initiale „P" (lures fuisse).
Hieronymus mit dem Löwen. Vier Mönche halten den Buchstaben-Stamm.
2. Bd. 825, fol. 4v, Initiale „F" (uit).
Hannah und Peninna vor Elkana
3. Bd. 824, fol. 43, Maccabäer II, Initiale „F" (ratribus).
Die Juden steinigen König Antiochus.

VIII   Der Traum des Verfassers

Im Traum erscheint dem Verfasser der Schrift „Excerpta de virtutibus ex operibus Salomonis, Ciceronis, Sallustii aliorumque", geschrieben im Skriptorium des Klosters Rein (Steiermark), im Cod. 858, fol. 8—34, Abb. fol. 8 der Nationalbibliothek Wien, Teil des Sammelbandes 507, Cicero, der mit anderen Philosophen eine Diskussion über die Tugend führt. Seneca, Sallust, Boethius, Salomon, Sedulius u. a. werden als Redner benannt. Da der Zeichner jedoch nur vier Personen dargestellt hat, ist eine Benennung derselben nicht möglich. Bei der sich außen links befindenden Person dürfte es sich um Salomon handeln, nach seinem Judenhut zu schließen, die Person rechts innen, die als einzige keine Kopfbedeckung trägt, könnte Cicero darstellen, der die Diskussion führt. Die Ausarbeitung der charaktervollen Köpfe zeugt von der großen Begabung des Zeichners. Vom Stil her ist sie den Federzeichnungen in Cod. 507 nahe verwandt. Auch die Bemalung des Hintergrundes der Zeichnung in violett und hellgelb ist typisch für die Arbeitsweise des Reiner Skriptoriums im 13. Jh.

IX

Abbildung aus einem spätromanischen Psalterium mit vorausgeschicktem Kalender des Frauenklosters Wöltingerode b. Goslar, 1. Hälfte 13. Jh., Wolfenbüttel Herzog-August-Bibl., Hs. Helmst. 515, fol. 8ᵛ.

Dargestellt ist die Vertreibung Adam und Evas aus dem Paradies durch den Engel Gottes. Voll Scham verdeckt das erste Menschenpaar seine soeben erkannte Blöße mit Feigenblättern. Im Hintergrund überragt der Baum der Erkenntnis, der zum Anlaß des Sündenfalles wurde, die Szene, und in seinen Zweigen schwebend nimmt Gottvater Anteil am Schicksal der Menschen, seine Hand zum versöhnenden Segensgestus erhoben.

X

Abbildung aus einem Cistercienser-Brevier, um 1260, Hamburg Staatsbibl. in scrinio I, fol. 4, Initiale H (odiernam sollempnitatem . . .).
Oben Papst Leo d. Gr. (440—461) am Pult schreibend, daneben kniende Cistercienserin mit Schriftband „O lux eternissima, reple cordis intima" — „O ewiges Licht, erfülle das Innerste des Herzens", vielleicht eine Äbtissin, die den Text des Kirchenlehrers in Empfang nehmen möchte, unten kniender Cisterciensermönch mit demütiger Gebärde, der Stifter, vielleicht ein Mönch von Eberbach/Rheingau. Die Handschrift könnte im Eberbacher Skriptorium geschrieben worden und für eines der 16 Eberbach unterstehenden Frauenklöster — darunter drei in der Stadt Mainz — bestimmt gewesen sein.

XI
Zwei Initialen aus einem
Graduale der Cister-
cienserinnen-Abtei
Seligenthal/Landshut
von 1260, London, British
Museum, Ms. Add. 16950

fol. 3v
Initiale A (d te levavi...)
Wurzel Jesse

fol. 106^v
Initiale R (esurrexi)
Auferstehung und unten
die Begegnung mit Maria
Magdalena

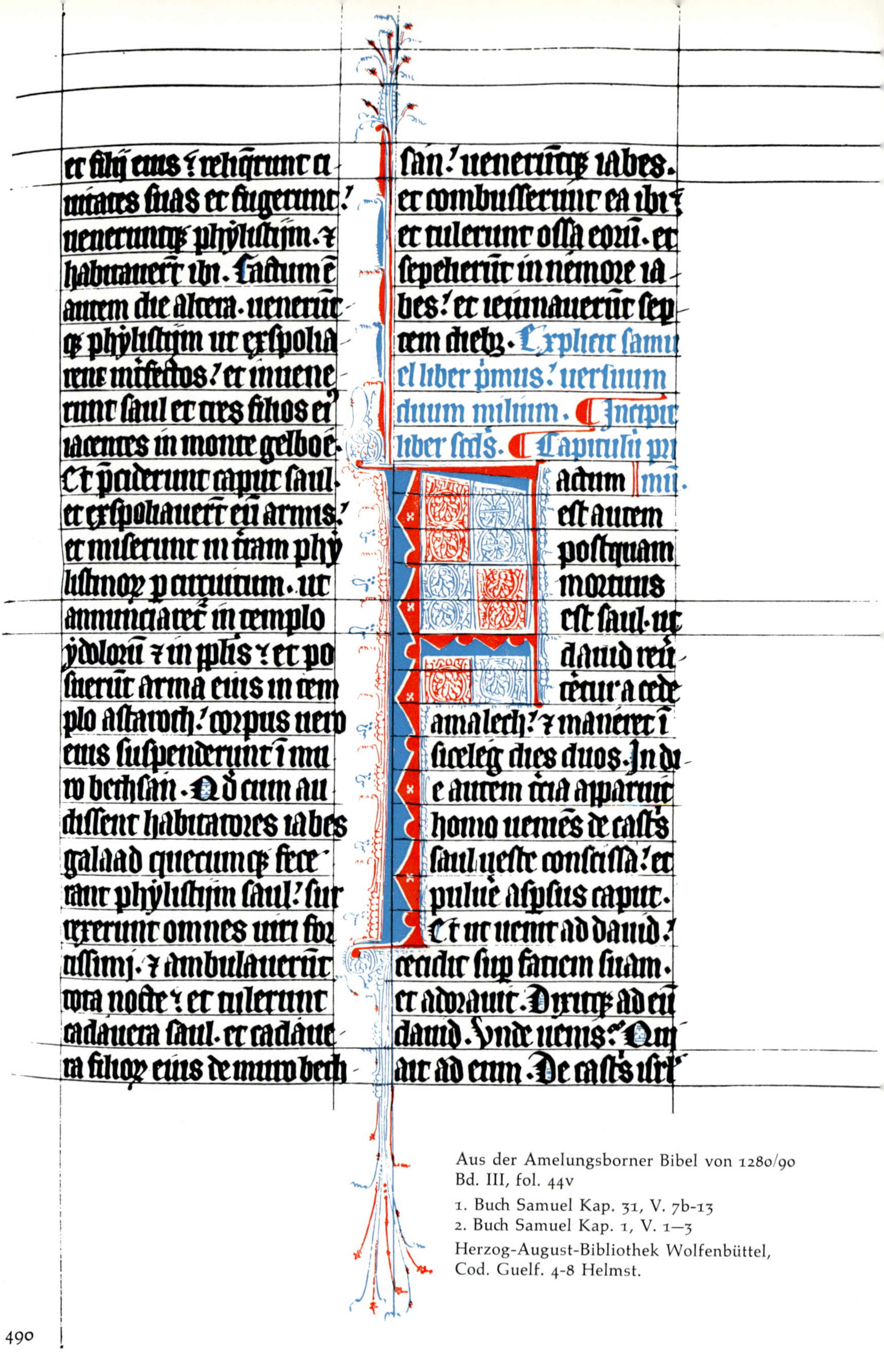

er filij eius ? rehqrunt ci-
uitates suas et fugerunt ?
uenerunt<u>q</u>; phylistijm. <u>z</u>
habitauer<u>u</u>t ibi. factum <u>e</u>
autem die altera. uener<u>u</u>t
<u>q</u>; phylist<u>i</u>m ut exspolia
rent mssectos ? et inuene
runt saul et tres filios ei
iacentes in monte gelboe.
Et pcider<u>u</u>t caput saul.
et exspoliauer<u>u</u>t eu<u>m</u> armis.
et miserunt in tram phy
listinor<u>um</u> p circuitum. ut
annu<u>n</u>ciaret<u>ur</u> in templo
ydolor<u>u</u> <u>z</u> in p<u>plis</u> ? et po
suer<u>u</u>t arma eius in tem
plo astaroth ? corpus u<u>er</u>o
eius suspender<u>u</u>t in mu
ro bethsan. Qd cum au
dissent habitatores iabes
galaad q<u>ue</u>cumq<u>ue</u> fece-
rant phylistijm saul ? sur
rexerunt omnes uiri for
tissimi. <u>z</u> ambulauer<u>u</u>t
tota nocte ? et tulerunt
cadauera saul. et cadaue
ra filior<u>um</u> eius de muro beth

san ? uener<u>u</u>t<u>q</u>; iabes.
et combusser<u>u</u>nt ea ibi ?
et tulerunt ossa eor<u>u</u>. et
sepelier<u>u</u>t in nemore ia
bes ? et ieiunauer<u>u</u>nt sep
tem dieb<u>u</u>s. Explicit samu
el liber p<u>ri</u>mus ? uersuum
duum milium. Incipit
liber sc<u>dus</u>. Capitulu p<u>r</u>

Factum
est autem
postquam
mortuus
est saul. ut
dauid reu
teretur a cede
amalech ? <u>z</u> maneret i
siceleg dies duos. In di
e autem tcia appar<u>ui</u>t
homo ueniens de castis
saul ueste consciss<u>a</u> ? et
puluie aspsus caput.
Et ut uenit ad dauid ?
cecidit s<u>up</u> faciem suam.
et adorauit. Dixit<u>q</u>; ad e<u>um</u>
dauid. Vnde uenis ? Q<u>ui</u>
ait ad eum. De castis isr<u>l</u>

XIII
Kanonbild aus einem Missale des Klosters Himmerod, 1. Hälfte 14 Jh., Berlin, Staatsbibliothek Preußischer Kulturbesitz, Ms. lat. qu. 718, fol. 7v.
Unter der Kreuzigungsgruppe, durch einen Dreipaßbogen und Mauerwerk von der Gruppe getrennt, hebt ein kniender Mönch anbetend die Hände. Vielleicht handelt es sich hier um den Schreiber des Buches.

XIV

Humorvolle Selbstdarstellung des Schreibermönches frater Sifridus Vitulus (Kalb), am Schluß (fol. 317r) der Bibel des Klosters Ebrach (Unterfranken), von 1315. Cod. Guelf. 131, Herzog-August-Bibliothek, Wolfenbüttel.

Frater Sifridus sitzt als Kalb in der Mönchskutte an einem Schreibpult, das sich in einem imaginären Gebäude befindet. Vor ihm, zu seinen Füßen, kauert ein Mischwesen, halb Mensch, halb Tier, das ihm das Tintenhorn reicht.

XV
Der hl. Andreas überreicht dem vor ihm knienden Frater Sifridus das Andreaskreuz, der dieses mit den Worten „O bona crux" verehrt.
Entnommen dem Cod. Graduale Cisterciense de Sanctis des Klosters Ebrach (Unterfranken), jetzt in der Universitätsbibliothek Würzburg, Bez. M.p.th.f. 94.

XVI

Miniatur aus einem Cistercienser-Graduale des Frauenklosters Wonnental im Breisgau
Badische Landesbibliothek Karlsruhe, Cod. U. H. 1, fol. 195, nach 1318 und Mitte 14. Jh.
Die Filigran-Initiale O (scintillans sidus celi) stellt die Vision des hl. Bernhard dar, wie Christus sich ihm vom Kreuz herab zuneigt, um ihn zu umarmen. Ein Ordensbruder ist als Zeuge zugegen und verehrt dieses Wunder.
Die Basilisken links und rechts in der O-Füllung haben ihren bedrohlichen Charakter verloren (vergl. Abb. III u. IV dieser Bildfolge). Im Wandel der Zeit wurden sie zu dekorativem Beiwerk. Der ursprüngliche Sinngehalt, das Gefährliche, das Böse dieses mythischen Tieres, ist in den Menschen des hohen Mittelalters nicht mehr lebendig.

XVII

Schutzmantelmadonna mit je vier Cistercienser-Mönchen und -Konversen in den Falten des Mantels
aus Kloster Leubus/Schlesien, um 1320/30,
Initiale „G" (audeamus) aus dem Graduale I F 413,
jetzt Universitätsbibliothek Breslau I F 413 fol. 145r
Ikonographisch ist diese Darstellung von besonderer Wichtigkeit. Unser Bild scheint nicht nur die früheste Miniatur dieses Themas zu sein, sondern es bereichert die karge Reihe der frühesten Fassungen, in denen Maria nicht als Königin sondern als Gottesmutter, nicht nur mit zurückgeschlagenem, sondern mit ausgebreitetem Mantel dargestellt ist (Kloss).

XVIII

Titelseite des Güterbuches (Urbarium Tennebachense) des Klosters Tennenbach (Breisgau), verfaßt von Abt Johann Zenlin (1337—1353), Karlsruhe Bad. Generallandesarchiv, Cod. Berain 8553, fol. 1ᵛ.

Die Miniatur zeigt zwei Bildkreise in Initialbuchstaben mit danebenstehenden Texten. Buchstabe „O": Auf einer Wolkenbank stehen Gottvater und Gottsohn, dazwischen der heilige Geist als mannshohe Taube, darunter die Heiligen Benedikt und Bernhard. Die Initiale „S" zeigt zwei Bildgruppen: Oben Cistercienserabt, über ihm der Text „Frater Jo(hannes) Zenli Abbas", — unten am Schreibpult Mönch mit Buch, davor Konverse mit hinzutretendem Bauer. Über dem Mönch die Inschrift: „Frater Jo(hannes) Meig(er)."

XIX

Der Tod des heiligen Bernhard aus der „Concordancia Caritatis" des Ulrich von Lilienfeld, Stiftsbibliothek Lilienfeld, Ms. 151, verfaßt zwischen 1351 bis 1358 (s. Skriptorium und Bibliothek von Lilienfeld, S. 462)

XX

Miniatur mit Verkündigung an Maria aus einem Graduale des Klosters Altenberg, 1. Hälfte 16. Jh., D 32 der Landes- und Stadtbibliothek Düsseldorf, fol. 161ʳ, Buchstabe R (orate coeli).
Dieses Graduale wurde in der letzten Blütezeit des Altenberger Skriptoriums im 16. Jh. geschrieben und illuminiert. Es trägt ausgesprochenen Renaissance-Charakter.

XXI
Miniatur mit einem Abt in Gebetshaltung; erste Seite eines Graduale aus Altenberg, 15. Jh., D 19 der Landes- u. Stadtbibliothek Düsseldorf, fol. 1ʳ.
Am rechten Rand der Seite hat der spätgotische Illuminator die Zierleiste unterbrochen und in einem Türmchen wohl einen Abt seines Klosters dargestellt, vielleicht den Stifter dieses Graduale — denn auch sein Wappen ist angebracht (noch nicht identifiziert).
„Die Innigkeit und Inbrunst des Flehenden finden im Gesichtsausdruck und den Augen, die in eine andere Welt zu sehen scheinen, eine feine Darstellung eines gläubigen Beters, der ganz Gott hingegeben ist." (Hammer S. 72)

XXII

Buchseite aus einem Antiphonale des Cistercienserinnen-Klosters Marienstern/Sachsen, fol. 1ᵛ, geschrieben 1516 im Kloster Altzella für das dem Abt unterstehende Frauenkloster. Die Initiale F (uit homo missus a Deo, cuius nomen erat Johannes — Es war ein Mensch von Gott gesandt, dessen Name Johannes war) zeigt die Taufe Jesu im Jordan. In der Randleiste unten sind als Halbfiguren Abt Martin von Altzella (Martin von Lochau, 1493—1522) und Äbtissin Elisabeth von Marienstern (Elisabeth von Temnitz, 1515—1523) dargestellt. Darunter steht auf dem Papierrand die Notiz: „Martinus veteris Celle dum culmina rexit 1516 et Stelle Marie Elisabeth scriptus liber iste est" — „Als 1516 Martinus die Leitung von Altzella innehatte und Elisabeth die von Marienstern, wurde dieses Buch geschrieben."

VI

Lateinische Sammelhandschrift
Anfang d. 13. Jh.
aus dem Cistercienserkloster Aldersbach
München, Bayerische Staatsbibliothek, Cod. lat. 2599,
Perg., 111 Bl., 246 x 165 mm.
Den Abschluß der Handschrift bilden, ohne Zusammenhang mit den vorhergehenden Texten, 11 Blätter mit Federzeichnungen bayerischer, wohl Aldersbacher Herkunft. Dargestellt sind die sieben freien Künste mit ihren Meistern, die sieben Weisen, lateinische Dichter und Prosaiker, darunter Boethius im Gefängnis in Pavia, von der Philosophie getröstet (106^v); zu Beginn des Zyklus (101^v) die göttliche Weisheit (Philoö sophia) als Königin. Sie setzt ihren Fuß den Königen Nabuchodonosor (dem Zerstörer), und Antiochos Ephiphanes, dem Schänder des Tempels in Jerusalem auf den Nacken.

Literatur
Bayerns Kirche im Mittelalter/Handschriften und Urkunden aus Bayerischem Staatsbesitz, München 1960, S. 29.

VII

Dreibändige Bibel aus dem Kloster Bredelar i. W.,
geschrieben in den Jahren 1238 und 1241, unter Abt Wittekind († um 1256)
Darmstadt, Hessische Landesbibliothek, Hs. 824, 825, 1993
Band 1 von 1238 ist Handschrift 1993, Umfang 173 Blatt, Größe 47,4/34 cm.
Nur ornamentale Rankeninitialen
Inhalt: 5 Bücher Moses, Richter, Ruth, Apostelgeschichte, Apocalypse, 7 kanonische Briefe.
fol. 173v: „Scriptus est liber iste a duobus fratribus ... (Rasur) utrisque in hac domo monachis consummatus vero anno domini 1238 presidente huid loco pie memorie venerabili abbate domno Widekindo. Amen." — „Dieses Buch wurde von zwei Brüdern geschrieben und von beiden in diesem Hause für die Mönche vollendet, im wahren Jahre des Herrn 1238, als diesem Hause der verehrungswürdige Abt, Herr Widekind, seligen Gedenkens, vorstand".
Band 2 von 1238 ist Handschrift 825, Umfang 239 Blatt, Größe 39,8/27,5 cm, 2 Col. 18 Bildinitialen.
Iste liber regum nomen sic servet in evum / Quamvis historias contineat reliques / Liber proprie ecclesie beate Marie / Virginis perpetue in breydelare / Scriptus anno gratie domini M C C XXX VIII. Interim curam huius domus feliciter amministrante pie memorie venerabili domno widekyndo abbate....
Dieses Buch wird in Ewigkeit den Namen „Könige" tragen, obwohl es auch andere Geschichten enthält. Das Buch ist Eigentum der Kirche der seligen, alle Zeit jungfräulichen Maria zu Breydelar. Geschrieben im Jahre des Herrn 1238, als der ehrwürdige Herr Widekind, seligen Gedenkens, als Abt für dieses Haus mit großer Umsicht sorgte.
Band 3 von 1241 ist Handschrift 824, Umfang 231 Blatt, Größe 39,8/27,5 cm, 2 Col. 34 Bildinitialen, 3 graphische Darstellungen.

Liber st. Marie perpetue virginis in Breydelare. Scribendo consummatus anno gratie domini MCCXL primo. Eo tempore regimen huius domus tenente pie memorie venerabili domino widekyndo abbate. Ut dixi proprie liber in Bredelare Marie. Quem si quis tulerit se mox anathemate vinxit. Hinc veluti meruit cruciatus dampna subibit. Continentur in hoc volumine liber esdre prophete. Machabeorum libri duo. Quatuor evangelia. Epistule XIV beati pauli apostoli.

Buch der heiligen, allzeit jungfräulichen Maria in Breydelar, dessen Niederschrift im Jahre des Herrn 1241 abgeschlossen wurde. Zu dieser Zeit hatte der ehrwürdige Herr Abt Widekind, seligen Gedenkens, die Leitung dieses Hauses inne. Wie gesagt, gehört das Buch der Maria zu Breydelar. Wenn jemand es wegnimmt, verhängt er über sich selbst das Urteil der Verdammung und wird, wie er es verdient hat, harte Marter erleiden. In diesem Band sind enthalten: das Buch des Propheten (Jesaias), die zwei Bücher der Makkabäer, die vier Evangelisten und 14 Briefe des heiligen Apostels Paulus.

An dieser Handschrift waren verschiedene klösterliche Schreiber und Miniatoren tätig, gleichsam ein unbekümmertes Nebeneinander alter konservativer und moderner Auffassung. Wie Swarzenski nachweist, hat ein späterer Miniator an einzelnen Arbeiten seines vielleicht verstorbenen Vorgängers sichtbare Veränderungen vorgenommen.

Literatur
Swarzenski: a. a. O. S. 96/97
A. Schmidt, Die Jubiläumsausstellung der Großherzoglichen Hof- und Landesbibliothek zu Darmstadt, 1917, S. 5

VIII

Sammelband Cod. 853
Aus dem Skriptorium der Abtei Rein/Steiermark, Anfang des 13. Jhs. 149 Blatt, Größe 23,8 x 15,5 cm. (Nationalbibliothek Wien)

fol. 8—34 Excerpta de virtutibus ex oberibus Salomonis, Ciceronis, Salustii aliorumque.

Sammelband Cod. 507 (Nationalbibliothek Wien)
aus dem gleichen Skriptorium

fol. 1—13 Reuner Musterbuch, eines der ältesten seiner Art und das einzige erhaltene aus einer Cistercienser Abtei. (s. Abb. S. 434, 435, 515 und 525)

Es enthält 20 Federzeichnungen, 24 große und 19 kleinere verzierte Initialen, weiter acht Seiten mit Tierbildern aus dem Physiologus, sieben Seiten mit Blatt- und Flechtwerkmotiven, verwendbar in der Buchillumination und bei Bauten sowie mehrere geometrische und astronomische Zeichnungen.

Die Entstehung dieser Handschrift dürfte etwa in das zweite Jahrzehnt des XIII. Jahrhunderts zu setzen sein (s. Hermann, S. 353)

Literatur
Tabulae codicum I, S. 144
Hermann, Julius Hermann, Die deutschen romanischen Handschriften, Leipzig 1926.

IX

Psalterium mit vorausgeschicktem Kalender des Frauenklosters Wöltingerode b. Goslar, 1. Hälfte 13. Jh., Wolfenbüttel Herzog-August-Bibl., Hs. Helmst. 515. Größe 24 x 17 cm, 147 Blatt. Einteilung: fol. 1–127 Psalterium premisso calendario, 127–138 Cantica, 139–142 Litania, 142–147 Lectiones et orationes. Die prachtvollen Illuminationen im Stil der thüringisch-sächsischen Malerschule der Spätromanik (Haseloff) sind mit der Handschrift Helmst. 521 (s. Heinemann II, S. 10) verwandt.

Literatur
Heinemann a. a. O. II S. 8.

X

Fragment eines Cistercienser-Breviers, um 1260, Hamburg Staatsbibl. in scrinio I. Erhalten sind 26 Blatt, Größe 52 x 35,4 cm, mit 4 Miniaturen und fünf unfigurierten Initialen, diese nach Swarzenski von einem anderen Miniator.
Aus einem bedeutenden mittelrheinischen Skriptorium der Mainzer Kunstlandschaft.

Literatur
H. O. Müller, Die Bilderhandschriften der Staatsbibl. zu Hamburg (Mitt. der K. K. Zentralkommission XI, 1866) S. CXIV
Swarzenski, a. a. O. S. 103 f.

XI

Graduale der Cistercienserinnen-Abtei Seligenthal/Landshut von 1260
20 Bildinitialen, London, British Museum, Ms. Add. 16950
Geschrieben von einer „Elysabeth" auf Veranlassung der Äbtissin Agnes des Cistercienserinnenklosters Seligenthal bei Landshut. Diese kann aber nur Agnes von Grünbach (1233–1277), die erste Äbtissin des 1232 von Herzogin Ludmilla von Bayern in Seligenthal vor Landshut gegründeten Cistercienserinnenklosters sein. — Ein zweiter Eintrag unter dem Text auf fol. 4 lautet: „1462 hat auch eine Kloster Frau Elisabeta Hyttlin das Gratual Buech verfertigt, war 35 Jahr Cantorin. Requiescat in Pace."
Vermerk der Schreiberin auf fol. 257:
„Finito libro laus sit christo. Orate pro scriba (Name ausradiert) que scripsit hunc librum, nomen eius Elysabeth". — „Nach Vollendung des Buches sei Christus Lob dargebracht. Betet für die Schreiberin . . ., die dieses Buch geschrieben hat. Ihr Name war Elisabeth."
Bereits in den ersten Jahrzehnten seines Bestehens hatte Seligenthal, wie dieses Graduale zeigt, ein blühendes Skriptorium, in dem hervorragende Miniaturen geschaffen wurden. Es ist erstaunlich, daß ein Nonnenkloster schon in der Gründer-Generation Miniaturen von hoher künstlerischer Reife hervorzubringen vermochte.

Literatur
Swarzenski, H. a. a. O. S. 114 f.

XII

Die Bibel von Amelungsborn, 5 Bände,
geschrieben unter Leitung des Priors Hermann von Geldern
Herzog August Bibliothek, Wolfenbüttel, Cod. Guelf. 4—8 Helmst.
Die katalogmäßige Anordnung der Bände stammt aus späterer Zeit; sie stellt den mit Cod. Guelf. 4 Helmst. signierten Band, der die neutestamentlichen Schriften enthält, an den Anfang und läßt die vier Bände mit den alttestamentlichen Schriften (Sig. 5—8) folgen.
Format: Band I 49,5 x 35 cm, Band II 46 x 33 cm, Band III-V 42,5 x 31 cm
Inhaltsübersicht:
Band I (4) enthält die Apostelgeschichte, die 7 sog. katholischen Briefe (Jakobus, Petrus, Johannes, Judas), die Offenbarung St. Johannis, die Paulusbriefe einschließlich der Pastoralbriefe (ohne Philipper und Kolosser aber mit dem sog. Laodicäerbrief vor dem 1. Tessalonicherbrief), den Hebräerbrief und schließlich die 4 Evangelien, 275 Blätter.
Band II (5) umfaßt als I. Teil des Alten Testamentes die 5 Bücher Mose, das Buch Josua, das Buch der Richter und das Buch Ruth, 223 Blätter.
Band III (6) bringt die Bücher Samuel, der Könige, der Chronik, 230 Blätter.
Band IV (7) weist die Propheten Hesekiel, Daniel, die 12 kleinen Propheten, dann Jesaia, Jeremia, die Klagelieder Jeremiä und das Buch Baruch auf, 263 Blätter.
Band V (8) enthält die Sprüche, den Prediger, das Hohelied und die Weisheit Salomos, Jesus Sirach, Hiob, Tobias, Judith, Esther, Esra, Nehemia, Makkabäer I und II, 253 Blätter.
Hermann von Geldern, unter Abt Moritz (1270—1291) Prior in den Jahren 1287—1290, wird auf dem Titelblatt des Bandes I angeführt:
„Hoc hermannus opus de gelren cum prior esset
Conscribi fecit, sit ei deus inclita merces.
Utque fruatus ea gaudens hoc qui legis, ora."
Dieses Werk ließ Hermann von Geldern, als er Prior war,
schreiben. Gott sei ihm unvergänglicher Ruhm.
Weil du frohen Nutzen daraus ziehen kannst, bete, der du
dies liest.
Auf den beiden Vorsatzblättern von Band IV finden sich mehrere im Geiste des Mönchtums gegebene Anweisungen und Verhaltensregeln, von denen die letzte hier angeführt sei:
„Sit monachus in oratorio devotus, in capitulo veridicus,
in auditorio brevilocus, in infirmitorio generosus,
in refectorio temperatus, in dormitorio quietus,
in omni loco circumspectus et consideratus."
„Der Mönch sei im Gotteshaus fromm, im Kapitelsaal aufrichtig, im Sprechsaal wortkarg, im Krankenhaus geduldig, im Speisesaal mäßig, im Schlafsaal ruhig, an jedem Ort besonnen und bedächtig."

Literatur
Mahrenholz, Christhard, Die Amelungsborner Bibel von 1280/1290, Hamburg 1963.

XIII

Missale aus Himmerod, 1. Hälfte des 14. Jhs., Pergament, 101 Blatt, Größe 21 x 14,7 cm, 1 ganzseitige Miniatur (Kanonbild, fol. 7v), 1 Schmuckinitiale, kleine rote und blaue Initialen, heute Berlin, Staatsbibliothek Preußischer Kulturbesitz, Ms. lat. qu. 718.

Anmerkung und Literatur
Von der Himmeroder Bibliothek, mit 2000 Büchern um 1453 eine der reichsten in einem Cistercienser-Kloster des Mittelalters, ist nur ein Bruchteil auf unsere Zeit gekommen. Der größte Teil davon ging nach der Auflösung des Klosters in der französischen Revolution 1802 verloren. Der Mitherausgeber dieses Buches, Abt Ambrosius von Himmerod, konnte in seinem Werk „Die Cistercienserabtei Himmerod im Spätmittelalter", Himmerod 1954, aus dem einst so stolzen Handschriftenbestand nur noch 141 Bände nachweisen (S. 166) und gibt (S. 234 ff.) davon einen Katalog.

XIV

Biblia sacra
Geschrieben im Skriptorium von Ebrach durch Frater Sifridus Vitulus, jetzt Herzog August Bibliothek, Wolfenbüttel, Sig. 1.3.1 Aug., 317 Blatt, Größe 42,5x30 cm
Initialen in farbiger Ausführung, teilweise mit Gold und figürlichen Darstellungen
Explicit
Libro finito sit laus et gloria Christo. Amen.
Anno Domini MCCCXV completum est hoc volumen byblie a fratre Sifrido Vitulo ordinante venerabili domino Friderico abbate Eberacensi.
Liber sancte Mariae virginis in Ebera.

Literatur
Heinemann a. a. O. IV, S. 21 ff.

XV

Graduale Cisterciense de Sanctis
aus Kloster Ebrach, geschrieben im Skriptorium von Ebrach, 1303 durch frater Sifridus Vitulus, 173 Blatt, Größe 34 x 24 cm, jetzt Universitätsbibliothek Würzburg, M.p.th.f. 94.
126 Initialen von hoher künstlerischer Qualität, vielfach in Deckfarben und teilweise mit figürlichen Darstellungen, ergänzen den Text.

Literatur
Thurn a. a. O., S. 20

XVI

Graduale Cisterciense, Wonnental, nach 1318 und zwischen 1347/48
Badische Landesbibliothek Karlsruhe, Cod. U. H. 1, 260 Bl., 46,4 x 36 cm.
Herkunft der Handschrift unbekannt. Sie dürfte aber mit weitgehender Sicherheit aus dem Cistercienserinnenkloster Wonnental bei Kenzingen stammen. Das Wappen der Grafen von Ysenberg, große Wohltäter des Klosters, er-

scheint neben den Wappen anderer breisgauischer und Straßburgischer Geschlechter in dem Graduale dreimal (Bl. 19^v, 201, 207). Ferner spricht das Vorkommen kniender Cistercienseronnen in Initialen und auf Blatträndern für Wonnental, dessen Äbtissin Agnes (1311—1326) zudem in einer Initiale (Bl. 147^v) mit ihrer Namenspatronin, der hl. Agnes, dargestellt ist. Die Entstehung der Handschrift fällt in ihre Regierungszeit, wobei das Vorhandensein des im Cistercienserorden erst 1318 eingeführten Fronleichnamsfestes einen sicheren Terminus post quem ergibt. 230 große blau-rote Filigraninitialen, 8 filigrane Prachtinitialen mit figürlichem Schmuck stammen aus dieser ersten Periode. Äbtissin Clare von Tigensheyn (1347—1348) ließ das Graduale mit 8 figürlichen Goldgrundinitialen versehen, die bis auf eine über bereits vorhandene Filigraninitialen geklebt worden sind. Cod. U. H. 1 zählt zu den reich ausgestatteten oberrheinischen Handschriften des 14. Jh. und weist stilistisch eine enge Beziehung zu einem Antiphonar des Cistercienserklosters Frienisberg (Kt. Bern) von 1316 auf (Luzern, Zentralbibliothek, Ms. 18 Fol.). 2 Schreiber und 3 Illuminatoren können unterschieden werden: die besten figürlichen Initialen stehen unter dem Eindruck breisgauischer Bildnerei und Glasmalerei (Freiburger Münster), z. B. die kraftvollen, gerundeten Gestalten der Heimsuchungsgruppe oder der hl. Agnes (Bl. 147v und 176v). Skizzenhafter arbeitete der 2. Illuminator, von dem u. a. die schöne Darbringung Christi im Tempel (Bl. 152) und der Erzengel Michael (Bl. 201) stammen. Sein höfisch verfeinerter Stil düfte um 1325 anzusetzen sein. Von hier führt auch ein Weg zum 3. Illuminator der Goldgrundinitialen von 1347/48.   Aus Katalog „Initial und Miniatur", Karlsruhe 1965

Literatur
E. J. Beer, „Beiträge und Minatur zur oberrheinischen Buchmalerei, Basel 1959, S. 94 ff, — A. Stange „Dt. Malerei der Gotik 1", 1934, S. 39 f u. 215 (Reprint 1969). — Katalog 1 Europe Gothique. Musée du Louvre 1968, Nr. 264. — Abb. bietet L. Eckener, Madonnen 1957, S. 35 u. 65 und Propheten 1959, S. 41, s. a. F. Lyma, Erasmus 14, 1961, SP. 480 u. E. J. Beer, Zs. f. Kunstgesch. 28, 1965, S. 137 und 142 f. — Katalog Kunstepochen Freiburg 1970, Nr. 89. — E. J. Beer, Die Glasmalereien der Schweiz. 1965, S. 43 f u. Abb. 19.

XVII

Graduale des Klosters Leubus (Schlesien), um 1320/30

Geschrieben im Skriptorium dieser ersten schlesischen Abtei, heute Universitätsbibliothek Breslau, Sig. I F 413, 175 Blatt, 45 x 33 cm.

Die fünf Bildinitialen sind als Federzeichnungen mit Wasserfarben angelegt und und in Filigranumgebung eingebettet. Teils handelt es sich dabei um Akanthussterne oder Kreuze in geometrischen Teilungen wie bei unserer Abbildung.

Literatur
Kloss, Ernst, Die schlesische Buchmalerei des Mittelalters, Berlin 1942

Anmerkung
Das Kloster Leubus hatte in den ersten Jahrhunderten seines Bestehens ein blühendes Skriptorium, dessen Intensität auch seine Tochter- u. Enkelklöster beeinflußte. Bei Leubus machte sich seine mitteldeutsche Abstammung bemerkbar, war es doch eine Gründung von Pforta in Thüringen.

XVIII

Güterbuch (Urbarium Tennebachense) des Klosters Tennenbach (Breisgau) verfaßt von Abt Johann Zenlin (1337–1353) und in seiner Amtszeit im Skriptorium des Klosters geschrieben, Karlsruhe Generallandesarchiv, Cod. Berain 8553, 352 Blatt, 33,5 x 24 cm.

Die Frage, ob es sich bei dem auf dem Widmungsbild dargestellten Frater Johannes Meiger um den Schreiber und Illuminator des Buches oder um den Magister Grangiae des Klosters Tennenbach handelt, konnte bisher nicht endgültig entschieden werden. Als dritte Möglichkeit ist nach Weber S. 96 auch in dem Mönch am Pult, Johann Zenlin dargestellt, denn vor seiner Amtszeit hatte er schon als Cellerar und Brudermeister die Anfänge des Urbars verfaßt. Der Name Johannes Meiger würde dann den ihm gegenüberstehenden Konversen bezeichnen.

Literatur

Weber, „Schau-ins-Land", Jg. 51, 1926, S. 94, 95, 96, 97. Beer, Beiträge zur oberrheinischen Buchmalerei, Basel, 1959, S. 105

XIX

Concordantia Caritatis
Ulrich von Lilienfeld (nach 1351)

Stiftsbibliothek Lilienfeld, Ms. 151

1. Teil: „de tempore" — die Evangelienstellen der 156 Sonntage, Herrenfeste und Ferialtage,

2. Teil „de sanctis" — die 82 Heiligenfeste des Kirchenjahres mit je einer typologischen Bildgruppe und ausführlichen Texten.

Jeder Gruppe sind ferner vier Propheten sowie zwei Vorbilder aus der Heiligen Schrift und zwei weitere aus der Naturgeschichte zugeordnet.

Die Concordantia Caritatis in ihrer Verbreitung:

illustrierte Ausgaben —

Bibliothek zu Eichstätt, Cod. 212

1. Teil „de tempore" behandelt wie beim Original in Lilienfeld die Evangelienstellen der Sonn- und Feiertage und der Ferialtage im Advent, in der Fastenzeit und an Quatember, insgesamt 156 neutestamentliche Szenen mit 312 Vorbildern und 310 naturgeschichtlichen Vergleichen.

Bibliothek des Fürsten Liechtenstein in Wien

(ohne nähere Angaben über Bildausstattung)

Paris, Nationalbibliothek (ms. lat. nouv. acq. 2129) geschrieben 1471 von Hans Tarralter in Wien

Vier Bilderhandschriften in der Staatsbibliothek München; illustriert ganz frei vom Text und dem Original in Lilienfeld und unabhängig von der Liechtensteiner Bibliothek.

In der Staatsbibliothek München außerdem 7 Handschriften ohne Abbildung, und zwar clm 3249, 3436, 7006, 12691, 15 560, 18 042 und 23 689.

Literatur-Ergänzung

Heider, Gustav, Beiträge zur christlichen Typologie aus Bilderhandschriften des Mittelalters, im Jahrb. der k. k. Zentralkommission zur Erforschung und Erhaltung der Baudenkmale V, (1861), S. 1—129.

Tietze, Hans, Die typologischen Bilderkreise des Mittelalters in Österreich im Jahrb. der k. k. Zentralkommission, N. F. II, (1904) Sp. 21—88.

J. Lutz und P. Perdrizet, Speculum humanae salvationis. Kritische Ausgabe. Übersetzung von Jean Mielot (1448). Die Quellen des Spekulums und seine Bedeutung in der Ikonographie, besonders in der elsässischen Kunst des 14. Jahrhunderts.

XX

Graduale aus Altenberg, 15. Jh., D 19 der Landes- und Stadtbibl. Düsseldorf. Größe 59 x 40,5 cm, 151 Blatt, 4 Bildinitialen, zahlr. Schmuckinitialen auf Goldgrund mit Blütenranken, tlw. auf Goldleisten.

XXI

Graduale (Winterteil) aus Altenberg, D. 32, 1. Hälfte 16. Jh., der Landes- und Stadtbibliothek Düsseldorf. Größe 54 x 37 cm, mit 7 Bildinitialen und Randleisten mit naturalistisch gemalten Blumen, Früchten und Tieren. Aus der in der Gotik weithin geübten Flächenkunst wird illusionistische Malerei mit Tiefenwirkung. Aus einer Miniatur ist ein Gemälde geworden (Galley).

Literatur

Illustrierte Handschriften und Frühdrucke der Landes- u. Stadtbibl. Düsseldorf, Text von E. Galley, mit Katalog, Düsseldorf 1951, Katalog Nr. 45 u. 66.

H. Mosler, Das Erzbistum Köln, 1. Die Cistercienserabtei Altenberg: Germania Sacra N. F. 2, Berlin 1965, S. 36—47 Gesamtverzeichnis aller bekannten Altenberger Handschriften.

G. Hammer, Buchmalerei in Altenberg: 75 Jahre Altenberger Domverein 1894—1969, Festschr., S. 37—78.

XXII

Antiphonale des Cistercienserinnen-Klosters Marienstern/Sachsen, im Besitz des Klosters, 162 Blatt, Größe 54 x 37,5 cm.

„Auf Blatt 1v steht geschrieben: Carmen panegiricum fratris Michaelis Cantoris Cellensis in laudem cenobiorum ordinis Cysterciensis Celle et Stelle beate Marie virginis — Festgedicht des Frater Michael, des Kantors von Altzella, zum Lob der Klöster des Cistercienser-Ordens Altzella und Marienstern. In diesem Gedicht werden die Namen aller Beteiligten genannt, der beiden Schreiber Johannes de Fribergk und Johannes Helbig, des Miniators Roswinus Andreae und der Äbtissin Elisabeth von Temritz von St. Marienstern (1515—1523)." (Edith Rothe, Übersetzung vom Verf.)

Das Buch ist eines der Prachtwerke aus der letzten Blütezeit des Altzeller Skriptoriums, das zu Anfang des 16. Jhs. unter den Kloster-Skriptorien in Sachsen und Thüringen eine dominierende Stellung hatte.

Literatur

Edith Rothe, Buchmalerei aus zwölf Jahrhunderten, Berlin 1966, S. 272 (mit einer zweiten Abb. aus derselben Handschrift).

Heils-Symbole und Dämonen-Symbole im Leben der Cistercienser-Mönche

Von Adam Wienand

Dämonenmaske aus dem Antiphonarium Cisterciense des Klosters Heiligenkreuz, Cod. 20, fol. 244V, Initiale „O", erstes Viertel 13. Jahrhundert.

Die Phantasie des mönchischen Miniators stellt hier einen Dämon in der Maske eines ausdrucksvollen Männerkopfes vor. Die Ohren sind wie Hörner nach oben gebogen. Die Enden der Ohren sind blattartig gebildet. Aus dem Halse ragen zwei Arme, die nicht in Händen, sondern in zwei unterschiedlichen Mönchsköpfen enden. Die typischen Teufels- oder Bocks-Füße stellen als unverkennbares Attribut die Personifikation des Satans dar.

Zur Einführung in die Welt der Symbole

> „Der Mythus ist die Exegese des Symbols, er entrollt in einer Reihe äußerst verbundener Handlungen, was jenes einheitlich in sich trägt ... Zu arm ist die menschliche Sprache, um die Fülle der Ahnungen, welche der Wechsel von Tod und Leben wachruft, und jene höheren Hoffnungen, die der Eingeweihte besitzt, in Worte zu kleiden. Nur das Symbol und der sich ihm anschließende Mythus können diesem edleren Bedürfnisse genügen. Das Symbol erweckt Ahnung, die Sprache kann nur erklären. Das Symbol schlägt alle Saiten des menschlichen Geistes zugleich an, die Sprache ist genötigt, sich immer nur einem einzigen Gedanken hinzugeben. Bis in die geheimsten Tiefen der Seele treibt das Symbol seine Wurzel, die Sprache berührt wie ein leiser Windhauch die Oberfläche des Verständnisses. Jenes ist nach innen, dieses nach außen gerichtet. Nur dem Symbole gelingt es, das Verschiedenste zu einem einheitlichen Gesamteindruck zu verbinden."
>
> *Bachofen, Oknos der Seilflechter, S. 8 und S. 10*

„Wir verbieten, daß in unseren Kirchen oder in irgendwelchen Räumen des Klosters Bilder und Skulpturen sind, weil man gerade auf solche Dinge seine Aufmerksamkeit lenkt und dadurch häufig der Nutzen einer guten Meditation beeinträchtigt und die Erziehung zu religiösem Ernst vernachlässigt wird. Wir haben jedoch bemalte Kreuze aus Holz." Aus dieser Anordnung, die auf einem der frühen Generalkapitel von Cîteaux (1134) erlassen wurde, geht hervor, daß der Orden in seiner Frühzeit, etwa im ersten Jahrhundert seines Bestehens, wohl unter dem Einfluß des hl. Bernhard, im Gegensatz zu Cluny aus seiner nüchternen Sachlichkeit heraus allen bildhaften und sinnbildlichen religiösen Ausdeutungen durch sichtbare Darstellungen ablehnend gegenüberstand. Doch die geistesgeschichtlichen Voraussetzungen und Zusammenhänge waren stärker, so daß die Anordnung der Generalkapitel allmählich nicht mehr beachtet wurde und auch in Cistercienser-Klöstern die religiöse Symbolik ihren Einzug hielt. Die Welt des Mittelalters dachte eben nicht in eindeutigen Begriffen, sie erlebte ihre Wahrheiten in vieldeutbaren Symbolen. Die christliche Vorstellungswelt war durch die Bildsprache des Alten und des Neuen Testaments geprägt. Die Tiersymbole der Evangelien und Evangelisten, ja sogar zwei Personen der Dreifaltigkeit, Lamm und Taube treten in ihrer göttlichen Wesenheit im NT in Tiergestalt auf, daneben der Teufel und die Dämonen. Wie sollte sich der neue Orden, der ein Leben nach den Evangelien zu führen trachtete, dieser Bildsprache auf die Dauer entziehen?

Zum Verständnis und zur Einführung in die Welt der christlichen Symbole als Sinndeutung der mittelalterlichen Welt sei hier kurz auf die Geschichte der Symbole und deren Bedeutung in der heidnischen Antike, im Alten und Neuen Testament, in der Patrologie und im mittelalterlichen Denken eingegangen.

Der sich selbst verbrennende Phönix, das Symbol Christi
Codex 226 von Heiligenkreuz

Die Symbole sind für den Menschen unserer Zeit von untergeordneter Bedeutung. Die meisten von uns haben keine Beziehung zu ihnen. Die Sprache der Symbole ist für sie tot, ein Buch mit sieben Siegeln, das sie nicht zu öffnen und dessen Text sie nicht zu lesen vermögen. Eingeleitet durch die geistesgeschichtlichen Veränderungen, z. B. der Renaissance, fortgeführt durch die sogenannte Aufklärung des 17. und 18. Jahrhunderts und den in der Folge einsetzenden Rationalismus verringerte sich allmählich die Symbolbedeutung im christlichen Bewußtsein. Im 19. Jahrhundert und in der Gegenwart wurden und werden die Symbole vielfach als dekorativer Schmuck entwertet, das Verständnis für ihre sinnbildliche Sprache ist vollständig erloschen. Die Christenheit wurde entmythologisiert.

Symbole sind Sinnbilder, sind Zeichen, die von den Menschen gelesen werden konnten, so wie heute die geschriebene oder gedruckte Schrift gelesen und verstanden wird. Ja, für viele des Lesens und Schreibens Unkundige war dies die einzige Sprache zu ihrer Unterrichtung, Belehrung oder auch Warnung.

Die Symbolik reicht in ihren Anfängen bis in die graue geschichtslose Vorzeit. Doch Mythos und Märchen, Tierkulte und Tiergötter hatten nicht nur ihre Bedeutung für die primitiven Völker der Erde, sondern auch für die Kulturvölker des Altertums. Um nur einige Beispiele zu nennen: In Ägypten reicht die Verehrung göttlicher Mächte in Tiergestalt tief in die Vorgeschichte zurück. Es scheint, daß die Göttin Hathor schon Jahrhunderte vor Beginn der geschichtlichen Zeit (um 2980 v. Chr.) als Himmelsgöttin in Kuhgestalt verehrt wurde. Um die Wende zur geschichtlichen Zeit treten erstmals menschengestaltige Götter in Ägypten auf. Sie verdrängen die Tiermächte nicht, sondern treten als neue Möglichkeit göttlicher Offenbarung neben sie. Es bleiben auch in Zukunft Tier, Pflanze und der „magisch" belebte Gegenstand als „Bild" und Inkarnation der Gottheit möglich. Bis an das Ende der ägyptischen Geschichte werden Gottheiten in reiner Tiergestalt oder als Menschen mit entsprechenden Attributen dargestellt. Die spezifisch ägyptische Darstellungsart ist die Verbindung des menschlichen und tierischen Elementes zu einer einzigen Gestalt[1]). Diese Mischwesen spielen später in der mittelalterlichen Dämonen-Darstellung eine große Rolle und treten dort in mannigfacher Verbindung auf.

Bei den Indern hat die „Himmelskuh" einen hervorragenden Platz. Sie verehren dieses Tier als Göttermutter, „die den Göttern honigreiche Milch schwellen läßt, Erstmilch des Himmels" (Rigveda 10 — 63; 3)[2]). Von kultischer Bedeutung bei den Babyloniern war der Stier, bei den Persern der Löwe und bei den Chinesen der Drache.

Durch die Ausbreitung der griechischen Philosophie und Kultur über das ganze vorderasiatische und Mittelmeer-Gebiet erfährt auch die kultische Vorstellungs-

511

welt der Griechen eine weite Verbreitung und nimmt großen Einfluß auf die Vorstellungen der Römer und des ganzen Abendlandes, auch wenn im Laufe der Entwicklung die griechische Religiosität manche Wandlung erfahren hat. Der Adler und die Schlange des Zeus, die Eule der Athena und der Stier des Dionysos waren ursprünglich mehr als nur Attribute der Gottheiten. Als Mischwesen spielten die Sphinx, eine Gestalt aus Löwenleib, Vogelflügel und weiblichem Menschenkopf und der Greif, ein Wesen mit Löwenleib und Adlerkopf, der im „Prometheus" des Aichylos als Hund des Zeus benannt wird, eine Rolle. Die griechische Sphinx war als Todesdämon gefürchtet. Sie ist auch in der christlichen Ikonographie zu finden. An Säulenkapitellen und Torbogen gehört sie zu den Monstren, die als Todesboten erscheinen.

Mischwesen spielen auch bei allen anderen Völkern des vorderen Orients und des Mittelmeergebietes eine große Rolle. Ganz gleich ob es sich um die religiösen Vorstellungen der Sumerer, Assyrer, Babylonier oder Griechen handelt, die Heil oder Verderben bringenden Geisteswesen lassen sich überall nachweisen. Im Rahmen dieser Studie ist es nicht möglich, weitere Ausführungen über die vielschichtigen Entwicklungen der vorchristlichen Religionen und deren Manifestationen über die Tiermythen zu machen, die als Sinnbilder des menschlichen Lebens und göttlichen Waltens heute noch Zeugnis geben. „Die Erbschaft der antiken Welt in der religiös-mythischen Entwicklung zwischen Mensch und Tier trat das Christentum an." Es nimmt, wie Wera von Blankenburg sagt, „dem Tier zwar das Gottsein an sich, läßt ihm aber auch im christlichen Glaubenssystem die transzendentale Wirklichkeit des Symbols". In der mittelalterlichen Weltanschauung ist die Symbolik ein Wesensmerkmal. Dies sowohl im religiösen Bereich für die Theologen und Philosophen als auch im Profanen für Wissenschaftler, Dichter und die Kunstausübende. Mönche und Laien sind in gleicher Weise daran beteiligt. Das Symbol hatte als Aufgabe die exegetische Ausdeutung des Alten und Neuen Testaments zur Vermittlung der göttlichen Wahrheiten übernommen. Die Tierbilder und Mischwesen als Ornamente an Kirchen und Portalen, Kapitellen und Schlußsteinen von Gewölben werden heute von den meisten Beschauern unter ästhetischen Gesichtspunkten betrachtet, ohne sich dabei bewußt zu sein, daß sie hauptsächlich bis zum Beginn des Hochmittelalters wiederum im späten Mittelalter — allerdings in anderer Art — einen tiefen religiösen Sinn hatten. Sie waren als Predigt und Unterricht gedacht, um dem Volk die Heilswahrheiten zu deuten und näher zu bringen. Die Lehre des Christentums wurde seinerzeit nicht in abstrakter Sprache oder Begriffen vermittelt, sondern durch Bilder und Sinnbilder veranschaulicht. Die „Welt des Mittelalters" dachte nicht in eindeutigen Begriffen. Sie erlebte ihre Wahrheiten in vieldeutigen Symbolen. Der Zugang zu dieser Sinndeutung der christlichen Bildwelt ist uns verlorengegangen.

Selbst ein Kunsthistoriker wie Georg Dehio kann den symbolischen Darstellungen keine Sinndeutung geben. Er schreibt in „Geschichte der Deutschen Kunst, Bd. I., S. 176/77": „... daß die Theologen jener Zeit in symbolischen Deutungen oft abstrusester Art unglaublich fruchtbar waren, ist bekannt genug, nur muß man nicht glauben, daß bei solch dekorativen Aufgaben die Handwerker sich an tiefsinnige Programme gebunden fühlten." An anderer Stelle meint Dehio, daß die Tierplastik Spiele eines phantastischen Humors seien.

Dies trifft weitgehend nur für die Zeitphase zu, als die Gotik des 14. Jhs. zu einer mehr gefälligen, modischen Kunst wurde und z. B. in der Buchmalerei kleine figürliche Darstellungen von Menschen, Tieren und mythischen Mischwesen in dem Rankenwerk von Initialen und Bordüren eine Rolle spielen.

Wie gering auch der Zugang der Fachwissenschaft des 19. und 20. Jahrhunderts zur Symbolik des Mittelalters ist, zeigt die Bildbeschreibung verschiedener Kunsthistoriker[3] von Albrecht Dürers Zeichnung „Die Engelsmesse" (abgebildet in diesem Buchkapitel). Obwohl es in diesem Bilde, neben einer Anzahl Engeln, von Teufeln und dämonischen Wesen verschiedener Art geradezu wimmelt, war niemand in der Lage, den Sinn des Geschehens zu erklären und zu deuten.

Der Autor dieses Aufsatzes nimmt für sich in Anspruch, keine eindeutigen Bilddeutungen geben zu können und verweist dabei auf die Ausführungen von Wera von Blankenburg „Heilige und dämonische Tiere"[4]: „Wenn in dieser Untersuchung der Versuch gemacht werden soll, die frühmittelalterliche Vorstellungswelt wieder aufleben zu lassen, um im Bewußtsein damaliger Zeiten die mit den Tiergeschichten gegebenen Aussagen wieder vornehmen zu können, so bleibt für dieses Wollen für den Menschen des 20. Jahrhunderts eine letzte Grenze. Es darf nicht vergessen werden, daß die seelische Haltung des frühen Mittelalters eine einmalige war und in ihrer ursprünglichen Substanz nie wieder lebendige Wirklichkeit werden kann. Die Sinndeutungen werden deshalb selten endgültig sein können, sondern fast immer nur ein ‚beinahe' erreichen; statt ‚es bedeutet' wird es meist nur ‚es kann bedeutet haben' heißen müssen. Wenn unser Wissen um den Sinngehalt der frühromanischen Tierornamentik also nur bruchstückhaft bleiben muß, so werden trotzdem fragmentarische Erkenntnisse ihren Wert behalten. Der Versuch, das Verständnis für das Seelenleben unserer Vorfahren zu vertiefen, wird eine Erweiterung des Bewußtseins über uns selbst bringen ... In einer Zeit, die im formalen Können, im zweckbetonten Tun zu ersticken droht, will diese Untersuchung ein Beitrag sein, der Gegenwart wieder eine Ahnung von den Bildern zu geben, die für den Menschen des frühen Mittelalters die göttlich gewollte Einheit alles Lebendigen gewesen sind."

Papst Gregor der Große hat in Anbetracht dessen, daß ein Großteil der abendländischen Völker des Schreibens unkundig war, die Anweisung gegeben, „die des Lesens Unkundigen sollten wenigstens durch den Anblick der Wände ‚lesen', was sie in den Büchern nicht zu lesen vermochten"[5].

Die Bedeutung des „Physiologus" für die christliche Symbolik

Die antike Mythologie, das Alte und Neue Testament sowie der „Physiologus" stellten die Grundlage und Hauptquellen für die Tiersymbolik in der christlichen Welt dar. Der „Physiologus" kann sozusagen als Lehrbuch hierfür angesehen werden. In den darin enthaltenen Tiererzählungen, in denen auf das Wesen der verschiedenen Tiere eingegangen wird, soll zum einen Gottes Allmacht und die Heilsverkündigung des christlichen Glaubens sinnfällig demonstriert werden und zum anderen die Stellung des Menschen zwischen dem Kreatürlichen und dem Göttlichen an der Verhaltensweise der Tiere ihre Ausdeutung im christlichen Sinne erfahren. Dies ist immer mit moralisierenden Hinweisen verbunden. Auch mythische Steine und Pflanzen sind in diese allegorischen Deutungen einbezogen. Basierend auf antiker Tradition war die Phantasie der Menschen in der frühchristlichen Zeit, im frühen Mittelalter und in späteren Jahrhunderten in hohem Maße reich an Tierbildern. Deshalb konnte die allegorische Tierdarstellung in Buch und Ornament sehr leicht zum Tiersinnbild werden. Der „Physiologus" — in Orient und Okzident verbreitet, immer wieder übersetzt und abgeschrieben — war fast eineinhalbtausend Jahre für die Allegorik in der christlichen Bilddarstellung von großer Bedeutung. Verfaßt wurde er wahrscheinlich unter dem Einfluß des Leiters der alexandrinischen Katechetenschule Origenes (+ 254), und zwar in griechischer Sprache. Papst Gregor der Große (+ 604) hat den „Physiologus" als geistliches Lehrbuch für die gesamte Kirche gutgeheißen.

In der Folgezeit wurde der „Physiologus" geistiges Allgemeingut der abendländischen Christenheit. Seine Geschichten werden die dem Bewußtsein der christianisierten Völker entsprechende Antwort auf ihre Fragen nach dem Göttlichen und Menschlichen.

Der Physiologus ist auch neben dem Alten und Neuen Testament das Lehrbuch für die Ornamentik an Kirchen und Klosterbauten des Mittelalters, besonders für die Bauten der romanischen Zeit. Wir treffen die bildhaften Darstellungen des Physiologus an Säulenkapitellen und Schlußsteinen der Gewölbe, am Tympanon der Portale, an Apsiden, Chorschranken, Chorgestühlen und in der Buchmalerei an. Sie erzählen von den Erlösertaten Christi, dem Teufel und seinen Gehilfen, den guten und bösen menschlichen Eigenschaften und stellen diese in mancherlei Verbindungen dar.

Otto Seel hat den „Physiologus"[6]) zuletzt ins Deutsche übertragen, erläutert und ist zugleich seiner Entwicklung und Verbreitung nachgegangen. Danach wurde „der griechische Text in vier verschiedenen, zeitlich fast ein Jahrtausend überbrückenden Redaktionen überliefert; der ursprüngliche Bestand wurde dabei im wesentlichen gewahrt, aber da und dort umgedeutet; das theologische Beiwerk wucherte, wurde immer wortreicher, die Allegorik bis zur Pedanterie fortgesponnen, neue Motive wurden eingefügt, die Themen vermehrt ... den ursprünglich achtundvierzig Kapiteln wurden sieben weitere Beispiele hinzugefügt".
„Übersetzungen des Physiologus sind in folgenden Sprachen erhalten oder in Bruchstücken faßbar: äthiopisch, syrisch (mehrfach), armenisch, koptisch, arabisch, georgisch, rumänisch, russisch, bulgarisch, serbisch, tschechisch; hinzu kommen noch die mehrfachen lateinischen Fassungen mit ihrer reichen Nachfolge in den romanisch-germanischen Volkssprachen usw." In der griechischen Sprache sind 77 Handschriften des Physiologus bekannt, von denen sich allein 21 in den Klöstern des Athos befinden. Aber auch diese sind im Umfang unterschiedlich und weisen textliche Variationen auf.

Daß der Physiologus den Cisterciensern bekannt war und in deren Skriptorien abgeschrieben wurde, zeigt eine Anzahl erhaltener Exemplare, teils nur in textlicher Fassung, teils aber auch illustriert, wie die Abhandlung beigegebener Beispiele von Heiligenkreuz und Aldersbach zeigen.

Tiersymbolik aus dem Physiologus aus Kloster Rein/Steiermark

Oben: Der Elefant gebärt nach dem Physiologus sein Junges im Wasser, damit der Drache diesem kein Leid antun kann. Darüber befindet sich ein großer Elefant, der mit seinem Rüssel den angreifenden Drachen abwehrt. Der Physiologus betrachtet diesen Vorgang als Gleichnis zu dem Sündenfall von Adam und Eva im Paradies. „Der kleine Elefant ist auf Christus bezogen, der in unscheinbarer Gestalt alle erlöste."

Unten: Ein Adler fliegt der Sonne entgegen, die in der Gestalt einer Halbfigur mit Strahlenkranz dargestellt ist. Darunter ein Adler, der in einen von Felsen umgebenen Teich taucht, um sich zu verjüngen. „So soll der Mensch empor fliegen zur Sonne der Gerechtigkeit Jesu Christi und untertauchen in die immerströmende Quelle der Buße, damit er wieder jung wird wie ein Adler" Ps. 103.

Einflüsse des Physiologus sind auch in den Abbildungen des Werkes „Die Moralia in Job" spürbar. Der große Abt von Cîteaux, Stephan Harding, ließ bekanntlich das Werk in seinem Skriptorium abschreiben. Sicherlich hat es seine besondere Bewandtnis, daß dieser hochgebildete Abt gerade die Moralia neben der Bibel als zweites Werk für die Vertiefung des klösterlichen Geistes der jungen Mönchsgemeinde hergestellt hat. Er wollte in Ergänzung der Hl. Schrift die christlichen Wahrheiten und die guten und bösen Eigenschaften des Menschen vor Augen führen, so wie der große Papst dieses Werk, wahrscheinlich angeregt durch den Physiologus, zur religiösen Unterweisung der Christen konzipiert hatte.

Bibliothek von Heiligenkreuz

Codex 226 (Sammelband) zeigt von fol 129—145 in Abwandlung des Physiologus eine Darstellung von 26 Vogelarten und setzt sie in Beziehung zum Heilsgeschehen. Dieser Codex ist anscheinend unter dem Einfluß des Honorius Augustodunensis geschrieben worden, der im Hinblick auf die sinnbildhafte Bedeutung des Phönix und Pelikan in Ausdeutung des Physiologus sagt: „Von Anfang an hatte Gott diese Vögel dazu bestimmt, die künftigen Geschehnisse und die einmalige Erlösungstat zu bekräftigen." In Hiob 12,7 steht: „Frage die Tiere und sie werden es dich lehren, und die Vögel der Luft werden es dir erzählen."

Die Vogelsymbolik zeigt sich auch in dieser Handschrift auf der Abbildung des hl. Grafen Theobald, der von einem Buchtext umgeben und von einer Schriftleiste umrahmt gezeigt wird. Er thront mit ausgebreiteten Armen und übergeschlagenen Beinen inmitten von sechs in Nestern sitzenden Vögeln. Auch die als Titelblatt geltende erste Abbildung zeigt zwei Ebenen in einem mit Türmchen gekrönten Liniengehäuse — oben Taube und Falke — darunter Mönch und Ritter —, die in allegorischer Beziehung zueinander stehen. Die Bedeutung der Zeichnung findet zugleich ihren Ausdruck in den auf den Türmchen befindlichen Attributen: Kreuz und Raubvogel. Die Vögel haben den Weg zum Heil gewiesen. Diese Handschrift ist wohl schon zu Lebzeiten des ersten Abtes von Heiligenkreuz, Gottschalk, geschrieben, der anscheinend mit Honorius Augustodunensis in Verbindung stand, und der sein Werk „De libero arbitrio" mit der Widmung „Gottschalco fide et opere sudanti in sancto proposito, verbo et exemplo gregi Christi praeposito" versah. (Gottschalk, dem im heiligen Vorsatz durch Wort und Beispiel gläubig sich mühenden Vorsteher der Herde Christi) Es muß hierzu bemerkt werden, daß das Wort „praepositus" nicht im engsten Sinn mit „Propst" zu übersetzen ist, sondern auch „Vorsteher einer klösterlichen Gemeinde" bedeuten kann.[7])

Im gleichen Codex befinden sich auf fol 146 und 149 ganzseitige Abbildungen mit Glücksrädern, die auf allegorische Weise den Wandel im Leben der guten und schlechten Mönche zeigen.

Bibliothek von Zwettl

Mit Cod. 253 (Sammelband) besitzt diese Bibliothek sozusagen eine Kopie der vorstehend beschriebenen Handschrift von Heiligenkreuz. Auch die Handschrift von Zwettl zählt 26 Vogelarten, wozu noch die anderen im Cod. 226 befindlichen fünf Zeichnungen wie die Titelseite mit Taube, Falke, Mönch und Ritter und die beiden sogenannten Glücksrad-Darstellungen des mönchischen Lebens u. a. kommen. Texte und Zeichnungen stimmen weitgehend mit der Handschrift von Heiligenkreuz überein, so daß wohl angenommen werden kann, daß diese ebenfalls von einem Schreiber und Illustrator des Mutterklosters hergestellt wurde. Nur in der Größe und Blattzahl sind beide Handschriften unterschiedlich. Die Handschrift von H. mißt 29 x 17 cm, das Blattformat von W. schwankt zwischen 21,4 x 24,2 cm und 17 x 16,7 cm. Beide Handschriften dürften aus dem 12. Jh. stammen. Bei der engen Bindung von der Mutter- zur Tochter-Abtei ist es verständlich, daß der Neugründung als Ausdruck der Verbundenheit ein Buch übergeben wurde, das die christliche Heilslehre auch an der Tiersymbolik aufzeigt.

Die Österreichische National-Bibliothek, Wien
besitzt den Codex 507 (Sammelband) aus der Bibliothek des Klosters Rein in der Steiermark, in dem sich neben dem berühmten „Reuner Musterbuch" acht ganzseitige Federzeichnungen zum „Physiologus" befinden. Von einem roten Rahmen umschlossen, ist eine Anzahl Tiere des „Physiologus" abgebildet, wie das Einhorn, der Panther, der Löwe, der Phönix, das Krokodil, der Salamander, der Adler und der Elefant. Diese „Haupttiere" sind teilweise von anderen Tieren umgeben — und — entsprechend der Allegorie des „Physiologus" — mit Menschen in Verbindung gebracht. Die Tierfiguren, Bäume und Felsen sind zum Teil naturalistisch gezeichnet, zum Teil stilisiert. Anstelle des üblichen, ausführlichen Textes des „Physiologus" sind den Darstellungen Hexameter beigegeben, in denen die Verbindung der Tiere zu Christus und dem christlichen Glauben erläutert werden (s. Abb. S. 515).

Die Bayerische Staatsbibliothek, München
besitzt in dem Codex lat. 2566 (Sammelband) einen „Physiologus" aus der ehem. Abtei Aldersbach in Niederbayern, der auf zehn Folien fol. 95ʳ–104ʳ die besinnlich-erbaulichen Geschichten des berühmten Buches in Wort und Bild wiedergibt. In den Text sind 30 allegorische Abbildungen eingebaut. Auf fol. 104ʳ wird ein Salamander im Feuerofen gezeigt (s.Abb. im Bildteil des Symbolik-Kap.). Oberhalb dieser Bildszene hat sich Abt Hugo von Aldersbach (1295–1307) porträtieren lassen. Es kann wohl angenommen werden, daß diese Physiologus-Handschrift auf seine Initiative in dem Skriptorium des Klosters um 1300 angefertigt wurde.

Die Kirchenlehre und Theologen über die Bedeutung der Symbole

Wie im Kapitel des „Physiologus" bereits erwähnt, ist die Bibel die Grundlage für die Symbolmotive, sowohl für die Heils- als auch für die Dämonen-Symbole. Alle großen Werke der Theologen gehen von ihr aus. Angefangen bei den abendländischen Kirchenvätern wie dem hl. Ambrosius († 397) oder dem hl. Hieronymus († 420), über Augustinus († 430), Gregor den Großen († 604), Isidor von Sevilla († 636) u. a. bis zu Bernhard v. Clairvaux und anderen Theologen des Mittelalters. Das Göttliche sinnfällig mitzuteilen, hält Augustinus für wichtig, um die göttlichen Wahrheiten zu verkünden. Er sagt: „Es verhält sich so, daß sinnbildliche Redeweise unser Innerstes mehr bewegt, mehr erfreut, mehr einnimmt, als der unverhüllte Sinn des kahlen Ausdrucks. Mir scheint, daß die Seele in dieser Welt der irdischen Verstrickung nur langsam in feurige Bewegung gerät, versteht sie aber die körperlichen Dinge als bildkräftige Andeutungen und erhebt sich von ihnen zu den geistigen, die in jedem sinnlichen vorgebildet sind, so hat gerade der Übergang für sie etwas Belebendes..." [8])

Wie in einigen diesem Buchkapitel beigefügten Abbildungen gezeigt wird, hat Papst Gregor in seinen Moralia und anderen Schriften in fast allen Gestalten der Bibel Dämonen gesehen. Jede alttestamentliche Erzählung war ihm ein Symbol des Kampfes der Christen mit den Dämonen. Auch auf die Frage, wie es die Dämonen anfangen, die Menschen in ihre Gewalt zu bringen, weiß Gregor die richtige Erklärung. Sie lautet: „Wer auf der Straße geht, fürchtet den Hinterhalt, fürchtet, den Feinden in die Hände zu fallen, und schauert vor dem Überfall der Räuber. Deshalb bittet er, wenn er darum bittet den richtigen Weg zu erfahren, auch gleichzeitig darum, seinen Feinden entrissen zu werden ... Unser Feind, der Satan, schweift nämlich wie ein brüllender Löwe umher, suchend, wen er verschlingen kann. Er greift die Unvorsichtigen, verletzt die Wehrlosen und raubt die Leichtsinnigen aus. Die einen nimmt er gefangen, andere läßt er hungern, einige tötet er. Ein andermal verwandelt er sich in den Engel des Lichts und gibt böswillig vor, Gutes zu tun, bis der in Versuchung geführte Mensch von seinen guten Vorsätzen abläßt und so leichter einer Missetat zustimmt. Er bläst nutzlose Gedanken ein, erweckt eitle Wünsche und täuscht falsche Tugenden vor ... Der Feind hat auch seine nichtswürdigen Diener, seine Anführer und Trabanten, die Dämonen, bei sich, mit denen er der menschlichen Anfälligkeit zusetzt ... Wer kann einer solchen Menge von Feinden entkommen, wer alle ihre Hinterhalte aufspüren? Sie leiden nicht unter der Schwäche des Fleisches und werden von keinen Sorgen gedrückt, sondern sind allein darauf aus, dem Menschen zu schaden. Welcher Mensch kann diesen kämpfenden Widersachern unverletzt entkommen, wenn er nicht durch die göttliche Gnade geheilt (bewahrt) wird und unter ihrem wohlwollenden Schutz steht ...? (In psalm. poenitent, ps. 109, 11).

Über die Listigkeit und Verführungskunst des Teufels sagt Gregor in seinen Moralia: „Wer sonst wird mit dem Namen 'Schlange' bezeichnet, außer dem alten und verschlagenen Feind, der mit seiner falschen Zunge zum Menschen spricht? Der Teufel nämlich ist die glatte Schlange, die sich, wenn man ihr nicht mit ganzem Herzen widersteht, in den Gedanken einnistet, ohne daß man es merkt ... und wen täuscht der Teufel schließlich nicht? — Was es auch für ein 'Tier' sein möge, es steht fest, daß es durch die Fleischeslust in Versuchung führt; woher auch die Schlange stammen mag, sie schadet durch Begierde und Bosheit. Zur Versuchung der Menschen durch die Dämonen gab Gott seine Zulassung nur mit Einschränkung. Hier gilt, was Isidor von Sevilla in seinen Sentenzen sagt: „Nicht weiter versucht der Teufel die Auserwählten, als Gottes Wille zuläßt, denn die Versuchung dient der Läuterung der Heiligen ... die Hinterhältigkeit und die List des Teufels breiten sich weiter aus, wie sehr auch die geprüften Menschen dies und jenes erdulden müssen ..." [9])

Eine Autorität auf dem Gebiete der Symbolik war im frühen Mittelalter der als Erzbischof von Mainz 856 verstorbene Rhabanus Maurus. Seine Werke „De universe" und „Allegoriae in sacrum scripturam" hatten einen großen Einfluß auf seine Um- und Nachwelt.

Im 12. Jahrhundert war es vor allem Honorius Augustodunensis, der sich die große Aufgabe gestellt hatte, die Weisheiten der Antike, die von der Kirche jahrhundertelang gesammelt, um im christlichen Sinne umgewertet zu werden, vor allem in seiner Predigtsammlung „Speculum ecclesiae" dem Verständnis breiter Schichten des Volkes fruchtbar zu machen. Wie Endres schreibt: „waren seine Ausführungen nicht allein für Gelehrte, sondern vor allem die in der praktischen Seelsorge stehenden Geistlichen, für die „simplices", im Gegensatz zu den „literati" gedacht und sind nachweisbar auch Vorlagen für deutsche Predigten geworden". Zur Verkündigung des Evangeliums mit sinnbildhafter Auslegung verwendet Honorius die Bibel und den Physiologus nebeneinander und führt sie als Quellen an. (Endres a. a. O., S. 17)

Augustodunensis kann von Autun (Burgund), aber auch Augsburg, bedeuten. Wahrscheinlich ist er aber im deutschen Sprachraum zu Hause. In seinen historischen Schriften rechnet er nach den Jahren der deutschen Kaiser. In seinem liturgischen Werk „Gemma animae" erwähnt er die Verwüstungen der Ungarn und deren Besiegung.

Der hl. Bernhard und die Dämonen

Die viel zitierte Apologie des hl. Bernhard an den Abt Wilhelm von St. Thierry, insbesondere seine Auslassungen über die Skulpturen an den Kapitellen in den Kreuzgängen von Cluny mit den steinernen Dämonen-Abbildungen, den Schmuck der Fußböden, der „nur so von Heiligenbildern wimmelt, die mit Füßen getreten werden", läßt für den nicht mit Bernhards Schriften Vertrauten den Schluß zu, Bernhard hätte die Existenz der bösen Geister, der Dämonen nicht für glaubwürdig gehalten und aus dieser Haltung heraus seine berühmte und nachstehend teilweise abgedruckte Abhandlung geschrieben. Zu widerlegen wäre diese Annahme allein schon durch die Einstellung Bernhards zur Heiligen Schrift, für Bernhard die Quelle seiner Religiosität, aus der er in seinen Ansprachen und Predigten immer schöpfte. Das Alte Testament interpretierte er nicht dem Buchstaben nach, sondern im christlichen Sinne exegesierte er es typologisch und allegorisch. Es ist unmöglich, daß Bernhard den auch häufig durch die Bibel belegten Symbolcharakter des Tieres, die Schriften der Kirchenväter, den Physiologus und die Schriften des Honorius Augustodunensis nicht gekannt hat, ebenso die Schriften der hl. Hildegard von Bingen. Vergessen wir nicht, Bernhard war zuerst Mönch in Cîteaux, das zu dieser Zeit unter dem Abt Stephan Harding stand (1109—1134, seit 1099 in diesem Kloster), dem Schöpfer des vierbändigen, reich illustrierten Bibelwerkes und der Moralia in Job. Beide Werke sind mit vielen symbolischen und allegorischen Abbildungen, die Bernhard sicherlich gekannt hat, ausgestattet. Es ist zumindest nachgewiesen, daß die ersten beiden Bände der Bibel Stephan Hardings bereits 1109 vollendet waren, und es ist wohl anzunehmen, daß Band III und IV kurz nach 1109 zum Abschluß gebracht wurden. Die Moralia in Job wurden 1111 vollendet.

Der hl. Bernhard begab sich 1113 nach Cîteaux ins Noviziat, danach blieb er dort bis 1115, um dann Abt von Clairvaux zu werden.

Die beiden großen Werke Stephan Hardings, die Bibel und die Moralia in Job waren Gebrauchsbücher des Konvents, die Bibel zur Verkündigung der frohen Botschaft und die Moralia zur sittlichen Belehrung der Mönche. Diesen Aufgaben dienten nicht nur die Texte der beiden Werke, sondern auch die anschaulichen Abbildungen. Daß die Bibel, Gebrauchsgegenstand der Kommunität war, beweisen nicht nur die in späterer Zeit eingezeichneten Kreuze vor den Passionen, sondern auch die Notiz über unsere Bibel im Katalog des Abtes Cirey. Dort werden die vier Bände in einem Abschnitt aufgeführt, der die Überschrift trägt: „Libri extracti de libraria ad usum cotidanum conventus." Also wurde noch 1480 die Stephansbibel benutzt. Diese Ehre, durch vier Jahrhunderte Gebrauchsexemplar des Konventes kon. C. zu sein, hat sie ohne Zweifel dem Umstand zu verdanken, daß sie groß und deutlich geschrieben ist, ein Vorzug, der sämtlichen noch erhaltenen Bibelhandschriften von Alt-Cîteaux abgeht.[10])

„Der Gegenpol zu Cluny in der Welt des 12. Jh. bildete Cîteaux", sagt Wolfgang Braunfels in seinem Werk über die abendländische Klosterbaukunst. Nachdem Cluny durch zwei Jahrhunderte hindurch vor allen Orden eine beherrschende Stellung eingenommen hatte, entartete es durch eine übersteigerte Spiritualität, wodurch die anderen Punkte der Regel St. Benedikts für die Mönche der Cluniazenser Kongregation von untergeordneter Bedeutung wurden. Die von Cîteaux ausgehende Reformbewegung erblickte in der Rückkehr zur ursprünglichen Beobachtung der Benediktinerregel ihre erste und große Aufgabe, die der neue Orden mit aller Konsequenz durchführte. Deshalb sagte der heilige Bernhard: Ich übergehe der Oratorien ungeheure Höhe, maßlose Länge, überflüssige Breite, verschwenderische Steinmetzarbeit und die Neugier reizender Malereien, die den Blick der Betenden auf sich lenken und die Andacht verhindern und für mich gewissermaßen den alten Ritus der Juden repräsentieren. Aber es mag sein, daß dies zur Ehre Gottes geschieht. Ich aber frage euch Mönche, was ein Heide an Heiden rügte: „Sagt (sagte jener), ihr Priester, was macht das Gold im Heiligtum?" Ich aber sage: Sagt, ihr Armen — denn ich beachte nicht das Wort, sondern den Sinn — sagt, sage ich, Arme, wenn wirklich Arme im Heiligtum, was macht das Gold? Freilich die Sache der Bischöfe ist eine andere als die der Mönche. Wir wissen, daß jene, da Weisen und Unweisen gleichermaßen verpflichtet, das fleischlich gesinnte Volk mit materiellem Glanz zur Andacht ermuntern, weil sie es mit Geistigem nicht vermögen. Wir aber, die wir uns vom Volke doch entfernt haben: die jegliche Pracht, jegliche Erlesenheit der Welt um Christi willen verlassen haben, die wir alles schön Glänzende, durch Klänge schmeichelnd-lieblich Duftende, dem Geschmack Angenehme, dem Gefühl gefallende, mit einem Wort alles dem Leibe ergötzliche als nichtig erachten, damit wir Christus gewinnen: mit welchen von diesen Dingen, frage ich, können wir die Andacht erregen wollen? Welchen Nutzen, frage ich, ziehen wir daraus, aus der Bewunderung der Narren und der Ergötzung der Einfältigen? Sind wir etwa darum unter die Menschen geschickt worden, damit wir die Werke derer kräftig verbreiten und damit noch dazu deren Schnitzereien dienen?"

„O Eitelkeit der Eitelkeiten, nicht mehr eitel, sondern vielmehr wahnsinnig! Es strahlt die Kirche (der Bau) in ihren Mauern und in ihren Armen leidet sie Mangel! Ihre Steine kleidet sie in Gold und ihre Kinder läßt sie nackt!"

„Außerdem im Kreuzgang bei den lesenden Brüdern, was machen dort jene lächerlichen Monstrositäten, die unglaublich entstellte Schönheit und formvollendete Häßlichkeit? Was sollen dort unreine Affen? Was wilde Löwen? Was monströse Zentauren? Was Halbmenschen? Was gefleckte Tiger? Was kämpfende Krieger? Was blasende Jäger? Da siehst du unter einem Kopf viele Körper und da auf einem Körper viele Köpfe. Man sieht hier an einem Vierfüßler den Schwanz einer Schlange, dort an einem Fisch den Kopf eines Vierfüßlers. Dort eine Bestie, die vorne ein Pferd ist und hinten eine halbe Ziege; dort ein Tier mit Hörnern vorn, hinten aber ein Pferd. Mit einem Wort, so viel, so wunderbare Mannigfaltigkeit verschiedenartiger Geschöpfe erscheint überall, daß man eher in den gemeißelten als in den geschriebenen Werken liest; sich lieber den ganzen Tag damit beschäftigt, derlei zu bestaunen als das Gesetz Gottes zu bedenken. Bei Gott! Wenn man sich der Albernheiten schon nicht schämt, warum gereuen dann nicht die Kosten?" (Dokumentation X aus Wolfgang Braunfels „Abendländische Klosterbaukunst".)

Bernhards Aussage über die Tierornamentik und den Schmuck in den Kirchen und Klöstern sind eine gewollte Kampfansage an die Cluniazenser, denn der Schmuck in den Kirchen ist für den Cistercienser nicht wie für den Cluniazenser Ausdruck einer vertieften Gottes-Ehrung, sondern eine verderbliche Augenlust, und Bernhard sagt: „Die Bethäuser ... ihr Aufwand an Steinmetzarbeiten, ihre die Neugier reizenden und die Andacht störenden Malereien, ... die den Blick der Betenden auf sich lenken und die Andacht stören, ... ich, ein Mönch, frage euch Mönche ..." Sicherlich ist Bernhard kein grundsätzlicher Gegner des künstlerischen Kirchenschmuckes. Bernhard glaubte eben, was der Mönch in der Welt verlassen hat, das soll er im Kloster nicht mehr finden. Über die Dämonen selbst, ihre Realität und Wirksamkeit, hat Bernhard keine andere Auffassung wie die anderen Theologen und Christen vor ihm und zu seiner Zeit.

Schriftstellen aus seinen Werken mögen dies belegen.

In der 14. Predigt Bernhards zum Hohenlied finden wir die gleichen Tierdämonen wie bei den Kirchenvätern und den zeitgenössischen Theologen, die in den verschiedenen Arten und auf verschiedene Weise die Menschen zu schädigen suchen. Bernhard schreibt darüber: „... und so sind für verschiedene Arten, besser gesagt Übel, auch verschiedene Namen ausgewählt worden. Von dem einen werden sie Schlange genannt, von dem anderen Basilisk, der dritte nennt sie Löwe und wieder ein anderer Drachen, weil sie nämlich offenbar jedem auf verschiedene Weise Schaden zufügen: dem einen gleichsam durch einen Biß, dem anderen durch einen Blick, einem dritten durch Brüllen oder einen Hieb, dem vierten durch giftigen Atem."

In der 7. Predigt sagt Bernhard über die Ursache und den Trieb der Dämonen, die Menschen um ihr Seelenheil zu bringen, folgendes aus: „Denn die Dämonen erkennen mit Neid, was sie unwiederbringlich verloren haben, und daß uns der Himmel und die Ewigkeit eher zuteil werden als ihnen. Sie sehen, daß dieses aus Staub geschaffene Wesen erlangt, was sie sich selbst, als die in Herrlichkeit geborenen, für alle Zeiten zerstört haben."

In der 33. Predigt interpretiert Bernhard den Vers 6 des Psalmes 90, den man auch heute noch bei der abendlichen Komplet betet: (wir führen zuerst den Psalm an) „Nicht nur vor dem Pfeil, der am Tage fliegt, nicht nur vor dem Unhold, der im Finstern schleicht, nicht nur vor dem mittäglichen Anfall des Dämonen . . ." — Bernhard schreibt. „Mir scheint, diese unsichtbaren Mächte sind auch gerade wegen ihrer List wie verführerische Geister, die sich im Hinterhalt verbergen und ihre Pfeile im Köcher bereithalten, um die Aufrichtigen zu treffen. Und deshalb scheint nach meiner Meinung der Mittag für uns besonders geeignet, die List des Teufels und jenen teuflischen Engel, der sich in einen Engel des Lichts verwandelt, zu erkennen, um ihn von unserem Engel umso leichter zu unterscheiden. Wir können uns nämlich gegen einen Angriff des Mittagsdämons nur zur Mittagszeit und eben durch Licht genügend schützen. — Insofern glaube ich wenigstens, was über den Mittagsdämon gesagt wird, als einige aus der Anzahl dieser Böswilligen, die mit ihrem verderblichen und hartnäckigen Streben der ewigen Finsternis angehören, das Tageslicht für ihre Täuschungen nachzuahmen wissen, und nicht nur dieses, sondern auch den Mittag . . ."

Cäsarius von Heisterbach und die Dämonen

Der Satan als die personifizierte geistige Gestalt des Bösen mit seinen Helfern, den Dämonen, ist auch ein integrierter Bestandteil der religiösen Vorstellungswelt des Cäsarius von Heisterbach. Wie könnte dies auch anders sein; bildet doch die Lehre vom Teufel und den bösen Geistern nach der Schrift und der Tradition einen wesentlichen Bestandteil des christlichen Glaubens. In seiner Erklärung des Bösen bewegt sich daher Cäsarius in den Gedankengängen der Kirchenväter und des hl. Bernhard. In seiner Schrift „Dialogus miraculorum" das Zwiegespräch eines Mönches mit einem Novizen, läßt Cäsarius den Mönch im 1. Kap. der fünften Distinction sprechen: „Daß es Dämonen gibt, und daß sie zahlreich und böse sind, werde ich dir an sehr vielen Beispielen beweisen können." — Wie die Dämonen dem Menschen Schaden zufügen können, erklärt Cäsarius durch den Mönch im Kap. 15 auf die Frage des Novizen nach der Gestalt der Dämonen: „Die Dämonen verfügen über tausend Künste, um Schaden zuzufügen, vier davon will ich Dir erklären. Gewissen Menschen schaden sie durch falsche Versprechungen, andere richten sie durch scheinbar treue Diener zugrunde, einigen fügen sie körperliche Schäden zu, und wieder andere, und das ist noch gefährlicher, stürzen sie durch Verbrechen ins Unglück. Dies alles geschieht mit Gottes Zulassung, und von einzelnen kann ich dir Beispiele nennen." Das, was aber bei den Vätern symbolhaft oder allegorisch angedeutet ist, wird bei Cäsarius greifbare Wirklichkeit. In seinen Wunderschriften (auf S. 139/40 unseres Buches kurz charakterisiert) nehmen die Teufel und Dämonen leibhaftige Gestalt an. Die bildhaften und plastischen Schilderungen, prall gefüllt mit Rittern und Bürgern, Bauern und Mönchen, haben in manchen Werken der späteren bildenden Kunst, in der Buchmalerei und nicht zuletzt in den Skulpturen der Chorgestühle einen bleibenden Niederschlag gefunden, denn der Dialogus fand durch Abschreiben weite Verbreitung.

In seinen Wundergeschichten sah man die bösen Geister in Gestalt von Affen und Katzen auf den Skapulieren der Mönche sitzen (V, 50). Sie trieben ihr Unwesen in den Chorgestühlen, hielten einem abstinenten Mönch eine Schüssel mit Braten unter die Nase (IV, 82) oder störten in Gestalt grunzender Schweine (IV, 35). Das Grunzen hat bei Cäsarius eine besondere Bedeutung, da er es mit dem Schnarchen der im Chorgestühl eingeschlafenen Mönche vergleicht. Andere Dämonen erschienen den Mönchen als nacktes Weib (VII, 16), als häßlicher Mann (VII, 17), als Katze (IV, 33, V, 50), als Löwe (VI, 36), als Hund (XII, 59, V, 50), als Schwein (IV, 35), als Affe (V, 50), als Schlange (IV, 32, VII, 34, X, 70), als Basilisk (II, 16, V, 5), als Bär (IV, 91, V, 49), als Rabe oder Krähe (I, 15, XI, 41, 55).

Auszug aus den XII Distinctionen, aus V, 5 der Wundergeschichten des Cäsarius: (Deutsche Übersetzung von A. Kaufmann in den Annalen des Historischen Vereins, 53 Heft, 1891).

Als Hermann, damals noch einfacher Mönch, in der St. Kunibertsnacht im Chor des Abtes stand, zeigten sich ihm zwei Teufel, welche in die Kirche getreten und nach und nach bis zum Sitze des Abtes, zwischen dem Chor der Mönche und dem der Novizen, vorgedrungen waren. Nachdem sie bis zu dem Winkel gekommen waren, wo die Wände zusammenstoßen, sprang ein Dritter herbei, gesellte sich zu den beiden Andern und ging mit diesen fort. Sie kamen Hermann so nahe, daß er sie mit der Hand hätte berühren können. Bei genauerem Zusehen bemerkte er, daß sie gleich Lufterscheinungen mit den Füßen den Boden nicht berührten. Der eine der Teufel hatte ein Weibergesicht, trug einen schwarzen Schleier um den Kopf und war in einen schwarzen Mantel gehüllt. Wie mir der Abt ferner erzählt hat, war der Mönch, zu welchem sich der dritte Teufel gesellt hatte, ein ziemlich mürrischer, nicht wenig verdrossener und träger Mensch; er schlief gern im Chor, psallierte jedoch höchst ungern; er war mehr zum Trinken aufgelegt, als zum Singen; die kürzesten Vigilien dauerten ihm noch zu lange. — Zu einer andern Zeit, als Hermann noch Prior war, wenn ich nicht irre, am Vorabend von St. Columbanus, begann der Chor des Abtes den ersten Psalm der Matutin: „Herr, wie haben sich gemehret, die mich bedrängen" (Ps. III, 2); da fanden sich im Chor soviele Teufel zusammen, daß durch ihr Hin- und Herlaufen die Brüder in ihrem Psalm ganz irre wurden. Als nun der andere Chor den Gesang wieder in den richtigen Gang zu bringen suchte, flogen die Teufel herbei, mischten sich unter jene falsch singenden und brachten sie in solche Verwirrung, daß sie gar nicht mehr wußten, wie sie singen sollten. So schrie ein Chor gegen den andern. Herr Abt Eustachius und Prior Hermann, welche alles Vorhergehende gesehen hatten, standen auf und machten einen Versuch, dem Wirrwarr unter den Sängern zu steuern und die dissonierenden Stimmen wieder zu vereinigen, jedoch vergeblich. Nachdem jener nicht allzu lange oft gesungene Psalm mit Mühe und Not zu Ende gebracht worden war, ging der Teufel, der Urheber der ganzen Verwirrung, mit seinen Gesellen fort, und der Friede war unter den Sängern wieder hergestellt. Der Prior hatte gesehen, wie der Teufel in Gestalt eines Drachen von Speereslänge davon flog und zwar in der Nähe der im Chore brennenden Lampe, so daß sein Abzug dem Zuschauenden nicht entgehen konnte. Die übrigen Teufel besaßen Schattenkörper und waren etwas größer als Kinder, ihre Gesichter aber sahen aus wie Eisen, das soeben aus der Glut gezogen wird.

Noch ein anderesmal, als Abt Hermann auf seinem Sitze eine Bewegung machte, um die Brüder an etwas zu erinnern, sah er, wie ein Teufel von entsetzlichem Aussehen sich ungestüm zwischen den Sitz des Abtes und den des Priors eindrängen wollte; dann sah sich der Böse tückisch nach dem Chor des Priors um; weil aber dieser ihm den Zugang versperrte, stürzte er in den Novizenchor und gesellte sich zu einem dort sitzenden älteren Mönche. Dieser war dem obengenannten Mönche, zu dem sich auch der Teufel gesellte, in vieler Hinsicht ähnlich, denn er war trunksüchtig, verdrossen und brummig. — Oft sah der Abt die Teufel in kleinster Gestalt durch den Chor laufen, oft auch an verschiedenen Orten wie Funken leuchten; da er jedoch merkte, ihr Anblick schade den Augen, auch ihre Tücke und Bosheit kannte, betete er eines Tages während der Messe vom hl. Geist: Gott möge ihn von solchen Visionen befreien.

Das Flechtwerk in seiner symbolischen Bedeutung

Eine große Bedeutung als Symbol hat das Flechtwerk, das in viegestaltiger Form als Ornament an Bauwerken und im Bereich der mittelalterlichen Buchgestaltung zur Anwendung gekommen ist.

Mit wirklichen Geflechten, wie etwa stofflichem Gewebe oder Korbgeflechten, haben die Flechtornamente nichts zu tun. Sie entstanden auch nicht aus einem Schmuckbedürfnis heraus, denn dieses gab es zu jener Zeit noch nicht, außer in der Antike. Die linearen Gebilde entsprangen vielmehr den mythischen Vorstellungen der Menschen von geheimnisvollen Kräften, die Netzen und Schlingen eigen sein sollten. Die Netze sollten das Gute bewahren und das Böse fernhalten. Bei manchen Kirchen aus der romanischen Zeit finden wir am Mauerwerk unter den Dächern eine rahmende Borte mit einem Netzornament gefüllt, das bannende Kraft hat.

Bei den Naturvölkern wurde das Flechtwerk als Zeichen magischen Weltverhältnisses, in der Zeit der Antike als Abschlußleiste von Mosaiken verwendet. Bei den nubischen und koptischen Frühchristen finden wir zuerst eine Synthese dieses Motivs heidnischer Symbolik mit christlichen Zeichen. Durch die Verbindung des nordafrikanischen Mönchtums mit dem Abendland hat es auch in unserem Erdteil Eingang gefunden. Kelten und Nordgermanen verwenden es in gleicher Weise. Überaus stark kommt es in frühchristlicher Zeit in Irland und den angelsächsischen Ländern vor, und es scheint, daß es in der ersten Christianisierungsperiode dort Eingang gefunden hat. Von hier aus verbreiteten es die iro-schottischen und angelsächsischen Mönche über das ganze nördliche Abendland.

Das Reuner Musterbuch Cod. 507 enthält drei Tafeln mit Flechtornamenten und magischen Zeichen als Vorbilder bei der Buchgestaltung, in der Bauornamentik und bei der Ornamentierung von Bodenfliesen.

Die Briefe des heiligen Bonifatius und seines Landsmannes und Nachfolgers auf dem Bischöflichen Stuhl in Mainz, Lullus, sind voller Bücherwünsche, die sie an die Klöster des Ausgangslandes richteten.

Die Bücher sind das wichtigste Hilfsmittel aller geistigen Bildung, die das Christentum in die missionierten Gebiete trägt. Die neu gewonnenen Christen werden aber nicht nur mit dem Inhalt vertraut gemacht, sondern bieten den einheimischen Buchschreibern und Illuminatoren Anhalt zur eigenen Gestaltung. Zuerst wurde kopiert, dann fing man an, sie durch eigenes Zutun mit den Formen der persönlichen Vorstellungswelt zu verbinden, wobei das irrationale Lebensgefühl der damaligen Zeit seinen Ausdruck gefunden hat. Dabei muß auch in Betracht gezogen werden, daß die bisherige Vorstellungswelt der Bekehrten die Sagen und Mythen der heidnischen Zeit mit den neuen Heilserkenntnissen verschmolzen hat.

Ein Zentrum der Flechtornamentik war Oberitalien. Mit dem Ausklingen der Völkerwanderungszeit siedeln sich dort die Langobarden an. Die Vorstellungswelt dieses germanischen Stammes setzt sich hier mit der Geistes- und Kulturwelt des Südens und Ostens auseinander, was im Bauschaffen seinen Niederschlag fand. Antikes und germanisches Empfinden gingen hier eine Verschmelzung ein, doch zeigen die erhaltenen Flecht- und Tierornamente den originalen Charakter der Kunstäußerungen dieses germanischen Stammes. Auf den Steinplatten dominiert das Flechtmotiv in den verschiedenen Abwandlungen, teilweise verbunden mit den christlichen Symbolen. Selbst symbolische Tiergestalten werden von dem Gestaltungswillen der Langobarden mit freier geometrischer Formkraft erfaßt und in die verschlungenen Netzmotive einbezogen.[11]

Flechtwerk und Fabeltier werden miteinander verbunden und bilden nunmehr Grundelemente des mythischen Gestaltens an Bauwerken und in Büchern. Die magische Paarung von Flechtwerk mit tierischen Mischwesen ist in ihrem tieferen Sinn uns heutigen Menschen kaum mehr zugänglich.

Heils-Symbole

Die Evangelien und die Evangelisten,
versinnbildlicht durch die Visionen des Propheten Ezechiel im Alten Testament und des Evangelisten Johannes in der Geheimen Offenbarung

Die symbolischen Darstellungen der vier Evangelien und der vier Evangelisten, dieser Kronzeugen des Erlösungswerkes Christi, gehören schon in der Frühzeit zur Vorstellungswelt der Christen. Mit gläubiger Vorstellungskraft und schöpferischer Deutungsgabe ausgestattet empfand man, daß die Evangelisten und ihr Werk durch die vier „lebendigen Wesen" angekündigt und versinnbildlicht seien, so wie sie Ezechiel während der babylonischen Gefangenschaft in seinen Visionen (I, 1—14) ausführlich beschrieben hatte und wie sie dem heiligen Johannes in seiner apokalyptischen Schau (Offb. 4, 6—8) eingegeben wurden.

Die Vision des Ezechiel aus Nicolaus de Lyra[12]), Postiellae perpetuae in Vetus Testamentum (Die Psalmen und Prophetien), geschrieben im Skriptorium des Klosters Altzelle, 1344 Blatt 179, Umfang des Buches 220 Blatt, Höhe 28,5 cm, Breite 26 cm, jetzt Universitätsbibliothek Leipzig, Mser. 139; die Abbildung ist in ihrer Wiedergabe verkleinert.

In der Exegese der Prophezeiungen des Ezechiel vereinigt Nicolaus de Lyra diese mit den Visionen des hl. Johannes. Die lebenden Wesen haben sechs Flügel, die durch gegenseitige Berührung eine Einheit bilden. Sie verkörpern, wie Ezechiel beschreibt, in ihrer Darstellung als Ganzes die Allmacht Gottes, eine Grundeigenschaft des göttlichen Wesens. Über den lebenden Wesen thront Christus majestätisch, in der einen Hand das Zepter als Zeichen seiner Herrschaft, in der anderen Hand eine dreigeteilte Weltkugel als Inbegriff alles endlich Seienden, vom unendlichen Gott geschaffen. Anstelle von Jahwe ist der sich durch die Evangelien offenbarende Christus dargestellt in seiner vierfachen Eigenschaft — als Mensch, König, Priester und Gott. Sein Herrschersitz steht auf einem im Original 1 cm breiten Band, das die Himmelsstraße symbolisiert und auf dem die Wandelsterne ihre Bahnen ziehen. Darunter befinden sich die Symbolfiguren der Evangelien bzw. der Evangelisten als Künder der frohen Botschaft vom neuen Leben.

Die Abbildung zeigt die Blattseite des Buches im oberen Teil. In der unteren Hälfte setzt sich der oben angefangene Text fort, in der Mitte wird er um einen Kreis herumgeführt, als Sinnbild des Rades, denn nach Ezechiel stehen die vier Wesen auf Rädern, um das Werk Gottes in Bewegung zu halten, oder, wie Ezechiel sagt: „Wenn die Wesen gingen, so gingen auch sie mit... denn der Geist des Lebens war in den Rädern" (Ez. I, 19—21).

Bei Ezechiel steht, daß Gott in Gesellschaft von vier lebenden Wesen erscheint, und daß diese in seinem Dienste stehen. Sie sind menschenähnliche Wesen, deren Köpfe ringsum vier verschiedene Gesichter tragen, das eines Menschen, eines Löwen, eines Stieres und eines Adlers. In Kap. X (15–20) werden diese Lebewesen als Cherubinen, „das sind Starke und Mächtige", bezeichnet. Gott bedient sich ihrer, um durch sie sein Reich auf Erden zu gründen und zu festigen. Sie stehen gleich den Menschen aufrecht, haben vier Flügel und vier Hände. Die Flügel sind Sinnbilder der Schnelligkeit, mit der diese Wesen Gottes Anordnungen zum Heil der Menschen vollziehen. Wie Ezechiel sagt, sind sie in ständiger Bewegung, „so daß es aussah wie Blitzstrahlen . . ., und ich hörte das Rauschen ihrer Flügel wie das Rauschen gewaltiger Fluten, wie der Donner des Allmächtigen". Ihre sinnbildliche Gestalt ist gewählt um ihre, vielmehr Gottes Kraft in der Weltregierung darzustellen. Ihre Gesichter sind nach oben gewandt, einer der Flügel ist ausgebreitet, der andere berührt jeweils das neben ihnen stehende Wesen, zwei andere bedecken ihre Leiber. Da alle vier in einem Bild zusammengestellt sind, verkörpern sie in ihrer Gesamtheit die Vollkommenheit und Macht Gottes. Jedes einzelne der Wesen hat besondere Aufgaben in Gottes Heilsplan zu erfüllen: Der Löwe, das Sinnbild der Stärke, verkündet die Herrschaft Gottes über das Weltall, der Mensch, das beseelte Wesen, besitzt die Kräfte hoher Intelligenz und des festen Willens, die Gott innewohnen und von ihm auch seiner Schöpfung in Gestalt des Menschen mitgeteilt sind, der Stier als Opfertier verkörpert die Versöhnung, der Adler mit seinem scharfen Blick, in der Antike Vogel Gottes genannt, manifestiert Gottes Allwissenheit.

Im großen gesehen deckt sich die Vision des Ezechiel mit der Apokalypse des Sehers von Patmos, jedoch mit dem Unterschied, daß hier nicht jedes Lebewesen alle vier Symbole in sich trägt, sondern getrennt je eines derselben (Offb. 4). Zum Unterschied von Ezechiel haben die Lebewesen der Apokalypse sechs Flügel. Auch haben sie nur ein Gesicht: „Das erste Wesen glich einem Löwen, das zweite Wesen einem Stier, das dritte Wesen hatte ein Gesicht wie das eines Menschen, und das vierte Wesen glich einem fliegenden Adler."

So hatte Johannes zu ihrer alttestamentlichen Bedeutung eine neue ermöglicht, und die vier lebenden Wesen wurden zugleich Sinnbilder der vier Evangelien und ihrer Verfasser.

Irenäus († um 202) vereinigt beide Auffassungen und führt in seiner Schrift (gegen die Häresien, 3, 11,8) aus: „Wie der Heilsplan des Sohnes Gottes, so ist auch die Gestalt der Lebewesen, so das Evangelium. Viergestaltig sind die Lebewesen, viergestaltig auch das Evangelium und viergestaltig ist der Heilsplan des Kyrios . . . Denn das erste Lebewesen, heißt es, ist einem Löwen ähnlich. Das kennzeichnet das Tatkräftige, Fürstliche und Königliche. Das zweite ist ähnlich einem Stierkalb. Das offenbart seine (Christi) Stellung im Opferdienst und als Priester. Das dritte hat das Gesicht eines Menschen. Darin zeigt es deutlich seine Parusie als Mensch. Das vierte ist gleich einem fliegenden Adler. Das drückt die Gabe des Pneumas aus, das auf die Ecclesia herabfliegt".

Zugleich bezeichnete Irenaeus als erster die vier lebenden Wesen als Sinnbilder der vier Evangelisten Matthäus, Markus, Lukas und Johannes. Darin folgen ihm die Kirchenlehrer Athanasius (295–373), Ambrosius (339–397), Hieronymus (ca. 347–420) und Augustinus (354–430). Doch herrscht in der christlichen Frühzeit über die Verteilung der Symbole an die einzelnen Evangelisten keine Übereinstimmung. Schließlich setzte sich die Deutung von Hieronymus durch und blieb maßgeblich bis in unsere Zeit:

Matthäus wird das Sinnbild des Menschen, „weil er sein Evangelium mit der ausführlichen Beschreibung der Geburt unseres Erlösers und einer genauen Genealogie beginnt", der Evangelist Markus ist der Löwe mit seinem Bericht über das Leben des Johannes des Täufers, der zur Buße und Umkehr ruft: „Ich bin die Stimme des Rufenden in der Wüste, bereitet den Weg des Herrn!" Das Sinnbild des Evangelisten Lukas ist der Stier, denn er berichtet davon, wie Jesus gleich einem Opferstier geschlachtet wurde. Die beiden Hörner des Stieres bedeuten das Alte und das Neue Testament. Der Adler ist das Sinnbild des Evangelisten Johannes, der wissend über die Schöpfungsgeschichte sagt: „Im Anfang war das Wort, und das Wort war bei Gott und Gott war das Wort." — (Hieronymus, Comment. in Ez. I, 1)

Daneben bezeichnen die vier Wesen in ihrer Gesamtheit bei Gregorius d. Gr. (um 600) wiederum die Wirkweise des Gottmenschen. Christus wird in seiner Geburt selbst Mensch, im Tod Opferstier, in der Auferstehung Löwe und in seiner Himmelfahrt Adler (In Ez. III 1 und IV 1 f: PL 76, 785, 815 f).

Schon gegen Ende des 4. Jahrhunderts werden die Evangelisten-Symbole auch in der christlichen Kunst sichtbar. Im Apsidenmosaik von St. Pudentiana in Rom aus der Zeit des Papstes Siricius (384–398) dürften in der oberen Zone, rechts und links vom Gemmenkreuz die geflügelten Gestalten von Engel, Löwe, Stier und Adler erstmals angebracht worden sein.

Aus dem cisterciensischen Kunstschaffen seien hier einige Beispiele vorgestellt: der Löwe als Sinnbild des Evangelisten Markus aus der Bibel des Abtes Stephan Harding (Abb. II, S. 478); die Evangelien- bzw. die Evangelisten-Symbole aus der Bibelexegese des Nicolaus de Lyra, einer Handschrift des Klosters Altzella und zwei Konsolen aus der Kirche von Haina mit dem Markuslöwen und dem Engels-Symbol des Matthäus. (Abb. s. Bildanhang dieses Kapitels.)

Das Lamm

Schon im alten Bund wurde im Tempel als tägliches Morgen- und Abendopfer Gott des Herrn ein Lamm dargebracht. Der Prophet Isaias (Kap. 53,3) sagt: „Als er gestraft und gemartert wurde, öffnete er seinen Mund nicht: Wie ein Lamm, das man zur Schlachtbank führt, und wie ein Schaf, das vor seinem Scherer verstummt, so tat er seinen Mund nicht auf." Von Johannes wird Christus in der Wüste gegrüßt als „Gottes Lamm, welches hinwegnimmt die Sünden der Welt" (Joh. 1,29). Der Evangelist Johannes sagt in seinem Evangelium: „Die Schlachtung des Passahlammes war das Vorbild für den Tod Christi". In seiner Apokalypse schaut er Christus immer wieder als Lamm, und die Vollendung der Weltgeschichte sieht er als die „Hochzeit des Lammes". Seine Braut (die Kirche) hat sich bereit gemacht: „Selig, die zum Hochzeitsmahl berufen sind!" (19,9). Johannes sieht die Braut als das „himmlische Jerusalem". „Ihr Lichterglanz ist gleich einem kostbaren Stein, denn die Herrlichkeit Gottes hat sie erleuchtet, und ihre Leuchte ist das Lamm". Die veränderte Gotteserkenntnis des Neuen Testamentes findet im Bild des Lammes das Symbol für Gott.

Der Pelikan

Nach spätantiker Fabel reißt der Pelikan seine Brust auf, um mit seinem Blut seine Jungen zu nähren. Der Physiologus sagt von ihm: Wenn die Jungen dieses Vogels heranwachsen, schlagen sie ihrer Mutter ins Gesicht, diese hackt zurück und tötet sie. Nach dem dritten Tag aber geht die Mutter hin und reißt sich die Brust auf, und ihr Blut tropft auf die toten Leiber der Jungen und erweckt sie. So verwarf Gott die Menschen nach ihrem Sündenfall. Doch erbarmte er sich ihrer, indem er sie durch seinen Kreuzestod mit seinem Blut zum ewigen Leben erweckte. Damit wird der Pelikan zum Sinnbild Christi.

Dämonen-Symbole

Nach der biblischen Überlieferung gehörten der Satan und die anderen bösen Geister ursprünglich zu den himmlischen Heerscharen. Sie waren aber Geister des Ungehorsams und der Anmaßung, des Hochmuts und der Auflehnung gegen Gott.

Der Satan unterlag in seiner Freiheit der Versuchung zur Selbst-Herr-lichkeit und zum Sein-Wollen-wie-Gott. Ezechiel (28, 12 ff) sagt, daß Gott den strahlenden Lichtengel auf die Erde hinabgestürzt hat, weil er von sich gab: „Ein Gott bin ich. Ich nehme den Platz Gottes ein im Herzen des Meeres". Soweit eine kurze Charakteristik aus dem Alten Testament.

Nach der Offenbarung des Johannes war der entscheidende Grund des Satansturzes dessen Gegnerschaft gegen die Menschwerdung des Gottessohnes. Mit allen Mitteln versuchte der Satan zu verhindern, daß den Menschen der Heiland-Erlöser gesandt wurde, „und so entstand ein Kampf im Himmel. Michael und seine Engel erhoben sich, um Krieg zu führen mit dem Drachen, und der Drache kämpfte und seine Engel. Aber er vermochte nichts, und es wurde im Himmel kein Ort mehr für sie gefunden. Und gestürzt wurde der große Drache, die alte Schlange, die da Teufel heißt und Satan, der die ganze Welt verführt; gestürzt wurde er auf die Erde, und seine Engel wurden mit ihm gestürzt" (Offb. 12,7).

Seitdem ist das mythische Bild für den Satan der Drache, der dann in der christlichen Vorstellung im Tiersinnbild als Basilisk seinen entsprechenden Platz gefunden hat. Er ist der Verführer der Menschenwelt und seine Engel als böse Geister und Dämonen mit ihm. Sein Kampf gegen Christus und sein Erlösungswerk ist weltumspannend als eine Auseinandersetzung zwischen Gut und Böse. Der Böse, der Drache, als Geist und Herr der bösen Geister, ist das Haupt einer dämonischen Hierarchie. Der Apostel Paulus (Eph. 6,12) sagt darüber: „Haben wir doch nicht mit Fleisch und Blut zu kämpfen, sondern mit den dämonisierten Herrschaften (Archai), mit den dämonisierten Gewalten (Exusiai), mit den Weltherrschern dieser Finsternis, mit den Geistern der Bosheit in der Himmelswelt." Dem Dämonischen war aber der Mensch durch seine triebhafte

Natur, verfallen. Die an sich unsichtbaren dämonischen Mächte mußten zu sinnbildhaften Gestalten werden, damit sie erkannt und bekämpft werden konnten. Dieses Sichtbarmachen war Aufgabe der Symbolik, denn die Sprache der Symbole reicht bis in die geheimsten Tiefen der Seele.

Der Basilisk in der Buchkunst der Cistercienser
Den Kampf der Menschen mit dem Basilisken leitet das erste der Bücher Gregor, Moralia in Job ein, jenes 595 vollendete Werk des großen Papstes mit dem allegorisch-moralisch-mystischen Job-Kommentar, das im ersten Skriptorium der Cistercienser in Cîteaux unter Stephan Harding geschrieben und mit Miniaturen versehen wurde. Mit dem Buchstaben „R" (Reverentissimo) ist eine wilde Kampfszene verbunden. Ein Ritter, wohl den christlichen Kämpfer symbolisierend, holt mit dem Schwert zum Schlag gegen einen der beiden angreifenden Basilisken aus, unterstützt von seinem Knappen, auf dessen Schulter und Rücken er steht, und der eine mit beiden Händen gehaltene Lanze durch den Leib des einen Drachen gestoßen hat, so daß Blut aus der Wunde fließt. Neben ihm die Worte „servus servorum domini". Ritter und Knappe sind sich einig im Kampfe gegen den das Böse symbolisierenden Drachen. Zwar ist der Kampf noch nicht entschieden. Die Entschlossenheit der beiden Kämpfer läßt aber ahnen, daß sie siegreich daraus hervorgehen werden. Neben der Bibel Stephan Hardings ist die „Moralia in Job" das bedeutendste Werk des Skriptoriums von Cîteaux in der Frühzeit, die ebenso wie die Bibel noch eine Reihe symbolischer Szenen enthält.

Den Menschen wurden auf jede Weise, auch durch Kampfdarstellungen, die sich im Gefüge der Initial-Buchstaben abspielten, die Gefahren, welche ihnen durch die Macht der Dämonen drohten, vor Augen gestellt. So beginnt die Apokalypse in der Bibel von Cîteaux mit der Initiale „A" (Apokalypsis). Den rechten Schrägbalken bildet der in Schrittstellung stehende Erzengel Michael, den linken der den Teufel verkörpernden Drachen. Die nach oben gestellten Flügel Michaels fügen sich in die Buchstabenabbildung ein und bilden den Querstrich des Buchstabens „A". In der linken Hand hält Michael einen langen normannischen Schild, in der rechten das Schwert, mit dem er dem Drachen eine Wunde geschlagen hat, aus der Blut fließt. Die Darstellung soll weniger die Gefahren zeigen, die dem Menschen vom Dämon drohen, sondern ihm zeigen, daß alles Böse letzten Endes von Gott besiegt wird. In den Visionen des Buches Daniel steht Michael im Kampf gegen alle Geister und Mächte, die sich gegen Gott stellen und die sich wie der Satan und seine Helfer an die Stelle Gottes setzen wollen.

Der Basilisk als Ornament in Kirchen der Cistercienser
Die in der ersten Hälfte des 13. Jh. nach den Grundsätzen des hl. Bernhard gebaute und 1262 geweihte Abteikirche von Eußerthal/Pfalz zeigt außer einem am Ende eines Dienstes befindlichen Trutzkopf — dessen Sinngehalt die Abwehr von Dämonen oder der auch selbst als zwielichtiges Wesen mit starrem Blick und ordinärem, maskenhaftem Gesicht Ausdruck des Bösen sein kann — oberhalb einer Öffnung zwischen den beiden nördlichen Seitenkapellen als ein-

zige Tier-Ornamentik in dieser Kirche einen Basilisken mit geringeltem Schwanz und geöffnetem speienden Rachen. Der in dieser Kapelle zelebrierende Mönch sollte wohl daran erinnert werden, daß er auch beim Feiern des Opfermahles vom Bösen umgeben ist. Warum wurde gerade nur in einer der vier Ostkapellen dieses bösartige Tier dem Celebranten gegenübergestellt? War es eine Warnung für sittlich nicht gefestigte Mönche, denen der Prior des Klosters die Feier der heiligen Messe in dieser Kapelle vorgeschrieben hat?

Noch in der Zeit der Gotik, in der dieses mythisch-magische Tier nicht mehr die Aussagekraft hatte wie zur Zeit der Romanik oder zur Zeit des Stilübergangs, ist es den Mönchen von Amelungsborn gegenwärtig. Beim Neubau des Chores um die Mitte des 14. Jh. wurden auf dem schmalen Kapitell des dritten Pfeilers von Westen zwei Basilisken angebracht. Ihre Schwänze sind verknotet und enden in einem Laubgebilde. Dieses Kapitell ist den Mönchen im Chor und den Celebranten am Hochaltar stets sichtbar. Die Rückseite dieses Kapitells hat als Ornament den Sündenfall im Paradies. Die bildhafte Anschauung der ersten Sünde des Menschengeschlechts und die symbolische Darstellung des Bösen, das seitdem das Leben eines jeden Menschen begleitet, soll hier den Mönchen vor Augen geführt werden.

Die Verknotung in den Schwänzen der beiden Tiere hat magische Kraft. Sie soll in den Dämonen das Dämonische mindern, die den Untieren innewohnenden bösen Eigenschaften bannen. Das Laub am Ende des Schwanzes bedeutet aber, daß durch Buße und Gottes Barmherzigkeit das ewige Heil erreicht wird. An einem anderen Kapitell des Chores sehen wir das Mischwesen, die Sirene, das Symbol der weltlichen Lockung und Verführung, daneben einen Löwen. Pflanzen- und Blattformen unterbrechen die Tierornamente. Die Säulen mit den Kapitellen stehen im Umgangschor der Kirche. Bei den häufigen Prozessionen der Klostergemeinschaft lag dieses „steinerne Moralbuch" für alle im Blickfeld.

Der Basilisk oder Drache

Bedeutungsvoll in der Symbolik des Mittelalters war ein Mischwesen, die geflügelte Schlange, Basilisk genannt. Dieses Fabeltier mit drachenähnlichem Kopf, Raubtierfüßen und Schlangenschwanz ist das Symbol des Satans, des Königs der Dämonen. Durch seinen Blick oder Atem kann er Menschen töten. Unter den dämonischen Tieren nimmt der Basilisk deswegen eine hervorragende Stellung ein, weil man seine Herkunft aus der geistigen Wesenheit einer höheren Engelshierarchie ableitete. Seine Flügel erinnern noch daran, daß er der Himmelswelt als Engel angehört hat. Die fürchterliche Macht des Drachenschwanzes ist durch das Bild der Apokalypse bezeugt „und sein Schwanz fegte ein Drittel der Sterne des Himmels hinweg und warf sie auf die Erde" (Off. 12,4). In der Bibel ist der Basilisk an mehreren Stellen erwähnt: „Denn aus der Wurzel der Schlange wird ein Basilisk kommen, und ihre Frucht wird ein feuriger fliegender Drache sein" (Jesaia 14,29). „Auf Nattern und auf Basilisken wirst Du gehen, zertreten Leu und Drachen (Ps 90,13)". Augustinus nennt den Basilisken den „König der bösartigen Schlangen und den Herrscher der bösartigen Tierwelt" — „Rex est serpentum basilicus, sicut diabolus rex est daemoniorum" (Sermo II, Opp. T. IV, S. 978 ff.)

Das Lamm Gottes als Symbol der Passion Christi in der typischen Haltung mit nach oben gewandtem Kopf und Kreuzesstab, den es mit dem rechten Fuße trägt. Westfenster der ehem. Abteikirche Haina/Oberhessen. Ein Relief mit dem gleichen Motiv befindet sich im Tympanon eines Portals dieser Kirche.

Ein Pelikan, der seine Brust aufreißt, um mit seinem Blut seine Jungen zu nähren; das Sinnbild Christi, der mit seinem Opfertod die Menschheit erlöste. Chorgestühl der Abteikirche Marienstatt/Westerwald.

Evangelistensymbole an Konsolen der ehem. Abteikirche Haina/Oberhessen. Oben: Markus-Löwe; unten Matthäus-Engel.

Adlerpult aus der ehem. Abteikirche Altenberg

Der auf der Weltkugel stehende Adler hält in seinen Fängen eine Fledermaus. Der Adler, das Symbol des Lichtes, besiegt die Fledermaus, das Symbol der Nacht, der Finsternis.

„Der Adler fliegt unter allen Tieren am höchsten, und es ist die einzige Kreatur, die es wagt, in die Sonne zu schauen. Wenn er seine Jungen fliegen lehrt, hält er sich im Anfang über ihnen, um sie dann auf seine ausgebreiteten Flügel zu nehmen. So hat sich Christus im Himmel über alle Heiligen erhoben, weil er zur Rechten des Vaters sitzt. Er hat die Flügel seines Kreuzes über uns gebreitet und hat uns gleich dem verirrten Schaf auf seinen Schultern getragen."

Honorius Augustodunensis aus Male, E.: a. a. O. S. 54 u. 55

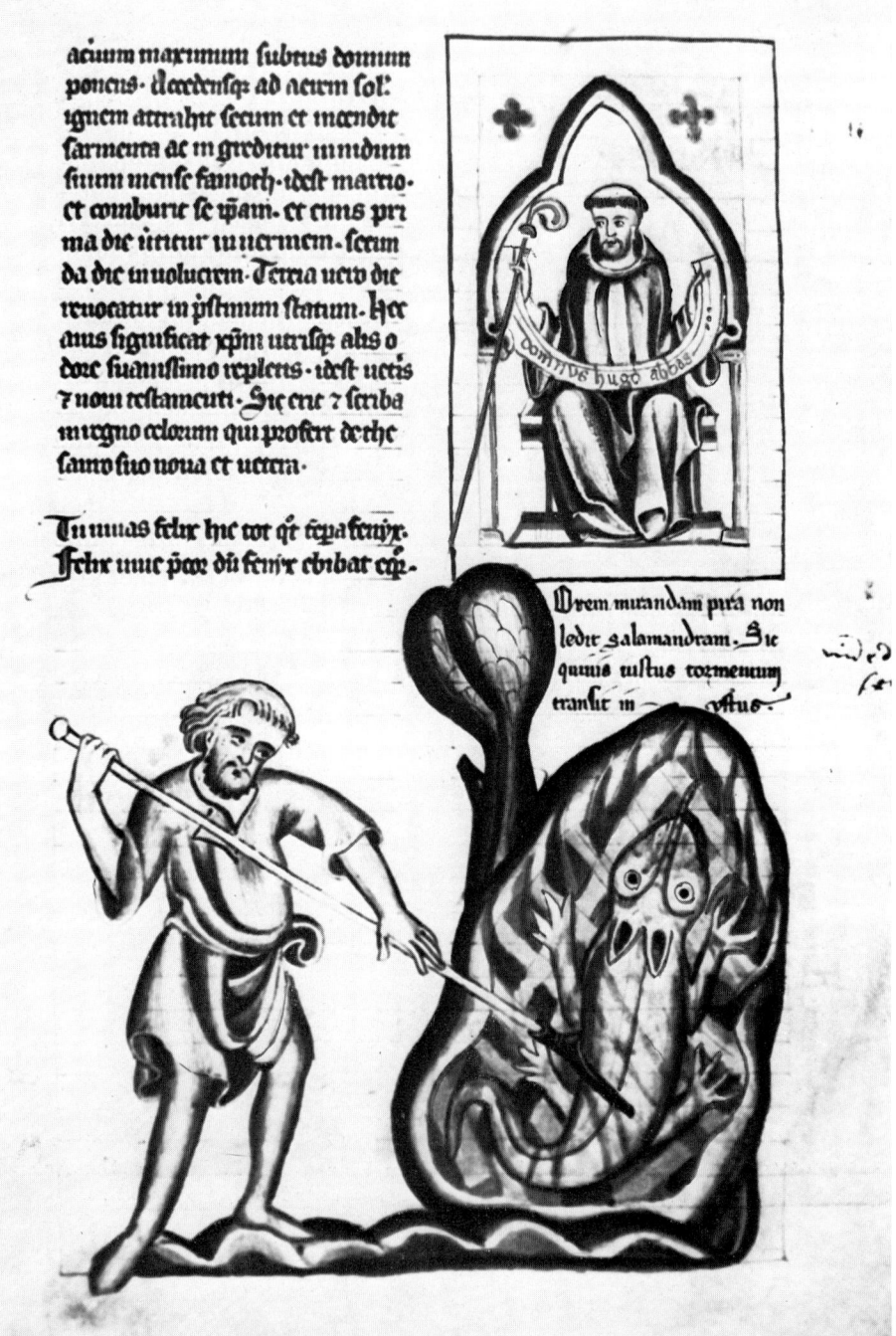

Farbig lasierte Federzeichnung aus dem Physiologus des Klosters Aldersbach, um 1300, München, Bayerische Staatsbibliothek, Cod. lat. 2655 (Text S. 517)

Unten ein Mann, der einen Salamander ins Feuer hält. —
Oben Abt Hugo von Aldersbach (1295 bis 1308)

Schon nach antiker Auffassung vermochte der Salamander im Feuer zu leben, ohne zu verbrennen. Der Physiologus sagt: „Und geht durchs Feuer, die Flamme wird euch nicht verbrennen". Der Gerechte geht durch die Leiden der Zeit, er wird sein Vertrauen zu Gott nicht verlieren.

Dienstkapitell im linken Winkel des rechteckigen Presbyteriums der Klosterkirche von Hude/Oldenburg, eine Schöpfung der klösterlichen Werkstätte

Die dämonische Fratze zeigt ein Gesicht mit teils menschlichen Zügen, teils tierischem Aussehen. Mit breitgezogenem Maul, heraushängender Zunge und geblähten Nüstern blickt das Ungeheuer höhnisch aus einem Winkel des Altarraumes in die Richtung, wo ehemals der Hochaltar stand. Es ist dies wohl eine Darstellung des Teufels, die daran erinnern soll, daß seine dämonische Macht selbst hier, wo die heilige Liturgie vollbracht wird, die Gedanken der Priester zu verwirren, abzulenken und zu verführen trachtet.

Zelebrantensitze in Amelungsborn/Weserbergland
roter Sandstein, zwischen den Chorpfeilern eingebaut.

Drei Seitenwangen zeigen an ihren vorderen Schmalseiten figürliche Reliefs, links wohl einen Konversen in verehrender Haltung gegenüber dem hl. Bernhard, der etwas erhöht zu ihm steht. Die fast vollplastischen Reliefs der beiden mittleren Wangen stellen zwei kontrastierende Szenen dar: zur Rechten des Mittelsitzes Samson, den Überwinder des Löwen, auch im geistlichen Leben Symbol wahrer Stärke; — die linke mittlere Chorwange zeigt einen Fuchs in Mönchskutte, der den Gänsen zu seinen Füßen in betrügerischer Absicht predigt, ein Symbol des listigen Mißbrauchs geistiger Macht.

Auswahl aus den Kapitellen des Umgangschors der Abteikirche Amelungsborn/Weserbergland (Text S. 532).

Oben zwei Basilisken, die obersten Dämonen, mit verknoteten Schwänzen, die in Blattgebilden enden. Unten eine Sirene, das unheimliche Mischwesen mit Frauenkopf, Vogelfüßen und Fischschwanz als Sinnbild der Versuchungen.

Dreisitz aus dem Chor der A

Vier symbolische Tierfiguren
Ihr Ausdruck ist eigenständi
die Menschen zu lehren, wie
sagt wird: „Frage die Tiere,
der Luft werden es dir erzäh
sich die Zelebranten mit diese
daran zu erinnern, daß sie a
sen, damit der Geist Gottes
Gedanken in ihnen Raum gew

Der Löwe

Schon in der Antike hat der Löwe eine reiche Symbolik. In der Hl. Schrift ist vielfach von ihm die Rede. Er ist sowohl Symbol Christi als auch des Teufels. Der ausdrucksvolle Löwenkopf an diesem Dreisitz kann wohl als Abbild des Teufels gedeutet werden, von dem Petrus in seinem ersten Brief (5,8) sagt: „Euer Widersacher, der Teufel, streicht umher wie ein brüllender Löwe und sucht, wen er verschlinge."

Der Affe

Der Symbolcharakter dieses Tieres ist negativ. Der Affe ist das Symbol des Teufels, „des Affen Gottes", der Göttliches und Heiliges nachzuahmen versucht, um die Menschen zu verwirren.

on Haina/Oberhessen, 13./14. Jh.

den Trennwänden des Gestühls.
en sie sich der Aufgabe bewußt,
lten Testament bei Hiob 12,7 ge-
len es dich lehren; und die Vögel
ɔsicht wurden sie so placiert, daß
konfrontiert sehen, um sie immer
iligen Dienst wachsam sein müs-
bendig bleibt und nicht weltliche

Der Molch oder Schwanzlurch

Dieses am Dreisitz befindliche Tier kann in seiner Gestalt als Phantasiegebilde des Schnitzers bezeichnet werden. Das affenähnliche Aussehen und der lange Schwanz dieses Tieres mit dem neugierigen Blick ist seiner Herkunft nach amphibisch, zweideutig und doppelsinnig. Der Lurch, vom Niederdeutschen luren, lauern kommend, sagt wohl, daß die Neugierde häufig der Anlaß zur Sünde ist. Die Zweideutigkeit soll die Mönchsgemeinschaft auf die doppelte und zwiespältige Natur des menschlichen Daseins hinweisen.

Die Eule

Die christliche Deutung der Eule ist gegensätzlich. Als Nachttier ist sie Symbol der Finsternis, der Abkehr von Licht und Wahrheit, oder im Gegensatz dazu das Abbild Christi, der in der dunklen Nacht der Menschheit das Licht des Glaubens und die Erlösung brachte.

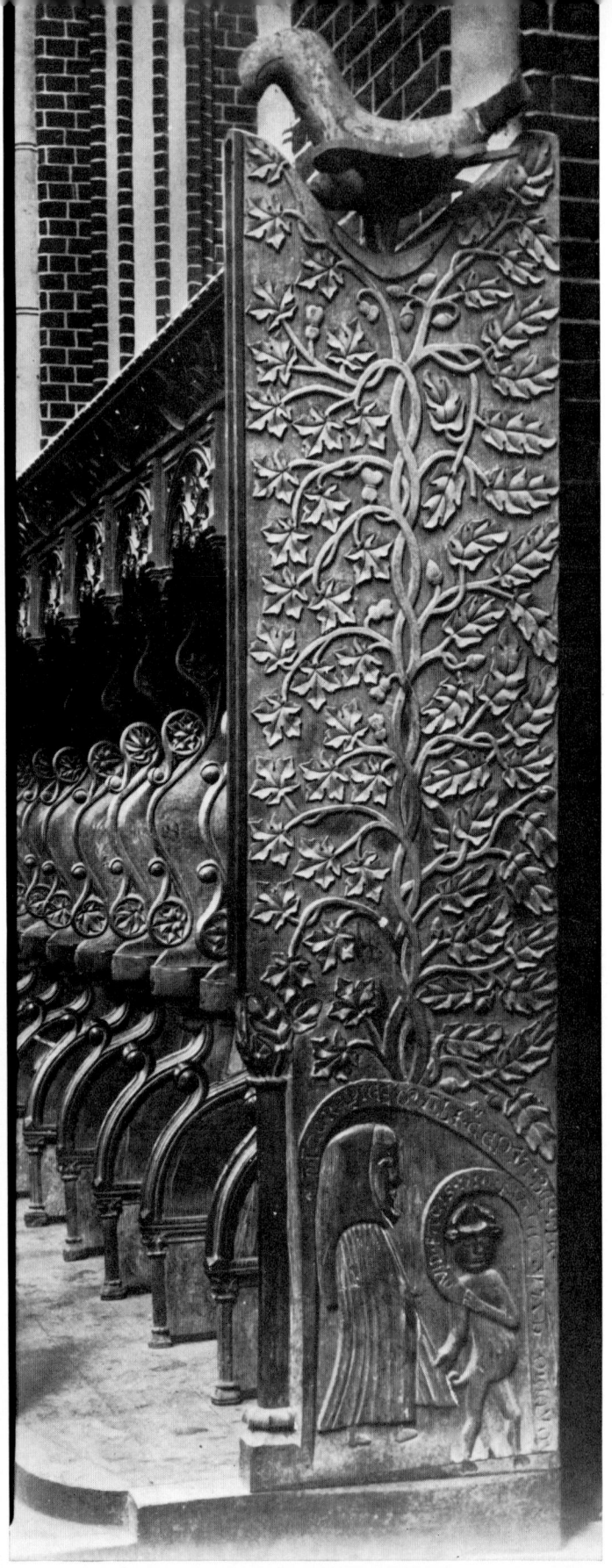

Das Chorgestühl in der ehemaligen Abteikirche Doberan (Mecklenburg), um 1280—1300 angefertigt, ist fast vollständig erhalten und hat 2 x 24 Plätze für den Mönchschor und 2 x 26 Chorstallen für die Konversen.

Fast jede Einzelform dieses Chorgestühls ist von symbolhafter Bedeutung.

Die abgebildete Gestühlswange zeigt im unteren Teil einen Konversen, der vom Teufel versucht wird. Darüber winden sich Ahorn und Eiche urwüchsig verflochten in die Höhe. In der Mulde ihres Gipfelhorstet ein Adler. Der Ahorn ist eine Marienpflanze, die Eiche ein Zeichen der Treue und der sieghaften Kraft. So soll der in Versuchung geratene Konverse seine Zuflucht zu Maria nehmen, damit er mit ihrer Hilfe seiner Berufung treu bleiben kann und sieghaft die Anfechtungen übersteht, und — wie der Hl. Ambrosius (De Sacramentis II, 2, PL 16,437) sagt: „Du hast angefangen, ein echter Adler zu sein, da du nach dem Himmel verlangst und das Irdische verachtest".

Der Konverse wird vom Teufel versucht.
Die Umschrift lautet:

„Quid facis hic frater, vad(e) mecum"
„Ni(hi)l in me re(per)ies male, c(ru)enta bestia."
„Bruder, was machst du hier, komm mit mir!"
„Du wirst an mir nichts Böses finden, greuliche Bestie!"

Es ist bezeichnend, daß der Teufel als Kopfbedeckung die Attribute des Mecklenburgischen Wappenstierkopfes, das Zeichen des Heidentums, trägt.

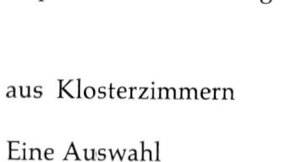

Kopf-Knäufe am Chorgestühl

aus Klosterzimmern

Eine Auswahl

In der schwäbischen Cistercienserinnenkirche Klosterzimmern bei Nördlingen (ev. Pfarrkirche) befinden sich heute noch 29 Sitze eines spätgotischen Chorgestühls aus der Zeit Ende des 15. Jhs. Hohe Trennwangen mit kleinen Maßwerkfenstern und Knäufe in Form einprägsamer Köpfe zwischen den Sitzen sind auch für dieses Chorgestühl charakteristisch. An zwei weiteren Chorgestühlen von Cistercienserinnenkirchen im schwäbisch-alemannischen Gebiet sind derartige Kopf-Knäufe vorhanden: das Chorgestühl von Magerau (Kanton Freiburg) aus dem 14. Jh. zeigt in seiner hinteren Sitzreihe grobgesichtige Männerköpfe; — in Heiligkreuztal b. Riedlingen, dessen Chorgestühl aus dem ersten Drittel des 16. Jhs. mit 44 Sitzen noch vollständig am alten Platz auf der Nonnenempore steht, wechseln Männer- und Tierköpfe ab.

Nach Auffassung vieler Kunsthistoriker des 19. und teilweise auch des 20. Jhs. haben diese sich aus dem unteren Teil des Gestühls hochreckenden Köpfe keine besondere inhaltliche Bedeutung. Die Welt der mittelalterlichen Symbolik ist hier nicht erkannt worden.

Am Chorgestühl von Klosterzimmern handelt es sich, wie die Abbildungen zeigen, um große, abstoßende Männerköpfe, teilweise von brutaler Physiognomie. Daß den Nonnen bei siebenmaligem Aufsuchen der Chorstallen tagtäglich nur jene abschreckenden Männergesichter entgegenblickten, hat seinen tieferen Sinn. Die abstoßende Darstellung des Mannes sollte den Nonnen helfen, sich in dem Dualismus — Geist und Fleisch, Seele und Leib — zugunsten des Geistes zu entscheiden, den Anfechtungen zu begegnen und immer aufs neue nach Übernatürlichem zu streben.

schwäbischer Cistercienserinnen-Abteien

aus Heiligenkreuztal
Laut Inschrift 1533 von Martin Zey aus Rietlingen geschnitzt.

Eine Auswahl

Obwohl dieses Gestühl erst im 16. Jh. hergestellt wurde, spricht aus den Knäufen die mittelalterliche Moraltheologie mit ihrer Symbolik. Sicherlich war hierfür die treibende Kraft die Äbtissin Veronika von Rietheim (s. S. 343), mit Unterstützung des Abtes von Salem, der die Paternität dieses Klosters innehatte. Die im Jahre 1517 begonnene zweite innere Reform des Klosters mag für die Thematik und den Sinngehalt der Knäufe bestimmend gewesen sein.

Die beiden Männerköpfe verkörpern einen bestimmten Typ mit kraftvollem, leicht brutalem, Gesichtsausdruck. Der obere bärtige, mit der Pilgermuschel an der Mütze, sollte wohl den Nonnen die Gefahren aufzeigen, die auch von einem solchen Mann an sie herangetragen werden können. Der andere, charakterisiert durch die Teufelsmütze, ist der personifizierte Dämon. Er scheint sich seines Einflusses, den er auch im geistlichen Raum gewinnen kann, bewußt zu sein.

Die beiden Tierköpfe, der Widder und der Eber, sind dämonische Wirklichkeiten. Sie verkörpern das Unreine, das triebhafte Verlangen.

Initiale A am Beginn der Apokalypse des Evangelisten Johannes aus der Bibel von Cîteaux. Sie gibt den Kampf des Erzengels Michael mit dem Teufel in Gestalt des Drachen wieder. (Text S. 531)

Ein Basilisk in der ehem. Abteikirche Eußerthal/Pfalz (Text S. 532)

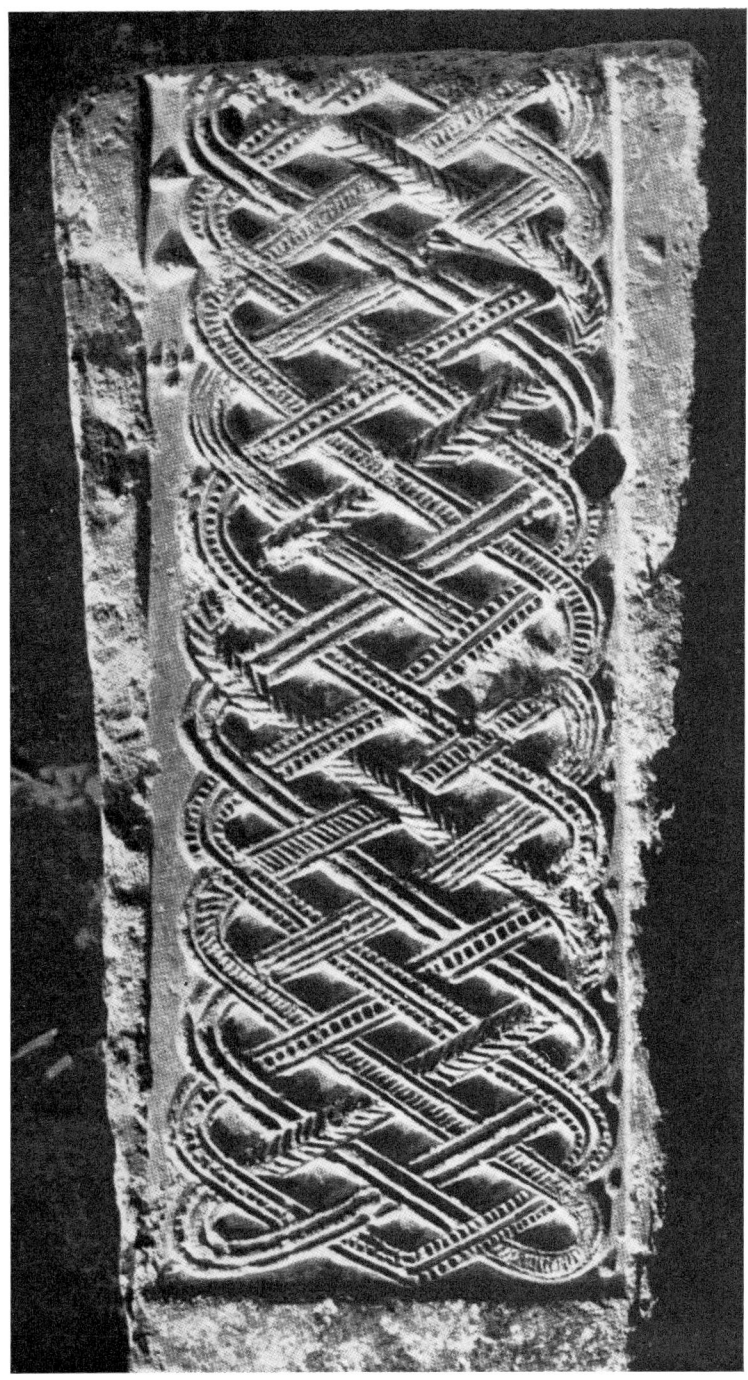

Bandgeflecht-Ornamentik der klösterlichen Baukeramik-Werkstätte von St. Urban, Kt. Luzern, aus Ton, um 1265, jetzt L. M. Zürich, Hist. M., Bern, Luzern. — (S. Flechtwerke S. 524 ff.) Außerdem Rudolf Schnyder, Die Baukeramik und der mittelalterliche Backsteinbau des Cistercienserklosters St. Urban, Bern 1958.

„Die Engelsmesse" von Albrecht Dürer

Der Kampf der Geistesmächte, der Engel und Dämonen um die Seelen der Mönche

Die Engelsmesse von Albrecht Dürer

Die nebenstehende, um 1500 entstandene Zeichnung trägt den Namen „Die Engelsmesse", eine Bezeichnung, die nicht von Dürer stammt. Dargestellt sind, wie dies bei den monastischen zum Chorgebet versammelten Mönchen üblich ist, zwei sich gegenüberstehende Gruppen, die abwechselnd die kirchlichen Tageszeiten beten oder singen. Zwischen diesen beiden Gruppen stehen, sitzen oder bewegen sich Engel und Teufel. Die Szene am Altar des Presbyteriums, ein den Mönchen zugewandter Engel, zeigt den Versammelten eine Schale, in der sich Hostien befinden, also der mystische Leib des Herrn. Ein anderer Engel kommt zum Altar mit einem Weihrauchfaß, und „viel Räucherwerk wurde ihm gegeben, damit er es mit den Gebeten aller Heiligen auf dem goldenen Altar vor dem Throne darbringe" (Geh. Offenbarung 8, 3 f). In überzeugender Deutlichkeit ist hier der Sinn des Geschehens am Altar, das eine Einheit bildet mit dem Gebet der zum Opus Dei versammelten

Mönche, durch Dürer veranschaulicht. Darüber hinaus ist ein Zweites hier dargestellt: Die innere Haltung der Mönche beim Chorgebet und mancherlei Anfechtungen und Versuchungen denen sie dabei ausgesetzt sind — teils durch sündige Gedanken. Ein Dämon hält einem Mönch eine am Spieß gebratene Gans entgegen, daneben steht ein Engel, der dem gleichen Mönch das Kruzifix vor Augen hält. Einem anderen Mönch wird ein halbfertiger Kirchenbau vorgeführt, der die Bauleidenschaft mancher Äbte demonstrieren soll, einem dritten nähert sich ein Teufel mit einem Humpen Wein in der Hand. Auf dem Rücken führt dieser Teufel in einer Kippe noch ein ganzes Faß Wein mit sich; außerdem schaut aus diesem Behälter ein nacktes Weib heraus. Auf der linken Seite der Zeichnung sind die Betenden anderen Versuchungen ausgesetzt, einem allerdings erscheint die Gottesmut-

ter mit dem Kinde auf dem Arm. In dieser Zeichnung Dürers wird die Welt des Cäsarius von Heisterbach lebendig, der in seinen Wundergeschichten anschaulich die Begnadigungen und Versuchungen der Mönche im Chor schildert (s. S. 523). Insbesondere sei hier auf die dem Dialogus miraculorum V. 5 entnommene und teilweise abgedruckte Geschichte hingewiesen, in der berichtet wird, wie Abt Hermann zu Marienstatt Teufel vielfältiger Art gesehen hat, und wie die Mönche im Chor mannigfachen Versuchungen ausgesetzt sind.

Die im Vordergrund der Abbildung von sechs Engeln umgebene Tafel hat Dürer wie folgt beschriftet: „Do schreibt hrein war ir wollt." Mit anderen Worten: Hierauf schreibt eure Wahrnehmungen über das Verhalten der Mönche beim Chorgebet. Oben vor dem Altar steht ein schreibender Engel, denn es ist, wie es in der Geh. Offenbarung 20,12 heißt, Aufgabe der Engel, die Bücher des Lebens und der Schuld zu führen: „Ich sah die Toten, groß und klein, vor dem Throne stehen, und die Bücher wurden geöffnet. Ein eigenes Buch wurde aufgeschlagen, das ist das Buch des Lebens, und die Toten wurden gerichtet nach dem, was in den Büchern geschrieben stand . . ." Aber auch die Teufel schreiben eifrig, wie der unten vergrößerte Bildausschnitt zeigt. Analog den schreibenden Engeln führen zwei Teufel Buch über die Verfehlungen der Mönche, damit sie nach deren Tod ihre Seelen in den Machtbereich des Bösen aufnehmen können.

Und Cäsarius sagt darüber: „Richtig nennen wir die Teufel Schreiber, deshalb, weil sie unsere Sünden aufschreiben, um sie so eindringlich ihrem Gedächtnis einzuprägen, damit sie uns der Sünde wegen beim Gericht anklagen können."
Cäsarius von Heisterbach, Homilien III, S. 115.

In der ersten Hälfte des 13. Jh. finden wir Teufel als Registratoren der Sünden an einer Chorstuhlwange des Bonner Münsters und als Skulptur am Paradies in der Abteikirche von Maria Laach.

Einzelne Details dieser Zeichnung lassen darauf schließen, daß Dürers Engelsmesse offensichtlich aus der Beschäftigung mit der Johannes-Vision entstanden ist. In dem 1498 vollendeten Bildzyklus der Apokalypse, dieser theologisch wie künstlerisch einzigartigen Holzschnittfolge, stellt Dürer seinen Zeitgenossen die Visionen des Evangelisten Johannes in einmaliger Weise dar: die Mächte des Lichtes, die Engel, führen den Kampf gegen die Mächte der Finsternis, den Satan und sein Gefolge. Man erkennt daran, wie sehr Dürer, der Sohn des 15. und 16. Jh., noch der christlichen Mythologie und dem mittelalterlichen religiösen Denken verhaftet war.

Aus den Slgn. Crozat und Marquis de Robien, jetzt Rennes, Musée des Beaux-Arts (C 110—1)

Lit. Katalog Albrecht Dürer 1471—1971 Ausstellung des Germanischen Nationalmuseums, Nürnberg (Dort weitere Lit.).

Literatur und Anmerkungen zum Symbolkapitel

Jahrbücher für Symbolforschung, Bd. 1—7 Basel; ab Band 8 = Band 1 Neue Folge Köln 1973 und folgende

Studium Generale, Zwanzigster Jahrgang 1967, Berlin:
Hornung, E., Die Bedeutung des Tieres im alten Ägypten; Heichelheim, F. M. und Elliot, Th., Das Tier in der Vorstellungswelt der Griechen; Rahn, H., Das Tier in der homerischen Dichtung; Gonda, J., Mensch und Tier im alten Indien; Goetz, H., Das Tier in der Indischen Kunst; Girkon, P., Das Bild des Tieres im Mittelalter; Lurker, M., Das Tier in der Bilderwelt des Hieronymus Bosch; Schade, H., Die Tiere in der mittelalterlichen Kunst. Untersuchungen zur Symbolik von zwei Elfenbeinreliefs; Nitschke, A., Verhalten und Bewegung der Tiere nach frühen christlichen Lehren; Knappe, K.-A. und U., Zur Tierdarstellung in der Kunst des 15. und 16. Jahrhunderts
Blankenburg, W., Heilige und dämonische Tiere, Leipzig 1941
Braunfels, W., Abendländische Klosterbaukunst, Köln 1969
Forstner, D., Die Welt der Symbole, Innsbruck 1967
Heinz-Mohr, G., Lexikon der Symbole, Düsseldorf-Köln 1971
Kayser, F., Kreuz und Rune, Bd. 1, Stuttgart 1964
Rosenberg, A., Engel und Dämonen, München 1967
Schade, H., Dämonen und Monstren, Regensburg 1962
Ziegler, M., Engel und Dämonen in der Bibel, Zürich 1957
Glode, G., Das Doberaner Münster, Berlin 1963
Mâle, E., Die kirchliche Kunst des 13. Jh. in Frankr. Übers. von L. Zuckermandel, 1910

1) E. Hornung: Die Bedeutung des Tieres im alten Ägypten, in: Studium Generale, 20 Jhg., S. 73
2) Wera v. Blankenburg, Heilige und dämonische Tiere, Leipzig 1943, S. 10.
3) Lippmann, F., Zeichnungen von Albrecht Dürer in Nachbildungen, Bd. 1—7, Berlin 1883—1929, Bd. VI, S. 19
   Winkler, F., Die Zeichnungen Albrecht Dürers, Bd. 1—4, Berlin 1936—39, Bd. 1, S. 124/125
4) Wera v. Blankenburg, a. a. O. S. 15
5) Doering, Otto, Christliche Symbolik, 1933
6) Seel, Otto, Der Physiologus; aus Sammlung „Lebendige Antike", Zürich 1967.

Der Physiologus und die Bibel:
Die Bibelstellen des Physiologus beruhen für das Alte Testament auf der Septuaginta (der griechischen Übersetzung des hebräischen Urtextes, deren Anfänge bis ins 3. vorchristliche Jahrhundert reichen), bei Zitaten aus dem Neuen Testament auf dem Urtext in griechischer Sprache. Der „Physiologus" verfährt mit der Anführung von biblischen Texten einigermaßen willkürlich. Auch die späteren Übersetzungen waren — und zwar zweifellos mit Recht — bei der Wiedergabe von oft durchaus unklaren Tiernamen durch eigensprachliche Äquivalente kaum weniger großzügig.

Aus der umfangreichen Literatur über den Physiologus sei noch genannt:
Ahrens, K.: Zur Geschichte des sogenannten Physiologus. Beilage zum Jahresbericht des Gymnasiums zu Plön, 1885. —
Carus, J. V.: Geschichte der Zoologie, Leipzig 1872.
Lauchert, F.: Geschichte des Physiologus. Straßburg 1889. —
Koloff, A.: Die sagenhafte und symbolische Tiergeschichte des Mittelalters. Raumers histor. Taschenbuch, 1867, 4. Folge, 8. Jg. —
Peters, E.: Der griechische Physiologus und seine orientalischen Übersetzungen, 1898. Als 2. Ausgabe erschien dieser Physiologus mit Nachw. von Dr. F. Würzbach 19 (1921).
Strzygowski, Josef: Der Bilderkreis des griechischen Physiologus des Kosmas Indikopleustes und Oktateuch (Byzantin. Archiv, Heft 2), Leipzig 1899.
Wellmann, Max: Der Physiologus, Eine religionsgeschichtlich-naturwissenschaftliche Untersuchung (Philologus, Suppl.-Bd. 32, I), Leipzig 1930, dazu die kritische und gehaltvolle Besprechung von F. Drexl in: Byzantin. Zeitschr. 33, 1933, S. 366—370.

⁷) Wetzer u. Weltes Kirchenlexikon, 1889, Bd. 6, Sp. 271
Das Kirchenlexikon Bd. 6 Ausg. 1889, geht auf diesen bedeutenden und einen großen Einfluß ausübenden Theologen auf Sp. 268 bis 274 ein. Das Lex. f. Th. u. K., 1960, 477/78 meint, er könnte Mönch des Schottenklosters in Regensburg gewesen sein.
Wera v. Blankenburg a.a.O. gibt auf S. 34 ff Beispiele von Predigten, in denen dargestellt wird, wie die Bibel und der Physiologus die Grundlage der Predigten des H. A. bilden.
Endres, J. A.: Honorius Augustodunensis. Beitrag zur Geschichte des geistigen Lebens im 12. Jh., 1906.
Springer, A.: Über die Quellen der Kunstdarstellung im Mittelalter. Berichte über Verhandl. der königl. sächs. Akademie der Wissenschaften. 188, 31 Bd.

⁸) Augustinus: Epistolae 55—11, 21. Die deutsche Übersetzung aus Bernhart, J. „Augustinus", und aus dem Kapitel dieses Buches: Die Wirkung des Symbolischen, S. 102, Recht-Verlag, 1922.
⁹) Moralia in Job. 17, 32.
¹⁰) Cistercienser-Chronik, Nr. 607, 1939, S. 255.
¹¹) Kayser, F., Kreuz und Rune, Stuttgart 1964, Bd. I, S. 82 ff.
¹²) Nicolaus de Lyra's Werke (um 1270—1349), wurden nach seinem Tode häufig abgeschrieben. Zwischen 1350 und 1450 waren es etwa 700 vollständige oder Teilschriften seiner Werke. Es wirft ein bezeichnendes Licht auf den Geist des Klosters Altzelle, daß die abgehandelte Handschrift bereits 1344 geschrieben wurde. Außer obiger Abbildung enthält sie noch weitere Illustrationen.
Auf Blatt 108: Der thronende Christus in der Mandorla, in grünlichgrauem Gewande und rotem, blaugefüttertem Mantel, die Handflächen mit den Wundmalen aufwärts nach außen erhoben. Sein Haupt umgibt der Kreuznimbus, aus seinem Munde geht nach rechts und links je ein rotes Schwert aus. An den vier Ecken des Bildes die vier Evangelistensymbole.
Auf Blatt 178: Thronender Christus im Kreuznimbuns, darunter die vier Evangelistensymbole kalligraphisch in einer Figur vereint.
Auf Blatt 1 und 2: „Liber veteris celle sancte Marie"
Blatt 64 trägt den Vermerk: „Explicit postilla sub libr. po. ord. edita a fre Nicolao de lyra ordine frm. mior. Anno Dm. 1344."

Schlußstein mit dem Relief eines Löwen mit Jungen
in dem 1335 vollendeten Sommer-Refektorium des Klosters Bebenhausen

Weitere symbolische Tiergestalten in diesem Bauteil des Klosters sind: das Einhorn, der Pelikan und der Phoenix. Die Konzeption dieser Reliefs hat ihren Ursprung in der Tierfolge des Physiologus mit seinen Aussagen.
Der Löwe hatte nach dem Physiologus drei Eigenarten in der Darstellung. Bei der obengenannten handelt es sich um die dritte Art, nach der die von der Löwin geborenen Jungen zuerst tot sind, der Löwe aber am dritten Tage kommt und den Jungen ins Antlitz bläst und so die Jungen zum Leben erweckt. Dergestalt hat Gott Vater den Erstgeborenen vor allen Kreaturen, unseren Herrn Jesus Christus seinen Sohn, von den Toten auferweckt, damit das irrende Geschlecht der Menschen errettet wird.

Abbild. E. Paulus, Die Cist. Abtei B.

Ende des Kapitels über die Symbole

DIE WEST-OST-FILIATIONEN DES ORDENS

Die Ausbreitung des Cistercienserordens vollzog sich aus drei Richtungen in die noch unerschlossenen Ostgebiete: von Kamp und Altenberg im Rheinland über deren mitteldeutsche Filiationen nach Brandenburg, Mecklenburg, Schlesien und Polen, von Morimond nach Österreich und über Thüringen nach Polen und schließlich von Estrom in Dänemark nach Schleswig, Mecklenburg und Pommern.

Die Mönche stießen nicht sofort unmittelbar in den Osten vor. Kamp am Niederrhein, die erste deutsche Cistercienserabtei (1123), schuf mit ihren Gründungen Walkenried im Harz (1129), Volkenrode (1131) und Michaelstein im Thüringerwald (1146), Amelungsborn (1135) und Hardehausen in Westfalen (1140) zunächst eine sichere Operationsbasis, die durch ein engmaschiges Netz neuer Filiationen verstärkt und vorgeschoben wurde.

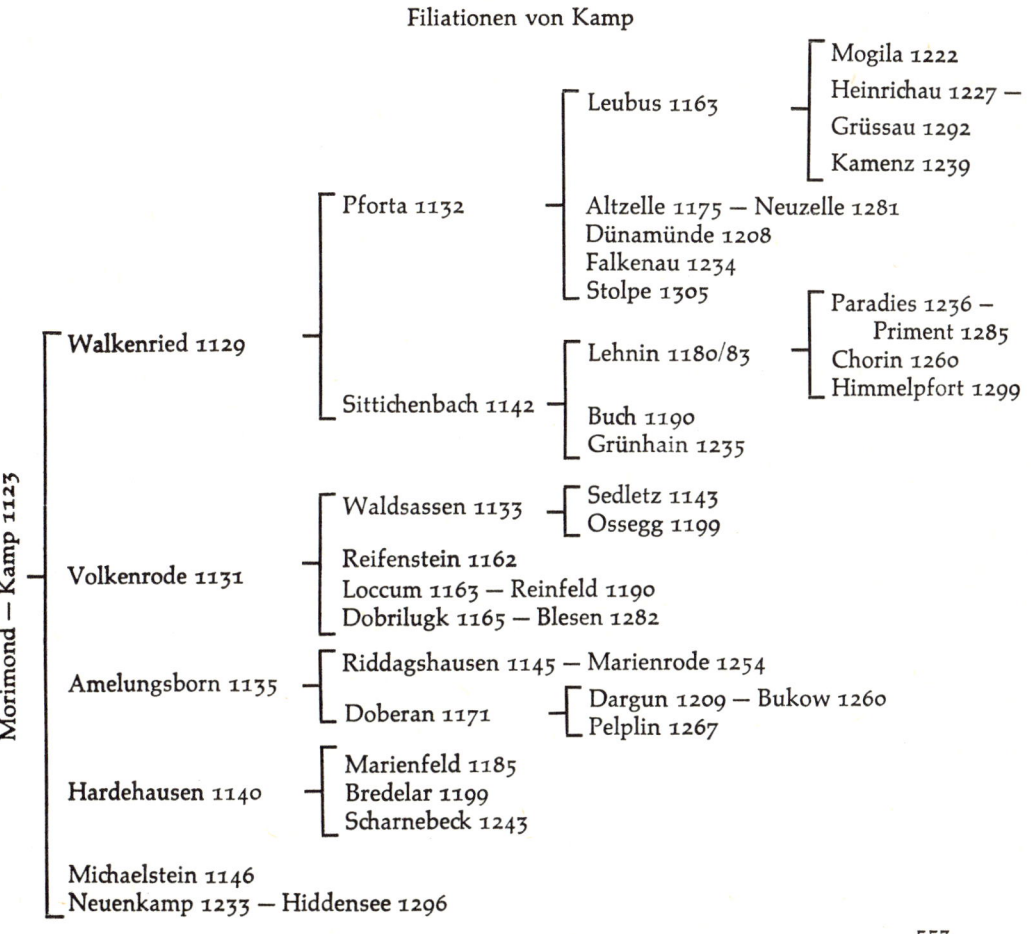

Filiationen von Kamp

Filiationen von Altenberg

Morimond
|
Altenberg 1133

- Lekno-Wongrowitz 1143 — Obra 1237
- Mariental 1143 — Hude 1232
- Lond (Lad) 1144
- Zinna 1171
- Haina 1188

Filiationen von Morimond

Cîteaux
|
Morimond 1115

- Ebrach 1127
  - Langheim 1133 — Plass 1145
  - Nepomuk 1145 — Saar 1252
    - Münchengraetz (Hradist) 1177
    - Welehrad 1205
- Rein 1129
  - Sittich 1135
    - Hohenfurt 1259
    - Engelszell 1295
    - Säusenstein 1338
  - Wilhering 1146
  - Neukloster 1444
  - Schlierbach 1620
- Heiligenkreuz 1133
  - Zwettl 1138
  - Baumgartenberg 1142
  - Czikador 1142
  - Marienberg 1194
  - Lilienfeld 1206
  - Goldenkron 1263
  - Neuberg 1327
- Georgenthal 1142
- Andrejow 1149
  - Szczynzyc 1239
  - Rauden 1255 — Himmelwitz 1290
- Sulejów 1176 — Koronowo 1256
- Wachok 1179
- Koprzywnica 1185

Filiationen von Esrom/Dänemark

Clairvaux
|
Esrom 1154

- Dargun 1172 (1209 von Doberan neubesiedelt)
- Kolbatz 1175
  - Oliva 1186
  - Marienwalde 1294
  - Himmelstädt 1300
- Ruhekloster 1192
- Eldena 1199

Die Männerklöster der Cistercienser im deutschen Sprach- und Kulturraum

von Ambrosius Schneider

ALDERSBACH, *Alderspacum*, Ldkr. Vilshofen/N. Bayern, Diöz. Passau. Das 1123 gestiftete Chorherrenkloster wurde 1139 durch Bischof Otto von Bamberg Eigenkloster. Da die unwirtschaftliche Moorgegend den Chorherren nicht günstig erschien, überließen sie 1146 das Kloster den Cisterciensern aus dem Kloster Ebrach und gingen nach Reichersberg (Hist. Stätt., Bd. VII S. 5).

Gründungen von Aldersbach: Fürstenfeld, Fürstenzell, Gotteszell. Die dreischiffige, flachgedeckte Basilika ohne Querschiff wurde 1209 geweiht. Unter Abt Johannes Dietmayr (1587—1612) erfolgte die Einwölbung des Mittelschiffes. Im 13. und 14. Jh. hatte A. ein blühendes Skriptorium. Unter Abt Gerhard Hörger (1651—1669) wurde das Kloster Gotteszell von A. neu besetzt, ebenso 1669 das Kloster Walderbach, das seit der Reformation verödet war. Der Chorbau der Klosterkirche wurde 1617 erneuert, das Langhaus ließ Abt Theobald Grad (1705—34) im Stil des Rokoko umbauen und durch die Gebrüder Cosmas Damian und Egid Quirin Asam mit Fresken und Stukkaturen ausschmücken. Den barocken Hochaltar schuf 1723 der Passauer Bildhauer Josef Matthias Götz, das reichgeschnitzte Chorgestühl wurde 1762 von dem Bruder Kaspar Grießmann geschaffen, der auch die Altäre in der Cistercienserinnenkirche Seligenthal anfertigte. Unter den Äbten ragt noch der Humanist, Dichter und Historiker Wolfgang Marius (1511/44), Verfasser einer umfangreichen, kritischen Klostergeschichte (Annales ecclesiae Alderspacensis) hervor. Die Bibliothek zählte 1786 über 30.000 Bände; davon befinden sich 360 Handschriften heute in der Bayerischen Staatsbibliothek München.

Lit.: Krausen S. 26—29; Die Kunstdenkmäler von Bayern. Reg. Bez. Niederbayern Bd. 14: Bezirksamt Vilshofen, München 1926, S. 23—70; M. Heuwieser, Alte Klöster in Passau u. Umgebung, hrg. v. J. Oswald, Passau ²1954; H. Schindler, Stift A. und seine Asamkirche, in: Bayerns goldenes Zeitalter, München 1968, S. 124—136; H. Schnell—M. Hartig, Aldersbach (Schnell & Steiners Kunstführer Nr. 698), München—Zürich ⁴1969; W. Hauer, Vor 500 Jahren wurde Marius v. A. geboren, in: Heimatglocken, Passau 1969, Nr. 20; 250 Jahre Aldersbach (Festschrift 1970), München—Zürich 1971.

Wappen von Aldersbach

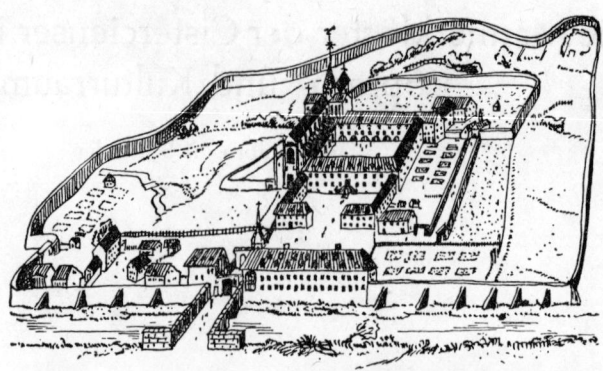

Klosteranlage von Altenberg vor der Säkularisation. Heute teilt eine Straße diese Anlage in zwei Teile. Der Klosterbezirk umfaßte ehemals 112 Morgen. Von der Klausurmauer sind noch Teile vorhanden.

ALTENBERG, *Monasterium s. Mariae de Berge, Vetus-Mons*, im romantischen Dhüntal (Erzdiözese Köln) gelegene Familienstiftung der Grafen von Berg. Graf Eberhard — seit 1139/40 Mönch in Morimond — bewog seinen Bruder Adolf, ihre Stammburg Berge der burgundischen Abtei Morimond für eine Neugründung zu übergeben. Am 25. August 1133 zog der Gründerkonvent dort ein, dem um 1140 Graf Adolf I. († 1170) als Mönch beitrat. Diese alte Burg „Berge" gab der Gründung den Namen, auch als man die nicht ordensübliche Berglage gegen den neuen Klosterplatz im Dhüntale vertauscht hatte. 1135 erstand an der Stelle des heutigen „Bergischen Domes" eine romanische Basilika (Weihe 1145, 1222 durch Erdbeben baufällig). 1259 legte man den Grundstein zu einem der bedeutendsten Baudenkmäler der Gotik in Deutschland, dessen Vollendung sich bis gegen Ende des 14. Jahrhunderts hinzog. Im Gefolge der Hinwendung des deutschen Bauschaffens zur Architektur der französischen Kronlande — wie es besonders gut der Kölner Dom zeigt, der nicht ohne die Kathedrale von Amiens denkbar ist — wird für den Neubau der Altenberger Abteikirche ein Cistercienserbau der Ile-de-France Vorbild, Royaumont, eine Tochter Cîteaux'. Gegenüber dem Vorbild ist Altenberg stark verkleinert und in einigen Details verändert. Erst nach Auflockerung der alten Strenge entstand an der Westfassade der Kirche ein riesiges, achtteiliges Maßwerkfenster (18 x 8 m), das größte deutsche Kirchenfenster überhaupt, — ein Werk des Altenberger Steinmetzbruders Raynold († 1398). Allerdings steht es nicht fest, ob der „König aller Steinmetzen" auch die farbenprächtigen Glasmalereien des Westfensters entworfen hat. Die Weihe des hochgotischen Chores mit seinem prachtvollen Umgang erfolgte am 13. Juli 1287, die des Gesamtbaues erst am 3. Juli 1379. Im Chorumgang kunstgeschichtlich bedeutsame Grabdenkmäler der Grafen von Berg, die gemeinsam mit den Grafen von Altena nahezu 400 Jahre hier ihre Grablege hatten.

Wappen von Altenberg

Das rasche Aufblühen Altenbergs ermöglichte schon im ersten Jahrzehnt seines Bestehens drei Neugründungen: Marienthal bei Helmstedt (1143?), Lekno (1143) und Lond (1144) im Herzogtum Polen. Die beiden polnischen Klöster nahmen mit dem 1237 von

Lekno aus gegründeten Obra nur gebürtige Kölner in ihre Konvente auf. Sie bewahrten ihren rheinischen Charakter bis ins 16. Jahrhundert hinein; das erwachende polnische Nationalbewußtsein verdrängte schließlich die deutschen Konventualen nach Heinrichau in Schlesien. Altenberg hat mit seinen polnischen Gründungen, den sogenannten „kölnischen Klöstern", einen bedeutenden Beitrag zur Missionierung, Kolonisierung und Verbreitung deutscher Kultur im Osten geleistet. Weitere Tochterklöster sind Zinna (1171), Haina (1188). Um die Wende vom 15. und 16. Jahrhundert erlebte das Skriptorium von Altenberg eine Spätblüte. Damals entstanden u. a. mehrere mit farbenprächtigen Miniaturen und Verzierungen ausgestattete Chorbücher.

1803 im Zuge der Säkularisation aufgehoben, wandelten die neuen Besitzer Altenberg in eine Fabrik um, deren Brand Dom und Kloster zur Ruine machte. Den Bestrebungen des preußischen Königs Friedrich Wilhelm IV. und kunstsinniger Heimatfreunde ist seit 1835 der Wiederaufbau des „Bergischen Domes" zu verdanken. Er dient seit 1857 als Simultankirche; im ehemaligen Küchenhof und modernen Anbauten befindet sich der Sitz der katholischen Jugendzentrale Deutschlands (Haus Altenberg).

Lit.: *Die Kunstdenkmäler der Rheinprovinz Bd. V, 2: Die Kunstdenkmäler des Kreises Mühlheim/Rh., Düsseldorf 1901, S. 11–58; C. Halbach, Der Dom zu A., Düsseldorf 1953; Karl Eckert, Glasmalereien aus dem Kreuzgang von A., Wuppertal 1953; ders., 700 Jahre Altenberg im künstlerischen Bildwerk vom 13.–19. Jahrhundert, Bergisch Gladbach 1956; ders., Bibliographie Altenberg, Altenberg 1964; Hans Mosler, Urkundenbuch der Abtei A. (Urkundenbücher der geistl. Stiftungen des Niederrheins III), 2 Bde., Bonn 1912, Düsseldorf 1955; ders., Altenberg (12 Aufsätze zur Gesch. der Abtei), Neustadt a. d. Aisch 1959; ders., Die Cist. Abtei A. (Germania Sacra NF. Die Bistümer der Kirchenprovinz Köln: Das Erzbistum Köln Bd. 1), Berlin 1965; G. Goergel, Die ehem. Zisterzienserabteikirche A. (Jahresgabe d. Altenberger Dom-Vereins 1967), Berg. Gladbach 1967; H. G. Hammer, Die Allelujagesänge in der Choralüberlieferung der Abtei Altenberg. Beiträge zur rhein. Musikgesch. Heft 76), Köln 1968; ders. Buchmalerei in A., in: 75 Jahre Altenberger Dom-Verein 1894–1969, Berg.-Gladbach 1969, S. 37–75; J. Bockemühl – K. Eckert, Zwei Altenberger Grabsteine (Jahresgabe des Altenberger Dom-Vereins), Berg. Gladbach 1970; vgl. Die Denkmäler des Rheinlandes 19. Bd. (Rheinisch-Bergischer Kreis 2), S. 89–148, Düsseldorf 1972.*
K., H. d. H. St. D., Bd. III, Nordrh.-Westf., S. 21
R. K., Bd. III, Rheinlande u. Westf., S. 24/25/26/27

W. Krönig, Altenberg und die Baukunst der Zisterzienser. Bergisch Gladbach 1973 (Altenberger Domverein) gibt im Rahmen dieser jüngsten Publikation über Altenberg aus der Perspektive des romanischen und gotischen Altenberger Kirchenbaues eine umfassende Darstellung der Kirchenbaukunst der Cistercienser in ihren ersten zwei Jahrhunderten.

Gregor I. d. Gr., Papst und Kirchenlehrer, Illumination in einem Codex des Skriptoriums von Altzelle, 13. Jh. (Ms 308, folg. 1r, UB Leipzig).

Wappen von Altzelle/Sachsen

ALTZELLE, Vetus Cella (Altzella), b. Nossen/Sachsen. Diöz. Meißen. 1162 bestätigt Kaiser Friedrich I. die großzügige Stiftung des Markgrafen Otto v. Meißen (800 Hufen), 1175 Ankunft des Gründerkonventes aus Pforta. 1175/98 Bau der kreuzförmigen, dreischiffigen Basilika mit Staffelchor und Kreuzrippengewölbe, Hauskloster und Grablege der Wettiner. A. beteiligt sich an der vom Markgrafen von Meißen mit Hilfe von deutschen Kolonisten (Gründung von 24 Dörfern) begonnenen Rodungskultur und am Silberbergbau, entfaltet aber auch reges wissenschaftliches Leben. Von Ludeger, dem bedeutendsten mittelalterlichen Abt, († nach 1234) sind drei Predigtbände erhalten; er gilt als der geistliche Inspirator des Bildzyklus an der „Goldenen Pforte" am Freiburger Dom, dessen Patronat A. zeitweise gehörte. Eine letzte Blütezeit führte Abt Martin von Lochau (1493–1522) herauf. Als Humanist den freien Künsten zugetan, mehrte er die Bücherei. Unter seiner Stabführung entfaltete das Skriptorium des Klosters eine letzte große Fruchtbarkeit. Der Bibliothekskatalog von 1514 führt 960 Bände aus allen Wissensgebieten, auch griechische und römische Klassiker, auf (Restbestände in der Univ.-Bibl. Leipzig). Blühendes Hausstudium, dem 1411/27 der aus Prag geflüchtete Theologieprof. und Cist.-Mönch Matthäus Steynhus aus Königsaal († 1427 in A.) vorsteht. A. beteiligt sich auch an der 1411 vom Generalkapitel genehmigten, aber erst um 1427 durchgeführten Gründung und Förderung des Ordenskollegs in Leipzig. 1540 aufgehoben. Seit Mitte des 16. Jh. Abbruch der Gebäude. Erhalten blieben u. a. das Klostertor mit wuchtigem, rundbogigem romanischen Refektorium; das Dormitorium im Obergeschoß, 1506 von dem gelehrten Abt Martin v. Lochau (1493–1522) zur Bibliothek umgebaut, enthielt früher 26 Pulttische zur Einsicht der Bücher. Der Konversenflügel wurde 1955/59 stilvoll restauriert; 1953/61 erfolgten Grabungen nach der ursprünglichen Klosteranlage.

Lit.: L. Schmidt, A. Beiträge zur Gesch der wiss. Studien in sächs. Klöstern I., in: Neues Archiv f. sächs. Gesch. u. Altertumskunde Bd. XVIII, Heft 3/4, Dresden 1897; H. Magirius, Die Baugeschichte des Klosters Altzella (Abh. d. sächs. Akad. d. Wiss. zu Leipzig, philol.-hist. Klasse Bd. 53, Heft 2), Berlin 1962; Kloster A. (Das christl. Denkmal Heft 60/61), Berlin 1962; Zisterzienserarchitektur im Bistum Meißen, in: „Aspekte zur Kunstgeschichte von Mittelalter und Neuzeit", Weimar 1971, S. 114 ff.

H. d. H. St. D., Bd. VIII, Sachsen, S. 3/4/5

AMELUNGSBORN, *Fons Amelungi*, b. Holzminden/Weser, Diözese Hildesheim, 1129 Stiftung des Grafen Siegfried IV von Northeim, unweit seiner Homburg, in einer für Cistercienser ungewöhnlichen Höhenlage. 1135 von Kamp besiedelt. Mutterkloster von Riddagshausen und Doberan. Aus A. stammt der Mönch Berno, erster Bischof von Schwerin (1155/90?) und Wendenapostel. Auf sein Betreiben hin unternahm A. 1171 in Doberan eine Neugründung zur Christianisierung und Kultivierung Mecklenburgs; sie mußte nach Ermordung des Gründerkonvents durch die heidnischen Einwohner 1186 erneut besiedelt werden. Auch sonst war das Kloster im 1. Jh. seines Bestehens in der Missionierung heidnischer Gebiete tätig. Die Tochter- und Enkel-Klöster Doberan und Dargun in Mecklenburg, Buckow und Eldena in Pommern und Pelplin in der Weichselniederung geben davon Zeugnis. 1135/58 Bau der dreischiffigen romanischen Basilika (mit Stützenwechsel), 1340/63 Anbau des gotischen Chores. Die Kirche wirkt durch ihre Kontraste mit niedrigem romanischen Langhaus, dem ein hohes Querschiff und der gotische Chor gegenüberstehen. Zum Dämmerlicht des romanischen Langhauses kontrastiert in großartiger Wirkung der hohe, lichtumflossene Chorraum. Einführung der Reformation 1568; infolge des Restitutionsediktes war A. 1629 vorübergehend Cist. Kloster, dann von 1632 bis in die 2. Hälfte des 18. Jhs. wieder lutherisch. Der Konvent unter einem Abt blieb nun auf fünf Angehörige beschränkt. Im Kloster wurde eine Schule (Gymnasium mit Internat) eingerichtet. Die Klosterschüler hielten mit den Konventualen dreimal täglich die klösterlichen Gebetsgottesdienste. Die Klosterkirche wurde 1945 in den letzten Kriegstagen schwer beschädigt. Sie ist jetzt wieder hergestellt und bringt die schlichte Gestalt des ursprünglichen Baues. 1961 wurde die Klostergemeinschaft als evangelischer Konvent mit einem Abt und acht Konventualen wieder errichtet, die periodisch zusammenkommen. Als Chorgottesdienste werden die Mette, das Mittagsgebet, die Vesper und die Komplet gehalten. Der erste Abt des neuen evangelischen Konventes, Prof. DDr. Mahrenholz, war, — im Wechsel mit dem kath. Partner — Vorsitzender der liturgischen ökumenischen Kommission für das deutsche Sprachgebiet, in der die gemeinsamen Texte des „Vater Unser" und des „Apostolischen Glaubensbekenntnisses für die evangelischen und katholischen Christen erarbeitet wurden.

In dem wiederausgebauten Dormitorium finden Konferenzen, Rüstzeiten sowie Tagungen der Familiaritas des Klosters statt, die alljährlich auf dem Kapitelstag mit Abt und Konvent zusammenkommen.

Lit.: *Die Bau- und Kunstdenkmäler des Herzogtums Braunschweig Bd. 4: Die Bau- und Kunstdenkmäler des Kreises Holzminden, Wolfenbüttel 1907, S. 110—148;* Ch. Mahrenholz, *Die Amelungsborner Bibel von 1280/90 (Ein Festbeitrag zur 800-Jahr-Feier des Klosters Loccum), Berlin-Hamburg 1963;* ders., *Das Kloster A. im Spiegel der niedersächsischen Klostergeschichte. Sonderdruck aus d. Jahrb. d. Ges. f. niedersächs. Kirchengesch. 62, 1964.*
H. Eugel, *Das Zisterzienserkloster Amelungsborn, München 1971.*
W. Haken, *Zist. Abtei A. Eine alte Kulturstätte im Oberwesergebiet, Oelde i. W., o. J.*

Arnsburg, Klosteranlage vor der Säkularisation an Hand von alten Unterlagen

Laubmaske vom Kloster Arnsburg

ARNSBURG, *Castrum Aquile*, b. Lich/Hessen. 1151 von Konrad II. von Hagen-Arnsburg in der Altenburg über den Trümmern eines Römerkastells als Benediktiner-Kloster gegründet. Kuno v. Münzenberg, Sohn des vorigen, übergibt die Stiftung eines Cist.-Klosters 1174 dem Abt Gerhard v. Eberbach. Verlegung des Klosters an die heutige Stelle, eigentliche Besiedlung wohl erst 1197 durch Eberbacher Mönche erfolgt. Weihe der bedeutenden Kirche um 1246, sie besitzt Umgangschor u. Kapellenkranz, heute Ruine, in der Vorhalle ev. Kapelle. Klosterostflügel erhalten mit Kapitelsaal, Parlatorium und Dormitorium, auch der Laienbrüderbau großenteils vorhanden. Von den Barockbauten zeugen Prälatenbau, Pforte und Gartenhaus vom Wohlstand des Klosters. 1803 säkularisiert. Kreuzgangshof und Kapitelsaal zur Kriegsgräberstätte umgestaltet.

Lit.: *Die Kunstdenkmäler im Freistaat Hessen Bd. 2: Die Kunstdenkmäler des Kreises Gießen, Sonderheft Kloster Arnsburg mit Altenburg, Darmstadt 1919*; W. Zschietzschmann, Ausgrabungen im Kloster A. 1958, in: Kunst-Chronik 12 (1959) S. 67—79; E. Graf zu Solms-Laubach, *Kloster A. i. d. Wetterau*, 1961; L. Baur, *Urkundenb. d. Klosters A.*, 2 Bde., Darmstadt 1849/51.

BAUMGARTEN, *Pomarium*, b. Schlettstadt/Elsaß, Diöz. Straßburg 1125 von dem gewählten Straßburger Bischof Cuno v. Michelbach gegründet, 1148 von Beaupré/Lothr. besiedelt und dem Abt von Neuburg unterstellt, 1515 von Lützel neu besetzt, 1525 im Bauernkrieg zerstört. Reste der Klostergebäude verbaut erhalten, dazu die Wallfahrtskapelle zu den 14 Nothelfern.

BAUMGARTENBERG, *Mons Pomarius*, Diöz. Passau, später Linz, 1141 vom Grafenehepaar Otto von Machland gegründet und von Heiligenkreuz besiedelt. Während der Hussitenkriege 1428—32 wurde das Kloster wiederholt niedergebrannt. Durch Eindringen der Reformation zeitweise verödet. Unter den Barockäbten nahm es wieder einen gewissen Aufschwung, der in der Barockisierung von Kirche und Kloster seinen Ausdruck fand. Der Ausbau der Kirche erfolgte in drei Abschnitten. Vorhalle, Langhaus und Querhaus gehen auf den ersten 1243 geweihten romanischen Bau zurück. Den Hallenchor fügte 1436—46 die Gotik hinzu; der Barock stattete den Kirchenbau mit Stuckverkleidungen aus." Das kühne, nach allen Seiten hin sich weitende, lichtdurchflutende Raumgefüge geht aber, gleichzeitig mit dem Langhaus barock umgeformt, auf den gotischen Hallenchor zurück, der mit neun Seiten eines Sechzehnerecks schließt. So hat der Barock zwei völlig gegensätzliche Räume durch seine eigene Formensprache überhöhend zu vereinheitlichen gesucht (Recl. Kunstf., Östr. Bd. I, S. 29 f)". 1784 wurde das Kloster durch den Josephinismus aufgehoben. Seit 1867 dient es als Frauenerziehungsanstalt.

Lit.: *Das Baumgartner Formelbuch (Fontes rer. Austr. 11, 25), Wien 1866.*

Wappen von Baumgartenberg/O.-Österr.

BEBENHAUSEN, *Bebenhusa*, b. Tübingen Diöz. Konstanz, um 1185 durch Pfalzgraf Rudolf v. Tübingen als Prämonstratenserkloster gegr., 1190 durch Schönau besiedelt. Hz. Ulrich führte 1535 die Reformation ein, die meisten Mönche flüchteten nach Stams und nach Tennenbach. 1560 wurde das Kloster zur evangl. Klosterschule umgewandelt, die bis 1807 bestand. Von 1630—32 und 1634—48 war B. wieder Cisterc.-Kloster. Die Klosteranlage mit doppelten Ringmauern umgeben, ist fast vollständig erhalten. Die ursprünglich spätromanische Pfeilerbasilika mit flachem Chorabschluß, wurde später stark verändert. Um 1335 wurde das große Maßwerkfenster im O-Chor eingefügt; 1407—09 kam auf Betreiben des Abtes Peter von Gomaringen der bekrönende Vierungsturm dazu, erbaut von dem Salemer Laienbruder Georg. 1466—68 wurden die beiden Querschiffarme und 1522 der Chor mit Sterngewölben überspannt, 1566—68 das Langhaus um fast zwei Drittel gekürzt und mit Kreuznahtgewölben überdeckt. In der Spätgotik 1471—96 wurde der Kreuzgang mit dem Brunnenhaus neu errichtet. An den westl. Kreuzgang lehnen sich zwei Refektorien an: das Winter- und das Sommer-Refektorium. Letzteres 1335 nach dem Vorbild des S-Ref. von Salem erbaut und 1410 von Bruder Georg mit dem eleganten Türmchen versehen. Das S-Ref. ist ein Raum von entzückender Schönheit mit drei schlanken Pfeilern, aus denen die Rippen ohne Kapitelle ausstrahlen. Die phantasiereiche Malerei stammt aus der Erbauerzeit. Mit der Ordensbauhütte, die sich im Bodenseegebiet an der Klosterkirche in Salem entwickelt hatte, werden die hochgotischen Teile von Bebenhausen in Verbindung gebracht.

Lit.: *E. Paulus, Die Cist. Abtei B., Stuttgart 1886; Die Kunst- u. Altertumsdenkmale im Königreich Württemberg. Schwarzwaldkreis, Oberamt Tübingen, Stuttgart 1897, S. 402/16; E. Neuscheler, Die Klostergrundherrschaft B., in: Württbg. Jahrbücher f. Statistik u. Landeskunde 1928, S. 115/85; H. P. Eydoux, Das Cist. Kloster B., Tübingen 1950; G. Weise, Cist. Abtei B. (Führer zu deutschen Kulturdenkmälern), Tübingen 1958. A. Mettler, Kloster Bebenhausen (Deutsch, Kunstführer, Bd. 7, 1927).*

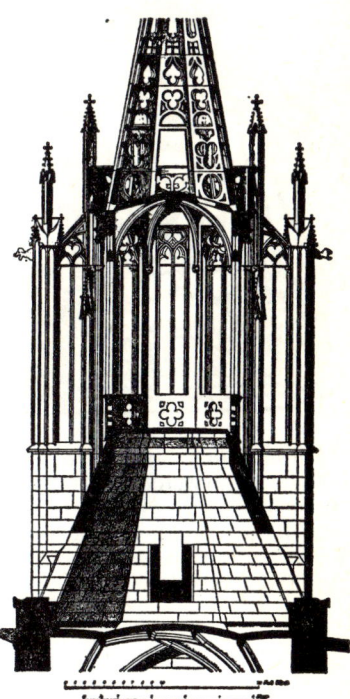

Querschnitt des Vierungsturms auf der Kirche. Erbaut von dem Salemer Laienbruder Georg (1466—68)

BILDHAUSEN, *Bildhusa*, b. Bad Kissingen, Diöz. Würzburg, von Heinrich von Stahleck, Pfalzgraf bei Rhein, der sich als Laienbruder nach Ebrach zurückgezogen hatte, auf seinem Güterbesitz Bilheldehuse gestiftet, von Ebrach 1157 besiedelt. Ein Spital für arme Pfründner wurde vor 1207 eingerichtet, nach der Stiftung der Pfortenkapelle 1354 war diese Spitalkirche. 1525 im Bauernkrieg verwüstet, 1572 von dem Würzburger Bischof Julius Echter reformiert, 1803 säkularisiert. Die romanische Abteikirche mit Staffelchoranlage wurde 1826 abgetragen; in den Klostergebäuden seit 1897 Fürsorgeanstalt.

Lit.: *Krausen S. 30—33; Die Kunstdenkmäler des Königreiches Bayern Bd. 3: Reg. Bez. Unterfranken u. Aschaffenburg 10 (München 1914), S. 52—76.*

BIRNAU, Propstei u. Wallfahrtsort b. Überlingen/Bodensee, Diöz. Konstanz. Seit 1241 im Besitz der Abtei Salem. 1808 säkularisiert. Bauherr ist Abt Stephan II. von Salem. Baumeister war Peter Thumb (1681—1766), Bildhauer und Stukkateur Anton Feichtmayer (1696—1770), unter Mitarbeit von Joh. Georg Dirr und Bernhard Göz. 1750 konnte die Weihe stattfinden. Birnau ist der großartigste Barockkirchenbau am Bodensee. Landschaft und Architektur vereinigen sich bei diesem Bauwerk geschwisterlich. Die kunstsinnigen Mönche von Salem setzten sich in B. ein letztes Denkmal. Seit 1919 ist Birnau Priorat von Mehrerau.

Lit.: *H. Ginter, Kloster B., Karlsruhe 1949; H. Schnell, B. (Schnell & Steiners Große Kunstführer Bd. 10), München-Zürich 1958.*

Kunstwanderungen in Baden, Stuttgart 1959, S. 52. R.-Kunstführer, Bd. II, S. 307 ff.

Gnadenbild von Birnau. Nach der Säkularisation wurde es 1808 nach Salem gebracht. 1919 kehrte es nach Birnau zurück und ist heute wieder Mittelpunkt einer vielbesuchten Wallfahrt.

BLESEN, *Bledzoviense Monasterium*, Neudobrilugk, Bledzew, ehem. Reg.-Bez. Posen, 1259 von Dobrilugk gegr., 1836 aufgehoben, Kloster seit 1840 abgebrochen, Kirche heute kath. Pfarrkirche.

Lit.: *L. Hertel, Geschichte des ehem. Zist. Klosters B., Blesen 1928.*

BOTTENBROICH, *Bottenbrochium*, Diöz. Köln, bei Kerpen/Rhld. Gegr. 1231 von Propst Gottfried zu Münstereifel für Cistercienserinnen, 1448 als Männerpriorat Kamp unterstellt. Seit dem 15. Jh. Wallfahrtsort. 1776 aufgehoben und als Propstei Marienstatt zugeteilt. 1802 von der frz. Republik aufgehoben. Kirche 1951 im Zuge des Braunkohlenabbaus abgerissen, die Ausstattungsstücke, darunter das Gnadenbild, heute in Türnich-Grefrath.

Von B. aus gründeten die Kamper Mönche bei der ihnen 1480 geschenkten Kapelle zu Heimbach/Eifel ein Priorat.

Lit.: *H.-buch Hist. Stätten, Bd. III, S. 108.*

BREDELAR, *Bredelaria*, Diöz. Paderborn, Kr. Brilon/Westf. 1170 wurde an der Laurentiuskirche vom Kölner Erzbischof Philipp von Heinsberg mit Zustimmung des Paderborner Bischofs ein Prämonstratenserinnen-Kloster gegr., das 1196 nach Rumbeck (LK Arnsberg) verlegt und dann von Hardehausen mit Cist. besiedelt wurde. Im 13. Jahrh. hatte das Kloster ein blühendes Skriptorium. Die Handschriften befinden sich größtenteils in der hessischen Staatsbibliothek Darmstadt, darunter auch die dreibändige, unter Abt Widukind 1238 bis 1241 geschriebene Bibel mit vielen Miniaturen. Durch Kriegsgeschehen 1761 erlitt das Kloster schwere

Beschädigungen, die durch Neubauten 1766—1800 beseitigt wurden. 1803 wurde das Kloster aufgehoben. Kirche und Kloster sind heute Teile eines Fabrikbetriebes.

Lit.: *J. Rüther, Heimatgeschichte d. LK. Brilon, 1956. J. Henecke, Die Geschichte des Kl. Bredelar, 1937. A. Heupel, Beitr. zur Gesch. d. Grundherrschaft der Abtei B., Diss. Münster 1920.*

BRONNBACH, *Fons Rivi*, Diöz. Würzburg b. Wertheim a. d. Tauber, 1151 von Waldsassen, gegr., 1166 von Maulbronn besiedelt, 1537 Ebrach unterstellt, 1803 säkularisiert. Die Kirche (1222 geweiht), zuerst mit Staffelchoranlage, erhielt unter Einfluß Maulbronns je zwei Ostkapellen mit geraden Abschlüssen. Im Innern Stützenwechsel, spitztonnenförmige Kreuzgratgewölbe, bedeutende Barockausstattung. Gut erhaltene Klosteranlage; der Kapitelsaal in ursprünglicher Gestalt. 1921/31 vorübergehend Cist. Kloster, Schloß der Fürsten Löwenstein-Wertheim-Rosenberg.

Lit.: *Die Kunstdenkmäler des Großherzogtums Baden Bd. IV/1: Amtsbezirk Wertheim, Kr. Mosbach, Freiburg i. Br. 1896, S. 6—89; Barbara Reuter, Baugeschichte der Abtei B., Würzburg 1958; H. Feldtkeller, Die Zist. Kirche zu B. u. ihre ursprüngl. Dachlösung, in: Zeitschrift f. Kunstgeschichte 18 (1955), S. 199—211.*

BUCH, *Vallis S. Aegidii*, Diöz. Meißen, Ilgental, Stiftung des Burggrafen Heinrich III. v. Leising, um 1192 von Sittichenbach besiedelt, 1526 aufgehoben. Von der dreischiffigen romanischen Pfeilerbasilika (Bruchsteinbau, vor 1203) sind die Umfassungsmauern des quadratischen Presbyteriums und des südlichen Querhauses erhalten, sowie Reste der vier Ostkapellen und der südl. Seitenschiffswand. Die im Presbyterium eingebaute Kapelle stammt aus dem Ende des 17. Jahrhunderts. Von den Klostergebäuden steht der völlig umgebaute Ostflügel mit einer kleinen Kapelle (13. Jh.).

Lit.: *Beschreibende Darstellung der älteren Bau- und Kunstdenkmäler des Königreiches Sachsen Bd. 25: Amtshauptmannschaft Döbeln, Dresden 1903, S. 261—276; H. Battré, Beiträge zur Geschichte des Klosters B., Diss. Leipzig 1951.*

BUCKOW, *Bucovia, Buków*, Diöz. Kammin, Pommern, 1248 von Herzog Swantopolk v. Pommerellen in rein slawischem Gebiet gegründet, 1252 nach B. verlegt, 1260 von Dargun besiedelt, 1526 aufgehoben. Infolge ungünstiger Grenzlage öfters zerstört. Das Kloster gründete einige deutsche Siedlungen.

Lit.: *F. Müller, Kloster B. von seiner Gründung bis z. Jahre 1325, Stettin 1918; Winter II, S. 253—256; Hoogeweg 8, 164—204.*

BURLO (Groß-), *Hortus S. Mariae* und (Klein-), *Vinea S. Mariae*, Diöz. Münster, Kr. Coesfeld/Westf.; die beiden Wilhelmitenklöster wurden 1448 auf eigenen Wunsch als Priorate in den Cistercienserorden aufgenommen und Kamp unterstellt, 1803 aufgehoben.

Lit.: *K. Elm, Die münsterländischen Klöster Groß-Burlo und Klein-B. Ihre Entstehung, Observanz und Stellung in der nordwesteuropäischen Reformbewegung des 15. Jahrhunderts, in: Westfälische Forschungen 18 (1965), S. 23—42.*

CHORIN, *Chorinum,* Diöz. Brandenburg, b. Eberswalde/Brandenburg, 1258 von den Markgrafen Johann I. und Otto III. v. Brandenburg zuerst auf einer Insel im Paarsteiner See als Kloster Mariensee gestiftet, 1260 von Lehnin besiedelt, 1272 an den Chorin-See verlegt. Die dreischiffige kreuzförmige Basilika, bald nach 1272 begonnen, gehört mit ihrer großartigen Westfassade zu den besten Schöpfungen märkischer Backsteingotik (um 1300 vollendet). Sie war die Grabstätte der Askanier. Das Kloster entfaltete eine segensreiche kolonisatorische Tätigkeit in der Mark Brandenburg und wurde 1542 von Kurfürst Joachim II. säkularisiert. Der Kern der alten Klosteranlage blieb erhalten. Kronprinz Friedrich Wilhelm v. Preußen rettete, angeregt von Schinkel, die seit dem 18. Jahrhundert als Steinbruch dienenden Gebäude vor völligem Verfall und ließ sie in den Jahren 1828/33 instandsetzen. 1957/58 wurde der bisher zu Wohnzwecken dienende Ostflügel des Kreuzgangs stilgerecht restauriert.

Lit.: *Die Kunstdenkmäler der Provinz Brandenburg III: Kreis Angermünde 3. Kloster Chorin, Berlin 1927, S. 47—106; W. Schleyer, Die Baugeschichte des Klosters Ch., Prenzlau 1928; J. A. Schmoll gen. Eisenwerth, Das Kloster Ch. und die askanische Architektur in der Mark Brandenburg, Berlin 1961; Chorin. Gestalt und Geschichte eines Zist. Klosters, Leipzig 1962; G. Prange, Das Kloster Ch. (Das Christl. Denkmal Heft 4), Berlin 1955.*

DARGUN, *Dargunium,* Diöz. Schwerin, b. Demmin/Mecklenburg, 1172 von Esrom/Dänemark gegr., Ende 12. Jh. verläßt der Konvent wegen Kriegsunruhen das Kloster und läßt sich 1199 in Eldena nieder, Neubesiedlung 1209 durch Doberan. Rege Kultur- und Kolonisationstätigkeit zwischen Peene und Trebel, 1552 aufgehoben. Die bedeutende Kirche in edler Backsteingotik (13./15. Jahrh.) und die ehemalige Abtei (im 17. Jahrh. zum Jagdschloß umgebaut) wurden im Frühjahr 1945 durch Brandstiftung vernichtet.

Lit.: *Winter II, S. 224—227; A. Wiese, Die Cistercienser in D. von 1172 bis 1300. Ein Beitrag zur mecklenburg-pommerschen Colonisationsgeschichte (phil. Diss. Rostock), Güstrow 1888; Die Kunstu. Geschichtsdenkmäler des Großherzogtums Mecklenburg-Schwerin Bd. 1 (Schwerin 1896), S. 529—560.*

DERNEBURG, *Castrum B. Mariae,* Diöz. Hildesheim, bei Woldenberg/Niedersachsen, 1143 für Augustinerinnen gegründet, 1443 in ein Cistercienserinnenkloster umgewandelt, das in der Reformation unterging. Nach der Restaurierung des Stiftes Hildesheim 1643 wieder Nonnenkloster, dann aber durch Bemühen des Altenberger Abtes Johannes Blanckenberg Mönchskloster. Der 1. Abt Jodokus Rhebroik, vorher Propst des Nonnenklosters, wurde 1653 geweiht. Das Kloster wurde 1803 säkularisiert und in ein Schloß umgewandelt. 1815 im romantischen Geist mit gotisierenden Formen dekoriert und zinnenbekrönten Ecktürmchen versehen.

Lit.: *H. Mosler, Altenberg, Neustadt a. d. Aisch 1959, S. 142 ff.*

DISIBODENBERG, *Mons S. Disibodi,* Diöz. Mainz, a. d. Nahe, um 700 Mönchsniederlassung, 975 von Eb. Willigis v. Mainz als Kanonikerstift eingerichtet, Benediktiner kurz vor 1098 und von 1108—1259, dann Zisterziensern in Otterberg übergeben. 1471 Übergang an Kurpfalz, von ihr 1555 aufgehoben. Im 30jährigen Krieg vorübergehend Cist. Kloster. Reste der bedeutenden Benediktinerkirche u. des Klosters.

DOBERAN, *Dobranum*, Diöz. Schwerin, b. Rostock/Mecklenburg, 1171 von Herzog Pribislav und Bischof Berno v. Schwerin O. Cist. zuerst in Althof (2 km von D.) gegr., von Mönchen aus Amelungsborn besetzt; 1179 zerstören heidnische Wenden die Klosteranlage und ermorden 78 Konventualen, 1186 erfolgt Umsiedlung nach Doberan, 1552 aufgehoben. Um die Missionierung und Kultivierung des Küstengebiets zwischen Trave und Peene erwarb sich D. große Verdienste. In der Stiftungsurkunde vom 1. 3. 1171 werden die Mönche „Stifter des Glaubens und Vertilger der Götzenbilder in Slavien" genannt. Zahlreiche Rodungssiedlungen entstanden auf Klostergebiet und entwickelten sich durch Heranziehung von Bauernsiedlern vielfach zu deutschen Dörfern. Über dem Grundriß der ersten Kirche im romanischen Stil (1232 geweiht) ersteht 1294–1368 ein hochgotischer Backsteinbau im Stil der französischen Kathedralgotik mit vorzüglich erhaltener Innenausstattung. Bis zur Mitte des 17. Jahrhunderts blieb das Münster die bevorzugte Grablege der Mecklenburger Landesfürsten; Klausurbauten abgebrochen; frühgotisches Beinhaus (sog. Totenleuchte) und einige Wirtschaftsgebäude erhalten.

Lit.: *Winter II, S. 221–224; A. F. Lorenz, Doberan. Ein Denkmal norddeutscher Backsteinkunst, Berlin 1958; ders., Zist. Kloster D. (Das Christl. Denkmal Heft 12), Berlin 1958; G. Gloede, Das Doberaner Münster, Berlin 1960; E. Fründt, Die Klosterkirche zu D. (Das Christl. Denkmal, Sonderheft 2), Berlin 1969. Mecklenburgisches Urkundenbuch, Schwerin 1863, Bd. I, Nr. 91.*

DOBRILUGK, *Dobraluca, Doberlucium*, Diöz. Meißen, 1165 durch Markgraf Dietrich von Landsberg gegr., besiedelt von Volkenrode, endgültig vielleicht erst 1184, 1540 aufgehoben; 1661 wird an der Stelle der Abteigebäude ein Residenzschloß der Fürsten von Sachsen-Weißenfels errichtet, noch erhalten. Die romanische Backsteinkirche (1180–1230?) ist heute ev. Pfarrkirche.

Lit.: *Die Kunstdenkmäler der Provinz Brandenburg V, 1: Kreis Luckau, Berlin 1917, S. 49–86; R. Lehmann, Die ältere Geschichte des Cist. Klosters D. in der Lausitz, in: Niederlausitzer Mitt. 13 (1916) S. 181–326; ders., Urkundenbuch des Klosters D. und seiner Besitzungen, Leipzig-Dresden 1941; P. Schlopsnies, Die Zist. Kirche Doberlug (Das Christl. Denkmal Heft 42), Berlin 1962.*

DÜNAMÜNDE, *Mons S. Nicolai*, an der Dünamündung/Livland, Diöz. Riga gelegen, 1205 von Bischof Albert I. v. Riga gegr. als Missionszentrum im Baltikum, 1208 von Pforta aus besiedelt. Am Bernhardstag 1228 von den heidnischen Semgallern und Kuren zerstört, Konvent getötet. D. wurde erst entgegen dem üblichen Bauschema als Burg wiederaufgebaut und diente auch als Hospiz für die Kreuzfahrer aus dem deutschen Raum. 1305 erfolgt der Verkauf der zerstörten Anlage an den Deutschen Orden; der Konvent siedelt 1310/17 nach Padis b. Reval/Estland über (s. Padis).

Lit.: *Winter I, S. 260–263; III, S. 36–41; F. v. Keußler, Die Gründung des Cist. Klosters D., Fellin 1885; M. Hellmann, Das Lettenland im Mittelalter, Köln 1954.*

Eberbach von Norden (17. Jh., nach Merian)

Senkrecht zur Klosterkirche (im Hintergrund) stehen drei Parallelbauten: links Mönchsdormitorium, ganz rechts Konversenbau, Mitte: Mönchsrefektorium in der Art von Maulbronn, rechts daneben Klosterküche mit gotischem Kamintürmchen.

Wappen von Eberbach

EBERBACH, *Eberbacum*, b. Eltville/Rheingau, Diöz. Mainz, 1116 durch Erzbischof Adalbert v. Mainz als Augustinerchorherrenstift gegr., 1135 von Clairvaux übernommen. Seine Bedeutung spiegeln die Klostergründungen wider, die von Eberbach aus erfolgten: Schönau bei Heidelberg (1142/45), Otterberg bei Kaiserslautern (1144/45), Gottestal/Val Dieu bei Maastricht (1155/80) und Arnsburg in der Wetterau (1174/97). Eberbach besaß schon im 13. Jh. die Paternität über 16 Cistercienserinnenklöster. Seinen großen Landbesitz an mehr als 200 Orten des Mittelrheingebietes verwaltete es von seinen Klosterhöfen in Bingen, Boppard, Frankfurt a. M., Gehaborn bei Darmstadt, Limburg, Mainz und Oppenheim aus. — Die noch erhaltene romanische Klosterkirche, eine dreischiffige Pfeilerbasilika von typisch cistercienischer Schlichtheit und Strenge, ist eines der wichtigsten Zeugnisse der frühen Kirchenbaukunst des Ordens auf deutschem Boden (Schema: Clairvaux II, Baubeginn 1145), Architekt war wahrscheinlich Achard v. Clairvaux. Unter seinem Einfluß entstand wie in Himmerod ... eine burgundisch geprägte Kirche nach dem Vorbild von Clairvaux mit rheinischen und hirsauischen Einzelformen.

In der zweiten Bauperiode (1170/86) erfolgte Einwölbung mit Kreuzgratgewölben statt der ursprünglich vorgesehenen burgundischen Spitztonnen. In der zweiten Bauperiode (1170/86) erfolgt Einwölbung mit Kreuzgratgewölben, Weihe 1186; unter Abt Wilhelm (1310/46) Anbau gotischer Kapellen an der Südseite der Kirche. Die mittelalterliche Klosteranlage ist fast ganz erhalten: erwähnenswert sind die frühgotischen Innenräume von großartiger Wirkung, die ihresgleichen in der mittelalterlichen Architektur Europas suchen: die Schlafsäle der Mönche (73×13,5 m, 13./14. Jh.) und der Laienbrüder (83,60 × 12,95 m, 13. Jh.), 1964/65 restauriert; Kapitelsaal (12./14. Jh.), dessen 16 Rippen in einer prachtvollen Mittelsäule enden, die Infirmerie (13. Jh.), seit 1617 Kelterhaus, und die Fraternei (heute Cabinetkeller für Spitzenweine). Berühmt war der Weinbau des Klosters. Heute noch gehören 108 rh. Morgen Weinberge zum Kloster (Hessische Staatsdomäne), und an vielen anderen Orten des Rheingaus besaß es solche. Seit Mitte des 12. Jahrhunderts schickte Eberbach jährlich im Durchschnitt 200 Fuder Wein auf eigenen Schiffen zoll- und steuerfrei rheinabwärts nach Köln und von da durch Kölner Kaufleute in die Niederlande.

Das produktive Skriptorium war Ausdruck seiner geistigen Blüte. Hier vollendet der Mönch Konrad (1221 Abt) das Exordium Magnum Cisterciense (Neuausgabe B. Grießer, Rom 1961). Im Dreißigjährigen Krieg Plünderung durch schwedische und hessische Soldaten, Verschleppung der reichhaltigen Bibliothek, z. T. nach Schweden, Reste in Wiesbaden, Oxford und London. 1803 säkularisiert; seitdem Gefängnis, Irrenanstalt und Sanatorium, jetzt hessische Weinbaudomäne und Museum.

Lit.: H. Bär, K. Rossel, L. Stoff, *Diplomatische Geschichte der Abtei E. im Rheingau*, 3 Bde., Wiesbaden 1855, 1858, 1886; Rossel, *Urkundenbuch d. Abtei E.*, 2 Bde., Wiesbaden 1862/64; J. Söhn, *Geschichte des wirtschaftl. Lebens der Abtei E.* (Veröffentlichungen der hist. Kommission f. Nassau VII), Wiesbaden 1914; *Die Bau- und Kunstdenkmäler des Rheingaues*, Frankfurt/M. 1906, S. 144 ff; H. Hahn, *Die frühe Baukunst der Zisterzienser. Untersuchungen zur Baugeschichte von Kloster E. und ihren europäischen Analogien im 12. Jahrh.*, Berlin 1957; P. Smets, *Die Abtei E.*, 6–7 Mainz 1959; W. Einsingbach, *Kloster E.* (Große Baudenkmäler Heft 70), 4. München-Berlin 1966; ders., *Das ehem. Zist. Kloster E.*, Wiesbaden 1971.

EBRACH, *Ebracum*, Diöz. Würzburg, jetzt Erzdiöz. Bamberg, in Steigerwald/Oberfranken, als zweite deutsche Cist. Abtei 1127 von Morimond gegr.; erster Abt war Adam, ein gebürtiger Kölner, der an der Ausbreitung des Ordens in Deutschland maßgeblich beteiligt war. Gründungen: Rein/Steiermark 1129, Langheim 1133, Heilsbronn 1140/41, Nepomuk/Böhmen 1145, Aldersbach 1146, Bildhausen 1157. Die gesamte Filiation umfaßte 23 Abteien. — 1134 Weihe der ersten Kirche, 1200/1285 Bau des frühgotischen Gotteshauses mit rechteckigem Umgangschor und Kapellenkranz (Schema: Cîteaux II), an der Westfassade herrliche hochgotische Fensterrose. Bauliche Einflüsse von E. sind nachweisbar am Bamberger Dom und in der St. Sebalduskirche zu Nürnberg. Grabstätte von Mitgliedern des stauf. Königshauses, und der Herzen der Bischöfe von Würzburg. Abt Wilhelm Rosshirt (1773/91) gibt der Kirche durch Materno Bossi eine verschwenderische, frühklassizistische Ausstattung. Der Bau der ausgedehnten Klosteranlage wurde 1687 nach Plänen von Joh. Leonhard Dientzenhofer begonnen, 1716 von Balthasar Neumann weitergeführt (u. a. barocker Kaisersaal und Treppenhaus). E. besaß ausgedehnte Besitzungen in Franken. Eifrige Pflege der Studien; der Mönch Konrad († 1399), bedeutender theologischer Schriftsteller, ist Professor an den Ordenskollegien zu Prag und Wien. Wertvolle Handschriften des E. Skriptoriums heute in München, Bamberg, Würzburg und Wolfenbüttel. — Aufgehoben

Wappen von Ebrach

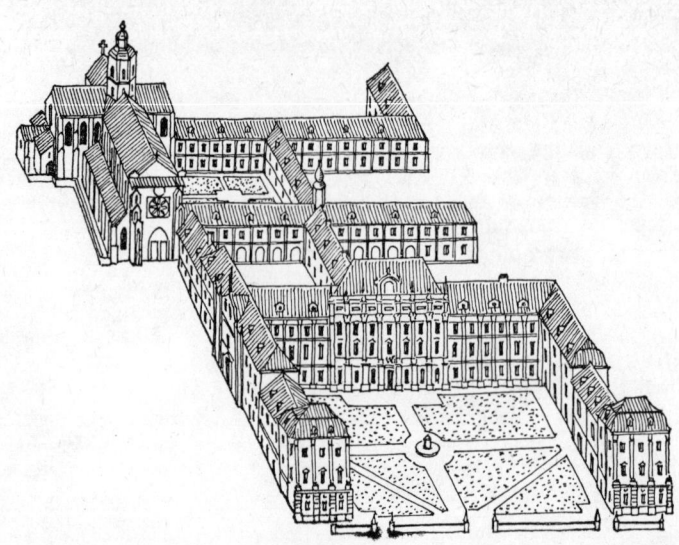
Die barocke Klosteranlage von Ebrach vor der Säkularisation

1803, teilweiser Abbruch der barocken Klosteranlage. In den erhalten gebliebenen Gebäuden seit 1851 Strafanstalt, Kirche ist jetzt kath. Pfarrkirche.

Lit.: F. X. Wegele, Monumenta Ebracensia, Nördlingen 1863; Joh. Jäger, Die Klosterkirche zu E., Würzburg 1903; W. Wiemer, Die Baugeschichte und Bauhütte der Ebracher Abteikirche, Kallmünz 1958; H. Weiss, Die Zist. Abtei E. Eine Untersuchung zur Grundherrschaft, Gerichtsherrschaft und Dorfgemeinde im fränkischen Raum (Quellen u. Forschungen zur Agrargesch. Bd. 8), Stuttgart 1962; K. Lauterer, Konrad v. E., Lebenslauf und Schrifttum, in: Analecta S. O. Cist. 17 (1961) S. 151—214, 18 (1962), S. 60—120; L. Grill, Abt Adam v. E., der Pionier des österreichischen Cisterciensertums, in: Cist. Chr. 75 (1968), S. 79—89; A. Kaspar, Chronik der Abtei E., Münsterschwarzach 1971.

ELDENA, Hilda, Diöz. Kammin, b. Greifswald/Pommern, 1199 von den aus Dargun vertriebenen Mönchen besiedelt; Fürst Jaromar I. v. Rügen vermacht dem bedürftigen Kloster ansehnliche Stiftungen (u. a. einen Salzort) und erlaubt, deutsche, dänische oder wendische Kolonisten auf dem — größtenteils selbst gerodeten — Klostergrund anzusiedeln, Dörfer zu gründen und Pfarreien zu errichten. In der Folgezeit entstehen zahlreiche Dorfgründungen (Hagendörfer). Der Überschuß an Wirtschaftsgütern aus Salzwerken, Seefischerei, Mühlen, Holzungen und Schweinezucht erforderte ein günstiges Absatzgebiet. Um 1241 gründet E. in Greifswald einen Markt, den Herzog Wartislav III. 1249 dem Kloster zu Lehen gibt (1250 Stadtrechte). E. trug zur Gründung der dortigen Universität (1456) bei und stiftete zu ihrer Erhaltung eine Geldrente sowie das Patronatsrecht über die drei Hauptkirchen der Stadt. Bedeutende Kirche in Backsteingotik (13.—15. Jh., ca. 75 m lang), die hochragende Westfassade war mit glasierten Ziegeln geschmückt; 1533 aufgehoben und 1634 der Universität Greifswald geschenkt. 1637 Zerstörung der Klostergebäude durch die Schweden, Kirche später abgebrochen. Die romantischen Ruinen sind durch die Gemälde von Caspar David Friedrich († 1840) bekannt.

Lit.: *Winter II, S. 234—239; Die Baudenkmäler des Regierungsbezirkes Stralsund Bd. 2: Der Kreis Greifswald, Stetin 1885, S. 70—81; Hoogeweg, S. 456—575; Hoffmann S. 55—62; H. Kloer, Das Zist. Kloster zu E., Berlin 1929.*

ENGELSZELL, *Cella Angelorum,* Diöz. Passau, b. Passau (O.-Österreich). 1293 durch den Passauer Bischof Wernhard v. Prambach gegr., 1295/96 von Wilhering besiedelt. In d. Reformationszeit verfallen. 1618 neu besiedelt. 1754/64 entsteht die prächtige, noch erhaltene Rokokokirche mit Ausstattung von B. Altomonte und Joh. Georg Übelherr. 1786 aufgehoben. Seit 1925 Trappistenkloster.

EUSSERTHAL, *Uterina-Vallis,* b. Annweiler/Pfalz, Diöz. Speyer. 1148 von dem Ritter Stephan von Mörlheim gegr., durch Weiler-Bettnach besiedelt. Mönche von E. waren auf dem nahen Trifels als Kapläne und Hüter der Reichskleinodien bestellt. Kloster 1560 aufgehoben. 1640-48 wieder Cist.-Kloster. 1665 wurden die Klostergebäude piemontesischen Flüchtlingen überlassen. Die Kirche überrascht, obwohl erst im 13. Jahrh. gebaut, durch die konsequente Durchführung des bernhardinischen Planes, mit flachem Chorabschluß und am Querhaus je zwei Kapellen. Für die Einfachheit und Strenge der frühen Ordensarchitektur ist diese Kirche ein hervorragendes Beispiel in Deutschland. Vom Langhaus ist nur ein Joch erhalten, 4 weitere Doppeljoche waren bis 1821 vorhanden und wurden dann abgebrochen. Die einzige darin befindliche figürliche Darstellung ist das Relief eines Basilisken. Er befindet sich in der Wand zwischen den beiden nördlichen Seitenkapellen. Weihe: 1262; heute kath. Pfarrkirche.

Lit.: *Die Kunstdenkmäler von Bayern. Reg. Bezirk Pfalz Bd. 4: Bezirksamt Bergzabern, München 1938, S. 183—208. E. Rinnert, Kunstführer Nr. 777, 1963, München. R.-Kunstführer, Bd. II, S. 105 ff.*

Klosterkirche Eusserthal mit Chorhaupt im Osten. Eine Gruppe von 5 Fenstern durchbricht die Fläche, 5stufige Streben fassen die Ostseite ein (R.-Kunstführer).

FALKENAU, *Valkena,* bei Dorpat, Diöz. Dorpat, 1234 vom Dorpater Bischof Hermann gegründet, von Mönchen aus Pforta besiedelt. 1305 Stolpe unterstellt. Wegen seiner exponierten Lage um 1240 als Klosterburg mit starken Verteidigungsanlagen errichtet, Zentrum für die Missionierung Estlands. 1558 bei einem Russeneinfall zerstört; nur geringe Reste.

Lit.: *A. Tuulse, Die Burgen in Estland u. Lettland, Dorpat 1942, S. 270—274.*

FREISDORF, *Freistorfium,* b. Bolchen/Lothr. Diöz. Metz. 1130 für Regularkanoniker gegr., dann Cistercienserinnen- und seit 1470 Cist.-Kloster. 1790 aufgehoben.

FRIENISBERG, *Aurora,* Kt. Bern/Schweiz, Diöz. Konstanz. 1138 gegr. vom Grafen Udalhard von Sogern, von Lützel besiedelt. 1528 aufgehoben. Teile der Kirche im Gebäude der Armenanstalt erhalten.

Fürstenfeld, Fassade
der Klosterkirche
(R.-Kunstführer)

FÜRSTENFELD, *Campus-Principis*, b. Bruck/Obb., Diöz. Freising, Gründung durch Herzog Ludw. d. Strengen v. Bayern als Sühne für die Ermordung seiner Frau Maria von Brabant und Begräbnisplatz. Auch spät. Wittelsbacher, u. a. Kaiser Ludwig d. B., sind hier beigesetzt. Im 13. Jh. haben die Mönche neben ihrer kulturellen und wirtschaftlichen Tätigkeit auch die Wissenschaften gepflegt (Fürstenfelder Annalen, Fürstenchronik). In der Reformationszeit Niedergang des Ordensgeistes, seit 1531 verwalteten das Kloster zeitweilig nur Administratoren. 1556 wurde Leonhard Paumann aus Kaisheim zum Abt gewählt, um den alten Ordensgeist wieder herzustellen. Von barocker Bauleidenschaft besessen, begann Abt Balduin Helm (1690—1705) die Neugestaltung des Klosters und ließ die alte frühgotische Kirche abbrechen. Der Neubau wurde 1701—41 nach dem Plan des Münchner Hofarchitekten, Giov. Ant. Viscardi durchgeführt. Es entstand einer der eindrucksvollsten Barockbauten Bayerns. Die kolossale fünfachsige Fassade wird im Giebel durch kupfergetriebene Figuren gekrönt, Darstellungen des Salvator Mundi zwischen St. Benedikt und St. Bernhard. Das Innere überrascht durch Weiträumigkeit (83 m lang, 28,40 m breit und 27 m hoch). Maßgebend für die Ausmalung waren die Gebr. Asam. Das Kloster wurde 1803 aufgelöst.

Lit.: *Krausen S. 40—43; Die Kunstdenkmäler d. Königreiches Bayern. Reg. Bez. Oberbayern Bd. 1*, München 1895, *S. 442—470; 700 Jahre F. (Große Kunstführer v. Schnell u. Steiner Bd. 39)*, München 1963; *Das Münster 18* (1965), *Heft 5/6 (betr. Kirchenrestaurierung 1963/64). R.-Kunstführer, Bd. I, S. 223 ff.*

FÜRSTENZELL, *Cella-Principis*, b. Passau/N.Bay., Diöz. Passau. 1274 von dem Passauer Domherrn Hartwig gegr. unter Beihilfe von Herzog Heinr. VIII. v. Niederbayern und von Aldersbach besiedelt. Die gotische Basilika wird 1739/48 durch die bedeutende Rokokokirche Joh. Michael Fischers abgelöst (heute Pfarrkirche). 1803 aufgehoben, seit 1930 Maristenkloster.

Lit.: *Krausen, S. 43 ff; M. Heuwieser, Fürstenzell, in: Alte Klöster in Passau und Umgebung, Passau 1950, S. 259—280.*

GEORGENTHAL, *Vallis S. Georgii*, Kr. Gotha/Thüringen, Diöz. Mainz. Um 1142 durch Graf Sizzo v. Käfernburg gegr., besiedelt von Morimond. Die dreischiffige Basilika (12. Jh.) mit Staffelchoranlage erhielt nach deren Abbruch um 1250 einen großen rechteckigen Chorumgang mit Kapellenkranz (Schema: Cîteaux II). Kirche und weiträumige Klosteranlage wurden 1525 im Bauernkrieg zerstört, erhalten blieb die ehemalige Infirmerie (sog. Kornhaus); 1531 aufgehoben.

Lit.: *Bau- und Kunstdenkmäler Thüringens Bd. 26*, Jena 1898, *S. 23—46; A. Holtmeyer, Cistercienserkirchen Thüringens*, Jena 1906, *S. 225—250.*

GEORGENZELL, *Cella S. Georgii*, b. Schmalkalden, Diöz. Würzburg. Um 1315 gegr., Georgenthaler Priorat, im Bauernkrieg zerstört, 1531 aufgehoben.

GOLDENKORN, *Sancta-Corona*, b. Krumau/Böhmen, Diöz. Prag 1263 von König Ottokar v. Böhmen gegr. und von Heiligenkreuz besiedelt, 1281 Plaß unterstellt, 1322 Weihe der vierschiffigen Hallenkirche von 80 m Länge (heute Pfarrkirche), 1785 aufgehoben; Kloster erhalten.

Lit.: *H. Pfeiffer, Goldenkron*, Wien 1904.

GOTTESZELL, Cella Dei, b. Deggendorf/N.-Bay., Diöz. Regensburg. 1285 von Aldersbach besiedelt. 1320 selbständige Abtei. Die spätromanische Kirche (Weihe 1330) wurde 1729 von C. D. Asam barockisiert, 1803 aufgehoben.

GREVENBROICH, *Palus-Comitis*, Kr. Düsseldorf, Diöz. Köln. 1296 als Wilhelmitenkloster gegr., seit 1628 Cist. Priorat unter Altenberg. 1803 aufgehoben; Kirche teilweise im neugot. Hallenbau erhalten.

GRÜNHAIN, *Grunhemium*, Kr. Zwickau/Sachsen, Diöz. Naumburg. 1235 von Burggraf Meinher II. v. Meißen gestiftet, von Sittichenbach besetzt. G. besaß 3 Städte und 56 Dörfer, meist im Erzgebirge, sowie 10 Dörfer in Böhmen. Haupterwerb war der ausgedehnte Eisen- und Kohlenabbau. Reges kulturelles Leben im Spätmittelalter. Die Klosterbibliothek zählte 650 Bände im Jahre 1514; aufgehoben 1536 und abgebrochen. Die Kirche — 1934 teilweise ausgegraben — war im sog. „Kolonialtypus" errichtet.

Lit.: *Winter II, S. 289 ff; Beschreibende Darstellung der älteren Bau- und Kunstdenkmäler des Königreiches Sachsen Bd. 7: Amtshauptmannschaft Schwarzenberg, Dresden 1886, S. 14–16; L. Enderlein, Kloster G. im Westerzgebirge, Schwarzenberg 1934; M. Märker, Das Zist. Kloster G. im Erzgebirge, Frankfurt/M. 1968.*

GRÜSSAU, *Grissovia*, Krzeszów, b. Landeshut/Schlesien, Diöz. Breslau. 1242 durch Herzogin Anna v. Schlesien als Benediktinerpropstei gestiftet, 1292 von Heinrichau übernommen, segensreiche Kolonisationsarbeit im MA. Im Klosterland wohnten im 18. Jh. ca. 30 000 Untertanen in 2 Städten (Liebau u. Schömberg) und in 42 Dörfern, wo unter dem bedeutenden Barockabt Bernhard Rosa (1660/96) über 20 Kirchen und Kapellen neuerbaut wurden. Die prachtvolle Barockkirche (1728–1735) mit der Fürstengruft (Grablege der Herzöge v. Schweidnitz) mit den beiden Frontaltürmen entstand unter Abt Innozenz Fritsch (1727/34). 1810 säkularisiert, 1919/46 Benediktinerabtei (seitdem in Wimpfen), heute Priorat der polnischen Benediktinerinnen.

Lit.: *F. Mahner, Beiträge zur Wirtschaftsgeschichte des Cist. Klosters G. in Schlesien, Hildesheim 1913; Grüssauer Gedenkbuch, Stuttgart 1949; A. Rose, Abt Bernardus Rosa v. G., Stuttgart 1960.*

HAINA, *Aegena*, b. Frankenberg/Hessen, Diöz. Mainz, erste Gründung durch Graf Poppo von Ziegenhain-Reichenbach um 1140 mit Mönchen aus Kamp gescheitert. Die Mönche zogen 1146 nach Michaelstein weiter. Auch zwei weitere Kamper Konvente blieben nicht. Der eine begründete Reifenstein, der andere ging nach Kamp zurück. Gf. Heinrich v. Reichenbach nimmt 1188 Neugründung mit Altenberger Mönchen vor, nach Verlegung des Klosters ins Wohratal (nach 1201, wohl um 1214). Die kunstgeschichtliche Stellung der Klosterkirche ist durch die frühe Annahme des Hallenplanes ausgezeichnet (vor 1254, die Priorität gegenüber der Elisabethenkirche/ Marburg ist umstritten). Entscheidendes Erlebnis ist die Einheitlichkeit und Harmonie des wundervollen Raumes, der im Schmuck seiner ursprünglichen Farbigkeit prangt und in dem Maßwerk der großartigen Fenster, in denen der Hauptteil der originalen Glasgemälde erhalten ist. In der Geschlossenheit dieses rein gotischen

Raumes ist die Hainaer Kirche in ganz Deutschland unübertroffen (Reclams Kunstführer). Zunächst als Basilika romanischen Stils geplant, trat nach dem zweiten östlichen Joch des Langhauses der Wechsel zur Hallenform ein. Das Fortschreiten des Baues von Osten nach Westen vom zweiten Viertel des 13. Jh. bis zum Beginn des 14. Jh. läßt sich an Kapitellen und Maßwerk ablesen. Abgebrochen wurden die je drei Querhauskapellen im N. und S. Das anschließende Hallen-Langhaus mit neun Jochen trennt sich zwischen dem dritten und vierten Joch durch die gotische Chorschranke (Ende 13. Jh.) in die Mönchs- und Laienbrüder-Kirche. Der ursprüngliche Innenanstrich (in weiß, rot und gelb) wurde 1936/38 freigelegt. In den Teppichmustern der Grisaillefenster entfaltet sich ein großer Formenreichtum. Sie betonen den schlichten Charakter der Ordenskirche. In der Rose des Ostfensters nennt sich der Glasmaler „Lupuldus frater". Lediglich drei kleine symbolische Glasmalereien im Westfenster (Pelikan, Löwe, Lamm) und die Kreuzigungsgruppe (um 1335) sind figürliche Darstellungen. Von der mittelalterlichen Klosteranlage stehen noch bedeutende Teile.

Das Kloster wurde 1533 aufgehoben, Abt und Mönche fanden Zuflucht im Stephansstift in Mainz. 1558 wählten die noch lebenden Mönche unter dem Vorsitz des Altenberger Abtes Hermann von Köln zum neuen Abt. Nach seinem Tod 1574 war das Ende des Konvents gekommen. Seit 1533 befindet sich dort eine Anstalt für Geisteskranke. Es war die erste dieser Art in Deutschland.

Lit.: *Inventarium der Baudenkmäler im Königreiche Preußen, Prov. Hessen-Nassau: Die Baudenkmäler im Regierungsbezirk Cassel, Cassel 1870, S. 86—90;* O. Schürer, *Die Baugeschichte der Klosterkirche Haina,* in: *Marburger Jahrb. f. Kunstwiss.* 2 (1925/26), S. 91—170; W. Schwickert, *Die Grundherrschaft des Klosters H. bis 1350* (Phil. Diss. Marburg), Marburg 1927; Krausen, S. 45—48. E. G. Franz, *Kloster H., Regesten u. Urkunden 1. Bd.: 1144—1300* (Veröffentl. d. hist. Kom. f. Hessen u. Waldeck 9. Klosterarchive: Reg. u. Urk. 5. Bd.), Marburg 1962; E. Doberer, *Die gotische Schranke der Klosterkirche zu H. Ein gefährdetes Denkmal zist. Baukunst,* in: *Deutsche Kunst u. Denkmalpflege* 1964, S. 32—36; H. Brandt, *Das Kloster H.,* Frankenberg-Eder 1968.

HARDEHAUSEN, *Hardehusium,* b. Warburg/Westf., Diöz. Paderborn, 1140 durch Bischof Bernhard v. Paderborn gegr., besiedelt von Kamp. 1165 Weihe der romanischen Basilika, die zur cluniazensisch-hirsauischen Wesergruppe gehört. Sie wurde 1812 abgebrochen. H. gründete die Tochterklöster Marienfeld (1185), Bredelar (1199) und Scharnebeck (1243); 1803 aufgehoben, 1927/38 wieder Cist. Abtei, seit 1945 Jugendhaus der Erzd. Paderborn.

Lit.: *Bau- und Kunstdenkmäler v. Westfalen Br. 44: Kreis Warburg, Münster i. W. 1939, S. 335—376;* P. Günther, *Die Klosterkirche zu H. in Westf. Ein Beitrag zur Zist.-Ordensbauweise während des 12. Jh.* Diss. Ing., Stuttgart 1951; K. Schoene, *Kloster H. in Westf. Sein Güterbesitz u. seine wirtschafts- u. verfassungsgesch. Entwicklung bis zum Ende des 14. Jhs.* (Phil. Diss. Münster), Sonderdruck aus *Stud. u. Mitt. zur. Gesch. d. Ben. O. u. s. Zweige* NF 4 (1914) S. 81—106, 216—244.

HAUTERIVE, *Alta-Ripa, Altenryf*, b. Freiburg/Schw., Diöz. Freiburg-Lausanne, gestiftet durch den Ritter Wilhelm v. Glâne, 1138 von Cherlieu/Burg. besiedelt, zwischen 1143/62 Verlegung an die heutige Stelle. Mitte 12. bis Mitte 13. Jh. Errichtung der dreischiffigen tonnengewölbten Kirche (Typ Fontenay), im frühen 14. Jahrhundert gotische Umgestaltung des Presbyteriums, u. a. Einbau des großen, formschönen Maßwerkfensters mit seinen farbenprächtigen Glasgemälden oberrheinischer Herkunft. Vorhalle aus dem frühen 13. Jahrhundert 1578 zerstört. Gotischer Kreuzgang mit reichgegliederten Maßwerken und Kapitellen, 1722/84 Umbau des Klosters, 1848 aufgehoben, 1939 durch Mehrerau als Priorat wiederhergestellt, seit 1973 Abtei.

Lit.: F. Broillet, Restauration de l'église et du cloître de Hauterive, in: Annales Fribourgeoises 1913, S. 32—37, 73—80, 114—123; 1914, S. 60—74, R. Pittet, L'abbaye de Hauterive au moyen-âge, in: Arch. de la Société d'Histoire du Canton de Fribourg, t. XIII, Frib. 1934; J. Matt, Die Miniaturen in den Handschriften der ehem. Bibliothek von Altenryf, in: Freiburger Geschichtsblätter 34 (1939); F. Bucher, Notre-Dame de Bonmont, Bern 1957, S. 163—174; B. Kaul, Weiße Mönche, Fribourg 1964.

HEILIGENFELD, *Sacer Campus*, b. Königgrätz/Böhmen, Diöz. Prag, zwischen 1149/80 gegr., besiedelt von Nepomuk (?), 1420 von den Hussiten zerstört.

Gesamtansicht von Heiligenkreuz

HEILIGENKREUZ, *S. Crux in Austria*, b. Baden/N.-Österreich, Diöz. Passau, jetzt Wien. 1133 durch Markgraf Leopold d. Hl. auf Bitten seines Sohnes Otto von Freising gegr., von Morimond besiedelt; bereits unter dem 1. Abt Gottschalk († 1148/49) zählt der Konvent 300 Mitglieder. Gründungen: Zwettl, Baumgartenberg, Czikador, Marienberg/Ungarn, Lilienfeld, Goldenkorn und Neuberg. Kolonisation des Seewinkels/Burgenland von der Grangie Mönchhof aus. Ausgedehnte Grundherrschaft. Das bedeutende Skriptorium, in dem im ersten Jahrhundert nachweislich 54 Handschriften entstanden, arbeitete um 1200 an der künstlerischen Ausgestaltung des dreibändigen „Legendarium Magnum Austriacum". 1224/65 Abfassung der „Continuationes Sancrucenses" (österr. Annalen), ein wichtiges Geschichtswerk ist auch die „Historia Annorum" des Mönches Gutholf (1245— ca. 1300); Predigten und theologische Traktate hinterließen u. a. Sifried (1245/61), der Kantor Erchenger (vor 1300) und der Mönch Nikolaus Vischel (1302). 1187 Weihe eines ersten Baues, von dem Teile im heutigen

Wappen von Heiligenkreuz

erhalten sind (Lhs). 1210/40 Umbau. Ostpartie weicht einem hochgotischen Hallenchor (1295 geweiht). Frühgotischer Kreuzgang (1240) mit herrlichem Brunnenhaus (Ende 13. Jh.) und bedeutenden Glasfenstern. Im Kapitelsaal, dem Mausoleum der Babenberger, u. a. Grab des letzten Babenbergers, des Markgrafen Friedrich II. d. Streitbaren († 1246). Im 18. Jahrhundert barocke Umgestaltung mehrerer Klosterbauten und deren Ausstattung durch die Maler Joh. Michael Rottmayr und Martino Altomonte sowie durch den Bildhauer Giovanni Giuliani († 1744 als Familiar in H.), die auch mehrere Stiftspfarreien ausschmückten. Die Abtei entging dem josephinischen Klostersturm. Erhalten blieben auch die Bestände der Bibliothek (ca. 50 000 Bände und 500 Handschriften) und des Archivs (1300 Originalurkunden). Seit 1802 unterhält H. eine philosophisch-theologische Lehranstalt, außerdem ein Knabenkonvikt; Betreuung von 17 inkorporierten Pfarreien.

Lit.: *Österr. Kunsttopographie Bd. 19: Die Denkmale des Stiftes H.*, Wien 1926; F. Gaumannmüller, *Die mittelalterliche Klosteranlage der Abtei H.*, in: *Festschrift zum 800-Jahrgedächtnis des Todes Bernhards v. Clairvaux*, Wien 1953, S. 167—210; P. Niemetz, *Das H. Chorgestühl von Giovanni Giuliani*, H. Wien 1965; H. Watzl, *Das Urbar der „Waldmark" der Cisterce H. 1431*, H. 1966; ders., *Das Stift H. Seine geschichtliche Sendung*, H. ⁵1967; F. Walliser, *Cistercienser-Buchkunst. H. Skriptorium in seinem 1. Jahrhundert (1133—1230)*, H. 1969; *Handbuch d. hist. Stätten Österreichs I. (Donauländer u. Burgenland)*, Stuttgart 1970, S. 313—316.

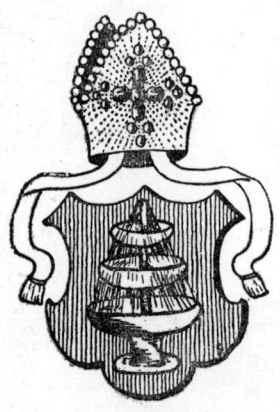

Wappen von Heilsbronn

HEILSBRONN, *Halesprunnen, Fons Salutis*, b. Ansbach/Bayern, Diöz. Eichstätt. 1132 durch Bischof Otto v. Bamberg gegr., 1140/41 durch Ebrach besiedelt. Durch kaiserliche und päpstliche Schutzprivilegien begünstigt, entstand eine weitausgedehnte Grundherrschaft: um 1500 besitzt H. an 300 Orten Güter und Besitzrechte. Haupterwerbszweige waren Land-, Teich- und Forstwirtschaft, Tuch- und Lebkuchenfabrikation. Zum Kloster gehörten 37 Pfarrpatronate (u. a. in Nördlingen und Kelheim). Das geistliche Leben stand vor allem im frühen 14. Jahrhundert in hoher Blüte unter Abt Konrad v. Brundelsheim (1302/31) und durch den Einfluß der mystischen Schriften des unbekannten Mönches v. H. Von der ehemals bedeutenden Bibliothek stehen noch 600 Handschriften in der Univ.-Bibliothek Erlangen. Während des großen abendländischen Schismas hielten die romtreuen Äbte 1398, 1402 und 1408 in H. ihr Generalkapitel. Seit 1525 Auflösung des monast. Lebens. Übergang zum neuen Bekenntnis. Seit 1581 prot. Fürstenschule. Doch bestand die Abtwürde noch bis 1631. — Die im Hirsauer Stil erbaute, flachgedeckte romanische Basilika (1132/39) — heute ev. Pfarrkirche — erhielt 1263/84 einen gotischen Choranbau, im 14. Jh. im Westen die sog. Ritterkapelle als Grablege und 1412/33 ein südliches Seitenschiff in Form einer zweischiffigen spätgotischen Halle als Grablege für Äbte, Mönche und Adelige (sog. Mortuarium). Am südl. Querhaus befindet sich die romanische Heideckerkapelle (Ende 12. Jh.) mit erhöhter Erkerapsis. Grabdenkmäler der fränkischen Hohenzollern, die 1297—1625 hier beigesetzt wurden. Von der mittelalterlichen Kirchenausstattung sind vorzügliche Werke erhalten. Erhaltene Klosterbauten: Refektorium mit Lesekanzel (1230/40), Küchenbau, „neue Abtei" (um 1290, Südflügel Ende 15. Jh.) mit Abtskapelle, Mühle mit viergeschossigem Giebel (1336/1515), Hospitalkapelle (13. Jh.).

Lit.: *Krausen S. 50—53; B. Grießer, Schreibstube und Bibliothek des Klosters H. unter Abt Heinrich v. Hirschlach (1282—1317)*, in: *Festgabe z. diamantenen Priesterjubiläum v. Grehor Müller, Bregenz 1926, S. 37—49; H. Fischer, Die lateinischen Pergamenthandschriften der Univ. Bibl. Erlangen (Katalog d. Hss. d. Univ. Erlangen Bd. 1), Erlangen 1928; A. Heidacher, Die Entstehungs- und Wirtschaftsgeschichte des Klosters H. bis zum Ende des 15. Jahrhunderts, Bonn 1955; G. Schuhmann-G. Hirschmann, Urkundenregesten des Zist. Klosters H. Bd. 1 (1131—1321), Würzburg 1957; Th. Schmidt, Das Münster zu H., H. 1958; Bayerische Kunstdenkmäler, Kunstinventar Bd. 2: Stadt- und Landkreis Ansbach, München 1958; Heilsbronn, ein Bildband, hrg. v. O. E. Wülfing, Düsseldorf 1962; M. F. Fischer, Das ehem. Zist. Kloster H. b. Ansbach (phil. Diss. Göttingen 1963), Zusammenfassung im Jahrb. f. fränkische Landesforschung 24 (1964) S. 21—109.*

HEINRICHAU, *Henrichovium*, Henryków, b. Münsterberg/Schlesien, Diöz. Breslau. 1222 erteilt Herzog Heinrich I. v. Schlesien nach vorausgegangener Stiftung seines Notars Nikolaus aus Krakau die Erlaubnis zur Klostergründung, 1227 von Leubus besiedelt; wichtiges Kolonisationszentrum, dessen agrar- und wasserwirtschaftliche Unternehmungen beispielhaft für die Umgebung wurden; im Umkreis von H. entstanden u. a. trotz vorangegangener polnischer Siedlungstätigkeit 17 neue deutsche Dörfer. Die um 1230 beg., i. 14. Jh. vollendete Klosterkirche (Backsteinbau) 1810 aufgehoben, seit 1946 polnisches Cist. Priorat. Bei der Aufhebung umfaßte der Besitz der Abtei ein nahezu 180 qkm großes Gebiet, eine in zwei geschlossene Komplexe abgerundete Territorialherrschaft, im Münsterberger und Frankensteiner Land.

Lit.: *Liber fundationis Claustri s. Mariae virg. in Heinrichow hrg. v. G. A. Stenzel, Breslau 1854*; übersetzt von *P. Bretschneider, Gründungsbuch des Klosters H.*, in: *Darstellungen u. Quellen zur schles. Gesch. 29, Breslau 1927; W. Wattenbach, Schlesische Nekrologien (H. und. Kamenz)*, in: *Zs. des Vereins f. d. Gesch. Schlesiens 4 (1862), S. 278—337; B. Stephan, Kloster H. und seine Kunstschätze, Breslau 1935; H. Jessen, Kloster H. Ein Beispiel der Besiedlung Schlesiens, Kitzingen 1951; H. Grüger, Die slawische Besiedlung und der Beginn der deutschen Kolonisation im Weichbilde Münsterberg*, in: *Archiv f. schles. Kirchengesch. 21 (1963), S. 1—37*; s. Kamenz.

HEISTERBACH, *Vallis S. Petri, Heisterbacum*, b. Königswinter/Siebengebirge, Diöz. Köln. 1189 übernahmen auf Bitten des Kölner Erzbischofs Philipp v. Heinsberg Cistercienser aus Himmerod das verlassene Augustinerchorherrenstift auf dem Petersberg; 1193 zogen sie in das nahe Tal der Heister. Hier entstand 1202/37 die im Übergangsstil erbaute Abteikirche, mit Umgangschor. Blütezeit unter Abt Heinrich (1208/42): 1215 Gründung von Marienstatt. Der Prior und Novizenmeister Cäsarius, ein gebürtiger Kölner († 1240), verfaßte außer seinem berühmten Legendenbuch „Dialogus miraculorum" die Viten des Kölner Erzbischofs Engelbert d. Hl. und der hl. Elisabeth; von ihm sind eine größere Anzahl von Homilien erhalten. 1803 Aufhebung der Abtei und Abbruch der Gebäude bis auf Chorapsis und einige Neubauten des 18. Jhs. Die langgestreckte Basilika (80 m lang, 22 m breit) verband in glücklicher Weise Cisterciensergeist und rheinische Eigen-

Abteikirche Heisterbach, Längsschnitt durch Langhaus u. westliches Querschiff v. Süden, vollendet 1237, Aufn. nach Sulpiz Boisserée. Die mächtige Pfeilerbasilika übernahm die Schlankheit, Strenge, aber auch den Reichtum französischer Cistercienser- u. Kathedralarchitektur — die rechteckigen Joche, Spitzbogengurte, Dienstabkragungen, Triforienmotive, das Trichterportal u. Maßwerk — und verband damit die gerundeten Raumformen der kölnischen Spätromanik — Nischen u. Laufgänge in doppelschaligen Wänden, Würfelkapitelle, Rundbögen, Paßfenster u. ansteigende Gewölbe.

art, deutlich erkennbar in den zierlichen Säulenkapitellen und Konsolen der noch erhaltenen Chorapsis. Das Langhaus hatte acht Joche und ein breites Querhaus, dessen Arme von je drei Jochen gegliedert waren. Das vierte Joch des Langhauses war zu einem zweiten Querschiff ausgestaltet.

Lit.: *Die Kunstdenkmäler der Rheinprovinz Bd. V, 4: Die Kunstdenkmäler des Siegkreises, Düsseldorf 1907, S. 37—76;* E. Beitz, *Kloster H., Köln 1926;* ders., *Cäsarius v. H. und die bildende Kunst, Augsburg 1926; Dialogus miraculorum ed. Joh. Strange, 2 Bde., Köln 1851; Neuausgabe von A. Hilka (Publ. d. Ges. f. rhein. Geschichtskunde XLIII, Bd. 1 und 3), Bonn 1933, Köln 1937;* A. Verbeek, *Die Abteikirche H. als zist. und niederrhein. Bauschöpfung, in: L'architecture monastique — Die Klosterbaukunst, Arbeitsbericht d. deutsch-franz. Kunsthistorikertagung Mainz 1951.*

HERRENALB, *Alba-Dominorum*, b. Neuenburg/Schwarzwald, Diöz. Speyer, Reichsabtei. 1149 durch Graf Berthold III. v. Eberstein gegr., 1149 von Neuburg/Elsaß besiedelt, 1535 aufgehoben, von 1548/55 und 1629/49 vorübergehend wieder Cist. Kloster; Kirche bis auf Chor von 1428 und Teile des rom. Westbaues abgerissen.

Lit.: *Die Kunst- und Altertumsdenkmale im Königreich Württemberg. Schwarzwaldkreis: Oberamt Neuenburg, Stuttgart 1897, S. 179—186;* K. Seilacher, *Herrenalb, Karlsruhe 1952, Herrenalb 1965;* H. Pflüger, *Schutzverhältnisse und Landesherrschaft der Reichsabtei H. von 1149—1497/1534, Stuttgart 1958.*

HIDDENSEE, *Campus S. Nicolai*, auf gleichnamiger Insel westlich von Rügen gelegen, Diöz. Roskilde. 1296 zu Ehren des hl. Nikolaus, des Patrons der Seefahrer, von Neuencamp gegründet; Fürst Wizlaw II. von Rügen schenkte den Mönchen die ganze Insel und Fischereirechte in den Gewässern um Rügen. Das Kloster war Rettungsstation für Schiffbrüchige und bei der Errichtung eines Leuchtturms auf dem Gellen (1302) mitbeteiligt. 1536 aufgehoben und bis auf die Kapelle vor dem Klostertor abgebrochen.

Lit.: *Winter II, S. 243—246; Hoogeweg S. 43 ff; H. Heyden, Kirchengeschichte Pommerns (Osteuropa u. d. deutsche Osten, Reihe III, Buch 5), Bd. 1, Köln-Braunsfeld 1957, S. 125 f; N. Zaske und K. Ebbinghaus, Ausgrabungsberichte 1954/55 und 1959, in: Wiss. Zeitschr. d. Ernst-Moritz-Arndt-Univ. Greifswald, Gesellschafts- u. sprachwiss. Reihe Nr. 4/5, Jhrg. X (1961), S. 337—366.*

HIMMELPFORT, *Porta Coeli*, b. Lychen/Brandenburg, Diöz. Brandenburg. 1299 durch Markgraf Albrecht III. v. Brandenburg als Begräbnisort gegr., besiedelt von Lehnin, 1541 aufgehoben. Die Backsteinkirche wurde bis auf den polygonalen Chor und die Vierung (heute ev. Pfarrkirche) abgerissen.

Lit.: *Die Kunstdenkmäler der Provinz Brandenburg Bd. III, Kreis Templin, Berlin 1937, S. 96—99; J. A. Schmoll gen. Eisenwerth, L'église cistercienne de Himmelpfort, in: Mélanges S. Bernard, Dijon 1954, S. 359—363.*

HIMMELSTÄDT, *Locus Coeli*, Mironice, b. Landsberg a. d. Warthe, Diöz. Kammin. 1300 von Markgraf Albrecht III. gegr., von Kolbatz besiedelt, wird nach anfänglichen Schwierigkeiten erst um 1376 Abtei; 1513 Einführung der Reformation, 1539 durch Markgraf Johann v. Küstrin in ein landesherrliches Amt umgewandelt. Nach verheerendem Brand (1872) werden die Ruinen bis auf die Westfassade der gotischen Backsteinkirche abgebrochen.

Lit.: *Winter III, S. 43 ff; Die Kunstdenkmäler d. Provinz Brandenburg: Stadt- u. Landkreis Landsberg/W., Berlin 1937, S. 74 f.*

HIMMELWITZ, *Gemelnicum*, Jmielnica, ehem. Kr. Groß-Strehlitz/O.-Schlesien, Diöz. Breslau. 1280 gestiftet von Herzog Boleslaw I. v. Oppeln, 1290 von Rauden besiedelt, 1810 aufgehoben. Abt Johannes Nucius (1591—1620), bekannt als Komponist, führte nach dem verheerenden Brand von 1617 Kloster und Kirche (heute Pfarrkirche) neu auf.

Lit.: *Winter II, S. 348 f; J. Kopietz, Aus der Geschichte des fürstlichen Cist. Stiftes H., in: Oberschlesien 10 (Oppeln 1911/12), S. 118—124; B. Widmann, Johann Nucius, Abt v. H., in: Cist. Chr. 32 (1920), S. 1—4, 49—51, 70—74, 113—122, 132—136; 150—155, 161—163; J. Güldenmeister, Ein oberschles. Meister altklassischer Polyphonie Johannes Nucius, in: Musica sacra 79 (1959), S. 164—169, 205—210.*

HIMMEROD, *Claustrum B. M. V.*, Hemmenrode, Kr. Wittlich/Eifel, Diöz. Trier. Auf Ansuchen des Trierer Erzb. Albero v. Montreuil 1134 vom hl. Bernhard v. Clairvaux gegr., sein Baumeister plant die romanische Pfeilerbasilika (6-Kapellen-Typ), Weihe 1178. Unter Abt Giselbert (1168/86) erste Blütezeit; Vergrößerung des Stiftungsbesitzes durch Rodungen, Schenkungen

Wappen von Himmerod

und Käufe; 1189 Gründung von Heisterbach. Bedeutender Weinbau an Rhein und Mosel, eigene Schiffe verfrachten den Wein bis nach Holland. Eifrige Kopiertätigkeit im Skriptorium läßt den Bücherbestand i. J. 1453 auf 2000 Werke anwachsen (heute noch 145 Hss. nachweisbar, u. a. in Berlin, Trier, Koblenz, Paris, London). 2. Blütezeit unter Abt Robert Bootz (1685—1730), Historiker und Bücherfreund, langjähriger Generalvikar des Ordens in Niederdeutschland. Abt Leopold Camp (1731/50) erbaut die imposante Barockkirche; Architekt Christian Kretschmar († 1768). Nach der Säkularisation (1802) Abbruch von Kloster und Kirche, 1919 wiederbesiedelt, 1925/27 Rekonstruktion des Klosters und der Kirche (1952/60) nach den alten Maßen.

Lit.: *Die Kunstdenkmäler der Rheinprovinz Bd. XII/4: Die Kunstdenkmäler des Kreises Wittlich*, Düsseldorf 1934; Robert Bootz, *Series abbatum Hemmenrodensium* (Stadtbibl. Trier, MS 1720/432); N. Heesius, *Manipulus Hemmenrodensies*, Köln 1641; C. Wilkes, *Die Zist. Abtei Himmerode im 12. u. 13. Jh.* (Beiträge zur Gesch. d. alten Mönchtums u. d. Benediktinerordens Heft 12), Münster i. W. 1924; A. Schneider, *Himmerod im Spätmittelalter* (Quellen u. Abhandlungen zur mittelrhein. Kirchengesch. Bd. 1), Himmerod 1954; ders., *Himmerod 1178—1751—1960. Festgabe zur Kirchweihe*, Himmerod 1960; ders., *H. Geschichte und Sendung*, Himmerod 1967; ders., *H., 1922—1972*, Himmerod 1972; A. Thiele, *Echternach und Himmerod. Beispiele benediktinischer und zisterz. Wirtschaftsführung im 12. u. 13. Jh.* (Forschungen zur Sozial- u. Wirtschaftsgesch. Bd. 7), Stuttgart 1964.

HOHENFURT, *Altovadum*, Vyssi Brod, b. Krumau/Südböhmen, Diöz. Prag, gegr. von Wok I. v. Rosenberg, 1259 von Wilhering besiedelt. Bedeutende gotische Klosteranlage, große Hallenkirche mit spätgotischem Flügelaltar. 1941 durch die Gestapo aufgehoben, nach kurzem Wiederaufleben (1945/47) erneut durch das kommunistische Regime unterdrückt. Der Versuch einer Niederlassung in Schillingsfürst (1955/58) mißlang, 1959 Vereinigung mit der Abtei Rein/Steiermark. Die Bibliothek von Hohenfurt hat alle Stürme der Zeit überdauert und befindet sich noch mit ihrem Bestand an Handschriften und Inkunabeln am alten Ort.

Lit.: D. Kaindl, *Geschichte des Zist. Stiftes H.*, Budweis 1930; S. Gottsmich, *Hohenfurt. Zur Gesch. seines Stiftes u. seiner Pfarreien*, in: Cist. Chr. 76 (1969), S. 27—139.

Wappen von Hohenfurt

HRADIST, *Gradicium*, Münchengrätz/Nordböhmen, Diöz. Prag. 1177 von Plass besiedelt. Die gegen Ende des 13. Jahrhunderts errichtete Kirche war eine Nachbildung von Lilienfeld; 1420 von den Hussiten zerstört.

HUDE, *Portus S. Mariae*, Oldenburg, Diöz. Bremen. 1232 von Marienthal besiedelt. In der zweiten Hälfte des 13. Jh. wurde die ca. 57 m lange dreischiffige Kirche erbaut, die durch ein Querhaus in zwei annähernd gleichlange Teile getrennt ist. Das Baumaterial wurde in eigener Ziegelei hergestellt, darunter formschöne figürliche Tonkonsolen. Reste davon in der erhaltenen südlichen Mittelwand und in der heute als evangel. Pfarrkirche benützten ehem. Pfortenkapelle. Terrakotta-Formsteine und Glasursteine beleben die noch erhaltenen Pfeiler- und Wandflächen. Die Ausstrahlung des klösterlichen Ziegeleibetriebes dürften beträchtlich gewesen sein. Zeitweise war das Kloster Grabstätte des Oldenburger Grafenhauses. Die Abtei wurde 1532/36 aufgehoben und die Mönche durch Renten abgefunden.

Die südliche Mittelschiffmauer der Klosterkirche von Hude ist das sprechendste Denkmal für die Schönheit dieser Ordenskirche. Die Dreiteilung in Arkadengeschoß, Blendtriforium und Fensterzone ist durch Gesimse verstärkt. (Text und Abb. R.-Kunstführer.)

Lit.: *Die Bau- und Kunstdenkmäler des Großherzogtums Oldenburg; G. Sello, Das Cist. Kloster H., Oldenburg/Leipzig 1895; G. Rüthning, Urkundenbuch der Grafschaft Oldenburg 4. Bd.: Klöster und Kollegiatskirchen, Oldenburg 1928, S. 108—264.*
R.-Kunstführer, Bd. IV, S. 400 ff

IHLO, *Schola Dei*, b. Aurich/Ostfriesland, Diöz. Bremen. 1228 durch Abt Wigbold v. Adwert gegr., 1527 aufgehoben. Abtei völlig zerstört.

JOHANNISTHAL, *Vallis S. Joannis*, b. Eisenach/Thür, Diöz. Mainz. 1252 von Gerhard Atze gegr., Priorat Georgenthal. 1525 im Bauernkrieg zerstört. Gebäude zerstört.

KAISHEIM, Kaisersheim, *Caesarea*, b. Donauwörth. Diöz. Augsburg, reichsunmittelbare Abtei, Gründung des Grafen Heinrich III. v. Lechsgemünd (1133), 1134 durch Lützel besiedelt, 1183 Weihe der romanischen Kirche. 1352/87 Bau der hochgotischen, dreischiffigen Basilika mit polygonalem Chor und doppeltem Umgang, Gesamtlänge 84,20 m. In herber Einfachheit zeigt sich das achtjochige Langhaus. Die Seitenschiffwölbungen enden in figürlichen Konsolen, meist böse blickende Männerköpfe mit symbolischem Sinngehalt. Seit 1664 barocke Ausstattung, 1916/21 entsteht die heutige imposante Klosteranlage. Im Mittelalter war K. eine Pflegestätte der Mystik und Wissenschaft: Annales Caesarienses (Ende 13. Jh.), Formelbuch des Mönches Bernhold (1312) und die Chronik des Mönches Joh. Knebel (1134—1532). 1802 aufgehoben, seit 1816 Strafanstalt.

Wappen von Kaisheim

Lit.: *K. Pfaff, Geschichte d. Klosters K., in: Württemb. Jahrbücher Heft 2 (1856) S. 100—150; Die Kunstdenkmäler Württembergs: Oberamt Heidenheim (Eßlingen 1913), S. 199—211.*

Lit.: *Krausen S. 61—15; M. Schaidler, Chronik des ehem. Reichsstiftes K., Nördlingen 1867; Fr. Hüttner, Die Chronik des Klosters K. von J. J. Knebel (Bibl. des literar. Vereins Stuttgart Bd. 226), Tübingen 1902; L. Reindl, Geschichte des Klosters K., ²1926; Die Kunstdenkmäler von Bayern. Die Kunstdenkm. v. Schwaben Bd. 3: Donauwörth, München 1951, S. 330—393; W. v. Beyme, die Kirche des Zist. Stiftes K., Phil. Diss. Frankfurt/M. 1953 (Maschinenschrift); J. Lang, Ehemal. Klosterkirche der Zisterzienser in K., Donauwörth 1968.*

KAMENZ, *Camencium*, Kamieniec, b. Frankenstein/Schlesien, Diöz. Breslau. 1207 als Augustinerchorherrenstift gegr., 1239 von Leubus übernommen, gründet auf Klosterland 30 deutsche Dörfer, 1810 aufgehoben. Erhalten blieb die spätgotische Kirche, erbaut um 1300—1350 mit ihrer reichen Barockausstattung (Altargemälde z. T. von Michael Willmann).

Lit.: *B. Patrak, Beiträge zur Baugeschichte der Cist. Klöster Heinrichau und K., in: Zeitschr. des Vereins f. d. Gesch. Schlesiens 52 (1916), S. 165—170; P. Knauer, Kloster K., Liegnitz 1932; P. Skobel, Michael Willmann's Gemälde in der ehem. Cist. Stiftskirche zu Camenz i. Schl., Schweidnitz 1920.*

Wappen von Kamp

KAMP, *Vetus Campus*, Altenkamp, b. Moers/Niederrhein, Diöz. Köln, als erstes deutsches Cistercienserkloster von Erzbischof Friedrich v. Köln gegr., 1123 durch Mönche aus Morimond besiedelt. Wichtiger Ausgangspunkt für die Gründungen im deutschen Osten. Zur Kamper Filiation gehörten 40 Klöster, die sich hohe Verdienste um Kultivierung, Christianisierung und Germanisierung der Gebiete jenseits der Elbe erwarben. Kamp erlebte in der zweiten Hälfte des 14. Jahrhunderts eine geistige Erneuerung. Zugleich zeigt sich auch wieder eine Fruchtbarkeit, die mit der ersten Zeit verglichen werden kann. Von 1382 bis 1448 konnten wieder sechs Tochterklöster gegründet werden, was um so erstaunlicher ist, weil damals im Orden kaum noch Gründungen vorgenommen wurden. Die Gründe dieser erneuten Blüte waren die Reformkonstitution des Papstes Benedikt XII. (1335), der selbst Cistercienser war, vor allem aber die Erneuerung des religiösen Lebens durch die „Devotio moderna", die von Abt Wilhelm II. von Köln aufgenommen wurde.

Vom ersten Kirchen- und Klosterbau in Kamp wissen wir nichts, da keine urkundlichen Aussagen vorhanden sind und auch bisher der Grundriß durch Grabungen nicht geklärt wurde.

Der Umbau der Kirche unter Abt Johannes von Bottenbroich (1402—1423) ließ die Kirche ohne Querhaus, doch erfuhr das Gotteshaus umfassende Veränderungen. Nach Clemen „Die Kunstdenkmäler der Rheinprovinz", Bd. 1, waren die an der Kirche innerhalb von fünf Jahren vorgenommenen Arbeiten so umfangreich, daß fast von einem Neubau gesprochen werden kann.

Im Truchsessischen Krieg wurde die Kirche 1585 wieder zerstört. Von den Klostergebäuden blieb ein wüster Trümmerhaufen übrig. Der dritte Neubau erfolgte in den Jahren 1683 bis 1700, der Aufbau des neuen Klosters erfolgte in den nächsten Jahrzehnten.

Reiche Besitzungen am Niederrhein; der Kamper Hof zu Köln (1238 erworben) wird Verwaltungszentrale für den Klosterbesitz, seit 1285 erlaubt hier Erzbischof Sifrid v. Köln die Errichtung eines Studienhauses, in Notzeiten (besonders 1584—1640) war der Hof Zufluchtstätte für den Konvent und Residenz des Abtes; Hof mit Kapelle (13. Jh.) 1878 abgebrochen. 1802 aufgehoben. 1954 Kloster der beschuhten Karmeliten.

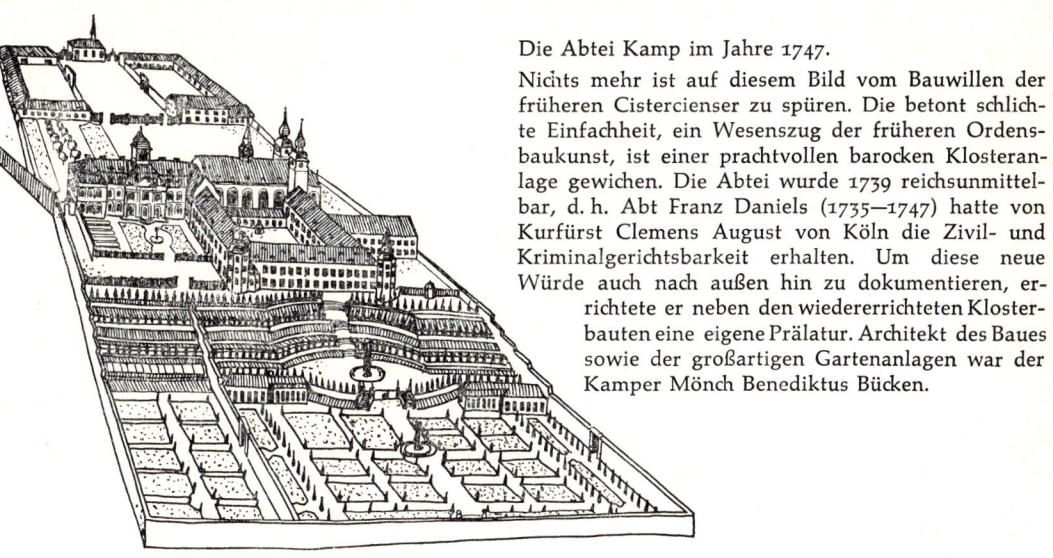

Die Abtei Kamp im Jahre 1747.
Nichts mehr ist auf diesem Bild vom Bauwillen der früheren Cistercienser zu spüren. Die betont schlichte Einfachheit, ein Wesenszug der früheren Ordensbaukunst, ist einer prachtvollen barocken Klosteranlage gewichen. Die Abtei wurde 1739 reichsunmittelbar, d. h. Abt Franz Daniels (1735—1747) hatte von Kurfürst Clemens August von Köln die Zivil- und Kriminalgerichtsbarkeit erhalten. Um diese neue Würde auch nach außen hin zu dokumentieren, errichtete er neben den wiedererrichteten Klosterbauten eine eigene Prälatur. Architekt des Baues sowie der großartigen Gartenanlagen war der Kamper Mönch Benediktus Bücken.

Lit.: *Die Kunstdenkmäler der Rheinprovinz Bd. I, 3: Kreis Kempen, Düsseldorf 1892, S. 26—32; L. van Laak, Camp bis zum Anfang des 14. Jh., Rheinberg 1904; H. Dicks, Die Abtei K. am Niederrhein, Kempen 1913; H. Mosler, Die Cist. Abtei C. (Germania Sacra N. F. 2, Bd. 1), Berlin 1965; ders., Die Cist. Abtei C. in ihren Beziehungen zu Köln und seinen Bürgern, in: Jahrbuch des Kölner Geschichtsvereins 1965, S. 1—60; ders., Die Historia Campensis des Johannes Ditmar aus Kleve, in: Annalen d. hist. Verein f. d. NRh. Heft 167 (1965), S. 22—87; ders., Die Cist. Abtei K. in ihrem letzten Jahrhundert, ebda Heft 170 (1968), S. 22—119; Ch. Verhallen, Die Abtei K., Kamp 1967.*

KAPPEL, *Capella*, Kt. Zürich, Diöz. Konstanz. Stiftung der Adelsfamilie von Eschenbach-Schnabelburg, 1185 von Hauterive/Kt. Freiburg besiedelt, 1527 Auflösung des Klosters. Die Kirche (heute prot.) Ende 12. Jh. bis 14. Jh.); bemerkenswert sind an Königsfelden erinnernde Glasfenster (um 1320) und das eichengeschnitzte Chorgestühl (Ende 13. Jh.).

Lit.: *H. Peter, Klosterkirche Kappel, 1961.*

KÖNIGSBRONN, *Fons-Regius*, b. Aalen/Württembg., Diöz. Augsburg. 1303 von König Albrecht I. gegr., besiedelt von Salem. Bedeutung errangen seit dem 14. Jh. die vom Kloster betriebenen Eisenwerke. 1552 zerstört, 1554 aufgehoben; 1630/48 wieder Cist. Abtei, 1559/95 ev. Klosterschule, 1648—1806 Sitz eines ev. Abtes. Kirche bis auf Sockelmauern des Chores abgebrochen.

Wappen von
Königsaal

KÖNIGSAAL, *Aula-Regia*, Zbraslav, b. Prag, Diöz. Prag, gegr. von König Wenzel II. v. Böhmen, 1292 von Sedletz besiedelt, Grablege der Przemysliden und Luxemburger (Wenzel IV.), Blütezeit unter Kaiser Karl IV. Pflegestätte der Wissenschaften; Chronicon Aulae regiae v. Abt Petrus v. Zittau (1316/68), das „Malogranatum", ein klassisches Buch der neuen Frömmigkeit eines unbekannten Mönches (Mitte 14. Jahrh.) und der bedeutende Theologe Matthäus Steynhus († 1427 in Altzella). 1420 Zerstörung durch die Hussiten, erneut 1639 durch schwedische Truppen, nach 1648 wiederaufgebaut, 1785 aufgehoben; Kirche und Kloster erhalten.

Lit.: *V. Novotny, Klaster Zbraslavsky, Prag 1948.*

KOLBATZ, *Mera Vallis* (Kolbacz), b. Stettin, Diöz. Kammin. 1173 durch den Kastellan Wratislaw II. v. Stettin gestiftet, 1174 von Esrom/Dänemark besiedelt, bedeutendes Kultur- und Kolonisationszentrum in Mittelpommern. Die Mönche verlegten 1183 das Bett der Plöne, um günstigere Zufahrt zur Oder zu erhalten, riefen Siedler auf ihre Rodungen und gründeten verschiedene Dörfer. Tochterklöster: Oliva, Marienwalde und Himmelstädt. 1535 aufgehoben. Der Bau der dreischiffigen Basilika (Backsteinkirche) vor 1200 begonnen; die Westfassade mit ihrer riesigen Fensterrose (um 1265/70) geht vielleicht auf den Architekten der Lehniner Kirchenfassade zurück; im frühen 14. Jahrhundert Anbau eines polygonalen Chorhauptes. Kirche teilweise erhalten (z. T. Pfarrkirche und Speicher).

Lit.: *Die Bau- und Kunstdenkmäler des Regierungsbezirkes Stettin Bd. IV: Der Kreis Greifenhagen, Stettin 1902, S. 220—257; Hahn, S. 223 ff; Hoogeweg, S. 223—309; Winter II, S. 249—253; Hoffmann, S. 62—65; H. Clopocka, Ursprung und Entwicklung des Grundbesitzes der Abtei K., Posen 1953 (polnisch).*

KORONOWO, *Coronovia*, Prov. Posen, Diöz. Kalisch. 1256 von Sulejow besiedelt, 1833 aufgehoben; Kirche und Kloster erhalten.

LANDSTRASS, *Fons S. Mariae*, Marienbrunn, in Krain/Jugosl., Diöz. Aquileja. 1234 von Herzog Bernhard v. Kärnten gegr., 1234 von Viktring besiedelt, 1786 aufgehoben; Kirche (Übergangsstil) und barockes Kloster erhalten.

Lit.: *M. Zadnikar, Die romanische Baukunst in Slowenien u. ihre kunstgeographische Stellung, in: Südost-Forschungen 20 (München 1961), S. 74—89.*

LANGHEIM, *Langhemium*, b. Lichtenfels/Oberfranken, Diöz. Bamberg. 1132 durch Bischof Otto d. Hl. v. Bamberg gestiftet, 1133 von Ebrach besiedelt, Hauskloster der Herzöge v. Andechs-Meranien. 1154 Weihe der 1. Kirche; der Neubau (1316 geweiht) war eine langgestreckte, dreischiffige Basilika ohne Querschiff und hatte einen platten Chorabschluß, wiederholt zerstört. Unter den Äbten ragt Dr. theol. Mauritius Knauer (1649/64) durch seine mathematischen, astronomischen und medizinischen Schriften hervor (Vf. des „Hundertjährigen Kalenders"). Die Äbte des 18. Jahrhunderts schufen die gewaltige Barockanlage, Architekt war Balthasar Neumann, sein Kirchenprojekt kam nicht mehr zur Ausführung. Dagegen errichtete er in der von Langheim gegründeten

Propstei Vierzehnheiligen die bekannte Wallfahrtskirche Vierzehnheiligen (Weihe 1772). Im Mai 1802 zerstörte ein Brand fast alle Klostergebäude, 1803 aufgehoben.

Lit.: *Krausen a.a.O. S. 65—68; E. Lehmann, Zur Baugeschichte des Zist. Klosters L. i. 18. Jh., in: Zschr. f. Kunstgesch. 19 (1956), S. 259—277; F. Geldner, Besitz u. wirtschaftl. Entwicklg. d. ehem. Cist. Abtei L. bis zum Ausgang des 14. Jh., in: Jahrb. f. fränk. Landesforschung 5 (1939), S. 18—72; ders., Neues zur Baugesch. des Zist. Klosters L. im 17. u. 18. Jh., in: Fränkisches Land 5 (Bamberg 1957), Heft 3/4; ders., Kloster L. was es einst war, was wir noch sehen, Lichtenfels 1961; E. Lehmann, Balthasar Neumann und Kloster L., in: Zeitschr. f. Kunstgesch. 25 (1962), S. 213—242; F. Geldner, Langheim. Wirken u. Schicksal eines fränkischen Zisterzienserklosters (Schriftenreihe „Die Plassenburg" Bd. 25), Kulmbach 1966.*

LANGWADEN, b. Neuss/Rh. Diöz. Köln, Priorat, gegr. 8. 12. 1961 als Fortsetzung der aufgehobenen Abtei Ossegg. Bildungshaus und Tagungsstätte für religiöse Vertiefung.

LEHNIN, *Lenium*, Brandenburg, Diöz. Brandenburg, 1180 durch Markgraf Otto I. v. Brandenburg gegr., 1183 von Sittichenbach besiedelt, durch Rodungen und Drainagen Schaffung der heutigen fruchtbaren Landschaft; Gründungen: Paradies und Chorin und Himmelpfort. Lehnin war das Hauskloster der askanischen Markgrafen, die es mit bedeutendem Grundbesitz ausstatteten. 1540 besaß es eine Stadt, 64 Dörfer und 54 Seen. 1272 Weihe der bedeutenden, dreischiffigen Backsteinkirche (Übergangsstil), die reichgegliederte Westfassade entwarf der baukundige Br. Conrad v. Lehnin. 1541 aufgehoben. Die z. T. erhaltenen Klostergebäude dienen als Alters- und Diakonissenheim, die Kirche als ev. Pfarrkirche.

Lit.: *Inventar der Bau- und Kunstdenkmäler in der Provinz Brandenburg, Berlin 1885, S. 480—486; R. Hamann, Die Baugesch. d. Klosterkirche v. L. und d. norm. Invasion i. d. deutschen Architektur des 13. Jh. (Deutsche u. franz. Kunst im MA Bd. 2), Marburg 1923; Ernst Ullmann, Die Klosterkirche zu L. (Das Christl. Denkmal Heft 41), Berlin 1959. Georg Scheja, Romanische Baukunst in der Mark Brandenburg (Diss. Phil., Berlin 1937).*

LEKNO s. Wongrowitz

LEUBUS, *Luba*, Lubiaz, Kr. Wohlau/Schlesien, Diöz. Breslau, 1050 als Benediktinerkloster gegr., 1163 durch Herzog Boleslaus I. v. Schlesien den Cisterciensern v. Pforta übergeben. Um 1200 Weihe der romanischen Kirche, 1300/40 Bau der gotischen Klosterkirche mit Fürstenkapelle, 1600—1690 Barockisierung mit Gemälden von Michael Willmann († 1706). Nach der Zerstörung des Klosters durch die Schweden (1632) entsteht hier seit 1684 der größte einheitliche Bau Deutschlands (Länge der Front 225 m, Breite 118 m); hervorzuheben sind Fürstensaal und Bibliothek mit prachtvollen Gemälden und Stuckarbeiten. — Als bedeutendes Kulturzentrum fördert L. auch die Kolonisation Schlesiens. Tochterklöster: Mogila u. Krakau (1222), Heinrichau (1227) und Kamenz i. Schl. (1239). Die Schreibermönche verfertigten reichilluminierte Handschriften (z. B. Antiphonar, Graduale u. Evangelistar, 13./14. Jh., heute Stadtbibl. Breslau) und beeinflußten maßgeblich

Wappen von Leubus

die schlesische Buchmalerei. 1810 aufgehoben, danach Irrenanstalt; seit 1945 stehen Kloster und Kirche (ausgeplündert) leer.
Bei der Säkularisation von L. 1810 hatte das Kloster 54 Dörfer mit 28 klostereigenen Dominien und einen Grundbesitz von 30 000 Morgen zu eigen, ferner das Patronatsrecht über 25 Kirchen, darunter waren zwei evangelische.

Lit.: *J. B. Buesching, Die Urkunden des Kloster L., Breslau 1821; W. Wattenbach, Monumenta Lubensia, Breslau 1861; W. Thoma, Die colonisatorische Tätigkeit des Klosters L. im 12. u. 13. Jh. (Phil. Diss.), Leipzig 1894; F. Hanus, Die ältere Geschichte der Zist. Abtei L. bis zur Mitte des 14. Jhs. (Texts, Documents and Studies in medieval and modern Church History No. 2), Breslau 1947; R. M. Libor, Kloster L. 1163—1963, Passau 1963.*

LILIENFELD, *Campilium*, Diöz. Passau, jetzt St. Pölten, N.-Österreich, 1202 durch Herzog Leopold VI. gegründet, 1206 von Heiligenkreuz besiedelt. Die dreischiffige frühgotische Pfeilerbasilika, der größte Kirchenbau in N. Ö. besitzt einen rechtwinkligen Umgangschor (Schema Cîteaux II); 1230 Weihe der Ostpartien, 1263 Gesamtweihe. Unter Abt Chrysostomus Wieser (1716/46) erhält das Münster eine reiche, jedoch harmonische Barockausstattung durch den Laienbruder Ludwig Kögel. Vor dem mächtigen Hochaltar aus schwarzem Marmor mit dem Gemälde der Himmelfahrt Mariens von Daniel Gran steht das Grabmal des herzoglichen Stifters; weitere Altargemälde stammen von Martin Altomonte und Johann Georg Schmidt. Die gegen Kriegsende schwer zerstörte Kirche wurde 1948/55 instandgesetzt und 1958/63 stilvoll restauriert. Von der mittelalterlichen Klosteranlage sind der Kreuzgang mit wertvollen Glasmalereien aus der Stiftspfarrei Annaberg (14. Jh.), der Kapitelsaal, der Konversenflügel (zweischiffige gotische Hallen) bemerkenswert; der Bibliothekssaal mit seinen prachtvollen Deckengemälden und Stuckarbeiten ist ein Werk der Laienbrüder Laurentius Schäfferle († 1712), Fr. Ludwig Penckel und Jakob Pianck; die Bibliothek zählt unter ihren 34 000 Bänden auch 226 Handschriften und 119 Inkunabeln. — Als Gelehrte gewannen Bedeutung: die Mönche Christian († vor 1332), Johann Pfaffenkron († 1355) und Johann von Langein († 1412), Abt Ulrich (1345/51), Verfasser der „Concordantia caritatis", einem typologischen Werk nach dem Vorbild der Armenbibeln; ferner P. Chrysostomus Hanthaler († 1734), Verfasser der auch für die österreichische Geschichte bedeutsamen „Fasti Campiliienses" und der Dichter Ladislaus Pyrker (1772—1847), — 1812/18 Abt von L., dann Bischof von Zips, 1821 Patriarch von Venedig, 1827 Erzbischof von Erlau, großzügiger Mäzen von Grillparzer, Abt Matthäus Kolweiß (1650/93) zweimaliger Rektor der Wiener Universität, errichtete 1681 für die von ihm begründete Erzbruderschaft des hl. Josef am linken Querschiff der Stiftskirche die Josefikapelle mit einem Bilderzyklus und 1664/74 einen neuen Konventbau unter Leitung von Domenico Sciassia. Während der kurzen Aufhebung (1789/90) wurden dem Stift viele Kunstschätze entfremdet. L. ist infolge seiner Lage an der „Heiligen Straße", dem alten Wallfahrtsweg nach Mariazell und wegen seiner großen Kreuzreliquie (1219 vom Gründer geschenkt) ein beliebtes Wallfahrtsziel. Zum Stift gehören 19 inkorporierte Pfarreien. Der bei dem L. gelegene Kalvarienberg (1677) gilt als einer der schönsten in Österreich.

Wappen von Lilienfeld

Lit.: M. Matschik, Stift L., 1952; Karl Oettinger, Die Entstehung von L., in: Festschrift zum 800-Jahrgedächtnis des Todes Bernhards v. Clairvaux, Wien-München 1953, S. 232—259; Othmar Wonisch, Ein Beitrag zur Baugeschichte des Stiftes L., ebda., S. 316—320; N. Mussbacher, Das Stift L., in: Heimatkunde des Bezirkes L., Bd. I, Wien 1960, S. 9—34; ders., Die Kunstdenkmäler des Bezirkes L., ebda., Bd. II, Wien 1963, S. 7—32; ders. Das Stift L., Wien 1965 (Österreich-Reihe, Bd. 292/93); F. Pfennigbauer, Stift L. (Kunstführer Nr. 723 v. Schnell & Steiner, 2. Aufl., Farbausgabe), München-Zürich 1963; J. Zykan, Die Restaurierung der Stiftskirche L., in: Christl. Kunstblätter 3 (1963), S. 77—81.

LOCCUM, *Luca*, Diöz. Minden, b. Nienburg/Niedersachsen. Gründung des Grafen Wulbrand v. Hallermund, 1163 von Volkenrode besiedelt. Besterhaltene mittelalterliche Klosteranlage in Norddeutschland. Die dreischiffige Basilika (Schema Fontenay) wurde um 1280 geweiht und entspricht in ihrer nüchternen Ausstattung den strengen Kunstvorschriften des Ordens. Bemerkenswert sind Pfortenhaus mit Kapelle, Kapitelsaal (beide 13 Jh.), der um 1300 entstandene Kreuzgang, das spätgotische Sommerrefektorium und einige Wirtschaftsgebäude. Der sel. Abt Berthold (ca. 1196/98) beteiligte sich nach seiner Bischofsweihe an der Missionierung Livlands, wo er 1198 im Kampf mit den Heiden fiel. Das Kloster entwickelte sich unter Abt Johannes VII. um 1593 durch Annahme der Augsburgischen Konfession zu einem evangelischen Kloster, wobei man die monastische Tradition weitgehend beibehielt. Die Zahl der kanonischen Gebetsstunden (Horen) wurde zwar vermindert; noch heute beten täglich die anwesenden Konventualen und Hospites (Kandidaten des ev. Predigerseminars) im alten Chorgestühl der Kirche die „Hora". Ein Teil der gotischen Kirchenausstattung (u. a. Sakramentshäuschen) blieb erhalten. Der Abt von Loccum bedient sich bei feierlichen Anlässen der Pontifikalien. Bei dem Kloster liegt der Neubau der evangelischen Akademie Niedersachsens, eine Stätte christlicher Glaubensvertiefung und der interkonfessionellen Begegnung.

Wappen von Loccum

Lit.: U. Hölscher, Kloster L., Bau- u. Kunstgeschichte eines Cist. Stiftes, Hannover-Leipzig 1913; W. Steinmann, Der Besitz des Klosters L. bis zur Mitte des 15. Jhs., Diss. Göttingen 1956; Gustav André, Kloster L. (Große Kunstführer Heft 160), München-Berlin 1959; O. Karpa, Kloster L. 800 Jahre Zist. Abtei, Hannover 1963; Loccum vivum, 800 Jahre Kloster L., Hamburg 1963; N. Heutger, L., Eine Geschichte des Klosters, Hildesheim 1971.

LOND, *Lynda, Lad*, Diöz. Gnesen, a. d. Warthe/Polen, gestiftet von Herzog Miezko, 1144 von Altenberg besiedelt, mit dem es in enger Verbindung blieb. Der Konvent nahm bis Ende 15. Jahrhundert nur Deutsche aus dem Kölner Raum auf; starke Förderung der deutschen Kolonisation. Barockkirche (1721 ausgestattet) und Kloster blieben erhalten. Bemerkenswert sind die Wandmalereien (Fresken) in einer Kapelle des Ostflügels, entstanden unter dem im Bildzyklus dargestellten Abt Johannes (1357/72). Kunstauffassung sowie Motiv der Anbetung der Drei Könige lassen einen aus der Kölner Gegend stammenden Malermönch vermuten. Aufgehoben 1819, seit 1921 Salesianerkloster.

Lit.: *Winter II, S. 383—387;* M. Perlbach, *Die Cist. Abtei L. im stadtkölnischen Archiv (Mitt. aus d. Stadtarchiv Köln, 2. Heft, 1883), S. 71—118;* St. Steffen, *Das Bestreben der Abteien Lekno-Wongrowitz, Lond und Obra in Polen, „kölnische Klöster" zu bleiben, in: Cist. Chr. 24 (1912), S. 256—270, 301—308;* Z. Biallo-wicz-Krygierowa, *Malowidla scienne z XIV wieku w dawnym opactwie cysterskim w Ladzie nad Warta, Poznan 1957.*

LøGUMKLOSTER (Logumkloster), *Locus Dei,* Diöz. Ribe/Dänemark. Als Kluniazenserkloster gegr., 1173 von Herrevad/Schweden übernommen. Die um 1225/70 erbaute Backsteinkirche ist eine der eindrucksvollsten nordischen Sakralkirchen mit Staffelgiebeln. In bewußter Einfachheit atmet sie den Geist der frühen cisterciensischen Baukunst. Der Grundriß des Chores mit rechteckigem Sanctuarium hatte ursprünglich vier Ostkapellen, erhielt jedoch infolge einer Planänderung während des Baues durch Verbreiterung des Chorhauptes zwei weitere Kapellen (Wissing). Das Langhaus zählt nur zwei Joche. Anscheinend war die Zahl der Konversen nie besonders groß, weshalb keine Notwendigkeit bestand, die Kirche nach Westen zu erweitern. In ihrer Grundsubstanz ist sie seit ihrer Erbauung nicht verändert worden. Wie der Architekt Eggeling, der die Ausgrabung und Renovierung in diesem Jahrhundert durchführte, feststellt „beeindruckt die geniale Meisterschaft, die Großzügigkeit des Entwurfs, sowie die glänzende Beherrschung der Formensprache des Backsteinbaues". Nach der 1548 erfolgten Aufhebung des Klosters blieb außer der Kirche der Ostflügel mit Kapitelsaal und Kreuzgang erhalten

Løgumkloster, Querhaus-Längsschnitt gegen Osten mit dem Sanktuarium und den 4 sichtbaren Ostkapellen

(1913/26 mit der Kirche restauriert); die übrigen Klosterflügel wurden niedergelegt und deren Steine zum Bau eines Schlosses für die Herzöge von Holstein (1614) verwendet. Von der alten Ausstattung der Kirche blieben mehrere Skulpturen, der Levitenstuhl — nach Cistercienserart zellenförmig mit Baldachin — und ein Reliquienschrein an ihrem Ort. Die künstlerisch hervorragenden Gegenstände, ein Antependium (um 1325), mit Christus als Weltenrichter in der Mitte, und ein aus Elfenbein geschnitzter Abtsstab (etwa 1250—75) befinden sich im Nationalmuseum Kopenhagen. In der Krümme dieses Stabes befindet sich eine sitzende Figur, die den hl. Bernhard darstellt, in seiner Linken den Krummstab haltend, die Rechte zum Segen erhoben; Sinnbild dafür, daß der jeweilige Abt seine Kommunität im Auftrag des größten Cisterciensers führt.

Lit.: *Die Bau- und Kunstdenkmäler der Provinz Schleswig-Holstein Bd. II, Kiel 1888, S. 582—591; Paul Hoffmann, Nordische Zisterzienser-Kirchen, 1912, S. 78—94. Otto Eggeling, Die Wiederherstellung der Kirche in Løgumkloster, in: Schleswig-Holsteinisches Jahrbuch, Hamburg 1919; Wissing, Jürgen, Kloster Lögum (Schriften der Heimatkundlichen Arbeitsgemeinschaft für Nordschleswig), Apenrade, 1972, Heft 26.*

LÜTZEL, *Lucis-Cella*, Diöz. Basel, 1123/24 von den Grafen Hugo, Amadeus und Richard von Montfaucon und Bischof Berchtold von Basel, besiedelt von Bellevaux. Rascher Aufstieg. Sieben Tochterklöster. Die Äbte von Lützel wurden von Papst Martin V. zu Generalvikaren des Ordens in Schwaben, Bayern, Franken und der Schweiz ernannt. Aufhebung 1790. — Ma. Klostergebäude wiederholt im 14. Jh., endgültig 1524/25 zerstört. 1699 Großbrand. Wiederherstellung der Abteigebäude unter den Äbten Anton v. Reynold (1703—08) und Nicolas V. Delfils (1708—51). Abbruch 1792/1800. Erhalten: Herren- und Fremdenhaus, Wirtschaftsgebäude. Grundriß der Klosterkirche ergraben.

Lit.: *P. Stintzi, Die ehem. Kirche der Zist. Abtei L., in: Zeitschr. f. schweiz. Kirchengesch. 51 (1957), 233/37; ders., Notizen aus der Abtei, in: Annuaire de la Société d'Histoire Sundgovienne 1961, S. 10—56; M. Francey, Lucelle. Rapport présenté par l'Association des Amis de L., sur les fouilles préliminaires de l'église abbatiale effectuées durant l'été 1961 (Matritzendruck).*

MARIAWALD, *Nemus S. Mariae*, Diöz. Köln, b. Heimbach/Eifel, 1480 schenkte der Pfarrer v. Heimbach den Cist. von Bottenbroich die Wallfahrtskapelle auf dem Kermeter, nach 1483 Bau des Klosters und der dreischiffigen spätgotischen Hallenkirche, Weihe 1511. 1795 wird das Priorat aufgehoben; 1804 werden Gnadenbild (Pietà) und der prachtvolle Marienaltar (Antwerpener Schule, 13. Jh.) in die Pfarrkirche zu Heimbach verbracht, 1824 Abbruch des Klosters und der Kirche; 1861 Priorat der Cist. von der strengen Observanz (Trappisten), 1909 Abtei, Auflösung des Klosters 1941, 1945 Zerstörung. Wiederaufgebaut.

Lit.: *Die Kunstdenkmäler der Rheinprovinz Bd. XI/2: Kreis Schleiden, Düsseldorf 1932, S. 241—251; Mariawald, Geschichte eines Klosters, im Selbstverlag 1962; Die Mönche von M., M. 1965.*

MARIENBERG, *Mons S. Mariae*, Diöz. Raab, ung. Borsmonostor, im Burgenland/Österr., 1194 von dem ungarischen Edelmann Banus Dominicus gestiftet, 1195/97 von Heiligenkreuz übernommen, 1532 von den Türken zerstört; seit 1680 Pfarrei von Lilienfeld. Pfarrkirche von 1741—74.

Lit.: *Winter III, S. 89.*

MARIENFELD, *Campus S. Mariae*, Diöz. Münster, b. Gütersloh/Westf., 1185 gegr. durch den Vogt Widukind v. Rheda gemeinsam mit 6 westfälischen Edelleuten, besiedelt von Hardehausen, 1803 aufgehoben. Die im Übergangsstil errichtete Backsteinkirche (Weihe 1222) — die erste in Westfalen — besitzt einen rechteckigen, dreischiffigen Umgangschor; im Langhaus nur ein Seitenschiff an der Nordseite. Von der reichen mittelalterlichen Einrichtung zeugen u. a. Teile des gotischen Lettners, ein Adlerpult (um 1500), der Passionsaltar (um 1520) und verschiedene Grabdenkmäler (u. a. 1745/51) berühmte Orgel mit 34 Registern, reichgeschnitztes Prospekt. — Der Mönch Hermann Zoestius aus Münster († 1445) war Historiker (Chronicon Campi S. Mariae), Theologe (Evangelienharmonie) und Astronom. Wegen seines Traktates zur Kalenderreform wurde er zum Baseler Konzil berufen. — Von den ehemaligen Klostergebäuden stehen noch: der Lesegang (Nordflügel) des hochgotischen Kreuzganges mit edler Madonnenstatue aus Sandstein (Mitte 14. Jh.) im reichgestalteten, zur Kirche führenden Portal; die Wirtschaftsgebäude mit Barockportal (1725) und die Abtswohnung (um 1700). Die Kirche ist kath. Pfarrkirche.

Lit.: *Die Bau- und Kunstdenkmäler von Westfalen Bd. 42: Kr. Warendorf, Münster i. W. 1936, S. 200—285; W. Tröller, Die Cist. Kirche in M. i. Westf., Würzburg 1936; H. Strenger, Geschichte des Cist. Klosters M. i. Westf. Wirtschafts- u. rechtsgeschichtl. Studien (Phil. Diss. Münster), Gütersloh 1913; A. Holländer, M. (Führer), Marienfeld 1950; F. Zurbonsen, Hermann Zoestius v. M. und seine Schriften, in: Westd. Zs. f. Gesch. u. Kunst 18 (1899) S. 146—173; W. Werland, Marienfelder Chronik. Zur Geschichte der Cist. Abtei u. der Gemeinde M., Marienfeld 1968; ders., M. Vergangenheit u. Gegenwart. Zur Weihe der Klosterkirche vor 750 Jahren, M. 1972; H. Thümmler, M. (Große Baudenkmäler Heft 264), München-Berlin 1972.*

MARIENRODE, *Novale S. Mariae*, Diöz. Hildesheim, b. Hildesheim, Die Pfalzgräfin Agnes bei Rhein gründete 1243 in Isenhagen (Kr. Lüneburg) ein Cist. Kloster, 1245 durch Riddagshausen besiedelt, 1259 Verlegung nach Backenrode, wo die Cist. die hier seit 1125 ansässigen Augustiner ablösten, später Marienrode genannt. 1806 aufgehoben. Die dreischiffige gotische Kirche (1412/62) erhielt im 18. Jahrhundert eine Barockausstattung; heute kathol. Pfarrkirche.

Lit.: *Kunst- und Baudenkmäler der Provinz Hannover, Reg. Bez. Hildesheim: Kr. Marienburg, Hannover 1910, S. 113—126; K. Sievert, Die Niederlassung der Cist. in M. und die Baugeschichte der Klosterkirche, Hildesheim 1962; H. Appuhn, Kloster Isenhagen, Lüneburg 1966.*

MARIENSTATT, *Locus S. Mariae*, Diöz. Köln, jetzt Limburg, b. Hachenburg/Westerwald, 1212/15 durch den Kölner Burggrafen Eberhard v. Aremberg und dessen Gemahlin Aleidis v. Molsberg gestiftet, durch Heisterbach besiedelt. 1222/27 Übersiedlung von dem Altenklosterhof a. d. kleinen Nister an den heutigen Klosterplatz im Tal der Großen Nister nach der Schenkung der Grundherrschaft Nister durch Graf Heinrich v. Sayn (1222). 1803 aufgehoben. Die dreischiffige Abteikirche (62 m lang) folgt in Grund- und Aufriß der Mutterkirche von Heisterbach, führt jedoch den dort erstmalig auf deutschem Boden verwendeten Kapellenkranz im frühgotischen Sinne weiter (Schema: Clairvaux III). Die Choranlage (Weihe 1243) gehört neben der Elisabeth-Marburg und Haina zu den ersten Bauten der Gotik in Deutschland. Gegen Ende des 13. Jahrh. Planwechsel mit Höherziehung der Gewölbe, Weihe der Kirche 1324. Das reichgegliederte Westfenster um 1425 vollendet, sonst streng-nüchterne Formengebung. Der dreiflügelige St.-Ursula-Altar im nördl. Querschiff (1. Hälfte 14. Jh.) gehört mit seinen hervorragenden Skulpturen und Reliquienbüsten zu den wertvollsten Werken rheinischer Plastik; aus der gleichen Zeit stammt auch das heute noch benutzte Chorgestühl mit seinen ornamentalen Schnitzereien. In einer neuangebauten Kapelle des südl. Seitenschiffes koloriertes Vesperbild (um 1425). Hervorragende Holzskulpturen zeigt das Doppelgrabmal des Grafen Gerhard II. v. Sayn († 1493) und seiner Gemahlin Elisabeth v. Sierck († 1484), gearbeitet von dem Bildhauer Thilmann (1486). Südlich der Kirche stehen die 1747 vollendeten Konventgebäude mit einer reich geschnitzten Treppe im Mittelbau, das Pfortenhaus stammt aus dem Jahre 1754. M. wurde 1888 durch die Abtei Mehrerau wiederbesiedelt. Die Kirche (Pfarrkirche) ist seit 1927 Basilica minor; M. besitzt ein altsprachliches Gymnasium.

Wappen von Marienstatt

MARIENTAL, *Vallis S. Mariae*, Diöz. Halberstadt b. Helmstedt. 1136/38 gründete Pfalzgraf Friedrich II. von Sommerschenburg das Kloster und berief Mönche aus Altenberg. Sie übernahmen die Gründung wohl 1138 (nach der Klosterüberlieferung, Janauschek hält 1138 für das Jahr der Gründung, 1143 für das der Übersiedlung des Konvents). Mutterkloster von Hude? Eine Weihe der Kirche 1146 anzunehmen. Es ist eine schlichte Pfeilerbasilika mit geradem Chorschluß. Einzelne Kapellen in den Winkeln zwischen Chor und Querhaus im 13. Jh. erweitert, später abgebrochen. Erweiterung des Lhs. nach Westen gegen 1200. Niedergang im 14. Jh. Aufhebung 1569. Ostflügel des Klosters ganz, Westflügel größtenteils, Südflügel teilweise noch roman. vorhanden, Kreuzgang 18. Jh. abgebrochen.

Lit.: *Die Bau- und Kunstdenkmäler des Herzogtum Braunschweig Bd. 1: Kreis Helmstedt, Wolfenbüttel 1896, S. 127—143; H. Wilde, Kloster M. (Kleine Kunstführer für Niedersachsen 10), Göttingen 1954; Rekl.-Kunstführer, Bd. IV, S. 557 f.*

MARIENWALDE, *Nemus S. Mariae*, Diöz. Kammin, Bierzewnik, b. Arnswalde/Brandenburg (poln.), 1286 durch Markgraf Otto v. Brandenburg gestiftet, 1294 durch Kolbatz besiedelt, 1549 aufgehoben. Die Kirche (Backsteinbau, ca. 1330/50) war ein Hallenbau ohne Querhaus mit polygonalem Chorbau. Erhalten blieben Chorhaupt mit zwei östlichen Jochen des Langhauses, Ost- und Südflügel des Konventes (1820 zur Wohnung umgebaut) sowie Speicher mit bemerkenswertem Nordgiebel (Ziegelbau um 1400). Kirche und Kloster 1945 verbrannt, 1957/60 teilweise wieder aufgebaut.

Lit.: *Winter II, S. 288—291; Hoffmann S. 67—77.*

MAULBRONN, *Mulbrunnum,* Diöz. Speyer, b. Bretten/Württ., 1138 von Walter Lomersheim bei Mühlacker gegr. und von Neuburg besiedelt, 1146/47 nach Maulbronn, das Bischof Günther von Speyer zur Verfügung gestellt hatte, verlegt, 1557 aufgehoben, 1630/32 und 1634/48 wiederum Cistercienserkloster (s. Pairis), dann endgültig bis heute evang. Schule zur Vorbereitung auf das theolog. Studium. M. besitzt die besterhaltene mittelalterliche Klosteranlage Deutschlands. Die dreischiffige kreuzförmige romanische Basilika (1147/78) gehört dem Grundriß nach zu einer Gruppe von Cistercienserkirchen des alemannischen Raumes, mit rechteckigem Chorabschluß und sehr schmalem Querschiff, das nur als Zugang zu den Querschiffkapellen bernardinischer Form gedacht ist. Stilistisch ist ihr in den Ostteilen romanisch gewölbter Quaderbau eines der Hauptwerke der staufischen Baukunst am Oberrhein, eng verwandt mit Kirchen des Elsasses und dem Wormser Dom. Das flachgedeckte zehnjochige Langhaus wird nach dem vierten Joch durch eine romanische Chorschranke in Mönchs- und Konversenchor geteilt. Es erhielt im 15. Jh. ein spätgotisches Netzgewölbe. Die dem Westportal vorgelagerte Vorhalle (um 1215) ist ein großartiges Zeugnis des Übergangsstils. Unter den mittelalterlichen Klosterbauten ragen der Kreuzgang mit Brunnenkapelle (13./14. Jh.), das romanische Konversenrefektorium und als letzte Steigerung die gewaltige zweischiffige Halle des Mönchsrefektoriums hervor.

"Feierliche Würde, vornehmer Ernst, stolze Kraft sind dieser wahrhaft königlichen Halle eigen. Romanisches und gotisches Formempfinden haben sich in einer freieren und leichteren Art verschmolzen. Sieben ungleich starke, auf hohen Sockeln ruhende Säulen betonen den Rhythmus des Raumes und tragen das reizende Kräftespiel der schwebenden Gewölbe, die strahlenförmig ihre Rippen ausstreuen und an den Wänden auf kleinen Abkragungen enden lassen" (E. Endrich).

Vorhalle, Südflügel des Kreuzganges und Mönchsrefektorium sind erstrangige Werke der großen Cistercienserbauhütte, die sich in den ersten Jahrzehnten des 13. Jhs. von Maulbronn und Ebrach aus in Südwest- und Mitteldeutschland verbreitete und das Bild der Frühgotik in Deutschland entscheidend mitgeformt hat. Die folgenden mittelalterlichen Stilrichtungen werden in weiteren schönen Bauten und Bauteilen lebendig: die Hochgotik durch den Kapitelsaal, das Brunnenhaus und große Teile des Kreuzganges, die Spätgotik durch das Parlatorium und Oratorium. Stattliche Fachwerkbauten für die verschiedenen Aufgaben der Klosterwirtschaft erheben sich außer der Klausur im Abteigelände, das von der mittelalterlichen Wehranlage noch größtenteils umgeben wird. So zeigt die Baugeschichte M's. wie in einem Spiegelbild den bunten Stilwandel der Jahrhunderte.

Lit.: E. Paulus, *Die Cist. Abtei M.,* Stuttgart 1889; I. Dörrenberg, *Das Cist. Kloster M.,* Würzburg 1938; I. Bickel, *Die Bedeutung der süddeutschen Cist. Bauten,* München 1956, S. 19—14, 42—48; C.-W. Clasen, *Die Cist. Abtei M. im 12. Jh. und der bernhardinische Klosterplan,* Phil. Diss. Kiel 1956; O. Linck, *Kloster M.* (Große Baudenkmäler Heft 18) 11 Berlin 1965; G. Lang, *M. Führer durch das Kloster,* 10 Brackenheim 1966.

Wappen von Maulbronn

MEHRERAU, *Augia Maior*, Diöz. bei Bregenz/Bodensee, 1097 als Benediktinerkloster gegr., 1097—1125 Bau der dreischiffigen romanischen Pfeilerbasilika im Hirsauer Stil, 1740/43 Barockkirche von Franz Anton Beer erbaut, 1808 nach der Aufhebung (1806) abgebrochen. Vom Konventgebäude Joh. Ferd. Beers blieb der Westflügel (1781) voll erhalten. Darin ließen sich die 1841 aus Wettingen/Schweiz vertriebenen Zisterzienser 1854 nieder. 1855/59 neuromanische Kirche, 1961/64 Umbau: kühner Versuch, die nüchterne Bauweise der Zisterzienser in modernen Formen auszudrücken. Bei Grabungen wurden 1962 Grundriß und aufgehendes Mauerwerk der roman. Basilika freigelegt (heute Unterkirche u. Grablege der Äbte).
Lit.: *K. Spahr, Mehrerau (Kunstführer ohne Jahr, mit Lit.-Angaben.*

MICHAELSTEIN, *Lapis S. Michaelis*, Diöz. Halberstadt, bei Blankenburg/Harz. Gf. Burchard von Blankenburg schenkte mit Genehmigung seiner Lehnsherrin, der Äbtissin Beatrix II. von Quedlinburg, der Brüderschaft am Volkmarskeller Güter und trat selbst ein. Beatrix II. leitete darauf die Gründung eines Cistercienserklosters ein. 1146 Besiedlung durch Kamp. 1152 (nach anderer Nachricht um 1161) Verlegung an den heutigen Ort. 1544 Säkularisation, 1629—31 und 1636—40 wieder Cistercienserkloster. Umfangreiche Fundamente u. a. der Kirche, Bau mit Chorapsis und vier gleichlangen, apsidial schließenden Nebenkapellen und Teile des Klosters erhalten, z. B. Kreuzgang, Kapitelsaal, Refektorium.
Lit.: *Die Bau- und Kunstdenkmäler des Landes Braunschweig Bd. 6: Kreis Blankenburg, Wolfenbüttel 1922, S. 157—181.*

MOGILA, *Clara Tumba*, Diöz. Krakau b. Krakau/Polen, 1221 stiftet Graf Vislaus seine Güter Kadschitz (Kadice) und Prandocin zur Errichtung eines Cistercienserklosters, 1222 von Leubus besiedelt, 1225 nach Mogila (Besitz des Bischofs Ivo von Krakau) verlegt. 1266 Weihe der Kirche „bernhardin. Plan", einer durch mitteldeutsche Bauelemente geprägten Basilika im Übergangsstil, heute Kloster- und Pfarrkirche; Ostflügel des Konventgebäudes aus dem 13. Jahrhundert, die übrigen Teile jünger.
Äbte und Konvent waren bis zur Mitte des 14. Jahrhunderts größtenteils deutscher Abstammung. — Seit 1953 bildet M. mit weiteren 5 Klöstern eine eigene polnische Kongregation O. Cist.
Lit.: *Winter II, S. 393—398; Diplomata monasterii Clarae Tumbae, Krakau 1865; Chronicon monasterii Claratumbensis (Mon. Pol. Hist. V, Krakau 1888, S. 806—813) und VI, K. 1893, S. 429—483).*

NEPOMUK, *Nepomucum*, Diöz. Prag, Pomzik, b. Pilsen/Böhmen, 1145 gegr. durch den Grafen Berchtold v. Sternberg, Tochterkloster von Ebrach, 1420 von den Hussiten zerstört. Übersiedlung der Mönche nach Schloß Grünberg. Auflösung im 16. Jh.

NEUBERG, *Novus-Mons*, Diöz. Salzburg, jetzt Seckau, wurde zwischen 1327 und 1496 erbaut.
In seiner Einheitlichkeit und seiner großzügigen Form ist dieser Kirchenraum einer der edelsten der österreichischen Gotik. Die Klosteranlage ist weitgehend erhalten. Bemerkenswert ist der O-Flügel des Kreuzganges mit seinen skulptierten Konsolen (Symbole aus dem Physiologus), der Kapitelsaal, ein 4-Säulenraum

und das sechseckige Brunnenhaus. Im 15. Jahrh. hatte N. ein blühendes Skriptorium (270 Handschr. in Uni-Bibliothek Graz) und eine Buchbinderwerkstatt. Ihre Blindstempelbehörde verschmelzen süddeutsche und Wiener Schmuckformen.

Lit.: O. Pickl, Zur älteren Geschichte des Klosters N., in: Zeitschrift d. hist. Vereins f. Steiermark 46 (1955), S. 125—149; ders., Geschichte des Ortes und Klosters N., N. 1966.

NEUBURG, *Novum castrum*, Diöz. Straßburg, bei Hagenau, von Gf. Reinhold von Lützelburg gegründet (Mitbegründer Hg. Friedrich II. von Schwaben), von Lützel 1131 besiedelt. Mutterkloster von Maulbronn, Herrenalb und Baumgarten. Weihe der Kirche 1158. Förderung durch die Staufer. Stätte wissenschaftl. Tätigkeit, Abfassung von Reichsannalen. Aufhebung 1790. Kirche 1818 gesprengt. Barockes Torhaus (1744), Mühle und Teil der Klostermauer erhalten.

NEUENKAMP, *Novus Campus*, Diöz. Schwerin, Franzburg, b. Stralsund/Pommern, 1231 durch Fürst Witzlav I. v. Rügen gegr., 1231/33 von Kamp besiedelt, entfaltete rege Kolonisationstätigkeit, 1535 aufgehoben. Das Kloster wurde zum Schloß umgebaut, der Rest der langgestreckten kreuzförmigen Hallenkirche (Backsteinbau) mit geradem Chorabschluß — Bauzeit 1270/80—1340 — wurde zur Schloßkapelle umgebaut (heute ev. Pfarrkirche).

Lit.: *Die Baudenkmäler des Regierungsbezirkes Stralsund: Bd. 1 Kreis Franzburg*, Stettin 1881, S. 25—28; Winter II, S. 239—243; M. Hertel, Bericht über die Ausgrabungen der Cist. Klosterkirche N., in: Wiss. Zs. d. Ernst-Moritz-Arndt-Univ. Greifswald, Gesellschafts- u. -sprachwiss. Reihe Nr. 4/5, Jhg. X (1961) S. 367—374; R. Gerlach, Studien zur Gründungsgeschichte des Cist. Klosters N. (Theol. Diss. Greifswald), Greifswald 1962.

NEUKLOSTER, *Monasterium ad SS. Trinitatem*, Diöz. Wiener Neustadt, jetzt Wien, in Wiener Neustadt/N.-Österreich. 1444 übernahmen Cistercienser aus Rein das von Kaiser Friedrich III. restaurierte Dominikanerkloster (Brand 1433). Die gotische Kirche (13. Jahrh.) wird umgebaut und erhält unter Abt Alexander (1683—1707 eine prachtvolle Barockausstattung, u. a. Hochaltar und Kanzel durch den Künstlerbruder Jakob Lindner O. Cist.). Hinter dem Hochaltar Gruft der Kaiserin Eleonore († 1467), der Gattin des Stifters, mit Marmorepitaph in reichen spätgotischen Formen. Klosteranlage um zwei Höfe gruppiert. Wertvolle Fresken in Kapitelsaal, Refektorium und Bibliothek. N. wurde 1881 mit der Abtei Heiligenkreuz vereinigt, seitdem Priorat.

Lit.: *Das Neukloster in Wiener Neustadt (Führer durch W. N. 2. Folge: Das Neukloster)*, Wiener Neustadt 1959; H. Mayer, Zur Gründungsgeschichte des Stiftes, in: Festschrift zum 800-Jahrgedächtnis des Todes Bernhards v. Clairvaux, Wien-München 1953, S. 296—315; ders. Auf immerwährende Zeite. Die Vereinigung des Stiftes N. in Wiener Neustadt mit dem Stifte Heiligenkreuz i. J. 1881, Heiligenkreuz-Wien 1966.

NEUZELLE, *Nova Cella*, Diöz. Meißen, b. Guben/Niederlausitz, 1268 gegründet von Heinrich d. Erlauchten, Markgrafen v. Meißen, von Altzelle 1281 besiedelt, 1817 aufgehoben. Das um 1330/31 geweihte und unter den Äbten Conradus Proche (1703—1727) und Martinus Graft (1727—1741) barockisierte Gotteshaus ist heute Pfarrkirche, im Kloster Priesterseminar.

Lit.: P. Urbantzyk, Die Baugeschichte des Cist. Klosters N., Berlin 1936; W. Oelmann, Die Entwicklung der Kulturlandschaft im Stift N. (Forschungen zur deutschen Landeskunde Bd. 52), Landshut 1950; P. Priemer, Die Stiftskirche von N., Leipzig 1962; Neuzelle. Festschrift zum Jubiläum der Klostergründung vor 700 Jahren 1268—1968, Leipzig 1968.

OBRA, *Obera*, Diöz. Posen/Polen (eines der sogenannten drei Kölnischen Klöster), 1237 von dem Kantor Sandivius der Gnesener Domkirche gegr. und von Lekno besiedelt. Der Konvent bezog bis zum Jahre 1553 seinen Nachwuchs (wie Lond u. Wongrowitz) aus dem Rheinland (Altenberg). Um die Mitte des 17. Jh. war der Abt v. O. zugleich Generalvikar des Ordens in Polen und Preußen; 1835 aufgehoben. Kirche (kath. Pfarrkirche) und Teile des Klosters erhalten.

Lit.: Winter II, S. 369 ff.; J. Krason, *Uposazenie klasztoru cystersów w Obrze w wiekach srednich*, Posen 1950.

OLIVA, *Oliva*, Diöz. Leskau, b. Danzig, 1175 durch den Pommerellenfürst Subislaus I. begründet, 1186 Einzug des Gründungskonvents aus Kolbatz, Zentrum der cist. Missions- und Siedlungstätigkeit im Ostseeraum, 1831 aufgehoben. 1244 Baubeginn der dreischiffigen romanischen Backsteinbasilika (Fontenay-Typ), die nach einem Brand (1350) auf die jetzigen Ausmaße (Länge 102 m) mit einem polygonalen Umgangschor erweitert wurde, 1577/82 Einbau der Sterngewölbe nach englischen Vorlagen, reiche Barockausstattung (u. a. die berühmte Orgel mit 3 Manualen und 83 Registern). 1835 kath. Pfarrkirche, 1925 Kathedrale des neuerrichteten Bistums Danzig, seit Mai 1945 polnisches Cist. Priorat.

Lit.: Th. Hirsch, Geschichte des Klosters O., Danzig 1850; H. J. Sleumer, Die ursprüngl. Gestalt der Cist. Abteikirche in O., Heidelberg 1909; J. Klein, Die Kulturleistung der Cist. Mönche v. O., in: Ostdeutsche Heimat. Jb. der Ostvertriebenen 5, Ausgabe C. (Meinerzhagen 1953) S. 97 ff.; Fr. J. Wothe, Die Kirchen der Diözese Danzig (Festgabe f. Bischof C. M. Splett), Hildesheim 1963, S. 14—22; G. Nitschke, Die Kathedrale zu O., Hildesheim 1963.

OSSEG, *Ossecum*, Diöz. Prag, jetzt Leitmeritz, gegründet in Maschau bei Kaaden von Gf. Johann Milhost, besiedelt von Waldsassen 1192/94, Verlegung nach Osseg 1199/1200. 1421 von Hussiten zerstört. 1666 dem Orden restituiert. 18. Jh. Neubau von Kloster und Kirche. 1945/46 aufgehoben (s. Langwarden).

OTTERBERG, *Otterburgum*, Diöz. Mainz, bei Kaiserslautern; Siegfried von Kesselberg schenkte 1144 die Otterburg nebst Dörfchen und weiterem Grundbesitz dem Kloster Eberbach, das Mönche nach hier entsandte. Im 12. Jh. (1145?) Verlegung der Niederlassung ins Tal. Um 1190 Baubeginn der erhaltenen Abteikirche. Weihe 1254. 1561 Auflösung des Klosters durch Kf. Friedrich II. von der Pfalz. 1634—1648 vorübergehend wieder Cistercienser in O. Von den Klosterbauten nur Kapitelsaal und geringe Reste erhalten. Seit 1707 ist O. eine Simultankirche. Zwischen Chorteil und Langhaus wurde eine Trennmauer errichtet, die das Raumbild in zwei Teile zerschneidet.

Wappen von Ossegg/Nordböhmen

Lit.: *Die Kunstdenkmäler von Bayern. Reg. Bezirk Pfalz Bd. 9: Stadt- und Landkreis Kaiserslautern, München 1942, S. 352—411;* E. Hausen, O. *und die kirchliche Baukunst der Hohenstaufenzeit i. d. Pfalz, Kaiserslautern 1936;* G. Kaller, *Wirtschafts- und Besitzgeschichte des Cist. Klosters O. 1144/1561 (Heidelberger Veröffentl. zur Landesgesch. u. Landeskunde Bd. 6), Heidelberg 1961; Urkundenbuch des Klosters O., Mainz 1845;* G. Kaller, *Amtszeiten u. Herkunft der Äbte des Cist. Klosters O., in: Archiv f. mittelrhein. Kirchengesch. 22 (1970) S. 65—83.*

PADIS, *Padisium*, Diöz. Reval, b. Reval/Estland, 1254 als Priorat von Dünamünde gegr., nach 1298 Übersiedlung dieses Konvents hierher, 1317 selbständige Abtei, 1319 Stolpe unterstellt, 1343 werden bei einem Überfall heidnischer Esten 28 Mönche getötet (guterhaltene Ruinen). Seit 1766 zerstört.

PAIRIS, *Parisium*, Diöz. Straßburg, bei Colmar, Gründung des Gf. Ulrich v. Egisheim. 1139 durch Lützel besiedelt. Im 14. Jh. beginnender Verfall. 1461 als Priorat Maulbronn unterstellt. Dessen Konvent infolge der Reformation 1537—48, 1557—1630 und ab 1649 in P., letzte Blüte im 18. Jh., aufgehoben 1792. Das Kloster auf Abbruch verkauft. Erhalten sind Klostertor, Spitalgebäude aus dem 18. Jh., streckenweise die Klostermauer. Bedeutend war P. durch die Pflege der Geschichtsschreibung: Annales Parisienses; der Mönch Gunther († ca. 1220) beschreibt den 1. Kreuzzug (Solimarius) und die Eroberung von Konstantinopel (Historia Constantinopolitana) und der Theologie: besonders Abt Philipp v. Rathsamhausen, 1306/22 Bischof v. Eichstätt.

Lit.: A. Bauch, *Das theol.-aszet. Schrifttum des Eichstätter Bischofs Philipp v. R., Eichstätt 1948.*

Wappen von
Paradies/Westpr.

PARADIES, *S. Mariae*, Diöz. Posen, Paradyz, b. Meseritz im Obsatal/ehemal. Prov. Posen, 1234 gegr. durch Graf Nikolaus Bronisz, 1236 von Lehnin besiedelt. Herzog Przemyslaw v. Großpolen verlieh 1257 dem Kloster das Recht, Dörfer nach deutschem Recht anzulegen. Bedeutende kolonisatorische Tätigkeit. 1834 aufgehoben. Die dreischiffige gotische Backsteinkirche (1270—1300) wurde nach einem Brand (1633) barockisiert und erhielt zwei Türme an der Westfassade. Kirche und Kloster erhalten (Priesterseminar).

Lit.: Th. Warminski, *Urkundl. Geschichte des ehem. Cist. Klosters zu P., Meseritz 1886;* W. Doetsch, *Kloster P. Ein Kulturzentrum an der deutschen Ostgrenze, Meseritz 1926;* Fr. J. Lehmann, *Cist. Abtei P. Ein Muster deutscher Ostsiedlung, in: Hedwigskalender 1962, S. 18—28;* vgl. Schmoll, *Das Kloster Chorin a. a. O. S. 10—20,* St. Wilinski, *Gotycki Kosciól . . . = L'église gothique de l'ancienne abbaye cistercienne de Paradyz à Goscikowo, Poznan 1953.*

PELPLIN, *Polplinum*, Diöz. Leslau, b. Stargard/Westpreußen, 1258 von Herzog Sambor II. v. Pommern in Pogutken gegr., besiedelt durch Doberan, 1276 Verlegung nach Pelplin. Zentrum deutscher Kultur bis 1557, 1823 aufgehoben. 13.—2. H. 14. Jh. Bau der großartigen Backsteinkirche (80 m lang); nach dem Einsturz des Gewölbes 1399 wird das Netzgewölbe eingezogen, in den folgenden Jh. Ausbau des Klosters. Seit 1824 Kathedrale von Kulm.

Lit.: *Winter II, S. 260—265; Die Bau- und Kunstdenkmäler der Provinz Westpreußen Bd. III: Kreis Stargard, Danzig 1885, S. 191—232; R. Frydrychowicz, Geschichte der Cist. Abtei P., Düsseldorf 1905.*

PFORTA, *Porta, Schulpforte,* Diöz. Naumburg, b. Naumburg/Saale, 1128 als Benediktinerkloster in Schmölln gegr., 1132 durch Walkenried übernommen, auf Veranlassung des Bischofs Udo von Naumburg-Zeitz. 1137 an den heutigen Platz im Saaletal verlegt. 1540 aufgelöst. 1543—1935 Fürstenschule (berühmte humanistische Bildungsstätte). Die romanische Kirche (ab M. 12. Jh.) erhält 1251/68 einen hochgotischen Polygonalchor, nach dem Vorbild des Naumburger Westchors, anschließend wird das Langhaus umgebaut und gewölbt. Die turmlose Westfassade besitzt im Giebel eine Kreuzigungsgruppe. Mittelalterliche Klosteranlage ähnlich eindrucksvoll wie Maulbronn erhalten. Das große beiderseitig bemalte Holzkreuz (4,75 m hoch) hängt heute wieder an seinem ursprünglichen Ort zwischen dem ehemal. Mönchs- und Konversen-Chor. Pforta war bedeutendes Mutterkloster für die cisterciensische Mission und Ostkolonisation (Tochterklöster: Leubus, Altzella, Dünamünde, Stolpe, Falkenau. Enkelklöster: Heinrichau, Kamenz, Urenkelkloster: Grüssau).

Lit.: *Beschreibende Darstellung der älteren Bau- und Kunstdenkmäler der Provinz Sachsen Bd. 26: Kreis Naumburg, Halle 1905, S. 53—179; P. Boehme, Urkundenbuch des Klosters P., 2 Bde., Halle 1893, 1915; W. Hirschfeld, Cist. Kloster P. Geschichte seiner romanischen Bauten und ein älteres Westwerk, Burg b. Magdeburg 1934; R. Pahncke, Schulpforte. Geschichte des Klosters Pforte, Leipzig 1956.*

Konventsiegel von Pforta
Umschrift: „Hier ist wahrlich nichts anderes als Gottes Haus und die Himmelspforte" (Gen. 28, 17)

PIELENHOFEN, *Locus S. Mariae,* Diöz. Regensburg, b. Regensburg, um 1237 als Cistercienserinnenkloster gegr., 1559 aufgehoben, 1655 mit päpstlicher Bestätigung der Abtei Kaisheim als Superiorat (Männerkloster) inkorporiert, 1803 aufgehoben. 1719 Baubeginn der zweitürmigen Barockkirche (Architekt Franz Beer), mit reichen Wessobrunner Stuckarbeiten und Fresken geschmückt. Kirche und Klostergebäude seit 1838 Salesianerinnenkloster mit Mädcheninstitut.

Lit.: *Die Kunstdenkmäler des Königreiches Bayern II/Bd. 20: Bezirksamt Stadtamhof, München 1914, S. 150—162; Krausen S. 79 ff.; A. Eder, Geschichte des Klosters P. (Verhh. des Hist. Vereins f. d. Oberpfalz 23), Regensburg 1865, S. 1—88. H. Batzl, P. (kl. Kunstführer Nr. 760), München 1970.*

PLASS, *Plassium,* Diöz. Prag, b. Pilsen/Böhmen, 1145 durch König Wladislaw II. gegr., von Langheim besiedelt, 1785 aufgehoben. Die romanische Pfeilerbasilika wurde 1661/68 barockisiert, die Konventgebäude 1701/40 unter Mitwirkung von K. I. Dientzenhofer. Die ehemalige Prälatur (um 1700) ist ebenfalls erhalten.

Lit.: *Topographie der Kunstdenkmale Böhmens. Bezirk Kralowitz, Prag 1916, S. 163—214; J. Kanupka, Das Plasser Kloster, Prag 1925.*

PONTIFROID, *Pons-Frigidus,* Diöz. Metz, vor den Stadtmauern v. Metz, 1322 gegr. durch Metzer Bürger, 1323 von Weiler-Bettnach besiedelt, 1565 abgebrochen und in die Stadt als Kloster St. Georg (Georgenthal) verlegt, 1740 aufgehoben.

PRIMENT, *Lacus S. Mariae, Przemet*, Diöz. Posen, ehem. Prov. Posen, 1278 in Wiele gegr., 1285 von Paradies besiedelt, 1416 durch Kg. Wladislaus Jagiello nach Priment verlegt, 1810 aufgehoben. Kirche (1651—1696) heute kath. Pfarrkirche.

Lit.: *Winter II, S. 371 ff.*

RAITENHASLACH, *Raitenhaselacum*, Diöz. Salzburg, b. Burghausen/Oberbayern, 1143 durch Graf Wolfer u. Gräfin Hemma v. Tegernbach in Schützing/Alz gestiftet, von Salem besiedelt, 1146 durch Erzb. Konrad I. v. Salzburg an den heutigen Platz am Hochufer der Salzach verlegt, 1803 aufgehoben. Die querschifflose romanische Basilika (Weihen 1186, 1205) wird 1690/94 barockisiert und erhält 1737/43 durch Joh. Bapt. Zimmermann (Stuckarbeiten), Joh. Zick und Joh. Michael Rottmayr (Decken- und Altargemälde) eine farbenprächtige Innenausstattung. Kirche (kath. Pfarrkirche) und Klostergebäude erhalten. Nach dem 2. Weltkrieg vorübergehend von einigen aus Ossegg vertriebenen Cisterciensern bewohnt.

Lit.: *Krausen S. 81—84; Die Kunstdenkmäler des Königreiches Bayern. Regierungsbezirk Oberbayern Bd. 3: Bezirksamt Altötting, München 1905, S. 2592—2622; ders., Die Wirtschaftsgeschichte der ehem. Cist. Abtei R. bis zum Ausgang des MA (Südostbay. Heimatstudien Bd. 13), Hirschenhausen 1937; ders., Die Urkunden des Klosters R. 1034—1350 (Quellen u. Erörterungen zur bay. Gesch. NF. Bd. XVII), 2 Bde., München 1959/60.*

Wappen von Rauden

RAUDEN, *Ruda, Rudy*, Diöz. Breslau, ehem. Kr. Ratibor/Oberschl., 1252 durch den Piastenherzog Wladislaus v. Oppeln-Ratibor gegr., 1255 durch Jedrzejów (Andreovia) besiedelt; trotz polnischen Ursprungs fördert das Kloster die Ansiedlung deutscher Kolonisten und deutsche Kultur. 1743 Gründung eines humanistischen Gymnasiums mit Konvikt, an dem 1744—1810 über 2000 Schüler kostenlose Ausbildung erhielten, 1810 aufgehoben. Die dreischiffige Backsteinkirche (nach 1260) wird im 18. Jahrhundert barockisiert (Fassade 1790), heute kath. Pfarrkirche. In den Klostergebäuden (1671 begonnen) richteten die Herzöge v. Ratibor seit 1820 ein Schloß ein.

Lit.: *Winter II, S. 344—348; W. Wattenbach, Urkundenbuch der Klöster R. und Himmelwitz, Breslau 1859; A. Potthast, Geschichte der ehem. Cist. Abtei R., Leobschütz 1858; St. Steffen, Die Pflege der Wissenschaften u. des Unterrichtes i. d. Abtei R., in: Cist. Chr. 32 (1920) S. 97—100, 122—124, 136—139, 164—172, 181—185; A. Geßner, Abtei R. in Oberschl. (Quellen u. Darstellungen zur schles. Gesch. 2. Bd.), Kitzingen 1952; S. Lesnik, Raudens letzte Tage, in: Cist. Chr. 75 (1968), S. 124—128.*

REIFENSTEIN, *Riffensteinium*, Diöz. Mainz, Kr. Worbis/Eichsfeld, 1162 von Graf Ernst II. v. Gleichen gegr., besiedelt durch Volkenroda, 1803 aufgehoben. Die Barockkirche, ein einschiffiger Saalbau ohne Querschiff (1737/43), ist heute Lagerraum, das Kloster (1708/75) Heilstätte. Reste des got. Kreuzgangs erh.

Lit.: *J. Müller, Das ehem. Kloster R., Duderstadt 1936; B. Opfermann, Die Klöster des Eichsfeldes in ihrer Gesch., Leipzig[2] 1962, S. 55—75.*

REIN, *Runa, (Reun),* Diöz. Salzburg, jetzt Seckau, ältestes Cistercienserkloster Österreichs. 1129 Gründung durch Markgraf Leopold d. Starken v. Steiermark, besiedelt durch Ebrach. Die dreischiffige romanische Kirche ohne Querschiff (Weihe 1140) ging 1737/49 in einen Barockbau (76 m lang) mit westlicher Choranlage über, gleichzeitiger Neubau des Klosters. Tochterklöster: Sittich, Wilhering, Neukloster und Schlierbach. Pflege der Geschichtswissenschaften: „Reuner Annalen", bis 1307 reichend. In Maria-Straßengel, dem seit 1147 zu R. gehörigen ältesten steirischen Wallfahrtsort, wird 1346/1355 eine hochgotische Kirche (beeinflußt durch den St. Stephansdom in Wien) mit 48 m hohem Turm 1355/66 erbaut. Reichhaltige Bibliothek mit seltenen Handschriften, teils aus bedeutenden Skriptorien. R. betreut noch heute die Wallfahrt in Maria-Straßengel und 12 Pfarreien. 1959 wird die Abtei Hohenfurt/Böhmen mit R. vereinigt.

Wappen von Rein

Lit.: *A. Graf, Die Reuner Annalen (Festgabe Andreas Posch), Graz 1958; L. Grill, Das Traungauerstift R.,* in: Cist. Chr 44 (1932) S. 1–9, 41–46, 73–79, 108–112, 176–180, 211–218, 234–238, 267–271, 299–304, 335–341, 354–368; ders., *Forschungen zum ältesten Cistercienserbaustil,* in: Analecta 16 (1960) S. 300 ff; ders., *Entstehung von Kirche und Turm in Maria Straßengel,* in: Beiträge zur Wiener Diözesangesch. 7 (1966) S. 17–21, 25–29; E. Beneder, *Abt Hermann v. R.* (1439/70), in: Cist. Chr. 75 (1968) S. 2–10, 97–115, 187 f.

REINFELD, *Reineveldense Monasterium,* Diöz. Lübeck, b. Lübeck, 1186 durch Graf Adolf II. v. Holstein gegründet, 1190 von Loccum besiedelt, 1582 aufgehoben. Unter Abt Herbord I. (ca. 1220/32) Beginn des Kirchenbaues (Weihe 1236). Ausgedehnte Teichwirtschaft. Heute ist nur mehr ein Teil der Klausurmauer und Teichanlagen erhalten.

Lit.: *Winter II,* S. 217–220; J. Johannsen, *Die Reinfelder Gründungsurkunden* (Phil. Diss. Kiel), Kiel 1895; W. Clasen, *R. und seine Äbte,* in: Schriften des Vereins f. schlesw.-holst. Kirchengeschichte. 2. Reihe Bd. 15 (1957) S. 17–84, 16 (1958) S. 7–96; ders., *775 Jahre R.,* Reinfeld 1962.

RIDDAGSHAUSEN, *Riddagshusium* (urspr. Cella S. Mariae), Diöz. Halberstadt, bei Braunschweig, durch den welfischen Ministerialen Ludolf von Wenden gegründet, 1145 durch Amelungsborn besiedelt. Zerstörungen 1542, 1550, 1606. Dabei Untergang der großen mittelalterlichen Bibliothek, die schon im 15. Jh. in eigenem Gebäude untergebracht war. 1568 endgültige Einführung der Reformation. Vorübergehend beim Orden 1629–31. 1690 bis 1809 ev. Predigerseminar. Klosterbauten im 19. Jh. abgerissen. Erhalten nur die Abteikirche mit Umgangschor (Schema Cîteaux II) (um 1216–1275), Toranlage (12. Jh.) mit Kapelle (13. Jh.), Infirmeriekapelle, Teil des Westflügelkellers und die Klostermauer.

Wappen von Riddagshausen

Lit.: *Winter II,* S. 207 ff; H. Pfeifer, *Das Kloster R. bei Braunschweig,* Wolfenbüttel 1896; *Die Bau- und Kunstdenkmäler des Herzogtums Braunschweig Bd. 2: Die Bau u. Kunstdenkm. d. Kreises Braunschweig,* Wolfenbüttel 1900, S. 121–179; H. Roggenkamp, *Das ehem. Kloster zu R.,* München-Berlin 1962; W. Bickel, *R. Untersuchungen zur Baugeschichte der Abteikirche* (Braunschweiger Werkstücke Reihe A. Bd. 3), Braunschweig 1968.

RUHEKLOSTER, *(Ru-Rüdekloster), Rus-Regis*, Diöz. Schleswig, b. Flensburg. 1192 gründete Bischof Waldemar v. Schleswig auf der Halbinsel Güldholm (Aurea-Insula) ein Cist. Kloster, von Esrom/Dänem. besiedelt, 1209/10 nach Rude in der Flensburger Förde verlegt, 1538 reformiert. Aus den Steinen des abgebrochenen Klosters wurde 1583/87 das Renaissanceschloß Glücksburg errichtet.

SAAR, *Fons S. Mariae, Zdar*, Diöz. Prag, dann Olmütz, jetzt Brünn, bei Iglau/Mähren, gegründet 1240 von Johannes von Polná als Cella S. Bernardi, besiedelt von Ossegg. Nach Abzug des ersten Konventes Neustiftung durch Bockon de Obrzan 1251 und Besiedlung durch Nepomuk 1252. Von den Hussiten verwüstet, von Georg von Podebrad wiederhergestellt. 1628—1650 von Königsaal aus verwaltet, 1784 aufgehoben. Got. Kirche (13. Jh.) von Santini 1706/23 barockisiert (heute Pfarrkirche), Kloster erhalten.

Wappen von Salem

SALEM, *Salmansweiler, Salemium*, Diöz. Konstanz, bei Überlingen/Bodensee, gestiftet von Guntram von Adelsreute 1134, von Lützel übernommen, endgültige Besiedlung 1138. Wegen seiner Strenge hochangesehener Konvent. Im Orden hatten die Äbte von S. eine führende Stellung für Oberdeutschland, Schweiz, Tirol. 1354 freies Reichsstift. Glanzvolle Stellung im 18 Jh., in dieser Zeit Erbauung der Wallfahrtskirche Birnau (s. dort). Nach Aufhebung von Cîteaux (1790) Sitz des Ordensgenerals. Aufgehoben 1804. Die erste, ca. 1160—1179 errichtete Kirche wich ab 1299 einem Neubau, der 1414 vollendet wurde, der Chor durch G. G. Bagnato verändert, das übrige Innere 1774—84 klassizistisch gestaltet. Klostergebäude neu errichtet 1697—1706 von Franz Beer. Im Kloster befinden sich Schloß und Schule der Markgrafen von Baden. Der erste Metropolit des 1821 errichteten Erzbistums Freiburg, Bernhard Boll, war ehemals Profeß in Salem. Nach der Aufhebung des Klosters wurde er Philosophie-Professor in Freiburg und 1809 Münsterpfarrer. Die Bibliothek des Klosters, insgesamt 60 000 Bände und 420 Handschriften wurde nach der Säkularisation an die Universitäts-Bibliothek Heidelberg verkauft.

Lit.: *Wend. Graf Kalnein, Salem. Münster, Schloß u. Schule, Lindau 1958; H. Ammann, Untersuchungen zur Wirtschaftsgeschichte des Oberrheinraumes. II. Das Kloster Salem in der Wirtschaft des ausgehenden Mittelalters, in: Zs. f. d. Gesch. d. Oberrheins 110 (1962) S. 371—404. Rekl.-Kunstführer, Bd. II, S. 393 ff.*

SÄUSENSTEIN, *Vallis-Dei, Gottestal*, Diöz. Passau, b. Ybbs/Donau, Österreich. 1334 von Eberhard v. Wallsee gegr., von Zwettl besiedelt, 1338 von Wilhering übernommen, 1789 aufgehoben, Abteikirche (Weihe 1341) 1801 von den Franzosen zerstört. Teile des Klosters und die Donatuskirche, ein Spätbarockbau um 1751 (heute kath. Pfarrkirche), erhalten.

SCHARNEBECK, *Rivus S. Mariae*, Marienfluß, Diöz. Verden, b. Lüneburg, 1243 in Steinbeck von Bischof Ludger v. Verden gegr., besiedelt von Hardehausen, 1253 durch Herzog Otto v. Braunschweig nach Sch. verlegt, 1529 aufgehoben und abgebrochen.

SCHLIERBACH, *Aula B.M.V.*, Diöz. Passau, jetzt Linz, O.-Österreich, 1355—1558 Cistercienserinnenkloster, 1620 von Rein als Männerkloster besiedelt, 1672—1712 wird an Stelle des alten Klosterbaues eine prachtvolle Barockanlage von Mitgliedern der Künstlerfamilie Carlone errichtet. Von besonderem Reiz ist die kleine Bibliothek. Unter Abt Alois Wiesinger (1917/55) werden ein humanistisches Gymnasium und eine landwirtschaftliche Winterschule gegründet, zur wirtschaftlichen Sicherung Käserei, Gärtnerei und Glasmalerei eingerichtet. 1939 Gründung der Abtei Jequitibá in Brasilien. Zu Schl. gehören 9 Pfarreien.

Lit.: *O. Rauscher, Die innerkirchliche Arbeit der Abtei Sch. 1620—1784, Diss. Wien 1948; ders. Zist. Kloster Sch., Sch. 1956; Rekl.-Kunstführer, Österr. I, S. 406 ff.*

SCHÖNAU, *Schonaugia*, Diöz. Worms, b. Heidelberg, 1142 durch Bischof Burchard II. v. Worms gegr., 1144/45 von Eberbach besiedelt, 1558 aufgehoben. 1167—1220 Bau der romanischen Basilika in deutlicher Anlehnung an die Kirche des Mutterklosters. Nach der Aufhebung 1560 Niederlegung der Klosteranlage bis auf das Mönchsrefektorium (13. Jh., heute ev. Pfarrkirche) und das obere Tor.

Lit.: *Die Kunstdenkmäler des Großherzogtums Baden Bd. 8: Die Kunstdenkmäler des Amtsbezirkes Heidelberg II. Kreis Heidelberg, Tübingen 1913, S. 606—645; R. Edelmaier, Das Kloster Sch. b. Heidelberg (Diss. Karlsruhe), Heidelberg 1915; H. Derwein, Das Cist. Kloster Sch., Frankfurt 1931; Hahn S. 294—297; M. Schaab, Die Cist. Abtei Sch. im Odenwald (Heidelberger Veröffentl. zur Landesgesch. u. Landeskunde Bd. 8), Heidelberg 1963.*

SCHÖNTAL, *Speciosa-Vallis*, Diöz. Würzburg, b. Möckmühl/Württbg. 1157 durch Ritter Wolfram v. Bebenburg gestiftet, 1158 durch Maulbronn besiedelt, seit 1283 unter der Paternität von Kaisheim. Abt Heinrich Rosenkaim (1407—25) führte auf dem Konstanzer Konzil die Cistercienseräbte an und erlangte durch Kg. Sigismund 1418 die Reichsunmittelbarkeit. Im 30jähr. Krieg mußten Abt und Konvent mehrmals nach Kaisheim und Stams fliehen. Grablege der Ritter v. Berlichingen (im Kreuzgang), 1802 aufgehoben. Blütezeit unter Abt Benedikt Knittel (1683—1732); unter ihm ersteht 1708/36 an Stelle der romanischen, flachgedeckten Pfeilerbasilika nach Plänen von Joh. Leonhard Dientzenhofer eine prunkvolle barocke Hallenkirche mit Zweiturmfassade (kath. Pfarrkirche) und das Barockkloster (1701/49), 1802/03 säkularisiert, ev.-theol. Seminar. 1956/58 wird bei der Renovierung der Kirche der unter dem letzten Abte Maurus Schreiner (1784—1802) durchgeführte einheitliche weiße Überstrich entfernt und damit dem Innenraum seine frühere Leuchtkraft wiedergegeben.

Wappen von Schöntal

Lit.: *H. Klaiber, Kloster Sch. i. Wttgb. Ein Beitrag zur späteren Bauweise der Cist., in: Stud. u. Mitt. zur Gesch. d. Bened. Ordens 37 (1916) S. 83—109; W. Fuchs-Röll, Kloster Sch., Augsburg 1928; G. Himmelheber, Die Renovierung der Schöntaler Klosterkirche, in: Schwäbische Heimat Heft I., Stuttgart 1958; P. Weißenberger, Die wirtschaftl. Lage der Cist. Abtei Sch. von der Gründungszeit bis Mitte des 14. Jahrhunderts, in: Zeitschrift f. Württemberg. Landesgesch. 10 (1951) S. 39—71; E. Mellenthin, Kloster Sch. (Schnell & Steiner Kunstführer Nr. 610), ⁶München 1964, Handb. Hist. Stätten, Bd. VI. S. 600 f.*

SEDLETZ, *Sedlecium*, Diöz. Prag, b. Kuttenberg/Böhmen, 1143 durch Miroslav v. Wartemberg gegr. und von Waldsassen besiedelt, 1421 von den Hussiten zerstört, 1707 Neubau. Die um 1280 begonnene und 1421 zerstörte Kirche wurde durch den bedeutenden böhmischen Barockarchitekten Santini († 1723) um 1700 als fünfschiffige Basilika in Barockgotik wiederaufgebaut (heute Pfarrkirche). 1783 aufgehoben, Kloster Tabakfabrik.

Lit.: *J. Brains, Die Denkwürdigkeiten des ehem. Cist. Stiftes S. b. Kuttenberg, Kuttenberg 1896.*

SELIGENPORTEN, *Monasterium B.M.V. Felicis Portae*, Diöz. Eichstätt, b. Nürnberg, 1242 durch Gottfried v. Sulzburg und seiner Gemahlin als Cistercienserinnenkloster gestiftet, u. dem Abt von Heilsbronn unterstellt, 1556 aufgehoben, 1930 als Cist. Abtei neuerrichtet und 1931 von dem bisher in Bronnbach ansässigen Konvent übernommen, 1967 aufgegeben. Die einschiffige, 60 m lange gotische Kirche (Ende 13.–14. Jahrh.) besitzt einen lichten Hochchor und im Westen eine ausgedehnte Nonnenempore mit gotischem Chorgestühl (um 1300), nur der Ostflügel des Klosters erhalten (16. Jh.).

Lit.: *E. Krausen-E. Krzewitza, S. (Schnell & Steiner Kunstführer Nr. 525), München 1949.*

Wappen von Sittich

SITTICH, *Sitticum*, Diöz. Aquileja, jetzt Laibach, Sticna in Krain/Jugosl., vom Patriarchen Peregrin von Aquileja und drei adligen Herren von Sittich gegründet, 1136 von Rein besiedelt, 1784 aufgehoben, 1898 durch Mehrerau wiederbesiedelt. Die romanische Pfeilerbasilika (12. Jh.) erfuhr im 18. Jahrhundert eine Umgestaltung im Zopfstil; frühgotischer Kreuzgang.

Lit.: *J. Benkovic, Beiträge zur Geschichte Sittichs, in: Cist. Chr. 6 (1894) S. 356—361; M. Grebenc, Aus der Gründungsgeschichte von S., in: Festschrift zum 800-Jahrgedächtnis des Todes Bernhards v. Clairvaux, Wien-München 1953, S. 119—166; M. Zadnikar, Romanska Sticna. (Slovenska Akademija Zuanosti i Umetnosti. Razprave Dissert. IV/5), Ljubljana 1957; ders., Die romanische Baukunst in Slowenien und ihre kunstgeographische Stellung, in: Südost-Forschungen 20 (München 1960) S. 74—89.*

SITTICHENBACH, *Sichemium*, Diöz. Halberstadt, Sichem, b. Eisleben/Thüringen, 1141 durch Esiko v. Bronstedt gegr., von Walkenried besiedelt. Gründungen: Lehnin, Buch, Grünhain. 1540 aufgehoben, seit 1574 bis auf geringe Reste abgebrochen, wobei die gotische Krankenhauskapelle erhalten blieb.

Lit.: *M. Krühne, Urkundenbuch der Klöster der Grafschaft Mansfeld, Halle 1888, S. 389—532, 670—704; Bau- u. Kunstdenkmäler der Provinz Sachsen Bd. 27: Der Kreis Querfurt, Halle 1909, S. 271—274; O. Berger, Kloster S., in: Mansfelder Heimatkunde Bd. 2, Heft 3 (Eisleben 1927), S. 31—45.*

SKALITZ, *Scalicium, Scalice*, Diöz. Prag, b. Prag, gegr. vom Lehniner Mönch Theodorich Kagelwit, Erzbischof von Magdeburg und Kanzler von Böhmen, 1357 von Sedletz besiedelt, seit 1553 in Personalunion mit Sedletz, 1783 aufgehoben, Kloster und Kirche (von 1690) erhalten.

STAMS, *S. Johannes in Stams*, Diöz. Innsbruck, b. Innsbruck, gegr. 1273 durch Elisabeth, Witwe Konrads IV. und ihren 2. Gatten, dem Grafen Meinhard II. v. Tirol, von Kaisheim besiedelt, Grablege des Tiroler Grafengeschlechtes (Fürstengruft). Die flachgedeckte romanische Pfeilerbasilika (Staffelchoranlage ohne Querhaus, 1284 geweiht) wird 1729/32 durch den Architekten Georg Gumpp aus Innsbruck, der auch den Klosterneubau (1717/24) leitete, barockisiert; kostbare Ausstattung. 1807 aufgehoben, 1816 wiederbesiedelt, 1939/45 erneut aufgehoben, seit 1945 wieder Abtei.

Lit.: *H. Hammer, Die mittelalterl. Stiftskirche von St. und ihr Umbau im 18. Jahrh.*, in: Tiroler Heimatblätter 12 (1934) S. 90—97; *ders., Zur Baugeschichte des Cist. Stiftes St.*, in: Wiener Jahrb. f. Kunstgesch. 10 (1935), S. 24—42; *N. Grass, Beiträge zur Wirtschafts- u. Kulturgesch. des Cist. Stiftes St. in Tirol* (Schlernschriften Bd. 146), Innsbruck 1959; *Stift St.* (Kunstführer Schnell & Steiner Nr. 289), München⁶ 1963.

STOLPE, *Stolpa*, Diöz. Kammin, Pommern, 1153 als Benediktinerkloster gegr., unterstellt sich 1305 der Abtei Pforta, 1532 aufgehoben, abgebrochen. Erhalten der Unterbau eines Turmes, Chorfundamente 1959/60 ausgegraben.

STÜRZELBRONN, *Sturzelbrunna, Vallis (Fons) S. Mariae*, Diöz. Metz, b. Bitsch/Lothr. 1135 durch Herzog Simon I. v. Lothringen gegr., 1143 von Macières (Dép. Côte-d'Or), besiedelt, 1633 zerstört, seit 1684 wiederaufgebaut, 1790 aufgehoben, Kloster und Kirche 1792 auf Abbruch versteigert. Fragmente der Kirche des 12. Jhs. erhalten.

Lit.: *Roget, Die Abtei St.*, Colmar 1960; *F. Lang, Ortsgeschichte Vinningen*, Vinningen 1964, S. 292—305; *J. B. Kaiser, Eine Bulle Innozenz' III. zugunsten der Abtei St. 1200*, in: Cist. Chr. 48 (1936) S. 1—5.

TENNENBACH, *Porta Coeli*, Diöz. Konstanz, b. Freiburg/Br., 1158 von Frienisberg gegr., 1806 aufgehoben. Die romanische Kirche (1180—1230, Fontenay-Typ) in Freiburg/Br. als Ludwigskirche wieder aufgebaut; 1944 völlig zerstört. Die nach dem Klosterbrand (1728) nach den Plänen des Vorarlbergers Peter Thumb errichteten Konventgebäude fielen seit 1824 dem Abbruch anheim. Erhalten blieben eine frühgotische (Krankenhaus?)-Kapelle und ein Teil der ehem. Ökonomiegebäude (heute Gasthaus).

Lit.: *E. F. Majer-Kym, Die Bauten der Cist. Abtei T.*, in: Oberrhein. Kunst 2 (1927) S. 87—116; *H. Schreiber, Die Abteikirche T. und die Ludwigskirche zu Freiburg*, Freiburg 1863. *A. Schneider, Die ehem. Zisterzienser-Abtei Porta coeli im Breisgau*, 1904.

ST. URBAN, *S. Urbanus*, Diöz. Konstanz, Kt. Luzern/Schw., 1194 von Ulrich v. Langenstein zu Kleinroth/Kt. Bern gegr., bald nach St. U. verlegt und von Lützel besiedelt, aufgehoben 1848. Die erste, 1259 von Bischof Eberhard II. von Konstanz geweihte Kirche war eine basilikale Anlage mit Querschiff und geradem Chorschluß mit je 2 Ostkapellen. Um 1250 entwickelte sich in St. Urban eine klösterliche Baukeramik, die im süddeutschen Sprachraum keine Parallele hat. Sie diente nicht nur beim Bau der klösterlichen Anlage, sondern die Mönche versorgten auch die befreundeten Städte, Burgen und Kirchen mit Bauteilen aus verzierten Backsteinen (Rudolf Schnyder). Der ganze Formenreichtum des mittelalterlichen Bildgutes wurde hier in Ton verarbeitet. Die Barockzeit beginnt 1638 mit der Umgestaltung des Kirchenraumes. Der Neubau der Kirche und des gesamten Klosters wurde durch Franz Beer in der ersten Hälfte des 18. Jh. durchgeführt.

Lit.: *J. Schmid, Gesch. der Cist. Abtei St. U., Luzern 1930; E. Kaufmann, Gesch. d. Cist. Abtei St. U. im Spätmittelalter: Zs f. schweiz. Kirchengesch., Beiheft 17, Freiburg/Schw. 1956; A. Haeberle, Die mittelalterliche Blütezeit des Cist. Klosters St. U. 1250–1375, Luzern 1946; R. Schnyder, Die Baukeramik u. d. mittelalterl. Backsteinbau des Cist. Klosters St. U., Bern 1958.*

VAL-DIEU, *Vallis-Dei*, Gottestal, Diöz. Lüttich, b. Lüttich/Belgien, erstmals um 1155, dann um 1180 gründeten Mönche aus Eberbach in Hocht b. Maastricht eine Niederlassung (St. Agatha, später Frauenkl. O. Cist.), 1216 nach V. verlegt, nach 1300 Clairvaux unterstellt, 1796 aufgehoben. Die Kirche des 13. Jahrhunderts, 1839 mit den Gebäulichkeiten z. T. zerstört, wurde nach Rekonstruktion 1884 neu geweiht. Vom gotischen Kloster steht noch ein Kreuzgangflügel, übrige Teile von 1711/19. 1840 Rückkauf durch Kanonikus Henrotte v. Lüttich und Übergabe an den letzten Mönch, P. Bernhard Klingenberg aus Aachen; 1844 mit Mönchen aus Bornhem/Belg. neubesetzt.

Lit.: *J. Renier, Histoire de l'abbaye du V.-D., Verviers 1865; J. Ceyssens, Les origines des abbayes de Hocht et de V.-D. Lüttich 1905; J. Ruwet, L'abbaye cistercienne de N.-D. du Val-Deu, Dison 1966.*

VIERZEHNHEILIGEN, Diöz. Bamberg, b. Staffelstein a. Main/Oberfranken, Propstei und Wallfahrtsort, 1803 aufgehoben. Die Abtei Langheim erwarb 1344 den Hof Frankenthal, bei dem ein Klosterschäfer 1445/46 Visionen der vierzehn Nothelfer wahrnahm. 1448 setzt die rasch aufblühende Wallfahrt ein, die Langheimer Mönche betreuten. Die heutige Wallfahrtskirche mit ihrer großartigen Doppelturmfassade (1743/72) gilt als eine der besten Schöpfungen Balthasar Neumanns und als das Meisterwerk der deutschen Barockarchitektur überhaupt. Das anliegende Propsteigebäude (1743/45) ist seit 1839 Franziskanerkloster.

Lit.: *R. Teufel, Die Wallfahrtskirche V., Wien 1923; H. Reuther, V. (Große Kunstführer Schnell & Steiner Bd. 20), ²München-Zürich 1964. Rekl.-Kunstführer, Bd. I, S. 676 ff.*

VIKTRING, *Victoria*, Diöz. Salzburg b. Klagenfurt/Kärnten, 1142 durch Graf Bernhard v. Sponheim gegr., besiedelt von Weiler-Bettnach/Lothr., 1786 aufgehoben. 1202 Weihe der dreischiffigen romanischen Pfeilerbasilika (Typ Fontenay) mit Tonnengewölben. Im frühen 14. Jahrh. Anbau einer rippengewölbten Apsis, in deren drei Maßwerkfenstern die wohl berühmtesten gotischen Glasgemälde Österreichs (1380/90). Der ehem. Hochaltar (1447) steht heute in der St. Stephanskirche zu Wien. 1847 wird über die Hälfte des westlichen Langhauses abgerissen (Rest dient als kath. Pfarrkirche). Die großartige, barocke Klosteranlage mit ihren beiden Höfen ist heute z. T. Fabrik. V. ist bekannt durch seinen Abt

Johannes II. (1312—1345/47), einen bedeutenden Geschichtsschreiber des späten Mittelalters.

Lit.: *M. Roscher, Geschichte der Cist. Abtei V. (Phil. Diss. Wien 1954); G. Ginhart, V. (Christl. Kunststätten Österreichs Nr. 32), Salzburg 1962; K. Haid, Zur Kenntnis Johannes v. V., in: Cist. Chr. 18 (1906) S. 161—167; Johannes v. V., Cronica Romanorum, hrg. v. A. Lhotsky (Buchreihe des Landesmuseums für Kärnten Bd. V), Klagenfurt 1960.*

VOLKENRODE, Diöz. Mainz, b. Mülhausen/Thüringen, 1128 als Benediktinerkloster von der Gräfin Helinburgis v. Gleichen gegr., 1131 von Kamp übernommen, 1540 aufgehoben. Gründungen: Waldsassen, Reifenstein, Loccum, Dobrilugk. Von der romanischen Basilika (Weihe 1150) stehen noch Apsis und Querschiff (ev. Pfarrkirche) sowie der Ostflügel des Klosters.

Lit.: *Bau- und Kunstdenkmäler Thüringens Bd. 10, P. Jena 1891, S. 251—258; A. Holtmeyer, Die Cist. Kirchen Thüringens, Jena 1906, S. 205—213; J. H. Möller, Geschichte des Cist. Klosters V., in: Zs. d. Vereins f. thüring. Gesch. 5 (1863) S. 371—396; ders., Die Erwerbungen und Besitzungen des Klosters V., ebda 6 (1885) S. 301—364; B. Opfermann, Die thüringischen Klöster vor 1800, Heiligenstadt 1959, S. 24 f.*

WALBERBERG, *Mons S. Walburgis*, Diöz. Köln, b. Bonn, 1197 von Erzb. Adolf I. v. Köln als Cistercienserinnenkloster gegr., 1452—1591 Männerkloster (Priorat) unter Heisterbach. Heute Ordensschule der deutschen Dominikaner.

Lit.: *J. Düffel, Kloster W. u. der Klosterhof im Wandel der Zeiten, in: Jahrb. d. Köln. Geschichtsvereins 27 (1953) S. 110—132.*

WALDERBACH, *Walderbacum*, Diöz. Regensburg, LKr. Roding/Oberpfalz. Das als Augustinerchorherrenstift von Berggraf Otto I. v. Regensburg gegr. Kloster wird 1143 wahrscheinlich von Waldsassen besiedelt, 1562/63 aufgehoben, 1669 von Aldersbach neubesetzt, 1691 wieder Abtei, 1803 aufgelöst. Die dreischiffige, querschifflose romanische Basilika (kath. Pfarrkirche) ist die erste cisterciensische Hallenkirche Deutschlands. Sie lehnt sich an einen regionalen Baustil dieser Zeit an. Die strenge Schönheit dieser Architektur entspricht dem cisterciensischen Geist der Frühzeit des Ordens. Schwere Rippengewölbe lasten über dem Mittelschiff, gratige Kreuzgewölbe folgen über den Seitenschiffen. Rippen und Gurte sind mit einem farbigen Dekorationssystem überzogen. Rötliche Farben auf hellgrauem Grund verbinden sich zu einem vielfältigen zum Teil geometrischen Ornament von dekorativer Wirkung. 1748 wird anstelle des romanischen Chorhauptes ein barocker Chor errichtet; etwas später weicht die romanische Vorhalle einem Westturm.

Lit.: *Die Kunstdenkmäler des Königreiches Bayern. Regierungsbezirk Oberpfalz Bd. 1: Bezirksamt Roding, München 1905, S. 174—208;* **Krausen** *S. 97 ff.*

Wappen von Waldsassen

WALDSASSEN, *Waldsassum*, Diöz. Regensburg, Oberpfalz, reichsunmittelbare Abtei, 1133 durch Markgraf Diepold III. gegr. und von Volkenroda besiedelt, leistete im MA. Bedeutendes für die Kultivierung und Germanisierung des Egerlandes, großes Wirtschaftszentrum, 1571 aufgehoben, 1669 durch Fürstenfeld, Bay. neubesetzt, 1803 aufgehoben, 1863 als Cistercienserinnenkloster von Seligenthal in Landshut neubegründet. Die roman. Kirche (Staffelchoranlage, 1179 geweiht) wurde in den Jahren 1681/1704 durch einen Barockbau von 82 m Länge (Abraham Leuthner aus Prag Georg und Christoph Dientzenhofer, Gebr. Schießer) mit prachtvoller Rokokoausstattung ersetzt. Im Kloster berühmter Bibliothekssaal (1704/27) mit wertvollen Holzschnitzereien und Deckenfresken.

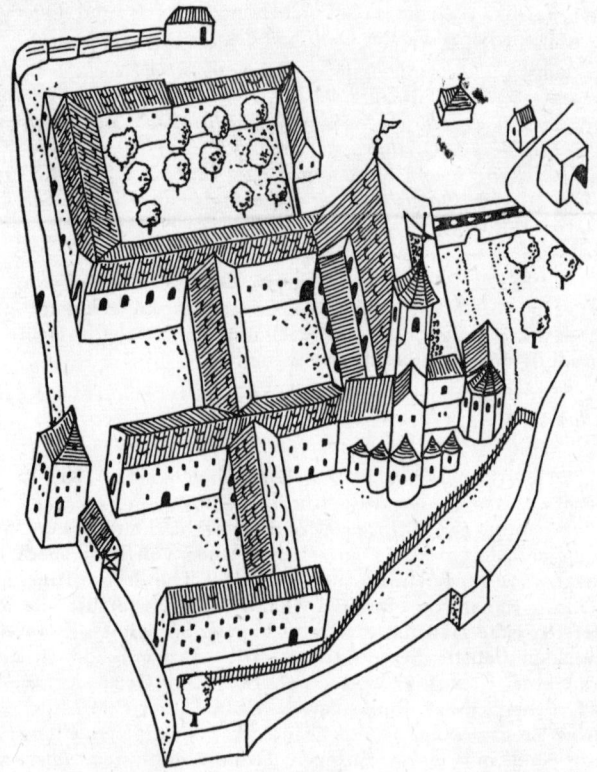

Mittelalterliche Klosteranlage von Waldsassen mit der 1179 in Gegenwart von Kaiser Friedrich Barbarossa geweihten Kirche. Es handelt sich dabei um eine von der cluniazensischen Staffelchoranlage beeinflußten Basilika mit Querhaus.

Lit.: *Die Kunstdenkmäler des Königreiches Bayern* Bd. 14: Bezirksamt Tirschenreuth, München 1908, S. 86—136; M. Doeberl, Reichsunmittelbarkeit und Schutzverhältnisse der ehem. Cist. Abtei W., Passau 1886; Krausen S. 100—103; L. Lorenz, Das Geheimnis des Bibliotheksaales zu W., Regensburg 1927; H. Schnell, W. (Kunstführer Nr. 2, Farbdruckausgabe, Schnell & Steiner), München u. Zürich 1961.

WALKENRIED, *Walkenrede,* Diöz. Mainz, am Harz, reichsunmittelbare Abtei, erste Tochter von Kamp und drittes Kloster auf deutschem Boden, gegründet 1127 von Gräfin Adelheid von Klettenberg, 1129 besiedelt, 1525 von aufrührerischen Bauern zerstört und 1546 aufgelöst. 1629/31 wieder Cistercienserkloster unter Kaisheim, 1648 endgültig aufgehoben.

Walkenried war eines der bedeutendsten Klöster im norddeutschen Raum und hatte großartige wirtschaftliche Leistungen aufzuweisen. Im nördlich gelegenen Harz widmeten sich die Mönche dem Abbau von Silber- und Kupfererzen, zuerst am Rammelsmelsberg (Schenkung Kaiser Friedrichs I., 1157), später auch im Mittelharz. Umschlagplatz war der Klosterhof in Goslar, in dem Brüder als Hüttenmeister tätig waren. Nach dem Süden hin entwickelte das Kloster eine reiche kolonisatorische Tätigkeit, entwässerte große Ried- und Sumpflandschaften an Helme und Unstrut. Für die Kultivierung des zur Kaiserpfalz Goslar gehörenden weithin versumpften Reichslandes am unteren Ried erbat sich Kaiser Friedrich Barbarossa einen erfahrenen Bruder. Auch in der Uckermark und in Pommern wirkten Walkenrieder Mönche als Kulturträger. Der Konvent zählte 1280 noch ca. 80 Mönche und 180 Brüder.

Wappen von Walkenried

Die dreischiffige romanische Basilika (Weihe 1137) wich einem gotischen Neubau (1207/90) von bedeutendem Ausmaß (80 m Länge, 23 m Höhe der Gewölbe) (heute Ruine). Auch zu Arbeiten an den Domen zu Magdeburg und Halberstadt wurden bauerfahrene Konventualen von W. herangezogen. Von der gotischen Klosteranlage sind der Kreuzgang (Lesegang doppelschiffig!) mit Brunnenhaus, Kapitelsaal (ev. Kirche), Mönchssaal (Fraterie) erhalten. Seit 1966 Sitz einer ev. Cisterciensergemeinschaft.

Walkenried, Längsschnitt durch Chor, Vierung u. Teile des Langhauses v. Norden. Unter der Ausstrahlung der schlichten frühgotischen Cistercienserarchitektur Burgunds steht diese Kirche auf einer Linie, die über Maulbronn u. Ebrach nach Walkenried verlief u. sich von hier aus in Sachsen u. Thüringen verzweigte. Die Spitzbogenarkaden, scharf geschnitten u. mit gestuften Gewänden, durch Simse u. Halbsäulen eingebunden in die klassisch gegliederte Hochwand, die lanzettförmigen Fenster und die Gewölbe mit geradem Scheitel gaben Walkenried — wie Ebrach — ein burgundisches Gepräge. Der Chorabschluß wurde gegen Ende der Bauzeit mit hochgotischen Maßwerkfenstern erneuert.

Lit.: *Urkundenbuch des hist. Vereins für Niedersachsen, Heft II/III: Die Urkunden des Stifts Walkenried, Hannover 1852/55; die Bau- und Kunstdenkmäler des Landes Braunschweig Bd. 6: Kreis Blankenburg, Wolfenbüttel 1922, S. 263—367; H. Giesau, Der Erbauer der Klosterkirche W. (Phil. Diss. Halle), Halle 1912; P. Lemcke, Geschichte des freien Reichsstiftes und der Klosterschule W., Leipzig² 1909; J. G. Kirchner, Das Reichsstift W. (Klosterführer), München 1964.*

WEILER-BETTNACH, *Villerium in Betnach*, Diöz. Metz, b. Metz/Lothr., durch Gf. Heinrich, damals Mönch in Morimond, später Bischof von Troyes, 1135 gegründet und von Morimond besiedelt, 1790 aufgehoben und abgebrochen. Kirche Anfang 18. Jh. erneuert, Ruine. Einige Nebengebäude erhalten.

WELEHRAD, *Welehradum*, Diöz. Olmütz, in Böhmen, gegr. durch die Markgrafen Ladislaus und Heinrich v. Mähren, sowie Ottokar I. v. Böhmen, 1205 besiedelt von Plaß, 1784 aufgehoben, 1890 Jesuitenkloster. Die im Übergangsstil erbaute Pfeilerbasilika (Weihe 1228) wurde nach erfolgter Barockisierung 1735 neugeweiht, 1928 zur Basilica minor erhoben.

Lit.: *H. Altrichter, Die Zisterzienser in Mähren bis zu Karl IV., Brünn-München-Wien 1943, S. 8—20; J. Pavelka, Romansky Velehrad, Prag 1940.*

Allianz-Wappen von Wettingen-Mehrerau

WETTINGEN, *Maris-stella*, Diöz. Konstanz, b. Baden/Schw., 1227 von Graf Heinrich v. Rapperswil gegr., von Salem besiedelt, 1841 aufgehoben, 1854 ließ sich der Konvent in Mehrerau/Bodensee nieder. Die mittelalterlichen Bauten haben sich zum großen Teil bis in unsere Zeit erhalten. In der Baugeschichte der Cistercienser ist Wettingen ein Spätling. Innerhalb der Ordensarchitektur hat die W.-Kirche als flachgedeckte Pfeilerbasilika aus der zweiten Hälfte des 13. Jh. eine eigene Stellung, gleichgültig, ob sie mit burgundischen oder mit deutschen Kirchen in Parallele gesetzt wird (Ganter). Im 17. und 18. Jh. erhielt der Kirche eine reiche Ausstattung im Geiste der Spätrenaissance und des Barock bzw. Rokoko. Kloster erhalten. Im Kreuzgang (Nordflügel um 1280, die 3 übrigen Flügel nach 1507) berühmte Glasgemälde.

Ursprünglich hatte Wettingen nur den Namen „Meeresstern", dann das Wappen mit dem Stern über dem Meere, seit dem

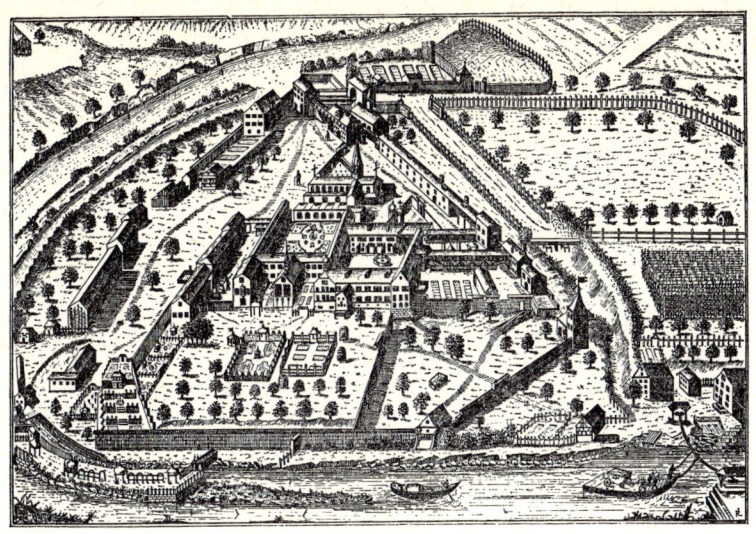

Wettingen im 17. Jahrhundert

16. Jh. verbunden mit einer im Meer schwimmenden Sirene, ausgestattet mit nackten Brüsten und emporgehobenen Fischschwänzen. Der Physiologus sagt von diesem mythisch-magischen Mischwesen: „Die Sirenen sind totbringende Wesen im Meer", den Kirchenvätern sind sie Sinnbild der Versuchungen.

Lit.: *Wettingen, gestern u. heute, Festschrift 1959, S. 93–102; A. Kottmann, Die Cist. Abtei W. 1768–1803 (Phil. Diss. Freiburg/ Schw.), in: Argovia 70 (1958); E. Mauer, Kloster W. (Schweiz. Kunstführer), 1960. J. Ganter, Kunstgeschichte der Schweiz, Bd. 2 Frauenfeld 1947, S. 30.*

WILHERING, *Hilaria*, b. Linz/Donau, ursprünglich als Chorherrenstift gegr., vom Gründer, Ulrich v. Wilheringen, den Cisterciensern übergeben, 1146 von Rein besiedelt, 1185 von Ebrach übernommen, 1254 Weihe der 1195 begonnenen dreischiffigen Pfeilerbasilika (Typ Fontenay), Kirchenportal und Reste des romanischen Kreuzganges erhalten. Nach dem Brand von 1733 Neubau von Kloster (1734–1835) und Kirche (1733–1746), einer der bedeutendsten Schöpfungen des Rokoko. An der prunkvollen Ausstattung arbeiteten u. a. drei Mitglieder der Malerfamilie Altomonte, sowie die zur Wessobrunner Schule zählenden Stukkateure Üblherr und Feichtmayr. Seit 1240 betreut die Abtei 13 Pfarreien und unterhält ein Gymnasium.

Lit.: *G. Rath, zur Baugeschichte der Cist. Abtei W., in: Kirchenbaukunst 6 (1934); S. Birngruber, Stift W., Wilhering 1963; F. Keplinger, Beiträge zur Geschichte der Wissenschaftspflege im Zisterzienserstift W. (Dissertationen der Univ. Wien 36), Wien 1969.*

WISOWITZ, *Rosa Mariae*, Diöz. Olmütz, Mähren, gegr. 1261, 1262 von Welehrad besiedelt, 1314 von den Ungarn, 1424 von den Hussiten zerstört.

WÖRSCHWEILER, *Werneri-Villerium,* Diöz. Metz, b. Homburg/ Saarpfalz, 1130 von den Grafen Friedrich I. von Saarwerden als Benediktinerkloster gegr., 1171 von Weiler-Bettnach/Lothr. übernommen, 1558 aufgehoben, 1614 durch Brand zerstört. Bei Ausgrabungen (1954/57) wurde der Grundriß mit aufgehendem Mauerwerk freigelegt. Von der romanischen Kirche (Ende 12. Jahrh.) sind nur geringe Reste vorhanden.

Lit.: *J. H. Schmoll gen. Eisenwerth, Zum derzeitigen Stand der Untersuchungen und Grabungen an den Ruinen des ehem. Zist. Klosters W.,* in: Monatshefte f. ev. Kirchengesch. d. Rheinlandes 5 (1956) S. 65—70; ders., *Die mittelalterl. Bauten der ehem. Zist. Abtei auf dem Wörschweiler Klosterberg,* in: Beiträge z. saarländ. Archäologie u. Kunstgesch., 9. Bericht d. staatl. Denkmalpflege 1962, S. 57—68.

WONGROWITZ, *Wagroviecium,* Diöz. Gnesen, Lekno- Wagrowiecz, ehem. Prov. Posen, gegr. durch den Edlen Zbilut, besiedelt von Altenberg, 1396 nach Wongrowitz verlegt, 1833 aufgehoben. W. gehörte mit Lond (Lad) und Obra zu den sog. „Kölnischen Klöstern", die bis gegen 1553 nur Rheinländer in ihre Konvente aufnahmen; 1553 zogen sich die Deutschen nach Heinrichau zurück. Die ehemalige Klosterkirche, ein Hallenbau des 18. Jahrhunderts, wurde 1945 zerstört, neuerdings wieder aufgebaut.

Lit.: *Winter II, S. 374 f; s. LOND.*

Wappen von Zinna

ZINNA, *Coena S. Mariae,* Diöz. Brandenburg, b. Jüterbog/Brandenburg, 1171 durch Erzbischof Wichmann v. Magdeburg gestiftet, durch Altenberg besiedelt, 1174 Verwüstung durch heidnische Wenden, 1547 aufgehoben. Die Mönche kultivierten die umliegenden Sumpfgebiete und christianisierten die Wenden; 1480 gehörten zum Kloster 39 Dörfer. Z. besaß die älteste Druckerei im Orden (1492), die u. a. 1493 einen Marienpsalter mit prachtvollen Holzschnitten herausgab. Die dreischiffige Pfeilerbasilika, ein schlichter Granitbau im Übergangsstil (1226 geweiht), dient als ev. Pfarrkirche. Von den Klostergebäuden stehen noch: Krankenhaus, ein Backsteinbau um 1350 (fälschlich „alte Abtei" genannt) mit bemerkenswertem Schmuckgiebel, der Choriner Bauhütte zugeschrieben; zwischen Krankenhaus und Gästehaus (Anf. 16 Jh.) die („neue") Abtei (um 1450) mit hohem Staffelgiebel, heute Heimatmuseum. In der Abtskapelle wurden 1958 bedeutsame hochgotische Fresken freigelegt (u. a. St. Ursula nach dem Vorbild einer Schutzmantelmadonna, Anna Selbdritt, St. Bernhard v. Clairvaux), die zu den schönsten hochgotischen Wandmalereien in der DDR. zählen.

Lit.: *Winter I, S. 139—142, II, S. 271—277; W. Jung, Die Klosterkirche zu Z. im Mittelalter (Studien zur deutschen Kunstgesch. 36), Straßburg 1904; W. Hoppe, Kloster Z., München-Leipzig 1914; 200 Jahre Ort Kloster Z. 1764—1964, Zinna 1964.*

ZWETTL, *Claravallis in Austria,* Diöz. Passau, jetzt St. Pölten, unweit der heutigen Stadt Z./N. Österreich. 1138 durch Hadmar I. v. Kuenring im waldreichen Kamptal gegr., von Heiligenkreuz besiedelt. Bedeutende, noch aus dem Ende des 12. Jahr. stammende Klosterbauten sind der Kapitelsaal, Schlafsaal mit Latrinenanlage und ein Teil des Konversentraktes; sie gehören zu den ältesten im deutschen Sprachraum erhaltenen Bauten des Ordens. Die romanische Kirche (Weihe 1159) erhält 1343/83 einen hochgotischen polygonalen Umgangschor mit Kapellenkranz. Das romanische Langhaus wird zwischen 1490 und 1722 zur Hallenkirche umgebaut. Beginn der ersten Blütezeit unter **Abt Marquard** (1204/27); er vollendet den im Übergangsstil errichteten Kreuzgang mit sechseckigem Brunnenhaus aus Granit. Das bedeutende Skriptorium entfaltet eine reiche kulturelle Tätigkeit. In der 1. Hälfte des 14. Jahrhunderts entsteht hier das Zwettler Stiftungsbuch (Chronik, Traditions- und Kopialbuch sowie Urbar).

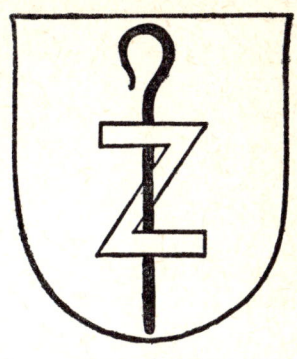

Wappen von Zwettl

Noch im 14. Jahrhundert zählt der Konvent 72 Mönche und 27 Konversen. Dann Niedergang infolge von Seuchen, Bürgerkriegen und Hussiteneinfällen mit Zerstörung des Klosters (1427/30); schwere Schäden brachte auch der 30jährige Krieg. Unter Abt Johann Bernhard Link (1646/71) setzt eine Spätblüte ein: der hochgebildete Prälat begründet ein Hausstudium für Philosophie sowie eine Schule mit Internat für Sängerknaben. Seine „Annales Austro-Claravallenses" (Wien 1724/25) sind eine bedeutende Quelle für Kloster- und Landesgeschichte. Sein heutiges Erscheinungsbild verdankt das Stift dem Abt Caspar Bernhard (1672/95) durch die großzügige Umgestaltung des äußeren Klosterhofes und vor allem Abt Melchior von Zaunagg (1706/47) durch den

Zwettl, polygonaler Hallen-Umgangschor mit Kapellenkranz, wurde im 14. Jh. nach dem Vorbild des Heiligkreuz-Münsters in Schwäbisch-Gemünd errichtet und stellt eine Umsetzung des berühmten rechteckigen Hallenchors von Heiligenkreuz ins polygonale dar.

Umbau der Kirche, deren Westfassade (1722/27) mit dem 77 m hohen Barockturm, — nach Dehio die „großartigste Einturmfassade des österreichischen Barock". — Der lichte, weiträumige Bibliothekssaal (420 Handschriften, 277 Inkunabeln, ca. 50 000 Druckbände) mit Deckengemälden von Paul Troger (1833) und das teilweise neuerrichtete Konventgebäude gehen ebenfalls auf die Initiative dieses baufreudigen Prälaten und seines Architekten Mungenast zurück.

Von dem gotischen Kircheninventar blieb der Flügelaltar (1500 datiert) aus der Werkstatt des Augsburger Künstlers Lorenz Willgitter mit doppelseitig bemalten Flügeln (Darstellungen aus dem Leben des hl. Bernhard) von Jörg Breu d. Älteren erhalten. — Zu Z. gehören 13 inkorporierte Pfarreien und ein Exerzitienhaus.

Lit.: *Ostmärkische Kunsttopographie Bd. 29: Die Kunstdenkmäler des Zist. Klosters Z.*, bearb. v. P. Buberl, Baden b. Wien 1940; H. Özelt, *Stift Z.* (Schnell & Steiners Große Kunstführer Bd. 30), München 1959.

Wappen von Zirc

Zirc übernahm nach seiner Wiedererrichtung das Wappen von Heinrichau (Kreuz von Morimond), in der Mitte als Wappentier ein Kranich, der mit erhobenem Fuß einen Stein hält als Symbol der Wachsamkeit.

ZIRC, Ungarn, 1182 von Clairvaux besiedelt; 1526 von den Türken zerstört, 1699 von Heinrichau wieder besiedelt, dessen Äbte in Personal-Union zugleich Zirc verwalteten, 1814 wieder selbständig und mit Pilis, Paszto u. 1878 auch mit St. Gotthard vereinigt. Die vier Abtsstäbe im Wappen veranschaulichen den Zusammenschluß. Die Abtei unterhielt fünf Gymnasien, zwei Kollegien und stellte Professoren für die Universität Budapest. Nach dem 2. Weltkrieg flüchtete ein Teil des Konventes in das Priorat Spring Bank (USA, Wisconsin), von wo aus 1955 die heutige Abtei ULFrau von Dallas in Texas gegründet wurde. Mehrere Patres versehen Lehrstühle an der dortigen kath. Universität.

Die erste Zircer Kirche, ein beispielhaftes Bauwerk frühgotischer Architektur in Ungarn, das nach der Befreiung vom Türkenjoch noch leidlich erhalten war, riß man ab und errichtete einen Barockbau (1732/52).

Lit.: K. Horváth, *Z., Veszprém* 1930; ders., *Johann v. Limoges, Abt v. Z. (1208/18)*, in: Cist. Chr. 42 (1930) S. 97—101; M. v. Agghány, *Die Kirchenbautätigkeit der Cist. Abtei Z. im XVIII. Jh.* (Diss. 1937); vgl. Cist. Chr. 50 (1938) S. 129—132.

Konsole der Kirche von Zinna

Verzeichnisse von Cistercienserinnenklöstern

Die nachfolgenden drei Verzeichnisse wurden unter Verwendung von älteren Verzeichnissen und anderen in der Literatur gefundenen Angaben über ehemalige oder bestehende Cistercienserinnenklöster zusammengestellt. Manche der hier aufgeführten Klöster sind in keinem älteren Verzeichnis vertreten. Aufgenommen wurden meist nur solche Klöster, die länger als eine Generation bestanden haben und für die sich in der Literatur Zeitangaben fanden.

Für die Aufstellung der Klöster und die zugehörigen Daten wurden hauptsächlich folgende Unterlagen benutzt: Blasius Huemer O.S.B., Verzeichnis der deutschen Cistercienserinnenklöster: Klosterverzeichnis der deutschen Benediktiner und Cistercienser, hrsg. vom Stift St. Peter, Salzburg 1917; Edgar Krausen, Die Klöster des Zisterzienserordens in Bayern, München-Pasing 1953; Das Wirken der Orden und Klöster in Deutschland, hrsg. v. A. Wienand, Bd. II, Köln [1960]; Frédéric v. d. Meer, Atlas de l'Ordre Cistercien, Amsterdam-Brüssel 1965; Kongregation von Mehrerau, Ordenssatzungen, Bregenz [1972]; die Handbücher der historischen Stätten (Kröner Stuttgart); für einige kunsthistorische Angaben: Reclams Kunstführer; Großer Hist. Weltatlas, hrsg. v. Bayr. Schulb.-Verlag, 3. Teil, München 1957, 116b.

In den drei durch die Verzeichnisse erfaßten Gebieten wurden insgesamt 526 Cistercienserinnenklöster ermittelt. Davon entfallen auf Frankreich 139, auf die Benelux-Länder 69 und auf das deutsche Sprachgebiet und die angrenzenden Landschaften im Osten 318. Ob in dieser Zahl tatsächlich alle Klöster enthalten sind, muß offenbleiben. Es kann sein, daß durch die z. T. schwer zugänglichen Quellen das eine oder andere Kloster nicht aufgeführt wurde. Aufgenommen wurden aber alle Klöster — soweit erfaßbar — die nach den Gewohnheiten der Cistercienser lebten, gleich ob sie den Anschluß an den Orden fanden oder keine Verbindung zu ihm hatten.

Mittelalterliche Frauenabteien in Frankreich und den heutigen Benelux-Ländern

Zusammengestellt von Anselme Dimier und Ernst Coester

Frankreich

Hinter dem Klosternamen folgt jeweils das Gründungsjahr (bei unterschiedlichen Angaben in der Literatur verschiedene Jahreszahlen), dahinter folgt jeweils die zuständige politische Gemeinde mit Departement.

ABBAYE-AUX-BOIS, 1202, Ognoles (Oise)
AMOUR-DIEU, 13. Jh., Troissy (Marne)
ARGENSOLLES, 1224, Avize (Marne).
BATTANT, 1227, bei Besançon (Doubs)
BEAULIEU, 1295, Pamiers (Ariège)
BEAUPRE-SUR-LA-LYS, 1221, Hazebrouck (Nord)
BEAUVOIR, vor 1234, Marmagne (Cher)
BELFAIT, vor 1172, 1208 abh. v. Tart, bei Langres (Haute-Marne)
BELLECOMBE, um 1148, Yssingeaux (Haute-Loire)
BELMONT, vor 1127, Fays-Billot (Haute-Marne)
BENOITEVAUX, 1198, Chaumont (Haute-Marne)
BETTON (LE), 1150, Betton-Bettonet (Savoie)
BIACHES, 1235 bei Péronne (Somme)

BIVAL, 1128/1154, Neufchâtel (Seine-Maritime)
BLANCHES (LES), b. Mortain/Normandie (Manche), gegr. 1115 für OSB-Nonnen, seit 1147 (als Priorat von Savigny) Cistercienserinnen
BLANDECQUES (Blandecke), 1182, Saint-Omer (Pas-de-Calais)
BONDEVILLE, 1128/1154, Rouen (Seine-Maritime)
BONLIEU, 1160, Sallenôves (Haute-Savoie)
BONLIEU, 1162, Peyrat-la Nonières (Creuse)
BONLIEU, 1199, Sainte-Agathe-du-Lignon (Loire)
BONLIEU, 1219, Dissay-sous-Courcillon (Sarthe)
BONLIEU, 1171, Marsanne (Drôme)
BONNECOMBE, 1150, bei St.-Marcellin (Isère)
BONS, um 1155, Chazey-Bons (Ain)
BOUCHET (LE), 12. Jh., Montélimar (Drôme)
BOULANCOURT, 1150, Longeville (Haute-Marne)
BRAYELLE (LA), 1196, Annay (Pas-de-Calais)
BUSSIERES (LA), 1159, bei Culan (Allier)
CAYSSAC St.-PIERRE, 1219, Bozouls (Aveyron), Priorat
CHAMPBENOIT, 1138, Poigny (Seine-et-Marne)
CLAIRETS (LES), 1204, Mâle (Orne)
CLAIRMARAIS, 1222/26, bei Reims (Marne)
CLAIRVAUX, s. Metz
CLAVAS, 1259 Yssingeaux (Haute-Marne)
COIROUX, 1143, bei Aubazine (Corrèze)
COLLONGES, 1217, Broye-les-Loups (Haute-Saône)
CONSOLATION-LES-MAZURES, vor 1274, Mézières (Ardennes)
CORCELLES, 1170, Arlay (Jura)
COUR-NOTRE-DAME, 1220, Michery (Yonne)
DOUAI (Nord), Notre-Dame-des-Prés, 1218
DROITEVAL, 12. Jh., Claudon (Vosges)
EAU-LES-CHARTRES (L'), 1226, Vèr-lez-Chartres (Eure-et-Loire)
ESCLACHE (L'), um 1150, Prondines (Puy-de-Dôme)
ESPAGNE, 1178, bei Abbeville (Somme)
ESTANCHE (L'), 1146, l'Etanche (Vosges)
EULE (L'), 1275, Le Soler (Pyrénées-Orientales)
FAVAS, um 1150, Fabas (Haute-Garonne)
FELIPRE, 1230, bei Givet (Ardennes)
FERVAQUES, 1140, Fonsomme (Aisne)
FLINES, 1234 bei Orchies, 1251 nach F. verlegt, bei Douai (Nord)
FONTAINE-GUERARD, um 1198, um 1207 Cistercienserinnen, Radepont (Eure)
FONTENELLE, 1212, Maing (Nord)
FONTS-LEZ-ALAIS, (Alès (Gard), gegr. vor 1300, nach 1300 Aufn. der Klarissen von Alès und Verlegung dorthin
GIGEAN od. ST.-FELIX DE MONTEAU, 1128 f. Benediktinerinnen, seit 1167 Cistercienserinnen, Mèze (Herrault)
GOION, vor 1154 f. Prämonstratenserinnen, seit um 1167 Cistercienserinnen, bei Auadé (Gers)
GOMERFONTAINE, 1207, Trie-la-Ville (Oise)
GRACE (LA), 1225, Courbeteaux (Marne)
HAYES (LES), 1141, Crolles (Isère)
ISLES (LES), 1219, bei Auxerre (Yonne)
JARDIN-LES-PLEURS, 1229, Pleurs (Marne)
JOIE (LA), 1250, bei Hennebont (Morbihan)
JOIE (LA), 1231, Saint-Pierre-lès-Nemours (Seine-et-Marne)
LAMANARRE, 1220, bei Hyères (Var)
LAVAL, 1163, La Côte-Saint-André (Isère)
LAVAYSSE od. LAVASSIN, um 1180, St.-Donat (Puy-de Dôme)
LEYME, 1220, Leyme (Lot)

LIEU, 1150, Perrignier (Haute-Savoie)
LIEU-DIEU, um 1180, bei Beaune (Côte-d'Or)
LIEU-NOTRE-DAME, 1250, bei Romorantin (Loir-et-Cher)
LISSAC, 1286, Lissac et Mouret (Lot), Priorat
LYS (NOTRE-DAME DU), 1244, Dammarie-lès-Lys (Seine-et-Marne)
MARCILLY, 1239, Provency (Yonne)
MARENX, um 1159, Bayle (Ariège)
MARQUETTE, 1226, bei Lille (Nord)
MAUBUISSON, 1241, Saint-Ouen-l'Aumône (Val-d'Oise)
MEGEMONT, 1274, Chassagen (Puy de Dôme)
MERCOIRE, 1251, Cheylard-l'Evêque (Lozère)
METZ (Moselle), PETIT CLAIRVAUX, 1133 v. Bernh. v. Cl., wahrsch. seit 1213 Cistercienserinnen
MOLEZE, 1189, Ecuelle (Saône-et-Loire)
MOLLEGES, 1208, Mollèges (Bouches-du-Rhône)
MONCEY, 1209, gehörte zur Kongr. v. Savigny, Limeray (Indre-et-Loire)
MONT-NOTRE-DAME, 1236, bei Provins (Seine-et-Marne)
MONTREUIL-LES-DAMES, 1136, bei Rocquigny (Aisne)
MONT-SION, 1242, bei Marseille (Bouches-du-Rhône)
MOUCHY, 1239, Monchy-Humières (Oise)
NETLIEU, 1195, bei Mèze (Hérault)
NONENQUE, 1146, Marnhag-et-Latour (Aveyron)
ORAISON-DIEU, 1197, Muret (Haute-Garonne)
ORAISON-DIEU = COSTEJEAN, vor 1200, b. St. Antonin (Tarn-et-Garonne)
OUNANS (Jura), gegr. um 1147
PARACLET-DES-CHAMPS, 1219, b. Amiens (Somme)
PARC-AUX-DAMES, 1205, Auger-Saint-Vincent (Oise)
PENTEMONT, 1217, bei Beauvais (Oise)
PERRAY-AUX-NONNAINS, 1180 f. Benediktiner, ab 1247 Cistercienserinnen, bei Angers (Maine-et-Loire)
PONT-AUX-DAMES, 1226, Couilly (Seine-et-Marne)
PORT-ROYAL, 1204 (gehörte schon im 12. Jh. zur Kongr. v. Savigny), Magny-les-Hameaux (Yvelines)
POULANGY, um 1200, Poulangy (Haute-Marne)
PRES (NOTRE-DAME-DES), 1235, bei Troyes (Aube)
PRES (NOTRE-DAME-DES), 1218, bei Douai (Nord)
RAVESBERGHE, um 1191, Watten b. Dünkirchen (Nord)
RECONFORT (LE), 1235, Monceaux-le-Comte (Nièvre)
RIEUNETTE, 1162, Molières (Aude)
ROSIERES, 1241, Séchault (Ardennes)
SAINT-ANTOINE-DES-CHAMPS, gegr. 1198, seit 1206/8 Cistercienserinnen, bei Paris
SAINT-AUBIN-DE-GOURNAY, gegr. 1200, Gournay-en-Bray (Seine-Mar.) Priorat
SAINTE-AUSTREBERTE, 1260, Saint-Denis-le-Ferment (Eure)
SAINT-BERNARD oder DE LASTERON, gegr. 1168 als Priorat von Cagnotte, nach 1200 Cistercienserinnen, Mouguerre (Basses-Pyr.)
SAINTE-CATHERINE (-DU-MONT-DE-SEMNOZ), 1179, Annecy (Haute-Savoie)
SAINTE-CATHERINE, 1254, b. Avignon (Vaucluse)
SAINTE-CROIX, gegr. 1234 in Rousillon (Vaucluse) für Benediktinerinnen, 1372 nach Apt (Vaucluse) verlegt, seit 1435 Cistercienserinnen
SAINT-DIZIER, 1227, b. Vassy-sur-Blaise (Haute-Marne)
SAINTE-HOILDE oder SAINTE-HOUD, um 1225, Bussy-la-Côte bei Bar-le-Duc (Meuse)
SAINT JACQUES, 1235, Vitry-le-Francois, im Perthois (Marne)
SANT-JUST, gegr. 1349 in SAINT-JUST-DE-CLAIX (Isère), später nach Romans (Drôme) verlegt
SAINT-LOUP, gegr. 1235, Saint-Jean-de-Braye, b. Orléans (Loiret)

SAINTE-MADELAINE, gegr. 1354 in Montéoux (Vaucluse), seit 1379 in Carpentras (Vaucluse)
SAINT-PIERRE-DU-PUY, alte Benediktinerinnenabtei, im späten MA Cistercienserinnen, Orange (Vaucluse)
SAINT-PONS-DE-GEMENOS, 1205, Gémenos (Bouches-du Rhône)
SAINT-SAENS, 1167, Saint-Saens (Seine-Maritime), Priorat
SAINT-SIGISMOND, um 1130, Orthez (Basses-Pyr.)
SALENQUES, 1353, Bordes-sur-Arize (Ariège)
SAUVE-BENOITE, 12. Jh., bei Saint-Didier-la-Seauve (Haute Loire)
SAUVOIR (LE), 1228, bei Laon (Aisne)
TART (LE), um 1125, Tart-l'Abbaye (Côte-d'Or)
TRESOR (LE), 1228, Bus-Saint-Remi (Eure)
VALBAION (VAUBOIN), um 1181, Vauxbons (Haute-Marne)
VAL-DES-VIGNES, um 1252 bei Ber-sur-Aube (Aube)
VALNEGRE, 13. Jh. bei Saverdun (Ariège)
VALSAUVE, um 1217, in Verfeuil b. Lussan, 1375 nach Bagnols-sur-Cèze (Gard) verlegt
VERGER (LE), um 1225/6, Oisy (Pas-de-Calais)
VERNAISON, 12. Jh. Châteauneuf-d'Isère (Drôme)
VIGNOGOUL, um 1230/45, Pignan (Hérault)
VILLERS-AUX-NONNAINS, 1220, Cerny (Essonne)
VILLERS-CANIVET (Calvados), gegr. 1127 als Frauen-Priorat v. Savigny, seit 1147 Cistercienserinnen
VIRGINITE (LA), 1120/47, Les Roches-l'Evêque (Loir et Cher)
VIVIER (LE), 1219, bei Arras (Pas-de-Calais)
VOISINS, 1213, Saint-Ay (Loiret)
WASTINE oder WOESTINE, 1195, zu Renescure b. Hazebrouck (Nord)
WILLENCOURT, gegr. 1199 auf Insel Sénard sur l'Authie, zwischen Vitz u. Auxi, 1220 nach W. b. Auxi (Pas-de-Calais) verlegt

Mittelalterliche Frauenabteien in den heutigen Benelux-Ländern

Abkürzungen der Diözesanzugehörigkeit im Mittelalter

C	Kamerijk (Cambrai)
L	Lüttich (Liége)
M	Münster
Te	Terwaan (Thérouanne)
To	Doornik (Tournai)
Tr	Trier (Treves)
U	Utrecht

Hinter dem Klosternamen folgt jeweils das Gründungsdatum (bei unterschiedlichen Angaben in der Literatur verschiedene Jahreszahlen), dahinter ist jeweils die zuständige oder nächstgelegene Ortschaft aufgeführt.

Belgien

ARGENTON, Lonzée/Prov. Namur, Diöz. L., 1229
AYWIERES, Couture-St.-Germain b. Brüssel, Diöz. L., Konvent gegr. 1202/07, seit 1215 in A.
BANCK (TER), Löwen/Brabant, Diöz. L., 1224
BEAUPRE, Grimmingen/Ostflandern, Diöz. C., 1228
BEECK (TER) b. Metsteren nahe St. Truiden/Limburg, Diöz. L., 1221/22
BIJLOKE, Gent/Ostflandern, Diöz. To., 1215/28 (Hospitalkloster)
CLAIRFONTAINE, Autelbas b. Arlon (Arel)/Prov. Luxemburg, Diöz. Tr., gegr. 1216, seit 1247/51 Cistercienserinnen

DOORNZEELE (DOVEZELE) b. Gent/Ostflandern, Diöz. To., 1234
EPINLIEU, Diöz. C., 1216
FLORIVAL (BLOEMENDAEL), Archennes b. Nivelles/Brabant, Diöz. L., gegr. 1095 f.
   OSB-Nonnen, seit 1218 Cistercienserinnen, nach Pollet erst um 1218 gegr. u.
   erbaut v. d. heiligmäß. Eremiten Bartholomäus v. Lane f. sich u. s. drei Töchter
GROENINGHE b. Kortrijk/Westflandern, Diöz. To., 1237
GULDENBERG (MONT D'OR) b. Wevelghem nahe Kortrijk/Westflandern,
   Diöz. To., 1214
HAGEN (TER) b. Gent/Ostflandern, Diöz. C., 1230
HEMELSDAEL (WERCKEN) b. Ypern/Westflandern, Diöz.Te., gegr. 1237 in Eesen b.
   Dixmuiden, 1270 nach Zillebeke b. Ypern verlegt, 1295 nach W.
HERCKENRODE, Kuringen b. Hasselt/Limburg, Diöz. L., 1182 v. Gerhard Gf.
   v. Looz u. seiner Familie, seit 1317 dort Verehrung wunderbarer Hostien
HERTOGENDAEL (S') (VALDUC) b. Aldenaken nahe Löwen/Brabant, Diöz. L. 1231/32
HOCHT a. d. Maas, Lanaeken b. Hasselt/Limburg, Diöz. L., 1215
   (1180—1215 Cistercienser, diese nach Gottestal/Val Dieu)
JARDINET (LE) b. Walcourt u. Philippeville/Prov. Namur, Diöz. L., 1232,
   nach Pollet dageg. erst nach 1304 v. Thierry de Rochefort-Walcourt gestiftet
   zur Betreuung eines ehrw. Marienbildes, bedeut. Wallfahrt (seit 1317 OSB?),
   um 1430/43 in Cist.-Mönchskloster umgewandelt u. unter d. Abt Jean Eustache
   religiös aufgeblüht
KAMEREN (TER), Brüssel, Diöz. C., 1200/01
MAEGDENDAELE od. O. L. VR. V. PAMELE b. Oudenaarde/Ostflandern, Diöz. C., 1233
MARCHE-LES-DAMES a. d. Maas b. Namur, hieß urspr. Notre-Dame-du-Vivier,
   Diöz. L., 1230/36, nach Pollet älter, doch erst um 1380 Cistercienserinnenabtei
MOULINS, Warnant b. Dinant/Prov. Namur, Diöz. L., 1230/33 für Cistercienser,
   seit 1414 Cistercienserinnen, nach Pollet zuerst Nonnen u. erst später Mönche
MUIZEN od. MUYSEN b. Mechelen/Brabant, Diöz. C., 1380, Priorat
NAZARETH b. Lier/Prov. Antwerpen, Diöz. C., 1225/37, nach Pollet v. Bartholomäus
   v. Lane aus Val-des-Vierges (u. s. Bruder Vicbert) gegr. u. erbaut u. v. ihm
   u. s. Töchtern betreut
NIEUWENBOSCH (NOUVEAU BOIS) od. O. L. VR. TEN BOSSCHE (Heusden)
   b. Gent/Ostflandern, Diöz. To., 1215
OLIVE (L'), Marlanwelz b. Mariemont/Hainaut (Hennegau), Diöz. C., vor 1233
OOST-EEKLOO b. Gent/Ostflandern, Diöz. To., 1217
ORIENTEN, Rummen b. St. Truiden/Brabant, Diöz. L., 1234
PAIX-DIEU (LA), Hesbaye b. Jehay-Bodegnée u. Huy/Prov. Lüttich, Diöz. L., 1242
RAMEE (LA) b. Jodoigne-Jauchelette u. Tienen (Tirlemont)/Brabant, Diöz. L., 1210/15
REFUGE (NOTRE DAME DU), Ath/Hainaut (Hennegau), Diöz. C.,
   Konvent gegr. vor 1224, seit 1234 hier
ROBERMONT b. Lüttich, gegr. um 1015 als Eremitage vorbildl. religiöser Frauen,
   1093 v. Bisch. v. Verdun, dem Grundherrn, aufgesucht u. mit Land beschenkt,
   1147 v. Bernh. v. Cl. besucht, 1182 durch Weri u. Robert Des Prez — deren Töchter
   hier eingetreten — Umwandlung in eine Cistercienserinnenabtei u. Stiftung der
   Klosteranlage (nach Pollet)
ROOSEN (TEN) b. Aalst/Ostflandern, Diöz. C., gegr. 1228, 1235 Cistercienserinnen,
   nach 1239 hierher verlegt
ROOSENDAEL oder WALEM b. Mechelen/Prov. Antwerpen, Diöz. C., 1227
ROTEM, Naelen b. Diest/Limburg, Diöz. L., vor 1304
SAINT-REMY b. Rochefort i. d. Famenne, Diöz. L., um 1230 durch Gf. v. Rochefort,
   1464 Cist.-Mönche (nach Pollet), Nonnen nach Félipré/frz. Ardennen (Diöz. L.)
SOLEILMONT, Gilly b. Charleroi/Hainaut (Hennegau), Diöz. L., gegr. 1088
   für OSB-Nonnen, spätestens 1237 Cistercienserinnen
SOLIERES a. d. Maas, Ben Ahin b. Huy/Prov. Lüttich, Diöz. L., 1127 v. Arnold u.
   Henri de Beaufort f. Augustinerinnen (nach Pollet), 1220/30 verlegt u. Citeaux
   angeschlossen

SPERMAILLIE (SPARMALIE) zu Sijsele südl. v. Slijpe b. Brügge/Westflandern, Diöz. To., gegr. 1200 in Hunkevliet, 1241 nach S. verlegt
VAL (od. VAUX) BENOIT a. d. Maas, Ougrée b. Lüttich, Diöz. L., um 1224—31 gegr. v. Otto, Dekan v. St. Paul i. Lüttich, zunächst f. Aug.-Chorherren, 1225 Kirchenweihe durch päpstl. Legat Konrad v. Urach O. Cist., wenig später (1231?) v. Otto an Cist.-Nonnen aus Robermont geschenkt, die Chorherren nach Gravière (nach Pollet)
VAL-DES-VIERGES, Diöz. C., 1219
VAL-DES-VJERGES, Diöz. L., nach Pollet um 1224 v. Bartholomäus v. Lane aus Florival gegr. u. betreut, identisch mit dem vorigen?
VAL-NOTRE-DAME, Antheit b. Huy/Prov. Lüttich, Diöz. L., um 1202 v. Albert Gf. v. Moha f. Nonnen aus Hocht an Stelle eines v. s. Vorfahren gestift. Hospitals (nach Pollet)
VAL SAINT-BERNARD, i. d. heut. Diöz. Mechelen, 1235
VIVEGNIS a. d. Maas zw. Visé u. Lüttich, Diöz. L., 1238; bestand nach Pollet schon um 1135 als Konvent mit Aug.-Regel
VROUWENPARK (PARC AUX DAMES), Wesemael b. Löwen/Brabant, Diöz. L., gegr. 1058 für Augustinerinnen, seit 1215 Cistercienserinnen
WAUTHIER-BRAINE b. Nivelles/Brabant, Diöz. C., 1224
ZWYVEKE oder TER-MONDE a. d. Schelde (Ostflandern), Diöz. C., 1224

Lit. zu den Klöstern i. d. Diözese Lüttich: Ch. Pollet, Histoire du diocèse de Liége, Bd. I u. II, Liége 1881; v. d. Meer a. a. O.

Niederlande

ASSEN od. MARIENKAMP, Prov. Drente, Diöz. U., gegr. 1215 in Koevorden b. Weverswold, dann nach Duurse b. Rolde, 1258 nach A. verlegt
BINDEREN b. Helmond/Noord-Brabant, Diöz. L., 1231/46
ELKERSEE oder BETLEHEM (auf Insel Schouwen) b. Brouwershaven/Zeeland, Diöz. U., vor 1232
GALILEA oder VROUWENKLOSTER, Burum b. Kollumerland/Friesland, Diöz. U., 13. Jh.
GENEZARETH (NAZARETH, GERNAWERD), Ferwerderadeel b. Hallum/Friesland, Diöz. U., 1191, Priorat
HAGEN (TER) oder MARIA VREUGDE (jetzt: Beoostenblijde) b. Zoutdorpe u. Axel/Zeeland, Diöz. U. 1236/41
JESSE oder ESSEN b. Haren/Prov. Groningen, Diöz. U., 1215
KLEIN-ADWERT oder SINT ANNEN b. Ten Boer/Prov. Groningen, Diöz. M., 1340/42
LEEUWENHORST oder TEN LEE b. Noordwijk/Süd-Holland, visitiert durch Kamp, Diöz. U., 1260/62
LOOSDUINEN b. Monster/Süd-Holland, Diöz. U., 1224/33
MARIA'S KAMER (auf Insel Walcheren) b. Domburg/Zeeland, Diöz. U., gegr. 1230/35 in Noordijk-Emelisse, seit 1241 bei D.
MARIENDAEL (TEN DAEL), Zuilen b. Utrecht, 1245
MARIENHORST oder TER HUNNEPE, Diepenveen/Overijsel (östl. v. Deventer), Diöz. U., 1225
MIDWOLDE am Dollart, Diöz. M., gegr. 1259, 1299 durch Flut zerstört
NIEUW-MARIENDAEL, Heesbeen b. Heusden/Noord-Brabant, Diöz. U., bestand 1338—82
NYEKLEASTER oder GODSHOF, Wijmbritseradeel b. Scharnegoutum u. Sneek/ Westfriesland, 1231, Priorat
ROERMOND a. d. Maas/Limburg, Diöz. L., Liebfrauenkloster, gegr. 1218/20
SION TEN BERCH, Dantumadeel b. Dantumawoude u. Dokkum/Friesland, Diöz. U., um 1233
SION TEN DALE, Oostdongeradeel b. Niewier/Friesland, Diöz. U., vor 1191

TRIMUNT oder DRIEMUNTEN, Marum/Prov. Groningen, Diöz. M., um 1305/29
UTRECHT ST. SERVAAS, alte OSB-Nonnenabtei, 1228 mit Cistercienserinnen besetzt
 u. innerhalb der Stadt verlegt (Wittevrouwenklooster)

Luxemburg

BONNEWEG zu Hollerich, Diöz. Tr., gegr. um 1200
DIFFERDINGEN, Diöz. Tr., gegr. um 1235

Frauenabteien in Mitteleuropa

Deutsches Sprachgebiet (mit französischer Schweiz, Elsaß und Deutsch-Lothringen) und östliche Nachbargebiete (Baltikum, Polen, Tschechoslowakei)

Zusammengestellt von Dorothea Wienand und Ernst Coester

Bei den heute bestehenden Cistercienserinnenklöstern ist das Verzeichnis meist um eine kurze lexikale Übersicht erweitert.

Die mit „Sankt" beginnenden Klosternamen sind unter den Anfangsbuchstaben des nach „Sankt" folgenden Wortes aufgeführt. Die mit „b." angefügten Orte bezeichnen meist die zuständige Kreisstadt.

Mit Absicht ist in dem Verzeichnis auch der Klosterpatron mit aufgeführt. Was bei den Mönchsklöstern immer der Fall war, daß sie alle der Jungfrau Maria geweiht waren und ihr Patrozinium am Fest Himmelfahrt feierten, gilt nur für einen Teil der Frauenklöster. Eine Anzahl Frauenklöster wurde nämlich bei schon bestehenden Kirchen mit anderen Patrozinien angesiedelt oder erhielt bei ihrer Gründung, oft durch Einfluß des Stifters, ein anderes Patrozinium. Da aber Maria die Patronin des Ordens war, nahmen solche Klöster das Marienpatrozinium an zweiter Stelle hinzu. Im einzelnen konnten folgende Patrozinien als häufiger vorkommend festgestellt werden: B. Maria V. (als ausschließliche Patronin) 194, Georg 12, Hl. Kreuz 8, Johannes Bapt. 7, Laurentius 7, Nikolaus 7, Johannes Ev. 6, Bartholomäus 5, Katharina 5, Jakobus 4.

ABBENRODE b. Halberstadt, gegr. 1145 für Regularkanoniker, 1243 bis 1554
 Cistercienserinnen, St. Andreas
ADERSLEBEN b. Oschersleben, gegr. 1260, bis 1809, St. Nikolaus
AFFOLTERBACH b. Nastätten/Nassau, gegr. 1222, bis 1544
ALLENDORF b. Bad Salzungen/Thür., gegr. 1266/72, bis 1528, B. Maria V.
ALTBIRNAU b. Oberuhldingen/Bodensee, gegr. 13. Jh., bis 14. Jh. und 1750—1803
ALTBRONN b. Molsheim/Elsaß, Trappistinnen, b e s t e h t seit 1895
ALTHALDENSLEBEN b. Neuhaldensleben/Sachsen, gegr. um 1228 (seit 965
 OSB-Nonnen), bis 1810, St. Jacobus
ALZEY, HL. GEIST, gegr. um 1262, bis 1564 (spätestens seit 1479
 mit St. Johann zusammengelegt)
 ST. JOHANN, gegr. 1290, bis 1564
 HIMMELGARTEN vor A., gegr. um 1295, 1479 in St. Johann eingegliedert, B. Maria V.
ANRODE b. Mühlhausen/Thür., gegr. 1268, bis 1810, B. Maria V.
ASCHERSLEBEN/Sachsen, GRAUES KLOSTER gegr. um 1267, bis um 1525,
 B. Maria V.
BAINDT b. Weingarten/Württ., Konvent gegr. 1227, seit 1240 in B., bis 1803,
 B. Maria V.
BAMBERG, St. Maria u. Theodor, gegr. 1157, seit Mitte 15. Jh. OSB-Nonnen, bis 1803
BARTFELD (auch Bardjóvy, Bardyjów, Bártfa), nordöstl. Slowakei (in der Zips)
BELLERIVE/Kanton Genf, gegr. 1150, bis 1535, B. Maria V.
BELLEVAUX/Kanton Waadt, seit Mitte 12. Jh. Prämonstr.-Nonnen,
 seit 1267 Cistercienserinnen, bis 1536, B. Maria V.
BENDEN (auch Marienbenden) b. Köln, gegr. vor 1231, bis 1802, St. Bernhardus
BENNINGHAUSEN b. Lippstadt, gegr. um 1240, bis 1802, St. Martinus

BERGEN auf Rügen, gegr. 1193, seit vor 1250 Cistercienserinnen, 1525/44 in evangel. Stift f. Töchter der Ritterschaft verwandelt, B. Maria V.
BERGHEIM b. Markdorf/Bodensee, bestand bis etwa 1486, dann Franziskaner(innen?)
BERKA (BAD) b. Weimar, gegr. 1240/50, bis 1525, B. Maria V.
ST. BERNHARD bei Horn/Niederösterreich, gegr. 1263/73, bis 1582/6, B. Maria V.
BERNSTEIN/Neumark, gegr. 1290, bis um 1571, B. Maria V.
BERSENBRÜCK, Bez. Osnabrück, gegr. 1231, 1786 in ein Damenstift verwandelt, S. Vincentius
BEUREN b. Worbis/Eichsfeld, gegr. 1200, bis 1555 sowie 1617—1809, St. Margareta
BEUTITZ b. Weißenfels/Sachsen, gegr. 1218, als Hospital in Prissetz, 1232 Cistercienserinnen u. nach B. verlegt, bis 1544, St. Matthäus
BILLIGHEIM b. Mosbach/Baden, gegr. 1000 für OSB-Nonnen, 1238 Cisterciensinnen, bis 1584, B. Maria V.
BINGEN/Rhein, Kloster RUPERTSBERG, gegr. 1147, OSB-Nonnen — 1. Äbtissin St. Hildegard, 1215 Cistercienserinnen, bis 1632, S. Rupertus, S. Hildegardis
BIRKENFELD/Mittelfranken, gegr. 1275, bis 1525, B. Maria V.
BISCHOFSRODE b. Ilfeld/Thür., gegr. 1238, bis 1293 (Konvent nach Nordhausen), S. Nicolaus
BLANKENAU b. Fulda, gegr. 1265 für OSB-Nonnen, seit 1331 Cistercienserinnen, bis Mitte 16. Jh., B. Maria V.
BLANKENBERG/Siegkreis, gegr. um 1247, um 1259/65 nach Zissendorf verlegt, S. Catharina
BLANKENBURG i. Harz, gegr. um 1250, bis 1532/48, S. Bartholomäus
BLATZHEIM b. Bergheim/Erft, gegr. um 1247, bis nach 1574, B. Maria V.
BOITZENBURG/Ukermark, gegr. um 1269, bis 1538, B. Maria V.
BÖRSTEL b. Bersenbrück/Niedersachsen, gegr. 1246, seit 1648 ev. Damenstift, B. Maria V., s. Text S. 392
BOTTENBROICH b. Bergheim/Erft, gegr. 1231, bis 1448, dann Cistercienserkloster
BRAUNSCHWEIG, KREUZKLOSTER, gegr. 1068 bzw. 1230 für OSB-Nonnen, seit 1409 Cistercienesrinnen, bis 1545, S. Crux
BRENKHAUSEN b. Höxter/Weser, Konvent gegr. 1234, seit 1246 in B., seit 1601 OSB-Nonnen, bis 1803, B. Maria V.
BRÜNN/Mähren, MARIA SAAL, gegr. 1323, bis 1782, B. Maria V.
BURBACH b. KÖLN, gegr. 1233, bis 1802, B. Maria V.
BURLO (Groß-) b. Borken/Westf., 1220—1240 Cistercienserinnen, dann Wilhelmiten, seit 1448 Cistercienser-Priorat, B. Maria V.
BURTSCHEID (jetzt Stadt Aachen) gegr. um 1215 zu St. Salvator, Aachen, 1220 nach Burtscheid St. Joh. B. (997—1220 OSB) verlegt, reichsunmittelbar
BÜRVENICH b. Düren/Rhld., gegr. 1234, bis 1803, B. Maria V.
CALDERN b. Marburg/Lahn, gegr. um 1250, bis 1527, S. Nicolaus
CHUMBD b. Simmern/Hunsrück, gegr. 1196, bis 1574, B. Maria V.
COESFELD/Westf., Kloster MARIENBORN, gegr. 1230 zu Lippramsdorff, 1243 nach C. verlegt, bis 1803, B. Maria V.
COLOMBEY b. Sitten (Sion)/Kanton Unterwallis, gegr. 1629, bis 1812, B. Maria V.
DAINBACH b. Kirchheimbolanden/Pfalz, gegr. 13. Jh., bis 1568, B. Maria V.
DALESITZ (auch Dalesice)/Mähren, gegr. unbestimmt, bis 1429
DALHEIM b. Heinsberg/Rhld., gegr. 1197 in Ophoven, 1258 nach D. verlegt, bis um 1800, B. Maria V.
DERNEBURG b. Marienburg/Hann., gegr. 1143 für Aug.-Chorherren, 1213 Augustinerinnen, 1443 Cistercienserinnen, bis 1643, danach bis 1803 Cist.-Mönche, S. Andreas
DÖLLSTEDT b. Erfurt, gegr. um 1290, bis 1525/29, Ss. Petrus et Paulus, — S. Nicolaus
DONNDORF b. Eckartsberga/Sachsen, gegr. um 1250, bis 1541, B. Maria V.
DROLSHAGEN b. Olpe/Westf., gegr. 1235, bis 1803, S. Clemens
DÜSSEREN b. Duisburg, gegr. 1234, ab 1583 (endgültig 1608) nach Duisburg verlegt, bis 1803, B. Maria V.

EBERSEGG/Kanton Luzern, gegr. 1274, 1588 nach Rathausen verlegt, bis 1618, B. Maria V.
EISENACH, KATHARINEN-KLOSTER, gegr. 1208, bis 1525/45, S. Katharina
EISENBERG b. Altenburg/Sachsen, gegr. vor 1212 in Triptis, 1212 nach Zwickau, 1219 nach E. verlegt, bis 1524
ENGELTAL b. Büdingen/Oberhessen, gegr. 1268, bis 1803, seit 1965 Benediktinerinnenabtei, S. Petrus und Paulus
ENGENTAL/Kanton Basel, gegr. 1269, bis 1525, B. Maria V.
EPPINGHOVEN b. Neuß/Rhein, gegr. 1214 in Karlsforst, 1231 nach E., bis 1808, B. Maria V.
ERFURT, MARIENGARTEN, gegr. 1288, bis 1632, erneut 1755–1819, S. Martinus
ESCHENBACH/Kanton Luzern, b e s t e h t seit 1285, war ursprl. Augustinerinnenkloster, schloß sich 1588 dem Cistercienserorden an, Patrozinium der Klosterkirche B. Maria V. u. St. Katharina
FALKENHAGEN b. Bad Pyrmont, gegr. 1228/1231 in Burghagen, 1246—49 nach F. verlegt, bis 1408, Nonnen nach Brenkhausen, S. Johannes B.
FELDBACH/Kanton Thurgau, gegr. 1252 als Beginenhaus, ab 1256 Cistercienserinnen, bis 1848, Konvent zusammen mit denen von Kalchrain und Tännikon nach Mariastern/Vorarlberg, B. Maria V.
FILLE-DIEU (auch Gottestochter), Kanton Freiburg, gegr. als Einsiedelei, seit 1268 Cistercienserinnen, bis nach 1848, heute Trappistinnenkloster, B. Maria V.
FRANKENBERG/Hessen, ST. GEORGENBERG, gegr. 1242 in Butzbach, 1248 nach F. verlegt, bis 1569, S. Georgius
FRANKENHAUSEN (BAD) b. Artern/Thür., gegr. um 1215, bis 1525/1536, S. Georg
FRANKENHAUSEN b. Zwickau/Sachsen, gegr. vor 1271 in Grünberg b. Zwickau, 1296 nach F., bis 1529, B. Maria V.
FRAUBRUNNEN/Kanton Bern, gegr. 1246, bis 1528, B. Maria V.
FRAUENKRON b. Schleiden/Eifel, gegr. 1271, 1281 Abtei Steinfeld übergeben, B. Maria V.
FRAUENPRIESSNITZ b. Jena, gegr. vor 1274, bis 1525, S. Mauritius
FRAUENROTH b. Bad Kissingen, gegr. 1231, bis 1574, S. Georgius und Omnes Ss.
FRAUENSEE b. Bad Salzungen/Thür., gegr. 1202, bis 1606, B. Maria V.
FRAUENTHAL b. Bad Mergentheim, gegr. 1232, bis 1525/47, B. Maria V.
FRAUENTAL/Kanton Zug, heute noch b e s t e h e n d, ging um 1220/30 aus einer Beginen-Einigung hervor, seit 1231 Cistercienserinnenkloster, 1253 Aufnahme in den Orden, 1957 Tochtergründung in der amerikanischen Diözese Madison (Wisconsin): Valley of Our Lady, Patrozinium der Klosterkirche Frauental B. Maria V.
FRAUENTAL zu Pohled b. Deutschbrod (Nemecky Brod)/Böhmen, gegr. 1265, bis Hussitenkriege, erneut 1574–1782, S. Andreas
FRAUENZIMMERN b. Heilbronn, Kloster Marientál, gegr. vor 1238 in Böckingen, 1246 nach F. verlegt, St. Cyriakus, 1442 nach Kirbach b. Brakenheim/Württ. verlegt, bis 1543, B. Maria V.
FREISDORF b. Bolchen/Lothr., 1230–1470, vorher Regularkanoniker oder Cistercienser, nach 1470 Cistercienser, S. Gangolphus
FRIEDENWEILER b. Neustadt/Schwarzw., gegr. 1123 für OSB.-Nonnen, 1576–1802 Cistercienserinnen, B. Maria V.
FRIEDLAND Krs. Oberbarnim/Brandenburg, gegr. vor 1271, bis 1540, B. Maria V.
FRIESACH/Kärnten, gegr. 1217 als Dominikanerkloster, 1258–1608 Cistercienserinnen (Nonnen vorher in Gereuth b. Neumarkt/Steyermark). B. Maria V. (u. Hl. Blut?)
FRÖNDENBERG b. Unna/Westf., gegr. 1230, seit dem 16. Jh. simultanes Damenstift, bis 1811, S. Mauritius
FÜRSTENBERG b. Xanten/Rhein, gegr. vor 1259 in Horst, seitdem in F. (1119 bis 1259 OSB), bis 1586, B. Maria V.
GERONDE zu Chippis/Kanton Wallis, 1330–50 Kartause, b e s t e h t heute als Cistercienserinnenkloster
GEVELSBERG b. Hagen/Westf., gegr. 1230/1235, bis 1577, dann bis 1812 simultanes Damenstift, S. Laurentius

GLAUCHA b. Halle/Saale, Kloster MARIENKAMMER, gegr. 1220/31, bis 1557, S. Georgius
GNADENTAL b. Neuß/Rhein, gegr. 1203, bis 1802, B. Maria V.
GNADENTAL b. Camberg/Taunus, gegr. vor 1238, bis 1567, B. Maria V.
GNADENTAL b. Schwäb. Hall, gegr. 1239/46, bis 1543, B. Maria V.
GNADENTAL/Kanton Aaargau, gegr. vor 1297 (Beginen), seit 14. Jh. Cistercienserinnen, bis 1841, B. Maria V.
GOSLAR, NEUWERK, gegr. 1186, seit 1577 evang. Damenstift, S. Crux, Ss. Johannes Ev. et Bartholomäus
GOTHA, HL. KREUZ, gegr. vor 1251 in der Stadt, seit 1251 vor der Stadt, bis 1524, B. Maria V.
GOTTESTAL/Rheingau, gegr. vor 1141 für Augustinerinnen, 1247—1803 Cistercienserinnen, B. Maria V.
GRAFENTAL b. Kleve, gegr. 1248, bis um 1800, B. Maria V.
GRAU-RHEINDORF b. Bonn, gegr. 1149, bis 1803, S. Margareta
GRAVENHORST b. Tecklenburg/Westf., gegr. 1256, bis 1808, B. Maria V.
GROSSFURRA b. Sondershausen, gegr. 1306 in Großballhausen, seit 1326 in Großf., bis 1538, B. Maria V.
GÜLDENSTERN in MÜHLBERG b. Liebenwerda/Sachsen, gegr. 1228, bis 1543, B. Maria V.

Cistercienserinnenkloster Güldenstern zu Mühlberg/Elbe
Prunkgiebel des Propsteigebäudes, erbaut 1531 (s. S. 347).

GÜNTERSTAL b. Freiburg/Breisgau, gegr. 1221, bis 1806, B. Maria V.
GUTENZELL b. Biberach/Württ., gegr. vor 1237, bis 1803, Ss. Cosmas et Damianus

Wappen von Gutenzell, mit Arche Noah und Taube, die den Ölzweig bringt, als Symbole der Errettung der Gerechten. — Die Abtei hatte seit 1437 eigene Gerichtsbarkeit über 11 Dörfer und Sitz und Stimme im Reichstag.

HALBERSTADT, ST. THOMAS, gegr. 1199, Cistercienserinnen seit 1206, 1208 nach St. Burkhard verlegt.
    ST. BURKHARD, gegr. 1186 für Prämonstratenser, 1208—1810 Cistercienserinnen, Ss. Burchardus et Jacobus

HARVESTEHUDE b. Hamburg, gegr. 1246, 1295 verlegt n. Odersfelde a. d. Alster und Frauental genannt, nach 1529 Damenstift, B. Maria V.
HÄSELER (od. Klosterhäseler) b. Eckartsberga/Sachsen, gegr. vor 1239, bis 16. Jh., B. Maria V.
HEDERSLEBEN b. Aschersleben/Sachsen, gegr. 1253/60, besiedelt von Helfta, bis 1809, S. Gertrudis
HEGGBACH bei Memmingen/Württ., gegr. um 1195 für Beginen, seit 1234 Cistercienserinnen, bis 1803, B. Maria V.
HEIDESHEIM-COLGENSTEIN b. Frankenthal/Pfalz, gegr. im 12. od. 13. Jh., bis um 1300, B. Maria V.
HEILIGENGRABE b. Techow/Ostpriegnitz, gegr. 1287, bis 1542, danach ev. Damenstift, B. Maria V.
HEILIGENTAL b. Schwanfeld/Unterfranken, gegr. 1234, bis 1579, B. Maria V.
HEILIGKREUZTAL b. Riedlingen/Württ., gegr. 1227, bis 1804, B. Maria V.
HEILSBUCK b. Edenkoben/Pfalz, gegr. 1232 in Harthausen, seit 1262 in He., bis 1564, B. Maria V.
HELFTA b. Eisleben/Sachsen, gegr. 1229, seit 1258 in H., 1343 Eisleben (Neuhelfta), 1525 wieder nach H., bis 1542, B. Maria V.
HERCHEN/Siegkreis, gegr. 1247, bis 1583/1624, B. Maria V.
HEYDAU b. ALTMORSCHEN/Hessen ,gegr. 1235, bis 1527, S. Laurentius
HIMMELAU b. GELNHAUSEN, gegr. 1313, bis 1537, Ss. Lucius et Florinus
HIMMELKRON b. Bad Berneck, gegr. 1280, bis 1545, B. Maria V.
HIMMELSPFORTEN b. Soest, gegr. 1246, bis 1804, B. Maria V.
HIMMELSPFORTEN b. Stade, gegr. 1255, bis 1560/1630, B. Maria V.
HIMMELSPFORTEN b. Würzburg, gegr. 1231 zu Himmelstadt, seit 1251 hier, bis 1803, B. Maria V.
HIMMELSPFORTEN am Schaalsee (Meckl.) gegr. 1246 v. Audacia v. Schwerin, bis 1555
HIMMELTAL b. Aschaffenburg, gegr. 1232, bis 1588, B. Maria V.
HIMMELTHRON zu GROSS-GRÜNDLACH/Mittelfranken, gegr. 1343, bis 1525, B. MariaV.
HÖCKELHEIM b. Northeim/Niedersachsen, gegr. 1247, bis 1537, Ss. Petrus et Nicolaus
HOLTHAUSEN b. Büren/Westf., gegr. 1243, bis 1810, B. Maria V.
HOVEN b. Zülpich/Rhld., gegr. 1188, bis 1802, S. Maximinus
ICHTERSHAUSEN b. Arnstadt/Thür., gegr. 1147, bis 1539, S. Georgius
ISENHAGEN b. Lüneburg, gegr. als Mönchskloster 1243 in Alt-Isenhagen von der Herzogin Agnes, Gründerin von Wienhausen. 1259 gingen die Mönche nach Marienrode und wurden durch Nonnen ersetzt, diese 1327/29 nach Hankensbüttel, 1336/46 nach Neu-Isenhagen übergesiedelt. Seit 1345 Erbauung der Klosteranlage in exemplarischer Form, 1349/50 schlagartig durch die Pest unterbrochen, die geplanten Deckenwölbungen unterblieben. Kirchen- und Klosteranlage mit dem älteren Mariensee verwandt, in der Ausführung den lüneburgischen Bauten der 1. Hälfte des 14. Jhs. zuzurechnen, wie die Nonnenklöster Medingen und Wienhausen. Die Kirche in der einheitlichen einschiffigen Endform, die sich bei den hochgotischen Cistercienserinnenkirchen herausgebildet hatte (S. 379), ein kraftvoller Backsteinbau, klar einfach und regelmäßig gegliedert, mit stattlichem Polygonalchor und breiten hohen Fenstern zwischen blockhaft schlichten Strebepfeilern; in ihrer Westhälfte langer Nonnenchor — mit Chorgestühl aus der Erbauungszeit — über zweischiffiger Unterkirche, in die das Hauptportal führt (S. 389 u. 409). An der Südseite der Kirche die Backsteinflügel des Klostergevierts; im Ostflügel neben der Kirche Sakristei mit zierlichem Polygonalchörlein, daneben Kapitelsaal mit langer, eindrucksvoller Fensterfront, ihr kräftiges Maßwerk frühgotisch schlicht, verwandt mit Wienhausen; im östlichen Kreuzgang von 1350 Gewölbekonsolen aus Kalkstein mit figürlichen Reliefs.
Das Kloster wurde nach 1540 auf Drängen des Landesherrn allmählich in ein **evangelisches Damenstift** umgewandelt. Die Stiftsgemeinschaft ist auch heute leben-

dig, der Konvent hält regelmäßige Andachten und arbeitet im Dienst der Gemeinde. Tagungen, Jugendabende und Besucherführungen machen das Kloster zu einer Stätte christlicher Begegnung.

Isenhagen (nach Merian)

ITZEHOE/Schlesw.-Holstein, gegr. 1230 in Ivenfleth, seit 1256/61 hier, bis 1538, seitdem Damenstift, S. Laurentius
IVENACK (Jüvenack)/b. Stavenhagen/Meckl., gegr. 1252, bis 1555, B. Maria V.
JENA, MICHAELISKLOSTER, gegr. 1301, bis 1525, S. Michael
JOHANNISZELLE St.-, b. Wildberg/Unterfranken, gegr. 1209, bis 1555, S. Johannes Ev.
JÖRIS, St.-, b. Aachen, gegr. um 1274, bis 1802, S. Georg
JÜTERBOCK/Brandenburg, gegr. 1282, bis 17. Jh., Ss. Crux et S. Laurentius
KALCHRAIN-MARIAZELL/Kanton Thurgau, gegr. 1230, bis 1848, B. Maria V.
KAPELLENDORF b. Weimar, gegr. 1235, bis 1521, S. Bartholomäus
KATHARINEN, St.-, b. Linz/Rhein, gegr. 1208, bis 1803, B. Maria V.
KATHARINENTAL, b. Bad Kreuznach, gegr. 1219, bis 1574, S. Katharina
KELBRA, b. Sangershausen, ST. GEORG, gegr. um 1251, bis 16.Jh., S. Georgius
KENTRUP b. Hamm/Westf., gegr. 1275 in Hamm, seit 1290 in K., bis 1808, B. Maria V.
KIRCHHEIM am Ries, b. Nördlingen, gegr. 1268, bis 1802, B. Maria V.
KLEIN-LÜTZEL/Kanton Basel (b. Lützel), 1138—1505
KLOSTERGRAB/Böhmen (b. Ossegg), gegr. vor 1282, bis um 1580
KLOSTERZIMMERN b. Nördlingen, gegr. 1245 zu Stachelberg b. Eichstätt, 1252 nach K. verlegt, bis 1557/9, S. Crux
KOBLENZ, MARIA IN DER LEER, gegr. 1244, 1580 nach Niederwerth, (dort 1275—1429 Beginen, dann bis 1580 Windesheimer Augustiner), bis 1811, B. Maria V.
KÖLLEDA b. Eckartsberga/Sachsen, gegr. 1266, bis 1554, S. Joannes Ev., später S. Joannes Bapt.
KÖLN, MARIENGARTEN, gegr. um 1220, bis 1802, B. Maria V.
    SION, gegr. vor 1238, 1613 an Birgitten, bis 1802, B. Maria V.
    ST. APERN, gegr. 1277, bis 1802, Ss. Bartholomäus et Aper

KÖNIGSBERG/Ostpreußen, AUF DEM LÖBENICHT, gegr. 1340/49, bis 1536, B. Maria V.

Königsberg/Ostpreußen Cistercienserinnenkloster St. Marien, von Süden, nach Merian. Die 1349 durch den Hochmeister Heinrich Dusmer von Arffberg in der Vorstadt Löbenicht am Pregelufer gegründete Abtei wurde von Cistercienserinnen aus Thorn und Kulm besiedelt (S. 348), war reich ausgestattet und das einzige bedeutende Kloster Königsbergs. Die Bauten, die nach Auflösung des Konventes, 1536, als Hospital dienten und durch den Stadtbrand von 1764 vernichtet wurden, bildeten eines der charakteristischsten Cistercienserinnenklöster Norddeutschlands, mit einschiffiger Kirche, steinernem Westtürmchen und — in Umkehrung zu den Mönchsklöstern — Dormitorium im Westflügel sowie mächtigem Küchenkamin am Ostflügel (vgl. Seligenthal/Landshut, s. weiter u.).

KÖNIGSBRÜCK b. Hagenau/Elsaß, gegr. 1152 (1621—73 vorübergehend in Hagenau), bis 1793, Nonnen nach Lichtental, B. Maria V.

KÖSLIN/Pommern, das hiesige Cistercienserinnenkloster 1525/44 in ev. Stift f. Töchter der Ritterschaft verwandelt

KRUMMIN auf Usedom, gegr. 1289, 1525/44 in ev. Stift f. Töchter der Ritterschaft verwandelt, B. Maria V.

KULM (Chelmno) a. d. Weichsel, ein Cistercienserinnenkloster bestand im MA am SW.-Abhang der Stadt neben der Deutschordensburg

KÜRNACH/Unterfranken, angebl. 1292—1320.

LANGENDORF b. Weißenfels/Sachsen, 1240—1540, S. Anna

LAUINGEN b. Heidenheim/Bayern, gegr. 1319, bis 1561 (Konvent nach Neidingen), u. 1645—1802. S. Agnes

LEAL/Estland (Diöz. Ösel u. Wiek), gegr. vor 1450

LEEDEN b. Tecklenburg/Westf., gegr. 1240, bis 1538, danach bis 1812 Damenstift, B. Maria V.

LEIPZIG, ST. GEORG, gegr. 1230, bis um 1535, S. Georgius

LEMSAL/Lettland (Diöz. Riga), gegr. vor 1450

LEVERN b. Lübbecke/Westf., Konvent gegr. 1227, seit 1249 in L., bis 1810, B. Maria V.

LICHTENSTERN b. Weinsberg/Württ., gegr. 1242, bis 1525, B. Maria V.

LICHTENTAL b. Baden-Baden, b e s t e h t seit 1245, B. Maria V., kurze lexikale Übersicht s. S. 342

LILIENTAL b. Osterholz/Niedersachsen, Konvent gegr. 1232, seit 1262 in L., bis 1631/48, B. Maria V.

LINDOW b. Neuruppin, gegr. um 1235 als Augustinerinnenstift, dann Cistercienserinnen?, bis 1541, dann Damenstift

LOBENFELD b. Heidelberg, gegr. 1152 f. Aug. Chorherren, bald nach 1187 Augustinerinnen, um 1270 Annahme der Cist.-Regel, 1459 Einführung der Bursfelder Reform, bis um 1560, B. Maria V.
LÖWENBRÜCKEN b. Trier, gegr. 1231, bis 1791, S. Helena
LÜBECK, ST. JOHANN, gegr. 1177 als OSB-Doppelkloster, seit 1245 Cistercienserinnen (Benediktiner nach Cismar), S. Joannes Ev.
MACHERN b. Bernkastel/Mosel, gegr. vor 1238, bis 1802, S. Cornelius P. M.
MAGDEBURG, ST. AGNES, gegr. 1230, bis 1810, S. Agnes
    ST. LAURENZ, gegr. um 1209/20. S. Laurentius
MAGDENAU/Kanton St. Gallen, das noch b e s t e h e n d e Kloster entstand 1244 aus einer städtischen St. Galler Beginengemeinschaft, 1953 Einweihung einer neuen Konventskirche, Patrozinium S. Theodora M.
MAGERAU oder MAIGRAUGE/Kanton Freiburg, entstand vor 1260 als Frauenkloster unter Jurisdiktion des Bischofs von Lausanne, bekam 1260 das Gebiet, auf dem es lag, die „Magere Au" am Ufer der Saane, von den Grafen von Kyburg geschenkt, 1261 aus der bischöfl. Jurisdiktion gelöst, in den Cistercienserorden aufgenommen und Hauterive unterstellt; b e s t e h t seitdem ununterbrochen; die Blütezeit im mittleren und ausgehenden 13. Jh. wird durch die frühgotische Klosterkirche und den Kapitelsaal dokumentiert (vgl. S. 369). Patrozinium B. Maria V.
MAIDBRONN b. Würzburg, gegr. 1232/35, bis 1515, S. Chilianus? (Cyprianus?)
MAINZ, ST. AGNES, gegr. zwischen 1201 u. 1230, seit 1250 Cistercienserinnen, bis 1802, S. Agnes
    ALTMÜNSTER, gegr. um 700 wahrsch. als Kanonissenstift, 1243 Einführung der Cist.-Regel, bis 1781, B. Maria V.
    KLOSTER DALHEIM, gegr. vor 1218, seit 1265 Cistercienserinnen bis 1802, B. Maria V.
    WEISSFRAUEN, gegr. um 1250, bis 1802, S. Maria Magdalena
MARIABURGHAUSEN (od. Kreuztal) b. Haßfurt/Unterfranken, gegr. 1237 in Sturs, seit 1243 in M., bis 1582, B. Maria V.
MARIA-FRIEDEN b. Dahlem/Eifel, besteht seit 1952, Trappistinnenabtei
MARIASTERN zu GWIGGEN/Vorarlberg, b e s t e h t seit 1856 als erste Cistercienserinnenabtei Österreichs nach der Säkularisation, gegr. als Refugium der Konvente der aufgehobenen Schweizer Abteien Kalchrain, Feldbach und Tänikon. Patrozinium der Klosterkirche B. Maria V.
MARIENAU b. Breisach/Rhein, gegr. um 1266, bis 1525, B. Maria V.
MARIENBORN b. Büdingen/Oberhessen, gegr. 1250 in Haag, seit 1274 in M., bis 1559, B. Maria V.
MARIENFLIESS/Ostpriegnitz, gegr. um 1230, bis 1544, dann ev. Damenstift, B. Maria V.
MARIENFLIESS b. Santzig/Pommern, gegr. 1248, 1525/44 in ev. Stift für Töchter der Ritterschaft verwandelt.
MARIENFLOSS b. Sierk/Lothr., gegr. 1238/42, bis 1414, danach Kartause, 1435—1750 Kollegiatstift, B. Maria V.
MARIENGARTEN/Eichsfeld, gegr. 1245, bis 1631, B. Maria V.
MARIENGARTEN b. Eppan (Südtirol), b e s t e h t seit 1883, 1914 Abtei, B. Maria V.
MARIENHAUSEN/Rheingau, gegr. 1189, bis 1803, B. Maria V.
MARIENKRON zu Mönchshof/Burgenland, b e s t e h t seit 1955 als Gründung des Stiftes Heiligenkreuz und als Tochterkonvent von Seligenthal/Landshut, 1959 Priorat
MARIENSCHLOSS b. Rockenberg/Oberhessen, gegr. 1332 (zunächst Klause), 1508 Aufnahme in die Bursfelder Reform, bis 1803, S. Joannnes B.
MARIENSEE b. Neustadt a. Rübenberg/Niedersachsen, gegr. 1206 in Vorenhagen, seit 1215 in M., bis 16. Jh., seitdem ev. Damenstift, B. Maria V.
MARIENSTERN b. Kamenz/Sachsen, b e s t e h t seit 1248, B. Maria V., kurze lexikale Übersicht s. S. 422

MARIENSTUHL vor EGELN/Bez. Magdeburg, gegr. 1259, bestand bis Anf. 19. Jh.
MARIENTHAL a. d. Neiße, b. Ostritz/Oberlausitz, eines der wenigen Cistercienserinnenklöster in Deutschland, die ohne Unterbrechung e r h a l t e n g e b l i e b e n sind; gegr. um 1234 von Königin Kunigunde von Böhmen, Tochter des römischen Königs Philipp von Schwaben; 1235 in den Orden aufgenommen und Altzelle unterstellt, nach der Reformation Neuzelle, später Königssaal und Ossegg unterstellt; der Auflösung des monastischen Lebens in der Reformation begegnete man 1583, 1594 und 1623 mit der Absetzung der jeweiligen Äbtissin und Einsetzung einer neuen; nach dem Übergang der Oberlausitz von Böhmen an Kursachsen Garantie für den Fortbestand des Klosters mit allen Freiheiten und Rechten durch den Traditionsrezeß von 1635; die Äbtissin besaß bis ins 20. Jh. das Patronatsrecht über eine Anzahl von Pfarrkirchen, darunter auch einige evangelischer Konfession. Patrozinium der Klosterkirche B. Maria V.
MARIENTAL b. Eckartsberga/Sachsen, gegr. 1291, bis 1539, B. Maria V.
MARKSUSSRA b. Sondershausen/Thür., 1287–1551, S. Walburgis
MEDINGEN b. Uelzen, gegr. 1237/41 in Alt-M., seit 1323 in M., bis 1554, seitdem ev. Damenstift, B. Maria V.
MEERHAUSEN b. Aurich/Ostfriesland, gegr. vor 1228, bis um 1604, B. Maria V.
MEHRINGEN b. Bernburg/Anhalt, gegr. 1225, B. Maria V.
MEYENDORF b. Wanzleben/Sachsen, gegr. 1267, bis 16. Jh., B. Maria V.
MICHELBACH bei Pfirth/Oberelsaß, gegr. 1140 als OSB-Priorat, 1238 Cist.-Nonnen, 1256 Cist.-Mönche, bis 1796, S. Apollinaris?
MICHELFELD-BLOTZHEIM/Oberelsaß, Konvent gegr. 1254, 1267 nach B. verlegt, bis 1442, S. Michael
MÜHLHEIM b. Osthofen/Worms, gegr. vor 1167, bis nach 1272, B. Maria V.
MÜNSTER, ST. AEGYDIEN, gegr. um 1181, seit 1468 OSB-Nonnen, bis 1811, S. Aegidius
NAMEDY b. Andernach/Rhein, gegr. vor 1255, bis 1573, S. Catharina
NAUENDORF b. Allstedt/Sachsen, gegr. um 1250, bis 1526, B. Maria V.
NETZE/Waldeck, gegr. 1228, bis 1529, Ss. 4 Coronati

Neuburg (nach Merian)

NEUBURG bei Heidelberg, gegr. 1144 als OSB-Priorat, seit 1195 Benediktinerinnenabtei, 1224 Cistercienserinnen, 1478 Annahme der Bursselder Reform, bis 1562, seit 1928 Benediktinerabtei, S. Bartholomäus
NEUENDORF/Altmark, 1232–1541, B. Maria V.
NEYDINGEN b. Donaueschingen, Mariahof, gegr. 1274 für Beginen, seit 1306 Dominikanerinnen, 1562–1802 Cistercienserinnen, B. Maria V.
NIEDERSCHÖNENFELD b. Neuburg/Donau, 1241–1803, S. Georgius

NIKOLAUSRIETH (auch Nikolausroda)/Mansfeld, gegr. um 1228/47, bis 1531
NIMBSCHEN b. Grimma/Sachsen, Marienthron, gegr. 1240 i. Torgau, 1251 nach Grimma, 1288 nach N., bis 1536, B. Maria V.
NORDHAUSEN/Thür., FRAUENBERG od. NEUWERK, gegr. E. 12. Jh., bis um 1524, B. Maria V.
ALTENDORF, gegr. 1294 (Konvent aus Bischofsrode), bis um 1524, B. Maria V.
NORDSHAUSEN b. Kassel, 1257—1527/40, B. Maria V.
OBER-INGELHEIM, ENGELTAL, 1290—1570, B. Maria V.
OBERRIED b. Freiburg/Br., gegr. um 1237, seit 1252 Wilhelmiter, B. Maria V.
OBERSCHÖNENFELD b. Augsburg, heute noch b e s t e h e n d, der Tradition nach gegen Ende des 12. Jhs. in Oberhof (heute Weiherhof) als Beginen-Einigung entstanden und 1211 als förmliche Vereinigung gegründet, um 1248 ins nahe Oberschönenfeld verlegt, in den Cisterciensenorden aufgenommen und Kaisheim unterstellt, 1803 säkularisiert, 1836 mit den letzten überlebenden Nonnen durch König Ludwig I. von Bayern wiedererrichtet, zunächst Priorat, seit 1922 wieder Abtei, 1951 Gründung eines Missionsklosters in Brasilien, das heute in Itararè (S. Paulo) in Blüte steht. Die mittelalterlichen Klosterbauten von Oberschönfeld wurden 1721—29 von der Äbtissin Hildegard Meixner in barocker Bauleidenschaft durch eine großzügige Klosteranlage ersetzt, die Franz II. Beer erbaute. Patrozinium der Klosterkirche B. Maria V.
OBERWEIMAR b. Weimar, gegr. vor 1241, bis 1533, Ss. Petrus et Paulus
OBERWESEL/Rhein, Allerheiligen, gegr. vor 1236, 1259 an Cist.-Orden, bis 1802, Omnes Sancti
OLOBOK b. Ostrow/Posen, gegr. 1213, bis nach 1797, S. Joannes
OLSBERG/Kanton Aargau, gegr. 1083 für OSB-Nonnen, 1172 Cistercienserinnen, bis 1782, dann bis 1805 Damenstift, B. Maria V.
OSLAVAN (od. OSLAVANY)/Diöz. Olmütz, Kloster Mariental, gegr. 1225, bis 1525, B. Maria V.
OSTERODE am Harz, gegr. 1243/5, bis 1542, St. Jacobus
OWINSK (od. OWINSKA) a. d. Warthe b. Posen, gegr. vor 1250, bis 1821, S. Joannes B.
PADERBORN, GAUKLOSTER, gegr. um 1211/1228, um 1513 Aufnahme in die Bursfelder Kongr., bis 1810, S. Joannes B. et S. Odalricus
PARADIES b. Mauchenheim/Kirchheimbolanden/Pfalz, gegr. vor 1196, nach der Reformation, 1559, zugunsten der geistl. Güterverwaltung in Heidelberg von der kurpfälz. Regierung eingezogen, B. Maria V.
PATERSHAUSEN b. Offenbach/Main, Marienkron, gegr. um 1210, neu gegr. 1252, bis 1556, B. Maria V.
PIELENHOFEN b. Regenstauf/Oberpfalz, gegr. 1237, bis 1559, 1655—1803 Cistercienserpriorat unter Kaisheim, B. Maria V.
PLÖTZKY b. Magdeburg, gegr. 1228, bis 1538, S. Maria Magdalena
RAMSEN b. Kirchheimbolanden/Pfalz, gegr. 1146 für OSB-Nonnen, seit 1267 Cistercienserinnen, bis 1477, dann bis 1485 Cist.-Priorat, S. Georgius
RATHAUSEN/Kanton Luzern, Konvent gegr. um 1241/45, seit 1251 in R., bis 1848, Konvent seit 1876 in Vézelise b. Nancy, seit 1902 in Thyrnau, S. Georgius
RECHENTSHOFEN b. Vaihingen/Württ., gegr. 1240, bis 1648, B. Maria V.
REETZ b. Arnswalde/Neumark, gegr. um 1284, bis 1537, B. Maria V.
REINBECK/Holstein, Konvent gegr. 1224/29, 1297 nach R. verlegt und Cistercienserinnen bis 1529, S. Maria Magdalena
RENGERING b. Warendorf/Westf., gegr. 1247, bis 1810, B. Maria V.
REPOR (Repora) b. Prag, gegr. vor 1330, 1424 durch Hussiten zerstört, B. Maria V.
REVAL ST. MICHAELIS, gegr. 1249 vom Dänenkönig Erich Plogpenning vor der Stadt, später in die Stadtumwallung einbezogen, bis 16. Jh.
RHEINTAL b. Müllheim/Baden, gegr. um 1255, 1486/89 Cistercienserpriorat, B. Maria V.
RIGA ST. MARIEN, gegr. 1255, bis 16. Jh.

RINTELN/Weser, gegr. 1224 in Bischopsrode (dem späteren Stadthagen), seit 1238 in R., bis 1563, S. Jacobus
RODA (Stadtroda)/Thüringen, gegr. vor 1247, bis 1531, S. Nicolaus
RODERSDORF/Mansfeld, seit 13. Jh. Cistercienserinnen, bis 1648
ROHRBACH b. Sangerhausen, gegr. 1117 für OSB-Nonnen, seit 1220/30 Cistercienserinnen, bis 1540, B. Maria V.
ROSENTAL b. Kirchheimbolanden/Pfalz, **gegr.** 1242, bis 1572/80, B. Maria V.
ROSENTAL b. Cochem/Mosel, gegr. um 1240, bis 1808, B. Maria V.
ROSTOCK, KREUZKLOSTER, gegr. 1270, bis 1586, B. Maria V.
ROTTENMÜNSTER b. Rottweil, 1221—1802/3, B. Maria V., reichsunmittelbar
RÜHN (Mecklenburg-Schwerin), gegr. 1232, bis 1756, B. Maria V.
RULLE b. Osnabrück, gegr. 1230 in Harste, um 1243/47 nach R. verlegt, bis 1803, B. Maria V.
SAALBURG a. d. Saale, HL. KREUZ, gegr. kurz vor 1311, bis 1533, B. Maria V.
SAARN (Stadtgebiet Mülheim/Ruhr), gegr. 1214, bis 1807/8, B. Maria V.
SANGERHAUSEN, St. Ulrich, gegr. 1265, bis 1540
SCHALE b. Tecklenburg/Westf., gegr. 1278, bis 1535, B. Maria V.
SCHLEDENHORST b. Rees/NRh., gegr. 1240/41, bis 1802/06, B. Maria V.
SCHLIERBACH b. Kirchdorf/Oberösterreich, gegr. 1355, bis 1554/63, seit 1620 Cist.-Abtei, B. Maria V.
SCHLÜSSELAU b. Bamberg, gegr. um 1283., bis um 1554/7, B. Maria V.
SCHMERLENBACH b. Aschaffenburg, gegr. 1218, im Nachmittelalter OSB-Nonnen, bis 1802, B. Maria V.
SCHÖNAU b. Gemünden/Main, gegr. um 1189, bis 1564, B. Maria V.
SCHÖNEN-STEINBACH b. Mühlhausen/Elsaß, gegr. 1135/38, 1160 Augustinerinnen, 1397 Dominikanerinnen, bis 1791, B. Maria V.
SCHWEINHEIM b. Rheinbach, gegr. 1238, bis 1802, B. Maria V.
SEEHAUSEN b. Angermünde, gegr. um 1250/63, bis 1607, B. Maria V.
SELDENAU/Kanton Zürich, gegr. um 1256/64, bis 1525, B. Maria V.
SELIGENPORTEN b. Neumarkt/Oberpfalz, gegr. vor 1247, bis 1556, B. Maria V.
SELIGENTHAL/Landshut, gegr. 1232 von Ludmilla, Witwe des 1231 ermordeten Bayernherzogs Ludwig I.; war das erste Cistercienserinnenkloster in Bayern; schon im 13. Jh. Kaisheim unterstellt, seit der 1. H. des 15. Jh. Raitenhaslach, seit der 2. H. des 16. Jhs. Aldersbach; vom bayr. Herzogshaus und Adel stark gefördert; von den mal. Bauten die roman.-got. Afrakapelle aus dem 13. Jh. mit kostbarer Ausstattung an Bildhauerwerken, die Kaminanlage der Küche und einige Klosterräume erhalten, aus der Barockzeit der hervorragende Umbau der alten 1259 geweihten Klosterkirche, 1732—34 durch Joh.-Bapt. Gunezrainer aus München, ausgestattet von Joh. Bapt. Zimmermann und dem Aldersbacher Klosterbruder Fr. Kaspar Grießemann. — Das 1803 aufgehobene Kloster 1835 durch König Ludwig I. w i e d e r e r r i c h t e t ; 1862 Priorat, 1863 Tochtergründung Waldsassen, 1925 Abtei, untersteht dem Bischof von Regensburg, 1955 Tochtergründung Marienkron in Mönchshof/Burgenland. Patrozinium der Klosterkirche Seligenthal B. Maria V. Assumpta
SELIGENTAL bei Adelsheim/Odenwald, gegr. 1236, bis 1525, B. Maria V.
SEZEMICE a. d. Elbe (b. Pardubitz/Böhmen), gegr. 13. Jh.
SION b. Mauchenheim/Kirchheimbolanden/Pfalz, gegr. vor 1230, bis 1559, B. Maria V.
SONNENFELD b. Coburg, gegr. 1260 in Ebersdorf, 1287 nach S. Verlegt, bis 1528, B. Maria V.
SONNENKAMP zu NEUKLOSTER/Mecklenburg, gegr. 1219, seit Mitte 13. Jh. Cistercienserinnen, bis um 1550, B. Maria V.
STADTILM/Thüringen, gegr. 1267 in Saalfeld, 1274 nach St. verlegt, bis 1533, S. Nicolaus et S. Benedictus
STARGARD/Pommern, das hiesige Cistercienserinnenkloster 1525/44 in ev. Stift f. Töchter der Ritterschaft verwandelt

STEINEN in der Au/Kanton Schwyz, gegr. 1267, nach Schneekatastrophen (1404, um 1500) aufgegeben, seit 1570 Dominikanerinnen, B. Maria V.

STERKRADE/Stadtkrs. Oberhausen, Konvent gegr. 1234, 1254 nach St. verlegt, bis 1803, B. Maria V.

STETTIN, ST. MARIEN, gegr. 1243, bis 16. Jh., B. Maria V.

SZPETAL/Weichsel b. Bromberg (Bydgoszcz), bestand schon im 13. Jh.

TÄNIKON/Kanton Thurgau, gegr. um 1246/57, bis 1848, Nonnen nach Mariastern-Gwiggen, St. Anna

TEDLINGEN/Kanton Bern, gegr. 1284, bis 1528, B. Maria V.

TEISTUNGENBERG b. Worbis/Eichsfeld, gegr. 1250, bis 1809, B. Maria V.

ST. THOMAS a. d. Kyll (b. Kyllburg/Eifel), gegr. um 1185, bis 1794, S. Thomas Cant. E. M.

THORN (Torun) Hl. GEIST, vor der Stadtmauer a. d. Weichsel, gegr. nach 1263 (als Hospitalkloster?), 1311—1587 OSB-Nonnen, 1655 von den Schweden abgerissen

THRON b. Wehrheim/Taunus, gegr. 1243, bis 1576

THYRNAU b. Passau, Wiederbegründung der Abtei Rathausen/Kanton Luzern, Konvent 1848 von dort vertrieben, heimatlos an verschiedenen Orten, von 1876 an in Vézelise b. Nancy, 1901 von dort wieder durch die französischen Vereinsgesetze vertrieben, seit 1902 in Thyrnau, einem barocken ehemaligen Jagdschloß der Passauer Fürstbischöfe, 1914 Einheiwung der dort neu erbauten Klosterkirche S. Joseph, 1925 Erhebung des Priorates zur Abtei

TIEFENTAL/Rheingau, gegr. vor 1153 für OSB-Nonnen, seit 1238/42 Cistercienserinnen, bis 1803, S. Elisabeth

TISCHNOWITZ-VORKLOSTER (Tisnov Predklasteri) b. Brünn/Mähren, gegr. 1234, bis 1782, B. Maria V.

TREBNITZ/Schlesien, gegr. 1202, bis 1810, S. Bartholomäus

UETERSEN/Schleswig-Holstein, gegr. 1234/37, seit 1530 ev. Damenstift, S. Georgius

VINNENBERG b. Warendorf/Westf., gegr. 1252, 1466 Übergang zur Bursfelder Kongregation, bis 1810, S. Joannes B.

VLOTHO b. Herford, gegr. 1255/58, bis 1430 (Nonnen nach Rulle), 1430—1560 Cistercienserpriorat von Loccum, S. Anna

WALBERBERG b. Bonn, gegr. 1197, bis 1452, danach Cistercienserpriorat, B. Maria V.

WALD b. Sigmaringen, gegr. 1200/1212, bis 1803/6, B. Maria V.

WALDSASSEN (Oberpfalz) besteht seit 1863, gegr. als Zweigkloster der Abtei Seligenthal/Landshut in den Gebäuden der um 1132 gestifteten und 1803 aufgehobenen Cistercienserabtei W., 1865 Priorat, 1925 Abtei, untersteht dem Bischof von Regensburg, Patrozinium B. Maria V.

WALLERSHEIM b. Koblenz, gegr. nach 1200, bis 1802, B. Maria V.

WANZKA oder BLANKENSEE b. Neustrelitz/Bez. Neubrandenburg, gegr. vor 1283, bis um 1556/85.

WASSERLEBEN b. Wernigerode/Harz, gegr. 1300, bis 1525, S. Sanguis Chr.

WECHTERSWINKEL b. Mellrichstadt/Unterfranken, gegr. vor 1144, bis 1574, S. Trinitas et S. Margareta

WEIDAS od. MARIENBORN b. Dautenheim Krs. Alzey, gegr. im 12. Jh., aufgehoben 1551

WELVER b. Soest, gegr. 1238/40, bis 1809, S. Albanus, S. Cyriacus et socii.

WIEBRECHTSHAUSEN b. Northeim/Niedersachsen, gegr. vor 1240, bis 1588, dann ev. Damenstift, bestand noch 1663, B. Maria V.

WIEN, ST. NIKLAS vor dem Stubentore, gegr. vor 1200, 1529 wegen Türkenbedrohung in die Stadt verlegt, S. Nicolaus
    ST. NIKLAS in der Singerstraße, gegr. 1228, bis 1385, danach bis 1525 Studienkolleg der Abtei Heiligenkreuz

WIENHAUSEN b. Celle, Konvent gegr. 1221, seit 1229 in W., seit 1549 ev. Damenstift, Ss. Alexander et Laurentius, s. ausführl. Text S. 355 ff. u. 426 f.

WITZENHAUSEN/Hessen, gegr. vor 1275, bis 1291, S. Nicolaus

WOLLIN/Pommern, gegr. 1288, ab 1525/44 ev. Stift f. Töchter der Ritterschaft, B. Maria V.
WOLMIRSTEDT/Sachsen (nahe der Ohre-Mündung), gegr. um 1225/30, bis 1573?, S. Catharina et S. Pancratius
WÖLTERINGERODE b. Goslar, gegr. 1147, 1568—1643 lutherisch, danach bis 1807 wieder Cistercienserinnen, B. Maria V.
WONNENTAL b. Kenzingen/Breisgau, gegr. um 1242/44, bis 1806/9, B. Maria V.
WORBIS/Eichsfeld, gegr. 1311, bis 1540, S. Petrus
WORMELN b. Warburg/Westf., gegr. um 1240, bis 1810, Ss. Simon et Judas Ap.
WORMS, KIRSCHGARTEN, gegr. 1226, 1443 Übergang an die Windesheimer Kongregation, B. Maria V.
MARIENMÜNSTER, gegr. 1234, bis 1802, B. Maria V.
WURMSBACH oder MARIENZELL/Kanton St. Gallen, 1259 Übersiedlung einer Frauengemeinschaft aus Mariaberg am Albis, Pfarrei Kilchberg, nach W., b e s t e h t seitdem als Cistercienserinnenkloster, 1261 in den Orden aufgenommen und Lützel unterstellt, 1267 Verschmelzung mit dem kleinen Konvent von Oberbollingen, der nach W. übersiedelte, um diese Zeit die Paternitätsrechte von Lützel auf Wettingen übertragen, Patrozinium der Klosterkirche B. Maria V.
YBSS/Niederösterreich, gegr. um 1291, bis 1572, S. Spiritus
ZARNOWITZ (od. Zarnowiec)/Pommerellen, gegr. vor 1235, seit 1589 OSB-Nonnen, bis 1835
ZARRENTIN/Mecklenburg, b. Ratzeburg, gegr. 1246, bis 1555, dann ev. Damenstift, B. Maria V.
ZEHDEN, rechts der Oder b. Königsberg/Neumark, gegr. vor 1266 (anscheinend aus Schönebeck b. Bad Schönfließ, wo 1248 ein Frauenkloster bestand, hierher verlegt), bis nach 1572, nach 1600 brandenb. Amt
ZEHDENIK b. Templin/Brandenburg, gegr. 1250, bis 1541, dann ev. Damenstift, S. Crux
ZERBST, AM BREITENTOR, gegr. 1214 an anderem Ort, seit 1298 in Z., bis 16. Jh., B. Maria V.
ZIESAR b. Jerichow/Altmark, gegr. vor 1345, bis 16. Jh., B. Maria V.
ZISSENDORF/Siegkreis, gegr. um 1247 zu Blankenberg/Sieg, seit 1259 in Z., bis 1802, B. Maria V.

Handbücher zur Geschichte und Kunst der angeführten Mönchsklöster

Aldersbach: HSTD Bd. VII S. 5/6, RK Bd. I/S. 4—7, Bd. II/S. 74 — Altenberg: HSTD, Bd. III/S. 21, RK Bd. III/S. 21 — Altzella: HSTD Bd. VIII/S. 3 ff. — Arnsburg: HSTD Bd. IV/S. 11—13, RK Bd. IV/S. 22—25 — Bebenhausen: HSTD Bd. VI/S. 56/57, RK Bd. II/S. 25—29, HDKD/S. 220—222 — Bildhausen: HSTD Bd. VII/S. 95, RK Bd. I/S. 125/26 — Birnau: HSTD Bd. VI/S. 75, RK Bd. II/S. 306—310, HDKD S. 187/188 — Bredelar: HSTD Bd. III/S. 105/106 — Bronnbach: HSTD Bd. VI/S. 100, RK Bd. II/S. 54—56 — Buch: HSTD Bd. VIII/S. 40/41 — Burlo: (Groß-) HSTD Bd. III/S. 237 — Berneburg-Astenbeck: RK Bd. IV/S. 128 — Disibodenberg: HSTD Bd. V/S. 78/79, RK Bd. II/S. 74 — Eberbach: HSTD Bd. IV/S. 90/91, RK Bd. III/167—173 — Ebrach: HSTD Bd. VII/S. 155/156, RK Bd. I/S. 168—172 — Engelszell/Österr. Engelshartszell): HSTÖ Bd. I/S. 30/31, RKÖ Bd. I/S. 74 — Eusserthal: HSTD Bd. V/S. 94/95, RK Bd. II/S. 105—107 — Fürstenfeld: HSTD Bd. VII/S. 216/217, RK Bd. I/S. 222—225, HDKD S. 125—129 Fürstenzell: HSTD Bd. VII/S. 219, RK Bd. I/S. 226—229 — Georgenthal: HSTD Bd. IX/S. 131—134 — Georgenzell: HSTD Bd. IX/S. 134 — Gotteszell: HSTD Bd. VII/S. 241/242, RK Bd. I/S. 241 — Grevenbroich: HSTD Bd. III/S. 232/233 — Grünhain: HSTD Bd. VIII/S. 140/141 — Haina: HSTD Bd. IV/S. 185, RK Bd. IV/S. 291—294 — Heilsbronn: HSTD Bd. VII/S. 279/280, RK Bd. I/S. 258/259 — Heisterbach: HSTD Bd. III/S. 267, RK Bd. III/S. 234—236 — Herrenalb: HSTD Bd. VI/S. 278, RK Bd. II/S. 175/176 — Himmerod: HSTD Bd. V/S. 137—139, RK Bd. III/S. 246/247 — Hude: HSTD Bd. II/S. 210/211, RK Bd. IV/S. 400—402 — Kaisheim: HSTD Bd. VII/S. 335/336, RK Bd. I/S. 283/285 — Kamp: HSTD Bd. III/S. 327, RK Bd. III/S. 268/269 — Königsbronn: HSTD Bd. VI/S. 348/350, RK Bd. II/S. 220/221 — Langheim: HSTD Bd. VII/S. 390/391 — Langwaden: HSTD Bd. III/S. 292/293 — Lilienfeld: HSTÖ S. 285/287, RKÖ Bd. I/S. 229—237 — Loccum: HSTD Bd. II/S. 258/259, RK Bd. IV/S. 481—484 — Mariawald: HSTD Bd. III/S. 273/274, RK Bd. III/S. 232 — Marienfeld: HSTD Bd. III/S. 428, RK Bd. III/S. 435/436 — Marienberg: RKÖ Bd. I/S. 281 — Marienrode: HSTD Bd. III/S. 273/274, RK Bd. IV/S. 556 — Marienstatt: HSTD Bd. V/S. 226/227, RK Bd. III/S. 438—440 — Marienthal: HSTD Bd. II/S. 274/275, RK Bd. IV/S. 557/558 — Mehrerau: HSTÖ Bd. II/S. 423, RKÖ Bd. II/S. 52 — Neuberg: HSTÖ Bd. II/S. 110/111, RKÖ Bd. II/S. 460—463 — Neukloster: HSTÖ Bd. I/S. 614—617, RKÖ Bd. I/S. 611/612 — Pielenhofen: HSTD Bd. VII/S. 585, RK Bd. I/529/530 —Raitenhaslach: HSTD Bd. VII/S. 601, RK Bd. I/S. 540—542 — Rein: HSTÖ Bd. II/S. 130/131, RKÖ Bd. II/S. 520—524 — Reinfeld: HSTD Bd. I/S. 218/219 — Riddagshausen: HSTD Bd. II/S. 338/339, RK Bd. IV/S. 61—63 — Ruhekloster = Glücksburg: HSTD Bd. I/S. 65/66, RK Bd. IV/S. 259—261 — Salem: HSTD Bd. VI/S. 575—577, RK Bd. II/S. 393—397 — Säusenstein: HSTÖ Bd. I/S. 524 — Schlierbach: HSTÖ Bd. II/S. 110—111, RKÖ Bd. I/S. 406—409 — Schönau: HSTD Bd. VI/S. 597/598, RK Bd. II/S. 407/408 — Schöntal: HSTD Bd. VI/S. 600/601, RK Bd. II/S. 408—411 — Seligenporten: HSTD Bd. VII/S. 696, RK Bd. I/S. 636/637 — Stams: HSTÖ Bd. II/S. 483, RKÖ Bd. II/S. 718—723 — Tennebach: HSTD Bd. VI/S. 669/670, RK Bd. II/S. 471 — Vierzehnheiligen: HSTD Bd. VII/S. 770/771 — Viktring: HSTÖ Bd. II/S. 302/303, RKÖ Bd. II/S. 769—747 — Volkenroda: HSTD Bd. IX/S. 453—455 — Walberberg: HSTD Bd. III/S. 629/630, RK Bd. III/S. 649/650 — Wadsassen: HSTD Bd. VII/S. 785—787, RK Bd. I/689—692 — Walkenried: HSTD Bd. II/S. 408—410, RK Bd. IV/S. 728—730 — Wilhering: HSTÖ Bd. I/S. 140—142, RKÖ Bd. I/S. 620—623 — Wörschweiler: HSTD Bd. V/S. 416/417, RK Bd. II/S. 554 — Zwettl: HSTÖ Bd. I/S. 640—642, RKÖ Bd. I/S. 631—639

VERZEICHNIS DER ABBILDUNGEN

	Seite
Cîteaux im 14./15. Jh.	16
Cîteaux, Stammkloster des Ordens	17
Der Mönchsvater Benedikt erklärt einem Mönch die Regel	18
Cluny, Mittelstück einer Gesamtansicht	33
Cluny III (Modell v. Conant)	33
Restbauten der Kirche von Cluny	35
Laubmaske von Kloster Arnsburg	56
Baukonverse von Salem	61
Mönchskonversen beim Bau des Klosters Schönau	62
Mönche beim Bau der Kirche in Maulbronn	63
Neubau der Abteikirche von Himmerod	64
Grundrißskizze des Chorumgangs v. Vaucelles nach Villard de Honnecourt	67
Ideal-Plan einer Cistercienser-Abtei	69
Plan der Abtei Notre-Dame de Bonmont, Schweiz	70
Plan der Abtei Alvastra, Schweden	71
Grundriß der 2. Kirche von Clairvaux	73
Faksimilierte Urkunde des Klosters Lond, von 1550	81
Zwei „Kölnische Klöster", Lekno und Lond	82
Fresko in der Kirche von Lond	83
Abts- und Konventssiegel des Klosters Lond	84
Der hl. Bernhard, Handschrift von Altzella	125
Der hl. Bernhard lehrt die Mönche (Schlackenwerther Codex)	126
Aelred, Abt von Rievaulx	132
Gebetsverbrüderung zwischen den Abteien St. Vaast und Cîteaux	143
Gebetsverbrüderung zwischen der Abtei Kamp und dem St. Viktorstift in Xanten	144
Meditierender Mönch	164
Madonna von Maulbronn	169
Madonna von Maria-Straßengel	170
Strahlenkranz-Madonna von Altenberg	171
Muttergottes von Riddagshausen	172
Abt Peter v. Bebenhausen mit Madonna	173
Schutzmantelmadonna Wettingen	174
Madonna der Cistercienserinnenkirche Börstel	174
Madonna vom Ostgiebel der Cistercienserinnenkirche Fröndenberg	175
Cisterciensermönch verehrt die Muttergottes (Kapitell v. Eberbach)	176
Schutzmantelmadonna von Cîteaux	179
Maria als Braut des Hohenliedes	182
Marienpsalter von Zinna	185, 187, 189
Kloster Maulbronn aus der Vogelperspektive	193
Klosteranlage Heiligenkreuz, Niederösterreich	194
Grundriß der Kirche von Fontenay	203
Westfassaden von Cistercienserkirchen in Zeichnungen: Maulbronn S. 206 / Heisterbach S. 212 / Løgum S. 213 / Chorin S. 215 / Salem S. 217 / Otterberg S. 220	206—220

Chorlösungen in Grundrissen: 232—251
    Georgenthal, Altzella, Bronnbach 232
    Eussertal, Tennenbach, Haina S. 234
    Steinfeld, Altenberg, Walkenried, Michaelstein, Zinna S. 236
    Cîteaux I mit Erweiterung Cîteaux II S. 239
    Schönau, Arnsburg S. 240 / Ebrach, Riddagshausen, Salem S. 241 / Hude S. 242 / Heilsbronn S. 243 / Bronnbach S. 244 / Royaumont, Altenberg S. 251

Seitenansicht von Doberan 253

Bildteil des Fassadenkapitels: 257—265
    Fontenay S. 257 / Heiligenkreuz S. 258 / Eberbach S. 259 / Riddagshausen S. 260 / Altenberg S. 261 / Salem S. 262 / Kaishaim S. 263 / Himmerod S. 264 / Grüssau S. 265

Pontigny, Gesamtansicht von Südosten 266

Chorlösungen in Bildern 267—279
    Varnhem S. 267 / Heisterbach S. 268 / Marienstatt S. 269 / Bebenhausen S. 270 / Loccum S. 271 / Ebrach S. 272 / Riddagshausen S. 273 / Doberan S. 274 / Altenberg S. 275 / Zwettl S. 276 / Kaisheim S. 277 / Colbatz S. 278 / Marienrode S. 279

Innenansichten von Klosterkirchen: 280—290
    Le Thoronet S. 280 / Pontigny S. 281 / Eberbach S. 282 / Maulbronn S. 283 / Loccum S. 284 / Pforta S. 285 / Marienstatt S. 286 / Altenberg S. 287 / Lilienfeld S. 288 / Kaisheim S. 289 / Doberan S. 290

Kapitelle: 291—298
    Würfelkapitell Mariental S. 291 / Akanthuskapitell Mariental S. 292 / Bronnbach, Riddagshausen S. 293 / Loccum, Maulbronn S. 294 / Heisterbach S. 295 / Otterberg S. 296 / Riddagshausen S. 297 / Altenberg S. 298

Rosette im Kreuzgang von Maulbronn 299

Schlußstein Refektorium Heilsbronn 300

Fensterrosen: 301—303
    Otterberg S. 301 / Ebrach S. 302 / Neuburg S. 303

Abkragungen von Wandvorlagen in Cistercienserkirchen: 304—307
    Arnsburg S. 304 / Morimond, Marienfeld, Otterberg S. 306 / Varnhem S. 307

Zur Glasmalerei im Cistercienserorden: 308—315
    Kopf d. hl. Elisabeth von Sonnenkamp S. 308 / Frühe Fenster v. Haina und Eberbach S. 310 / Doberan und Heiligenkreuz S. 311 / Otto v. Freising, Brunnenhaus Heiligenkreuz S. 312 / Kreuzigung, Westfenster Haina S. 313 / Blattmotive Altenberg S. 314 / Ornament- u. Blattmotive Namedy S. 315

Zug der Mönche in die Kirche zum Chorgebet 316
Mönche im Chor 317
Kreuzgang von Fontenay 318
Kreuzgang von Le Thoronet 319
Mönche beim Konventamt 320
Arnsburg, Fenster u. Eingang zum Kapitelsaal 321
Walkenried, Lesegang 322
Hauterive, Kompletlesung im Kreuzgang 323
Le Thoronet, Dormitorium 324

Le Thoronet, Brunnenhaus	325
Maulbronn, Refektorium der Mönche	326
Bebenhausen, Sommerrefektorium	327
Le Thoronet, Armarium	328
Lilienfeld, Bibliothek	329
Ourscamp, Hospital	330
Mariental, Gästebau	331
Zinna, Klostergebäude	332
Cistercienische Bodenfliesen:	333—334
Le Thoronet, Bonmont, Hude S. 333 / Bebenhausen S. 334	
Die Cistercienserinnen	341—428
Siegel der Anna von Hohenzollern, Äbtissin von Himmelkron	341
Veronika von Rietheim, Äbtissin von Heiligkreuztal	343
Wechterswinkel und seine Filiationen	348
Wöltingerode und seine Filiationen	349
Kirchen und Klöster in Grundrissen, Schnitten und Ansichten	
Kloster Lichtental, Ansicht und Grundriß S. 342 / Kirchheim am Ries, Äußeres der Kirche S. 363 / Kirchengrundrisse von Le Sauvoir, Coiraux, Bonlieu (Creuse), alle S. 365 / N.-D. de l'Eau S. 366 / Magerau/Maigrauge, Kirche S. 369	
Kirchengrundrisse: Wilhelmshausen, Frauenroth, Ichtershausen, Köln Sionkirche, alle S. 370, Rostock Hl. Kreuz S. 371, Marienstern S. 372 / Lobenfeld S. 373 / Heiligental und Frauental S. 374 / Halberstadt St. Burkhardt und Sonnenkamp S. 375 / Börstel, Bürvenich, Blankenberg, Seligenporten, alle S. 376 / Schönau, Marienhausen, Heiligengrabe, alle S. 378	
Himmelspforten, Inneres der Kirche S. 379 / Boitzenburg, Giebel des Klosters S. 380 / Jerichow, Mönchschor S. 382 / Trebnitz, Nonnenchor S. 387	
Nonnenköre: Birkenfeld S. 389 / Frauental S. 390 / Heydau S. 391 / Börstel S. 392 / Klosterzimmern und Seligenporten S. 393 / Schönau, Konsolen und Dienstabkragung der Kirche S. 401 / Wöltingerode, Grundriß und Inneres der Kirche S. 402	
St. Thomas, Kirche: Querschnitt S. 403 / Längsschnitt und Grundriß S. 405, Ansicht von Norden S. 407	
Güldenstern, Kirche: Grundriß, Schnitte und Schmuckformen S. 408 Heiligkreuztal, Ostfassade der Kirche S. 410 / Grundriß von Kirche und Kloster S. 411 / Nordansicht und Längsschnitt der Kirche S. 413 und 415	
Les Blanches, Äußeres der Kirche und Westflügel des Kreuzganges	417
Maguelone, Stiftschor der Kathedrale	418
St. Thomas, Inneres von Kirche und Krypta	419
Sonnenkamp, Kirche	420
Fröndenberg, Inneres der Kirche	421
Blankenberg, Inneres der Kirche	421
Marienstern, Kirche: Innenaufteilung S. 422 und Innenansicht	423
Frauental, Äußeres der Kirche	424
Frankenberg, Äußeres der Kirche	424
Heiligkreuztal, Inneres der Kirche	425

Wienhausen, Kirche und Kloster: Grundriß S. 426 und Ansicht 427
Zehdenik, Äußeres des östlichen Klosterflügels 428
Bersenbrück, Äußeres des östlichen Klosterflügels 428
Skriptorien und Bibliotheken: 429—500
    Schreibender Mönch S. 429 / Ex libris Eberbach S. 430 / Schlußschrift Kamper Bibel S. 431 / Musterbuch Rein S. 434/435 / Stephansbibel Bd. IV, Hieronymus und Papst Damasus S. 438 / Ex libris Altzella S. 447 / Heiligenkreuz Abt Werner vor der Muttergottes S. 452 / Zeichnung Graduale Seligenthal S. 471 / Cîteaux, Moralia in Job, Engel u. Mönch S. 475

Bildteil des Handschriftenkapitels:
    Zwei Initialen Heiligenkreuz S. 477 / Bibel von Cîteaux Markuslöwe S. 478 / Moralia in Job Titelseite S. 479 / Kloster Sittich Abt Folknandus S. 480 / Salem Liber scivias S. 482/483 / Aldersbach Die göttliche Weisheit S. 484 / Bredelar — drei Initialen S. 485 / Rein — der Traum des Verfassers S. 486 / Wöltingerode — Vertreibung aus dem Paradies S. 487 / Mainzer Frauenkloster — Initiale H S. 488 / Seligenthal — zwei Initialen aus Graduale S. 489 / Amelungsborn — Bibelseite S. 490 / Himmerod — Kanonbild S. 491 / Ebrach — Schreibermönch Sifridus S. 492/493 / Wonnental — Initiale aus Graduale S. 494 / Leubus — Schutzmantelmadonna aus Graduale S. 495 / Tennenbach — Titelseite d. Güterbuches S. 496 / Lilienfeld — Bernhards Tod aus „Concordancia Caritatis" S. 497 — Altenberg — Initiale aus Graduale (16. Jh.) S. 498 / Altenberg — Miniatur aus Graduale (15. Jh.) S. 499 / Marienstern — Antiphonale S. 500

Abbildungen des Symbol-Kapitels: 509—527
    Dämonenmaske S. 509 / Phönix S. 511 / Physiologus aus Kloster Rein S. 515 / Flechtornamente aus Reuner Musterbuch S. 525 / Altzella, Evangelistensymbole S. 527

Bildteil des Symbol-Kapitels 533—552
    Haina, Lamm Gottes / Marienstatt, Pelikan S. 533 / Haina, Evangelistensymbole S. 534 / Altenberg, Adlerpult S. 535 / Aldersbach, Physiologus S. 536 / Hude, Teufelsfratze S. 537 / Amelungsborn, Zelebrantensitze S. 538 / Amelungsborn, Kapitelle S. 539 / Haina, Dreisitz S. 540/541 / Doberan, Chorgestühl S. 542/543 / Klosterzimmern, Kopfknäufe S. 544, Heiligkreuztal, Kopfknäufe S. 545 Bibel von Cîteaux, Initiale aus Apokalypse / Eußerthal, Basilisk S. 546 / St. Urban, Bandgeflecht-Ornamentik S. 547 / Dürer: Die Engelsmesse S. 548 / Bebenhausen, Sommerrefektorium: Löwen-Schlußstein S. 552

Verzeichnis der Abtei-Wappen
Tafel 23
Cîteaux, La Ferté, Pontigny, Clairvaux, Morimond,
    Wappen d. Hl. Bernhard
In der lexikalen Übersicht 566—620
    Eberbach 566 / Ebrach 567 / Heiligenkreuz 573 / Heilsbronn 574 / Himmerod 577 / Hohenfurt 578 / Kaisheim 579 / Kamp 580 / Königssaal 582 / Leubus 583 / Lilienfeld 584 / Loccum 585 / Marienstatt 589 / Maulbronn 590 / Ossegg/Nordböhmen 593 / Paradies/Westpr. 594 / Pforta 595 / Rauden 596 / Rein/Riddagshausen 597 / Salem 598 / Schöntal 599 / Sittich 600 / Waldsassen 604 / Walkenried 605 / Wettingen-Mehrerau 606 / Zinna 608 / Zwettl 609 / Zirc 610 / Gutenzell 620

Foto- und Bildnachweis

Die Initialen zu den einzelnen Kapiteln sind Handschriften des Stiftes Heiligenkreuz entnommen (Fotos Ambrosius Schneider). Initiale S. 74 aus Weiße Mönche. —

Fotos: S. 144 Horst Appuhn; S. 169, 172, 241—243, 259, 279, 282, 284, 291—296, 299—301, 304, 306 Mitte u. rechts, 321, 330, 331 Wolfgang Bickel; S. 174 unten, 315, 421 oben und unten, 424 oben und unten, 425, 428 unten, 545 Ernst Coester; S. 538 Heinrich Magirius; S. 143, 164, 176, 264, 427, 429, 430, 432, 477, 509 Ambrosius Schneider; S. 306 links Curet M. Salmon, Morimond; S. 538, 539 Dodo Schramme; S. 280, 319, 324, 325 Margot Schurig; S. 83 Zygmunt Swiechowsky; S. 419 oben und unten Friedel Thörnig; S. 537, 546 unten Wienand; S. 542, 543 Union-Verlag Berlin; S. 183, 185, 187, 212, 213, 549, 550 Verlagsatelier Wienand; aus den Klöstern Heiligenkreuz S. 312, 511, Lilienfeld 497, Marienstern 422, 423, 500, Marienstatt 533 unten, Mehrerau 174 oben; aus den Universitätsbibliotheken Breslau S. 18, Erlangen 146, Heidelberg 482, 483, Leipzig 125, 527, Würzburg 493, Foto Marburg 173, 534; Staatl. Stellen: Denkmalinstitut Dresden S. 285, 332; Landesdenkmalamt Marburg 310 links, 313, 533 oben, 540, 541; Landesbildstelle Düsseldorf 535; Landesbildstelle Münster 175; Österr. Bundesdenkmalamt Graz 170 links; Bad. Generallandesarchiv Karlsruhe 494, 496; Bayr. Staatsarchiv 484; Bayr. Nationalmuseum 302; Herzog-Anton-Ulrich-Bibl. Wolfenbüttel 487, 492; Österr. Nationalbibl. 434, 435, 480, 486, 515, 525; Stadtarchiv Köln 81, 84; Museum Rennes/Bretagne 548. —

Zeichnungen: S. 333 (nach Originalen), 343, 348, 401 (nach Kdm. Gemünden/Main), 413, 415 (beide nach Schurr, Heiligkreuztal), 536, 573, 581 Verlagsatelier Wienand; S. 342 oben Schw. Mafalda Baur O. Cist. Lichtenthal; S. 379, 381 (nach Aufnahme im Denkmalamt Marburg), 402, 401 (nach Schurr, Heiligkreuztal), 426 Ernst Coester. —

Bilder, die der Literatur entnommen wurden: Titelbild aus Schlackenwerther Codex (nach Librije Jg. III S. 78); S. 69, 73, 74, 82, 194, 257, 258, 260—263, 265, 266, 270—274, 276—278, 281, 283, 287—289, 298, 310, 311 rechts, 314, 316—318, 320, 322, 323, 326—329, 491, 610 Weiße Mönche; S. 17 Himmerod, Gesch. und Sendung, Himmerod 1967; S. 31, 70, 369 Bucher, N.-D. de Bonmont; S. 33, 35 Museumsprospekt Cluny; S. 67 Hahnloser, Villard d'Honnecourt; S. 71, 267, 307 Swartling. Alvastrakloster; S. 126 Schlackenwerther Codex; S. 132 Librije Jg. III S. 78, S. 193 Henne am Rhyn, Kulturgesch. d. dtsch. Volkes, S. 170 rechts Grill, Maria Straßengel (Beiträge Wiener Diöz.Gesch. 7, 1966); S. 203, 234 Hahn, Frühe Kirchenbaukunst; S. 215 Schmoll gen. Eisenwerth, Chorin; S. 390, 609 Koerf, Deutsche Bauk.; S. 217, 220, 569 Reclams Kunstführer Bd. II; S. 568 Reclams Kunstführer Bd. I; 232, 236, 239 Magirius, Altzella; S. 240 unten, 241 oben W. Bickel, Riddagshausen; 244 B. Reuter, Bronnbach; S. 251 Jb. Rhein. Denkmalpflege Bd. 26; S. 253, 290 Lorenz, Doberan; S. 268, 576 Boisserée, Denkmale; S. 269, 286 Roth, Altenberg-Marienstatt; S. 275, 498, 499 Festschr. Altenberger Domverein 1969; S. 303 Österr. Ordensstifte Notring-Jb. 1961; S. 308 Jansen, Kl. Gesch. dtsch. Glasmalerei; S. 311 links Bericht Mainzer Bernhardskongreß 1953; S. 334, 552, 561 Paulus, Bebenhausen; 341: aus „Pflegeanstalt Schloß Himmelkron", hrsg. von der Evangelisch-Lutherischen Diakonissenanstalt Neuendettelsau, 1967 — 342 unten: nach Kunstdenkmäler-Inventar Baden-Baden — 363 nach Kunstdenkmäler-Inventar Württemberg (Jagstkreis) — 365—366 nach Dimier, Recueil Suppl. — 370—373 nach Dimier, Recueil Suppl. — 374 nach Riecke — 375—378 nach Dimier, Recueil Suppl. — 380 nach Schmoll gen. Eisenwerth — 382 nach Kunstführer durch die DDR — 387 nach Zinkler — 389 nach Funck — 390, 609 nach Koepf, Deutsche Baukunst — 392 nach Kunstdenkmäler-Inventar Krs Bersenbrück — 393 oben: nach Kunstdenkmäler-Inventar Krs. Nördlingen — 393 unten: nach Kunstdenkmäler-Inventar Bezirksamt Neumarkt/Oberpfalz — 402 unten: nach Kunstdenkmäler-Inventar Krs. Goslar — 403, 405, 407 nach Kunstdenkmäler-Inventar Krs. Bitburg — 408 nach Zs. für Bauwesen — 411 nach Schurr — 417 oben: nach Aubert, L'architecture cistercienne, Bd. II — 417 unten: nach v. d. Meer, Atlas — 418 nach Aubert-Schmoll gen. Eisenwerth, Romanische Kathedralen und Klöster in Frankreich — 420 nach Volkmann — 428 oben: nach Märkische Forschungen, 4. Bd. 1857 — 473, 478, 479 Oursel, Miniatures Cisterciennes; S. 471, 485, 488, 489, 495, Swarzenski, Die lat. illumin. Handschriften des 13. Jhs.; S. 475, 488, 489, 495, 546 oben: Gutbrod, Die Initialen in Handschriften des 8. bis 13. Jhs.; S. 490 Mahrenholz, Die Amelungsborner Bibel; S. 544 Kunstdenkmäler-Inventar Krs. Nördlingen; S. 547 Schnyder, St. Urban; S. 560 Matthäi, Arnsburg; S. 562, 607 aus: 100 Jahre Mehrerau, 1954; S. 586 Hoffmann, Nord. Cistercienserkirchen; S. 604 Eydoux, Archit. Cist. Allemagne; S. 605 Giesau, Bauhütte; S. 620 H. Kürth — A. Kutschmar, Baustilfibel, Berlin 1967.

REGISTER

Die Filiationstafeln, die lexikale Übersicht und die Verzeichnisse der Cistercienserinnenklöster wurden nicht in die Register aufgenommen.

Personenregister

Abälard, Peter-, Philosoph (1079—1142): 32, 120, 124, 127, 128, 148
Achard, Mönch, Bauleiter zu Clairvaux u. Himmerod, Novizenmeister: 58, 73
Adalbert I., Erzbischof von Mainz: 157
Adam u. Eva S. 487
Albert von Klitzing, Domherr in Magdeburg: 190
Adalbert von Prag, Benediktinerbischof: 88
Adam, Abt von Ebrach: 157—161, 244
Adam, Abt von Koronowo: 86
Adam, Abt von Obra: 85, 86
Adam von Perseigne (✝ 1221): 119, 121, 136, 168, 177
Adelheid von Arnsberg, Gräfin: 352
Adelheid von Eberstein geb. von Sayn: 353
Adelheid von Henneberg, Ehefrau von Graf Ludwig von Rieneck: 352
Adelheid von Sulzbach, Ehefrau v. Herzog Boleslaus: 106
Adolf von Anhalt, Fürst, Dompropst: 190
Adolf IV., Graf v. Berg: 250
Adolf von Tecklenburg, Osnabrücker Bischof: 248
Aelred von Rieval, Abt- (1109—1166): 168
Aelred von Rievaulx (1110—1167): 121, 122, 132—134
Agnes, Tochter Kaiser Heinrichs IV., Ehefrau Markgraf Leopold III. von Österreich, Mutter von Otto von Freising: 106, 131
Agnes, Babenbergerin, Tochter Markgraf Leopolds III., Ehefrau Piastenherzog Wladislaus: 106
Agnes von Grünbach, Äbtissin von Seligenthal/Landshut (1233—1277): 503
Agnes von Malberg: 403
Agnes, welfische Pfalzgräfin, geb. von Meißen und Landsberg: 353, 355, 356
Agnes, Äbtissin von Wonnental (1311—1326): 506
Alanus ab Insulis (von Lille), Theologieprofessor (✝ 1203): 149
Alberich, hl., Abt von Citeaux: 165
Alberich, Abt (1099—1108): 19, 22, 123, 124, 141
Alberich von Troisfontaines: 150
P. Alberich Zwyssig von Wettingen: 151
Albert, Kardinalpriester und Kanzler der heiligen Römischen Kirche: 105
Albert, Abt von Kaisheim (✝ 1194): 455
Albert von Livland, Bischof- (1199—1229): 100, 117
Albertus Magnus (✝ 1280): 309
Albrecht von Hohenzollern-Brandenburg (✝ 1568): 77
Alcher von Clairvaux: 135, 151
Aleth von Montbard: 29, 128
Alexander III., Papst-: 30, 38, 102, 104, 105, 128, 160, 244
Alexander VII., Papst-: 42
Alexander von Citeaux, Abt: 160

hl. Amadeus von Lausanne, Bischof (1110—1159): 122, 149, 168
Ambrosius, Kirchenvater: 11, 542
Anaklet II,- Gegenpast- (1130—38): 30, 31, 128, 158
Andreas, Apostel S. 493
Andreas Swederi, Abt v. Heinrichau (✝ 1577): 79, 86
Andreas Dzyerzanowsky, Abt v. Wongowitz: 86, 87
Andreas II., ung. König (1205—1235): 97
Andreas, Bruder-: 453
Angélique Arnauld, Äbtissin- (1591—1661): 42
Angelus Manrique, Abt von Huerta, Bischof von Bajadoz: 150
Anna, Tochter des Burggrafen Johann II.: 341
Anna von Langelen, Domina-: 360
Anna von Nassau: 359
Anna von der Pfalz, Gemahlin v. Herzog Wilhelm II. v. Berg: 227
Anne von Hohenzollern, Burggräfin von Nürnberg: 341
Anselm II., Abt von Salem: 465
Anselm von Laon (✝ 1117): 124
Antiochos Epiphanes: 484, 485
Aristoteles: 309, 448
Arnold von Bonneval: 123
Arnold, Abt: 157
Arnold zu Scheda, Propst-: 158
Arnold von Siegen, Bürgermeister von Köln: 85
Arnold (Schüler von Abälard, Propst des Augustinerchorherrenstiftes zu Brescia): 32
Arnold von Sittard, Abt-, von Kloster Kamp: 432
Augustin Sartorius von Osseg: 150
Augustinus, Abt- (Bischof u. Apostel der Angelsachsen): 13
hl. Augustinus: 11, 127, 131, 133—136, 167, 197, 198, 222, 309, 517, 532

Bado, Architekt i. Loccum: 249
Balduin, Bruder v. Mechtild v. Magdeburg: 142
Balduin von Canterbury, Erzbischof, früher Abt von Ford: 39, 149
Balduin von Pisa, Erzbischof-: 158
Barbarossa, Kaiser- (1152—90): 32, 38
Bar-su-Seine, Graf von-: 29
Barnim von Pommern, Herzog-: 99
Bartholomäus Kremer, Abt von Schöntal: 150
sel. Beatrix von Nazareth: 121
Beatrix von Schwaben: 247
Benedikt, Ordensvater: 12, 13, 16, 19, 20, 24, 27, 37, 46, 47, 58, 73, 118, 119, 121, 136, 141, 226, 316, 342, 345, 347, 348, 496
Benedikt XII., Papst-, ehem. Abt, Jakob Fournier von Fontfroide (1334—42): 40, 149
hl. Benedikt von Aniane, Abt (✝ 821): 13, 14
Bernhard Buchinger, Abt von Lützel: 150

Bernhard von Clairvaux, Jungherr Bernhard von Fontaine: 20, 23, 29, 30—34, 37—39, 41, 52, 53, 58, 59, 65, 73, 75, 119—128, 130, 135, 136, 141, 142, 147—149, 157—160, 165—168, 170, 177, 180, 196,—198, 200, 202, 226, 231, 237, 243, 430, 433, 436, 437, 451, 460, 461, 465, 476, 494, 496, 497, 510, 519—522, 531, 538
Bernhard von Tre-Fontane (bei Rom), Papst Eugen III.: 32, 128
Bernhard II., Graf von Lippe, Marienfelder Mönch, Abt v. Dünamunde 1211—18) († als Bischof v. Semgallen 1224): 100, 101
Bernhard II. von Kamenz, Reichsministerial: 422
Bernhard Wiegels, Abt- von Kamp (1785—1802): 459
Berno, Abt von Cluny: 14
Berno von Schwerin, Bischof- (1160—1190): 101—104
Berno, Stifter von Ebrach: 159
Bernward von Hildesheim: 291
Bertha von Sulzbach, Schwägerin u. Adoptivtochter Konrads III.: 159
Berthold von Loccum, Abt, 2. Bischof Livlands (1196—58): 100, 115—117
Bertolf, Ritter-: 109
Bertrand Tissier von Bonnefontaine: 150
Bezelin, Graf-: 109, 112
Billung von Lindenfels (fränkischer Adeliger): 244
Bock, Colomban, v. Scourmont: 150
Bogislaw (Buggeslav), Fürst v. Mecklenburg: 103
Bolenenus, Ritter-: 109
Boleslaus, Herzog-, Sohn v. Wladislaus u. Agnes (Regierungsantritt 1163): 106—112
Boleslaus III., Herzog von Polen († 1138): 106
Boleslaw, Herzog von Großpolen (1255—1261): 76, 80
Bona, Johannes-, Kardinal-, (1609—1674): 148—150
Bonifatius Hiltprand, Abt von Gotteszell: 150
Bonifatius, der englische Mönch „Wynfrieth": 13, 88
Brandenburg-Ansbach, Markgraf von-: 390
Braun, Siegmund, Abt von Lilienfeld: 463
Brenno, G. B.: 160
Buchinger, Bernhard, Abt v. Lützel: 150
Buir Andreas, Abt v. Altenberg: 171
Butgen, Heinrich, Abt v. Lond: 77, 85
Butgen, Johannes, Abt v. Grüssau: 79

Cäsarius von Heisterbach, Prior († 1240): 48—50, 100, 137—140, 150, 177, 178, 352, 522, 523, 550
Canivez, Joseph-M. von Scourmont († 1952): 150
Caramuel y Lobkowitz, Bischof-: 150
Caspar Jongelinus, Abt-: 150
Catharina Remstede von Lüneburg, Äbtissin: 360
Cawnitzki, Nikolaus: 87
Charles de Viseh, Prior von Les Dunes in Brügge: 150
Christian von Mainz, Erzbischof und Erzkanzler: 104
Christian, Leiter der Preußen-Mission (1215 Bischof v. Preußen): 88—95
Christian, Schreibermönch von Lilienfeld: 462
Chrysostomus: 127
Chrysostomus Hanthaler von Lilienfeld: 150

Chrysostomus Henriquez: 150, 151
Cicero: 486
Clare von Tigensheyn, Äbtissin von Wonnetal (1347—1348): 506
Claudius Chalemot, Abt von La Colombe: 151
Claudius Vaussin, Generalabt (1645—1670): 150, 461
Cölestin II., Papst-: 158
Cölestin Anglsprugger, Abt-, von Kaisheim (1771—83): 456, 457
Conrad, Herzog von Masovien und Cujavien: 95
Conrad, Propst: 93
Conrad von Here, Propst-: 347
— 3
Conrad von Ravensburg, Schreiber im Kloster: 455
Cornelius Strauch, Abt von Lilienfeld (1638—1650): 463
Cunigundis von Schulenburg: 359

Damasus, Papst-: 438
Daniel, Prophet: 531
Daniel, Walter-, Biograph u. Mitbruder v. Aelred: 134
David I., König v. Schottland: 133
David von Augsburg: 142
Dejcan, Dr-, Bonner Mediziner: 460
Detmar von St. Katharinen in Lübeck, Chronist: 254
Dientzenhofer, Kilian Ignatz- (Entwürfe für Gussaner Planung): 230
Dieter von Maulbronn: 244
Dietrich von Lemberg, Markgraf-: 98
Dietrich, Missionar, Professe von Pforta, 1206 erster Abt v. Dünamunde, 1211 zum Bischof der Esten geweiht: 100, 101
Dietrich von Prome, Propst- (1307/1316): 347
Dionysius Largentier von Clairvaux, Abt- (1596—1624): 41, 150
Dionysius, Graf-Bronisz (auf Gut Gostichowo): 96
Dionysius, Pseudo- (6. Jh.): 120
Dragobod, Bruder von Sigebod v. Zmmern: 244
Dürer, Albrecht: 548—550
Dzyerzanowsky, Adreas, Abt v. Wongrowitz: 86, 87

Eadmer von Canterbury, Benediktinertheologe: 122
Eberhard II., Bischof von Bamberg: 158—160
Eberhard II. von Salem, Abt-: 410
Eduard der Bekenner, König- († 1066): 134
Egilbert von Bamberg: 158
Eilenburg, Bodo von-: 407
Eilenburg, Otto von-: 407
Eleonore, Ehefrau von Kaiser Friedrich III. († 1464): 184
Elisabeth, Herzogin von Großpolen (Enkelin Hedwigs): 354
Elisabeth geb. Gräfin von Henneberg: 341
Elisabeth von Stöffeln, Äbtissin- († 1312): 311
Elisabeth von Temritz, Äbtissin von St. Marienstern (1515—1523): 500, 508
hl. Elisabeth von Thüringen: 137, 227, 353
Elnod (Großvater v. Stephan Harding): 19
Embricho, Bischof von Würzburg: 157, 159, 347
Emmerich, ung. König (1196—1205): 97
Engelbert von Berg, Erzbischof von Köln († 1125): 137, 352, 353, 368

Erlebold von Krensheim (fränkischer Adeliger): 244
Ernst der Bekenner, Herzog von Braunschweig: 360, 361
Eugen III., Cistercienser-Papst- (1145—53): 31, 32, 128, 158, 159, 180, 345, 347
Eugen Montag, Abt von Ebrach (1791—1803): 449
Eustachius, Abt v. Marienstatt: 523
Eveza, erste Äbtissin in Wienhausen: 355
Ezechiel, Prophet: 526—528, 530

Ferdinand, Kaiser-: 78, 85, 97
Ferdinand Ughelli, Abt von Tre-Fontane (bei Rom): 150
Fischer Johannes V., Abt v. Kaisheim: 456
Florentinus, Abt v. Leubus-: 112
Folknand, Propst-: 158
Folknandus, Abt in Sittich: 480
Folmar von Hirsau, Abt-: 158
Foucauld, Charles de-: 45
Francois de Rochefoucauld, Kardinal-: 42
hl. Franz von Assisi: 121
Franz von Keysere: 149
Friedrich I., Kaiser-, Barbarossa (1152—1190): 30, 99, 102, 104, 106, 131, 159, 160, 244, 468
Friedrich II., Kaiser (1215—50): 38, 50, 58, 91
Friedrich III., Kaiser-: 184, 185, 187, 190
Friedrich I., Erzbischof von Bremen-Hamburg: 74
Friedrich I., von Hohenlohe, Bischof-: 160
Friedrich II., Herzog von Schwaben: 158
Friedrich der Einäugige, Herzog von Schwaben: 352
Friedrich III., Burggraf-: 341
Friedrich IV., Herzog von Schwaben (genannt von Rothenburg): 160
Friedrich von Altena-Isenberg, Graf-: 352
Friedrich von Hirschlach, Abt- (1346—50): 441
Friedrich Landgraf von Leuchtenberg, Abt von Ebrach (1306—1327): 450

Galland von Rigny: 149
Gallus: 13
Garnier von Rochefort: 149
Gaufrid (Geoffroi d'Ainay): 58
Gaufried (Gottfried) von Auxerre: 123, 127
Gebhard (von Henneberg), Bischof-: 157
Georg I., Schmidlin, Abt von Kaisheim (1458—79): 456
Georg II., Kastner, Abt von Kaisheim (1490—1509): 456
Georg, Bruder- (aus der Abtei Salem) (Architekt): 173
Gerhard (Cellerar u. Bruder d. hl. Bernhard) († 1138): 59
Gerhard (Mitbruder von Obra): 86
Georg von Salem (Salemer Laienbruder): 270, 327
hl. Gertrud d. Große (1256—1302): 142, 145
Gertrud von Hackeborn, Äbtissin-: 145
Gertrud von Helfta: 142, 350
Gertrud, Königin (Schwester König Konrads III. und Herzog Friedrichs II. von Schwaben): 158, 159
Gevard von Walberberg, Abt-: 138
Gilbert von Hoiland (Hoyland), Abt von Swineshead († 1172): 136, 149
Gilbert von Poitiers, Bischof- (Gilbert de la Porrée, 1142—54): 32, 128, 134
Godeschalk, Gottschalk (Abt von Heiligenkreuz): 158, 451

Goswin, Mönch in Claivaux: 150
Gottfried, Propst zu St. Wipert in Quedlinburg: 158
Gottfried von Lekno, Abt und Bischof v. Peußen: siehe unter Christian
Gottschalk, s. Godeschalk
Gottfried von Hohenlohe: 352, 390
Gregor d. Gr., Papst: 12, 136, 474, 475, 479, 513. 514, 518, 529, 531
Gregor II., Papst-: 88
Gregor V., Papst: 14
Gregor VII., Papst-: 14, 131
Gregor IX., Papst- (1227—1241): 90—92, 95, 96, 344, 346, 390
Gregor XV., Papst-: 42
Gregor von S. Angelo (Innocenz II.): 30
Gregor von Nyssa († 394): 120, 127
Grüningen-Landau und Hornstein, Grafen von-: 410
Gualtherus Fabricius, Magister-: 86
Günther, Bischof- (1227—1232): 95
Guerrich (Guerricus, Werricho), Abt von Igny († 1157): 119—122, 130
Guido von Citeaux, Abt-: 345
Guido von L'Aumône: 149
Guido von Vaux-de-Cernay, Abt-: 39
Gunther von Pairis: 149, 150
Gutholf von Heiligenkreuz: 149

Hadmar von Kuenring: 97
Hadrian IV., Papst- (1154—59): 101, 103
Hadrian V., Papst-: 41
Hailwigildis von Landau, Äbtissin- (1231): 410
Haimerich, Kanzler- († 1141): 30
Hannah u. Peninna vor Elkana: 485
Hanns des Veliber, Kaplan-: 452
Hanthaler, Chrysostomus v. Lilienfeld: 150
Harding, Stephan- (siehe unter Stephan)
Hartmud, Ebracher Mönch: 450
Hartwig II., Erzbischof von Bremen: 115
Hartwig, Abt v. Rein: 170
hl. Hedwig: 111, 126, 345, 353, 354, 364, 368
Heinrich I., Herzog von Schlesien, Stifter v. Trebnitz (1204): 110, 111, 345, 364
Heinrich, Abt von Hautcrêt (1190—95): 149
Heinrich von Kalkar, Abt von Kamp (1483—1499): 459
Heinrich, Abt von St. Michael in Hildesheim: 357—359
Heinrich III. von Niephausen, Abt von Kamp (1438—1452): 458, 459
Heinrich IV. von Ray, Abt von Kamp (1452—1483): 144, 459
Heinrich Kürten, Mönch-: 440
Heinrich von Albano (Kardinal, ehem. Abt v. Clairvaux): 39
Heinrich von Aldekerk: 459
Heinrich von Gnesen, Erzbischof-: 92, 94
Heinrich von Halle, Dominikaner: 142
Heinrich von Hautcombe-Clairvaux, Kardinalbischof von Albano: 149
Heinrich von Hirschlach, Abt von Heilsbronn: 439
Heinrich von Lekno, Cistercienserabt: 95
Heinrich von Molenark, Erzbischof von Köln: 352
Heinrich von Nördlingen, Dominikaner: 455
Heinrich von Saar, Historiker († nach 1300): 150
Heinrich I., Abt- (1208—ca. 1240): 137
Heinrich II., Abt von Ebrach (1344—1349): 145
hl. Heinrich II., Kaiser-: 159
Heinrich II., König von England: 134

Heinrich IV., Kaiser-: 15, 131
Heinrich V., Kaiser (1106—25): 30, 157
Heinrich II., Herzog-: 314
Heinrich der Erlauchte, Markgraf von Meißen: 407
Heinrich d. Jüngere von Braunschweig-Wolfenbüttel, Herzog-: 468
Heinrich d. Löwe, Herzog- (1139—1180): 74, 101, 103, 104
Heinrich, Prinz von Schottland: 133
Heinrich Butgen, Abt von Lond: 77, 85
Heinrich, Werkmeister in Doberan: 254
Heinrich, Graf von Sayn: 353
Helinand von Froidmont, Prior- († um 1235): 65, 150
Helmold Bisbingk, Propst-: 358
Henricus Wettemann, Propst: 359
Henriquez, Chrysostemus: 150, 151
Herbert, Mönch in Clairvaux: 150
Hermann, Abt v. Heisterbach: 141
Hermann, Abt v. Marienstatt: 523, 524, 550
Hermann, Abt von Lond: 79
Hermann II., Abt von Ebrach- (1290—1306): 450
hl. Hermann Joseph, Prämonstratenser von Steinfeld († 1235): 350
Hermann Nitzschewitz, kaiserlicher Kaplan, apostolischer Protonotar in Frankfurt/Oder, Verfasser d. Marienpsalters v. Zinna: 183, 188, 190, 191
Hermann V. von Baden, Markgraf-: 353
Hermann von Geldern, Prior in Amelungsborn (1287—1290): 504
Hermann von Lobdeburg, Bischof von Würzburg: 390
Hermann von Stahleck, Pfalzgraf-: 158
Hermann von Thüringen, Landgraf-: 345
Hermann Zoestius, Abt von Marienfeld: 150
Hermanns, Vincentius: 150
Herwig, Erfurter Arzt: 151
Hersprach, Anton- (Senatssekretär der Stadt Köln): 80
hl. Hieronymus: 438, 472, 485, 529
Hieronymus, Kanzler-: 107, 109, 112, 122
hl. Hildegard von Bingen (1098—1179): 142, 160, 161, 347, 466, 476, 481, 519
Hillin von Trier: 159
Hiltprand, Bonifatius, Abt von Gottezell: 150
Hinricus, Kaiserlicher Kanzler: 104
Hohenlohe, Gottfried von-: 352, 390
Hohenlohe, Konrad von-: 352, 390
Honorius III., Papst-: 56, 89, 93—96, 343, 468
Honorius Augustodunensis: 135, 516, 519, 535
Howard, Thomas-, Earl of Arundel (1592—1640): 430
Hoya, Grafen von, Otto VII. (1434—94), Friedrich II. (1434—1503), Bruder von Katharina v. H., Äbtissin in Wienhausen: 357
Hugo, Bischof von Lyon: 16, 22, 141
Hugo, Abt v. Aldersbach: 517, 536
Hugo von Bonnevaux, Abt- (1177): 39
Hugo von Pontigny, Abt, Bischof von Auxerre: 149
Hugo von Reading (Cluniazenserabt, später Erzbischof von Amiens): 37
Hugo v. St. Victor: 128, 135
Hugo, päpstl. Legat: 123
Humbert von Preuilly: 149
Hus, Johannes-: 40, 147

Ignaz Schwingenschlögel, Abt von Lilienfeld (1790—1802): 463
Innocenz II., Papst- (1130—45): 30—32, 128

Innocenz III., Papst-: 30, 88, 92, 93, 96, 98, 100, 110, 115, 344, 345
Innocenz IV., Papst- (1243): 90, 92, 96, 350, 356
Irenäus Kirchenvater: 528
Irmengard von Baden, Markgräfin-: 342, 353
Isaias, Prophet, Abt: 529
Isaak von Stella († um 1169): 122, 134, 135, 149
Isidor v. Sevilla: 518
Jakob aus Eltville: 149
Jakob Fournier von Fontfroide (siehe unter Benedikt XII.)
Jakob Kostkowski, Abt von Lond: 77, 87
Jakob Röiber, Konventuale in Salem († 1516): 464
Jacob von Vitry, Augustiner Chorherr, Kreuzzugsprediger u. Bischof von Accon (1180—1254): 343, 350, 351
Janauschek, Leopold: 150
Jaromar I. von Pommern, Fürst-: 97, 98
Jaroslaus, Bischof- (1198—1201): 109
Jean de Cirey, Abt von Citeaux (1476—1501): 150, 442
Jean Petit von Citeaux, Generalabt- (1670/92): 42
Jentsch, Joseph Anton-, Grüssauer Stiftsbaumeister: 230
Joachim von Fiore († 1202): 136
Johannes der Täufer: 500, 529
Johannes Evangelist: 526—530, 532, 546, 550
Johann I., Erzbischof von Trier (1189—1212): 58
Johann von Brandenburg, Markgraf- (1236): 99
Johann II., Burggraf: 341
Johann v. Dalen, Abt v. Doberan: 254
Johann II., Schapffer, Abt von Salem (1494—1510): 464, 465
Johann Bernhard Linck, Abt von Zwettl: 150
Johann Ladislaus Pyrker von Felsö-Eör: 151
Johann von Köln: 80
Johann von Trizaya, Abt-: 134
Johann von Viktring, Abt-: 150
Johann Zenlin, Abt von Tennenbach (1337—1353): 496, 507
Johannes Meiger, Mönch in Tennenbach: 496
Johannes, Trierer Domdechant (1188): 353
Johannes, Abt von Citeaux: 179
Johannes III. Lupi, Abt von Ebrach (1529—40): 450
Johannes IV. Middels von Hüls, Abt von Kamp- (1504—1524): 459
Johannes V. Fischer, Abt von Kaisheim (1479—90) 456
Johannes Butgen, Abt von Grüssau († 1577): 79
Johannes Boccamazzi, Kardinallegat: 350
Johannes Busch, Propst von Sülte: 357, 362
hl. Johannes Chrysostomus († 407): 120, 198
Johannes Godhard von Newenham, Cist. Abt (13. Jh.): 149
Johannes Elect, Abt von Wongrowitz: 85, 86
Johannes Kornowski, Prokurator: 87
Johannes Sindewint von Ter Doest († 1319), Cist.: 149
Johannes Stantenat, Abt von Salem: 465
Johannes X. de Cirey von Citeaux, Abt- (1478—1501): 41, 77, 520
Johannes, Prior in Clairvaux: 150
Johannes von Ebrach (Konverse): 59
Johannes von Ford († 1220), Schüler u. Nachfolger v. Balduin von Ford († 1190 als Erzbischof v. Canterbury): 149
Johannes von Kolbatz, Abt- (1339—42): 150

Johannes von Lad (Lond), Abt, Cistercienserabt: 95
Johannes von Lekno, Abt-: 77, 85
Johannes von Limoges, 1208—18 Abt von Zirc: 149
Johannes von Posen, Bischof-: 85
Johannes in Wongrowitz (Altarist): 86
Johannes Matthiä von Wongrowitz, Notar-: 86
Johannes aus Kempen, Mönch-: 440
Johannes aus Straßburg, Priestermönch: 433
Johannes Wysocki, Abt von Lond: 78
Johannes Schreiber, Mönch († 1800): 151
Jongelinus, Caspar, Abt: 150, 171
Jordan, Bruder-: 99
Joseph II., Kaiser- (1780—90): 43
Joseph-M. Canivez: siehe unter Canivez
Julien Paris: 150
Julius III., Papst-: 86
Julius von Braunschweig-Wolfenbüttel, Herzog-: 468

Kallixt II., Papst- (1119—24): 20, 30, 123
Karl der Große, Kaiser- (800—814): 13, 74
Karl I. von Anjou, König v. Neapel: 249
Karl der Kühne von Burgund: 184
Kasimir IV., König von Polen: 80
Kasimir (Casemar), Fürst in Mecklenburg: 103, 105, 109
Kastner, Georg II., Abt v. Kaisheim: 456
Katharina von Hoya, Äbtissin- (1422—1427 u. 1442—1469): 357, 359
Klemens IV., Papst-: 20, 40
Knauer, Moritz, Abt v. Langheim: 151
Kolumban: 13
Köndig, Raphael, Salemer Mönch: 150
Konrad II., Abt von Lilienfeld (1286—94): 462
Konrad III., deutscher König: 34, 106, 128, 131, 158—160, 347
Konrad Haunolt, Mönch, später Abt- (1479/98): 441
Konrad von Hohenlohe: 352, 390
Konrad, später Abt v. Eberbach: 150
Konrad Reuter, Abt von Kaisheim (1509—40): 456
Konrad von Ebrach (1330—1399): 145, 147
Konrad von Hildesheim, Bischof-: 356
Konrad von Hochstaden: 30, 250
Konrad von Marburg: 137
Konrad von Masovien, Herzog-: 91
Konrad von Urbach, Cistercienserkardinal: 353, 410
Konrad, Ritter-: 109
Konrad, Meister-: 410, 414
Kornowski, Johannes, Prokurator: 87
Kostkowski, Jakob, Abt v. Lond: 77, 87
Kremer, Bartholomäus, Abt v. Schöntal: 150
Kretschmar, Christian-, Baumeister von Himmerod (1739—1751): 230
Kürten, Heinrich, Mönch: 440

Ladislaus (regierte in Böhmen u. Ungarn (Bruder v. König Sigismund (1506—1548): 77
Lambeck, P.-, kais. Bibliothekar: 463
Lambert von Ostia, Kardinalbischof- (Honorius II., 1124—30): 30
Largentier, Dionysius, Abt von Clairvaux: 41, 42
Laud von Canterbury, Erzbischof: (1573—1645): 430

Laurentius, Märtyrer: 352
Leo XIII., Papst-,: 44, 45
Leo d. Gr., Papst: 488
Leopold I., Kaiser-: 463
Leopold III., Markgraf von Österreich-: 106, 123, 131
Leopold Janauschek von Zwettl: 150
Linck, Johann Bernhard, Abt v. Zwettl: 150
Lincoln, Graf von-: 134
Lippold, Abt von St. Godehard in Hildesheim: 357—359
Liudger (Ludger): 13
Lorenz, Bischof-: 110
Lothar III., Kaiser: 30, 74, 158, 292
Lucius III., Papst- (1144—45): 32, 38, 347
Ludger von Altzelle, Abt-: 149, 448
Ludger, Abt von Altzella- (1209—1234): 448
Ludmilla von Bayern, Herzogin (stiftet 1233 Seligenthal vor Landshut): 503
Ludwig VII., König von Frankreich-: 34
Ludwig XIV., König v. Frankreich: 42
Ludwig von Deudesfeld, Ritter-: 353, 403
Ludwig von Rieneck, Graf-: 352
hl. Luitgard von Tongern († 1246): 121
Luther, Martin-: 41
Luther von Braunschweig, Hochmeister des deutschen Ordens: 80
Luthgandis, Äbtissin- (14. Äbt. in Wienhausen 1365): 356

Malachias (irischer Primas 1142): 58
Manuel Komnenos, Kaiser: 159, 160
Margaretha Ebner in Medingen (1339): 455
Maria von Champagne, Gräfin-: 136
Maria von Oignies: 343
Maria Magdalena: 489
Martin Vogt von St. Urban/Schweiz: 151
Martin von Lochau, Abt von Altzella: 447, 448, 500
Matthäus Steynhus, von Königsaal († 1427): 147—149, 448
Matthäus II. aus Marienburg (1537—1558 letzter deutscher Abt von Paradies): 96
Mattheus, Abt von Paradies: 86
Matthias, Abt-: 76, 80
Mauritius, Märtyrer: 352
Mayss, Münzmeister: 80
Maximilian I., Kaiser-, Sohn von Kaiser Friedrich III.: 184, 185, 187, 188, 190, 191
Maximilian Josef, Herzog von Berg, bayr. Kurfürst: 44
Maximus Confessor († 662): 120
Mechthild von Altena-Mark: 353
hl. Mechthild von Hackeborn (1241—1299): 142, 350
Mechthild von Magdeburg (1208[10]—1282[94]): 142, 343, 350
Mechthild von Sayn geb. von Meißen und Landsberg: 353
Meinrad von Livland, Bischof-: 100, 115
Mestwin, Herzog-: 80
Michael Miris: 148
Michael aus Steyr, Glasmaler (Ende des 15. Jahrh.): 314
Michael von Stadt Zwettl († 1387): 314
Mieszko, Polenherzog: 76
Mickel, Quarin, Abt von Hohenfurt: 454
Moench, Johann-, Profeß in Lekno: 80
Montag, siehe unter Eigen
Moritz, Herzog von Sachsen-: 448
Moritz, Abt von Amelungsborn (1270—1291): 504

Moritz Knauer, Abt von Langheim: 151
Murus, Klosterverwalter: 430

Nabuchodonosor: 484
Napoleon Bonaparte: 43
Niklot, Obotritenfürst: 102
Nikolaus Amberg von Lützel, Abt: 150
Nikolaus Boucherat v. Citeaux, Abt- (1571—84): 41
Nikolaus Cawnitzki: 87
Nikolaus von Clairvaux, Sekretär Bernhards: 149
Nikolaus von Kues, Kardinal-: 357
hl. Nikolaus v. Lyra: 74, 527, 529, 552
Nikolaus von Zinna, Abt-: 190, 191
Nikolaus, Mönch in Sittich: 480
Nivard Schlögl, P. von Heiligenkreuz: 150
hl. Norbert v. Xanten, Erzbischof v. Magdeburg: 74, 128
Nucius von Himmelwitz, Abt-: 151

Oda von Altena-Isenburg: 353
Odo, Herzog von Burgund-: 16, 19, 22, 141
Odo von Ourscamp: 120, 130, 149
Odilo von Cluny: 122
Öffelin, Mönch von Kaisheim: 455
sel. Oglerius von Locedio: 121, 122, 149
Olav von Roskilde, Bischof-: 98
Ordericus Vitalis, kluniazensischer Geschichtsschreiber († 1142): 57, 123
Origenes: 119, 127
Osbert, Mönch-: 143, 437
Otto der Große, Kaiser (962—973): 74
Otto IV. von Braunschweig, Kaiser: 99, 247
Otto I., Markgraf-: 98, 99
Otto von Freising, Abt von Morimond, Bischof: 106, 123, 131, 150, 158, 312
Otto von der Mark, Graf-: 352
Otto, Herzog von Braunschweig und Lüneburg: 358
Otto I. von Oldenburg, Graf-: 352
Otto von Orlamünde, Graf: 352
Otto von Tecklenburg, Graf-: 352, 353
Otto, Bischof von Würzburg: 347
Oxenstierna, schwedischer Kanzler: 430

Paschalis II., Papst-: 19, 38
Paulus, Apostel: 530
Paul III., Abt von Lilienfeld (1474—1485): 463
Petrus, Apostel: 540
Petrus, Landsmann von Stephan Harding: 123
Peter von Ulm: 455
Petrus Canton, Pariser Theologieprofessor, († 1197 als Novize in Longpont): 65, 149
Petrus Damiani († 1072): 15, 121, 122
Petrus Lombardus († 1160): 120
Petrus von Castelnau, päpstlicher Legat und Mönch: 39
Peter von Gosmaringen, Abt v. Bebenhausen: 173
Petrus von Koblenz, Himmeroder Mönch: 100, 101
Petrus von Marienstadt, Prior- (nach 1237): 137, 138
Petrus von Königssaal, Abt: 150
Petrus von Vaux-de-Cernay: 150
Petrus Venerabilis, Abt- (1122—56): 30, 34, 37, 128, 243
Pfanner, Franz-, Abt: 44, 45
Philipp, König-: 138

Philipp der Schöne, König von Frankreich (1285—1314): 38
Philipp von Harvengt: 122
Philipp von Rathsamhausen, Abt von Pairis, Bischof von Eichstätt: 149
Pierleone, Kardinal-, siehe unter Anaklet
Pinder, Ulrich, Nürnberger Arzt: 184
Pirmin: 13
Pius V., Papst- (1566—72): 41
Pius X., Papst-: 149
Pius XI., Papst-: 45
Pontius, Abt- (1109—22): 37
Pontius von Clermont, Bischof-: 39
Pontnius von Clairvaux, Abt: 160
Pribislav, Fürst-, Sohn d. Obotritenfürsten Niklot, Fürst in Mecklenburg/Pommern: 102, 103, 105
Przemyslaw II., Herzog von (Groß-)Polen 79

Quarin, siehe unter Mickel

Radulf von Coggeshall: 150
Rahewin, Kaplan u. Sekretär v. Otto v. Freising: 131
Rainald von Dassel (1159—67), Erzbischof von Köln: 49, 160
Rainier von Clairmarais: 149
Rancé von La Trappe, Abt- († 1700): 42
Raphael Köndig, Salemer Mönch: 150
Raynald von Beaune: 16, 19
Raynold (Reinold), Bruder († 1398): Grabinschrift „König der Steinmetzen": 59, 227
Reginhard von Bronnbach, Abt-: 158
Reindl, Konstantin, Mönch: 151
Reinhard, Abt-: 244
Reuter, Konrad, Abt v. Kaisheim: 456
Rhabanus Maurus, Erzbischof von Mainz († 856): 121, 519
Richelieu, Kardinal-: 42
Riwin, Stifter v. Ebrach: 159
Robert, Abt-: 16, 19, 20, 22, 123, 124, 141, 437
Robert von Châtillon (Vetter von Bernhard): 37
Robert, Mönch u. Bauleiter: 58
Röiber, siehe unter Jakob
Roger, König von Sizilien: 31, 158
hl. Romuald: 47
Rosenberg, Peter, Vok von- († 1611): 453
Rudolf von Habsburg, König (1273—91): 39
Rudolf, Domscholaster-: 137
Rudolf Veirabend von Augsburg: 455
Rupert von Deutz, Benediktinerabt: 120—122, 135
Rutger von Berke, Kamper Schreibermönch: 342, 433
Rutger von Grave, Kamper Mönch († 1464): 458
Rutger von Rheinberg, Kamper Mönch: 458
Ruthger von Brandenburg, Bischof-: 99

Salomon, König: 486
Samson: 538
Sayn, von, Grafenehepaar Heinrich u. Mechtild: 353
sel. Serlo, von Savigny, Cistercienserabt: 135, 149
Siboto, Bischof von Augsburg, später Cisterciensermönch in Kaisheim: 410
Siegfried, Abt von Rein: 170
Siegmund Braun, siehe unter Braun
Sifridus Vitulus, Schreiber in Ebrach: 450, 492, 493, 505

641

Sigebod von Zimmern, fränkischer Adeliger: 244
Sigismund II., König in Polen- (1506—1548): 77—79, 85
Sigismund I., König in Polen- (1506—1548) 1572): 78, 87
Sigwin, Bischof von Camin: 93, 94
Simon, Novizenmeister: 133
Siroslaus, Bischof von Breslau: 109, 112
Sprenger, Jakob, Dominikaner Prior: 183
Suger, Abt v. St. Denis: 128
Survabuno, Preußenfürst: 93
Susanna Pothstoek, Äbtissin- in Wienhausen: 359

Schapffer, siehe unter Johann
Schlögl, Nivard v. Heiligenkreuz: 150
Schmid, P. Balthasar, Profeß von Tennenbach: 342
Schmidlin, Georg, siehe unter Georg I.
Schneider, Abt Ambrosius-: 57, 68, 74
Schoenebeck: 458, 460
Schreiber, Johannes († 1800): 151
Schwalenberg, Grafen von-: 352
Schwingenschlögel, siehe unter Ignaz

Stephan, Bischof von Tournai, Theologe u. Kanonist (1135—1203): 120
Stephan Harding, Abt (Stephanius) (1108—1133): 19—22, 24, 30, 38, 60, 119, 123, 124, 141, 143, 345, 363, 431, 437, 460, 472, 474—476, 478, 516, 519, 520, 529, 531
Stephan Lexington, Abt-: 49
Stephan I., Abt von Salem: 465
Stephan von Salley, Abt-: 149
Stephan Wiest von Aldersbach: 150
Strauch, siehe unter Cornelius
Strebel, Augustin: 457

Tebald, Kardinalpriester-: 30
Tezelin, Vater des hl. Bernhard: 29, 128
Theoderich, Himmeroder Konverse (1237): 49
Thomas Becket: 134, 353
Thomas von Aquin: 196
Thomas von Citeaux: 149
Thomas von Straßburg († 1357): 148
Thomas Wunn v. Salem, Abt-: 41
Thumb, Peter-, Barockbaumeister: 342
Tissier, siehe unter Bertrand
Trudinis von Liebenstein, erste Äbtissin von Lichtenthal († 1249): 342
Trutwin, Abt- (1268—88): 455

Ughelli, siehe unter Ferdinand
Ulrich von Lilienfeld, Abt- (1345—51): 149, 462 507
Urban II., Papst-: 22, 141
Ulrich, Abt v. Lilienfeld: 497
Ulrich II. von Seelfingen (Selvingen), Abt von Salem (1282—1311): 314, 464, 466
Urban III., Papst-: 38
Urban VI., Papst- (1378—89): 40, 147
hl. Ursula: 227

Vergier de Hauranne, du (gen. Saint-Cyran): 42
Veronika von Rietheim, Äbtissin- (1521—1551): 343, 411, 545
Villard de Honnecourt, Architekt: 58, 67, 242
Vincentius, siehe unter Hermanns
sel. Vincenz Kadlubek: 150
Vinzenz Gruner, Abt von Altzella: 147, 488
Vogt, siehe unter Martin
Volknandus, Abt von Sittich: 476
Volkuin von Sittichenbach: 149

Wagner, Johann: 166
Walcher, Abt-: 157
Waldemar I., dän. König: 97, 102
Waldemar II., König v. Dänemark: 101
Walram, Herzog v. Limburg: 250
Walter von Chalon-sur-Saone, Bischof: 19, 20, 22, 141
Warpode, Preußenfürst: 93
Welf VI., Graf-: 159
Werner, Abt von Heiligenkreuz: (1203—1237): 451, 452
Wernher von Aychstett, Schreiber zu Kaisheim: 455
Wichmann von Magdeburg, Erzbischof: 74
Widukind von Waldeck: 248
Wiegels, siehe unter Bernhard
Wierstrait, Christian: 184
Wiesinger, Alois-: 45
Wiest, Stephan von Aldersbach: 150
Wigand, Cellerar- (von Maulbronn): 244
Wikbold, Bischof von Kulm († 1398): 227, 252
Wilhelm de Reno, Kalligraph in Kamp: 459
Wilhelm der Eroberer: 19
Wilhelm, Fr., Subprior (Obra): 86
Wilhelm von Auberive, Abt: 151
Wilhelm von Holland, Graf- (deutscher Gegenkönig): 356
Wilhelm von Malmesbury, (Benediktinerhistoriker († nach 1142): 124
Wilhelm von Modena, Bischof-, Legat des Papstes: 90, 92, 95, 96
Wilhelm von Öttingen, Graf-: 455
Wilhelm, Abt von Rieveaulx, ehem. Sekretär d. hl. Bernhard: 133
Wilhelm Stoploch aus Hittorf, Abt- (1538—1560): 440
Wilhelm von St. Thierry: 37, 119—124, 127, 135, 519
Wilhelm II., Herzog von Berg- († 1408): 227
Wilhelm von Aquitanien, Herzog-: 14
Willibrord: 13
Wisotzki, Stanislaus, Landrichter-: 86
Wittekind (Widekind), Abt im Kloster Bredelar- († um 1256): 501, 502
Wladislaus, ältester Sohn von Boleslaw, erster Piastenherzog: 106
Wladislaw, König von Polen: 80
Wladislaw, Herzog von Posen: 96
Wöhrer, Justinus-: 45
Wunn, siehe unter Thomas
Wynfrieth (englischer Mönch): siehe Bonifatius
Wysocki, Johannes, Gnesener Domherr, 1551 Abt von Lond: 78

Zei Martin, Bildschnitzer: 545

Ortsregister

Aachen: 13, 396
Adlersberg b. Regensburg: 393
Aduard/Friesland: 58
St. Aegidi in Münster: 354
Aldersbach/Bayern: 37, 157, 166—168, 436, 441, 484, 501, 514, 517, 536
Alpirsbach: 294, 299
Altbrünn, Königinkloster-: 394
Altenberg (bei Köln): 44, 49, 59, 68, 75, 76, 82, 83, 85, 91, 96, 98, 165, 166, 171, 224, 226, 229, 236—238, 240, 249—251, 254, 256, 261, 274, 287, 298, 309, 314, 337, 339, 340, 347, 432, 440, 442, 468, 470, 498, 499, 508, 535
Altenberg b. Wetzlar: 373, 374, 383, 391
Altenkamp: 157, s. Kamp
Althaldensleben: 349
Altzella: 68, 125, 147, 148, 232, 233, 399, 407, 422, 442, 447, 448, 473, 500, 508, 527, 529, 552
Alvastra in Östergötland/Schweden: 70, 71, 201, 202, 235
Abzey (Rheinhessen): 350
Amelungsborn: 50, 75, 97, 101, 102, 228, 242, 311, 490, 504, 532, 538, 539
Andreovia, siehe Jedrzejów:
Anrode b. Mülhausen/Thür.: 380
Arnsburg: 68, 240, 246, 297, 299, 304, 305, 321, 340
Asbeck b. Ahaus: 373
Aubazine: 309
Aulnay: 49
Aulne, Abtei-: 42
Aulps (Haute-Savoie): 340

Baindt (Kr. Ravensburg): 346, 362, 368, 372, 395, 396
Bamberg, St. Theodor u. Maria: 157—160, 348, 353, 354, 364, 368, 394, 395
Baumgarten: 291
Baumgartenberg: 158
Beaubec/Normandie: 58
Beauvoir: 365
Bebenhausen: 59, 68, 69, 72, 73, 173, 229, 255, 270, 327, 334, 414, 465, 552
Belbuk u. Pommern: 75
Bénisson-Dieu: 233
Benninghausen b. Lippstadt: 352, 353, 354, 378, 380
Bergen auf Rügen: 98, 368, 370
Bersenbrück/Niedersachsen: 352, 354, 394, 428
Beselich: 369—371, 395
Betton, le: 394
Beuren, Kr. Worbis: 349
Bildhausen bei Neustadt a. d. Saale: 158, 233
Billigheim/Nordbaden: 376
Birkenfeld/Mittelfranken (bei Neustadt/Aisch): 341, 378, 379, 389
Birnau: 167
Blanches, les bei Mortain/Normandie (Frauen-Abtei: 365, 417, 420
Blandecques: 365
Blankenau b. Fulda: 373
Blankenberg/Sieg: 353, 368, 376, 377, 381, 420
Blankenheim b. Rotenburg a. d. Fulda: 373
Blesen (Bledzew), Abtei- (südl. von Schwerin a. d. Warthe): 97
Bonn, Münster: 550

Börstel b. Bersenbrück: 174, 352, 376, 379, 392, 427
Boitzenburg (Uckermark): 379, 380
Bologna: 40, 145
Bonlieu (Creuse): 309, 365, 374, 409
Bonlieu (Drôme): 365
Bouchet, le: 365
Bonmont/Schweiz: 70, 231, 235, 333, 340
Bonnefontaine: 150
Bouchet, le: 365
Brandenburg: 57, 350, 386, 399
Bredelar i. W.: 485, 501
Brenkhausen (Westf.): 372, 396
Breuil-Benoit, le: 238
Brogne: 14
Bronnbach: 68, 219, 232, 233, 243, 244, 245, 278, 291, 293, 338, 390, 441, 442
Brügge, Les Dunes: 50, 150, 253
Brunnenburg: 369, 370, 395
Bürvenich b. Düren/Rhld.: 375—377, 394
Butisso (Bützow): 105
Byland: 242

Caldern b. Marburg: 394
Camaldoli bei Arezzo: 15
Canterbury: 149, 186
Cappel/Westf.: 385, 388, 402
Cherlieu: 238
Chiarvalle Milanese: 166
Chorin b. Berlin: 98, 214—216, 228, 229, 237, 263, 298, 305, 332, 337
Citeaux: 11, 15, 16, 19—23, 25, 26, 29, 30, 34, 37—42, 47—49, 51—53, 57, 58, 60, 68- 70, 72, 75, 77, 85, 88, 101, 118, 120, 121, 123, 124, 128, 131, 141, 143, 149, 150, 157, 160, 161, 178, 179, 231, 239, 240, 241, 242, 245, 273, 288, 338, 341, 346, 351, 362, 363, 366, 385, 431, 436—438, 441—443, 460, 461, 464, 466, 468, 472—476, 478, 479, 510, 516, 519, 520, 531, 546
Clairmarais/Flandern: 58
Clairvaux: 20, 21, 23, 25, 26, 29, 30, 31, 34, 37, 39, 41, 42, 50, 57—59, 65, 67, 68, 70, 72, 73, 75, 97, 119, 120, 122, 123, 127—130, 133, 136, 139, 141, 149, 150, 157—160, 168, 208, 231—233, 237—240, 255, 266, 267, 268, 299, 338, 346, 431, 432, 436, 437, 439, 441—443, 465, 520
Cluny: 13—16, 19, 20, 29, 33, 34, 37, 38, 47, 68, 118, 124, 128, 231, 232, 238, 243, 404, 510, 519—521
Coiroux (Frauenabtei): 345, 363, 365
Colbatz: 242, 278
Cornberg: 391
Cour-Dieu, la: 231
Coutances: 254
Czikador/Diöz. Fünfkirchen: 97, 158
Czirzepene (Circipanien): 103, 105

Dargun/Mecklenburg: 93, 96, 97, 102, 242
Derneburg: 349, 357—360, 362
Diesdorf: 383
Dijon: 16, 29, 31, 128, 143, 150, 178, 363, 461, 474, 475
Doberan: 93, 97, 102, 224, 227, 228, 238, 252, 254, 256, 274, 290, 305, 309—311, 314, 339, 427, 542, 543

643

Doberlugk (südöstlich Zinna: 97, 98, 236, 237, 305, 399
Dobrogozesdorph: 109, 112
Doxan: 402
Droiteval/Lothringer Vogesen (Frauen-Abtei): 365, 366, 373
Drolshagen b. Olpe: 353, 354, 370, 394, 396
Duinen, ter: 50
Dünamünde (bei Riga): 74, 100, 101
Düsselthal: 44

Eau, le, N.-D. de-: 366
Eberbach: 68, 72, 128, 137, 149, 150, 176, 205, 208, 219, 235, 259, 291, 305, 309, 310, 336, 430, 442
Ebrach: 58, 145, 147, 157—160, 168, 219, 222—224, 240, 241, 244—247, 272, 282, 294—297, 302, 337, 375, 409, 446, 449, 450, 492, 493, 505
Egersheim/Unterelsaß: 45
Eisenach (St. Katharina): 345
Eldena (Kloster): 98, 305
Engeltal/Wetterau: 378, 379, 391
Enkenbach i. d. Pfalz (Prämonstratenserinnen): 375, 379, 396
Erfurt (Bettelmönchskirchen): 396
Escale Dieu/Pyrenäen: 406
Escrom b. Helsingor Dänemark: 75, 97, 102
Essen (Frauenstiftskirche): 384
Essen-Stoppenberg: 394
Eußertal, Abtei-: 39, 219, 234, 305, 405, 531, 546

Falkenau/Livland: 75
Falkenhagen bei Pyrmont: 352
Feldbach am Rhein (Schweiz): 346
Feldbach im Elsaß: 395
Ferté, la (Firmitas): 20, 21, 23, 25, 26, 68, 141, 232
Fontaine-Guérard: 365
Fontaine-Jean: 242
Fontaines bei Dijon (heute Fontaines-les-Dijon): 29, 128
Fontanelle: 68
Fontenay/Cote-d'Or (Abtei-): 31, 128, 203, 210, 211, 231, 232, 235, 237, 244, 248, 257, 270, 271, 278, 280, 305, 318, 336, 369
Fontfroide, Abtei-: 40
Ford, Abtei-: 39
Fountains/England: 58
Frankenberg/Eder: 378, 383, 424
Frauenberg bei Nordhausen: 370, 396
Frauenroth/Unterfranken: 364, 368, 370, 371, 395, 396
Frauental bei Mergentheim: 352, 364, 373, 374, 380, 382, 389, 390, 424
Frauenthal/Kt. Zug: 376
Freckenhorst: 383
Friedenweiler (Schwarzw.): 373
Frienisberg (Kt. Bern): 439, 440, 506
Froidmont b. Beauvais: 50, 65
Fröndenberg b. Unna: 175, 352—354, 361, 364, 373, 378, 381, 409, 421
Fürstenfeld: 166, 167

St. Gallen: 68, 452
Gardy, le/Picardie: 60, 340
Georgenthal: 232, 233, 241
Germerode/Hessen: 370, 371, 385, 394
Gernrode: 384, 400
Gerresheim: 383, 406

Gevelsberg: 352—354, 361, 368, 371, 394, 395
Gnadental b. Schwäb. Hall: 364, 378, 379, 381, 389, 390, 409
Gnesen: 79, 80, 87, 89, 92—95, 97
Godechendorph: 109
Goldenkorn a. d. Moldau/Südböhmen: 97
Gorze bei Metz: 14, 15
Goslar, Neuwerk: 348, 349, 355, 368, 370, 385—387, 402
Gotteszell: 150, 202, 235, 371
St. Gotthard b. Amorbach: 395, 396
Grace-Dieu, la: 211
Grafental b. Kleve: 373
Gravenhorst: 354
Grünhain: 443
Grüssau: 78, 79, 111, 168, 229, 230, 265
Güldenstern/Mühlberg a. d. Elbe: 347, 407—409
Güldenstern b. Liebenwerda: 373
Günterstal: 439, 440
Gutenzell (Kr. Biberach): 346, 368

Haina: 68, 234, 246, 309—312, 314, 386, 389, 406, 529, 533, 534, 541
Halberstadt/St. Burkhardt: 349, 354, 371, 374, 375, 396
Hane b. Bolanden/Pfalz: 394
Hardenhausen in Westfalen: 69, 75, 96
Hauterive: 231, 235, 320, 322, 323, 369
Havelsberg: 75
Hecklingen: 384, 936
Heggbach (Kr. Biberach): 346, 380
Heidelberg: 442, 443, 456, 464, 465, 466, 476
Heiligengrabe, Bez. Potsdam): 42, 378, 380
Heiligenkreuz, Abtei- (Wienerwald): 37, 97, 131, 158, 164, 165, 194, 195, 205, 209, 210, 228, 231, 242, 258, 305, 309—312, 325, 336, 429, 451—453, 463, 474, 477, 509, 511, 514, 516, 517
Heiligental, Unterfranken (Schweinfurt): 373, 374, 376, 377, 381, 390, 409
Heiligkreuztal (bei Riedlingen): 311, 343, 346, 355, 362, 368, 372, 379, 382, 395, 410, 411, 413, 425, 544, 545
Heilsbronn: 40, 147, 157, 160, 242, 243, 298, 300, 368, 439, 441—443
Heilsbruck b. Edenkoben/Pfalz: 364, 373
Heiningen: 383
Heinrichau: 58, 78, 79, 86, 111, 230, 241, 440, 441
Heisterbach (Peterstal): 44, 68, 96, 137, 139, 141, 211, 212, 238, 240, 254, 268, 269, 295—297, 336, 406, 407, 522, 550
Helfta, Bez. Halle: 121, 142, 145, 343, 350, 376
Herchen/Sieg: 353
Herford: 383
Herrenalb: 242
Heydau b. Altmorschen/Osthessen: 391
Hiddensee, Insel vor Rügen, Kloster gleichen Namens: 98
Himmelkron/Oberfranken: 341, 352, 389
Himmelpfort bei Tischnowitz/Mähren: 370
Himmelpforten bei Soest: 98, 352, 354, 376
Himmelpforten b. Würzburg: 378, 379, 389, 390
Himmelstädt/Neumark: 98
Himmeltal bei Obernburg/Main: 352, 390
Himmelwitz: 111
Himmerod (Claustrum): 48—51, 56, 68, 128, 137, 141, 229, 230, 235, 264, 311, 337, 346, 403, 407, 432, 442—446, 464, 491, 505
Hirsau: 14, 15, 47, 158
Hohenfurt: 97, 453

Hoven bei Zülpich (Rhld.): 350, 353, 377, 394, 403
Hradist: 241
Hude: 242, 311, 314, 333, 340, 537
Huelgas de Burgos, las-: 394
Huerta: 150
Hundsfeld: 108

Ichtershausen, Krs. Arnstadt (Thüringen): 348, 350, 364, 368, 370, 371, 374, 383, 395
Igny: 72, 130
Inden, Abtei- (später Kornelimünster): 13
St. Jacques in Paris (Port Royal-de-Paris), Frauenabtei: 42
St. Jakob, Heidelberger Ordenskolleg: 441
Jedrzejow oder Andreovia/Diöz. Krakau: 97
Jedrzejów oder Andreovia/Diöz. Krakau: 97
Jervaulx: 242
St. Jöris b. Aachen: 378, 379
St. Johann im Elsaß: 395
Johanniszell: 348
Joie, la: 365
Jüterborg-Luckenwalde: 98

Kaisheim: 201, 224, 229, 238, 242, 255, 256, 263, 277, 289, 307, 337, 410, 441, 455—457
Kamenz: 111
Kamp: 49, 50, 56, 75, 76, 98, 144, 458—460
Kappel: 310
St. Katharinen b. Linz/Rh.: 380
Kirchheim a. Ries/Wttbg., Abtei-: 42, 363
Klosterreichenbach: 294, 295, 299
Klosterzimmern bei Nördlingen: 362, 368, 370, 371, 382, 393, 395, 544
Köln: 76—80, 83, 85—87, 137, 138, 144, 167, 184, 247, 250, 309, 352, 353, 354, 368—371, 381, 384, 385, 388, 394, 395, 400, 402, 406, 459, 460
Köln-Dünnwald: 369—371, 388, 394, 402
Königsaal/Böhmen: 147, 242, 422
Königsberg: 348
Königsbrück bei Hagenau: 352
Königsfelden: 395
Königslutter: 291—293, 322, 339
Kolbatz/Pommern: 97, 98
Koningsoord: 45
Konradsdorf/Wetterau: 204, 369, 370, 385, 395
Konstanz: 40, 149, 150, 174, 352, 362
Koprzywnica bei Sandomierz/Polen: 75, 97, 233
Koronowo/Diöz. Leslau: 86, 97
Krakau: 75, 85, 86, 97, 150
Kulm: 348

Lad/Woiwodschaft Poznan/Landkreis Posen, siehe Lond
Lambrecht i. d. Pfalz: 380
Langheim bei Lichtenfels: 157, 159
Langres: 20, 21, 149, 157
Lehnin: 96, 98, 214, 228, 237, 305, 443
Lekno/Diöz. Gnesen (Luckna) in Polen: 76—80, 82, 85, 88, 92, 96
Leoncel: 305
Leubus: 58, 87, 97, 106—112, 126, 167, 182, 230, 242, 345, 440, 495, 506
Lewenhorst: 458
Lichtenstern b. Heilbronn: 376, 390
Lichtenthal/Baden-Baden: 44, 342, 353, 380, 393
Lilienfeld/N. Ö.: 97, 150, 151, 166, 241, 245, 247, 288, 329, 462, 463, 497, 507
Lindow bei Neuruppin: 376
Lippoldsberg/Weser: 385, 388
Lobenfeld b. Heidelberg: 373, 375

Loccum: 115, 116, 202, 224—226, 236, 237, 246—249, 271, 284, 291, 292, 294, 305, 338
Löwenbrücken: 346
Logum (Lögum): 212, 213, 224, 332, 336
Lond (Lad), (Lynda) (an der Warthe, östlich von Peisern): 76—80, 82—87, 96
Longpont: 65, 72, 149, 238, 249, 269, 406
Lübeck: 253, 254, 274, 386
Lützel: 150, 151, 244, 439, 465

Machern/Mosel: 376
Magdeburg: 75, 89, 91, 94—96, 142, 190, 226, 247, 295, 343, 349, 399, 448
Magerau/Maigrauge (Kanton Freiburg): 368, 369, 425, 544
Maguelone/Südfrankreich, Kathedrale: 384, 385, 388, 418
Maidbronn b. Würzburg: 376, 378
Mainz: 352, 354, 488
Marches-Les-Dames: 365
S. Maria de Pignerol (Kloster): 148
S. Maria della Vittoria/Süditalien: 242, 250
Maria Frieden: 45
Mariaburghausen (bei Haßfurt): 378, 381, 389, 390, 409
Marianhill in Natal/Südafrika: 44
Mariastern in Bosnien: 44, 473
Maria Straßengel: 170, 178, 180
Maria-Veen: 44
Mariawald/Eifel: 44
Marienberg/Burgenland: 97, 392
Marienborn b. Büdingen (Wetterau): 380, 391
Marienfeld/Westf.: 100, 150, 210, 219, 248, 249, 305—307, 375, 441, 442
Marienfliess b. Perleberg: 377
Marienhausen/Rhg.: 378, 379, 391
Marienrode: 201, 242, 279
Mariensee (Niedersachsen): 214, 242, 377, 380, 427
Marienstatt im Westerwald: 44, 45, 68, 96, 238, 249—251, 254, 256, 286, 287, 309, 340, 420, 523, 533, 550
Marienstern/Sachsen: 44, 372, 373, 375, 377, 379, 396, 422, 423, 500, 508
Mariental (im Braunschweigischen): 68, 76, 205, 207, 233, 291, 292, 305, 331, 336
Marienthal: 44, 422
Marienwalde/Brandenburg: 98
Marquette: 366
Maulbronn: 68, 72, 73, 169, 193, 205—207, 210, 244, 245, 283, 291, 294—297, 299, 300, 305, 325, 326, 336, 339, 361, 368, 389, 390, 414, 456
St. Maximin, Abtei- (zu Trier): 14
Mazan 233
Meaux/England: 50, 51
Medingen, Abtei-: 42, 360
Mègemont: 365
Mehrerau bei Bregenz: 44, 150, 467
Melk, Abtei-: 37
Mellifont: 58, 235
Merten/Sieg: 394
Metz: 14, 40
Michaelstein im Thüringerwald: 50, 75, 236, 237, 248, 271
Mittelheim/Rhg.: 383
Mogila (bei Krakau): 86, 97, 399
Molesme (Bistum Langres): 16, 19—22, 123, 140, 141, 165, 363, 437
Mont-Dieu: 119, 122, 127
Montecassino (Monte Cassino): 12, 13, 68
Montpellier: 40

645

Montréal: 221
Morimond (Diözese Langres): 20, 21, 23, 75, 91, 92, 96, 97, 123, 131, 141, 147, 157, 158, 190, 240, 305, 306, 451, 458
Mühlberg a. d. Elbe: 407, 408
Mülheim-Saarn a. d. Ruhr: 364, 376, 377
Münchengraetz (Hradist): 97
Münster: 247, 248, 307, 354

N.-D. des Chatelliers, Kloster auf der Insel Ré: 135
Namedy bei Andernach: 311, 315, 368, 376, 377
Namur: 14
Naumburg: 386
Nepomuk in Böhmen: 157
Netze/Waldeck: 352, 394
Neuberg a. d. Mürtz/Steiermark: 97, 167, 219, 242, 303
Neuburg/Neckar, bei Heidelberg: 350
Neuburg im Elsaß: 342
Neuenheerse/Westf,: 384
Neuenkamp in Pommern: 50, 98
Neukloster: 311
Neuzelle: 422
Niederschönenfeld: 368
Nienhagen: 355, 356
Nimwegen-Marienburg: 378, 380
Noirlac/Frkr. 305, 405
Nordhausen: 349
Nordhausen-Altendorf: 370, 371, 395
Nordhausen-Frauenberg: 370, 396
Nürnberg: 45, 58

Obazine: 345, 363
Oberkaufungen: 370, 383
Oberstenfeld b. Heilbronn, Frauenstiftskirche: 385, 387
Oberweimar/Thür.: 350, 391
Obra b. Posen: 76—78, 80, 85, 86, 96
Ölenberg im Elsaß: 44, 45
Oliva b. Danzig: 98, 242
Olive, l': 365
Olobok: 348
Orval, Abtei-: 42
Oslavan: 348, 394
Osnabrück: 247, 248
Ossegg: 97, 150, 422
Otterberg: 50, 56, 198, 219—222, 227, 227, 296, 297, 301, 305, 306, 337, 405
Ourscamp: 72, 149, 232, 330
Owinsk/Warthe 348, 354
Oxford: 40
Oya/Galizien: 406

Paderborn (Gaukirche): 383
Padis (Diöz. Reval), Abtei: 101
Westpreußen: 77, 86, 96, 98, 233
Pairis: 149, 244, 439
Paradies, Abtei- (Paradyz) bei Meseritz (Prov. Westpreußen: 77, 86, 96, 98, 233
Paris: 32, 38, 40, 42, 43, 123, 131, 134, 145, 147, 149, 150, 224, 255, 442, 465
Pelplin: 224, 227—229, 242
Perseigne: 136, 168
Pforta/Thüringen: 74, 100, 106, 107, 109, 112, 229, 242, 285, 322, 506
Philippstal/Werra: 394
Poblet: 69, 72
Pontigny (Diöz. Auxerre): 20, 21, 23, 25, 26, 50, 60, 68, 134, 136, 141, 168, 184, 224, 231, 238, 255, 266, 267, 281, 297, 305, 309, 406, 441

Port-Royal (-des-Champs), bei Versailles, Frauenabtei- (Seine et Oise): 42, 364
Prag: 74, 145, 147, 168, 442, 448
Preetz bei Plön: 372, 386, 387, 395, 396
Prémontré: 344

Quimper: 253

Raitenhaslach: 233, 371
Ratzeburg: 75
Rauden: 111, 233
Ré: 135
Real Valle: 249, 250
Reigny: 233
Reims: 32, 123, 124, 128, 136, 149, 247
Rein (Reun) i. d. Steiermark: 157, 170, 178, 434—436, 502, 515, 486, 517, 525
Reitenhaslach: 465
Revesly: 134
Riddagshausen: 172, 224—226, 240, 241, 245—247, 260, 261, 273, 293, 297, 300, 305, 336, 338, 360, 375
Riedlingen: 346, 355
Rieunette: 365
Rieveaulx: 50, 133, 134
Rinteln: 376
Roccadia: 233
Roda in Thüringen: 376
Roermond: 367, 368
Rom: 13, 31, 32, 38, 40—42, 45, 46, 130, 133, 136, 148, 150, 159, 529
Rosenthal unweit Darfeld/Westf.: 45
Rosental/Pfalz: 353, 392
Roskilde (dänische Abtei: 98, 396
Rostock: 42, 253, 254, 354, 367, 371
Rostock, Hl. Kreuz: 42, 370—372, 395
Rothardesdorf (Rossdorf): 142
Rottenmünster bei Rottweil: 346, 465
Royaumont: 60, 238, 249—251, 274
Rueda/Aragonien: 406
Ruhekloster b. Flensburg: 97
Rupertsberg-Bingen: 481

Saarn: siehe Mülheim
Salamanka: 40
Salem: 41, 59, 201, 216, 217, 224, 225, 241, 242, 255, 256, 262, 263, 314, 340, 346, 410, 439, 441, 464—467, 476, 481, 545
Sauvoi, le (Frauen-Abtei): 365
Savigny: 232, 233, 238
Schwerin: 253, 254
Scourmont/Belgien: 150
Sedletz: 97, 255
Seligenporten/Oberpfalz: 376, 377, 381, 393
Seligental b. Buchen: 376
Seligenthal-Landshut: 471, 489, 503
Semmritz: 97
Sénanque: 69, 72, 240
Serrabone/Pyrenäen: 418
Sezemice b. Pardubitz/Böhmen: 376
Signy: 37, 127, 130
Sittich (Krain): 158, 201, 233, 476, 480
Sittichenbach: 98
Skokloster (Schweden): 396
Slangerup/Dänemark: 396
Soissons: 38, 124, 247, 253, 274
Sonnefeld b. Coburg: 380
Sonnenkamp bei Wismar: 308, 340, 346, 347, 375, 420
Sonnenkamp/Mecklenburg: 427
Soro: 235
Speyer: 34, 168, 378, 386
Stralsund: 253, 254
Sulejow/Diöz. Gnesen: 97, 233

Swineshead: 149
Sylvanées: 299
Szczyrzyc (im Tatravorland): 97

Schillings-Kapellen b. Rheinbach (Rhld.): 369, 370, 385, 388, 394, 400
Schlüsselau bei Bamberg: 377
Schmerlenbach: 348
Schönau b. Gemünden/Main: 376, 378, 401, 405
Schönau, Abtei Heidelberg: 57, 137, 240, 295, 350, 368
Schöntal: 150
Schwäbisch-Gmünd: 204, 378

Stams: 39, 167
Stella (Diöz. Poitiers): 40, 134, 135, 149
Stolpe i. Pommern: 75, 101
Straßengel, siehe Maria Straßengel
Stromberg (Siebengebirge): 141

Tart, le: 345, 363
Teistungenberg im Eichsfeld: 378, 468
Tennenbach (Breisgau): 234, 305, 414, 439, 440, 496, 507
St. Thierry bei Reims: 124
St. Thomas a. d. Kyll (in der Eifel): 353, 377, 381, 385, 386, 388, 403, 404—4407, 419
Thoronet, le: 72, 280, 305, 319, 324, 325, 328, 333
Thulba b. Hammelburg/Rhön: 370, 384
Tischnowitz (Tisnov) Vorkloster Himmelpfort: 394
Toulouse: 40
Tournai: 253
Trappe, la, Abtei-: 42
Trebnitz/Schlesien: 110, 111, 126, 230, 345, 348, 353, 354, 364, 368, 385—388, 394, 399
Tre-Fontane bei Rom: 150
Trésor, le (Frkr.): 375
Trier: 14, 38, 89, 94, 247, 406
Trosly: 13

St. Urban (Schweiz): 339, 340, 439, 547
Utrecht: 253, 458

Valdieu: 305
Valparaiso/Spanien: 59
Vallumbrosa: 15
Varfruberga (Schweden): 396
Varnhem in Västergötland/Schweden: 238, 267, 305—307

Vaucelles bei Cambrai: 50, 58, 65, 67
Verdun: 14
Vico: 148
Vignogoul: 365
Villers/Brabant: 50
St. Viktorstift (in Xanten): 144
Villers-Canivet: 365, 406
Vinnenberg b. Warendorf: 354, 376
St. Vinzenz auf dem Elbing bei Breslau: 106
Volkenroda: 50, 75, 98, 233, 245
Vreden b. Ahaus (Frauenstift): 373, 396, 409

Wachok/Diöz. Krakau: 97
Walberberg: 368, 371, 395, 396
Wald, Kloster bei Meßkirch (Hohenzollern): 342, 346
Walderbach: 233, 235, 333, 371, 441
Wadsassen: 167, 233, 244, 245
Walkenried im Harz: 50, 58, 69, 75, 98, 99, 224, 225, 236, 237, 240, 242, 245, 247, 295, 296, 305, 322
Wasserleben: 349
Wasserschapfen: 346
Wechterswinkel in Unterfranken: 347, 348, 350, 364, 368—371, 395
Welehrad: 97
Welver b. Soest: 373, 394
Wenau b .Düren: 394
Wetter/Hessen: 383
Wettingen/Schweiz: 44, 174, 433, 465—467
Wiebrechtshausen, Bez. Hildesheim: 371, 395
Wien: 40, 75, 147, 436, 452, 463
Wienhausen (Lüneburger Heide), Abtei-: 42, 346, 349, 353, 355, 356—360, 362, 382, 426, 427
Wilhelmshausen/Hessen (bei Hofgeismar): 370
Wilhering: 158
Wöltingerode bei Goslar: 347, 349, 355, 357, 362, 370, 402, 468—470, 487, 503
Wongrowitz: 76—79, 85—87
Wonnenthal bei Kenzingen: 350, 439, 440, 505, 506, 494

Xanten: 144

Zarnowitz b. Danzig: 376
Zarrentin/Mecklenburg: 378
Zehdenik in der Mark Brandenburg b. Templin/Brandenburg: 350, 379, 380, 428
Zinna bei Jüterborg (Mark Brandenburg): 96, 98, 150, 183, 185, 186, 190, 191, 236, 237, 332, 427
Zirc: 149
Zissendorf/Sieg: 353, 420

ADDENDA ET CORRIGENDA

Immer dann, wenn Autoren, Korrektoren, Setzer und Drucker sich mit der Herstellung von Büchern beschäftigen, ist der Druckfehlerteufel mit von der Partie. Daß er auch dieses Mal wieder die Hand im Spiel hatte, kann nicht bezweifelt werden, angesichts der Fehler, die in diesem Buch zu finden sind. Das listige Teufelchen hat wieder munter seinen Dreizack geschwungen, und es bleibt uns nichts anderes übrig, als den verehrten Leser um Nachsicht zu bitten.

S. 50 statt: Donelly, lies Donnelly

S. 86, Wongrowitz, 20. Juli 1553. Der dieser Abtei aufgezwungene Abt Andreas Dzyerzanowsky schreibt sich laut Mitt. des Kölner Stadtarchivs in einer Urkunde Gnesen, 23. Okt. 1561 (s. S. 87) Dzierzanowski.

S. 95, Nr. 62, lies anstelle Gregor XI. Gregor IX., Papst von 1227—1241

S. 95, Nr. 66, zweite Zeile statt: Bobrin lies Dobrin

S. 96, Nr. 1949. Es handelt sich hier um Papst Innocenz IV. und nicht den VI.

S. 364, 7. Zeile von oben: Heinrich I. und nicht II. hat mit der hl. Hedwig Kloster Trebnitz gegründet.

S. 394, Anm. 12a: Hinter „Wenau b. Düren" ist „Schillingskapellen b. Rheinbach" zu streichen. Die Klammer gilt für Wenau.

S. 401, Bildunterschrift: Statt „Schlußsteine" muß es heißen „Konsolen".

S. 404, 2. Absatz: Statt „Kapitel" muß es heißen „Kapitell".

Nachtrag zu den Beiträgen über die Cistercienserinnenkirchen

Zu den emporenartigen Konventschören bei den Prämonstratensern siehe auch H. Müther u. W. Volk, Der Dom zu Brandenburg, Berlin 1955 (Das Christl. Denkmal Heft 20) S. 14—17. Über die Nonnenempore in Trebnitz kommt zu denselben Ergebnissen W. Schadendorf, Romanische Architektur in Schlesien: Zs. f. Ostforschung 12/1963, 1, S. 153 f.

Abschluß des Manuskriptes: 1. 10. 72. Der danach erschiene Beitrag von A. Verbeek, Romanische Prämonstratenserinnenkirchen am Niederrhein: Festschr. f. Franz Graf Wolff Metternich, Neuss 1974 S. 131—141 konnte leider nicht mehr berücksichtigt werden.

Nachtrag zu Cod. Moralia in Job, S. 474

S. 474, III. Laut Mitteilung der Bibliothèque Publique de Dijon vom 20. März 1974 hat Ms 168 eine illustr. Titelseite (s. S. 479 des Buches) und 7 Miniaturen; Ms 169 hat 5 Miniaturen; Ms 170 hat 5 Miniaturen; Ms 173 hat 17 Miniaturen.